教育部中国民法课程虚拟教研室建设教材
中国民法学教程（全四卷）

总主编　李永军
副总主编　谭启平　徐涤宇　金可可

债法教程

Tutorial on the Law of Obligations

中国民法学教程第四卷

李永军　主编
尹志强　李昊　易军　副主编

法律出版社
LAW PRESS·CHINA
北京

图书在版编目(CIP)数据

债法教程 / 李永军主编. -- 北京 : 法律出版社,
2024
中国民法学教程 / 李永军总主编
ISBN 978-7-5197-9186-5

Ⅰ. ①债… Ⅱ. ①李… Ⅲ. ①债权法-中国-教材
Ⅳ. ①D923.34

中国国家版本馆 CIP 数据核字(2024)第 105879 号

债法教程(中国民法学教程第四卷)
ZHAIFA JIAOCHENG (ZHONGGUO MINFAXUE JIAOCHENG DI-SI JUAN)

李永军 主 编
尹志强 李 昊 易 军 副主编

策划编辑 沈小英
责任编辑 毛镜澄 任 娜
装帧设计 李 瞻

出版发行 法律出版社
编辑统筹 法治与经济出版分社
责任校对 王晓萍
责任印制 吕亚莉
经 销 新华书店

开本 787 毫米×1092 毫米 1/16
印张 40.75 字数 1050 千
版本 2024 年 7 月第 1 版
印次 2024 年 7 月第 1 次印刷
印刷 固安华明印业有限公司

地址:北京市丰台区莲花池西里 7 号(100073)
网址:www.lawpress.com.cn
投稿邮箱:info@lawpress.com.cn
举报盗版邮箱:jbwq@lawpress.com.cn

销售电话:010-83938349
客服电话:010-83938350
咨询电话:010-63939796

书号:ISBN 978-7-5197-9186-5
定价:118.00 元
凡购买本社图书,如有印装错误,我社负责退换。电话:010-83938349

主编简介

李永军

民商法学博士、博士后。中国政法大学民商经济法学院民法研究所教授（二级）、博士生导师，中国法学会民法学研究会副会长、北京市破产法学会常委副会长、北京市消费者权益保护法学会副会长、教育部中国民法课程虚拟教研室主任。作为破产法起草小组成员参加《企业破产法》起草工作、作为中国法学会中国民法典编撰项目领导小组成员参与《民法典》编纂工作。

长期从事民商法理论研究和立法工作，是研究民法和商法两个领域的学者。在《中国法学》《法学研究》《比较法研究》《法商研究》《政法论坛》《清华法学》《法学家》《环球法律评论》《华东政法大学学报》《法学论坛》等发表100多篇学术论文。承担多项部委及其他单位横向委托研究项目并出版多部有全国影响力的法学教材与专著，主要包括《商法学》、《中国民法学》精品教程、《民法总则》、《合同法》、《破产法》、《债权法》、《破产重整制度研究》、《中国民法典总则草案建议稿及理由：中国政法大学版》等。主持国家社科基金重点和重大项目、教育部人文社科项目及司法部法制理论项目等10多项。

曾被中国政法大学本科生评为“最受学生欢迎的教师”，荣获教育部“新世纪优秀人才支持计划”入选者、钱端升法学研究成果奖二等奖、教育部宝钢优秀教师奖、“北京市教学名师”称号等。

副主编简介

尹志强

法学博士。中国政法大学民商经济法学院教授、博士生导师。中国法学会民法学研究会理事。

发表《侵权行为概念分析》《侵权行为法的社会功能》《论与有过失的属性及适用范围》《侵权法的地位及与民法典各编关系的协调》《人工智能何以为"人"——人工智能时代之民法因应》等学术论文。出版《侵权行为法论》《人格权及其救济制度研究》等著作。

李昊

法学博士、法学博士后。中南财经政法大学法学院教授、博士生导师，数字法治研究院执行院长，德国奥格斯堡大学法学院客座教授，《燕大法学教室》主编。在《法学研究》等期刊发表论文60余篇。出版《纯经济上损失赔偿制度研究》《交易安全义务论：德国侵权行为法结构变迁的一种解读》《危险责任的动态体系论》等著作；主持"法律人进阶译丛"等多部法学译丛，联合主编"新坐标法学教科书"系列。

易军

法学博士、哲学博士后。中国政法大学民商经济法学院教授、民法研究所所长，中国政法大学学术委员会委员。在《中国社会科学》《法学研究》《中国法学》《法学》《法学家》等期刊发表论文50余篇；主持国家社会科学基金重点项目、北京市哲学社会科学重点项目等。入选教育部青年长江学者，荣获全国百篇优秀博士论文奖等。

撰稿人简介

周清林 法学博士。西南政法大学民商法学院教授、硕士生导师，中国法学会民法学研究会理事，英国牛津大学法学院访问学者，《民法哲学》集刊主编，西南政法大学·最高人民法院应用法研究基地民商事案件研究中心主任。

刘　骏 法学博士、法学博士后。华东政法大学法律学院副研究员、硕士生导师。以中文、法文等在《法学》《比较法研究》《月旦法学》《清华法学》等发表20余篇论文。

赵文杰 法学博士。华东政法大学法律学院副教授、硕士生导师。在《中外法学》《法学家》《清华法学》《华东政法大学学报》等发表10余篇论文或译文。

徐银波 法学博士。西南政法大学教授、博士生导师。在《法学研究》等发表40余篇论文，主持国家级及省部级项目10项，荣获国家级教学成果奖二等奖、重庆市社会科学优秀成果奖二等奖等奖项，入选重庆英才·青年拔尖人才。

郑志峰 法学博士、法学博士后。西南政法大学民商法学院教授、博士生导师。在《中国法学》《法学》等发表40余篇论文，出版《第三人侵权行为理论研究》《自动驾驶汽车的私法挑战与应对研究》等多部著作，主持国家社科等项目10余项。

申海恩 法学博士。中国政法大学民商经济法学院教授、硕士生导师，北京市物权法学研究会监事、债法学研究会理事等。在《中国法学》《法学研究》等发表论文多篇，出版《私法中的权力：形成权理论之新开展》等专著多部。

陈晓敏 女，法学博士。中南财经政法大学法学院副教授、硕士生导师，民商法系主任，《私法研究》副主编。

侯国跃 法学博士。西南政法大学教授、博士生导师，民法典国民教育科普基地主任，重庆英才·名家名师，“合同法律风险管理”“中国民法学”国家一流课程负责人或主讲人。发表学术论文50余篇，出版《契约附随义务研究》等专著2部，荣获重庆市高校教师教学创新大赛一等奖、国家级教学成果二等奖等。

贺栩栩 女，法学博士。华东政法大学法律学院副教授、硕士生导师，最高人民检察院民事行政案件咨询专家。在《法学家》《政治与法律》《环球法律评论》等发表多篇论文。

王　蒙 法学博士。华东政法大学法律学院副教授。在《清华法学》《比较法研究》等发表多篇论文。

它是一个符合逻辑的体系;如果不符合逻辑,就成了法条的堆砌,也就无所谓体系了。司法实践也必须坚持符合逻辑,用老百姓的话来说就是要"讲理"。三段论是司法实践不可或缺的手段,而"三段论"的大前提与结论恰好来自《民法典》和其他法律的规定。既然《民法典》的编纂、司法实践都要求符合逻辑,那么我们在构建自主的民法学知识体系时,也必须坚持符合基本的逻辑。(2)力图实现法律规范体系与知识体系的有机统一。所谓有机统一,是指既有结合也有分离。尤其是在我国《民法典》的编排体例之下,坚持这一原则具有重要意义。例如,我国《民法典》在关于债与合同、侵权之债的体例上具有独特性。从民法学原理上看,必须基于《民法典》的整体结构正确地对债的体系进行阐述。从《民法典》第 118 条的规定看,合同、侵权行为、无因管理、不当得利都是债的发生因。但是,从《民法典》的分编来看,合同与侵权独立成编,债的一般规则规定在合同编通则部分。在这种情况下,我们在阐述债的一般原理时,就不能把债的一般制度作为合同的一部分,而必须从《民法典》的整体结构来正确阐述,即"债的关系"是一个上位概念,而合同、侵权、不当得利与无因管理仅仅是引起债的关系发生的具体原因。因此,本套教程中债法教程的基本逻辑体系就是:债的一般原理、意定之债(合同之债)、法定之债(侵权行为之债 + 不当得利之债 + 无因管理之债)。这是既符合逻辑、也符合我国民法典内在制度的知识体系。

在编写本套教程的过程中,我们坚持反映最新教学成果和科研成果的原则。一本好的教程与专著的区别,不仅在于教程要反映一般的观点,更重要的是教程不只要反映最新的科研成果,还要反映最新的教学成果。我们依托"教育部中国民法课程虚拟教研室",把最新的教学成果写入本教程。从所有参加教材撰写的作者可以看出,都是在民法教学第一线的教师。这种写作阵容更能直接把教学经验和成果反映到教程中。此外,我们坚持四校教师"融合"的做法——每一卷的主编、副主编和撰写人员都由四校老师组成。这样不仅能够取长补短,而且更利于同仁之间的相互交流与融合。

尽管我们全体编写人员在编写本套教程的过程中付出了最大的努力和真诚,但我们也做好了接受批评的思想准备。这主要是因为,一方面,我们自身的研究能力和视野等方面存在限制;另一方面,民法学人对于民法学体系认识存在差别,毕竟民法学界对于如何构建我国自主的民法学知识体系尚未达成足够共识。本套教程是我们在这种共识达成过程中的一种努力。

希望学界及业界同仁不吝批评、赐教。

编　者

2024 年 5 月 28 日

分　序

在我国，关于债的体系之认识，大概是除人格权外最具争议的问题。由于《民法典》的结构——合同与侵权独立成编，因此，侵权行为之后果是否属于债，直至今日仍存在争议。因为自1986年原《民法通则》直到2020年的《民法典》一致将侵权行为的后果定义为“责任”，甚至在1986年原《民法通则》关于“债权”的部分，仅仅规定了合同、无因管理、不当得利产生债，而侵权行为都没有纳入债的发生原因。我国《民法典》的这种合同与侵权分别独立成编且把债的一般规则、不当得利与无因管理都规定在“合同编”中的做法，对于如何认识中国民法中的债的体系，特别是在教程中如何阐述债的体系，是一个特别容易引起争议的问题。因此，写好一本债法教程是一项极具挑战性的工作。我们在撰写本教程时就做好了接受同仁批评的心理准备。所以，请大家一定不吝赐教。

作为编者和作者，我们在撰写本教程时，坚持下列原则（也许这些原则恰恰体现出了本教程的特点）：

第一，坚持债法的知识体系与我国《民法典》有机结合的原则。正如本套教程“总序”中所说的，我国《民法典》在关于债与合同、侵权之体例上具有独特性。但是，从民法学原理上看，必须在《民法典》的整体结构上正确地对之进行阐述。例如，《民法典》第118条第2款规定：“债权是因合同、侵权行为、无因管理、不当得利以及法律的其他规定，权利人请求特定义务人为或者不为一定行为的权利。”从该条规定来看，合同与侵权都是债的发生因。但是，从《民法典》的分编来看，合同与侵权各自独立成编，且债的一般规则规定在合同编中。在这种情况下，我们在阐述债的一般原理时，就不能把债的一般制度作为“合同的一部分”，必须从《民法典》的整体结构——总则编的第118条来正确阐述之，即“债的关系”是一个上位概念，而合同、侵权、不当得利与无因管理仅仅是引起债的关系发生的具体原因。因此，本教程的基本逻辑体系就是：债的一般原理、意定之债（合同之债）、法定之债（侵权行为之债＋不当得利之债＋无因管理之债）。这是既符合逻辑、也符合我国《民法典》内在制度的知识体系。

第二，坚持债的独立性原则。在我国学理和立法上，债权与物权的关系问题是一个特别具有争议的问题，也是至今没有解决的问题：尽管大家对于下列观点基本上是一致的——债权是相对权，是权利人得请求特定人为或者不为特定行为的权利（《民法典》第118条）；物权是绝对权，是权利人依法对特定的物享有直接支配和排他的权利（《民法典》第114条）。但是，物权与债权的深层次问题却具有重大争议——一个债权行为是否能够直接产生物权？债权行为（如买卖合同）无效之后买受人还具有所有权吗？例如，我国《民法典》第403条规定：“以动产抵押的，抵押权自抵押合同生效时设立；未经登记，不得对抗善意第三人。”第641条第2款规定：“出卖人对标的物保留的所有权，未经登记，不得对抗善意第三人。”问题在于：一个抵押合同（债权合同）如何能够直接产生物权（抵押权）？在这里，“物权变动”如何体现出来？一个不能对抗第三人的物权难道也可以称为“物权”？与第114条如何融贯？从第311条之规定来看，善意取得实际上是不需要“合同有效”的，正确的理解是体现了物权行为的“无因性”。但是，学理上有很多人反对之。《民法典》中的这些相互矛盾的规定恰恰反映出学界的不同认识。因此，在物权与债权的关系问题上，看似认识一致的债权与物权，在真正的体系认识上却存在重大争议。本教程坚持债的独立性，将上述矛盾之处作为原则的例外处理。否则，不仅不符合我国《民法典》物权与债权并立的体例，也会颠覆物权与债权的一般知识体系。

第三，坚持债的相对性原则。我国《民法典》对于物权的排他性虽然有限制，但在对待债的相对性方面却是比较坚决的，我们认为也是正确的。本教程坚持债的相对性，把诸如“买卖不破租赁”等排他性作为例外对待。

第四，坚持债法体系完整性原则。我们在继受传统债法体系时，有些制度被过滤掉了。这些被忽视的制度也许是很重要的债的因素，对于我们正确和完整地理解债就会产生某些消极影响。例如，“债因”就是一个典型的表现。债因，无论在大陆法系国家还是英美法系国家，都属于债或者合同效力的核心问题。债因，其实就是债务人受债的关系约束的基础和根据。用更简单的话来说，债因其实就是交易的“对价”，因为合同所表现的大多属于交易关系。同理，没有对价的债对于债务人来说，不应当具有一般的约束力，也是当然之理。自罗马法以来的几乎各主要国家的合同都受到债因的影响，民法理论上所说的“债法律行为的有因性与无因性”之“因”，就是这里的“债因”或者“原因”。一般而言，负担行为（债权行为）都是有因的，处分行为（物权行为）都是无因的。债因在英美法上体现为“约因”，其是合同效力的本质和核心——没有约因的允诺是没有法律效力的，更直接地反映出合同交易的本旨。因此，债因更多地作用于合同领域。“债因”是大陆法系民法典传统的国家之理论与实践非常重视的问题，因为它涉及一个债的效力问题。一个没有“债因”或缺乏“债因”，或者其“债因”不被法律承认的意思表示是不可能生效的。举一个最简单的例子，无论是罗马法、德国民法典、法国民法典、意大利民法典、瑞士债务法典，还是日本民法典，都把“买卖合同”与“互易合同”分别规定，理由就在于买卖与互易尽管十分相似，但债因却不同。优士丁尼就认为，买卖的债因是金钱与货物，而互易的债因却是货物与货物，因此属于两种不同的合同。但“债因”这一问题，恰恰是我国民法理论和实践不够重视的问题。因此，这种对债因的忽视，可能会极大地影响司法实践。例如，A是一个刚刚出狱的杀人犯，其邻居B害怕A伤害其家人，于是与A签订合同：如果A不伤害B及其家人，B每年支付给A 10万元。这种合同是没有债因的，因此，无论是大陆法系国家还是英美法系国家，都不会承认其效力。在我国，法院一般仅仅强调“意思表示真实又不违反法律”，因此，可能会被判决为有效合同而具有约束力。此外，如果不研究和了解债因，也就无法理解“自然之债”为何会存在于债法体系之中。因此，本教程还是把传统民法上的“债因”在债法总论部分进行了阐述。

第五，坚持清晰的违约责任与侵权责任的二元区分。违约责任与侵权责任在传统民法上是泾渭分明的，但是随着社会生活复杂程度的加剧和国家对于契约领域干预程度的增加，这种区分的边界正变得愈加模糊。例如，在合同法领域，因为诚实信用原则在各国的加强，因此产生更多的非约定义务（法定义务），违反这种法定义务也被纳入了违约责任的范畴中。诸如在“骨灰盒保管合同”中丢失骨灰盒的情形下，仅仅承担违约责任而没有精神损害的赔偿，显然不能对受害人进行完全的救济。因此，违约责任在例外情况下，也有了精神损害的赔偿问题；在侵权领域，由于我国自2009年的原《侵权责任法》到《民法典》始终把损害“民事权利与利益”作为侵权对象，但又不像德国民法典一般对于侵犯利益的责任构成规定了比侵犯权利更加严格的构成要件,这就使侵犯权利与利益可能被同等对待。如果这样,“纯粹经济利益的损失”将毫无障碍地进入侵权法领域。另外,像传统民法上的“产品责任”的范围是否包括产品本身的损失,在我国存在争议。如此一来,合同与侵权的二元划分可能被冲击殆尽。因此,本教程在对待纯粹经济利益的侵权责任构成方面,坚持“故意或者违反善良风俗”的构成要件,来过滤纯粹经济利益进入侵权法领域,从而区分权利和利益在债法保护方面的制度差异。

第六,坚持反映最新教学成果和科研成果的原则。本教程就是依托教育部中国民法课程虚拟教研室,将最新的关于债法的教学成果写进教材中。

本教程所有作者和编者都是四校从事民法债法教学的骨干教师,我们为编写好这本课程尽了最大的努力。但是,内容与观点错误在所难免,望不吝批评指教。

编　者

2024 年 5 月 28 日

目　录

第一编 债法总论

第四编 法定之债（二）侵权行为之债

第一编

债法总论

第一章　债与债法概述

第一节　债的概念与特征

引导案例

1. A是一名软件工程师,与甲公司具有雇佣合同关系。B是乙公司的法定代表人。某日,B与A相遇,B高薪诚邀A加入自己公司的研发团队。A欲解除与甲公司的雇佣合同,甲公司不同意。A直接去乙公司工作。那么,甲公司是否可以起诉乙公司侵犯了自己的债权(与A在劳动关系中的债权)?

2. A是一名刑满释放的杀人犯,出狱后居住在某小区。其邻居B听说后非常害怕,于是就找到A,提出如果A不伤害其家庭成员,每年给予其10万元作为回报。于是,双方签订了合同。那么,这种合同是否生效?

一、债的概念

(一)债的一般概念

债与单纯的债权或者债务不同,它所表达的是一种"法律关系",即一种包括债权债务关系甚至基于其他根据(例如,诚实信用原则)所产生的权利义务关系。因此,关于债的最原始、最经典的概念当数源于罗马法的"法锁"。优士丁尼大帝之《法学纲要》称:"债是依国法使他人为一定给付的法锁(suris ncucum)。"[1]意大利另一位罗马法专家彼得罗·彭梵得指出,"债"(obligatio)这个词原是指这种约束即保障履行义务的法律约束;但后来人们也用它表示负债人的义务,有时(至少在优士丁尼法的文献中)还指权利享有人的权利(obligatiocreditoris, obligationem adquirere, comparare),[2]意指债权债务关系。债是这样一种法律关系:一方面,一个或数个主体有权根据它要求一定的给付即要求实施一个或一系列对其有利的行为或者给予应有的财产清偿;另一方面,一个或数个主体有义务履行这种给付或者以自己的财产对不履行情况负责。债的特有构成要件是对某一主体的法律约束。[3] 德国学者也认为,古典法和优士丁尼法的"债",其名称来自"捆绑、约束"(ligare),同当代的债务关系一样,是一项法律关系,使债务人(debitor)向他的债权人(creditor)对于给付负担了义务。基于这项关系,债权人在债务人未按要求提供给付时可以向债务人提起对人之诉(actioin personam),并且可以基于判决而对他予

---

〔1〕［意］阿雷西奥·扎卡利亚:《债是法锁——债法要义》,陆青译,法律出版社2017年版,第3页。
〔2〕参见［意］彼得罗·彭梵得:《罗马法教科书》,黄风译,中国政法大学出版社2018年版,第232页。
〔3〕参见［意］彼得罗·彭梵得:《罗马法教科书》,黄风译,中国政法大学出版社2018年版,第232页。

以执行。债权人对债务人基于债享有债权(一项独立的请求权)。[1]

综上所述,我们可以把债定义为:一种特定的法律关系,根据此关系,一方有权请求他方为特定给付行为,而该他方(相对方)负有为满足此请求而为或者不为特定给付行为的义务。享有请求权利的人为债权人,负有给付义务的人为债务人。

正是因为债的关系包括债权与债务两个方面,从各国立法例来看,有的国家立法着重权利,故其"债法"称为"债权法"——《日本民法典》第三编称为"债权编",直接与第二编"物权编"对应。有的则着眼债务的履行之保障,称为"债务法"——《瑞士民法典》第五编直接称为"债务法"(由于后来单独通过,从表面形式上表现为《瑞士债务法》),与第四编"物权编"对应。《德国民法典》第二编称为"债务关系法"(也有人翻译为"债的关系法"[2]),是从债权债务关系的整体入手的。

综观我国《民法典》,与《日本民法典》一样,是以"债权"作为切入点来规范债权债务关系的。我国《民法典》第118条规定:"民事主体依法享有债权。债权是因合同、侵权行为、无因管理、不当得利以及法律的其他规定,权利人请求特定义务人为或者不为一定行为的权利。"我国立法机关的学者解释我国《民法典》第118条规定时指出:"本条是关于民事主体依法享有债权的规定。债是因合同、侵权行为、无因管理、不当得利以及法律的其他规定,特定当事人之间发生的权利义务关系。首先,债是一种民事法律关系,是民事主体之间以权利义务为内容的法律关系。其次,债是特定当事人之间的法律关系。债的主体各方均为特定当事人。再次,债是特定当事人之间得请求为或者不为一定行为的法律关系。"[3]由此可见,尽管我国《民法典》是从债权入手建立规范体系的,但从立法机关的认识看,其仍然把债看成是一种"法律关系"。

笔者认为,以"债权"作为切入点来建立债的规范体系并没有不妥之处,因为从法律关系的本质来看,其本来就是一种权利义务关系,而"权利本位"之民法基本原则自然地得出债权的核心为"权利",因此,从债权入手建立规范体系也是一种恰当的构建方式。

(二)广义的债与狭义的债

从债的内容来看,可以把债分为狭义的债与广义的债。

狭义的债是指债务人与债权人之间的具体给付关系。例如,在买卖关系中,出卖人请求买受人支付价金并接受标的物的请求权,买受人所负有的支付义务和接受义务;买受人请求出卖人交付标的物并转移所有权的请求权。这是两种狭义的债的关系。

广义的债则是指与给付相关的所有法律关系。例如,在买卖关系中,除了出卖人请求买受人支付价款和接受履行、买受人请求出卖人交付标的物并转移所有权之外,还有很多与此相关的权利义务关系,如同时履行抗辩权、不安抗辩权、解除权、撤销权、代位权以及告知义务与保密义务等附随义务。也就是说,广义的债除债权与债务外,还包括基于其他根据所产生的附随义务和终止权等。例如,意大利学者认为,广义之债,是指一旦产生某种特定的债的关系,在当事人之间所并存的各种法律地位的总和,如除形成狭义之债的关系的债权和相对应的(原)给

---

[1] 参见[德]马克斯·卡泽尔、[德]罗尔夫·克努特尔:《罗马私法》,田士永译,法律出版社2018年版,第331页。

[2] 参见杜景林:《德国债法总则新论》,法律出版社2011年版,第6页;由上海社会科学院法学研究所翻译的《德意志联邦共和国民法典》(法律出版社1984年版)直接将该民法典第二编翻译为"债的关系法"(参见该法典译本第56页)。

[3] 黄薇主编:《中华人民共和国民法典总则编释义》,法律出版社2020年版,第310页。

付义务外，还有一些附随义务和终止权等。[1] 德国学者梅迪库斯认为，广义的债务关系是一个极其复杂的架构，而这一复杂的架构主要由众多的债权或者义务（狭义的债务关系）组成。其中包括无数其他的、从根本上说是根植于诚实信用原则所产生的义务。这也是人们将它称作“架构”、“有机组织”或者“过程”的原因。在这里，后两个称谓除表示复杂性外，还应当表示广义债务关系所具有的另外一个特征，即它不是静态地僵固于一个一成不变的状态之中，而是随时间变化不断地以多种形态变动：它在“有机组织”这一形象化称谓中出生，并且可以成长、衰老，直至最后死亡。[2] 我国有学者也持这种观点。[3]

广义的债与狭义的债的区分之意义为何？笔者认为，这种区分在理论上的意义远远小于实践中的意义，因为“债务关系”这一表述方式在民法典中的使用并不统一。有时其所指的是债权人与债务人间法律关系的整体（广义的债务关系），有时其所指的仅是债权人与债务人间在某项单一的债权方面的关系（狭义的债务关系）。因此，就具体规定而言，必须通过解释弄清楚债务关系是以何种理解为基础的。[4] 在司法实践中，无论是法院的诉讼还是仲裁，原告或者申请人提出的诉讼或者仲裁请求都是根据具体的债的关系提出的，因此，必须以具体的债的关系为基础和根据。但是，在法院或者仲裁机关审查其请求是否成立的时候，必须主动或者被动地审查：债成立的基础是否存在（例如，合同是否无效、被撤销或者解除）、抗辩权是否存在、诉讼时效期间是否经过、当事人是否有违反附随义务的情形等，最终才能裁决原告或者请求人的请求是否应该得到支持。

二、债的特征

根据债的上述概念及债的具体制度，特别是在与物权比较的情形下，债应该具有以下特征。

（一）债是人与人之间特别的结合关系

债的法律规范的前提就是设定每个人都是平等的民事主体，他们彼此之间没有任何关系，所有的关系都是特别结合而成的。(1)因当事人的意思而结合的关系——意定之债。(2)因法律规定而结合的关系。(3)因违反法律对人的保护规范而结合的关系——侵权（侵权之债）。(4)因不当得利或者无因管理产生的债的关系。(5)因违反其他法律规范而结合的关系——附随义务——诚实信用的违反。

（二）债是一种财产性的法律关系

这一特征具有两层含义：第一层含义是债是一种法律关系，也就是民事主体因为债法之调整所形成的权利义务关系。第二层含义是债的关系一般都是财产关系。该层含义也包括两层意义：一是债的关系不能拘束人身。尽管从历史上看，债是可以指向人身的，[5] 但自19世纪以《法国民法典》为代表的近代各国法律法典化以后，“人作为主体而不得沦为客体”的基本理念深入人心，债的关系不再包括人身。因此，亲属关系不再作为债的关系，债的规则不能适用之。

---

[1] 参见[意]阿雷西奥·扎卡利亚：《债是法锁——债法要义》，陆青译，法律出版社2017年版，第5页。

[2] 参见[德]迪特尔·梅迪库斯：《德国债法总论》，杜景林、卢谌译，法律出版社2004年版，第8~9页。

[3] 参见王洪亮：《债法总论》，北京大学出版社2016年版，第8页。

[4] 参见[德]迪尔克·罗歇尔德斯：《德国债法总论》（第7版），沈小军、张金海译，中国人民大学出版社2014年版，第4页。

[5] 参见[德]马克斯·卡泽尔、[德]罗尔夫·克努特尔：《罗马私法》，田士永译，法律出版社2018年版，第333~334页。

二是债的标的主要表现为给付行为。虽然债可能不直接表现为财产,但是一般来说,债必须能够转化为财产(以金钱等值化),否则它会在民法制度体系下遇到以下障碍:(1)赔偿。只有当债能够顺利转化为财产(能够用金钱等值化)的时候,赔偿才能体现同质救济的特征。[1](2)待债务人破产时申报债权。因为在破产程序中,以金钱分配为原则,所以破产程序要求所有债权必须能够以金钱等值化,不能直接体现为金钱的,难以申报债权。

(三)债的关系具有相对性

债的相对性,是指债的效力应当仅仅在债权人与债务人之间发生,不具有抵抗第三人的效力。学者一般将这种特征表述为"债是特定人之间的法律关系"[2]。从我国《民法典》的债法体系来看,这一特征属于债的基本特征。

债的这一特征具有重要意义,主要体现在:(1)民法典体系构建的基础。债的相对性与物权的绝对性和排他性是民法典体系中不同的财产规范体系的基石,如果债没有了这一特征,那么物权法(编)与债法(编)的规范体系将不复存在。(2)债的相对性是契约自由的基础。尽管债的发生原因除合同之外,还有其他原因,但合同在现实生活中是产生债的主要原因,也是最重要的原因。如果债的相对性不存在,那么契约自由将失去基础——合同效力只有存在于合同当事人之间才具有合理性,否则,让合同当事人决定他人事项的话,自由将变成一种可怕的事情。

需要说明的问题是:(1)债的效力涉及第三人是例外。我国《民法典》及很多国家的民法典上,确实存在债的第三人效力。例如,我国《民法典》第522条至第524条的涉第三人合同、第535条至第542条的保全等,但这都是债的相对性的例外,并且有严格的条件限制。(2)不可否认,在我国《民法典》中确实存在某些本来属于债权的权利,经过登记之后具有了物权效力。例如,《民法典》第374条之地役权,采取的就是这种"合同生效时设立、登记对抗"的模式。那么,如果一种权利不能对抗第三人,这不就是典型的债权吗?但在我国《民法典》中,其显然被称为一种物权,而且这种物权不在少数。这其实在一定程度上对于传统民法之权利体系是一种挑战。

在本节引导案例1中,由于A与甲公司的雇佣合同具有相对性,一般不能对抗第三人。因此,一般情况下,B邀请A参加乙公司的技术研发团队不构成侵犯他人债权。但是,如果B知道A与甲公司存在雇佣合同关系,仍然引诱其违反雇佣合同并加入乙公司,则构成侵犯债权。这也就是所谓的"债权不可侵性"所具有的前提要件——故意。

(四)债的非强制公示性

由于债的关系没有对抗第三人的效力,法律并不要求其像物权关系那样必须进行公示,以便让第三人知晓权利的存在。

也正是因为这个原因,对于侵犯债权之保护并不像侵犯物权或者人格权那样进行同等程度的保护。只有在行为人明知他人债权存在而故意侵犯的时候,才构成侵权行为从而承担责任。尽管我国《民法典》第1164条至第1166条规定"侵害民事权益要承担侵权责任",但侵犯债权这种对象应该有严格的限制。因此,所谓"债的不可侵性"有严格的条件限制,并不能一般

---

[1] 严格地说,我们国家理论与实践中所谓的"精神损害赔偿"并不准确,准确的称谓应该是"精神抚慰金",原因就是精神不能直接转化为财产。

[2] 王利明:《债法总则研究》(第2版),中国人民大学出版社2018年版,第7页。

地认为,债权具有不可侵性。在本节引导案例 1 中,由于 A 与甲公司的雇佣关系没有公示,乙公司在不知情的情况下,是不构成侵权行为的。

三、债的效力的根源——债因

“债因”是大陆法系民法典传统的国家之理论与实践非常重视的问题,因为它涉及债的效力问题。一个没有“债因”或缺乏“债因”,或者其“债因”不被法律承认的意思表示是不可能生效的。但“债因”这一问题恰恰是我国民法理论和实践不够重视的问题。

什么是债因?《学说汇纂》和《优士丁尼法典》断片中所使用的“原因”一词具有相同的含义,是指给付进行的基础。原因既可以是受领人的给付,也可以是任何其他致使给付作出的情形。[1] 意大利学者彼得罗·彭梵得指出,在罗马法上,“契约”一词除指协议外,还强调作为债的关系的原因行为或者关系,因为这种“客观关系”在罗马法中占有十分重要的地位。契约由两个要件构成:一个要件是原因或者客观事实,它是债的根据。另一个要件是后来由古典法学理论创设的,即当事人之间的协议。[2] 显然,彼得罗·彭梵得在这里所谓的“债因”是指“当事人之间的客观关系”,这种客观关系具体是指什么?依我们的理解,应该是指任何一种被罗马法承认的契约所反映的客观的交易的外在表现形式。德国学者维尔纳·弗卢梅指出,原因的概念应当是:它是使给予行为中的给予正当性的理由……在买卖合同中,基于行为所完成的给予的法律原因属于行为的内容。卖方基于买卖合同取得价金请求权,买方基于买卖合同取得商品交付请求权。此外,无须借助买卖合同之外的法律原因来使当事人取得的请求权具有正当性。按照买卖合同的约定,买方与卖方分别基于自己的给付而取得对待给付请求权,该约定构成买卖双方基于买卖合同所享有的请求权的正当原因。[3]

简单来说,债因其实就是交易的“对价”。因为合同所表现的其实大多属于交易关系,没有对价的交易当然应当属于市域社会的例外。同理,没有对价的债对于债务人来说,不应当具有一般的约束力,也是当然之理。民法理论上所说的“债法律行为的有因性与无因性”之“因”就是这里的“债因”或者“原因”。一般来说,负担行为(债权行为)都是有因的,处分行为(物权行为)都是无因的。英美法上的“约因”更直接地反映出合同交易的本旨。因此,债因更多地作用于合同领域。

那么,债因的作用是什么?在私法体系中,私人行为无论是想获得债法上的效果,还是想获得物法上的效果,均需要得到法律的认可,但是,并非所有的私人行为都会得到法律的认可。在考虑是否认可私人行为,进而赋予这些私人行为以法律效力时,实际上存在一个评价与筛选的机制。[4] 被法律纳入这一机制中的因素众多,如法律行为的无效因素与可撤销因素等,但是,有一种因素是这一机制中不可或缺的,它既反映交易本质又决定交易效果,它就是“债因”。也就是说,一个法律行为除去无效及可撤销的因素外,还有一种限制私人自治的因素——债因,也就是 1804 年《法国民法典》第 1108 条规定的“原因”。[5]

如果从罗马法关于契约效力的发展史来考察,就能很清楚地看出债因的作用。在罗马法

---

[1] 参见[德]维尔纳·弗卢梅:《法律行为论》,迟颖译,法律出版社 2013 年版,第 189 页。

[2] 参见[意]彼得罗·彭梵得:《罗马法教科书》,黄风译,中国政法大学出版社 2005 年版,第 232 ~ 233 页。

[3] 参见[德]维尔纳·弗卢梅:《法律行为论》,迟颖译,法律出版社 2013 年版,第 179 页。

[4] 参见娄爱华:《大陆法系民法中原因理论的应用模式研究》,中国政法大学出版社 2012 年版,第 1 页。

[5] 《法国民法典》第 1108 条规定:“下列四项条件为契约有效成立的主要条件:(1)承担义务的当事人的同意;(2)上述当事人的缔约能力;(3)构成义务客体的确定标的;(4)债的合法原因。”

上,有一种在我们今天的法学家来看特别奇怪的逻辑:契约的关键或者说核心因素根本就不是代表意思自治的“合意”,甚至“合意”不是契约的构成要素。就如有学者指出的:“订立市民法契约必须完成法定形式,形式是必备要件,而合意则不是要件。”[1]因此,合意或者说协议、合约等如果不具备特定的条件根本就不产生债的效果。英国学者梅因在分析罗马法上的“合意”时指出,罗马法离缔约者的允诺比附加其之上的手续程序更神圣的时期还有很长的距离。为了说明这一时期所发生的变化的性质,必须研究罗马法学家关于“合意”的分析。罗马法把“债”与“协议”或者“合约”在理论上加以区分。一个“合约”或者“协议”是个人相互之间同意的极端产物,它显然不是一个“契约”,而仅仅是一个“协议”或者“合约”。它最后是否会成为一个契约,要看法律是否把一个“债”附加上去。一个“契约”是一个“合约”(或者协议)加上一个“债”。在这一个“协议”(“合约”)还没有附带“债”的时候,它就是空虚的合约。[2] 使契约产生债的,恰恰就是“债因”。

为了更明确地说明债因的作用,我们可以举一个简单的例子:买卖合同与互易合同为什么属于两种不同的合同类型?从一般人的观念上看,这两种合同是一样的,但是二者债因不同:买卖合同是一方支付金钱,另一方交付货物;而互易合同则是双方都交付货物。因此,也就出现了两种合同类型,而这种区分在我国的理论和实践上恰恰不十分受到重视。

值得注意的是,法国在债法改革后的2016年《法国民法典》第1028条中明确地将“原因”取消。[3] 那么,这是否意味着法国人彻底放弃了“债因”的概念?对此,法国学者认为,合同法的改革删除了作为合同生效要件的“原因”,但适用了其他同义词替代——目的。在新的条文中,吸收于原因之上的方案而不明确提及原因,意味着原因的消失只是形式上的而非实质性的。“原因”仍然构成替代方案的默示基础。于是,虽然“原因”这一术语在条文中消失,但新的条文仍然建立在“原因”这一概念之上。“原因”从门里被赶出去,又不可避免地从窗户外回来。[4] 其删除“原因”是激进的,仅仅是为了与欧洲融合,使法国法系更加具有吸引力和影响力。[5]

但是,如果认为债因或者原因仅仅是大陆法系国家的专利,那就大错特错了。其实,债因或者原因在各个国家或者地区的民事法律上都有体现,只是表现形式不尽相同:在法国法上称为“原因”;在英美法系国家称为“约因”;德国学理与立法上众所周知的“有因”与“无因”之中的“因”,其实就是指“原因”,只有在债的关系中才要求有“原因”,称为“债因”。同时,在债的关系中,还有一种具有矫正功能的原因的表现形式——无法律承认的原因时,受损害的一方可以请求返还。也就是说,不当得利制度的构造及规范功能就在于从另一方面来确认或者矫正无原因给付的问题。

原因理论在我国合同法理论与立法上又是如何?我国的学理和司法非常强调意志的作用而忽略“原因”,即仅仅注重合同的主观正当性而忽视客观正当性。但从我国的法律制度层面

---

[1] 费安玲主编:《罗马私法学》,中国政法大学出版社2009年版,第316页。但是要正确理解这一结论:这里仅仅是说在产生债的效果方面不是要件或者核心要素,但还是有意义的。

[2] 参见[英]梅因:《古代法》,沈景一译,商务印书馆1959年版,第182页。

[3] 2016年《法国民法典》第1028条规定:“合同生效必须具备以下条件:(1)承担义务的当事人的同意;(2)上述当事人的缔约能力;(3)合同标的合法且确定。”

[4] 参见[法]威廉·维克尔:《原因的废除及其替代方案》,刘骏译,载《南京大学法律评论》2019年第1期。

[5] 参见[法]威廉·维克尔:《原因的废除及其替代方案》,刘骏译,载《南京大学法律评论》2019年第1期。

来看，却不缺少对原因的反映。例如，《民法典》关于赠与合同之规定就是典型——标的未交付之前，赠与人具有任意撤销权(第 658 条)。又如，《民法典》第 525 条至第 527 条规定的不安抗辩与同时履行抗辩权也是力证。

在本节引导案例 2 中，按照大陆法系传统的债法理论，A 与 B 的约定并不具有受到法律上保护的原因——债因，其不可能具有债的效力。在英美法系国家，因为这种合同没有对价(约因)——B 每年给予 A 10 万元，那么 A 给予 B 什么了？因此，也是不能产生合同效力的。在我们国家，这种合同究竟是否有效恐怕很有争议——我国合同理论和立法表面上十分重视意思自治而忽略债因，因此，其很有可能被作为有效合同对待。但是，可以根据《民法典》第 153 条第 2 款——违反公序良俗而认定其无效。

四、债的产生根据

根据我国《民法典》第 118 条第 2 款的规定，债的产生根据有：合同、侵权行为、无因管理、不当得利以及法律的其他规定。由于关于合同、无因管理、不当得利、侵权行为这 4 个债的发生根据，在本书的后面有详细论述，在此就不再赘述。这里重点解释一下“法律的其他规定”。

“法律的其他规定”主要包括：(1)单方行为所生之债。例如，《民法典》第 685 条第 2 款因单方行为所生的保证债务；《民法典》第 499 条规定的因悬赏行为而产生的债等。(2)因缔约过失行为所产生的债。(3)因为违反诚实信用原则所产生的附随义务所生之债。(4)因特别法的规定而产生的债权债务关系，如根据《公司法》《证券法》《票据法》《保险法》《信托法》《消费者权益保护法》《产品质量法》等特别法所产生的债。

需要特别说明的是：由于缔约过失和基于诚实信用原则产生的附随义务多发生在合同领域，如果将它们纳入“因合同产生的债的关系”中也是符合体系的。

第二节　债的关系的内容

引导案例

1. 甲、乙双方签订了一份买卖房屋的合同，合同签订以后，甲按照合同之约定，向乙支付了 355 万元房款。乙应当在合同签订后的 10 个月后交付房屋并在交付房屋后的 3 个月内为甲办理房产登记。但在合同签订后的 12 个月后，乙方没有交付房屋，甲方请求其承担违约责任。乙因债务过多，被法院宣告破产。那么，这种违约责任属于债的范畴吗？甲方能否按照破产程序申报债权？

2. 甲、乙双方拟订了一份买卖“永动机”的合同。按照出卖人甲的介绍和保证，该机器以自来水作为燃料，可以永不停息地做功，且节省大量燃料和成本。于是，双方签订了买卖合同。后甲方无法交付这种性能的机器，经专家论证后认为，这种机器根本就不可能产生。那么，合同效力如何？

一、债的关系的内容概述

前文已经提及，债的关系分为广义的债的关系与狭义的债的关系，这里所说的债的关系的内容仅仅以狭义的债的关系为基础。

债的关系的内容涉及的问题比较多，如何来确定债的关系的内容关涉债法的体系问题。本书在这一问题上认为，债的关系的内容主要涉及下列问题。

(一)给付规则体系

“给付”是债的核心问题，无论债的关系的当事人是权利人还是义务人，甚至是权利第三人或者义务第三人，抑或保证义务人，其表现都是围绕“给付”设计的。债的多数问题其实都可以通过“给付”展开。例如，在合同关系中，(1)给付的产生——合同订立：要约承诺、契约自由；(2)给付义务的履行：诚实信用原则、各种抗辩权、给付的方式(部分给付、第三人给付以及向第三人给付、期前给付、金钱与非金钱给付等)、给付内容的确定；(3)给付障碍及其救济：给付拒绝、给付不能、给付迟延(包括债权人迟延)与不完全给付(包括加害给付)、解除合同、赔偿损失、继续履行给付义务、违约金与定金等问题；(4)给付义务的消灭，包括履行与其他各种替代履行给付的方式等。因此，本书在下文专门就“给付”进行讨论。

(二)债权与债务及其关系

尽管“给付”是债的关系的核心问题，但从民法典的设计来看，一般来说给付体现为给付的义务人及给付的请求权人——债权人，是围绕债权人的权利与债务人的义务来完成体系构建的。也就是说，给付在“主体”方面要以债权人与债务人的方式体现出来。因此，债权与债务两个方面是给付的具体体现。特别在我国《民法典》关于债的体系的设计中，其第118条直接就体现为“债权债务关系”。另外，在我国《民法典》体例下的合同编中，债权(人)与债务(人)始终是债的关系的主线。因此，本书还要尊重我国《民法典》体例，将债权与债务作为重要的概念进行说明。

二、债权——给付请求权

(一)债权的概念与特征

按照我国《民法典》第118条的规定，债权是权利人请求特定义务人为或者不为一定给付行为的权利。从这一概念出发，可以得出债权的5点特征。

1. 债权是请求权

从我国《民法典》第118条关于债权的定义就可以看出，它是一种请求权。虽谓之为“请求权”，但并非说“其非经请求不能实现”，义务人也可以不经请求而主动履行给付义务，而是在性质上被定性为“请求权”，其意指基于对人格的尊重，债权人不能仅凭自己的意志对标的物——债务人的行为随意支配，因此，在债务人不履行债务的时候，只能“请求”其履行或者请求法定机关强制其履行。也就是说，一般债权的实现需要义务人的积极配合(消极的不作为是比较少见的)，以与物权等支配权相对——物权的实现不需要他人积极配合。尤其是在债务人破产的时候，这种请求权与支配权的区别就显示出明显差异——物权要么是取回权要么是别除权，而债权就只能接受比例分配了。

这种请求权与物权的差别主要是在“第一客体”[1]意义上所说的，但就物权与债权本身来说，都属于可以支配的权利。例如，债权转让也是债权人处分和支配债权的表现形式，其与物权转移仅仅是规则不同而已，实质没有什么差别。

---

〔1〕 物权的第一客体，是指物权的标的——物，债权的第一客体是指给付行为。

2. 债权为对人权(相对权)

债权为相对权是由债的关系的相对性所决定的,债权因为是特定人对特定人的权利(对人权),所以一般没有对抗第三人的效力,也就为相对权,与物权的绝对性相对。

3. 债权的平等性

债权是请求权,对于债务人的财产没有支配的效力,因此债权无论成立先后,原则上都平等,并没有物权的顺序性和排他性。

当然,在法律有特别规定的情况下,债权之间也有先后的问题。例如,(1)我国《民法典》第560条规定:"债务人对同一债权人负担的数项债务种类相同,债务人的给付不足以清偿全部债务的,除当事人另有约定外,由债务人在清偿时指定其履行的债务。债务人未作指定的,应当优先履行已经到期的债务;数项债务均到期的,优先履行对债权人缺乏担保或者担保最少的债务;均无担保或者担保相等的,优先履行债务人负担较重的债务;负担相同的,按照债务到期的先后顺序履行;到期时间相同的,按照债务比例履行。"《民法典》第561条规定:"债务人在履行主债务外还应当支付利息和实现债权的有关费用,其给付不足以清偿全部债务的,除当事人另有约定外,应当按照下列顺序履行:(一)实现债权的有关费用;(二)利息;(三)主债务。"(2)在破产程序中,债权有优先债权、一般债权和劣后债权。

4. 债权主要为财产权

对此,在"债的关系"部分已经作出了详细的说明,在此不再赘述。需要特别说明的是,有些请求权如果不能财产化,又不得强制履行,在民法上的定性就值得研究。例如,我国《民法典》第179条规定的"赔礼道歉"这种责任方式(对于受到损害的人来说实际上是一种请求权),如何定性实为民法上的一个问题。

5. 债权为可处分性权利

作为权利,债权与物权一样,具有可处分性,具体表现为债权不仅可以转让、赠与,也可以以此作为担保。另外,债权人对债务人放弃债权(免除)在我国《民法典》中也是一种处分的表现形式。

(二)债权与物权的区别

在大陆法系的民法典中,物权与债权是传统民法规范的主要的两大财产体系,如在《德国民法典》中,其属于重大的两编。在我国《民法典》目前的规范体系结构下,物权与债权也可以说是重要的两大部分;债权法与物权法是民法中反映财产关系的最基本的法律制度。物权与债权两者之间有密切联系,是从不同方面对财产关系的折射。物权反映了静的财产关系,债权反映了商品的交换关系。一方面,"动"以"静"为起点与基础,即债权反映了商品的交换关系,物权反映了对商品的支配与所有关系。无所有权便无交换的产生,债权也就失去了存在的前提。另一方面,"静"以"动"为实现手段,物权的取得以债权为手段,商品的交换是所有权的交换,所有权人在交换中失去了原来的所有权,同时又取得了新的所有权。没有债权,物权的移转也会在很大程度上遇到困难。

但是,在民法典中关于物权与债权的规范之所以能够成为不同的设计,是因为两者有重大差异。两者的区别主要体现在以下方面。

1. 从权利所反映的社会关系上看,债权反映的是动态的财产关系,即财产的流转关系;而物权反映的是静态的财产关系,即财产的所有与支配关系。

2. 从权利的主体上看，债是特定当事人之间的法律关系，不仅债权人是特定的，债务人也是特定的；而物权关系则是特定的权利主体与不特定的义务（消极义务）主体之间的法律关系。

3. 从权利的客体上看，债权的客体一般是给付行为，而物权的客体只能是物（特殊情况下为权利）。

4. 从权利的实质上看，债权是请求权，即债权的实现必须依赖债务人的积极行为（例外也有消极行为）；而物权是支配权，物权体现的是权利主体依自己的意志并以自己的行为对物行使支配权，一般不需要义务人的积极配合。

5. 从权利的静态效力上看：第一，债权无排他性；而物权有排他性。第二，债权无顺序性；物权有顺序性。债权的无顺序性，也称债权的平等性，即债权不分成立先后，效力平等。关于物权的顺序性，若在一物上成立多个物权，以其成立的先后决定顺序，先成立的物权优先于后成立的物权。但在我国《民法典》采取“登记对抗”的物权效力模式下，有时候只能说先登记的物权优先于后登记的物权。

即使如此，也有例外。例如，最高人民法院《关于商品房消费者权利保护问题的批复》（法释〔2023〕1号）规定：(1)商品房消费者以居住为目的购买房屋并已支付全部价款，主张其房屋交付请求权优先于建设工程价款优先受偿权、抵押权以及其他债权的，人民法院应当予以支持。(2)只支付了部分价款的商品房消费者，在一审法庭辩论终结前已实际支付剩余价款的，可以适用前款规定。(3)在房屋不能交付且无实际交付可能的情况下，商品房消费者主张价款返还请求权优先于建设工程价款优先受偿权、抵押权以及其他债权的，人民法院应当予以支持。这实际上是为了保护消费者，把其债权列为特别优先债权了，而且比登记的物权（抵押权）都优先。

6. 从权利的种类和内容上看，物权实行种类与内容法定原则，而债权则无此要求。

7. 从权利的动态效力上看：第一，债权无追及性效力，而物权有追及性效力。

第二，物权优于债权。例如，对特定财产有担保权的债权人就特定财产优先于一般债权人获得清偿；在债务人破产的时候，物权人优先于一般债权人获得满足。

8. 从权利保护上看，对物权的侵犯构成侵权行为；而债权无公示性，对其进行侵犯一般不作为侵权行为处理，只有在特殊条件下才构成侵权行为。

（三）债权与请求权的关系

债权是一种请求权，但它并不等于请求权。例如，从我国《民法典》第194条与第196条规定可以很清楚地区分出债权请求权与其他请求权并存之情形。因此，请求权不等于债权，物权等也有请求权存在。

但是，我们必须清楚的是：债权从本质上来说，本身就是请求权——没有支配性和排他性，其权利的实现在大多数情况下需要债务人的积极协助。而物权本身属于绝对权，其本身不是请求权，其权利人需要的是其他人的不侵犯。只有当权利受到侵害的时候，才有可能产生请求权。例如，物被他人占有的时候，物权人可以行使物上返还请求权或者占有返还请求权。

（四）债权的物权化特征及其说明

在民法理论和立法中，出现了“债权物权化”特征问题。主要表现在以下几个方面：

1. 租赁物权化。《民法典》第725条规定：“租赁物在承租人按照租赁合同占有期限内发生所有权变动的，不影响租赁合同的效力。”

2. 预告登记。我国《民法典》第221条第1款规定："当事人签订买卖房屋的协议或者签订其他不动产物权的协议，为保障将来实现物权，按照约定可以向登记机构申请预告登记。预告登记后，未经预告登记的权利人同意，处分该不动产的，不发生物权效力。"合同债权关系经过登记之后具有了能够对抗第三人的物权性效力。

3. 由于我国民法理论对于负担行为与处分行为的区分存在争议，而立法和司法实践对于两者的关系也比较不明，因此，合同债权被"登记对抗"这种效力模式变成了物权。例如，动产抵押本来就是一个抵押合同产生的债权请求权（负担行为如何能够产生物权），但在我国《民法典》上成为一种物权，这种"物权"未经登记不具有对抗效力。但是，严格地按照《民法典》第114条之规定，物权必须具有支配性和排他性。不能对抗第三人的权利不就是债权吗？但在我国《民法典》上却是"物权"。因此，如果说债权物权化，没有比这种登记对抗更直接的了。

但必须说明的是，尽管债权具有物权化特征，但债权还是债权。例如，租赁关系仍然属于债权范畴。

三、债务

（一）债务与责任

债务实际上就是给付义务人承担的给付义务。由于这种给付义务我们将在下面详细阐述，在此不作赘述，这里主要阐述债务与责任的关系。因为我国《民法典》总则编不仅有"民事责任"一章（总则编第八章），而且在《民法典》的第七编专门规定了"侵权责任"、在第三编第八章规定了"违约责任"，所以澄清债务与责任的关系是我国《民法典》上一个重要的问题。

在"债务"和"责任"的关系方面，历来有两种不同的理论和立法，即日耳曼人的"责任"同"债务"的分离理论与罗马人的"责任"同"债务"的一体理论。〔1〕

就两种不同的立法例而言，学者主张，无论从学理上还是从立法上，都有必要将责任从债中分离出来，并建立系统的民事责任制度。〔2〕这种观点具有广泛的代表性，其理由也具有很强的说服力。从我国《民法典》来看，确实存在系统的民事责任规范体系。因为我国《民法典》没有债法总则和统一的债法体系，所以合同法与侵权法各自成编而适用"违约责任""侵权责任"也似乎能够顺理成章。那么问题是：首先，为什么现代各个主要的大陆法系国家的民法典中没有统一的民事责任制度？为什么都采取责任与债务合一的模式？为什么德国人也没有采取自己的日耳曼传统的分离模式而采取了罗马人的合一模式？其次，我国理论与立法中所谓的"违约责任"与"侵权责任"本身是否就是一种债？

主流学者一般认为，债的本质应该是请求权。如果是这样，那么违约的后果和侵权的后果是否都产生请求权？合同生效后当然会产生请求权，合同权利人有权请求相对方履行义务。如果对方不履行，则可以请求法院救济。这种救济改变了请求权的性质了吗？诉讼请求与诉讼外请求都没有改变请求权的性质，那么为什么义务就变成责任了？同理，对于他人的绝对权，任何人负有不侵犯的义务（不作为义务）。如果有人侵犯了他人的绝对权，就会承担相应的后果，而这种后果可能是财产性的（损害赔偿），也可能是非财产性的（哪怕是赔礼道歉——虽然笔者并不认为这是一种真正的民事救济），但都使受害人产生了一种债权性请求权。它为什么就不是债而是责任？崔建远教授显然注意到了这一问题，指出：侵权责任的成立，使受害人

---

〔1〕　参见魏振瀛：《民事责任与债分离研究》，北京大学出版社2013年版，第17～32页。

〔2〕　参见魏振瀛：《债与民事责任的起源及其相互关系》，载《法学家》2013年第1期。

有权利请求责任人承担侵权责任，责任人有义务满足受害人的该项请求，向其承担侵权责任。此处的权利、义务发生在相对人之间，权利以请求为内容，符合债权、债务的质的规定性的要求，故这些权利义务关系就是债的关系。[1]

如果仅从文义上去分析债务与责任，其实也未必具有意义。如果自动履行民事义务就没有责任；否则一旦诉诸法律和法院，就有了责任。那么问题是：民法上的任何一项权利都必须有法律强制的支持，否则何谈权利或者义务？通过诉讼实现请求权与非经诉讼实现请求权之间没有任何的区别，我们不能以是否有国家或者法律的强制为标准来区分债务与责任。

另外，如果仅仅强调“民事责任是指民事主体违反民事义务应当承担的民事法律后果”，就肯定民事责任的独立性，那么民事权利的作用又如何理解？是否仅仅起到在诉讼外请求的作用？因为按照这一观点，一旦进入诉讼而获得法院的判决，便具有强制的作用，那就是责任的问题，是对债务人不履行义务的制裁。但问题恰恰相反：(1)只有权利人才能启动民事公力救济机制，所谓“不告不理”，就是指权利人只有告诉，才能启动法律救济。因此，这种后果是对权利人的救济。任何一民事诉讼中的原告到法院提起民事诉讼，首先，他要证明的不是被告具有什么义务，而是证明自己享有什么权利(原告一定是权利人而不是义务人)；其次，证明其权利因被告不履行相应的义务而不能获得满足；最后，要求被告承担相应后果。一个义务人是不能作为原告要求法院判决自己对权利人承担责任的，所以这种所谓的“责任”，是对民事权利的救济。(2)这种救济机制始终与权利的损害大小有关，而与承担的义务大多数情况下并不一致。例如，债权人A对债务人B享有10,000元债权，因B到期不偿还而违反履行义务后，可能会产生利息或者其他损失，其损失为12,000元，那么B承担的最后义务(“责任”)可能为12,000元。这一结果取决于债权人的损失而非债务人义务的大小，而这种结果最终表现为债权人的请求权。这一点更进一步说明，学者所谓的这种“责任”实际上是债权人的请求权，是对权利的救济，而非单纯对债务人不履行义务的强制。

每一种不同的权利，都配备了自己独特的救济方式，统一的民事责任体系不能满足这种权利属性的要求。例如，在物权这种支配权中，如果物未经物主同意而被他人拿走，物主就可以行使“物上请求权”要求侵占人返还；如果不返还，则可以通过诉讼要求其返还。这种诉讼请求并没有改变“物上请求权”的性质。如果物被损害导致不能返还了，则物主的权利就由支配权变为债权性请求权，即请求对方赔偿。

另外，当债务人破产而要求申报债权时，这种“责任”将如何申报？破产法上仅仅有“债权申报”制度而无“责任申报”制度。这种“责任”如果不是债权请求权，那么应如何在债务人破产时实现？所以，这种所谓的“违约责任”“侵权责任”概念不仅在债法内部不协调，还与企业破产法等特别法不协调。因此，在本节引导案例1中，乙对甲的违约责任在性质上当然属于债(实际上就是债)，可以按照破产程序申报债权。

笔者认为，我国的学理与立法特别钟情于“违约责任”或者“侵权责任”的称呼，与下列因素有关：第一，我国从来都没有过完整的债法体系，而1999年的原《合同法》与2009年的原《侵权责任法》各自独立的情形并没有在2020年通过的《民法典》中得到改变，因此这种后果就无法定义到“债务违反”或者“权利救济”中去。第二，自1981年的原《经济合同法》最早使用了

---

[1] 参见崔建远：《中国债法的现状与未来》，载《法律科学(西北政法大学学报)》2013年第1期。

"违约责任"以来,理论和立法上就形成了习惯的称呼,以致出现了这样的现象:在许多民法教科书中,有"债法总论",在其中有"债的效力"的论述,也有债务不履行的分类与后果,但在"债法分则(债法各论)"中仍然使用"违约责任"与"侵权责任"的概念。我们不禁要问:债法分则中合同义务的不履行,与"债法总论"中的债务不履行是什么关系?

因此,最理想的方式是用"请求权"统一债的各个部分,注意"债总"与"债分"的关系,用"债务不履行及后果"来统一各种义务违反的情形。就如学者所指出的:民法规范应当沿着请求权、抗辩权的思路安排,而不能沿着义务、责任的思路安排。之所以如此,首先是因为民法是权利法,其次是为了符合诉讼之程序,当事人在诉讼中并非请求法院判定自己会承担什么义务或责任,而是请求法院判定自己享有什么权利。[1] 这不仅仅是一个概念的问题,还是关系到整个体系的问题,特别是各个制度之间的协调问题。例如,解除合同与违约责任是什么关系?瑕疵担保责任与违约责任是什么关系?

就合同本身而言,合同生效后即产生给付请求权及债务人的给付义务,如果债务人不履行给付义务,则债权人即可请求法院给予违约救济(也就是我国《民法典》所谓的违约责任)。因此,凡是有债权与物权区分的国家或者地区,都不可能出现"违约责任"的概念。因为,契约是债的发生原因,从债务人的角度来看,契约义务不履行,就是债务不履行,就要承担债务不履行的法律后果。而从债权人的角度来看,契约义务不履行,就可以要求法律救济。我们必须明白的是:这种所谓的违约责任其实本质上就是债——只要债务人破产,债权人就可以以此申报债权。就侵权行为而言,只要构成侵权行为,受害人对加害人就产生损害赔偿的给付请求权(也就是所谓的违约责任)。就不当得利及无因管理而言,其结果也是给付请求权。因此,给付请求权可以统一我国《民法典》上的所有的债。也就是说,尽管我国《民法典》并没有用"给付请求权"统一所有的债的关系,仍然用"责任"来指称债的关系,但我们在理解"违约责任""侵权责任"时,应该用"给付请求权"来理解,这样更加准确和符合体系。

但是,有学者对于债务与责任的描述也许能够反映当前很多人的想法。日本学者我妻荣先生指出,债务的本质是法律上应为的一定给付,而责任是强制实现该应为行为的手段。原本在此意义上债务和责任的区别,在日耳曼法上是非常明显的。所以,债务自身常常仅以法律的应为行为为内容,不执行应为行为的人服从债权人的掴取力约束,即责任是与债务相区别的另一概念。特别是最初时,因契约之外其他事由而产生的债务并不一定产生责任,责任可能是因以产生责任为目的的契约以外的其他原因而产生的,而且责任又分人格性责任和财产性责任,各自又因其种类不同而有所区别。但随着时代的发展,一方面,人格性责任逐渐消失;另一方面,财产性责任中,因特定财产而产生的责任被纳入了担保物权领域,一般财产责任原则上也就当然地随着债务而产生。自此,债务与一般财产而产生的责任非常紧密地结合在一起。特别是继承罗马法以来,认为因一般财产而产生的责任为债的效力或作用,两者之间无差异的思想被广泛地接受。这种状态基本与现代法相同。一方面,伴随债务的人格性责任几乎不存在。债之奴隶、民事拘押等制度虽在各地存在过,但现今已不存在。破产人在人格上的不利也仅仅停留在名义上的状态。另一方面,担保物权、保证等特殊财产性责任也各自成为独立制度,作为纯粹的责任仅限于以债务人的一般财产作为其担保。这种责任与所有的债相伴而生,债权

〔1〕 参见王洪亮:《强制履行请求权的性质及其行使》,载《法学》2012年第1期。

人均基于平等地位对其要求执行获得满足。所以，在现代法下，作为一般财产而产生的责任与债务相伴而生是其普遍性。在现代法中，这也是没有必要区分债务与责任的主要理由。[1]

从上面这一段话来看，我妻荣先生也是认为债务与责任属于包容关系，但是其接下来的话却认为，在有些时候对债务与责任进行区分也有意义。他指出，仔细观察，即使在现代法中，债务与责任归属不同人的情形并非少数，不伴随责任或受到限制的情况的例子也绝非少数。所以，区别两者对理解现代法的债之关系具有重要意义。学说上对此加以区别的观点也逐渐增多，判例中也渐渐开始趋向"肯定说"。[2]

为了支持自己的观点，其举出了4个例子：(1)当事人之间有不得强制执行之特别约定时，产生无责任的债务。判例上也采用该观点。其理由在于，当事人可以自由设定限制效力的债权。(2)在继承的限定性承认中，债务虽并没有缩减，但其责任被限定在所继承的财产范围内。(3)以一定额为限度的有限责任为典型事例，合资公司的有限责任社员及股份公司的股东责任就是这种责任。(4)作为仅存在责任或债务的例子是物上保证人、担保不动产的受让人等即使在这种情形下，也可能负担其他债务，因此，不能叫作完全没有债务的责任。[3]

笔者认为，我妻荣先生的上述例子很难支持其责任独立于债务的观点，理由是：(1)如果当事人在合同中约定，任何一方不履行合同义务就没有任何责任，这种约定在民法上是否具有效力值得怀疑，在我妻荣先生著述的时候也许可以，但从当代民法上看，这直接背离了合同的基本价值——依法成立的合同在当事人之间没有拘束力？这种约定是否违背善良风俗值得思考。可以肯定地说，这种约定在我国《民法典》上肯定不能生效。我国最高人民法院《关于适用〈中华人民共和国民法典〉合同编通则若干问题的解释》（以下简称《合同编通则解释》）中，对于合同当事人约定"违约金不得调整"都认为无效，[4]更何况没有违约责任的约定。(2)限定继承确实是对继承人的优惠——其对于债权人的债务限定在被继承人的遗产的范围内，但这是价值判断问题而不是逻辑使然，用价值判断否定债务吸收责任是难以成立的。例如，物权具有支配性和追及力，但善意取得恰恰从价值判断的视角来切断追及力，能否以此得出结论说：物权没有追及力？显然不能。(3)股东以其认缴的出资额为限对公司承担有限责任是否是一个恰当的说明例子？笔者认为不是。公司债务的债务人是公司而不是股东，股东的出资与公司以自己的资产承担债务是两个完全不同的问题。在公司法上，"股东以其认缴的出资额为限对公司承担责任"本身就是一个不准确的说法（尽管是通常理解）：有限责任公司的股东不对公司债务承担责任，而不是"以其认缴的出资额为限"承担责任。当有限责任公司的股东把出资交给公司时，交付的财产就是公司的而不再是股东的了。(4)担保的例子可能就更不合适了。担保物价值总是有限，可能不能涵盖所有债务，尤其是债务人破产或者物上保证人破产时，债权人只能在担保物的价值范围内得到清偿，客观上当然是有限的。因此，其不能作为责任与债务分离的例子。更值得商榷的是，债务人用自己的财产偿还债务为什么要理解成"责任"？按照这种理解，任何一个债务人的财产不够清偿债务的时候，都可以理解为"债务与责任分离"了？因此，更准确的理解应该是，债务之所以是债务，债权之所以是债权，就是因为有法律提供

---

〔1〕 参见［日］我妻荣：《新订债权总论》，王燚译，中国法制出版社2008年版，第64～65页。

〔2〕 参见［日］我妻荣：《新订债权总论》，王燚译，中国法制出版社2008年版，第65页。

〔3〕 参见［日］我妻荣：《新订债权总论》，王燚译，中国法制出版社2008年版，第65～66页。

〔4〕《合同编通则解释》第64条第3款。

的强制存在,所谓的“责任”就是这种强制或者强制的后果。

有一个大家常见所谓误解就是,自然之债就是没有责任的债务。这显然不合逻辑——自然债务根本就不是民事债中的债务,就比如说“准合同”根本就不是合同一样。当我们说“自然之债是没有责任的债务”,就像在说“准合同是没有意思自治的合同”一样,属于概念上的错位。像自然之债这种债务很难被称为“债务”了,因为它失去了法律的强制。因此,自罗马法以来,自然债务就被剔除出“法定民事债”之外了。[1] 所以,有人如果想用自然债务说明责任与债务的分离,那更难以成立。

(二)不真正债务

通常来说,所谓不真正债务,是一种行为要求。如果负担不真正债务的一方当事人没有履行该债务,则仅仅是自己承担不利后果。[2] 由于对方不承担不利后果,实际上是义务人自己照顾自己利益的义务。因此,法律一般不赋予对方履行该义务的请求权。

通说认为,不真正债务的显著例子,是我国《民法典》第 591 条有关减损义务的规定。该条第 1 款规定:“当事人一方违约后,对方应当采取适当措施防止损失的扩大;没有采取适当措施致使损失扩大的,不得就扩大的损失请求赔偿。”

四、给付

(一)给付的概念

给付,是指债权人得向债务人要求的、而债务人必须给予债权人的。给付是债的关系内容的指称。[3] 从罗马法开始,罗马人把给付分为 3 类:给(dare)、做(fare)、履行(praestare)。“给”是指转移所有权或其他物权的义务(rem dare, unumfruntun, iter dare)。“做”是一种单纯的行为,它并不暗含权利的转移,如实施某一劳作,允许享用某一物品等。“履行”一般既包括“给”的意思又包括“做”的意思,或许更多涉及的是保证、责任,而不是直接的目标或债务,这是一个并不具体地特指标的的一般术语;但它以特定的方式专门用来表示那些对于履行义务的保证和责任来说具有特别意义的、附带的和偶然的要素。比如,人们用它表示对故意、过失、勤谨注意、看管、利益损害、追夺、忍耐等负责。[4] 从这一概念来看,给付几乎包含了债的关系的全部义务,因此,欧陆国家多用“给付”来指称债务人的义务及其履行。

在我国民法学理论和立法以及司法实践中,多用“履行”或者“清偿”,很少使用“给付”这一概念。但是,如果从罗马法关于给付的内涵和外延来看,使用“给付”是最准确的。我们是否有必要区分给付与清偿、履行?为了顾及我国民法学、司法实践和立法,这 3 个概念可以在同等意义上适用——都是指为消灭债务,按照债的本旨为或者不为一定的给付行为。

---

[1] 参见[德]马克斯·卡泽尔、[德]罗尔夫·克努特尔:《罗马私法》,田士永译,法律出版社 2018 年版,第 343 页;[法]雅克·盖斯旦、[法]吉勒·古博:《法国民法总论》,陈鹏等译,法律出版社 2004 年版,第 679～680 页。

[2] 参见王洪亮:《债法总论》,北京大学出版社 2016 年版,第 27 页。

[3] 参见王洪亮:《债法总论》,北京大学出版社 2016 年版,第 19 页。

[4] 参见[意]彼得罗·彭梵得:《罗马法教科书》,黄风译,中国政法大学出版社 2005 年版,第 218 页。德国学者卡泽尔先生、克努特尔先生在其《罗马私法》一书中,使用的术语不仅相同,而且内容是一致的:在法律和诉讼程式中,给付内容被称为“给予”(dare)、“行为”(facere)和“供给”(praestare)。而且,对于这 3 种类型的给付所作的解释也是一致的。参见[德]马克斯·卡泽尔、[德]罗尔夫·克努特尔:《罗马私法》,田士永译,法律出版社 2018 年版,第 338～339 页。

(二)法律对给付的要求

1. 概述

罗马法以来的大陆法系国家民法理论对于给付都要求有一定的构成要件。也就是说,称为债的标的的给付必须具有一定的条件。以罗马法为例,给付必须具备4个实质要件:(1)标的必须是可能的;(2)合法的;(3)确定的或者至少是可确定的;(4)必须给债权人带来利益。[1]

关于第一个要件——可能性。"对于不可能的物不产生任何债"(Impossibilium nullaabligatio est)。给付的不可能性可以是物质上的或法律上的,但它必须是真实的和绝对的,即是一种客观的和普遍的不可能性,而不是相对的和个别的。比如说,对于被毁灭的物,履行转让所有权的义务自然是不可能的;出卖"神法物"(res divini iuris)或一般来说不可交易的物或某一已归债权人所有的物,在被继承人死亡前就遗产进行交易等,均为不可能的。

关于第二个要件——合法性。标的应当在道德上也是合法的,因为如果说法不接受道德的保护,那么它也从不愿接受非道德化的保护。

关于第三个要件——确定性。其不必是一种绝对的和现实的确定性,标的只要是相对确定的就可以了。比如,留给某一第三人的意思决定,根据应给付物同其他物的关系(quantum in arca habeo)推导,或者可根据其他各种情形确定。它可以取决于债权人、债务人或第三人在两个以上物之间进行挑选的意思(选择之债),或者取决于对某一种类物挑选的意思(种类之债)。但是,在给付可替代物问题上,标的及其数量不能完全地取决于债务人的意思。

关于第四个要件——对于债权人的利益性。人们至今仍承认这样一条规则:债的标的应当给债权人带来利益;而且,根据占主导地位的观点,这种利益应当是可以用钱款计算的。标的本身的特性则是另一个问题,说它是财产性的只意味着社会意识允许对未履行的给付实行钱款转换。[2]

在近代很多国家的民法典上,罗马法的这种痕迹依然存在。例如,《意大利民法典》第1346条至第1349条仍然规定"给付必须是可能的、适法的、确定或者可确定的"。也有学者持有相同的观点。[3]《法国民法典》第1128条也对此进行了规定。我国也有学者主张债的标的必须是合法的、可能的和确定的。[4] 我们可以从比较法的视角,结合我国《民法典》的规定,来阐述这些要件的实质意义。

2. 这些要求的实际意义

既然法律对给付有这种要求,如果不符合这些要件,那么法律后果会如何?给付不能后果如何?

按照传统理论,要区分该不能是在法律行为成立时自始就不能还是嗣后不能。如果是前者,则法律行为(合同)自始无效。如果是后者,则是合同解除或者替代履行的问题。日本学者也主张在合同订立之前的"不能",为合同成立问题。[5] 意大利学者也认为,如果合同标的缺乏上述3个要件,就不能形成拘束力。按照这种观点,本节引导案例2中,因为"永动机"根本

---

[1] 参见[意]彼得罗·彭梵得:《罗马法教科书》,黄风译,中国政法大学出版社2005年版,第218页。

[2] 参见[意]彼得罗·彭梵得:《罗马法教科书》,黄风译,中国政法大学出版社2005年版,第219页。

[3] 参见[意]阿雷西奥·扎卡利亚:《债是法锁——债法要义》,陆青译,法律出版社2017年版,第31页。

[4] 参见王利明:《债法总则研究》(第2版),中国人民大学出版社2018年版,第576页。

[5] 参见[日]我妻荣:《新订债权总论》,王燚译,中国法制出版社2008年版,第127页。

不可能存在,属于合同标的物自始不存在,合同显然属于不成立。这种规定是否合理?

(1)从理论上进行分析

在德国债法现代化之前,按照《德国民法典》第306条之规定,合同为无效。对此,德国学者认为,初看这在逻辑上可能是必要的,理由是此种给付无法履行。但事实上对于《德国民法典》第306条而言并不存在这种必要性即代之以合同的无效,也可以规定合同发生效力,如以另外一种可能的给付替代不能的给付。(通常表现为金钱的)不履行的损害赔偿,适合作为此种替代。在嗣后不能可以归责债务人的情形中,《德国民法典》第280条选择的就是这种解决方案,并且对于自始不能的特殊情形(出卖不存在的债权),《德国民法典》第437条第1款规定了合同发生效力。从法律政策上看,《德国民法典》第306条的无效后果也是存有疑问的。故此,这一规定在德国联邦最高法院也仅仅应有保留地适用。然而,《德国民法典》第306条以下的规定也不是完全采用无效解决方案。依据《德国民法典》第307条规定,在订约时明知或应知给付不能或禁止情事的那一方合同当事人,应当对另外一方当事人负有赔偿义务。但此项赔偿义务不指向不履行的损害赔偿(积极利益),而指向信赖损害(消极利益)。应对赔偿义务人提出的责备不在于不履行给付,而在于唤起了对给付为可能或给付不被禁止的信赖。故此,《德国民法典》第307条是一种法律上调整的缔约过失情形。此外,《德国民法典》第307条还包含有两项(不能够普遍化的)对赔偿请求权的限制,即尽管另外一方当事人明知或应知给付不能或禁止情事,请求权仍应当完全归于消灭(而非单纯依《德国民法典》第254条减少),并且同《德国民法典》第122条第1款、第179条第2款一样,赔偿消极利益不应当超出积极利益的金额。[1] 但是,在《德国民法典》债法现代化之后,上述规定发生了重大的变化。债法改革后的新《德国民法典》废除了之前旧《德国民法典》第306条以下条款中关于自始客观不能(anfängliche objektive Unmöglichkeit)导致合同无效的规定。根据新《德国民法典》第311a条第1款的规定,《德国民法典》第275条中规定的给付不能的事由并不妨碍合同的有效性。根据新《德国民法典》第311a条第2款第1句的规定,债权人在自始客观不能的情况下的待遇与其在嗣后不能的情况下相同。他可自行选择,或请求代替给付的损害赔偿(Schadensersatz statt der Leistung),或在《德国民法典》第284条规定的范围内请求偿还其所支出的费用。唯一的例外出现在《德国民法典》第2171条中,该条规定了遗赠的标的如果自始不能,则遗赠无效。[2]

其实,从理论上说,由于欧陆很多国家的法律和理论承认"债的发生原因"——债因,负担行为一般都是要求债因的,而处分行为则不要求债因。当合同成立时就出现给付不能,就应该属于债因不存在的问题。不存在债因的合同或者契约就很难具有法律上的约束力。这是自罗马法以来的传统。因此,从债因理论说明上看,也许存在某种障碍。但是德国修订后的民法典的做法,从法律效果上看,不把这种自始的给付作为合同无效的原因,也不存在实际效果上的差别。因为,从法律后果上看,如果把缔约过失责任限定在"不应超过合同有效时对方可以获得的利益"上,就没有实质上的差别。另外,履行问题是合同成立后的问题,在这一点上,自始不能与嗣后不能不应该有任何不同。

(2)从我国民法理论与立法上看

首先,给付不能在我国民法理论、立法和司法实践中均有所体现。1999年原《合同法》第

---

〔1〕 参见[德]迪特尔·梅迪库斯:《德国债法总论》,杜景林、卢谌译,法律出版社2004年版,第290页。

〔2〕 Vgl. Staudinger、Caspers (2019), Vorbemerkungen zu BGB § § 275, Rn. 5.

51 条明确规定:“无处分权的人处分他人财产,经权利人追认或者无处分权的人订立合同后取得处分权的,该合同有效。”从该条规定中,可以解释出,无处分权的人订立的合同不能生效(效力待定),除非其嗣后取得处分权。也就是说,自始给付不能的,合同无效。在合同法施行后的很多年中,关于这一问题的争议从来没有中断过,有“肯定说”与“否定说”两种。[1]

但是,最高人民法院于 2012 年发布了关于买卖合同司法解释[2]以后,司法实践开始发生改变。该解释第 3 条规定:“当事人一方以出卖人在缔约时对标的物没有所有权或者处分权为由主张合同无效的,人民法院不予支持。出卖人因未取得所有权或者处分权致使标的物所有权不能转移,买受人要求出卖人承担违约责任或者要求解除合同并主张损害赔偿的,人民法院应予支持。”也就是说,给付自始不能也不影响合同的效力。直至 2020 年,《民法典》总则编与合同编以及其后的司法解释不再关注标的是否可能。因此,可以说我国立法和司法实践中,没有更明确地规定给付自始不能是合同无效的一个因素,尽管理论上还存在争议。

其次,从我国民事立法和理论上看,几乎从未关注过“债因”——发生债的原因问题,因此债因之有无对于合同并没有影响,顺理成章的是,标的自始是否存在也就不再是合同效力考虑的问题了,故我国立法并不区分自始不能与嗣后不能的效力。

最后,我国《民法典》有独立的物权编,也有合同编与侵权责任编——相当于债法。尽管我国是否区分负担行为与处分行为在理论上存在争议,但至少有很大一部分学者是承认这种区分的,而且在司法实践中也多承认这种区分。因此,标的在开始是否存在、给付自始是否可能与以意思自治为核心、以义务负担为己任的负担行为——合同也就无关了。这是能否履行的问题,而不是合同是否生效的问题。

因此,通说认为,在我国《民法典》及民事特别法、最高人民法院的司法解释中,给付自始不能不是影响合同效力的因素。按照我国的主流理论和立法,本节引导案例 2 中,合同不仅成立而且生效,甲不能交付属于承担违约之后果。

但是,必须清楚的是,如果这种给付所成立的法律行为中存在欺诈、胁迫或者重大误解,可以按照我国《民法典》第 147 条至第 152 条的规定行使撤销权。

(3)给付的合法性

标的合法在当今几乎所有国家的民法典中都是一个重要的法律行为(包括合同)生效的要件。这一要件在我国《民法典》第 8 条与第 143 条、第 153 条都有明确规定。第 8 条规定:“民事主体从事民事活动,不得违反法律,不得违背公序良俗。”第 143 条规定:“具备下列条件的民事法律行为有效:(一)行为人具有相应的民事行为能力;(二)意思表示真实;(三)不违反法律、行政法规的强制性规定,不违背公序良俗。”第 153 条规定:“违反法律、行政法规的强制性规定的民事法律行为无效。但是,该强制性规定不导致该民事法律行为无效的除外。违背公序良俗的民事法律行为无效。”

当然,违背善良风俗与违法几乎是在相等的意义上对待的,如果法律让一个违背善良风俗的法律行为对当事人发生效力,就违反了《民法典》的基本价值。

---

[1] 参见韩世远:《合同法总论》(第 4 版),法律出版社 2018 年版,第 309 ~318 页。

[2] 最高人民法院《关于审理买卖合同纠纷案件适用法律问题的解释》(法释〔2012〕8 号,已被修改,以下简称《买卖合同解释》)。

(4)给付的确定性

给付的确定性包括两层含义:一是现在确定;二是将来能够确定(现在就规定可以确定的方法或者确认人)。给付的确定性在很多国家的民法典中都有规定,因为它涉及当事人的权利义务的范围,也就涉及给付能否履行的问题。例如,我国《民法典》在第 472 条就明确要求"要约的内容具体确定",实际上就是要求合同的给付标的必须确定。

(三)给付义务的种类

给付义务根据其在债的关系中的作用,可以分为主给付义务、从给付义务与附随义务。而主给付义务与从给付义务,又可进一步分为原给付义务与次给付义务。

1. 主给付义务

主给付义务是每一种债的"债因"之体现,是决定债的类型的基础。它决定了合同的不同类型和特征。例如,买卖合同与租赁合同之所以不同,是因为主给付义务不同:买卖合同中,出卖人的主给付义务是交付货物并转移所有权,买受人的主给付义务则是交付金钱;在租赁合同中,出租人的主给付义务是转移租赁物的使用权和占有,而承租人的主给付义务则是支付租金。买卖合同与互易合同看起来很相似,但自罗马法以来却由于主给付义务不同,被区分为两种不同的合同。

2. 从给付义务

从给付义务是与债的主给付义务相伴随的义务,旨在辅助并促进主给付义务的履行;它不在于追求独立的目的,而是具有"服务功能"。某些从给付义务在法律中得到了明确规定,此外,广泛的从给付义务可以从各个债务关系中产生。[1]

从与民事诉讼程序对应的性质上说,无论主给付义务还是从给付义务,都是可以通过民事诉讼程序进行诉请履行的。例如,在机器设备的买卖合同中,出卖人的主给付义务是交付设备与转移所有权,而从给付义务则是交付使用说明书和对买受人的员工进行培训。只要出卖人不履行这两项义务中的任何一项,买受人就可以单独诉请履行。

区分主给付义务与从给付义务在理论和实践中具有重要意义:一般来说,在合同法上,只有不履行主给付义务才构成"根本违约",从而解除合同与请求损害赔偿等,但不履行从给付义务一般不构成根本违约,也就不能解除合同。除非从给付义务与主给付义务对于买受人具有相同的重要性。例如,在有的时候,只交付机器设备而没有交付说明书和对员工进行培训,买受人就不能使用机器设备,则机器设备的交付就没有意义。在这种情况下,违反从给付义务视同违反主给付义务,也构成根本违约。

3. 原给付义务与次给付义务

无论是主给付义务还是从给付义务,在理论上都可再分为原给付义务与次给付义务。原给付义务也称第一次义务,即债原本存在的主给付义务和从给付义务。例如,甲、乙双方订立买卖合同,合同生效后甲的交付货物的义务与乙的支付货款的义务都属于原给付义务。

次给付义务,也称第二次义务,是指在原给付义务履行过程中,因特定事由演变而产生的义务。例如,上述合同中,甲交付货物的原给付义务发生给付不能、给付迟延或者不当给付时,会产生损害赔偿的义务;或者合同解除时产生的恢复原状的义务。这些义务相对于原给付义

---

〔1〕 参见[德]迪尔克·罗歇尔德斯:《德国债法总论》(第 7 版),沈小军、张金海译,中国人民大学出版社 2014 年版,第 6 页。

务而言,都是在原给付义务的履行过程中发生了某些特定事由演变而产生的义务,故是次给付义务。[1]

但需要注意的是,在因合同产生的债权债务关系中,违约后的损害赔偿是次给付义务,其以违反原给付义务为要件。相反,就侵权行为来说,损害赔偿的给付义务是法定债务关系的本来目标,因而是原给付义务。[2]

4. 附随义务

一般认为,附随义务是在债的关系发生和履行过程中,依据诚实信用原则,根据债的性质、目的和交易习惯产生的作为与不作为义务,或者说是附随主给付义务、从给付义务的补充性义务。根据义务产生的时间不同,附随义务可以表现为先契约义务,或表现为债的履行过程中的附随义务或者后契约义务,具体为照顾义务、通知义务、保护义务、协助义务、保密义务、注意义务、告知义务等。例如,我国《民法典》第500条至第501条规定的就是附随义务。[3]

附随义务的特点是:(1)具有利益全面调节功能。原有的主从义务是在合同成立后至履行前对当事人利益的协调,而附随义务可以发生在合同成立之前和合同履行后,对债的关系的当事人利益关系的调节更加严密和细腻。(2)附随义务是单向义务,不具有对等性,在承担附随义务的同时,不享有相应的附随权利,即不能请求支付报酬。(3)内容不确定。附随义务会因债的类型和特点不同而不同,从维护当事人利益和具体债的实现的需要出发来确定。(4)地位具有"附随性"。附随义务衍生或附随于法定和约定义务中,其功能是促进主给付义务的实现,使债权人的给付利益获得最大可能的满足,维护他方当事人的人身和财产利益。但其先天的"内容不确定性"和地位的"附随性"也使附随义务必须按照具体情形而确定。[4]

附随义务与主给付义务的区别较明显,但与从给付义务的关系容易混淆。二者的区别是:(1)产生的基础不同。从给付义务一般产生于当事人约定或者法律的规定,或者是在发生纠纷时由法官按照合同解释之规则解释出来的义务;而附随义务属于根据诚实信用原则产生出来的义务,与从给付义务比较具有更加广泛、更加不确定的特点。(2)产生时间不同。从给付义务一般产生于合同生效之后,合同生效之前不发生从给付义务。但是,附随义务的产生时间比较宽泛,可以产生于合同缔结过程中,也可以产生于合同履行过程中,还可能产生于合同履行完毕之后(如我国《民法典》第501条之规定)。(3)是否能够单独诉请履行不同。从给付义务是可以单独请求履行的,如房屋使用说明书在交付房屋后没有交付的,可以单独向法院起诉要求交付。而附随义务不能单独诉请履行,但违反附随义务后,可以请求义务人赔偿。

5. 给付行为与给付效果

给付有时可能仅仅与特定行为有关,如不作为给付;有时也可能仅仅与效果有关,如承揽合同就是交付结果的给付行为——在这种给付中,给付行为无论如何完美,都不能达到债的满

---

[1] 参见李永军主编:《民法学教程》,中国政法大学出版社2021年版,第420页。

[2] 参见[德]迪尔克·罗歇尔德斯:《德国债法总论》(第7版),沈小军、张金海译,中国人民大学出版社2014年版,第7页。

[3] 《民法典》第500条规定:"当事人在订立合同过程中有下列情形之一,造成对方损失的,应当承担赔偿责任:(一)假借订立合同,恶意进行磋商;(二)故意隐瞒与订立合同有关的重要事实或者提供虚假情况;(三)有其他违背诚信原则的行为。"第501条规定:"当事人在订立合同过程中知悉的商业秘密或者其他应当保密的信息,无论合同是否成立,不得泄露或者不正当地使用;泄露、不正当地使用该商业秘密或者信息,造成对方损失的,应当承担赔偿责任。"

[4] 参见李永军主编:《民法学教程》,中国政法大学出版社2021年版,第420页。

足的效果，只有完成工作的结果是最重要的。有的时候，给付不仅与行为有关，也与结果有关，如在买卖合同中，给付行为与结果同时发生。

究竟是给付结果还是给付行为，需要在具体的债的类型中加以确定；有的时候由法律直接规定，如承揽合同就是比较明显的给付结果的合同；而有的时候则需要根据具体案件加以确定。在某些债务关系中，若债务人以恰当的方式作出了给付行为，则无论债权人方面主观的目的是否得以实现，债务人都因清偿而消灭了债务。例如，在律师的风险代理中，如果结果没有达到约定效果，当事人就可以拒绝支付报酬。但在一般代理中，律师接受当事人委托为其处理诉讼事务，只要尽到了一名合格律师所能尽到的一切注意义务，即使未能使其当事人胜诉，此时委托人也不得以律师未完成给付义务为由拒绝支付报酬。此类给付不要求相关行为达成特定的效果，债务人是否妥当地履行了债务，主要视其行为是否已尽到了法律要求的注意义务。这就意味着，过失之有无对于界定此类给付义务不履行的效果至关重要。因此，对于仅有给付行为而不必要求特定给付效果的债务关系来说，其债务不履行的责任必然表现为过失责任。委托合同系典型的不要求特定给付效果的合同关系，因此《民法典》第 929 条第 1 款的以下规定运用的是过错责任原则："有偿的委托合同，因受托人的过错造成委托人损失的，委托人可以请求赔偿损失。无偿的委托合同，因受托人的故意或者重大过失造成委托人损失的，委托人可以请求赔偿损失。"

在另一些债务关系中，不仅债务人需要作出特定的给付行为，而且该给付行为还必须实现特定的给付效果。如果给付行为未达到所要求的给付效果，则债务人之行为仍将构成债务不履行。例如，动产的出卖人虽以转移所有权的意思将标的物交付于买受人，但如其对标的物欠缺处分权，而使买受人不能取得标的物所有权，则给付行为本身并不构成清偿。又如，承揽人不仅应完成特定的工作，而且必须确保其交付的工作成果能够有助于实现定作人缔约的基本目的。裁缝虽为他人量体裁衣但所制衣物竟然无法穿着，工匠为他人修配钥匙但所制钥匙竟然无法开锁，基于此类情形，承揽人当然不得以已尽力作出给付行为为由主张已清偿债务。除买卖、承揽外，赠与、互易、租赁等均属要求达致特定给付效果，并非仅仅有给付行为。

就某一具体的债务关系而言，特定给付效果是否内含于给付义务之中，应首先依债务关系的类型与性质加以确定，这一点尤其适用于有名合同。对于无名合同，则应从当事人缔约所欲达成之目的的角度寻求其意思解释，并可参酌交易习惯加以确定。[1]

这种区分的意义在于：在认定给付义务人的违约行为与违约责任的时候，具有重大意义。

（四）给付的确定

在具体的债的关系中，给付的内容之确定往往有不同的方式。根据我国的民法理论及民法典的规定，给付内容的确定大概有以下方式。

1. 债的关系的当事人约定

这种情形一般发生在因合同发生的债的关系中。在这种债的关系中，给付的内容，尤其是主给付义务之内容是由当事人双方约定的。

当然，在法律规定的法定之债发生之后，当事人也可以通过约定重新确定给付的内容。例如，在侵权行为发生之后，加害人与受害人也可以通过协议确定给付的内容。

---

〔1〕　参见李永军主编：《中国民法学》（第 3 卷），中国民主法制出版社 2022 年版，第 61 页。

2. 当事人之一方确定

当事人之一方确定往往发生在两种情况下：一是合同双方约定授权一方当事人确定债的给付内容。例如，选择之债中，一般是由当事人确定具体的给付内容。二是在单方法律行为形成的债的关系中，给付内容由一方当事人确定。例如，我国《民法典》第 685 条第 2 款规定的第三人单方承诺的保证责任之内容，就是由保证人单方确定的。

3. 由法律规定

一般而言，法定之债的内容是由法律规定的。例如，侵权行为之债的内容是由法律直接规定的。

4. 由第三人确定

在实际的生活中，给付的内容由第三人确定的情形也时有发生。德国学者认为，多数情况下，由第三人确定给付发生的背景是，双方当事人希望让一个特别值得信赖并且有专业知识的人来决定给付的内容。[1]

根据合同法的一般原理，当让一个人决定他人之权利义务的时候，有可能存在不公正或者权利滥用，那么法律对于这种由第三人确定给付内容的情形，是否存在具体要求？对此，《意大利民法典》第 1349 条规定："契约中载明给付标的由第三人确定的，在没有发生契约当事人希望的完全符合其意愿的情况时，第三人应当公平处理给付标的的确定。第三人未确定或者其确定显失公平或是错误的，法官可以进行确定（第 631 条、第 632 条、第 664 条、第 778 条、第 1287 条、第 1473 条、第 2264 条、第 2603 条）。完全按照第三人的意愿进行的确定，如果不能证明第三人是恶意的，不得被提起异议。没有第三人且契约当事人未就替代人选达成协议的，契约无效（第 631 条、第 1418 条）。在确定给付标的时，第三人也应当考虑契约可能产生的一般条件。"

《德国民法典》第 317 条至第 319 条规定了第三人确定给付内容的规则：(1)给付的确定被托付给第三人的，有疑义时，必须认为该项确定系依公平裁量作出的。(2)确定应由两个以上的第三人为之的，有疑义时，全体第三人的一致意见是必要的；某一数额应予确定，且不同数额被确定的，有疑义时，以平均额为准。(3)托付给第三人的给付确定，以对合同订立人之一的表示为之。(4)因错误、胁迫或恶意欺诈而撤销所作出的确定的权利，只属于合同订立人；撤销相对人是另一方。撤销，必须在撤销权人知悉撤销原因后，不迟延地为之。确定作出后已经过 30 年的，不得撤销。(5)第三人应依公平裁量确定给付，且所作出的确定显失公平的，对合同订立人无约束力。在此情形下，确定以判决为之；该第三人不能或不欲作出确定，或迟延作出确定的，亦同。(6)第三人应随意确定，且该第三人不能或不欲作出确定，或迟延作出确定的，合同不生效力。

我国《民法典》对此并没有规定，但是参照比较法及公平原则，如果给付义务人认为第三人的确定显失公平，则可以请求法院撤销该确定并依法定程序作出裁判确定。当然，如果能够证明第三人与给付请求权人恶意串通，则直接适用《民法典》第 154 条关于民事法律行为无效的规定。

---

[1] 参见[德]迪尔克·罗歇尔德斯：《德国债法总论》(第 7 版)，沈小军、张金海译，中国人民大学出版社 2014 年版，第 93 页。

（五）给付的模式

给付的模式，主要是指给付的具体方式。例如，由债务人给付、第三人给付（包括《民法典》第524条规定的有合法利益关系的第三人给付，《民法典》第551条、第552条规定的债务承担的第三人给付或者债务加入的第三人给付，《民法典》第523条规定的第三人向债权人给付）、部分给付、分期给付、给付的时间、给付的地点等，将在本书关于合同履行的有关章节详细阐述。

五、债的内容的扩展

由于现代社会的社会交往关系的日益复杂和密切，如通过网络的民事主体之间的关系不仅频繁而且十分脆弱，很容易伤害他人，法律对于个人自由与权利的限制不得不加强。反映在债法上，基于诚实信用以及其他法律规定的法定义务也成为债的不可分割的内容，从而债的义务实际上扩展了。

第三节　债法的构造与功能

引导案例

甲深夜潜入乙家中，偷盗了乙刚从银行购买的500克投资金条，后被甲的邻居发现并告知乙。那么，乙通过什么请求权——物上请求权还是债法请求权保护自己？

一、债法的概念

债法，是指调整债权债务关系的法律规范。从这一概念可以看出，债法实际上是一个相当庞大的规范集合。从总体上看，债法可以分为形式意义上的债法与实质意义上的债法。形式意义上的债法，是指民法典中关于债的规范体系；而实质意义上的债法，是指包括民法典在内的所有调整债权债务关系的法律规范的总称，它不仅包括形式意义上的债法——民法典中的债法规范，还包括民法典之外所有调整债权债务关系的法律规范，如环境保护法、票据法、证券法等。

债法是大陆法系国家以及遵循大陆法系国家体例的国家的特有称呼，因为与物权法对应而立，在英美法系国家则不存在这种所谓的债法，大陆法系国家的债法内容在英美法系国家被单行法所规定，没有体系化的债法。

从理论上来讲，债法有时是在形式意义上使用，有时是在实质意义上使用。但在司法实践中，不仅要掌握形式意义的债法，更要掌握实质意义的债法。因为，在具体案件中，并不需要刻意区分究竟是形式意义的还是实质意义的债法。

二、债法的构造

（一）外部构造——实质意义的债法构造

从债法的外部构造来看，债法＝民法典债编＋商法＋特别法。也就是说，在实行民商分立立法例的国家，除民法典中关于债法的一般规范外，商法上关于债的关系的规范也属于债法。

例如,证券法、破产法、信托法(是否属于商法各国不同)、票据法、海商法等,其中有些规范是属于债法规范的。另外,有些特别法,也有关于债的关系的规范,也属于债法。例如,环境法中关于侵权部分的赔偿责任、产品责任法中的赔偿责任、消费者权益保护法中的赔偿责任等。

我国的债法结构与其他国家的债法结构不同之处在于:(1)我国《民法典》没有单独的债编,关于债的规范主要分散在总则编、合同编、侵权责任编。(2)我国没有商法典,但有很多单独的商法,如《公司法》《企业破产法》《证券法》《信托法》《票据法》《海商法》等,这些应该属于民法的特别法。(3)除上述特别法外,我国还有很多特别法也有债的规范,如《消费者权益保护法》《环境保护法》《产品质量法》等。

(二)内部结构——形式意义的债法构造

这里主要讲《民法典》中关于债法的内部结构。从比较法上看,债法的内部结构可以分为两种模式:一是以《德国民法典》为代表的模式;二是以《法国民法典》为代表的模式。在前一种模式下,债的内部结构主要是"债法总则 + 债法分则"的模式。在这种模式中,"债法总则"规定债的一般问题,而"债法分则"则规定各种不同的债——合同之债、侵权之债、无因管理之债与不当得利之债等。在后一种模式中,债的基本规则和各种具体的债都规定在第三部分"取得财产的各种方式"中。

我国《民法典》完全不同于《法国民法典》,大致与《德国民法典》的模式相似——带有总则编,而且物权、婚姻家庭与继承各自独立成编。但我国《民法典》在关于债的规范模式上不同于《德国民法典》。尽管我国《民法典》关于债的规范在总则编、合同编与侵权责任编,[1]但主要体现在合同编与侵权责任编。在《民法典》的编纂过程中,如何对待债的问题,争议很大。最后,《民法典》还是尊重了1999年原《合同法》之体例,不设单独的"债编",而是把传统民法债法总则的内容规定在合同编中,把无因管理与不当得利冠以"准合同"之名放在合同编中规定,同时,保留侵权责任编并单独成编。这就是我国《民法典》关于债的内部结构。

三、债法的功能

(德国)债务关系(法)的功能表现在两个方面:一是法益变动;二是法益保护。法益变动指因债务关系而实现的法益移动,具体是由债务人向债权人移动,实则就是价值移动。依法律行为设定的债务关系,即意定的债务关系,尤以法益移动为指向,并以此服务于经济往来。这也是债法被视为具有动态性(dynamisch)的原因。法益保护,或者称法益维持,是一种价值维系,旨在通过损害赔偿的请求权和矫正的请求权,消除利益妨害特别是财产妨害的影响。这是债法具有静态性(statisch)的表现。此类债务关系主要为合同外的债务关系,特别是不当得利法的债务关系和侵权行为法的债务关系。[2] 德国学者明确指出,债法性的义务可以分为两类:给付义务与保护义务。给付义务旨在改变债权人的利益状态,而保护义务则是保护当事人

---

〔1〕 当然,不可否认的是,我国《民法典》婚姻家庭编与继承编中也有债权请求权之规范。例如,《民法典》第1054条关于婚姻无效与撤销后的赔偿请求权,第1064条、第1089条关于夫妻共同债务,第1090条的离婚后的困难帮助请求权,第1184条规定的对遗产管理人的损害赔偿请求权,第1161条至第1163条的遗产债务清偿规则等。但是,就债的内容部分来说,其不仅与专门规定债的内容的合同编、侵权责任编不能相提并论,而且与总则编也无法比拟。总则编不仅在第118条至第122条、第130条至第132条规定了债的概念和发生原因、债权行使的一般规则,还在"民事法律行为"和"代理"部分涉及债的诸多内容,在"民事责任"和"诉讼时效"部分也多涉及债的内容。

〔2〕 参见杜景林:《德国债法总则新论》,法律出版社2011年版,第5页;[德]迪特尔·梅迪库斯:《德国债法总论》,杜景林、卢谌译,法律出版社2004年版,第34页。

当前的利益状态不受妨害。[1] 从我国《民法典》的规范体系出发,笔者认为,我国债法的主要功能有以下3点。

（一）为财产交换提供基础

这一功能体现在以下2个方面。

1. 为交易提供基本的法律途径和保障

与物权法规范及其他规范比较,债法的功能就是以财产和利益交换作为直接目的的(包括正值的交易——合同,也包括负值的交易——侵权行为)。当然,现实生活中的多数增值的交易是靠合同来完成的。因此,债法为财产和利益交换提供了途径和保障。

2. 为交易提供基础和原因

这一点在承认“物债二分”,尤其是物权行为与债权行为(负担行为与处分行为)独立且无因的国家尤其重要。例如,根据买卖合同交付的货物,在合同无效的情况下,根据“无因性”和“交付转移所有权”之规则,买受人仍然享有所有权。但是,由于含有原因的交易基础已经不复存在,出卖人可以根据不当得利请求返还。[2] 如果合同有效,则交易基础和原因都是存在的,出卖人则不能请求返还。

（二）保护功能

无论是哪一种规范,其功能都可以表述为“具有保护功能”,如物权编、合同编、婚姻家庭编和继承编。但从具体的功能来看,在所有债法的功能中,侵权责任法规范当然是最具有代表性的保护功能的法律规范。从民法中债法的发展历史来看,债最早起源于“私犯”——侵权,与“公犯”对应。[3] 尤其是从我国《民法典》的结构上看,侵权责任编被放在《民法典》第七编作为最后一编,其保护前面所有编中的权利的功能十分明显。《民法典》第1164条(侵权责任编的第1条)就开门见山地规定:“本编调整因侵害民事权益产生的民事关系。”

在本节引导案例中,乙保护自己的途径是通过物权还是债权——侵权行为或者不当得利?此问题在我国的理论与实务上争议很大,这主要是因为自2009年原《侵权责任法》实施以后,对于侵权的救济手段究竟是什么的认识分歧很大。笔者认为,最好的方式是通过物上请求权请求乙返——乙可以证明自己有所有权(黄金购买都有编号和记录,这一点与一般动产不同)。不当得利肯定不可以——对方并没有得到任何利益:不仅所有权没有取得,其他利益也没有取得。侵权行为是否包括返还原物,还有疑问。

不可否认的是,我国《民法典》总则编与合同编规定的缔约过失责任也是对缔约当事人缔约不成功的损失的保护。例如,《民法典》第157条关于合同无效与撤销后按照过错承担责任的规定,《民法典》第500条与第501条规定的违反诚实信用原则的赔偿责任等。当然,缔约过失责任与侵权责任有天然的联系——在耶林发现“缔约过失理论”之前,缔约过失责任的许多情形都是按照侵权来处理的。

---

〔1〕 参见[德]迪尔克·罗歇尔德斯:《德国债法总论》(第7版),沈小军、张金海译,中国人民大学出版社2014年版,第5页。

〔2〕 按照我国《民法典》第157条的规定,合同无效或者撤销后,行为人因该行为取得的财产,应当予以返还。但是,返还的请求权基础是物权返还请求权还是不当得利之债权返还请求权,存在争议。

〔3〕 参见[意]彼得罗·彭梵得:《罗马法教科书》,黄风译,中国政法大学出版社2005年版,第216页;[德]马克斯·卡泽尔、[德]罗尔夫·克努特尔:《罗马私法》,田士永译,法律出版社2018年版,第332页。

(三)利益平衡功能

应该说,民法典始终坚持公平正义观,因此债法的每一种制度都存在利益平衡之功能。例如,合同法上的显失公平、情势变更、违约金的调整、违约责任等方面,当然体现了法律的利益平衡价值。当然,这种利益失衡与意思自治比较起来,仍然处于次要地位——只要当事人自愿,并且不存在恶意损害他人之情形,即使不公平也不影响合同效力。然而,从整个制度结构上看,不当得利与无因管理在平衡当事人之间的权利义务方面更加明显。例如,在无因管理制度的价值方面,被管理人获得管理利益的同时,让支付管理人因此付出了费用和受到了损失(在被管理人受益范围内),这是利益平衡的表现形式。在不当得利方面,因没有任何法律依据获得的利益使他人受损的,必须把利益返还给受损人。当然,还要区分善意与恶意——对于善意获得利益的人,其获益大于受损人受到的损失的,以损失为限;反之,获益小于损失的,以获益为限,并且以获益的存在为限。对于恶意获益人,则适用不同的规则。这明显表现出利益平衡的功能。

第二章　债的类型

第一节　关于分类的说明

一、分类标准

根据不同的标准可以将债分为不同的种类。这种分类既有立法意义上的分类，也有学理意义上的分类。例如，我国《民法典》第511条、第513条至第514条、第580条等是关于金钱之债与非金钱之债的规范；第515条至第516条是关于选择之债与非选择之债的分类规范；第517～521条是关于简单之债与多数人之债（可分之债与不可分之债、连带之债与按份之债）之规范；第560条、第660条是关于种类物之债与特定物之债的规范等，都属于立法意义上的分类。学理意义上的分类也是民法学的重要组成部分，如民法典上的债与特别法上的债、法定之债与意定之债、完全之债与非完全之债、连续之债与非连续之债等。

本书上的分类既包括立法意义上的分类，也包括学理意义上的分类。

二、研究分类的意义

无论是民法典立法意义上的分类，还是学理意义上的分类，其目的都在于：在划分类型的基础上，找出同一类型之债的共同规则，为立法、司法和学术研究提供便利。例如，连带之债的规则、按份之债的规则就有很大的区别，此分类以便在立法的时候节省条文资源，逻辑更加清晰；在司法上便于法律适用；在学术研究上，其是思维的基础，也是学术共同体进行学术交流的基础。

第二节　民法典上的债与特别法上的债

引导案例

A与B签订了一份买卖100台电脑的合同，B为了支付80万元的货款，向A交付了一张写有80万元金额的汇票。A随后按照合法程序转让给C。后C向B请求付款的时候，遭到B的拒绝，理由是A并没有按照买卖合同约定交付电脑。B的抗辩理由是否成立？

一、民法典上的债

民法典上的债，也称为一般法上的债。民法典上的债是比较典型的债，具备债的一般特征，债的分类和内容一般以民法典上的债为典型，因此我国《民法典》第 118 条规定的债的概念和债的发生原因都是以民法典的规定为基础的。

二、特别法上的债

特别法上的债，是指产生于民法典之外的单行民事或者商事法律规范甚至其他特别法上的债。例如，产生于消费者权益保护法上的债、产生于公司法上的债、产生于票据法上的债、产生于环境法上的债等。

这些债与一般法的债的区别在于：(1)有自己特殊的规则。例如，①票据法上的债权债务关系就不同于一般债法上的债权债务关系：首先，票据关系中的债务人是确定的，但债权人往往由于票据的流通性处在不确定中；其次，一般债权都是有因的——需要有原因，但票据法上的债权债务关系恰恰是无因的——不需要有原因。因此，在本节引导案例中，B 的拒绝理由不成立，因为票据属于无因性支付工具，票据上记载的权利(义务)独立于交易关系，即使 A 不交付电脑，B 也有依法付款义务。②消费者权益保护法上有惩罚性赔偿——欺诈行为的惩罚性赔偿，但民法典上的欺诈行为仅是可以撤销，却没有惩罚性赔偿。③债权债务关系在民事一般法上都是平等的，但在破产法上，要区分优先于劣后债权，从而确定不同的清偿顺序。(2)在法律适用上，采取"特别法优于一般法"的规则，特别法有规定的，先适用特别法；没有规定的，再适用一般法。

三、分类的意义

这种分类方式对正确适用法律规范有重要意义：在特别法上有规定时，必须首先适用特别法的规定，一般法上的法律规范只能作为候补适用。例如，在票据法上，票据失权后，只能根据民法上的不当得利规范来衡平当事人之间的权利义务关系。

第三节　法定之债与意定之债

引导案例

A 对 B 违反注意义务，侵犯了 B 的隐私权。B 向法院起诉，请求 A 承担侵权责任。法院经过审理认为，A 对 B 的侵权行为成立，依法应当承担侵权责任——赔偿 B 因此遭受的损害。判决生效后，双方就侵权责任经过协商达成一致，A 对 B 的赔偿数额少于法院判决的数额。那么，这种协议是否有效？

一、分类标准

法定之债与意定之债是以债的发生原因所作的分类：根据当事人以意思自治为核心的法律行为所产生的债，为意定之债。例如，根据当事人订立的合同产生的债权债务关系。根据法律规定的事实而产生的债为法定之债。例如，根据侵权行为而产生的损害赔偿之债等。对此，德国学者认为，任何债务关系都会产生义务，并因此而限制债务人的一般行为自由。这方面的正当理由原则上有两个：一是基于债务人(依法律行为所给予)的同意；二是基于法律的规定。

依据这两种理由，人们将债务关系区分为意定债务关系（多依其主要发生情形而将之称作“合同”之债务关系）和法定债务关系。[1]

需要说明的是：“法定之债”的由来还有另外一层意思——根据“债因”来自法定规定还是法律之外来分类，则“法定之债”与“自然之债”是一对对应的概念。许多研究罗马法的学者都认为，“法定之债”与“自然之债”是对应的概念，其区分标准就是债是否具有法定的原因[2]和强制执行力。例如，意大利研究罗马法的学者米拉拜利认为：法定之债与自然之债既相互区别，又相互联系，国家法律对社会道德义务也并非概不介入，但也未将这些义务纳入法定义务的范畴。[3] 我国研究罗马法的学者周枏先生在其著作《罗马法原论》中之债的分类部分直接将“法定之债与自然之债”作为一种分类而放在一起，其指出：法定之债是指依法产生而受诉权保护的债；自然之债则是指不能诉请履行，不受诉权保护的债。[4] 费安玲教授在其主编的《罗马私法学》一书中关于债的分类部分，也把“法定之债与自然之债”作为一类，其指出：法定之债是指依法成立并受诉权保护的债务关系，如市民法之债与万民法之债。自然之债是那些尽管产生某些法律规定的效力，但因欠缺法律规定的要件而不被法律承认也不受法律保护的债务关系。[5] 1967 年的《葡萄牙民法典》在规定债的种类时，也将债分为自然之债和法定之债（《葡萄牙民法典》第 403 条和第 404 条）。

还有一点也是必须要指出的，罗马法以及受其影响的大陆法系国家，始终将“债因”作为债的一个很重要的有效要件。例如，1804 年《法国民法典》第 1131 条至第 1133 条明确规定了债的“原因”是债有效的要件[6]；《意大利民法典》第 1325 条也将原因作为契约有效的条件，第 1343 条至第 1345 条又从反面具体规定了债的原因对债的影响。因此，法定之债与自然之债的区分就与这一个因素有关。一项债务如果不是根据法律规定的原因产生而是根据法律规定的原因之外的原因产生，就不具有法律上的约束力。这正是自然之债的根源，自然之债恰恰就是“债因”，不是法律上能够引起强制义务的正当原因，而是因法律之外的原因引起的义务。[7] 对此，意大利恺撒·米拉拜利指出：债的产生原因是多元的，债可以产生于合同、不法行为或者法律规定的任何其他产生债的行为或者事实。非依法而是根据其他规范，如道德规范、社会规范或者宗教规范产生的义务对当事人不具有法律约束力。单纯的社会、道德、宗教义务不是债的渊源，不具有法定约束力。非法定义务有赖义务人的选择，即在无法律约束力时并且不得强迫义务人履行的情况下，义务人可以自由选择是否按照道德规范、社会规范或者宗教规范履行

---

〔1〕 参见［德］迪特尔·梅迪库斯：《德国债法总论》，杜景林、卢谌译，法律出版社 2004 年版，第 10 页。

〔2〕 是否具有法律上的原因这一点，也许存在争议。费安玲教授在其主编的《罗马私法学》一书中写道：“至于自然之债的成立是否一定要有市民法上的债因，多数法学家认为，市民法上的债因应当成为自然之债成立的要件。但并无定论。”（参见费安玲主编：《罗马私法学》，中国政法大学出版社 2009 年版，第 271 页。）但在下面的考察中会看到，现代罗马学者与法国学者都认为，债因好像是法定之债与自然之债的一个重要区别。这大概与他们对自然之债性质的认识有关，即自然之债与民事债究竟是同质还是异质有关。

〔3〕 参见［意］恺撒·米拉拜利：《自然之债》，载杨振山、［意］桑德罗·斯奇巴尼主编：《罗马法·中国法与民法法典化——物权和债权之研究》，中国政法大学出版社 2001 年版，第 38 页。

〔4〕 参见周枏：《罗马法原论》（下），商务印书馆 1994 年版，第 634 页。

〔5〕 参见费安玲主编：《罗马私法学》，中国政法大学出版社 2009 年版，第 271 页。

〔6〕 2016 年《法国民法典》修改后，虽然从表面上看，删除了原因的规定，但实际上原因仍然是契约有效的核心。

〔7〕 我们是否可以将这种引起义务发生的法律外的原因称为“次债因”或者“亚债因”，或许可以探讨。因为，正是这种原因使自然之债没有滑到不当得利一边从而与它区别开来。

义务。基于社会、道德义务而履行某一确定给付所引发的财产性转让是自然之债。《意大利民法典》未对能够成为自然之债渊源的社会、道德义务作出界定，而是将这一难题留给了法官。[1] 在意大利，自然之债都是根据法律规范之外的原因引起的，如宗教规范、社会规范或者道德规范等。对此，研究罗马法的彼得罗·彭梵得指出：《意大利民法典》中的自然之债只不过是具有财产的社会债。因此，人们应该研究法典以外的情况。[2]

尽管本书将"自然之债"列入下面的"不完全之债"来论述，但从历史和现状来看，法定之债与意定之债的区分并不是唯一合理和符合历史的划分。仅仅是我们这一本教科书将"法定之债与意定之债的区分"作为主流通说的分类而已。

二、法定之债

(一)法定之债的概念

尽管说"法定之债"是根据法律规定的法律行为之外的原因而产生的债权债务关系，但实际上，法定之债除债的发生原因不是根据当事人的意思而产生的外，还有一层意思就是：债的内容也是由法律规定而非根据当事人之意思而生。例如，我国《民法典》第1179条规定："侵害他人造成人身损害的，应当赔偿医疗费、护理费、交通费、营养费、住院伙食补助费等为治疗和康复支出的合理费用，以及因误工减少的收入。造成残疾的，还应当赔偿辅助器具费和残疾赔偿金；造成死亡的，还应当赔偿丧葬费和死亡赔偿金。"

(二)法定之债的类型

根据我国《民法典》第118条规定的债的发生原因，侵权行为、无因管理、不当得利以及法律的其他规定中的缔约过失，是法定之债的主要原因类型。

1. 侵权行为之债

侵权行为之债，是指根据法律规定，行为人不法侵害他人权益，从而在侵害人与受害人之间发生的债权债务关系，即损害赔偿关系。

《民法典》单独制定侵权责任编并不意味着其与合同编中实质债法总则规范没有关联。由侵权行为产生的债之关系应首先适用《民法典》侵权责任编和相关侵权责任法律规范；如果没有相关规定，则可以根据《民法典》第468条适用合同编第一分编"通则"的相关规定，如第517条至第521条的规定，除非根据其性质不能适用。[3]

2. 准合同之债

我国《民法典》将无因管理与不当得利两种债的发生原因冠以"准合同"规定在了合同编中，是两种不同的债的法定产生原因。由于本书在下面有专门的无因管理与不当得利的阐述，在此就不再赘述。

需要说明的是，无因管理中的"管理意思"与法定之债之间的关系。无因管理规范要求构成无因管理必须有替他人"管理事务的意思"（"管理意思"，参见我国《民法典》第979条），但这里的"管理意思"并不是法律行为或者合同中的"意思表示"，它仅仅表示管理人是否有意识地为他人利益而进行管理。因此，"管理意思"并不要求有意思能力，无行为能力人也可能构成

---

〔1〕 参见[意]恺撒·米拉拜利：《自然之债》，载杨振山、[意]桑德罗·斯奇巴尼主编：《罗马法·中国法与民法法典化——物权和债权之研究》，中国政法大学出版社2001年版，第378～379、381页。

〔2〕 参见[意]彼得罗·彭梵得：《罗马法教科书》，黄风译，中国政法大学出版社1992年版，第305页。

〔3〕 参见李永军主编：《中国民法学》(第3卷)，中国民主法制出版社2022年版，第33页。

无因管理。所以,它并不改变法定之债的性质。

3. 缔约过失之债

缔约过失,主要是指法律行为的当事人在法律行为的过程中,因自己的过错导致对方损失从而承担责任的赔偿义务。这种赔偿义务在我国《民法典》上,是规定在总则编“法律行为无效或者被撤销”部分的。因此,虽然名称为“缔约过失责任”,但是,单方法律行为也可能产生缔约过失责任。例如,在悬赏行为中,悬赏人中途撤回悬赏,则应当赔偿行为人的损失,除非悬赏人能够证明悬赏事务不可能完成。[1]

我国《民法典》第 500 条及第 501 条规定了缔约过失责任的基本类型,第 500 条还规定了“其他违背诚信原则的行为”。

三、意定之债

意定之债,是指发生、内容均由行为人的意思表示确定的债。法律承认意定之债是贯彻“私权自治”精神的结果。意定之债的特征包括:第一,债的发生由当事人的意思表示确定;第二,债的内容由当事人的意思表示确定,合同之债由双方当事人的意思表示共同确定,单方行为所生之债由一方当事人的意思表示确定。

意定之债的种类包括合同之债与单方允诺之债。合同之债我们将在下面详细论述,在此仅仅就单方行为之债作简要说明。

单方行为产生债的拘束力的情形不乏民法典上的规范。单方法律行为是指表意人单独为自己设定义务的行为。在单方法律行为之中,最重要的是悬赏广告。就悬赏广告的性质,学说中历来存在“单方行为说”与“要约说”的争议。在悬赏广告问题上,存在的问题在于“悬赏广告属于单方法律行为还是契约问题”。在此问题上,笔者同意王利明教授的观点——“单方行为说”。[2] 德国学者也认为悬赏广告为单方法律行为,如德国学者认为,悬赏广告并非通过订立合同成立的,悬赏人是因其单方的、公开的表示才负担义务的,即使对方实施行为并非出于考虑悬赏广告的缘由,或者对此根本不知情,悬赏人也应履行承诺。综上所述,悬赏人的表示不能被视为订立合同的要约,以及实施悬赏行为是对该要约的承诺。从效果上看,悬赏广告中悬赏人的义务产生于其单方面的法律行为。[3] 《德国民法典》第 657 条亦采“单方行为说”,该条规定:“以公开广告的方式,对实施某一行为特别是对引起某一结果加以悬赏的人,有义务向已实施该行为的人支付报酬,即使行为人未顾及悬赏广告而实施行为亦然。”我国《民法典》第 499 条规定:“悬赏人以公开方式声明对完成特定行为的人支付报酬的,完成该行为的人可以请求其支付。”这实际上明确了悬赏广告的性质为单方行为。采纳“单方行为说”的优势在于:一方面,完成特定行为的人即使没有相应民事行为能力也可请求支付报酬;另一方面,无论特定行为人是否知晓悬赏广告的存在,都可请求支付报酬。

四、分类的意义

区分法定之债与意定之债的意义主要体现在以下 3 个方面。

---

[1] 此外,在缔约过失责任问题上,还有一个争议问题:缔约过失仅是在法律行为无效或者撤销后才发生,还是在法律行为有效的情况下也不排斥缔约过失责任的产生。

[2] 参见王利明:《债法总则研究》(第 2 版),中国人民大学出版社 2018 年版,第 496 ~ 504 页。

[3] 参见[德]迪特尔·梅迪库斯:《德国债法分论》,杜景林、卢谌译,法律出版社 2004 年版,第 372 页;[德]维纳尔·弗卢梅:《法律行为论》,迟颖译,法律出版社 2013 年版,第 161 页。

(一)在规范性质认定方面的意义

一般而言,意定之债中的任意性规范较多,而法定之债中基本上为强行性规范。正确认识这种规范性质的差别,对适用法律有重大意义。

(二)在适用法律规范方面的意义

一般而言,在意定之债中,意思自治有适用的余地,而在法定之债中,其适用余地较小;在适用诚实信用原则方面,尤其是附随义务的履行方面,意定之债多有适用,而法定之债适用的余地较小。

(三)赔偿范围

一般而言,只有意定之债才有可能适用期待利益的赔偿,而法定之债一般只能适用信赖利益的赔偿。

需要特别说明的是,法定之债是可以转化为意定之债的,只要双方当事人同意,法定之债就可以转化为意定之债。在本节引导案例中,A 的侵权责任尽管被法院确定,但并不否定当事人 A、B 就法定之债的履行另行成立协议。因此,A 与 B 关于民事责任的协议是有效的。

第四节 特定之债与种类之债

引导案例

A 与 B 签订了一份买卖奥迪 S4 的汽车买卖合同,并在众多的汽车中选择了一辆。汽车选定后,A 交付了全部货款。在 B 交付汽车之前,停车场失火,选定的汽车被烧毁。那么,B 是否可以另行交付同种类型的 S4 汽车?A 是否有权拒绝?

一、分类标准与概念

这是以在债成立的时候,给付的标的物是否被具体化、特定化为标准进行的划分:在债成立的时候,给付标的物就是具体的、特定的,为特定之债。种类之债,是指以一定种类的标的物中的一定数量为交付标的的债(如 100 公斤五常大米)。当指示了债权的标的物仅限于某种类时,并非指某个具体的个别物,而是一个种类中具有一般特征的多数物,并以其中一定数量为债务之标的的情形。[1] 特定之债,是指给付标的物在债成立的时候就是具体化的、特定化的债。

必须指出的是,种类之债与特定之债并非仅仅针对特定的物或者种类物设定,对于权利或者行为也能够设定。就如德国学者所言,种类之债也可以指向权利,特别是债权。甚至在负担行为的情形,也可以指向行为债务(如劳务等)[2]。

与特定之债比较,种类物之债在现实生活中更加普遍。德国学者指出,更常见的情况是放

---

[1] 参见[日]我妻荣:《新订债权总论》,王燚译,中国法制出版社 2008 年版,第 25 页。

[2] 参见[德]迪特尔·梅迪库斯:《德国债法总论》,杜景林、卢谌译,法律出版社 2004 年版,第 153 页。

弃对给付标的物的具体指定，而仅依种类和数量对其进行描述，如数量为 10 吨重的一定品质的煤、1000 只 25 瓦 230 伏特的白炽灯泡等。在这里进行具体描述常常是不可能的。债务人欲先自行购置给付标的物，其不知自己将会获得哪些具体的物。在通常情况下，特定化的描述也可能是完全多余的。债权人对特定的物并不感兴趣，原因是涉及的是同种类的天然产品，或者因批量生产致使所有的物通常是一样的。这种标的物仅依种类指定的债务被称作种类之债。[1]

二、特定之债

在特定之债中，要区分以“特定物”为标的的债与特定之债：我们在此所说的特定之债并非仅仅指以特定物为标的的债，而是指在债成立的时候，债的给付标的就是具体化、特定化的债。特定之债还应当包括以特定的行为和具体的行为为标的的债。

尽管种类物买卖在现实生活中是普遍的，但是，债法的规则是以特定之债为模式进行规范的，就如德国学者所言，《德国民法典》的调整以特定之债的观念为模式。对于种类之债，只有一些主要依种类指定的物之债为内容的特别规定。[2] 也就是说，种类之债在经济生活中具有重要意义；相反，《德国民法典》的出发点则是特定之债。[3] 这是很容易理解的，因为任何债的给付标的在债履行的时候都必须特定化，否则无法履行。因此，从这一意义上说，种类之债最终必须要转化为特定之债。特定之债与种类之债的概念区分恰恰是以在债成立的时候是否特定化、具体化并与其他标的物区分为标准的。

必须注意的是，种类之债的标的物在债成立的时候就是确定的，否则可能会影响债的成立。[4] 例如，购买 1000 吨五常大米，这种给付标的物的名称和种类都是确定的，但究竟是哪个“1000 吨”并不具体化、特定化，因为农场今年共生产五常大米 10 万吨，它可以区分为 100 个 1000 吨，在债成立的时候，并没有指定是哪个 1000 吨。

三、种类之债

（一）种类之债的成立要件

有学者认为，种类之债的成立需要 3 个基本要件：标的物是可替代的种类物、数量是确定的、质量也是确定的。[5]

笔者认为，这种观点是正确的。但是，关于质量问题，我们民法典上有作为任意性规范的替代确定措施，因此在债成立的时候可以忽略这一要件。我国《民法典》第 511 条第 1 项规定：“质量要求不明确的，按照强制性国家标准履行；没有强制性国家标准的，按照推荐性国家标准履行；没有推荐性国家标准的，按照行业标准履行；没有国家标准、行业标准的，按照通常标准或者符合合同目的的特定标准履行。”尽管质量是债成立的要件，但因为有这种填补措施，在债成立的时候可以不要求之。因此，笔者认为，种类之债的成立需要下列要件。

---

〔1〕 参见［德］迪特尔·梅迪库斯：《德国债法总论》，杜景林、卢谌译，法律出版社 2004 年版，第 153 页。

〔2〕 参见［德］迪特尔·梅迪库斯：《德国债法总论》，杜景林、卢谌译，法律出版社 2004 年版，第 155 页。

〔3〕 参见［德］迪尔克·罗歇尔德斯：《德国债法总论》（第 7 版），沈小军、张金海译，中国人民大学出版社 2014 年版，第 104 页。

〔4〕 参见王利明：《债法总则研究》（第 2 版），中国人民大学出版社 2018 年版，第 125 页。

〔5〕 参见王利明：《债法总则研究》（第 2 版），中国人民大学出版社 2018 年版，第 125～126 页。

1. 标的物是可以替代的种类物

所谓的种类物，就是指按照一般的交易观念，具有共同特征的一类物品。[1] 例如，烟台苹果、五常大米、潍县萝卜、金华火腿等。对于这种种类的特征的描述可以是宽泛的，也可以更加具体，如烟台某村某地段产的烟台苹果1000公斤。这虽然是对种类物的描述，但比较具体。

这里只要求在种类中所包含的个数比所负担的个数多一个即可。这是因为债务如果等于该种类的所有个数，那就是特定之债了。[2] 例如，购买烟台市文登县（现威海市文登区）张家村张文家生产的烟台苹果10吨。如果张文家一年总共生产苹果10吨，这就是特定之债而非种类之债了；只有当张文家生产的苹果多于10吨，才有可能成立种类之债。

2. 数量确定

数量必须是确定的，否则债就无法成立。当然，这里主要是指合同之债。对此，我国《民法典》第472条已经作出了明确规定，而且最高人民法院《合同编通则解释》第3条也作出了明确的要求。因为数量不确定，给付义务就不明确，债也就无法履行。

但也必须指出的是，在有的情况下，数量并不是当事人履行合同必需的。也就是说，有些合同不需要在成立的时候确定数量，当事人的权利义务是在合同履行过程中按时间来确定的。例如，我国的自来水公司、供电公司与居民的供水、供电等合同，在合同成立的时候并不需要事先约定数量，而是在履行过程中按照每个月或者每个季度的测量数量来确定用户的付款义务。因此，可以说，我国《民法典》合同编规定的"供用电、水、气、热力合同"长期以来都是不需要事先确定数量的。即使随着技术的发展，现在许多居民小区使用电卡、水卡等需要先买一定数量的电或者水（或者先充值）再使用，也可以解释为合同成立的时候不需要确定数量。但这仅仅是例外，大多数合同在成立的时候是需要数量条款的。

（二）种类之债的特定化方法

种类之债特定化的方法大概有3种：（1）当事人约定。债的当事人可以约定，由债权人或者债务人确定具体的给付标的，也可以约定由第三人确定（具体化、特定化）。（2）法律规定。种类之债的特定化由法律规定。这种情形比较少。（3）如果法律没有规定，当事人也没有约定，则由债务人来确定。

那么债务人如何来确定？通说认为，债务人来特定化的时候，应该分为3种不同情况：（1）在给付之债的情形中，债务人必须要分出一物，将其移交给债权人，并在债务人可以给付的时期向债权人提出该物。（2）在受领之债的情形中，债务人必须要分出一物，并为债权人准备好该物。此外，还有一个要件，但该要件在内容上尚有疑义。有学者要求告知已经分出给付物，其他学者则以催告往取为满足。依笔者见解，此种催告已经能够维护债权人的正当利益，因此应当可以以此为满足。（3）在寄送之债的情形中，以债务人分出给付物，并按通常方法（如正确书写地址并以负担的方式支付邮资）将其发送给债权人为已足。[3] 货物交给运送人，即发生特定化。[4]

---

〔1〕 参见王利明：《债法总则研究》（第2版），中国人民大学出版社2018年版，第125页。

〔2〕 参见［德］迪特尔·梅迪库斯：《德国债法总论》，杜景林、卢谌译，法律出版社2004年版，第155页。

〔3〕 参见［德］迪特尔·梅迪库斯：《德国债法总论》，杜景林、卢谌译，法律出版社2004年版，第157页；［日］我妻荣：《新订债权总论》，王燚译，中国法制出版社2008年版，第28～29页。

〔4〕 参见［德］迪尔克·罗歇尔德斯：《德国债法总论》（第7版），沈小军、张金海译，中国人民大学出版社2014年版，第107页。

(三)种类之债的给付质量

对于种类之债的给付质量,德国学者认为,给付中等品质的物即可。[1] 日本学者更具体地指出,应当以中等质量之物给付,何为中等,按照交易惯例决定。日本判例认为,木材交易惯例中分特上、上、中、普、下5级时,除特上和下外其余3种均可作为中等品。[2] 我国《民法典》对此虽然没有具体规定,但是对于履行质量问题有明确规定,即《民法典》第511条之规定,只要符合该条规定,就可以认为品质符合约定。

当然,也可能存在这种情况,即符合国家强制性标准的种类物也有不同等级。那么,德国及日本学者的观点就有参考价值。

四、种类划分的意义

传统民法上区分种类之债与特定之债的意义在于:(1)风险负担转移的时间。按照传统民法,在标的物特定时,标的物的给付风险转移给债权人(给付受领人);(2)在标的物特定后,给付义务人对于给付标的物负有善良管理人的保管义务,如果违反此义务导致标的物的毁损灭失,则给付义务人要承担赔偿责任。[3]

但是,这种划分在我国《民法典》上是否具有意义?除非当事人有特别约定,否则从我国民法典来看,似乎很难得出相同的结论。因为我国《民法典》第604条至第611条明确规定了风险负担,一般以"交付"为转移标志。另外,在债务人履行交付义务之前,即使标的物特定化但没有交付,也应该属于债务人的责任,所以,规定其保管责任其实没有实质意义。有一个例外,即我国《民法典》第660条第2款之规定:"依据前款规定应当交付的赠与财产因赠与人故意或者重大过失致使毁损、灭失的,赠与人应当承担赔偿责任。"该条规定的实际意义在我国民法的体系框架下或者该条第1款的规定情形下(经过公证的赠与合同或者依法不得撤销的具有救灾、扶贫、助残等公益、道德义务性质的赠与合同)也有待商榷:如果不能交付,赠与人本身就应该承担违约责任,包括赔偿责任,这里的赔偿责任就没有意义。

在我国《民法典》上区分两种债的最大的实益在于,确定给付义务人的给付义务:如果是特定之债,债务人不能履行的,被视为履行不能,从而适用其他救济措施;但如果是种类之债,则可以同类物替代,不产生履行不能的问题。当然,这里还应该区分以特定物与种类物为标的的特定物之债,如果是以特定物为标的的给付义务,当特定物灭失后,则因发生履行不能从而适用其他救济措施。

但是,如果种类物特定化后变为特定之债,是否也适用履行不能的救济措施?对此,德国学者指出,可能涉及下述情况,即分出的物在特定化之后灭失,那么为获得对待给付,债务人还可以以另外一个物履行吗?债务人碰不到债权人,现将为债权人指定的物品(如燃油)交付给其他客户,那么债权人可以拒绝替代物品吗?一种观点认为,债务人受特定化拘束;而其他的观点通常否定债务人受拘束,以至于债务人完全可以交付替代物品。笔者倾向第二种见解。[4] 在这里笔者也同意债务人不受约束的观点——可以替代履行。从我国《民法典》总则

[1] 参见[德]迪特尔·梅迪库斯:《德国债法总论》,杜景林、卢谌译,法律出版社2004年版,第156页。

[2] 参见[日]我妻荣:《新订债权总论》,王燚译,中国法制出版社2008年版,第27页。

[3] 参见[德]迪特尔·梅迪库斯:《德国债法总论》,杜景林、卢谌译,法律出版社2004年版,第158页;[日]我妻荣:《新订债权总论》,王燚译,中国法制出版社2008年版,第23页。

[4] 参见[德]迪特尔·梅迪库斯:《德国债法总论》,杜景林、卢谌译,法律出版社2004年版,第158页。

编中的"民事责任"及合同编中的违约救济措施的灵活性——修理、更换、重作等(第582条)完全可以得出这种肯定的结论。因此,在本节引导案例中,B可以交付相同类型的奥迪S4汽车,A不得拒绝——不能以B不能履行为由要求其替代赔偿。理由如下:一是B交付另外的奥迪S4车辆并不影响A的合同目的。奥迪S4汽车属于种类物,原厂生产的所有相同颜色的奥迪S4汽车都具有相同的功能。二是种类物即使被特定化,也不改变其种类物的性质而变成特定物,仅仅是通过特定化才能交付而已。

第五节 连续之债与非连续之债

引导案例

甲、乙签订房屋租赁合同,甲支付给乙一年的租金10万元。在半年之后,乙以甲、乙之间的租赁合同存在甲的欺诈为由请求法院撤销。乙请求撤销的同时,请求甲提供与乙的房屋相同的房屋供乙居住半年,愿意返还全部10万元租金。请问:乙的第2项诉讼请求是否能够被法院支持?

一、分类标准与概念

从比较法上看,连续之债可以分为狭义的连续之债与广义的连续之债。广义的连续之债是以债的给付能否一次性完成为标准,将债区分为连续之债与非连续之债。如果债的给付义务能够一次性完成,称为非连续之债;如果给付义务是分期、分次或者是持续不断的,则为连续之债。例如,分期付款的买卖、分期供货的买卖、定期给付义务等。德国学者采取的分类方式就是广义的连续之债。[1]

狭义的连续之债仅仅是指债务人的给付义务具有连续不断的特点。例如,供电、供水、供气合同中的给付义务,雇佣关系中的给付义务,租赁关系中出租房的给付义务等。我国学者多采用狭义的连续之债的概念。例如,王利明教授认为,所谓继续性债务,是指给付总额在债的关系成立时不确定,且债务并非一次履行可以终止,而是持续实现。在许多债的关系中,债务都是一次性清结的,但也有一些债务是持续履行的。继续性债务又可以分为固有的继续性债务和继续性供给债务。其中,租赁、劳务等债务具有固有的继续性特征,供暖、供电、供水以及许多长期供货合同所产生的债务则属于继续性供给债务。继续性债务的履行具有其特殊性,即当事人需要在一定的时间段内不间断地作出履行。例如,房屋租赁合同中,出租人需要将房屋移转给承租人,供承租人持续地使用。虽然在个别情形下,非继续性债务的履行也可能有时间上的持续性,如分期付款中付款人的债务,但大多数非继续性债务是一次性履行的,并不具有时间上的持续性,如买卖合同大多是一次履行完毕的。而对继续性债务来说,债的履行通常都有时间上的持续性。继续性债务的履行一般有时间上的持续性,这也是其与非继续性债务

〔1〕 参见[德]迪特尔·梅迪库斯:《德国债法总论》,杜景林、卢谌译,法律出版社2004年版,第10~14页。

的重要区别。[1]

基于以下原因笔者采取狭义的概念:(1)狭义的概念是我国学理上的通说;(2)分期付款的买卖、分批供货的买卖关系等在合同分论中都有具体的有名合同规定。

二、分类的意义

在采取狭义的连续性合同概念的情况下,区分连续性与非连续性的债的意义主要在于:在发生债的无效、撤销或者合同解除后,仅仅向未来发生效力,不具有溯及力,也就排除了《民法典》第157条之规定。例如,在租赁合同,合同如果被撤销,则由于对租赁物的使用不具有返还的可能性,因此,合同的无效仅仅从确认无效开始发生,对于之前已经发生的租金和使用不具有溯及力。雇佣合同及供水、供电、供热合同等都具有相似的特征。

在本节引导案例中,由于租赁合同属于连续性合同,即使被法院撤销,也不存在溯及力问题,即合同的效力只能从被法院宣告撤销的时候终止,对于以前双方履行的部分不具有返还的法律效力。因此,乙的诉讼请求不能被法院支持。

第六节　完全之债与不完全之债[2]

引导案例

A向B借款100万元,双方签订了借款合同。合同约定:A必须在借款后的6个月后偿还,并支付6%的利息。到期后,B一直碍于情面未请求A偿还,因此超过诉讼时效期间。那么,对于这种债是否属于不完全之债?是否具有可诉请履行性?

一、分类标准与概念

完全之债与不完全之债是根据债的效力是否完整所作的分类。具备债的完全之效力的,为完全之债;不具备债的一般效力的,为不完全之债。那么什么是债的一般效力(完全效力)?

有学者认为,债权债务关系成立后,债权人于清偿期届至时,得向债务人请求履行债务之内容,如债务人不为履行,债权人亦得诉请法院强制债务人履行,使一般债权具有"诉请履行力"以及"强制执行力",则此时债务人所负之债务是完全债务(就债权人之角度,则为"完全债

---

[1] 参见王利明:《债法总则研究》(第2版),中国人民大学出版社2018年版,第156~158页;李永军:《合同法》(第6版),中国人民大学出版社2021年版,第20页;谭启平主编:《中国民法学》,法律出版社2015年版,第396页;等等。

[2] 尽管德国很多学者、我国很多学者在作这种划分时,都把自然之债作为重要的内容纳入不完全之债中,但是,从严格理论上说,这种划分并不科学,甚至在逻辑上存在问题:当把自然之债纳入其中时,完全之债与不完全之债的划分就脱离了正确的逻辑——因为完全之债是债,但自然之债根本就不是债。因此,不能把自然之债包含在不完全之债中。在罗马法上,"法定之债"与"自然之债"是一对概念。法定之债指的就是市民法上的债,就是效力完全的民事债;自然之债根本就不是民事债。民法之所以规定它,是因为要阻止给付者请求不当得利返还,即仅将其作为保有给付的原因。将自然之债纳入其中的这种分类就好比说,合同可以划分为一般合同与准合同一样不准确,因为准合同根本就不是合同。但是,这种完全之债与不完全之债的划分,如果不把自然之债纳入其中,倒是一种债的分类。例如,破产法中的债的效力就受到限制,可以说是不完全的。但是,鉴于目前这种观点是很多国家,包括我国的通说,因此我们也采取这种分类。

权”)。法律上有时承认债权人对债务人享有债权,但债权人不能依诉权请求法院强制实现之债务或债务人可以拒绝给付,仅于债务人自愿给付时,债权人可以基于债权作为受领给付之法律上原因(受领保持之原因),债务人于此情形下所负之债务称为“不完全债务”或“自然债务”。例如,罹于时效之债务、不得依不当得利规定请求返还之给付、年利率超过20%之利息债务或婚姻居间契约所约定之报酬债务。虽然不完全债务多来自法律规定,但根据契约自由原则,当事人也可以创设。[1]

德国学者则认为,完全债权(一般债权)所具备的效力为可诉请履行性、可执行性、可自力实现性、处分性、可以作为保有给付的原因;而不完全债权的效力特征是排除债务的效力、排除了可诉请履行性的效力、排除了执行的效力、排除了个别处分权能的效力。[2]

笔者认为,完全债权应该具有可诉请履行性、可执行性、可自力实现性,这应该是完全债权区别于不完全债权的效力特征,至于可处分性与可以作为保有给付的原因,即使是不完全债权也存在这种效力。例如,自然之债仍然可以转让并且如果债务人自愿履行的,也可以作为保有给付的原因,债务人不得以不当得利为由请求返还。

二、完全之债的法律特征

(一)可诉请履行性

可诉请履行性,是指在债务人不自愿给付的情形下,债权人可以提起请求履行给付的诉讼。此种诉讼通常是产生给付判决的给付之诉。这种判决以约定的给付为内容,而非(像罗马法及现今一些国家法律制度中规定的判处给付金钱那样)以金钱为内容,即实行履行约定给付(Natural Kondemnation)的原则。例如,出卖人被判处将出卖的品牌为X、车架号为Y的小汽车连同车辆有关证件交付给买受人,并移转所有权,而买受人则被判处向出卖人支付Z马克的价款,但这是买受人主要负担金钱债务所致。[3]

这种效力是正常的民事债应该具有的效力,因为债是由法律保障的信用。因此,债之所以是债,就是因为有这种保障债的法律强制。这也是很多人主张债务包含责任的重要理由。也正是因为这个原因,我们通常会看到,如果债务人不履行债务,债权人就会到法院起诉请求公力救济,通过给付之诉来实现债权。

(二)可执行性

可执行性,是指在依给付之诉取得判决之后,债权人可以依强制执行方法对债务人采取行动。债务人必须以此种方式对自己的债务负责,人们亦将这称为“责任”。也就是说,债务通常与责任联系在一起,人们可以将责任称为“债务的影子”。[4] 这也是正常的民事债应有的效力,体现了公力救济的基本特征。

根据我国《民事诉讼法》第235条和第247条之规定,发生法律效力的民事判决、裁定,当事人必须履行。一方拒绝履行的,对方当事人可以向人民法院申请执行,也可以由审判员移送执行员执行。对于发生法律效力的民事判决、裁定,以及刑事判决、裁定中的财产部分,胜诉的原告可以请求第一审人民法院或者与第一审人民法院同级的被执行的财产所在地人民法院执

[1] 参见林诚二:《债法总论新解——体系化解说》(上),台北,瑞兴图书股份有限公司2010年版,第36页。
[2] 参见[德]迪特尔·梅迪库斯:《德国债法总论》,杜景林、卢谌译,法律出版社2004年版,第16~23页。
[3] 参见[德]迪特尔·梅迪库斯:《德国债法总论》,杜景林、卢谌译,法律出版社2004年版,第16页。
[4] 参见[德]迪特尔·梅迪库斯:《德国债法总论》,杜景林、卢谌译,法律出版社2004年版,第16~17页。

行。根据《民事诉讼法》第 253 条之规定,被执行人未按执行通知履行法律文书确定的义务,人民法院有权向有关单位查询被执行人的存款、债券、股票、基金份额等财产情况。人民法院有权根据不同情形扣押、冻结、划拨、变价被执行人的财产。人民法院查询、扣押、冻结、划拨、变价的财产不得超出被执行人应当履行义务的范围。人民法院决定扣押、冻结、划拨、变价财产,应当作出裁定,并发出协助执行通知书,有关单位必须办理。

尽管在现代社会的民事法律中,执行一般不针对债务人的人身,但为了实现执行的效果,有时也需要对债务人人身采取必要的限制。根据我国《民事诉讼法》第 252 条及第 259 条第 1 款之规定,被执行人未按执行通知履行法律文书确定的义务,应当报告当前以及收到执行通知之日前一年的财产情况。被执行人拒绝报告或者虚假报告的,人民法院可以根据情节轻重对被执行人或者其法定代理人、有关单位的主要负责人或者直接责任人员予以罚款、拘留。被执行人不履行法律文书确定的义务,并隐匿财产的,人民法院有权发出搜查令,对被执行人及其住所或者财产隐匿地进行搜查。

（三）可自力实现性

可自力实现性,是指债权人可以通过自己的行为获取其债务履行的标的。诉请人民法院强制执行虽然有国家强制力作为保障,但债权人不仅要承担诉讼成本,而且需要耗费大量的时间。因此,法律也允许债权人自行获得所需要的给付。但由于现代国家往往垄断了合法的暴力,债权人进行自力救济很有可能侵犯到债务人的人身利益,因此法律对此多有限制。《民法典》第 1177 条第 1 款规定,合法权益受到侵害,情况紧迫且不能及时获得国家机关保护,不立即采取措施将使其合法权益受到难以弥补的损害的,受害人可以在保护自己合法权益的必要范围内采取扣留侵权人的财物等合理措施;但是,应当立即请求有关国家机关处理。按照该条款,债权人进行自力救济不仅应当“情况紧急”,而且必须事后立即请求国家机关处理。

三、不完全之债的法律特征

（一）不完全之债概述

所谓不完全之债,就是指不具备上述 3 种效力（可诉请履行性、可执行性、可自力实现性）的债。但是,不完全之债究竟包括哪些内容,确实值得思考。德国学者认为,在多数情况下,不完全之债这一称谓可以与自然之债同义。[1] 我国台湾地区学者黄立教授认为,不完全债务也被称为自然债务。[2] 这种观点基本上是正确的。但是,从特别法来看,破产程序中的债权债务关系也受到很多限制。例如,可诉请履行性虽然不能说完全消灭,但受到了极大限制。因此,是否可以称为不完全之债值得思考,但效力受到极大的限制是事实。我们下面也将对其作简单的说明。

在破产程序中,无论是按照我国《企业破产法》规定,还是按照比较法上的参照,破产债权都是不可以单独诉请履行的,也不能请求单独执行,债权人更不可能自力实现。我国《企业破

---

〔1〕 参见[德]迪特尔·梅迪库斯:《德国债法总论》,杜景林、卢谌译,法律出版社 2004 年版,第 19 页。迪特尔·梅迪库斯的这种观点是否正确值得思考:不完全之债不应该包括自然之债,因为自然之债根本就不是债。大陆法系国家一般不将其作为债,而仅仅是将其作为保有给付的原因。

〔2〕 参见黄立:《民法债编总论》,台北,元照出版有限公司 2006 年版,第 9 页。但是,黄立教授说“自然债务属于被法律规定任其自生自灭”,恐怕与自然债务的确切的法律含义有别,容易引起误解。自然之债绝对不是在法律上自生自灭的东西。这种过分口语化的称呼,笔者认为似有不妥。

产法》第16条规定:“人民法院受理破产申请后,债务人对个别债权人的债务清偿无效。”其第19条规定:“人民法院受理破产申请后,有关债务人财产的保全措施应当解除,执行程序应当中止。”如果在破产程序中发生关于债权的诉讼,则一般都是对于债权的数额、是否存在等发生诉讼。这些诉讼胜诉后,也不得请求单独执行,只能通过破产程序申报债权,按照破产程序来获得满足(一般都是按照比例来获得清偿)。[1] 同时,《企业破产法》中的债的抵销等都受到严格的限制。

因此,虽然破产程序中的债权没有完全失去“三性”——可诉请履行性、可执行性和可自力实现性,但三性受到严格限制却是事实。因此,其是否可以作为不完全债权是值得思考的。我们下面重点来说明自然之债。

(二)自然之债

1. 概念

在民法上,自然之债的概念是最不确定和最具争议的问题之一,直至今日,各国的学理及立法、判例对自然之债的认识尚不一致。而在我国的立法、教学和研究中,自然之债甚至是一个不被重视的问题。但它在罗马法上是一个极其重要的概念,继承罗马法传统和体系的国家也大多对其十分重视。在罗马法上,由于其特殊的政治制度,产生了许多“自然之债”,因此法学家对自然之债的认识也最为宽泛:不拥有诉权或者不能要求强制执行的债,为自然之债。[2] 由于政治文明的进步,不拥有诉权的自然之债退出了人们的视野。[3] 因此,当今意大利学者根据其民法典的规定给自然之债所下的定义是:债权人不能通过诉讼获得清偿,并且在债务人违反给付义务时也不产生任何法律后果的债,[4] 并且将引起自然之债的原因概括为宗教、道德及单纯的社会规范所引发的非法律义务。[5] 但也有意大利的学者不赞同上述观点,认为民法典的限制过于狭窄。事实是,按照当今世界各国立法和判例实际存在的自然之债也超出意大利学者的上述范围,因而其观点难以成为普遍认同的概念。例如,《荷兰民法典》第六编第1条规定:“有下列情形的债为自然之债:a. 因法律或者法律行为丧失可强制执行性;b. 一方对另一方负有不可推卸的道德义务,尽管在法律上不可强制执行,但按照一般观念应认为另一方有权获得该项给付的履行。”法国民法承认这一观念,不仅《法国民法典》第1235条有明确规定,而且判例和学说也支持这种观点。[6]

“自然之债”起源于罗马法,了解罗马法上的自然之债的要义,对于我们今天定义和理解自然之债具有重要启发意义。在罗马法上要表达的要义是:(1)强调这一类债的债因不源于市民

---

〔1〕 我国《企业破产法》第44条。

〔2〕 参见[意]彼得罗·彭梵得:《罗马法教科书》,黄风译,中国政法大学出版社1992年版,第299~305页。

〔3〕 当然,现在人们是否可以约定没有“诉权”债?许多人对此持肯定意见,如[日]我妻荣:《新订债权总论》,王燚译,中国法制出版社2008年版,第65页;崔吉子:《教会奉献金与自然债务——韩国宗教赠与纠纷案评析》,载《法学》2004年第6期。但是,即使如此,自然之债也是现代法注重“意思自治”的结果,同罗马法意义上的“无诉权”有性质上的区别。

〔4〕 参见[意]恺撒·米拉拜利:《自然之债》,载杨振山、[意]桑德罗·斯奇巴尼主编:《罗马法·中国法与民法法典化——物权和债权之研究》,中国政法大学出版社2001年版,第381页。

〔5〕 参见[意]恺撒·米拉拜利:《自然之债》,载杨振山、[意]桑德罗·斯奇巴尼主编:《罗马法·中国法与民法法典化——物权和债权之研究》,中国政法大学出版社2001年版,第378、381页。

〔6〕 参见[法]雅克·盖斯旦、[法]吉勒·古博:《法国民法总论》,陈鹏等译,法律出版社2004年版,第673~699页;《法国民法典》,罗结珍译,法律出版社2005年版,第949页。

法,而是在市民法外发展起来的。这是自然之债的一个重要标志,即这些债的债因与民事债是不同的。这一点对后世影响也非常巨大,成为定义和判断自然之债的重要标准。(2)只要履行或者承诺履行就不得请求返还,因为这一类债具有"债因"(这些债因虽然来自市民法之外或者说是来自"自然"),一方面,它不同于赠与,需要严格的形式;另一方面,也不是没有"债因"(尽管不是法律规定的法定之债的债因)的"无债清偿"。因此,自然之债是不能被要求返还的。无论是罗马法还是受到其影响的《法国民法典》或者《意大利民法典》,都特别强调"债因"(可能产生债的关系的法律事实被称为债的渊源,或者用罗马法的术语被称为债因[1])。(3)用"自然"一词有两个含义。一是它不同于一般民事债,无论是债因还是效力;二是它不同于非债,不是纯粹的道德或者宗教义务,用"自然之债"将"债"与"自然"连接就可以体现出:这一类债的债务人可以拒绝履行,但一旦履行它就是债的履行而非不当得利或者赠与。这一点与罗马人将契约与"准契约"进行区分的思路如出一辙。因为按照罗马法的规定,债务要么源于契约,要么源于私犯(侵权),但不当得利与无因管理既不同于契约(无意思表示和意思自治),也不同于私犯(无须非法性和过错),但其结果却类似契约之债。罗马人将"准"字与契约相连,就将介于契约与侵权之间的地带统一起来。同样,"自然之债"也统一了介于法定义务与纯粹的社会义务之间的灰色地带:缺乏法律规定的"债因"而无法律的强制约束力,但发生的财产性结果受到法律保护的所有情形。[2]

基于以上的历史性考察,笔者认为:自然之债是指缺乏法定之债的债因,不产生法定义务,故不能经诉讼获得满足,但债务人自愿履行的,不得请求不当得利返还的债。也就是说,自然之债的债权人可以起诉债务人,但法院是不可能判决对债务人进行强制履行的,债权人更不可能自力实现。债务人自愿履行或者承诺履行的,债权人即可保有给付或者因债务人的承诺获得强制执行力而不视为不当得利。同时,笔者认为,使用"自然之债"的概念与使用"不完全债务"比较来说,更加贴切和更具涵摄性,使其与非债、赠与、不当得利和无因管理区别开来,使民法体系更加清晰。[3]

在"债"之前加上"自然"二字,虽然从其产生和渊源来看,是非常合适的,但是有下列原因引起了其性质存在争议的可能性:(1)自然之债既然被冠以"债",那么它与"债"肯定具有某种内在的联系,如虽然我们都知道"准契约"不是契约,但它确实与契约有某种必然的联系。(2)自然之债的债因与一般民事债的债因是不同的,因此,不能与民事债具有同样的效力,自然债的这些义务类型都是民法不纳入自己调整范围内的"法外空间"义务,与民法调整的民事权利义务是不同的。(3)有的国家的民法典,如《德国民法典》直接用"不完全债权"称呼之,说明其具有某些条件就可以成为民法上的债。因此,这种联系是必然的。

2. 自然之债的特征

(1)自然之债不具有民事债的一般效力

自然之债不具有民法上一般债的"三性"——可诉请履行性、可执行性和可自力实现性,因

---

[1] 参见[意]彼得罗·彭梵得:《罗马法教科书》,黄风译,中国政法大学出版社1992年版,第306页;《法国民法典》第1131条至第1133条明确规定了债的"原因"是债有效的要件;《意大利民法典》第1325条也将原因作为契约有效的条件,第1343条至第1345条又从反面具体规定了债的原因对债的影响。

[2] 参见李永军:《自然之债论纲——源流、规范体系与效力》,中国政法大学出版社2019年版,第54页。

[3] 参见李永军:《自然之债论纲——源流、规范体系与效力》,中国政法大学出版社2019年版,第52~53页。

此将其称为“不完全之债”是有道理的。但是,很多国家的民法典或者学理将其纳入债的体系中进行讨论,证明其与民事债具有某种联系,具有债的某些特征,如阻却不当得利的发生等。

(2)自然之债是有债因的

债因与自然之债有本质的联系,正是债因将自然之债与一般民事债(法定之债)相区别:民事债是具备民法债法所承认的债因的。例如,因合同所生之债、因侵权所生之债、因无因管理所生之债、因不当得利所生之债、因缔约过失所生之债等,因这些事实所发生的特定人与特定人之间的权利义务关系为民法上的债的原因,从而被定性为“法定之债”。而“自然之债”虽然也具有债因,但其债因与民事债不同。其所反映的社会关系恰恰是民法债法所不承认纳入自己调整范围的社会关系,也不是民事债的法律关系,而是在民事债的法律关系之外的“次民事债之法律关系”,民法不承认其具备实现的保护力,也不一般地承认其具有民法上的效力。因而,自然之债表现出来的就是不具备民法上的请求权的全部要素,故德国民法称为“不完全债”。因而,正常情况下,它被排斥在民法救济的大门之外。但这些自然之债也是有“债因”的,一旦履行就不得反悔,因此民法虽然不保护其实现,但拒绝反悔。因为义务人实际上对债权人是有义务的,只不过这些义务难以上升到民事权利义务的高度,对社会并不具有极其重要的意义和价值,所以将其放逐到“民事法律关系之外”,但一旦履行,即不得反悔。就如德国学者所言,自然债务满足了法律义务的所有前提要件,自然债务涉及的是人与人之间的关系,其内容决定了这种债务是无法被拒绝的。自然债务为其权利人提供了对履行的一项相对主观权利,民法债务和自然债务的义务地位是相同的,自然债务作为一种法律义务,其缺乏强制执行权限和自愿履行之间并不冲突。与民事债务一样,自然债务也存在所谓的客观上的债务原因。[1] 可以看到,自然之债只具有一般民事债的某个效力:履行后的保有之正当性。只有在这种情形下,自然之债才与民法规范有关,其他则与民法规范无关,并且从这里将其与“不当得利”相区别。同时,也将其与“赠与”相区别,从而不适用赠与的规则。因为,一旦将其视为赠与,则义务人的许多抗辩就会对自然之债的债权人不利。[2]

自然之债的债因多来自民法调整之外的社会关系,如宗教、道德等。但在自然之债的确定中,如何确定一种社会关系是否属于自然之债,是一个很值得研究的问题。也就是说,什么是一般民法上的债的债因,什么是自然之债的债因,需要认真区分,特别是从法律关系之外的道德或者良心、宗教义务中确定为自然之债的债因,究竟应交给立法解决还是司法甄别,至少在我国是一个重大的问题。笔者认为,上述问题最好是交给司法实践来甄别。

(3)自然之债具有可处分性

自然之债当然是可以转移的,甚至在有些国家还可以抵销[3](但在我国无论是学理还是立法抑或司法实践都不允许将其用作主动债权进行抵销)。此外,只要转让人对于自然之债的债权作出明确的说明,这种处分就不承担瑕疵担保责任——仅仅对自然之债的存在承担责任,但对于能否实现不承担责任。相反,如果转让人不作说明,则应当按照欺诈规则对待——转让人按照诚实信用原则,有说明义务而故意不作说明。

---

〔1〕 Vgl. Goetz Schulze, Die Naturobligation: Rechtsfigur und Instrument des Rechtsverkehrs einst und heute-sogleich Grundlegung einer Forderungslehre im Zivilrecht, Mohr Siebeck, 2008, S. 240 – 241.

〔2〕 参见李永军:《自然之债论纲——源流、规范体系与效力》,中国政法大学出版社 2019 年版,第 210 ~ 211 页。

〔3〕 参见[德]迪特尔·梅迪库斯:《德国债法总论》,杜景林、卢谌译,法律出版社 2004 年版,第 209 页。

(4)自然之债属于可保有给付的法定原因

在自然之债中,如果债务人已经对债权人进行了给付,那么债权人对于给付的结果为有权保有,债务人不得以不当得利为由请求返还或者不允许基于重大误解(错误)请求撤销。例如,我国《民法典》第192条第2款规定:“诉讼时效期间届满后,义务人同意履行的,不得以诉讼时效期间届满为由抗辩;义务人已经自愿履行的,不得请求返还。”

四、分类的意义

笔者认为,区分完全之债与自然之债本身就是一个很复杂的问题,如前文所述,区分债因应该交由司法实践来具体甄别。区分两者的意义主要表现在:(1)正确认识和处理债的关系。一个正常的民事债具有上述“三性”,可以诉请履行、可以执行和可以自力救济实现之。但自然之债(不完全之债)则不具有上述特点。这在司法实践中十分重要。(2)正确认识一般民事债是自然之债,对于正确认识民法制度体系具有重大意义。例如,自然之债必须与赠与相区别——债因不同,赠与属于民事债,而自然之债不属于一般民事债;自然之债的清偿不是不当得利,其为保有给付的原因等。(3)是正确认识和区分纳入民法调整范围内的社会生活关系与未被民法纳入其调整范围内的社会生活关系的重要“分水岭”,自然之债恰恰就是民法法内空间与法外空间的“中间地带”。因此,有很多复杂问题需要具体甄别。

在本节引导案例中,B的债权虽然已经超过诉讼时效期间,但尚不属于不完全之债——自然债务。B仍然可以诉请A履行债务。因为,我国《民法典》之规定很清楚(第192条),诉讼时效期间经过仅仅使债务人获得抗辩权。只有债务人抗辩后,该债权才变为不完全债权。在此之前,其属于一般债权。

第七节 简单之债与选择之债

引导案例

遗赠人A给其朋友B设立了遗赠,根据此遗赠,B可以选择A名下3辆家用汽车——奔驰S500、宝马740Li或者奥迪A8中的任何一辆。那么,A死后:

1. B的选择权应向谁行使?

2. B选择后的效力从什么时候开始?

3. B选择后觉得应该选择另一辆,是否可以撤回而更改选择?

4. 假如A死后其继承人将其中的宝马740Li出售给甲并交付,A选择宝马740Li,与甲的法律关系如何?

5. 假如在A死亡后由于意外事件其中的两辆车毁损了,则B是否能够选择不能履行的车辆而请求履行给付义务?

6. 如果是因为继承人C的过错造成了车辆灭失,则对B的选择权有何影响?

一、分类标准与概念

简单之债与选择之债的分类标准与采取广义的概念还是狭义的概念有关。例如,我国学者指出，选择之债有广义和狭义之分。从广义上说，选择之债的范围较广泛，其可以是选择不同的义务（如选择给付金钱或提供劳务）或选择标的物；也可以是对不同履行时间、履行方式、履行地点的选择。此外，当事人甚至可以约定选择债务不履行的责任，其在性质上也应当属于选择之债的范畴。因此，凡在债的给付标的，履行时间、方式、地点，债务不履行的责任等方面可供选择的债，都为选择之债。《欧洲示范民法典草案》第 3 -2：105 条第 1 款规定："债务人应当履行两项或更多债务中的一项，或以两种或更多方式中的一种履行债务的，债务人有选择权，但有关这些债务的规定另有规定的除外。"这实际上采纳了广义的选择之债的概念。从狭义上说，选择之债是指当事人在合同中确定数个标的，允许当事人在履行时选择其中一个标的作出履行。[1] 根据王利明教授的观点，从我国《民法典》第 515 条至第 516 条的规定来看，我国立法采取的是狭义的选择之债的概念——仅仅在标的有多项而当事人选择其中之一履行的为选择之债。

根据狭义的选择之债的概念，单一之债与选择之债的区分标准就是债在成立的时候给付标的是否具有可选择性。由此，单一之债就是债在成立的时候其给付标的只有一种，债的当事人不能选择，债权方只能要求债务人履行该给付义务，而债务人也仅仅具有给付此标的义务的债。而选择之债则是在债成立的时候，其给付标的有两种以上，当事人可以选择其中一种请求履行或者履行的债。债务人只需给付选择后的标的即可消灭债权债务关系。

在现实生活中，单一之债是债的典型形态，选择之债是一种例外，并且选择之债最终必须变为单一之债才可以履行。因此，最终使债的关系消灭的，是选择之债的当事人履行的选择之后的单一之债。这一点与种类之债最后必须经过特定化、具体化后才能履行且最终使债消灭的原理相似。

二、选择之债

（一）选择之债与种类之债的区别

尽管选择之债与种类之债在某些地方有相似之处，但两者存在巨大差别。其差别表现在以下 3 个方面。

1. 分类标准是不同的

选择之债的确定标准是债的给付标的在债成立的时候是否存在多种并且当事人是否可以选择；而种类之债的确定标准是在债成立的时候给付标的是否特定化。例如，买卖合同确定的是 A 从其生产的五常大米中交付 1000 斤的给付义务。这里的标的只有一种，当事人没有可选择性。但是，A 今年生产的大米有 10，000 斤，必须从中"确定并分出"1000 斤作为履行标的。这就是选择之债与种类之债的区别之一。

2. 选择之债有可能转化为种类之债

选择之债有可能经过选择后变为种类之债。例如，买卖合同约定，出卖人 A 可以选择交付 1000 斤五常大米或者 1500 斤盘锦大米。当事人 A 选择 1000 斤五常大米后，此债就变为种类之债，还需要将其特定化后才能履行交付义务。

3. 规则是不同的

选择之债的规则主要是规范选择权的归属、行使与转移；而种类之债主要是规范特定化的

---

[1] 参见王利明：《债法总则研究》（第 2 版），中国人民大学出版社 2018 年版，第 140 ~ 141 页。

方式，标的是确定的——1000斤五常大米，但问题是如何特定化这1000斤五常大米。

需要注意的是，现实生活中有些法律规定或者当事人的约定既不是种类之债，也不是选择之债。例如，对拾得者应支付物品价格之5%～20%酬金的失主可在上述范围内自由决定债务，但这并不是一种可选择的债权，而是债权人或法院在上述范围内确定之债权。[1] 这实际上是标的确定方式，因为包括我国《民法典》在内的很多国家民法典都要求，合同之债成立的时候，标的必须确定或者能够确定，而这仅仅是确定或者能够确定的方式而已。

（二）选择权人之确定

按照我国《民法典》第515条之规定：(1)选择权有法律规定的，按照法律规定；没有法律规定，但当事人有约定的，按照约定；如果既没有法定，也没有约定，但有交易习惯的，按照交易习惯。如果没有以上三者的，选择权由债务人享有。(2)享有选择权的当事人在约定期限内或者履行期限届满未作选择，经催告后在合理期限内仍未选择的，选择权转移至对方。

（三）选择权的性质与行使

选择权向谁行使？按照我国《民法典》第516条之规定，应当通过通知的方式向对方行使。例如，在一般的合同关系中，应当向相对人以通知的方式为之。在上述引导案例中，按照我国《民法典》第1145条[2]的规定，应当向遗产管理人为意思表示。

那么，这种选择权的性质是什么？通说认为，这种选择权的性质为形成权。[3] 我国立法机关的学者也认为，选择之债的选择权属于形成权的一种。选择权一旦经当事人行使，就直接导致民事权利义务关系的变动，债的标的得以确定，债务人应当按照确定后的标的履行义务，债权人有权按照确定后的标的请求债务人履行义务。境外民法普遍对选择权的行使方式等予以规范。[4]

那么，当事人一旦行使了选择权，能否改变或者撤回？由于选择权具有形成权性质，一旦行使，就不得变更或者撤回。对此，日本学者指出，日本通说认为，当选择权人作出选择后，在无相对人之许可下不得撤销。这里的撤销为撤回的意思。虽然选择时并不需要相对人的许可，但如果作出选择也就达到确定债权目的，否则随意变更会使对方陷入不利之境地。民法正是为防止此类情况发生而设定了相应的规定。因此，应当按一般原则准许以欺诈强迫为理由要求撤销之请求。不允许撤回的规定对第三人之选择同样适用，但仅在债权人、债务人双方许可下可撤回。[5] 我国立法机关的学者对《民法典》第516条的解释为：标的物一旦经选择确定，就对双方当事人产生拘束力。除非经过相对方同意，享有选择权的当事人不得再自行变更

---

〔1〕 参见[日]我妻荣：《新订债权总论》，王燚译，中国法制出版社2008年版，第51页。

〔2〕 《民法典》第1145条规定，继承开始后，遗嘱执行人为遗产管理人；没有遗嘱执行人的，继承人应当及时推选遗产管理人；继承人未推选的，由继承人共同担任遗产管理人；没有继承人或者继承人均放弃继承的，由被继承人生前住所地的民政部门或者村民委员会担任遗产管理人。

〔3〕 参见[德]迪尔克·罗歇尔德斯：《德国债法总论》（第7版），沈小军、张金海译，中国人民大学出版社2014年版，第109页；[德]迪特尔·梅迪库斯：《德国债法总论》，杜景林、卢谌译，法律出版社2004年版，第159页；王利明：《债法总则研究》（第2版），中国人民大学出版社2018年版，第144页；李永军主编：《中国民法学》（第3卷），中国民主法制出版社2022年版，第48页。

〔4〕 参见黄薇主编：《中华人民共和国民法典合同编释义》，法律出版社2020年版，第119页。

〔5〕 参见[日]我妻荣：《新订债权总论》，王燚译，中国法制出版社2008年版，第52～53页。

标的。[1] 这也是我国学理之通说。[2]

在本节引导案例中,B 选择后不可以撤回而更改选择,只能请求交付已经选择的车辆。从选择权是一种形成权的性质来看,这种选择权是否具有可诉请执行性？对此,德国学者认为,权利人不负行使选择权的义务。在这方面,不能向法院请求权利人行使选择权。如果享有选择权的债权人因为不行使选择权而陷于受领迟延,债务人可以根据《德国民法典》第 264 条第 2 款的规定为其设定适当的期间;期间届满后选择权转移给债务人。[3] 日本学者也认为,民法之所以对选择权的转移作出规定,是为了避免出现选择权人不选择而对履行请求产生不利后果的情况,因此不允许提起对选择权人要求选择的诉讼。在判例中,因第三人是设有选择权的土地赠与契约中在选择债权上享有质权的人——这个第三人不愿选择,而使选择权转移到债务人一方(赠与人)时——针对债务人行使选择权并请求确定移转所选择的所有权诉求,该第三人不仅有选择权且负有选择之义务,继承其选择权的债务人也负同样之义务,这是判决的理由。但承认这样迂回辗转的诉求违反民法之宗旨(即使原告胜诉,该如何执行?)。[4]

我国《民法典》对此虽然没有明确规定是否可以通过诉讼诉请,但是其第 515 条第 2 款规定了选择权转移之规则:“享有选择权的当事人在约定期限内或者履行期限届满未作选择,经催告后在合理期限内仍未选择的,选择权转移至对方。”由此可见,我们采取的也是与德国和日本一致的观点——选择权转移而非诉讼。立法机关人士解释道:该条第 2 款参考境外立法例,对选择权转移作了规定。依照该条第 2 款规定,享有选择权的当事人应当在约定期限内作出选择;当事人未在约定期限内作出选择的,应当在履行期限届满前作出选择。同时,考虑选择权的行使直接关系债的标的的确定,选择权转移对当事人影响重大,因此该条在行使选择权的约定期限和履行期限届满后,又设定了一个催告期间以作缓冲,使不及时行使选择权的一方予以充分注意。依照该条第 2 款的规定,享有选择权的当事人在约定期限内或者履行期限届满未作选择的,相对方可以催告其在合理期限内作出选择。这就意味着,即使当事人对选择权的行使期限作了约定,在约定期限届满未作选择的,相对方也都要先进行催告。只有当有选择权的当事人在催告后的合理期限内仍未选择时,选择权才转移至对方。[5]

选择权人能否选择履行不能的给付标的？如果多项标的中有一项有给付不能,则可能还是选择之债;但仅仅剩余一项为可能的时候,选择之债就变成了简单之债,债务人只能履行该项给付义务,债权人也只能要求这一项义务的履行。但是,选择权人能否选择履行不能的给付标的？从比较法上看,只是一种给付不能的,根据《德国民法典》第 265 条的规定,给付义务原则上存在于其他给付中。例外的情况是,无选择权的一方根据《德国民法典》第 276 条以下条文的规定应对给付不能负责时,对方可以选择要求仍为可能的给付,或者基于不能给付主张替

---

[1] 参见黄薇主编:《中华人民共和国民法典合同编释义》,法律出版社 2020 年版,第 119 页。

[2] 参见王利明:《债法总则研究》(第 2 版),中国人民大学出版社 2018 年版,第 145 页;李永军主编:《中国民法学》(第 3 卷),中国民主法制出版社 2022 年版,第 48 页。

[3] 参见[德]迪尔克·罗歇尔德斯:《德国债法总论》(第 7 版),沈小军、张金海译,中国人民大学出版社 2014 年版,第 109 页。

[4] 参见[日]我妻荣:《新订债权总论》,王燚译,中国法制出版社 2008 年版,第 52 页。

[5] 参见黄薇主编:《中华人民共和国民法典合同编释义》,法律出版社 2020 年版,第 119 页。

代给付的损害赔偿请求权、费用赔偿请求权、返还获得的替代物。[1]

我国《民法典》也采取了这种观点。我国《民法典》第516条第2款规定:“可选择的标的发生不能履行情形的,享有选择权的当事人不得选择不能履行的标的,但是该不能履行的情形是由对方造成的除外。”我国学者对此款的解释是:如果该不能履行的情形是由相对方即无选择权的当事人造成的,则享有选择权的当事人既可以在剩余标的中选择,也可以选择该不能履行的标的,进而主张相应的法律效果。例如,在一项合同交易中约定了多项可选择的标的,如果债权人享有选择权,标的不能履行是由债务人造成的,那么债权人也可以选择该不能履行的标的,进而依法主张解除合同或者要求债务人承担违约责任。[2]

(四)选择权行使的后果

1. 溯及力

有选择权的债的当事人或者第三人行使选择权是否具有溯及力?也就是说,债的这种被选择的标的,是在债成立的时候视为确定还是选择之后才确定?从德国和日本的民法理论、立法和司法实践来看,是溯及债成立的时候就确定。[3]

但是,我国《民法典》第516条规定“通知到达对方时,标的确定”,并没有规定是否具有溯及力。笔者认为,这种确定应该具有溯及力,理由是:(1)前文所讲到的债的成立的要件中,其中有一个要件就是“标的确定或者能够确定”,标的不确定的债是不能成立的。因此,如果认为在选择权行使后标的确定不具有溯及力,就意味着债在选择权行使后才成立。这就与选择之债的基本宗旨和制度结构不符合。因此,只有认为这种选择权的行使后果具有溯及力,才能使债的成立时间符合该制度之宗旨。(2)如果没有溯及力,则所谓选择给付不能的标的或者可归责选择权人的履行不能等问题,可能就统统不存在了——因为在选择之前,债并没有成立,哪里来的对无选择权人的拘束力?

2. 选择权行使与第三人利益保护

选择权的行使是否涉及善意第三人利益的保护?日本学者认为,如果采取物权意思主义的立法例,则由于选择权的行使之溯及力,可能涉及第三人的利益保护问题,但在采取物权行为的立法例中则可能没有意义。[4] 例如,A与B订立合同约定A可以向B交付自己拥有的唯一的1头牛,或者全部10只羊,或者2头驴(以上全部都是特定化的物,因为A只有这些动物)。在合同订立后,A将牛卖给了C。如果B选择给付牛,因选择权行使溯及合同成立的时候,则牛一开始就属于B,尽管没有交付也属于B。由于A属于一物两卖,A再出卖给C则属于无权处分,C能否取得所有权就要看其是否属于善意——善意取得的保护。

但在我国《民法典》的公示公信原则下,A只要没有交付给C,C就没有取得所有权,B的选择权行使后,C对于A仅仅存在两个请求权,但并不妨碍其请求B交付所选择的牛这一标的,无论C是善意还是恶意,都不存在两个所有权的冲突问题。

---

[1] 参见[德]迪尔克·罗歇尔德斯:《德国债法总论》(第7版),沈小军、张金海译,中国人民大学出版社2014年版,第109页。日本学理与实务基本上也持有相同观点,参见[日]我妻荣:《新订债权总论》,王燚译,中国法制出版社2008年版,第53页。

[2] 参见黄薇主编:《中华人民共和国民法典合同编释义》,法律出版社2020年版,第121页。

[3] 参见[德]迪尔克·罗歇尔德斯:《德国债法总论》(第7版),沈小军、张金海译,中国人民大学出版社2014年版,第109页;[日]我妻荣:《新订债权总论》,王燚译,中国法制出版社2008年版,第53页。

[4] 参见[日]我妻荣:《新订债权总论》,王燚译,中国法制出版社2008年版,第53页。

(五)选择之债与任意之债的区别

任意之债,是指债的给付标的只有一个,但债权人或者债务人有权以其他给付替代该标的的权利的债。[1] 这也就是《德国民法典》第364条规定的替代权问题。[2] 替代权可以为债务人享有,也可以为债权人享有。选择之债与任意之债的区别主要体现在以下3个方面。

1. 标的是否存在多个不同

选择之债的标的在债成立的时候就明确有多个(确定有多个),只不过是债权人或者债务人抑或第三人在履行的时候可以选择其中一个履行。而有替代权的任意之债在债成立的时候,债的标的只有一个而且是确定的。因此,任意之债就不是选择之债——其没有就已定的标的进行选择的权利。

2. 对于给付标的的权利是不同的

在选择之债中,由于给付标的在债成立的时候就有多个,选择权人对于标的的权利在于行使选择权——选择其中之一进行给付;在任意之债中,由于给付标的仅有一个,替代权人无法选择,但其可以行使替代权——用其他标的替代原来的债的标的,有权给付替代后的标的从而消灭债的关系。

3. 债的标的的灭失对于债的效力影响不同

在选择之债中,由于债的标的有多个,如果仅仅部分标的灭失,那么债的标的仍然存在于其他剩余的标的之上,或仍然为选择之债,或为简单之债,并不影响债的履行。只有所有标的在债成立后都不存在,才为履行不能,从而转化为赔偿之债。但是,在任意之债中,如果债的标的在债成立之后为履行不能,则从而也就不发生替代问题,也就无任意之债存在的余地了。这是因为,在这种情况下,债务人自始仅负担一种给付,通过行使替代权,另一种给付可以取得此种给付的地位。但在进行此种代替之前,债务关系仅由首先负担的给付决定,如果此种给付嗣后成为不能,这将使债务人最终免责,原因是在此之后已经没有什么可以被替代的了。[3]

三、分类的意义

区分简单之债与选择之债,具有以下意义:(1)认识关于选择之债的具体规则,无论对于正确认识债的规范体系,还是正确处理债权人与债务人的权利义务,尤其是正确对待债务人选择权及给付标的具有重大意义;(2)有利于正确区分种类之债、任意之债与选择之债的关系,从而更加准确地把握债的体系;(3)正确认识选择之债选择权的性质和行使方式——不能通过诉讼请求行使,而仅仅通过转移选择权的处理方式,对于权利体系的认识、对于意思自治与法律之强制之界限的把握会更加准确。

---

[1] 参见[日]我妻荣:《新订债权总论》,王燚译,中国法制出版社2008年版,第55页。

[2] 参见[德]迪特尔·梅迪库斯:《德国债法总论》,杜景林、卢谌译,法律出版社2004年版,第159页。

[3] 参见[德]迪特尔·梅迪库斯:《德国债法总论》,杜景林、卢谌译,法律出版社2004年版,第160页。

第八节　金钱之债与非金钱之债

引导案例

A作为自然人与其同学B签订借款合同，A向B借款150万元，没有约定利息。到期后，A没有偿还该笔借款。这时，B以A不能履行还款义务为由向法院提出解除合同，并请求赔偿。其请求是否成立？

一、金钱之债

（一）金钱之债概述

金钱之债，是指以金钱为给付标的的债。虽其也可被视为一种种类债权，但因标的物范围只有一般的抽象的标准，对一定数量可以用一定货币价值来表示，与实现债权的物（货币）自身没有任何关系，在债权的内容上比种类债权更抽象。[1] 尽管关于民法债务关系的规则主要针对特定之债形式的物之债，而对于金钱之债则只有少数规定，但是金钱之债特别常见：在双务合同中，当事人一方的给付义务通常指向金钱（价金、使用租赁的租金或者劳务报酬等），在有息借贷的情形中，这甚至适用于当事人双方的给付义务。此外，一切首先指向另一标的物的债务也都可以转变为指向金钱的损害赔偿请求权或者价值补偿请求权。[2] 的确，我国《民法典》的物权编、合同编、人格权编、婚姻家庭、继承编和侵权责任编中的多数内容都不直接指向金钱，但是，每一编都与金钱息息相关。例如，婚姻家庭编规范婚姻家庭关系，但是也涉及很多金钱赔偿问题；继承编中的有些内容也与金钱相关——财产继承本身就包括金钱，还有损害赔偿等内容；人格权编确实不以金钱为规范内容，但侵犯人格权与金钱赔偿相关；合同编中与金钱相关的内容较多，如借贷合同直接以金钱为内容，还有许多双务合同中，都是以金钱为对价的，如买卖合同、租赁合同、承揽合同、融资租赁合同、保理合同、委托合同、行纪合同与中介合同等；侵权责任编的赔偿责任就是金钱赔偿。因此，金钱之债在《民法典》中的地位是非常重要的，需要作特别研究。

（二）金钱之债的分类

按照我国《民法典》第579条之规定，[3] 金钱之债包括价款、报酬、租金、利息，或者其他金钱债务。我们根据其性质，可以把金钱之债分为本金之债、利息之债与费用之债。需要说明的是，在损害赔偿之债中，一般不存在利息或者费用问题。但是，被告被法院判定负担损害赔偿的金钱给付后仍然不履行的，仍然要承担受害人的利息损失。

所谓利息，一般是指金钱这一特殊物的孳息，是一种法定孳息，通说将利息界定为债务人

---

[1] 参见[日]我妻荣：《新订债权总论》，王燚译，中国法制出版社2008年版，第31页。

[2] 参见[德]迪特尔·梅迪库斯：《德国债法总论》，杜景林、卢谌译，法律出版社2004年版，第140页。

[3] 《民法典》第579条规定："当事人一方未支付价款、报酬、租金、利息，或者不履行其他金钱债务的，对方可以请求其支付。"

为让与以金钱(或其他可替代物)存在的资本使用权而应当支付的报酬。报酬的数额应根据期间(使用时间)的长短来计算,并且大多(即使不是必然的)以资本的百分比加以表示。[1]

利息通常情况下属于本金之孳息,以本金的存在为前提。但是,利息可以单独作为债的标的,从而构成利息之债。例如,储户与银行约定:将一定数量的本金存入银行,每月支取利息作为生活之用。那么,这种时候利息就脱离本金作为单独的债的关系的标的。

对于费用,德国学者指出,法律并没有规定费用的概念。根据主流观点,费用是指所有服务于他人利益的自愿财产牺牲。财产牺牲系增益于某物的,人们称其为花费。这里涉及的是出于维持、改良或恢复物的目的而付出的费用。费用问题在物权法与债法上都有体现。例如,我国《民法典》第 322 条规定:“因加工、附合、混合而产生的物的归属,有约定的,按照约定;没有约定或者约定不明确的,依照法律规定;法律没有规定的,按照充分发挥物的效用以及保护无过错当事人的原则确定。因一方当事人的过错或者确定物的归属造成另一方当事人损害的,应当给予赔偿或者补偿。”这里所谓“补偿”,通常理解为费用补偿。《民法典》第 389 条规定:“担保物权的担保范围包括主债权及其利息、违约金、损害赔偿金、保管担保财产和实现担保物权的费用。当事人另有约定的,按照其约定。”在债法中,费用一般是指债的履行或者在担保(保证)实行的时候的金钱支出。例如,根据《民法典》第 511 条第 6 项之规定,履行费用的负担不明确的,由履行义务一方负担;因债权人原因增加的履行费用,由债权人负担。《民法典》第 979 条第 1 款规定:“管理人没有法定的或者约定的义务,为避免他人利益受损失而管理他人事务的,可以请求受益人偿还因管理事务而支出的必要费用;管理人因管理事务受到损失的,可以请求受益人给予适当补偿。”因此,可以说,费用之债在民法典上具有自己的独立意义。

那么,区分本金之债、利息之债与费用之债的意义是什么?笔者认为,区分这 3 种不同的金钱之债的意义在于:(1)在一般法上,对确定清偿顺序具有重要意义。对此,我国《民法典》第 561 条规定:“债务人在履行主债务外还应当支付利息和实现债权的有关费用,其给付不足以清偿全部债务的,除当事人另有约定外,应当按照下列顺序履行:(一)实现债权的有关费用;(二)利息;(三)主债务。”(2)在特别法上,尤其是破产法上,像日本破产法、德国破产法等将本金列为破产债权,利息、债权人参加破产程序的费用属于劣后债权,在一般债权获得清偿后接受清偿[《日本破产法》第 97 条至第 99 条、《德国支付不能法》(破产法)第 38 条]。在我国,按照《企业破产法》第 44 条及第 46 条之规定,债权人在人民法院受理破产申请时对债务人享有的债权,为可以申报的债权,自破产申请受理时附利息的债权停止计息(因此,自此之后的利息不能作为破产债权申报),债权人参加破产程序的费用不得作为债权申报。

(三)金钱之债的法律特征

1. 金钱之债不适用履行不能的法律规则

从本质上说,所有的债的履行不能最后都转化为金钱之债,因此其不存在履行不能问题。即使债务人无力偿还,也不是民法典上所说的履行不能。在这种情况下,要适用企业破产法来清理债务,但不能适用履行不能的规则。就如德国学者所言,与种类之债基本相同,金钱之债的债务人原则上不能主张给付不能。对于经济给付能力,债务人必须无过错地负责。对于金

---

[1] 参见[德]迪尔克·罗歇尔德斯:《德国债法总论》(第 7 版),沈小军、张金海译,中国人民大学出版社 2014 年版,第 113 页;[德]迪特尔·梅迪库斯:《德国债法总论》,杜景林、卢谌译,法律出版社 2004 年版,第 144 页。

钱之债的无条件责任也能从《德国支付不能法》的存在中得出。[1] 我国《民法典》第580条明确规定金钱债务不适用履行不能规则："当事人一方不履行非金钱债务或者履行非金钱债务不符合约定的，对方可以请求履行，但是有下列情形之一的除外：（一）法律上或者事实上不能履行；（二）债务的标的不适于强制履行或者履行费用过高；（三）债权人在合理期限内未请求履行。有前款规定的除外情形之一，致使不能实现合同目的的，人民法院或者仲裁机构可以根据当事人的请求终止合同权利义务关系，但是不影响违约责任的承担。"

在本节引导案例中，A与B之间的债务属于金钱债务，不适用不能履行的规则——不能解除合同并请求赔偿。因为，即使解除借款合同，也是金钱性债务的结果。尽管借款合同没有约定利息，但是从违约之日起，应计算利息。

2. 金钱之债一般不发生瑕疵担保责任

瑕疵担保责任，一般是指对物或者权利方面的保证无瑕疵责任，但对于金钱（金钱之债中的抽象金钱，而不是指现实生活中的这张具体的100元纸币或者那张50元的纸币）不适用。

正因如此，要区分金钱之债与以"物的交付"为目的的种类物或者特定物的区别。例如，某人要收藏1965年的一角硬币。这个时候，这些1965年的硬币就不再是货币而是种类物；又如，A与B买卖一张1989年印错了的10元现钞（中国市面上仅此一张），则该10元纸币就不再是货币而是特定物。就如日本学者所言，将所有的以金钱为债权标的的债，称作金钱之债时，应对下述之各种类加以区别：(1)特定金钱之债——如以陈列或装饰为目的，租借或买卖特定货币缔结之契约及用于包装的金钱的运输、保管等为目的之交易而产生的债。这些都是以特定物的移转为标的的债（特定债权），完全不具有金钱之债的特点。(2)特定货币债权。以属于特定种类之金钱中的一定量为给付标的的债权。其中，如为了收集，而以明治二十八年（1895年）发行的10元日本银行兑换券10张作为买卖标的的契约中买主的债权，因为不得以其他种类金钱交付，所以当属纯粹的种类债权，亦称为绝对性特定货币债权。与此相反，对1万元之金额，以面额为100元纸币为给付内容时，依当事人之意思应以100元纸币给付。但遇法律修改而导致履行不能时，通常认为以其他种类货币交付亦为合理。这被称为相对性特定货币债权，也属于金钱之债中的一种。[2] 德国学者更直接地指出，收藏货币的给付涉及的并非金钱之债，而是单纯的实物之债。人们称此为真正的或本来的金钱种类之债，它们应根据种类之债的规则来处理。[3]

3. 法律对于金钱之债一般都规定有特别规则

由于金钱之债不同于一般以物或者权利为给付标的的债，法律一般都规定有特别的规则。结合我国《民法典》之规定，金钱之债的特别规则主要有以下7种。

(1)定价规则

价款或者报酬不明确的，按照订立合同时履行地的市场价格履行；依法应当执行政府定价或者政府指导价的，依照规定履行（《民法典》第511条第2项）。

---

[1] 参见[德]迪尔克·罗歇尔德斯：《德国债法总论》（第7版），沈小军、张金海译，中国人民大学出版社2014年版，第111页。

[2] 参见[日]我妻荣：《新订债权总论》，王燚译，中国法制出版社2008年版，第32页。

[3] 参见[德]迪尔克·罗歇尔德斯：《德国债法总论》（第7版），沈小军、张金海译，中国人民大学出版社2014年版，第112页。

(2)给付地点规则

履行地点不明确,给付货币的,在接受货币一方所在地履行;交付不动产的,在不动产所在地履行;其他标的,在履行义务一方所在地履行(《民法典》第511条第3项)。

(3)违约责任规则

前面已经提到,金钱之债的违约不能适用履行不能的救济措施(《民法典》第580条)。

(4)货币种类限制

很多国家对于金钱之债的币种有明确限制,特别是对于外汇管理比较严格的国家,都要求按照本国的法定货币计价和支付。例如,根据《外汇管理条例》第8条之规定,必须以人民币计价和结算。

(5)借款合同的特殊规则

借款合同属于特别的金钱之债,它的双方当事人的义务都是金钱之债——借钱与还钱都属于金钱之债,这与买卖合同、租赁合同等一方当事人的义务为金钱债务不同,因此有特殊规则。根据我国《民法典》第670条及第679条之规定,其特殊性在于:①借款利息不得预先在本金中扣除。②自然人之间的借款合同为实践合同——自贷款人提供借款时成立。

(6)违约金的调整规则

根据我国《民法典》第585条第1、2款之规定,当事人可以约定一方违约时应当根据违约情况向对方支付一定数额的违约金,也可以约定因违约产生的损失赔偿额的计算方法。约定的违约金低于造成的损失的,人民法院或者仲裁机构可以根据当事人的请求予以增加;约定的违约金过分高于造成的损失的,人民法院或者仲裁机构可以根据当事人的请求予以适当减少。

(7)定金限制规则及不可与违约金并用原则

根据我国《民法典》第586条及第588条之规定,当事人可以约定一方向对方给付定金作为债权的担保。定金合同自实际交付定金时成立。定金的数额由当事人约定;但是,不得超过主合同标的额的20%,超过部分不产生定金的效力。实际交付的定金数额多于或者少于约定数额的,视为变更约定的定金数额。定金不足以弥补一方违约造成的损失的,对方可以请求赔偿超过定金数额的损失。

当事人既约定违约金,又约定定金的,一方违约时,对方可以选择适用违约金或者定金条款。

以上仅仅是列举了我国《民法典》中关于金钱之债的一些主要规则,当然还有其他规则。对此,我们将在合同之债中详细说明。

(四)金钱之债履行中的具体问题

由于金钱之债的标的特殊,很多国家对于金钱之债的履行通过法律或者判例给予了特殊规定。结合我国法律、法规与司法实践,对于金钱之债履行的下列问题进行简单讨论。

1. 关于币种问题

对于币种问题,德国学者认为,应以本国货币履行的债务是金钱之债的普遍情形。[1] 但是,在欧洲一体化——欧盟出现以后的数年后,欧元成为欧洲的普遍流通货币,虽然现在的欧盟国家有的仍然保留了本国货币,但欧元也是流通的。因此,德国学者认为,自2002年1月1

〔1〕 参见[德]迪特尔·梅迪库斯:《德国债法总论》,杜景林、卢谌译,法律出版社2004年版,第140页。

日开始,欧元成为德国与其他多数欧盟国家法定支付手段。但是,金钱之债也可以以外币为标的。[1] 在有些外汇自由兑换的国家,对此要求也比较宽松。例如,《日本民法典》第402条规定:"(1)债权标的物为金钱时,债务人得按其选择,以各种货币清偿。但以给付特定种类之货币为债权标的时,不在此限。(2)作为债权标的物之特定种类货币于清偿期前失去强制通用之效力时,债务人应以其他货币清偿。(3)以给付外国货币为债权标的之情形,准用前两款之规定。"

我国属于对于外汇管理比较严格的国家,因此,我国在金钱之债的币种方面有严格的限制和要求。根据《民法典》第514条规定:"以支付金钱为内容的债,除法律另有规定或者当事人另有约定外,债权人可以请求债务人以实际履行地的法定货币履行。"该条的真实含义是什么?读过该条的人往往会有一个疑问:民法典属于国内法,"实际履行地"一般就是指中华人民共和国,那不就是人民币吗?对此,立法机关的学者解释道:法定货币依靠国家规定成为一定地域内合法流通的货币。《中国人民银行法》第16条中规定,中华人民共和国的法定货币是人民币。我国香港特别行政区和澳门特别行政区的法定货币分别为港币、澳门币。美国的法定货币为美元,英国的法定货币为英镑等。正是基于法定货币的特殊地位,该条规定,在合同交易中,对于以支付金钱为内容的债务,除法律另有规定或者当事人另有约定外,债权人可以请求债务人以实际履行地的法定货币履行。[2] 由此可见,这是一条"国际司法条款"。

另外一个有疑问的问题是:在我国用外币支付肯定是不被法律允许的,但是,是否可以用外币计价而用人民币支付?对此,我国《外汇管理条例》第8条不仅不允许用外币结算,也不允许用外币计价。有学者就此问题指出,在我国,当事人未指定货币种类的,债务人应当以人民币履行债务,但法律另有规定的除外。对于以支付外国货币为标的的债,债务人可以按照给付时履行地的汇兑市价,以人民币履行。[3] 笔者赞同这一观点:在目前国际经济形势十分复杂的情况下,为防止货币的贬值,应当允许当事人约定用比较稳定的一种或者几种货币来计价,用人民币结算。

2. 关于支付手段问题

在当今,支付手段相当丰富,现金支付、银行转账、票据(支票、本票、汇票)结算和支付、微信或者支付宝支付(由于这种支付手段要么是绑定银行卡,要么是现金零钱,是否属于现金支付值得考虑)等,都属于法律允许的支付手段。除非当事人有特别的约定,否则任何支付都可以达到消灭金钱之债的效果。但是,法律有明确规定或者当事人有约定的时候,必须适用法定或者约定的方式。例如,在买卖房屋或者汽车等这种价值较大的商品的时候,在很多国家都不允许用现金支付——扛着几麻袋现金买房的情形,在很多国家都行不通。

在现金支付的情况下,至于用什么样的票面金额货币支付,则是一个需要根据交易目的和诚实信用原则考量的问题。这里常常遇到两个问题:一是买很小价值的商品却用较大面额的货币支付而请求找零钱。例如,买一个1角钱的纽扣,却用一张100元面值的货币支付。对此,有日本学者认为,对较小金额的支付,是否可以大面额纸币支付并强要找钱的问题,是与强制

---

〔1〕 参见[德]迪尔克·罗歇尔德斯:《德国债法总论》(第7版),沈小军、张金海译,中国人民大学出版社2014年版,第112页。

〔2〕 参见黄薇主编:《中华人民共和国民法典合同编释义》,法律出版社2020年版,第116页。

〔3〕 参见王利明:《债法总则研究》(第2版),中国人民大学出版社2018年版,第132页。

力有别的问题。对此,应依交易惯例和诚信原则来判断。[1] 二是购买价值较大的商品,却用特别多的零钱甚至硬币来支付。例如,购买500万的商品房,却用N个麻袋的1分硬币支付。在这种情况下,确实应该适用诚实信用原则来衡量:如果购买者确实因为特殊原因拥有这么多硬币,则即使其如此支付,也是可以接受的。因为不仅硬币仍然属于流通货币,而且其如此支付有其特殊原因。但是,如果购买者只是为了故意麻烦出卖人才将自己的银行存款兑换成1分硬币再来支付,则属于违反诚实信用原则,出卖人可以拒绝接受。

3. 金钱之债的具体数额与货币贬值问题

金钱之债是金额之债而非价值之债。金钱之债成立时,作为标的的货币金额是债务的数量范围,无论货币升值或者贬值,在当事人无相反约定时,都不改变债务人应给付货币的金额。此即为产生于17世纪英国的"货币唯名主义原则",因此货币贬值的风险和损失完全分配给债权人。[2] 那么,如果货币贬值该如何处理?尤其是在新冠疫情过后,许多国家的货币都出现了大幅贬值,如果绝对坚持所谓"唯名主义",则对于债权人十分不公。

对此,从比较法及我国学理的观察来看,有两种途径可以解决:(1)当事人自治。金钱债务的标的物为货币,货币的币值与经济发展状况密切相关,极易发生波动,因此金钱债务的履行可能产生货币贬值的问题。在此需要讨论的是,在货币贬值的情形下,债的当事人能否据此请求增加或者减少给付。由于经济发展状况受到多种因素的影响,货币的币值经常处于变动之中,为了维护债的关系的稳定性,在货币币值出现波动时,债的关系当事人原则上仍应当按照债的要求履行债务,而不得以货币币值变动为由请求增加或者减少给付数额。同时,按照私法自治原则,当事人可以约定保值条款,即当事人可以约定,在货币币值出现变动时,债的当事人应当适当增加或者减少给付,以维持债的标的的价值。例如,在长期租赁合同中,当事人可以在合同中约定保值条款,在合同履行过程中,如果货币贬值,当事人就可依据保值条款请求增加或者减少给付,按照私法自治原则,此种协议在法律上也是有效的。[3] (2)如果当事人没有约定保值条款,则也可以适用情势变更原则进行调整(法律行为基础丧失理论)。[4]

(五)利息之债

由于利息之债属于本金之附属,因此,我国法律对利息有许多特别规则,其主要内容如下所述。

1. 对利息的偿还优先于本金

我国《民法典》第561条规定了在债务人的给付不足以清偿全部的费用、利息和主债务而又没有申请破产的情况下,按照下列顺序清偿:(1)实现债权的有关费用;(2)利息;(3)主债务。

这也是很多国家民法典规定的清偿顺序,之所以如此,就是因为,利息和费用在破产程序开始不属于一般债权,而属于特殊债权——劣后债权,要等到一般债权(主债权)清偿后,才能得到清偿。因此,把利息和费用作为在一般民事清偿中的优先顺序,可以最大限度地保护债权人利益。

---

〔1〕 参见[日]我妻荣:《新订债权总论》,王燚译,中国法制出版社2008年版,第33页。

〔2〕 参见李永军主编:《中国民法学》(第3卷),中国民主法制出版社2022年版,第41页。

〔3〕 参见王利明:《债法总则研究》(第2版),中国人民大学出版社2018年版,第133页。

〔4〕 参见[德]迪特尔·梅迪库斯:《德国债法总论》,杜景林、卢谌译,法律出版社2004年版,第151页。

那么,在利息和费用并存的时候,费用为什么要排在利息之前?因为,在破产程序中,利息和费用尽管都属于劣后债权,但利息排在费用之前。例如,根据《德国破产法》第39条的规定,利息是第一顺序的劣后债权,而费用是第二顺序的劣后债权;《日本破产法》第97条规定,利息请求权为第一顺序的劣后债权,而参加破产程序的费用则是第7顺序的劣后债权。因此,为了最大限度地保护债权人利益,把破产程序中顺位最后的劣后债权放在最优先的一般民事债权清偿顺序中。因此,才有了我国《民法典》第561条的如下顺序:费用—利息—主债权。这与破产程序的清偿顺序正好相反。在破产程序中恰恰是这样的顺序:主债权—利息—费用。

2. 对利息支付的限制

(1)不得事先扣划利息

根据我国《民法典》第670条之规定,借款的利息不得预先在本金中扣除。利息预先在本金中扣除的,应当按照实际借款数额返还借款并计算利息。

事先扣划利息,这在现实生活的民间借贷中常常出现。例如,A借给B100万元人民币,为期1年,约定利息为年利率14%,也就是每年利息14万元。A在提供给B借款的时候,直接将利息从100万元本金中扣除,B实际上只得到86万元借款,但在实际还款的时候要偿还100万元。出借人这样做,也是为了保护自己的利益:不仅提前一年得到利息——期限利益的获得,而且可以规避风险——债务人破产时损失规避。但是,这对于借款人十分不公平:利息本来是对资金使用期限的报酬,借款人预先扣除利息,就等于说有一部分资金是借款人没有使用的,但借款人为此支付了利息。因此,法律对于事先扣划的限制和禁止是有道理的。

根据2021年生效的最高人民法院《关于审理民间借贷案件适用法律若干问题的规定》(以下简称《民间借贷规定》)第26条的规定,预先在本金中扣除利息的,人民法院应当将实际出借的金额认定为本金。

(2)对利率的限制

我国历来打击和禁止高利贷。因为高利贷会影响一个国家经济的健康发展和民生,所以一般国家都限制高利贷。1986年的原《民法通则》第90条规定:"合法的借贷关系受法律保护。"该条的立法本意就是禁止设立高利贷。最高人民法院1991年公布的《关于人民法院审理借贷案件的若干意见》(已失效)第6条规定:"民间借贷的利率可以适当高于银行的利率,各地人民法院可根据本地区的实际情况具体掌握,但最高不得超过银行同类贷款利率的四倍(包含利率本数)。超出此限度的,超出部分的利息不予保护。"然而,随着我国经济的发展和民营企业的融资市场的火热,突破4倍利率的呼声高涨。2015年《民间借贷规定》第26条规定的利率就是当时社会的真实写照。该条规定:"借贷双方约定的利率未超过年利率24%,出借人请求借款人按照约定的利率支付利息的,人民法院应予支持。借贷双方约定的利率超过年利率36%,超过部分的利息约定无效。借款人请求出借人返还已支付的超过年利率36%部分的利息的,人民法院应予支持。"也就是说,只要当事人的借款利率没有超过36%就是合法的,但是发生纠纷后,法院支持的最高利率为24%。在25%~36%的部分为自然之债。

但是,随着这一司法解释的出台,各地的民间借贷利率最低为24%成为常态。问题在于:在一个正常的经济秩序下,24%的利率足以压垮大多数非暴利行业——什么样的行业的利润可以达到24%以上?因此,这一司法解释出台后,反对声音从来没有停止过。在民法典出台后,《民法典》第680条第1款规定:"禁止高利放贷,借款的利率不得违反国家有关规定。"《民间借贷规定》[1]第25条规定："出借人请求借款人按照合同约定利率支付利息的，人民法院应予支持，但是双方约定的利率超过合同成立时一年期贷款市场报价利率四倍的除外。前款所称'一年期贷款市场报价利率'，是指中国人民银行授权全国银行间同业拆借中心自2019年8月20日起每月发布的一年期贷款市场报价利率。"这种利率要远远低于2015年最高人民法院司法解释确定的24%～36%的利率，在一定程度上对利率进行了限制，但这一利率从国际平均水平来看，也是较高的。[2]

(3)对利息有无之判断规则

根据《民法典》第680条第2款、第3款的规定，借款合同对支付利息没有约定的，视为没有利息。借款合同对支付利息约定不明确，当事人不能达成补充协议的，按照当地或者当事人的交易方式、交易习惯、市场利率等因素确定利息；自然人之间借款的，视为没有利息。《民间借贷规定》第24条第2款规定，自然人之间借贷对利息约定不明，出借人主张支付利息的，人民法院不予支持。除自然人之间借贷的外，借贷双方对借贷利息约定不明，出借人主张利息的，人民法院应当结合民间借贷合同的内容，并根据当地或者当事人的交易方式、交易习惯、市场报价利率等因素确定利息。

3.复利的限制

利息可分为单利与复利。所谓单利，是指仅以本金作为计算利息的基础，不将利息加入本金而产生的利息，因此种计算方式而产生的债称为单利之债。所谓复利，是指将已经产生的利息纳入本金中，并将其作为继续计算利息的基础，因此种计算方式而产生的债称为复利之债。我国民间通常将其称为"利滚利""驴打滚"。[3] 很多国家对于复利都存在禁止或者限制。例如，根据《德国民法典》第248条的规定，预先作出的关于到期利息再生利息的约定，无效。德国学者针对此条指出，禁止复利的考虑是，复利对于债务人几乎是无法计算的。因此，应保护债务人免于难以预见的负担。[4] 日本对于复利有一定的限制，但从总体上说，并没有像《德国民法典》那样禁止。[5]

我国《民法典》对此并没有明确规定，但是从《民间借贷规定》(法释〔2020〕17号)之规定来看，我国采取的是类似日本法对于复利的态度——限制但不禁止。《民间借贷规定》第27条规定："(1)借贷双方对前期借款本息结算后将利息计入后期借款本金并重新出具债权凭证，如果前期利率没有超过合同成立时一年期贷款市场报价利率四倍，重新出具的债权凭证载明的金额可认定为后期借款本金。超过部分的利息，不应认定为后期借款本金。(2)按前款计算，借款人在借款期间届满后应当支付的本息之和，超过以最初借款本金与以最初借款本金为基数、以合同成立时一年期贷款市场报价利率四倍计算的整个借款期间的利息之和的，人民法院不予支持。"不仅如此，即使是变相计算复利的，也适用上述规则。该司法解释第29条规定：

---

〔1〕《民间借贷规定》(法释〔2020〕17号)，2021年1月1日起施行。

〔2〕按照《德国民法典》第246条的规定，法定利率为4%；按照《德国商法典》第352条之规定，在双方商事行为中，法定利率为5%。

〔3〕参见王利明：《债法总则研究》(第2版)，中国人民大学出版社2018年版，第137页；林诚二：《民法债编总论——体系化解说》，中国人民大学出版社2003年版，第245页。

〔4〕参见[德]迪尔克·罗歇尔德斯：《德国债法总论》(第7版)，沈小军、张金海译，中国人民大学出版社2014年版，第113页。

〔5〕参见[日]我妻荣：《新订债权总论》，王燚译，中国法制出版社2008年版，第40～41页。

“出借人与借款人既约定了逾期利率,又约定了违约金或者其他费用,出借人可以选择主张逾期利息、违约金或者其他费用,也可以一并主张,但是总计超过合同成立时一年期贷款市场报价利率四倍的部分,人民法院不予支持。”由此可见,我国并不禁止复利,但限制复利——只要不超过1年期贷款市场报价利率4倍计算的整个借款期间的利息之和的,就是合法的,就受到法律保护。

二、非金钱之债

所谓非金钱之债,就是指给付标的为金钱之外的有体物、无体物或者劳务的债。例如,买卖合同的标的有可能是特定物或者种类物,或者是知识产权这样的无体物,也有可能是行为债务。像承揽合同中的结果性债务可以包含在有体物或者无体物之中。对于非金钱之债,由于本书在前面的“给付义务”及后面的“买卖合同”等章节中都有论述,在此就不再赘述。

三、区分金钱之债与非金钱之债的意义

区分金钱之债与非金钱之债的意义在于:(1)在确定履行规则方面具有意义和价值。由于金钱的特殊性,其履行有特殊规则,必须适用特殊规则,而这些特殊规则与非金钱之债显然不同;(2)在适用违反债的履行义务的法律后果的时候具有意义。由于金钱的特殊性,在债务不履行的时候(发生履行障碍时),不适用不能履行或者瑕疵担保责任问题。债务人必须继续履行,如果债务人的财产不足以履行债务,则是适用破产程序“一揽子”清偿的问题,绝对不是不能履行的问题。这与非金钱之债不能履行的情形迥然不同。

第三章　债的保全

引导案例

甲对乙享有10万元的金钱债权，于2023年5月1日到期。乙由于半年前投资失败，资金短缺，无力偿还该笔债务。但是甲得知，乙对丙也享有价值12万元的到期债权，但怠于主张；乙在1个月之前将自己价值5万元的汽车质押给丁，以1幅价值3万元的古画抵偿戊公司的2万元债权，戊公司又将该画转卖给了庚公司，得价2.5万元。试问：

1. 若乙对丙享有的债权基于人身侵权而发生，且已经多次催告丙履行，甲可否对之主张债权人代位权？

2. 若甲在对丙提起的代位权诉讼中胜诉，丙应向谁进行清偿？

3. 若甲因行使代位权支付了5000元律师费，可否主张由债务人负担？

4. 若乙为丁提供担保并非担保自己的债务，而是为他人提供担保，且丁并不知晓乙陷于资金困难的情事，甲可否主张撤销该担保行为？

5. 若乙、戊为恶意，庚为善意，甲应如何主张撤销权？

6. 若乙、戊、庚均为恶意，庚公司为戊公司的全资子公司，甲可否主张撤销戊的转让行为？

7. 若甲对乙、丁提起撤销权之诉，丁声称即便败诉也不返还该车，乙也怠于参与此事，甲可否在主张撤销的同时一并主张返还该车？若可以，应主张向何人返还？

第一节　债的保全的意义

一、债的保全的含义与内容

债的保全，是指债权人为防止债务人的责任财产不当减少而危害其债权，对债的关系以外的第三人所采取的保护债权的法律制度。这是债权之对外效力，突破了债的相对性，是债权实现的保障制度之一。《民法典》将其命名为“合同的保全”，是出于结构上的考虑和保持章节命名连贯性，而非将其适用限定于合同。[1]

所谓责任财产，是指债务人用于履行债务、承担民事责任的财产总和，是各债权实现的一般担保。因为债权实现的最终途径在于强制执行，所以一般债权人能否实现其债权，最终取决于债务人的责任财产的多少。因此，债务人责任财产的增减对债权人有直接的利害关系。而

〔1〕 参见黄薇主编：《中华人民共和国民法典合同编释义》，法律出版社2020年版，第165页。

债权人对债务人的责任财产又无直接支配的权利，势难阻止债务人危害责任财产，故法律为保护处于弱势地位的一般债权人，特别允许一般债权人干涉债务人对其财产的自由处分，以维持债务人的责任财产，间接确保其债权获偿。[1] 此即债之保全制度设立的原因。

债的保全具体包括两种制度：债权人代位权和债权人撤销权。前者是为保持债务人的责任财产而设，针对的是债务人的不作为；后者是为恢复债务人的责任财产而设，针对的是债务人的诈害行为。

二、债的保全与有关制度

（一）债的保全与债的担保

债之担保有广义、狭义之分，前者包括债之一般担保与特别担保，后者仅包括债之特别担保。债的保全即属债之一般担保。债的保全与狭义的债的担保对比如表3-1所示。[2]

表3-1　债的保全与债的担保比较

区别	债的保全	债的担保
担保性质	债之一般担保	债之特别担保
效力范围	债之对外效力	债之对内效力
发生原因	法定	法定或意定
担保作用	无优先受偿效力	担保物权具有优先受偿效力
行使条件	可能不以债务人不履行债务为条件	以债务人不履行到期债务为条件
联系	均具有保障债权人债权的作用	

（二）债的保全与保全程序

学说上认为，债的保全制度的功能与民事诉讼法的保全程序相当。其不同之处在于，债的保全或代位行使债务人对于第三人之权利，或撤销债务人与第三人所为有害债权人权利之行为，而保全程序则是为了限制债务人对于其财产或权利之处分行为，故保全程序较之债的保全更有先发制人之意。[3]

第二节　债权人代位权

一、概念、性质与制度意旨

债权人代位权，是指债权人为了保全其债权，于债务人怠于行使自己的权利而害及其债权实现时，以自己的名义代位行使属于债务人权利的权利。所谓相对人，既包括债务人的债务人（次债务人），也包括次债务的担保人等。债权人代位权的基本结构如图3-1所示。

---

〔1〕 参见韩世远：《合同法总论》（第4版），法律出版社2018年版，第432页；孙森焱：《民法债编总论》（下册），2020年自版发行，第605页。

〔2〕 参见杨巍：《合同法总论》，武汉大学出版社2021年版，第213~214页。

〔3〕 参见黄茂荣：《债法通则之三：债之保全、移转及消灭》，厦门大学出版社2014年版，第1页。

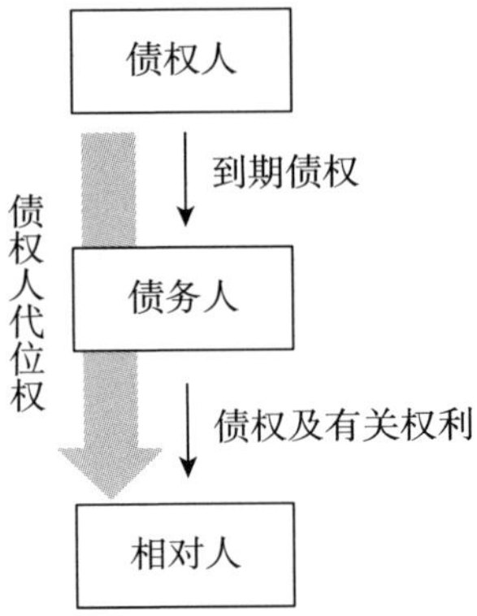

图 3-1 债权人代位权的基本结构

债权人代位权制度的成文化,发端于《拿破仑民法典》第 1166 条,但《德国民法典》则没有这一制度。究其原因,《德国民事诉讼法》关于债权强制执行的规定较完备,可以实现对债务人所享有的权利的强制执行,故没有对债权人代位权的需求;而法国的民事强制执行制度不够完善,所以需要规定债权人代位权制度。[1] 由此可见,债权人代位权并非必不可少的私法实体制度,与程序法上之执行及保全乃此消彼长的关系。但是,日本民事程序法上有对债权的强制执行规定,同时民事实体法中也规定了代位权制度,其理由在于,执行程序繁杂冗长,而债权人代位行使则较简易;此外,强制执行难以囊括保存行为,故仍有规定债权人代位权之必要。[2] 我国民法亦采此种立法模式。

基于上述比较,一般认为,债权人代位权具有如下性质:(1)债权人代位权是实体法上的权利而非诉讼法上的权利,不同于强制执行程序中的协助执行、代位申请执行、转付命令等制度。(2)多数观点认为,债权人代位权属于债权的对外效力,是从属债权的特别权利、固有权利。债权人代位权并非"债务人权利的默示让与",也不是代理债务人行使其权利,而是直接由债权人以自己的名义行使债务人权利的权利。(3)债权人代位权属于广义上的管理权,属于依事实上或法律上的行为管理财产的权利,可以为保存行为和处分行为,也可以为实体法上的行为和诉讼法上的行为。[3]

于此,需要注意区别的是债权人代位权与其他代位权。依照《民法典》第 524 条第 2 款、第 519 条第 2 款、第 700 条等规定,清偿第三人、连带债务人、保证人等也可享有代位权,但是此种代位权属于债权的法定移转,其效果为取代债权人的地位,而债权人代位权则不同,其效果为替债务人行使权利而非取代其地位。

债权人代位权制度旨在保全债务人的责任财产。但是,我国法律所规定的债权人代位权制度,还旨在使债权人行使其代位权而获得优先受偿。其理由在于,自最高人民法院《关于适用〈中华人民共和国合同法〉若干问题的解释(一)》(法释〔1999〕19 号,已失效,以下简称《合

---

〔1〕 参见韩世远:《合同法总论》(第 4 版),法律出版社 2018 年版,第 434 页;杨巍:《〈民法典〉债权人的代位权解释论研究》,载《江西社会科学》2020 年第 12 期。

〔2〕 参见史尚宽:《债法总论》,中国政法大学出版社 2000 年版,第 462～463 页。

〔3〕 参见韩世远:《合同法总论》(第 4 版),法律出版社 2018 年版,第 436 页;史尚宽:《债法总论》,中国政法大学出版社 2000 年版,第 463 页。

同法解释(一)》)第20条规定次债务人直接向债权人清偿开始,有关争议就一直存在,而《民法典》第537条第1句仍保留这一规定,绝非制定法漏洞。就此而言,足可认为我国债权人代位权制度以使该债权人获得优先清偿为其意旨。当然,从解释论来说,其正当性与合理性,仍可继续讨论。

二、成立要件

根据《民法典》第535条第1款规定,债权人代位权的成立应满足如下要件。

(一)债权人对债务人的债权必须合法、到期,且适于代位

所谓合法,系由于债权人代位权是债权效力的特别体现,自然须基于合法债权而产生。所谓到期,是指债权人对债务人的债权的履行期限已经届满,债务人已经陷于迟延,否则原则上债务人享有期限利益,相对人亦同。但是,债权人为保存行为则不要求债权到期,详参后述。所谓适于代位,要求债权人的债权适于通过直接强制的方式实现,倘债权人之债权本不适于直接强制,如婚约债权、劳务债权等,除因其不履行变为损害赔偿请求权外,不可通过债权人代位权实现。此外,不问其为金钱债权还是特定债权。[1]

按照《合同编通则解释》第40条第2款的规定,债务人的相对人仅以债权人提起代位权诉讼时债权人与债务人之间的债权债务关系未经生效法律文书确认为由,主张债权人提起的诉讼不符合代位权行使条件的,人民法院不予支持。可见,债权人的权利并不以经法定程序确认为必要,毕竟债权人权利是否合法有效,应属代位权诉讼的实体审理范围,而非立案审查的内容。[2]

(二)债务人对相对人享有债权及其有关权利,该项权利已经可以行使且不属于不可代位的权利

债务人对相对人享有的债权及其有关权利(主要是担保权利以及依附债权的利息债权[3]),亦须合法且可以行使,应无疑义。所需讨论者,为不可代位的权利范围。

《合同法解释(一)》第13条将可代位客体限定为债务人享有的金钱债权,造成了适用上的困难,《民法典》已删除了这一限制,[4]《民法典》第535条但书明确了"专属于债务人自身的"权利不可代位行使。所谓"专属",可分为行使的专属权和归属的专属权,前者是指其行使与否应委诸权利人的自由意思而不允许他人行使的权利,后者是指不可继承的权利、不可让与的权利。[5] 此处所谓的专属应针对前者,但在直接受偿规则之下,是否应纳入归属的专属权,值得深思。在入库规则之下,债权人代位行使的结果仍归属债务人,不因代位而发生财产利益归属的移转,所以债权可否代位与其是否可让与或继承是两个问题。[6] 但是,若我国采纳了直接清偿规则,则这一观点便难以立足。

依照《合同编通则解释》第34条的规定,下列权利,人民法院可以认定为《民法典》第535

---

[1] 参见龙俊:《民法典中的债之保全体系》,载《比较法研究》2020年第4期。

[2] 参见陈龙业:《代位权规则的细化完善与司法适用》,载《法律适用》2023年第12期。

[3] 参见谢鸿飞等:《中华人民共和国民法典合同编通则司法解释释义》(社科院版),中国法制出版社2023年版,第285页。

[4] 有关论述,参见最高人民法院民事审判第二庭、研究室编著:《最高人民法院民法典合同编通则司法解释理解与适用》,人民法院出版社2023年版,第378页。

[5] 参见韩世远:《合同法总论》(第4版),法律出版社2018年版,第445页。

[6] 参见孙森焱:《民法债编总论》(下册),2020年自版发行,第615~616页。

条第1款规定的专属于债务人自身的权利[1]:(1)抚养费、赡养费或者扶养费请求权;(2)人身损害赔偿请求权;(3)劳动报酬请求权,但是超过债务人及其所扶养家属的生活必需费用的部分除外;(4)请求支付基本养老保险金、失业保险金、最低生活保障金等保障当事人基本生活的权利;(5)其他专属于债务人自身的权利,如尚未取得房屋所有权的购房消费者提起执行异议之诉的权利。[2] 本章引导案例第1问中,乙对丙的债权属于人身损害赔偿请求权,属于专属债务人自身的权利,故甲不得主张代位行使。

但是,《民法典》对于债权及与该债权有关的从权利以外的物权及其请求权、形成权、诉讼权利等可否代位,未置可否。对于这些权利可否代位行使,有诸多观点,[3]颇值研究,本书原则上赞同其他权利类推适用债权人代位权。

此外,应认为下列权利也不得代位行使。(1)不得扣押的权利。其不属于责任财产的一部分,故不得代位行使。例如,依据《民事诉讼法》第254条第1款、第255条第1款而保留的"被执行人及其所扶养家属的生活必需费用、生活必需品"。(2)劳务债权、不作为债权等不构成责任财产的权利,但此类债权衍生的违约责任请求权以及相关担保权除外。[4] (3)非财产权利。非财产权利与责任财产保全并无关联,其不可代位自不待言。

(三)债务人对相对人怠于行使权利,不问其怠于行使的主观状态或理由如何

关于如何判断"怠于行使",有不同观点:(1)学说上认为,所谓"怠于行使",是指应行使、能行使而不行使其权利。应行使,是指如果行使,则权利将有消灭或丧失之虞;能行使,是指其权利依法可以行使;不行使,是指消极的不作为,不行使的原因在所不问。[5] 也有观点认为,债务人由于客观原因而不能行使的,也应与"怠于行使"同样处理。[6] (2)《合同编通则解释》第33条认为,债务人对相对人怠于行使其权利,是指"不以诉讼或者仲裁方式向相对人主张其享有的债权或者与该债权有关的从权利"。所谓的"诉讼"包括诉讼程序和非讼程序。[7] 而且,是否怠于行使并不考虑行为人的主观状态。[8] 如果当事人在起诉后又撤诉,则也属于怠于行

---

[1] 详细介绍,参见最高人民法院民事审判第二庭、研究室编著:《最高人民法院民法典合同编通则司法解释理解与适用》,人民法院出版社2023年版,第387页以下;谢鸿飞等:《中华人民共和国民法典合同编通则司法解释释义》(社科院版),中国法制出版社2023年版,第297页以下。

[2] 最高人民法院民一庭2023年第50次专业法官会议讨论认为,《民法典》第535条第1款规定:"因债务人怠于行使其债权或者与该债权有关的从权利,影响债权人的到期债权实现的,债权人可以向人民法院请求以自己的名义代位行使债务人对相对人的权利,但是该权利专属于债务人自身的除外。"依据该规定,专属于债务人自身的权利不能由债权人代位行使。尚未取得房屋所有权的购房消费者提起执行异议之诉的权利,是为特别保护购房消费者利益而设立,专属于购房消费者自身,不宜由其债权人代位行使。购房消费者未提起执行异议之诉,其债权人依据前述规定提起执行异议之诉的,人民法院不予受理;已经受理的,依法驳回起诉。

[3] 参见史尚宽:《债法总论》,中国政法大学出版社2000年版,第466~468页;韩世远:《债权人代位权的解释论问题》,载《法律适用》2021年第1期;申卫星、傅雪婷:《论债权人代位权的构成要件与法律效果》,载《吉林大学社会科学学报》2022年第4期;最高人民法院民事审判第二庭、研究室编著:《最高人民法院民法典合同编通则司法解释理解与适用》,人民法院出版社2023年版,第383~385页。

[4] 参见杨巍:《〈民法典〉债权人的代位权解释论研究》,载《江西社会科学》2020年第12期。

[5] 参见韩世远:《合同法总论》(第4版),法律出版社2018年版,第438页。

[6] 参见崔建远:《论中国〈民法典〉上的债权人代位权》,载《社会科学》2020年第11期。

[7] 参见最高人民法院民事审判第二庭、研究室编著:《最高人民法院民法典合同编通则司法解释理解与适用》,人民法院出版社2023年版,第380页;陈龙业:《代位权规则的细化完善与司法适用》,载《法律适用》2023年第12期。

[8] 参见谢鸿飞等:《中华人民共和国民法典合同编通则司法解释释义》(社科院版),中国法制出版社2023年版,第286页。

使权利。[1] 就此而言,在本章引导案例第1问中,乙虽然多次催告丙履行债务,但是并未提起诉讼或申请仲裁,故仍属于"怠于行使其权利"。

(四)债务人怠于对相对人行使权利,对债权人造成损害、影响了债权人到期债权的实现,二者之间存在因果关系

这一要件也称为"债权保全必要性"。因为如果债务人的责任财产仍足以清偿债务,债权人并不因其是否怠于行使对相对人的权利而受损害。倘若允许其干涉债务人之权利行使,则难谓正当。至于债权保全必要性的判断,一般认为,对于金钱债权来说,要求债务人无资力,即债务人负债超过资产(包括信用能力),不能清偿其债务;对于特定债权而言,要求有其他保全的必要,即其债权实现发生障碍。[2] 当然,如果特定债权转化为损害赔偿债权,自应适用金钱债权的有关规则。此外,还有意见认为,可以参照《民法典》第527条关于不安抗辩权行使条件的规则认定保全必要性。[3]

三、行使

(一)行为样态

行使债权人代位权,可以为实行行为和保存行为。其中,《民法典》第535条所规定的,直接引起清偿效果的债权人代位权行使行为,是实行行为;第536条规定的,不直接引起清偿效果但可以防止债务人责任财产减损的行使行为,是保存行为。[4] 债权人能否为处分行为,不无疑问。有观点认为,处分行为是被禁止的。也有观点认为,是否允许为处分行为应当结合债务人财产的整体情况作出具体判断,如果从财产的整体关系来看,该处分行为是保全财产所必要的,其作为一种保存行为或管理行为,也是可以允许的。[5] 笔者认为,从债务人财产的整体关系来判断对其有益的处分行为,应当被允许。

(二)行使方式

1. 实行行为须依诉讼方式进行

按照《民法典》第535条第1款、第536条的规定,债权人代位权的行使,须提起代位权诉讼,但是保存行为除外。法国、日本法,并不要求以诉讼方式行使债权人代位权,而我国《民法典》对此进行限制,学者解释称,因我国《民法典》将债权人代位权的行使效果规定为相对人直接对债权人清偿,因此,为增强清偿的确定性,须依赖司法程序的进行;如果与大陆法系传统立法一样采纳"入库规则",则完全没有必要将代位权行使的手段限定于诉讼方式。[6]

2. 诉讼当事人

债权人应当以自己的名义行使代位权,因为其并非代理债务人行使其权利。据此,一般认

---

〔1〕 参见陈龙业:《代位权规则的细化完善与司法适用》,载《法律适用》2023年第12期。

〔2〕 参见史尚宽:《债法总论》,中国政法大学出版社2000年版,第464页。

〔3〕 参见最高人民法院民事审判第二庭、研究室编著:《最高人民法院民法典合同编通则司法解释理解与适用》,人民法院出版社2023年版,第382页。

〔4〕 参见杨巍:《〈民法典〉债权人的代位权解释论研究》,载《江西社会科学》2020年第12期。

〔5〕 参见韩世远:《合同法总论》(第4版),法律出版社2018年版,第446~447页;孙森焱:《民法债编总论》(下册),2020年自版发行,第617页。

〔6〕 参见李永军主编:《中国民法学》(第3卷),中国民主法制出版社2022年版,第81页。

为代位权诉讼构成法定诉讼担当。[1] 但关于其当事人地位安排，向来存在较大争议。[2] 根据《合同编通则解释》第37条第1款的规定，一般应以债权人为原告，相对人为被告，债务人为无独立请求权第三人。债权人未将债务人列为第三人的，人民法院应当追加债务人为第三人。如此规定，有利于查清基本事实，减少诉累，也符合司法实践的一般做法。[3]

3. 诉讼管辖

根据《合同编通则解释》第35条的规定，代位权诉讼由被告住所地人民法院管辖，但是依法应当适用专属管辖规定的除外。债务人或者相对人以双方之间的债权债务关系订有管辖协议为由提出异议的，人民法院不予支持。需要注意的是，该条并非强制性规范，债权人和相对人仍可订立管辖协议。[4]

4. 债务人与相对人之间的仲裁协议对法院主管代位权诉讼的影响

如果债务人和相对人订有仲裁协议，是否会影响债权人代位权诉讼的主管？对此存在激烈的争议。[5] 按照《合同编通则解释》第36条的规定，债权人提起代位权诉讼后，债务人或者相对人以双方之间的债权债务关系订有仲裁协议为由对法院主管提出异议的，人民法院不予支持。但是，债务人或者相对人在首次开庭前就债务人与相对人之间的债权债务关系申请仲裁的，人民法院可以依法中止代位权诉讼。可见，现行法对这一问题原则上采否定观点，但在特定情况下债务人或者相对人依其间的仲裁协议申请仲裁也会影响债权人代位权诉讼的进行。至于债权人与债务人之间订有仲裁协议的，也不应影响债权人提起代位权诉讼。[6]

5. 诉讼的审理

按照《合同编通则解释》第38条的规定，债权人向人民法院起诉债务人后，又向同一人民法院对债务人的相对人提起代位权诉讼，属于该人民法院管辖的，可以合并审理。不属于该人民法院管辖的，应当告知其向有管辖权的人民法院另行起诉；在起诉债务人的诉讼终结前，代位权诉讼应当中止。

按照《合同编通则解释》第37条第2款的规定，两个以上债权人以债务人的同一相对人为被告提起代位权诉讼的，人民法院可以合并审理。[7] 债务人对相对人享有的债权不足以清偿其对两个以上债权人负担的债务的，人民法院应当按照债权人享有的债权比例确定相对人的

---

〔1〕 参见张卫平：《民事诉讼法》（第6版），法律出版社2023年版，第142～143页；［日］新堂幸司：《新民事诉讼法》，林剑锋译，法律出版社2008年版，第208～209页。

〔2〕 参见谢鸿飞等：《中华人民共和国民法典合同编通则司法解释释义》（社科院版），中国法制出版社2023年版，第329～330页。

〔3〕 参见最高人民法院民事审判第二庭、研究室编著：《最高人民法院民法典合同编通则司法解释理解与适用》，人民法院出版社2023年版，第422页；陈龙业：《代位权规则的细化完善与司法适用》，载《法律适用》2023年第12期。

〔4〕 参见谢鸿飞等：《中华人民共和国民法典合同编通则司法解释释义》（社科院版），中国法制出版社2023年版，第316页。

〔5〕 参见陈龙业：《代位权规则的细化完善与司法适用》，载《法律适用》2023年第12期；最高人民法院民事审判第二庭、研究室编著：《最高人民法院民法典合同编通则司法解释理解与适用》，人民法院出版社2023年版，第409～410页；谢鸿飞等：《中华人民共和国民法典合同编通则司法解释释义》（社科院版），中国法制出版社2023年版，第318～322页。

〔6〕 参见最高人民法院民事审判第二庭、研究室编著：《最高人民法院民法典合同编通则司法解释理解与适用》，人民法院出版社2023年版，第420页。

〔7〕 有学者认为，此处的"可以合并审理"应当理解为"应当合并审理"更合适，参见谢鸿飞等：《中华人民共和国民法典合同编通则司法解释释义》（社科院版），中国法制出版社2023年版，第335页。

履行份额，但是法律另有规定的除外。

6. 不影响根据新事实再次起诉

按照《合同编通则解释》第 40 条第 1 款的规定，代位权诉讼中，人民法院经审理认为债权人的主张不符合代位权行使条件的，应当驳回诉讼请求，但是不影响债权人根据新的事实再次起诉。

7. 财产保全

参照《合同法解释（一）》第 17 条的规定，在代位权诉讼中，债权人请求人民法院对次债务人的财产采取保全措施的，应当提供相应的财产担保。

8. 诉讼费用承担

参照《合同法解释（一）》第 19 条的规定，在代位权诉讼中，债权人胜诉的，诉讼费由次债务人负担，从实现的债权中优先支付。

（三）行使范围

《民法典》将债权人代位权视为优先实现债权之手段，故《民法典》第 535 条第 2 款第 1 句将行使范围限于到期债权范围以内，且不得超过债务人对相对人享有的权利范围。但是，该规定忽略了债务人对相对人的权利为不可分的情况，此时难以按照债权人债权的范围准确划定行使范围，应解释为可以行使整个不可分权利，否则债权人代位权将无从实现。

（四）保存行为的实施

债权人代位权的行使一般要求债权人的债权已经到期、债务人已经陷于迟延，但是在某些情况下，如债务人的债权即将罹于诉讼时效，或者相对人已进入破产程序而债务人未及时申报破产债权，若不及时采取行动，债务人的该项权利将会受损。此时，如果严格要求债权人须待其债权到期后方可代位行使债务人权利，则可能错过权利行使的时机，蒙受不必要的损失。如此，便有在债权到期前保存债务人权利的需求。为顾及此种情况，在比较法上一般认为，保存行为不以债权人的债权已到期为条件。

我国《民法典》新增了第 536 条，也采纳了上述观点。在债务人的债权或者与该债权有关的从权利存在诉讼时效期间即将届满或者未及时申报破产债权等情形，影响债权人的债权实现时，债权人可以在其债权到期前，代位向债务人的相对人请求其向债务人履行、向破产管理人申报或者作出其他必要的行为。就此，应当注意：其一，保存行为虽多存在于债权人债权到期前，但并不限于此，债权人债权到期后，债权人也可进行保存行为。其二，期前进行的保存行为，须具有时效性。也就是说，只有如不在到期前行使、可能影响债权人债权实现的情形，才可在债权人债权到期前为保存行为。如果有关行为可以待债权人债权到期后为之且无害于债权人债权实现，则不应允许债权人在债权到期前为之。其三，保存行为的进行，不以诉讼方式为必要。

保存行为与实行行为之间既有联系又有区别，可参见表 3－2。

表 3-2 保存行为与实行行为的比较

类型		保存行为	实行行为
区别	行使时间	可以在债权人债权到期前进行	只能在债权人债权到期后进行
	行使方式	不以提起代位权诉讼为必要	以提起代位权诉讼为必要
	行使效果	若请求履行,则只能请求相对人向债务人履行,而不得请求向自己履行	可以请求相对人直接向自己履行
联系	二者在其他方面相同,均属于行使债权人代位权		

四、行使效果

实施保存行为,其效果各依其保存行为的不同而异,而实施实行行为的法律效果则较统一,现分述如下。

(一)对债权人的效力

1.相对人履行的利益归属

关于行使代位权后,相对人履行的利益归属何方,存在较大争议,主要包括"入库规则说""直接受偿规则""平均分配说"等学说。(1)"入库规则说"认为,代位权行使的结果直接归于债务人。债权人虽然可以代债务人受领相对人的给付,但是债权人并无保有权,须将所受领给付返还给债务人,作为责任财产的一部分,其与债务人的其他债权人处于平等地位受偿。(2)"直接受偿规则"认为,为了体现公平原则和激励债权人行使债权人代位权,代位权行使的结果归属债权人,应由债权人受领和保有相对人的给付。(3)"平均分配说"认为,相对人的给付应先由法院保管,并由法院通知债务人的各债权人申报债权,而后按照债权比例进行分配。[1]

应当说,上述学说均非完美无缺:"入库规则说"的弊端在于,债权人不仅要承担提起代位权诉讼的时间、精力成本,还要承担败诉风险以及被债务人利用任意清偿权蓄意报复的风险,而其他债权人却可能"搭便车",因此可能大大削弱债权人行使债权人代位权的动力。"平均分配说"的弊端也与此类似。"直接受偿规则"的弊端在于,代位权人直接受偿有违债之平等性原则,实际上取得了优先受偿的地位,但是其代位权并不足以支撑其优先受偿。[2]

在比较法上,大陆法系国家一般采用"入库规则说"。[3] 关于我国立法采纳了何种立场,学说上观点不一:有认为我国仅仅是修正了"入库规则说"的,[4]有认为我国采取了"简易债权回收+限定入库规则"的,[5]有认为应采"相对性请求+绝对性归属"的,[6]有认为我国法律采

---

[1] 参见王利明:《合同法研究》(第2卷),中国人民大学出版社2015年版,第114页;李永军主编:《中国民法学》(第3卷),中国民主法制出版社2022年版,第82页。

[2] 参见朱广新:《合同法总则研究》(下),中国人民大学出版社2018年版,第446页;杨巍:《〈民法典〉债权人的代位权解释论研究》,载《江西社会科学》2020年第12期。

[3] 参见韩世远:《合同法总论》(第4版),法律出版社2018年版,第449页。

[4] 参见韩世远:《债权人代位权的解释论问题》,载《法律适用》2021年第1期。

[5] 参见龙俊:《民法典中的债之保全体系》,载《比较法研究》2020年第4期。

[6] 参见金印:《债权人代位权行使的法律效果——以〈民法典〉第537条的体系适用为中心》,载《法学》2021年第7期。

纳了“直接受偿说”但宜解释为“入库规则说”的,[1]有认为我国采纳了“直接受偿说”的[2]。其中最后一说较通行,理由在于:债权平等仅系抽象意义上的原则,实际上并不排斥“先到先得”;特定债权人提起代位之诉,须付出时间、精力等成本,如实行入库规则,容易导致“搭便车”现象;如实行入库规则,债务人得到财产后可能继续不履行债务,此时债权人需要再以债务人为被告提起诉讼,徒增讼累;民事诉讼注重处分原则,该债务人的其他债权人未参加代位之诉分担风险,没有积极行使权利,故不应从中获利受偿,这与破产程序平均分配很不同。[3] 基于此,在本章引导案例第2问中,丙应当直接向甲履行。在其履行后,依照《民法典》第537条的规定,债权人与债务人、债务人与相对人之间的债权在履行额的范围内消灭。

2. 必要费用由债务人负担

《民法典》第535条第2款第2句规定,债权人行使代位权所支出的必要费用,由债务人负担。但是关于此处所谓必要费用的范围,则不无争议。针对债权人撤销权行使的必要费用,《合同编通则解释》第45条第2款明确规定,其范围应包括合理的律师代理费、差旅费等费用,但对债权人代位权则未作出类似规定。有观点认为,既然债权人代位权采用直接清偿规则、债权人撤销权采用入库规则,那么债权人代位权的行使实际上是在实现债权人自身的利益,与债权人直接对债务人主张权利的一般情况并无差异,故律师费等维权成本的承担应当与一般情况采同一规则。[4] 但是,也有观点明确地将律师代理费、差旅费、保全费、诉讼费等列为此处的必要费用。[5] 因此,就本章引导案例第3问,律师费是否属于行使代位权的必要费用,尚不能给出一个完全确定的答案,笔者倾向采“肯定说”,因为该律师费毕竟是因行使代位权而发生的,而代位权的行使又是债务人所引起的,故理应由债务人负担合理的律师费用。

若债权人代位权的行使属于对全体债权人的共同担保进行保全(而非由自己在事实上优先受偿),那么其费用偿还请求权可以作为共益费用,就债务人的责任财产优先受偿;若代位债权人受领了标的物并支出保管费用,那么对于该费用偿还请求权,还可以在标的物上发生留置权;而在债权人事实上优先受偿的场合,行使代位权的必要费用不再构成共益费用,不再发生优先受偿权。[6]

(二)对债务人的效力

债权人代位权行使对债务人之效力,主要表现为其行使是否限制债务人的处分权,就此存在不同观点。《日本民法》第423条之五明确采“不限制说”。按照《合同编通则解释》第39条的规定,就超过债权人代位请求数额的债权部分,债务人仍可请求相对人履行,但是若该诉讼在代位权诉讼终结前,则依法应中止审理。《合同编通则解释》第41条规定,债权人提起代位权诉讼后,债务人无正当理由减免相对人的债务或者延长相对人的履行期限,相对人以此向债权人抗辩的,人民法院不予支持。[7] 就此而言,我国民法似采“限制说”。但是,若债务人的处

---

[1] 参见崔建远:《论中国〈民法典〉上的债权人代位权》,载《社会科学》2020年第11期。

[2] 参见杨巍:《〈民法典〉债权人的代位权解释论研究》,载《江西社会科学》2020年第12期。

[3] 参见黄薇主编:《中华人民共和国民法典合同编解读》(上册),中国法制出版社2020年版,第260页。

[4] 参见陈龙业:《债权人撤销权规则的细化完善与具体适用》,载《中国法律评论》2024年第1期。

[5] 参见最高人民法院民法典贯彻实施工作领导小组编著:《中国民法典适用大全》(合同卷),人民法院出版社2023年版,第626页。

[6] 参见韩世远:《合同法总论》(第4版),法律出版社2018年版,第452页。

[7] 详细理由,参见最高人民法院民事审判第二庭、研究室编著:《最高人民法院民法典合同编通则司法解释理解与适用》,人民法院出版社2023年版,第457页。

分未影响债权人债权实现,似乎应承认其处分效力为宜。[1]

此外,根据最高人民法院《关于审理民事案件适用诉讼时效制度若干问题的规定》(以下简称《民诉时效解释》)第 9 条、第 16 条的规定,债权人提起代位权诉讼的,债权人的债权发生诉讼时效中断的效力,而且即便债权人仅主张了债权的一部分,时效中断的效力也及于剩余部分,除非其明确表示放弃剩余债权。原因在于,债权人代位权的行使基础就是债权人所享有的债权。

(三)对相对人的效力

按照《民法典》第 535 条第 3 款、《合同法解释(一)》第 18 条的规定,相对人对于债务人所有的于代位权行使前发生的抗辩(广义抗辩),均得以之对抗债权人,以免因债权人代位权之行使而无故置相对人于不利地位。而且,债务人在代位权诉讼中对债权人的债权提出异议,经审查异议成立的,人民法院应当裁定驳回债权人的起诉。《合同编通则解释》第 41 条更进一步规定,债权人提起代位权诉讼后,债务人无正当理由减免相对人的债务或者延长相对人的履行期限,相对人以此向债权人抗辩的,人民法院不予支持。至于相对人可否援引债务人对债权人的抗辩,似以"肯定说"为妥。[2]

按照《民法典》第 537 条规定,债权人接受履行后,债权人与债务人、债务人与相对人之间相应的权利义务终止。而且,较之向债务人履行,因向债权人履行而增加之费用,相对人可以向债务人主张。

五、债权人代位权和其他程序的衔接

债权人代位权的行使可能受到其他程序的影响。《民法典》第 537 条规定,如果债务人对相对人的债权或者与该债权有关的从权利被采取保全、执行措施,或者债务人破产的,依照相关法律的规定处理。

1. 债权人代位权与保全、执行措施的衔接[3]

债权人基于行使代位权的需要申请保全债务人的权利时,如果第三人也在向相对人行使代位权或者依据其他法律关系主张权利,此时应适用追加诉讼当事人、合并审理等规则[最高人民法院《关于适用〈中华人民共和国民事诉讼法〉的解释》(以下简称《民事诉讼法解释》)第 73 条至第 74 条、第 221 条]解决各债权人之间的利益冲突,而不能就某一债权人单独适用"直接清偿规则"。

债权人基于代位权诉讼的生效裁决申请执行时,第三人如果已经就相对人财产取得执行依据,则可依法向人民法院申请参与分配,通过参与分配规则(《民事诉讼法解释》第 506 条至第 510 条)确定各债权人的受偿比例;第三人如果对相对人享有担保物权、优先购买权或者其他权利,则可以作为利害关系人提出执行异议,依据执行异议规则解决各方当事人的利益冲突。在此情形下,也不能就某一债权人单独适用"直接清偿规则"。

同理,第三人就债务人的权利申请保全、执行措施的,行使代位权的债权人也可通过追加诉讼当事人、合并审理、参与分配等规则主张权利,此时"直接清偿规则"同样被限制适用。

---

[1] 参见谢鸿飞等:《中华人民共和国民法典合同编通则司法解释释义》(社科院版),中国法制出版社 2023 年版,第 356 页。

[2] 详见谢鸿飞等:《中华人民共和国民法典合同编通则司法解释释义》(社科院版),中国法制出版社 2023 年版,第 349 页。

[3] 参见杨巍:《〈民法典〉债权人的代位权解释论研究》,载《江西社会科学》2020 年第 12 期。

2. 债权人代位权与破产程序的衔接

债务人被裁定受理破产申请的,按照破产程序进行清偿,不得对个别债权人进行清偿,故债权人不得再提起代位权诉讼,但是债权人通过债权人会议或者债权人委员会,要求管理人依法向相对人追收债务人财产,管理人无正当理由拒绝追收,个别债权人代表全体债权人提起相关诉讼,主张相对人向债务人清偿的,人民法院应予受理[参见最高人民法院《关于适用〈中华人民共和国企业破产法〉若干问题的规定(二)》(以下简称《企业破产法解释(二)》)第 23 条]。

法院裁定受理债务人破产时,正在进行的代位权诉讼,应当裁定中止审理;债务人被宣告破产的,人民法院应当依照《企业破产法》第 44 条的规定判决驳回债权人的诉讼请求,但是债权人一审中变更其诉讼请求为追收的相关财产归入债务人财产的除外;破产程序终结或者破产申请被驳回的,依法恢复审理代位权诉讼(参见《企业破产法解释(二)》第 21 条)。

破产申请受理前,已经提起代位权诉讼,人民法院已经作出生效民事判决书或者调解书,但尚未执行完毕的,破产申请受理后,相关执行行为应当依据《企业破产法》第 19 条的规定中止,债权人应当依法向管理人申报相关债权;已经执行完毕的,破产管理人不得依据《企业破产法》第 32 条的规定请求撤销,但是债务人与债权人恶意串通损害其他债权人利益的除外(参见《企业破产法解释(二)》第 15 条、第 22 条)。

知识结构

- 债权人代位权
  - 概念、性质、制度意旨
  - 成立要件
    - (1)债权人债权合法、到期(保存行为除外)、适于代位
    - (2)债务人权利合法、可以行使、适于代位 → 排除范围
      - ·是否包括物权、形成权、诉讼权利等?——“肯定说”“否定说”……
    - (3)债务人怠于行使权利 → 未提起诉讼、申请仲裁
    - (4)债权保全必要性
      - 金钱债权 → 债务人无资力
      - 特定
        - 损害赔偿 → 债务人无资力
        - 本身实现 → 债权实现障碍
  - 行使方式:诉讼方式(保存行为除外)→ 诉讼当事人、管辖、审理、财产保全……
  - 行使范围
    - 可分债权:不超过债权人债权范围,且不超过债务人权利范围
    - 不可分债权:可以行使整个不可分权利
  - 行使效果
    - (1)对债权人:①履行利益归属:采直接清偿规则(保存行为除外)→ 入库规则vs直接清偿规则
      ②必要费用负担:债务人负担
      ③可根据新事实再次起诉
    - (2)对债务人
    - (3)对相对人
  - 程序衔接
    - 债权人代位权与保全、执行措施
    - 债权人代位权与破产程序

第三节 债权人撤销权

一、含义与宗旨

债权人撤销权(Gläubigeranfechtungsrecht),是指当债务人所为的减少其财产的行为危害债权实现时,债权人为保全债权请求法院予以撤销该行为的权利。其中,受益人是基于债务人的行为而取得利益的人,通常就是与债务人发生法律行为的相对人;从受益人方面继受获得财产的就是转得人。

债权人撤销权源于罗马法上的"保罗之诉"(actio pauliana),[1]近代民法在继受时将其分为破产撤销权和债权人撤销权。[2] 不同于代位权,大陆法系民法一般都有关于债权人撤销权的规定,如《法国民法典》第1167条、《德国撤销法》(Anfechtungsgesetz,AnfG)、《日本民法》第424条相继规定了债权人撤销权。我国《民法典》第538条至第542条规定债权人撤销权,《企业破产法》第31条至第32条规定破产撤销权。学说上认为,债权人撤销权与破产撤销权目的同一、性质相同,只是行使条件和范围有所差异。[3]

与债权人代位权不同,债权人撤销权制度意旨仅有一项,即保全一般债权人之共同担保,而非优先保护单个债权人之个别利益。但也有观点认为,当强制执行适用参与分配制度且预期参与分配的主体较明确时,应将债权人撤销权的目标定位为"共益性",即保全一般债权人之共同担保;而在其他情况下,则宜将其目标界定为"私益性",即保全其个人债权之利益。[4]

二、权利性质

与债权人代位权类似,债权人撤销权也是债权的对外效力和实体法上的权利。但是关于其具体性质,则存在较大争议。债权人撤销权的性质,直接决定债权人撤销权之诉的性质、诉讼被告、诉的效力等,故不能不予以注意。

概括来说,学说上有"形成权说"、"请求权说"、"折中说"和"责任说"等,就有关内容列表3-3。[5]

---

〔1〕 参见[德]马克斯·卡泽尔、[德]罗尔夫·克努特尔:《罗马私法》,田士永译,法律出版社2018年版,第131页。

〔2〕 参见史尚宽:《债法总论》,中国政法大学出版社2000年版,第475页。

〔3〕 参见陈瑾昆:《民法通义债编总论》(第3版),北平朝阳大学1930年版,第253页。

〔4〕 参见陈韵希:《我国债权人撤销权制度的目标定位和法律效果》,载《求索》2020年第6期。

〔5〕 参见史尚宽:《债法总论》,中国政法大学出版社2000年版,第476~479页;李永军主编:《中国民法学》(第3卷),中国民主法制出版社2022年版,第83~84页;韩世远:《合同法总论》(第4版),法律出版社2018年版,第454~458页;[日]佐藤岩昭:《诈害行为撤销权的法律构成》,载[日]内田贵、[日]大村敦志编:《民法的争点》,张挺等译,中国人民大学出版社2023年版,第375~377页;王利明、潘重阳:《论〈合同编解释〉对撤销权人的三重保护——以〈合同编解释〉第46条为中心》,载《上海政法学院学报(法治论丛)》2024年第1期。

表 3－3 关于债权人撤销权性质的学说

学说	“形成权说”	“请求权说”	“折中说”	“责任说”
权利性质	形成权	法定的债权请求	形成权＋请求权	形成权
诉讼类型	形成诉讼（必要的共同诉讼）	给付诉讼	形成诉讼＋给付诉讼	形成诉讼
被告	债务人和受益人	相对人或转得人	相对人或转得人	相对人或转得人
诈害行为效果	绝对无效	相对无效	相对无效	责任法的无效
具体效果	直接消灭债务人和相对人之间的法律行为的效力，发生物权复归的效果；需要借助代位权向第三人请求返还财产	债务人只是设定负担而无财产转移的情形，无请求可言	债务人并非适格被告，债务人与相对人或者转得人之间的法律关系仍然有效，无效只产生相对效力，法律关系复杂	撤销效果及于债务人，应撤销而遗失的财产仍可认定为债务人的相对人或转得人的财产，并作为债务人的责任财产；债权人可以主张强制执行，并主张优先权

时至今日，“形成权说”和“请求权说”已经鲜有支持者，我国通说采“折中说”。〔1〕从《民法典》第 542 条的规定来看，债权人撤销权主要强调使债务人之行为归于无效的效果，在解释上似以采用“形成权说”为宜；如将债权人撤销权的效力延伸到可请求受益人归还的效力（事实上，《合同编通则解释》第 46 条第 1 款已如此规定），则“折中说”具有更强的解释力。〔2〕因此，本书原则上采“折中说”。

三、撤销客体范围

（一）债务人的行为

可以撤销的行为范围，各国、各地区规定不一。《德国撤销法》第 1 条规定为“法律上之行为”（Rechtshandlung），包括法律行为、准法律行为和诉讼法上的行为等。〔3〕《日本民法》第 424 条原规定为法律行为，2017 年修订后规定为“行为”。〔4〕

关于我国民法上可撤销的客体范围，不无疑问。从原《合同法》第 74 条到《民法典》第 538 条至第 539 条的变迁来看，有关债权人撤销权客体之规定，显非依债之保全功能所为的系统抽象思考之产物，而系深受“需要什么，制定什么”之立法思维影响之结果。〔5〕应认为，与其采用法律解释方法对上述列举项作语义范围内的扩张解释，毋宁认之为法律漏洞，依债之保全之规范意旨对债权人撤销权之客体范围作整体的“目的性扩张”以填补漏洞：凡有害债权实现、损及

---

〔1〕参见崔建远主编：《合同法》（第 7 版），法律出版社 2021 年版，第 133 页；韩世远：《合同法总论》（第 4 版），法律出版社 2018 年版，第 458 页；最高人民法院民事审判第二庭、研究室编著：《最高人民法院民法典合同编通则司法解释理解与适用》，人民法院出版社 2023 年版，第 507 页；王利明、潘重阳：《论〈合同编解释〉对撤销权人的三重保护——以〈合同编解释〉第 46 条为中心》，载《上海政法学院学报（法治论丛）》2024 年第 1 期。

〔2〕参见李永军主编：《中国民法学》（第 3 卷），中国民主法制出版社 2022 年版，第 84 页。

〔3〕参见［德］弗里茨・鲍尔、［德］霍尔夫・施蒂尔纳、［德］亚历山大・布伦斯：《德国强制执行法》（上册），王洪亮、郝丽燕、李云琦译，法律出版社 2019 年版，第 539 页。

〔4〕参见王融擎编译：《日本民法：条文与判例》（上册），中国法制出版社 2018 年版，第 339～340 页。

〔5〕参见朱广新：《合同法总则研究》（下册），中国人民大学出版社 2018 年版，第 452 页。

债务人责任财产的行为,包括法律行为、准法律行为、裁判上的法律行为(裁判上的和解、抵销、请求的放弃或认诺等[1])等,如无特别理由,均可撤销。而下列行为一般不可以撤销:(1)事实行为,因为其无从撤销。(2)无效行为,因为其无撤销必要。(3)拒绝取得利益的行为。保全旨在防止责任财产不当减少,而拒绝获益并非责任财产的减少,撤销该行为已超出保全的宗旨。(4)债务人的不作为,若属怠于行使权利,则当由债权人代位权解决;若属怠于取得利益,则应与拒绝获益同样处理。(5)劳务、不作为或以禁止扣押的财产为标的物的行为等无关责任财产的行为,将其撤销无益于保全责任财产。(6)通谋虚伪行为,若为绝对无效,则应与无效行为同样处理;若为相对无效,则在发生转得时,即使转得人就虚伪行为为善意,只要其对诈害事实本身为恶意,就应可以以撤销主张对抗。(7)侵权行为本身为无效,故不是撤销标的;但基于不法原因而给付,依法不享有不当得利请求权时,债权行为因本身无效而不得为撤销之标的,若其物权行为有效成立,则宜认为其物权行为可以撤销。(8)合同解除后,若已经恢复原状,则不得再撤销原合同;若尚未恢复原状,且允许债权人先撤销解除的意思表示、再撤销原合同对其更有利,则应允许其主张撤销。[2] (9)抛弃继承是否可以撤销,争议较多。[3] 这一问题与继承制度有关,在我国的当然继承主义之下,放弃继承的效力溯及继承开始(最高人民法院《关于适用〈中华人民共和国民法典〉继承编的解释(一)》第37条),抛弃继承在解释上是抛弃继承人地位、拒绝接受遗产,否认因继承开始而当然为继承人之全部继承效力,视为其自始就不是继承权人,而非直接抛弃所继承的遗产。[4] 因此,抛弃继承应不属于可撤销范围。

(二)债务人的相对人的行为

传统民法认为,债权人撤销权的撤销客体是债务人的诈害行为,无关乎受益人、转得人的行为,不得撤销受益人、转得人的行为。[5] 但是,《合同编通则解释(征求意见稿)》第46条曾规定,债务人无偿转让财产或者以明显不合理的低价转让财产后,相对人又将该财产无偿转让、以明显不合理低价转让或者为他人的债务提供担保,影响债权人的债权实现,且前后交易行为中以明显不合理的低价受让财产的人、担保权人知道或者应当知道上述情形,债权人请求一并撤销债务人的相对人的行为的,人民法院应予支持。由此可见,我国本欲将债务人的相对人的行为也一并纳入撤销范围,但笔者认为,这一规定并无必要,详述于后。正式颁布的《合同编通则解释》删去了这一规定,值得肯定。

四、成立要件

债权人撤销权的构成要件,可分为两种模式:一是区分有偿行为和无偿行为,分别设定其要件,德国采取此种模式;二是不区分有偿行为和无偿行为,统一设定其要件,日本采取此种模式。[6] 相较而言,以前者为宜。因为,无偿行为之下,撤销并不减损第三人的利益;而有偿行为

---

〔1〕 参见史尚宽:《债法总论》,中国政法大学出版社2000年版,第481页;孙森焱:《民法债编总论》(下册),2020年自版发行,第638页。

〔2〕 参见史尚宽:《债法总论》,中国政法大学出版社2000年版,第484~485页。

〔3〕 参见黄立:《民法债编总论》(修正3版),台北,元照出版有限公司2006年版,第511页;戴东雄:《继承法实例解说》(第1册)(修订4版),1987年自版发行,第180~181、183~185页;谢鸿飞等:《中华人民共和国民法典合同编通则司法解释释义》(社科院版),中国法制出版社2023年版,第371~372页。

〔4〕 参见史尚宽:《继承法论》,中国政法大学出版社2000年版,第325页;李永军主编:《民法学教程》(第2版),中国政法大学出版社2023年版,第865、870页。

〔5〕 参见史尚宽:《债法总论》,中国政法大学出版社2000年版,第495页。

〔6〕 参见韩世远:《合同法总论》(第4版),法律出版社2018年版,第458~459页。

涉及交易安全和利益平衡，自应严格其要件。一般认为，我国民法也采用区分制，[1]对于无偿的诈害行为不要求主观要件，只有对于有偿的诈害行为要求主观要件。

（一）共同要件

1. 债权人对债务人享有现实的或将来可能转化而成的金钱债权，且该债权成立于诈害行为之前

与债权人代位权不同，若成立债权人撤销权，则债权人的债权限于金钱债权，既可以是原生的金钱债权，也可以是由特定债权转化而来的金钱债权。而特定债权原则上并不产生债权人撤销权，因为债权人撤销权并非保全特定物债权的制度。只有当处分特定物的行为减少了债务人的一般财产，使债务人沦为无资力、危及债权人以金钱方式就债务人责任财产获得损害赔偿时，才可为保全其损害赔偿债权而主张债权人撤销权。[2] 但也有观点认为，可发生撤销权的债权不限于金钱债权，债务人的行使仅使债权人的特定债权履行不能或困难的，如二重买卖，债权人亦可主张撤销。[3]

原则上，债权人的债权应成立于诈害行为之前。但是，若债权发生的可能性非常高，也应与已发生的债权同样受债权人撤销权的保护。[4] 此外，债权人的债权，不以清偿期已届至为限，也不以债权额已确定为限。附条件、附期限的债权是否可以撤销，则存在争议。[5]

值得讨论的是，附有担保的债权可否主张债权人撤销权？有观点持"肯定说"；[6]有观点认为，如果所附担保足以满足债权，则自无债权人撤销权之存在必要；若所附担保不足以满足债权，则应可适用债权人撤销权制度；[7]还有观点认为，对于物的担保，债权人仅可在担保额以外的债权范围内行使债权人撤销权；对于人的担保（包括连带债务人），由于债权人并不享有优先受偿权，故债权人可以就其债权全额行使撤销权。[8] 本书原则上赞同最后一说。

2. 债务人为诈害行为，使债权人的债权有不能完全实现之虞

债务人实施了有害债权人债权实现的诈害行为，是债权人撤销权成立的重要要件，需要特别注意的有两点：一是行为的范围，前文已具体阐述；二是诈害性的认定，现具述如下。

（1）诈害性的认定标准

概言之，债务人的行为使债权人的债权有不能完全实现之虞的，即具有诈害性。但关于判断诈害性的具体标准，则存在不同观点：其一，"形式说"认为，只要债务人的行为减少了其责任财产、陷于无资力，导致债权人不能得到完全清偿（债务超过），就具有诈害性，即便是特定债权也不例外。因为若债务人尚有资力，则债权人可就债务人的其他财产取偿，没必要承认其撤销权。其二，"实质说"认为，诈害性的判断应综合主客观相关情事进行具体判断，而不能作简单

---

〔1〕 参见王洪亮：《〈民法典〉第538条（撤销债务人无偿行为）评注》，载《南京大学学报（哲学·人文科学·社会科学）》2021年第6期。

〔2〕 参见史尚宽：《债法总论》，中国政法大学出版社2000年版，第488~489页。

〔3〕 参见陈瑾昆：《民法通义债编总论》（第3版），北平朝阳大学1930年版，第259、261页；李永军主编：《中国民法学》（第3卷），中国民主法制出版社2022年版，第84页。

〔4〕 参见韩世远：《合同法总论》（第4版），法律出版社2018年版，第462页。

〔5〕 参见孙森焱：《民法债编总论》（下册），2020年自版发行，第648~649页；史尚宽：《债法总论》，中国政法大学出版社2000年版，第480页。

〔6〕 参见戴修瓒：《民法债编各论》（下册），上海法学编译社1947年版，第204~205页。

〔7〕 参见杨代雄主编：《袖珍民法典评注》，中国民主法制出版社2022年版，第474页。

〔8〕 参见孙森焱：《民法债编总论》（下册），2020年自版发行，第648页。

的算术判断。其三,“折中说”认为,原则上宜采用“形式说”,并吸收“实质说”的合理之处。[1]

我国主流观点采“无资力说”,具体以“债务超过”与否作为判断标准。[2] 但需要注意的是,所谓使债权有不能完全实现之虞,非仅指行使撤销权者之债权有此状态,而系指对全部债权人有未能完全满足之状态,或强制执行亦无法获满足。[3]

(2)若干具体情况的判断

第一,财产转让。无偿转让财产或以明显不合理的低价转让财产,构成诈害行为。值得讨论的是,以相当之价格转让财产,是否有可能构成诈害行为。日本有判例认为,即便将不动产以相当价格出卖,原则上也视为诈害行为,因为该行为将不动产变成了容易消费的金钱。[4] 2017年《日本民法》修订后增设第424条之二,原则上否定其构成诈害行为,只有在债务人的转让行为存在使其作出隐匿、无偿赠与等有害债权人的处分行为的现实危险,且债务人、受益人均认识到此种处分意思之时,才可例外地认定为诈害行为。笔者认为,这一规定值得借鉴。

第二,清偿。清偿虽然减少债务人的积极财产,但也减少了其消极财产,总体上其财产没有增减,故原则上不是诈害行为。但在债务人的积极财产不足以清偿全体债权人的债权时,其仅向部分债权人清偿(偏颇清偿)就意味着其他债权人可以获得清偿的数额减少,其他债权人可否以之为诈害行为而主张撤销,存在不同观点。笔者认为,期前清偿,可以主张撤销;履行到期债务,则不可主张撤销,因为其履行具有正当性,无须强制平均分配。[5]

第三,代物清偿。代物清偿价格明显失衡应属于诈害行为;但以相当价额进行的代物清偿是否属于诈害行为,则存在不同观点。[6] 笔者认为,债务人虽无代物清偿的义务,但是在价额相当的情况下,其实际上并无财产上的损失,不足以认为其存在诈害性。

第四,设定物的担保。债务人在自己的财产上为债权人之一设定担保权,致使其他债权人的共同担保相应地减少,故在债务超过的场合,此类行为原则上是诈害行为。而如果是向他人借款并设立担保权,那么此时原则上可以认定为诈害行为,但也需要结合债务人行为的动机和目的加以考察。[7]

第五,提供保证。债务人对外提供保证,属于增加消极财产的行为,因此而发生债务超过时,可构成诈害行为。但由于一般保证人享有先诉抗辩权,对外提供一般保证是否一定构成诈害行为,存在不同观点。[8] 笔者认为,若债务人能够证明其享有先诉抗辩权,则在其先诉抗辩权消灭之前,不应认为其提供一般保证的行为具有诈害性。

---

[1] 参见邱聪智:《新订民法债编通则》(下册)(新订2版),2014年自版发行,第106页;韩世远:《合同法总论》(第4版),法律出版社2018年版,第465页。

[2] 参见崔建远主编:《合同法》(第7版),法律出版社2021年版,第135页。

[3] 参见朱广新:《合同法总则研究》(下册),中国人民大学出版社2018年版,第454页。

[4] 参见[日]佐藤岩昭:《诈害行为撤销权的法律构成》,载[日]内田贵、[日]大村敦志编:《民法的争点》,张挺等译,中国人民大学出版社2023年版,第379～380页。需要注意的是,经对比原书,该处误将“等价”译为“不等价”。

[5] 参见黄立:《民法债编总论》(修正3版),台北,元照出版有限公司2006年版,第515页。

[6] 参见史尚宽:《债法总论》,中国政法大学出版社2000年版,第490页;韩世远:《合同法总论》(第4版),法律出版社2018年版,第466页。

[7] 参见韩世远:《合同法总论》(第4版),法律出版社2018年版,第466页。

[8] 参见郑玉波:《民法债编总论》(修订2版),中国政法大学出版社2004年版,第301页;杨代雄主编:《袖珍民法典评注》,中国民主法制出版社2022年版,第478页。

(3)诈害性的时间标准

诈害性在诈害行为当时和债权人撤销权行使之时均应存在,但行为当时具有诈害性的,可推定其为无资力状态继续存在。[1] 若法律行为的成立时间与生效时间不同,应分别处理:①对于有偿行为,若成立时无害而生效时有害,则原则上不得撤销,但债务人得预定生效时间且得知有害债权的除外;若行为成立时有害而生效时变为无害,则不得撤销之。②对于无偿行为,无论行为成立时还是效力发生时的有害债权,都可撤销,但成立时有害而嗣后变为无害的除外。[2]

此外,虽然行为当时和撤销权行使时债务人均为无资力,但是就债权人撤销权行使时的状态来看,已不存在诈害行为时,则不得行使撤销权;撤销已无实益时,也不得行使撤销权。[3] 然而,若诈害行为为担保物权设定行为,即使该担保物权嗣后因实现而消灭,也得对之主张撤销,以使返还由此所得之变价款。[4]

3. 债权有不能完全实现之虞与债务人的诈害行为具有因果关系

债权有不能完全实现之虞与债务人的诈害行为须具有因果关系,即该危险系诈害行为本身所导致的结果,而非其他原因所致。因此,行为当时尚有资力,其后因情势变动而陷于无资力者,不为诈害行为。[5] 但是,若债务人的清偿能力本已薄弱,而其行为益增不能完全实现,则应允许撤销。[6]

(二)不同要件

在区分模式之下,对于无偿行为,不要求主观要件;对于有偿行为,则要求主观要件。以下分别述之。

1. 为有偿行为时

(1)诈害行为为有偿行为

所谓有偿行为,《民法典》第539条规定了以明显不合理的低价转让财产、以明显不合理的高价受让他人财产两种,但是并不限于此。例如,《合同编通则解释》第43条规定,债务人以明显不合理的价格,实施互易财产、以物抵债、出租或者承租财产、知识产权许可使用等行为,影响债权人的债权实现,债务人的相对人知道或者应当知道该情形,债权人请求撤销债务人的行为的,人民法院应当依据《民法典》第539条的规定予以支持。

关于明显不合理的高价、低价的认定,存在不同的观点。[7] 《合同编通则解释》第42条采取了"抽象标准+具体标准+例外情况"的规定方式:对于《民法典》第539条规定的明显不合理的低价或者高价,人民法院应当按照交易当地一般经营者的判断,并参考交易时交易地的市场交易价或者物价部门指导价予以认定。转让价格未达到交易时交易地的市场交易价或者指

---

[1] 参见孙森焱:《民法债编总论》(下册),2020年自版发行,第647页。

[2] 参见史尚宽:《债法总论》,中国政法大学出版社2000年版,第487~488页。

[3] 参见史尚宽:《债法总论》,中国政法大学出版社2000年版,第487页;邱聪智:《新订民法债编通则》(下册)(新订2版),2020年自版发行,第108页;孙森焱:《民法债编总论》(下册),2020年自版发行,第647页。

[4] 参见陈自强:《民法讲义Ⅴ:债之涉他关系》,台北,新学林出版股份有限公司2022年版,第290页。

[5] 参见[德]弗里茨·鲍尔、[德]霍尔夫·施蒂尔纳、[德]亚历山大·布伦斯:《德国强制执行法》(上册),王洪亮、郝丽燕、李云琦译,法律出版社2019年版,第547页。

[6] 参见梅仲协:《民法要义》,中国政法大学出版社1998年版,第245页。

[7] 参见陈龙业:《债权人撤销权规则的细化完善与具体适用》,载《中国法律评论》2024年第1期。

导价70%的,一般可以认定为明显不合理的低价;受让价格高于交易时交易地的市场交易价或者指导价30%的,一般可以认定为明显不合理的高价。债务人与相对人存在亲属关系、关联关系的,不受前款规定的70%、30%的限制。在此应注意两点:其一,上述比例并非绝对标准,在适用上要注意对"一般"的理解,既要考虑通常情况下的一般规则,又要考虑具体案件事实方面是否有特殊性从而在例外情形下对此"一般"规则予以突破;既要充分发挥类案检索的作用,又要在具体个案中考虑交易主体、交易类型、交易习惯、标的物性质及数额、债务人主观恶意甚至债务人负债状况等因素予以综合判断。[1] 在市场疲软、保质期即将届满等特殊情况下,低价甩卖未尝不可。[2] 其二,这里的亲属关系、关联关系,也要体系化适用《民法典》及其他法律的规定。此亲属关系就是指《民法典》第1045条规定的配偶、血亲和姻亲,包括但不限于配偶、父母、子女、兄弟姐妹、祖父母、外祖父母、孙子女、外孙子女等近亲属;关联关系就是指2023年新修订《公司法》第265条第4项规定的"公司控股股东、实际控制人、董事、监事、高级管理人员与其直接或者间接控制的企业之间的关系,以及可能导致公司利益转移的其他关系"。[3]

值得注意的是,《民法典》第539条还列有为他人债务提供担保的行为。理论上,一般认为,为他人债务提供担保本为无偿行为,但因此获得法律上或经济上利益可作为对价的除外。[4] 有学者认为,担保权人向主债务人提供了信用,并为此承担了风险,如果不考虑担保权人的主观状态而一律允许担保人的债权人撤销其担保行为,有失公允,故主张将《民法典》第539条的"为他人的债务提供担保"限缩解释为"为他人新产生的债务提供担保",而不包括为他人既存的债务提供担保。[5] 也有观点认为,担保责任的承担将会减少债务人特定时间的责任财产,而且其追偿权也可能难以实现,故与高买贱卖之类的行为具有类似性。[6] 由此,对本章引导案例第6问的回答,取决于如何认识《民法典》第539条对于"为他人债务提供担保"的解释。

(2)债务人具有主观恶意

有偿诈害行为的撤销,以债务人具有诈害认识(恶意)为必要。虽然我国民法对这一要件未显明文,但是解释上仍应有之。所谓诈害认识,是指明知或应当知道其行为可能导致责任财产减少或导致其陷入无资力,从而影响债权人债权的实现。

诈害认识的有无,以行为时为准。行为时即使因过失而不构成恶意,也不成立债权人撤销权。债务人具有恶意的举证责任虽由债权人负担,但是债务人明知其财产不足以清偿全部债务,而仍处分财产或权利,即可推定其具有恶意。[7]

(3)受益人具有主观恶意

有偿诈害行为的撤销,要求受益人具有主观恶意。受益人在受益时知道或者应当知道债

---

〔1〕 参见陈龙业:《债权人撤销权规则的细化完善与具体适用》,载《中国法律评论》2024年第1期。

〔2〕 参见最高人民法院研究室编著:《最高人民法院关于合同法司法解释(二)理解与适用》,人民法院出版社2009年版,第150页;最高人民法院民事审判第二庭、研究室编著:《最高人民法院民法典合同编通则司法解释理解与适用》,人民法院出版社2023年版,第474~475页;谢鸿飞等:《中华人民共和国民法典合同编通则司法解释释义》(社科院版),中国法制出版社2023年版,第362页。

〔3〕 参见陈龙业:《债权人撤销权规则的细化完善与具体适用》,载《中国法律评论》2024年第1期。

〔4〕 参见史尚宽:《债法总论》,中国政法大学出版社2000年版,第482页;陈自强:《民法讲义Ⅴ:债之涉他关系》,台北,新学林出版股份有限公司2022年版,第290页。

〔5〕 参见杨代雄主编:《袖珍民法典评注》,中国民主法制出版社2022年版,第478页。

〔6〕 参见徐涤宇、张家勇主编:《〈中华人民共和国民法典〉评注》(精要版),中国人民大学出版社2022年版,第593页。

〔7〕 参见韩世远:《合同法总论》(第4版),法律出版社2018年版,第468页。

务人所为的行为有致债权不能清偿之虞，即为已足，无须具有侵害债权人的故意，无须知道会遭受损害的具体债权人，也无须认识到债务人的恶意或者与债务人通谋。倘若债务人与受益人恶意串通，则另有成立第三人侵害债权，债权人亦得依恶意串通规定诉请法院认之无效。

受益人是否恶意，以受益时为判断时点，其不构成恶意是否出于过失，在所不问。行为时与受益时并非同一时点的，不问行为时是否恶意。受益人的恶意，由债权人负举证责任，但若债权人能证明债务人存在有害债权的事实，按照一般理性人标准，依当时具体情形应为受益人所能知晓的，则可推定受益人为恶意。

(4)关于转得人的主观恶意

受益人将所得财产再度处分时，便出现了转得行为和转得人。传统民法认为，转得人的恶意，仅仅是对抗要件，而非债权人撤销权的行使要件，转得人的善意可以对抗债权人；而所谓转得人的恶意，是指取得利益时知道或应当知道债务人与受益人之间的行为有害债权。[1]

《合同编通则解释(征求意见稿)》第46条将具有诈害性的转得行为也纳入撤销的范围，转得人的恶意是针对转得行为的债权人撤销权的成立要件，而不再仅仅是对抗要件。但是，在撤销具有绝对效力的前提下，允许撤销转得行为并无必要，对于转得人的主观要件的讨论也无必要，受益人的处分因撤销而变为无权处分，适用《民法典》第311条、《合同编通则解释》第19条等即可解决转得人应否返还财产的问题。正式颁布的《合同编通则解释》最终删去了这一规定。因此，在本章引导案例第4问中，若按照《合同编通则解释(征求意见稿)》第46条处理，那么由于乙、戊、庚均为恶意，虽然转让价款并非明显不合理的低价，但是由于戊公司与庚公司之间具有关联关系，故不受司法解释所定30%的比例限制，仍可认定为明显不合理的低价，甲可以主张撤销以物抵债的行为和转让行为。但在该条被删除后，在撤销乙与戊之间的行为后，戊公司的转让构成无权处分，而庚公司并非善意，不构成善意取得，该古画所有权人为乙，故甲无须撤销戊公司和庚公司之间的行为。

2. 为无偿行为时

若诈害行为为无偿行为，则不要求具有主观要件。《民法典》第538条规定，债务人以放弃其债权、放弃债权担保、无偿转让财产等方式无偿处分财产权益，或者恶意延长其到期债权的履行期限，影响债权人的债权实现的，债权人可以请求人民法院撤销债务人的行为。

五、行使

(一)行使方法

1. 须以诉讼方式行使

依据《民法典》第538条、第539条的规定，债权人应以自己的名义提起撤销权诉讼，行使撤销权。其原因在于，债权人撤销权涉及债务人及其相对人之间行为的效力，系对他人之间法律关系的强制干预，其撤销权是否成立须经司法审查，以昭郑重。

2. 诉讼当事人

基于对债权人撤销权的性质的不同认识，对诉讼被告的认识也各有不同。《合同法解释(一)》第24条规定，债务人为被告，受益人则为无独立请求权的第三人。而按照《合同编通则解释》第44条的规定，债权人依据《民法典》第538条、第539条的规定提起撤销权诉讼的，应

---

[1] 参见戴修瓒：《民法债编各论》(下册)，上海法学编译社1947年版，第201页注10；史尚宽：《债法总论》，中国政法大学出版社2000年版，第494页；陈瑾昆：《民法通义债编总论》(第3版)，北平朝阳大学1930年版，第266页。

当以债务人和债务人的相对人为共同被告。笔者认为,宜按照原告的诉讼请求决定适格被告:若原告仅主张撤销诈害行为,不涉及财产返还问题,则单独行为仅以债务人为被告,双方行为以债务人及其相对人为共同被告;若涉及财产返还,则兼有给付之诉的性质,单独行为应以债务人和受益人为共同被告,双方行为应以债务人、债务人的相对人与受益人或转得人为共同被告。[1]

3. 诉讼管辖和审理

按照《合同编通则解释》第 44 条的规定,债权人依据《民法典》第 538 条、第 539 条的规定提起撤销权诉讼的,由债务人或者债务人的相对人的住所地人民法院管辖,但是依法应当适用专属管辖规定的除外。两个或者两个以上债权人就债务人的同一行为提起撤销权诉讼的,人民法院可以合并审理。

根据《合同编通则解释》第 46 条第 2 款的规定,债权人请求受理撤销权诉讼的人民法院一并审理其与债务人之间的债权债务关系,属于该人民法院管辖的,可以合并审理。不属于该人民法院管辖的,应当告知其向有管辖权的人民法院另行起诉。

4. 财产保全

按照《合同编通则解释》第 46 条第 3 款的规定,债权人在撤销权诉讼中,申请对相对人的财产采取保全措施的,人民法院依法予以准许。

(二)行使范围

传统民法上,债权人撤销权的行使系为保全全体债权人共同担保,故就其行使范围而言,若诈害行为可分,则其撤销仅以保全共同担保所必要为限。[2] 但是依据《民法典》第 540 条的规定,撤销权的行使范围以债权人的债权为限。《合同编通则解释》第 45 条第 1 款进而规定,在债权人撤销权诉讼中,被撤销行为的标的可分,当事人主张在受影响的债权范围内撤销债务人的行为的,人民法院应予支持;被撤销行为的标的不可分,债权人主张将债务人的行为全部撤销的,人民法院应予支持。因此,撤销标的物可分的,只能撤销相应份额;撤销标的物不可分的,则不以此为限。此外,该条第 2 款还规定,债权人行使撤销权所支付的合理的律师代理费、差旅费等费用,可以认定为《民法典》第 540 条规定的"必要费用"。

值得讨论的是,若承认负担行为与处分行为的区分,则应如何界定撤销范围。有观点认为,在物权行为独立性理论下,致使责任财产遗失的行为实为物权行为而非债权行为,撤销物权行为即可达到保全目的;若允许一并撤销债权行为,似乎已经超过了以责任财产保全为撤销权制度设计目的之必要,则原则上仅可撤销处分行为。[3] 笔者认为,如果不撤销债权行为,那么受益人可以据此主张强制执行,自然难以达到保全目的,而且处分行为属于价值中立,其动机卑劣者在于债权行为。因此,仍应将债权行为撤销。《民法典》第 538 条中虽有"无偿处分财产权益"一语,但其"处分"应作广义理解,[4] 即法律上之处分,包括负担行为和处分行为。

---

〔1〕 参见史尚宽:《债法总论》,中国政法大学出版社 2000 年版,第 497 页。

〔2〕 参见黄立:《民法债编总论》(修正 3 版),台北,元照出版有限公司 2006 年版,第 517 页;史尚宽:《债法总论》,中国政法大学出版社 2000 年版,第 495 页。

〔3〕 参见黄茂荣:《债法通则之三:债之保全、移转及消灭》,厦门大学出版社 2014 年版,第 23 页;夏志毅:《〈民法典〉时代债权人撤销之诉的解释论——以诉讼法视角为切入点》,载《烟台大学学报》(哲学社会科学版)2022 年第 6 期。

〔4〕 所谓广义的处分行为,参见王泽鉴:《出卖他人之物与无权处分》,载王泽鉴:《民法学说与判例研究》(重排合订本),北京大学出版社 2015 年版,第 303 页。

（三）行使期限

按照《民法典》第541条的规定，撤销权自债权人知道或者应当知道撤销事由之日起1年内行使。自债务人的行为发生之日起5年内没有行使撤销权的，该撤销权消灭。学说上一般认为，该期限为除斥期间；所谓知晓撤销事由，是指知晓撤销权要件之各项事由，无论是主观要件还是客观要件。[1]

六、行使效果

（一）效力范围

1. 绝对效力与相对效力

关于债权人撤销权的行使效力，有“绝对效力说”与“相对效力说”之争。日本民法采“相对效力说”，将其效力限于撤销权诉讼当事人和保全债权的额度内，而不及于债务人。[2] 我国台湾地区采“绝对效力说”，撤销后，诈害行为当然、自始、确定、绝对不发生效力，其撤销效果与一般撤销权的行使效果相同。[3]

就我国《民法典》的规定，可分两个方面言之：

（1）在人的方面，采取绝对的效力，撤销的效力及于债权人、债务人和第三人。

（2）在财产方面，采取相对的效力，仅限于保全债权的额度内，已述之如前。

2. 裁判效力范围

关于撤销权诉讼的既判力是否及于其他债权人，不无疑问。笔者认为，因诉不合法或当事人不适格而驳回起诉的，其他债权人仍可提起撤销之诉；基于一事不再理原则，取得撤销权要件不存在败诉判决和准予撤销生效判决后，其他债权人不得再行提起撤销之诉；撤销之诉同时发生形成力和请求力的，诈害行为之标的物恢复债务人所有，其他债权人得申请强制执行，但判决之执行力仍限于行使撤销权之债权人一方，不及于其他债权人。

（二）对债权人的效果

1. 撤销效果的归属

关于撤销后的法律效果归属，《民法典》未显明文，从而出现了不同观点。[4]《合同编通则解释》第46条第1款规定，债权人在撤销权诉讼中同时请求债务人的相对人向债务人承担返还财产、折价补偿、履行到期债务等法律后果的，人民法院依法予以支持；第3款规定，债权人依据其与债务人的诉讼、撤销权诉讼产生的生效法律文书申请强制执行的，人民法院可以就债务人对相对人享有的权利采取强制执行措施以实现债权人的债权。

综上所述，撤销之后应适用《民法典》第157条的规定，相对人应将财产返还给债务人，返还的财产成为债务人的责任财产，但债权人可对之申请强制执行；符合债权人代位权的情况

---

〔1〕 参见邱聪智：《新订民法债编通则》（下册）（新订2版），2020年自版发行，第117页；孙森焱：《民法债编总论》（下册），2020年自版发行，第662页。

〔2〕 参见［日］佐藤岩昭：《诈害行为撤销权的法律构成》，载［日］内田贵、［日］大村敦志编：《民法的争点》，张挺等译，中国人民大学出版社2023年版，第374页。

〔3〕 参见陈自强：《民法讲义Ⅴ：债之涉他关系》，台北，新学林出版股份有限公司2022年版，第298～299页；黄立：《民法债编总论》（修正3版），台北，元照出版有限公司2006年版，第519页。

〔4〕 参见王利明、潘重阳：《论〈合同编解释〉对撤销权人的三重保护——以〈合同编解释〉第46条为中心》，载《上海政法学院学报（法治论丛）》2024年第1期；陈龙业：《债权人撤销权规则的细化完善与具体适用》，载《中国法律评论》2024年第1期。

下,也可同时或随后提起代位权诉讼。由此观之,撤销判决之利益归于所有债权人;行使撤销权之债权人,除债务人任意清偿或其申请强制执行外,不得优先受偿。应注意的是,请求恢复原状、返还财产、折价补偿等本身就是债权人撤销权的内容,而非同时行使债权人撤销权和债权人代位权的结果,因为债权人代位权的行使结果应当是相对人向债权人履行,而非向债务人履行。[1] 当然,最终究竟如何判决,仍取决于原告诉讼请求如何,法院不得在原告未请求的情况下直接判决给付内容。[2]

基于上述内容,对于本章引导案例第 7 问,甲可以在提起撤销权诉讼的同时请求丁向乙返还该车。

2. 费用负担

按照《民法典》第 540 条的规定,债权人行使撤销权的必要费用,由债务人负担。《合同法解释(一)》第 26 条还规定,第三人有过错的,应当适当分担。至于其费用范围,《合同编通则解释》第 45 条第 2 款规定,债权人行使撤销权所支付的合理的律师代理费、差旅费等费用,可以认定为《民法典》第 540 条规定的"必要费用"。当然,律师代理费、差旅费之外的合理费用,也在此范围之内。[3]

学理上认为,若债权人撤销权的行使属于对全体债权人的共同担保进行保全,则其行使的必要费用属于共益费用,宜就债务人责任财产享有优先受偿效力;在行使撤销权的债权人受领标的物并因保管而支出费用的场合,该费用偿还请求权还可以在标的物上发生留置权;若债权人事实上获得了优先受偿,那么其行使费用便不再构成共益费用。[4]

(三)对债务人和受益人的效果

按照《民法典》第 542 条的规定,撤销权的行使具有溯及力,被撤销行为自始无效。

关于财产的返还,若债务人与受益人间仅有债权行为,则仅发生形成权之效力;若已完成交付,则需返还其财产,包括占有以及(可能的)占有利益;如果物权行为也被撤销,则债务人同时享有占有返还请求权和物权请求权。[5] 至于返还义务人,则为受益人或转得人,其负有恢复原状的义务,原则上应返还利益原形,不能返还或显有困难的,得请求损害赔偿或价额返还。但是,债务人或受益人得提出相当价额于债权人,阻止撤销权之行使。

根据《民诉时效解释》第 9 条的规定,债权人提起撤销权诉讼的,债权人的债权发生诉讼时效中断的效力,而且即便债权人仅主张了债权的一部分,时效中断的效力也及于剩余部分,除非其明确表示放弃剩余债权。

(四)对转得人的效果

传统民法认为,诈害行为之标的财产多次转让的,若为无偿行为,不考虑是否恶意,均可对其主张撤销;若为有偿行为,须取得人为恶意方可对其主张撤销,其中一人为善意时,则向后阻

---

[1] 参见王利明、潘重阳:《论〈合同编解释〉对撤销权人的三重保护——以〈合同编解释〉第 46 条为中心》,载《上海政法学院学报(法治论丛)》2024 年第 1 期。

[2] 参见陈龙业:《债权人撤销权规则的细化完善与具体适用》,载《中国法律评论》2024 年第 1 期。

[3] 参见谢鸿飞等:《中华人民共和国民法典合同编通则司法解释释义》(社科院版),中国法制出版社 2023 年版,第 383 页。

[4] 参见韩世远:《合同法总论》(第 4 版),法律出版社 2018 年版,第 473 页。

[5] 参见郑玉波:《民法债编总论》(修订 2 版),中国政法大学出版社 2004 年版,第 304 页。

断撤销权的行使。[1]《民法典》对转得人未置明文,或以为构成法律漏洞。[2] 也有观点认为,即便转得人为善意,也可以撤销对抗之,而转得人则得以补偿债务人所受损失而阻止债权人撤销权之行使,以减缓绝对无效对交易安全之影响。[3]

笔者认为,《民法典》未规定转得人的有关规则,并非法律漏洞,[4]对转得人依照《民法典》第311条、《合同编通则解释》第19条等有关规定处理即可:若转得行为构成善意取得,转得人自得保有其转得财产;若不构成善意取得,自应依法予以返还。基于此,在本章引导案例第5问中,由于乙、戊为恶意,甲可以行使债权人撤销权以撤销该以物抵债的行为。由此,戊公司的处分为无权处分。又因庚公司符合善意取得的要件,故其善意取得该古画,甲、乙不得主张庚公司返还该古画。

知识结构

- 债权人撤销权
  - 基本含义、制度意旨
  - 权利性质:"形成权说""请求权说""折中说""责任说"……
  - 撤销客体范围
    - 债务人的行为
    - 相对人的行为
  - 成立要件
    - (1)债权人对债务人享有现实的或将来可能转化而成的金钱债权
    - (2)债权人的债权成立于诈害行为之前
    - (3)债务人为诈害行为,使债权人的债权有不能完全实现之虞 → 诈害性的认定
    - (4)债权有不能完全实现之虞与债务人的诈害行为具有因果关系
    - (5)诈害行为为有偿行为,且债务人、受益人为恶意;或者诈害行为为无偿行为
      - → ·例外:延长到期债权为无偿行为,但要求恶意
  - 行使方式:诉讼方式 → 诉讼当事人、管辖、审理、举证责任……
  - 行使范围
    - 标的物可分:保全债权所必要的范围内
    - 标的物不可分:可以行使整个不可分权利
  - 行使期限:1年主观期限+5年客观期限
  - 行使效果
    - (1)效力范围:绝对效力vs相对效力
    - (2)对债权人:①履行利益归属:归于债务人
      ②必要费用负担:债务人负担
    - (3)对债务人和受益人:财产返还+自始无效
    - (4)对转得人:无须特别规定

---

[1] 参见史尚宽:《债法总论》,中国政法大学出版社2000年版,第494~495页。

[2] 参见韩世远:《合同法总论》(第4版),法律出版社2018年版,第469页。

[3] 参见朱广新:《合同法总则研究》(下册),中国人民大学出版社2018年版,第459页。

[4] 参见崔建远:《论债权人撤销权的构成》,载《清华法学》2020年第3期。不同观点认为,宜规定在第三人恶意的情况下一并撤销转得行为,参见谢鸿飞等:《中华人民共和国民法典合同编通则司法解释释义》(社科院版),中国法制出版社2023年版,第378页。

主要参考文献

陈龙业:《代位权规则的细化完善与司法适用》,载《法律适用》2023 年第 12 期;陈龙业:《债权人撤销权规则的细化完善与具体适用》,载《中国法律评论》2024 年第 1 期;陈韵希:《我国债权人撤销权制度的目标定位和法律效果》,载《求索》2020 年第 6 期;崔建远:《论债权人撤销权的构成》,载《清华法学》2020 年第 3 期;崔建远:《论中国〈民法典〉上的债权人代位权》,载《社会科学》2020 年第 11 期;韩富鹏:《解除权能否成为债权人代位权之客体》,载《新疆社会科学》2023 年第 4 期;韩世远:《债权人代位权的解释论问题》,载《法律适用》2021 年第 1 期;金印:《诉讼与执行对债权人撤销权的影响》,载《法学》2020 年第 11 期;金印:《债权人代位权行使的法律效果——以〈民法典〉第 537 条的体系适用为中心》,载《法学》2021 年第 7 期;龙俊:《民法典中的债之保全体系》,载《比较法研究》2020 年第 4 期;蒲一苇:《〈民法典〉第 537 条(债权人代位权行使效果)诉讼评注》,载《法学杂志》2023 年第 3 期;申卫星、傅雪婷:《论债权人代位权的构成要件与法律效果》,载《吉林大学社会科学学报》2022 年第 4 期;宋史超:《论债权人撤销权判决的实现路径——以指导案例 118 号为中心》,载《政治与法律》2021 年第 1 期;王洪亮:《〈民法典〉第 538 条(撤销债务人无偿行为)评注》,载《南京大学学报(哲学·人文科学·社会科学)》2021 年第 6 期;王利明、潘重阳:《论〈合同编解释〉对撤销权人的三重保护——以〈合同编解释〉第 46 条为中心》,载《上海政法学院学报(法治论丛)》2024 年第 1 期;许德风:《债务人的责任财产——债权人撤销权、代位权及公司债权人保护制度的共同基础》,载《清华法学》2024 年第 1 期;杨巍:《〈民法典〉债权人的代位权解释论研究》,载《江西社会科学》2020 年第 12 期;朱虎:《债权人撤销权的法律效果》,载《法学评论》2023 年第 6 期;朱虎:《债权人撤销权和破产撤销权的同频共振》,载《清华法学》2024 年第 1 期;朱晶晶:《论债权人撤销权的私益性及其实现》,载《新疆社会科学》2021 年第 6 期;[日]佐藤岩昭:《诈害行为撤销权的法律构成》,载[日]内田贵、[日]大村敦志编:《民法的争点》,张挺等译,中国人民大学出版社 2023 年版。

第四章 债的移转

第一节 债的移转概述

《民法典》合同编第六章“合同的变更和转让”总体上属于债法总则的一般规范,其不仅适用于合同之债,还适用于其他类型之债。“债的移转”包括第六章中的债权让与(第545条至第550条)、债务承担(第551条至第554条)和合同承担(第555条至第556条)。值得说明的是,其一,债的移转整体上都涉及对“债”的抽象处分,债权让与和债务承担主要是对狭义之债的处分,而合同承担则属于对广义债之关系——当事人合同地位——的处分。狭义之债,是指债权人有权要求债务人作出约定给付的权利,既可因约定产生,也可因法定而产生。与狭义之债不同,广义之债是指产生狭义之债的合同法律关系。在此意义上,第六章中的“合同”,有别于分则中的买卖、赠与合同等具体合同,而是一种抽象的合同;就这种抽象的合同,法律规范的重点不是债权债务的发生及履行,而是合同权利(债权)的变动及其法律后果。[1]

其二,因法人责任财产的合并、分立及继承等,均可相应引起债的移转,而本章债的移转规范的都是特定继受,即涉及债权、债务或合同地位独立移转。下面,我们依次探讨债权让与、债务承担和合同承担。

第二节 债权让与

一、概述

(一)定义

债权让与,是指在保持债权同一性的前提下,让与人将债权移转受让人的合同。这属于债的主体变更。

债权让与属于处分行为,引起债权人让与的原因行为(或负担行为)有买卖合同、赠与合同等。原因行为和债之移转可因不同的意思表示而在不同时间成立,亦可同时成立。由于债权之移转属抽象的处分,无须具体交付或登记,在原因行为和债权之移转属于统一的交易时,前者的无效影响后者效力。相反,若原因行为和债权之移转分别作出,则原因行为的效力不影响债权移转之效力。

---

〔1〕 参见韩世远:《合同法总论》(第4版),法律出版社2018年版,第598页。

考虑保理合同和债权让与的亲缘关系，本部分讨论的债权让与也可相应适用于保理合同。

(二)类型

通常而言，债权让与因买卖、赠与等法律行为而发生。

此外，债权让与可基于法律之规定。例如，依据《民法典》第700条之规定，保证人承担保证责任后，债权人对主债务人的债权发生法定移转，保证人代位行使债权人对债务人享有的债权。又如，一个连带债务人清偿债权人后，对其他连带债务人享有追偿权和代位权(《民法典》第519条)。也就是说，保证人或连带债务人清偿债权人后，同时取得债权人对其他债务人的债权，根据从属性原则，他们也可享有债权上的其他从权利。与意定债权让与不同，该债权让与是自动的、法定的。

债权让与还可基于裁判，如转付命令即为裁判让与。[1]《民事诉讼法解释》第499条第1款规定："人民法院执行被执行人对他人的到期债权，可以作出冻结债权的裁定，并通知该他人向申请执行人履行。"

(三)功能

在实践中，债权让与具有多重功能。

首先，债权让与可用作资金的早期流动和债权回收手段。例如，甲对乙拥有10万元的债权，1个月后到期；甲因流动资金不够，把其对乙拥有的债权以8万元卖给第三人丙。没有追索权的保理实际上就是债权让与。

其次，债权让与可用作债权的担保，如债权的质押和债权让与担保。应收账款质押，是指为担保债务的履行，债务人或者第三人将其合法拥有的应收账款出质给债权人，债务人不履行到期债务或者发生当事人约定的实现质权的情形，质权人有权就该应收账款及其收益优先受偿。有追索权的保理即涉及债权让与担保。

最后，债权让与还可作为赠与的手段。

二、成立要件

(一)让与合意的存在

让与合意即让与人、受让人就债权之移转达成意思表示一致。为此，不需要债务人同意，也不需要将债权让与通知债务人。原则上，债权让与合同并非要式，但保理合同除外。

(二)债权可被让与

1. 不得被让与的债权

原则上，债权都可被让与，但《民法典》第545条第1款列举了3种不得被让与的债权。

首先，根据债权性质不得转让的。具有属人性的给付，如不作为债权以及针对特定人的赠与合同债权。此外，不可扣押的债权亦不得被让与，如赡养费、抚养费等。

其次，依据法律规定不得转让的。例如，依据《信托法》第11条规定，专以诉讼或者讨债为目的设立的信托无效。另外，不得让与被有关国家机关依法认定为涉及国防、军工等国家安全和敏感信息的不良债权。[2]

最后，当事人约定不可让与的债权也不得让与。例如，当事人可以在合同中约定，让与债

---

[1] 参见韩世远：《合同法总论》(第4版)，法律出版社2018年版，第593页。

[2] 最高人民法院《关于审理涉及金融不良债权转让案件工作座谈会纪要》(法发〔2009〕19号)第6条。

权需要债务人同意。

2. 禁止债权让与特约

禁止债权让与特约，是指债权人和债务人约定，债权人让与债权于他人的，须经债务人的同意。此类约定之意义在于，债务人有权利保持债权人不变。

让与人违反该特约进行债权让与，让与人应对债务人负相应的违约责任。关键问题在于，该让与是否有效？债务人能否主张债权并未被移转？一种观点以债务人利益为主，认为凡违反禁止债权让与特约的让与无效，受让人不能对债务人主张权利，这未免不利于债权的流通。相反，若以债权流通考虑为主，则禁止债权让与特约对受让人无效，不利于债务人利益之保护。

考虑债务人利益和债权流通性之间的平衡，《民法典》第545条第2款规定："当事人约定非金钱债权不得转让的，不得对抗善意第三人。当事人约定金钱债权不得转让的，不得对抗第三人。"

非金钱债权，诸如物的给付、劳务给付、承揽给付所发生的债权。有关禁止非金钱债权让与的约定，不可对抗不知道或不应当知道该约定的第三人。若受让人知道或应当知道仍接受让与，则不妨碍债权发生移转，但债务人可向其主张禁止债权让与之抗辩。[1] 相反，受让人不知情且不应当知情的，债权发生移转，债务人应向受让人履行。

关于禁止金钱债权让与的约定，无论受让人是否知情该禁止债权让与特约，都不妨碍债权让与的效力，债权人亦不得向受让人拒绝履行。金钱债权流通的价值较高，债务人向特定债权人给付的利益较薄弱，若债权附有不得转让的约定，则该约定对受让人无效，仅产生当事人之间的内部违约责任。

此外，债务人不得仅因让与人违反禁止债权让与特约而解除产生被转让债权的合同，避免对受让人利益产生不利。受让人即使为恶意，对债务人也不承担赔偿该损失的责任。[2] 若仅仅因违反禁止债权让与特约即允许债务人解除基础合同，则会间接地让受让人承受禁止债权让与特约的效力，与《民法典》第545条第2款精神相违背。

（三）债权的特定性

债权让与属于处分行为，适用处分标的"确定性或特定性原则"，即被移转的债权必须是确定或者可被确定的。

三、债权让与的效力

（一）对内效力

1. 债权由让与人转移至受让人

具有可让与性的债权，在让与人和受让人达成债权让与合意时，原则上即发生移转，受让人取代让与人成为债权的权利人，不再有履行的问题。当然，法律、法规规定转让权利应当办理批准和登记的，应该办理相应的手续。

换言之，自让与合意达成后，只有受让人才可向债务人主张权利。这是转移性质的债之操作。部分债权转让的，由受让人和让与人依据比例共有债权。

---

〔1〕 参见黄薇主编：《中华人民共和国民法典合同编释义》，法律出版社2020年版，第191页。

〔2〕 参见朱虎：《禁止转让债权的范围和效力研究：以〈民法典〉规则为中心》，载《法律科学（西北政法大学学报）》2020年第5期。

2. 从权利附随移转

所谓从权利，指的是担保权、利息债权[1]、债权所附的执行名义、违约金请求权、损害赔偿请求权以及与债权有关的诉讼等。依据《民法典》第547条第1款之规定，这些从权利当然转移至受让人，除非从权利本身具有属人性或当事人另有约定。

依据《民法典》第547条第2款之规定，受让人取得从权利不因该从权利未办理转移登记手续或者未转移占有而受到影响。该规定主要针对的是具有从属性的担保物权。之前，就担保物权附债移转是否须经登记等公示措施才生效，一种观点认为，不经登记或转移占有，受让人不能取得这些从权利；另一种观点认为，无须办理登记或转移占有，受让人即取得从权利。就抵押权附债权而移转的，相关司法文件明确规定抵押权移转不须经登记，受让人未经变更登记仍可以主张抵押权，[2]即采纳第二种观点。《民法典》第547条第2款亦是确认这一路径。该登记属于宣示性登记，而非设权登记。受让人取得从权利是基于法律规定，并非基于法律行为的物权变动，若采用第一种观点，会造成如下悖论：在变更登记之前，受让人因未办理登记不享有抵押权，让与人因失去主权利亦不能主张其从权利。而且，承认受让人不经登记即享有担保权，并不会损害担保人之利益。

质权附债权移转，未经实际移转占有的，受让人仍享有质权。法定占有改定可解释这一机制，即在债权移转之后，让与人为受让人的利益而占有质物。相反，不具有从属性的担保权，如主债权确定之前的最高额担保、独立保函和让与担保等，并非当然附随主债权而发生移转。

3. 让与人对债权的担保义务

在尊重当事人的约定和让与类型的前提下，让与人对让与债权的担保义务，可有以下两个层次。

第一，在有偿让与领域，让与人负权利瑕疵担保义务，其应担保所移转债权之存在、未将该债权转让给第三人以及担保该项债权之上并无权利质权存在。这是债权让与合同中所约定让与人给付义务之应有内容。当然，当事人可以明确排除这一义务。

第二，让与人可以明确表示，其担保债务人的清偿能力。经过特别约定，让与人也可担保债务人将来的清偿能力，即债权届期时债务人的清偿能力，但这一担保不得超过让与人从让与合同中获取的利益。

（二）对债务人的效力

1. 让与通知

（1）概述

一经达成债权让与合意，当事人之间即产生转移性效果。但是第三人并非让与合同的当事人，为避免债务人向原债权人清偿，《民法典》第546条规定债权让与未经通知债务人，该让与对债务人不产生效力。也就是说，债权让与通知并非债权移转的生效要件，而只是对债务人发生效力的要件。债权让与通知存在与否，并不会对让与人和受让人之间的债权让与产生影

---

[1] “银行利息作为主债权的收益，属于法定孳息，除法律有特别规定或者当事人有特别约定外，取得孳息的权利随着主物所有权的转移而转移”，参见最高人民法院（2005）民二终字第147号民事判决书。

[2] 《全国法院民商事审判工作会议纪要》（法〔2019〕254号）第62条规定：“［抵押权随主债权转让］抵押权是从属于主合同的从权利，根据‘从随主’规则，债权转让的，除法律另有规定或者当事人另有约定外，担保该债权的抵押权一并转让。受让人向抵押人主张行使抵押权，抵押人以受让人不是抵押合同的当事人、未办理变更登记等为由提出抗辩的，人民法院不予支持。”

响,而只是会影响或改变债务人的法律地位。[1] 是否以及何时通知债务人是当事人的权利或自由,不是义务。比如,在实践中的"暗保理"就是暂不通知债务人的债权让与。

债权让与通知的性质为准法律行为,属于观念通知,是告知债务人债权已被移转的事实,需要债务人受领。

基于受让人利益之保护,债权转让通知债务人后,未经受让人同意,让与人不得撤销通知(《民法典》第 546 条第 2 款)。

未通知债务人的,债务人仍可向原债权人清偿,且清偿有效。至于受让人和让与人之间的关系,跟债务人无关,受让人可向原债权人主张违约或不当得利救济。一经通知债务人,债权让与即对之生效,债务人应当向受让人履行债务。

债务人收到数项通知的,其向最先收到的通知指明的受让人清偿即可免责,而无论该受让人优先顺序之先后。经多次让与后,数个让与通知同时到达债务人或先后顺序不清晰的,考虑债务人负担不应被加重,债务人可通过提存使自己免责或者向任一受让人清偿而免责。

(2)让与通知的主体

无争议的是,让与人有权通知债务人。而且,基于诚信原则产生的从给付义务,让与人原则上有义务通知债务人或为受让人的通知提供必要的配合,除非当事人另有约定。实践中,让与人常委托授权受让人通知债务人,这是一种联合通知。此外,受让人也有合法权利通知债务人让与之事实。但是,受让人进行让与通知时,应该向第三人提出其已取得债权的合理凭证,以避免对债务人强加判断债权让与真实性的负担。对此,《民法典》第 764 条规定:"保理人向应收账款债务人发出应收账款转让通知的,应当表明保理人身份并附有必要凭证。"

(3)通知的对象和方法

通知的对象是债务人。关于通知的方法,法律对此没有明确规定,解释上可认为由当事人选择。在让与人进行通知时,其既可以采用口头形式,也可以采取书面形式。依据最高人民法院相关判例的观点,登报的方式也可作为通知方式。[2]

2. 债务人抗辩的援用

(1)概述

依据《民法典》第 548 条之规定,债务人接到让与通知后,债务人对让与人的抗辩,可以向受让人主张。因为债权让与的转移性,债权仍保持之前的特征以及债之关系的同一性。"债务人接到债权转让通知后",是指债务人可向受让人主张的时点,即在债务人接到转让通知后,债务人对让与人的抗辩才可向受让人主张。

债务人对让与人可主张的抗辩可分为两大类,即基于基础法律关系所产生的抗辩和非基于基础法律关系所产生的抗辩。

其一,债务人可向债权人主张基础法律关系所产生的抗辩,如基础法律关系之无效或可撤销、解除权、同时履行抗辩权、债权罹于时效以及债权因清偿、免除等消灭等。而且,对这些与

---

〔1〕 参见张谷:《论债权让与契约与债务人保护原则》,载《中外法学》2003 年第 1 期。

〔2〕 "合同法第八十条第一款的规定,是为了避免债务人重复履行、错误履行债务或加重履行债务的负担。债权人以登报的形式通知债务人并不违反法律的规定。只要债权人实施了有效的通知行为,债权转让就应对债务人发生法律效力。"参见"何某兰诉海科公司等清偿债务纠纷案",最高人民法院(2003)民一终字第 46 号民事判决书,载《最高人民法院公报》2004 年第 4 期。

债权本身有关的抗辩的提出时间并无限制，无论是在让与通知前还是通知后，债务人都可提出。否则，相当于让与人将基础合同履行瑕疵带来的不利益转嫁给了债务人，让债务人嗣后追偿时承受让与人清偿不能的风险。其规范依据在于债之关系的同一性以及债权让与不得损害债务人的利益，债务人既然本可以基于债之关系对其相对人（让与人）主张这些抗辩，那么也可在让与后对受让人主张，毕竟后者不得取得大于让与人的权利。

其二，除《民法典》第549条第1项的规定外，债务人对让与人享有的非基于基础关系所产生的抗辩，只有在对抗债务人要件具备之前所发生的，才可向受让人主张。[1]若这些抗辩事由是在通知债务人之后才发生，则不得向受让人提起。在债务人接到让与通知之前，债务人有权主张债权人仍是受让人，不受到债权让与的影响，故让与人免除债务或与债务人协商变更、消灭债务的行为，即使导致受让人利益受损，该行为也对受让人生效，受让人只能依法请求让与人负违约责任。比如，在通知债务人之前，若让与人授予债务人清偿宽限期、免除债务人的债务以及更改债务的权利，则债务人可以以其来对抗受让人。但通知债务人之后，让与人授予债务人宽限期或免除其债务等属于无权处分他人权利，既然债务人已经被通知，其就没有受保护的必要。

（2）独立抵销之抗辩

依据《民法典》第549条第1项之规定，债务人接到让与通知时，债务人对让与人享有债权，且债务人的债权先于转让的债权到期或者同时到期，债务人可以向受让人主张抵销。该抵销以被让与的债权为被动债权，以债务人的反对债权为主动债权。其规范目的在于，债务人并非债权让与协议的当事人，其地位不可因债权让与而恶化。若债权让与未发生，在让与人（或原债权人）向债务人请求履行到期债务时，债务人可以主张抵销权，则债务人具有合理的抵销预期，因此在债务人接到转让通知后，其享有的此种利益不应因债权转让而受影响，债务人仍可向受让人主张抵销。在反对债权先于转让债权到期或二者同时到期时即如此。[2] 相反，若债务人接到转让通知时，债务人的抵销状态尚未产生，则债务人不享有抵销权。这项抵销权的要件在于：

第一，债务人接到让与通知时对让与人享有债权。这是基本前提，至于该债权是否已经届期，并非所问。如果债务人在接到通知时对让与人不享有债权，而是后来低价从其他地方取得对让与人享有的债权，然后向受让人主张抵销，就相当于损害受让人取得的在先权利。

第二，债务人的债权先于让与的债权到期或者同时到期。此时，债务人通常会期待在自己的债务届期时，援用反对债权予以抵销之，或者对于得主张抵销具有利益。此种债务人的抵销期待，如因与债务人无关的事由而被剥夺，有悖于公平，故应当允许债务人主张抵销。[3] 债务人并非债权让与合同的当事人，其利益不可因此而受损。但是，对于债务人期待利益的保护也施加了限制，即要求债务人的债权不晚于被让与的债权到期。若债务人对让与人的债权后于让与的债权到期，受让人向债务人要求清偿时，债务人不得提起抵销抗辩，因为主动债权根本未届期，无从抵销。

（3）关联抵销之抗辩

依据《民法典》第549条第2项之规定，当债务人的债权与转让的债权是基于同一合同产

〔1〕 F. Danos, La notion d'exception inhérente à la dette, D., 2017, p. 1319.

〔2〕 参见朱虎：《债权转让中对债务人的延续性保护》，载《中国法学》2020年第5期。

〔3〕 参见韩世远：《合同法总论》（第4版），法律出版社2018年版，第618页。

生的，债权人可向受让人主张抵销，无论是接到通知前抑或通知后。例如，甲（让与人）与乙（债务人）订立了买卖合同，约定1月1日交货，乙1月10日付款。甲按时交付，且1月5日将价款债权让与丙并通知乙，1月9日乙发现货物有瑕疵后主张损害赔偿，可向丙主张抵销。

该项规定之规范目的在于：其一，关联债权抵销属于基于基础关系所产生的抗辩，无论其先于还是后于对债务人的让与通知，债务人都可主张（参见上文）。[1] 其二，债权让与中，债之关系及债权皆保持同一性。面对债务人，受让人不能取得大于让与人针对债务人所享有的权利，这也是债务人地位不下降原则之要求。

“同一合同”不仅包括常见的双务合同，还可宽泛理解为双务关系及构成同一交易的数个合同。在实践中，构成同一交易的数个合同主要有合同联立及框架合同。[2] 但因违反保护义务而产生的侵权之债与合同之债无关联性，不构成关联债权抵销。另基于对禁止债权让与特约规范目的之尊重，债务人不得以违反该特约而生的违约损害赔偿之债抵销金钱债权或善意非金钱债权受让人的债权。

关联债权抵销的逻辑还可证成债务人能以因债权让与而增加的履行费用向受让人主张抵销。一方面，该费用是因债务履行而产生的，其与被让与的债权均产生于同一合同，具有牵连关系；另一方面，依据《民法典》第550条之规定，让与人负担因债权转让增加的履行费用。具体而言，是由债务人承担增加的履行费用后再向让与人追偿，还是由债务人直接对受让人主张抵销？考虑债务人法律地位不下降以及受让人的境遇不能比让与人更好的原则，更赞同后一方案，[3] 当然这不妨碍受让人再向让与人主张追偿。前一方案会让债务人承担让与人清偿不能的风险，而且结合《民法典》第550条、第511条第6项之规定，受让人应该预期该费用并不由债务人负责，即受让人承受该抵销并不违背其预期。

关联债权和被让与的债权属于同一法律关系，依据《民事诉讼法解释》第233条之规定，当事人可以反诉的方式提出关联债权之抵销，除非反诉应由专门法院管辖。法官应该合并审理当事人以反诉提出的关联债权抵销，否则分别处理易造成矛盾判决、增加当事人诉累，以及剥夺关联债权抵销带给当事人的担保功能等。

（三）债权让与对第三人的效力

债权让与通知可对抗债务人，债权让与何时可对抗第三人？从受让人角度来看，只有所受让债权可对抗第三人，即针对第三人具有优先顺序，才能取得完全权利，免受第三人追夺，且在债权清偿利益落入第三人或让与人之手时，有权请求返还不当得利或主张对世救济。

1. 多重债权让与

与物权之让与不同，债权让与发生在让与人、受让人之内部，而且作为一种无形权利，债权之移转缺少相应的公示性或外部表征。让与人将债权让与受让人后，还可能向他人进行重复让与。在多重让与时，哪一受让人优先？对此有3种立法例。

---

〔1〕 参见刘骏：《关联债权抵销的适用条件与体系效应——从〈民法典〉第549条第2项切入》，载《法学》2022年第6期。

〔2〕 《全国法院金融审判工作会议纪要（征求意见稿）》第16条第1款规定：“[应收账款债务人对保理人的抗辩]应收账款债权人以其与债务人在一定期限内连续发生的基础交易所生债权叙做保理，债务人收到应收账款转让通知后，以多个独立合同共同构成基础交易合同，属于民法典第五百四十九条第二项规定的‘同一合同’为由向保理人主张抗辩、抵销的，人民法院应当予以支持。”

〔3〕 参见王利明主编：《中国民法典释评·合同编通则》，中国人民大学出版社2020年版，第408页。

（1）通知主义

通知主义又称"通知在先，权利在先"，如2016年法国债法改革之前采用此主义。让与合同生效并不使债权发生移转的效果，受让人仅取得向让与人请求为通知、转让债权之请求权。让与通知不仅为债权让与对债务人的生效要件，也是所被让与债权由让与人移转至受让人的要件。〔1〕

将通知债务人作为债权让与的外观，尽管其对外公示性的强度比不上有体物权利变动中的交付和登记，但依然不失为一种外部表征。通知主义和债权让与生效时债权即发生移转存在逻辑矛盾：一方面，让与双方订立的债权让与合同生效时即产生债权移转，让与人若对该债权进行二次让与，则为无权处分新债权人的债权，在债权二重让与的情形下，第二受让人不能善意取得债权；另一方面，若第二次债权让与通知债务人在先，则由第二受让人取得债权。〔2〕

另外，通知主义还有其他缺陷。其一，建立在通知债务人基础上的让与制度，一方面，错误地认为债务人是一种信息中介，其他企图获取该债权的人可以向债务人咨询，但债务人没有义务回答这一咨询；另一方面，即使假定债务人有义务回答这一咨询，他的回答可能也是不准确的，因为有很多债权让与机制对第三人的生效要件并不取决于通知债务人，如第三人代为清偿、资产证券化等。〔3〕其二，受让人为确保顺位优先须通知债务人，但在受让"债权包"时，债务人众多，通知成本增加。其三，在让与将来债权时，在债务人确定之前债权人根本无法进行通知。其四，通知主义难以实质性地降低欺诈风险与欺诈行为成本，让与人可在二重让与时，与债务人通谋伪造时间在先的让与通知。

（2）意思主义

意思主义，又称"时间在先、权利在先"，债权让与因当事人的合意即发生效力，不需要任何特定的形式，债权一经让与即由受让人取得，让与人即无权再为让与。这是比较符合逻辑的，作为一种无形权利，债权经当事人达成让与合意即发生移转，所以同一债权连续让与的，时间在先的债权让与优先，在先的让与引起权利变动。在民法典通过之前，我国主流学说即采用意思主义。〔4〕

此种模式下债权转让的公示成本较低，无须通知即可对抗受让人的其他债权人和破产管理人等，受让人实现债权的执行成本较低。但此种模式亦存在以下弊端。其一，受让人的事先调查成本很高。受让人需要防止有在先受让人，但因欠缺公示，只能期望与其利益相反的让与人提供足够信息，且因之前的债权转让无须通知债务人，也无法指望债务人一定能够提供信息；为避免风险，受让人不仅要对债权本身进行评估，还要对让与人的资力进行评估，以便在有在先受让人时，让与人有足够的赔偿能力。〔5〕其二，受让人的监督防范成本很高。受让人不仅要监督让与人减损债权价值的行为，还要监督让与人的重复转让行为。其三，易发生欺诈。比

〔1〕参见申建平：《对债权让与通知传统理论的反思》，载《求是学刊》2009年第4期。

〔2〕参见潘运华：《债权二重让与中的权利归属》，载《法学家》2018年第5期。

〔3〕M. Julienne, Régime général des obligations, 3e éd., LGDJ, 2020, n° 162, p. 130.

〔4〕参见韩世远：《合同法总论》（第4版），法律出版社2018年版，第624页；徐涤宇：《〈合同法〉第80条（债权让与通知效力）评注》，载《法学家》2019年第1期；方新军：《合同法第80条的解释论问题——债权让与通知的主体、方式及法律效力》，载《苏州大学学报（哲学社会科学版）》2013年第4期。

〔5〕参见李宇：《债权让与的优先顺序与公示制度》，载《法学研究》2012年第6期；朱虎：《债权转让中的受让人地位保障：民法典规则的体系整合》，载《法学家》2020年第4期。

如,为取得优先性,当事人倒签债权让与的日期,在采用意思主义立法例多强调让与日期的确定性。

若一债权被连续让与,则第一受让人应该优先受偿。在第二让与人通知债务人并且接受善意债务人清偿时,第一受让人可向第二受让人追偿,要求其返还所受清偿。债务人善意的清偿对其是免责的,但并不能证成被清偿之人保有该利益。

(3)登记主义

债权让与登记主义模式,认为以债权让与登记的先后顺序来决定债权归属,让与登记在先的受让人取得债权。[1] 债权多重让与中,让与予以登记的,则该次登记的受让人取得债权。在让与登记对抗主义模式下,尽管债权让与合同一旦生效,受让人可以从让与人处获得债权,但是受让人若欲对债务人以外的其他第三人主张其为债权人,则必须以让与登记为前提,即将让与登记作为债权让与对外公示的手段。登记可避免逐一通知债务人的麻烦,方便债权融资,还有减少证明成本和争议、减少欺诈发生的可能性等优势。在《民法典》通过之前,在应收账款债权质押方面,我国已经采取了该模式。[2]

2.《民法典》第768条之理解

债权人让与如何能对抗重复受让人、扣押债权人、破产管理人等第三人,是事关交易安全的重要问题。民法典征求意见稿(2018年3月15日)和一审稿(2018年8月27日)在合同编通则部分规定了债权让与登记制度(征求意见稿第87条、一审稿第336条),即在债权重复让与时,依登记决定顺序。二审稿(2018年12月14日)后将该条从合同编"通则"部分转移至保理合同章,成为现《民法典》第768条。该规定确立了,已经登记的受让人优先于未登记的;均未登记的,最先通知债务人的受让人优先;既未通知又未登记的,受让人按照保理融资款或者服务报酬的比例取得应收账款。理解这一条还需要注意以下几点。

第一,关于适用范围,虽然《民法典》第768条[3]安排在保理合同章,适用上形成了债权让与优先顺序上的双轨制。对此,有观点认为,《民法典》第768条的规定构成一般债权让与之规范。毕竟,在资产证券化、大宗商业性债权让与领域,建立在电子化通知登记系统上的债权让与登记,是远比债权让与通知更快捷、安全、高效、可靠的公示方法。另外,若将让与登记降格为保理合同的特别规范,有如下缺陷:[4]一方面,在价值取向上形成了对保理商的偏惠,使登记制度沦为保理商的专享品,造成保理商以外的主体无法利用让与登记固定让与顺序,预防交易风险,也违反"同等事物、同等对待"的平等原则。另一方面,"双轨制"的规定还可能造成不利于保理商的效果。例如,甲将其债权先让与非保理商乙,随后又将其让与保理商丙,并随之进行登记;若《民法典》第768条的规定不能适用于乙,造成已经登记的丙不能对抗乙,则依据时间在先权利在先的一般规则,乙取得债权。

---

[1] 参见李宇:《债权让与的优先顺序与公示制度》,载《法学研究》2012年第6期。

[2] 参见《应收账款质押登记办法》(已失效)第5条。

[3] 《民法典》第768条规定:"应收账款债权人就同一应收账款订立多个保理合同,致使多个保理人主张权利的,已经登记的先于未登记的取得应收账款;均已经登记的,按照登记时间的先后顺序取得应收账款;均未登记的,由最先到达应收账款债务人的转让通知中载明的保理人取得应收账款;既未登记也未通知的,按照保理融资款或者服务报酬的比例取得应收账款。"

[4] 参见李宇:《保理合同立法论》,载《法学》2019年第12期;不同观点,参见方新军:《债权多重让与的体系解释》,载《法学研究》2023年第4期。

第二,《民法典》第768条文义上是以“多个保理人主张权利”为对象,即解决多个受让人之间的权利冲突,其实登记不仅仅是对抗后续受让人的要件,还是对抗第三人的要件,包括债权质押人、扣押债权人等。对此,最高人民法院关于《适用〈中华人民共和国民法典〉有关担保制度的解释》(法释〔2020〕28号,以下简称《担保制度解释》)第66条第1款明确规定:“同一应收账款同时存在保理、应收账款质押和债权转让,当事人主张参照民法典第七百六十八条的规定确定优先顺序的,人民法院应予支持。”

第三,债权转让既未登记也未通知情形中的受让人顺位确定问题。既未登记也未通知的,按照保理融资款或者服务报酬的比例取得应收账款。这与《民法典》第414条第1款第3项采取的按照所担保的债权比例清偿的方式一致,同时区分了担保性的保理和非担保性的其他服务性保理。考虑在非保理情形的债权转让中,债权转让并不皆是担保目的,在完全债权转让的情形中既不存在担保的主债权,也不存在服务报酬,无法据此确定顺位。〔1〕 因此,有观点认为,《民法典》第768条中的“按照保理融资款或者服务报酬的比例取得应收账款”仅适用于保理合同,最多仅能参照适用于均为担保性债权受让人之间的顺位确定,此时按照担保的债权比例清偿,但其在其他的债权转让情形中无法参照适用。〔2〕 但是,为确保交易安全,当事人一般都会选择登记,既未登记又未通知债权人的情形仅在理论上存在。

第三节 债务承担

一、概述

(一)定义

债务承担,是指债务人经债权人同意,将其债务转移至新债务人,但债务仍不失其同一性。债务相比债权,属于消极价值,但并不代表债务承担这一制度在实践中没有用途,它是达到很多目的的手段。

在功能上,债务承担可作为债权债务的简易结算办法。例如,甲欠乙300万元,乙欠丙300万元,都已届期;经当事人约定,乙把对丙的债务转移至甲,甲清偿丙之后,甲对乙所负的债务也消灭。债务承担还可用于借款和赠与,前者如承担人以承担债务之方式向债务人授信,后者随后应予以偿还;后者如承担人出于赠与让与人之目的,承担后者对债权人所负的债务。〔3〕

(二)与类似制度的区分

1. 债务承担和履行承担

履行承担,又称为内部的债务承担,是指依据第三人(承担人)与债务人之间的合同,承担人对债务人负有履行后者所负债务的义务。此时,债务人仍负担其债务,但可要求履行承担人

〔1〕 参见朱虎:《债权转让中的受让人地位保障:民法典规则的体系整合》,载《法学家》2020年第4期。

〔2〕 参见朱虎:《债权转让中的受让人地位保障:民法典规则的体系整合》,载《法学家》2020年第4期。

〔3〕 J. Flour, J.-L. Aubert, E. Savaux, Lionel Andreu et V. Forti, *Droit civil, les obligations, le rapport d'obligation*, 10e éd., Sirey, 2022, n° 160, p. 180.

向其债权人履行。债权人并不对履行承担人享有债权,故不得直接请求履行[1];而履行承担人的履行,对于债权人来说,只不过是第三人清偿。通常所说的委托付款即属此种机制,债务人可以使第三人清偿其债务,债权人没有合理理由的不得拒绝受领。

债务承担和履行承担二者之共性在于:第三人承诺作出债务人应为的给付。二者的区别是:债权人是否有权要求第三人履行该给付。在债务承担中,债权人有权要求第三人为给付;而在履行承担中,债务人有权要求第三人为给付。

2. 债务承担和第三人利益合同

向第三人履行的合同可以导致债务由他人履行,产生类似债务承担的效果。例如,甲欠乙100万元,甲、丙约定让丙为其偿还该欠款,乙还可直接请求丙偿还,随后乙表示接受这一利他约定。

并存债务承担的理论基础在于真正第三人利益合同,受益人是债权人,第三人利益合同的生效不需要债权人的同意,而债权人可以直接要求债务人向其给付。债务承担合同相当于第三人利益合同中的"补偿关系",即承担人与原债务人的对待给付;原债务人和债权人的原债关系对应的是"对价关系",是原债务人放弃承担人向自己给付而让其向债权人履行的原因。[2]与一般的第三人利益合同的区别在于,承担人不但受到了补偿关系的约束,还受到了对价关系的约束,即债权人可以根据自己的债权内容要求承担人给付。[3]

3. 债务承担与保证

概念上,债务承担是承担人对自己债务负责,而保证人是为他人债务负责,保证人享有对债务人的追偿权,并非债务的最终负责者。另外,保证的原因就是保证,而债务承担的原因为何,需要具体判断。考虑当事人用语的模糊性等因素,实践中区分二者非常困难,有以下标准可供参考。

第一,以履行顺位标准或债务人届期未履行作为条件。保证具有补充性,即只有在主债务人不能履行债务时或证明其清偿能力不足时,保证人才须履行债务或承担责任,而债务加入并不具有补充性,债权人可以直接要求原债务人或债务加入人履行债务。若第三人履行债务并不以债务人届期未履行为前提,而是直接表明第三人代替债务人履行,则应认定为债务加入,因为保证人履行债务或承担责任以债务人不履行债务为前提,这是由保证的补充性所决定的。[4]

第二,经济利益标准。债务加入应当以加入人具有自己的、直接的经济利益为要件,而原则上保证人则不具有此种利益。这种自己的利益要求同时也是加入人不需要受书面形式保护的原因。[5]

(三)类型

1. 免责的债务承担

免责的债务承担,是指由新债务人承继原债务人的债务,后者同时被免除债务。这属于债

---

〔1〕 参照《德国民法典》第329条。
〔2〕 参见肖俊:《〈合同法〉第84条(债务承担规则)评注》,载《法学家》2018年第2期。
〔3〕 参见肖俊:《〈合同法〉第84条(债务承担规则)评注》,载《法学家》2018年第2期。
〔4〕 参见夏昊晗:《债务加入与保证之识别——基于裁判分歧的分析和展开》,载《法学家》2019年第6期。
〔5〕 参见[德]迪特尔·梅迪库斯:《德国债法总论》,杜景林、卢谌译,法律出版社2004年版,第622页。

务人的更换,而债务不失同一性。债权让与不需要债务人同意。区别于债权让与,债务转移会引起债务人的更换,新旧债务人的清偿能力或责任财产并不相同,基于债权人利益之维护,免责的债务承担须经债权人明确同意。

依据《民法典》第551条之规定,免责债务承担有以下几种实现方式。

第一,债务人和承担人达成债务移转之约定,债权人对此表示明确同意。该同意可提前作出,提前作出同意的,自债务人和承担人达成承担协议后通知债权人生效。未经通知债权人,不对债权人生效,后者仍可以该债权抵销其对原债务人所负债务。提前同意相当于债权人提前授予债务人和承担人处分权(处分债权人对债务人的债权)。债权人事后作出同意的,属于追认。

此种方式实现的债务承担,实际上是当事人(原债务人和新债务人)处分债权人的债权,经后者同意后才生效。若原债务人与新债务人之间订立的债务承担合同未得到债权人的追认,则在当事人无明确约定时,该债务承担转化成履行承担。毕竟,依据债务承担合同,新债务人有义务负担债务。

第二,债务人、承担人和债权人订立三方协议实现债务之移转。这属于三方共同处分债权人的债权,即债权人保有原债务人作为债务人之利益。

第三,理论上,债务承担还可由债权人与承担人单独约定而实现。〔1〕从《民法典》第551条的文义看,免责的债务承担须债务人的参与,我国法律未承认此种方式。解释上,承认这种承担方式并无不可。但是,对于第三人和债权人之间免责的债务承担,因涉及原债务人地位的处分问题,应该类推适用《民法典》第575条债务免除的规则,并给予债务人以反对权。〔2〕

2. 并存的债务承担

在并存的债务承担下,因新债务人的加入,债权人拥有两个债务人,原债务人和加入人连带地对债务负责,也称为“债务加入”。在功能上,并存的债务承担类似保证,具有担保功能。依据《民法典》第552条之规定,并存债务承担有以下3种实现形式。

第一,第三人与债务人约定加入债务并通知债权人,债权人未及时明确拒绝的。第三人加入债务对债权人属于加利行为,债权人未及时明确拒绝的可推定为其同意。

第二,第三人向债权人表示加入债务,债权人未及时明确拒绝。在第三人与债权人之间订立债务加入合同的情况下,无须债务人的同意。有观点认为,即使在债务承担违背债务人意思时,如债务人与债权人事先订有禁止债务移转特约的,则债务承担合同也有效,其原因在于债务加入具有加强债权人法律地位的功能,可以类推适用保证的规定,第三人提供保证的,亦无须债务人同意,所以在债务加入情况下,也无须债务人同意。〔3〕而且,债务人并非因第三人加入债务而受损。因此,应该认可这种形式的债务承担。〔4〕

第三,债务人、债权人和第三人三方共同订立协议约定成立并存的债务承担,三方皆作出缔约的意思表示。

---

〔1〕参见《德国民法典》第414条。

〔2〕参见肖俊:《债务加入的类型与结构——以民法典第552条为出发点》,载《东方法学》2020年第6期。

〔3〕参见王洪亮:《债法总论》,北京大学出版社2016年版,第470页。

〔4〕参见肖俊:《债务加入的类型与结构——以民法典第552条为出发点》,载《东方法学》2020年第6期。

二、成立要件

(一)债务可被移转

债务承担须债务在性质上可被移转。一般多为金钱之债。《民法典》第 545 条规定了哪些债权不能被让与,但是《民法典》并未规定哪些债务不能被让与。在免责债务承担时,债务转移须债权人明确同意,债权人之同意权就可决定债务是否可移转。而债权人让与其债权并不需要债务人同意,所以法律需要规定哪些债权不能被让与。在并存债务承担时,债权人可拒绝第三人加入债务,功能上债权人的拒绝权可决定债务是否可被他人承担。

(二)承担合同的存在

1. 实质要件

作为合同,承担合同应符合法律行为的生效要件,自不待言。此外,承担合同因不同的债务承担类型而有所不同。

在免责债务承担时,或者是三方达成的债务承担协议,或者是原债务人和新债务人达成债务移转之合意,经债权人同意而生效。

在并存债务承担时,承担合同可有 3 种形式:一是原债务人和承担人达成协议后通知债权人,债权人未及时明确拒绝的;二是承担人向债权人表示加入债务,债权人未及时明确拒绝的;三是三方共同作出意思表示,达成债务承担协议。

2. 形式要件

除法律另有规定外,债务承担不需要特别的形式,但反观保理合同、保证合同皆须采用书面形式。可是,债务承担人有时比保证人承担的责任还要重,如债务加入时,加入人是债务的最终负责者,而保证人并非债务最终负责者。为什么形式上有此区别对待?对此,有观点以承担人对债务承担有直接的利益予以说明,既然债务人对债务承担有经济利益,那么不予以形式上保护是合理的。[1] 相反,保证人对保证债务负责没有直接经济利益,保证合同原则上是无偿合同,为平衡债权人和保证人之间的利益,给予保证人以形式保护。

三、效力

(一)转移性质

1. 概述

债务转移时,承担人取代原债务人的地位,原债务人不再负担债务。债务加入时,债权人则拥有两个债务人。无论采用何种债务承担方式,原来的债务都保持其原有的特征和性质,其同一性不变,如仍保持原来的数额、性质、利息和时效等。这与债的更改(novation)不同,后者是创设性债之操作,即改变原有之债。

但是,承担人并不介入债务人与债权人之间的法律关系,即产生债务之法律关系。在合同之债场合,债权人的合同相对人仍是原债务人,承担人不对债权人取得债务履行请求权,其也不能行使基于合同关系所产生的形成权,如撤销权、解除权等。

2. 从债务之厘清

《民法典》第 554 条规定:“债务人转移债务的,新债务人应当承担与主债务有关的从债务,但是该从债务专属于原债务人自身的除外。”何谓“从债务”?有观点认为,从债务包括违约金

---

〔1〕 参见[德]迪特尔·梅迪库斯:《德国债法总论》,杜景林、卢谌译,法律出版社 2004 年版,第 622 页。

之债和利息之债。[1] 让与时已届期的利息和已发生的违约金之债，属于独立债务，不当然随着主债务的移转而移转。让与时尚未发生的利息，既属于主债权的从属物，也属于债务的特征，随同移转应无问题。[2] 或可参照比较法，即考虑债务转移是中性的或转移性质的，并不修改债务保持的原有特征，"从债务"是指债务的数额、利息、时效、属性（合同之债或侵权之债）、条件和期限等保持不变。[3]

（二）免责的债务承担

免责的债务承担中，原债务人不再负担债务，债务由受让人负责。

1. 承担人可向债权人主张的抗辩

《民法典》第553条规定："债务人转移债务的，新债务人可以主张原债务人对债权人的抗辩；原债务人对债权人享有债权的，新债务人不得向债权人主张抵销。"

第一，基于债务承担之转移性质，新债务人或受让人可对债权人提出任何与债务本身有关的抗辩，如债务尚未届期、债务已过时效和因清偿、抵销而消灭等。

第二，新债务人可提出基于原债务人和债权人的关系而产生的抗辩，只要这些抗辩在债务承担生效时即已存在，且不属于原债务人个人的抗辩，[4] 即就其原因来看，已经存在的原债务人的抗辩和抗辩权。[5] 比如，原债务人已提出同时履行抗辩权、解除权和关联债务抵销；新债务人还可以主张债务人和债权人之间合同的无效或可撤销等。

第三，新债务人可主张其个人对债权人所享有的抗辩，如互负债务的抵销。

2. 债务承担的无因性

承担人愿意承担他人之债务，必有其原因，此原因多存在于承担人与原债务人之间，如二者之间存在赠与或买卖等合同关系。承担人能否对债权人援用自己与债务人间法律关系所生的抗辩关系？这即为债务承担无因性所要解决的问题。[6]

债务承担的原因关系是债务人与承担人之间的关系。债务承担存在不同的形态，包括三方合意的债务承担、债权人和承担人的债务承担，以及承担人和债务人的债务承担，不同形态中的原因关系各不相同。债务承担是否具有无因性也要依据不同的原因关系作出判断。

（1）三方协议和承担人、债权人之间的协议

首先，债务承担依债权人和承担人之间的合同作出时，原则上承担人不得对债权人主张其和债务人关系所生之抗辩，其和债务人的关系并不能影响债务承担之效力。比如，原债务人乙与新债务人丙之间有买卖合同，丙出于清偿自己价款的目的和债权人甲缔结债务承担合同，承担乙对甲负担的债务。随后，丙可否以买卖合同无效、可撤销或被解除等事由对抗甲？答案是否定的。在债权人和承担人达成的债务承担合同中，承担人与债务人之间的关系不是债务承担合同的基础行为，仅属于债务承担合同之动机。即便债务承担合同无效或被撤销，也不会改

---

〔1〕 参见肖俊：《〈合同法〉第84条（债务承担规则）评注》，载《法学家》2018年第2期。

〔2〕 参见黄薇主编：《中华人民共和国民法典合同编释义》，法律出版社2020年版，第205页。

〔3〕 M. Julienne, *Régime général des obligations*, 3e éd., LGDJ, 2020, n° 324, p.232.

〔4〕 参见［葡］若昂·德·马图斯·安图内斯·瓦雷拉：《债法总论》（第2卷），马哲等译，社会科学文献出版社2020年版，第268页。

〔5〕 参见［德］迪尔克·罗歇尔德斯：《德国债法总论》（第7版），沈小军、张金海译，中国人民大学出版社2014年版，第411页。

〔6〕 《德国民法典》第417条第2款规定："承担人不得以其与原债务人间债务承担基础法律关系所生之抗辩对抗债权人。"

变承担人与债权人的关系，这也是合同相对性规则的体现。[1] 但是，若当事人明确约定债务承担合同是以买卖合同的有效存在为条件时，则不在此限。

同理，在债权人、债务人和承担人三方达成债务承担合同的情形，债务承担的效力不会受到承担人与债务人关系的影响。承担人不得对债权人主张其和债务人关系所生之抗辩。

（2）债权人同意承担人、原债务人达成的承担协议

债务承担由新、旧债务人之间协议加上债权人的同意而作出时，承担人能否对债权人主张其和原债务人之间承担协议所产生之抗辩，或者说债务承担是否具有无因性，主要系解释问题。

笔者赞同，此时原因关系的无效或被撤销当然影响债务承担之效力，新债务人可以对债权人主张原因关系的瑕疵。[2] 债务人与承担人之间的合意与债务承担构成一个整体，承担合同的瑕疵足以影响债务承担的效力。[3] 承担人和债务人缔结的债务承担能够与基础行为一起共同构成单一行为，基础行为的无效也及于债务承担。[4] 虽然债务承担被看作一个准物权行为，但是与有体物之处分需要交付或登记不同，债务承担中除当事人处分债务的合意外，并无实体的交付。债务承担常在交易中融入原因行为，负担行为的瑕疵同时涉及处分行为的意思瑕疵，当事人行使撤销权，债务承担的效力会受到基础关系的影响。在并存的债务承担的情况下，债务人和承担人合意的瑕疵也同样影响了债务承担的效力。

但无论如何，基于债之关系的相对性，承担人不得以债务人不履行其和债务人之间的承担合同而对抗债权人。

3. 承担人不得向债权人主张的抗辩

（1）让与人个人的抗辩

承担人不可向债权人主张属于让与人个人的抗辩。承担人不得对债权人主张基于债务基础法律关系所产生的抗辩。例如，承担人不得以债务人遭受的错误、欺诈或胁迫而撤销基础法律关系，这些属于债务人个人的抗辩，而承担人并非产生债的合同的当事人。又如，即使让与人享有强制执行资格豁免，受让人也不得主张此资质而拒绝向债权人清偿。在债权人不履行对原债务人的债务时，承担人不得径自主张该合同的解除或同时履行抗辩权。

应区分形成权或抗辩是来自狭义债之关系，还是广义债之关系本身（产生债务的法律行为）。在此意义上，与债权让与中债务人可提出的抗辩不同，后者可提出与债务关系有关的抗辩（解除权、撤销权等），以及债务（狭义之债）本身的抗辩。因为，债权让与中的债务人依然是债之关系的当事人，而债务承担中的承担人并不是。

（2）抵销之抗辩

当原债务人对债权人享有债权时，若抵销权已被原债务人或债权人行使，则不妨碍新债务人主张其所负债务已相应消灭，无论是何种类型的债务承担。若抵销权未被行使，则依据《民法典》第553条之规定，新债务人不得向债权人主张抵销。

第一，新债务人只是承担原债务人的债务，并不享有原债务人对债权人享有的债权，无权

---

〔1〕 参见肖俊：《〈合同法〉第84条（债务承担规则）评注》，载《法学家》2018年第2期。

〔2〕 参见韩世远：《合同法总论》（第4版），法律出版社2018年版，第632～633页。

〔3〕 参见肖俊：《〈合同法〉第84条（债务承担规则）评注》，载《法学家》2018年第2期。

〔4〕 参见［德］迪特尔·梅迪库斯：《德国债法总论》，杜景林、卢谌译，法律出版社2004年版，第568页。

提出抵销,否则属无权处分他人债权。主动债权必须属于提出抵销者自己所有,不能以他人的债权进行抵销。此外,即使不规定《民法典》第553条后半句,从抵销的构成要件角度出发,亦能取得类似结果。新债务人之所以不得以原债务人对债权人享有的债权向债权人主张抵销,是因为其根本不享有该债权,不满足抵销所要求的"互负债务"之要件。

第二,若允许新债务人主张原债务人对债权人享有的债权之抵销,则会与债务承担的目的相违背。新债务人一般也是债务的最终承担者,允许其行使抵销权会使其逃避债务清偿的责任。这与保证人不同,保证人是担保人,并不是债务的最终负责者。依据《民法典》第702条的规定,债务人对债权人享有抵销权的,保证人可以在相应范围内拒绝承担保证责任。

当然,经原债务人同意或原债务人将其债权移转给新债务人,后者可提出抵销的,自不待言。

(三)并存的债务承担

1. 连带债务

并存债务承担不解除原债务人的负担。承担人和原债务人二者成立连带债务。对此,可类推适用《民法典》第519条、第520条所规定的连带债务规则。在并存债务承担中,受让人和原债务人都可提起原债务人对债权人享有的抗辩,即与债务本身有关的抗辩,《民法典》第553条之规定也适用于并存债务承担(参见前文)。

在并存债务承担时,原债务人不得向债权人主张以承担人对债权人享有的其他债权抵销债务。类似地,在连带债务之间,其中一个连带债务人不可主张其他连带债务人基于其他法律关系与债权人产生抗辩。

2. 承担人对债权人主张自己与债务人间关系所生的抗辩

(1)承担人向债权人表示加入

在承担人向债权人表示加入时,承担人不得对债权人主张自己与债务人间关系所生的抗辩。承担人和债务人之间的法律关系属于承担人缔约的动机。依据债之关系的相对性,承担人和债权人之间的约定,与承担人和债务人之间约定无关,承担人不得依据其和债务人之间关系产生的抗辩对抗债权人。

(2)承担人与债务人约定加入并通知债权人

承担人与债务人约定加入债务并通知债权人,债权人未及时明确拒绝而成立并存债务承担。此时,对债权人来说,承担人和债务人之间承担合同相当于利他合同(参见前文),债权人必须容忍承担人以其与原债务人之间的关系中产生的抗辩来对抗自己。[1] 例如,在并存债务承担时,新旧债务人达成协议后通知债权人;随后,承担人能以该协议的无效对抗债权人。又如,承担人可以债务人不履行承担合同中约定的给付而对抗债权人,因承担人承担债务的基础源于承担人和债务人之利他约定。[2]

(四)担保权的存续

担保权存续与否关系到债权人是否同意债务人之更换。历史上,债务承担能够发展为一般性的制度也得益于实践中被抵押权所担保之债务的移转。下面我们依次探讨债务加入和债

---

[1] DCFR Ⅲ. -5:209;[德]迪尔克·罗歇尔德斯:《德国债法总论》(第7版),沈小军、张金海译,中国人民大学出版社2014年版,第413页。

[2] 不同观点,参见肖俊:《债务加入的类型与结构——以民法典第552条为出发点》,载《东方法学》2020年第6期。

务转移时的担保权命运。

1. 并存的债务承担

在并存的债务承担情形下,原债务人和新债务人连带地对债之履行负责。因此,担保原有债之履行的担保权仍存续,无论该担保是由第三人提供还是由原债务人提供。这一方案既不损害担保人的利益,也不违背从属性原则,既然债仍保持其同一性,附随其上的担保权也存续。对此,《民法典》第 697 条第 2 款规定:“第三人加入债务的,保证人的保证责任不受影响。”该规定之例外是,承担人之前是保证人的,在承担之后保证消灭,因为其被承担人的责任财产吸收。

2. 免责的债务承担

在免责的债务承担情形下,原债务人被债权人解除债务负担。担保原债务履行的原担保权命运如何?依据《民法典》第 391 条和第 697 条第 1 款的规定,第三人提供担保,未经其书面同意,债权人允许债务人转移全部或者部分债务的,担保人不再承担相应的担保责任。“第三人”既包括保证人也包括物上保证人。只有经第三人书面同意,其才对新债务人所负债务承担担保责任;反之,未经第三担保人同意,担保权消灭。[1] 债务人之清偿能力等因素对担保人之负担影响巨大,在债务人更换的情形下,担保人提供的担保未经其同意不得存续。该同意应以书面形式作出。关于第三人同意的时间,第三人的同意不得迟于债务承担作成之日,以使担保权保持原有的效力和顺位。若提供担保的第三人的同意晚于债务承担生效之日,那么其不能使已经消灭的担保权“死而复生”,而是相当于设立一个新的担保。下面依次就第三人提供担保和原债务人提供担保展开讨论。

(1)新债务人提供的担保

如果设立担保的第三人是新债务人本人时,没有明确约定时,其提供的担保命运如何?在人保的情形下,保证人也有可能成为债务承担人,此时其责任财产的一般保证吸收其所负的保证责任,保证责任消失。在物保时,有学者认为,担保物权应该继续有效。[2] 一般当事人在约定债务承担时,会明确这一问题,没有明确约定的,承认担保权存续不会损害新债务人本人的利益,而且符合债务承担不应损害债权人利益这一基本原则。

(2)原债务人提供的担保

在原债务人或让与人自己提供担保的情况下,其命运如何?一种观点认为,原债务人自己设定的担保物权,应推定为当事人有使其继续存在的意思。[3] 其理由是,担保权附着于被让与的债务之上以及出于对债权人的保护。另一种观点认为,在没有约定时,解释上应认为担保权消灭。依据从属性原则,既然其被债权人解除债务负担,附随的担保权也应该消灭。[4] 笔者更赞同后一种观点,担保权从属于主债权,而非从属于主债务,债权人对原债务人不再享有债权,也不能享有该债权的从权利即担保权。

---

〔1〕《法国民法典》第 1328-1 条;《德国民法典》第 418 条;DCFR,Ⅲ-5:205(4);参见最高人民法院(2017)民申 2396 号民事裁定书。

〔2〕参见崔建远:《合同法总论·中卷》,中国人民大学出版社 2016 年版,第 541 页;韩世远:《合同法总论》(第 4 版),法律出版社 2018 年版,第 631 页。

〔3〕参见韩世远:《合同法总论》(第 4 版),法律出版社 2018 年版,第 631 页。

〔4〕类似观点,参见王洪亮:《债法总论》,北京大学出版社 2016 年版,第 469 页;《法国民法典》第 1328-1 条第 1 款。

第四节 合同承担

一、概述

(一)概念

1. 定义

《民法典》第555条[1]规定了合同承担,是指经相对人同意,一方当事人将其享有的合同地位转移给第三人,由后者成为合同当事人,又叫合同地位的移转。[2] 在现实生活中,小到电话号码"过户",大到租赁合同转让,都能见合同承担制度之适用。相比前述债权让与和债务承担,合同承担是较"年轻"的法律制度,是第二次世界大战后,学说基于一些个别的制度如"买卖不破租赁"等发展出来的。

在功能上,合同承担将合同既看作一种法律关系也看作一种财产,可在维持原有合同关系的前提下,使受让人能够享有合同地位所产生的权利和负担相应的义务,避免重新磋商或解除合同之不便,还有促进交易之效,特别是在长期合同履行困难时。

2. 适用范围

一般而言,合同承担适用于长期合同或继续性履行合同,主要是双务合同。如果合同经一次履行即完毕,则没有合同承担的适用余地。原《合同法》第90条(现《民法典》第67条)不再位于"合同承担"之后了,之前有学者将其称为法定的合同承担或法定债权债务概括移转。《民法典》第67条实际处理的是法人分立或合并引起责任财产的变动,会间接引起合同关系的移转,将其移至总则编更合适。

(二)一元论vs二元论

1. 概述

不少观点将《民法典》第555条(原《合同法》第88条)称为"合同权利义务的概括移转"或"债权债务概括移转",即认为合同承担移转的是债权、债务,[3]合同一方当事人将其在合同中享有的权利义务一并转移给第三人,由后者成为合同当事人。我们可称为"二元论"。从《民法典》第555条表述上看,合同承担的标的是"合同产生的权利和义务";另在合同承担的法效果层面,依据《民法典》第556条(原《合同法》第89条)之规定,涉及合同权利转让的部分,适用有关债权让与的规定;涉及合同义务移转的,适用债务承担的规定。总体上观察,《民法典》的规定比较接近于二元论。相反,一元论认为,合同承担移转的是作为债之关系的合同关系,而非狭义的债权债务。

---

[1] 脱胎于原《合同法》第88条、原《民法通则》第91条和原《涉外经济合同法》第26条。

[2] 参见刘骏:《论合同承担之一元论构造》,载《清华法学》2023年第4期。

[3] 参见胡康生主编:《中华人民共和国合同法释义》(第3版),法律出版社2013年版,第159页;王利明:《合同法研究》(第2卷)(第3版),中国人民大学出版社2015年版,第240页;P. -G. Favre, *Le transfert conventionnel de contrat*, Schulthess, 2005, n° 310, p. 100."债权债务概括转移合同纠纷"属于最高人民法院规定的第72个民事案由,参见景汉朝主编:《民事案件案由新释新解与适用指南》(上册),中国法制出版社2017年版,第211页。

2. 选择

从广义之债和狭义之债区分的角度来看,具体适用一元论更具说服力。二元论将属于债之关系的合同关系误等同债之关系的法效果:债权和债务。债之关系不仅包括狭义的债权、债务,还可包括与具体债权、债务的执行有关的权利(如选择权、替代权)、抗辩权,以及关系合同整体命运的解除权、撤销权等。[1] 具体而言,一元论在以下三方面更合理。其一,债之关系成立后并非立即产生狭义上的债权和债务。例如,附条件或附期限的合同在条件成就或期限到来之前可被移转,尽管其尚未产生债权和债务。[2]此时,二元论无法解释。其二,二元论亦解释不了附随于合同关系之上的形成权,如解除权、撤销权等也移转至受让人,而一元论可以,形成权并非从属于特定的债权或债务,而是从属于合同关系。其三,二元论还解释不了将来债权和将来债务的让与,若基础合同关系并未移转,则未来基于基础合同所产生的债权将先经过让与人的责任财产,再移转至受让人的责任财产,将来债务的移转亦是如此,而免责合同承担中的让与人脱离了合同关系,导致将来债权或债务的移转无法实现。

二、成立要件

(一)基础合同可被让与

关于基础合同是否可被让与,出现以下事由者,合同不得被让与。

1. 属人性的合同

在"属人性"(intuitus personae)合同中,当事人更换后,合同不可再持续。例如,注重当事人资质的委托合同、承揽合同等。当然,若相对人表示同意,则属人性合同仍是可以被让与的。

2. 当事人约定不可让与

当事人约定不可让与的合同不可被让与。合同承担中,当事人处分的标的其实是作为债之关系的合同关系,即相对人保有让与人作为合同当事人的利益。在约定不得让与的情形中,未经相对人同意,让与人不得让与其合同地位。

(二)承担合同的存在

1. 三方合同

让与人、受让人和相对人完全可以订立一个三方协议,决定由受让人取代让与人的合同地位。此时,相当于三方共同处分相对人的合同地位,即相对人保有让与人作为合同相对人的利益。

2. 相对人准许两方合同

除三方合同外,合同承担还可采取让与人和受让人订立承担协议,然后相对人批准这一协议的做法。相对人的批准只是使承担协议对其发生效力,不批准并不意味着承担协议无效。承担协议即使未经相对人批准,也只是不可对抗后者,而非无效,其仍可在他们之间发生效力。例如,可产生履行承担或违约损害赔偿等后果。相对人的批准并非任意的,相对人的不批准无正当理由时或为此批准提出的条件过于苛刻时可由法院制裁。例如,有判决认为,相对人为同意转让而提出的条件过于苛刻、要求的费用过高时,法院可予以酌减。[3]

---

[1] 参见王泽鉴:《民法学说与判例研究》(第4册),北京大学出版社2009年版,第89~90页;姚明斌:《基于合意解除合同的规范构造》,载《法学研究》2021年第1期。

[2] P.-G. Favre, *Le transfert conventionnel de contrat*, Schulthess, 2005, n° 437, p. 145.

[3] 参见上海市第一中级人民法院(2016)沪01民终3692号民事判决书。

三、效力

（一）转移性效果

由受让人承继让与人的合同地位，合同关系保持其同一性，受让人只在让与之后取得合同当事人的地位。合同承担所移转具体债权债务的范围，取决于当事人的约定，无约定时，可依据继续性合同、一时性合同这一区分提供当事人意思表示解释之补充规则。

继续性合同中的给付随着时间推移而实现，总给付取决于给付时间的长度，继续性合同所产生的债随着时间的推移而依次届期。此时，合同承担的功能在于使受让人能够享受承担协议订立后基础合同产生的履行利益，而在此之前合同的履行利益一般已由让与人消费，再让受让人承担让与之前届期的债务，而使其不能享有对应的履行利益，会违背对价原则以及当事人的意图。继续性合同承担的法效果面向将来发生。继续性合同之承担使受让人受益于或负担继续性合同让与后将届期的债权或债务以及因基础合同而产生的撤销权、解除权等权利。

区别于继续性合同，在尊重当事人约定和合同类型的前提下，在履行被推迟的一时性合同中，合同订立后主要权利、义务都已产生于出让人头上，很难像前者那样在时间上清晰界定移转之债的范围。而且，一时性合同当事人各自的给付只有在整个合同完全履行后才有意义，受让人享有合同利益以其承受让与前和让与后的债务为前提。同理，相对人享有履行利益也以其承认受让人在让与前后都享有合同权利为前提，即合同承担自然移转让与前已经产生之债，受让人享有或负担让与之前所产生的权利和义务以及让与后的权利和义务。

（二）抗辩

1. 相对人对受让人可提起的抗辩

相对人可向受让人提起所有其针对后者所享有的个人抗辩，无论这些抗辩是基于合同关系还是基于其和让与人的其他法律关系而产生的。

有疑问的是，作为债务人，相对人能否对受让人提起其针对让与人所享有的抗辩？如果机械适用《民法典》第 549 条第 1 项，则可能得出肯定的回答。对此，比较法上“有力说”认为，除非同意承担时有明确的保留，否则禁止相对人在同意合同承担后再向新的受让人提出其本人与让与人基于其他法律关系所产生的抗辩，代表性的有《意大利民法典》第 1409 条[1]和《葡萄牙民法典》第 427 条[2]。例如，甲和乙是某租赁合同的当事人，同时甲因另一法律关系欠乙 10 万元，随后经乙（相对人）同意，甲将其合同地位移转给丙，如果之后当丙要求乙清偿基于基础合同所产生的债权时，让乙对丙主张他对甲享有的 10 万元债权抵销之抗辩，会导致合同承担的目的很难实现，而且这一抗辩与乙之前对承担的同意相违背。因此，相对人在同意合同承担之后不可再向受让人提出其本人与让与人基于其他法律关系所产生的抗辩。

此外，在免责的合同承担时，相对人是否能对受让人提出其本人与让与人基于合同关系所产生的抗辩？例如，甲（出租人）和乙（承租人）是租赁合同当事人，经乙同意，甲 11 月 30 日将

---

[1] 《意大利民法典》第 1409 条规定：“合同的相对人可就合同产生的所有抗辩对抗受让人，但不涉及因其与让与人基于其他法律关系所生之抗辩，除非在同意承担时明确作出了保留。”参见《意大利民法典》，费安玲、丁玫译，中国政法大学出版社 1997 年版，第 374 页。

[2] 《葡萄牙民法典》第 427 条规定：“合同中他方当事人有权以由合同所生之防御方法对抗受让人，但不得以由其与让与人之其他关系所生之防御方法对抗受让人，除非他方当事人在同意让与时已保留该等防御方法。”参见《葡萄牙民法典》，唐晓晴等译，北京大学出版社 2009 年版，第 77 页。

合同地位移转给丙,但移转之前,甲对乙还负有若干债务(如乙垫付的维修费用)。12 月底丙要求乙清偿 12 月的房租时,乙能否提出因基础合同其对甲所享有债权之抵销抗辩?答案是否定的,基于对价原则和合同承担面向将来的法效果,让受让人丙承担与其从基础合同中所享有利益不相称的抗辩,难谓合理。而且,采取相反的做法会鼓励相对人前后矛盾的行为,即同意承担但事后主张抗辩。当然,相对人并非完全不受保护,其只需要在同意合同承担时作出相应保留。

因此,除非同意让与时作出的保留,否则相对人——作为债务人——没有权利针对新的受让人提出其与让与人之间基于其他法律关系所产生的抗辩,如抵销抗辩。

2. 受让人可对相对人提起的抗辩

受让人可向相对人提起所有基于基础合同关系产生的抗辩,如向相对人提起合同无效、可撤销及解除条件之成就等。但是,受让人不可向相对人提起属于让与人个人的抗辩,如让与人与相对人互负债务的抵销,以及让与人缔约时的意思表示瑕疵等。

3. 合同承担之无因性

从交易安全角度考虑,类似债务承担之无因性原则,受让人也不可向相对人提起其与让与人因承担协议所产生的抗辩,除非另有约定。比如,甲、乙订立了 A 合同,丙、乙订立了 B 合同,约定乙将其在 A 合同中享有的地位让与丙,甲对此表示同意。基于债之关系的相对性,丙不可以向相对人甲提出其与乙因 B 合同所产生的抗辩,如乙未按约履行该合同。

主要参考文献

方新军:《债权多重让与的体系解释》,载《法学研究》2023 年第 4 期;李宇:《债权让与的优先顺序与公示制度》,载《法学研究》2012 年第 6 期;刘骏:《关联债权抵销的适用条件与体系效应——从〈民法典〉第 549 条第 2 项切入》,载《法学》2022 年第 6 期;刘骏:《论合同承担之一元论构造》,载《清华法学》2023 年第 4 期;肖俊:《〈合同法〉第 84 条(债务承担规则)评注》,载《法学家》2018 年第 2 期;肖俊:《债务加入的类型与结构——以民法典第 552 条为出发点》,载《东方法学》2020 年第 6 期;徐涤宇:《〈合同法〉第 80 条(债权让与通知)评注》,载《法学家》2019 年第 1 期;张谷:《论债权让与契约与债务人保护原则》,载《中外法学》2003 年第 1 期;朱虎:《债权转让中对债务人的延续性保护》,载《中国法学》2020 年第 5 期;庄加园:《〈合同法〉第 79 条(债权让与)评注》,载《法学家》2017 年第 3 期。

第五章　债的消灭

第一节　概　　述

一、债的消灭的概念

债的消灭，是债权债务关系因某种原因而客观地不复存在。

债的消灭与债权效力受阻不同，债权效力可能基于诉讼时效等原因而永久遭遇抗辩，但债权并不消灭，债权人尚有受领给付的地位，可能作为自然之债继续存在。但债的消灭，是债权不复存在，债权人不再有任何债之效力，债消灭后原债权人完全丧失基于该债权的请求力、受领力和保持力等可能。

债的消灭为其本身客观消灭，与债的主观丧失不同。债的主观丧失，本质上为债之主体的变更。债之主体变更，就前一主体而言即为债之丧失，故称为主观丧失，就后一主体而言，债依然存在。[1] 但债的消灭是债对任何主体而言的消灭，为客观消灭。

德国法学家拉德布鲁赫曾谓，"债权系法律世界中的动态因素，含有死亡的基因，目的已达，即归消灭"。[2] 或者可以说，债之关系存在的目的即在于其消灭，因而债的消灭在债法体系中具有终极意义。

债之消灭的原因众多，《民法典》第557条至第576条就其中最为重要的原因进行了规定，涉及清偿、抵销、提存、免除、混同和解除，前3种情形下因为债之目的实现而消灭，后3种情形下债权并未获得满足，而是基于特殊原因消灭。此外，如在合同之债因意思表示瑕疵而撤销、解除条件成立、合同解除、给付不能等也会使债之关系归于消灭，但各项制度所处之体系地位、适用范围、服务的目的各异，本章不作处理。尤其是合同解除虽与其他债之消灭原因一并规定于《民法典》第557条，但其仅适用于合同之债，立法者将其与本章所论的债之消灭原因分列二款，尤其显现出其法律地位上的不同。

二、债的消灭的共通效力

（一）债权消灭

依据《民法典》第557条的规定履行（清偿）、抵销、提存、免除、混同和解除的，债权债务"终止"，即债之关系消灭。该条虽处于合同编分编通则之下，且该章章名为"合同的权利义务终止"，但其适用范围不限于合同，而应从合同编通则发挥债法总则的体系立场出发，认为所消灭的债权债务不限于合同、不限于意定之债，也包括无因管理、不当得利和侵权行为等法定

〔1〕 参见郑玉波：《民法债编总论》（修订2版），中国政法大学出版社2004年版，第461页。

〔2〕 王泽鉴：《债法原理》，北京大学出版社2013年版，第92页。

之债。[1]

根据《民法典》第558条、第559条的规定，发生债之消灭原因，从权利、附随义务等其他债之关系的组成部分，并不当然消灭。故此，基于《民法典》第577条第1款规定的履行（清偿）、抵销、提存、免除、混同所消灭的原则上为狭义的债之关系，即债权及与之相应的债务，而并非广义的债之关系。

应予说明的是，《民法典》第557条规定履行（清偿）、抵销、提存、免除、混同和解除时，债权债务“终止”，而非“消灭”。《民法典》倾向在法律关系消灭时采用“终止”，如民事法律关系（第5条、第133条）、监护关系（第38条、第39条）、委托代理（第173条）、债权债务（第557条）、委托合同（第934条）；而在特定权利、义务消灭时采用“消灭”，如物权（第214条、第231条、第313条等）、宅基地使用权（第365条）、居住权（第370条）、地役权（第384条）、担保物权（第393条）、撤销权（152条）、解除权（第564条）、连带债务（第520条）等。但立法者对此未明确说明，二者尚不能严格区分，如第393条亦有“主债权消灭”、第171条尚有“代理权终止”、第1052条有“胁迫行为终止”之规定。鉴于《民法典》未严格区分消灭、终止等用语，理论上还应当根据具体情境对“终止”相应作符合规范目的的解释。本书以下遵照惯例，继续采取“债的消灭”的表述方式。

（二）从权利消灭

债消灭后，债权的担保及其他从属的权利义务也一并归于消灭，如担保物权、保证债权、违约金债权、利息债权等和主债权一样也归于消灭（《民法典》第559条）。但法律另有规定或者当事人另有约定的除外。依法不消灭的包括连带债务人中的一人（《民法典》第519条第2款）、利害关系第三人（《民法典》第524条第2款）、保证人（《民法典》第700条）或抵押人因清偿而使债务人免责，债务并不因此而消灭，依法由其承受债权人的债权，并因此可主张该债权的从权利。此外，最高额抵押、最高额保证所担保的债权因清偿而消灭，最高额抵押和保证并不因此而消灭，依然担保原债权应确定期届满之前产生的其他债权。

债之消灭并非广义债之关系消灭，而仅为狭义债之关系的债权消灭，故与广义债之关系关联的其他权利并不必然消灭。典型者为，基于诚信原则、交易习惯应当履行的通知、协助、保密、旧物回收等义务（《民法典》第558条）。而基于原债权已经产生的（支分权的）利息债权、违约金债权等具有独立性，债权人仍然可以主张，不因主债权消灭而随之消灭。此外，当事人也可特别约定从权利不消灭，如债权人仅免除主债务而不免除利息之债。

（三）债权凭证返还

债权凭证，也称债务证书、负债字据等，是债权债务关系存在的证明。债权凭证通常由债务人所立，并交债权人持有，如借据、收据、欠条等，以作为证明债权的凭证。债权消灭后，债务人有权请求债权人返还债权凭证或涂销债权证书，否则债务人应对债之消灭承担举证责任（《民间借贷规定》第15条第1款）。如有不能返还或不能涂销的债权凭证，债务人就可要求交付债务消灭的证明文件。债的关系部分消灭或者债权证书上记载有债权人的他项权利时，债务人得请求将消灭事由记入债权证书中。

---

〔1〕　参见杨芳贤：《民法债编总论》（下），台北，三民书局2017年版，第419页。

第二节 清　　偿

引导案例

1. 甲女士征得14岁乙的父母的同意雇用乙当保姆。双方约定乙每小时工资是80元。在乙照看孩子5个小时后,甲以乙是未成年人不能履行合同为由拒绝支付报酬,可否?

2. 如甲女士向乙支付约定了的报酬,乙回家途中将这笔钱遗失。乙的父母以甲女士不应向未成年人支付为由,要求甲女士重新支付400元。可否?

一、概述

(一)清偿的概念

清偿,是依照债之本旨实现债的内容,使债权债务消灭的行为。

债权是以消灭为目的的财产权,目的实现是债权本体消灭的原因。因此,依债之本旨实现债的内容的清偿,是债最典型、最重要的消灭原因。但值得注意的是,债之清偿也可以由第三人(如《民法典》第524条)向有受领权的第三人(如《民法典》第522条)为之,并不限于债务人清偿,也不限于债权人受领。因此,不宜在清偿的概念中,将清偿的相关主体限定为债务人与债权人。

《民法典》并未严格在债之基本消灭原因的意义上使用"清偿"概念,而是采用了"履行"这一表述,二者在此作相同解释。"只不过履行是从合同的效力、合同的动态方面观察的,而清偿则是从合同的权利义务终止、债权的消灭的角度着眼的。"[1]《民法典》上在使用"清偿"一词时,亦有多处表达有消灭债务的意思,如第438条、第455条和第561条等。因此,清偿既有消灭债务的意思,也有履行行为之意。

给付可分为给付行为与给付结果,在债务人仅负为一定行为的债务时,仅有给付(履行)行为,并不一定产生清偿即债务消灭的后果。例如,虽已经为给付行为,但如将纱布遗留于患者腹内,则债务并不消灭,依然构成债务不履行;在债务人负一定给付结果义务时,仅为一定给付行为,也不一定发生清偿即债务消灭的后果,如无权处分的出卖人为交付动产标的物的行为,并不当然构成债之清偿。

清偿只有依债之本旨进行,才可发生债权债务消灭的法律效果。所谓依债之本旨,是指清偿人、清偿受领人、清偿地、清偿期及清偿方法、内容等均符合债之约定或债之内容的要求。换言之,清偿需正确的人,在正确的时间、正确的地点以正确的方法向正确的人提供正确的给付,方能发生债权债务消灭的法律效果。

(二)清偿的性质

清偿作为使债之关系归于消灭的行为,其法律性质究竟为法律行为、准法律行为抑或是事

[1] 崔建远:《合同法》(第3版),北京大学出版社2016年版,第309页。

实行为,理论上颇有争议。应予以明确的是,清偿性质之争的核心有二:其一,清偿与因清偿所为的行为是否应予区分;其二,清偿人的清偿意思与受领人的受领意思,是否为清偿的要件。

就清偿与因清偿所为行为是否应予区分,通说采取肯定见解,即清偿与因清偿所为的行为不同,后者固然有事实行为、准法律行为与法律行为之分,不存在争议。[1] 但其仅为清偿的手段,并非清偿的本体,无论其性质如何,对清偿本身并无影响。[2] 因此,案例中乙照看孩子5个小时的行为是事实行为,无须具备行为能力,属于因清偿而为的行为。

就清偿的主观要素问题,即清偿是否需要当事人以所提出的给付清偿特定债务存在明确的合意或单方意思,理论上有"合同说"、"目的给付效果说"和"事实给付效果说"。

"合同说"认为,除提出给付外,清偿尚需债务人与债权人就"以提出的给付作为清偿"形成合意,且为不同于让与合意之外的合意。该说叠床架屋,严重脱离交易实践。

"目的给付效果说"认为,为明确给付所欲履行的债务,需要债务人明确其给付目的的清偿指定意思。清偿目的确定并非意思表示,类似准法律行为。但基于《民法典》第560条的规定可以看出,清偿指定的意思并非清偿的必备要件。

"事实给付效果说"认为,清偿就是事实给付的效果,除履行行为之外并不需要当事人的合意或给付目的确定意思,清偿与特定债务的客观关联就足以构成清偿。上述案例中,乙照看孩子的行为与保姆雇佣债务之间具有客观关联,即构成清偿,甲女士不得拒绝支付报酬。"事实给付效果说"为德国法上的通说,我国似可作相同解释。在限制行为能力人受领清偿时,清偿会导致债权的消灭,对于限制行为能力人构成不利益,因此需要对其受领权限准用法律行为规则,须经法定代理人同意才发生清偿效力。[3] 因此,上述案例中甲女士对未成年人乙的清偿未经法定代理人同意,不发生清偿效力。

二、清偿的主体

(一)清偿人

清偿人是实施给付行为,并由此发生债的消灭后果的人。清偿人通常是债务人,但不以债务人为限。清偿人主要包括债务人、履行辅助人、第三人。但另有约定或者依债之本旨只能由债务人亲自清偿的,不能由履行辅助人或者第三人作为清偿人。

1. 债务人及其辅助人

(1)债务人。债务人负有给付义务,是当然的清偿人。

(2)履行辅助人。除因债务的性质不允许外,债务人可以通过其代理人或其他使用人进行清偿,此为履行辅助人(如《旅游法》第111条第6项)。履行辅助人并非债务人,故债务人应就履行辅助人的履行债务的故意或过失承担责任。另外,履行辅助人与第三人清偿也有不同,履行辅助人是以债务人的名义履行,不具有独立对债权人给付的意义;第三人清偿则系第三人以自己名义清偿债务人的债务,债务人无须为第三人清偿中的故意过失负责。

2. 第三人

(1)一般第三人。债务人以外的第三人自愿向债权人清偿债务人的债务,可以发生与债务人自己清偿相同的法律后果,一般第三人清偿又称作代为清偿。但按照法律规定、当事人

---

[1] 参见邱聪智:《新订民法债编通则》(下),中国人民大学出版社2004年版,第444页。

[2] 参见郑玉波:《民法债编总论》(修订2版),中国政法大学出版社2004年版,第468页。

[3] 参见王洪亮:《债法总论》,北京大学出版社2016年版,第165页。

约定或债之性质,不得由第三人清偿的除外。鉴于一般第三人清偿同样可以满足债权人债权,也不损害债务人利益,故无须征得债务人同意,债权人仅在债务人异议时,方可(并非必须)拒绝一般第三人清偿。虽然我国法律并未明确规定一般第三人清偿,但理论上普遍予以承认。

(2)利害第三人。《民法典》第524条规定,债务人不履行债务,第三人对履行该债务具有合法利益的,第三人有权向债权人代为履行;但是,根据债务性质、按照当事人约定或者依照法律规定只能由债务人履行的除外。理论上将上述规定称为利害第三人清偿。利害第三人有清偿权,债权人不得拒绝。利害第三人清偿后发生法定的债权让与,债权由该第三人取得,因而需要特别注意的是,此种清偿并不发生债的绝对消灭。

(二)清偿受领人

清偿受领人,是指有受领权而受领清偿利益的人。债务的清偿应由清偿人向有受领权的人为之,经受领后方发生清偿的后果。可为受领行为的清偿受领人主要有以下2种。

1. 债权人

债权人是债权的主体,当然享有受领权,因而清偿受领人通常是债权人。但是在某些情况下,债权人会丧失受领权限。根据法律规定,在下列情形下,债权人不得受领:(1)债权已被出质。债权已作为质权的标的出质于他人时,债权人非经质权人同意不得受领。(2)债权人已被宣告破产。债权人被宣告破产,其债权作为破产财产,应由破产管理人管理,债权人不得受领债务人的清偿。(3)无民事行为能力和限制民事行为能力的债权人无受领权限,但经其法定代理人追认后,即可发生清偿之效力。(4)债权已被采取强制执行措施。根据《民事诉讼法》第254条的规定,债权人的债权被法院冻结时,银行、信用合作社或其他有储蓄业务的单位不得向债权人清偿债务。

2. 其他受领权人

向债权人以外的第三人清偿时,只有该第三人享有受领权,才可发生清偿的效力。第三人既可以通过债权人的授权取得受领权,如债权人事前授权第三人受领清偿;也可以基于法律规定取得受领权,如汇票、本票、支票、债券、存款单、仓单、提单的兑现日期或者提货日期先于主债权到期的,质权人可以兑现或者提货(《民法典》第442条),又如在企业破产时,债务人只能向破产管理人清偿债务。

至于持有受领证书的第三人,则需要区分情况对待。受领证书,又称收据,是指由债权人签名的证明持有人享有受领权的书面文件。受领证书或者收据的持有人,视为有受领权人,通常称为表见受领人。债务人向受领证书持有人为清偿行为,即发生清偿的后果。但是,受领证书持有人未必一定享有受领权,如果受领证书为盗窃或遗失者,则债务人对持有人为给付,发生清偿的效力。但是,倘若受领证书上的债权人签名系伪造,或者债务人或给付行为人明知或因过失而不知第三人无受领权,则其给付行为并不发生清偿效力。对此,我国法上未见明文规定,但基于善意债务人的信赖保护,及其与债权人的利益平衡,《德国民法典》第370条、《日本民法典》第480条均有相似规则,我国法律亦应作相同解释。

三、清偿期、清偿地与清偿费用

(一)清偿期

清偿期为债务人应为清偿的时期。清偿的期限,当事人有约定的,依当事人的约定,法律有特别规定的，依其规定；法律无规定、当事人无特别约定的，债务人可随时清偿，债权人也可随时主张清偿，但应当给对方当事人必要的准备时间。

（二）清偿地

清偿地是清偿人清偿债务的场所，又称债务履行地。债务人必须在合同约定的清偿地履行债务。债务人于清偿地清偿的，债权人不得拒绝并且应发生清偿的后果。债务人于清偿地以外的地点清偿的，债权人可以接受也可以拒绝；拒绝清偿的不发生清偿的后果。清偿地在当事人有特别约定或法律有特别规定时，依据当事人的约定或法律的特别规定确定，否则可以依据债的性质或交易习惯确定。依上述方法仍不能确定的，按照《民法典》第 511 条第 3 项的规定，给付货币的，在接受货币一方所在地履行；交付不动产的，在不动产所在地履行；其他标的，在履行义务一方所在地履行。

（三）清偿费用

因清偿债务而支出的必要费用，为清偿费用。在通常情况下，清偿费用有运送费、包装费、汇费、登记费、通知费等。取得执行名义的执行费用也属于清偿费用，由于我国《民事诉讼法》不采取律师诉讼主义，所以律师费用不属于清偿费用。

清偿费用的负担，除法律另有规定或当事人另有约定外，由债务人负担。所以，清偿费用的决定，具有任意法的性质，债务人负担主义为补充原则，但因债权人原因增加的履行费用，由债权人负担（《民法典》第 511 条第 6 项）。法律规定清偿费用负担的，如债权人行使代位权、撤销权的必要费用，由债务人负担（《民法典》第 535 条第 2 款、第 540 条）；增加的费用，如因债权转让增加的履行费用，由让与人负担（《民法典》第 550 条）；提存费用由债权人负担（《民法典》第 573 条）。

四、替代清偿方式

（一）代物清偿

1. 概念

代物清偿，是指债权人受领他种给付，以代替原定给付，使债之关系消灭，如，以衣物代偿工资、以出产物代偿租金等。

2. 代物清偿的性质

关于代物清偿的性质，围绕代物清偿是否出现新的合同、债务人是否对新提出标的物承担瑕疵担保责任，以及从权利和担保权利是否依然存在等问题展开，理论上有下列不同的学说主张。

（1）“清偿合同说”

该学说认为，代物清偿需要一个特别合同，合同的内容是约定提出并受领该给付以替代清偿，债权人放弃旧有的债权。依该说，代物清偿要求双方当事人均具有相应行为能力，如无特别约定，从权利随旧债权消灭。

（2）“合同变更说”

“合同变更说”认为，应将代物清偿解释为，双方当事人就给付标的变更所达成的债的关系内容变更合同。“合同变更说”的核心在于，原给付标的的变更与被变更债务的清偿是同时进行的，并且变更与债的实现结合在一起，债权未实现，变更不发生效力；债权人放弃原债权，与获得代替给付为对待给付关系。

(3)"有偿契约说"

"有偿契约说"认为,他种给付仍然是与原来所负担不同的给付,但该给付对于债的消灭来说与原来所负担的给付具有同等效力。债务人应在清偿情况下、在其原应负担的物之瑕疵范围内对该提出的物承担瑕疵担保责任。

3. 代物清偿的成立

代物清偿的成立,应当具备以下要件:

首先,需要双方有以他种给付替代原定给付的代物清偿合意。该合意原则上发生在债务人和债权人之间,但也不排除第三人与债权人达成代物清偿合意。

其次,需债务人现实提出他种给付。因此,理论上一般认为代物清偿为要物合同。也有反对观点认为,要物合同中交付为合同成立要件,目的在于使当事人交付物之前审慎评估利害关系,代物清偿的目的并不在于债权发生,而在于消灭原定债务,套用要物合同概念,与代物清偿目的不符。[1] 也有学者指出,所协议的他种给付不限于有体物,债权等无体物也可以作为他种给付,[2] 相应地界定为要物合同也不妥当。

最后,须债权人受领他种给付。债务人提供的给付并非依债之本旨所负担的给付,如债权人拒绝受领,并不构成受领迟延。唯有债权人将该他种给付作为原定给付的替代清偿接受,债务关系才消灭。

4. 代物清偿的效力

代物清偿,使债之目的实现,与清偿具有相同的法律地位,原债权因而消灭。代物清偿的本质属性在于替代原定给付,债务人的债务以及作为债务变形的责任,均以原定债之关系为基础。因此,债务人提供的代物清偿标的物有瑕疵的,应在原债之关系框架内对债权人承担瑕疵担保责任。

(二) 新债清偿

新债清偿,是指为了满足债权人,债务人承担一个新的债务,旧债务不当然消灭,债务人履行新债务时,旧债务才随之消灭。例如,因清偿租金、借款或价款而交付票据。

相较代物清偿而言,新债清偿有如下特点:首先,双方有新债清偿合意即可,无须债务人现实提出给付。其次,旧债务不因新债清偿合意而消灭,新旧债务同时并存,如此增加了债权的受偿机会,对债权人较有利。再次,虽然新旧债务同时并存,但旧债暂时停止作用,如旧债的诉讼时效期间暂时停止计算。最后,新债履行时旧债消灭,新债不履行则旧债恢复。

(三) 债务更新

债务更新,又称债务更改,是指当事人成立新的债务关系,同时消灭原债务关系。典型的债务更新,如支票债务到期,以新票换取旧票。

债务更新必须有债的要素的变更,如果仅变更履行期限、给付场所、数量、免除或附加担保、变更附款等,则因与债的要素无关,并不构成债务更新。债务更新不以债权人受领他种给付为要件,与代物清偿不同。债务更新成立即使旧债务消灭,与新债清偿中新旧债务并存也不相同。债务更新使原债权消灭,含有处分债权的元素,因此必须有更改的意思,否则即为新债清偿。

---

[1] 参见陈自强:《民法讲义Ⅱ:契约之内容与消灭》,法律出版社 2004 年版,第 333 页。

[2] 参见王洪亮:《债法总论》,北京大学出版社 2016 年版,第 169 页。

在实践中,借款合同双方当事人经协商一致,终止借款合同关系,建立商品房买卖合同关系,并将借款本金及利息转化为已付购房款并经对账清算的,即构成债务更新,该商品房买卖合同具有法律效力,如债务人嗣后不履行,应按照商品房买卖合同承担债务不履行的责任。[1]

五、清偿抵充

(一)概念

如果债务人对债权人基于多个债之关系而负有多个同种类的给付,而给付又不足以清偿所有的债权,则具体清偿了哪个债权,原则上取决于给付人所表示的意思,此即清偿的确定,又被称为清偿的抵充或履行的抵充。给付的债务人可以通过清偿抵充排除对目的确定的模糊或者排除对特定债权的清偿效力,在债务人不确定清偿哪个债权时,则需要依法确定,因此清偿抵充包括了意定抵充和法定抵充,以下分述之。

(二)意定抵充

意定抵充,包括约定抵充和指定抵充。约定抵充,是指清偿人与债权人以约定的方式确定清偿的顺序。指定抵充,是指清偿人通过单方须受领的意思表示确定清偿之顺序。清偿之确定在性质上属于意思表示,适用法律行为的所有规定,无行为能力人所作的清偿决定无效;基于意思表示瑕疵,清偿人可以撤销清偿确定。意定抵充通常须在给付前即予以确定,但事后通过约定确定清偿,亦无不可。

(三)法定抵充

在当事人未作明示或默示的清偿确定的情况下,法律根据当事人的利益状况以及可推知的意思确定清偿顺序,此为法定抵充。

债务人一般会优先清偿到期之债权,故在债务人未作指定时,应当优先清偿已经到期的债务。如果数项债务均已经到期,从债权人利益角度来看,应首先清偿最不安全之债权,其中最重要的考量因素即为担保,在清偿顺序的确定上,应当优先清偿对债权人缺乏担保或者担保最少的债务。实际上,债权的安全程度根据经济标准确定,还应考虑时效期间、第三人共同责任等因素,但《民法典》第560条未将此类因素纳入考虑。若安全标准不起作用,则须从债务人角度考虑其负担的轻重,以此来确定清偿顺序,优先清偿债务人负担较重的债务。此处的负担,主要包括利息高低、违约金数额以及债权诉讼系属等因素。负担相同的情况下,按照债务到期的先后顺序清偿;到期时间相同的,按照债务比例履行。

在主债权之外还同时存在利息与费用,需要确定清偿顺序的,推定优先清偿实现债权的有关费用,再清偿利息,最后清偿主债务(《民法典》第561条)。

六、清偿的效力

清偿作为债之消灭原因,其最基本的效力就在于使债权消灭。债权作为主权利消灭之后,附随债权之上的从权利也归于消灭。

债务人的给付义务随着清偿的进行而消灭,但是作为整体的广义的债之关系,如合同关系并不随之消灭。给付义务消灭后,从给付义务及附随义务仍可能长期存在,只有基于债之关系的所有义务都消灭,广义的债之关系才消灭。

---

〔1〕参见最高人民法院(2015)民一终字第180号民事判决书。

第三节 抵 销

引导案例

甲对乙享有10万元债权尚未到期,后甲因故意伤害乙,导致乙受伤支出医疗费、误工费等,经法院裁判应向乙支付损害赔偿金共计18万元,裁判生效时,甲的金钱债权到期,甲可否以其债权抵销乙对自己享有的债权?

一、概述

抵销,是指债务人有权以自己的债权,针对其债权人所享有的债权进行抵销。其正当性的基础在于,主张应当向债务人给付的债权者,显然构成恶意。

抵销具有双重功能:一是清偿功能,即抵销具有替代债务人应当提供的给付,清偿其债务的功能;二是执行功能、实现债权的功能,即抵销人借助抵销自主实现自己的债权,无须借助其债务人的作为或不作为,也无须借助司法程序实现自己的债权的功能。[1] 此外,因为抵销人能够自主实现其债权,衍生出抵销具有确保债权的效力,使其具有一定的担保功能;由于双方当事人无须实际相互提供给付,可以节省交易成本,[2]也使抵销兼具简化法律关系的功能。[3]

抵销制度存在的意义就在于,为民事主体提供法律上可实现上述功能与目的的制度框架。抵销适状创设了一个双方均无须向对方实际提供给付的未决的状态。抵销权是形成权,抵销行为是形成行为,包含了对主动债权的处分和对被动债权的清偿效果。抵销的效果是债务消灭,具有替代履行的法律地位。

二、法定抵销

(一)概念

法定抵销,是指当事人双方互负债务、互享债权,具备法律规定的要件时,依一方当事人单方的意思表示而进行的抵销。有权作出抵销表示的抵销权人所享有的债权为主动债权,抵销相对人所享有的债权为被动债权。

(二)构成要件

抵销权人主张抵销的前提是具备法定抵销的构成要件,即符合法律规定的要件而可以进行抵销的状态,理论上又称作抵销适状。[4] 抵销适状主要是对于拟抵销之主动债权、被动债权之要求,包括如下内容。

---

[1] Looschelders, Schuldrecht AT, 17. Aufl. 2019 § 18, Rn. 2. 中文译本,参见[德]迪尔克·罗歇尔德斯:《德国债法总论》(第7版),沈小军、张金海译,中国人民大学出版社2014年版,第146页。

[2] 参见崔建远:《合同法》(第3版),北京大学出版社2016年版,第315页。

[3] 参见王利明:《合同法研究》(第2卷)(第3版),中国人民大学出版社2015年版,第271页。

[4] 参见申海恩:《论抵销适状》,载《东南大学学报(哲学社会科学版)》2020年第4期。

1. 对立性

“当事人互负债务”，即相应地存在两个相互对立的债权，无论是法定抵销还是约定抵销，两个债权的对立性都是抵销成立的前提条件。从抵销的角度来看，提出抵销一方需对抵销相对方享有债权（主动债权），抵销相对方也需要对提出抵销一方享有债权（被动债权）。抵销是在诉讼中以被告（抵销人）抗辩的形式出现的，因此在文献中也将被动债权称作主债权，将主动债权称作反对债权。

2. 同类性

除对立性要求外，就发生抵销的两个债权的关联性方面，法律还要求“该债务的标的物种类、品质相同”，理论上称为同类性。作为被动债权债务人的抵销人，原则上并无权限决定给付内容，给付不符合债之本旨的，被动债权人享有拒绝受领的权利。若允许被动债权的债务人以不符合债之本旨的给付抵销，则无异于强迫被动债权的债权人接受本可拒绝接受的给付，显然与抵销实现债权的宗旨不合。为此，通过对债务的标的物种类和品质的同类性作出明确要求，实际上通过要求被动债权具有可替代性、抵销可能性的同时，要求主动债权具有能够替代被动债权抵销能力，将可进行抵销的债权（债务）限定在极小的范围内。

理论上认为，种类之债通常具有可替代性，为抵销的典型客体。[1] 最常发生、最具实践意义的抵销主要表现为金钱之债的抵销，理论上一般认为，金钱作为债之标的是相同种类的，无论其表现为特定的货币面额（金钱额度之债）而有确定数额，还是仅通过其他财产的金钱价值（金钱价值之债）而未以特定数额存在，金钱价值之债与金钱额度之债都可以相互抵销。但某些金钱之债仅具有金钱之债的外形，其本质仍为特定之债或种类之债，需要按照相应的规则确定被动债权的抵销可能性。

3. 主动债权的可实现性

抵销人主张抵销，功能上相当于实现主动债权，为此主动债权必须具有可实现性。主动债权的可实现性，首先意味着主动债权有效且已经到期，否则如允许以未届清偿期的债权作为主动债权，即有强迫债务人履行未到期债务、剥夺抵销相对人期限利益的弊端。[2] 至于主动债权未定履行期的抵销，有观点认为，债权人应根据《民法典》第 511 条第 4 项的规定，给对方必要的准备时间后，方可抵销。[3] 实际上，“必要的准备时间”制度目的在于，防止突袭、使债务人无端陷于履行迟延，而抵销并不涉及实际履行，不会产生上述不良后果。为此，抵销表示应当解释，到达相对人后立即发生抵销效力，而无须经过“必要的准备时间”。

对于存在其他实现障碍的债权，基于不得剥夺抵销相对人利益的原则，也应该排除其作为主动债权进行抵销的资格。其情形主要包括，请求力或强制执行力被排除的不完全债权、负有抗辩权的债权等。

被动债权为抵销相对人的债权，即抵销人所负债务，抵销人债务是否到期，并不具有决定性意义，因为原则上债务人可以放弃其期限利益。因此，《民法典》第 568 条仅对主动债权（对

---

〔1〕 参见朱广新：《合同法总则研究》（下册），中国人民大学出版社 2018 年版，第 534 页；Brox/Walker Schuldrecht AT, 43. Aufl. 2019, § 16 Rn. 5。

〔2〕 参见王利明：《合同法研究》（第 2 卷）（第 3 版），中国人民大学出版社 2015 年版，第 279 页；崔建远：《合同法》（第 3 版），北京大学出版社 2016 年版，第 315 页；韩世远：《合同法总论》（第 4 版），法律出版社 2018 年版，第 704 页。

〔3〕 参见韩世远：《合同法总论》（第 4 版），法律出版社 2018 年版，第 704 页

方的债务)做到期要求。

(三)抵销表示及其异议

1. 抵销表示

符合抵销的前提条件时,即为抵销适状,但并不因此自动导致相应的债权消灭,而需要抵销人作出抵销表示,抵销表示在通知到达相对人时发生法律效力。该通知为单方法律行为、需受领的意思表示,通知自到达对方时生效,并适用《民法典》第137条至第142条的规定。抵销表示是形成行为,即因单方意思表示即可发生、变更、消灭法律关系的行为,不得附条件或者附期限(《民法典》第568条第2款),以免威胁法的安定性,或长期使他方当事人处于悬而未决的状态,无所适从。

2. 抵销异议

抵销权为形成权,抵销权人通过单方需受领的抵销表示即可发生抵销的效力,无须抵销相对人的配合。一方面,抵销适状未成就,即不具备抵销的前提条件的,主动债权人所作出的意图抵销的意思表示,因不具备抵销原因而当然不发生使相应债权消灭的法律效力,对该债权适用普通诉讼时效期间。[1] 另一方面,抵销适状成就,主动债权人所作出的抵销意思表示到达相对人时,即发生法律效力,抵销相对人对此并无值得保护的利益,没有异议的空间。在当事人就是否抵销适状发生争议时,完全可在主动债权或被动债权的诉讼请求过程中查明,无须另行赋予抵销相对人以异议权。最高人民法院《关于适用〈中华人民共和国合同法〉若干问题的解释(二)》(法释〔2009〕5号已失效,以下简称《合同法解释(二)》)第24条规定的抵销相对人异议权及相应的异议期间,一方面,使抵销权生效以相对人无异议为前提,无视抵销权作为形成权的基本属性,使抵销权人的法律地位弱化为请求权人;另一方面,在抵销适状不成就而抵销相对人未提出异议时,剥夺了抵销相对人的债权人地位,人为地在被动债权诉讼时效和所谓异议期间之间制造了不必要的矛盾。

(四)抵销的效力

1. 相应债权消灭

抵销表示到达抵销相对人时发生效力,主动债权与被动债权在重合范围内消灭。两个债权额相同时,同归于消灭;两个债权额不同时,剩余债权额仍应依法履行。抵销表示同时内含主动债权人对其债权的主张,因而具有中断诉讼时效的效力;但抵销表示并不等同对被动债权的承认,因此对被动债权来说并不发生承认的效力。如抵销人误以为抵销适状成就而发出抵销表示,并不等于对已罹于时效之被动债权的承认;同样,对被动债权中超出主动债权额的部分,也不发生承认的效力。

2. 有多个债权时的抵充

抵销双方有多个债权均可成就抵销适状时,抵销人应具体指明用以抵销和被抵销的债权。抵销人未指明时,应类推适用《民法典》第560条第2款的规定。就主动债权而言,优先以缺乏担保或担保最少的债权抵销,担保数额相同的优先以负担较重的债权抵销,负担相同的按照债权到期顺序从早到晚确定抵销主动债权;抵销适状的各债权到期时间相同的,依据各债权比例抵销。被动债权的确定也应作相同处理。但是,如果被动债权中有罹于时效债权的,除非抵销

---

〔1〕 参见王洪亮:《债法总论》,北京大学出版社2016年版,第182页。

人有明确表示,否则应予以排除。

3. 抵销的溯及效力

抵销的意思表示,自抵销通知到达对方时生效。虽然《民法典》第 568 条第 2 款规定,当事人主张抵销的,应当通知对方,但并不排除抵销人以对话方式或采用数据电文形式作出抵销表示。对此,应按照《民法典》第 137 条关于意思表示生效的规则予以确定。

抵销意思表示生效,相应债权在重叠范围内消灭的时间点是从抵销表示生效之后,还是溯及可得抵销(抵销适状)时,《民法典》第 137 条未作明确规定。我国通说主张,抵销具有溯及抵销适状时消灭债权的效力,〔1〕进而自抵销适状时起,排除债务人迟延责任、不再继续计算利息,且抵销适状后罹于时效的债权亦可作为主动债权主张抵销。

(五)抵销权的排除

1. 债务性质的排除

因债务的性质排除抵销,主要是指如允许抵销,将违反该债务成立所追求的目的。在意定之债中,如债务成立追求给付行为的实施,而抵销意味着无须实际为给付行为,就将导致此类给付行为之债的目的根本落空。因此,原则上给付行为之债因债务的性质要求给付行为的实际实施而排除抵销。但是,追求给付行为实施的债务通常都注重债务人的人身属性,在同种类性上通常排除了抵销适状成就的可能性。只有在极端的情况下,如双方各应为对方提供相同内容(且不注重品质的劳务)时符合同类性要求,需要援引债务的性质排除抵销可能性。

抵销主要适用的情形为金钱之债的抵销,依债务性质排除金钱之债的抵销可能性,主要服务于该金钱之债所承载的公共价值目标。其包括的情形主要有:(1)故意侵害他人权利产生的损害赔偿之债不得被抵销,以免引发道德危机;因此,虽然都是金钱之债,案例中甲不得以其金钱债权抵销其故意侵害乙而应承担的损害赔偿债务。(2)退休金、养老金、赡养费、扶养费、抚恤金、安置费等债权不得被抵销,以实现各自相应的公共政策目的。

2. 约定的排除

基于意思自治原则,在债权人与债务人明示约定债权不得用于抵销或不得被抵销时,应当尊重当事人的约定,任何一方不得违反该约定而抵销。是否存在默示的抵销禁止约定,则需要根据合同解释的规则确定。典型的,当事人约定必须于特定时间、特定地点提出给付的绝对定期行为,应该解释为双方存在默示的抵销排除约定。关于禁止抵销格式合同条款的效力,鉴于抵销权并非格式条款相对方的"主要权利",因而排除抵销格式条款有效。〔2〕但应当注意的是,如果排除抵销的是没有争议或已经生效法律文书确认的债权,则对该债权人构成不平衡,应当认定为无效。

当事人以约定禁止用于抵销的债权作为主动债权进行抵销时,抵销相对人可以提出权利不存在的抗辩;约定不得被抵销的债权被作为被动债权抵销的,抵销相对人可以提出债权继续存在、继续履行等请求权。

---

〔1〕 参见王利明:《合同法研究》(第 2 卷)(第 3 版),中国人民大学出版社 2015 年版,第 288 页;崔建远:《合同法》(第 3 版),北京大学出版社 2016 年版,第 317 页;韩世远:《合同法总论》(第 4 版),法律出版社 2018 年版,第 710 页;王洪亮:《债法总论》,北京大学出版社 2016 年版,第 180 页。

〔2〕 参见韩世远:《合同法总论》(第 4 版),法律出版社 2018 年版,第 707 页。

3. 法定的排除

基于法律的明确规定，有些债权不得被用于抵销。其主要的规范目的在于避免各不同债权主体之间的债务混同，保护特定主体的合法债权，如信托受托人管理运用、处分信托财产所产生的债权，不得与其固有财产产生的债务相抵销；受托人管理运用、处分不同委托人的信托财产所产生的债权债务，不得相互抵销（《信托法》第 18 条），同样的规则也适用于证券投资基金（《证券投资基金法》第 6 条）；合伙人债权人的债权也应与合伙企业的债权相互分离，因而该债权人不得以与合伙企业无关的债权抵销其对合伙企业的债务（《合伙企业法》第 41 条）。另外，在破产情形下，为了避免破产企业的债务人、债权人通过获取债权、负担债务的方式规避破产程序，侵害破产企业或其他债权人的利益，对破产企业的债务人、债权人知道破产事由或者在破产申请后对破产企业取得债权或负担债务情形，禁止进行抵销，但因法律规定或者有破产申请一年前所发生的原因而取得债权、负担债务的除外（《企业破产法》第 40 条）。

三、合意抵销

（一）概念

与《民法典》第 568 条依单方意思表示抵销不同，协议抵销以存在抵销协议为前提。抵销协议可以通过明示的意思表示订立，也可以依默示行为成立。[1] 抵销协议为合同、法律行为，因此当然适用《民法典》关于合同及法律行为成立、效力的相关规范。[2] 但应当注意的是，抵销协议在法律性质上属对抵销债权的处分行为，且其合同目的的实现无须债务人实际履行，抵销协议发生效力即可发生被抵销债权消灭、债务清偿的法律效力。因此，抵销协议并不适用关于合同履行、保全、担保乃至违约责任的一般规定。

交互计算协议是一种典型的抵销协议。我国法律并未将交互计算规定为典型合同，但在实践中，尤其是在银行业务、建设工程、融资租赁等商事交易场合时有发生。[3] 所谓交互计算协议，是当事人约定相互间交易所产生的债权债务定期进行结算，互相抵销，仅支付差额的协议。交互计算协议的最基本功能在于，通过定期计算和互相抵销简化交易关系，签订交互计算协议后，经过定期计算，在金额相当的范围内自动发生互相抵销的债务清偿效力，无须当事人另行就抵销达成合意或作出抵销表示。[4]

（二）约定抵销的条件

抵销协议依当事人协商一致而成立，但根据《民法典》第 568 条规定，还须具备“当事人互负债务”这一基本前提。当事人之间无债权债务关系，则抵销协议无处分标的，抵销协议自然无法成立。但是，当事人互负债务并不要求债权债务关系是已经确实发生的，如当事人预先约定以将来发生的债权进行抵销，自然应当允许。当事人无其他约定时，以将来债权为标的的抵销协议应解释为以拟抵销的将来债权发生为生效条件的法律行为。约定的将来债权确定发生的，抵销协议生效，依当事人抵销协议约定的时间、条件进行抵销。任一约定的将来债权确定

---

〔1〕 参见杨芳贤：《民法债编总论》（下），台北，三民书局 2017 年版，第 463 页。

〔2〕 参见王利明：《合同法研究》（第 2 卷）（第 3 版），中国人民大学出版社 2015 年版，第 285 页。

〔3〕 参见“仲利国际租赁有限公司与西安荣威标识设计制作有限公司买卖合同纠纷案”，陕西省西安市中级人民法院（2018）陕 01 民终 7438 号民事判决书；“沈阳经济技术开发区新长城玻璃有限公司诉仲利国际租赁有限公司等融资租赁合同纠纷案”，天津市第二中级人民法院（2015）二中民二终字第 577 号民事判决书；“A 公司等与郑某等建设工程分包合同纠纷上诉案”，上海市第一中级人民法院（2012）沪一中民二（民）终字第 1299 号民事判决书。

〔4〕 参见黄立主编：《民法债编各论》（上），中国政法大学出版社 2003 年版，第 162 页。

不发生的，抵销协议不生效力；一方将来债权发生的，按照产生该债权的基础关系处理。

当事人互负债务不限于双方互负债务的情形，也可以是三方或多方当事人就相互之间的债权债务进行抵销清算。在实践中，尤其在融资租赁、建设工程等多方交易关系当中较常见。在企业集团当中，可以约定以其成员对他方的债权与他方债权人的债权互为抵销，从而排除所谓双方互付债务的要件，可以第三人的债权对他方债权抵销。

法定抵销的其他要件，如同种类性、主动债权可实现性、被动债权得加以清偿等，均可因约定而放弃。抵销协议中对抵销额度约定不明时，可依相应债权的基础关系折算债权金钱价值确定债权抵销额度。抵销协议当事人之间有多项可抵销债权且对拟抵销债权约定不明时，应按照合同解释规则确定拟抵销债权，仍然不能确定时，可类推适用《民法典》第560条第2款的规定确定抵充。

（三）抵销的效力与抵销禁止

抵销协议生效后，当事人约定抵销的债权自抵销协议生效时消灭。除当事人另有约定外，抵销不具有溯及既往的效力。

《民法典》第568条规定的抵销禁止规则，尤其是依债之性质、法律规定而禁止抵销的，仍应继续适用。依债之性质禁止抵销的，如当事人追求特定给付行为的债务，可依当事人意欲达到的法律效果，认定为债务免除。在附有特定法政策目的的债务约定抵销时，如对于未来侵害人格权损害赔偿之债的约定抵销，应类推适用《民法典》第506条之规定，认定该抵销协议无效。对已经产生的基于人身伤害、离婚损害赔偿之债，虽不得通过法定抵销消灭，但应允许当事人通过协议予以抵销。当事人以协议抵销债权，损害第三人利益的，亦应根据法律规定或者依债之性质认定抵销协议的效力，依法不得禁止的，该抵销协议无效。当事人之间此前存在的抵销禁止特约，则可因抵销协议的签订而变更或废除。

第四节　提　　存

引导案例

甲依照合同约定应向乙公司每月定期供应海鲜，某日甲依约向乙公司送货时，乙公司负责人以海鲜生产海域有严重污染为由拒收，甲坚称其海鲜未被污染。在乙公司坚决拒收的情况下，甲能否向有关部门提存海鲜？甲还有其他什么救济途径？

一、概述

提存，是指清偿人以消灭债务为目的，将其给付物为债权人寄托于提存所之行为。提存的清偿人，称为提存人。

债务人通过清偿而消灭债务具有合法利益。债务人可以履行但非因债务人方面原因而致债务人不能履行时，法律应当为债务人提供替代途径。[1] 提存制度，即旨在为债务人提供替

〔1〕 参见黄立：《民法债编总论》，2006年自版发行，第717页。

代清偿途径,使债务人通过提存而消灭其债务,避免陷于债务不履行的被动境地。

二、提存的前提

(一)提存原因

1. 债权人拒绝受领

债权人拒绝受领以债务履行须债权人受领为前提,无须受领即可履行者,自然不能以债权人拒绝受领作为提存原因。提存仅以债务人清偿为目的,纵使债权人无受领义务,也应允许债务人通过提存替代清偿,进而免除自己债务。

债权人拒绝受领,原则上以债务人提出给付为前提。从提存制度设置的初衷以及债权人与债务人之间的利益衡平出发,债权人仅需无正当理由拒绝受领即可,不必以可归责债权人为要件。[1]

2. 债权人方面的不确定性

债务人依债之本旨提供给付以向给付受领人明确为当然前提,如债务人拟提供的给付无受领人或无法确定受领人或履行地时,债务人无从提供给付,构成主要的提存原因。此种债权人方面的原因主要包括以下 3 个方面。

(1)债权人下落不明

债权人下落不明时,通常构成提存原因。虽然债权人下落不明,但受领权人明确时,债务人可以向受领权人提供给付,不存在难以履行的情况的,不构成提存事由。债权人下落不明是债务人所致,如债务人犯罪或侵权行为致债权人下落不明,则债务人应知债权人下落的,不得通过提存免责。

(2)债权人死亡未确定继承人、遗产管理人

债权人死亡的,其债权属于遗产,应依法由遗产管理人管理、继承人继承。根据《民法典》第 1147 条第 4 项的规定,遗产管理人享有处理被继承人债权的权利,为法定的债之受领人。因此,债权人死亡后,债务人应向遗产管理人履行债务,继承人未确定并不影响债务人履行债务。进而,债务人不能仅以未确定继承人为由主张存在提存原因,仅当继承人未确定导致遗产管理人未能确定时,才可以通过提存清偿其债务。

(3)债权人丧失民事行为能力未确定监护人

当债权人丧失民事行为能力而无受领权时,债务人应向有受领权的法定代理人提供给付,或者征得法定代理人的同意或追认而向债权人履行,以清偿其债务。在法定代理人(或监护人)不确定的情况下,债务人有权通过提存消灭自己的债务。

3. 其他可提存的情形

从提存制度的目的来看,只要是因债权人导致债务人难以有效履行其债务的,就应给予有意且能履行的债务人以替代路径。为此,比较法上多允许债务人非因过失不能或不能有把握地履行其债务时,享有提存以清偿其债务的权利。[2] 例如,债权让与受让人通知或多次让与、债权人委托第三人受领债权、保证人或连带债务人清偿债务等情形导致的债务人不能确定债权人等情形。

---

〔1〕 参见崔建远:《我国提存制度的完善》,载《政治与法律》2019 年第 8 期。

〔2〕 比较法上的考察,参见崔建远:《我国提存制度的完善》,载《政治与法律》2019 年第 8 期。

（二）履行困难

只有债权人方面导致债务人“难以履行债务”时，才成立提存原因，债务人因此享有提存消灭债务的权利。例如，债权人下落不明的，已经宣告失踪并有明确的财产代管人时，债务人并不存在履行困难，则不得仅以债权人下落不明为由提存其给付。

因为提存制度的宗旨仅在于为债务人提供清偿替代方案，与责任承担无关，所以并不要求债权人对此提存原因的发生存在归责事由。

（三）提存能力与自助出卖

1. 提存能力

提存能力，是指标的物适于提存，即标的物符合提存的要求和目的。标的物适于提存，一方面是指提存标的物在自然或物理属性上，适合由提存部门保管；另一方面是指标的物在经济上适于提存，即标的物提存符合债之履行的经济目标。提存费用过高的，不符合债之履行的经济目标，标的物即不具有提存能力。

通常具有提存能力的标的物包括货币、有价证券、票据、提单、权利证书、贵重物品等。不具有提存能力的标的物主要包括，在自然或物理属性上不适合提存保管的，如季节性商品，鲜活、易腐烂变质以及其他不宜长期保存的物品（《民事诉讼法解释》第 153 条）；易腐易烂易燃易爆等物品（《提存公证规则》第 14 条第 5 款）。本节引导案例中所提及的海鲜，在自然属性上不适合提存部门长期保管，因此不具有提存能力。不动产在我国具有提存能力，可通过现场实地验收、采取委托代管等保管措施予以提存。

2. 自助出卖

具备提存原因但标的物无提存能力时，债务人的提存利益并不消灭，有必要提供变通途径，实现与提存标的物相当的法律效果。对此，各国立法普遍允许债务人依法拍卖或者变卖标的物，即自助出卖并提存所得的价款。本节引导案例中甲供应的海鲜不具有提存能力，故甲可以将海鲜变卖，并将所得价款提存。

自助出卖债务人的法律地位，是《民法典》第 979 条意义上的无因管理人，应依据《民法典》第 981 条之规定，采取有利于债权人的方法出卖标的物。因此，支出的必要费用可依据《民法典》第 979 条请求债权人偿还，亦可依有关规定从所得价款中予以抵销或扣除。

三、提存的成立

（一）提存的主体

1. 提存人

清偿提存申请的主体是债务人（《提存公证规则》第 5 条），且提存人申请提存时需提交据以履行义务的依据（《提存公证规则》第 9 条第 2 项）。但是，既然第三人清偿债务并不被法律所严格禁止，作为清偿替代方法的提存也应留有相应的余地，应允许与债务清偿有利害关系而有代偿权的第三人作为提存人。[1]

2. 提存部门

在我国，提存为公证业务，由公证处主管（《公证法》第 12 条），债务履行地的公证处管辖（《提存公证规则》第 4 条第 1 款）。在债务履行地申办提存公证有困难的，可由债务人住所地

〔1〕 参见王利明：《合同法研究》（第 2 卷）（第 3 版），中国人民大学出版社 2015 年版，第 296 页。

的公证处管辖(《提存公证规则》第4条第2款)。

3. 债权人

债权人并非提存人,也非提存行为相对人的提存部门,因此其并非提存行为的主体。当然,从提存效力涉及债权人、债权人为提存受领人的角度来讲,债权人因提存行为而享有权利、承担义务,债权人是提存关系的主体是应当赞同的。[1]

(二)交付

提存人应向提存部门交付提存标的物,以实现替代向债之受领人交付的目的。以移转直接占有的现实交付、简易交付履行提存交付自无疑问,但提存人能否通过占有改定、返还请求权的让与交付提存,尚有疑问。从理论上来讲,原债之关系允许通过占有改定、返还请求权的让与履行的,提存自然也可以通过这两种方式完成。

提存以交付为成立要件,提存成立使对提存部门的交付发生了债务人(提存人)向债权人(受领权人)交付的效果,即将对提存部门的交付拟制为对债权人的交付。

四、提存的效力

关于提存(成立)的效力,理论上通常谓提存具有消灭债务的效力。[2] 但是,提存并不当然具有消灭债务的效力。首先,提存是否符合债之本旨,提存部门对此并无终局认定的权力,提存要么在理论上符合债之本旨(发生争议时得到法院判决确认),要么虽然不符合债之本旨但得到债权人认可,被认可时方才发生债务消灭的法律效力。其次,提存部门在明确认定标的物与债之标的物不符,或在提存时难以判明两者是否相符时,也可接受提存。在此种情形下成立的提存,当然不能发生消灭债务的效力。最后,提存本身并无绝对要求提存人所提存的标的物与债之本旨终局相符的必要,提存仅为提存人清偿债务提供替代方案,避免提存人因债权人方面的原因陷入不利境地,对其不公。至于提存标的物与债之本旨不符,自然应由提存人对此承担债务不履行的责任。

(一)通知义务

提存后,债务人负有及时通知的义务。但值得注意的是,根据《提存公证规则》第18条第2款的规定,以清偿为目的的提存,公证处应自提存之日起7日内,以书面形式通知提存受领人。

当提存成立后,债务人方面的工作已经完成,有必要促使债权人方面尽快领取标的物,以实现债权之满足。提存通知的目的在于,使债权人(受领人)及时了解提存事实,尽早领取提存的标的物。[3]

提存通知的法律性质应认定为事实通知,实际上只有在有提存事实时才发生效力。[4] 在提存人作出提存通知时,提存通知应当类推适用意思表示到达的法律规定。

(二)风险负担

提存成立的,提存视为交付(《民法典》第571条第2款),此后之风险若超出债务人控制及应负责的范围,则应由债权人承担。当然,必要的前提是,债务人提存之标的物应合乎债之本

---

[1] 参见邱聪智:《新订民法债编通则》(下),中国人民大学出版社2003年版,第464页。

[2] 参见韩世远:《合同法总论》(第4版),法律出版社2018年版,第722页。

[3] 参见王利明:《债法总则研究》,中国人民大学出版社2015年版,第719页。

[4] 参见史尚宽:《债法总论》,中国政法大学出版社2000年版,第840页。

旨,或至少债权人未因其不合债之本旨而表示异议。

在无对待给付时,由债权人承担该给付风险,相应地债务人无须另行给付;在存在对待给付义务场合,由债权人承担给付风险,债务人无须另行给付,且债权人不免除对待给付义务的结论。显然,将其解释为给付风险负担更符合立法者的意图,在理论上也较融贯。

(三)孳息归属

孳息的归属,原则上与所有权同一命运。[1] 但是,在债权债务关系中,孳息的归属不能一概而论,需要结合债之关系的本旨确定,尤其在意定之债时,尚需特别结合当事人意思表示的解释确定。

一概规定标的物的孳息归债权人,与提存本身仅系移转占有而不涉及物权变动这一本质属性相悖,有必要作目的性限缩解释,仅在移转所有权、使用权之债务提存场合,使债权人取得天然孳息,而在其余场合均依给付之目的及债之关系本旨具体确定孳息的归属。此外,提存人取回提存物的,孳息应归提存人所有(《提存公证规则》第22条第1款)。

关于孳息的收取人,《提存公证规则》第22条并未明文规定。但标的物经提存后,即由提存部门予以保管,保管人应依保管合同之规定履行保管义务,其中即应包含收取孳息的义务(《民法典》第900条)。

(四)提存费用

履行费用的负担不明确的,由债务人负担,但因债权人原因增加的履行费用,由债权人负担(《民法典》第511条第6项)。债之标的物的提存,系债权人方面所致的,基于费用承担的一般规则,应由债权人承担方为允当。提存费用主要包括:提存公证费、公告费、邮电费、保管费、评估鉴定费、代管费、拍卖变卖费、保险费,以及为保管、处理、运输提存标的物所支出的其他费用(《提存公证规则》第25条第2款)。

(五)提存保管关系

提存行为是由债务人的申请与提存部门的受理组成的,提存行为的完成以具备法定条件、程序的完成为判断标准,不以债务人与提存部门之间的协议为决定性因素。提存行为并非私法上依当事人意思自治实行的法律行为,而是公法上需共同参与的行政行为,因此其所产生的关系,即提存关系,亦属于一种公法上(有利于债权人)的保管关系。[2]

虽然提存关系为公法上的保管关系,但并不影响基于提存关系赋予当事人私法上的权利义务。基于该提存关系,提存人(债务人)、提存机构和提存受领人(债权人或其他受领权人)分别享有不同的权利和义务,这些权利义务既有私法上的权利义务,如提存人的取回权、提存机构的提存费用请求权、留置抗辩权、保管义务,以及提存受领人的领取权、提存费用支付义务等;也有公法上的权利义务,如提存人申请复议的权利等。

1. 随时领取权

就债权人与债务人的债务清偿而言,在提存成立后,提存人即完成债务人方面的提供给付义务;但就债权人的债权之实现而言,尚需债权人或提存受领人领取标的物,债权才告消灭,

---

〔1〕 参见江平主编:《民法学》(第4版),中国政法大学出版社2019年版,第240页;崔建远:《物权法》(第4版),中国人民大学出版社2017年版,第33页。

〔2〕 Vgl. Brox/Walker Schuldrecht AT, 43. Aufl. 2019, § 15 Rn. 4; Medicus/Lorenz, Schuldrecht AT, 21. Aufl. 2015 § 23, Rn. 282a; Larenz, Lehrbuch des Schuldrechts, Allgemeiner Teil, 14. Aufl. 1987, S. 252.

提存所发挥的清偿替代功能才真正实现。

在适当的提存成立后,提存范围内债务人交付其标的物,相应债务消灭,债权人的原给付请求权即转变为对提存部门的提存物领取权。在不适当的提存中,无论是自始公开的不适当提存还是嗣后发现的隐藏的不适当提存,提存都自始不发生标的物交付、消灭债务的效力,债权人的原给付请求权依然存在,提存标的的领取权并不当然发生。

虽然债权人(或受领权人)可随时领取标的物,但不是无限期地、无条件地随时领取。若提存之日起5年内不领取,则丧失领取权。

2. 提存部门的拒绝领取权

债权人对于债务人负有到期债务时,债权人未履行债务或者提供担保的,提存部门应债务人要求行使拒绝领取权。例如,债权人对债务人所负到期债务为同一双务合同中的对待给付义务或其他能够产生同时履行、先履行抗辩权以及留置抗辩权之债务的,提存部门基于债务人之要求而拒绝领取,自无疑问。[1] 如果债权人所负到期债务与提存债务并无任何牵连关系,则债务人原则上也可以要求提存部门拒绝债权人领取权的行使。

提存部门拒绝领取权是针对提存领取人而言的,以之对抗提存领取权,在性质上为一时的抗辩权。债权人履行债务或提供担保而消灭该抗辩原因的,提存部门的拒绝领取权随之消灭。

3. 提存物领取期限

债权人虽然可以随时领取提存物,但长期不领取对承担社会公共服务职能的提存部门来说负担过重,且标的物长期受保管,也不利于其价值的发挥。为此,《民法典》第574条第2款规定,债权人的提存领取权,自提存之日起5年内不行使而消灭,此期间为除斥期间。[2] 因此,该5年期间不发生中止、中断、延长也属理所当然。

提存物领取期间经过后的另一法律效果是,提存物扣除提存费用后归国家所有。曾有学者建议删除该规定,但此建议终究未被采纳。

4. 债务人的取回权

提存以债务人负有债务应当履行为前提,债务人提存标的物以替代履行,使其所负债务获得清偿,原则上并无取回标的物的权利。债务人取回权的产生原因有二:一是债权人未履行对债务人的到期债务;二是债权人向提存部门书面放弃领取提存物权利。

债务人行使取回权取回提存物,必须支付提存费用,就债务人与提存部门的提存关系而言,自无疑问。但该费用的最终承担者并不当然是债务人,需要区分情形分别处理。在债权人未清偿对债务人的到期债务而取回的场合,提存费用虽然依《民法典》第574条第2款之规定由债务人负担,但该费用应从提存标的物的价值中扣除。

---

〔1〕 参见[德]迪特尔·梅迪库斯:《德国债法总论》,杜景林、卢谌译,法律出版社2004版,第203页。

〔2〕 如不在诉讼时效与除斥期间之间抉择,虽无不妥,但必须对其效力作出明确规定或说明。现行法对该期间效力未作明文规定,则借助该期间性质之界定,指引相关期间规则的适用,似有其必要性。

第五节　免　　除

一、概述

免除是债权人以消灭债权为目的而抛弃债权的单方法律行为。

我国法律对于债务免除究竟采用“单方行为说”还是以合同为必要,主流观点和司法实务总体持“单方行为说”;[1]但也有观点认为,我国法律关于债务免除之规定语焉不详,并未明文规定为单方行为,从尊重债务人人格自主的角度出发,宜将免除解释为合同行为;[2]通过缔约程序使免除受到相应的限制,保障免除结果最低限度的形式公正。[3]《民法典》第575条之规定,显然考虑“合同说”的合理面,增设债务人的拒绝权,以关照特殊情形下债务人维持债之关系、继续履行债务之合理诉求。但由于《民法典》第575条前半句仍然未对债务免除行为性质作出明确界定,债务免除究竟是合同行为抑或附解除条件的单方法律行为,理论上仍有争议的余地。笔者认为,德国法虽总体采取“合同说”,但对作为终意处分的免除表示,则例外承认其法律效力,[4]采取“单方行为说”可以避免合意终意免除表示例外为单方法律行为的解释困难。更重要的是,从立法史的角度考察,将债务免除行为界定为附解除条件的单方法律行为较符合立法者本意,[5]增设债务人拒绝权也意在借此克服“单方行为说”的弊端。

二、债务免除行为

债权人免除债务,典型地通过单方需受领的意思表示为之,至于为明示抑或默示,法律无明文规定,自当依意思表示解释规则判断是否为债务免除的意思表示。如债权人自愿将借据、欠条交还债务人,则应认定为债务免除。

债务免除效果的发生,不限于债务免除行为,因债权人放弃担保物权也可发生担保债务免除的效果,此效果的发生不以意思表示为必要,属于法定的债务免除。抵押权人和质权人放弃抵押权或质权的,无须通过向担保人作出债务免除的表示,也发生债务免除的效力(《民法典》第409条第2款、第435条)。

三、债务免除的效力

债权人免除债务人部分或者全部债务,债权债务部分或者全部终止,对债权人而言即构成债权之消灭,不得再向债务人主张债权;对债务人来说即消灭其债务,对债权人可主张权利消灭的抗辩。

---

[1] 参见王利明:《合同法研究》(第2卷)(第3版),中国人民大学出版社2015年版,第307页;马俊驹、余延满:《民法原论》(第4版),法律出版社2010年版,第613~614页;崔建远:《合同法》(第3版),北京大学出版社2016年版,第321页;韩世远:《合同法总论》(第4版),法律出版社2018年版,第730~731页;王洪亮:《债法总论》,北京大学出版社2016年版,第190页。

[2] 参见朱广新:《合同法总则研究》(下册),中国人民大学出版社2018年版,第549~550页。

[3] 参见张谷:《论债务免除的性质》,载《法律科学(西北政法学院学报)》2003年第2期。

[4] Vgl. MüKoBGB/Schlüter, 8. Aufl. 2019, BGB § 397 Rn. 1.

[5] 参见胡康生主编:《中华人民共和国合同法释义》(第3版),法律出版社2013年版,第196页。

债务免除行为为处分行为、无因行为,[1]债务免除的原因行为出现效力瑕疵,不影响债务免除行为的效力。但若债务免除的原因行为出现效力瑕疵,如自始无效或被撤销,则债权人可以根据《民法典》第985条的规定主张基于不当得利请求返还,返还的内容为重新确立已经消灭的债权。[2] 如债权人根据《民法典》第658条第1款的规定行使任意撤销权而撤销作为原因行为的赠与合同,债权人亦可主张不当得利返还请求权,而使已经免除的债务重新发生。

就免除的对象而言,所免除之债务不限于已经届期乃至已经成就的债权,尚未发生的将来债权的免除亦属可能。对于将来债务的免除,通说认为由于将来债权尚未发生,仅当将来的债务实际发生时,免除才发生效力,故属于附停止条件的债务免除。[3] 值得注意的是,从个人人格发展、社会保障等法律政策出发,对将来抚养请求权、劳动关系所生的报酬请求权,以及其他不得扣押的债权等不能事先放弃,因而所作的将来债务之免除亦应无效。[4] 此外,合同中对造成人身损害、因故意或者重大过失造成财产损失责任的预先免除无效(《民法典》第658条)。出于对格式条款的控制,提供格式条款一方不合理地免除其责任的,即使该合同成立,也不免除其责任(《民法典》第497条第2项)。

通说认为,债务免除也不得损害第三人利益,至于其效力,大多语焉不详。[5] 有观点认为,免除损害第三人利益的,免除并非无效,仅不得以免除对抗第三人。[6] 这一观点,在我国缺乏实定法规范支持。笔者认为,此种情形下债务免除行为的效力,需根据第三人所处地位分别判断。若第三人为债权人之债权人,则可能依据《民法典》第538条之规定撤销债务免除行为,使之归于无效。若第三人为债权人之权利质权人,因债权人的免除行为只危害权利质权的存在,则第三人可能基于《民法典》第236条之规定,主张质权人权利保全权。[7] 第三人与债权人并无特别结合关系,因免除行为遭受损害的情形较少,如有保护需求,则可依据《民法典》第153条第2款、第154条等规定主张该免除行为无效。

在双务合同中,债权人免除债务人之债务,仅使该债权消灭,并不影响对待给付义务的存在。债权人不得主张债务人债务已经免除,对待给付的请求不符合等价有偿的原则;也不得在承担违约损害赔偿责任中主张损益相抵。否则,将会使债务免除为债权人从双务合同逃离大开方便之门,其效力犹如赋予所有当事人任意解除权,合同应当严守的基本原则将荡然无存。

在连带债权中,债权人之一不得处分他债权人的债权,因此部分连带债权人的债务免除,仅发生该连带债权人应享份额的消灭,不影响其他连带债权人债权的存在(《民法典》第521条

---

[1] 参见崔建远:《合同法》(第3版),北京大学出版社2016年版,第322页;王利明:《债法总则》,中国人民大学出版社2016年版,第460~461页;朱广新:《合同法总则研究》(下册),中国人民大学出版社2018年版,第550页。

[2] 参见王洪亮:《债法总论》,北京大学出版社2016年版,第191页;Medicus/Lorenz, Schuldrecht AT, 21. Aufl. 2015 § 25, Rn. 312。

[3] 参见王利明:《合同法研究》(第2卷)(第3版),中国人民大学出版社2015年版,第313页;崔建远:《合同法》(第3版),北京大学出版社2016年版,第322页。

[4] 参见崔建远:《合同法》(第3版),北京大学出版社2016年版,第322页;王洪亮:《债法总论》,北京大学出版社2016年版,第190页。

[5] 参见王利明:《合同法研究》(第2卷)(第3版),中国人民大学出版社2015年版,第312页;崔建远:《合同法》(第3版),北京大学出版社2016年版,第322页;韩世远:《合同法总论》(第4版),法律出版社2018年版,第698页;王洪亮:《债法总论》,北京大学出版社2016年版,第192页。

[6] 参见韩世远:《合同法总论》(第4版),法律出版社2018年版,第733页。

[7] 参见申卫星:《物权法原理》(第2版),中国人民大学出版社2016年版,第355页;谢在全:《民法物权论》(下册)(第5版),中国政法大学出版社2011年版,第997页。

第 3 款)。[1] 在连带债务中,部分连带债务人的债务被债权人免除的,在该连带债务人应当承担的份额范围内,其他债务人对债权人的债务消灭(《民法典》第 520 条第 2 款)。

在连带债务中,债权人免除债务人之一债务的,是否对其他债务人发生效力,取决于当事人的意思是旨在终止全部债务关系还是仅免除该特定债务人的债务,对此需通过意思表示的解释来确定。如债权人旨在终结整个债务关系,则该免除具有绝对效力,在该连带债务人应当承担的份额范围内,债权人对所有债务人的请求权均归于消灭(《民法典》第 520 条第 2 款);否则,该免除仅具有针对该特定债务人的相对效力,债权人仍然可以对其他债务人在全部债权范围内行使权利,其他债务人则可以对受益债务人主张补偿请求权。[2]

值得注意的是,债权人不免除债务本身而仅免除债务人之间互负的连带责任时,并不发生债务消灭的效力,而仅使连带债务转变为可分之债,此谓"连带之免除"。如连带之免除意思指向全体连带债务人,则全体债务人仅就各自应承担部分负责,不再互负连带责任;如连带之免除的意思仅指向债务人中一人的连带责任时,则该债务人仅就其应承担部分负责,对其他债务人应分担部分不负连带责任。[3] 连带之免除并不发生债务消灭的效力,因此并不适用免除的规范。

四、债务人的拒绝

1. 债务人拒绝的性质

债权人作为债权财产之拥有者放弃其财产的权利当然不能否定,但债务人作为债务之承担者履行其债务以维持其非财产上利益之法律地位也不能罔顾,否则将使债之法律关系全然受控于经济利益,不利于私法社会中非经济价值之弘扬。民法典承认债务人拒绝债务免除之权利,深值赞同。

债务人对债务免除的拒绝,在法律性质上为意思通知,准用《民法典》关于意思表示的相关规定。债务人拒绝债务免除的,应在合理期限内向债权人作出表示。无论债务免除采取"合同说"还是采取"单方法律行为说",债务免除之意思表示均应适用《民法典》关于意思表示生效的规则。债务人拒绝之合理期限自债务免除意思表示到达债务人时起算。债务人合理期限内的拒绝不以语言、文字通知为限,亦可以行为作出,如债务人虽未明确向债权人表示拒绝债务免除,但在合理期限内向债权人提出债务之履行,即应解释为以行为表示对债务免除之拒绝。

2. 债务人拒绝的效力

债务人拒绝免除的意思到达债权人时,债务免除自始不生效力,但债务人拒绝免除如何阻却债务免除发生效力,则因对债务免除性质不同主张有所不同。

如将债务免除作为单方意思表示,则其效力应自到达时发生,所附解除条件(债务人在合理期限内拒绝)成就时,债务免除的单方意思表示即自始不生效力。未在合理期限内拒绝的,解除条件确定不成就,债务免除的单方意思表示确定发生效力。至于债务人在合理期限内未拒绝的原因、不作为在构成上的瑕疵,原则上对债务免除不生效力这一后果不构成任何影响。

但如将债务免除作为要约来看待,债务人未作出拒绝之表示时,以债务人不作为解释为默

---

〔1〕 参见孙森焱:《民法债编总论》(下册),法律出版社 2006 年版,第 753 页。

〔2〕 Vgl. Looschelders, Schuldrecht AT, 17. Aufl. 2019 § 54, Rn. 25. 中文译本参见[德]迪尔克·罗歇尔德斯:《德国债法总论》(第 7 版),沈小军、张金海译,中国人民大学出版社 2014 年版,第 421 页。

〔3〕 参见孙森焱:《民法债编总论》(下册),法律出版社 2006 年版,第 727 页。

示承诺,债务免除因合意而订立;债务人在合理期限内为拒绝表示时,债务免除要约因拒绝而失效。债务人不作为解释为默示承诺,是拟制解释,除非无其他法律解释路径可循,否则不宜拟制意思,特别是以默示行为拟制为承诺,与沉默不构成承诺的原则相悖,解释逻辑极不圆通。此外,债务人为限制行为能力人或无行为能力人时,对其不作为能否解释为默示承诺较有难度;作为意思表示之承诺,需以限制行为能力人有相应行为能力为前提,无行为能力人需其法定代理人代为作出。由于对债务免除不要求积极承诺表示,不作为即视为承诺,但法定代理人之不作为究竟是怠于履行代理人职责之行为抑或是履行其代理职责之不作为,难以作出适当判断。

因此,笔者认为,放弃债务免除"合同说",而将债务免除的性质认定为附法定解除条件的单方法律行为、债务人拒绝这一客观事实作为其法定解除条件,更符合《民法典》债务免除之法律条文表述方式和规范结构。

第六节 混　　同

一、概述

(一)混同的概念

混同,是指债权和债务同归于一人的,致债之关系原则上消灭的事实。

债权债务同归一人,债权债务关系原则上当然、绝对消灭。但因此损害第三人利益时,例外地不得消灭。由于债权债务因混同而理所当然地消灭,故法律规定混同的主要原因在于,明确混同例外不消灭债权债务关系的情形。[1]

(二)混同的性质

债权主要系通过所具有的请求力充当财产流通的媒介,但债权与债务同归于一人时,因债权人向自己请求给付、债务人向自己履行债务,即不发生财产流通,债权的媒介功能丧失,债权债务关系自然无继续存在的必要。[2] 应该注意的是,债之消灭并非混同的逻辑必然,而是因为在所涉案型中,没有法律上继续存在的必要性。[3] 关于混同的法律性质,除将其直接作为债之消灭原因外,理论上尚有混同为履行不能、清偿或目的实现等不同学说。[4] 这些主张试图通过债之其他消灭原因解释混同,而忽略了其他消灭原因均以债权人、债务人两个主体之对立存在为前提,无法合乎逻辑地实现其解释目的。

混同作为债之消灭原因,其构成无须当事人的意思表示,只需债权与债务同归一人的客观事实发生即可成立,混同在法律性质上为事件,而非法律行为。[5] 因此,混同所消灭之债权的

---

〔1〕 参见朱广新:《合同法总则研究》(下册),中国人民大学出版社 2018 年版,第 551 页。

〔2〕 参见孙森焱:《民法债编总论》(下册),法律出版社 2006 年版,第 931 页。

〔3〕 Vgl. Larenz, Lehrbuch des Schuldrechts, Allgemeiner Teil, 14. Aufl. 1987, S. 270.

〔4〕 参见史尚宽:《债法总论》,中国政法大学出版社 2000 年版,第 879 页。

〔5〕 参见韩世远:《合同法总论》(第 4 版),法律出版社 2018 年版,第 735 页;朱广新:《合同法总则研究》(下册),中国人民大学出版社 2018 年版,第 551 页。

债权人之行为能力、意思能力状况均不影响混同的成立、债之消灭结果的发生。

二、混同的原因

发生混同之债权债务，原本分属于不同主体的债权人与债务人享有或承受，因债权债务关系主体之变更，致使债权人同时为债务人、债务人同时为债权人，因此混同的根本原因为特殊的债之主体变更。债之主体变更，有因债权人主体人格所生变化之变动，如自然人债权人死亡、法人债权人合并而生的债权人包括债权在内的全部财产由债务人承受的情形，此谓概括承受；亦有因作为财产权的特定债权移转，最常见的为依法律行为之债权让与、依法律规定发生的（法定的）债权移转，以及债务承担等，此谓特定承受。[1]

三、混同的效力

混同的效力为债权债务终止，即自混同时起发生债权债务自始消灭的效力。债权债务关系消灭，意味着不仅债权、债务消灭，而且作为从权利的利息、违约金债权、其他附随的担保权也归于消灭。

混同致债权债务绝对消灭，即任何人均得主张关于该债权债务消灭的事由。第三人为混同债权所提供的担保负担，因混同而消灭，担保人得对债权人主张权利消灭的抗辩。在债权债务关系中同时存在主债务、从债务时，导致债权债务关系终止的混同，是指主债权和主债务之间的混同。当主债权与从债务发生混同时，则仅发生从债务消灭而不发生主债权消灭的法律效果。例如，主债权与该债权之保证债务发生混同，此时虽然保证债务归于消灭，主债权人针对保证人主张保证责任之权利消灭，但指向主债务人的主债权并不消灭。[2]

按份债权之一债权人与债务人发生混同时，因其他债权人在其债权份额内的债权利益不应受混同之影响，该债权并不当然消灭，仅发生混同之债权份额发生消灭，其他按份债权人依然保有其原本享有之债权份额。在按份债务中，债权人与债务人之一发生混同的，原则上亦不因混同使整个按份债务消灭，而仅发生混同之债务份额发生消灭，其他按份债务人依然负有其原本负担之债务份额。

连带债权之一债权人与债务人发生混同时，其他连带债权人之权益原则上不受影响，因而其他连带债权人保有向混同后之主体请求所享有份额之债权，连带债权仅在发生混同之连带债权人享有份额范围内发生消灭的效力。在连带债务中，一连带债务人与权利人发生混同的，该债务人之债务自然归于消灭，但债权人对其他债务人之债权并不因混同而当然消灭，原则上仅在该连带债务人债务份额范围内的债权归于消灭。

四、混同的例外

若因混同消灭债权债务关系损害第三人利益，则虽有混同，但债权债务并不归于消灭。债权作为财产权可为他人权利之标的，典型如债权作为权利质权之标的，虽然发生混同，但如使该债权消灭则会导致质权因标的消灭而消灭，导致质权人损害，为此，应例外允许该债权不消灭。但如果债务人接受债权人以对自己之债权设定质权，不至于损害第三人利益时，则不排除该债权因混同而消灭。债权虽非第三人权利的标的，但第三人对债权的存在有利益的，也可因此主张混同不发生债权消灭的效力。[3]

---

〔1〕 参见史尚宽：《债法总论》，中国政法大学出版社 2000 年版，第 879 页。
〔2〕 参见李永军主编：《债权法》，北京大学出版社 2016 年版，第 89 页。
〔3〕 参见史尚宽：《债法总论》，中国政法大学出版社 2000 年版，第 881 页。

为促进债权证券化，法律多设例外规定，债权债务关系不因混同而归于消灭。例如，票据转让过程中，票据再转让到票据债务人（发票人、承兑人）时并不导致票据债权的消灭，无记名债权、公司债权证券化后的流通，也不因混同而消灭。

主要参考文献

陈桂明、李仕春：《论诉讼上的抵销》，载《法学研究》2005 年第 5 期；陈自强：《论代物清偿——契约变更与结束自由之一考察》，载《政大法学评论》1997 年第 58 卷；崔建远：《代物清偿与保证的联立分析》，载《东方法学》2011 年第 5 期；崔建远：《论中国民法典上的抵销》，载《国家检察官学院学报》2020 年第 4 期；崔建远：《我国提存制度的完善》，载《政治与法律》2019 年第 8 期；崔建远：《以物抵债的理论与实践》，载《河北法学》2012 年第 3 期；耿林：《诉讼上抵销的性质》，载《清华大学学报（哲学社会科学版）》2004 年第 3 期；韩世远：《提存论——〈合同法〉第 101—104 条的解释论》，载《现代法学》2004 年第 3 期；黄森林：《抵销抗辩既判力及其客观范围研究》，载《河北法学》2020 年第 4 期；黄献全：《论"民法"第三四零条第三债务人对受扣押债权抵销之限制》，载郑玉波主编：《民法债编论文选辑（中）》，台北，五南图书出版有限公司 1984 年版；廖军：《论抵销的形式及其效力》，载《法律科学（西北政法学院学报）》2004 年第 3 期；林诚二：《劳工退休金抵销异议之实务轨迹与学理研究》，载《台湾本土法学杂志》2006 年第 86 卷；刘得宽：《抵销在担保上机能》，载郑玉波主编：《民法债编论文选辑（中）》，台北，五南图书出版有限公司 1984 年版；曲佳、翟云岭：《论清偿抵充》，载《法律科学（西北政法大学学报）》2014 年第 3 期；申海恩：《论抵销适状》，载《东南大学学报（哲学社会科学版）》2020 年第 4 期；申建平：《论债权让与中债务人之抵销权》，载《法学》2007 年第 5 期；史尚宽：《论清偿代位》，载郑玉波主编：《民法债编论文选辑（中）》，台北，五南图书出版有限公司 1983 年版，第 931 页以下；司伟：《债务清偿期届满后的以物抵债纠纷裁判若干疑难问题思考》，载《法律适用》2017 年第 17 期；汤文平：《论合同解除、债权抵销之异议——〈《合同法》解释（二）〉第 24 条评注》，载《东方法学》2011 年第 2 期；屠文：《提存制度之研究》，载郑玉波主编：《民法债编论文选辑（中）》，台北，五南图书出版有限公司 1984 年版，第 955 页以下；张保华：《抵销溯及力质疑》，载《环球法律评论》2019 年第 2 期；张谷：《论债务免除的性质》，载《法律科学（西北政法学院学报）》2003 年第 2 期；张晓军：《提存制度研究》，载《中国人民大学学报》1996 年第 4 期；史浩明：《论提存》，载《法商研究（中南政法学院学报）》2001 年第 6 期；张艳丽：《试析民事诉讼中的抵销制度》，载《中国法学》1992 年第 5 期；郑玉波：《论代物清偿与瑕疵担保》，载郑玉波主编：《民法债编论文选辑（上）》，台北，五南图书出版有限公司 1983 年版；诸葛鲁：《债之抵销》，载郑玉波主编：《民法债编论文选辑（中）》，台北，五南图书出版有限公司 1984 年版，第 979 页以下。

第六章　多数人之债

引导案例

甲、乙、丙3人以3万元的价格向丁购买了1辆汽车，丁应向债务人全体交付该汽车。后来3人又与丁约定，由戊加入为买受人，与甲等合为4人共付价金，但是没有约定每个人的分担数额。试问：

1. 甲、乙、丙、丁4人之间构成何种债之关系？

2. 戊与甲、乙、丙3人是否构成同一可分债务的债务人？

3. 若甲支付了5000元的价金，然后向其他连带债务人主张追偿权，其主张是否应予支持？如果其支付了2万元价金？

4. 若甲支付了3万元价金，向其他连带债务人追偿，而丙因投资失败无力履行自己的份额，对该部分应如何处理？

5. 若丙为该案的买卖合同提供了质押担保，甲支付了2万元的买卖价金后，对丙主张追偿权和代位求偿权，实现了该质押担保，变价款为1万元，该变价款应如何在丁和甲之间分配？

第一节　单一之债与多数人之债

债之关系可以按照主体人数区分为单一之债和多数人之债。在单一之债中，债权人一方及债务人一方均为一人，故只涉及债权人与债务人之间的关系，相对而言较简单。而所谓的多数人之债，是指以同一给付为标的，而其债权人或债务人至少一方为二人及以上的债之关系。例如，在本章引导案例第1问中，甲、乙、丙共同负担3万元的债务，丁则享有3万元的债权，此时债务人为多数人，而债权人为单数；甲、乙、丙取得交付汽车的债权，而丁负有交付汽车的债务，此时债权人为多数，而债务人为单数。当然，如果债权人和债务人双方均为多数，也是多数人之债。由于主体为多数，故多数人之债与一般的债之关系相比，有一些独特的问题，本章将对这些问题予以论述，现就多数人之债的共通性问题择要概述如下。

一、多数人之债的性质

多数人之债的主体是多数人，但是多数主体是否意味着其债之关系也是多数的，则不无疑问。欲解决这一问题，实际上要先解决单一债之关系与复数债之关系的划分标准问题。对此，学说上或主张仅按照主体的数量予以划分（“主体说”），或主张仅以客体是否同一为标准（“客体说”），或主张以各主体能否独立发生其作为债权人或债务人的一切效力为标准（“效力说”)，不一而足。[1] 按照“主体说”，多数人之债存在多数的债之关系；按照“客体说”，多数人的债权或债务均为同一，故多数人之债仍只有单一债之关系。现今一般采用“效力说”，而按照该说，多数人之债是否具有复数债之关系，须依其具体类型判定，本书将于相应的多数人之债的分类处作出论述。

二、多数人之债的分类

按照给付标的是否可分，可以将多数人之债分为可分之债与不可分之债（含协同之债）；按照债权债务是否可分出份额、由多数债权人或多数债务人按照份额进行履行，或者是每一债务人都有义务履行全部给付、每一债权人都有权请求全部给付，可以将多数人之债分为按份之债和连带之债。由于学说上关于可分之债与不可分之债的划分标准的争议，有学者认为这一分类标准不宜作为法定分类，[2]也有学者建议增设这一分类。[3] 最终，我国《民法典》并未采纳这一分类标准。

关于可分之债与不可分之债、按份之债与连带之债的关系，学说上存在不同观点。

（1）按份之债须按照份额进行履行，无疑只能是可分之债；[4]可分之债与按份之债确实很相似，但二者的分类标准不同：可分之债强调债的标的的可分性，它是以债的标的性质为标准对多数人之债进行的分类；按份之债强调当事人享有权利或负担义务存在份额限制，它是以主体责任性质为标准对多数人之债进行的分类。[5]

（2）连带之债可以可分给付为标的，但能否以不可分给付为标的，则有“肯定说”[6]与“否定说”[7]。从比较法上看，由于《德国民法典》第 421 条明确要求连带债务可以部分请求、部分给付，故其通说均认为连带之债可部分请求、部分给付，即采用“否定说”。[8] 应当认为，这一问题的实质在于，对连带之债的成立要件存在不同理解。“肯定说”的逻辑基础在于，连带之债与不可分之债的核心区别在于，各连带债权人、各连带债务人可以单独请求全部给付或者被请求全部给付，至于债权人实际上究竟是请求全部给付还是部分给付，并不重要；而不可分之债中，只能由多数债权人或多数债务人全体来给付或请求给付。相应地，“否定说”则认为，连带之债的成立还要求可以向各连带债务人请求部分给付。如此一来，不可分给付不能被部分请求、部分给付，自然不能成立连带之债。此外，“肯定说”将不得不面临将连带之债按照给付是

---

[1] 参见史尚宽：《债法总论》，中国政法大学出版社 2000 年版，第 634 页；郑玉波：《民法债编总论》（修订 2 版），中国政法大学出版社 2004 年版，第 380 页。

[2] 参见李中原：《多数人之债的类型建构》，载《法学研究》2019 年第 2 期。

[3] 参见齐云：《论协同之债》，载《法商研究》2020 年第 1 期。

[4] 我国有学者认为，不可分给付上也可能成立按份之债，如坐骑被按比例交付给债权人共同占有和共同所有（参见王洪亮：《债法总论》，北京大学出版社 2016 年版，第 487 页）。但是，按份之债的特点在于，按份债权人或按份债务人可以依照其份额对外履行或请求履行，而对于不可分标的，不可能按照份额履行或请求履行。因此，所谓不可分标的也可成立按份之债，是错误的，所举之例实际上应该是给付标的物的使用收益分配，而非债务履行上的份额。

[5] 参见杨巍：《债法总论》，武汉大学出版社 2017 年版，第 21 页。

[6] 参见李永军：《中国民法学》（第 3 卷），中国民主法制出版社 2022 年版，第 55 页；最高人民法院民法典贯彻实施工作领导小组主编：《中华人民共和国民法典合同编理解与适用（一）》，人民法院出版社 2020 年版，第 388～389 页；齐云：《论我国多数人之债的完善——以不可分之债与连带之债的区别为中心》，载《河北法学》2012 年第 3 期。

[7] 参见朱广新、谢鸿飞主编：《民法典评注：合同编　通则》（第 1 册），中国法制出版社 2020 年版，第 400～401 页。

[8] 参见孙森焱：《民法债编总论》（下册），2020 年自版发行，第 851 页；vgl. Jauernig/Stürner，19. Aufl. 2023，BGB § 421 Rn. 10；Staudinger/Looschelders（2022）BGB § 421 Rn. 122。

否可分作进一步区分的问题。[1]

笔者认为,采用“肯定说”较合适。其一,我国《民法典》对于可分之债明确要求了给付可分,而对连带之债是否须给付可分则未显明文,因此至少从文义上看,并不能排除不可分给付上成立连带之债。其二,德国将连带债务限定于可分给付,而对于不可分债务,则准用连带债务的规则(《德国民法典》第431条),效果上与承认不可分连带债务差别不大。而我国《民法典》并未对不可分之债作出明确规定,且我国《民法典》第518条对于连带之债的定义中,并未要求可以部分请求、部分给付。其三,所谓不可分连带之债的存在将会导致连带之债内部的复杂化,但实际上即便采用“否定说”,这些不可分之债也要分别适用连带之债或协同之债的规则,这种识别工作只不过是从连带之债内部转移到了不可分之债内部。其四,允许在不可分给付上成立连带之债,并不意味着排除协同之债的成立可能。其五,若不可分给付的多数债权人与债务人约定,债权人之一即可向债务人请求全部给付,若采用“否定说”,则此种情况既不适用不可分债权的规则,也不成立连带债权,会出现适用上的“真空”,最终仍不免类推适用连带债权的规则。

综上所述,在多数人之债领域,可分之债一般以按份或连带作为其实现方式,而不可分之债则以连带和协同作为其实现方式。[2] 对于这4种债的关系,择要列表6-1。[3]

表6-1　可分之债与不可分之债、按份之债与连带之债的比较

项目	可分之债	按份之债	不可分之债	连带之债
标的	可分标的		不可分标的	可分标的或不可分标的
相互关系	按份之债一定是可分之债		可能是连带之债,也可能不是连带之债,但不可能是按份之债	可以是可分之债,也可以是不可分之债
效力规则	可分之债区分其为按份之债或连带之债而有不同效力		不可分之债准用连带之债的规则	
牵连关系	作为按份之债的可分之债,相互之间并无牵连性		不构成连带之债的不可分之债,不具有牵连关系	具有牵连关系

三、多数人之债的效力

与单一之债相比,多数人之债最重要的差别就在于其效力,概言之,体现为如下三方面。

(1)对外效力,即外部关系,是指各债权人与债务人或各债务人与债权人之间应如何行使其债权或履行其债务的关系。

(2)对内效力,即内部关系,是指多数债权人、多数债务人内部的关系,如份额划分问题。例如,一债权人全部受领时,对其他债权人应如何分与;一债务人全部履行时,其他债务人应如何分担的关系。

---

[1] 参见孙森焱:《民法债编总论》(下册),2020年自版发行,第851页;朱广新、谢鸿飞主编:《民法典评注:合同编　通则》(第1册),中国法制出版社2020年版,第400~401页。

[2] 参见李中原:《多数人之债的类型建构》,载《法学研究》2019年第2期。

[3] 参见李永军:《中国民法学》(第3卷),中国民主法制出版社2022年版,第55~56页;黄立:《民法债编总论》,中国政法大学出版社2002年版,第599页。

(3)就当事人一人生效的事项,对其他当事人有如何的影响。如多数债权人之一受领迟延,其他债权人是否同负迟延责任,或一债务人受免除时,他债务人是否亦同受益。基于多数债权人、多数债务人之间的关系,对于其中一人所发生的事项可能对其他人发生效力,视为绝对效力事项,不影响其他人的则是相对效力事项。而划分这两种事项的标准依据就在于,多数人之债以同一给付为其标的,有一个共同目的,因此满足了此项目的的事项(如清偿),就会发生绝对效力;此外,在有些情况下,为了避免循环求偿、简化法律关系,有的事项(如免除)虽然并未满足此目的,但仍然使其发生绝对效力。只不过,前者发生绝对效力是因其本质使然,因此当事人不能约定排除其绝对效力;后者发生绝对效力则是为图便宜,因此当事人可以约定改变其绝对效力。[1]

第二节　可分之债与不可分之债

按照给付标的是否可分,可以将多数人之债分为可分之债与不可分之债。所谓可分给付,指一个给付可分为数个给付,不导致其内容上发生根本变化,尤其是不导致其价值贬损。[2]换言之,分割之后仅有量的不同,而不存在质的差异或者价值的悬殊变化的,均为可分给付。但是,可分给付也可能因为法律评价、当事人约定等原因成为不可分给付,因此不可分给付分两种:(1)性质上不可分,即给付在性质上即为不可分,也称客观不可分;(2)约定不可分,也称主观不可分,即使给付在性质上可分,但若在法律解释上或当事人特别约定为不可分,则可成立不可分之债。标的是否可分,以履行时作为判断标准,故可分给付并不必自始存在,原本不可分的给付后来可分时,仍可成立可分之债;如果因当事人意思而使原本可分的给付,在法律评价上变为不可分,那么就不能成立可分之债。此外,也有学者认为,可分之债中基于法律之价值判断而不可分者,亦为不可分之债。[3] 例如,多数承租人同时租赁同一标的物,有关租金债务,在法律上即属不可分,各承租人均负全部给付义务。[4]

一、可分之债

可分之债,又称分割之债或联合之债,是指以同一可分给付为标的,而其义务或权利应分担或分享的复数主体之债。其在性质上为多数主体之债、复数关系之债。给付可分的多数人之债,除法律另有规定、当事人另有约定外,原则上是可分之债。[5] 可分之债一般可分为两类:(1)可分债务,即以同一可分给付为标的,由数债务人分担的债务;(2)可分债权,即以同一可分给付为标的,由数债权人分受的债权。

但是,《民法典》并未将可分之债与不可分之债作为明确的债的类型单独规定,仅在第517条规定按份之债时,将可分之债作为按份之债的前提。由此,按份之债的相关规定可作为可分

[1] 参见郑玉波:《民法债编总论》(修订2版),中国政法大学出版社2004年版,第398页。
[2] 参见杨代雄主编:《袖珍民法典评注》,中国民主法制出版社2022年版,第428页。
[3] 参见邱聪智:《新订民法债编通则》(上册)(新订2版),2013年自版发行,第307页。
[4] 参见王泽鉴:《民法概要》(第2版),北京大学出版社2011年版,第227页。
[5] 参见孙森焱:《民法债编总论》(下册),2020年自版发行,第855页。

之债的规范依据。[1]

(一)可分之债的成立

可分之债主要因法律行为而成立,但也可能因侵权行为等其他情形而成立,其成立须具备下列要件。

1. 须债权人或债务人为多数人。这一要件是多数人之债的共同要件,若债权人和债务人均为单一一人,则不称其为多数人之债。

2. 须以同一可分给付为标的。这一要件是可分之债与不可分之债的核心区别。

3. 是否须基于共同原因而发生。关于可分之债是否须基于共同原因而成立,学说上观点不一。"肯定说"认为,唯有基于共同原因成立可分之债,才能将可分之债与数项独立的债之关系区分开来。[2] "否定说"认为,虽然基于共同原因而成立可分之债较常见,但也不能排除相同的当事人先后以数个合同确定他们之间的可分之债。[3] 在本章引导案例第2问中,甲、乙、丙的给付发生原因为买卖合同,戊的给付发生原因则是独立地加入该买卖合同的协议,虽然其给付发生原因不同,但是给付相同,无妨成立可分之债。当然,因不同原因而成立可分之债的情况较少见,绝大多数情况下,可分之债都是因同一原因而成立的。

(二)可分之债的效力

可分之债因其为按份之债或连带之债而有不同的效力,一般而言的可分之债的效力是指按份之债的效力,详见后文,兹不赘述。

二、不可分之债

不可分之债,是指以同一不可分给付为标的的多数人之债。债权人有多数的,为不可分债权;债务人有多数的,为不可分债务。不可分之债不仅主体为多数,而且其债之关系也是多数的,即数个债权债务关系因给付的不可分而相互结合,成为不可分之债,一旦给付变为可分,就会变为可分之债了。

不可分之债包括如下类型。

(一)不可分债务

不可分债务,是指以同一不可分给付为标的的复数主体债务,如数人共负交付一头耕牛的债务。不可分债务的效力准用连带债务的规定,[4] 分以下3点论述。

1. 对外效力

债权人仅得对债务人中一人或数人或其全体,同时或先后为全部之请求,但不得请求一部分给付,因为给付为不可分给付。但是,主观不可分之债务,仍应承认债权人得请求部分给付;不可分债务人破产时,债权人得就债权之全部,对破产财团行使权利。[5]

2. 对内效力

不可分债务的对内效力,准用连带债务的对内效力。

---

[1] 参见李永军:《中国民法学》(第3卷),中国民主法制出版社2022年版,第50页。

[2] 参见杨代雄主编:《袖珍民法典评注》,中国民主法制出版社2022年版,第428页;王洪亮:《债法总论》,北京大学出版社2016年版,第487页。

[3] 参见崔建远主编:《合同法》(第7版),法律出版社2021年版,第63页。

[4] 参见刘心稳:《债权法总论》(第2版),中国政法大学出版社2015年版,第105页。

[5] 参见郑玉波:《民法债编总论》(修订2版),中国政法大学出版社2004年版,第419页。

3. 就债务人一人发生事项的效力

参照我国《民法典》对连带之债的有关规定,并参考《德国民法典》第 422 条至第 425 条的规定,绝对效力事项包括债务人清偿、代物清偿、提存、抵销或混同,债权人受领迟延等;而相对效力事项则包括债务免除、给付迟延、给付不能、债权让与、债务承担、合同解除、合同终止等。[1]

(二)不可分债权

不可分债权,是以同一不可分给付为标的的复数主体债权,如数人共同承租土地的承租权,数人共同出租建筑物的租赁物返还请求权。不可分债权的效力,分为以下 3 点。

1. 对外效力

由于不可分债权的给付不可分,因此,各债权人只可请求向债权人全体为给付,债务人也仅可向债权人全体为给付,而不得仅由部分债权人受领其给付,否则债务并不消灭;但是,若仅由部分债权人受领,同时可使全体债权人满足时,则不在此限。

2. 对内效力

各债权人可约定各自的份额,份额不能确定时视为等额。其所受领的给付,如性质上为可分,则各债权人可以分受;如性质上为不可分,则可参照共有物分割的有关规则。

3. 就债权人一人发生事项的效力

就债权人一人发生的事项,以相对效力事项为原则、绝对效力事项为例外。部分债权人为全体债权人利益发生的事项,对全体有效;为个别债权人利益发生的事项,对其他债权人无效,其他债权人仍可以请求债务人向全体债权人清偿。[2]

其中,绝对效力事项包括:第一,某一债权人为全体债权人而请求履行。某一债权人若为自己请求履行,则不发生请求的效力;若为全体债权人请求履行,则对其他债权人也发生请求效力。第二,受领迟延。因一债权人受领迟延,其他债权人也就无法受领,债务人无从履行其债务,因此某一债权人受领迟延也发生绝对效力。第三,某一债权人为全体债权人请求履行而中断时效,对其他债权人也发生时效中断效力。第四,某一债权人为全体债权人请求履行,而债务人给付迟延的,对其他债权人也发生给付迟延的效力。

除上述事项外,其他事项为相对效力事项。例如,在对某一债权人作出清偿、代物清偿、提存、抵销,或免除、混同等情况下,仅该债权人的债权归于消灭,其他债权不受影响,仍可向债务人请求全部给付,且在受领后仍应分与该债权人。此时,该债权人与债务人的关系,应分别确定:(1)若该债权人此前系单独受领清偿、代物清偿、提存、抵销,则其由其他债权人分受利益后,应将此前所得的全部利益依不当得利的规定返还于债务人;(2)若该债权人单独向债务人为免除,则其分受利益后,应将所受利益依不当得利的规定返还于债务人;(3)若一债权人与债务人混同,则不发生不当得利返还问题。[3]

(三)协同之债

协同之债,是指以不可分给付为标的,只能由所有债权人共同接受履行或由所有债务人共

---

[1] 参见郑玉波:《民法债编总论》(修订 2 版),中国政法大学出版社 2004 年版,第 419 页。

[2] 参见李永军:《中国民法学》(第 3 卷),中国民主法制出版社 2022 年版,第 52 页。

[3] 参见郑玉波:《民法债编总论》(修订 2 版),中国政法大学出版社 2004 年版,第 417 页。

同进行履行的多数人之债。[1] 协同之债包括协同债权和协同债务。协同债权，如甲、乙二人为某个没有法人资格的合伙或社团的成员，他们作为此合伙或社团的成员在银行开设了一个联名账户，他们对于银行享有的债权即为协同债权；协同债务，如一个唱片公司同数个音乐人签订一个合同，约定由他们共同演奏一首交响乐。

1. 性质与特点

协同之债是不可分之债的一种类型，其是否具有独立意义存在争议。[2] 2009 年《欧洲示范民法典草案》（Draft Common Frame of Reference，DCFR）在其第 3 卷“债务及其相应的债权”第 4 章“多数债务人与债权人”中规定了 3 种多数人之债，即连带之债、按份之债与协同之债。其评论指出，对于连带债务和按份债务，基本上所有的法律体系都有规定，但绝大多数国家的法律体系都不承认协同债务，而那些不承认协同债务的法律体系一般会规定不可分债务，后者所包括的情形与前者大部分相同。[3] 因此，“协同之债其实是以不可分之债替代者身份出现的”。[4] 而郑玉波则认为，协同之债可依性质分别纳入共同共有债务和不可分债务中，并无独立存在之实益。[5] 应当认为，《欧洲示范民法典草案》的做法实际上放弃了可分之债与不可分之债的划分，转而采纳了按份之债与连带之债的分类。如此一来，不能纳入按份之债或连带之债的协同之债自然只能独立出来。协同之债与不可分之债具有密切的联系，将协同之债界定为不可分之债的一种特殊类型，较妥当。[6]

协同之债的本质特征在于其“协同性”，即“共同实施性”，它要求给付必须由全体债务人或者为了全体债权人而共同实施。这种协同性可以划分为两种类型：“当然的协同性”和“推定的协同性”：(1)根据给付的性质和债的目的，只有协作给付才是实现债的目的的唯一方式，此之谓“当然的协同性”，协同之债在大多数情况下属于此类。(2)在多数人债权的场合，如果债的目的不够明确，则给付究竟采用哪种方式（按份、连带或协同）也就无法确定，此时对履行方式的判定需要顺次考虑两个方面的因素：其一，何者对于债权人利益的实现最有利；其二，何者对于债权人利益的实现最稳妥。在债权总量恒定的情况下，基于各个债权人利益的不明确和不一致（甚至存在冲突），对于债权人利益的实现“最有利的方式”无法确定，于是，只能诉诸对债权人利益的实现“最稳妥的方式”：由于按份方式须确定各个债权人的份额，而连带方式则须确定任一债权人可否行使或代理行使全部债权，在这些都无法确定的情况下，协同方式既无须划分份额，又是在所有债权人参与下实施的，实乃履行此类债权最稳妥的模式，这就是“推定的协同性”。[7]

综上所述，协同之债应构成不可分之债的一种特殊类型，其不同于连带之债之处在于，不

---

[1] 参见齐云：《论协同之债》，载《法商研究》2020 年第 1 期。

[2] 正由于对协同之债与不可分之债的关系存在不同认识，协同之债与不可分之债确实具有千丝万缕的联系，故不同立法例对于协同之债的认识存在诸多不同，参见齐云：《论协同之债》，载《法商研究》2020 年第 1 期；有关协同之债的发展史，参见该文第 148 ~ 150 页。

[3] 参见欧洲民法典研究组、欧盟现行私法研究组编著、［德］克里斯蒂安·冯·巴尔、［德］埃里克·克莱夫主编：《欧洲私法的原则、定义与示范规则：欧洲示范民法典草案》（全译本）（第 1 ~ 3 卷），付俊伟等译，法律出版社 2014 年版，第 843 页。

[4] 齐云：《论协同之债》，载《法商研究》2020 年第 1 期。

[5] 参见郑玉波：《民法债编总论》（修订 2 版），中国政法大学出版社 2004 年版，第 424 页。

[6] 参见齐云：《论协同之债》，载《法商研究》2020 年第 1 期。

[7] 参见李中原：《多数人之债的类型建构》，载《法学研究》2019 年第 2 期。

可分之债必须整体履行，这是因为其给付不可分；而连带之债的整体履行，是因为此种债的设立就是为了达到此种整体履行的效果。协同之债与不可分之债最本质的相同点在于给付之不可分，因而不可以部分履行，但在具体履行的方式上两者存在一定差别，前者只能由多数债权人、多数债务人共同进行给付，而后者可能由某一债务人单独完成全部给付。[1]

2. 效力

在协同之债中，履行或与履行具有同等效力的事项(如提存、代物清偿)应由全体债务人或对全体债权人为之；履行的请求也应对全体债务人为之。但是，协同债权人之一可以请求债务人向全体债权人履行。[2] 而在协同之债的内部关系中，也有相应的份额，可以依当事人的约定确定；没有约定时，依照协同行为的性质确定；仍然不能确定时，可推定为等额。[3]

第三节 按份之债与连带之债

按份之债与连带之债是多数人之债的一个重要分类，是以各债权人、各债务人是否须依照份额行使权利、履行债务，还是均有权请求全部给付或有义务提供全部给付进行划分的。

当可分给付的多数人之债性质不明时，究竟应推定其为按份之债还是连带之债，存在不同观点。在传统民法上，以按份之债为原则，以连带之债为例外，故性质不明的可分之债应推定为按份之债。[4] 我国也采纳了这一推定规则。因此，在本章引导案例第 1 问中，由于当事人并未明确约定为连带之债或按份之债，而买卖价金为可分给付，故推定为按份之债；汽车为不可分给付，丁只能向债权人全体交付，故为不可分之债。此推定规则有利于债务人原则的体现，它的理论前提是：将债务人看作双方当事人中较弱的一方，为了避免债权人利用其优势地位压迫债务人，不得推定在当事人之间成立责任形式更重的连带债务，而应推定成立责任形式较轻的按份债务，这也是大部分欧洲国家的民法典遵循的共同法传统。[5] 与此相反，德国民法认为，就合同债务而言，优先推定为连带债务而非按份债务(《德国民法典》第 427 条)。受其影响，《欧洲示范民法典草案》第Ⅲ-4:103 条和《国际商事合同通则》第 11.1.2 条也采纳了这一观点。

应当认为，无论采纳何种观点，在司法实践中的区别都没有看上去那么大，因为这两种推定规则下都存在大量例外规定。举例言之，《民法典》第 686 条第 2 款对保证方式不明的保证推定为一般保证的规定，就是这种例外的一种体现。因此，在这一推定规则之外，完全可以根据商业惯例和司法实践的具体情形，在特定领域通过特别立法来明确规定“连带债务推定”，从而实现一定的立法政策，达到特定的立法目的。[6]

---

[1] 参见齐云：《论协同之债》，载《法商研究》2020 年第 1 期。

[2] 参见李中原：《多数人之债的类型建构》，载《法学研究》2019 年第 2 期。

[3] 参见史尚宽：《债法总论》，中国政法大学出版社 2000 年版，第 699 ~ 700 页。

[4] 参见史尚宽：《债法总论》，中国政法大学出版社 2000 年版，第 646 页；李中原：《多数人之债的类型建构》，载《法学研究》2019 年第 2 期。关于这一规则的历史来源和流变，参见齐云：《论多数人之债的类型推定规则》，载《法律科学(西北政法大学学报)》2022 年第 3 期。

[5] 参见齐云：《论多数人之债的类型推定规则》，载《法律科学(西北政法大学学报)》2022 年第 3 期。

[6] 参见齐云：《论多数人之债的类型推定规则》，载《法律科学(西北政法大学学报)》2022 年第 3 期。

一、按份之债

按份之债，是指债的一方主体为多数，且标的可分时，各自按照一定的份额承担债务或享有债权的债。其中，债权人一方为多数的，为按份债权；债务人一方为多数的，为按份债务。如果可分给付的各债权人、各债务人因特殊的法律关系而联系在一起，从而构成准共有之债或共同共有之债时，其就不再属于按份之债了。[1]

相较连带债权，按份债权中的债权人不必担心其他债权人将自己的债权也受领了，故其风险较小，具有优待债权人的功能；同理，相较连带债务，按份债务的债务人仅就其份额负有债务，故按份债务有优待债务人的功能。[2]

按份之债的效力可分为以下 3 种。

1. 对外效力

在履行时，各债权人、各债务人按照其份额履行或接受履行即可，互无干涉，由此也可知，按份之债在性质上具有多个独立的债之关系。超过份额时，超过部分并不发生债务清偿效力，而是构成不当得利或第三人代位清偿。[3] 对于可分之债各债权人、债务人的份额，原则上由当事人约定；在没有约定、约定不清以致难以确定其份额的情况下，依据《民法典》第 517 条第 2 款，除法律另有规定外，视为其份额相同。也有观点认为，即便法律不另有规定、当事人不另有约定，基于债务关系的性质另有其他结论，也可能不适用《民法典》第 517 条第 2 款推定。[4]

2. 对内效力

《民法典》第 517 条第 2 款的规定虽然针对的是按份之债的对外效力，但是在当事人没有特别约定时，同样应准用于对内效力。但按份之债的内部关系与外部关系互不干涉，就内部关系的约定并无对外效力。因此，若各债权人间、各债务人间约定的内部分担份额不同于对外分担份额，则其仍应按照对外分担份额履行，但清偿超过其内部分担份额的债务人，有权向其他债务人追偿；受清偿超过其内部分受份额的债权人，有义务将其超过部分移转至其他债权人。

3. 就当事人一人发生事项的效力

如前所述，按份之债是多个独立的债之关系，故彼此之间不相干涉，就一债务人或一债权人所发生的给付迟延、给付不能、受领迟延、债务免除、混同、诉讼时效等事项，不影响其他债务人或债权人。[5] 但是，若可分之债系基于同一合同而产生，那么尚需注意以下问题：

(1)就一债务人或一债权人所发生的无效或撤销原因，虽然其看似影响了整个合同的效力，但是按份之债本属互相独立、互不干涉。因此，就一债务人或一债权人所发生的无效或撤销原因，仅仅影响该当事人的份额，而不影响其他当事人。[6]

(2)合同解除和同时履行抗辩权应如何处理。有观点主张应由各债权人或各债务人共同进行，即合同解除须由当事人一方的全体向另一方的全体主张；而对于同时履行抗辩，只要对方的数当事人中一人未提出对待给付，便可就全部给付主张同时履行抗辩。其理由在于，可分之债系基于同一合同而产生的。但是，郑玉波认为，可分之债的债权各自独立，即便其发生原

---

[1] Vgl. Looschelders, Schuldrecht Allgemeiner Teil, 19. Aufl., Vahlen, 2021, § 54 Rn. 5.

[2] 参见杨代雄主编：《袖珍民法典评注》，中国民主法制出版社 2022 年版，第 428 页。

[3] 参见李永军：《中国民法学》(第 3 卷)，中国民主法制出版社 2022 年版，第 53 页。

[4] 参见杨代雄主编：《袖珍民法典评注》，中国民主法制出版社 2022 年版，第 429 页。

[5] 参见杨代雄主编：《袖珍民法典评注》，中国民主法制出版社 2022 年版，第 428 ~ 429 页。

[6] 参见林诚二：《债法总论新解——体系化解说》(下册)，台北，瑞兴图书股份有限公司 2010 年版，第 340 页。

因为同一合同,除非一方的给付不可分,否则解除权和同时履行抗辩权的行使,也应允许各人按其份额独立为之。[1]

(3)某一债务人清偿额超过其应分担额时,应如何处理;某一债权人受领的给付超过其应分受额,又该如何处理。对于前一问题,就其超过部分,应属清偿他人的债务,依照第三人代为清偿的规则处理;对于后一问题,一债权人的超额受领,除其具有作为其他债权人的代理人或受领传达人的资格,或者经其他债权人的承认,或者其他债权人因而受益,或者在受领后取得相应债权的情况外,应当按照不当得利的规定向债务人返还。[2]

二、连带之债

连带之债,是指以同一给付为标的,债务人或债权人之间具有连带关系的多数人之债。其主要特点就在于,其各债务人之间或各债权人之间须具有连带关系(或称牵连关系)。而所谓连带关系,是指各债务或各债权具有共同的目的,在债之效力上和消灭上互有牵涉。[3] 效力上的牵涉,如就当事人一人所生的事项,其效力也可及于其他当事人;在消灭上的牵涉,如某一债务人完全履行,其他债务人也相应免去责任。

连带之债具体可分为两类,即连带债务和连带债权,前者在各债务人之间发生连带关系,能够以牺牲债务人利益为代价最大化债权人的利益,实际上"是担保的一种";[4]后者在各债权人之间发生连带关系,但是对债权人和债务人均无明显优待。[5] 因此,随着现代法中优待债权人的发展,连带债务越发处于多数人之债的中心位置,而连带债权则不然。[6]

(一)连带债务

连带债务,是指以同一给付为标的,依当事人约定或者法律规定,各债务人之间具有连带关系的多数人之债。对于此同一给付,各债务人均负有全部给付责任,因一人的全部给付,其他连带债务人的债务同归消灭。

1. 性质与特点

连带债务究竟属于单一债之关系还是复数债之关系,学说上争论颇多。[7] 我国通说采用"复数关系说"。[8] 由此,连带债务具有如下特点。

(1)连带债务是按照债务人人数所成立的复数的独立债务,与保证债务须以主债务存在为前提不同,因此连带债务如果是基于一个法律行为而发生,即便其中一个债务人的意思表示无效或可撤销,也不影响其他债务人的债务,各债务人的债务可以有不同的期限、条件、担保等,债权人也可以将对不同连带债务人的债权分别让与。

---

〔1〕 参见郑玉波:《民法债编总论》(修订2版),中国政法大学出版社2004年版,第386页。

〔2〕 参见郑玉波:《民法债编总论》(修订2版),中国政法大学出版社2004年版,第386~387页。

〔3〕 参见崔建远、陈进:《债法总论》,法律出版社2021年版,第42页。

〔4〕 [日]福田诚治:《连带债务的一体性与相互保证性》,载[日]内田贵、[日]大村敦志编:《民法的争点》,张挺等译,中国人民大学出版社2023年版,第381页。

〔5〕 当然,也有观点认为,连带债权对于债务人较有利、对债权人则不利。Vgl. Looschelders, Schuldrecht Allgemeiner Teil, 19. Aufl., Vahlen, 2021, § 54 Rn. 7.

〔6〕 参见杨代雄主编:《袖珍民法典评注》,中国民主法制出版社2022年版,第429页。

〔7〕 参见郑玉波:《民法债编总论》(修订2版),中国政法大学出版社2004年版,第389页。

〔8〕 参见崔建远主编:《合同法》(第7版),法律出版社2021年版,第66页;郑玉波:《民法债编总论》(修订2版),中国政法大学出版社2004年版,第389页;史尚宽:《债法总论》,中国政法大学出版社2000年版,第641页。Vgl. Looschelders, Schuldrecht Allgemeiner Teil, 19. Aufl., Vahlen, 2021, § 54 Rn. 24。

(2)各债务人均须负全部给付义务,且无论其给付是否可分。而且,各债务人的给付义务处于同一位阶,而非有先后位阶顺序;如果某一个债务人仅承担补充性的责任,就不构成连带债务。[1] 其原因在于,各债务人必须能够相互追偿,而不是自始就已确定某个债务人必须最终承担全部给付。[2]

(3)债务人中的一人或数人已经全部给付时,各连带债务人的债务均归于消灭。因为虽然各债务人的债务独立,但是目的则只有一个,该目的为客观目的,各债务人的债务都是达成此目的的手段,所以只要通过一个手段达成了目的,其他手段便没有了存在的必要。

(4)债务人之间须依主观共同目的相互结合,因此就一个人所生的事项,在一定范围内效力及于其他人;债务人相互间有分担额存在,因部分人之事由而共同免责时,其可对其他债务人享有求偿权。

2. 连带债务的成立

依据《民法典》第 518 条第 2 款的规定,连带债务须依法律规定或当事人约定成立。二者分别为法定连带债务和意定连带债务。至于是否须因同一原因而发生,在所不问。[3] 连带债务限制主义认为,当事人约定限于明确约定。[4] 有批判观点认为,连带债务限制主义实际上是建立在"多数人债务以按份债务为原则,以连带债务为例外"的基础上,但是这一判断是不成立的。此外,现实中也存在很多不应成立按份债务但是又欠缺法律明文规定的情形,如共同缔约过失责任、共同违约责任等。因此,意定连带债务并不以明确约定为必要,我国法律也没有要求"明确约定";《民法典》第 518 条第 1 款第 2 分句"债务人为二人以上,债权人可以请求部分或全部债务人履行全部债务的,为连带债务"可以作为连带债务的一般构成要件,符合此项规定即可能成立法定连带债务。[5] 此种观点值得参考。

需要注意的是,我国民法上存在连带债务和连带责任两种称谓,在许多情况下,所谓连带责任就是连带债务,不含有道德、法律谴责和否定的评价,并非违反义务所产生的后果,如合伙人的连带责任、连带保证责任等,均属此类。但是,仍有连带责任属于真正意义上的民事责任,如共同侵权行为人的连带责任。区分这两者的意义在于,其诉讼时效的起算不同。[6]

3. 连带债务的效力

(1)对外效力

依照《民法典》第 518 条第 1 款的规定,连带债务的债权人可以请求部分或者全部连带债务人履行全部债务。其请求可以针对一人、数人或全部连带债务人,不仅可以同时请求或先后请求,还可以请求全部履行或部分履行,被请求的连带债务人不得以有其他连带债务人存在、债权人已向其他连带债务人请求过、自己已经履行过一部分、存在内部分担额等理由拒绝履行。

(2)对内效力

连带债务的对内效力,主要表现为内部分担额的确定和追偿权、代位求偿权的问题。兹分

---

[1] Vgl. Looschelders, Schuldrecht Allgemeiner Teil, 19. Aufl., Vahlen, 2021, § 54 Rn. 22.

[2] Vgl. Jauernig/Stürner, 19. Aufl. 2023, BGB § 421 Rn. 2.

[3] Vgl. MüKoBGB/Heinemeyer, 9. Aufl. 2022, BGB § 421 Rn. 21.

[4] 参见最高人民法院民法典贯彻实施工作领导小组主编:《中华人民共和国民法典合同编理解与适用》(第 1 册),人民法院出版社 2020 年版,第 388、393 页。

[5] 参见杨代雄主编:《袖珍民法典评注》,中国民主法制出版社 2022 年版,第 429 ~ 431 页。

[6] 参见崔建远、陈进:《债法总论》,法律出版社 2021 年版,第 42 页。

述如下。

各连带债务人虽然都对债权人承担全部清偿责任，但是其内部并非全无责任划分，各债务人之间仍有分担份额的存在。对于内部分担额，由当事人约定或者法律规定；难以确定时，依据《民法典》第519条第1款的规定，视为份额相同。也有观点认为，根据债务关系的性质另有其他结论时，也不适用《民法典》第519条第1款推定规则。[1] 在本章引导案例第3、第4问中，由于当事人未约定份额，难以确定各自的份额，视为份额相同，每人分担7500元。

内部分担额毕竟只在各连带债务人之间有效，债权人可以选择请求部分债务人履行全部给付，因此可能出现某一债务人的给付超过其分担额致使其他债务人免责的情况，此时便会发生向其他债务人追偿的问题，由此发生追偿权和代位求偿权。《民法典》第519条第2款规定："实际承担债务超过自己份额的连带债务人，有权就超出部分在其他连带债务人未履行的份额范围内向其追偿，并相应地享有债权人的权利，但是不得损害债权人的利益。其他连带债务人对债权人的抗辩，可以向该债务人主张。"

所谓追偿权，是一种独立的、根据《民法典》第519条第2款而成立的权利，具有独立的诉讼时效。[2] 该权利的成立要件包括以下3点。

第一，须某一债务人有清偿或者其他与清偿具有同样的消灭债之关系效力的有偿行为，如代物清偿、提存、抵销等。如果是因无偿的债务免除等行为或者因混同而发生债之关系的消灭，则不能产生追偿权。

第二，所有其他连带债务人因该债务人的行为而一同全部或者部分免责，若该债务人虽有清偿等行为，但不能使其他债务人的连带债务减少，那么其他债务人并未因而受益，追偿权无从谈起。

第三，须其他连带债务人一同免责的数额超过了该债务人的内部应分担份额。有学说主张，即便免责数额未超过该债务人应分担额，其仍可向其他债务人进行追偿，因为其他债务人仍然在相应范围内享有利益。[3] 若采用此说，那么在本章引导案例第3问中，甲已清偿5000元价金，其他连带债务人也相应减少了5000元债务，故甲可以向其他债务人主张追偿权，2万元时亦同。但是，此说有导致法律关系趋于复杂之虞，因此，《民法典》第519条第2款规定，连带债务人只有在实际承担债务超过自己份额时，才能享有追偿权。因此，在本章引导案例中，甲仅清偿5000元价金，并未超过其应分担额7500元，故不能主张追偿权；而其清偿2万元时，已超过其份额，可以主张追偿权。另须注意的是，若被追偿的债务人有2人以上，则他们原则上不构成连带债务人，而是各自仅对其应分担份额负责。[4]

由此，追偿权的范围包括：第一，超过自己分担部分的给付额；第二，免责时起的利息；第三，非该债务人应单独负责的事由所导致的损害或所支出的费用，但应先扣除自己应分担的部分。[5] 而对某一他债务人的追偿权范围，限于该债务人份额内未履行的部分。

但是，其他连带债务人未必有能力履行其应分担份额，可能导致追偿权人单独承担此项风

---

〔1〕 参见杨代雄主编：《袖珍民法典评注》，中国民主法制出版社2022年版，第434页。

〔2〕 参见杨代雄主编：《袖珍民法典评注》，中国民主法制出版社2022年版，第434页。

〔3〕 参见郑玉波：《民法债编总论》（修订2版），中国政法大学出版社2004年版，第403页。

〔4〕 参见杨代雄主编：《袖珍民法典评注》，中国民主法制出版社2022年版，第434页。

〔5〕 参见郑玉波：《民法债编总论》（修订2版），中国政法大学出版社2004年版，第403～404页。

险,为公平起见,《民法典》第 519 条第 3 款规定,被追偿的连带债务人不能履行其应分担份额的,其他连带债务人(包括追偿权人[1])应当在相应范围内按比例分担。其他连带债务人分担后,对不能履行的连带债务人享有追偿权。这就是追偿权的扩张。但关于何为“不能履行”,学说上观点不一。[2] 笔者认为,《民法典》第 519 条第 3 款的“不能履行”可以参照《民法典》第 687 条关于一般保证的“不能履行”理解。在本章引导案例第 4 问中,丙无力履行其 7500 元的份额,应当由其他连带债务人按各自份额的比例分担,每人须分担 2500 元,因此,应由乙、丁分别向甲支付 2500 元,甲、乙、丁分别对丙享有 2500 元的追偿权。

此外,《民法典》第 519 条第 2 款还规定,追偿权人还享有代位求偿权,此即法定的债权移转。代位求偿权的意义在于,追偿权人可以在相应范围内取代原债权人的地位,从而享有原债权所附的担保,以加强其追偿权的效力。[3] 由此看来,代位求偿权与追偿权是为同一目的而并存的请求权,权利人可以选择行使。代位求偿权的范围和消灭,从属于追偿权。[4] 但是,代位求偿权的行使不得损害原债权人的利益,这一规则主要在破产、强制执行或担保财产不足时有意义。[5] 在本章引导案例第 5 问中,甲对丙享有 7500 元的追偿额,同时债权人丁的债权尚有 1 万元未得到清偿,甲主张代位求偿权、对该案的质押担保主张权利,不得损害债权人丁的利益,应由丁首先受偿,甲只能在丁之后受偿,因此变价款由丁受偿 1 万元。

因为追偿权人取代原债权人的地位,所以《民法典》第 519 条第 2 款规定,其他连带债务人对债权人的抗辩,可以向该债务人主张。与此相应,考虑代位求偿权本以加强追偿权效力为其目的,因此这些抗辩也可用于对抗追偿权,以防止其他债务人的地位无故遭到不利变化。[6]

(3)就债务人一人发生事项的效力

由于连带债务为复数债务,各债务之间相互独立,《民法典》原则上不认为连带债务人一人所发生事项的效力及于其他连带债务人;在例外的情况下,为绝对效力事项。依照《民法典》第 520 条和有关学说,绝对效力事项包括以下 6 种。

第一,清偿、代物清偿、提存。部分连带债务人进行清偿时,连带债务的共同目的已然在相应范围内实现,其他债务人也在相应范围内免责,因此清偿属于绝对效力事项。代物清偿、提存在债之消灭上与清偿具有同等效力,同属绝对效力事项。当然,所谓这些事项导致债权债务消灭,实际上并不完全是绝对消灭,超过该部分连带债务人内部份额的部分,实际上发生了法定债权移转,成为该部分连带债务人的代位求偿权。[7]

第二,抵销。抵销也是债之消灭原因之一,但抵销是否能产生绝对效力,则应分下列两种情况讨论:若某一债务人以自己的债权作为主动债权或被动债权进行了抵销,则与清偿具有同等的消灭债之关系的效力,无疑属于绝对效力事项。若某一债务人以其他连带债务人的债权

---

[1] 参见最高人民法院民法典贯彻实施工作领导小组主编:《中华人民共和国民法典合同编理解与适用》(第 1 册),人民法院出版社 2020 年版,第 400 页。

[2] 参见谢鸿飞:《连带债务人追偿权与法定代位权的适用关系——以民法典第 519 条为分析对象》,载《东方法学》2020 年第 4 期;杨代雄主编:《袖珍民法典评注》,中国民主法制出版社 2022 年版,第 435 页。

[3] 参见崔建远、陈进:《债法总论》,法律出版社 2021 年版,第 46 页。

[4] Vgl. *Looschelders*, Schuldrecht Allgemeiner Teil, 19. Aufl., Vahlen, 2021, § 54 Rn. 32.

[5] Vgl. Staudinger/Looschelders (2022) BGB § 426 Rn. 156.

[6] 反对意见,vgl. Looschelders, Schuldrecht Allgemeiner Teil, 19. Aufl., Vahlen, 2021, § 54 Rn. 28。

[7] 参见杨代雄主编:《袖珍民法典评注》,中国民主法制出版社 2022 年版,第 437 页。

主张抵销,则应否允许存在疑问。[1]《德国民法典》第422条第2款则明确否定以其他债务人的债权抵销。解释上,宜允许在该他人应分担额范围内以该他人的债权主张抵销,以简化法律关系,避免循环求偿。

第三,混同。混同是债之消灭原因之一,部分连带债务人因混同而消灭其债务时,其他连带债务人在混同者应分担额的范围内一同免责。其原因在于,若混同者可以债权人的身份向其他连带债务人请求全部给付,则在其受领之后,仍须以连带债务人之一的身份向其他连带债务人偿还自己应分担的部分,徒费周折,故《民法典》第520条第3款规定混同可在发生混同的债务人的应分担份额范围内发生绝对效力(限制的绝对效力)。

第四,免除。债权人免除连带债务,可分为两种情况:一是免除全部连带债务,此时连带债务全部消灭,自不待言;二是仅免除部分连带债务人的债务,此时依据《民法典》第520条第2款的规定,其他连带债务人在该部分连带债务人应分担份额范围内免责,这同样是为了简化法律关系,避免循环求偿。

第五,诉讼时效。依照《民诉时效解释》第15条第2款的规定,对于连带债务人中的一人发生诉讼时效中断效力的事由,应当认定对其他连带债务人也发生诉讼时效中断的效力。但是,学说上对此多持批评态度。[2] 除中断外的时效中止、延长、完成等,则为相对效力事项。[3]

第六,受领迟延。《民法典》第520条第4款规定,债权人对部分连带债务人的给付受领迟延的,对其他连带债务人发生效力。这是因为,连带债务人之一提出给付而债权人受领迟延时,不仅该债务人的义务未能消灭,其他连带债务人也不能在相应范围内免责。因此,债权人的受领迟延,应发生绝对效力,使债权人承担相应的不利益。[4]

债务不履行原则上只是相对效力事项。但是,如果在某些情况下,某一连带债务人可以认为是其他连带债务人的履行辅助人,那么该其他连带债务人必须将其履行辅助人的过错归咎于自己,为其债务不履行负责。[5] 有观点以此为由将其列为绝对效力事项,[6]但是此种情况下并非基于连带债务本身而导致绝对效力,而是基于“债务人应对其履行辅助人的行为负责”的原理,不宜将其列为绝对效力事项。

除上述事项外,其他事项原则上仅为相对效力事项,包括请求履行、给付迟延、给付不能等。当然,若当事人约定某些相对效力事项应发生绝对效力,或者根据债务关系及所涉事项的性质应发生绝对效力,则为例外。[7]

(二)连带债权

连带债权,是指以同一给付为标的,依当事人约定或者法律规定,各债权人之间具有连带关系的多数人之债。在构成连带债权的情况下,不再适用不可分债权的有关规则;只有在不构成连带债权的情况下,不可分给付上的多数人债权才构成不可分债权。[8] 依据《民法典》第

---

〔1〕 参见郑玉波:《民法债编总论》(修订2版),中国政法大学出版社2004年版,第395页。

〔2〕 参见朱广新、谢鸿飞主编:《民法典评注:合同编 通则》(第1册),中国法制出版社2020年版,第459~460页。

〔3〕 参见杨代雄主编:《袖珍民法典评注》,中国民主法制出版社2022年版,第438页。

〔4〕 Vgl. MüKoBGB/Heinemeyer, 9. Aufl. 2022, BGB § 424 Rn. 1.

〔5〕 Vgl. Staudinger/Looschelders (2022) BGB § 425 Rn. 8.

〔6〕 参见杨代雄主编:《袖珍民法典评注》,中国民主法制出版社2022年版,第438页。

〔7〕 参见杨代雄主编:《袖珍民法典评注》,中国民主法制出版社2022年版,第436页。

〔8〕 Vgl. Staudinger/Looschelders (2022) BGB § 432 Rn. 4.

521 条第 3 款的规定,连带债权参照适用连带债务的有关规定。

1. 性质与特点

与连带债务相同,连带债权也是复数债之关系。其特点在于:(1)连带债权须有多数债权人,而债务人方面可以为单数人或多数人。(2)连带债权须以同一给付为其标的,给付内容、给付目的均为同一,否则成立数个独立债权而非连带债权。(3)连带债权的各债权人,均有权独立向债务人请求全部给付,因此连带债权的各债权,可以有不同的期限、条件、担保等。就其中一债权人发生的事项,原则上对其他债权人不生效力。

2. 连带债权的成立

与连带债务相同,连带债权的成立也须有法律规定或者当事人约定。对此的解释应与连带债务相同。[1] 但也有观点认为,约定成立连带债务须有当事人明示的意思表示,而连带债权则不必为明示。[2]

3. 连带债权的效力

(1)对外效力

连带债权的各债权人均可独立向债务人请求全部给付,也各自有权受领全部给付。债务人无论是向债权人之全部还是一部分完成全部给付,全部的债权、债务都归于消灭。即便有债权人已经请求履行,债务人也可向其他连带债权人给付。

(2)对内效力

与连带债务类似,连带债权对内效力的问题,也包括内部份额的确定和相互之间的追偿,有关规则与连带债务的规则完全一致,兹仅就几个特殊问题略为论述。第一,若连带债权人之一受领代物清偿,其可以不交出所受领之物,而是按照分享份额向其他连带债权人偿还原定给付。第二,因连带债权人之一发生混同而导致其他债权人的权利消灭,等同该债权人已受领给付,此时应按分享份额的比例向其他债权人负偿还之责。第三,有观点认为,连带债权人之间的追偿权发生,并不以被追偿的债权人所受领给付超过其份额为条件。[3] 但是,这样做其实只是为了达到这样的效果:债务人履行一部分给付后陷入支付不能,此时其给付虽然不能满足受领其给付的债权人的份额,但是该债权人仍应将其所受给付按照份额比例分予其他连带债权人,避免其他连带债权人一无所得。但是,这一效果的达到无须改变追偿权的发生要件,只需对这种情况下的追偿权特别承认即可。[4] 比较法上已有此种先例。[5]

(3)就债权人一人发生事项的效力

连带债权的绝对效力事项与连带债务基本相同,但是也非完全重合。参照连带债务的有关规定,连带债权的绝对效力事项包括以下 5 个方面。

第一,受领清偿或代物清偿,或经抵销、提存、混同。此种事项发生时,连带债权的目的已然在相应范围内达到,因此也在相应范围内消灭。

第二,免除债务。连带债权人之全体免除债务人债务时,连带债权全部消灭;连带债权人

---

〔1〕 参见杨代雄主编:《袖珍民法典评注》,中国民主法制出版社 2022 年版,第 433 页。

〔2〕 参见郑玉波:《民法债编总论》(修订 2 版),中国政法大学出版社 2004 年版,第 407 页。

〔3〕 参见朱广新、谢鸿飞主编:《民法典评注:合同编　通则》(第 1 册),中国法制出版社 2020 年版,第 466 页。

〔4〕 参见杨代雄主编:《袖珍民法典评注》,中国民主法制出版社 2022 年版,第 440 页。

〔5〕 Vgl. Staudinger/Looschelders (2022) BGB § 430 Rn. 9.

之一人免除债务人债务时,其他连带债权人的债权仅在该债权人应分享份额的范围内归于消灭。

第三,请求履行。不同于连带债务,在连带债权中,某一连带债权人请求债务人履行,对其他连带债权人也产生效力。

第四,受领迟延。某一连带债权人受领迟延的,对于其他连带债权人也构成受领迟延。其原因在于,债务人原本即可任意选择向某一债权人给付,若不以债权人受领迟延发生绝对效力,则债务人的选择利益将大为限缩。

第五,诉讼时效。《民诉时效解释》第 15 条第 1 款规定,对于连带债权人中的一人发生诉讼时效中断效力的事由,应当认定对其他连带债权人也发生诉讼时效中断的效力。

除上述事项外,其他事项仅为相对效力事项,包括给付迟延、给付不能等。当然,若当事人约定某些相对效力事项应发生绝对效力,则亦应尊重其有效约定。

三、不真正连带债务

传统上认为,不真正连带债务,是指多数债务人就同一内容的给付,基于各自的发生原因,各自负有全部履行的义务,但是某一债务人履行后其他债务人的债务也归于消灭的债务。[1] 而且,不真正连带债务是广义的请求权竞合的一种,此时债权人就同一给付对数个债务人分别发生债权,但因某一请求权的满足而其余均归于消灭。[2] 不真正连带债务与连带债务颇为类似,但是有下列不同(见表 6-2)。[3]

表 6-2 连带债务与不真正连带债务的比较

项目		连带债务	不真正连带债务
区别	主观关联	连带债务具有共同目的,债务人间具有主观关联	不真正连带债务只有单一目的,各债务人间并无主观关联
	发生原因	可能基于同一原因发生	基于不同原因发生
	成立	当事人约定或法律规定	多是因相关法律关系偶然竞合而发生
	绝对效力事项	较多	较少
	分担份额	有分担份额	并无分担份额和追偿关系
相同点		(1)债务人各负全部给付责任;(2)某一债务人履行的,其他债务人的债务在相应范围内消灭;(3)两者均属多数人之债	

但也有观点认为,不真正连带债务也符合连带债务的核心要素,为了将不真正连带债务与连带债务相区别,学者曾尝试为其附加种种条件,[4] 但始终没能找到一个令人信服的唯一

〔1〕 参见郑玉波:《民法债编总论》(修订 2 版),中国政法大学出版社 2004 年版,第 425 页。

〔2〕 参见李永军主编:《中国民法学》(第 3 卷),中国民主法制出版社 2022 年版,第 56 页。

〔3〕 参见孙森焱:《民法债编总论》(下册),2020 年自版发行,第 892 ~ 893 页;郑玉波:《民法债编总论》(修订 2 版),中国政法大学出版社 2004 年版,第 425 页。

〔4〕 参见税兵:《不真正连带之债的实定法塑造》,载《清华法学》2015 年第 5 期;张定军:《论不真正连带债务》,载《中外法学》2010 年第 4 期。

标准,[1]如史尚宽先生就以“是否基于同一原因发生”作为区别标准,但仍然不得不承认,连带债务也可能基于不同原因而发生。[2] 而主张不真正连带债务的主要理由也并不能成立。[3]因此,不真正连带债务与连带债务的法律后果并没有实质差别,不应承认这一概念;[4]或者说,其应作为连带债务的下位概念,仅需在内部责任分配上规定终局责任人即可,其他的方面可全部适用连带债务的规则,而无须再设立一个独立的多数人之债类型。[5]

(一)不真正连带债务的成立

不真正连带债务几乎都是因法条竞合而成立,主要包括以下5个方面。[6]

(1)因一人的侵权行为与他人的侵权行为竞合而成立,如甲盗走丙的物品,而乙又烧毁了该物品,此时甲、乙各自独立负损害赔偿责任,构成不真正连带债务。

(2)因一人的债务不履行与他人的债务不履行竞合而成立,如丙邀甲提供材料、乙负责裁制,为丙制作衣服,而甲提供的材料存在瑕疵、乙的制作也有瑕疵,从而导致丙受损害时,甲、乙对丙均负有债务不履行的损害赔偿责任,构成不真正连带债务。

(3)因一人的侵权行为与他人的债务不履行竞合而成立,如甲承租丙的房屋,因甲的过失致房屋被乙焚毁。此时,甲、乙分别负有债务不履行责任和侵权责任,构成不真正连带债务。

(4)因约定的损害赔偿债务与他人的债务不履行竞合而成立,如甲承租丙的房屋,因重大过失而失火,但事先向保险公司乙投保了该房屋,此时保险公司与甲对出租人负有不真正连带责任。

(5)因约定的损害赔偿债务与他人的侵权行为竞合而成立,如上例中,甲并非承租人而放火烧毁丙的房屋,则保险公司与甲对丙负有不真正连带债务。

(二)不真正连带债务的效力[7]

1. 对外效力

债权人对于债务人之一部分或全部,可以同时或先后请求一部分或全部给付,此与连带债务相同。

2. 对内效力

不真正连带债务人之间并不当然发生求偿关系,但因各自所负债务性质的差异,如果可以认为某一债务人应终局负责,则其他债务人清偿后可以向该债务人追偿。例如,保险公司赔偿后,可以代位被保险人向放火的人请求赔偿。但是,此种求偿关系,并非因有共同免责的给付行为而请求偿还各自分担的份额,而是基于另一种法律关系请求,因此在性质上不同于连带债务的追偿关系。

---

[1] 参见[日]福田诚治:《连带债务的一体性与相互保证性》,载[日]内田贵、[日]大村敦志编:《民法的争点》,张挺等译,中国人民大学出版社2023年版,第381~382页。就二者的关系演变史,参见张定军:《论不真正连带债务》,载《中外法学》2010年第4期。

[2] 参见史尚宽:《债法总论》,中国政法大学出版社2000年版,第672~673页。

[3] 详细论述,参见张定军:《论不真正连带债务》,载《中外法学》2010年第4期。

[4] 参见张定军:《论不真正连带债务》,载《中外法学》2010年第4期。

[5] 参见齐云:《论多数人之债的类型推定规则》,载《法律科学(西北政法大学学报)》2022年第3期。

[6] 参见郑玉波:《民法债编总论》(修订2版),中国政法大学出版社2004年版,第426~427页。

[7] 参见郑玉波:《民法债编总论》(修订2版),中国政法大学出版社2004年版,第427~428页。

3. 就债务人一人发生事项的效力

对不真正连带债务来说，其系数个债务，在客观上只有单一目的，因此只要是满足此目的的事项，如清偿、代物清偿、提存、抵销等，就可发生绝对效力，而其他事项则只具有相对效力，如对债务人一人的混同、免除等，虽然在连带债务中为绝对效力事项，但在此也只有相对效力。其原因在于，不真正连带债务并无追偿关系，因此为避免循环追偿而规定的绝对效力事项，在此并无发生绝对效力的必要。但是，若混同、免除的债务人是应当终局负责的债务人，则应发生绝对效力。[1]

第四节 债权债务的共有关系

债权债务的共有关系与前述债之关系同属多数人之债，但是债之关系则只有一个，而且也不是因为给付同一性而成为多数人之债，而是因债之归属关系所发生，导致其与前述多数人之债存在诸多效力上的不同。

我国《民法典》第307条、第973条等，对因共有、合伙等而产生的债权债务关系作出了规定，具体论述应让诸相关部分，此处仅就债权债务共有关系的共性问题作出论述。参照共有的分类标准，债权债务的共有关系也可分为准共有之债与共同共有之债，兹分述如下。

一、准共有之债

（一）准共有债权

准共有债权，是指数人准共有同一债权，各按其份额共有同一债权。此时，其效力应准用共有的规定。准共有债权与不可分债权十分类似，但是二者仍有区别（见表6－3）。

表6－3 准共有债权与不可分债权的比较

区别	准共有债权	不可分债权
份额	有份额的划分，对内对外均是	对外无所谓份额划分
规则准用	准用共有的规则	不可准用共有的规则

准共有债权的效力，准用关于共有的规则，可分以下3点言之。

1. 对外效力

就准共有债权而言，各共有人仅可请求债务人向全体共有人为给付，债务人也只可对共有人全体为给付，此点与不可分债权相同。而就应有份额而言，各共有人可以处分其应有份额。

2. 对内效力

各共有人的应有部分，由当事人约定或法律规定；份额不明时，视为等额。共有人受领给付后，可按应有份额分割给付。在债权获得清偿前，各共有人也可随时请求分割其债权，此种分割等于各共有人应有部分的相互让与，因此需要按照债权让与的规定通知债务人。[2]

---

〔1〕 参见崔建远主编：《合同法》（第7版），法律出版社2021年版，第65页。

〔2〕 参见郑玉波：《民法债编总论》（修订2版），中国政法大学出版社2004年版，第422页。

3. 就债权人一人发生事项的效力

对准共有债权来说，绝对效力事项较少，仅包括时效中断和一共有人为全体请求给付时债务人的给付迟延。而相对效力事项则较多，如一共有人就其应有部分与债务人间所发生的事项。

（二）准共有债务

准共有债务，是指数人按照其份额共负债务，且准用关于共有的规定来确定其效力的债务。准共有债务的各共有债务人共同负有履行义务，债权人可对全体债务人请求履行。而在内部关系中，各共有债务人应根据其份额按比例分担。各共有债务人对内也可随时请求共有债务的分割，但此种分割在性质上属于债务承担，故非经债权人承认对债权人不发生效力。[1]

二、共同共有之债

（一）共同共有债权

共同共有债权，是指数人基于共同关系而共同享有的债权，如合伙财产中的债权、夫妻共有财产中的债权。共同共有债权必须以共同关系的存在为其前提，其与准共有债权的区别类似按份共有与共同共有的区别。共同共有债权的效力，除法律另有规定外，应准用共同共有的规则。

1. 对外效力

共同共有债权的行使和处分，原则上应由全体共同共有人为之，故只能由全体共同共有人向债务人请求履行，债务人也只能向全体共同共有人履行。各共同共有人对外没有份额可言，因此其中一人不能与债务人进行免除、抵销，发生混同时也不导致共同共有债权的消灭。由此可见，共同共有债权并无绝对效力事项和相对效力事项可言，债权人一人对于债务人并无任何权利。

2. 对内效力

共同共有人之间的内部关系，须依其共同关系决定。在共同关系存续期间，各共同共有人不得请求分割。

（二）共同共有债务

共同共有债务，是指数人基于共同关系而共同负担的债务，如合伙债务、夫妻共同债务等。关于共同共有债务的效力，论述如下。

1. 对外效力

共同共有债务人以共同财产对外负责，是否以其个人财产负责，则因不同的共同关系而有所不同。以共同财产负责时，债权人只能向全体共同债务人请求，也只能强制执行共同财产；以个人财产负责时，债权人可以向各共同债务人请求，但此时已不是共同共有债务，而是连带债务或可分债务。

2. 对内效力

共同共有债务人之间的内部关系，应区别不同的共同关系，依约定或法律规定予以处理。

---

〔1〕 参见郑玉波：《民法债编总论》（修订2版），中国政法大学出版社2004年版，第423页。

主要参考文献

崔建远:《〈民法典〉所设连带债务规则的解释论》,载《当代法学》2022 年第 2 期;戴孟勇:《论我国连带债务制度的立法发展与司法完善》,载《吉林大学社会科学学报》2022 年第 4 期;李中原:《不真正连带债务理论的反思与更新》,载《法学研究》2011 年第 5 期;李中原:《多数人之债的类型建构》,载《法学研究》2019 年第 2 期;李中原:《共有之债的理论解析——〈物权法〉第 102 条之反思》,载《江苏社会科学》2019 年第 6 期;李中原:《连带债务人之间追偿权的法教义学构建》,载《法学家》2022 年第 2 期;李中原:《连带债务中免除和时效届满的涉他效力模式——从连带性的规范基础出发》,载《苏州大学学报(法学版)》2022 年第 2 期;刘坤:《〈民法典〉连带债务适用规则的体系化解释》,载《中国应用法学》2022 年第 3 期;齐云:《不可分之债理论流变史考》,载《清华法学》2010 年第 4 期;齐云:《不可分之债研究》,法律出版社 2013 年版;齐云:《不可分之债与连带之债关系的历史沿革研究　以不可分之债考察为中心》,载《中外法学》2008 年第 5 期;齐云:《论多数人之债的类型推定规则》,载《法律科学(西北政法大学学报)》2022 年第 3 期;齐云:《论我国多数人之债的完善——以不可分之债与连带之债的区别为中心》,载《河北法学》2012 年第 3 期;齐云:《论协同之债》,载《法商研究》2020 年第 1 期;税兵:《不真正连带之债的实定法塑造》,载《清华法学》2015 年第 5 期;吴从周:《公同共有债权之行使——评"最高法院"2015 年度第三次民事庭会议决议》,载王洪亮等主编:《中德私法研究(14):共同共有》,北京大学出版社 2016 年版;谢鸿飞:《连带债务人追偿权与法定代位权的适用关系——以民法典第 519 条为分析对象》,载《东方法学》2020 年第 4 期;袁琳:《实体与程序双重视角下的连带债务涉他效力》,载《交大法学》2022 年第 3 期;张定军:《连带债务发生明定主义之反思》,载《法学研究》2023 年第 2 期;张定军:《连带债务研究——以德国法为主要考察对象》,中国社会科学出版社 2010 年版;张定军:《论不真正连带债务》,载《中外法学》2010 年第 4 期;赵童:《论连带债务的涉他效力——〈民法典〉第 520 条的解释论展开》,载《湖南社会科学》2022 年第 2 期;[德]彼得·温德尔、李佳盈:《多数债务人与债权人》,载《交大法学》2020 年第 3 期;[德]索娅·迈尔:《欧洲合同法中的多数债务人关系》(上),陈大创译,载王洪亮等主编:《中德私法研究(12):数人侵权责任》,北京大学出版社 2015 年版;[德]索娅·迈尔:《欧洲合同法中的多数债务人关系》(下),陈大创译,载王洪亮等主编:《中德私法研究(13):合同因违法而无效》,北京大学出版社 2016 年版;[日]福田诚治:《连带债务的一体性与相互保证性》,载[日]内田贵、[日]大村敦志编:《民法的争点》,张挺等译,中国人民大学出版社 2023 年版。

第二编

意定之债——合同

第七章 合同概述

引导案例

1. 在一次纺织品展览会上，上海A公司与深圳B公司口头约定由A公司向B公司订购10件机械零配件。后来货运送到上海后，A公司拒绝付款。请问B公司能否要求A公司给付货款？

2. 甲与乙就相机买卖事宜进行协商，取得一致意见，但是甲未交付相机，乙亦未付款，此后甲又将该相机出卖给丙并向丙交付了相机。请问甲、乙之间的相机买卖合同效力如何？

3. 马某向收藏家李某表示，要将自己名下的一只古董花瓶交由李某来保管，并支付一笔可观的费用。半个月后李某见马某未将该古董花瓶送来，便打电话询问，得知马某决意反悔。请问二人间的保管合同效力如何？

4. 甲乙双方达成约定，甲将房子无偿提供给乙居住，乙则无偿辅导甲的女儿练习钢琴。请问甲、乙所订立的是什么类型的合同？

第一节 合同的概念和特征

一、合同的概念

(一) 域外法

在大陆法系，一般认为合同是一种合意或者协议。此说滥觞于罗马法，罗马法将合同界定为“法律承认的债的协议”。罗马法的这一概念为大陆法系的国家或者地区所继受。例如，1804年《法国民法典》第1101条规定：“契约，为一人或者数人对另一人或者数人承担给付某物，作为或不作为某事义务的合意。”又如，《俄罗斯联邦民法典》第420条第1款规定：“合同是两人或者几人关于设立、变更或者终止民事权利或者民事义务的协议。”

在英美法系，一般认为合同是允诺。他们关于合同广为传播的一种定义是：契约为法律保障其执行的一个或者一系列允诺，违反该允诺将由法律给予救济，履行该允诺是法律确认的义务。但是，“允诺说”的观点已逐渐受到学者批评，英美法系对合同概念有向大陆法系靠拢的趋势。

(二) 中国法

1. 合同的法定概念

原《合同法》第2条第1款规定：“本法所称合同是平等主体的自然人、法人、其他组织之间设立、变更、终止民事权利义务关系的协议。”相较于此,《民法典》的规定略有变化。《民法典》第464条第1款规定:“合同是民事主体之间设立、变更、终止民事法律关系的协议。”变化主要体现在《民法典》第464条第1款用“民事主体”的概念取代了《合同法》第2条第1款的“平等主体的自然人、法人、其他组织”。这一变化的主要原因是《民法典》总则编已对民事主体作出了具体规定,《民法典》分编即无必要再作重复规定。

根据《民法典》该条款的规定,合同是民事主体之间设立、变更、终止民事法律关系的协议。〔1〕这里的民事权利义务关系包含以下类型:〔2〕

第一,债权法律关系,典型者如买卖、赠与、租赁合同等法律关系。如《民法典》第595条规定:“买卖合同是出卖人转移标的物的所有权于买受人,买受人支付价款的合同。”《政府采购法》第43条第1款规定:“政府采购合同适用合同法。采购人和供应商之间的权利和义务,应当按照平等、自愿的原则以合同方式约定。”根据该条规定,政府采购合同法律关系也应理解为一种债权债务关系。A公司与B公司口头约定由A公司向B公司订购10件机械零配件,双方当事人之间即通过订立合同,建立起债权债务法律关系。

第二,物权法律关系,典型者如设定抵押权的合同、设定质权的合同、国有土地使用权出让的合同等。如《民法典》第333条第1款规定:“土地承包经营权自土地承包经营权合同生效时设立。”第348条规定:“通过招标、拍卖、协议等出让方式设立建设用地使用权的,当事人应当采用书面形式订立建设用地使用权出让合同。建设用地使用权出让合同一般包括下列条款……”

第三,人格权法律关系,典型者如肖像许可使用合同、名称许可使用合同等。《民法典》第1021条规定:“当事人对肖像许可使用合同中关于肖像使用条款的理解有争议的,应当作出有利于肖像权人的解释。”

第四,亲属法律关系,典型者如收养协议、分家析产协议、遗赠扶养协议、夫妻财产约定、离婚协议等。例如,《民法典》第1065条规定:“男女双方可以约定婚姻关系存续期间所得的财产以及婚前财产归各自所有、共同所有或者部分各自所有、部分共同所有。约定应当采用书面形式……”又如,《民法典》第1076条规定:“夫妻双方自愿离婚的,应当签订书面离婚协议,并亲自到婚姻登记机关申请离婚登记。离婚协议应当载明双方自愿离婚的意思表示和对子女抚养、财产以及债务处理等事项协商一致的意见。”

第五,知识产权法律关系,典型者如著作权许可使用合同、专利权许可使用合同、商标权许可使用合同等。如《著作权法》第26条第1款规定:“使用他人作品应当同著作权人订立许可使用合同,本法规定可以不经许可的除外。”《专利法》第10条规定:“……转让专利申请权或者专利权的,当事人应当订立书面合同……”

---

〔1〕 李永军教授指出,意思自治是《民法典》的灵魂和生命,应该贯彻民法的各个部分,尤其是在《民法典》体系化过程中,应当将体现这种灵魂的工具——合同规定在总则部分,而让物权编、债权编、婚姻编、继承编等均适用。因为合同无非就是当事人就发生某种民事后果达成的协议(合意),当事人既可能就物权变动达成合意,可能就债权发生达成合意,可能就婚姻达成合意,也可能就继承达成合意。因此,关于合意的规则应该是作为《民法典》总则中的一个当然的内容(当然是指在带有总则的民法典模式中)。参见李永军:《论民法典合同编中“合同”的功能定位》,载《东方法学》2020年第4期。

〔2〕 我国民法理论素来对合同有广义与狭义两种不同的观点。广义的合同,是指以发生民法上效果为目的的一切合意,包括以发生物权变动为目的的物权合同(如设定抵押权的合同、移转所有权的合同)、以物权以外的权利的变动为目的的准物权合同(如债权让与)、以发生债权债务为目的的债权合同、以发生身份关系的变动为目的的身份合同等。狭义的合同仅是指债权合同。参见韩世远:《合同法总论》(第4版),法律出版社2018年版,第2页。

第六,共同法律行为所产生法律关系,典型者如合伙合同、联营合同等。如《民法典》第967条规定:“合伙合同是两个以上合伙人为了共同的事业目的,订立的共享利益、共担风险的协议。”

2. 有关身份关系的协议

《民法典》相较原《合同法》的重大变化体现在原《合同法》第2条与《民法典》第464条的第2款。原《合同法》第2条第2款规定:“婚姻、收养、监护等有关身份关系的协议,适用其他法律的规定。”《民法典》第464条第2款则规定:“婚姻、收养、监护等有关身份关系的协议,适用有关该身份关系的法律规定;没有规定的,可以根据其性质参照适用本编规定。”原《合同法》第2条第2款要求“有关身份关系的协议,适用其他法律的规定”,即排除了有关身份关系的协议适用原《合同法》的可能性,这意味着立法者并不承认婚姻协议、收养协议、监护协议等有关身份关系的协议为“合同”。而根据《民法典》第464条第2款的规定,有关身份关系的协议在无规定时,“可以根据其性质参照适用本编规定”。这其实意味着《民法典》立法者承认婚姻协议、收养协议、监护协议等有关身份关系的协议为“合同”。因此,依据《民法典》规定,虽然有关身份关系的协议不是完全可以适用合同编的规定,仅为“参照适用”,但基本上可断言,在有关身份关系的协议的法律适用上,《民法典》逆转了原《合同法》的立场。

原《合同法》第2条第2款的规定有一定合理性。例如,婚姻关系是一种长期持久的社会关系,而作为合同法范式的社会关系是一种暂时的社会关系。例如,拉德布鲁赫所言:“债权是法世界的动态因子,本身即含着转瞬即逝的因素,债权一产生,就以消灭它为目的。”这表明合同关系在常态上是暂时性的。又如,婚姻关系中奉行的原则是“爱”,不以经济人为预设的人性标准。“爱”,“能够在没有仔细权衡与比较他人和自己需要的情况下满足邻人的需要。”〔1〕而财产关系中奉行的原则是“利益”,以经济人为预设的人性标准。由于两者实行不同的原则,加以区分也难谓不妥。

但是,上述规定也具有局限性。首先,从宏观上看,前民法典时代,合同法、婚姻法等民事单行法相互独立、各成体系,此际强调合同法意义上“合同”与婚姻法意义上“身份协议”差异,而在总体上否认“身份协议”的“合同”性质,并排斥“身份协议”适用合同法的可能性,或许不成为(突出)问题。但是,在将婚姻法纳入《民法典》之后,《民法典》各编构成一个有机整体,婚姻家庭编与包括合同编在内的《民法典》其他编之间的体系关联得以强化,这提升了“身份协议”适用合同编规定的可能性与必要性。“婚姻家庭法入典后,要从单行法思维向法典化思维转变,由于婚姻家庭编已经与民法典其他编构成一个完整的逻辑体系,必须以体系化视野,准确适用《民法典》婚姻家庭编,以维护家庭和谐有序,实现对社会的有效治理。”〔2〕其次,婚姻、收养、监护等有关身份关系的协议固然具有特殊性,但作为婚姻法或《民法典》婚姻家庭编主导原则的婚姻自由原则、作为继承法或《民法典》继承编主导原则的遗嘱自由原则与作为合同法或《民法典》合同编主导原则的合同自由原则,其实都是私人自治这一民法基本原则或主导价值的具体化形式。它们在认许民事主体依其自主意思变动民事法律关系上并无二致。最后,合同法或《民法典》合同编就合同的成立、有效、履行、变更、解除、终止、违约责任等规定甚详,

〔1〕[美]莱因霍尔德·尼布尔:《道德的人与不道德的社会》,蒋庆等译,贵州人民出版社1998年版,第46页。

〔2〕王利明:《体系化视野下〈民法典〉婚姻家庭编的适用——兼论婚姻家庭编与其他各编的适用关系》,载《当代法学》2023年第1期。

收养协议、委托监护协议、结婚或离婚协议、夫妻财产协议等同样也会面临成立、有效、变更、解除、违约责任等问题,它们在机理上与前者甚为相近乃至相同,若一概不允许它们适用合同法或《民法典》合同编,则亲属法、收养法等就要专门规定这些协议的成立、有效、变更、解除等制度,势必造成立法重复,不利于立法简洁与成本节约。鉴于此,《民法典》改变立场,即第 464 条第 2 款要求,婚姻、收养、监护等有关身份关系的协议,首先应适用有关该身份关系的法律规定,在没有法律规定时,则"可以根据其性质参照适用本编规定"。

从性质上看,"参照适用"为"法定类推适用",该款指示有关身份关系的协议类推适用《民法典》合同编规定。详言之,有关身份关系的协议在参照适用合同编规定时,需考虑其性质,即应基于不同的身份关系协议的性质与特点,尤其是相关协议中身份性的强弱,分别考虑是否可以适用合同编的相关规则。身份关系协议大体上可分为三类:第一类是纯粹的身份关系协议。如结婚协议、离婚协议等,此类协议具有明确的人身性质,与合同编中的合同具有本质上的区别,原则上不适用合同编的规则。第二类是基于身份关系作出的与财产有关的协议约定。如夫妻双方自愿达成的婚姻关系存续期间的财产协议,或离婚时有关财产分割的离婚协议,对协议的订立、协议的效力瑕疵及其判断、协议的履行及违反协议的法律后果等,原则上可参照适用合同编规定。第三类是纯粹的财产协议,这类协议虽然与身份关系有关,但在性质上仍属于财产协议,因而可适用合同编规则。例如,夫妻间的赠与协议,虽然赠与发生于夫妻之间,但不影响该协议的赠与合同性质,因此,应适用合同编规定。又如,遗赠扶养协议,虽具有一定的身份属性,但其主要还是以财产为内容的协议,因此,应适用合同编规定。[1]

二、合同的特征

合同具有以下特征:

1. 合同是民事法律行为。民事法律行为是以意思表示为要素,旨在产生私法上法律效果的行为。民事法律行为又可称为表意行为,是与非表意行为相对而言的。非表意行为是不以意思表示为要素,主观上并无产生私法上效果的义务,但依据法律规定客观上能够引起某种法律效果发生的行为。非表意行为包括事实行为与非法行为。其也能发生一定的法律效果,但此种法律效果并非当事人预期的法律效果,而是依据法律的直接规定而产生。民事法律行为是最经常、最普遍地引起民事法律关系变动的原因。合同为当事人旨在变动民事法律关系的行为,属于民事法律行为的范畴。

2. 合同主要为双方民事法律行为。民事法律行为根据其主体的多寡可分为单方、双方、多方民事法律行为。单方民事法律行为是依据一方当事人的意思即可成立的民事法律行为,如设立遗嘱、发布悬赏广告等。双方民事法律行为是双方当事人相对应的(或方向上相反的)意思表示达成一致才可成立的法律行为。合同在常态下为双方当事人达成的协议,主要是双方民事法律行为。多方民事法律行为又可称为共同行为,是 3 个以上当事人并行的(或方向上一致的)意思表示达成一致方可成立的民事法律行为。如多人订立合伙合同、联营合同等。合同中有一小部分属于多方民事法律行为,除合伙合同、联营合同等少数类型外,其他合同均属于双方民事法律行为。

3. 合同以设立、变更、消灭民事权利义务关系为目的。当事人订立合同具有一定的意图,

---

〔1〕 参见王利明:《体系化视野下〈民法典〉婚姻家庭编的适用——兼论婚姻家庭编与其他各编的适用关系》,载《当代法学》2023 年第 1 期。

该意图即设立、变更或者消灭民事法律关系。合同是商品交换的法律形式,因此当事人订立合同,其目的在于进行商品交换或其他财产流转。例如,两个交易主体订立一份货物买卖合同,则在双方当事人之间产生一种债权债务关系,出卖人取得请求买受人支付价款的权利,买受人取得请求出卖人交付货物的权利。又如,双方当事人之间原本就存在一份货物买卖合同,在履行过程中,双方当事人经过协商达成新协议,出卖人允许买受人推迟一个月的期限付款,这实际上是以一个新的合同变更了原合同,变更了当事人之间原先存在的民事权利义务关系。

4. 合同的成立需要当事人达成合意。只有双方当事人就合同项下的事项达成共识,取得一致意见,合同才能成立。当事人意思表示一致即“合意”。在近代以降的合同法中,合意乃是合同最核心的要素。若无合意则无合同,当事人意思表示未达成一致不能成立合同。前述甲与乙就相机买卖事宜进行协商,取得一致意见,但是甲未交付相机,乙亦未付款,此后甲又将该相机出卖给丙并向丙交付了相机,由于甲与乙已就相机买卖事宜达成合意,双方当事人之间的买卖合同即成立。至若甲又将该相机出卖给丙并交付相机,则甲有可能违反其与乙之间的买卖合同并要向乙承担违约责任。

第二节 合同的类型

合同是非常纷繁芜杂的,依据一定的标准对数量众多的合同进行分类,一方面,可以使符合一定标准的合同归类在一起从而构成一定的体系,形成一定的秩序;另一方面,归类在一起的合同必然具有独特于其他类型合同的特征,揭示这些特征既有助于加深对合同的认识,也有助于我们根据这些不同的合同类型建立不同的规则。

一、有名合同与无名合同

(一)概念

根据合同的名称与内容是否为法律所规定的标准,可以将合同区分为有名合同与无名合同。

有名合同又称典型合同,是指法律规定了其名称、内容的合同。有名合同是典型交易形态的法律反映。对那些在社会生活中运用得较普遍、比较重要、具有确定性的交易形态,立法者往往将其名称、内容以法律的形式固定下来,遂产生了有名合同。原《合同法》曾规定了16种有名合同(包括互易合同),《民法典》在此基础上增加了保证合同、保理合同、物业服务合同、合伙合同等4种有名合同。

有名合同的立法价值表现在:第一,减省交易成本。“典型合同中包含的任意性规范,在很大程度上,是诚实而理性的当事人可推测的意思在法律上的类型化而已。”[1]在有名合同存在的背景下,交易当事人在缔约时,只需以有名合同规定中“法定”权利义务分配为基础作适当加减即可,不必消耗成本在各种必要之点和非必要之点的约定上。对大多数标的不大、时间不长的交易来说,交易者甚至只需确定交易的合同类型即可。第二,提高裁判的可预见性。在有名

〔1〕 [德]卡纳里斯:《债务合同法的变化即债务合同法的“具体化”趋势》,张双根译,载《中外法学》2001年第1期。

合同存在的背景下,对合同存续与履行过程可能出现的争议,交易当事人相对较易计算出违约和防止违约的成本,也较易预见诉诸法院会得到何种结果。第三,提供交易的选择。虽然原则上交易当事人通过自由协商过程即可做成互蒙其利的交易,但有名合同规定仍可发挥提示当事人交易中可能发生的典型风险以及降低这些风险的作用。第四,民事立法者透过有名合同,对各种典型交易中双方权利义务与风险成本进行公平分配。“任意法也代表了对双方当事人利益大致公平的照顾。”〔1〕有名合同由此承载一定的“指导图像”(Leitbild)功能,〔2〕可以发挥制衡格式条款、提供法官公平裁判基准等作用。

无名合同又称非典型合同,是指法律未规定其名称、内容的合同。“未为法律所明文当成一个规范模式加以规定的契约,纵使其在生活上已定型化地予以应用,也非学说上所称之有名合同。”〔3〕在我国,此处所说的“法律”不仅包括《民法典》,而且还包括保险法、公司法、知识产权法等民事特别法。虽然无名合同游离于法律的规定之外,“然基于契约自由原则,当事人所自由创造之契约种类与内容,法律也不能拒绝保护”。〔4〕

无名合同的存在具有必然性。由于民法采私人自治原则,在该原则的支配之下,交易主体可依其意思自主决定交易的内容。而立法者无法预想一切可能的交易形态而一一作出规定,只能选择日常生活中较频繁的若干交易形态而为规范。那些经由主体的意思表示而形成的但游离于立法控制之外的交易类型即构成无名合同。因此,“非典型合同可谓是因民法一方面采合同自由原则,一方面又列举典型合同所生的产物”〔5〕。无名合同的存在是不可避免的,无名合同在社会中的数量也是极其多的。“无名契约层出不穷,凸显了私法自治的功能及复杂的社会经济生活。”〔6〕

值得注意的是,有名合同与无名合同的区分不是绝对的。无名合同产生以后,在社会生活中长期运用,其内容、特点逐步形成并固定化,如果立法者对之以法律形式加以确认,则可转化为有名合同。合同法发展的一个重要趋势就是有名合同的数量日益增多。

(二)无名合同的类型

无名合同应如何分类,理论上尚无定论。笔者认为,在理论上可将无名合同区分为纯无名合同、混合合同以及合同联立3种类型。

纯无名合同又称狭义的无名合同,是指以法律全无规定的事项为内容,即其内容不具有任何有名合同成分的合同。对于此类合同,《民法典》及民事特别法根本未予明文规定。

混合合同,是指由数个有名或无名合同的部分构成的合同。在无名合同中,混合合同最为常见和重要。混合合同在性质上属于一个合同,从而与合同联立有异。一般而言,混合合同包括以下类型:第一,有名合同附其他种类的从给付。有名合同附其他种类的从给付,是指双方当事人提出的给付符合有名合同,但一方当事人附带的负有属于其他合同类型义务的从给付义务。换言之,是指当事人一方的给付应为复数,而此数给付中一给付具有附从的性质可视为

---

〔1〕 黄立:《契约自由的限制》,载《月旦法学杂志》第125期。

〔2〕 参见苏永钦:《走入新世纪的私法自治》,中国政法大学出版社2002年版,第16~17页。

〔3〕 黄茂荣:《买卖法》(增订版),中国政法大学出版社2002年版,第3页。

〔4〕 黄立:《民法债编总论》,中国政法大学出版社2002年版,第32页。

〔5〕 曾隆兴:《现代非典型契约论》,台北,三民书局1986年版,第1页;郑玉波主编:《民法债编论文选辑》,台北,五南图书出版股份有限公司1984年版,第195页。

〔6〕 王泽鉴:《民法总则在实务上的最新发展(一)》,载《台湾本土法学杂志》第52期。

从给付。在此种场合,当事人所负担的义务虽然具有附从性,但毕竟属于其他有名合同的内容,仍可引起不同合同的混淆,从而可构成混合合同。第二,类型结合合同。类型结合合同,是指当事人约定,一方应提出数个属于不同合同类型的给付且这些给付彼此间居于同值的地位,而他方仅应负单一的对待给付或不负任何对待给付。第三,类型融合合同。类型融合合同又称狭义的混合合同,是指当事人约定,将属于不同有名合同的给付义务与对待给付义务融合在一个合同中。如混合买卖即为类型融合合同。混合买卖又称混合赠与或赠与性质的半买半送合同,是指约定使受赠人为部分对待给付之赠与。第四,"混血儿"合同。"混血儿"合同又称双重(二重)有名合同、复型的双务合同或混合双务合同,是指当事人约定,双方缔结属于法律所规定的某一有名合同,但一方当事人所应提出的对待给付却属于另一有名合同的给付义务。也就是说,双方当事人互负属于不同有名合同的主给付义务。此时,该合同不是其中任何一个给付所属的合同类型,也不是两个合同的结合,而是一有名合同的给付与另一有名合同的给付以对价关系而结合的单一合同。如甲、乙双方达成约定,甲将房子无偿提供给乙居住,乙则无偿辅导甲的女儿练习钢琴。在该合同中,甲所承担者为借用合同中出借人的主给付义务,而乙所承担者为家教服务合同(提供服务合同)中服务提供者的主给付义务,该合同即为典型的"混血儿"合同。

合同联立,是指合同有数个而各个合同之间具有相互结合的关系。结合的情形可分为以下几种类型:第一,单纯外观的结合。单纯外观的结合,是指数个独立的合同仅因缔约行为而结合,相互间并不具有任何牵连或依存关系。单纯外观的结合对合同的法律适用并不产生任何影响,此时,各合同仍然适用相应的有名合同的法律规定。第二,具有一定依存关系的结合。具有一定依存关系的结合,是指依当事人的意思,一个合同的效力依存于另一个合同的效力。这一类型的合同联立与单纯外观的结合的合同联立一样,都是数个独立合同的外部结合,但与后者不同的是,它所结合的各个合同之间有一定的依存或牵连关系从而同其命运。第三,择一的结合。择一的结合,是指数个合同在因某条件的发生导致一合同无效而另一合同生效的情况下的结合。也就是说,同一事实为第一个合同的解除条件,同时为第二个合同的停止条件,数个合同在此同一条件下结合。

(三)无名合同的法律适用

无名合同的主要问题在于,"其契约内容不完备时,应如何适用法律,以资规范"。[1]《民法典》第467条第1款规定:"本法或者其他法律没有明文规定的合同,适用本编通则的规定,并可以参照适用本编或者其他法律最相类似合同的规定。"据此,无名合同适用《民法典》合同编通则的规定,以及参照适用合同编或其他法律最相类似合同的规定。此际,应遵循从特别到一般的原则。应首先依据当事人约定确定;若无约定,则参照适用《民法典》合同编"典型合同"分编或其他法律最相类似合同的规定;如无类似规定可供参照,则适用合同编通则规定。[2]

对于纯无名合同,其法律适用较简单,依据前款处理即可。对其他类型的无名合同来说,其法律适用较复杂。详言之:第一,对于有名合同附其他种类的从给付,应采"吸收说",即决定

[1] 王泽鉴:《债法原理》(第1册),中国政法大学出版社2001年版,第110页。

[2] 参见易军:《买卖合同之规定准用于其他有偿合同》,载《法学研究》2016年第1期;朱广新、谢鸿飞主编:《民法典评注:合同编　通则》(第1册),中国法制出版社2020年版,第32页;等等。

混合契约中之主要构成分子，适用关于其主要部分所属之有名契约之规定。[1] 第二，对于类型结合合同，通说认为，一方当事人负有提出属于不同合同类型的给付的义务，就该数个不同的给付，应分别适用各该给付所属合同类型的法律规定加以判断。[2] 当债务人提供的数个不同类型的给付中，有部分发生给付不能、迟延或不完全时，权利人仅得就该部分依债务不履行的规定主张权利，而合同本身原则上并不因此而受影响。唯数项给付构成经济上一体时，则应同其命运。第三，对于类型融合合同如何适用法律，应区别情形及相关法律规定而定。第四，对于“混血儿”合同，当事人双方互负属于不同合同类型的主给付义务。对此，应分别适用各该给付所属合同类型加以判断。唯如依当事人一方或双方的意思，一方的给付与他方的对待给付之间具有不可分离的关系，一方义务的不履行将影响他方义务的履行。

二、一方负担合同与双方负担合同

（一）概念

根据合同中是一方还是双方承担义务，可将合同区分为一方负担合同与双方负担合同。双方负担合同又可分为双务合同与不完全双务合同。以下详言之：

双务合同，是指双方当事人相互承担对待给付义务的合同。双务合同建立在“你与则我与”的规则之上，是财产交换关系在法律上的典型表现。社会生活中绝大多数合同都属于双务合同。对待给付，是指双方当事人均需给付，且此二给付互为条件，具有牵连性。在双务合同中，一方的权利是另一方的义务，一方的义务则是另一方的权利；一方权利的实现有赖另一方义务的履行，一方履行义务导致另一方权利的实现。

不完全双务合同，是指双方当事人虽然各负有债务，但其债务并不具有给付与对待给付关系的合同。无偿委托合同即为适例。就有偿委托合同而言，委托人支付报酬的义务与受托人处理事务的义务具有对价关系，为双务合同。但在无偿委托合同中，委托人虽可能负有预付必要费用的义务，但委托人该义务与受托人处理事务的义务并不具有给付与对待给付关系。因此，无偿委托合同非属双务合同，而是属于不完全双务合同。

一方负担合同，又可称为单务合同或片务合同，是指仅一方当事人负给付义务的合同。单务合同的典型形态为赠与合同、保证合同。赠与合同中，仅赠与人负有将标的物交付给受赠人的义务，受赠人不承担义务，为典型的单务合同。

（二）区分意义

区分单务合同、双务合同、不完全双务合同具有以下法律意义：

第一，是否适用同时履行抗辩权。在双务合同中，出卖人不履行义务即要求买受人付款的，买受人可行使同时履行抗辩权予以拒绝。但在无偿委托合同这一不完全双务合同中，委托人要求受托人处理事务的，受托人不得以委托人未预付必要费用为由而行使同时履行抗辩权拒绝处理事务。

第二，是否适用风险负担规则。风险负担制度系专为双务合同而设立的，单务合同中不存在风险负担问题。在大陆法系国家或地区，在风险负担的一般规则上普遍采纳债务人主义。如《德国民法典》第 323 条、《奥地利民法典》第 1064 条等均采债务人主义。双务合同的

---

〔1〕 参见史尚宽：《债法总论》，中国政法大学出版社 2000 年版，第 11 页。

〔2〕 参见詹森林：《非典型契约之基本问题》，载《月旦法学杂志》第 27 期；王泽鉴：《债法原理》（第 1 册），中国政法大学出版社 2001 年版，第 113 页。

特质在于双方当事人相互承担给付义务,双方的义务相互牵连、互为因果,因此,当标的物毁损灭失使一方免给付义务时,他方相应地应免对待给付义务,始符合公平观念。“债务人主义,较能说明双务契约本质上存续之牵连性,为交换的公平理念所要求。”[1]如在租赁合同订立后,出租人尚未交付租赁物,租赁物即毁损灭失的,此时出租人固然免负交付租赁物的义务,但承租人亦应不再承担支付租金的义务,即免对待给付义务,由出租人承担租金的风险。即便租赁物已经交付,租期内租赁物发生毁损灭失的风险也应由出租人承担,因为出租人作为债务人再也不能履行其“保证承租人使用租赁物”的义务,从而承租人亦应免负支付租金的对待给付义务。

第三,债务不履行的后果不同。在双务合同中,一方依约履行而另一方违约,则违约方的相对人(守约方)可请求违约方退还标的物。例如,已经支付了货款的买受人在出卖人违约时有权要求出卖人退还货款。而在单务合同中,违约方的相对人不享有要求违约方退还标的物的权利。例如,赠与人违约,受赠人无权要求赠与人退还标的物,因为受赠人本就没有交付标的物的义务。

三、有偿合同与无偿合同

(一)概念

根据一方履行合同义务给对方某种利益,对方取得该利益是否需要支付相应代价的标准,可以将合同分为有偿合同与无偿合同。

有偿合同,是指一方履行合同义务给对方某种利益,对方取得该利益需要支付相应代价的合同。有偿合同是商品交换最典型的法律形式。在实践中,绝大多数合同都是有偿的,如买卖合同、租赁合同、仓储合同、运输合同、行纪合同等。

无偿合同,是指一方履行合同义务给对方某种利益,对方取得该利益无须支付代价的合同。无偿合同不是商品交换的典型形式,不具有普遍性。但在无偿合同中,仅一方支付利益或者仅一方取得利益是双方当事人合意的结果,依然受法律的承认与保护。赠与是最典型的无偿合同,其在无偿合同中的地位与买卖合同在有偿合同中的地位相当。需要注意的是,无偿合同中取得利益的一方当事人无须支付代价,并不表明他不承担任何义务,只是此种义务并非他从利益给付方获得利益所支付的报酬,如借用人虽然无偿使用他人物品,但负有正当使用并按期返还的义务。

(二)区分意义

一般而言,区分有偿合同与无偿合同具有以下意义:

第一,在不同的合同中,利益的出让方承担的义务和责任不同。在有偿合同中,行为人承担较重的义务与责任,而在无偿合同中,行为人承担较轻的义务和责任。传统民法将过错区分为故意、过失,过失又可进一步区分为重大过失与轻过失,轻过失则可区分为具体轻过失与抽象轻过失。重大过失是指欠缺一般人或普通人的注意,具体轻过失是指欠缺与处理自己事务一样的注意,抽象轻过失则是指欠缺善良管理人的注意。一般来说,在上述3种注意义务中,从注意义务的轻重程度来看,普通人的注意义务最轻,而善良管理人的注意义务最重;从过失的严重程度来看,欠缺普通人的注意义务的重大过失是最重的,而欠缺善良管理人的注意义务

---

〔1〕 苏俊雄:《契约原理及其实用》,台北,中华书局1983年版,第150页。

的抽象轻过失是最轻的。在现代民法上,行为人以承担抽象轻过失为原则,以承担具体轻过失为例外。由于合同存在有偿合同与无偿合同的区别,法律对有偿合同中当事人施加的注意义务的程度较重,而对无偿合同中当事人施加的注意义务程度较轻。一般而言,有偿合同的当事人应当承担抽象轻过失责任,而无偿合同的当事人则仅应承担具体轻过失责任。也就是说,有偿合同的当事人应对故意、重大过失、具体轻过失、抽象轻过失等一切过错负责;而无偿合同的当事人仅对故意、重大过失、具体轻过失负责。不仅如此,在一些国家或地区的民法中,由于考虑到无偿合同中债务人是不获对价而履行义务,还进一步降低债务人履行注意义务的程度,仅要求无偿合同的债务人对故意和重大过失负责。我国《民法典》的规定即属于此种情况。《民法典》第929条第1款规定:“有偿的委托合同,因受托人的过错造成委托人损失的,委托人可以要求赔偿损失。无偿的委托合同,因受托人的故意或者重大过失造成委托人损失的,委托人可以请求赔偿损失。”也就是说,在有偿委托合同中,受托人要对一切过错负责;而在无偿委托合同中,受托人仅对故意和重大过失负责。因此,有偿委托合同受托人所承担的注意义务比无偿委托合同受托人所承担的注意义务要重。《民法典》第897条规定:“保管期内,因保管人保管不善造成保管物毁损、灭失的,保管人应当承担赔偿责任。但是,无偿保管人证明自己没有故意或者重大过失的,不承担赔偿责任。”也就是说,在有偿保管中,保管人要对一切过错负责;而在无偿保管中,保管人仅对故意和重大过失负责。有偿保管合同的保管人所承担的注意义务也显然比无偿保管合同的保管人所承担的注意义务要重。

第二,法律对无偿合同受益人的保护程度较低。例如,在善意取得制度中,善意受让人取得标的物所有权的一项条件就是该标的物“以合理的价格转让”(《民法典》第311条),亦即受让人依有偿合同受让动产的占有。若该受让人系依无偿合同而受让动产的占有,则即使其为善意,亦不能依善意取得制度取得标的物所有权。这说明法律对无偿合同受益人的保护程度远较对有偿合同受益人的保护程度要低。

第三,在合同的解释上,若是无偿合同,应按对债务人义务较轻的含义解释;反之若是有偿合同,则应按对双方均较公平的含义解释。《合同编通则解释》第1条第3款“……属于无偿合同的,应当选择对债务人负担较轻的解释”的规定明确采此项见解。其原因在于,“无偿契约,债务人仅负给付义务,其债务之履行并无对价利益可为报偿,有关契约成立、效力等之衡量,如与有偿契约作同样之解释,对债务人难免过苛”。[1]

四、诺成合同与实践合同

根据合同成立是否以交付标的物为标准,可以将合同区分为诺成合同与实践合同。

诺成合同,是指双方当事人意思表示一致即可成立的合同。“诺成”之意就是“一经承诺即成立”。合同的订立一般要经过要约、承诺的过程,受要约人作出承诺,意味着双方当事人意思表示达成一致,从而导致合同成立。诺成合同是合同最典型的形式,绝大多数合同都是诺成合同。

实践合同,又可称为要物合同,是指双方当事人意思表示一致以外,还需要交付标的物才能成立的合同。现代社会中,民事合同以诺成为原则,实践合同的数量屈指可数,仅保管、借用等少数合同是实践合同。

---

〔1〕 邱聪智:《民法研究(一)》(增订版),中国人民大学出版社2002年版,第48页。

诺成合同与实践合同的区别不在于是否交付标的物，而在于是否将交付标的物作为合同的成立要件，亦即交付标的物究竟是合同的成立要件还是履行债务的行为。例如，买卖合同是诺成合同，在买卖合同中，出卖人也要交付标的物，但是，只要双方当事人意思表示一致，买卖合同即成立。出卖人交付标的物的行为发生在买卖合同依法成立之后，属于履行合同义务的行为。而对保管合同来说，保管人与寄托人意思表示达成一致，保管合同仍不能成立，只有当寄托人将标的物交付给保管人后，保管合同才能成立。因此，对买卖合同来说，在双方当事人依法达成合意以后，如果出卖人不交付标的物或者买受人拒绝受领，因合同已经成立，则一方可请求另一方承担违约责任。而对保管合同来说，纵使双方当事人已经达成合意，但若寄托人不将保管物交付给保管人或保管人拒绝接受，则因合同尚未成立，一方当事人不得请求对方承担违约责任。

诺成合同的意义在于：使“合意”或者说“意志”的因素凸显。梅因指出，罗马法的“诺成契约”，“在契约的观点上，形式全部被消除了，外部行为只是看做内部意志行为的象征”。〔1〕我国学者指出：“严格意义上的契约观念或法律行为观念只有在有约束力的意思表示无须靠即时交易来保障，并且在时空上与后者分离时，才可能真正形成。脱离了‘法律上可期待的信用’这一命题，就不可能充分理解法律行为的本质。从这个意义上说，要物行为并不能反映法律行为的实质。只有诺成行为才反映这一实质。”〔2〕相较于此，实践合同则并无凸显，反倒是有掩盖“合意”因素重要性的特色，因为双方当事人达成合意以后，合同还不能成立，尚须具备其他要件。鉴于此，有学者主张：“财产性的契约应均予以‘诺成化’，保留要物契约此种法制史上的残留物，实无必要。”〔3〕但是，民法之所以规定实践合同，主要是考虑到一些合同属于无偿合同，或常态性为无偿合同在达成合意之外，另提出交付的要件，可以使双方当事人在交付前有考虑斟酌的机会，具有警告功能，以达到保护无偿的利益出让方的目的。

根据我国《民法典》的规定，下列合同为实践合同：第一，保管合同。《民法典》第 890 条规定：“保管合同自保管物交付时成立，但是当事人另有约定的除外。”在前述马某与李某之间的保管古董花瓶纠纷中，由于保管合同为实践合同，其成立以保管物交付为要件，在马某未向李某交付标的物的情况下，双方当事人之间的保管合同未成立，马某无须向李某承担违约责任。第二，自然人之间的借款合同。《民法典》第 679 条规定：“自然人之间的借款合同，自贷款人提供借款时成立。”第三，定金合同。《民法典》第 586 条第 1 款规定：“……定金合同自实际交付定金时成立。”这些合同均自交付标的物时成立。

五、要式合同与不要式合同

（一）概念

根据合同成立或生效是否需要履行一定手续、采用一定形式，可以将合同区分为要式合同与不要式合同。

要式合同，是指法律规定或当事人约定必须履行一定手续、采用一定形式才能成立或生效的合同。“要式行为，乃须依一定方式始能成立之行为。”〔4〕只有履行了该手续、采用了该形

〔1〕［英］梅因：《古代法》，沈景一译，商务印书馆 1959 年版，第 180 页。

〔2〕董安生：《民事法律行为——合同、遗嘱和婚姻行为的一般规则》，中国人民大学出版社 1994 年版，第 5 页。

〔3〕王泽鉴：《债法原理》（第 1 册），中国政法大学出版社 2001 年版，第 126 页。

〔4〕杨与龄主编：《民法总则实例问题分析》，清华大学出版社 2004 年版，第 27 页。

式,合同才能成立或者生效;否则,合同不成立或不能生效。依要式来源的不同,要式合同可分为法定要式合同与约定要式合同。前者的要式要求源于法律规定,后者的要式要求则源于当事人约定。

不要式合同,是指法律未规定、当事人亦未要求履行一定手续、采用一定形式才成立或生效的合同。"不要式行为,乃不需履行一定方式即可成立之行为。"[1]不要式合同的实质是立法者把决定合同形式的自由让给当事人自己,使当事人自己成为自己的立法者。

从古到今,合同形式经历了一个从要式到不要式的发展过程。古代社会,合同以要式为原则,不要式为例外。根据当时的法律,在合同订立时,当事人必须履行严格的程式、说出固定的套语乃至完成法定的动作,否则合同就不能成立,仪式甚至比合意更重要。形式是合同发生法律拘束力的根源。后来人们认识到合同发生拘束力的基础不是方式而是意思,法定方式遂成为意思以外的要件,方式逐渐丧失了在决定合同成立与生效上的重要性。总之,在现代社会,合同原则上为不要式,法定方式的规定成为例外而须有特别理由。当然,近年来,随着消费者保护思想的发展,法定方式又有逐渐增多的趋势。导致合同形式由以要式为原则向以不要式为原则变化的缘由在于,古代社会商品交换不发达,其发生具有偶然性,范围狭小,交易主体更注重交易安全而非交易迅速和便捷。然而,现代社会中,商品交换具有普遍性,交易主体更加关注交易迅速和便捷,于是立法者便对合同形式持放任态度,将决定合同形式的权利交给当事人自己,由当事人自主选择是谋求交易安全还是交易便捷。

在合同形式上,我国民法亦以不要式为原则。《民法典》第469条规定:"当事人订立合同,可以采用书面形式、口头形式或者其他形式。书面形式是合同书、信件、电报、电传、传真等可以有形地表现所载内容的形式。以电子数据交换、电子邮件等方式能够有形地表现所载内容,并可以随时调取查用的数据电文,视为书面形式。"原则上,由当事人自主决定合同形式,此为私人自治原则或合同自由原则的具体表现或要求。

(二)要式的功能

一般而言,要式具有以下功能:第一,证据功能。书面、公证书等要式形式,记载了合同成立地点、时间、内容等诸事项,不仅能避免日久模糊、发生争执,而且在发生争议后可作为证据,便利诉讼时举证。第二,警告功能。法律要求某种合同采用法定形式,而非仅达成口头协议即可成立,可以体现庄重严肃的态度,使当事人能意识到自己将要受合同的拘束,特别是对那些可能会对当事人利益产生重大影响的合同,可以发挥提醒当事人签名、公证等将会使其受法律拘束的作用。第三,区隔谈判磋商及缔结合同阶段的功能。为缔结合同,当事人往往要经过反复的磋商谈判,在此过程中,双方要经过多次口头或书面交流,但它们往往只是谈判过程中的资料,除当事人有特别约定外,不发生法律拘束力,直到双方在合同书上签名盖章,合同才宣告成立。此际,要式可发挥区隔谈判磋商与合同缔结两个不同阶段的功能。第四,信息透明与公开功能。在现代社会中,为保护消费者,法律有时规定合同书须记载某些事项,这就具有信息透明化的作用,使消费者能知悉与其有重大利害关系的合同事项。第五,纷争处理目的。在合同形式中引入公证,可发挥公证制度预防诉讼的功能。第六,保护当事人功能。法律要求某种合同采用法定形式,延长了合同成立时间,使当事人有更多时间去权衡、思考、斟酌利害关系,

---

[1] 杨与龄主编:《民法总则实例问题分析》,清华大学出版社2004年版,第27页。

决定是否要订立合同，从而使当事人慎重，避免草率决定。

当然，要式亦有不利益之处。如相较于口头形式，合同书、公证书等要式形式会增加交易成本。此外，有法律知识和信息的人可能会用要式规定来操纵交易，使相对人遭受不利益。

（三）要式合同的类型

我国《民法典》中要式合同的类型颇多。仅就《民法典》合同编“典型合同”分编而言，就存在数量众多的要式合同规定。如第668条第1款规定：“借款合同应当采用书面形式，但是自然人之间借款另有约定的除外。”第685条规定：“保证合同可以是单独订立的书面合同，也可以是主债权债务合同中的保证条款。第三人单方以书面形式向债权人作出保证，债权人接收且未提出异议的，保证合同成立。”第707条规定：“租赁期限六个月以上的，应当采用书面形式。当事人未采用书面形式，无法确定租赁期限的，视为不定期租赁。”第736条第2款规定：“融资租赁合同应当采用书面形式。”第762条第2款规定：“保理合同应当采用书面形式。”第789条规定：“建设工程合同应当采用书面形式。”第796条规定：“建设工程实行监理的，发包人应当与监理人采用书面形式订立委托监理合同……”第851条第3款规定：“技术开发合同应当采用书面形式。”第863条第3款规定：“技术转让合同和技术许可合同应当采用书面形式。”第938条第3款规定：“物业服务合同应当采用书面形式。”

（四）合同形式缺陷的后果

1. 域外法

在大陆法系国家或地区，对违反要式要求的合同的效力，一般有以下规定。

第一，明确不采用法定形式要求的，除法律另有规定外，合同无效。

第二，设置治愈规定。如针对不动产买卖，虽然买卖合同未依规定采用法定形式，但若当事人已办理登记，则不动产买卖合同也有效。

第三，当事人虽未采用法定形式，但若一方主张合同无效违反诚实信用原则，则该合同仍有效。如法律规定某合同应采书面形式，缔约时甲欺诈乙该合同无须采用书面形式，嗣后因合同履行对甲不利，甲遂主张该合同未采用书面形式因而无效，则法院往往会依诚实信用原则而判决该合同有效，以免助长甲的不诚信行为。

2. 我国法

在我国，不符合法定形式要求的合同的效力，表现为以下几种形态：

第一，《民法典》第490条规定：“当事人采用合同书形式订立合同的，自当事人均签名、盖章或者按指印时合同成立。在签名、盖章或者按指印之前，当事人一方已经履行主要义务，对方接受时，该合同成立。法律、行政法规规定或者当事人约定合同应当采用书面形式订立，当事人未采用书面形式但是一方已经履行主要义务，对方接受时，该合同成立。”该条并未明确规定当事人未依规定或约定采用书面形式订立合同的法律效果，但对该条第1款、第2款进行反面解释可知，书面形式应是合同的成立要件，[1]即当事人采用合同书形式订立合同的，若当事人尚未签名、盖章或者按指印，则合同不成立；法律、行政法规规定或者当事人约定合同应当采用书面形式订立，若当事人未采用书面形式，则合同不成立。值得注意的是，该条针对形式缺

---

〔1〕 关于原《合同法》第36条、第37条，我国学界多数见解认为，书面形式为合同成立要件。参见胡康生主编：《中华人民共和国合同法释义》，法律出版社1999年版，第68页；江平主编：《中华人民共和国合同法精解》，中国政法大学出版社1999年版，第28页；韩世远：《合同法总论》（第4版），法律出版社2018年版，第85页；等等。

陷设置了治愈规定——“一方已经履行主要义务，对方接受时，该合同成立”，这一规定固然具有鼓励交易、尽量促成合同成立的作用，但过于宽泛，也可能使立法欲用形式来控制合同成立的初衷丧失，使形式对合同效力的影响十分有限。

第二，《民法典》第502条规定：“依法成立的合同，自成立时生效，但是法律另有规定或者当事人另有约定的除外。依照法律、行政法规的规定，合同应当办理批准等手续的，依照其规定。未办理批准等手续影响合同生效的，不影响合同中履行报批等义务条款以及相关条款的效力。应当办理申请批准等手续的当事人未履行义务的，对方可以请求其承担违反该义务的责任。依照法律、行政法规的规定，合同的变更、转让、解除等情形应当办理批准等手续的，适用前款规定。”据此，法律、行政法规规定合同应当办理批准手续的，合同自办完批准时生效，此际，批准为合同的生效要件。[1]

第三，《民法典》第707条规定：“租赁期限六个月以上的，应当采用书面形式。当事人未采用书面形式，无法确定租赁期限的，视为不定期租赁。”据此，对租赁合同来说，书面形式既非合同的成立要件，亦非生效要件。

六、一时性合同与继续性合同

（一）概念

以时间因素是否对合同给付义务的内容及范围发生影响为标准，可以将合同分为一时性合同与继续性合同。

一时性合同，也称单纯的合同，是指合同的内容，因一次给付或分期给付即可实现。一时性合同的给付形态，以一次给付较常见，但亦包括分期给付。就买卖合同而言，分期给付既可以是价金分期给付（分期付款买卖），也可以是标的物分期给付。例如，甲向乙出卖一套图书8册，约定每月交付1册。因此一时性合同可分为一次给付合同与分期给付合同。分期给付合同特色有三：一是，当事人所订立的是单一的合同。二是，该合同的总给付自始确定，采分期给付的履行方式，时间的因素对给付的内容及范围并无影响。三是，其与一次给付合同的主要区别在于，债务人有无为部分清偿的权利。在一次给付合同中，债务人无为部分清偿的权利——债权人可以拒绝债务人部分履行债务（《民法典》第531条第1款）。

继续性合同，也称长期性合同，是指债的内容，非一次给付可完结，而是继续地实现，其基本特征系时间因素在债的履行上居于重要的地位，总给付之内容系于应为给付时间的长度。[2] 质言之，需要持续性给付方能实现的债之关系，其内容或者是持续的行为或者是在特定时间内反复的单个给付。[3] 分期给付合同虽非一次给付，但由于自始有一个确定的总给付，因此非属继续性合同。继续性合同多表现为劳务性合同，如雇佣、保管、承揽、委托、运输、旅游合同等，但亦有财产性合同为继续性合同，如租赁合同。从总体上来讲，其主要适用于租赁、借用、借贷、服务或劳务、旅游及合伙、保险、特许经营、保理等合同，以及负有持续供应义务的承揽、居间或者买卖合同（水电气的供应合同）等。[4] 继续性合同具有以下特点：

---

〔1〕 值得注意的是，登记备案手续并非合同生效要件。如《民法典》第706条规定：“当事人未依照法律、行政法规规定办理租赁合同登记备案手续的，不影响合同的效力。”

〔2〕 参见王泽鉴：《债法原理》（第1册），中国政法大学出版社2001年版，第132页。

〔3〕 参见王洪亮：《民法典中解除规则的变革及其解释》，载《法学论坛》2020年第4期。

〔4〕 参见王洪亮：《民法典中解除规则的变革及其解释》，载《法学论坛》2020年第4期。

第一,继续性合同自始欠缺确定的总给付内容,给付时间的长度对合同总给付的确定具有决定性意义。[1] 与此有异,一时性合同的给付内容自始即确定,时间因素对一时性合同债务的履行无意义或不具重要性。如分期付款买卖中,虽然买受人分期支付价款,但其总给付自始确定,时间因素对给付内容和范围并无影响,分期给付的履行方式未改变这一性质。而对定有明确期限的租赁或雇佣合同来说,虽然缔约时明确约定了存续期间,似乎总给付一开始就已确定,但由于这些合同原则上可由一方当事人提前解除,或者出租人未尽保持租赁物处于适于用益状态的义务,承租人得主张减少租金等,其总给付实质上并未自始确定,因此仍属于继续性合同的范畴。

第二,继续性合同一般具有无限延续性和不可耗损性。无限延续性是指继续性合同的当事人在订立合同时若未定有期限或合同履行后未予以终止,则合同关系通常可无止境地延续而不消灭。无限延续性来自合同主给付本身具有持续性的特性。不可耗损性是指合同当事人一定时间所提交的给付并不能使合同内容发生减少或合同消灭,继续性合同也不因合同当事人的给付而发生任何变动和影响。由于继续性合同具有无时限性特征,合同当事人提出的给付并不构成合同"部分给付"或"部分清偿",仅是无限合同内容中有限的部分,从而对合同整体并不产生任何影响。

第三,继续性合同的当事人之间往往具有很强的信赖关系。由于将一定期间状态的存续或维持作为继续性合同的目的,当事人之间的信赖关系便成为合同的实质性要素。[2] 信赖关系是指基于信赖共同作用,在获取自己利益以及实施所承担的行为时,应特别照顾或考虑相对方的利益。[3] 基于此种信赖关系,各方当事人应持续尽力履行义务,不仅应承担给付义务,还应承担各种附随义务。一旦当事人之间的人格信任关系受到破坏,则持续尽力履行义务的基础也就不复存在,合同关系亦不再存在。

(二)区分意义

区分一时性合同与继续性合同的意义,主要体现在以下方面:

第一,对合同确定性的强弱要求不同。一时性合同的成立要求具有确定性,以便履行或强制履行;继续性合同虽然也要求具有确定性,但司法上的趋势是,应当考虑实务中的可行性,适当放松对确定性的要求,以适应更加复杂、精密的交易。[4]

第二,合同不成立、无效或被撤销是否溯及既往不同。《民法典》第155条规定:"无效的或者被撤销的民事法律行为自始没有法律约束力。"无论是一时性合同,还是继续性合同,若当事人均未为给付,则不产生问题。但若当事人已为给付,则在一时性合同中,依据《民法典》第157条的规定,行为人因法律行为取得的财产应当予以返还,不能返还或者没有必要返还的应当折

---

[1] 连续供给合同,也被称为继续供应契约(Sukzessivlieferungsvertrag),属于特殊类型的继续性债之关系,其给付标的的数量并非自始确定,而是随着时间的经过而逐渐增加,如甲为乙餐厅长期提供蔬菜的合同。更特殊的是认购合同(Bezugsverträge),如认购水、电、气的合同以及电话合同等。该类合同的特殊性在于,即使消费者没有消费,供应企业也处于随时给付状态;在对价计算上采取两层给付的结构,首先是基本费率,即作为维持供应准备状态的对价,其次是实际使用的对价。这种合同也被称为重复债之关系或者回归性之债(Wiederkehrschuldverhältnis),因为在基本关系框架内,就个别消费或者至少在每个计算期间会产生一个新的债务关系。

[2] 参见韩世远:《合同法总论》(第4版),法律出版社2018年版,第89页。

[3] 参见王洪亮:《民法典中解除规则的变革及其解释》,载《法学论坛》2020年第4期。

[4] 参见崔建远:《合同法》,北京大学出版社2012年版,第29页。

价补偿；而在继续性合同中，“应限制无效或可撤销的溯及效力，使自当事人主张不生效力无效或撤销之时起向将来发生效力，过去的法律关系不因此而受影响”。[1]

第三，可转让性的强弱不同。基于一时性合同产生的债权债务，其转让相对较容易，而基于继续性合同产生的债权债务，其转让则较严格。如《民法典》第 716 条第 2 款规定：“承租人未经出租人同意转租的，出租人可以解除合同。”第 894 条第 1 款规定：“保管人不得将保管物转交第三人保管……”第 923 条规定：“受托人应当亲自处理委托事务……”其原因在于，继续性合同重视信任关系，如移转其权利义务，将使信任关系受到破坏，故而未经同意的转让常会成为解除合同的理由。

第四，合同的履行不同。对一时性合同来说，原则上债务一经履行，债权债务关系即归于消灭；对继续性合同来说，在履行期内，履行呈持续状态，此即“继续的给付”或“状态给付”，合同债权债务关系持续存在。

第五，合同解除是否溯及既往不同。《民法典》第 566 条第 1 款规定：“合同解除后，尚未履行的，终止履行；已经履行的，根据履行情况和合同性质，当事人可以请求恢复原状或者采取其他补救措施，并有权请求赔偿损失。”对一时性合同来说，合同解除具有溯及力，当事人负有相互返还所受领给付的义务；对继续性合同来说，合同效力自解除之时向后消灭，并无溯及效力，先前的合同关系不受影响。“契约终止既未溯及效力地使契约消灭，其在终止前所为的给付，具有法律上原因，不成立不当得利。”[2]

第六，解除权产生的原因不同。对一时性合同来说，较严格贯彻契约严守原则，只有在符合法定或约定解除条件时才允许当事人解除合同，解除权产生原因相对较少；对继续性合同来说，当事人的给付范围依时间而定，一个在时间上不可解消的继续性结合关系，将过分限制当事人的活动自由，自须在时间上有所限制，因此应承认当事人的解约自由。此外，继续性合同特别重视信赖基础，要求当事人各尽其力，实现债之目的，除给付义务外，尚发生各种附随义务，以维护当事人的利益。信赖基础一旦损失，或因其他特殊事由难以期望当事人继续维持此种结合关系时，法律自应允许一方当事人解除合同。对此，《民法典》第 563 条第 2 款规定：“以持续履行的债务为内容的不定期合同，当事人可以随时解除合同，但是应当在合理期限之前通知对方。”

七、束己合同与涉他合同

根据合同的效力仅及于合同当事人还是及于当事人以外的第三人的标准，可将合同区分为涉他合同与束己合同。这一区分标准与合同相对性原则具有密切关联。

合同相对性，又称合同之债的相对性，是指合同关系只发生在特定的主体之间，只对特定的主体发生约束力，只有合同当事人才能基于合同相互提出请求或提起诉讼，合同当事人不得依据合同对合同关系外的第三人提出请求或者提起诉讼，合同关系外的第三人亦不能依据合同向合同当事人提出请求或者提起诉讼。《民法典》第 465 条第 2 款规定：“依法成立的合同，

---

[1] 王泽鉴：《债法原理》，北京大学出版社 2009 年版，第 105 页。
[2] 王泽鉴：《债法原理》，北京大学出版社 2009 年版，第 106 页。

仅对当事人具有法律约束力,但是法律另有规定的除外。”此即明确规定了合同的相对性原则。[1]

束己合同,或称“为订约人自己订立的合同”,是效力仅约束合同当事人的合同。详言之,订约当事人订立合同是为自己设定权利和义务,使自己直接取得和享有某种利益、承受某种负担。[2] 束己合同严格遵循合同相对性原则。

涉他合同则是指效力涉及合同关系外第三人的合同。一般认为,涉他合同属于对合同相对性原则的突破。[3]

从合同效力的角度看,合同效力可分为对内效力和对外效力,束己合同体现了合同的对内效力,而涉他合同体现了合同的对外效力。根据合同效力是使第三人获得利益还是使第三人承受不利,又可将涉他合同分为第三人利益合同与第三人负担合同两种类型。有关第三人利益合同与第三人负担合同的具体内容,将在本书合同履行部分阐述。

八、主合同与从合同

根据两个合同相互之间的主从关系,可将合同分为主合同与从合同。

主合同,是指无须其他合同的存在即可独立存在的合同。如保证合同所担保的设立主债务的买卖、租赁等合同为主合同。从合同,是指以其他合同的存在为存在前提的合同。如保证合同相对于主债务合同即为从合同。从合同最典型的特点为从属性或附属性,即从合同不能独立存在,须以主合同的存在为前提。从合同的从属性具体表现在以下方面:

第一,发生上的从属性。从合同是以主法律行为的存在为前提的,只有在主合同有效成立以后,才能成立从合同。如只有在主债务有效成立的前提下才可能存在担保之债。第二,效力上的从属性。从合同是以主合同的有效存在为前提的。主合同不能有效成立的,从合同就不能有效成立;主合同被宣告无效或被撤销的,从合同也将失去效力。第三,转让上的从属性。主合同转让的,从合同也不能单独存在;主合同的权利转让的,从合同的权利必须依附主合同而转让。第四,消灭上的从属性。从合同一般是为了加强主合同的效力而存在的,所以主合同消灭,从合同也应随之消灭。

九、本合同与预约合同

根据两个合同相互之间的手段与目的关系,可以将合同区分为本合同(本约)与预约合同(预约)。预约合同,是指约定将来订立一定合同的合同;基于预约合同而订立的合同为本合同。有关本合同与预约合同的具体内容,将在下文第八章“合同的成立与生效”阐述。

主要参考文献

崔建远:《合同法》,北京大学出版社 2012 年版;崔建远:《论合同相对性原则》,载《清华法学》2022 年第 2 期;韩世远:《合同法总论》(第 4 版),法律出版社 2018 年版;黄立:《民法债编总

---

[1] 有关合同相对性原则的机理及其突破等,较详细的分析,参见李永军:《〈民法典〉涉他合同中第三人利益的实现途径》,载《苏州大学学报(法学版)》2021 年第 1 期;崔建远:《论合同相对性原则》,载《清华法学》2022 年第 2 期;等等。

[2] 参见韩世远:《合同法总论》(第 4 版),法律出版社 2018 年版,第 97 页。

[3] 当然,严格言之,第三人利益合同确实突破了合同相对性原则,而第三人负担合同其实仍遵循了合同相对性原则。

论》,中国政法大学出版社2002年版;黄立:《契约自由的限制》,载《月旦法学杂志》第125期;黄茂荣:《买卖法》(增订版),中国政法大学出版社2002年版;李永军:《〈民法典〉涉他合同中第三人利益的实现途径》,载《苏州大学学报(法学版)》2021年第1期;李永军:《论民法典合同编中“合同”的功能定位》,载《东方法学》2020年第4期;史尚宽:《债法总论》,中国政法大学出版社2000年版;苏永钦:《走入新世纪的私法自治》,中国政法大学出版社2002年版;王洪亮:《民法典中解除规则的变革及其解释》,载《法学论坛》2020年第4期;王利明:《体系化视野下〈民法典〉婚姻家庭编的适用——兼论婚姻家庭编与其他各编的适用关系》,载《当代法学》2023年第1期;王泽鉴:《债法原理》,北京大学出版社2022年重排版;易军:《买卖合同之规定准用于其他有偿合同》,载《法学研究》2016年第1期;詹森林:《非典型契约之基本问题》,载《月旦法学杂志》第27期;朱广新、谢鸿飞主编:《民法典评注:合同编　通则》(第1册),中国法制出版社2020年版;[德]卡纳里斯:《债务合同法的变化即债务合同法的“具体化”趋势》,张双根译,载《中外法学》2001年第1期。

第八章　合同的成立与生效

引导案例

李某向甲建筑公司寄送了水泥价目表。甲公司工作人员邮件询问李某:公司想购买1000吨水泥,希望价格优惠每吨50元。李某回复:最多只能优惠10元。双方初步达成一致:购买某型号水泥1000吨,价格在价目表基础上优惠10元,并约定7个工作日内签订正式书面合同;合同未签订,合同不成立。合同签订当日,甲公司董事长刘某提供了一份公司拟定好的合同文本。合同文本中约定了甲公司违约不承担违约责任。李某未仔细阅读合同文本,在乙方签署处签署了自己的名字。刘某以法定代表人身份签署了名字且加盖了公司公章。李某履行合同前一天,与甲公司联系。此时,甲公司法定代表人已更换为张某。张某指出,刘某不再是公司法定代表人,且刘某加盖公章为伪造印章,因此拒绝承认合同效力,不愿接受履行。李某起诉至法院,请求甲公司承担违约责任。

1. 李某寄送水泥价目表行为属于要约邀请还是要约?
2. 双方7个工作日内签订正式书面合同的"约定"属于预约还是本约?
3. "甲公司违约不承担违约责任"的条款属于格式条款吗?若为格式条款,该格式条款发生何种法律后果?
4. 李某仅签名未盖章,合同成立吗?
5. 刘某伪造公司印章盖章,李某和甲公司之间的合同成立吗?
6. 该案合同生效吗?

第一节　合同的成立概述

一、合同的订立与成立

合同的订立是当事人达成合意的动态过程,表现为当事人接触、磋商谈判至最终是否达成协议。合同订立阶段,也称为缔约阶段,一般分为要约邀请、要约和承诺。如果磋商谈判过程复杂,则会出现多次新要约。此阶段虽然未成立合同,但当事双方已进入缔约状态,需要遵守诚实信用原则,负担诚信义务,对诚信义务的违反,需要承担缔约过失责任。

经过合同缔约阶段,当事人可能达成合意,也可能无法形成协议。一旦意思表示一致,合同即成立。合同成立是合同订立的结果。合同成立,合同订立过程终止。相较合同订立的动态性,成立的合同为静态协议。若缔约双方无法达成合意,合同不成立,合同订立过程同样终止。

二、合同成立的要件

根据成立合同为诺成合同,还是要式合同或者要物合同,合同成立分为合同的一般成立与合同的特殊成立。

(一)合同成立的一般要件

1. 缔约主体为双方

合同属于双方法律行为,订立合同需要双方当事人。合同当事人一般为合同名义主体,不为实际缔约人。缔约主体不必具备完全民事行为能力,无民事行为能力人或者限制民事行为能力人皆可成为缔约主体。

2. 缔约双方达成合意

缔约双方经过订立过程,就合同的主要条款达成了合意。合意不必为双方真实意思表示一致,有瑕疵的意思表示一致同样构成合同成立上的合意。

3. 缔约双方就主要条款达成合意

合同条款较多,如果需要就所有条款达成合意后合同才能成立,不利于鼓励交易的达成。根据《合同编通则解释》第 3 条第 1 款的规定,只要能够确定当事人名称或者姓名、标的和数量,一般应当认定合同成立。

(二)合同成立的特殊要件

要式合同与要物合同的成立,在具备一般要件的基础上,尚需具备特定形式要件或交付等要件。例如,《民法典》第 789 条规定:"建设工程合同应当采用书面形式。"未采用书面形式,合同一般不成立。《民法典》第 890 条规定,除非另有约定,保管合同自保管物交付时成立。未进行交付,保管合同一般不成立。

三、合同成立的内容与形式

(一)合同成立的内容

合同成立的内容,即合同具备的条款。根据《民法典》第 470 条的规定,合同内容分为三个部分。

1. 合同内容由当事人约定

合同是缔约双方意思表示一致的产物,体现了当事人合同自由。合同内容由当事人自由约定。

2. 合同的一般内容

成立一个合同,需要具备合同的主要条款。《民法典》第 470 条规定,合同一般包括主体、标的、数量、质量、价款或者报酬、履行期限、地点和方式、违约责任以及解决争议的方法条款。"一般包括"立法表达说明,这只是建议性或示范性条款,并非强制性条款。[1] 如果缺少其中一项或几项内容,并不必然导致合同不成立。

3. 合同示范文本

《民法典》第 470 条第 2 款规定:"当事人可以参照各类合同的示范文本订立合同。"生活中常见各类合同的示范文本,如物业服务合同、施工合同等。示范合同是有关机构根据法规和惯

---

〔1〕 参见黄薇主编:《中华人民共和国民法典合同编释义》,法律出版社 2020 年版,第 26 页。

例确定的具有合同示范作用的合同。[1] 示范合同对合同内容规定全面、明确、具体，可以弥补当事人自由订立合同时信息不足的缺陷，具有很强的参考价值。示范合同的示范性表明其条款约定不具有强制性，是否采纳取决于缔约双方。一般的示范文本分为通用条款和专用条款。通用条款为此类合同的一般性条款，专用条款为当事人自由约定的条款。当事人可以通过专用条款补充、修改乃至否定通用条款内容。

(二)合同成立的形式

根据《民法典》第 469 条的规定，合同形式由三个部分内容构成。

1. 一般规定

合同形式即合意的表示形式。意思表示的形式分为明示形式和默示形式。书面形式与口头形式属于明示形式，其他形式则为默示形式。默示形式分为积极默示和沉默。除非法律另有规定，当事人通过自己行为，即积极默示形式，表明订立合同意愿的，可以发生合同成立效果。除非法律规定、当事人约定或者符合交易习惯，沉默不能作为合同形式。

2. 书面形式

书面形式是合同书、信件、电报、电传、传真等可以有形地表现所载内容的形式。书面形式需要具备有形载体与可以随时调取查用的内容两个要件。

3. 电子书面形式

《民法典》第 469 条第 3 款规定，以电子数据交换、电子邮件等方式能够有形地表现所载内容，并可以随时调取查用的数据电文，视为书面形式。电子书面形式因具有与传统书面形式不同的有形载体，未被归入书面形式，但“视为”书面形式，可以成为合同成立的形式。

第二节　合同的成立方式

一、概述

《民法典》第 471 条规定，当事人订立合同，可以采取要约、承诺方式或者其他方式。该条为合同订立方式的一般性规定，明确订立合同的方式为要约、承诺方式与其他方式。要约、承诺方式为订立合同的典型方式但并非唯一方式，此外，还有合同书方式、格式合同方式、预约方式、强制缔约方式以及悬赏广告等方式。交叉要约、同时表示与意思实现，[2] 并不属于其他方式，属于要约、承诺方式的特殊形态。

二、要约和承诺

(一)要约邀请

要约邀请，又称要约引诱，是希望他人向自己发出要约的表示。要约邀请并非要约的前置

---

[1] 参见王利明主编：《中国民法典评注：合同编(一)》，人民法院出版社 2021 年版，第 47 页。

[2] 所谓交叉要约，是指合同当事人各自采取非直接对话的方式，同时作出了为订立同一内容合同的要约。所谓同时表示，是指对话的当事人双方同时向对方为同一内容的要约的意思表示。所谓意思实现，是指无须承诺通知即可以通过客观事实推定受要约人有承诺的意思。参见黄薇主编：《中华人民共和国民法典合同编释义》，法律出版社 2020 年版，第 31 ~ 32 页。

程序，因此要约邀请不属于合同的订立方式。要约邀请不是意思表示，因为要约邀请人不具备发生法律效果的意思，也不受该表示的约束。要约邀请虽然是一种表示行为，但缺乏效果意思支撑，不会发生民事法律关系，不属于民事法律事实，不能归属于民事法律事实中的行为，也不能认定为法律行为或事实行为。

根据《民法典》第 473 条的规定，拍卖公告、招标公告、招股说明书、债券募集办法、基金招募说明书、商业广告和宣传、寄送的价目表等为要约邀请，但商业广告和宣传的内容符合要约条件的则构成要约。据此可知，拍卖公告、招标公告、招股说明书、债券募集办法、基金招募说明书为要约邀请；商业广告和宣传一般为要约邀请，除非有证据证明其符合要约条件，否则不得认定为要约。

要约邀请的内容并非毫无约束力。如果要约邀请作出的说明和允诺具体确定且对要约人订立合同有重大影响，即使未订立合同，也会视为合同内容的一部分。

（二）要约

1. 要约的概念

要约，又称发盘、发价，是要约人希望与他人订立合同的意思表示。成立一个要约，需要具备以下 5 个要件：

第一，要约是要约人的意思表示。合同属于双方法律行为，是缔约双方意思表示一致的产物。要约并非法律行为，只是合同一方的意思表示。

第二，要约以缔约为目的。作为订立合同的方式，要约必须以缔约为目的。无缔约目的，不成立要约。

第三，要约须向相对人发出。相对人可以特定，也可以不特定。针对不特定相对人发出的要约，可能带来众多承诺，成立多个合同。

第四，要约内容具体确定。本要件由三个部分构成：(1)要有要约内容。要约内容须为合同的必备条款，否则承诺也不会成立合同。(2)要约内容须具体。所谓具体，是指内容特定化或者可特定化，一经承诺即具有可履行性。例如，标的具体，是指标的能确定、可以履行，不能抽象地表述为一个无法特定化的物。如要约人向承诺人发出“愿意将自己的一个杯子以 100 元价格出售”的函件，由于“一个杯子”不具体，无法知晓是什么样的杯子，该函件因要约内容不具体而不能认定为要约。(3)要约内容须确定。所谓确定，是指具体内容确定无疑而不犹豫，如“100 元购买这个杯子”。若表示为“100 元购买这个杯子还是那个杯子再定”，则为不确定。

第五，表明经受要约人承诺，要约人即受该意思表示约束。要约指向合同的成立，在一般情况下，成立之时合同发生效力。所以，要约必须具有约束力，否则承诺也不会成立合同。

2. 要约的生效

要约为一般意思表示，并非特别的意思表示类型，要约生效时间按照一般意思表示生效时间确定。因此，《民法典》第 474 条规定，要约生效的时间适用《民法典》第 137 条的规定。[1]

---

〔1〕《民法典》第 137 条规定：“以对话方式作出的意思表示，相对人知道其内容时生效。以非对话方式作出的意思表示，到达相对人时生效。以非对话方式作出的采用数据电文形式的意思表示，相对人指定特定系统接收数据电文的，该数据电文进入该特定系统时生效；未指定特定系统的，相对人知道或者应当知道该数据电文进入其系统时生效。当事人对采用数据电文形式的意思表示的生效时间另有约定的，按照其约定。”

3. 要约的撤回

意思表示生效前都可以撤回,要约也不例外。由于要约的撤回没有特别之处,所以按照《民法典》第 141 条的规定适用。根据《民法典》第 141 条的规定,要约的撤回需要具备 3 个要件。

第一,要约尚未生效。撤回制度针对未生效的要约,生效的要约不适用撤回。

第二,发出撤回通知。撤回应当以通知的方式进行,通知中必须明确有撤回的意思。默示形式不能作为撤回意思的表示形式。

第三,撤回通知应当在要约到达相对人前或者与要约同时到达相对人。由于只能针对未生效的要约进行撤回,撤回通知生效时要约须未生效。在一般情况下撤回通知应当在要约到达相对人前到达受要约人,但为了尽量保障要约人利益,即使撤回通知与要约同时到达相对人,也发生撤回效果。

4. 要约的撤销

撤销与撤回不同。撤回针对未生效的要约,撤销则指向已生效的要约。《民法典》第 476 条规定,除两种情形外,要约可以撤销。该规定既非完全不能撤销,亦非任意撤销,而是采取了折中模式。只要不属于不能撤销的例外情形,要约人就可以撤销要约。这一规定减轻了要约人受要约约束的力度,使其可以在一定程度上摆脱要约的束缚。

要约的撤销是一种意思表示,需要视意思表示的形式而定。如果以对话方式撤销要约,则撤销的意思应当在受要约人作出承诺之前为受要约人知道。如果以非对话方式撤销要约,也应当在受要约人作出承诺之前到达受要约人。一旦受要约人作出承诺,无论该承诺是否到达要约人或被要约人知道,要约人不得撤销。

《民法典》第 476 条规定,以下两种情形下的要约不得撤销。(1)要约明示不得撤销的不能撤销。明示不得撤销的典型形式为确定承诺期限的要约。一旦要约人在要约中确定了承诺期限,即表明了要约人不会撤销要约。若仍然允许其撤销,则过于违背禁反言规则。不得撤销的明示形式并非只有确定承诺期限一类,只要有明确不得撤销要约的内容,如明确表示不撤销或者无条件等待答复等,则构成其他明示形式。(2)受要约人有理由认为要约不可撤销,并已经为履行合同做了合理准备工作。该情形由两个要件组成。第一,产生要约不可撤销外观。虽然要约人未在要约中明示不可撤销,但要约人的行为使受要约人有理由相信要约是不可撤销的,也就是要约内容之外的要约人行为使受要约人产生了要约不可撤销的外观。该信赖外观并非来自要约内容,而是来自要约人的其他行为。第二,受要约人已经为履行合同做了合理准备工作。仅有不可撤销外观尚不足以阻却撤销,毕竟这只是从要约人其他行为推定而出的意思,无法与明示不可撤销的意思相比。为此,《民法典》第 476 条同时规定受要约人须为履行合同做了合理准备工作。当受要约人为履行合同做了合理准备工作时,表明受要约人真正相信了要约的不可撤销性,若仍然准许撤销,则严重损害受要约人信赖利益,不为法律所取。

5. 要约的失效

要约的失效,是指生效的要约失去效力,不再约束要约人。根据《民法典》第 478 条的规定,要约失效的情形有以下 4 种。

第一,要约被拒绝。要约人向受要约人发出要约后,受要约人明确表示拒绝的,自拒绝的意思被要约人知道或者到达要约人时,要约失效。受要约人拒绝的通知也可以撤回,只要撤回拒绝的通知先于或者同时于拒绝通知到达要约人。

第二,要约被依法撤销。只要不具备不可撤销的情形,要约皆可撤销。当撤销通知在受要约人作出承诺之前被受要约人知道或者到达受要约人时,发生撤销效果,要约失效。

第三,承诺期限届满,受要约人未作出承诺。承诺期限为要约的存续期间。承诺期限内,受要约人有权进行承诺,要约人受到约束。承诺期限届满受要约人未作出承诺,要约经过存续期间,要约失效。受要约人在承诺期限内作出承诺但承诺通知超出承诺期限到达要约人的,在理论上似应认定要约失效,但由于立法规定的不确定性,其不一定发生要约失效效果。基于此,立法者只对确定发生要约失效的情形进行了规定,并不意味着其他情形都不发生要约失效效果。

第四,受要约人对要约的内容作出实质性变更。受要约人应当按照要约的内容进行承诺,如果进行实质性变更,则相当于否定了要约,要约失效。

(三)承诺

1. 承诺的概念与构成要件

承诺是受要约人同意要约的意思表示。承诺需要具备5个要件。

第一,承诺是受要约人的意思表示。承诺如要约一样,本身不是法律行为,只是构成双方法律行为的一方意思表示。

第二,承诺主体为受要约人。如果要约发给特定相对人,则只有该相对人才有资格承诺。第三人进行的承诺,仅为新要约。如果要约面向不特定人发出,则受要约人可为任一不特定相对人。

第三,承诺是受要约人愿意与要约人订立合同的意思表示。合同是双方法律行为,需要缔约双方都有订立合同的意思。要约是要约人向受要约人发出的订立合同的意思表示,承诺则是受要约人同意与要约人订立合同的意思表示。没有缔约目的,不构成承诺的意思表示。

第四,承诺内容应当与要约内容一致。承诺是对要约的同意,应与要约的内容保持一致。但如果要求完全保持一致,可能会令很多合同无法签订,为鼓励交易的达成,只要未对要约内容进行实质性变更,即认定受要约人同意了要约,构成承诺。

第五,承诺应是有效承诺。承诺应当是有效的承诺,无效承诺不发生合同成立效果。何为有效承诺,观点不一。有观点认为,构成有效承诺需要承诺在要约规定的期限内到达要约人。[1] 另有观点认为,承诺只需在要约的有效期内作出即构成有效承诺。[2] 这两种观点都在对有效承诺进行界定,都有其合理性,但都无法全面概括有效承诺。一般而言,有效的承诺应当在承诺期限届满前到达要约人,否则要约失效,承诺也就不为承诺而为新要约。但是,立法规定(参考《民法典》第486条和第487条)具有很大不确定性,只要在要约规定期限内作出,即使超出承诺期限到达,也可以发生有效承诺效果。

2. 承诺的方式

《民法典》第480条规定,承诺应当以通知的方式作出;但是,根据交易习惯或者要约表明可以通过行为作出承诺的除外。据此,可以从三个方面理解承诺的方式。

第一,按照要约确定的承诺方式予以承诺。承诺作为对要约的同意,包含对要约中确定的

---

〔1〕 参见王利明主编:《中国民法典评注:合同编(一)》,人民法院出版社2021年版,第81页。

〔2〕 参见最高人民法院民法典贯彻实施工作领导小组主编:《中华人民共和国民法典合同编理解与适用》(第1册),人民法院出版社2020年版,第94页。

承诺方式的同意。如果要约中明确承诺的方式,受要约人应当按照确定的方式进行承诺,否则无法构成有效承诺。

第二,如果要约未确定承诺方式,受要约人应当以通知的方式承诺。承诺为意思表示,其形式分为明示形式与默示形式。通知属于明示形式,可以口头通知也可以书面通知。

第三,在特定情形下,可以通过默示形式作出。如果交易习惯或者要约表明可以通过行为作出承诺,则可以通过行为表达承诺。此处的行为实乃默示形式。一般认为,该行为既包含积极默示的行为,也包含消极默示的沉默。如《民法典》第 734 条第 1 款规定,租赁期限届满,承租人继续使用租赁物,出租人没有提出异议的,原租赁合同继续有效,但是租赁期限为不定期。但是,出租人的沉默认定为出租承诺基于法律规定,因此,有必要将《民法典》第 480 条的但书拓展为"法律规定、交易习惯或者要约表明可以通过行为作出承诺的除外"。如此,该条也可以仿照《民法典》第 474 条和第 475 条,直接规定为"承诺的方式适用本法第一百四十条的规定"。[1]

3. 承诺期限及其起算点

承诺期限为要约的存续期间,是要约人受约束的期限,也是受要约人享有承诺权的期限。如何确定承诺期限,关乎要约人与承诺人的重大利益。《民法典》第 481 条分两个层面确定承诺期限。第一,要约确定承诺期限。要约人在要约中确定了承诺期限的,承诺人必须遵守该期限进行承诺。如要约人明确要求在 6 月 5 日之前承诺或者 10 天内承诺等,受要约人不但需要在该期间内作出承诺,还需要在该期间内使承诺通知到达要约人。第二,如果要约没有确定承诺期限,则区分要约的两种不同形式认定承诺期限。(1)以对话方式作出要约的,受要约人应当即时作出承诺。(2)以非对话方式作出要约的,承诺应当在合理期限内到达要约人。"合理期限"并非一个确定的期限,需要法官在个案中根据案件实际情况予以判断,因而需要考虑多种因素。对此,有学者提出通过七种因素考虑"合理期限",可以参考。[2]

《民法典》第 482 条针对传统通讯和快速通讯的要约方式规定了不同的承诺期限起算点。传统通讯方式分为信件与电报。要约以信件作出的,如果信件载明了日期,则按照载明的日期予以承诺。需要明确的是,这里的载明日期是指承诺起始日期,不必指向承诺期间,因为第 482 条皆在认定承诺起始日期。信件未载明起始日期的,自投寄该信件的邮戳日期开始计算。需要注意的是,此处采用的不是到达主义而是发信主义。承诺期限的起算点不是要约到达受要约人时,而是信件发出时。要约以电报作出的,承诺期限自电报交发之日开始计算。要约以电话、传真、电子邮件等快速通讯方式作出的,承诺期限自要约到达受要约人时开始计算。

4. 承诺的撤回

承诺与要约一样,作为一种意思表示,可以撤回。撤回的承诺为尚未生效的承诺,因其没

---

[1] 《民法典》第 140 条规定:"行为人可以明示或者默示作出意思表示。沉默只有在有法律规定、当事人约定或者符合当事人之间的交易习惯时,才可以视为意思表示。"

[2] (1)要约人所表明的期待。如"请立即答复"或"请慢慢考虑"等。(2)交易习惯。(3)给付属性。给付事项为普通事项还是重大事项,会影响承诺期限。对于较容易的普通事项,期限要求相对较短;对于较难的重大事项,期限要求相对较长。(4)要约人知道或者应当知道的受要约人决策流程。(5)标的物市场价格的波动速度。如果市场价格一直比较平稳,说明受要约人不必过多考虑价格因素,时间相对较短;若波动很大,则考虑时间会更长。(6)要约人发出要约时采用的通讯工具。(7)受要约人发出承诺时采用的通信工具。参见朱广新、谢鸿飞主编:《民法典评注:合同编　通则》(第 1 册),中国法制出版社 2020 年版,第 159~160 页。

有特殊性,适用《民法典》第 141 条有关意思表示撤回的一般规定。但生效承诺不得撤销。撤销针对的是生效意思表示,一旦承诺生效,合同即告成立,成立的合同一般都已经生效,此时允许撤销承诺,相当于赋予受要约人撤销合同的权利。因此,《民法典》没有赋予受要约人撤销权。

5. 承诺的变更

从尊重要约人意思角度,承诺似应对要约内容完全同意,不得对要约内容作出任何改变。这一严苛的立场不利于合同的订立,也不一定符合要约人的真实意思。为了鼓励交易的尽量达成,法律一般采取较宽松的立场,只要承诺不构成对要约内容的实质性变更,则发生承诺效果。基于此,承诺在变更上分为实质性变更与非实质性变更。

承诺的实质性变更,是指受要约人对有关合同标的、数量、质量、价款或者报酬、履行期限、履行地点和方式、违约责任和解决争议方法等要约的实质性内容进行了变更。这些内容之所以具有实质性,在于它们与要约人利益攸关。只要受要约人就其中一项内容进行了变更,即构成实质性变更。但并非只要就实质性内容进行变更即构成实质性变更,如果就实质性事项变更范围或幅度轻微或较小,不至于严重影响要约人利益,也不构成实质性变更。此时的变更,在法律效果上等同非实质性变更,承诺为有效承诺,合同的内容以承诺的内容为准。但要约人事先申明不得对要约实质性内容作出任何变更的,只要对实质性内容作出了变更,无论轻重程度如何,都构成实质性变更。一旦承诺构成对要约的实质性变更,承诺将不成为承诺,而为新要约。

非实质性变更,是指承诺针对要约的非实质性内容进行的变更。一般而言,表达对订立合同的期望、感想以及对非实质性事项进行的变更属于非实质性变更。既然变更对象并非利益攸关,受要约人对此进行的变更也不会导致很大的利益失衡,因而为立法所允许。所以,一旦受要约人进行的是非实质性变更承诺,发生承诺效果,合同的内容以承诺的内容为准。但非实质性变更承诺也会在两种情形下发生实质性变更同等效果。(1)如果受要约人进行了非实质性变更承诺,但要约人及时表示反对,也就是及时就其变更予以了反对,则此时的承诺不生效,实质为新要约。(2)如果要约表明承诺不得对要约的内容作出任何变更,则即使受要约人只是就非实质性事项进行变更,受要约人的承诺也不构成有效承诺,而为新要约。

6. 承诺的生效

承诺应当在要约确定的期限内到达要约人。承诺到达要约人即生效。承诺作为一种普通的意思表示,其生效时间根据其表示形式而定。《民法典》第 484 条规定,以通知方式作出的承诺,生效的时间适用《民法典》第 137 条的规定。至于以默示形式进行承诺的,根据法律规定、交易习惯或者要约的要求作出承诺的行为时生效。

如果承诺未在要约确定的期限内到达要约人,一般情况下不发生效力,但也要区分两种例外情况。(1)受要约人超过承诺期限发出承诺,或者在承诺期限内发出承诺,按照通常情形不能及时到达要约人的情形。在此种情况下,承诺未能在承诺期限内到达要约人,不发生承诺效力,而为新要约。然而,《民法典》第 486 条规定,如果要约人及时通知受要约人该承诺有效,则承诺不成为新要约而仍然为有效承诺。其实,立法也可以不改变常规逻辑,将要约人的及时通知视为对新要约的承诺,同样能发生合同成立效果,但是立法没有采用这一模式。(2)受要约人在承诺期限内发出承诺,按照通常情形能够及时到达要约人,但是因其他原因致使承诺到达要约人时超过承诺期限的情形。针对并不能归责于双方当事人的此情形,《民法典》第 487 条进行了利益平衡。首先根据尽量鼓励交易达成立场,虽然承诺超出承诺期限到达,但仍然认定承诺为有效承诺。为了照顾无过错的要约人利益,法律赋予了要约人特定情形下的否定权,即要约人及时通知受要约人因承诺超过期限不接受该承诺的,承诺不发生效力。

承诺一经生效,合同即成立。当然,这仅仅针对诺成合同。对于要式合同和要物合同,承诺只能表明达成了合意,并不能表明合同成立。要想成立合同,还需要具备特定形式或者交付特定物品。所以,《民法典》第483条规定:承诺生效时合同成立,但是法律另有规定或者当事人另有约定的除外。

三、格式条款

(一)格式条款的概念及其构成要件

1.格式条款的概念

《民法典》第496条第1款对格式条款概念进行了规定。据此规定,格式条款是当事人为了重复使用而预先拟定,并在订立合同时未与对方协商的条款。格式条款并非格式合同。格式合同包含格式条款,且所有的合同条款都是格式化的。但格式条款不一定仅存在于格式合同中,在非格式合同里,也可以存在格式条款。

2.格式条款的构成要件

格式条款由以下3个要件构成。第一,具有可重复使用性。《民法典》第496条第1款将其表述为"为了重复使用",使格式条款目的性被限定。实际上,很多格式条款不一定是为了重复使用这一目的而拟定,也有可能只使用一次。真正构成格式条款本身性质的,不是拟定者的目的性,而是格式条款本身的可重复使用性。只要格式条款本身具有可重复使用性,即可构成格式条款。基于此,格式条款的第一个要件并非目的性,而是可重复使用性。[1] 第二,预先拟定。格式条款是预先拟定的,不是与对方当事人协商好后拟定的。格式条款具有事先性,不具有事后性。"拟定"可以作多方理解,可以是自己草拟、委托他人草拟以及网上下载等,只要经过了提供者的甄别和筛选,即可认定该条款为提供者"拟定"。第三,订立合同时未与对方协商。合同本应是合同双方合意的体现,展现双方完全的自由。但格式条款却只是完全体现了拟定者一方的自由,另一方不能针对该条款具体内容表达任何意见。正是双方合同自由的不对等性,才显示了格式条款最本质的特点。因此,本要件概括了格式条款的本质。但是,也需要对"未与对方协商"进行严格解释。"未与对方协商"为实质性条款,并非单纯的程序性条款。即使有证据证明格式条款拟定者与相对方进行了协商,若只是走程序而丝毫不理会相对方意思,仍然可以认定为"未与对方协商"。另外,根据《合同编通则解释》第9条第1款的规定,即使双方已经协商且明确约定合同条款不属于格式条款,该约定也不一定能发生效力。一方仅以此为由主张该条款不是格式条款的,人民法院不予支持。

3.格式条款与示范合同条款

为了全面而规范地约定权利义务,有关机构组织专业人士起草了各类示范合同。一般而言,格式条款与示范合同条款有以下3个区别。(1)拟定主体不同。格式条款拟定主体为占有优势地位一方,而示范合同条款则为第三方即有关机构拟定。(2)公平性程度不同。示范合同条款一般都是根据法律、行业习惯等拟定的,会主动遵循公平原则分配权利义务,具有较大的

---

〔1〕《合同编通则解释》第9条第2款规定,从事经营活动的当事人一方仅以未实际重复使用为由主张其预先拟定且未与对方协商的合同条款不是格式条款的,人民法院不予支持。但是,有证据证明该条款不是为了重复使用而预先拟定的除外。

公平性。但格式条款纯由一方拟定,会偏向拟定一方利益设定权利义务,公平程度较之示范合同条款更低。(3)自由程度不同。示范合同条款分为通用条款与专用条款,若当事人对通用条款不满意,可以在专用条款中根据双方的协商增补、删减或修改通用条款,自由程度较大。格式条款则不存在协商修补的可能,相对方要么全部接受,要么全部拒绝,自由度较低。但是,也不能一概将示范合同条款认定为非格式条款。《合同编通则解释》第 9 条第 1 款规定,当事人仅以合同系依据合同示范文本制作为由主张该条款不是格式条款的,人民法院不予支持。由此可见,示范合同条款是否为格式条款,并无定论,需要在个案中予以认定。

(二)提供格式条款方的义务及其后果

1. 拟定格式条款的原则

当事人采用格式条款订立合同的,提供格式条款一方控制了拟定条款的权利,提供者的拟定权并无事先的制约和监督,很容易导致权利的滥用。基于此,需要为提供者的拟定权设定一个原则,使其不至于损害未来相对方利益。这一原则就是公平原则。《民法典》第 496 条第 2 款规定,提供格式条款的一方应当遵循公平原则确定当事人之间的权利和义务。之所以依据公平原则,在于双方合同自由的不对等,容易产生利益失衡,导致不公平。遵循这一原则,提供者在拟定格式条款时需要设想有一个理性的相对方与其协商且能得其同意。若一意孤行或者设定的理性相对方不恰当,即违背公平原则,则会产生不公平的格式条款。

2. 不公平条款提供者的义务

这些不公平的格式条款即免除或者减轻拟定者责任等与对方有重大利害关系的条款。一旦合同中出现这些条款,则格式条款提供者负担以下两项义务。[1]

第一,以合理方式提请注意义务。针对不公平格式条款,提供方需要以合理方式提请对方注意。这一注意义务为主动义务,不以对方是否要求为必要。一旦出现不公平格式条款,提供方应当积极主动提请对方注意该条款的存在;未积极主动提请注意即未履行该义务。同时,该义务也必须以合理方式履行。所谓"合理方式",即采用足以引起对方注意的文字、符号、字体等特别标识的方式。格式条款提供方对是否已尽合理提示义务承担举证责任。

第二,被动说明义务。该义务指向的对象为不公平格式条款的内容,无论该条款是否为一般人熟悉或者了解,只要对方有要求,格式条款提供者都有义务予以说明;如果对方没有要求,则格式条款提供者没有主动说明义务。"说明"也应以合理方式进行,即按照一般人都能理解的方式阐述该格式条款概念、内容与法律后果。格式条款提供方对是否已尽说明义务承担举证责任。

3. 违反义务的后果

《民法典》第 496 条第 2 款规定,提供格式条款的一方未履行提示或者说明义务,致使对方

---

〔1〕《合同编通则解释》第 10 条规定,提供格式条款的一方在合同订立时采用通常足以引起对方注意的文字、符号、字体等明显标识,提示对方注意免除或者减轻其责任、排除或者限制对方权利等与对方有重大利害关系的异常条款的,人民法院可以认定其已经履行《民法典》第 496 条第 2 款规定的提示义务。提供格式条款的一方按照对方的要求,就与对方有重大利害关系的异常条款的概念、内容及其法律后果以书面或者口头形式向对方作出通常能够理解的解释说明的,人民法院可以认定其已经履行《民法典》第 496 条第 2 款规定的说明义务。提供格式条款的一方对其已经尽到提示义务或者说明义务承担举证责任。对于通过互联网等信息网络订立的电子合同,提供格式条款的一方仅以采取了设置勾选、弹窗等方式为由,主张其已经履行提示义务或者说明义务的,人民法院不予支持,但是其举证符合前两款规定的除外。

没有注意或者理解与其有重大利害关系的条款的，对方可以主张该条款不成为合同的内容。据此规定，格式条款提供方违反两项义务将会导致不公平格式条款不能成立的后果。但要发生这一后果，需要具备以下要件：

第一，提供格式条款的一方未以合理方式履行提示或者说明义务。不公平格式条款提供方未以合理方式提请注意或应相对方要求进行说明的，相对方有可能无法注意到或理解到这些格式条款。这是原因要件。

第二，对方没有注意或者理解这些不公平格式条款。仅有原因要件尚不足以发生格式条款不成立后果。要想发生格式条款不成立后果，还需有对方没有注意或者理解这些不公平格式条款结果。这一结果要件不是相对方需要举证的事实。只要格式条款提供方未尽到两项义务，即推定相对方没有注意或者理解这些不公平格式条款。当然，如果格式条款提供方有证据证明，虽然其未尽到两项义务，但相对方注意到或者理解了这些格式条款，则结果要件不成立。

第三，是否认定成为合同内容，相对方有决定权。符合前述因果关系要件后，由于相对方未注意或者理解这些条款，自然不会针对这些条款表达同意或者按照提供方意思表达同意，双方就此无法达成合意。此时，认定格式条款不成立，也符合事实。但立法采取的并非格式条款当然不成立效果。立法明确，即使符合前述因果关系要件，也不必然导致不公平格式条款不成立。此时，相对方有决定权。相对方可以决定让这些格式条款成立，也可以主张这些格式条款不属于合同内容。格式条款提供方不能因为前述因果关系要件，当然主张格式条款不成立。另外，倘若格式条款提供方虽然没有尽到提请注意或被动说明义务，但有证据证明相对方注意到或者理解了这些条款，则相对方对合同表示的同意推定为对这些格式条款也表达了同意。此时，缔约双方就这些格式条款达成了合意，格式条款成为合同内容。

（三）格式条款的无效

1. 无效的前提

虽然《民法典》第497条未对格式条款的无效设定前提，但根据成立与效力之间的基本逻辑关系，合同或者条款的效力判断，必然以合同或者条款的成立为前提。倘若合同或者条款不成立，便不可能对合同或条款进行效力判断。格式条款的无效判断，属于效力判断，需要以此为前提条件。据此，格式条款的无效，需要以格式条款成立为前提。只有当格式条款提供方尽到了《民法典》第496条规定的两项义务或者有证据证明相对方确实注意到或者理解了这些不公平格式条款时，格式条款才成立。只有成立的格式条款，才能对其进行效力判断，才会有无效的可能。可见，不能因为格式条款提供方尽到了两项义务，就理所当然认定这些不公平格式条款生效，而只能认定其为成立，且成立的不公平格式条款会直接依据《民法典》第497条确定为无效条款。

2. 无效格式条款情形

根据《民法典》第497条的规定，无效格式条款有以下3种类型。

第一，一般无效情形。这一情形包括：（1）无民事行为能力人订立的格式条款。（2）行为人与相对人以虚假的意思表示订立的格式条款。（3）违反法律、行政法规强制性规定订立的无效格式条款。（4）双方恶意串通损害他人合法权益的格式条款。（5）造成对方人身损害的或者因故意或者重大过失造成对方财产损失的格式条款。这些格式条款之所以无效，是因为上述情形下的合同条款无效，而作为合同条款的格式条款当然也不能例外。因此，这些格式条款的无效情形并非格式条款独有的无效情形,而是与其他非格式条款通用的无效情形。

第二,提供格式条款一方不合理地免除或者减轻其责任、加重对方责任、限制对方主要权利的格式条款。此类情形为格式条款独有的无效情形,需要具备两个要件:(1)须为不公平格式条款。这些不公平条款表现为免除或者减轻格式条款提供方的责任、加重对方责任和限制对方主要权利,《民法典》第496条将其表述为与对方有重大利害关系的条款。(2)这些不公平格式条款不合理。所谓"不合理",是指设定的不公平格式条款会导致严重的利益失衡。即使拟定了不公平格式条款,但不会导致利益的严重失衡,则为可以忍受的不公平格式条款,法律不会干预。如约定并不过高的违约金等,不宜认定为不合理的不公平格式条款。

第三,提供格式条款一方排除对方主要权利的格式条款。本情形也属于格式条款独有的无效情形。主要权利的认定需要根据合同性质而定。如买卖合同中买方的主要权利为请求卖方交付标的物的权利,卖方的主要权利则为请求买方支付货款的权利。如果缔约双方自由约定卖方不得请求支付货款,则可以认定为名为买卖实为赠与。但如果是提供格式条款一方预先拟定的格式条款,则因其为严重损害卖方利益的不合理不公平格式条款而被认定为无效。该情形需要区分于不合理限制对方主要权利类型。排除对方主要权利,是指让对方不再享有主要权利,而非仅给对方的主要权利施加限制。如果仅是给对方主要权利的行使附加条件或者期限,则不构成排除对方主要权利,最多构成不合理限制对方主要权利。[1] 如格式条款约定,一旦出现质量瑕疵,买受人不得要求更换或者退货,便属于排除对方主要权利。但如果只是通过格式条款约定,买受人主张退货,必须先通知出卖人且等待30日,则属于不合理限制对方主要权利。然而,这一无效格式条款的规定似无必要。程度较轻的不合理限制对方主要权利的格式条款都无效,排除对方主要权利的格式条款当然也应无效。

(四)格式条款的解释

关于同一内容,既有格式条款又有非格式条款的,优先适用非格式条款。非格式条款反映了双方当事人最大的意思自由,是当事人双方最大利益的表示,较公平。格式条款则为拟定一方意思表示,尽管相对方也全盘接受了格式条款内容,但无法对该格式条款的具体内容表达意见,双方意思表示的自由度不一样,并不能完全反映缔约双方最大利益的一致。基于公平原则,在格式条款与非格式条款发生冲突时,优先适用非格式条款。如甲方提供的格式条款表明,乙方违约承担合同总价款20%的违约金。后来双方就此达成补充协议,约定乙方违约承担合同总价款12%的违约金。一旦就违约金支付发生争议,优先适用12%的违约金。

如果只有格式条款,但双方当事人对格式条款的理解发生争议的,则首先按照通常理解予以解释。所谓通常理解,就是一般理性人所能有的理解。如果无法形成通常理解,也就是即使站在一般理性人角度,也会对该条款形成两种以上解释,则不能按照通常理解予以解释。从争议解决角度而言,由于必须选定一种理解,因而需要对不同理解进行价值排序。由于格式条款为提供者单方预先拟定,反映的是提供者的最大利益,基于公平原则,会从保护弱势一方入手,按照不利于提供格式条款一方意思予以解释。例如,甲购买航空公司机票后退票,根据规定需要收取票价20%的退票费。机票原价2000元,但甲以8折购买。甲与航空公司就退票费发生争议。甲认为退票费为1600元的20%即320元,航空公司则认为退票费为2000元的20%即

---

〔1〕 参见王利明主编:《中国民法典评注:合同编(一)》,人民法院出版社2021年版,第147~148页。

400 元。此时,可以认定双方对格式条款无法形成通常理解。按照不利于格式条款提供方的意思解释规则,应当认定退票费为 320 元。

四、其他方式

(一)合同书

1. 合同书与书面形式

《民法典》第 490 条规定了合同书形式与书面形式两种订立合同的方式。《民法典》第 469 条规定,合同订立可以采用书面形式、口头形式或其他形式。书面形式属于明示形式之一种,本为缔约双方自由采用的范围,因为基于合同自由原则,在合同形式上采取不要式主义。但是,如果法律、行政法规规定或者当事人约定合同应当采用书面形式订立,则构成书面形式强制,当事人应当采用书面形式订立合同。

书面形式并非一种订立合同的特别方式,因而以书面形式订立合同采用一般的"要约—承诺"方式。这也可从《民法典》第 490 条第 2 款未规定特定订立方式看出。在订立合同方式上,《民法典》第 490 条第 2 款似无规定的必要;但从书面形式强制及其例外上来看,该第 2 款有必要加以规定。合同书属于书面形式。以合同书方式订立合同与一般书面形式不同,因为很难从"要约—承诺"上理解签名、盖章或者按指印,所以合同书在订立上有自身特殊性,有特别规定的必要。逻辑上,《民法典》第 490 条按照先特殊后一般的模式进行规范。

2. 书面形式强制及其违反后果

依照功能分类,书面形式强制分为警示型强制与非警示型(证据型或咨询型等)强制。[1] 对非警示型强制的违反,不产生否定性法律后果,此处不予讨论。警示型强制,即对于与当事人有重大利害关系的合同或者当事人认为有重大利害关系的合同,必须按照书面形式表达。如果当事人没有按照书面形式表达意思,即没有慎重考虑该行为的法律后果,法律便会认定,行为人虽然表达了意思,但该意思因未理性地考虑后果而不具备法律上的效果,实际上不构成效果意思,因此不成立法律行为。《民法典》第 490 条第 2 款规定的书面形式强制即为警示型强制,对其违反并非产生合同无效效果,而是合同不成立。这一点从其规定在合同订立下即可看出。当然,形式瑕疵也可以通过履行补正,倘若当事人一方已经履行主要义务且为对方接受,则对方接受时该合同成立。换言之,通过事实上主要义务的履行与接受履行,双方达到了形式强制的目的,无须再固守形式强制。如学者所言,形式强制的本来功能在于通过法律保护当事人免遭不谨慎之害,一旦当事人嗣后履行则这一目的已经达到。[2] 可见,形式强制本身不是目的,其目的是通过强制警示当事人谨慎考虑法律后果。一旦履行,说明当事人经过了慎重考虑,达到了形式强制本身的目的。履行治愈的不是形式瑕疵,而是目的瑕疵。

从强制来源看,书面形式强制分为法定强制与意定强制。作为法定强制,当事人不能通过

---

〔1〕 早在 1941 年,富勒即在《哥伦比亚法律评论》(*Columbia Law Review*)发表的《对价和形式》(*Consideration and Form*)一文里提出了形式的 3 种功能:证据功能(evidentiary function)、警示功能(cautionary function)和引导功能(channeling function)。这 3 种功能成为后来书面形式的基本功能。一般认为,违反警示功能会导致行为人行为效果意思的欠缺,在德国法上导致无效后果,在我国立法上导致的是不成立。而证据功能等的未完备,不会导致合同不成立。参见 Ewan Mckendrick, Contract Law, Palgrave, 12th ed., 2017, P67;[德]维尔纳·弗卢梅:《法律行为论》,迟颖译,法律出版社 2013 年版,第 311 ~312 页;[德]卡尔·拉伦茨:《德国民法通论》(下册),王晓晔等译,法律出版社 2003 年版,第 555 ~565 页。

〔2〕 参见[德]卡尔·拉伦茨:《德国民法通论》(下册),王晓晔等译,法律出版社 2003 年版,第 563 页。

约定排除,只能通过履行治愈。但意定形式强制作为当事人意思自治的结果,其效力来自当事人真实意思的表示。当事人可以自由选择是否遵循自己的意思表示。因此,意定形式强制下不存在补正问题,不是去弥补形式瑕疵使其完备,而是通过事后的协议废弃之前的强制约定,从而不受双方这一约定的限制。[1] 正如学者所言,较之法定形式强制,意定形式强制中当事人可以废止由他们自己确定的形式要求,且通常不需要特定形式就可以实现。[2]

但是,从《民法典》第490条第2款规定来看,似乎意定形式强制与法定形式强制一样,唯有履行方可废止或者补正。这一不加区分的规定,并不妥当。作为意思自治的结果,意定形式强制应与当事人自由意思共进退。当事人既可以通过履行此类默示行为予以废止,自然也可以通过书面或者口头等明示形式予以废止。

3. 合同书与合同成立

法律只对是否需要书面形式进行强制,并未强制必须采用合同书形式。因此,合同书强制只发生在当事人约定的情况下。《民法典》第490条第1款规定,只有当事人采用合同书形式,才需要以合同书形式订立合同。作为意定强制,对其违反产生合同不成立效果,当然可以通过对主要义务的履行和接受履行而补正。

合同书虽然为书面形式的一种,但采用合同书形式订立合同与一般的书面形式订立合同不同。一般书面形式是"要约—承诺"订立方式的明示形式之一,因此,书面形式合同一般按照要约和承诺程序认定合同是否成立。合同书则不能按照要约和承诺认定合同成立。根据《民法典》第490条第1款的规定,认定合同书方式订立的合同是否成立,在于确定当事人双方是否均签名、盖章或者按指印(下文或简称签署)。不能简单地将先签署行为认定为要约,也不能简单地将后签署行为认定为承诺。机械地根据要约和承诺去界定合同书方式既很难也没有必要,基于此,以合同书形式订立合同为一种有别于"要约—承诺"的订立方式。

《民法典》第490条第1款规定,以合同书形式订立合同的,自当事人均签名、盖章或者按指印时合同成立。可见,签署是认定该形式合同成立的关键。对签署的理解,可从以下三个方面进行。[3]

(1)签署的意义。签署不创设任何具体合同内容,更不创设一个新的合同,只是对已经达成一致合同条款的确认。从正常逻辑言之,须先有合同条款,后才有对合同条款的确认。但经过签署的空白合同书同样具有法律约束力,无论事后填写的内容是否能为空白合同书提供方接受,因为给予他人空白文书在性质上等同意定代理授权书,构成有权代理。通过签署,确定了确认合同条款的主体,明确了谁在表达订立合同的意思。但是,《民法典》第490条规定的需先确定当事人然后才确定签署的顺序在理论与实践中可能发生冲突。理论上,需要先有当事人然后才能由当事人签署,但在实践中一般都是通过签署去认定合同当事人。

(2)签署类型与本质。《民法典》第490条第1款规定签署为签名、盖章和按指印3种类型。签名源于对签字的修改。较之签字,签名更加明确,即签署的是当事人的姓名。按指印源于对摁手印的修改,是指将手指腹上指纹印在合同书上的方式。相较摁手印,按指印的表达更

〔1〕 关于废除的论述,参见[德]迪特尔·施瓦布:《民法导论》,郑冲译,法律出版社2006年版,第373页。

〔2〕 参见[德]迪特尔·梅迪库斯:《德国民法总论》,邵建东译,法律出版社2000年版,第56页。

〔3〕 关于签署以及下文的合同书与确认书关系的详细论述,参见周清林:《民法典签署制度纵横论》,载《法治社会》2023年第4期。

符合签署习惯。[1] 然而，该款将签署方式封闭式限定为上述 3 种方式并不妥当。签署作为对合同条款确认的方式，本质为确认意思的外在表示方式。只要法律认可当事人确认合同内容的意思自由，则其外在表示方式也不宜受到限制。《民法典》第 490 条的立法理念将表现形式等同确认意思自由本身，是对确认自由意思的限制。倘若当事人没有签名、盖章或按指印，但采取了表达其订立合同意思的其他确认方式，也应当认定合同成立。

（3）签署类型间的关系。《民法典》第 490 条第 1 款采取了较宽松的立场，只要当事人有签名、盖章或者按指印一项，即可认定合同成立。如果当事人双方约定必须具备两项或者三项形式时合同才能成立，则按照当事人约定认定。如当事人在合同中约定，“合同自双方当事人均签名和盖章时成立”，则合同必须双方签名和盖章同时具备时才成立。如果就签署关系未采用词语而是采用标点符号，则应当按照通常的标点符号含义予以理解。如约定“合同自签名、盖章时成立”，则需要将“、”按照通常理解解释为“和”。倘若合同文本中出现“本合同自双方签名盖章时成立”条款，则应当认定为对合同成立约定不明，在无法通过补充协议、其他条款和交易习惯明确的情况下（参考《民法典》第 510 条），按照第 490 条第 1 款予以适用。

（二）确认书

《民法典》第 491 条规定了以确认书订立合同的方式。对此，可以从以下两个方面进行理解。

1. 确认书与合同书的关系

我国原《涉外经济合同法》第 7 条第 1 款明确规定了确认书。原《合同法》第 33 条沿袭了这一做法，现被《民法典》第 491 条吸收。这一立法传承说明，确认书来自外贸领域。其实，签订确认书是国际商业实践惯例。[2] 这一点也早在 1999 年原《合同法》颁布之时的《中华人民共和国合同法释义》里得到了说明。[3] 根据当时的惯例，作为合同成立的确认书由三个部分组成：（1）采用信件、数据电文等方式；（2）已经达成了协议；（3）当事人就签订确认书成立合同达成一致。由此可见，确认书的前提必是双方通过函电已经达成了一致。若就要约承诺方式而言，此时的合同已经成立，再签订确认书只能是对一种成立事实的确认。因此，确认书必然否定要约承诺的方式，不按照一般的缔约方式发生合同成立效果，之所以其能否定一般缔约方式，在于当事人自身的选择。可以说，确认书只是当事人选定的一种书面缔约方式。正是基于此，学者一般认为，“确认书”实际上就是“合同书”。[4] 由此，以确认书方式订立合同的，应适用合同书的签署规则，自双方当事人均签名、盖章或者按指印时认定合同成立。

2. 电子合同签署

《民法典》第 491 条第 2 款对电子合同的成立进行了规定。根据该款规定，当事人一方通

---

〔1〕 对于我国合同书签署方式的演变，可以参见原《合同法》第 32 条、《合同法解释（二）》（法释〔2009〕5 号）第 5 条。

〔2〕 当事人通过信件、电报等方式达成协议而要求签订确认书的情形在国际商业实践中非常普遍。其基本规则是：要约方要求签订确认书的，应当与其要约同时提出，或者在其有权撤回答复的期限内送达原要约人。除要求签订确认书的一方明确表示以其一方确认和签名为准以外，确认书应当由双方当事人签名。参见关安平主编：《国际商法实务操作》，海洋出版社 1993 年版，第 233 页。

〔3〕 在对外贸易中，一般而言，双方以函电方式达成协议后，中方往往还要提出一式两份的销售确认书，邮寄对方交换签名后，才作为合同正式成立的依据。参见胡康生主编：《中华人民共和国合同法释义》，法律出版社 1999 年版，第 65 页。

〔4〕 参见韩世远：《合同法总论》（第 3 版），法律出版社 2011 年版，第 116 页。

过互联网等信息网络发布的商品或者服务信息符合要约条件的，则认定这些商品或者服务信息为要约，顾客享有承诺权。尽管要约本身具有确定性，但认定何时构成承诺却并不确定。这也正是《民法典》将电子合同规定在确认书下的原因，因为承诺本身需要确认。该款分两步确认承诺时间。

(1)对承诺时间有约定的，从约定。如果当事人双方对何时构成承诺另有约定，则按照约定确定承诺。当然，如果信息发布者通过单方拟定的格式条款确定了承诺，即使顾客同意，也不一定按照发布者拟定的条款确认承诺时间，此时，需要按照格式条款的相关规则处理。

(2)如果对承诺时间无约定或者约定不明，则按照法律规定处理。《民法典》第491条第2款对此规定非常明确，在当事人对承诺时间无约定或者约定不明时，只有在对方选择该商品或者服务并提交订单成功时才能认定其进行了有效承诺。可见，认定为法定有效承诺需要同时具备3个要件：选择该商品或者服务、提交订单且提交成功。缺少其中任何一个都不能发生有效承诺后果，则合同不能成立。

(三)强制缔约

1. 概念及其特征

强制缔约，是指直接依据法律、行政法规规定，强制缔约方发出要约或者进行承诺的订立合同方式。强制缔约具备以下三个特征：(1)依法强制。强制缔约只能依据法律、行政法规规定，不得直接依据行政法规以下的行政规章、地方性法规等对缔约双方进行强制，更不得基于个人意志强制。(2)必须基于维护社会公共利益而强制。当事人享有缔约自由的权利，任何人不得施加强制，但基于维护社会公共利益的需要，可以通过法律、行政法规规定对缔约自由实行一定的强制。因此，依据《民法典》第494条第1款的规定，国家得根据抢险救灾、疫情防控或者其他需要予以强制。(3)必须经过要约和承诺程序。虽然由国家下达订货任务或者指令性任务，但不是国家代替民事主体缔约，缔约主体仍然是各民事主体，并非下达任务的国家。但是，虽然缔约主体为各民事主体，但该民事主体必须依法发出要约或者进行承诺，没有发出要约或者进行承诺的自由。

2. 强制缔约分类

根据《民法典》第494条的规定，强制缔约分为强制要约和强制承诺。

《民法典》第494条第2款规定，依照法律、行政法规的规定负有发出要约义务的当事人，应当及时发出合理的要约。据此，强制要约人有义务向相对人发出要约，且必须是及时且合理的要约。强制要约人不能过于迟延发出也不能发出不合理的要约，变相地违反自己强制缔约的义务。《证券法》第65条的规定便属于典型的强制要约。[1]

《民法典》第494条第3款规定了强制承诺。根据该款规定，依法负有作出承诺义务的当事人，不得拒绝对方合理的订立合同要求。强制承诺是对承诺方的强制，并非对要约方的强制，一般针对水、电、气、供热以及医疗、运输等与民生密切相关的企业。当然，强制承诺并非对

〔1〕《证券法》第65条规定："通过证券交易所的证券交易，投资者持有或者通过协议、其他安排与他人共同持有一个上市公司已发行的有表决权股份达到百分之三十时，继续进行收购的，应当依法向该上市公司所有股东发出收购上市公司全部或者部分股份的要约。收购上市公司部分股份的要约应当约定，被收购公司股东承诺出售的股份数额超过预定收购的股份数额的，收购人按比例进行收购。"

要约人的要约有求必应，如果要约人提出不合理的要约，承诺人依然可以拒绝。[1]

3. 强制缔约合同的性质

强制缔约虽然秉承国家意志订立合同，但该合同并非民事主体与国家订立的合同，因此非行政合同。行政合同是指行政机关为了实现行政管理或者公共服务目标，与民事主体协商订立的具有行政法上权利义务内容的合同。基于国家订货或者下达指令性任务而订立的合同，虽然具有行政命令的因素，但合同依然是在民事主体之间签订的，即使该民事主体一方为行政机关，行政机关也是以民事主体的角色出现。从必须经过"要约—承诺"程序以及"合理"限定可以看出，被强制的主体虽然不具备是否缔约或者选择相对方的自由，但仍然需要双方协商，尤其是在法律、行政法规未规定具体内容之处，更需要平等主体间通过协商确定。基于此，《民法典》将强制缔约规定在民事合同的订立部分。通过强制缔约方式订立的合同属于民事合同。[2]

（四）预约

《民法典》第495条规定了预约合同。预约合同，是指当事人约定在将来一定期限内订立契约的合同。预约合同的表现形式一般为认购书、订购书、预订书等。意向书、备忘录等一般不成为预约合同，除非有证据证明其符合预约合同的构成要件。预约的目的在于订立本约，但本约不一定需要通过预约，也可以直接订立。因此，对本约来说，预约为其一种特殊的订立方式。预约是本约的预备性阶段，但预约不是本约的前置程序。本约是预约的目标和结果，但预约不一定能导致本约的成立。一旦签订本约，预约合同因履行完毕而终止。虽然没有签订本约，但一方履行了本约合同的主要义务而被对方接受的，视为本约合同已经成立，预约合同的义务也履行完毕，双方之间的预约合同关系转化为事实上的本约合同关系。

预约合同本身的效力取决于当事人在预约合同中的约定。如果预约合同明确约定将来进行磋商或者预约合同不具备本约合同主要条款，则预约合同产生约束双方磋商的效力。如果预约合同明确将来成立本约或者本约主要条款基本具备，则预约合同产生约束双方成立本约的效力。预约合同作为一个独立的合同，对预约合同约定义务的违反会产生违约责任，也会因为违约而带来预约合同的解除。

（五）悬赏广告

1. 概念与特征

悬赏广告，是指悬赏人以公开方式声明对完成特定行为的人支付报酬的行为。成立一个悬赏广告，需要具备以下要件。

（1）悬赏人以公开方式作出意思表示。作为以公开方式作出的意思表示，不能指向特定相对人，须面向不特定相对人。该意思表示一经发布即生效，悬赏人即受其意思表示约束。

（2）悬赏广告以支付报酬给完成特定行为的相对人为内容。相对人完成特定行为后向悬赏人请求支付报酬，为悬赏广告必备内容。这一内容由两部分构成：其一，必须有"赏"。悬赏

---

[1] 强制承诺情形较多，现仅从《民法典》合同编举出两个例子。《民法典》第648条规定："供用电合同是供电人向用电人供电，用电人支付电费的合同。向社会公众供电的供电人，不得拒绝用电人合理的订立合同要求。"第810条规定："从事公共运输的承运人不得拒绝旅客、托运人通常、合理的运输要求。"

[2] 参见最高人民法院民法典贯彻实施工作领导小组主编：《中华人民共和国民法典合同编理解与适用》（第1册），人民法院出版社2020年版，第226～227页。

广告必须确定报酬的支付，至于报酬形式为何以及是否具体确定，在所不论。其二，报酬请求权以完成特定行为为前提。只有完成特定行为的相对人才可以主张支付报酬，至于是否支付给最先完成或者完成最好的人员或者在众多的相对人中分配，由悬赏人在悬赏广告中予以确定。

(3)相对人不以知道或应当知道悬赏广告为必要。《民法典》第499条只是规定"完成该行为的人可以请求其支付"，并未要求相对人必须知道或者应当知道悬赏广告内容。因此，无论相对人是否知道或者应当知道悬赏广告内容，只要事实上完成了特定行为，即享有支付报酬请求权。

2. 性质

关于悬赏广告的性质，学界有"单方法律行为说"和"要约说"两种观点。[1]

"单方法律行为说"认为，悬赏广告并非要约，只是单纯约束发布者的单方意思表示。其作为一种单方法律行为，不是双方意思表示一致的产物，不需要相对方具有相应行为能力，也不需要合意。即使相对人缺乏相应行为能力，也不影响悬赏广告本身的效力。由于为单方法律行为，即使相对人不知道或者不应知道悬赏广告内容，只要事实上完成了特定行为，依然可以请求支付报酬。如果将其定性为要约，则必然陷入行为能力与合意的困境。换言之，如果认定为要约，要想让悬赏契约发生效力，则相对人必须具有相应行为能力，也必然需要相对人知道或者应当知道悬赏广告内容，否则不能达成合意，或者即使达成合意也不能生效。显然，这将会排除那些完成特定行为的相对人请求支付报酬的权利，并不合理。可见，"单方法律行为说"更倾向相对人。

"要约说"认为，悬赏广告只是一个要约，需要相对人完成特定行为进行承诺。对悬赏人来说，"要约说"较有利。首先，作为一项要约，悬赏人可以撤回和撤销。尤其是撤销权的赋予，使"要约说"较之"单方法律行为说"对悬赏人更有利。其次，可以排除部分完成特定行为相对人的报酬请求权。就"要约说"理论而言，只要相对人不知情，其完成特定行为并非针对悬赏要约进行，便不会构成承诺。如果相对人是缺乏相应行为能力的人，即使其知情而完成特定行为，也不能使悬赏合同发生效力。

两种学说各有道理，但笔者更支持"单方法律行为说"，除更倾向保护相对人外，也与悬赏广告目的相符。悬赏人发出悬赏广告，是希望有人完成特定行为而达到悬赏目的，不是为了限制相对人领赏，如果过于限制相对人权利，则不利于悬赏人目的达成。但是，从立法规定来看，《民法典》第499条明确了悬赏广告的要约性质。从规范位置论，第499条处于合同编的合同订立章节下，因此立法明确确认了悬赏广告的要约性质。同时，从"完成该行为的人可以请求其支付"表达来看，立法者意在淡化"要约说"给相对人带来的不利。只要完成了特定行为，无论相对人行为能力如何以及是否知情皆构成承诺，悬赏契约即成立。可以说，这是一种变形的"要约说"，吸收了"单方法律行为说"的优点，是一种"要约说"与"单方法律行为说"的折中模式。

3. 报酬支付

悬赏契约生效的，悬赏人需要按照悬赏内容履行报酬支付义务，相对人享有相应报酬请求

[1] 关于此学术争论的详细阐述，参见朱广新、谢鸿飞主编：《民法典评注：合同编 通则》（第1册），中国法制出版社2020年版，第276～278页。

权。如果完成特定行为的相对人为多人，需要根据如下顺序确定报酬请求权人：第一，悬赏广告确定了报酬请求权人选任标准的，按照该标准认定。如果悬赏广告约定最先完成的人或者完成最好的人为报酬请求权人，则按照约定实行。第二，没有约定且完成人为多人的，多人皆可以请求支付悬赏广告确定的报酬。如果只有一份报酬，则该报酬由多人共有，按照一定比例分配。

悬赏广告确定了具体的报酬种类以及数额的，按照该种类与数额进行支付。如果只是抽象地表达“必有酬谢”或“必有重谢”，则需要根据完成特定行为的情况与悬赏广告表达酬谢的轻重予以判断。在寻找遗失物的悬赏广告里，拾得人不但享有报酬请求权，也享有因保管遗失物而来的必要费用请求权，但拾得人也负有返还义务。除非悬赏广告明确不支付报酬即可以不返还遗失物，否则拾得人不得以悬赏人不支付报酬而留置遗失物。

第三节　合同的生效

一、合同的效力概述

《民法典》合同编第一分编第三章规定了合同的效力。合同的效力本应包括合同的生效、效力待定、可撤销以及无效类型。但是，第三章并未对上述类型进行体系化规定。究其根由，在于《民法典》采纳“总则—分则”模式的体系效应。《民法典》第 508 条规定，本编对合同的效力没有规定的，适用本法第一编第六章的有关规定。据此，只要合同编对合同效力没有规定的地方，则适用一般民事法律行为的效力规定。换言之，较之民事法律行为效力规定，合同编有关合同效力的规定属于特别规定。根据法律适用的基本规则，特别规定有规定时适用特别规定，无规定时则适用一般规定。所以，学习合同效力时必须对照《民法典》总则编第六章进行，根据合同效力情况适用第三节“民事法律行为的效力”与第四节“民事法律行为的附条件和附期限”的规定。

本节合同效力的有关规定，仅为合同效力的特别规定，只是对一般民事法律行为生效的修补，不具有体系化特点。囿于篇幅，下文仅重点介绍待批准的合同生效问题，不对其他条款进行详论。但为了对这些条款有所了解，对其简介还是有所必要的。

《民法典》第 503 条为默示授权条款，目的在于扩充解释《民法典》第 171 条狭义无权代理下被代理人之追认情形。唯当被代理人已经开始履行合同义务或者接受相对人履行时，才视为被代理人追认。该追认并非通过明示形式进行，而是通过被代理人的行为予以推定，构成默示授权。《民法典》第 504 条为越权代表签订的合同效力认定，应当结合《民法典》第 61 条进行理解。相对人知道或者应当知道其超越权限的，发生狭义越权代表效果，基于该代表行为所签署的合同效力待定。若相对人为善意，即无证据证明相对人知道或者应当知道其超越权限，发生表见代表效果，基于该代表行为所签署合同有效。《民法典》第 505 条为当事人超越经营范围订立合同的效力。该条指出，不能将当事人的经营范围理解为主体资格。当事人超越经营范围订立合同没有特殊性，对其效力认定遵循一般民事法律行为效力认定。《民法典》第 506 条规定了无效的免责条款情形。据此规定，造成对方人身损害的免责条款和因故意或者重大过失造成对方财产损失的免责条款无效。《民法典》第507条规定,合同不生效、无效、被撤销或者因终止而不再发生效力的,合同中有关解决争议方法的条款如约定仲裁的条款依然发生效力。

二、合同的生效要件

(一)合同的生效要件

《民法典》合同编并未对合同生效作出特别规定,因此,合同生效按照一般民事法律行为的生效予以认定。合同的一般生效要件有以下3项:行为人具有相应的民事行为能力、意思表示真实,以及不得违反法律、行政法规的强制性规定和不违背公序良俗。合同的特别生效要件需要视特殊情况而定。如果法律对合同生效的要件有特别规定,则在具备一般生效要件外,尚需具备该法定的特别要件合同才能生效。如果没有法定要件要求但当事人对生效要件有特别约定,则需要具备该约定的要件合同才能生效。

(二)合同的生效时间

《民法典》第502条第1款规定:依法成立的合同,自成立时生效,但是法律另有规定或者当事人另有约定的除外。该款与《民法典》第136条第1款完全一致,说明在合同成立与生效关系上,合同与一般民事法律行为没有区别。据此,合同一般自成立时生效。当事人主张合同生效,不必举证证明合同符合一般生效要件,只需证明合同成立即可。一旦证明合同成立,首先推定合同生效。如果对方当事人主张合同效力有瑕疵,则需要为此举证,也需要承担举证不力的后果。一旦发现成立的合同违反法律、行政法规强制性规定或违反公序良俗而自始、当然与确定无效,即使当事人双方未主张无效,法庭也应认定该合同无效。如果该合同有法定或者约定例外,则合同不能自成立时生效,而是需要具备法定条件或者约定条件时才能生效。

三、待批准合同的生效

(一)未经批准合同的效力

《民法典》第502条第2款规定,依照法律、行政法规规定,合同生效需要办理批准等手续的,应当办理批准等手续。该款承接第1款,为合同生效的法定例外条款。对该款的理解,可以从以下三个方面进行。

1. 批准等手续必须为合同生效要件

《民法典》第502条规范的是合同生效的法定例外,因而批准等作为例外必须影响生效。不影响生效的批准等手续,不属于第502条规范事项。

2. 批准等手续必须法定

法定之"法"必须为法律、行政法规,低于行政法规的行政规章、地方性法规等不得通过批准限制合同效力。这也与合同生效要件之"不得违反法律、行政法规强制性规定"相一致。

3. 未经批准合同的效力

1997年发布的《外商投资企业投资者股权变更的若干规定》(已失效)第3条规定,企业投资者股权变更应遵守中国有关法律、法规,并按照本规定经审批机关批准和登记机关变更登记。未经审批机关批准的股权变更无效。但是,对未批准合同采取无效的做法并未得到司法实践支持。2010年颁发的最高人民法院《关于审理外商投资企业纠纷案件若干问题的规定(一)》(已被修改)第1条第1款明确:当事人在外商投资企业设立、变更等过程中订立的合同,依法律、行政法规的规定应当经外商投资企业审批机关批准后才生效的,自批准之日起生效;

未经批准的,人民法院应当认定该合同未生效。当事人请求确认该合同无效的,人民法院不予支持。《合同法解释(一)》第 9 条第 1 款明确,未经批准的合同效力状态为未生效。至少自 2010 年以来的司法实践,为"不生效"理论奠定了基础。《民法典》第 502 条吸收了司法实践的习惯做法,第 2 款规定了未经批准的合同效力为不生效。

首先,未生效并非不成立。未经批准的合同,当事人双方达成了合意,该合同在双方当事人之间成立。批准不是合同成立的要件,只是合同的生效要件。因为能否发生确定的效力,能否得到履行,取决于双方当事人之外的第三方的批准。

其次,未生效不是效力待定。未生效与效力待定最相类似,两者都属于不生效但成立的状态,生效一般也都需要第三方同意。但两者有两点区别:第一,追认行为性质不同。在效力待定情况下,第三方行使形成权的追认行为为民事法律行为,属于私法行为。在需要批准等手续生效下,第三方行使批准权的行为属于行政行为,乃公法行为。第二,是否具有报批等类似义务不同。在效力待定情况下,法律并未规定一方具有报批等请求追认权人同意的义务,但在未生效状态下,法律明确了一方的报批义务。

《民法典》第 502 条规定的未生效与附生效条件和附生效期限合同也不相同。附生效条件和附生效期限的合同,在条件具备或者期限到来前,合同尚未生效。在这一点上,两者共享未生效这一效力状态。其不同在于,待批准合同的未生效为法定未生效,附生效条件与附生效期限合同下的未生效为约定未生效。作为合同生效要件的批准等手续,为合同的法定生效要件,不以当事人意思为转移,也不能为当事人约定所排除。附生效条件和附生效期限的未生效,条件和期限为当事人约定的产物,全由当事人自由设定,也可以由当事人自由变更和解除。

最后,未生效也不是无效。未经批准的合同之所以未生效而非无效,在于批准事项并非当事人双方自由决定的范围。一旦当事人超出意思自治的范围处分需要批准的事项,则违反了法律、行政法规的强制性规定。但这些强制性规定并非对当事人意思自治的完全否定,不属于不得违背的公序良俗范围,并非不准许当事人进行的任何处分。如《矿产资源法》第 6 条规定,探矿权人在完成规定的最低勘查投入后,经依法批准,可以将探矿权转让他人。如果属于当事人不得进行任何处分的事项,法律会否定当事人行为效力,使其自始、当然而确定地无效,不会有任何有效的可能。但经批准生效表明,该强制性规定只是管理性强制性规定,并非直接否定合同效力的效力性强制性规定。主管部门基于管理的需要,可能批准让合同生效,也可能不批准而让合同不生效。可见,未经批准的合同之所以未生效,在于该事项并非当事人双方可以自由决定的范围。之所以并非无效,在于其并非当然、确定无效,而是可以经由批准有效。[1] 可见,待批准合同的未生效,是指合同已经成立,但由于缺乏法定生效要件,合同暂处于未生效的状态。一旦合同相关事项经过批准,合同即生效,反之则确定不生效。

(二)报批条款效力

《民法典》第 502 条第 2 款规定,未办理批准等手续只是影响合同生效,双方当事人达成的报批条款自成立时起发生效力。对此,可从以下三个方面进行理解。

1. 报批行为性质

报批行为属于民事行为,是民事主体请求行政机构批准的行为。该行为来自双方当事人

---

〔1〕 也有学者提出了通过区分原则解决这个问题的思路,参见蔡立东:《行政审批与权利转让合同的效力》,载《中国法学》2013 年第 1 期。

意思表示,不是行政行为。因此,报批人为合同一方当事人。一方未履行报批义务,只是违反当事人约定的报批条款,不导致行政违法,不会产生行政处罚。

2. 报批条款效力

合同约定的报批条款,在一般情况下自成立时起即生效。由于报批条款生效时合同尚未生效,报批条款的生效并非来自生效合同。《合同法解释(二)》第 8 条将该条款确定的报批义务定性为诚信义务,依据诚信原则发生效力。[1]《民法典》第 502 条第 2 款并未对该条款下的报批义务定性,无法从该款中明确报批义务的效力来源。当事人订立合同的目的在于批准事项的履行及其对价的获取,但要想达成合同目的,必须先履行报批义务。如果不进行报批,则无法得到批准。就批准事项而言,报批义务是履行批准事项合同的先合同义务,源于诚信原则。但待批准合同的特殊性在于,缔约双方已就报批条款达成一致,且报批条款的目的在于在将来一定期限内能生效履行批准事项的合同。基于此,可以将报批条款定性为预约合同。

3. 报批义务的履行

《合同编通则解释》第 12 条从报批义务的履行与违反两方面进行了详细规定。

(1)报批义务的履行

报批义务人应当按照报批条款履行义务。如果义务方履行义务且获得批准,则本约合同生效。如果义务方履行了义务但未获批准,义务方也不承担责任。因为,批准权属于行政权,由行政机关自由裁量,非当事人所能控制。

(2)报批义务的违反及其后果

如果报批义务人不履行自己义务或履行不适当,则构成预约合同的违反,可以按照以下两种方式处理。第一,非违约方请求义务方承担违约责任。报批义务人违反报批义务,非违约方可以请求违约方承担继续履行的违约责任。如果违约方不履行而非违约方或者第三方可以办理,则可以让非违约方自己办理或第三方办理有关手续,由此产生的费用和给非违约方造成的损失,由违约方负担。第二,非违约方可以请求解除预约合同,要求义务人承担损害赔偿责任。在当事人没有约定解除或者解除权的情况下,非违约方可以根据《民法典》第 563 条的法定解除权请求解除合同。另外,《合同编通则解释》第 12 条第 2 款规定了实践中的新解除情形,即人民法院判决当事人一方履行报批义务后,其仍不履行的,相对方可以主张解除合同。预约合同解除后,非违约方可以请求义务方承担损害赔偿违约责任。《合同编通则解释》第 12 条第 4 款规定:"……因迟延履行报批义务等可归责于当事人的原因导致合同未获批准,对方请求赔偿因此受到的损失的,人民法院应当依据民法典第一百五十七条的规定处理。"对此,司法解释并未按照预约合同违约责任路径认定损害赔偿,而是依据本约合同未生效后果规范报批义务违反的损害赔偿。此赔偿为本约合同的信赖利益赔偿,以本约合同履行利益限度内的直接财产损失与机会利益损失为准。但是,这并不影响理论上从预约合同违约责任进行解释。报批义务人违反报批义务导致合同未获批准,既违反了预约合同也导致本约合同不能生效,在后果

〔1〕《合同法解释(二)》第 8 条规定:"依照法律、行政法规的规定经批准或者登记才能生效的合同成立后,有义务办理申请批准或者申请登记等手续的一方当事人未按照法律规定或者合同约定办理申请批准或者未申请登记的,属于合同法第四十二条第(三)项规定的'其他违背诚实信用原则的行为',人民法院可以根据案件的具体情况和相对人的请求,判决相对人自己办理有关手续;对方当事人对由此产生的费用和给相对人造成的实际损失,应当承担损害赔偿责任。"

上同时发生预约合同的违约责任与本约合同的缔约过失责任,产生预约合同违约责任与本约合同缔约过失责任的竞合。相对人可以选择任意一种实现自己损害赔偿的目的,但不得同时主张。

(三)扩展适用

批准等手续不一定只是合同生效要件,也可以是合同从生效到消灭的各个环节中的任一环节发生效力的要件。《民法典》第 502 条第 3 款规定:依照法律、行政法规的规定,合同的变更、转让、解除等情形应当办理批准等手续的,适用前款规定。可见,只要法律、行政法规对合同变动的各个环节进行了强制性规定,则相应环节必须具备批准等要件,否则合同的变更、转让、解除等效力不能发生。

第四节　缔约过失责任

一、缔约过失责任的概念及其构成要件

1861 年,德国法学家耶林发表了《缔约上过失、契约无效或未完成时的损害赔偿》一文,从此,缔约过失责任作为一项"法学上的发现"被民法理论与实务所接受。[1]《民法典》在第 500 条和第 501 条规定了缔约过失责任。

(一)概念

缔约过失责任,是指缔约双方在订立合同过程中,因一方或者双方的过错导致合同不能成立或者不能生效而对一方或者双方带来损害的责任。

缔约过失责任是一种独立责任,因为其违反的是独立的义务类型——先合同义务。先合同义务属于依照诚信原则产生的义务,与产生侵权责任的法定一般义务和产生违约责任的约定义务不同。缔约过失责任与侵权责任可以产生竞合,因为违反先合同义务也可能构成对法定一般义务的违反,如违反保密义务既可能带来缔约过失责任也可能带来侵犯商业秘密的侵权责任。但缔约过失责任无法与违约责任产生竞合。违反先合同义务导致的缔约过失责任,必然以合同不能成立或者不能生效为条件,而违约责任则需要以合同生效为条件,故两者无法竞合。

(二)构成要件

构成缔约过失责任,需要具备以下 4 个要件:

1. 发生在缔约阶段。缔约过失责任只能发生在缔约阶段,也就是发生在合同订立过程中。缔约阶段不是一个单一概念,具有多面性。缔约阶段包含合同不能成立、合同确定不生效、合同无效以及合同效力撤销后所处阶段等四种类型。缔约阶段表明,一方或双方过失导致的结果使合同不能成立或者不能生效。如果合同确定生效(包括撤销合同的撤销权消灭),则不能认定合同处于缔约阶段。

2. 当事人有过错行为。缔约过失责任以过错为归责原则,为过错责任。缔约过失可以是

〔1〕 参见王泽鉴:《债法原理》,北京大学出版社 2009 年版,第 181 页。

一方的过失,也可以是缔约双方的过失。过错行为具体表现为对先合同义务的违反。违反了先合同义务,行为即可以认定为过错行为。

3. 有损害结果。无损害即无责任,只有在合同订立过程中带来了一方或者双方的损失,才要求对损失进行分配,才产生责任。

4. 当事人的过错行为与损害结果之间具有因果关系。当事人的过错行为是发生损害的原因,导致的损害是当事人过错行为的结果,二者为因果关系。不具备因果关系,即使有当事人的过错行为或者造成损害,也不构成缔约过失责任。

(三)与其他责任的区分

1. 与违约责任的区分。缔约过失责任与违约责任存在4点不同:第一,发生阶段不同。缔约过失责任发生在缔约阶段,违约责任发生在合同生效后履行完毕之前的阶段。第二,归责原则不同。缔约过失责任以过错为归责原则,违约责任则一般为无过错责任。第三,违反合同义务类型不同。缔约过失责任违反的是基于诚信原则产生的先合同义务,违约责任违反的是约定义务。第四,责任承担方式不同。缔约过失责任以损害赔偿作为责任承担方式,而违约责任承担方式有继续履行、损害赔偿、支付违约金、解除合同、支付定金5种方式。即使在损害赔偿上,双方的赔偿范围也不一样。缔约过失责任赔偿履行利益范围内的信赖利益,违约责任则赔偿履行利益和可得利益。

2. 与侵权责任的区分。缔约过失责任与侵权责任有4点不同:第一,是否进入特定关系不同。缔约过失责任以进入特定关系为前提,侵权责任不以此为条件。即使双方毫无关系,任何人也不得侵犯他人的人身权益和财产权益。第二,违反义务不同。缔约过失责任违反的是基于诚信原则而产生的先合同义务,侵权责任违反的则是法定一般义务。第三,归责原则不同。缔约过失责任为过错责任,侵权责任则既有过错责任也有无过错责任,甚至还规定了公平责任。第四,赔偿范围不一样。缔约过失责任赔偿信赖利益,包括直接财产损失与机会利益损失。侵权责任赔偿实际损失,并不包含机会利益损失。

二、缔约过失责任类型

(一)缔约阶段不同来源下的缔约过失责任类型

根据缔约阶段的来源不同,可以分为合同不成立的缔约过失责任、合同确定不生效的缔约过失责任、合同撤销后的缔约过失责任以及合同无效后的缔约过失责任。

(二)先合同义务类型化下的缔约过失责任

缔约过失责任为一方或双方违反先合同义务而产生的责任。先合同义务,是指缔约双方在订立合同过程中相互接触产生的义务,包括通知、照顾、保护、协助、保密和其他诚信义务。这些义务是基于诚实信用原则产生的义务,独立于法定一般义务与约定义务。违反不同的先合同义务,导致不同的缔约过失责任。基于此,缔约过失责任类型分为违反通知义务、照顾义务、保护义务、协助义务、保密义务以及其他诚信义务导致损害的缔约过失责任。

但是,《民法典》未逐一按照违反先合同义务的类型来区分缔约过失责任。《民法典》第500条和第501条仅规定了违反一般诚信义务以及违反保密义务导致损害的缔约过失责任类型,未明确对违反通知义务、照顾义务、保护义务、协助义务等而产生的缔约过失责任。可见,《民法典》采纳的规范模式,是列举加兜底模式。《民法典》第501条特别强调了违反保密义务导致的缔约过失责任类型,指出泄露、不正当地使用商业秘密或者信息造成对方损失的缔约过失责任。该条外延的确定性,使其只能适用于违反保密义务而产生的缔约过失责任。《民法典》第500条对违反一般诚信义务导致的缔约过失责任进行了规范。根据该条,典型的违反诚信义务的行为包括假借订立合同恶意进行磋商的恶意缔约和故意隐瞒与订立合同有关的重要事实或者提供虚假情况的欺诈缔约两种情形,其他违反诚信义务行为全部归入第三项"有其他违背诚信原则的行为"中。由此,《民法典》第500条不但是对与通知义务、照顾义务、保护义务、协助义务并列的其他诚信义务的具体规定,也应当是对保密义务、恶意缔约和欺诈缔约以外其他所有违反诚信义务行为的兜底条款。所以,一旦因为缔约一方或双方违反通知义务、照顾义务、保护义务、协助义务等行为导致损害而需要承担缔约过失责任,则可以适用《民法典》第500条第3项规定。

三、缔约过失责任的承担

根据《民法典》第500条和第501条的规定,缔约过失责任的承担方式为损害赔偿责任。因此,承担缔约过失责任的重点在于确定损害赔偿范围。

一般认为,缔约过失责任的赔偿范围为信赖利益,即因为信赖相对方而支出的直接费用以及由此而来的机会利益损失。赔偿信赖利益不是为了让遭受损失的一方获得利益,而是使其恢复至缔约前的状态,不让其因对方的不诚信而遭受损失。所以,遭受损失的一方不得请求合同履行后的可得利益赔偿。同时,当事人缔约的目的在于成立合同,使合同发生效力。双方的所有支出都是为了获得合同的履行,因此,信赖利益的赔偿也不能超越履行利益。但也要注意一些特殊情况,如未履行好保护义务导致对方人身伤害或者未尽保密义务泄露或不正当使用商业秘密等情况,违反保护义务和保密义务导致的损失完全有可能超过履行利益。根据缔约过失责任赔偿规则,一方不能要求对方赔偿履行利益外的损失,因此,受损一方如果坚持按照缔约过失责任请求赔偿,将无法得到法院支持。由于在这些情形下一般都会发生缔约过失责任与侵权责任竞合,受损方可以要求对方承担侵权责任,从而可以主张超越履行利益的损失赔偿。

缔约过失责任的赔偿范围仅是履行利益范围内的直接费用和机会利益损失。直接费用也称直接损失,是一方因为信赖对方导致的现有财产的损失,如奔赴对方或者某地磋商需要支出的差旅费等。对于这部分费用,只要有证据证明,则必须予以赔偿。机会利益也称间接损失,是一方信赖对方而丧失与其他人的缔约机会的损失。机会利益是否赔偿,不具有确定性。因为在市场经济下,缔约机会可能比比皆是,而且丧失此缔约机会有可能会遇到更好的彼缔约机会。如甲恶意与出售国产黄牛肉的乙缔约,由于黄牛肉非常走俏且价格日益看涨,此时无法认定甲的恶意缔约对乙的机会利益构成损失。当然,也不能否定特定情形下机会利益损失的存在。当事人客观合理的机会损失应属缔约过失责任赔偿范围。具体而言,机会利益损失应当由两个要件构成。第一,存在机会利益损失。该损失表现为两种情形:机会丧失后无法找到其他替代机会;虽然有其他机会,但同等利益的其他机会不再存在。第二,该机会利益损失必须具有客观合理性。受害一方需要提供证据证明,机会利益的损失客观存在,也就是一般理性人都能从所举证据中认定其存在。另外,虽然《民法典》并未规定,缔约过失责任的赔偿范围也应当受到缔约过失方可预见性规则的限制。如果有证据证明合同订立过程中缔约过失一方能预见到其违反诚信义务的行为会带给对方的损害赔偿范围,则按照该范围予以赔偿。如果不能,则按照一般理性人的可预见能力赔偿损失范围。

主要参考文献

黄薇主编:《中华人民共和国民法典合同编释义》,法律出版社2020年版;刘承韪:《预约合同层次论》,载《法学论坛》2013年第6期;王利明主编:《中国民法典评注:合同编》,人民法院出版社2021年版;周清林:《论格式免责条款的效力层次——兼谈〈合同法〉及其司法解释之间的矛盾及其协调》,载《现代法学》2011年第4期;朱广新、谢鸿飞主编:《民法典评注:合同编 通则》(第1册),中国法制出版社2020年版;朱广新:《书面形式与合同的成立》,载《法学研究》2019年第2期;最高人民法院民法典贯彻实施工作领导小组主编:《中华人民共和国民法典合同编理解与适用》(第1册),人民法院出版社2020年版。

第九章　债的履行

引导案例

1. 甲与画家乙订立合同,约定由乙为甲画像,甲于同年5月1日前先支付报酬3000元,乙在收到报酬20日内为其画像。甲于5月1日支付报酬时发现乙身染重疾。此时,甲是否还应支付报酬?

2. 丙教授与丁大学签订一份合同,约定丙教授讲授40场每场时长1小时的讲座,其内容是比较该国与A国合同法。但丙教授讲授了20场,而在授课中从未提及A国合同法。该大学学生戊可否要求丙教授承担违约责任?

第一节　合同严守原则及其例外——情事变更制度

一、合同严守原则

合同严守原则不仅在民法,实乃在整个社会领域具有基石地位。[1]“同承担责任一样,承担义务、通过相应的表示使自己在道德上和法律上受到‘约束’,是(伦理学意义上的)人的本质所在。合同必须得到遵守(有约必守,pacta sunt servanda)的原则,并不是具体法律制度才提出的一种要求,而是渊源于道德,因为约定作为人类的一项道德行为是具有约束力的。所以,有约必守是人与人之间、国家与国家行为之间形成任何一种并非仅仅以权力关系为基础的秩序的先决条件。”[2]合同严守凸显了合同的尊崇性,实系“合同神圣”的技术性表述。

我国《民法典》第119条规定:“依法成立的合同,对当事人具有法律约束力。”第136条规定:“民事法律行为自成立时生效,但是法律另有规定或者当事人另有约定的除外。行为人非依法律规定或者未经对方同意,不得擅自变更或者解除民事法律行为。”第465条第1款规定:“依法成立的合同,受法律保护。”第502条第1款规定:“依法成立的合同,自成立时生效,但是法律另有规定或者当事人另有约定的除外。”这些规定均直接或间接确认了合同严守原则,体现出对该原则的高度肯认与重视。

一些域外法或私法统一模范法,亦明定该项原则。如《国际统一私法协会国际商事合同通则》第1.3条(合同的约束性)规定:“有效订立的合同对双方当事人有约束力。当事人仅能根据合同条款或通过协议或本通则另有规定修改或终止合同。”该条确立了协议必须遵守原则。

---

〔1〕 参见[英]梅因:《古代法》,沈景一译,商务印书馆1959年版,第182~184页。

〔2〕 [德]卡尔·拉伦茨:《德国民法通论》(上册),王晓晔等译,法律出版社2003年版,第55页。

从协议必须遵守原则可得出这样的结论，即当事人可随时协议修改或终止合同。相反，非经当事人协议的修改或终止则属于例外情况，只有在符合合同条款的规定或该通则有明文规定时才能得以承认。《国际统一私法协会国际商事合同通则》第6.2.1条（遵守合同）规定：“如果合同的履行使一方当事人变得负担加重，该方当事人仍应履行其义务，但属于下列艰难情形的范畴。”该条旨在阐明，根据合同约束性的一般规则，只要有可能，合同义务就应当得到履行，而无论履行方可能因此承担什么样的负担。换言之，即使一方当事人不仅不会因履行合同获益，反而会遭受重大损失，或者对该方当事人来说，履行合同已变得毫无意义，合同条款仍然应当得到尊重。〔1〕

较完整地看，合同严守原则包括合同拘束力与合同效力两方面的内容。〔2〕首先，“契约之拘束力（受契约之拘束）者，系指除当事人同意外或有解除原因外，不容一造任意反悔请求解约，无故撤销。易言之，即当事人之一方不能片面废止契约”。〔3〕“业已缔结的合同的拘束力首先意味着合同的规则对于缔结合同的人的拘束力，也就是说，他们受自己所制定的合同规则的拘束。这包括合同的不可撤回性以及不允许单方面解除合同。”〔4〕其次，合同的效力（Geltung des Vertrages），是基于合同而生的权利义务。“合同的效力（指生效之后的效力）当然属于一种对于当事人的拘束力。这一拘束力表现为当事人必须实质性地按照合同的约定履行义务，否则就应当承担债不履行的法律责任。”〔5〕之所以同时强调这两个方面，原因在于，“如果说合同严守原则单纯地维护合同的拘束力尚显消极，那么，合同严守原则严格要求、全力推进适当履行则系其重心所在，因为很难想象一个理性的交易主体缔约纯粹是为了欣赏成立的合同，而不是推进到适当履行以达到合同目的（交易目的）”。〔6〕

合同理应严守，合同理应履行，这是毋庸置疑的公理与常识，但囿于纷繁复杂的现实情况、瞬息万变的商业交易，在一定条件下允许当事人解除合同、从中脱身，也是商业交易的客观需要。〔7〕当然，这里的“一定条件”应作严格限定，即限于“例外条件”。“如果随后发生的情况导致合同均衡发生了根本性改变，即构成一种例外情形。”〔8〕“出于公平的理由这一原则例外地可能被突破。”〔9〕《民法典》第533条规定的情事变更制度与第580条规定的当事人申请司法终止合同制度即属合同严守原则的两项重要例外。“《民法典》新设两项司法解除制度，意在拓宽债务人解除合同的实体事由和程序路径，体现了《合同法》重合同严守到《民法典》兼顾合同严守和实质公平、物尽其用等价值。”〔10〕一如崔建远教授所言，合同严守，不是机械地、僵化地永葆合同的效力的同义语，它绝非把各方当事人束缚于毫无积极价值、纯为负面后果的合同关系之中，而是在若干情况下允许依约、依法调整既存的合同。合同因不可抗力、情事变更等不可归责于各方当事人的原因而不能履行或不宜履行的，若合同继续存在，拒不把各方当事人从

---

〔1〕参见张玉卿主编：《国际统一私法协会国际商事合同通则2016》，中国商务出版社2019年版，第435页。

〔2〕参见崔建远：《论合同严守原则》，载《法治社会》2023年第3期。

〔3〕王泽鉴：《债法原理》，北京大学出版社2009年版，第152页。

〔4〕［德］卡尔·拉伦茨：《德国民法通论》（下册），王晓晔等译，法律出版社2003年版，第725页。

〔5〕崔建远：《论合同严守原则》，载《法治社会》2023年第3期。

〔6〕崔建远：《论合同严守原则》，载《法治社会》2023年第3期。

〔7〕参见肖建国、宋史超：《〈民法典〉合同司法解除规则的程序法解读》，载《浙江社会科学》2020年第12期。

〔8〕张玉卿主编：《国际统一私法协会国际商事合同通则2016》，中国商务出版社2019年版，第435页。

〔9〕［德］迪尔克·罗歇尔德斯：《德国债法总论》，沈小军、张金海译，中国人民大学出版社2014年版，第277页。“原则”是指有约必守原则。

〔10〕肖建国、宋史超：《〈民法典〉合同司法解除规则的程序法解读》，载《浙江社会科学》2020年第12期。

合同关系的法锁中解放出来,令其做无法完成的事项或不宜进行的事项,还不能轻装上阵,从事新的交易,是不会产生正面效应的。在这些情况下,就不可坚持合同严守。此外,在某合同具备破解合同僵局规则(《民法典》第580条第2款)的适用要件时,固守合同的效力反倒有失公正,也大多缺乏经济效率。只有允许依据情事变更原则或破解合同僵局规则将合同变更或解除,才是"善"的。[1] 当然,由于这两项制度均为对合同严守原则创设例外,故其适用应慎重。"《民法典》第580条第2款只是指明一个方向,并未提供具有可操作性的构成要件,而构成要件的提炼,须在个案中慢慢积累。从一般学理角度,它属于以追求个案妥当性为目的的特别规定,须严格限制其适用。"[2]

二、合同严守原则的例外——情事变更制度

(一)情事变更制度的概念

任何合同在缔结之际,无论其当事人是否意识到,都是以当时存在的法秩序、经济秩序、货币的特定购买力、通常的交易条件等客观事实为前提的,这些交易条件便属于情事(情势)。若在合同成立后,这些情事发生了急剧变化,则合同当事人是否仍应受原合同的拘束?若不受拘束,则其要件是什么?不受拘束有何具体表现?这就是情事变更制度所要解决的问题。

在吸收《合同法解释(二)》第26条有关情事变更规定的基础上,《民法典》第533条正式建立了该制度。该条第1款规定:"合同成立后,合同的基础条件发生了当事人在订立合同时无法预见的、不属于商业风险的重大变化,继续履行合同对于当事人一方明显不公平的,受不利影响的当事人可以与对方重新协商;在合理期限内协商不成的,当事人可以请求人民法院或者仲裁机构变更或者解除合同。"据此,情事变更制度是指合同依法成立以后,非归责于双方当事人的事因发生情事变更,仍维持合同的效力显失公平或者不能实现合同目的的,受不利影响的当事人可与对方重新协商,并于协商不成时请求法院或仲裁机关予以变更或解除的原则。

从历史上看,罗马法奉行契约必须严守原则,坚持纯粹形式主义的合同概念。根据罗马法,双方当事人达成合意即可发生所追求的法律效果,至于合意基于何种情事或前提、其内容是否公平,在所不问。合意达成以后,纵使发生订约时无法预料的经济、社会的重大的变化,维护既存的权利义务关系显失公平,当事人仍应忠于契约。因此,情事变更制度在罗马法上无由确立。与之不同,日耳曼法上曾规定,若一女子于订婚时患癫病或发狂或两眼失明,他方得解除婚约。该规定可视为情事变更制度的表现。罗马法复兴以后,12~13世纪注释法学派的著作《优帝法学阶梯注解》中确立了一项法律原则。其内容是,假定每一个合同都包含一个默示条款,合同订立以后,合同订立时的客观情况应继续存在,一旦此情况不存在,应准予变更、解除合同。该条款被称为"情势不变条款"。16~17世纪,自然法思想居于支配地位,"情势不变条款"得到广泛应用。18世纪后期,由于"情势不变条款"适用过于广泛以致被滥用,有损于法律秩序的安定,遂受到严厉的批评并逐渐为法学家、立法者所摒弃。19世纪初,历史法学派兴起,极力贬低自然法思想的价值,后起的分析法学派强调实证法,主张形式正义,重视契约严守原则以及法秩序的安定,"情势不变条款"愈丧失其重要性。在20世纪以前,虽然它曾为一些法典规定为正式条文,但并未给各国民事立法造成重大影响。进入20世纪以后,人类历史上发生了3次巨大的事变,即第一次世界大战、第二次世界大战以及1929年爆发的席卷整个资本

---

〔1〕 参见崔建远:《论合同严守原则》,载《法治社会》2023年第3期。
〔2〕 韩世远:《合同法学》,高等教育出版社2022年版,第277页。

主义世界的大经济危机。这些事件使交通被破坏、厂房被炸毁、物价暴涨、货币严重贬值、市场行情发生了巨大变化,致使许多合同无法依约履行,如果仍然固守契约必须严守的原则则有悖于公平正义的观念。在此背景下,学者借鉴了历史上“情势不变条款”理论,提出了关于情事变更制度的诸种学说,法院遂采纳之作为裁判的依据,该原则逐渐在各国普遍确立。

（二）情事变更制度的理论依据

对情事变更原则的理论依据,在理论上存在不同观点,大致有以下几种学说。

1.“约款说”

该说认为,情事变更制度是基于当事人意思的一种约款。至于此约款的性质为何,又有两种不同的观点:其一,“前提说”或“先决条件说”。该说为德国学者温德夏德所倡。依其所信,合同订立时的情势即前提,是意思表示的附款,且尚未至条件的程度。意思表示的内容仅在某种状态继续存在或存在之际,始发生法律上效力。质言之,若此种状态不存在,则意思表示的内容不能发生效力。其二,“默示条款说”。英国法官罗瑞邦认为,当事人所为的法律行为,必然以某种事实状态的继续存在为基础,此一事实状态的继续存在,虽未由当事人明定于合同,但在法律性质上,是当事人对法律行为效力的一种默示条款。“约款说”以当事人的意思作为立论基础,易与法律行为的要件、意思表示错误相混淆,且情事变更制度的适用以情事变更是订约时当事人不可预见的为条件,而“约款说”则显然认为当事人已预见未来可能发生情事变更,故不足采。英国法院1956年已废止“默示条款说”。

2.“相互性说”

德国法学家柯克曼认为,情事变更制度乃基于双务合同的相互性,因此具有下列情形之一,即可适用情事变更制度:(1)对待给付极不确实;(2)一方的给付价值不变,但其对待给付却极困难,则此一困难之给付为不可期待;(3)其他法定情形。该说并未指出,究竟是采取主观标准还是客观标准来判断相互性。“若以当事人之主观为认定标准,则不啻于将当事人之意思介入,而发生意思介入,致生意思解释问题,与‘约款说’有同弊;反之,若以客观为认定标准,则债务人又得随时以价格不相当而无相互性请求解除契约,其不当亦明。”[1]

3.“法律制度说”

该说认为,情事变更制度是对于无辜的当事人因遭遇不可预见的剧变情势,致受不公平待遇时,法律所给予的救济措施,是法律所规定的制度。该说的缺点是未能深入情事变更制度的内部,发掘其真正的法理基础,有失肤浅,且相当多的国家或地区的立法并未建立该制度,因此还不能称为法律制度。

4.“诚实信用原则说”

此种观点认为,情事变更制度是诚实信用原则的具体体现。当事人在订立合同后,出现了订约时不可预见的情势,若继续履行合同,将导致当事人利益严重失衡的后果,有违诚实信用原则,因此,应允许当事人对原合同关系加以调整。该说为我国通说。

（三）情事变更制度的适用要件

情事变更制度的适用,必须具备以下构成要件。

---

〔1〕 林诚二:《民法理论与问题研究》,中国政法大学出版社2000年版,第23页。

1. 出现了情事变更的客观事实

情事,是指合同赖以成立的基础或环境的客观事实。如房屋租赁合同,以该房屋的继续存在为基础事实,以物价稳定为环境事实。情事,可为经济事实,亦可为非经济事实。前者如物价或币值的变动,后者如和平状态、交通状态以及人的自然生存状态等。变更,是指上述情事在客观上发生异常或重大的变化。一方当事人主观上认为情事有所变化,不一定构成变更。至于变更的情况,是人或物、自然的或人为的、永久的或暂时的、一般的或局部的、剧变的或缓变的,在所不问。如国家经济政策进行重大调整、货币严重贬值、物价大幅上涨、发生暴动或罢工等。对此,《合同编通则解释》第 32 条第 1 款规定:"合同成立后,因政策调整或者市场供求关系异常变动等原因导致价格发生当事人在订立合同时无法预见的、不属于商业风险的涨跌,继续履行合同对于当事人一方明显不公平的,人民法院应当认定合同的基础条件发生了民法典第五百三十三条第一款规定的'重大变化'。但是,合同涉及市场属性活跃、长期以来价格波动较大的大宗商品以及股票、期货等风险投资型金融产品的除外。"

2. 情事变更的事实发生于合同依法成立以后,履行完毕以前

如果情事变更的事实在订约以前发生,则合同是在已发生变化的客观情况的基础上订立的,也就无适用情事变更制度的必要。如果在订约时已发生情事变更,受不利影响的当事人仍以变化前的客观情况为基础订约,则表明其自愿承担风险与不利后果,因此也就无必要对其加以保护。在合同履行完毕以后发生情事变更的,因合同关系已消灭,对双方的利益不产生任何影响,也没有必要适用情事变更制度。合同订立后发生了情事变更,但在履行完毕前,变更的情事已恢复原状的,由于该情事变更对合同的法律效果已无影响,从而也无所谓的显失公平问题,因此也不得适用情事变更制度。

若合同履行完毕前,发生情事变更,当事人不知或者虽知而不予主张,仍依合同作出履行,嗣后可否主张适用情事变更制度?在当事人不知而不予主张的情况下,债务人依合同作出履行,其行为构成清偿,债务一经清偿,原有的债权债务关系消灭。虽然债务人是出于不知而为清偿,但清偿非属法律行为,而是一种广义的准法律行为中的非表示行为,一般称为事实行为,债务人不得以其清偿构成意思表示错误而主张撤销。[1] 在债务人知而不予主张的情况下,应认为债务人已抛弃其情事变更制度的抗辩权,法律无于清偿后再加以保护的必要。

债务人履行迟延期间,发生情事变更,债务人可否主张适用情事变更制度?笔者认为,迟延履行的债务人不能主张适用情事变更制度。在迟延履行之际发生不可抗力的情况下,世界立法通例均使债务人承担迟延期间标的物毁损灭失的风险。与之相类似,在迟延履行期间发生情事变更的情况下,也应使债务人承担不利后果,即债务人不得主张适用情事变更制度。

3. 情事变更是订约时当事人不可预见的

订约时当事人不可预见,是指法律关系成立时,依客观之事实状态,无法预料该情事变更事实会发生。[2] 如果订约时当事人预见将来要发生情事变更,而仍以现在的客观情况为基础订约,则表明当事人愿意承担风险,应使当事人自负后果,不应适用情事变更制度。如果当事人应当预见将要发生情事变更而未预见,则说明其主观上有过错或者具有错误,此际,要么由

---

〔1〕 参见林诚二:《民法理论与问题研究》,中国政法大学出版社 2000 年版,第 37~38 页。

〔2〕 参见吴从周:《从工程承揽契约的两个实务案型再思考情势变更原则之适用要件——以"物价涨跌型"及"工期展延型"之相关判决为中心》,载《政大法学评论》第 153 期。

当事人自行负责,要么允许当事人行使撤销权以资保护,也不应适用情事变更制度。若一方当事人预见而另一方当事人未预见,且后者并无过失或错误,则该另一方当事人可否主张适用情事变更制度?由于已预见的当事人常常乘相对人未预见之机而期冀获得不当得利,该未预见的相对人可以主张适用情事变更制度。

4. 情事变更的发生不可归责于双方当事人

不可归责于当事人表明当事人主观上没有过错,对情事变更的发生无法预见也无法克服,如果由于可归责于当事人的事由发生情事变更,则当事人应自负其责。值得注意的是,这里的“不可归责于双方当事人”范围应有所限缩。不可归责于双方当事人的事由就是“事变”。事变可分为绝对事变(特别事变)与相对事变(通常事变或者普通事变),前者是指不可抗力,即天然灾害以及其他人力不可抗拒的灾祸;后者是指事变的发生虽非当事人的过错,但也非绝对不可阻止,如合同的标的物为第三人毁损,致使履行困难。传统的大陆法系民法理论认为,虽然事变为不可归责于当事人的,但并非因事变所肇致的一切情事变更均可适用情事变更制度,只有因山洪、地震、政变、瘟疫等绝对事变导致情事变更,才能适用情事变更制度。情事变更制度旨在排除不公平结果,且必须在法律上没有其他救济手段时才能适用,而在相对事变的情况下,债务人往往还有救济方法,如债务人可请求损害标的物的第三人承担损害赔偿责任,所以无适用情事变更制度之必要。在我国,《民法典》合同编在违约损害赔偿责任的归责原则上一般性地采取严格责任原则,相较大陆法系传统的过错责任原则,显然扩大了债务人应负责事由的范围。也就是说,在我国,债务人除应就过错负责外,还应就通常事变负责。换言之,在通常事变的场合发生违约责任的问题。在我国更宜认为,并非一切因不可归责于双方当事人的事由导致情事变更,都可适用情事变更制度,只有因绝对事变导致情事变更的,才能适用情事变更制度。

5. 因情事变更使原合同的履行显失公平

这一要件说明:(1)合同仍能够履行。如果由于出现某种事由如不可抗力使合同不能履行,则不应适用该原则。(2)该合同履行显失公平。显失公平,是指双方当事人的利益严重失衡,表现为履行过于艰难或必须付出高昂的代价。“事实上或法律上情事的嗣后变化可能导致给付于对待给付的比例关系遭到严重破坏。这违背给付与对待给付应符合等值性的一般正义思想……(该条)的适用以等值性出现重大且不可预见的障碍为前提。”[1]若情事变更对双方当事人之间的利益关系影响轻微,则不应适用情事变更制度。

适用该制度时,应注意以下问题:其一,显失公平固为利益严重失衡,但何谓显失公平,应根据个案的情况,参酌当时的社会环境加以判断。其二,情事变更制度的适用,既可免除一方当事人的损害,又不至于增加另一方当事人的负担。其三,不公平的事实必须存在于合同的双方当事人之间,若情事变更仅对第三人产生不公平的结果,则不能适用该原则。其四,显失公平结果的发生须与情事变更之间具有相当因果关系。其五,判断公平与否的时间,原则上应以债务人应履行债务之时为标准,但合同未确定履行时间的,应以债务人可作出履行且其实际履行之时为标准。

(四)情事变更制度的效力

符合上述条件,即可适用情事变更制度。由于情事变更制度的根本目的在于矫正或者去

---

〔1〕[德]迪尔克·罗歇尔德斯:《德国债法总论》,沈小军、张金海译,中国人民大学出版社2014年版,第283页。

除当事人之间利益严重失衡的状态,适用该原则,必然要求借变更甚至是解除的方式对原合同作出调整。但是,无论怎样调整都是对原合同约束力的破坏,基于严守合同约束力的考虑,晚近一些较先进立法都要求当事人首先进行交涉协商,以尽可能地维系原合同关系。我国《民法典》第535条亦是如此。此外,值得注意的是,该制度在性质上为强制性规定,当事人不得通过约定排除该制度的适用。《合同编通则解释》第32条第4款规定:"当事人事先约定排除民法典第五百三十三条适用的,人民法院应当认定该约定无效。"

1. 当事人负有再协商义务

根据《民法典》第533条的规定,符合上述条件,则受不利影响的当事人可以与对方重新协商。此种协商并非一种结果义务,而是一种行为义务,并不要求当事人最终一定要达成一项新的合同,只要当事人符合诚信地再交涉了,即符合要求。

从立法例来看,《国际统一私法协会国际商事合同通则》第6.2.3条和《欧洲合同法原则》第6:Ⅲ条第2款前段均规定,在情事变更后,当事人应进行协商。若当事人不履行再交涉义务,根据《欧洲合同法原则》第6:Ⅲ条第3款后段的规定,法院可以对因一方当事人悖于诚实信用与公平交易之拒绝磋商或者终止磋商而遭受的损失判予损害赔偿。

协商义务应界定为法定义务,义务违反不仅将产生实体法上的损害赔偿效果,如赔偿对方因协商支出的费用、迟延调整合同造成的损失等,而且将产生程序上的效果,即法院在变更或解除合同时,可进行不利于违反义务者的考量。这种定性也可促进鼓励交易目标的实现。[1]

2. 请求司法机关变更或解除合同

在大陆法系国家或地区,其传统理论一般未科当事人以再协商义务,而是直接规定受不利影响的当事人可请求法院或者仲裁机构适用情事变更制度,对原合同关系予以调整——变更合同或者解除合同。依据我国《民法典》第533条的规定,在合理期限内协商不成的,当事人可以请求人民法院或者仲裁机构变更或者解除合同。

此处变更或解除权均属于实体权利,但以诉讼(仲裁)方法行使为必要,"这是一项'形成诉权',须以司法方式行使之"。[2] 情势变更司法解除制度,一方面肯定情势变更为法定解除事由,追求实质正义之价值;另一方面将其定位为诉请解除(司法解除)而非通知解除(私法解除),提高解除难度,追求合同严守之价值。[3] 从内涵上看,变更合同是维持原合同关系,而解除则是消灭原合同关系。因此,基于契约神圣的考虑,法院在适用情事变更制度时,应注意尽量维持原有的合同法律关系,在此一方法确定不能排除不公平结果时,再采取消灭原合同法律关系的方法。"在这里应尽最大可能维持合同的最初形式,以便继续考虑在合同订立时所依据的当事人意思。也就是说,调整的目的是以变化了的境况为基础并考虑当事人的意思,实现利益的适当平衡。"[4]《合同编通则解释》第32条第2款规定,当事人请求变更合同的,人民法院不得解除合同;当事人一方请求变更合同,对方请求解除合同的,或者当事人一方请求解除合同,对方请求变更合同的,人民法院应当结合案件的实际情况,根据公平原则判决变更或者解除合同。理论上,往往将维持原有合同关系的效力称为第一次效力,而将消灭原有合同关系的

〔1〕 参见谢鸿飞:《〈民法典〉合同编内在体系的变迁》,载《山西大学学报(哲学社会科学版)》2020年第6期。
〔2〕 朱晓喆:《〈民法典〉合同法定解除权规则的体系重构》,载《财经法学》2020年第5期。
〔3〕 参见肖建国、宋史超:《〈民法典〉合同司法解除规则的程序法解读》,载《浙江社会科学》2020年第12期。
〔4〕 [德]迪尔克·罗歇尔德斯:《德国债法总论》,沈小军、张金海译,中国人民大学出版社2014年版,第282页。

效力称为第二次效力。

(1)变更合同

法院或仲裁机关可以增减履行标的物的数额、将履行期延期或将一次履行变为分次履行、变更标的物、将先履行变为后履行等方式变更原合同的内容,使原合同在公平的基础上得到履行。详言之:

第一,增减给付。增减给付是指因情事变更致使给付在数量上发生困难的,为实现公平目的,而减少或增加原定给付数量。需注意的是,增减给付仅是指变更给付的数量,而不能变更给付的种类。增减给付时,应兼顾双方当事人的利益,做到不偏不倚,不但应斟酌情事变更对社会经济的影响,而且也应考虑当事人的生活状况。

第二,分期或缓期给付。因情事变更致使债务人给付困难,法院可以斟酌决定由债务人分期或缓期给付。

第三,同种给付的变更。种类之债,无给付不能的问题,债务人可以同种类的他物进行给付。但是种类之债经一定程序后即成为特定之债,如债权人指定债务人应交付之物,原则上就不得变更。但是,若因情事变更导致该特定给付不能,而变更给付对债权人并无不利的,则债务人可变更给付。

第四,拒绝先为给付。在双务合同中,债务人应先为给付的,若因情事变更致使他方丧失或可能丧失履行能力,则债务人在他方未为对待给付或提供担保前,可拒绝自己的给付。

第五,穷困抗辩。《民法典》第 666 条规定:"赠与人的经济状况显著恶化,严重影响其生产经营或者家庭生活的,可以不再履行赠与义务。"因此,若因情事变更致使赠与人经济状况恶化,赠与人可以行使穷困抗辩权,不再履行赠与义务。

第六,成立适法的无因管理。如甲擅自用乙所存的款项购买无价值的股票,嗣后情事变更,股票价值飞涨。此际,若仅准许甲请求金钱上损害赔偿而让乙保存股票,会造成不公平的结果,不妨认为甲乙之间成立适法无因管理,甲有权要求乙交付其所购买的股票。

(2)解除合同

如果采用上述方法不能消除显失公平的后果或当事人一方认为维持原合同关系有悖于缔约目的,则法院或仲裁机关可辅助性地解除合同。根据《合同编通则解释》第 32 条第 3 款的规定,法院判决变更或者解除合同时,应当综合考虑合同基础条件发生重大变化的时间、当事人重新协商的情况以及因合同变更或者解除给当事人造成的损失等因素,在判项中明确合同变更或者解除的时间。

第二节 合同履行的期限、地点和费用

一、合同履行的期限

履行期限,是指债务人应为履行而债权人应为受领的期限。履行期限可为期间(如当事人约定"合同订立后一个月内交付标的物""借款期限为一年"等),亦可为期日(如当事人约定"3 月 1 日交货"),甚至可以精确到具体的时点(如演出公司与歌手约定后者在某个时间点

登台演出）。

（一）履行期限的确定

对履行期限，当事人往往会作出明确约定，此际应依约定确定履行期限。若当事人对履行期限无约定，则当事人可协议补充，若协议补充不成，则可依合同的相关条款或者有关交易习惯确定。如经销商向农户订购尚未收获的农产品，农户履行交付货物的期限应为农产品的收获季节。法律有时会对一些合同的履行期限作出专门规定。如《民法典》第 721 条规定："承租人应当按照约定的期限支付租金。对支付租金的期限没有约定或者约定不明确，依照本法第五百一十条的规定仍不能确定，租赁期限不满一年的，应当在租赁期限届满时支付；租赁期限一年以上的，应当在每届满一年时支付，剩余期间不满一年的，应当在租赁期限届满时支付"。此为租赁合同中租金支付期限的规定。

在无法依前述规则确定履行期限时，《民法典》第 511 条第 4 项规定："履行期限不明确的，债务人可以随时履行，债权人也可以随时请求履行，但是应当给对方必要的准备时间。"这意味着，此际债权将立刻到期，债务也将立刻具有可履行性。此亦为合同履行原则中诚实信用原则的体现。此即法谚云："一切未定期之债权，应属即日到期之债权。"[1]

为适应信息社会发展的法律需要，《民法典》第 512 条对电子合同的标的的交付时间作出规定。据此，通过互联网等信息网络订立的电子合同的标的为交付商品并采用快递物流方式交付的，收货人的签收时间为交付时间。电子合同的标的为提供服务的，生成的电子凭证或者实物凭证中载明的时间为提供服务的时间；前述凭证没有载明时间或者载明时间与实际提供服务时间不一致的，以实际提供服务的时间为准。电子合同的标的物为采用在线传输方式交付的，合同标的物进入对方当事人指定的特定系统且能够检索识别的时间为交付时间。电子合同当事人对交付商品或者提供服务的方式、时间另有约定的，按照其约定。

（二）期限利益

期限利益，是指债之关系的当事人因履行期限的存在而享受的利益。期限利益的归属及其效力情形如下：

第一，期限系专为债务人利益而设。如甲银行（债权人）对借款人（债务人）乙表示："多借给你一个月，不收利息。"此际，作为债权人的银行不得在履行期届至前要求债务人履行，债务人由此享有期限利益，当然债务人可抛弃期限利益而提前履行。

第二，期限系专为债权人利益而设。如甲保管人（债务人）向乙寄存人（债权人）表示："多给你保管一个月，不再另外收费。"此际，作为债务人的保管人不得要求作为债权人的寄存人提前取回保管物，债权人由此享有期限利益，当然债权人可以抛弃期限利益，提前取走保管物。

第三，期限系为双方当事人利益而设。如有偿保管合同的双方当事人约定："保管人继续保管一个月，寄存人按原保管费标准支付保管费。"此际保管人不得要求寄存人在履行期届满前取走保管物（支付保管费），寄存人不得要求保管人在履行期限届满前返还保管物。

（三）履行期限的效力

履行期限具有以下效力：

第一，债务有履行期限的，在该期限届满时债务人未履行债务的，债务人构成履行迟延，应

[1] 参见郑玉波：《法谚》（第 1 册），法律出版社 2007 年版，第 119 页。

承担履行迟延责任;债务无履行期限的,债务人不因一时未履行债务而承担履行迟延责任;只有经债权人催告,债务人在合理期间内未履行,才构成履行迟延,债务人应自催告时或催告期届满时承担履行迟延责任。如侵权行为发生后的损害赔偿请求权,固于侵权行为发生时成立,但债权人是否行使其债权,非债务人所能预知,在债权人未请求损害赔偿之前,当无令债务人负迟延责任之理。[1]

第二,债务有履行期限的,债权人可以拒绝债务人提前履行债务,但提前履行不损害债权人利益的除外。债务人提前履行债务给债权人增加的费用,由债务人负担(《民法典》第530条)。

第三,债务有履行期的,履行期届至,债务人依债之本旨提出给付,而债权人拒绝受领或不为必要协助从而使债务未得到履行的,则自该时起债权人构成受领迟延(《民法典》第589条)。

第四,债务有清偿期的,诉讼时效期间自履行期限届满之日起计算。

第五,债之抵销,行使抵销权的债权人的债权必须已届清偿期。如对方的债务尚未到期,则债权人不得主张抵销(《民法典》第568条)。

二、合同履行的地点

履行地点是债务人履行债务、债权人受领给付的地点。如果合同中明确约定了履行地点,债务人就应当在该地点向债权人履行债务,债权人应当在该履行地点接受债务人的履行行为。合同对履行地点约定不明确的,依《民法典》第510条、第511条的规定,双方当事人可以协议补充,不能达成补充协议的,则按照合同相关条款或者交易习惯确定。例如,消费者在商场购买大件家用电器,通常系由买受人在出卖人处付款,同时由出卖人负责将商品送至买受人居所。如果履行地点仍然无法确定,则根据标的的不同情况确定不同的履行地点。详言之:第一,给付货币的,在接受货币一方所在地履行;第二,交付不动产的,在不动产所在地履行;第三,其他标的,在履行义务一方所在地履行(《民法典》第511条)。"作为一项基本规则,债务应为前往受领之债,即债务人只需在其自己的住所地为给付即可。这一规则倾向使债务人承担较轻的给付义务。"[2]

合同履行地点的确定,具有重要的法律意义,主要体现在以下方面:

第一,履行地点是判断给付或给付的提出是否恰当的重要因素。债务人只有在履行地履行债务,才可能构成清偿。例如,就赴偿之债而言,债务人仅在自己的住所地提出给付是不够的,债权人可拒绝受领。又如,对债务人在履行地提出的恰当履行,如果债权人未及时受领,则将构成债权人受领迟延。

第二,履行地点对履行费用的分担具有重要意义。依据《民法典》第511条第6项的规定,履行费用的负担不明确的,由履行义务一方负担。对该规则的解释,应与履行地点这个因素相结合:在赴偿之债,应由债务人负担前往债权人所在地履行的一切费用(如交通、运输费等);在往取之债,债务人仅须负担在其所在地提出履行的相关费用;在送交之债,发送至交付地点的费用亦应由债务人负担。

第三,履行地点对给付风险的分配具有重要意义。就种类之债而言,若债务人预定用于给付的特定物于其在履行地点履行之前发生灭失,则由于种类之债尚未特定化,债务人仍须为替

---

[1] 参见孙森焱:《民法债编总论》(下册),法律出版社2006年版,第447页。
[2] 李永军主编:《中国民法学　第三卷　债权》,中国民主法制出版社2022年版,第73页。

代的给付。在赴偿之债，尽管债务人已将货物发运，但仍须承担其在途中发生灭失的风险，从而仍须再行向债权人发送替代物；在往取之债，因给付地在债务人所在地，则给付风险将随着债务人实施必要的给付行为而移转于债权人，这就意味着，债权人不得要求债务人为后续的履行。

三、合同履行的费用

履行费用，是指债务人履行合同所支出的费用。如果合同中约定了履行费用，则当事人应当按照合同的约定负担费用。如果合同没有约定履行费用或者约定不明确，则按照合同的有关条款、合同性质、合同目的或者交易习惯确定，如果仍然无法确定，则由履行义务一方负担。《民法典》第 530 条第 2 款明确规定："债务人提前履行债务给债权人增加的费用，由债务人负担。"第 531 条第 2 款规定："债务人部分履行债务给债权人增加的费用，由债务人负担。"值得注意的是，《民法典》第 591 条规定："当事人一方违约后，对方应当采取适当措施防止损失的扩大；没有采取适当措施致使损失扩大的，不得就扩大的损失请求赔偿。当事人因防止损失扩大而支出的合理费用，由违约方负担。"该条规定由"违约方负担"合理费用。减轻损失只是为防止社会资源浪费而强加于债权人的一种社会责任，那么，债权人因采取适当措施而付出的合理费用，应由违约方来负担，毕竟债权人采取适当措施实质上等于减少了损失赔偿的数额。[1]

当然，因债权人原因增加的履行费用，则由债权人负担。根据《民法典》第 589 条的规定，债权人受领迟延的，债务人可以请求债权人赔偿增加的费用；根据《民法典》第 550 条的规定，因债权转让增加的履行费用，由让与人负担，即由债权人而非债务人负担；因债权人变更住所而导致履行费用增加的，由债权人负担该增加的费用。

第三节 双务合同中的履行抗辩权

抗辩权，又称异议权，是对抗对方的请求权或否认对方权利主张的权利。根据抗辩权的功能可将抗辩权分为消灭的抗辩权与延缓的抗辩权。消灭的抗辩权，是指使请求权归于消灭的抗辩权。由于使请求权归于消灭即使请求权永久地不能行使，消灭的抗辩权又被称为永久的抗辩权。延缓的抗辩权，是指使请求权效力延期或使对方请求权于一定期限内不能行使的抗辩权。延缓的抗辩权仅使对方的请求权一时不能行使，并不使对方的请求权归于消灭，故又称为一时的抗辩权。如时效届满的抗辩权即属于消灭的抗辩权，而同时履行抗辩权、检索抗辩权等权利则属于延缓的抗辩权。一般认为，合同履行中的抗辩权包括同时履行抗辩权、不安抗辩权以及后履行抗辩权 3 种类型。

一、同时履行抗辩权

（一）概念

同时履行抗辩权，是指双务合同中，未规定谁先履行的，一方在他方未履行对待给付义务前，得拒绝自己履行的权利。《民法典》第 525 条规定："当事人互负债务，没有先后履行顺序

---

〔1〕 参见朱广新：《合同法总则研究》（下册），中国人民大学出版社 2018 年版，第 720 页。

的,应当同时履行。一方在对方履行之前有权拒绝其履行要求。一方在对方履行债务不符合约定时,有权拒绝其相应的履行要求。”

同时履行抗辩权体现了“一手交钱,一手交货”的朴素正义观念,是对“你与则我与”“你不与则我不与”的古老交易规则的生动写照。同时履行抗辩权根植于双务合同的牵连性。双务合同的特色表现为给付与对待给付之间的牵连关系或牵连性。牵连关系分为发生上、功能上、恢复原状关系上的牵连关系。“基于双务契约所生相对立之债务,因相互间具有对价及交换上之意义,彼此处于难以切割的关系,故有所谓成立上、履行上及存续上之牵连关系。”〔1〕

第一,发生上的牵连性,例如,15岁的乙未经其法定代理人甲同意,将汽车出卖给丙,甲拒绝承认该买卖合同。乙在买卖合同中虽然对丙表示愿意负担出卖人义务——交付汽车并移转所有权,但因甲不同意,乙并不因与丙意思表示一致而负担这一义务;丙虽然对乙表示承担支付价金的义务,但基于双务合同发生上的牵连性,乙的义务不发生,处于牵连关系的丙的对待给付义务也不发生。乙不得主张丙负担价金债务的意思表示属于纯获法律上利益的行为,无须法定代理人同意。

第二,功能上的牵连性可分为履行上的牵连性与存续上的牵连性。履行上的牵连性,是指双务合同在请求权的行使上,给付与对待给付之间具有牵连关系。“履行上的牵连关系,系基于公平原则,保障等价商品之交换得以实现,使双务契约之一方债务人,原则上于相对人履行其债务前,得拒绝履行自身之债务。”〔2〕其典型表现即为同时履行抗辩权。一方在他方未为对待给付前,得拒绝自己的履行。透过同时履行抗辩权,合同当事人一方面得确保自己债权的实现,另一方面也能迫使他方履行债务。存续上的牵连性的典型表现为,因不可归责于债务人的事由导致给付不能,给付义务不再存续,但因给付与对待给付存续上的依存关系,对待给付也随同消灭。如甲将旧车出卖给乙,约定一星期后交车,同时付清价金,买卖合同成立后第二天,该车因丙纵火而烧毁。此际,由于标的物毁损灭失的发生不可归责于甲,甲免给付义务,也不需要承担损害赔偿责任。乙的支付价金的义务也随同消灭。

第三,恢复原状关系上的牵连性。当事人基于其意思将双务合同关系恢复到合同生效的原点,这种牵连性也延续至恢复原状关系上。恢复原状关系的牵连性主要表现在合同解除的恢复原状关系、双务合同不当得利返还请求。在双务合同中,一方当事人之所以愿意负担给付义务,乃是为了使对方当事人负担对待给付义务,一方的给付与对方的对待给付之间具有不可分离的关系。

(二)诚实信用原则与同时履行抗辩权

一般认为,同时履行抗辩权赖以产生的基础是诚实信用原则,或者说,同时履行抗辩权是诚实信用原则的具体体现。因为一方当事人在未作出履行前就要求对方履行的,并非一诚实守信的商人之所为。不仅如此,诚实信用原则要求实现当事人之间的利益均衡,而根据同时履行抗辩权,一方只有在已经履行或者已经提出履行的情况下,才能要求对方当事人履行。因此,同时履行抗辩权能发挥实现当事人利益均衡的功能。

当事人应根据诚实信用原则行使同时履行抗辩权。抗辩权之行使,“亦如一般权利之行使,须受诚信原则之支配而不得滥用,因此,于……他方当事人已为部分之给付时,依其情形,

〔1〕 陈洸岳:《同时履行抗辩权的类推适用》,载《月旦法学教室》第18期。

〔2〕 陈洸岳:《同时履行抗辩权的类推适用》,载《月旦法学教室》第18期。

如拒绝自己之给付有违诚实及信用方法者，则不得拒绝自己之给付”。[1]《德国民法典》第 320 条（契约不履行之抗辩）第 2 款规定：“已为一部分给付者，拒绝对待给付按其情形违反诚实信用，即不为给付之比例不高时，不得拒绝。”在双务合同中，一方违约，但在性质上后果轻微，则另一方当事人不得行使同时履行抗辩权，拒绝履行自己的义务，否则将违反诚实信用原则。如甲要向乙交付大米 300 吨，实际交付 295 吨，尚缺乏 5 吨，则乙不得就全部价款的支付行使同时履行抗辩权，只能就 5 吨行使同时履行抗辩权。一般认为，如果一方交付货物的数量不足，但不足部分甚少，或者交付的标的物瑕疵非常轻微，对对方无明显损害，则对方不得以此为依据拒绝接受履行并拒绝履行自己的义务。

（三）构成要件

一般而言，同时履行抗辩权的行使，需要具备以下条件。

1. 由同一双务合同互负债务，且此两债务之间具有对待给付关系。

（1）双方当事人根据同一双务合同相互承担了债务。这就说明，一方面，如果双方当事人的债务基于两个或者多个合同产生，即使双方在事实上具有密切联系，也不产生同时履行抗辩权。如甲先向乙购买自行车一辆，然后又向乙出售画册一本，甲不能以乙未交付画册的价款为由，拒绝交付自行车的价款。因为甲交付自行车价款的义务与乙交付画册价款的义务是根据不同的合同产生的。同样的，甲也不能以乙未交付自行车为由，拒绝交付画册。另一方面，单务合同与不完全双务合同，不能发生同时履行抗辩权。不完全双务合同，是指双方当事人虽然各负有债务，但其债务并不具有给付与对待给付关系的合同，包括无偿委托、无偿保管、借用、不附利息的借贷等类型。如在无偿委托中，委托人具有预付必要费用的义务，但委托人的这一义务与受托人的处理事务的义务并不具有给付与对待给付关系。不仅如此，委托人的该义务在很多情况下可能根本就不发生，因此受托人不得以委托人未预付必要费用为由行使同时履行抗辩权。即使是附负担的赠与也不发生同时履行抗辩权，受赠人未履行负担的，赠与人可以撤销赠与。赠与人不能以受赠人未履行负担为由，行使同时履行抗辩权。

（2）双方的债务具有对待给付关系，是指一方的给付与他方的给付互为条件，具有牵连关系。也就是说，两个债务之间相互依存，互为因果。一般而言，主给付义务之间才具有对价关系，主给付义务与从给付义务、附随义务之间不具有对价关系，一方只能以对方主给付义务未履行为由行使同时履行抗辩权，而不能以对方从给付义务、附随义务未履行为由行使同时履行抗辩权。《合同编通则解释》第 31 条第 1 款规定：“当事人互负债务，一方以对方没有履行非主要债务为由拒绝履行自己的主要债务的，人民法院不予支持……”例如，甲未根据买卖合同的规定向乙交付水果，即向乙请求支付价款，乙可以拒绝，但是，如果甲已经交付水果，但未包装，即向乙请求支付价款，乙不得行使同时履行抗辩权而拒绝支付价款。因为买方妥为包装的义务属于对标的物的照顾义务，与买方的支付价款的义务，是附随义务与主给付义务的关系。又如，在租赁合同中，承租人在租赁期届满后返还租赁物的义务与出租人应当向承租人偿还租赁物的修缮费用的义务，也不具有对价关系。

当然，在一定情况下也允许存在例外，如附随义务、从给付义务的履行与合同目的的实现

---

〔1〕 何孝元：《诚实信用原则与衡平法》，台北，三民书局 1992 年版，第 104 页。

具有密切关系，[1]或者当事人具有特别约定时，也例外承认主给付义务与从给付义务或者附随义务之间具有对待给付关系（参见《合同编通则解释》第31条第1款但书）。从给付义务的履行与合同目的具有密切关系的情形，如定作人向承揽人提供图纸或者技术要求不合理，承揽人不能完成约定的工作，承揽人有权要求其在规定的时间内提出修改意见，定作人在规定的时间不答复，则承揽人有权停止工作。所谓当事人有特别约定的情形，如甲、乙在买卖合同中规定："乙付款后10天内甲应交付房屋与房产证，但乙应向甲方提供必要的资料。"乙在付款后，甲要求乙提供一些办理产权证的资料，乙认为甲要求提供的资料太多，有些应由甲提供，因此未向甲提供。而甲认为乙未提供必要的资料，因此不能向乙交付房屋，也不能办理房产证。对此，可认为，在一般情况下，交付必要资料与交付房屋与房产证之间，不具有对价关系。但在该案中，根据双方当事人在合同中的约定，提供必要资料成为甲交付房屋与房产证的先决条件。因此，双方当事人已认为提供资料与交付房屋及房产证之间具有对待给付关系，乙不提供必要的资料，甲可以行使同时履行抗辩权，拒绝交付房屋与房产证。更何况，如果乙不提供必要资料，甲也不可能办理房产证，因此，甲方未办理房产证不构成违约。

2. 双方当事人的债务不存在履行上的先后顺序。

从履行时间来看，合同的履行可分为两种：一是同时履行；二是异时履行。同时履行就是双方当事人的债务不存在履行上的先后顺序。如合同约定"货到付款"，就属于同时履行。如果双方当事人的债务存在履行上的先后顺序，则属于异时履行的情形。如合同约定"买方应在货到后10天内付款"或者"卖方应在买方付款后10天内交货"，就属于异时履行。针对异时履行的情况，我国《民法典》合同编规定了先履行抗辩权与后履行抗辩权两种抗辩权类型。一般而言，如果合同未规定异时履行，应认为双方当事人负有同时履行的义务。

3. 双方当事人的债务均已届清偿期。

当事人的债务未届清偿期，对方请求的，一方可以拒绝。但是，这不属于同时履行抗辩权，而属于履行期未届满的抗辩权。

4. 对方未履行债务或者未适当履行债务。

这里所说的对方未履行的债务，必须是与被请求方的债务具有牵连关系的债务，若无对价关系，则被请求方不得行使同时履行抗辩权。对方虽然未履行债务，但已经提出履行的，一方可否行使同时履行抗辩权？对此存在不同观点。笔者认为，对方提出履行并不等于实际作出履行，他完全有可能不履行债务，一方可以行使同时履行抗辩权。

在对方未履行而要求一方履行时，无论该对方是拒绝履行、迟延履行，该方都可以行使同时履行抗辩权。而在对方的履行不符合约定时，一方可否行使同时履行抗辩权，则需要具体判断：

（1）权利瑕疵。根据《民法典》第614条的规定，买受人在付清价款前，有确切证据证明第三人就标的物主张权利的，可以中止支付相应的价款。如甲向乙购房，价金50万元，在首期支付20万元后，甲发现该房屋上设定有抵押权，乙未完成移转无负担所有权的义务，甲可行使同时履行抗辩权，中止支付余款。

（2）瑕疵履行。在买卖合同中，如果出卖人交付货物有瑕疵，买受人应有权拒绝受领，并要

---

[1] 参见林诚二：《论附随义务之不履行与契约之解除》，载郑玉波主编：《民法债编论文选辑》（中），台北，五南图书出版公司1984年版，第866～867页。

求出卖人修补、替换，出卖人不交付无瑕疵之物就要求买受人支付价款的，买受人可以拒绝履行义务。也就是说，在交付无瑕疵之物与价金的支付之间可成立同时履行抗辩权。如果仅为部分货物有瑕疵，买受人可以拒绝受领该部分履行，并拒付该部分的货款。当然，若部分货物具有瑕疵影响合同目的实现，则买受人可以拒绝接受全部标的物，并拒付全部货款。例如，甲出卖给乙50台电脑，其中一台具有质量问题，则乙可拒收该台电脑，并拒付该台电脑的价款。但是，若50台电脑构成一个不可分割的整体，即只有50台符合要求的电脑对于买受人才具有意义，49台电脑不能实现合同目的，则买受人可以拒绝接受全部电脑，并拒付全部价款。

（3）部分履行。一方当事人作出了部分履行，另一方当事人可否拒绝受领，并拒绝履行自己的义务？一般认为，如果不足的数量很小，不影响合同目的的实现，则另一方不得行使同时履行抗辩权；若不足的数量很大，足以影响合同目的的实现，则另一方可以行使同时履行抗辩权。如果另一方已经接受了部分履行，也必须作出相当于对方已履行部分的对待给付，换言之，他仅可以就对方未履行部分拒绝履行自己的义务。例如，甲向乙交付大米500吨，现已经交付495吨，乙不得拒绝受领；若已经受领，也不得以差5吨为由拒绝支付全部货款。我国《民法典》第632条规定："标的物为数物，其中一物不符合约定的，买受人可以就该物解除。但是，该物与他物分离使标的物的价值显受损害的，买受人可以就数物解除合同。"第633条规定："出卖人分批交付标的物的，出卖人对其中一批标的物不交付或者交付不符合约定，致使该批标的物不能实现合同目的的，买受人可以就该批标的物解除。出卖人不交付其中一批标的物或者交付不符合约定，致使之后其他各批标的物的交付不能实现合同目的的，买受人可以就该批以及之后其他各批标的物解除。买受人如果就其中一批标的物解除，该批标的物与其他各批标的物相互依存的，可以就已经交付和未交付的各批标的物解除。"这两条也可适用于同时履行抗辩权。

总之，在各种违约行为场合，当事人都可能行使同时履行抗辩权。大致说来，只有当一方的违约行为性质较严重时，另一方才能行使同时履行抗辩权。如果一方的违约行为性质与后果较轻微，则另一方行使同时履行抗辩权，拒绝受领并拒绝履行自己的义务，违反诚信原则。

5. 对方的履行是可能的。

如果对方不可能履行，则被请求方可以拒绝。此时，他行使的是消灭的抗辩权，使对方的请求权消灭。

（四）效力

若符合以上条件，则权利人可以拒绝履行自己的义务。该拒绝并非使对方的请求权消灭，只是使对方的请求权在一定时间内不能实现，也非使权利人自己的义务消灭，只是暂时停止履行。〔1〕一旦对方履行，则权利人必须履行自己的债务。

上述制度设计能较好地实现同时履行抗辩权所欲实现的实体法制度目的——强制清偿与

〔1〕就同时履行抗辩权的具体行使问题，《合同编通则解释》第31条第2款规定："当事人一方起诉请求对方履行债务，被告依据民法典第五百二十五条的规定主张双方同时履行的抗辩且抗辩成立，被告未提起反诉的，人民法院应当判决被告在原告履行债务的同时履行自己的债务，并在判项中明确原告申请强制执行的，人民法院应当在原告履行自己的债务后对被告采取执行行为；被告提起反诉的，人民法院应当判决双方同时履行自己的债务，并在判项中明确任何一方申请强制执行的，人民法院应当在该当事人履行自己的债务后对对方采取执行行为。"

担保债权的功能。[1] 详言之,该制度一方面使权利人有迫使对方强制清偿的能力,另一方面也使自身对待给付请求权的实现获得了担保,通过这两种方式最低限度地保障自身交易安全。强制清偿主要体现于债权人如果想实现自己的请求权,必须使自己先走一步,率先履行自身的义务,如此一来双方都能取得对价。担保功能则体现于自身义务的履行是以对方进行了对待给付为前提,对方义务的履行成为自身义务履行的担保。[2]

二、不安抗辩权

(一)概念

不安抗辩权,又称为先履行抗辩权,大陆法系各国学者往往以本国的法律规定为基础,将其法上的不安抗辩权界定为:双务合同的后履行方于订约后财产显性减少,有难为对待给付之虞,于其未为对待给付或提供担保前,先履行方得拒绝自己履行的权利。而根据我国《民法典》合同编的规定,不安抗辩权应指:双务合同中,先履行方有确切证据证明后履行方于合同成立后丧失或可能丧失履行能力时中止履行合同的权利,并在后履行方于合理期限内未能恢复履行能力或提供担保时解除合同的权利。

(二)构成条件

不安抗辩权的适用,必须具备以下条件:

1. 因同一双务合同互负债务,且此两债务间具有对价关系。就这一适用条件而言,不安抗辩权与同时履行抗辩权完全相同,由于上文已有阐述,于此不赘。

2. 该合同必须属于异时履行。只有双务合同的履行属于异时履行的时候才能发生一方当事人的不安抗辩权,如果合同债务的履行属于同时履行,那么就只能适用同时履行抗辩权。异时履行是指双方履行存在时间上的顺序,即一方先履行,另一方后履行。异时履行在生活中较普遍,双务合同有依约定异时履行的,有依习惯异时履行的,还有依法律规定异时履行的。例如,在承揽合同中,由于承揽人的劳务给付难以在瞬间完成,无法与定作人的对待给付义务同时完成,各国法律往往对定作人给付义务的履行采用后付主义。此即法谚所云:“报酬非于义务履行时则不给付。”

3. 先履行方的债务已届清偿期。对于此要件,很少有学者提及,但笔者认为此要件不可或缺。因为如果先履行方的债务尚未届清偿期,则其履行义务尚未发生,该先履行方根本无须作出履行,不存在不获对方对待给付的危险,自无行使不安抗辩权的必要。

4. 先履行方有确切证据证明后履行方于合同成立后丧失或可能丧失履行能力。对于此要件需从以下三个方面予以理解:

第一,后履行方丧失或可能丧失履行能力。结合我国《民法典》合同编的规定,造成后履行方丧失或可能丧失履行能力的事由可包括以下几种:(1)财产显性减少。《民法典》第527条第

---

[1] 参见王洪亮:《同时履行抗辩权》,载朱庆育主编:《中国民法典评注:条文选注》(第2册),中国民主法制出版社2021年版,第129页。

[2] 参见董昊霖:《论同时履行抗辩权——以程序法的基本理论为视角》,载《广东社会科学》2020年第5期。

1 项“经营状况严重恶化”及第 2 项“转移财产、抽逃资金，以逃避债务”属于财产显性减少的情况。[1]（2）丧失商业信誉。（3）在提供劳务或完成工作的合同中，债务人丧失劳动能力。（4）给付特定物的债务中，该特定物丧失。（5）其他情形。我国《民法典》上不安抗辩权的适用条件与大陆法系国家或地区关于不安抗辩权适用条件的规定形成鲜明的对比。在大陆法系国家或地区，其民法往往将先履行方行使不安抗辩权的条件规定为：后履行方财产显性减少，有难为对待给付之虞。此条件显然比我国《民法典》合同编规定的条件要狭窄。因为财产显形减少只适用于后履行方的义务为支付金钱的场合，在后履行方的义务为提供劳务、完成工作以及交付特定物时丧失劳动能力、特定物灭失与财产显形减少并无直接关联，故无法适用不安抗辩权。如甲与画家乙订立合同，约定由乙为甲画像，甲于同年 5 月 1 日前支付报酬 3000 元，乙在收到报酬后 20 日内为其画像。甲在履行期届满准备付款时发现乙已身染重病，此时，甲是否还应支付报酬？依据大陆法系国家或地区民法的规定，甲难以取得不安抗辩权以保护其利益。而依据我国《民法典》合同编关于不安抗辩权的规定，则甲可行使不安抗辩权。可见，我国《民法典》合同编对不安抗辩权适用要件的规定是较宽松的，这可看作是我国立法对不安抗辩权制度的重大发展。

第二，后履行方丧失或可能丧失履行能力发生于合同成立以后。在大陆法系国家或地区，后履行方的财产显形减少应发生于何时？对此，存在两种不同的立法例。一是订约后财产显形减少才发生不安抗辩权。法国、德国、瑞士、意大利等采此立法例。二是订约时财产已减少，当事人非因过失而不知的，也可援引不安抗辩权。奥地利采此立法例。我国有学者亦采此见解。笔者认为，第一种立法例较妥当，因为若后履行方的财产于订约前或订约时已减少，先履行方已知或因过失而不知，表明其主观上为恶意或有过错，应使其承受不利，无必要特别加以保护；如果先履行方非因过失而不知，则可以重大误解或受欺诈为由主张救济。我国《民法典》合同编虽然没有规定后履行方丧失或者可能丧失履行能力应当发生于何时，但在解释时采第一种立法例较妥当。

第三，先履行方对上述事实负有举证责任。先履行方的举证责任至关重要，其能否举证往往决定其是胜诉还是败诉，也往往决定其于履行时中止履行的行为是违约行为还是合法行为。《民法典》第 527 条规定，当事人没有确切证据中止履行合同的，应当承担违约责任。使先履行方承担举证责任，有利于防止先履行方滥用不安抗辩权。

（三）效力

符合上述条件，先履行方即取得不安抗辩权。先履行方行使不安抗辩权将对对方产生何种影响，此即不安抗辩权的效力问题。根据后履行方在合理期限内是否提供担保或者恢复履行能力，可以将不安抗辩权的效力划分为两个层次。

---

〔1〕 我国有学者质疑将“转移财产、抽逃资金，以逃避债务”作为不安抗辩权行使条件的合理性，认为该规定“使得后给付义务人已丧失履行能力时，先给付义务人仍须证明对方有主观‘逃避债务’的意图，才能行使不安抗辩权。从而给不安抗辩权的行使增加不必要的前提，继而阻碍先给付义务一方行使第 528 条规定的解除权。而实际上，根据预期违约的解除制度（第 563 条第 1 款第 2 项），‘转移财产、抽逃资金’显然属于以行为表明不履行债务，无需主观上以‘逃避债务’为目的，第 527 条第 1 款第 2 项放错了位置……在今后的法律适用中应采取的政策是：如果先给付义务人已证明后给付义务人通过行为表明将不再履行义务，则无需证明其目的是‘逃避债务’，即可根据预期违约而解除合同”。参见李建星：《不安抗辩权与预期违约的完全区分论》，载《政治与法律》2017 年第 12 期；朱晓喆：《〈民法典〉合同法定解除权规则的体系重构》，载《财经法学》2020 年第 5 期。

1. 第一次效力

(1)先履行方可以中止履行合同,但是应当通知对方并且给对方一个合理的期限,使其恢复履行能力或者提供适当的担保。第一,中止履行既然为行使权利的行为,为合法行为,则先履行方于履行期届满不履行债务或者迟延履行并不构成违约。第二,中止履行乃暂停履行或者延期履行,因此它不同于解除合同,其目的不在于使既存合同关系消灭,而是维持合同关系。如果先履行方解除合同,则其行为构成违约,后履行方可要求其承担债务不履行责任。先履行方中止履行应当通知后履行方,通知方式可为口头形式,也可为书面形式。至于合理期限的确立,不能一概而论,而应该斟酌个案具体情况予以确定。但有一点是可以肯定的,即应当兼顾双方当事人利益,不能太短使先履行方能轻易地解除合同,也不能太长使后履行方迟迟不提供担保。英美法系预期违约制度的有关规定可予借鉴。《美国统一商法典》第 2－609 条第 4 款规定,一方收到另一方的正当要求后,若未能在不超过 30 天的合理时间内提供这种根据实际情况能按时履行的充分保证即为毁约。因此,该合理期限的确定应当根据个案的具体情况确定,但以不超过 30 天为宜。

(2)合理期限内,后履行方未提供担保且未恢复履行能力而要求对方履行的,先履行方可以拒绝。

(3)合理期限内,后履行方提供担保或者恢复履行,先履行方应当继续履行合同。后履行方提供担保或者恢复履行能力后,先履行方不获得对待履行的危险消失,因此,应当恢复履行合同。此时,充分体现了不安抗辩权的一时抗辩权的性质。先履行方恢复履行后,应当如何计算履行期限,是按原定期限履行还是重新确定期限履行,《民法典》合同编无明文规定。一般而言,如果仍按原定期限履行,先履行方往往会迟延。因中止履行是合法行为,这意味着默示允许先履行方得到一段延长时间,因此,应当排除提供担保或者恢复履行能力的时间重新确立新的履行期限。

2. 第二次效力

如果合理期限届满,后履行方未提供适当担保且未恢复履行能力,则发生第二次效力,即先履行方可以解除合同并要求对方承担违约责任。后履行方不在合理期限内提供担保或恢复履行能力,先履行方可采取何种补救措施,是继续中止履行、解除合同还是其他措施。对此大陆法系各国家或地区除《瑞士债务法》有规定外,其他均无规定。《瑞士债务法》第 83 条第 2 款规定,有先为给付义务的一方当事人在对方当事人未于合理期限内依其请求提供担保者,得解除契约。可见根据《瑞士债务法》,先给付方可以寻求解除合同的救济措施。《美国统一商法典》第 2－609 条第 4 款虽未明确规定一方未于最长不超过 30 日的合理时间内提供充分保证时,对方可以寻求何种救济措施,但该条将上述行为认定为毁约,从而使对方可以寻求毁约的救济措施,这些救济措施即为解除合同并要求损害赔偿。我国法上对不安抗辩权的第二效力的规定借鉴了《瑞士债务法》以及《美国统一商法典》的规定。由于赋予了先履行方解除合同的权利,不安抗辩权的性质发生了重大变化,这非纯粹的延缓抗辩权这一性质所能概括,并非仅为抗辩权,而且为形成权。原《合同法》第 69 条曾明确赋予先履行方以解约权,这是对大陆法系国家或地区不安抗辩权制度的重大发展,从而使该制度能够为先履行方提供更充分的法律保护。《民法典》第 528 条在该条的基础上进一步完善:“……中止履行后,对方在合理期限内未恢复履行能力且未提供适当担保的,视为以自己的行为表明不履行主要债务,中止履行的一方可以解除合同并可以请求对方承担违约责任。”该条增加了“视为以自己的行为表明不履行主要债务”的表述。“将不安抗辩权行使后发生的解除权与一般的法定解除权连结起来,使之融入法定解除权的体系之中,消弭争议。”[1]据此,中止履行方不仅可以解除合同,而且可以要求对方承担违约责任。这里的违约责任典型地表现为请求损害赔偿。该损害赔偿的范围应为后履行方违约时,即以自己的行为表明不履行合同主要义务时应当支付的损害赔偿额。

三、后履行抗辩权

(一)概念

根据《民法典》第526条的规定,后履行抗辩权是指依照合同约定或者法律规定负先履行义务的一方当事人,届期未履行义务或者履行义务严重不符合约定条件时,后履行方为保护自己的期限利益或者保证自己履行合同的条件而中止履行合同的权利。

后履行抗辩权与不安抗辩权一样,都是在双方当事人的债务有先后履行顺序的情况下适用的,从而与同时履行抗辩权不同。但后履行抗辩权与不安抗辩权是两个不同的制度,它们具有以下区别:第一,适用条件不同。不安抗辩权是异时履行的双务合同先履行方享有的权利;后履行抗辩权为异时履行的双务合同的后履行方享有的权利。第二,在不安抗辩权中,权利人的相对人的债务尚未届临履行期,只是存在不能对待给付的危险;在后履行抗辩权中,权利人之相对人的债务已经届临履行期,而不为给付或者虽为给付但不符合合同约定。第三,二者的性质不同。后履行抗辩权在性质上与同时履行抗辩权相同,其行使的目的仍在于维持既存的权利义务关系,而不是消灭合同关系,否则就应当诉诸合同解除制度。第四,在不安抗辩权中,权利人行使中止履行的权利负有通知义务。在后履行抗辩权中,当负有先履行义务的一方当事人的履行有重大瑕疵时,或者只履行一部分时,另一方当事人行使抗辩权应当通知对方;当因不履行合同义务而行使抗辩权时,可以不通知对方。

(二)适用条件

后履行抗辩权的适用,必须具备以下条件:

1. 因同一双务合同互负债务,且此两债务之间具有对价关系。对该要件的理解与前述同时履行抗辩权、不安抗辩权的相应要件相同,于此不赘。

2. 该合同必须属于异时履行。只有双务合同的履行属于异时履行的时候才能发生一方当事人的后履行抗辩权,如果合同债务的履行属于同时履行,那么就只能适用同时履行抗辩权。这一要件与不安抗辩权的相应要件也完全相同。

3. 先履行一方到期未履行债务或者未适当履行债务。在合同异时履行的情况下,负有先履行义务的一方应当先履行义务。如果先履行义务方的债务已届清偿期而其不履行债务,就构成违约,后履行方有权拒绝先履行方的履行要求。如果先履行方的履行不符合合同约定,则后履行方有权拒绝先履行方的相应的履行要求,即先履行方履行债务不符合约定部分的相应部分。

(三)效力

与同时履行抗辩权一样,后履行抗辩权也属于延缓的抗辩权,不具有消灭对方请求权的效力,只是暂时阻止先履行方请求权的行使。如果先履行方完全履行了合同义务,则后履行抗辩权归于消灭,后履行方应当恢复履行。《合同编通则解释》第31条第3款规定:“当事人一方起

---

[1] 朱晓喆:《〈民法典〉合同法定解除权规则的体系重构》,载《财经法学》2020年第5期。

诉请求对方履行债务，被告依据民法典第五百二十六条的规定主张原告应先履行的抗辩且抗辩成立的，人民法院应当驳回原告的诉讼请求，但是不影响原告履行债务后另行提起诉讼。”该条即旨在明揭斯旨。后履行方因行使后履行抗辩权致使合同履行迟延的，该方当事人不承担迟延履行责任。

第四节 涉他合同

根据合同的效力仅及于合同当事人还是及于当事人以外的第三人的标准，可将合同区分为涉他合同与束己合同。涉他合同又可分为第三人利益合同和第三人负担合同。

一、第三人利益合同

（一）概念

第三人利益合同，又称为第三人利益订立的合同、利他合同、第三人取得债权的合同或向第三人给付的合同，是指合同当事人约定由一方向合同关系外第三人为给付，该第三人即因之取得直接请求给付权利的合同。

在第三人利益合同中，依约应向第三人为给付的一方，为债务人、诺约人或约束人；可请求债务人向第三人为给付的一方，为债权人、要约人或受约人；可请求债务人向自己为给付的主体，为第三人或受益人。

鉴于各种具体的第三人利益合同在我国运输业、保险业等行业普遍存在的事实，而第三人利益合同确实具有缩短给付、节约交易成本、增加第三人债权受偿机会等各种重要功能。因此，在立法上规定第三人利益合同的一般规则诚有必要。原《合同法》第 64 条并未明确规定第三人是否享有履行请求权，导致理论上对该条的理解存在巨大分歧。《民法典》第 522 条增加了第 2 款，明定第三人对债务人的履行请求权。至此我国民法上已明确建立第三人利益合同制度。诚如我国学者所言，随着法律对个人意思自治的尊重，随着侵权与合同规范之间的关系变得越来越暧昧，法律的结构也从形式主义向实质主义靠拢。也就是说，法律要向实用性妥协，涉他合同将越来越普遍。第三人利益合同越来越多地走进了我们的生活，如我们生活中的“线上交易”，多数都是要求生产者或服务者向第三人履行的合同。因此，我们关注的不再是第三人利益合同的存在是否合理，而是第三人利益如何实现和如何更好地保护。[1]

（二）法律结构

第三人利益合同并非一固有的合同类型，在买卖、赠与、租赁等各种普通合同中，当事人均可为第三人利益作出约定，即约定使第三人直接取得请求给付之权，由此成立第三人利益合同。因此与普通合同相较，第三人利益合同的特质仅在于其内容的一部分，使合同关系外第三人取得债权。可以说第三人利益合同在结构上实际上为一普通合同并附有一项第三人利益约款，但正是因此项第三人约款的存在改变了合同上给付义务的方向。

值得注意的是：（1）第三人所取得的权利通常为债权，即享有请求债务人给付的权利，若第

---

〔1〕 参见李永军：《〈民法典〉涉他合同中第三人利益的实现途径》，载《苏州大学学报（法学版）》2021 年第 1 期。

三人所取得的是其他权利,往往不构成第三人利益合同,如甲、乙约定由第三人丙享有选择权。(2)第三人取得的权利是直接由债权人与债务人之间的合同发生的,而非从债权人处继受取得的。第三人并非债权让与之受让人。(3)第三人利益合同只能给第三人设定权利,而不得为其约定义务。当然,基于法律规定、合同性质、交易习惯等,第三人可能要承担一定附随义务或不真正义务等。例如,《民法典》第830条规定:"货物运输到达后,承运人知道收货人的,应当及时通知收货人,收货人应当及时提货。收货人逾期提货的,应当向承运人支付保管费等费用。"据此,作为第三人的收货人不仅享有请求承运人交货的权利,而且也负有及时提货的义务。

就第三人利益合同的成立而言,当事人可于订立普通合同的同时即订立第三人利益约款,也可于普通合同订立以后再订立第三人利益约款。如甲从乙处购车,出卖人乙应向买受人甲给付,但在交付前甲、乙又约定使丙可向乙请求给付,此时由于此第三人利益约款的存在,出卖人乙变为应向丙给付。

(三)成立要件

第三人利益合同的成立除债权人与债务人之间的基础合同有效成立外,还需要具备以下要件:

第一,法律规定或者债权人与债务人约定由债务人向第三人为给付。债务人向第三人所作给付并无限制,作为、不作为均无不可。如出租人为承租人利益与邻居约定半夜不奏乐,债务人承担的即为不作为义务。第三人既可为自然人,也可为法人、非法人组织,第三人也并不限于订约时既有之人,即使将来可产生之人如胎儿或设立中的法人亦无不可。并且也不必于订约时确定其人,仅约定可得确定之标准亦可。但第三人在行使权利时应有民事权利能力。若无法律规定由债务人向第三人为给付,债权人与债务人亦未约定由债务人向第三人为给付,则该合同非属第三人利益合同。例如,在前述丙教授与丁大学签订的讲座合同纠纷中,该合同的当事人为丙教授与丁大学,仅丁大学可向丙教授主张合同上的权利。戊虽可因该合同的履行而受益,但该授课合同并未为其设定权利,其不能要求丙教授承担违约责任。"第三方因合同履行而受益,这一事实本身并不足以赋予该第三方合同项下的任何权利。"[1]

第二,第三人可以直接请求债务人履行债务。依据大陆法系各国家或地区通例,当事人除约定向第三人为给付外,还须有使第三人对债务人取得直接请求权的特约,才构成第三人利益合同。《民法典》第522条第2款"法律规定或者当事人约定第三人可以直接请求债务人向其履行债务……"的规定亦明确提出该要件。如果当事人仅约定向第三人给付,而不约定使第三人对债务人取得直接请求给付的权利,则不构成第三人利益合同,仅构成不真正的或不纯正的第三人利益合同。不真正的或不纯正的第三人利益合同也称为"经由被指令人而为交付"。在实践生活中,双方当事人约定由一方当事人向合同关系外第三人为给付,究竟是真正当事人利益合同,还是不真正当事人利益合同,应依合同具体内容以及交易习惯进行判断。例如,甲与乙花店约定,在其女友丙生日当天由乙花店向丙的住所送999朵玫瑰。该约定通常不被理解为真正第三人利益合同,因为丙并不享有直接请求乙花店交付鲜花的权利。

第三,债权人也享有请求债务人向第三人给付的权利。在大陆法系各国家与地区,有少数国家立法仅规定第三人享有请求给付的权利,[2]但大多数民法规定债权人也享有请求债务人

---

〔1〕 张玉卿主编:《国际统一私法协会国际商事合同通则2016》,中国商务出版社2019年版,第335页。

〔2〕 如《法国民法典》第328条第1款、《日本民法典》第537条第1款。

向第三人给付的权利。[1] 实际上债权人是否享有此项权利正是第三人利益合同与并存的债务承担的区别之处,第三人利益合同需具备此项要件应属显然。我国法上也应作相同解释。

(四)法律效力

1. 对第三人的效力

第三人利益合同成立后对第三人发生的一个基本效力是:该第三人对债务人取得直接请求给付的权利。此种请求权与一般债权无异。相应地,当债务人未向第三人履行债务或其履行债务不符合约定时,第三人可以请求债务人承担违约责任。第三人并非合同当事人,亦不参与合同订立,故其无权主张撤销合同、解除合同。对此,《合同编通则解释》第 29 条第 1 款规定:"民法典第五百二十二条第二款规定的第三人请求债务人向自己履行债务的,人民法院应予支持;请求行使撤销权、解除权等民事权利的,人民法院不予支持,但是法律另有规定的除外。"

需厘清的是,第三人权利的取得是否以该第三人作出受益的意思表示为要件? 这在各国家或地区民法上存在差异,由此形成了两种不同的立法例:一是将受益的表示作为第三人取得权利的要件,即第三人未作出受益表示或作出不受益的表示的,第三人权利不发生。如《日本民法典》第 537 条第 2 款的规定。二是并不将受益表示作为第三人取得权利的要件,受益表示仅具有使已取得的权利予以确定的作用,即第三人利益合同成立之时即为第三人取得权利之时,唯在第三人作出受益表示前,其权利尚处于不确定的薄弱状态,当事人可予以变更或废弃。法国、瑞士等皆采此立法例。与此相关,在这种立法例下,当事人不作出受益的表示反而作出不受益的表示时,第三人已取得的权利应视为自始未取得权利,即溯及既往地消灭。

我国《民法典》第 522 条规定:"……第三人未在合理期限内明确拒绝……。"对此,宜注意的是:

第一,并非债权人与债务人为第三人设定权利,就强制该第三人必须接受该权利。此间,存在保护第三人自主决定的问题,即恩惠不得强制接受(Invito beneficium non datur, beneficia non obtrudumtur),为维持个人之尊严,虽恩惠亦不得强制某人接受。根据该条,第三人享有拒绝权。在真正第三人利益合同中,法律推定当事人为第三人创设合同权利符合第三人利益,或至少不会侵害其权利,但第三人自己对于该合同是否真正符合其利益最为清楚,应当赋予第三人决定是否接受该第三人利益合同的权利。因此,《民法典》第 522 条赋予了第三人拒绝权。在第三人表示拒绝时,第三人利益条款不能生效。[2]

第二,《民法典》第 522 条与上述两种立法模式均不相同。首先,它不以第三人作出受益的意思表示为要件。其次,它也不使第三人的受益表示发挥强化第三人权利效力的作用,而是规定,只要第三人未在合理期限内明确拒绝,该第三人即取得直接请求给付的权利。该条的特色表现在:该条未要求第三人作出积极的意思表示,即使第三人消极不作为也不影响其取得直接请求权。从基本上而言,只要债权人与债务人订立使第三人取得直接请求权的合同,该第三人即可取得直接请求权;只有在第三人于合理期限内明确拒绝时,方不取得直接请求权。在一定程度上可言,相较上述立法例,在我国《民法典》背景下,在债权人与债务人达成合意后,第三人取得直接请求权的概率更大。

---

[1] 如《德国民法典》第 315 条、《瑞士债务法》第 112 条第 1 款。

[2] 参见王利明:《具有国际化视野的〈民法典〉合同编立法》,载《经贸法律评论》2021 年第 4 期。

第三，在第三人表态（作出受益的意思表示）之前，第三人的权利状态怎样？债权人与债务人达成合意后，第三人权利已发生，只是在当事人表态之前，尚处于不确定状态。此际，不得径谓债务人的债务因不可归责的事由而致履行不能，唯于确定事实上亦不受领时，始为履行不能。[1]

2. 对债权人的效力

（1）第三人利益合同对债权人发生的基本效力是：债权人可以请求债务人向第三人为给付。若债务人不向第三人履行债务或者履行债务不符合约定，第三人固可请求债务人承担违约责任，债权人也可以请求债务人向第三人承担违约责任。

（2）由于债权人的债权与第三人的债权均依第三人利益约款而取得，有学者将两者均称为第三人约款债权，以别于债权人基于基本合同法律关系而得主张的原契约债权。值得注意的是，债权人债权与第三人债权并不相同，第三人可请求债务人向自己为给付，而债权人不能请求债务人向自己为给付而只能请求债务人向第三人为给付，这两种债权并非连带债权。但由于这两种债权均以对第三人一个给付为标的，类似连带债权，因此被称为不真正的连带债权。与此相适应，当债务人不履行债务时，债权人与第三人虽均有损害赔偿权，但赔偿权在内容上亦存在差异。第三人可请求债务人赔偿未向自己为给付所生损害，债权人只能请求赔偿因债务人未向第三人为给付致其所生损害。

（3）在债权人与债务人之间的关系上，因债权人为合同当事人，如具备《民法典》第 147 条至第 151 条规定的要件，可请求人民法院或者仲裁机构撤销合同。根据《合同编通则解释》第 29 条第 2 款的规定，合同依法被撤销的，债务人可请求债权人返还财产。

（4）债务人违约，且符合解除权发生条件时，债权人可否解除合同？如得第三人同意，债权人自然可解除合同，若未得第三人同意，债权人可否解除合同？对此，理论上存在肯定与否定两种不同见解。笔者认为，宜采“肯定说”。因为在基础合同为双务合同场合，债权人在使第三人拥有债权的同时，自己也对债务人负有对待给付义务，债务人违约致使合同目的不能实现的，债权人通过行使解除权而达到自己债务解放的目的，正是合同解除制度的重要功能之一。根据《合同编通则解释》第 29 条第 2 款的规定，合同依法被解除的，债务人可请求债权人返还财产。

（5）若第三人作出拒绝受益的意思表示，不能径直认为合同本身丧失效力，应根据合同趣旨具体判断，债权人或享有指定其他第三人的权利，或保有请求债务人向自己履行的权利。债务人按照约定向第三人履行债务，第三人拒绝受领的，债权人可请求债务人向自己履行债务。当然，若债务人已经采取提存等方式消灭债务，则债权人不享有该项权利（《合同编通则解释》第 29 条第 3 款）。

3. 对债务人的效力

（1）债务人的义务与责任

债权人与第三人均享有请求债务人给付的权利，从而债务人负有应第三人请求或债权人请求向第三人为给付的义务。当债务人不履行债务时，应向第三人承担违约责任。此外，债务人不向第三人为给付，致债权人受有损害时，亦应向债权人承担违约责任。如甲向乙订货，约

---

[1] 参见韩世远：《合同法学》（第 2 版），高等教育出版社 2022 年版，第 114 页。

定一个月交货,逾期一天支付1000元违约金,乙委托丙交至甲,由于可归责于丙之事由致货物损毁灭失,丙除应赔偿甲的损失外,还应当赔偿乙向甲支付违约金而遭受的损失。

(2)债务人的权利

第三人虽取得独立的权利,但其权利是基于债权人与债务人之间的合同而产生的,从而债务人基于合同可对抗债权人的一切抗辩均可对抗第三人。《民法典》第522条亦明定:"……债务人对债权人的抗辩,可以向第三人主张。"这一效力包含两方面的要求:

第一,债务人可援引债权人事由对抗第三人。如债权人未向债务人为给付,债务人即可对第三人行使同时履行抗辩权而拒绝给付。

第二,债务人所援引的债权人事由必须是由合同所发生,即如果债务人可对抗债权人的事由不是由合同所发生,则债务人不得以之对抗第三人。如债务人主张与债权人所负债务抵销或对第三人主张债权人已免除其债务,则不得对抗第三人。但是,如果是属于债务人对第三人的抗辩,则无论其是否基于合同而发生,均可对抗第三人。如甲向乙出售某动产,并与乙约定,乙应将货款交付给丙,而丙曾向乙借款,乙可对丙主张抵销。

此外,当债务人依约向第三人履行,而第三人拒绝受领或者受领迟延时,债务人可请求债权人赔偿因此造成的损失(《合同编通则解释》第29条第3款)。

二、第三人负担合同

(一)概念

第三人负担合同,又称为由第三人给付的合同、担保第三人给付合同,是指合同当事人约定由第三人向债权人履行债务的合同。

第三人负担合同是债权人与债务人之间的合同,其当事人是债权人与债务人,第三人非合同当事人,债权人与债务人之间的使第三人负担义务的约定为第三人负担约款。可以说,第三人负担合同实际上是附有第三人负担约款的债权人与债务人之间的合同。

(二)成立要件

第三人负担合同的成立要件较简单,一般认为,第三人负担合同的成立需要具备以下两项要件:第一,债权人与债务人之间存在合法有效的合同关系。一如前述,该合同的当事人为债权人与债务人,该合同仅在债权人与债务人之间发生效力,第三人并非该合同当事人。此际,债务人以自己名义、依自己的计算并以自己的风险订立该合同,债务人并非以第三人的代理人身份订立合同。第二,该合同附有第三人负担约款,即当事人在合同中为第三人设定义务。此为第三人负担合同的独特要件。若无该要件,则债权人与债务人之间的合同即为一普通的民事合同——束己合同而非涉他合同。

(三)法律效力

第一,《民法典》合同编上存在一条重要原则,即无论何人未得他人承诺不得以合同使其蒙受不利。为防止合同当事人通过订立合同损害第三人的利益,法律严禁合同当事人在未取得他人同意的情况下随意为他人设定义务。因此,第三人负担合同成立以后,第三人并不因该合同而对债权人负担给付义务。第三人是否向债权人给付完全由其自主决定,该第三人既可以作出同意给付的意思表示,也可以作出不同意给付的意思表示。第三人是不可以因"由第三人履行的合同”而负担债务的，否则将动摇私法自治的根基。[1] 与此相关，第三人负担合同成立后，债权人并不对第三人享有直接履行请求权。《合同法解释（二）》第 16 条规定，人民法院根据具体案情可以将原《合同法》第 65 条规定的第三人列为无独立请求权的第三人，但不得依职权将其列为该合同诉讼案件的被告或者有独立请求权的第三人。这说明，第三人负担合同实际上并未违反合同相对性规则。

第二，债务人负有使第三人为给付的义务，若第三人不为给付，债务人即未完成其义务，从而应向债权人承担债务不履行责任。对此，我国《民法典》第 523 条规定："当事人约定由第三人向债权人履行债务，第三人不履行债务或者履行债务不符合约定的，债务人应当向债权人承担违约责任。"当然，当事人约定债务人仅有义务促成第三人向债权人为给付的，若债务人已尽合理努力，则其不应承担违约责任。

第三，债务人的责任原则上为损害赔偿责任，而非代为履行责任，债务人无为该合同本来给付的义务，债权人不得请求其代为履行。但是，所约定第三人给付非属专属性债务，债务人于第三人不为给付时代为履行以免除赔偿责任的，债权人不得拒绝受领。债务人承担损害赔偿责任，应赔偿债权人履行利益损失。

第四，债务人向债权人承担损害赔偿责任后，可否向第三人追偿，取决于债务人与该第三人之间的具体关系。《民法典》第 700 条规定："保证人承担保证责任后，除当事人另有约定外，有权在其承担保证责任的范围内向债务人追偿，享有债权人对债务人的权利，但是不得损害债权人的利益。"据此，承担了保证责任的保证人对债务人享有追偿权与代位权。但在第三人负担合同中，债务人一般不得向第三人行使追偿权与代位权。

主要参考文献

崔建远：《论合同严守原则》，载《法治社会》2023 年第 3 期；韩世远：《合同法学》，高等教育出版社 2022 年版；李永军：《〈民法典〉涉他合同中第三人利益的实现途径》，载《苏州大学学报（法学版）》2021 年第 1 期；李永军主编：《中国民法学　第三卷　债权》，中国民主法制出版社 2022 年版；林诚二：《民法理论与问题研究》，中国政法大学出版社 2000 年版；孙森焱：《民法债编总论》（下册），法律出版社 2006 年版；王洪亮：《同时履行抗辩权》，载朱庆育主编：《中国民法典评注：条文选注》（第 2 册），中国民主法制出版社 2021 年版；王利明：《具有国际化视野的〈民法典〉合同编立法》，载《经贸法律评论》2021 年第 4 期；王泽鉴：《债法原理》，北京大学出版社 2022 年重排版；肖建国、宋史超：《〈民法典〉合同司法解除规则的程序法解读》，载《浙江社会科学》2020 年第 12 期；谢鸿飞：《〈民法典〉合同编内在体系的变迁》，载《山西大学学报（哲学社会科学版）》2020 年第 6 期；张玉卿主编：《国际统一私法协会国际商事合同通则 2016》，中国商务出版社 2019 年版；朱广新：《合同法总则研究》（下册），中国人民大学出版社 2018 年版；朱晓喆：《〈民法典〉合同法定解除权规则的体系重构》，载《财经法学》2020 年第 5 期；［德］迪尔克·罗歇尔德斯：《德国债法总论》，沈小军、张金海译，中国人民大学出版社 2014 年版；［德］卡尔·拉伦茨：《德国民法通论》（上册），王晓晔等译，法律出版社 2003 年版；陈洸岳：《同时履行抗辩权的类推适用》，载《月旦法学教室》第 18 期。

[1] 参见韩世远：《合同法学》（第 2 版），高等教育出版社 2022 年版，第 116 页。

第十章　违约责任

引导案例

1. 圣诞节来临前夕，甲水果店向乙批发商订购1000斤苹果，并约定乙批发商应于12月10日前交货。之后乙批发商花费5000元向丙果农收购了1000斤苹果，并且为保管该批次苹果支付了仓储费1000元，人工费500元。12月5日甲电话告知乙，因为预计销路不畅，取消所订购的1000斤苹果。该案中，甲水果店属于何种形态的违约行为？如果乙批发商按时交付，但是苹果品质严重不符合约定要求，又该如何处理？

2. 甲将自己唯一一张年代久远的黑白父母合照相片交给乙来彩印制作，在制作过程中乙的店员丙抽烟时意外将该黑白照片彻底损毁，请问甲可以何种违约救济形式向乙主张？

3. 春节前，甲物流公司承运乙超市订购的一批家禽，因为在发货日甲公司车辆调配不力，只得迟延至第二日再行发货。在运货途中，甲公司的车辆为了避开收费站而进入某村庄进行绕行，结果正值该村庄发生禽流感，甲公司的车辆被扣押，且所载家禽被全部扑杀。乙超市也因此供货不足而经济损失惨重。请问，甲公司是否须对乙超市承担违约责任？

第一节　违约责任概述

一、违约责任的概念

违约责任（contractual liability），为“违反合同的民事责任”的简称，是指合同当事人不履行合同义务或者履行合同义务不符合约定时所承担的民事法律后果。英美法系称违约责任为“违约救济”（remedies for breach of contract），[1]大陆法系则往往将其纳入“债务不履行责任”之中或视其为“债之效力”范畴。其实，完整地看，违约责任的概念可从违约方与非违约方两个视角来界定。前述定义即是从违约方视角所下的定义。质言之，当合同当事人不履行合同义务或者履行合同义务不符合约定时应承担继续履行、采取补救措施、赔偿损失等责任。从非违约方看，违约责任，是指当事人一方不履行合同义务或者履行合同义务不符合约定时，另一方

[1] 范斯沃思指出，美国的“合同制度的目的并非通过对允诺人的强制（compulsion）来阻止（prevent）违约的发生。相反，它的目的在于对受允诺人提供救济以弥补（redress）违约”。参见[美]E. 艾伦·范斯沃思：《美国合同法》，葛云松、丁春艳译，中国政法大学出版社2004年版，第750页。

当事人享有的要求继续履行、采取补救措施、赔偿损失的权利。[1]“从非违约方出发规范不履行的后果,更可取。毕竟,对于合同不履行问题,立法的着重点不是如何制裁、惩罚违约方,而是如何保护、救济非违约方。”[2]

违约责任在合同法(《民法典》合同编)中占据举足轻重的地位,仅从《民法典》合同编关于违约责任条文的数目就可见一斑。《民法典》合同编通则关于违约责任设有 18 个条文(《民法典》第 577 条至第 594 条),再加上分则中的规定,其数目相当庞大。但是,与分则关于违约责任的规定相比,《民法典》合同编通则的规定属于一般规定,意义重大,诚如黄茂荣教授所言:“债务不履行或保护义务的违反,在有名契约中虽偶有规定,但原则上仍以债总中关于债务不履行或积极侵害债权的规定为依据。”[3]

二、违约责任的特征

违约责任是民事责任的一种,因此当然具有民事责任的独立性、财产性、平等性等一般特征。此外,违约责任还具有以下特征。

(一)违约责任是当事人不履行或不适当履行合同债务时所产生的民事责任

违约责任的产生以合同债权债务关系的存在为前提,只有在此前提下,一方不履行债务或者不适当履行债务才可引发违约责任。《民法典》第 577 条规定:“当事人一方不履行合同义务或者履行合同义务不符合约定的,应当承担继续履行、采取补救措施或者赔偿损失等违约责任。”此足以表明,继续履行等违约责任的产生以“合同义务”以及对该合同义务“不履行”或“不符合约定”履行为基本条件。从理论上看,合同义务为第一次给付义务,该义务不履行转化为违约责任。违约责任是合同义务的转化形态或替代品。它或者是原合同义务的变形,或者是原合同义务的延伸。在此点上,违约责任与缔约过失责任、侵权责任具有明显不同。缔约过失责任是缔约人因其过失违反先合同义务致使对方人身权或财产权遭受损害,导致合同不成立、被确认为无效或被撤销时,依法应承担的民事责任。这一责任的发生以合同尚未有效成立为前提。侵权责任的发生更不以加害人与受害人之间具有合同关系为前提。

(二)违约责任可以由当事人在合同中依法约定,具有较大任意性

合同基于当事人合意而产生,当事人可以在合同中约定包括违约责任在内的诸条款。《民法典》中诸多规定充分体现了违约责任的任意性。例如,《民法典》第 582 条规定:“履行不符合约定的,应当按照当事人的约定承担违约责任……”“与本法其他有关违约责任的规定不同,本条特别强调法定违约责任规定的任意性规范属性,允许当事人就不完全履行的违约行为约定违约责任,且约定优先于法定违约责任规定。”[4]又如,《民法典》第 585 条第 1 款规定:“当事人可以约定一方违约时应当根据违约情况向对方支付一定数额的违约金,也可以约定因违约产生的损失赔偿额的计算方法。”当事人可以事先约定违约金,或者约定损失赔偿数额的计算

---

[1] 救济方法有广义与狭义之分。广义的救济方法包括继续履行、赔偿损失、减价、拒绝履行、解除合同等,而狭义的救济方法,仅包括继续履行、赔偿损失、减价等权利。《民法典》合同编通则第八章“违约责任”规定的违约责任,仅指狭义的救济方法。合同不履行的抗辩权、不安抗辩权、合同解除权等分别被规定在第四章“合同的履行”、第七章“合同的权利义务终止”中。

[2] 朱广新:《合同法总则研究》(下册),中国人民大学出版社 2018 年版,第 643 页。

[3] 黄茂荣:《买卖法》(增订版),中国政法大学出版社 2002 年版,第 15 页。

[4] 徐涤宇、张家勇主编:《〈中华人民共和国民法典〉评注》,中国人民大学出版社 2022 年版,第 642 页。

办法,乃至约定具体的损失赔偿额,此亦为违约责任任意性的典型体现。与此有异,侵权责任以及缔约过失责任一般不能由当事人事先约定,属于较纯粹的法定责任。

(三)违约责任具有相对性

违约责任的相对性,是指违约责任只能在特定的当事人,即合同的债权人和债务人之间发生,只有在合同当事人之间才会发生违约责任问题,合同关系之外的第三人一般不负担违约责任,而合同当事人一般也不对第三人承担违约责任。就此,《民法典》第 593 条规定:“当事人一方因第三人的原因造成违约的,应当依法向对方承担违约责任。当事人一方和第三人之间的纠纷,依照法律规定或者按照约定处理。”违约责任的相对性具体表现在以下两个方面。

1. 债务人为其履行辅助人的行为向债权人负责

债务人应为其履行辅助人辅助履行债务的行为负责(Haftung für Erfüllungsgehilfen)。[1] 履行辅助人是根据债务人意思事实上辅助债务人履行债务的人,一般包括两类:债务人之代理人(法定代理人与意定代理人)以及使用人。使用人是代理人以外辅助债务人履行债务的人,质言之,是本于债务人之意思(Willen),为债务履行所使用之人。[2] 我国现行法亦使用“履行辅助人”概念。如《旅游法》第 111 条第 6 项规定:“履行辅助人,是指与旅行社存在合同关系,协助其履行包价旅游合同义务,实际提供相关服务的法人或者自然人。”

履行辅助人具有以下特征:

其一,根据债务人的意思履行债务。由于履行辅助人根据债务人的意思履行债务,该第三人的过错即为债务人的过错。若第三人并非根据债务人的意思履行债务,即第三人未经债务人同意而介入债的履行,则该行为是干预他人事务的行为,第三人应对自己的过错独立地承担责任。

其二,履行辅助人一般根据合同约定或法律规定而产生。大多数履行辅助人是根据债务人与其之间的委托合同而确立,如委托他人代送信件、运送行李等。亦有一些履行辅助人是根据雇佣合同产生的。还有一些履行辅助人直接依法律规定而产生,如法定代理人为维护被代理人利益而参与交易活动。

其三,履行辅助人必须在事实上实施了辅助债务人履行债务的行为,即履行辅助人从事之行为,是帮助债务人履行债务,非为自己履行债务或从事其他性质的行为。否则,债务人不必对其行为负责。

2. 债务人为其他第三人的行为向债权人负责

《民法典》第 593 条对“第三人”未作任何限制:因此,从文义上看,举凡第三人行为造成债务人不履行合同的,均由债务人承担违约责任,即该第三人不限于履行辅助人,还包括其他第

[1] 之所以规定债务人就其履行辅助人之故意或过失应负责,系因债务之履行如非债务人亲自为之,而系由其代理人或使用人为之时,因债务人借由履行辅助人扩大其活动范围,债权人权益受损时,债务人就履行辅助人之故意或过失须负责之,实属公允。然该条本身并非请求权之规定,而系归责事由之规定。该条系为法定保证义务(Garantiepflicht),债务人不得主张对于履行辅助人指挥监督无过失而免责。参见姚志明:《履行辅助人与协助义务违反之责任》,载《月旦法学教室》第 121 期(2012 年 11 月)。

[2] 债务人与使用人间有无契约关系、有偿或无偿、辅助系一时性或继续性等则非所问,抑或是债务之准备阶段,或债务之实施阶段时,均不影响履行辅助人之成立。参见姚志明:《履行辅助人与协助义务违反之责任》,载《月旦法学教室》第 121 期(2012 年 11 月)。

三人。因其他第三人的行为造成债务人不能履行债务时，债务人仍然要向债权人承担违约责任，债务人承担违约责任后有权向该第三人追偿。实务中，债务人为第三人的行为向债权人负责的现象，在转包、转租以及连环买卖等合同中较常见。

当然，债务人为第三人负责的"第三人"如此宽泛，是否妥当，不无可议之处。如甲与乙剧场订立演出合同，甲在赴剧场演出途中被丙驾车撞伤致无法演出，依该条似仍应由甲向乙剧场承担违约责任，但此种处理难谓公正。《民法典》的立法者其实已意识到这一问题，并试图加以矫正。相较原《合同法》第 121 条，《民法典》第 593 条中增加了"依法"二字，且将前者中"解决"调整为"处理"。依立法机关的解释，其目的在于"在合同法规则的基础上，本法对因第三人原因造成违约所应承担的违约责任作了适当限缩，给司法实践留下空间"。[1] 但此种努力所能达成的效果恐怕十分有限。[2] 值得注意的是，如果第三人的行为已直接造成侵害债权，则构成第三人侵害债权，债权人得依侵权法的规定或法理请求该第三人承担责任。

违约责任的相对性是由合同关系的相对性决定的，由于合同关系只存在于特定的当事人之间，违约责任作为对债务不履行行为的补救措施，其主要功能在于恢复守约当事人的损失，因此一般也只发生在债权人和债务人之间。违约责任的相对性作为合同相对性或债的相对性规则的体现，构成了近代合同法的基石。但是，社会的发展已使这一规则出现了例外，现代合同法在规定合同关系的相对性的同时，又开始对其作出一定的扩张。例如，各国家或各地区所确立的第三人利益合同、附保护第三人作用契约等制度，就是这一趋势的典型表现。在这些合同类型中，违约责任就可能发生在债务人和第三人之间。

（四）违约责任是财产责任

财产责任，是指具有经济内容的责任，质言之，对其内容可以用货币来衡量计算的责任。违约责任是一种财产责任，其原因在于合同关系为财产关系，合同债务主要是金钱债务，几乎均能用货币来衡量计算，即使是行为债务也可转化为金钱债务，而违约责任关系为合同关系的替代关系，违约责任为合同债务的转化形式，因此，合同关系、债务的财产性决定了违约责任的财产性。在《民法典》合同编中，违约责任包括赔偿损失、支付违约金、强制履行以及解除合同等形式，这些责任形式均可用货币计算，因此均属于财产责任范畴。《民法典》第 996 条承认了因违约损害对方当事人人格权并造成严重精神损害场合的精神损害赔偿，对精神损害予以金钱赔偿仍属财产责任的范畴。

三、《民法典》中违约责任制度的特点

在我国《民法典》中，违约责任制度的设计体现以下三个方面的特点。

（一）整个违约责任制度设计的基点是"义务违反"（Pflichtverletzung）

《民法典》第 577 条规定："当事人一方不履行合同义务或者履行合同义务不符合约定的，应当承担继续履行、采取补救措施或者赔偿损失等违约责任。"该条将当事人承担违约责任的

---

〔1〕 黄薇主编：《中华人民共和国民法典合同编释义》，法律出版社 2020 年版，第 307 页。

〔2〕 崔建远教授主张，应当限缩该条规定的适用范围，将某些第三人的行为造成的债务人不履行合同排除于该条的适用范围，参见崔建远主编：《合同法》（第 7 版），法律出版社 2021 年版，第 223 页。

前提抽象表述为“不履行合同义务或者履行合同义务不符合约定”。[1] “由于《民法典》主要采取了以救济(违约责任承担方式)为进路的违约救济规范模式,所以对违约行为只是作出了‘不履行合同义务或者履行合同义务不符合约定’的概括规定,没有像德国民法那样将不履行区分为不能履行、迟延履行、拒绝履行等。”[2]这有利于涵盖各种违约行为,避免出现规范漏洞和体系冲突,也与比较法上的趋势相符。[3] 当然,由于《民法典》增加了合同当事人应承担的法定义务,特别是附随义务,促使合同义务来源多样化,这就使义务违反的形式也趋于多样化。

(二)在立法技术上,违约责任制度在《民法典》合同编中采取了总分则相结合的立法体例

《民法典》擅用“总—分”的立法技术。这是一种“提出括号方法”(提取公因式,Ausklammerungsmethod),若干规则的共同之处被“提到括号之外”,也就是被放在括号之前,而括号内只保留各项规则的特殊之处。[4] 《民法典》的整体结构如此,《民法典》各编的结构亦复如此,尤以合同编最显著。仅就违约责任制度而言,《民法典》合同编总则(第一分编“通则”)规定了关于违约责任的基本制度,而分则(第二分编“典型合同”)中除第二十六章“中介合同”没有涉及违约责任的条款外,各个典型合同中都设立了特殊的违约责任条款。因此,在法律适用上,如果典型合同对违约责任有特殊规定的,则应先适用该特殊规定。例如,对违约损害赔偿,《民法典》第584条确立了完全赔偿原则,但在《民法典》合同编第十九章中,第833条规定:“……法律、行政法规对赔偿额的计算方法和赔偿限额另有规定的,依照其规定。”而根据《铁路法》第17条的规定,承运人的赔偿范围,原则上不超过保价额或赔偿限额;但损害系因承运人之故意或重大过失所致的,承运人始按实际损失赔偿。因此,《民法典》合同编分则或特别法关于承运人赔偿范围的规定已修正了合同编通则所确立的完全赔偿原则。唯此修正并未完全否认通则关于赔偿范围的一般规定,在铁路承运人故意或重大过失情形中,其赔偿范围与总则规定一致,仍适用完全赔偿原则。《民法典》合同编分则及特别法关于限额赔偿之规定仅部分修正了完全赔偿原则。

(三)在责任构成上,不同违约责任形式适用不同归责原则或责任构成要件

对各种违约责任形式来说,除须具备违约行为这个共同要件外,并不具有统一的责任成立要件,而是各有自己特殊的成立要件。[5] 例如,违约金责任的承担须当事人有违约行为,且合同订有违约金条款,但无须守约方受有财产上的损失。至于违约金责任的构成是否要求违约

---

〔1〕 合同义务依其产生根据分为约定义务、法定义务与诚信义务,法定义务与诚信义务的履行标准应依法律规定或诚信原则的要求为断,当事人就此通常无约定。鉴于此,对该条所称“履行合同义务不符合约定”应作扩张解释,使其包括不符合法定标准或诚信原则的违约行为在内,即所有“履行合同义务不符合履行标准或要求”的行为均属于本条所称违约行为。再者,合同义务按其内容或效果又分为给付义务、附随义务或保护义务与不真正义务,因违反不真实义务不产生违约责任,故该条所称合同义务仅限于给付义务与附随义务或保护义务。参见徐涤宇、张家勇主编:《〈中华人民共和国民法典〉评注》,中国人民大学出版社2022年版,第634~635页。

〔2〕 朱广新、谢鸿飞主编:《民法典评注:合同编 通则》(第2册),中国法制出版社2020年版,第336页。

〔3〕 参见徐涤宇、张家勇主编:《〈中华人民共和国民法典〉评注》,中国人民大学出版社2022年版,第634页。

〔4〕 参见[德]汉斯·布洛克斯等著:《德国民法总论》(第33版),张艳译,中国人民大学出版社2012年版,第35~36页。

〔5〕 参见徐涤宇、张家勇主编:《〈中华人民共和国民法典〉评注》,中国人民大学出版社2022年版,第636页。

方具有过错，则应当区分类型而定。[1] 损害赔偿责任的承担则以违约行为造成守约方财产损失为条件。“继续履行责任在构成要件上不存在从主观上追究债务人之责任正当性的归责性问题，合同的约定即是债务人责任的正当性依据。因此，继续履行则只需要满足存在违约行为这一个构成要件即可。”[2]一般法定解除权的发生，不以当事人的归责事由（过错）为要件。[3]“损害赔偿乃以填补因契约不履行所生之损害为目的，而契约解除在摆脱契约之拘束力，二者目的不同，并不需具备相同之要件。”[4]

第二节　违约行为的形态

一、违约行为的概念与特征

违约行为是合同当事人不履行或者不适当履行合同义务的客观事实。违约行为的发生以合同关系存在为前提。违约行为是构成违约责任的首要条件，无违约行为即无违约责任。

违约行为是单纯的客观现象，还是应融入违约方的主观状态？对此存在不同观点：一种观点认为，违约行为仅指违反合同债务这个客观事实，不包含当事人及有关第三人的主观过错。另一种观点认为，违约行为就是当事人及有关第三人过错地不履行合同债务，因此，客观原因致使合同不履行，不是违约行为。应以前说为是。违约责任的构成要件有客观要件与主观要件之分。客观要件含违约行为，主观要件指过错。可见，过错是违约责任的构成要件，而非违约行为的构成要素。[5] 事实上，在规范设计上，我国《民法典》采纳了不以过错为构成要件的不履行（违约）概念。典型表现在：第一，《民法典》第 527 条规定的不安抗辩权，不以后履行方的过错为发生条件；第二，《民法典》第 563 条规定的法定解除权发生事由，既包括可归责的根本不履行，又包括因不可抗力造成的根本不履行；第三，《民法典》第 590 条关于因不可抗力造成不能履行而部分或者全部免除责任的规定，明确表明不履行（违约）包括免责的不履行在内。[6]

违约行为是一种民事违法行为，与其他民事违法行为相比，它具有以下三个方面的特征：第一，违约行为的行为人是合同当事人，这是由合同相对性规则所决定的。第二，违约行为违反了合同义务。合同义务主要基于当事人的约定而产生，具有任意性，对该约定义务的违反构

---

〔1〕 具言之：第一，若当事人约定违约金责任的成立以一方当事人具有过错为要件，则依其约定。第二，《民法典》就具体合同特别规定违约责任实行过错责任的场合，违约金责任的成立应以过错为要件，如《民法典》第 897 条关于保管合同的规定、第 929 条第 1 款关于委托合同的规定。此亦包括非典型合同根据《民法典》第 467 条第 1 款参照典型合同规定的情况。第三，既无特别约定，亦无特别规定时，违约金责任的成立不以过错为成立要件。当然，在责任成立后的司法酌减阶段须考虑当事人的过错程度。参见崔建远主编：《合同法》（第 7 版），法律出版社 2021 年版，第 255 ~ 256 页；姚明斌：《约定违约金》，载朱庆育主编：《中国民法典评注：条文选注》（第 2 册），中国民主法制出版社 2021 年版，第 290 页。

〔2〕 朱广新、谢鸿飞主编：《民法典评注：合同编　通则》（第 2 册），中国法制出版社 2020 年版，第 337 页。

〔3〕 参见韩世远：《合同法总论》（第 4 版），法律出版社 2018 年版，第 658 页。

〔4〕 陈自强：《债务不履行方法论之再出发（上）》，载《月旦法学杂志》第 208 期。

〔5〕 参见崔建远主编：《合同法》（第 7 版），法律出版社 2021 年版，第 218 ~ 219 页。

〔6〕 参见朱广新：《合同法总则研究》（下册），中国人民大学出版社 2018 年版，第 644 ~ 645 页。

成违约行为;但对于合同没有明确约定,而根据诚实信用原则所产生的附随义务的违反,也可能构成违约行为。第三,违约行为侵害的对象只能是合同债权。与合同义务相对应的是合同债权,对合同义务的违反必然导致对合同债权的侵害。

二、违约行为的形态

违约行为形态,是根据违约行为违反合同义务的性质和特点对违约行为所作的分类。违约责任的分类始于罗马法,在罗马法中,违约形态分为给付不能和迟延履行两种。给付不能又分为广义和狭义两种,其中,狭义的给付不能,是指没有实际履行的可能;广义的给付不能是指虽然给付是可能的,但给付的结果在当事人之间显失公平。迟延履行也分为两种,即债务人给付迟延和债权人受领迟延。罗马法对不同的违约形态还确定了不同的救济方式。这对近代以降各国民事立法中有关违约行为或债务不履行的制度设计产生了重大影响。

依据《民法典》第 577 条之表述,违约行为包括"不履行"与履行"不符合约定"两种类型。不履行,是指根本未履行或完全不履行,可以囊括拒绝履行和履行不能造成的不履行,以及其他原因造成的不履行。履行不符合约定,是指虽有履行,但履行的质量、数量、期限、地点、方式等不符合合同约定,可以囊括不完全履行、履行迟延等形态。此外,《民法典》第 582 条具体规定不完全履行、第 580 条与第 590 条等具体规定或涉及不能履行、第 585 条与第 590 条具体规定或涉及迟延履行、第 563 条与第 578 条等具体规定或涉及预期违约、第 520 条与第 589 条具体规定或涉及受领迟延等。从总体上来看,在我国,违约行为包括以下六种类型。

(一)预期违约

《民法典》第 578 条规定:"当事人一方明确表示或者以自己的行为表明不履行合同义务的,对方可以在履行期限届满前请求其承担违约责任。"该条明确将预期违约(anticipatory breach,anticipatory repudiation)规定为一种违约类型。

预期违约,也称为预期拒绝履行、先期违约、期前违约等,是英美法系从判例中发展而来的制度。它肇始于英国判例法,后传入美国。《美国统一商法典》对之作出明确规定。目前,《联合国国际货物销售合同公约》第 72 条、《国际统一私法协会国际商事合同通则》第 7.3.3 条、《欧洲合同法原则》第 9:304 条等国际性合同统一法文件均规定了预期违约制度。德国新债法第 323 条第 4 款亦明确规定该制度。之所以确立该制度,原因在于:预期违约降低了另一方享有的合同权利的价值,构成对债权人权利的侵害和对合同关系的破坏,必将影响交易的正常进行。如果在一方当事人预期违约的情况下,仍然要求另一方当事人在履行期限届满后才能请求违约责任,将给另一方造成损失。因此,当事人一方明确表示或者以自己的行为表明不履行合同义务的,即使在履行期限届满前,对方也可以请求其承担违约责任,而无须等到履行期限届满后,这有利于保护守约方的合法权益。[1]

预期违约与实际违约(actual breach of contract)主要具有以下差异:第一,违约的时间不同。预期违约是在履行期届满前的违约,表现为未来不履行义务;而实际违约则是在履行期届满时或届满后的违约,表现为现实的违反义务。第二,违约的基础不同。实际违约源于债务人对自己所负合同义务的违反,是对债权人现实债权的侵害;而预期违约时债务履行期限尚未届满,因此预期违约不可能以违反具体的合同义务为前提,是对债权人期待债权的侵害。预期违

[1] 参见黄薇主编:《中华人民共和国民法典合同编释义》,法律出版社 2020 年版,第 269 页。

约“直接侵害的权利,不是效力齐备的完全债权,而是请求力不足的不完全债权,是期待权色彩浓厚的债权,也可以说是债权期待。它所直接违反的义务不是给付本身的义务,而是不危害给付实现的不作为义务。这种不作为义务,并非直接依当事人的意思而产生,而是基于由法律所肯定的义务。我国《民法典》第578条及第563条第1款第2项允许债权人在债务到期前即可采取救济手段,便已肯定了债务人的这种不作为义务的存在”。[1] 第三,救济手段的可选择性不同。就实际违约而言,一旦债务人不履行债务或履行债务不符合约定,若无免责事由,违约责任即确定地发生;而就预期违约而言,因履行期限尚未届满,债务人不会因为拒绝履行而确定地承担违约责任,此际,债权人既可接受债务人违约,径直要求债务人承担违约责任,也可不接受债务人违约,而等到履行期限届满后再请求其承担实际违约责任。质言之,预期违约的救济手段具有可选择性。

预期违约可以分为明示预期违约(express repudiation)与默示预期违约(implied repudiation)两个基本类型。其中,明示预期违约,又称明示毁约,是指在合同有效成立后至履行期届满前,一方当事人明确肯定地向另一方当事人表示其将不履行合同义务的违约形态。默示预期违约,又称默示毁约,是指在合同有效成立后至履行期届满前,一方当事人以自己的行为表示将不履行合同义务的违约形态。

预期违约的构成,必须具备以下要件:

1. 须发生在合同有效成立后至合同约定的履行期届满前这一时间阶段。《民法典》第578条规定:“当事人一方明确表示或者以自己的行为表明不履行合同义务的,对方可以在履行期限届满前请求其承担违约责任。”该条的构成要件部分并未对违约行为的发生时间提出要求。此与《民法典》第563条的表述不同。《民法典》第563条规定:“……在履行期限届满前,当事人一方明确表示或者以自己的行为表明不履行主要债务……”《民法典》第578条中违约行为发生的时间点应作出与《民法典》第563条相同的解释,即“在履行期限届满前”。此外,第578条的法律后果部分明确规定“对方可以在履行期限届满前请求其承担违约责任”,也喻示拒绝履行等违约行为发生在履行期限届满前。[2]

2. 须当事人一方明确表示或者以自己的行为表明不履行合同义务。就明示违约而言,须一方当事人明确、肯定地以积极言辞作出将不履行合同义务的表示,亦即当事人毁约的意图直截了当、十分明确,不附有任何条件。明确表示不履行合同义务,可以采取各种语言表达方式,如无正当理由要求撤销或解除合同、通知债权人肯定不再履行合同等。一方当事人仅单纯表示到期后有可能无法履行债务的,尚不足以认定其作出毁约表示。就默示违约而言,须一方当事人以自己的行为表明不履行合同义务,如在履行期限届满前,负有交付义务的一方将作为合同标的物的特定物以高价转售给第三方或者故意将该标的物毁损。一般而言,“以行为表明不履行”不若“明确表示不履行”那般显而易见、明确无疑,债务人的行为应达到在一般的债权人看来其不履行合同义务的意思已足够清楚、确定的程度,才能认定债务人构成违约。若债务人

---

[1] 韩世远:《合同法学》(第2版),高等教育出版社2022年版,第187~188页。

[2] “本条没有像《民法典》第563条第1款第2项规定那样,把‘在履行期限届满之前’构造为预期违约行为的前提条件,而是把时间性要素规定在关于法律效果的表达之中。既然‘可以在履行期限届满前请求其(违约方)承担违约责任’,那么违约行为肯定发生‘在履行期限届满前’。因此,本条的表达方式并没有妨碍其规范意义。”参见朱广新、谢鸿飞主编:《民法典评注:合同编　通则》(第2册),中国法制出版社2020年版,第311页。

的行为只是表明其可能或很可能不履行合同，债权人的债权只是陷入不能实现的危险中，债务人的行为不能构成预期违约。“对默示违约的判断，应采取客观标准——理性人标准——予以判断。如果一个理性人置身于当事人的地位，认为债务人的行为已达到无意受合同条款约束的地步，则即使债务人没有明确表示拒绝履行，其行为也构成拒绝履行。”[1]

3. 当事人一方表示或表明不履行的合同义务须是合同主要义务。《民法典》第 578 条仅规定：“当事人一方明确表示或者以自己的行为表明不履行合同义务……”该条并未将合同义务限定为合同主要义务。合同义务，在文义上包括合同主要义务与合同次要义务，因此，从文义上看，只要当事人一方明确表示或者以自己的行为表明不履行合同义务，无论是主要义务还是次要义务，另一方当事人即可请求其承担违约责任。但是，宜将《民法典》第 578 条中“合同义务”目的性限缩为合同主要义务或合同主要债务。其原因在于：其一，一般而言，只有当一方当事人表示将不履行合同主要义务，才会使另一方当事人订约的目的不能实现，或严重损害其期待利益，此时允许另一方当事人寻求救济才较合理。如果债务人只是表示将不履行合同约定的某项从给付义务，则允许债权人行使违约救济权，将使合同信守原则遭受很大破坏。在履行期限届满之前，允许债权人在债务人轻微违约的情况下解除合同并要求赔偿损失，会使有约必守原则沦为虚设。其二，《民法典》第 563 条与第 528 条中均使用“不履行主要债务”的表述，将《民法典》第 578 条中“合同义务”作此限定，以期能实践价值判断一贯。其三，《联合国国际货物销售合同公约》第 72 条、《国际统一私法协会国际商事合同通则》第 7.3.3 条、《欧洲合同法原则》第 9:304 条等均强调债务人违约的严重性，即须债务人不履行主要债务或根本不履行合同时才构成预期违约。

4. 须不履行合同义务无正当理由。只有当事人表示或表明不履行合同义务无正当理由，才构成明示违约。在实践中，一方在期前表示或表明不履行合同义务时常常伴有各种理由，为此需要准确分析判断其理由是否构成正当理由。一般而言，下述理由可构成正当理由：因债权人违约而使债务人享有解除合同的权利；因合同具有无效因素而被确认无效；合同未成立；债务人享有抗辩权；因发生不可抗力而使合同不能履行；等等。

值得注意的是，无论是《民法典》第 578 条还是第 563 条，对默示违约仅表述为当事人一方以自己的行为表明不履行合同义务（主要债务），而未作进一步要求。笔者认为，在默示违约的构成上，宜增设“债务人被要求提供履行担保，而其在合理的期间内不能提供适当担保”的要件。其原因在于：首先，虽然当事人一方已以自己的行为表明不履行合同义务（主要债务），但此毕竟与明示违约不同，该当事人并未明确表示不履行合同义务，而且即使债权人有证据证明债务人可能于清偿期届满时不履行合同义务，毕竟也只是一种怀疑或猜测，此种主观判断不能代替债务人自身的语言和行为表示。因此，只有在债权人要求债务人提供担保而债务人拒绝提供或不能提供时，才能确信其行为构成违约。其次，在不安抗辩权制度中，《民法典》第 528 条明确规定：“……中止履行后，对方在合理期限内未恢复履行能力且未提供适当担保的，视为以自己的行为表明不履行主要债务，中止履行的一方可以解除合同并可以请求对方承担违约责任。”设置这一要件，有助于实现默示违约制度与不安抗辩权制度之间的协调。最后，从比较法来看，《联合国国际货物销售合同公约》第 72 条、《国际统一私法协会国际商事合同通则》第

---

[1] 朱广新：《合同法总则研究》（下册），中国人民大学出版社 2018 年版，第 752 页。

7.3.4条、《美国统一商法典》第2-609条均将能否提供“充分的履约担保”作为构成预期违约的基本条件。

符合上述条件,即构成预期违约,非违约方可寻求违约救济。此际,非违约方享有接受对方违约与不接受对方违约的选择权。详言之,一方面,非违约方无须等到履行期限届满,而可自预期违约发生时立即请求违约方承担违约责任。这里的违约责任表现为,解除权人可以解除合同并要求违约方承担损害赔偿责任(《民法典》第566条),或者不解除合同,而是要求违约方继续履行合同并赔偿因其违约给自己造成的损失(《民法典》第579条、第580条等)。另一方面,非违约方亦可不接受对方的预期违约,不采取任何行动,而等到履行期届满时再寻求实际违约的救济措施。在此过程中,违约方的履行意愿可能随时间延续而发生改变进而履行合同义务。当然,若非违约方不接受对方的预期违约,可能会给自己带来不利:一是在不接受预期违约与合同实际履行期限届满之间,若合同因不可抗力等原因不能履行,非违约方会全部丧失提起损失赔偿之诉的权利。二是在预期违约不被接受时,当事人仍要遵守各自的合同义务,如果非违约方未接受对方的预期违约随后又违背了自己的义务,则其应对自己的违约行为承担损害赔偿责任。

(二)履行不能

履行不能亦称为不能履行,是指不能依债的本旨而为给付。如在以提供劳务为标的的合同中,债务人丧失劳动能力为履行不能;在以特定物为标的物的合同中,该特定物毁损灭失导致合同履行不能;在以种类物为标的物的合同中,于特定之前,不生履行不能问题,若该种类物全部毁损灭失则为履行不能。履行不能为法律概念,非仅是指物理上不能,因此,在认定何种情况为履行不能时,应依社会观念或交易观念来判断,凡社会观念或交易观念认为不可期待债务人履行或者债务事实上无法强制履行的,即为履行不能。如“挟太山以超北海”“大海捞针”在物理上或有可能,但依社会观念则属履行不能。相较于其他违约行为形态,我国《民法典》中多处出现“不能履行”的概念,如《民法典》第180条第1款、第516条第2款、第519条第3款、第580条第1款第1项、第590条第1款、第687条等。

依据不同的标准,可将履行不能区分为不同类型。在传统民法上,不同类型的履行不能,其法律效果存在一定差异。

第一,以履行不能发生的时间为标准,可将履行不能分为自始不能和嗣后不能。自始不能,也称原始不能,是指在债之关系成立时即不能履行;嗣后不能,也称后发不能,是指在债之关系成立后不能履行。自始不能与缔约有关,涉及合同效力问题,嗣后不能则显然与合同效力无关,只涉及违约问题。

第二,以履行不能的主体范围为标准,可将履行不能分为主观不能与客观不能。主观不能,是指虽然债务人不能履行,但其他人有能力履行。客观不能,是指任何人皆不能履行。

将上述两种类型结合起来,履行不能可呈现为自始主观不能、自始客观不能、嗣后主观不能、嗣后客观不能等形态。法谚云:不可能之事无债务(Impossibilium nulla obligatio est);不可能之事,任何人不受拘束(Ad impossibile nemo tenetur);法律不强人以不能(Lex non cogit ad impossibilia)。[1] 传统债法理论遂主张,给付应当在客观上能够实现。以不能的给付作为债的

〔1〕 参见郑玉波:《法谚》(第1册),法律出版社2007年版,第105页。

标的时,依其不能之情形,决定债的效力。自始主观不能,不影响债之关系的效力;但若属于自始客观不能,则债之关系无效,不发生债务不履行,债权人仅能请求信赖利益损害赔偿;若属于嗣后客观不能,则债之关系有效,而发生债务不履行,债权人可请求履行利益损害赔偿。但是,该理论逐渐受到批评。新近通说认为,自始客观不能并不导致债之关系无效,该种情形仍应依债务不履行规定处理。现代国际性私法统一文件已放弃“自始不能合同无效”的教条。如《欧洲合同法原则》第4:102条、《国际统一私法协会国际商事合同通则》第3.3条第2款、《欧洲示范民法典草案》第Ⅱ-7:102条等。经由2002年债务法现代化,德国亦废弃了《德国民法典》第306条关于自始客观不能合同无效规定,肯定合同效力。至此,自始客观不能对合同效力不生影响,无论自始主观不能还是自始客观不能,合同均为有效,债务人负履行利益损害赔偿责任。

在我国,虽有极少数学者采取以“标的可能”为合同有效要件的观点,但我国民事立法从未将“标的可能”规定为合同有效要件,而且《民法典》第606条规定:“出卖人出卖交由承运人运输的在途标的物,除当事人另有约定外,毁损、灭失的风险自合同成立时起由买受人承担。”该条有关在途标的物风险负担规则显然以自始履行不能的买卖合同有效为前提。因此,可以认为,我国民法采纳的是“自始给付不能的合同有效”规则。债务人自始给付不能的,债务人承担债务不履行责任。

第三,以不能是否持久为标准,可将履行不能分为永久不能和一时不能。前者是指履行期限届满时永远不能履行;后者是指履行期限届满时因暂时阻碍而不能履行。永久不能,始发生免责或赔偿责任。一时不能而未为给付的,如出卖的货物因船舶遭遇海难而未到达,因工厂遭遇地震尚未复工生产等,乃履行迟延问题。履行究竟为永久不能还是一时不能,常不易判断,应依合同性质,并视可否期待“债务人等待”,就个案加以判断。[1] 若契约目的因一时给付不能难以达成,依诚信原则衡量双方当事人利益,不可期待一方或他方当事人维持契约时,应视同永久给付不能,给付请求权消灭。[2]

第四,以导致履行不能的事实的性质为标准,可将履行不能分为事实不能与法律不能。事实不能,也称为自然不能,是指债务在事实上不能履行,即基于自然法则不能,如租赁物灭失(物理上不能),或者洪水造成铁路交通中断致不能运输货物等;法律不能,是指债务因法律上的原因而不能履行,如法律禁止某种货物买卖。《民法典》第580条规定:“当事人一方不履行非金钱债务或者履行非金钱债务不符合约定的,对方可以请求履行,但是有下列情形之一的除外:(一)法律上或者事实上不能履行……”该条即明确采纳此种分类。

第五,以不能的范围为标准,可将履行不能分为全部不能和部分不能。前者是指债务全部不能履行,后者是指债务部分不能履行,如标的物的一半毁损灭失,或者与他人订立合同移转房屋所有权,但该房屋为共有物。

在法律效果上,当债务人履行不能时,若有免责事由,则不承担违约责任,依风险负担规则处理;若无免责事由,则应承担违约责任。依据《民法典》第580条的规定,当事人一方法律上或事实上不能履行,非违约方不得请求其实际履行。此际,该方的当事人仍应承担违约责任。具言之,当事人约定了违约金时,非违约方可请求其支付违约金;当事人约定了定金时,非违约方可请求其支付定金;未约定违约金与定金时,非违约方可请求其承担损害赔偿责任。若违约

---

〔1〕 参见王泽鉴:《民法概要》,北京大学出版社2009年版,第200页。

〔2〕 参见王泽鉴:《债法原理》,北京大学出版社2022年重排版,第301页。

方不能履行符合《民法典》第563条第1款第4项规定“有其他违约行为致使不能实现合同目的”的情形,则非违约方可解除合同并请求损害赔偿。

(三)拒绝履行

拒绝履行,是指在履行期届满时债务人能够履行其债务而对债权人表示不履行债务。拒绝履行本与履行期限无关,在任何阶段均可发生,若与履行期限结合观察,可将拒绝履行区分为先期拒绝履行与届期拒绝履行。前述明示预期违约为先期拒绝履行,这里的拒绝履行实系届期拒绝履行。

拒绝履行的构成,必须包括以下5个要件:第一,必须存在有效债务,此为拒绝履行之前提。第二,债务可能履行。若债务不可能履行,则为履行不能。第三,债务人有拒绝履行的表示。拒绝履行的表示可为明示或默示,如债务人将应交付给债权人的特定物出卖给第三人。第四,债务人出于故意,即债务人明知有债务且未履行而拒绝履行。如前所述,拒绝履行以债务可能履行为条件,债务不可能履行为不能履行,但不能履行不问债务人意思如何,是纯从客观角度确立的概念。若债务人故意使自己陷于履行不能场合,仍可构成拒绝履行。[1] 第五,债务人拒绝履行无正当理由。若债务人行使同时履行抗辩权、不安抗辩权、先诉抗辩权以及时效完成、期限届满之抗辩权,则为正当权利之行使,不构成拒绝履行。

(四)迟延履行

迟延履行又称为逾期履行或债务人迟延,是指债务人能够履行,但在履行期届满时却没有履行债务。给付迟延,系指债务人因可归责之事由,就有确定清偿期之给付,届期未为给付,或虽无确定清偿期,但业经债权人催告后,仍未为给付。法谚云:法律叱责迟延(Lex reprobate moram);债务人迟延,不应对债权人有害(Mora debetoris non debet esse creditori damnosa);迟延的清偿是过少的清偿(Qui tardius solvit minus solvit)。守时为美德,在法律言之,遵守属于合法,否则应负迟延责任。法律对于迟延者,必加以积极的或消极的制裁。[2]

迟延履行的构成,必须满足以下要件:第一,存在有效的债务。第二,债务人能够履行。如债务已不可能履行,则属于履行不能而不构成迟延履行,即履行不能排除迟延履行。于一迟延中发生履行不能,在此之前适用迟延履行规定,在此之后则适用履行不能规定。第三,债务已届履行期,即债务履行期限已届满。债务的履行期限对迟延履行的认定有重要意义。合同明确约定有履行期限,债务人在履行期届满时未履行债务的,构成迟延履行。其中合同约定确定期限的,该日期为履行期届满时间,如甲、乙约定乙必须在5月1日履行合同或必须在10月1日之前履行合同,则5月1日或10月1日为履行期届满时间。约定履行期间范围的,以最后期限为履行期届满时间,如甲、乙约定乙必须在5月1日至6月1日这段时间履行合同,则6月1日为履行期届满时间。合同未明确约定履行期限的,债权人应定一合理期限,催告债务人履行义务,此期限届满而债务人未履行债务的,构成迟延履行。第四,债务人未履行债务。债务人迟延履行,应当承担迟延履行的违约责任,同时,根据《民法典》第590条第2款的规定,债务人还要承担迟延期间因不可抗力造成标的物毁损灭失的赔偿责任。债务人迟延后的履行,对债权人无利益的,债权人可以拒绝接受履行,并请求债务人承担不履行的违约责任。第五,债务人未履行债务须无正当理由。如债务人行使同时履行抗辩权、先诉抗辩权等各类抗辩权,或债

---

〔1〕 参见韩世远:《合同法总论》(第4版),法律出版社2018年版,第187页。

〔2〕 参见郑玉波:《法谚》(第1册),法律出版社2007年版,第108~109页。

权人未协助等均为不履行债务的正当理由,此时债务人不履行并非迟延履行。当然,债务人应对存在此类正当事由承担举证责任。

（五）受领迟延

受领迟延（Annahmeverzug）,又称债权人迟延（Gläubigerverzug）,是指债权人对于已提供的给付,未为受领或未为其他给付完成所必要的协助的事实。[1]

债务的履行有时无须债权人协助配合,仅债务人单方即可完成,如债务人承担保密、竞业禁止等不作为债务即属此列。债务的履行有时必须债权人协助配合,否则债务人不能完成债务履行,如出卖人交付标的物（或承揽人交付工作成果）须买受人（或定作人）受领;房屋装修期间债权人应容许债务人进入房间等。此际,虽然债务尚未得到履行,但显然不能使债务人承担履行迟延所生的负担或不利益。受领迟延制度即在通过对债务人提供合理的救济途径以妥善处理债务人与债权人之间的法律关系。

受领迟延的构成,必须满足以下要件:

1. 债务履行须债权人协助。若债务履行不需债权人协助,债务人即可自行完成债务之履行,不发生受领迟延的问题。债权人的协助,可以发生在给付行为之初,如定作人（债权人）提供材料或发出指示,承揽人（债务人）才开始工作;可以发生在给付中途,如须经债权人检查工程,债务人才能继续工作;可以发生在给付行为终了时,如出卖人给付标的物,需由买受人检验该物是否有质量瑕疵。

2. 债务已届履行期。合同约定有履行期的,在履行期届满之前,债务人原则上不得提前履行,如提前履行,债权人有权拒绝,而不构成受领迟延;但履行期届满债务人提出履行,债权人拒绝的,则为受领迟延。未定有履行期的,债务人提出履行应确定一个合理的期限,未提出合理期限而向债权人履行的,债权人可拒绝受领,不构成受领迟延;合理期限届满,债务人履行,债权人拒绝受领的,构成受领迟延。

3. 债务人已依债务本质提供履行。所谓依债务本质履行,是指以适当方式、在适当时间、在适当场所提供履行。这也表明,受领迟延以债务人履行可能为根本前提,若债务人履行不能,则不发生债权人受领迟延问题。

债务人提供履行原则上为现实提供,例外可为言语提供。现实提供是指实际开始履行行为。现实履行应根据债务种类加以判断。如在赴偿之债中,债务人须将标的物送至债权人。在送付之债中,标的物须已送达债权人;债务人仅发送标的物尚不构成现实提供,运送中的延误不引发受领迟延。在这两种情况下,债务人的行为使债权人处于可受领状态。反之,若债务人未使标的物处于可受领状态,则债权人无受领的可能,从而不构成受领迟延。在往取之债中,则无现实提供必要,仅言语提供即为已足,即债务人通知债权人前往领取标的物即可。言语提供,是指债权人预示拒绝受领的意思或给付兼需债权人的行为时,债务人可以准备给付的事情通知债权人,而要求债权人的协助,以代替现实提供。换言之,仅以给付准备通知债权人,而催告其受领或协助。[2] 在言语提供中,若债务人准备给付的事情与实际情形明显不符,则不能认为债权人受领迟延。言语提供在性质上为意思通知（准法律行为）,可类推适用民法有关意思表示的规定。言语提供既可采用书面形式,也可采用口头形式。能够作出言语提供的

[1] 参见韩世远:《合同法总论》(第4版),法律出版社2018年版,第567页。

[2] 参见韩世远:《合同法总论》(第4版),法律出版社2018年版,第574页。

人通常只限于债务人，而其相对人则不以债权人为限，债务人向相对人的有受领权限的代理人为言语提供亦发生有效提供的效力。

4. 债权人不为受领或不能受领。债权人不为受领表现为拒绝受领或需债权人协助时未为协助。拒绝受领是债权人不为受领或协助的消极状态。对债务人已提供的给付，债权人拒绝受领的，则债权人自提供时起负受领迟延责任。债权人不能受领是指因债权人自己的原因在客观上无法受领，如债权人仓库倒塌、场地未准备就绪等；又如，债权人下落不明、债权人死亡未确定继承人或者丧失民事行为能力未确定监护人等。

我国《民法典》规定了受领迟延的法律效果。根据《民法典》第 589 条的规定，债务人按照约定履行债务，债权人无正当理由拒绝受领的，债务人可以请求债权人赔偿增加的费用。在债权人受领迟延期间，债务人无须支付利息。据此：第一，增加费用的赔偿。债务人可以请求债权人赔偿因受领迟延增加的必要费用，如标的物的保管费用、提存费用、货物往返运送费用、债务履行所支出的路费或通知费、对不易保存的标的物的处理费用等。第二，约定利息的停止。债权人受领迟延时，债务人的债务并不消灭，债务人仍应随时准备履行，但债权人不能利用该笔金钱取得收益，即自受领迟延发生时起，债权人不得请求嗣后的利息。

(六) 不完全履行

不完全履行，又称不完全给付或不适当履行，是指给付未依债之本旨。[1] 质言之，当事人虽以适当履行的意思为履行，但履行内容不符合法律规定或合同约定。《民法典》第 582 条采用“履行不符合约定”的表述，而未使用“不完全履行”或“瑕疵履行”的术语，但此为不完全履行的规定无疑。而且，相较原《合同法》第 111 条中“质量不符合约定”的表述，“履行不符合约定”的表述外延更宽，有利于涵盖物之瑕疵以外的各种瑕疵情形，如数量不足、交付异种物、安装不当、包装不符等。

不完全履行与前述预期违约、不能履行、迟延履行、拒绝履行等不同，其虽然履行不完全，但尚有可认为履行的行为，而后者则属于无履行的消极状态，即前者属于“履行合同义务不符合约定”，而后者属于“不履行合同义务”(《民法典》第 577 条)。

不完全履行可分为以下类型：

1. 量的不完全履行。量的不完全履行，是指债务人交付的标的物数量短缺或过多。

2. 瑕疵履行。瑕疵履行，是指履行本身具有瑕疵，即债务人交付的标的物不符合法定或约定的质量标准，从而造成债权人履行利益损失。履行利益，是指债务人依照债之本旨履行债务时，债权人可以获得的利益。换言之，债务人严格依合同约定履行的，债权人从中可得到的利益为履行利益。若债务人未依合同约定履行，债权人本来可得到的利益未得到从而遭受损失，则此种损失就是履行利益损失。理论上，一般把此种损害称为“瑕疵损害”(Mangelschaden)。例如，甲向乙交付有病的家畜，使家畜的价值减少；房屋修缮人偷工减料使房屋价值减少；出卖人误告机器装配方法，使买受人无法正常装配、操作，造成机器的使用效用减少；等等。

3. 加害给付。加害给付又称为积极侵害债权，是指不完全给付侵害债权人的人身、财产利益(完整利益)。详言之，债务人实施违反合同义务的行为，造成债权人履行利益以外的其他利益即标的物以外的财产利益和人身利益损失。履行利益以外的其他利益，又称为固有利益或

〔1〕 参见王泽鉴：《债法原理》，北京大学出版社 2022 年重排版，第 329 页。

维护利益,是指债权人享有的不受债务人和其他人侵害的现存财产利益和人身利益。理论上,一般把此种损害称为“瑕疵结果损害”(Mangelfolgeschaden)。例如,甲向乙交付有病的家畜,使乙原有的其他家畜因传染病而死亡;房屋修缮人偷工减料,使雨天房屋漏水造成债权人挂在墙上的名画受损;药品的出卖人未告知服用方法致病人服用过量药品病情加重;等等。

4. 履行方法的不完全履行。如本应一次履行却分次履行,本应选择最近运输路线却选择了较远路线履行等。

5. 违反附随义务的不完全履行。附随义务包括与履行具有关联的附随义务,以及与履行不具关联的附随义务。前者如机器的出卖人误告使用方法,致买受人使用时造成机器损坏或自己受伤;又如餐厅服务员盗窃顾客交付保管的财物。后者如公司员工泄露公司的营业秘密,又如公司滥用员工的个人信息。

《民法典》第 582 条为不完全履行违约责任的规定。当然,《民法典》第 610 条、第 617 条、第 781 条、第 881 条等条文亦涉及不完全履行责任。根据《民法典》第 582 条的规定,当债务人不完全履行时,受损害方(债权人)“根据标的的性质以及损失的大小,可以合理选择请求对方承担修理、重作、更换、退货、减少价款或者报酬等违约责任”。该条中,“修理、重作、更换”为补救措施,以违约具有可补救性为前提,是继续履行的特殊形式。其中,“修理”是指消除标的物瑕疵使之符合履行标准。“重作”则与提供的服务或劳务存在瑕疵有关,如对不符合质量要求的承揽工作成果重新加工。“更换”是以符合约定的他物替换所提供的不符合约定的物。“退货”为解除合同后的财产返还。债权人请求“减少价款或者报酬”被称为“减价权”。关于该权利的性质,虽有主张为请求权的观点,[1]但多认为其为形成权。减价权作为一种形成权,其行使并不以提起诉讼为必要,在诉讼外也可以主张。关于减价权的行使,《民法典》未作规定,可以类推适用《民法典》第 565 条第 1 款关于解除权行使方式的规定,以通知的方式作出;减价结果的形成自通知到达对方时发生。[2] 此外,该条中使用了“等”的表述,意谓还可以包括其他责任形式,如继续履行、损害赔偿等。

第三节 违约责任的形式

违约责任的形式,是指违约方当事人承担违约责任的具体方式。根据《民法典》第 577 条的规定,在我国,违约责任主要包括支付违约金、赔偿损失、强制履行、定金罚则、减少价款等责任形式。

---

[1] “因减价措施不仅涉及救济方式的选择,还涉及减价效果(内容)的确定,故其与形成权法律效果明确的情况有别,若当事人就减价效果无法达成合意,减价就存在类似损害的认定物体,因此应将其作为请求权对待,在当事人无法达成协议时须经裁判确定(实质为裁判变更合同价格)。这与本条有关‘请求对方承担……’的规范表达文义亦相符。”参见徐涤宇、张家勇主编:《〈中华人民共和国民法典〉评注》,中国人民大学出版社 2022 年版,第 644 页。

[2] 参见韩世远:《合同法学》(第 2 版),高等教育出版社 2022 年版,第 314 页。

一、支付违约金

（一）违约金的概念、特征与功能

违约金，是指合同当事人不履行合同债务或履行合同债务不符合约定时根据合同事先约定向对方当事人支付的一定数额的金钱或其他给付。金钱作为违约金最常见，但是，金钱以外的其他给付，如有体物、权利等亦可作为违约金。一些立法明确规定可以金钱外的给付充当违约金。如《德国民法典》第 342 条规定："承诺以金钱以外之其他给付，作为惩罚者，适用第 339 条至 341 条规定；债权人请求给付者，不得请求损害赔偿。"理论上称为"准违约金"。违约金这种责任形式只有在当事人有明确约定时才适用，否则只能适用损害赔偿等其他民事责任形式。

违约金具有以下法律特征：

1. 违约金具有事先约定性。《民法典》第 585 条第 1 款规定："当事人可以约定一方违约时应当根据违约情况向对方支付一定数额的违约金，也可以约定因违约产生的损失赔偿额的计算方法。"〔1〕该条表明，当事人既可以事先协商约定"违约金"，也可以约定"损失赔偿额的计算方法"。此为当事人享有合同自由的典型体现。当事人既可以在合同中设立违约金条款，也可以在主合同之外单独订立违约金协议。当然，此种自由并非绝对，而应受限制。根据《民法典》第 585 条第 2 款的规定，约定的违约金低于造成的损失的，人民法院或者仲裁机构可以根据当事人的请求予以增加；约定的违约金过分高于造成的损失的，人民法院或者仲裁机构可以根据当事人的请求予以适当减少。

2. 违约金条款具有从合同的性质。从性质上看，违约金条款具有从合同性质，是一种附随主合同的、关于一方违约时应向对方支付违约金的特别约定。其以主合同存在为必要条件，当主合同不成立、无效或被撤销时，约定的违约金条款也不能发生效力。主合同消灭，约定的违约金责任也消灭。"违约金支付义务取决于被担保的主义务的存在（所谓违约金的附从性）。如果主义务没有有效地产生或者后来消灭了，则债权人即无违约金请求权。"〔2〕但是，约定违约金也具有相对独立性，如因一方违约而发生合同的解除，非违约方仍可请求违约方支付约定的违约金。最高人民法院《买卖合同解释》第 20 条规定："买卖合同因违约而解除后，守约方主张继续适用违约金条款的，人民法院应予支持……"

3. 违约金须于违约时支付。根据《民法典》第 586 条的规定，定金合同自实际交付定金时成立，因此，定金合同为实践合同。违约金则与之不同。根据《民法典》第 585 条第 1 款的规定，违约金须于违约时支付，而非在订立违约金条款时支付。因此，违约金协议为诺成合同。由于违约金须于违约时支付，而违约与否具有一定的不确定性，违约金协议属于附生效条件的合同，即只有在当事人一方违约时，违约金协议才能生效。〔3〕

4. 违约金可与强制实际履行、赔偿损失等违约责任形式并存，但不能与定金并存，当事人只能择一行使。例如，《民法典》第 585 条第 3 款规定："当事人就迟延履行约定违约金的，违约方支付违约金后，还应当履行债务。"据此，非违约方可向违约方同时要求迟延履行违约金以及

〔1〕 此规定"系定义性规范。按文义，以违约为支付条件，以一定数额或按一定计算方法得出的损失赔偿额为支付内容的约定，为该款所称之约定。定义性规定本身无法律适用内容，依据意思自治原理，若当事人约定的内容与该款不合，则非该款所称之约定"。参见孙维飞：《违约金规范的类型与法律适用》，载《燕大法学教室》第 5 期（2022 年 3 月）。

〔2〕 ［德］迪尔克·罗歇尔德斯：《德国债法总论》（第 7 版），沈小军、张金海译，中国人民大学出版社 2014 年版，第 290 页。

〔3〕 参见朱广新：《合同法总则研究》（下册），中国人民大学出版社 2018 年版，第 729 页。

实际履行。又如,《民法典》第 588 条第 1 款规定:“当事人既约定违约金,又约定定金的,一方违约时,对方可以选择适用违约金或者定金条款。”在此种法定的选择之债中,非违约方享有选择权。

违约金具有以下功能:

1. 免除非违约方对违约所受损失予以举证的证明责任。当非违约方要求违约方承担损害赔偿责任时,必须举证证明所受损失,但在很多情况下,非违约方举证证明所受损失存在不少困难。与此不同,若当事人约定了违约金,则只要发生了违约,非违约方即可要求违约方支付违约金。这不仅简单明确,而且无须证明损失及其数额,对非违约方殊为有利。

2. 向债务人施加履行压力,以此担保债权实现。相较于无违约金约定的情形,违约金的约定可向债务人施加一种尽可能履行合同的压力。[1] “违约金系间接的强制债务履行,以保护债权之效力。”[2] 当然,违约金也具有损害赔偿功能,即给予债权人在违约的情况下不必证明具体的损害即可获得最低标准的赔偿可能性,但“这种违约金允诺首先是作为敦促债务人按照规定提供给付以及阻止将来违反义务(预防功能)的压力手段”。[3]

(二)违约金的类型

1. 惩罚性违约金与赔偿性违约金

惩罚性违约金,也称固有意义上的违约金,是指合同约定由违约方向守约方支付一笔金钱,作为对违约行为的惩罚。由于其属于一种私的惩罚,故也称为违约罚金。由其惩罚性的性质所决定,债务人违约时,债权人除可请求债务人支付违约金外,还可以请求债务人实际履行或者承担损害赔偿责任。惩罚性违约金不以实际损失发生为要件,而且承担此种违约金责任时亦不必考虑实际损失,其数额可以与实际损失不符。

赔偿性违约金,也称为损害赔偿额的预定,是指合同双方当事人预先估计的损失赔偿总额。由其赔偿性的性质所决定,债务人违约时,其承担违约金责任后,即不再承担损害赔偿责任,债权人不能同时请求债务人支付违约金和赔偿损失。相较于赔偿损失,赔偿性违约金的优势在于,一方面向债务人施加履约压力,激励债务人履行债务,另一方面通过事先确定违约后的赔偿数额,省却损害举证成本,使责任的承担简单明了。赔偿性违约金在性质上即属于损害赔偿额的预定,因而有关限定损害赔偿范围的特别规则,包括过失相抵、减损规则及损益相抵规则,对赔偿性违约金也应适用。道理在于,作为损害赔偿额预定的违约金,只是当事人就损害的发生及其数额的举证而事先达成合意,并没有因此排除适用过失相抵、减损规则或损益相抵规则的意思。[4]

关于赔偿性违约金与惩罚性违约金的关系,在大陆法系,以赔偿性违约金为原则,以惩罚性违约金为例外。在我国,《民法典》第 585 条第 1 款规定违约方应依据违约情况向对方支付违约金;第 2 款规定违约金与实际损失差距悬殊时违约方可以请求人民法院或者仲裁机构予

---

[1] 参见[德]迪特尔·梅迪库斯:《德国债法总论》,杜景林、卢谌译,法律出版社 2004 年版,第 342 页。

[2] 史尚宽:《债法总论》,中国政法大学出版社 2000 年版,第 517 页。

[3] [德]迪尔克·罗歇尔德斯:《德国债法总论》(第 7 版),沈小军、张金海译,中国人民大学出版社 2014 年版,第 290 页。违约金的基本功能是履行担保,损害赔偿只是一种辅助性功能。参见王洪亮:《违约金功能定位的反思》,载《法律科学(西北政法大学学报)》2014 年第 2 期。

[4] 参见韩世远:《合同法学》(第 2 版),高等教育出版社 2022 年版,第 301 页;崔建远主编:《合同法》(第 7 版),法律出版社 2021 年版,第 260 页。

以增减。[1] 这说明,我国《民法典》确立的违约金主要是赔偿性违约金。"如果说违约金的适当减少规则体现了违约金除具有补偿功能外还兼具一定惩罚功能的话,那么违约金增加规则则非常鲜明地体现了违约金的填补损失功能。"[2]《民法典》第585条第3款规定:"当事人就迟延履行约定违约金的,违约方支付违约金后,还应当履行债务。"该款规定的是惩罚性违约金,应认为属于赔偿性违约金的一种例外。由此可知,我国《民法典》上的违约金以赔偿性违约金为原则,以惩罚性违约金为例外。

2. 约定违约金与法定违约金

依据违约金发生的原因不同,可将违约金区分为约定违约金与法定违约金。约定违约金,是指由当事人在合同中约定的违约金。法定违约金,是指由法律直接规定固定比率或数额的违约金。如《民法典》第513条规定:"执行政府定价或者政府指导价的,在合同约定的交付期限内政府价格调整时,按照交付时的价格计价。逾期交付标的物的,遇价格上涨时,按照原价格执行;价格下降时,按照新价格执行。逾期提取标的物或者逾期付款的,遇价格上涨时,按照新价格执行;价格下降时,按照原价格执行。"该条所规定的价格制裁即可视为法定违约金。

3. 抵销性违约金与排他性违约金

依违约金是否为最低数额的违约损害赔偿,可将违约金区分为抵销性违约金与排他性违约金。抵销性违约金是最低数额的违约金损害赔偿。无论违约行为是否给守约方造成损失,也无论该损失大小,该违约金均可成立。当违约金数额低于实际损失时,守约方在请求违约方支付违约金后,还可以请求违约方赔偿不足部分损失。排他性违约金是最高数额的违约损害赔偿。此种违约金绝对排斥违约损害赔偿,即使违约方支付违约金后守约方仍有损失,守约方亦不可向违约方请求损害赔偿。

(三)违约金的增减

当事人约定违约金是其享有的合同自由的体现。在法律由个人本位向社会本位发展的背景下,法律已不可能对合同关系不加任何干预。民事主体追求利益最大化的自利动机和目的必须受到社会利益的制约。这一原则在违约金制度上也有体现。我国《民法典》第585条第2款规定:"约定的违约金低于造成的损失的,人民法院或者仲裁机构可以根据当事人的请求予以增加;约定的违约金过分高于造成的损失的,人民法院或者仲裁机构可以根据当事人的请求予以适当减少。"该款确立了"违约金增加"与"违约金减少"或"违约金酌减"制度。此外,《买卖合同解释》第20条亦规定:"买卖合同因违约而解除后,守约方主张继续适用违约金条款的,人民法院应予支持;但约定的违约金过分高于造成的损失的,人民法院可以参照民法典第五百八十五条第二款的规定处理。"对该款的适用需要注意以下三点:

第一,《民法典》规定"约定的违约金低于造成的损失的",当事人可以请求人民法院或者仲裁机构予以增加,未如后段使用"过分"的表述,因此,原则上,只要违约金低于损失,当事人即可请求人民法院或者仲裁机构予以增加。当然要注意的是,该规定不能被理解为:当约定的违约金低于造成的损失,非违约方希望增加违约金时,只能诉诸"请求法院或者仲裁机构"之一

[1] 《合同法解释(二)》第28条规定:"当事人依照合同法第一百一十四条第二款的规定,请求人民法院增加违约金的,增加后的违约金数额以不超过实际损失额为限。增加违约金以后,当事人又请求对方赔偿损失的,人民法院不予支持。"该条非常明显地体现了违约金的赔偿性。

[2] 朱广新:《合同法总则研究》(下册),中国人民大学出版社2018年版,第735页。

途。违约金制度的主要目的在于为非违约方的违约救济提供更便宜的措施，而非限制其救济方法。因此，当违约发生而约定的违约金低于违约造成的损失时，非违约方既可请求法院或者仲裁机构予以增加，亦可在诉讼之外请求违约方赔偿约定的违约金不足以填补的其他损失。违约金增加规则只是一种供非违约方自由选用的违约救济规则，关于增加违约金的规定不是一种强制性规定。[1] 当然，无论是诉讼内还是诉讼外，当非违约方要增加违约金时，其须对违约损失额作出证明，这也就使当事人为避免诉讼而约定违约金的效用大减。

第二，《民法典》规定"约定的违约金过分高于造成的损失的"，当事人可请求予以"适当减少"。酌减规范意在干涉而非顺应当事人的意思自治。干涉大致出于两方面理由：一是公平，防止债权人盘剥债务人；二是效率，防止当违约从社会角度看更有效率时，债务人因过高违约金而不得不守约履行。当事人常无法完全确定合同订立后的成本收益情形，此种合同不完备，有可能导致过高违约金之约定。[2] 酌减规范属于强制性规范，体现了事后管制的特点，即事先并不否认违约金约定的效力，只是事后强制对过高违约金进行酌减，意味着事先若约定"不得酌减"，则该约定无效。[3] 酌减规范在性质上属于强制性规范，其是"借助诚信原则矫正滥用自治的机制，旨在平衡合同自由与合同正义、形式自由与实质公平。故在法政策上，司法酌减所贯彻的债务人保护机制并不在当事人自愿处分的范围"。[4] 因此，当事人事先约定"不得酌减违约金"的，该违约金酌减事先排除约定应为无效（《合同编通则解释》第 64 条第 3 款）。就举证责任而言，根据《合同编通则解释》第 64 条第 2 款的规定，违约方主张约定的违约金过分高于违约造成的损失，请求予以适当减少的，应当承担举证责任。非违约方主张约定的违约金合理的，也应当提供相应的证据。

根据该规定，只有违约金过分高于损失时，当事人才可以请求法院或者仲裁机构减少。然而，何谓"过分高于"，《合同法解释（二）》第 29 条第 2 款规定："当事人约定的违约金超过造成损失的百分之三十的，一般可以认定为合同法第一百一十四条第二款规定的'过分高于造成的损失'。"《合同编通则解释》第 65 条第 2 款亦采此项立场。法院或者仲裁机构适当减少违约金时，应当以实际损失为基础，兼顾合同主体、交易类型、合同的履行情况、当事人的过错程度、履约背景等因素，遵循公平原则和诚信原则进行衡量，并作出裁判。恶意违约的当事人一方请求减少违约金的，一般不应得到支持（《合同编通则解释》第 65 条第 3 款）。此外，法院还可考量"当事人的交涉能力是否平等""债权人需求替代交易的难易程度""债权人是否信赖该合同会依约履行而签订连环合同""是否使用格式条款"等因素。如双方交涉能力相当，尤其是双方均为商事主体，则对违约金条款不宜过多干预；若是商人与消费者、劳动者等弱势群体缔结的违约金条款，则可以考虑作出有利于后者的调整。"违约金是否相当、符合比例原则，应就债务人若能如期履行债务，债权人所能享受的利益，及依一般客观事实、社会经济状况及当事人所受损害情形，以为衡量标准。"[5]

---

〔1〕 参见朱广新：《合同法总则研究》（下册），中国人民大学出版社 2018 年版，第 739 页。

〔2〕 参见孙维飞：《违约金规范的类型与法律适用》，载《燕大法学教室》第 5 期（2022 年 3 月）。

〔3〕 酌减规范属于强制性规范，体现了事后管制的特点，即事先并不否认违约金约定的效力，只是事后强制对过高违约金进行酌减，意味着事先若约定"不得酌减"，则该约定无效。参见孙维飞：《违约金规范的类型与法律适用》，载《燕大法学教室》第 5 期（2022 年 3 月）。

〔4〕 彭诚信主编：《民法案例百选》（第 2 版），高等教育出版社 2022 年版，第 356 页。

〔5〕 王泽鉴：《民法概要》，中国政法大学出版社 2003 年版，第 273 页。

第三,增减违约金的方式。从比较法来看,增减违约金的方式有两种:一是形成诉权方式,即由违约方申请法院增减,如《德国民法典》第 343 条采此模式;二是法院可径行增加,如《法国民法典》第 1231 - 5 条、《瑞士债务法》第 163 条等采此模式。我国《民法典》第 585 条采形成诉权模式。《合同编通则解释》第 64 条第 1 款规定:"当事人一方通过反诉或者抗辩的方式,请求调整违约金的,人民法院依法予以支持。"据此,违约方通过司法途径请求增减违约金的,不限于起诉方式,还包括反诉、抗辩的方式。此外,根据《合同编通则解释》第 66 条的规定,当事人一方请求对方支付违约金,对方以合同不成立、无效、被撤销、确定不发生效力、不构成违约或者非违约方不存在损失等为由抗辩,未主张调整过高的违约金的,人民法院应当就若不支持该抗辩,当事人是否请求调整违约金进行释明。第一审人民法院认为抗辩成立且未予释明,第二审人民法院认为应当判决支付违约金的,可以直接释明,并根据当事人的请求,在当事人就是否应当调整违约金充分举证、质证、辩论后,依法判决适当减少违约金。被告因客观原因在第一审程序中未到庭参加诉讼,但是在第二审程序中到庭参加诉讼并请求减少违约金的,第二审人民法院可以在当事人就是否应当调整违约金充分举证、质证、辩论后,依法判决适当减少违约金。

二、赔偿损失

(一)赔偿损失的概念和特征

赔偿损失,也称损害赔偿,是指当事人一方不履行合同义务或履行合同义务不符合约定而给他方造成损失时,为弥补受害人的损失而向受害人支付一定数额金钱的责任方式。

违约损害赔偿系转换的损害赔偿之债,其与原来的债权或履行请求权具有同一性。履行请求权与各种损害赔偿请求权的同一性,是指在人的担保、物的担保以及时效期间等方面,在法上统一对待,其实益在于:附属履行请求权的人的担保、物的担保同样及于损害赔偿请求权。[1]

违约损害赔偿具有以下特征:

第一,损害赔偿是因债务人不履行合同义务或履行合同义务不符合约定所产生的责任。当事人之间的合同依法成立是损害赔偿责任发生的基本前提。因此,若一方当事人有过错且导致合同不成立、无效或被撤销,并造成对方当事人损害,则应向对方当事人承担损害赔偿责任,但该损害赔偿在性质上为缔约过失责任,而非违约损害赔偿责任。

第二,损害赔偿责任原则上仅具有补偿性而不具有惩罚性。损害赔偿的主要目的在于弥补或者填补债权人因违约行为所遭受的损失,因此具有补偿性。损害赔偿的这一特性符合等价交换的交易原则,因为任何民事主体一旦造成他人财产损害,都须以等量财产予以填补,损害与填补(赔偿)之间具有等价性。由于损害赔偿的目的不是处罚或制裁过错行为,违约损害赔偿责任原则上不考虑违约方的主观过错,损害赔偿数额以非违约方实际遭受的损失为标准进行计算。

第三,损害赔偿具有一定程度的任意性。当事人在订约时可以在合同中预先约定一方当事人在违约时应向对方当事人支付一定数额的金钱,也可以约定损害赔偿额的计算方法。同时,当事人还可以在法律规定的范围内事先约定免责条款以限制或免除未来可能要承担的包

〔1〕 参见韩世远:《合同法学》(第 2 版),高等教育出版社 2022 年版,第 279 ~ 280 页。

括损害赔偿责任在内的违约责任。这都使损害赔偿责任具有一定程度的任意性。

(二)赔偿损失的构成要件

赔偿损失责任的构成与归责原则密切相关。归责原则不同,赔偿损失责任的构成要件有异。在阐述赔偿损失的构成要件之前,应先厘清违约损害赔偿责任的归责原则。

1. 违约损害赔偿责任的归责原则

归责原则(Zurechnungsprinzip)是使行为人承担责任的法律原则(法律根据),或者说,是使责任归属于行为人的法律原则(法律根据)。“归责原则,是指基于一定的归责事由而确定责任成立的法律原则,或者说是基于一定的归责事由而确定行为人是否承担责任的法律原则。”〔1〕违约损害赔偿责任的归责原则,是指基于一定的归责事由确定违约损害赔偿责任承担的法律原则。

《民法典》第577条规定:“当事人一方不履行合同义务或者履行合同义务不符合约定的,应当承担继续履行、采取补救措施或者赔偿损失等违约责任。”该条延续了原《合同法》第107条的规定,系我国有关违约(损害赔偿)责任的一般条款。从原《合同法》颁行迄今,关于该条所确立的违约(损害赔偿)责任的归责原则,在理论上历来存在不同见解。一种观点认为,该条明确采取了严格责任或无过错责任,不以过错作为归责基础和主观要件。〔2〕另一观点则认为,该条采取了过错责任,而非严格责任;无论从立法解释、历史解释、体系解释上,还是根据原《民法通则》的相关规定来分析,该条都是采取了过错责任。〔3〕笔者认为,我国《民法典》关于违约损害赔偿责任的归责原则宜从以下两个角度来把握。

(1)通则分编中一般归责原则与典型合同分编中具体归责原则的双轨体系

《民法典》有关违约损害赔偿责任归责原则的完整图景应由合同编通则分编有关违约损害赔偿责任的一般归责原则与典型合同分编中有关违约损害赔偿责任的具体归责原则所构成。《民法典》第577条位于合同编通则分编,系有关违约损害赔偿责任的一般规定,该条确实未出现“过错”“过错推定”“但当事人能够证明自己没有过错的除外”等字样,因此,认为该条确立了严格责任的一般归责原则或有所据。

严格责任,是指一方当事人不履行或者不适当履行合同义务给另一方当事人造成损害的,就应当承担违约责任,除非存在法定或约定免责事由。质言之,违约方不履行合同义务,无论其主观上是否具有过错,均应当承担违约责任。与过错责任或过错推定责任相较,严格责任的特点在于:严格责任并不以过错为要件,违约方是否有过错并非衡量责任承担的依据。违约行为发生后,违约方即应承担违约责任,但这并非意味着违约方要承担绝对责任。在严格责任原则中,仍承认在某些情况下违约方对违约责任的承担可提出抗辩。

但是,严格责任原则在合同编第二分编并未得到彻底贯彻,我国《民法典》合同编中有多处条文都使用了“故意”“重大过失”等概念,这就说明合同编第二分编中部分有名合同仍适用过错责任原则。例如,《民法典》第652条后段规定:“未事先通知用电人中断供电,造成用电人损失的,应当承担赔偿责任”;第662条第2款规定:“赠与人故意不告知瑕疵或者保证无瑕疵,造

〔1〕崔建远:《合同法应当奉行双轨体系的归责原则》,载《广东社会科学》2019年第4期。

〔2〕参见梁慧星:《从过错责任到严格责任——关于合同法草案征求意见稿第76条第1款》,载梁慧星主编:《民商法论丛》第8卷,法律出版社1997年版,第1~7页。

〔3〕参见崔建远主编:《合同法》,法律出版社2000年版,第251~252页。

成受赠人损失的,应当承担赔偿责任”;第714条规定:“承租人应当妥善保管租赁物,因保管不善造成租赁物毁损、灭失的,应当承担赔偿责任”;第841条规定:“因托运人托运货物时的过错造成多式联运经营人损失的,即使托运人已经转让多式联运单据,托运人仍然应当承担赔偿责任”;第929条第1款规定:“有偿的委托合同,因受托人的过错造成委托人损失的,委托人可以请求赔偿损失。无偿的委托合同,因受托人的故意或者重大过失造成委托人损失的,委托人可以请求赔偿损失”;等等。因此,从总体上看,我国就违约损害赔偿责任的归责原则,实际上采取了二元立法模式(或称“双轨体系的归责原则”),[1]即通则分编中的严格责任与典型合同分编中的过错责任相结合的立法模式。

由于对违约责任的归责原则存在争议,我国学者建议不必纠缠于归责原则的命名,而应在免责事由上下功夫。“法律人不宜在过错责任原则或无过错责任原则的命名上下功夫,而应把精力放在免责事由的设置上。”[2]“问题的关键和实质不在于取名过错责任原则抑或无过错责任原则,而在于法律规定和认可的免责事由、抗辩事由及抗辩权类型的多寡,以及风险负担规则是否全覆盖和是否合理。如果法律规定和认可的免责事由、抗辩事由较多,设计的抗辩权类型较多,如果在每种合同中法律都设置了合理的风险负担规则,那么,即使法律明文规定无过错责任原则,债务人实际承担违约责任的场合和机会也相对少些;反之,则相对多些。”[3]

(2)通则分编中一般归责原则宜根据债务性质进一步类型化

即使承认《民法典》第577条系我国有关违约损害赔偿责任的一般归责原则之规定,但“一刀切”地将严格责任作为一般归责原则,也难谓全然妥当,因为严格责任难以满足丰富多彩的债务形态对归责原则的法律要求。相对较合理的做法是将合同债务区分为结果债务(或称为“获得特定结果的义务”“结果性义务”,obligation to achieve a specific result)与手段债务(或称为“尽最大努力的义务”“方式性义务”,obligation of best efforts)两种类型,并对其提出不同的归责要求,即对结果债务实行严格责任原则,对手段债务实行过错(推定)责任原则。

该方案已被一些国际性私法统一文件所采纳。我国亦有学者赞同此方案。[4] 如《国际统一私法协会国际商事合同通则》第5.1.4条(取得特定结果的义务、尽最大努力的义务)规定:“(1)如果一方当事人在一定程度内承担取得某一特定结果之义务,则该方当事人在该程度内有义务取得此特定结果。(2)如果一方当事人在一定程度内承担对履行某一项活动应尽最大努力之义务,则该方当事人在该程度内有义务尽一个具有同等资格的、通情达理的人在相同情况下所会付出的努力。”《国际统一私法协会国际商事合同通则》第5.1.5条进一步规定了所涉义务类型的确定:“在确定一方当事人在多大程度内承担对履行某一项活动应尽最大努力或者应取得某一特定结果的义务时,除其他因素外,应考虑以下因素:(a)合同中表述该义务的方式;(b)合同价格以及合同的其他条款;(c)取得预期结果通常所涉及的风险程度;(d)另一方当事人影响义务履行的能力。”第5.1.4条的正式评论指出,该条两款规定共同为法官和仲裁员提供了据以评判是否正确履约的标准。对于取得特定结果的义务,一方当事人必须取得承诺的结果;如果没有取得该结果,除非可以适用不可抗力条款(第7.1.7条),否则就构成不履

[1] 参见崔建远:《合同法应当奉行双轨体系的归责原则》,载《广东社会科学》2019年第4期。
[2] 崔建远主编:《合同法》(第7版),法律出版社2021年版,第218页。
[3] 崔建远:《合同法应当奉行双轨体系的归责原则》,载《广东社会科学》2019年第4期。
[4] 参见朱广新:《合同法总则研究》(下册),中国人民大学出版社2018年版,第697页。

行。另外,在评判当事人是否违反了尽最大努力的义务时,只需要一个严厉程度稍次的判断标准,即与一个具有同等资格的通情达理的人在相同情况下所可能作出的努力进行比较。这一区分表明,对于一个因其专长而被选为合同当事人的具有高度专业技能的公司,要比对一个并非如此精深的当事人会有更高的期待。[1]《欧洲示范民法典草案》第Ⅲ-3:701条规定损害赔偿请求权。该条的正式评论指出,债务人的债务在于产生特定结果而未达此结果的,无论债务人是否有过错,债权人都享有损害赔偿请求权,债务不履行可免责的除外。债务人的债务并不要求产生特定结果而在于采取合理的注意和技能的,仅当债务不履行,亦即债务人未尽到所要求的注意义务、未运用规定的技能时,债务人方承担责任。在缺乏具体界定所要求的注意义务和技能之条款时,相当于具有过错。[2]

2. 赔偿损失的具体构成要件

在严格责任原则的背景下,违约损害赔偿责任的承担,须具备以下要件:第一,须有违约行为;第二,须受害人受有损失。无损失即无赔偿;第三,须违约行为与损失之间有因果关系;第四,违约方无免责事由。以下重点对第2项与第4项要件予以分析。

(1)违约行为造成非违约方损失

损失,是指因违约造成的非违约方的不利益。"损害……系指权益受侵害时所生的不利益。易言之,损害发生前的状态,与损害发生后的情形,两相比较,被害人所受之不利益,即为损害之所在。"[3]从立法例来看,《奥地利民法典》第1293条规定:"损失是给某人财产、权利或者人身造成的不利益。"

依不同标准,可将损失分为以下类型。

①财产上损失与非财产上损失

财产上损失,也称物质损害(materieller schaden),是指赔偿权利人在财产上所发生的损害,凡一切财产上不利的变动均属之,不但包括财产的积极减少,也包括财产的消极不增加。

非财产上损失,也称为非物质损害(immaterieller schaden),是指赔偿权利人在财产外所受的损害,包括精神损害和身体损害。身体损害会衍生精神损害以及医疗费等财产损害。对违约是否可请求非财产上损害赔偿,各国立法与理论见解分歧较大。多数立场态度慎重,因为这类损害十分主观,又无市场价值,此外也有非财产法益(如人格权、名誉等)因被过度商业化而"漫无边际",以至存在无法予以规范控制的危险。目前,一些国际性立法文件,明确承认在违约责任中对非财产损害予以赔偿。如《国际统一私法协会国际商事合同通则》第7.4.2条、《欧洲合同法原则》第9:501条、《欧洲示范民法典草案》第Ⅲ-3:701条等。我国既往通说否认违约可请求非财产损害赔偿,实务判决偶有承认违约时的非财产损害赔偿的。《民法典》第996条规定:"因当事人一方的违约行为,损害对方人格权并造成严重精神损害,受损害方选择请求其承担违约责任的,不影响受损害方请求精神损害赔偿。"据此可认为我国法上已承认违约损害赔偿包括精神损害赔偿。"此条规定虽规定在人格权编第一章'一般规定',实质上亦属于违约责任的法律规

---

〔1〕 参见张玉卿主编:《国际统一私法协会国际商事合同通则2016》,中国商务出版社2019年版,第311页。

〔2〕 参见欧洲民法典研究组、欧盟现行私法研究组编著,[德]克里斯蒂安·冯·巴尔、[德]埃里克·克莱夫主编:《欧洲私法的原则、定义与示范规则:欧洲示范民法典草案》(全译本)(第1~3卷),付俊伟等译,法律出版社2014年版,第793~794页。

〔3〕 王泽鉴:《不当得利》,北京大学出版社2009年版,第35页。

范……立法者参考比较法及判例学说的新进展,作突破性规定,实属一项重大进步。”[1]

②所受损害与所失利益

所受损害(Damnum Emergens,reale Vermögenseinbusse),也称积极损害,是指因损害事故的发生导致债权人现有财产减少。所失利益(Lucrum Cessans,entgangener Gewinn),也称为消极损害,是指因损害事故的发生导致债权人财产应增加而未增加。

从立法例来看,《联合国国际货物销售合同公约》第74条规定:“一方当事人违反合同应负的损害赔偿额,应与另一方当事人因他违反合同而遭受的包括利润在内的损失额相等……”《欧洲合同法原则》第9:502条(损害赔偿的一般范围)规定:“损害赔偿的一般范围是使受损害方当事人恢复到若合同得到正当履行其最可能得到的利益的水平。此项损害赔偿包括受损害方当事人所受损失与所失利益。”《国际统一私法协会国际商事合同通则》第7.4.2条(完全赔偿)第1款规定:“受损害方对由于不履行而遭受的损害有权得到完全赔偿。该损害既包括该方当事人遭受的任何损失,也包括其被剥夺的任何收益……”[2]《欧洲示范民法典草案》第Ⅲ-3:701条(损害赔偿请求权)第2款规定:“得请求赔偿的损失包括很可能发生的合理的将来的损失。”第Ⅲ-3:702条(基本损害赔偿标准)规定:“对债务不履行所造成损失的基本损害赔偿标准是,使债权人尽可能地处于如同债务得以适当履行时其所应处状态的款项。此种损害赔偿涵盖对所受损失与所失利益的赔偿。”这些规定中均直接或间接地将所受损害与所失利益纳入损失赔偿范围。

我国《民法典》第584条规定:“当事人一方不履行合同义务或者履行合同义务不符合约定,造成对方损失的,损失赔偿额应当相当于因违约所造成的损失,包括合同履行后可以获得的利益……”也明确将所失利益纳入损失赔偿的范围。所受损害与所失利益分类的主要意义在于,对所受损害当然要全部赔偿,但对所失利益则从严掌握,依可预见性规则作较严格限制。

③履行利益损失、信赖利益损失与维持利益损失

履行利益,也称期待利益(expectation interest)、积极利益或交易利益(benefit of bargain),是指有效成立的合同正常履行使债权人获得的利益。履行利益损失(Erfüllungsschaden)即债权人因债务人未履行或未适当履行所遭受的损失。通过履行利益损失的赔偿,可使债权人的利益处于宛如合同被正常履行后的状况。

信赖利益(reliance lose),也称消极利益。信赖利益损失,是指合同当事人因信赖对方为履行合同而支出的费用或代价,因一方不履行或不适当履行合同,将造成另一方上述代价或费用的损失。如甲、乙之间订立投资合同,约定甲向乙金钱投资,乙为此购置设备、雇用工人等而支出费用,嗣后甲未向乙投资,乙支出的费用即为信赖利益损失。一般而言,信赖利益损失多发生在缔约阶段,较普遍适用于合同不成立、无效、被撤销等场景,属于缔约过失的损害赔偿的范畴。《民法典》第157条规定:“民事法律行为无效、被撤销或者确定不发生效力后……有过错的一方应当赔偿对方由此所受到的损失;各方都有过错的,应当各自承担相应的责任……”该条中“损失”即为信赖利益损失。但是,信赖利益损失也非仅限于缔约阶段,即使合同有效,也有信赖利益问题。如在违约场景亦可能发生信赖利益赔偿。《民法典》第577条规定:“当事人一方不履行合同义务或者履行合同义务不符合约定的,应当承担继续履行、采取补救措施或者

---

〔1〕 韩世远:《合同法学》(第2版),高等教育出版社2022年版,第282页。

〔2〕 张玉卿主编:《国际统一私法协会国际商事合同通则2016》,中国商务出版社2019年版,第543页。

赔偿损失等违约责任。”这里的“赔偿损失”涵盖信赖利益损失在内。在一些国家或地区的立法上,明定对信赖利益损失的赔偿不得超过对履行利益损失的赔偿,即以履行利益为最高限额。如《德国民法典》第 122 条第 1 款、第 179 条第 2 款等。我国《民法典》未作此限制,但理论上多承认该规则。

维持利益,也称固有利益或完全性利益,是指因违反保护义务,侵害相对人的人身权或者物权所造成的损失。此类损失可能远逾履行合同所生的利益,赔偿时不以履行利益为限。

④直接损失与间接损失

直接损失与间接损失是我国民法理论上最常见的一种分类,它们各自的含义基本上类似前述所受损害与所失利益。理论上,对如何区分直接损失(direct loss, unmittelbarer schaden)与间接损失(indirect loss, mittelbarer schaden)主要存在两种不同观点。第一种观点认为,应根据损害的引发,即根据损害与违约行为之间存在的直接和间接因果关系来区分。如果损害是由违约行为直接引发的,并没有介入任何其他因素,则此损害为直接损害;如果损害并不是因为违约行为直接引发而是因介入了其他因素造成的,则为间接损害。[1] 第二种观点认为,应根据损害的标的来区分。如果违约行为直接造成合同标的物的损害,则为直接损害;如果违约行为造成标的物损害以外的其他损害,则为间接损害。[2]

(2)免责事由

免责事由,是指依据法律规定或合同约定,当事人对其违约行为不承担违约责任的情形。即使认为《民法典》第 577 条确立了严格责任原则,但这并非意味着违约方在任何情况下都应承担违约责任。若当事人之间存在有效的免责约款,则在该约款所约定的条件成就时,相关当事人可免于承担违约责任。此外,在法定免责事由发生时,当事人亦可不承担违约责任。如《民法典》第 832 条规定:“承运人对运输过程中货物的毁损、灭失承担赔偿责任。但是,承运人证明货物的毁损、灭失是因不可抗力、货物本身的自然性质或者合理损耗以及托运人、收货人的过错造成的,不承担赔偿责任。”据此,不可抗力、货物本身的自然性质和货物的合理损耗、债权人的过错等均可构成债务人不承担违约责任的免责事由。

①不可抗力

根据《民法典》第 180 条第 2 款的规定,不可抗力,是指不能预见、不能避免且不能克服的客观情况。现代各国普遍将不可抗力作为违约责任的免责事由。不可抗力是普遍适用的免责条件。对不可抗力的理解,现代民法理论上主要有 3 种观点:“主观说”“客观说”“折中说”。其中,“主观说”认为,不可抗力,是指即使尽最大注意也不能防止其发生的事件,是不负责任的事由。“客观说”认为,不可抗力存在与否,应与当事人有无过错问题完全分离,应从纯粹的客观方面来认定,包括质的要素和量的要素两个要件:质的要素,是指必须是不属于当事人的原因而发生的事故;量的要素,是指在交易上通常不发生的事故。“折中说”则认为,“主观说”和“客观说”均有片面性,质的方面必须限定在当事人以外的原因发生的事故,而量的要件则要求在一定程度上考虑当事人是否具有过错。《民法典》第 180 条采“折中说”。

根据我国法律规定,不可抗力包括以下情形:第一,自然灾害。自然灾害是否属于不可抗

---

〔1〕 参见曾世雄:《损害赔偿法原理》,中国政法大学出版社 2001 年版,第 136 页;王利明:《合同法研究》(第 2 卷)(第 3 版),中国人民大学出版社 2015 年版,第 617 页。

〔2〕 参见曾世雄:《损害赔偿法原理》,中国政法大学出版社 2001 年版,第 136 页。

力的范畴,各国民法规定并不相同,法国法中的不可抗力排除自然灾害,而英美法系则对其加以承认。我国法中,自然灾害属于典型的不可抗力。第二,政府行为。在当事人订立合同后,因政府颁发新的政策、法律和行政法规导致合同不能履行的情形,其中也包括战争行为。第三,社会异常事件。主要是指一些偶发事件阻碍合同的履行,如罢工、骚乱等。这些行为既非自然事件,亦非政府行为,而是社会中人为的行为,但对合同当事人来说,在订约时是不可预见的,因此也可成为不可抗力事件。

②债权人的过错

因债权人的过错致使债务人不履行合同的,债务人不负违约责任。债权人的过错,是指债务人不履行合同或不适当履行合同是由于债权人的原因造成的。换言之,债权人的过错与债务人不履行或不适当履行的行为之间具有因果关系。我国《民法典》合同编对此有明文规定,例如,《民法典》第 832 条规定:"承运人对运输过程中货物的毁损、灭失承担赔偿责任。但是,承运人证明货物的毁损、灭失是因不可抗力、货物本身的自然性质或者合理损耗以及托运人、收货人的过错造成的,不承担赔偿责任。"《民法典》第 893 条规定:"寄存人交付的保管物有瑕疵或者根据保管物的性质需要采取特殊保管措施的,寄存人应当将有关情况告知保管人。寄存人未告知,致使保管物受损失的,保管人不承担赔偿责任……"此外,《民法典》第 591 条第 1 款、第 592 条第 2 款等亦有相应规定。一些国际性私法统一文件已将债权人过错规定为债务人免责的一般规则。如《欧洲合同法原则》第 9:504 条、《欧洲示范民法典草案》第Ⅲ-3:101 条与第Ⅲ-3:704 条、《国际统一私法协会国际商事合同通则》第 7.4.7 条等。

将债权人的过错作为违约方免责事由的理论依据是履行障碍的风险由造成障碍者承担的思想。质言之,债权人本身的过错即可视为制造了履行障碍,造成的违约后果应由其自己承担。"因为允许一方当事人对自己负有部分责任的损害要求获得完全赔偿确实是不公平的。"[1]需要指出的是,债权人的过错在一般情况下可以表明债权人本身已构成违约。如因发包人变更计划,提供的资料不准确,或者未按照期限提供必需的勘察、设计工作条件而造成勘察、设计的返工、停工或者修改计划,发包人本身已构成违约。此际,因债权人的过错导致债务人不能履行合同的,债务人不仅可以债权人有过错为由而要求免责,而且可以请求债权人承担违约责任。

(三)完全赔偿原则

我国《民法典》在违约损害赔偿上采纳了完全赔偿原则(全部损害赔偿原则)。完全赔偿原则,是指违约方应赔偿受害人因其违约行为所遭受的全部损失,[2]即与违约行为具有因果关系的一切损害都应赔偿。这是保护非违约方利益的当然要求。《欧洲合同法原则》第 9:502 条、《国际统一私法协会国际商事合同通则》第 7.4.2 条、《欧洲示范民法典草案》第Ⅲ-3:701 条等国际性私法统一文件均明定完全赔偿原则。"完全赔偿原则对守约方的效力,包括正反两个方面。一方面,违约损害赔偿旨在使守约方处于假设合同义务违背违反、顺序履行的情况

---

〔1〕 张玉卿主编:《国际统一私法协会国际商事合同通则 2016》,中国商务出版社 2019 年版,第 565 页。

〔2〕 "全部赔偿原则具有两个特色:(1)不采过失与赔偿数额比例性原则。赔偿责任的成立,无论为过失责任或无过失责任,加害人均应为全部损害赔偿,不依其故意或过失的程度量定应赔偿的数额。(2)禁止得利原则。被害人所得请求的,系其所受损害的全部赔偿,不能请求或保有全部损害赔偿以外的利益,从而产生损益相抵制度。"参见王泽鉴:《损害赔偿》,北京大学出版社 2017 年版,第 357 页。

下,其所应处于的状态,尤其是实现本条主文强调的'合同履行后可以获得的利益'。此乃完全赔偿原则对守约方的正面效力。另一方面,本条主文明定损失赔偿额应'相当于'违约造成的损失,即守约方无从通过违约损害赔偿获得比假设合同义务被顺利履行时更好的待遇。发挥'填补功能',不允许通过损害赔偿额外获利,是完全赔偿原则对守约方的反面效力。因此,完全赔偿原则之下,守约方'可以'且'只能'在违约造成的全部损失范围内要求违约方承担赔偿责任。"[1]

《民法典》第584条规定:"当事人一方不履行合同义务或者履行合同义务不符合约定,造成对方损失的,损失赔偿额应当相当于因违约所造成的损失,包括合同履行后可以获得的利益……"该条中"因违约所造成的损失,包括合同履行后可以获得的利益"涵盖所受损害(既得利益损失,积极损失)与所失利益(消极损失)两方面内容。其中,"合同履行后可以获得的利益"即"可得利益",属于所失利益的范畴。由于一方当事人违反合同以后,另一方当事人不仅可能会遭受现有财产的损失,而且可能会遭受可得利益损失,对这些损失,违约方当事人都应赔偿。只有赔偿了守约方的全部损失,才能使守约方的利益处于犹如合同得到正常履行后的状况,由此才能有效督促债务人履行合同债务。可以说,完全赔偿旨在对受害人的利益进行全面、充分的保护,既然一方给他方造成损害,就应当以自己的财产赔偿全部损害,这也是违约赔偿制度上的公平性的要求。

一般而言,可得利益具有以下特点:第一,未来性。可得利益是一种未来利益而非现实利益,在违约行为发生时当事人并未实际享有,必须通过合同的履行才能实现。第二,期待性。可得利益只是合同当事人所合理期待的利益。第三,可得性。可得利益并非当事人随意估计的,而是具有一定的现实性,并具备实现的条件。只要合同如期履行,即会为当事人获得。

既得利益损失与可得利益损失具有以下区别:第一,前者是现实的利益损失,包括现有财产的减损灭失、费用支出,如买方拒不付款使卖方蒙受货物损失,卖方不交付货物使买方蒙受货物损失。后者是非现实利益损失,是未来期待利益的损失。第二,与可得利益损失相比较,既得利益损失更确定。对既得利益损失的赔偿,法律一般无明确限定,即对既得利益损失一般应予赔偿;可得利益的损失,在一定程度上具有不确定性,立法上对可得利益损失赔偿通常设有一定限制。《买卖合同解释》第22条规定:"买卖合同当事人一方违约造成对方损失,对方主张赔偿可得利益损失的,人民法院在确定违约责任范围时,应当根据当事人的主张,依据民法典第五百八十四条、第五百九十一条、第五百九十二条、本解释第二十三条等规定进行认定。"《合同编通则解释》第60条则规定可以采取利润法、替代交易法、市场价格法等方法计算可得利益损失。该条规定:"人民法院依据民法典第五百八十四条的规定确定合同履行后可以获得的利益时,可以在扣除非违约方为订立、履行合同支出的费用等合理成本后,按照非违约方能够获得的生产利润、经营利润或者转售利润等计算。非违约方依法行使合同解除权并实施了替代交易,主张按照替代交易价格与合同价格的差额确定合同履行后可以获得的利益的,人民法院依法予以支持;替代交易价格明显偏离替代交易发生时当地的市场价格,违约方主张按照市场价格与合同价格的差额确定合同履行后可以获得的利益的,人民法院应予支持。非违约方依法行使合同解除权但是未实施替代交易,主张按照违约行为发生后合理期间内合同履行

---

[1] 姚明斌:《违约损害的赔偿范围》,载朱庆育主编:《中国民法典评注:条文选注》(第2册),中国民主法制出版社2021年版,第244页。

地的市场价格与合同价格的差额确定合同履行后可以获得的利益的,人民法院应予支持。”[1]《合同编通则解释》第62条进一步规定:“非违约方在合同履行后可以获得的利益难以根据本解释第六十条、第六十一条的规定予以确定的,人民法院可以综合考虑违约方因违约获得的利益、违约方的过错程度、其他违约情节等因素,遵循公平原则和诚信原则确定。”第三,在赔偿范围上,既得利益损失赔偿的目的是使受害人的利益达到合同订立前的状态,违约使受害人所处的现有状态与订约前状态之间的差距即为违约方所应赔偿的既得利益损失的范围;而可得利益赔偿加上既得利益损失赔偿是使受害人利益处于合同如期履行的状态,可替代实际履行。

(四)赔偿损失的限制

违约损失赔偿以完全赔偿为原则。但是,这并不意味着守约方的一切损失均可获得赔偿。权衡双方当事人的利益或风险,《民法典》在从守约方角度确立完全赔偿原则之时,又从违约方角度确立了几项限制损失赔偿的规则。“在立法没有堕落成权力恣意的地方,立法总是寻求公正的行为秩序,以合理地平衡各参与人的利益。”[2]《民法典》对违约损害赔偿的限制包括合理预见规则、过失相抵规则、减轻损害规则。此外,我国民事司法解释还规定了损益相抵规则。理论上根据这些规则的适用范围不同,将它们区分为基本的限定规则与特别限定规则(或称为其他的限定规则)。其中,合理预见规则为基本的限定规则,过失相抵规则、减轻损害规则、损益相抵规则为其他的限定规则。[3]

1. 合理预见规则

合理预见规则(the principle of reasonably foreseeability),也称可预见规则、应当预见规则,是指违约方承担赔偿责任,其范围不得超过其在订立合同时能够合理预见到的损失的规则。[4] 在对违约损害赔偿的限制上,合理预见规则已占据主流地位。法国法、日本法、英国法、美国法,以及一些国际性私法统一文件,如《联合国国际货物销售合同公约》《欧洲合同法原则》《国际统一私法协会国际商事合同通则》《欧洲示范民法典草案》等均采合理预见规则。

在我国,根据《民法典》第584条的规定,损害赔偿不得超过违反合同一方订立合同时预见或者应当预见到的因违反合同可能造成的损失。据此,只有当违约所造成的损害是违约方在订约时可预见的情况下,才能认为损害结果与违约行为之间具有因果关系,违约方才应对这些损害负赔偿责任。若损害不可预见,则违约方不应赔偿。采用合理预见规则的根本原因在于,只有在交易发生时,订约当事人对其未来的风险和责任可以预测,才能计算其费用和利润,并能正常从事交易活动。若未来风险过大,当事人就难以从事交易活动。所以,合理预见规则将违约当事人的责任限制在可预见的范围之内,对促进交易活动的发展,保障交易活动的正常进行,具有重要意义。

---

[1] 《合同编通则解释》第61条规定:“在以持续履行的债务为内容的定期合同中,一方不履行支付价款、租金等金钱债务,对方请求解除合同,人民法院经审理认为合同应当依法解除的,可以根据当事人的主张,参考合同主体、交易类型、市场价格变化、剩余履行期限等因素确定非违约方寻找替代交易的合理期限,并按照该期限对应的价款、租金等扣除非违约方应当支付的相应履约成本确定合同履行后可以获得的利益。非违约方主张按照合同解除后剩余履行期限相应的价款、租金等扣除履约成本确定合同履行后可以获得的利益的,人民法院不予支持。但是,剩余履行期限少于寻找替代交易的合理期限的除外。”

[2] [德]齐佩利乌斯:《法学方法论》,金振豹译,法律出版社2009年版,第15页。

[3] 参见韩世远:《合同法学》,高等教育出版社2022年版,第285~286页。

[4] 参见崔建远:《合理预见规则的解释论》,载《东方法学》2022年第4期。

合理预见规则的构成主要表现在预见的主体、时间、内容以及判断标准四个方面。关于预见的主体,根据《民法典》第584条的规定,预见的主体为“违约一方”。关于预见的时间,存在“合同订立时说”与“债务不履行时说”两种不同观点。英美法采“合同订立时说”,[1]日本判例及通说采“债务不履行时说”。根据《民法典》第584条的规定,预见的时间为“订立合同时”。选择这一时点的合理性尤其表现在:给付义务与对待给付义务之间的等值已经把未来违约损害赔偿及其范围考虑进来了。换言之,合同约定统筹兼顾了权利、义务、责任、风险。[2]

关于合理预见的内容,各国理论与实践颇不一致。差异大体上集中在只要被告可预见到损害的类型或种类(the type or kind)即可,还是尚须预见到损害的程度或数额(the extent or quantum)。《国际统一私法协会国际商事合同通则》第7.4.4条(损害的可预见性)规定:“不履行方仅对在订立合同时他已经预见到的或应当合理预见到的、因其不履行可能产生的损害承担责任。”该条的注释对预见的内容指出:“可预见性与损害的性质或类型有关,但与损害的程度无关,除非这种程度使损害转化为另一不同种类的损害。”《民法典》第584条但书并未特别言明是否要求预见到损害的程度或数额,解释上宜将预见的内容确立为:只要求预见损害的类型而无须预见损害的程度、具体数额。

关于合理预见的判断标准,主流见解主张根据损失的类型——一般损失(ordinary damage)还是特别损失(special damage)——分别确定可预见性的标准。对一般损失,采推定知情(imputed knowledge)标准;对特别损失,采真正知情(actual knowledge)标准。质言之,一般损失,是指在一般情况下,作为一个理性人能知道违约造成的按照事物发展的通常进程产生的损失。对此,无论违约方实际上是否预见该损失,均认定其预见到了该损失,即推定违约方知情,并应赔偿该损失。特别损失,是指在特殊情况下,即在事物发展的通常进程以外的情况下违约造成的损失。对此,只有违约方真正知道该项损失时,才承担赔偿责任,为此,守约方须证明违约方真正知情才能获得赔偿。《合同编通则解释》第63条第1款、第2款规定:“在认定民法典第五百八十四条规定的‘违约一方订立合同时预见到或者应当预见到的因违约可能造成的损失’时,人民法院应当根据当事人订立合同的目的,综合考虑合同主体、合同内容、交易类型、交易习惯、磋商过程等因素,按照与违约方处于相同或者类似情况的民事主体在订立合同时预见到或者应当预见到的损失予以确定。除合同履行后可以获得的利益外,非违约方主张还有其向第三人承担违约责任应当支出的额外费用等其他因违约所造成的损失,并请求违约方赔偿,经审理认为该损失系违约一方订立合同时预见到或者应当预见到的,人民法院应予支持。”该条不仅对可得利益损失与其他损失的赔偿均提出合理预见的要求,还确立了订约目的、合同主体、合同内容、交易类型、交易过程、磋商过程等判断合理预见的数项衡酌因素。

2. 过失相抵规则

过失相抵,也称与有过失(contributory negligence, Mitverschulden)、共同过失、比较过失等,是指受害人对损失的发生或扩大有过错的,可以减轻或免除违约方赔偿责任的规则。就损失的发生而言,《民法典》第592条第2款规定:“当事人一方违约造成对方损失,对方对损失的发生有过错的,可以减少相应的损失赔偿额。”《买卖合同解释》第22条亦规定:“买卖合同当事人

---

〔1〕 参见[美]杰弗里·费里尔、[美]迈克尔·纳文:《美国合同法精解》(第4版),陈彦明译,北京大学出版社2009年版,第533页;杨良宜:《损失赔偿与救济》,法律出版社2013年版,第169页。

〔2〕 参见崔建远:《合理预见规则的解释论》,载《东方法学》2022年第4期。

一方违约造成对方损失,对方主张赔偿可得利益损失的,人民法院在确定违约责任范围时,应当根据当事人的主张,依据民法典第五百八十四条、第五百九十一条、第五百九十二条、本解释第二十三条等规定进行认定。"《合同编通则解释》第 63 条第 3 款规定:"在确定违约损失赔偿额时,违约方主张扣除……非违约方也有过错造成的相应损失……人民法院依法予以支持。"

与有过失的构成,须具备以下条件:第一,受害人须有过错。受害人的行为虽为损失发生的共同原因,但若受害人无过错,则不得适用与有过失规则减轻违约方责任。受害人的行为虽无须具有违法性,但在伦理上应为不正当。受害人所为的正当防卫、紧急避险等违法阻却行为不适用与有过失规则。受害人的行为可为作为,亦可为不作为。第二,受害人的行为须助成损失的发生。助成是指受害人的过错行为是损害发生的共同原因。值得注意的是,与有过失既可适用于过错责任、过错推定责任领域,亦可适用于无过错责任领域。只是在此场合,用以比较的不再是过错的大小,而是原因力的强弱。[1]

满足上述条件,法院即可对双方当事人的过错进行比较衡量,并根据个案具体情况减少违约方相应的损失赔偿额。此际,法院可不待当事人主张,以职权减轻赔偿额。

3. 减轻损害规则

减轻损害规则,以下或简称为减损规则(Mitigation),是指一方当事人违约并造成损害后,另一方当事人应及时采取合理措施防止损失扩大,否则应对扩大部分的损害负责。《民法典》第 591 条规定:"当事人一方违约后,对方应当采取适当措施防止损失的扩大;没有采取适当措施致使损失扩大的,不得就扩大的损失请求赔偿。当事人因防止损失扩大而支出的合理费用,由违约方负担。"该条即确立了减损规则。《合同编通则解释》第 63 条第 3 款规定:"在确定违约损失赔偿额时,违约方主张扣除非违约方未采取适当措施导致的扩大损失……,人民法院依法予以支持。"该条亦规定了减损规则。从域外法来看,《联合国国际货物销售合同公约》第 77 条、《欧洲合同法原则》第 9:505 条、《国际统一私法协会国际商事合同通则》第 7.4.8 条、《欧洲示范民法典草案》第Ⅲ-3:705 条等均规定了减损规则。

理论上或将减损规则称为债权人的减损义务(the duty to mitigate the damage)。但要注意的是,虽然称为义务,但该义务在性质上为不真正义务。不真正义务又称间接义务,是债权人对自己利益的维护、照顾义务。其特点在于,债权人违反该义务,仅发生使其利益受损或丧失的后果,不发生对债务人的损害赔偿责任。对此种义务,债务人也不得请求债权人履行。

减损规则与过失相抵规则具有类似性,若将债权人在债务人违约后未减损视为债权人具有过失,则减损规则可看作是过失相抵规则的一部分。但是,这两项规则之间仍具有差异:第一,根据与有过失规则,债权人就引起损失的事件部分地承担责任,而依据减损规则,债权人仅仅就其失之采取积极措施以避免被告违约导致的损失承受后果。第二,减损规则中,债权人没有采取适当措施,违反的是不真正义务,而与有过失规则中债权人的过失,部分为真正义务的违反。第三,减损规则中,债权人违反的是法定义务,而与有过失规则中,债权人违反的义务有些是约定的义务。第四,减损规则中债权人的过失,必定发生在债务人违约之后,而与有过失规则中债权人的过失,既可以发生在债务人违约之后,也可以发生在债务人违约之前。[2] 第五,过失相抵规则适用于"损失的发生"的情形(《民法典》第 592 条第 2 款),而减损规则适用

[1] 参见韩世远:《合同法学》(第 2 版),高等教育出版社 2022 年版,第 287 页。

[2] 参见崔建远主编:《合同法》(第 7 版),法律出版社 2021 年版,第 251 页。

于“损失的扩大”的情形(《民法典》第591条)。

4. 损益相抵规则

损益相抵,也称损益同销(compensatio lucre cum damno, Vorteilsausgleichung),是指受害人基于与受损害同一原因享有利益时,其所受的利益应在确定其赔偿数额时预先排除的原则。确立损益相抵规则的理由在于受害人不得获得双重利益,即受害人因他人违反义务的行为而受有利益时,不得就此部分再请求赔偿。如一方交付他方瑕疵之物,违约方赔偿对方履行利益的损失,该瑕疵之物应返还给违约方,若受害人保留该物,则应将物之残存价值从赔偿额中扣除。就此,《买卖合同解释》第23条规定:“买卖合同当事人一方因对方违约而获有利益,违约方主张从损失赔偿额中扣除该部分利益的,人民法院应予支持。”《合同编通则解释》第63条第3款规定:“在确定违约损失赔偿额时,违约方主张扣除……非违约方因违约获得的额外利益或者减少的必要支出的,人民法院依法予以支持。”

三、强制履行

(一)概念与特征

强制履行又称实际履行、特定履行、继续履行,是相对任意履行的概念。任意履行是没有强制手段的履行,由债务人自由决定是否履行。而强制履行是指违约方不履行合同债务或履行合同债务不符合约定时,由法院通过法定强制手段强制违约方依照合同约定继续履行的责任形式。

强制履行与一般、正常的履行有相似之处,但也存在区别,主要表现在:第一,时间不同。当事人应依照合同履行债务,只是在其不履行合同债务时才发生强制履行的问题,即只有在不能正常履行的前提下才发生强制履行的问题。因此,强制履行的时间晚于履行原合同债务的时间。第二,性质不同。一般履行中,一方履行义务是对对方当事人的义务,不是对国家的义务,因此不具有强制性;而在强制履行的情况下,一方履行义务不仅是对对方当事人的义务,也是对国家的义务和责任,是在国家强制力之下实施的行为,体现了国家的强制性。“强制履行比正常的合同履行增加了一层国家强制,多了一层道德和法律对违约行为的否定性评价。”[1]

强制履行具有以下特征:第一,强制履行是一种补救方法。强制履行是非违约方在对方违约后寻求的法律上的救济方法的一种,与支付违约金、赔偿金等方法相比,它更强调违约方按合同约定标的履行义务,而不仅仅强调弥补受害方的损失,从而更有利于实现非违约方的订约目的。第二,是否请求强制履行是当事人的权利。在一方违约后,非违约方既可以请求解除合同并要求赔偿损失,也可以要求债务人继续履行;若当事人未提出请求,则不得强制违约方继续履行,法院不得主动援引这一责任形式。第三,强制履行可以与支付违约金、支付赔偿金、定金责任并存,但不得与解除合同并存。“强制履行是同解除合同完全对立的补救方法,主张强制履行就不能请求解除合同,主张解除合同就不能请求强制履行。”[2]

(二)适用要件

我国学界主流观点认为,强制履行责任的承担,必须具备以下要件:第一,存在违约行为。强制履行为合同义务不履行的后果,以存在不履行合同义务行为即违约行为为前提。若当事

---

〔1〕 韩世远:《合同法总论》(第4版),法律出版社2018年版,第761页。

〔2〕 崔建远:《合同法》,北京大学出版社2012年版,第333页。

人已依约履行合同，则对方不得再请求强制履行。第二，违约方能够继续履行合同。强制履行的另一个前提是合同能够履行。若合同已不能履行，则无论是事实不能还是法律不能，都不能适用强制履行。第三，非违约方请求违约方继续履行。我国《民法典》从保护债权人的利益出发，将是否请求实际履行的选择权交给非违约方当事人，由非违约方当事人根据自身的利益来决定是否采取实际履行的方式。如果非违约方不提出此种请求，则不得适用实际履行的责任形式。[1]

但也有观点主张："违约方能否继续履行属于权利的限制问题，不属于权利形成规范的构成要素。而守约方请求继续履行合同则属于权利行使问题，既然债务人应否承担继续履行责任取决于债权人在各种违约救济措施中是否选择行使继续履行请求权。那么，如果债权人选择解除合同并要求损失赔偿，或者直接向债务人要求替代履行的损失赔偿，债务人则不承担继续履行的违约责任。继续履行责任的构成仅仅涉及责任的成立条件问题，与责任的实际承担或权利的选择行使无关。"[2]

（三）强制履行的限制事由

对此，《民法典》第580条第1款采取了"原则+例外"的复合语义结构。首先，对非金钱债权的继续履行请求权作出了一般性或原则性规定。其次，以但书规定的方式确立了非金钱债权债务继续履行请求权的适用范围。但书规定作为权利妨碍规定为债务人提供了对抗继续履行请求权的法定事由。[3] 这些事由是立足保护债务人的思想进行规定的，为强制履行请求权的限制事由，排除了强制履行这一违约责任形式的适用。

1. 法律上或事实上不能履行。若违约方不能履行合同，则不能强制履行。不能履行包括法律上不能履行与事实上不能履行。无论哪种不能形态，若要求债务人履行，实系强人所难。此际，债权人可以采取其他违约责任承担方式，而不能要求强制履行。法律上不能履行，是指债务人根据法律规定不能履行债务，如债务的标的物遭查封、标的物具有权利瑕疵、标的物被新法禁止交易等。法律上不能履行，也包括此种情形——在债务人破产时，若强制其履行与某个债权人所订立的合同，实际上是赋予了该债权人以某种优先权，使其优先于违约方当事人的其他债权人而受偿，这违反破产法规定，因此，此际个别债权人不得请求强制履行。事实上不能履行是指债务人因债务标的自身的原因不能履行债务，如标的物毁损灭失、标的物因二重交易而为他人所有或占有等。

2. 债务的标的不适于强制履行或者履行费用过高。债务的标的不适于强制履行，是指债务的性质不宜直接强制履行。一般而言，基于人身信赖关系所产生的合同、提供个人服务的合同是不能强制履行的。如基于委托合同、技术开发合同、合伙合同、演出合同、出版合同等发生的主给付义务常常具有人身专属性，此类债务的履行行为不具有可替代性，不能由第三人替代履行，在性质上不适于强制履行。若直接对这些合同债务人的人身施以强制，将使违约责任回归传统社会的人身责任的性质，这与现代社会尊重人的尊严、保护人身自由等基本价值背道而驰。此外，诸如专家提供咨询意见的行为、知名教授授课的行为等通常包含着债务人的特殊艺

---

[1] 参见魏振瀛主编：《民法》，北京大学出版社2017年版，第482页；韩世远：《合同法总论》（第4版），法律出版社2018年版，第761页；崔建远：《合同法》，北京大学出版社2012年版，第333页；等等。

[2] 朱广新、谢鸿飞主编：《民法典评注：合同编　通则》（第2册），中国法制出版社2020年版，第336～337页。

[3] 参见朱广新、谢鸿飞主编：《民法典评注：合同编　通则》（第2册），中国法制出版社2020年版，第334页。

术、学术能力等个性化特质，不仅他人无法替代履行，而且即使强制债务人履行此类债务，也难以对债务人履行债务是否尽力加以监督。履行费用过高是指履行债务的代价或费用与债权人从履行获得的利益严重程度不成比例。如强制出卖人履行买卖合同，为此出卖人需专门进口一台设备，由此花费的代价将远远超出合同上的牟利。考虑如此处理会使债务人为履行合同付出很大的代价，而直接要求出卖人支付违约金则不会花费太大代价，基于双方当事人利益平衡的考虑，不认许买受人请求强制履行。履行费用是否过高，应根据比例原则，衡量债务人继续履行债务所支付的费用与债权人由债之履行所获得的利益是否相称，如果二者明显不相称，则可认为履行费用过高。当然，此需结合具体案件进行利益衡量。一般而言，如果只是给付标的物的价格显著上涨，使债务人的给付负担加重，则不构成“履行费用过高”。

3. 债权人在合理期限内未请求履行。债务人违约后，债权人固得依其意思自由选择采取何种救济手段以维护其利益，但由此也使债务人处于一种究竟应承担何种违约责任的不确定状态。从兼顾债务人利益的角度出发，法律要求债权人在合理期限内提出请求，即对债权人主张强制履行的权利作一适当限制，以尽早结束债务人责任承担方式的不确定状态。“该规则背后的法政策是要以此督促债权人及时主张权利，行使履行请求权。”〔1〕因此，“合理期限”的规定使强制履行请求权并非合同有效存在即当然存在的事物，而是仅在一定期限内存在的权利。“合理期限”乃是一个不确定概念，既非诉讼时效，亦非除斥期间，而属失权期间，不存在中止、中断的问题。究竟何谓“合理期限”，需要结合这一规则的规范目的，由法官在个案中具体判断，有的案件中可能短些，而在有的案件中则可能长些。换言之，“合理期限”作为不确定概念应由法官根据合同种类、性质、目的及交易习惯判断。〔2〕认定债权人是否在合理期限内要求债务人继续履行，判断标准不宜过分苛刻，因为债务人没有按照合同约定支付货款或交付货物，已经构成了违约，本应承担较不利的后果，债权人作为守约方，没有任何过错，理应得到同情，受到保护，在债权人特别需要合同约定的标的物场合尤其如此。假如对债权人在合理期限内请求债务人继续履行的判断标准过于苛刻，便是是非不明。〔3〕该条中“未请求履行”，包括未采取一切主张履行请求权的方式，即债权人既未于诉讼主张，又未于诉讼外主张。此外，“未请求履行”既包括债权人未要求债务人履行，也包括债务人现实提交履行而债权人不配合的情形。

值得注意的是，针对根据债务的性质不得强制履行的情况，《民法典》第 581 条规定：“当事人一方不履行债务或者履行债务不符合约定，根据债务的性质不得强制履行的，对方可以请求其负担由第三人替代履行的费用。”该条的规范目的是，对于不能直接强制债务人履行但可由第三人替代履行的债务，当债务人不履行债务或者履行债务不符合约定时，赋予债权人作出替代交易并可请求债务人负担由替代交易所支付费用的权利，以解决合同能否经由第三人之行为而得到实际履行的问题。〔4〕在性质上，该条仍是债务的实际履行，只不过实际履行是借助第三人的行为得以完成而已。它构成《民法典》第 580 条第 1 款的特别情形。该条中“费用”，

〔1〕韩世远：《合同法总论》（第 4 版），法律出版社 2018 年版，第 771 页。

〔2〕参见韩世远：《合同法总论》（第 4 版），法律出版社 2018 年版，第 771 ~ 772 页；梁慧星：《读条文 学民法》，人民法院出版社 2014 年版，第 193 页。

〔3〕参见崔建远主编：《合同法》（第 7 版），法律出版社 2021 年版，第 238 页。

〔4〕参见朱广新、谢鸿飞主编：《民法典评注：合同编 通则》（第 2 册），中国法制出版社 2020 年版，第 360 页。

是指债权人与第三人达成替代交易的花费及履行替代交易而付出的对价，即购买第三人的替代给付的价格。

（四）当事人申请司法终止合同

《民法典》第580条第2款规定："有前款规定的除外情形之一，致使不能实现合同目的的，人民法院或者仲裁机构可以根据当事人的请求终止合同权利义务关系，但是不影响违约责任的承担。"该条为我国《民法典》所新设。理论通说认为，其立法目的在于实现公平价值目标下合同僵局的有效化解，一方面防止以遵循合同严守原则为由对商业理性重大破坏引发的利益严重失衡，另一方面避免因合同僵局导致的经济资源的巨大浪费。[1] "合同司法解除制度产生于实践，确立于法典，修正合同严守原则是其发展的原动力，实体法与程序法的紧密配合是其运作的精髓。"[2]

这一制度的适用包括以下要件：

1. 具有《民法典》第580条第1款规定的情形。首先，须合同当事人一方不履行非金钱债务或者履行非金钱债务不符合约定。若当事人一方不履行金钱债务，则无当事人申请司法终止制度之适用。例如，在约定了租期的房屋租赁合同中，承租人欲提前终止合同，由于其主给付义务为支付租金，故不能适用《民法典》第580条第2款。其次，该合同具有下述情形之一，即在法律上或者事实上不能履行，债务的标的不适于强制履行或者履行费用过高，或者债权人在合理期限内未请求履行。

2. 因前述情形之一致使合同目的不能实现。当事人订立合同必有其合同目的，该目的就是当事人真意之所在，为决定合同内容的指针。合同目的，首要是合同的"典型交易目的"（Typische Verkehrszwecke），即给与（Zuwendung）欲实现的法律效果，这些法律效果决定了给与的法律性质及其所适用的法律规范。一般而言，合同主要债务（尤其是主给付义务）与合同目的实现具有密切关联。如果一方当事人不履行非主要债务，常态下并不会导致合同目的不能实现。

3. 当事人向人民法院或者仲裁机构提出终止合同权利义务关系的请求。适用该款的基本条件是合同当事人向司法机关提出请求，人民法院或者仲裁机构不能依职权主动终止合同。"从当事人角度看，司法终止的发动在于当事人，特别是违约方，该款允许此种'当事人的请求'，不仅是在程序法上允许其提起诉讼或者仲裁（诉权），同时在实体法上也是在赋予当事人一种实体权利，该权利的实质是作为形成诉权的终止请求权。"[3] 由于该款并未对"当事人"作出限制，因此，所谓"当事人"既包括守约方也包括违约方。当然，在不能实现合同目的时，守约方往往享有一般法定解除权，其可直接行使解除权解除合同，无必要诉诸司法途径，因此该款规定主要对违约方更具意义。实际上，赋予违约方向人民法院或者仲裁机构申请终止合同关系的权利正是该条的立法意旨之一。[4]

与《民法典》第562条至第567条规定的解除制度不同之处在于，该款并未赋予违约方解

---

[1] 参见石佳友、高郦梅：《违约方申请解除合同权：争议与回应》，载《比较法研究》2019年第6期。

[2] 肖建国、宋史超：《〈民法典〉合同司法解除规则的程序法解读》，载《浙江社会科学》2020年第12期。

[3] 韩世远：《合同法学》（第2版），高等教育出版社2022年版，第277页。

[4] 在比较法上，一般都排除对解除事由具有全部或者大部分责任的当事人的解除权（《德国民法典》第323条第6款、《日本民法典》第543条）。《德国民法典》第323条第6款规定："债权人对使其得解除契约之情事，完全或大部分可归责者，或不可归责于债务人之情事，发生于债权人受领迟延者，不得解除契约。"

除权这一形成权,而仅是赋予其请求人民法院或者仲裁机构终止合同权利义务关系的权利。合同究竟能否终止由人民法院或者仲裁机构确定。一般而言,人民法院或者仲裁机构在权衡是否裁决终止合同时,应当综合考虑债务人是否存在恶意违约、不能继续履行的原因、当事人(违约方)是否因合同不终止遭受重大损失、合同是否已部分履行、守约方能否以较低成本获得替代履行、违约方是否对他人有赔偿请求权、守约方拒绝解除合同是否为获得不相当利益而违反诚实信用原则、合同终止是否导致双方利益关系明显失衡等因素。

(五)法律效果

一般而言,强制履行具体表现为以下责任形式:第一,限期履行应履行的债务。在拒绝履行、迟延履行、不完全履行的情况下,非违约方可以提出一个履行期限,即宽限期和延展期,要求违约方在该期限内履行合同债务。第二,修理、改换、重作。修理,是指交付标的物不合格,有修理的可能并为债权人所需要时,债务人消除标的物的缺陷的补救措施;更换,是指交付标的物不合理、无修理可能、修理所需费用过高或修理所需时间过长,债务人交付同种类、质量、数量的标的物的补救措施;重作,是指加工承揽、建筑工程等合同中,债务人交付的工作成果不合格,不能修理或修理费用过高,由债务人重新制作工作成果的补救措施。

四、支付定金

(一)定金的概念与特征

定金(Arrha, Angeld,Draufgabe, earnest money),是指合同当事人约定一方在合同订立时或合同履行前预付给对方一定数额的金钱或其他代替物,用于保障合同债权实现的一种担保方式。在《民法典》颁行前,定金规则是由我国原《担保法》第 89 条至第 91 条规定的。民事立法者将定金规则纳入《民法典》合同编通则的"违约责任"章,作为与强制履行、损害赔偿、违约金等并列的违约责任形式。当然,理论上亦有反对此种定性而强调其担保性的观点,如有学者指出:"尽管我国民法典在违约责任一章规定了定金及其罚则,但仍不宜把定金罚则归入违约责任的体系,因为交付定金义务属于第一性义务,而非第二性义务。交付定金的一方违约,定金不予返还,从接受定金的一方看,他未承担义务,这背离违约责任的规定。定金遵循从属性规则,而违约责任则系替代关系或补充关系。"[1] 此种观点有一定道理,事实上,《民法典》第 586 条第 1 款第 1 句"当事人可以约定一方向对方给付定金作为债权的担保"的规定,亦强调定金的担保性质。因此,不妨既将定金作为违约责任的形式,同时承认其担保性,即如有学者所言,"违约定金依《民法典》第 586 条兼具违约责任和债权担保的双重功能"。[2] 这也是定金不同于实际履行、违约金、赔偿金等责任形式的显著特点。

定金具有以下特征:第一,象征性。《民法典》第 586 条第 2 款规定:"定金的数额由当事人约定;但是,不得超过主合同标的额的百分之二十,超过部分不产生定金的效力……"由于定金不得超过主合同标的额的 20%,相较质押、抵押等担保方式,定金的担保功能是象征性的,它并不能保证债权全部实现。第二,预付款性。定金一般是在合同订立时或合同履行前交付给另一方当事人的。根据《民法典》第 587 条的规定,债务人履行债务的,定金应当抵作价款或者收回。这表明定金具有预付款的性质。交付不以现实交付为必要,简易交付、占有改定与指示交

---

〔1〕 崔建远:《违约责任探微》,载《法治研究》2022 年第 6 期。

〔2〕 姚明斌:《约定违约金》,载朱庆育主编:《中国民法典评注:条文选注》(第 2 册),中国民主法制出版社 2021 年版,第 282 页。

付亦可。第三，特别约定性。当事人约定并交付留置金、担保金、保证金、订约金、押金或者订金等，但没有约定该金钱为定金的，不能认定该金钱具有定金性质，当事人不能主张定金权利（《合同编通则解释》第 67 条第 1 款）。

就定金合同而言，《民法典》第 586 条第 1 款规定："……定金合同自实际交付定金时成立。"这说明定金合同为实践合同。当事人仅就一方应向另一方交付定金达成合意，并不能使定金合同成立。交付定金为定金合同的特别成立要件。因此，即使双方当事人已就定金达成合意，但若一方向另一方交付定金时，另一方提出异议并拒绝接受，则定金合同仍不成立。在实践中，当事人实际交付的定金可能与约定的定金数额有出入，就此，《民法典》第 586 条第 2 款规定："……实际交付的定金数额多于或者少于约定数额的，视为变更约定的定金数额。"也就是说，以实际交付的定金数额成立定金合同。值得注意的是，原《担保法》第 90 条规定："定金应当以书面形式约定。当事人在定金合同中应当约定交付定金的期限……"即将定金合同规定为要式合同。但《民法典》未对定金合同作出类似要求，因此，定金合同为不要式合同。此外，定金合同在性质上为从合同。当主合同无效、被撤销或者确定不发生效力时，定金合同也随之无效或者不发生效力（参照《民法典》第 682 条第 1 款）。当然，例外的是，当主合同因违约被解除后，根据《民法典》第 566 条第 2 款的规定，解除权人仍有权依据定金罚则请求违约方承担责任。[1]

（二）定金的效力

定金种类或类型不同，其功能即有不同，效力亦存在差异。

1. 订约定金或证约定金（arrha confirmatoria）。订约定金，是指以交付定金作为订立合同的担保。就此，最高人民法院《关于适用〈中华人民共和国担保法〉若干问题的解释》（已失效）第 115 条规定，当事人约定以交付定金作为订立主合同担保的，给付定金的一方拒绝订立主合同的，无权要求返还定金；收受定金的一方拒绝订立合同的，应当双倍返还定金。根据《合同编通则解释》第 67 条第 2 款的规定，当事人约定以交付定金作为订立合同的担保，一方拒绝订立合同或者在磋商订立合同时违背诚信原则导致未能订立合同的，对方可主张适用定金罚则。

2. 成约定金（arrha constitutiva）。成约定金，是指以交付定金作为主合同的成立或生效要件。就此，《合同编通则解释》第 67 条第 3 款规定："当事人约定以交付定金作为合同成立或者生效条件，应当交付定金的一方未交付定金，但是合同主要义务已经履行完毕并为对方所接受的，人民法院应当认定合同在对方接受履行时已经成立或者生效。"

3. 解约定金（arrha poenitentialis）。解约定金，是指以交付定金作为解除合同的代价。根据《合同编通则解释》第 67 条第 4 款的规定，当事人约定定金性质为解约定金的，交付定金的一方可以丧失定金为代价解除合同，收受定金的一方可以双倍返还定金为代价解除合同。

4. 违约定金（arrha poenalis）。违约定金，是指以定金作为违约的赔偿金。《民法典》第 587 条规定："……给付定金的一方不履行债务或者履行债务不符合约定，致使不能实现合同目的的，无权请求返还定金；收受定金的一方不履行债务或者履行债务不符合约定，致使不能实现合同目的的，应当双倍返还定金。"此即"定金罚则"。就违约定金与上述 3 种定金类型的关系而言，根据《合同编通则解释》第 67 条第 1 款的规定，当事人约定了定金性质，但是未约定定金

---

〔1〕 参见石宏主编：《〈中华人民共和国民法典〉释解与适用［合同编］》（上册），人民法院出版社 2020 年版，第 239 页。

类型或者约定不明，一方主张为违约定金的，人民法院应予支持。

适用定金罚则的前提条件包括两项内容：一是一方不履行债务或者履行债务不符合约定；二是一方的前述违约行为致使不能实现合同目的。致使不能实现合同目的实际上是要求违约行为须达到根本违约的程度。一般而言，当事人违反从给付义务或者附随义务，往往不会导致合同目的不能实现，就不能适用定金罚则。值得注意的是，若双方当事人均具有致使不能实现合同目的的违约行为，则任何一方当事人均不能请求适用定金罚则。若当事人一方轻微违约，对方具有致使不能实现合同目的的违约行为，则轻微违约方可主张适用定金罚则，对方不得以轻微违约方也构成违约为由进行抗辩(《合同编通则解释》第68条第1款)。

在适用定金罚则时，若当事人一方完全未履行合同义务，则应整体适用定金罚则，但若当事人一方已经部分履行合同，且对方接受的，则应按照该方未履行部分所占比例适用定金罚则。当然，若部分未履行致使不能实现合同目的，则仍应按照合同整体适用定金罚则(《合同编通则解释》第68条第2款)

适用定金罚则是否应考虑免责事由问题？《民法典》对此未设明文。最高人民法院《关于适用〈中华人民共和国担保法〉若干问题的解释》(已失效)第122条规定："因不可抗力、意外事件致使主合同不能履行的，不适用定金罚则。因合同关系以外第三人的过错，致使主合同不能履行的，适用定金罚则。受定金处罚的一方当事人，可以依法向第三人追偿。"该条将不可抗力、意外事件作为适用定金罚则的排除事由。根据《合同编通则解释》第68条第3款的规定，因不可抗力致使合同不能履行，非违约方不得主张适用定金罚则。据此，因意外事件致使合同不能履行的，仍应适用定金罚则。

(三)定金与违约金、赔偿损失的关系

《民法典》第588条规定："当事人既约定违约金，又约定定金的，一方违约时，对方可以选择适用违约金或者定金条款。定金不足以弥补一方违约造成的损失的，对方可以请求赔偿超过定金数额的损失。"该条涉及定金与违约金、赔偿损失之间的关系。分别阐述如下：

首先，就定金与违约金之间的关系来看，应区分以下情形分别处理：一是若当事人约定的定金与违约金均为赔偿性的，即定金为赔偿性违约定金，违约金亦为赔偿性违约金，两者均可被理解为损害赔偿额的预定，其目的相同，故二者不能并存，守约方应择一行使。《民法典》第588条第1款针对的应是此种情形。二是若当事人约定的定金为赔偿性的，而违约金为惩罚性违约金，因赔偿性违约定金与惩罚性违约金并不冲突，两者可以并用。三是若当事人约定的定金为惩罚性违约定金，因其属于对违约的惩罚，对违约责任不产生影响，可与惩罚性或赔偿性违约金并用。

其次，就定金与赔偿损失之间的关系来看，当定金不足以弥补一方违约造成的损失时，对方可以请求赔偿超过定金数额的损失。这里的定金是弥补因违约造成的损失的赔偿性违约定金，宜理解为"预付的最低限度的损失赔偿额"。[1] 此际，定金与赔偿金可并存，但其总额不能超过违约造成的损失。

五、解除合同

(一)合同解除的概念与特征

合同解除，是指合同依法成立后，因双方当事人协议或一方当事人的意思表示使合同效力

---

[1] 参见韩世远：《合同法学》(第2版)，高等教育出版社2022年版，第308页。

提前消灭的行为。该制度存在的原因在于,合同有效成立后,有时会因主观或客观情况的变化,而使合同履行成为不必要或不肯,使当事人一方甚或双方的合同目的无法实现,如仍固守合同拘束力,不但于一方甚或双方当事人没有好处,于社会整体利益来说也没有任何增益。因而,通过法律手段让合同提前终了,并处理善后事宜,诚属必要。为此,法律上创设了合同解除制度。

合同解除具有以下特征:

1. 以合同依法成立为前提。合同解除制度的目的在于,合同依法成立后,因主客观情况的变化,使合同履行成为不可能或无必要,遂允许当事人提前消灭其效力。因此,合同解除必须以合同依法成立为前提。若合同不成立、无效或被撤销,因无合同关系存在,亦无解除合同的可能性。进言之,依法成立的合同,若因清偿、混同等原因已归于消灭,同样无再行解除的余地。"一项已经由于一方当事人的撤销而被溯及地解除的租赁合同,不能再被有效地解约。因为解约终止的还是基于租赁合同所产生的法律义务,从而按其概念来讲,是以这些合同法律义务仍然存在为前提的。也就是说,在这种情况下一项已经生效的解除合同的根据与法律上有关解约之规定的适用在概念上是不相容的。"〔1〕

2. 合同解除必须具备解除条件。契约严守原则为合同法的重要原则与价值。合同依法成立后即发生效力,当事人应严格履行合同义务,无正当理由不履行合同义务的行为构成违约。合同解除实质上是提前消灭合同效力。因此,一方当事人欲解除合同,提前消灭既存的合同权利义务关系,须具备一定条件。只有当具备这些条件时才能解除合同,否则其行为构成违约。

3. 合同解除必须有解除行为。我国民法对合同的解除未采当然解除主义(automatic termination of a contract),即解除条件一具备,合同当然地、自动地发生解除的效力。因此,解除条件具备后,只有当事人实施解除行为,才发生解除的效果。解除行为包括双方协议的行为,以及一方当事人行使解除权的单方行为。合同解除须实施解除行为,也是合同解除区别于附解除条件的合同的重要标志。但是,适用情事变更制度时的解除是由法院根据具体情况裁决的,无须解除行为。

4. 合同解除的后果是使合同效力提前消灭。合同解除后,尚未履行的,终止履行;已经履行的,根据履行情况和合同性质,当事人可以请求恢复原状或者采取其他补救措施,并有权请求赔偿损失。

(二)合同解除的分类

1. 双方解除与单方解除

根据合同解除是否基于解除权而发生,可将合同解除区分为双方解除与单方解除。双方解除,又称协议解除、合意解除,是指双方当事人协商一致解除合同。在很多国家或地区,双方解除被认为是合同自由原则的应有之义,因此这些国家或地区的民法未予明定。单方解除,又称有解除权的解除,是指一方当事人行使解除权而解除合同。解除权为形成权,仅一方作出意思表示即能发生法律关系变动的后果,其行使不必征得对方当事人同意,故有"单方"之谓。《民法典》第 562 条第 1 款规定:"当事人协商一致,可以解除合同。"此为关于双方解除的规定。该条第 2 款以及第 563 条至第 564 条等则为关于单方解除的规定。

---

〔1〕 [德]齐佩利乌斯:《法学方法论》,金振豹译,法律出版社 2009 年版,第 41 页。

2. 法定解除与约定解除

根据解除权发生原因的不同,可将单方解除进一步区分为约定解除与法定解除。约定解除,是指当事人约定解除条件,当该条件具备,当事人一方或双方即取得解除权从而解除合同。《民法典》第 562 条第 2 款规定:“当事人可以约定一方解除合同的事由。解除合同的事由发生时,解除权人可以解除合同。”此为关于约定解除的规定。“约定解除权是当事人根据意思自治原则,对于将来合同履行中可能出现的障碍事由提前做出规划和设计,以自由地安排交易预期。”[1] 法定解除,是指法律直接规定解除条件,该条件具备,当事人即取得解除权从而解除合同。“法定解除制度是契约严守原则的例外,立法上承认法定解除权的目的是明确法定解除的事实构成,以限定其适用范围。”[2] 法谚云:订约在己,解约不在己(Meum est promittere, non dimittrre)。意思是,是否订约当事人有其自由,但合同订立后,却不得仅依当事人一方之意思而解除合同。[3]

《民法典》关于合同解除规范的重点是法定解除权。《民法典》中的法定解除权大体上包含 3 个层次,依次为合同编通则第七章的一般法定解除权,合同编通则的不安抗辩(《民法典》第 528 条)、情事变更(《民法典》第 533 条)和履行不能引发的法定解除权(《民法典》第 580 条第 2 款),以及合同编典型合同中特别规定的解除权。

在法定解除权制度的正当性基础上,存在“效率考量说”“利益衡平说”“牵连性说”“应有合意说”等不同的观点。“效率考量说”主张,法定解除这种单方取消合同效力的制度是出于整体效率考量,客观效果是让守约方尽早摆脱无望得到履行的合同,恢复处置自由。[4] 赋予解除权的目的是“让另一方尽早从事实上已死亡的合同关系中解脱出来,可以减少不必要的浪费”。[5] “利益衡平说”主张,解除制度主要是要在债权人解除合同的利益和债务人维持合同的利益之间寻求平衡,同时又要避免债权人不合理的机会主义行为。“牵连性说”主张,解除制度体现了双务合同存续上牵连性(konditionelles Synallagma),即给付义务和对待给付义务在存续上相互依存,给付义务之消灭会导致对待给付义务的消灭。“应有合意说”主张,法定解除权的正当性源自当事人合意本身。法定解除权名为法定,实仍源自当事人应有的合意,即当事人默示达成解除合同合意——一方违背合同的忠实义务为另一方取得解除权的条件。“应有合意说”为法定解除权提供了最为坚实的正当化基础和寻找具体判定标准的准确方向,应以此作为法定解除权制度内在体系的基点。[6]

法定解除具有以下功能:首先,合同发生履行障碍时,债权人可通过解除从合同义务中解放出来。在双务合同中,若债务人的给付义务发生履行障碍,除非明确符合法律规定的自动消灭情形(如给付不能),原则上债权人的对待给付义务仍然继续存在。而借由解除,债权人可确定地从合同义务中解脱,从而有利于其寻求其他的交易机会。其次,作为一种违约救济手段,

---

〔1〕 朱晓喆:《〈民法典〉合同法定解除权规则的体系重构》,载《财经法学》2020 年第 5 期。

〔2〕 朱广新、谢鸿飞主编:《民法典评注:合同编　通则》(第 1 册),中国法制出版社 2020 年版,第 170 页。

〔3〕 参见郑玉波:《法谚》(第 1 册),法律出版社 2007 年版,第 111 页。

〔4〕 参见赵文杰:《论法定解除权的内外体系——以〈民法典〉第 563 条第 1 款中“合同目的不能实现”为切入点》,载《华东政法大学学报》2020 年第 3 期。

〔5〕 朱广新:《合同法总则研究》(下册),中国人民大学出版社 2018 年版,第 605 页。

〔6〕 参见赵文杰:《论法定解除权的内外体系——以〈民法典〉第 563 条第 1 款中“合同目的不能实现”为切入点》,载《华东政法大学学报》2020 年第 3 期。

解除可使债权人就所作出的给付,根据解除的后果而要求对方返还,并且若发生损害,还可请求对方赔偿损害。最后,解除可剥夺违约方的合同利益。[1]

法定解除又可进一步区分为一般法定解除与特别法定解除。一般法定解除,是指法律规定的解除条件适用于所有合同的解除。如《民法典》第563条有关解除条件的规定。特别法定解除,是指法律规定解除条件仅用于特定合同的解除。如《民法典》第716条第2款规定,“承租人未经出租人同意转租的,出租人可以解除合同”;第772条第2款规定,“承揽人将其承揽的主要工作交由第三人完成的,应当就该第三人完成的工作成果向定作人负责;未经定作人同意的,定作人也可以解除合同”;等等。

约定解除与法定解除均为有解除权的解除,其区别在于解除权发生原因及其行使、效力、消灭等,前者基于约定,后者基于法定。对于法定解除,法律规定解除条件,一旦该条件出现,当事人即取得解除权。此外,法律还规定解除权行使的方式、效力等。对于约定解除,当事人约定解除条件,一旦该条件出现,当事人即取得解除权。当事人还可能约定解除权行使方式、效力等。若当事人仅约定解除权行使的条件,而未进一步约定解除权行使方式、效力等内容,则有关约定解除权的行使、效力等适用法定解除权的规定。

约定解除与双方解除均属于利用合意或协议来解除合同,但区别亦十分明显。在约定解除中,是以合同来约定解除条件、约定当事人享有解除权,而双方解除则是以新的合同来解除原合同,与解除权无关。双方解除往往是合同依法成立后,出现新情况,即出现需解除的情势,当事人进行协商,最终就解除原合同达成一致意见,这实际上是达成了一个以解除原合同为内容的新合同(可称为“解除合同”或“反对合同”)。一般而言,在该新合同成立时,原合同解除。而在约定解除情况下,双方也达成合意,但此合意达成时,合同并不解除,仅仅只是表明双方当事人对在何种条件下当事人将取得解除权这一问题达成一致意见。只有协议中约定的条件出现,当事人因此取得解除权并行使解除权实施解除行为,才可导致合同解除。

(三)合同解除的条件

合同解除的类型不同,合同解除的条件亦有异。就双方解除而言,合同解除的条件是双方当事人协商一致,即达成一个以解除原合同为目的的新合同。就约定解除而言,合同解除的条件由双方当事人进行约定。法定解除条件是立法规定重点。我国《民法典》对法定解除权的条件作了列举式规定。《民法典》第563条规定:“有下列情形之一的,当事人可以解除合同:(一)因不可抗力致使不能实现合同目的;(二)在履行期限届满前,当事人一方明确表示或者以自己的行为表明不履行主要债务;(三)当事人一方迟延履行主要债务,经催告后在合理期限内仍未履行;(四)当事人一方迟延履行债务或者有其他违约行为致使不能实现合同目的;(五)法律规定的其他情形。以持续履行的债务为内容的不定期合同,当事人可以随时解除合同,但是应当在合理期限之前通知对方。”此为我国《民法典》有关合同法定解除一般条件的规定。其中第2款针对不定期继续性合同,第1款则针对不定期继续性合同之外的其他合同类型——一时性合同、定期继续性合同,更具有普遍性。《民法典》第563条第1款采用了“例示+概括”的立法技术,其列举的一般法定解除事由包括因客观原因履行不能与违约两类情形。以下详言之。

---

[1] 参见朱晓喆:《〈民法典〉合同法定解除权规则的体系重构》,载《财经法学》2020年第5期。

1. 合同一般解除条件

(1)因不可抗力致使不能实现合同目的

根据《民法典》第180条的规定,不可抗力,是指不能预见、不能避免并不能克服的客观情况。客观情况独立于人的行为之外,典型者如自然灾害(地震、水灾等)、战争、社会异常事件(罢工、骚乱等)、政府行为等。不能预见,是指行为人主观上对某一客观情况的发生无法预测。能否预见,取决于人的认知能力和科学技术水平的差异,应以一般人的预见能力作为判断标准。不能避免并不能克服,是指某一事件的发生具有客观必然性,当事人尽了最大努力仍然不能避免事件的发生,也不能克服事件造成的损害后果。[1] 当事人订立合同,旨在通过合同的履行追求一定利益。若因不可抗力的发生,导致合同无法履行进而导致合同目的不能实现,继续维持合同关系已无意义,此际,法律赋予当事人解除权,提前消灭合同效力。值得注意的是,不可抗力本身不是解除事由,仅为发生给付障碍的原因,只有不可抗力导致履行不能才是解除事由。在不可抗力导致给付不能以外的其他给付障碍的情况下,如因不可抗力造成给付迟延,只能根据《民法典》第563条第1款第4项后段"其他违约行为致使不能实现合同目的"的规定解除合同。[2]

在因不可抗力致使不能实现合同目的的情形下,无论是债权人还是债务人均享有解除权。当然,不可抗力的发生对合同履行的影响程度不一,不能认为只要发生不可抗力即可一概导致合同解除。若不可抗力并未导致合同目的无法实现,则不产生解除权。如果不可抗力只是导致合同部分不能履行,可导致合同变更,但部分履行已严重影响当事人所追求的合同目的的,应承认解除权发生。如果不可抗力只是暂时阻碍了合同履行,则债务人可延期履行,但延期履行已严重影响了当事人所追求的合同目的的,应承认解除权发生。

(2)预期违约

根据《民法典》第563条第1款第2项的规定,在履行期限届满前,当事人一方明确表示或者以自己的行为表明不履行主要债务的,另一方当事人可以解除合同。此为有关因预期违约而解除合同的规定。

预期违约包括明示违约与默示违约。明示违约,是指合同履行期限届满前,一方当事人明确肯定地向另一方当事人表示将不履行合同。默示违约,是指合同履行期限届满前,一方当事人以自己的行为表明将不履行主要债务。在预期违约的场合,违约方根本不愿受合同约束,非违约方的合同目的已不可能通过对方的履行获得实现。因此,赋予非违约方以解除权,使其在履行期限届满前即可主张救济,而不必非要等到履行期限届满才能寻求救济,有利于尽早保护该方当事人的合法权益。"在履行期限届满前"意指在履行期到期之前,不仅包括履行期限为一期间的情形,也包括履行期限为一时点的情形。

《民法典》第563条既没有规定合同目的不能实现的要件,也没有规定指定期间予以解除的规则,存在计划内的漏洞,应予以补充。[3] 从立法例来看,《联合国国际货物销售合同公约》

---

[1] 参见朱广新、谢鸿飞主编:《民法典评注:合同编 通则》(第1册),中国法制出版社2020年版,第171页。

[2] 参见王洪亮:《民法典中解除规则的变革及其解释》,载《法学论坛》2020年第4期。"该条第1项和第4项的不同之处是第1项并不是给付障碍的种类,而是导致给付障碍的原因。"参见赵文杰:《论法定解除权的内外体系——以〈民法典〉第563条第1款中"合同目的不能实现"为切入点》,载《华东政法大学学报》2020年第3期。

[3] 参见王洪亮:《民法典中解除规则的变革及其解释》,载《法学论坛》2020年第4期。

《国际统一私法协会国际商事合同通则》等均规定，只有在合同目的不能实现的情况下，才允许解除合同。宜认为，只有在预期违约且导致合同目的不能实现的情况下，债权人方可解除合同。

(3)债务人迟延履行

履行迟延是指债务人无正当理由，在合同约定的履行期限届满时，仍未履行合同主要债务。《民法典》第563条第1款第3项、第4项区分了定期债务的履行迟延与普通的履行迟延(非定期债务的履行迟延)，分别采指定期间模式与根本违约模式。[1] 两者解除权发生的要件不同，核心的差别在于是否要践行催告程序。定期债务(Fixgeschäft)，是指依据合同性质或当事人约定履行期限特别重要，债务人不在该期限内履行将使合同目的落空的债务，如中秋节月饼的订购合同、生日蛋糕的定作合同等。非定期债务则与之相反，即使债务人不在该期限内履行也不会使合同目的落空。

因普通的履行迟延而发生解除权，须满足以下要件：第一，债务人迟延履行主要债务；第二，债权人催告债务人在合理期间履行；第三，债务人在合理期限内未履行债务。就此种债务的履行迟延而言，债权人不能立即解除合同，只有债权人向债务人催告且宽限期届满债务人仍不履行债务时，债权人才能解除合同。而对定期债务的履行迟延来说，只要债务人迟延履行债务，即可发生解除权，无须催告债务人。

(4)其他违约行为致使不能实现合同目的

合同目的，是指当事人在合同订立时所期望实现的目标或结果。[2] 不能实现合同目的，是指某种事实(严重)影响了当事人订立合同所期望的经济利益。[3] 其他违约行为致使不能实现合同目的主要是指违反的义务对合同目的的实现十分重要，若债务人不履行该义务，将剥夺债权人根据合同有权期待得到的利益。具言之，"目的不能实现"在违约产生的法定解除权中是指合同的主给付义务不能(完全)履行；[4] 若债务人不履行或不完全履行者为从给付义务或附随义务，一般不会导致合同目的无法实现，相应地，债权人也不能行使解除权。对此，《合同编通则解释》第26条规定："当事人一方未根据法律规定或者合同约定履行开具发票、提供证明文件等非主要债务，对方请求继续履行该债务并赔偿因怠于履行该债务造成的损失的，人民法院依法予以支持；对方请求解除合同的，人民法院不予支持，但是不履行该债务致使不能实现合同目的或者当事人另有约定的除外。"所谓"其他违约行为致使不能实现合同目的"，一般包括以下类型：

第一，不能履行。除因不可抗力导致不能履行以外，由于其他原因导致不能履行的，债权人可以解除合同。此际，债务人是否具有过失在所不问，债权人解除合同无须催告。这里的不能履行是指确定的、继续的不能，一时的不能构成履行迟延。履行不能既包括物理的不能(标的物物理的灭失)，也包括经济上的、社会观念上的不能(如不动产二重买卖且向第三人为移转登记，不能依照买回等方法自第三人处回复所有权并移转给买受人)。如为一部分不能，若剩

---

[1] 参见王洪亮：《民法典中解除规则的变革及其解释》，载《法学论坛》2020年第4期。

[2] 参见章杰超：《合同目的的含义之解析》，载《政法论坛》2018年第3期。

[3] 参见崔建远：《论合同目的及其不能实现》，载《吉林大学社会科学学报》2015年第3期。

[4] 参见赵文杰：《论法定解除权的内外体系——以〈民法典〉第563条第1款中"合同目的不能实现"为切入点》，载《华东政法大学学报》2020年第3期。

余部分不能实现合同目的,则债权人可以解除整个合同。

第二,不完全履行。不完全履行,是指债务人虽然以适当履行的意思进行了履行,但其履行不符合法律规定或合同约定,包括瑕疵履行与加害给付。就不完全履行而言,若嗣后完全履行尚属可能(如修补瑕疵),则可按非定期债务迟延履行规则处理,解除权的发生以催告为要件;若嗣后完全履行不可能,则债权人无须催告即可解除合同。

第三,违反从给付义务或附随义务。给付义务包括主给付义务与从给付义务,相较从给付义务,主给付义务出现给付障碍,更易导致合同目的不能实现。但若从给付义务不履行影响合同目的的实现,也会发生解除权。如汽车出卖人提供的车辆凭证、资料有误或未能提供完整的资料单据,致车辆无法注册登记,进而无法上路行驶。对此,《买卖合同解释》第 19 条规定:“出卖人没有履行或者不当履行从给付义务,致使买受人不能实现合同目的,买受人主张解除合同的,人民法院应当根据民法典第五百六十三条第一款第四项的规定,予以支持。”此外,债务人违反附随义务,通常不导致债权人取得解除权,但如果附随义务成为合同的要素,其不履行导致合同目的无法实现,则可例外产生解除权。[1]

(5)法律规定的其他情形

除上述情形外,《民法典》第 563 条第 1 款第 5 项设置了一个兜底条款。“法律规定的其他情形”,一是指《民法典》本身规定的上述 4 项以外的其他情形。如《民法典》第 528 条规定:“当事人依据前条规定中止履行的,应当及时通知对方。对方提供适当担保的,应当恢复履行。中止履行后,对方在合理期限内未恢复履行能力且未提供适当担保的,视为以自己的行为表明不履行主要债务,中止履行的一方可以解除合同并可以请求对方承担违约责任。”二是指《民法典》以外的其他法律所规定的情形。如《保险法》第 16 条第 2 款规定:“投保人故意或者因重大过失未履行前款规定的如实告知义务,足以影响保险人决定是否同意承保或者提高保险费率的,保险人有权解除合同。”

2. 不定期继续性合同的解除条件

《民法典》第 563 条第 2 款规定:“以持续履行的债务为内容的不定期合同,当事人可以随时解除合同,但是应当在合理期限之前通知对方。”该款确立了不定期继续性合同的随时解除规则。[2] 继续性合同,是指非一次给付即可完结,而是需持续给付才实现的合同,如租赁、保管、仓储、借用合同等。与之相对应的一时性合同,是指一次给付便可使合同内容实现的合同,如买卖、赠与合同等。我国之前立法对继续性合同未设明确规定,也没有在法律上对继续性合同与一时性合同刻意进行区分并进行相应的制度设计,只是在诸如《民法典》第 566 条“根据履行情况和合同性质”的用语中,以“合同性质”的模糊表述涵盖继续性合同的

---

〔1〕《德国民法典》第 241 条第 2 款规定:“债的关系按其内容,得使一方当事人对他方负有考虑该方之权利、法益及利益之义务。”第 324 条(因违反第 241 条第 2 款义务所为之解除)规定:“双务契约之债务人,违反第 241 条第 2 款之义务者,遵守契约于债权人无期待可能性时,债权人得解除契约。”我国有学者主张应借鉴《德国民法典》第 324 条,以不可合理期待性作为判断因违反附随义务发生解除权的要件。具体考量因素包括:义务违反的严重程度、侵害结果所涉及的范围和持续的时间、侵害是否具有反复性、合同对于双方信任程度的要求、债务人的可归责程度。参见刘毅强:《附随义务侵害与合同解除问题研究——以德国民法典第 324 条为参照》,载《东方法学》2012 年第 3 期。

〔2〕在理论上,有学者亦称为“随时终止”、“普通终止”、“正常终止”(ordentliche Kündigung),或“随时终止权”“预告解除”等。参见王洪亮:《民法典中解除规则的变革及其解释》,载《法学论坛》2020 年第 4 期;朱晓喆:《〈民法典〉合同法定解除权规则的体系重构》,载《财经法学》2020 年第 5 期。

内涵，缺乏明确的规范指向和法律后果。因此，本款规定有填补法律漏洞之效果。[1] 而且，在《民法典》颁行前，我国原《合同法》上仅零星存在一些具体的继续性合同的随时解除规则。如原《合同法》第206条规定："……对借款期限没有约定或者约定不明确，依照本法第六十一条的规定仍不能确定的，借款人可以随时返还；贷款人可以催告借款人在合理期限内返还。"第232条规定："当事人对租赁期限没有约定或者约定不明确，依照本法第六十一条的规定仍不能确定的，视为不定期租赁。当事人可以随时解除合同，但出租人解除合同应当在合理期限之前通知承租人。"《民法典》第563条第2款关于不定期合同的规定突破了原《合同法》有名合同的限制，将不定期合同提升为合同法的一般概念。[2] 建立这一规则的原因在于：就一时性合同而言，较严格贯彻契约严守原则，只有在符合法定或约定解除条件时才允许当事人解除合同，解除权产生原因相对较少；就继续性合同而言，当事人的给付范围依时间而定，一个在时间上不可解消的继续性结合关系，将过分限制当事人的活动自由，自须在时间上有所限制，因此应承认当事人的解约自由。此外，继续性合同特别重视信赖基础，要求当事人各尽其力，实现债之目的，除给付义务外，尚发生各种附随义务，以维护当事人的利益，信赖基础一旦损失，或因其他特殊事由难以期望当事人继续维持此种结合关系时，法律自应允许一方当事人解除合同。[3]

当然，该款的建立也带来了立法技术上应予反思的问题，即由于已设立不定期继续性合同随时解除的一般规则，典型合同中有关随时解除合同的一些具体规定需删除，否则会存在立法重复的问题。"在立法技术上，分则规范简单演绎总则规范似乎并不必要，会造成法律规范的变相重复。"[4] 我国《民法典》不但保留了原《合同法》中的有关规则，如《民法典》第675条有关借款人随时返还（贷款人随时请求借款人返还）的规则、第730条有关当事人随时解除租赁合同的规则、第787条有关定作人随时解除合同的规则、第899条有关寄存人随时领取保管物（保管人随时请求寄存人领取保管物）的规则、第914条有关存货人或仓单持有人随时提取仓储物（保管人随时请求存货人或仓单持有人提取仓储物）的规则、第933条有关当事人随时解除委托合同的规则，而且还新设了一些具体的随时解除规则，如第948条第2款有关当事人随时解除不定期物业服务合同的规则、第976条第3款有关合伙人随时解除不定期合伙合同的规则、第1022条第2款有关肖像权人解除肖像许可使用合同的规则等。

（四）合同解除权的行使期限

至少就违约解除而言，合同解除权是法律赋予非违约方维护自身利益的一种方式，非违约方固可基于自由意思决定是否行使解除权，但由此也使违约方陷于不确定状态，若放任此种不确定状态长期存在，对违约方亦有失公允。因此，需对法定解除权的行使期限作一定限制。解除权在性质上为形成权，有关解除权行使的时间限制在性质上为除斥期间。就此，《民法典》第199条规定："法律规定或者当事人约定的撤销权、解除权等权利的存续期间，除法律另有规定外，自权利人知道或者应当知道权利产生之日起计算，不适用有关诉讼时效中止、中断和延长

---

〔1〕 参见朱广新、谢鸿飞主编：《民法典评注：合同编 通则》（第1册），中国法制出版社2020年版，第177页。

〔2〕 参见朱广新、谢鸿飞主编：《民法典评注：合同编 通则》（第1册），中国法制出版社2020年版，第178页。

〔3〕 参见吴奕锋：《论不定期继续性合同随时终止制度 兼评〈民法典合同编（二审稿）〉的规定》，载《中外法学》2019年第2期。

〔4〕 谢鸿飞：《〈民法典〉法定解除权的配置机理与统一基础》，载《浙江工商大学学报》2020年第6期。

的规定。存续期间届满，撤销权、解除权等权利消灭。”

1. 法律规定或当事人约定解除权行使期限

针对解除权的行使期限，《民法典》区分了两种不同情形加以规定。《民法典》第564条第1款规定：“法律规定或者当事人约定解除权行使期限，期限届满当事人不行使的，该权利消灭。”质言之，在法律规定或者当事人约定了解除权行使期限的情况下，当事人应在该期限内行使解除权。期限届满当事人不行使的，解除权即归于消灭。此际，非解除权人无须催告解除权人行使权利，而且只要该期限经过，解除权就绝对地消灭，合同继续有效存在。

2. 法律没有规定或当事人没有约定解除权行使期限

《民法典》第564条第2款规定：“法律没有规定或者当事人没有约定解除权行使期限，自解除权人知道或者应当知道解除事由之日起一年内不行使，或者经对方催告后在合理期限内不行使的，该权利消灭。”相较原《合同法》第95条，该条的重大变化是增加了“自解除权人知道或者应当知道解除事由之日起一年内不行使”的情形，这一增设是合理的。因为虽然原《合同法》第95条明定“经对方催告后在合理期限内不行使的，该权利消灭”，但若对方当事人不催告，则解除权人行使解除权的期限就一直无法确定，法律关系将长期处于不确定状态，为解除权设置一明确的时间限制，有助于促使当事人之间的法律关系尽快稳定下来。根据该款的规定，解除权的除斥期间为一年，自解除权人知道或者应当知道解除事由之日起算。这一规定也具有合理性。《民法典》第152条规定的撤销权的一般除斥期间亦为一年。统一规定为一年，符合相似事物相同处理的理念。

《民法典》第564条第2款中规定：“……或者经对方催告后在合理期限内不行使的，该权利消灭。”催告是非解除权人催促对方当事人作出是否解除合同意思表示的行为，在性质上为意思通知，属于准法律行为的范畴。催告并非合同解除权消灭的必要条件，亦非合同解除的必经程序，但一旦非解除权人作出催告，则不仅可发挥督促对方行使解除权的作用，而且可以起到使对方解除权在合理宽限期届满后消灭的作用。在合理期限的认定上，应当考虑当事人订立合同的背景目的、交易性质、标的物种类价值、交易履行情况、交易习惯等因素，并将诚信原则贯彻其中进行衡量，从而形成合理的判断。[1]

(五)合同解除权的行使方式

1. 解除权行使以通知为必要

解除权在性质上为形成权，权利人行使解除权无须征得对方当事人同意。《民法典》第565条规定：“当事人一方依法主张解除合同的，应当通知对方……”这既是肯定解除权的形成权性质，也是强调解除权生效以通知为必要，否认解除条件具备合同即当然自动解除的可能性。该条中的“依法”强调的是解除合同方必须享有解除权，即只有享有解除权的当事人才能解除合同，质言之，若为约定解除，则必须是依双方约定享有解除权的一方。若为法定解除，当属因不可抗力解除的情形时，则为双方当事人之任意一方；当属违约解除的情形时，则为非违约方。此际违约方不享有解除权，不得解除合同。原《合同法》第96条曾对“依法”作出明确规定：“当事人一方依照本法第九十三条第二款、第九十四条的规定主张解除合同的，应当通知对方……”这里“本法第九十三条第二款、第九十四条”即为《民法典》第562条第2款、第563条

---

[1] 参见高丰美、丁广宇：《合同解除权行使“合理期限”之司法认定——基于36份裁判文书的分析》，载《法律适用》2019年第22期。

规定的情形。明晰此点的意义在于，只有享有约定或法定解除权的当事人才能以通知方式解除合同，不享有解除权的一方向另一方发出解除通知，另一方即便未在异议期限内提起诉讼，也不发生合同解除的效果。

"通知"是解除权人向对方告知解除合同权利义务关系的意思表示，属于需受领的单方意思表示的范畴。通知的方式，实行形式自由原则，包括口头形式、书面形式与其他形式（《民法典》第135条）。从理论上讲，通知可采取默示形式。但是，解除权的行使本身就是为了结束合同不稳定状态，如果以难以确定的默示方式为解除方式，不仅可能造成合同相对方的权利损害，同时也有碍于解除制度本身目的之实现。因此，解除合同通知应以明示方式作出更合理。[1] 另外，提起解除合同并请求恢复原状或损害赔偿的诉讼，对对方的履行请求之诉提出抗辩，也可以构成解除的意思表示。

解除通知的生效采到达主义，通知到达相对人时发生合同解除的效力。值得注意的是，《民法典》第565条规定："……通知载明债务人在一定期限内不履行债务则合同自动解除，债务人在该期限内未履行债务的，合同自通知载明的期限届满时解除……"这属于"解除通知生效的附条件"。在通常情况下，解除通知"到达"相对人时发生解除的效力，但若解除权人在通知中载明"债务人在一定期限内不履行债务则合同自动解除"，自应承认该意思的法律效力。因为该意思固为解除权人单方面的意思表示，但它是"推迟"而非"提前"了合同解除生效的时间，实际上是给予了相对人宽限利益，不仅体现了解除权人为拯救合同所作的努力，而且对相对人更有利。

2. 解除合同的异议

解除合同方通知相对人解除合同后，相对人可能提出异议，此种异议应予尊重。毕竟存在解除合同方不享有解除权或者滥用解除权等情形。因此，《民法典》第565条第1款规定："……对方对解除合同有异议的，任何一方当事人均可以请求人民法院或者仲裁机构确认解除行为的效力。"这里的"异议"不限于相对人对解除合同提出不同意见，有时表现为相对人请求解除权人继续履行合同义务，在解除权人主张解除合同所产生的恢复原状或其他补救措施时，提出因合同有效而无此类法律效果的抗辩等。相对人请求人民法院或者仲裁机构确认该解除权之行使是否有效，其性质为确认之诉。[2]

原《合同法》第96条第1款规定："……对方有异议的，可以请求人民法院或者仲裁机构确认解除合同的效力。"该条将请求司法机关确认解除合同效力的主体规定为"对方"，而《民法典》第565条第1款则将该主体规定为"任何一方当事人"，即解除合同方与其对方均可以请求司法机关确认解除合同的效力。人民法院或者仲裁机构确认解除合同效力的依据，应当是《民法典》第562条至第565条所规定的解除权产生的条件、解除权行使的期限与方式等。若解除权条件具备且依法行使，则人民法院或者仲裁机构应确认合同已被解除。

关于相对人异议期限以及当事人请求司法机关确认合同解除效力的期限的问题，原《合同法》与《民法典》均未作出规定。若当事人在合同中约定了相对人异议期限或者司法机关确认了合同解除效力的期限，则从其约定；若未约定，则可参考《合同法解释（二）》第24条之规定："……当事人没有约定异议期间，在解除合同或者债务抵销通知到达之日起三个月以后才向人民法院起诉的，人民法院不予支持。"

---

[1] 参见朱广新、谢鸿飞主编：《民法典评注：合同编　通则》（第1册），中国法制出版社2020年版，第195页。

[2] 参见王洪亮：《民法典中解除规则的变革及其解释》，载《法学论坛》2020年第4期。

3. 以司法方式解除合同

享有解除权的合同当事人要解除合同时，一般会采用直接通知对方解除合同的方式，但该当事人亦可能不采用通知对方的方式而是以直接向司法机关起诉或申请仲裁的方式来解除合同。这两种方式——司法外方式与司法方式均为我国民法所允许。《民法典》第565条第2款规定："当事人一方未通知对方，直接以提起诉讼或者申请仲裁的方式依法主张解除合同，人民法院或者仲裁机构确认该主张的，合同自起诉状副本或者仲裁申请书副本送达对方时解除。"从可能性来看，当事人以诉讼或者仲裁方式解除合同，而人民法院或者仲裁机构又确认合同解除意思表示的，该合同解除生效的时点可以是解除权人起诉之日、相对人应诉之日、法院判决或仲裁裁决生效之日等。由于起诉或申请仲裁实质上相当于解除权人为解除合同意思表示，而此际人民法院或者仲裁机构所作出的是确认判决或者裁决的确认之诉，而非形成判决或裁决的形成之诉。因此，应以载有解除请求的起诉状副本或者仲裁申请书副本送达对方时作为合同解除效力发生的时点。

（六）合同解除的效力

1. 合同解除效力的理论学说

对合同解除的效力，大陆法系国家或地区主要存在4种不同的学说，简要介绍如下：

一是"直接效果说"。该说认为，合同因解除而溯及既往地消灭，尚未履行的债务免于履行，已经履行的债务发生返还请求权。二是"间接效果说"。该说认为，合同本身并不因解除而归于消灭，只不过是使合同的作用受到阻止，其结果是，尚未履行的债务发生拒绝履行的抗辩权，债务人得拒绝履行，已履行的债务发生新的返还债务。三是"债务关系转换说"。该说认为，由于解除使原合同债权关系变形、转换为原状恢复债权关系，原合同上的未履行债务转化为原状恢复债权关系的既履行债务而归于消灭，而原合同上的既履行债务则转化为原状恢复债权关系的未履行债务，经过履行后才消灭。四是"折中说"。该说认为，尚未履行的债务自解除时归于消灭，已履行的债务并不消灭，而是发生新的返还债务。

以上诸说中，"间接效果说""债务关系转换说"缺陷较明显。"直接效果说"源自20世纪初期的德国理论，长期以来得到我国学界的认可。[1] 但是，该说的问题是，它一方面强调解除使合同溯及既往归于消灭，另一方面又认为违约方应赔偿解除权人履行利益损失，这两方面存在逻辑上的矛盾。而且原《合同法》第98条（《民法典》第567条）规定："合同的权利义务关系终止，不影响合同中结算和清理条款的效力。"这一现实也不完全符合"解除使合同溯及既往归于消灭"的状况。目前，"折中说"业已得到较普遍的赞同。[2]

2. 合同解除的具体效力

（1）未履行的债务终止履行。《民法典》第566条第1款前段规定，"合同解除后，尚未履行的，终止履行"。解除是提前消灭合同关系的手段之一。因此，在解除时，无论是解除权人还是相对人，只要他们所负的债务还未履行，该债务即归于消灭。

（2）已履行的债务恢复原状或者采取其他补救措施。《民法典》第566条第1款："……已经

---

〔1〕 参见谢怀栻等：《合同法原理》，法律出版社2000年版，第253页；陈小君主编：《合同法学》，高等教育出版社2003年版，第222页；李永军：《合同法原理》，中国人民公安大学出版社1999年版，第169页；等等。

〔2〕 参见韩世远：《合同法总论》（第4版），法律出版社2018年版，第672页；朱广新、谢鸿飞主编：《民法典评注：合同编 通则》（第1册），中国法制出版社2020年版，第206页；等等。

履行的,根据履行情况和合同性质,当事人可以请求恢复原状或者采取其他补救措施……”恢复原状,是指恢复事物本来状态,在合同解除场合就是恢复到合同履行之前的状态,它只发生在合同全部或部分履行的情况下。“恢复原状”本包括实物形态的恢复原状与价值形态的恢复原状,但由于《民法典》第566条第1款采用了“恢复原状或者采取其他补救措施”的表述,该款中“恢复原状”仅指实物形态的恢复原状,即恢复财产原来的物理状态。当给付物为动产时,表现为返还动产;当给付物为不动产且已办毕移转登记手续时,表现为注销受领人的登记,并将该不动产复原登记到原给付人名下。“其他补救措施”,是指价值形态的恢复原状,即恢复财产原来的经济价值,适用于合同标的为提供劳务、受领的标的物为金钱、受领的标的物毁损灭失等情形。

该款中合同“履行情况”,是指合同债务是否得到履行以及履行的程度。合同未得到履行或者合同已得到履行,是全部履行还是部分履行等,都会对合同解除后的恢复原状或者采取其他补救措施产生不同影响。“合同性质”主要是指合同是一时性合同还是继续性合同,合同的标的是提供物还是完成行为、是移转标的物所有权还是移转标的物使用权等。就一时性合同的解除而言,具有恢复原状的可能性,可发生恢复原状义务;就继续性合同的解除而言,或无恢复原状的可能性或不宜恢复原状,通常不产生恢复原状义务。根据合同受领的标的(物)的不同,合同解除后恢复原状义务应按以下情况履行:一是若受领的标的物为有体物,则受领人应返还原物。二是若受领的标的物为金钱,则受领人须返还等额金钱并附加自受领时起计算的利息。三是若受领的是物的使用或劳务,则受领人应折价补偿。四是若受领物在受领期间产生孳息,则受领人应一并返还原物与孳息。五是若受领人为应返还的受领物支出了必要费用,则受领人有权要求对方在接受返还利益的限度内赔付其已支付的必要费用。[1]

(3)赔偿损失。根据《民法典》第566条第1款的规定,解除权人除可以请求恢复原状或者采取其他补救措施外,还有权请求赔偿损失。在双方解除的情况下,当事人可就损害赔偿及其范围作出约定。在约定解除的情况下,若当事人已就损害赔偿及其范围作出约定,则亦从其约定。在法定解除的情况下,若是因不可抗力解除合同,则双方均无须承担民事责任(《民法典》第180条),当然此际当事人应及时通知对方当事人采取必要的补救措施,否则应就扩大的损失承担损害赔偿责任(《民法典》第590条)。若是因违约解除,则违约方应赔偿解除权人的履行利益损失。

《民法典》第566条第2款规定:“合同因违约解除的,解除权人可以请求违约方承担违约责任,但是当事人另有约定的除外。”该款为《民法典》新增,进一步强化了违约解除情形下解除与违约责任的并行关系。这里的违约责任应当限缩解释为违约损害赔偿责任。同时违约损害赔偿不但是指法定损害赔偿,也包括约定损害赔偿即存在违约金条款的情况,因为违约金只不过是当事人对违约损害赔偿数额的预定,在性质上仍属违约损害赔偿的范畴。当然,此际仍应适用可预见性规则(《民法典》第584条)、减轻损害规则(《民法典》第591条)、与有过失规则等违约损害赔偿的限制性规则。在当事人约定了违约金条款的情况下,仍应适用违约金司法调整规则(《民法典》第585条第2款)。

(4)担保人的担保责任。《民法典》第566条第3款规定:“主合同解除后,担保人对债务人应当承担的民事责任仍应当承担担保责任,但是担保合同另有约定的除外。”该款亦为《民法

---

〔1〕 参见朱广新、谢鸿飞主编:《民法典评注:合同编　通则》(第1册),中国法制出版社2020年版,第210页。

典》新设，源于最高人民法院《关于适用〈中华人民共和国担保法〉若干问题的解释》（已失效）第10条。《民法典》第559条规定，“债权债务终止时，债权的从权利同时消灭……”，《民法典》第566条第3款规定合同解除后担保责任继续存在，当属第559条之例外。

主要参考文献

陈小君主编：《合同法学》，高等教育出版社2003年版；崔建远：《合理预见规则的解释论》，载《东方法学》2022年第4期；崔建远：《合同法应当奉行双轨体系的归责原则》，载《广东社会科学》2019年第4期；崔建远：《违约责任探微》，载《法治研究》2022年第6期；崔建远主编：《合同法》（第7版），法律出版社2021年版；高丰美、丁广宇：《合同解除权行使“合理期限”之司法认定——基于36份裁判文书的分析》，载《法律适用》2019年第22期；韩世远：《合同法学》（第2版），高等教育出版社2022年版；黄茂荣：《买卖法》（增订版），中国政法大学出版社2002年版；黄薇主编：《中华人民共和国民法典合同编释义》，法律出版社2020年版；梁慧星：《从过错责任到严格责任——关于合同法草案征求意见稿第76条第1款》，载梁慧星主编：《民商法论丛》（第8卷），法律出版社1997年版；欧洲民法典研究组、欧盟现行私法研究组编著，[德]克里斯蒂安·冯巴、[德]埃里克·克莱夫主编：《欧洲私法的原则、定义与示范规则：欧洲示范民法典草案》（全译本）（第1～3卷），付俊伟等译，法律出版社2014年版；石宏主编：《〈中华人民共和国民法典〉释解与适用[合同编]》（上册），人民法院出版社2020年版；石佳友、高郦梅：《违约方申请解除合同权：争议与回应》，载《比较法研究》2019年第6期；孙维飞：《违约金规范的类型与法律适用》，载《燕大法学教室》第5期（2022年3月）；王洪亮：《民法典中解除规则的变革及其解释》，载《法学论坛》2020年第4期；王洪亮：《违约金功能定位的反思》，载《法律科学（西北政法大学学报）》2014年第2期；王利明：《合同法研究》（第二卷），中国人民大学出版社2018年版；王泽鉴：《不当得利》，北京大学出版社2009年版；王泽鉴：《损害赔偿》，北京大学出版社2017年版；王泽鉴：《债法原理》，北京大学出版社2022年重排版；魏振瀛主编：《民法》，北京大学出版社2017年版；吴奕锋：《论不定期继续性合同随时终止制度　兼评〈民法典合同编（二审稿）〉的规定》，载《中外法学》2019年第2期；谢鸿飞：《〈民法典〉法定解除权的配置机理与统一基础》，载《浙江工商大学学报》2020年第6期；谢怀栻等：《合同法原理》，法律出版社2000年版；徐涤宇、张家勇主编：《〈中华人民共和国民法典〉评注》，中国人民大学出版社2022年版；杨良宜：《损失赔偿与救济》，法律出版社2013年版；姚明斌：《违约损害的赔偿范围》，载朱庆育主编：《中国民法典评注：条文选注》（第2册），中国民主法制出版社2021年版；姚明斌：《约定违约金》，载朱庆育主编：《中国民法典评注：条文选注》（第2册），中国民主法制出版社2021年版；姚志明：《履行辅助人与协助义务违反之责任》，载《月旦法学教室》第121期（2012年11月）；曾世雄：《损害赔偿法原理》，中国政法大学出版社2001年版；赵文杰：《论法定解除权的内外体系——以〈民法典〉第563条第1款中“合同目的不能实现”为切入点》，载《华东政法大学学报》2020年第3期；朱广新、谢鸿飞主编：《民法典评注：合同编　通则》（第2册），中国法制出版社2020年版；朱广新：《合同法总则研究》（下册），中国人民大学出版社2018年版；朱晓喆：《〈民法典〉合同法定解除权规则的体系重构》，载《财经法学》2020年第5期；[德]汉斯·布洛克斯等著：《德国民法总论》（第33版），张艳译，中国人民大学出版社2012年版；[美]E.艾伦·范斯沃思：《美国合同法》，葛云松、丁春艳译，中国政法大学出版社2004年版。

第十一章　买卖合同

引导案例

1.2006年9月，甲、乙签订《购房协议书》约定："甲、乙就A大厦北一楼及中庭售房事宜形成如下一致意见：(1)乙方购买甲方所拥有的A大厦北一楼及中庭建筑面积2100平方米，总价格6750万元(最后按照房管部门办理的产权证为准进行结算)。(2)本协议签订之日起，甲方收到乙方预计购房定金1000万元，待购房合同签订时，该定金自动转为购房款。(3)甲、乙双方应就购房合同及付款方式等问题在本协议原则下进行具体磋商。(4)甲、乙双方均应遵守本协议所确定的原则，违反则违约方向守约方支付违约金1000万元。(5)甲、乙双方就该宗房屋买卖合同签订时，本协议自动生效。"[1]

2. 乙与甲签订商铺买卖合同一份，购买甲开发建设的A广场第二层一间商铺。乙付清了购房款，甲也已将该商铺交付乙使用。1999年6月，在A广场租房的B有限公司因经营不善，遭到哄抢后倒闭，各小业主经营的商铺也随之关门停业。当年12月，购物中心又在A广场开业。由于经营成本过高，各小业主不服从物业管理，不交纳物业管理费，购物中心也于2002年1月停业。A广场的两度停业，引起大部分业主不满，纷纷要求退掉购买的商铺，后政府出面协调，要求原告回收已售出的商铺，将原来的市场铺位式经营，改变为统一经营。为此，甲开始回收已售出的商铺，对A广场重新布局。目前广场中150余家商铺，回收得只剩下乙，A广场开始重新布局施工，由于乙不退商铺，广场不能全面竣工。上述情形构成情势变更。甲请求判令解除商铺买卖合同，乙将所购商铺返还给甲，以便甲能够完成对A广场的重新调整。甲表示除退还购房款外，愿意给予合理的经济补偿。[2]

3.2007年2月，原告甲从乙汽车服务有限公司购买上海通用雪佛兰景程轿车一辆，价格138,000元，双方签有《汽车销售合同》。该合同第7条约定："……卖方保证买方所购车辆为新车，在交付之前已作了必要的检验和清洁，车辆路程表的公里数为18公里且符合卖方提供给买方的随车交付文件中所列的各项规格和指标……"合同签订当日，甲向乙公司交付了购车款、车辆购置税、服务费和保险费。同日，乙将雪佛兰景程轿车一辆交付甲，甲为该车办理了机动车登记手续。2007年5月，甲在将车辆送合力华通公司保养时，发现该车曾于2007年1月进行过维修。[3]

---

[1] 改编自"成都讯捷通讯连锁有限公司与四川蜀都实业有限责任公司、四川友利投资控股股份有限公司房屋买卖合同纠纷案"，载《最高人民法院公报》2015年第1期。

[2] 改编自"新宇公司诉冯某梅商铺买卖合同纠纷案"，载《最高人民法院公报》2006年第6期。

[3] 改编自"张某诉北京合力华通汽车服务有限公司买卖合同纠纷案"，最高人民法院指导案例17号(2013年)；"邓某华诉上海永达鑫悦汽车销售服务有限公司买卖合同纠纷案"，载《最高人民法院公报》2018年第11期。

4. 2007 年 1 月，甲与乙公司签订《借款协议》，主要约定：乙公司向甲借款 1100 万元，期限至 2007 年 4 月；乙公司自愿将其开发的当地 A 小区 10 号楼商铺抵押给甲，抵押的方式为和甲签订商品房买卖合同，并办理备案手续，开具发票；如乙公司偿还借款，甲将抵押手续（合同、发票、收据）退回，如到期不能偿还，乙公司将以抵押物抵顶借款，双方互不支付对方任何款项等。该合同签订后，甲向乙公司发放了 1100 万元借款，乙公司出具了收据。至 2007 年 4 月，乙公司未能偿还该借款。〔1〕

第一节　买卖合同概述

买卖合同是最重要的典型合同。《民法典》合同编通则从合同的订立、效力到履行和不履行的救济，均以买卖交易为其典型予以设计。本章共 53 条，系典型合同中条文最多的合同，对买卖合同中当事人负担的主要义务、标的物的交付和风险承担、履行不符合合同约定（不完全履行）在标的为物的所有权让与类型中的具体化（瑕疵）、分期付款买卖、样品买卖、试用买卖和所有权保留买卖等问题作了规定。买卖合同之所以是分则中最重要的合同：一是因为买卖合同为市场经济活动中市场主体经常运用的商品交换的基本和普遍的形式；二是因为买卖合同是典型的有偿合同，对其他有偿合同具有补充指导作用，当其他有偿合同没有法律规范时，可以参照适用买卖合同的法律规范（《民法典》第 646 条）。

原《合同法》实施以来，随着司法实践的积累和学理探讨的深入，买卖合同相关规则通过司法解释等得到了极大的发展，《民法典》进一步完善了买卖合同相关规定。合同法时代立法时，“合同的订立”和“买卖合同”中给付义务、风险负担的规定，参考了《联合国国际货物销售合同公约》的规定，值得关注。当然，实际生活中的交易形态丰富多样，在标的物扩张到权利买卖、当事人存在整体的结构性差异，如债权股权等权利转让交易、知识产权交易、消费品买卖、食品买卖等，存在权利变动、法律政策上的特别考量，也存在不少特别法规范。

一、买卖合同的概念、特征、功能

买卖合同是出卖人和买受人约定，就将来物或权利的所有权的让与和对价的支付设定义务的法律结构。买卖合同是诺成、双务、有偿的合同，通常也是典型的一时性合同。首先，买卖合同是卖方转移财产所有权的合同。卖方不仅要将标的物交付给买方，而且要将标的物的所有权转移给买方。转移所有权，使买卖合同与一方也要交付标的物的其他合同，如租赁合同、借用合同、保管合同等区别开来。〔2〕其次，买卖合同是买方应支付价款的合同，并且价款是取得标的物所有权的对价。这又使买卖合同与其他转移财产所有权的合同，如易货交易合同、赠与合同区别开来。

---

〔1〕 改编自“朱某芳与山西嘉和泰房地产开发有限公司商品房买卖合同纠纷案”，载《最高人民法院公报》2014 年第 12 期；“冯某、刘某龙、马某忠、王某刚诉新疆鄂尔多斯彦海房地产开发有限公司商品房买卖合同纠纷案”，最高人民法院指导案例 72 号（2017 年）。

〔2〕 参见周江洪：《典型合同原理》，法律出版社 2023 年版，第 23 页。

二、区分原则

合同编分则买卖合同章规定了出卖人和买受人的主给付义务:“买卖合同是出卖人转移标的物的所有权于买受人,买受人支付价款的合同。”(《民法典》第595条)在条文表述上,存在如下歧义:买卖合同直接引起标的物所有权移转,而实际上合同在当事人之间产生的是债的效力,即一方请求另一方的权利,而不能直接导致所有权或其他权利的变动。导致当事人权利的变动需要当事人的特别约定。[1] 我国《民法典》第215条确立了区分原则。该条规定:“当事人之间订立有关设立、变更、转让和消灭不动产物权的合同,除法律另有规定或者当事人另有约定外,自合同成立时生效;未办理物权登记的,不影响合同效力。”《民法典》第597条也从合同的效力和责任的关系层面,再次确认了区分原则,该条规定:因出卖人未取得处分权致使标的物所有权不能转移的,买受人可以解除合同并请求出卖人承担违约责任。[2] 事实上,指向将来的设定义务的合意与实时的物权变动和让与的合意在内容上完全不同,是相互区分的两项合意,区分原则是对于事实的描述和确认。相反,两项合意之间的关系,是否效力上相互影响,是立法者可以作出选择的范围。

三、买卖合同的标的物

法条中“所有权”将标的物主要限定在有体物上。物是人之外的其他客体,由此,人的劳动力并非买卖标的物,而是劳务型合同的标的物。但是,劳务中可以包括买卖或完成标的物,前者如行纪,后者如承揽。[3]

法条中“所有权”将标的物主要限定于有体物,它包括动产和不动产。这还是着眼于传统的有体物买卖,但不能忽视的事实是,现代社会中权利买卖,甚至无体物买卖的比重越来越高。[4] 《民法典》第646条规定:“法律对其他有偿合同有规定的,依照其规定;没有规定的,参照适用买卖合同的有关规定。”《买卖合同解释》第32条进一步规定了债权转让、股权转让等权利转让合同,可以根据该条规定参照适用买卖合同的规定。[5]

值得一提的是,参照准用买卖合同章的规定具体为何?依照《民法典》的法条结构,买卖合同章依序包括:义务、风险负担、不完全履行/瑕疵的确定、特种买卖。对于其他类型的非权利转让型的合同,主要可参照的是风险负担和不完全履行的相关规定;对于让渡使用收益类的继续性合同,风险负担和确定瑕疵的时点,与买卖合同相比,区别较大,并非以交付作为判断标准;对于债权、股权、合伙份额类权利买卖的合同,可参照的内容比较有限。[6] 因此,对于分则其他类型的合同,特别法中的合同类型,学习时要特别关注其与合同通则/买卖合同规则不同的规定。

在《民法典》编纂过程中,有意见提出应当在买卖合同的定义中加上权利转让的内容。因此在这里必须明确,《民法典》合同编在买卖合同这一章对这个问题采取的是什么态度。主张广义买卖合同观点的一个重要理由是,在现代社会中,像不动产买卖以及大量的多种形式的权

---

〔1〕 参见钟维:《论物权变动区分原则在无权处分领域之贯彻》,载《人大法律评论》2009年第1期。

〔2〕 参见王利明:《论债权形式主义下的区分原则——以〈民法典〉第215条为中心》,载《清华法学》2022年第3期。

〔3〕 参见周江洪:《典型合同原理》,法律出版社2023年版,第25页。

〔4〕 Vgl. Esser/Weyers, Schuldrecht BT(Bd. 2), Teilband 1, 8 Aufl., Heidelberg 1998, S. 3.

〔5〕 参见费安玲:《论买卖合同标的物规则的形成理念——以人格尊严和无体物为分析视角》,载《环球法律评论》2022年第3期。

〔6〕 参见易军:《买卖合同之规定准用于其他有偿合同》,载《法学研究》2016年第1期。

利买卖已经是社会商品交易的重要环节，积极发挥这些商品的巨大价值，对于促进经济的繁荣发展具有重大意义。这样的认识无疑是正确的。[1] 然而，正是由于我国改革的不断深化，社会经济日新月异的发展，诸如股票、债券、专利权、商标专用权等特殊商品的转让或者说买卖，不但发展迅速，而且逐渐形成一系列特殊的规则。[2] 有关货物买卖或者说一般买卖的规定能够适用于各种各样的权利的转让或者买卖的，只能是一些较原则性的规定，还需要有针对性地专门制定一些更有可操作性的规则。

第二节 买卖合同的效力

一、出卖人的给付义务

出卖人负有转移标的物所有权、转移占有的义务，是各国立法例普遍认可的。但是，对于交付无瑕疵之标的，属于法定担保责任还是合同编通则中"履行符合合同约定"在转移所有权类型合同中的具体表现，理论尚有争议，这样的争议主要是受到德国旧民法的影响。[3] 我国在违约责任和出卖人义务立法中，主要参考了《国际统一私法协会国际商事合同通则》和《联合国国际货物销售合同公约》的规定，两项国际私法统一法文件采用的都是将出卖人的物的瑕疵担保责任统合进了违约责任，我国法奉行的是违约责任"单轨制"，而不是违约责任与瑕疵担保责任并存的"双轨制"。我国法上的违约责任是一个统一的概念，应当作统一的解释。解释论上主张物的瑕疵担保责任相对独立存在，与实定法规定不相符。[4] 值得注意的是，2002 年德国债法改革后，《德国民法典》第 433 条第 3 款规定也进行了修改，买卖合同中出卖人的主给付义务是，物的出卖人有义务将该物交付给买受人并使买受人取得该物的所有权。出卖人必须使买受人取得没有物的瑕疵和权利瑕疵的物。[5] 当然德国法与上述公约以及我国《民法典》买卖合同的规定，仍然存在细节上的区别，属于"瑕疵责任"的不完全并入统一的违约责任体系，例如，其在诉讼时效上仍然保留了针对瑕疵履行的特别的规定。以下依序讨论出卖人的三项主给付义务。

（一）转移标的物所有权

出卖人负有向买受人转移标的物所有权的义务，且标的物在法律上和物理上的品质属性应当符合合同约定和法律的规定。对于前者，具体而言，出卖人应当履行向买受人交付标的物或者交付提取标的物的单证，并转移标的物所有权的义务。此外，还需按照约定或者交易习惯向买受人交付提取标的物单证以外的有关单证和资料。出卖具有知识产权的标的物的，除法律另有规定或者当事人另有约定外，该标的物的知识产权不属于买受人。[6] 对于后者，"依约履行"，是指出卖人应当按照合同约定的时间、地点履行义务。首先，出卖人应当按照约定的时

---

〔1〕 参见王雷：《民法典中参照适用条款的方法论意义》，载《现代法学》2023 年第 2 期。
〔2〕 参见王雷：《股权转让合同对民法典的参照适用》，载《广东社会科学》2022 年第 4 期。
〔3〕 参见韩世远：《合同法总论》（第 4 版），法律出版社 2018 年版，第 339 页。
〔4〕 参见韩世远：《出卖人的物的瑕疵担保责任与我国合同法》，载《中国法学》2007 年第 3 期。
〔5〕 参见王利明：《中德买卖合同制度的比较》，载《比较法研究》2001 年第 1 期。
〔6〕 参见周江洪：《典型合同原理》，法律出版社 2023 年版，第 30 页。

间交付标的物。约定交付期限的,出卖人可以在该交付期限内的任何时间交付;当事人没有约定标的物的交付期限或者约定不明确的,适用《民法典》第510条、第511条第4项的规定。其次,出卖人应当按照约定的地点交付标的物。当事人没有约定交付地点或者约定不明确,依据《民法典》第510条的规定仍不能确定的,适用下列规定:(1)标的物需要运输的,出卖人应当将标的物交付给第一承运人以运交给买受人。(2)标的物不需要运输,出卖人和买受人订立合同时知道标的物在某一地点的,出卖人应当在该地点交付标的物;不知道标的物在某一地点的,应当在出卖人订立合同时的营业地交付标的物。[1]

《民法典》第597条第1款规定,因出卖人未取得处分权致使标的物所有权不能转移的,买受人可以解除合同并请求出卖人承担违约责任。依据买卖合同的定义,出卖人负有交付买卖标的物并移转所有权的义务,因而出卖人为保证买卖合同的履行,应当对买卖标的物具有处分权。[2] 当出卖人对买卖合同的标的物不具有处分权时,意味着买受人无法获得标的物的所有权,也就是不能实现合同的目的,根据《民法典》第563条和第566条的规定,买受人可以解除其与出卖人之间订立的买卖合同,并要求出卖人承担违约责任。据此,进一步确认了设定义务的负担行为与处理物权让与、变动的处分行为的区分原则。[3]

买卖合同的买受人的目的就是取得标的物的所有权,所以交付标的物并转移标的物所有权是出卖人最基本的义务。

(二)交付标的物的占有

出卖人向买受人交付标的物,转移对标的物的占有,是出卖人的主要义务(原《合同法》第135条)。转移标的物的占有,通常是通过现实交付实现的。现实交付,是指出卖人将标的物的占有直接转移给买受人,使买受人获得对标的物的实际控制和占有。但是在经济生活中,除现实交付外,还有拟制交付的情况。拟制交付,是指出卖人并不直接交付标的物而是交付标的物的所有权(或者其他财产权,如国有企业的经营权),以代替标的物的实际交付。[4] 拟制交付分为简易交付、占有改定和指示交付。

1. 简易交付

简易交付,是指在买卖合同订立前买受人已经实际占有标的物的情况。在简易交付时,自合同生效之时起即为交付。《民法典》第226条规定:"动产物权设立和转让前,权利人已经占有该动产的,物权自民事法律行为生效时发生效力。"

2. 占有改定

占有改定,是指由双方当事人订立代替交付的占有改定合同(可以在买卖合同中订立占有改定的条款,也可以另行订立占有改定的协议,还可以将买卖合同和租赁合同结合起来订立在一个合同文本中),使买受人取得对标的物的间接占有,以代替标的物的实际交付。[5]

3. 指示交付

指示交付是指在出卖的标的物由第三人占有的情况下,出卖人将对于第三人就标的物的

---

〔1〕 参见朱晓喆:《寄送买卖的风险转移与损害赔偿——基于比较法的研究视角》,载《比较法研究》2015年第2期。
〔2〕 参见王利明:《论无权处分》,载《中国法学》2001年第3期。
〔3〕 参见崔建远:《无权处分合同的效力、不安抗辩、解除及债务承担》,载《法学研究》2013年第6期。
〔4〕 参见陈华彬:《论动产所有权让与中的交付》,载《比较法研究》2021年第2期。
〔5〕 参见吴香香:《〈民法典〉第598条(出卖人主给付义务)评注》,载《法学家》2020年第4期。

返还请求权转让给买受人,以代替标的物的实际交付。如出卖人将提单、仓单交付给买受人,由买受人向第三人提取标的物。《民法典》第 598 条规定的交付提取标的物的单证,即属于对指示交付的规定。

(三)交付无瑕疵之物

《民法典》合同编通则第 577 条和第 582 条是针对各合同类型中违约责任的统领性规定。适用于转让类合同、使用用益类合同和以行为作为债务主要内容等合同;适用于一时性合同,也适用于继续性合同。条文规定:当事人一方不履行合同义务或者履行合同义务不符合约定的,应当承担继续履行、采取补救措施或者赔偿损失等违约责任。履行不符合约定的,应当按照当事人的约定承担违约责任。对违约责任没有约定或者约定不明确,依据本法第 510 条的规定仍不能确定的,受损害方根据标的的性质以及损失的大小,可以合理选择请求对方承担修理、重作、更换、退货、减少价款或者报酬等违约责任。

《民法典》第 615 条规定了买卖合同的出卖人的标的物符合质量要求的义务,第 616 条规定了质量要求的确定规则,第 617 条规定出卖人交付的标的物不符合质量要求的,买受人可以依照《民法典》第 582 条至第 584 条的规定请求承担违约责任。而第 582 条是合同编第八章"违约责任"中的一条具体规定。另外,第 610 条第 1 句规定,因标的物不符合质量要求,致使不能实现合同目的的,买受人可以拒绝接受标的物或者解除合同。这应当理解为《民法典》第 563 条关于合同法定解除权一般规定的另一种表述或者具体化,而不是与之不同的另外一种特别的法律效果。[1] 总之,在我国合同法上,关于买卖标的物不符合质量要求的法律效果,总体上是适用合同编通则的一般规定,而不是与之有别。换言之,传统民法上物的瑕疵担保义务之违反,在我国合同法上就是作为合同义务的违反,相应地发生违约责任,此外并不发生其他特别的法律责任。也正是在这一意义上,可以说我国合同法实现了传统的瑕疵担保责任与违约责任的统合。对于《民法典》合同编的这一立场,如果我们考虑该法一方面尽可能地保持原《民法通则》的既有规定和立场;另一方面在买卖法部分又大量借鉴了联合国公约等的规定,就可以发现,合同编于买卖法中不设独立的物的瑕疵担保责任制度,而将它统一于违约责任等规则中,在逻辑上是多么地顺理成章了。[2]

交付物之瑕疵,又可以进一步区分为权利瑕疵和物的瑕疵。从这一分类中可以看到,以行为作为债务主要内容的合同,既无法也无须适用《民法典》第 646 条的有偿合同准用买卖合同的规定,而应当适用合同编通则第 577 条和第 582 条的规定。[3]

1. 交付无物的瑕疵之物

根据《民法典》第 615 条的规定,出卖人应当按照约定的质量要求交付标的物。《民法典》第 612 条规定,出卖人就交付的标的物,负有保证第三人对该标的物不享有任何权利的义务,但法律另有规定的除外。《民法典》第 509 条规定,当事人应当按照约定全面履行自己的义务。因此,给付无瑕疵之物,构成出卖人之主要给付义务,出卖人给付有瑕疵之物时,即构成《民法典》合同编第八章规定的违约责任。买卖的标的物是否有物之瑕疵或权利瑕疵,是以物权转移

---

〔1〕 参见严之:《物之瑕疵担保责任制度的发展及其在我国〈合同法〉中的定位》,载《暨南学报(哲学社会科学版)》2015 年第 3 期。

〔2〕 参见韩世远:《合同法总论》(第 4 版),法律出版社 2018 年版,第 549 页。

〔3〕 参见刘怡:《买卖合同物之瑕疵判断标准中德比较研究》,载《法律适用》2018 年第 9 期。

时即物之交付时为准。下文简述瑕疵的类型。

（1）主观瑕疵

买卖双方间的明确约定是主观标准的最直接体现。[1] 出卖人特别担保买卖的标的物具有特定之品质，于买卖之标的物不具有特定之品质时，应为其结果负责任。出卖人之保证原则上应以明示为之，默示之保证应从轻解释。

买卖标的物之实际品质与其应当具有之品质不符，即减少之价值或效用，应达重要之程度，始构成物之瑕疵，否则不得视为瑕疵。减少之价值或者效用，是否达重要之程度，应特别考量买受人对于买卖标的物之使用目的及一般交易观念。[2] 例如，购买汽车的目的在于作为交通工具使用，则该车引擎受损应为瑕疵；反之，若作为观赏使用，则该车引擎受损即非瑕疵。

（2）客观瑕疵

可能属于客观标准确定方式的主要包括通常使用目的，标的物的通常标准、国家标准、行业标准，买方的合理期待。[3] 《民法典》第 616 条规定，当事人对标的物的质量要求没有约定或者约定不明确，依据本法第 510 条的规定仍不能确定的，适用本法第 511 条第 1 项的规定。而《民法典》第 511 条第 1 项则明确规定了各种客观标准的适用顺序：质量要求不明确的，按照强制性国家标准履行；没有强制性国家标准的，按照推荐性国家标准履行；没有推荐性国家标准的，按照行业标准履行；没有国家标准、行业标准的，按照通常标准或者符合合同目的的特定标准履行。当然，根据《民法典》第 510 条的规定，摆在第一位的是补充协议的约定，其次是合同相关条款或者交易习惯，最后才是《民法典》第 511 条第 1 项的各种标准适用顺序。

（3）安装瑕疵

安装瑕疵，是指出卖人没有按照合同约定的方式进行安装。买卖合同中约定出卖人上门安装的情况比较常见，如家电、嵌入式橱柜等的安装。这样的合同具有买卖和承揽的混合成分。因此，即使在标的物本身符合合同约定的情况下，在安装中发生瑕疵，无法实现合同约定的效用的，同样构成买卖合同的“履行不符合约定”。

（4）说明书瑕疵

这一类型的瑕疵来自比较法上司法实践案件，即所谓的“宜家条款”。在需安装的家具买卖合同中，买受人没有选择额外安装服务的购买，而是选择自行安装，但因为说明书安装方法不明确清晰，导致安装错误的，构成说明书瑕疵。

（5）异物交付

异物交付主要涉及两个方面的问题：一是异物交付的定性；二是异物交付问题的处理规则。其中，若将异物交付界定为履行迟延的立法例，则按照履行迟延相关规则处理；若将异物交付界定为不履行的立法例，则通过不履行相关规则处理；若将异物交付界定为瑕疵履行，则通过瑕疵救济规则处理。[4] 各国对于异物交付的判断主要包括上述 3 种可能性。在已经明确采用相符性概念/履行不符合约定的前提下，直接将异物交付界定为瑕疵履行还是迟延履行，

---

〔1〕 参见秦静云、宋汝庆：《论买卖物之瑕疵的认定》，载《河南财经政法大学学报》2017 年第 3 期。

〔2〕 参见金荣婧：《物之瑕疵担保责任的嬗变——从“买方自慎”到“卖方尽责”》，载《法治研究》2023 年第 2 期。

〔3〕 参见郭歌：《〈民法典〉物之瑕疵规范的解释与适用研究》，载《江西社会科学》2022 年第 3 期。

〔4〕 参见吴桂德：《我国民法典视野下的数字内容瑕疵担保责任——基于欧盟背景下德国法的比较法考察》，载《政治与法律》2020 年第 1 期。

在法律救济上的继续履行请求、损害赔偿请求,差别不大。

(6)数量不足

同样的界定问题,也会出现在数量不足问题上。数量不足属于迟延履行还是瑕疵履行的问题,在理论上多有争议,但以法律效果的区别作为实际区分实益的考量,也即在法律救济上的继续履行请求、损害赔偿请求,当事人都可以主张。最重要的是,我国实定法上,主要是规制实际履行的解除制度,以及违约责任章的损害赔偿的规则,没有对"原因进路"规定在继续履行和解除、损害赔偿方面做区别对待,这也符合国际统一私法文件,以及2016~2018年法国、日本债法改革的模式和趋势。

2. 交付无权利瑕疵之物

根据《民法典》第612条的规定,出卖人就交付的标的物,负有保证第三人对该标的物不享有任何权利的义务,但法律另有规定的除外。例如,甲将一栋房屋卖给乙,买卖契约中注明,该屋已经出租于丙,目前由丙占有使用中,则甲仅负担移转该屋所有权于乙的义务,并无须提前终止租约。[1] 反之,买卖契约内若未注明该屋已经出租,则丙对买受人乙主张买卖不破租赁时,乙可请求甲负瑕疵担保责任。

第三人对于买受人主张的权利,可能是债权(如租赁权)、物权,也可能是专利权、商标权或著作权,这些权利可能影响买受人对于买卖标的之使用。例如,甲将仿冒的名牌包以1000元价格卖给乙精品店,结果被没收,则乙可对甲主张权利瑕疵。

二、买受人的给付义务

《民法典》第595条买卖合同的定义中明确规定了买受人的价款支付义务。《民法典》第626条至第628条就价款支付的数额、方式、地点、时间作了具体规定。依据《民法典》第510条,合同生效后,当事人支付价款的义务的内容没有约定或者约定不明确的,可以协议补充;不能达成补充协议的,按照合同相关条款或者交易习惯确定。价款或者报酬还是不能明确的,按照订立合同时履行地的市场价格履行;依法应当执行政府定价或者政府指导价的,依照规定履行。根据合同编通则的规定,以支付金钱为内容的债,除法律另有规定或者当事人另有约定外,出卖人可以请求买受人以实际履行地的法定货币履行(《民法典》第514条)。履行地点不明确,给付货币的,在接受货币一方所在地履行(《民法典》第511条)。

三、出卖人和买受人的附随义务

出卖人和买受人均负有应当按照约定全面履行的义务;遵循诚信原则,根据合同的性质、目的和交易习惯,履行通知、协助、保密等义务;[2] 在履行合同过程中,应当避免浪费资源、污染环境和破坏生态(《民法典》第509条)。

附随义务和给付义务的违反,均可根据《民法典》第577条请求继续履行、采取补救措施和损害赔偿。在解除合同时,与给付义务一般直接关联履行利益不同,如所有权转移无法实现、拒绝支付价款等,附随义务的违反,需要达到较高程度,以至于依据当事人订约时的意思和客观情况,该附随义务的违反,无法期待守约方继续维持合同关系。[3]

---

[1] 参见纪海龙:《企业并购交易中的瑕疵担保责任——兼论权利买卖中也可存在物的瑕疵》,载《北大法律评论》2015年第2期。

[2] 参见韩世远:《合同法总论》(第4版),法律出版社2018年版,第342页。

[3] 参见《德国民法典》第324条。

四、出卖人和买受人的不真正义务

出卖人和买受人均负有一方违约后，对方应当采取适当措施防止损失的扩大的义务；没有采取适当措施致使损失扩大的，不得就扩大的损失请求赔偿（《民法典》第591条第1款）。

五、风险负担

大陆法系和英美法系合同法制度中，均规定了风险负担规则，构成了除规定义务群外重要的任意法规范。但两大法系对风险的规定存在较大区别。从原《合同法》到《民法典》，买卖合同章中的风险负担规则未作重大调整，其规范来源主要系《联合国国际货物销售合同公约》的规定。[1]

风险承担，是指买卖的标的物在合同生效后因不可归责于当事人双方的事由，如地震、火灾、狂风等，致使发生毁损、灭失时，该损失应当由哪方当事人承担。风险承担制度具有3个主要特点：一是风险承担发生在双务合同之中，单务合同没有对待给付问题，即使可能存在标的物毁损灭失风险，但不存在价金风险的问题。二是风险承担因标的物的毁损灭失而引起，不是因当事人的违约行为而引起。三是风险承担是因为不可归责于双方当事人的事由而产生的损失的分配制度，风险的发生具有极大的不可预测性。[2]

风险负担的含义是指买卖标的物发生毁损灭失后，如果风险由买受人承担，则买受人仍需履行支付价金的义务。买卖标的物发生毁损灭失可归因于出卖人的行为的，不在此限。《民法典》第604条规定：标的物毁损、灭失的风险，在标的物交付之前由出卖人承担，交付之后由买受人承担，但是法律另有规定或者当事人另有约定的除外。动产、不动产均适用该风险负担的原则规定。最高人民法院《关于审理商品房买卖合同纠纷案件适用法律若干问题的解释》第8条规定，对房屋的转移占有，视为房屋的交付使用，但当事人另有约定的除外。房屋毁损、灭失的风险，在交付使用前由出卖人承担，交付使用后由买受人承担；买受人接到出卖人的书面交房通知，无正当理由拒绝接收的，房屋毁损、灭失的风险自书面交房通知确定的交付使用之日起由买受人承担，但法律另有规定或者当事人另有约定的除外。

《民法典》第604条规定的风险负担，在大陆法系学理中又被称为“对待给付风险”，或称“价金风险”，与此相对应的是“给付风险”“购置风险”概念。在我国实定法中，例如，《买卖合同解释》第11条规定：当事人对风险负担没有约定，标的物为种类物，出卖人未以装运单据、加盖标记、通知买受人等可识别的方式清楚地将标的物特定于买卖合同，买受人主张不负担标的物毁损、灭失的风险的，人民法院应予支持。以上涉及的是“给付风险”问题，在国际货物买卖中，也称之为“划拨”，实质上处理的是买卖合意达成时，涉及标的物是种类物的情况，最晚在履行前进行指定和特定化，从而确定给付义务可否发生履行不能。[3]

在风险负担的原则规定之外，《联合国国际货物销售合同公约》又规定了寄送买卖、在途标的物买卖两项特殊情形下的风险负担规则。对此，我国《民法典》也进行了继受和采纳，《民法典》第607条规定：出卖人按照约定将标的物运送至买受人指定地点并交付给承运人后，标的物毁损、灭失的风险由买受人承担。当事人没有约定交付地点或者约定不明确，依据本法第603条第2款第1项的规定，标的物需要运输的，出卖人将标的物交付给第一承运人后，标的物

---

〔1〕 参见周江洪：《风险负担规则与合同解除》，载《法治研究》2010年第1期。

〔2〕 参见黄薇主编：《中华人民共和国民法典合同编释义》，法律出版社2020年版，第416页。

〔3〕 参见易军：《违约责任与风险负担》，载《法律科学（西北政法学院学报）》2004年第3期。

毁损、灭失的风险由买受人承担。出卖人出卖交由承运人运输的在途标的物，除当事人另有约定外，毁损、灭失的风险自合同成立时起由买受人承担。

此外，《联合国国际货物销售合同公约》在其官方评注中还解释和确立了自违约时起，风险转移给违约方的原则。该原则在公约条文以及继受进入我国法中稍显重复，例如，《民法典》第605条规定，因买受人的原因致使标的物未按照约定的期限交付的，买受人应当自违反约定时起承担标的物毁损、灭失的风险。[1]《民法典》第608条规定，出卖人按照约定或者依据本法第603条第2款第2项的规定将标的物置于交付地点，买受人违反约定没有收取的，标的物毁损、灭失的风险自违反约定时起由买受人承担。学习时，可结合原则理解和掌握。

《民法典》第610条规定了因标的物不符合质量要求，致使不能实现合同目的的，买受人可以拒绝接受标的物或者解除合同。买受人拒绝接受标的物或者解除合同的，标的物毁损、灭失的风险由出卖人承担。该规则与大陆法系"风险回跳"规则类似，因而在法律效果上，对目前规则多有质疑。[2] 事实上，该条是关于出卖人根本违约的情况下风险承担的规定。[3] 该条是参考《美国统一商法典》作出的规定，该法典第2-510条规定："当提示交付或交付的货物不符合合同，致使买方有权拒收时，在卖方作出补救或在买方接受货物前风险仍由卖方承担……在这种情况下，买受人当然可以拒收或者在接收后依据本法第563条第4项的规定解除合同，由此导致风险的发生，才引发风险的分担问题。出卖人的履行不合格构成根本违约，表明出卖人的交付不构成真正的交付，由此产生的标的物毁损、灭失的风险应由出卖人承担。"由此，《民法典》第610条原意在于解释瑕疵履行的情况，根据瑕疵属于明显瑕疵或隐蔽瑕疵，买受人可以采取拒收或检查后要求退回和解除合同的救济。两项救济均需满足《民法典》合同编通则中第563条关于解除规则的一般要件，即违约需达到合同目的无法实现/根本违约/合同预期利益无法达成的要求。易言之，该条系对于"交付转移风险"这一原则规定在瑕疵履行时的"交付"的解释。

在风险负担和违约责任的关系方面，《民法典》第611条规定："标的物毁损、灭失的风险由买受人承担的，不影响因出卖人履行义务不符合约定，买受人请求其承担违约责任的权利。"因为风险负担主要解决给付和对待给付的关系问题，损害赔偿解决的是履行利益即价值额的弥补的问题，应避免将两者混淆。

第三节 特种买卖合同

一、分期付款买卖合同

（一）分期付款买卖的定义与适用范围

《民法典》第634条第1款规定，分期付款的买受人未支付到期价款的数额达到全部价款的1/5，经催告后在合理期限内仍未支付到期价款的，出卖人可以请求买受人支付全部价款或

---

〔1〕 参见崔建远：《风险负担规则之完善》，载《中州学刊》2018年第3期。

〔2〕 参见江海、石冠彬：《论买卖合同风险负担规则——〈合同法〉第142条释评》，载《现代法学》2013年第5期。

〔3〕 参见黄薇主编：《中华人民共和国民法典合同编释义》，法律出版社2020年版，第345页。

者解除合同。

《买卖合同解释》第27条进一步明确,《民法典》第634条第1款规定的“分期付款”,系指买受人将应付的总价款在一定期限内至少分3次向出卖人支付。《买卖合同解释》第28条规定,分期付款买卖合同约定出卖人在解除合同时可以扣留已受领价金,出卖人扣留的金额超过标的物使用费以及标的物受损赔偿额,买受人请求返还超过部分的,人民法院应予支持。当事人对标的物的使用费没有约定的,人民法院可以参照当地同类标的物的租金标准确定。[1]

分期付款买卖合同,之所以可以适用不同于给付和对待给付原则上同时履行的合同的解除规则和加速到期规则,最主要的原因在于,其是由出卖人先向买受人交付标的物,买受人将应付的总价款在一定期限内分次向出卖人支付的买卖合同。分期付款买卖也是一种特殊买卖,其根本特征在于买受人在接受标的物后不是一次性支付全部价款,而是将全部价款分成若干份,分不同日期支付。分期付款买卖在某种意义上也属于一种赊购,但买受人在接受标的物之后,不是在一定期限内一次性地支付价款,而是在一定期限内分批次地支付。分期付款买卖中,当事人双方可以自由约定付款的期限和次数,也可以约定买受人在接受标的物前先支付或者先分期支付若干价款,但在出卖人交付标的物后买受人原则上至少应当再分两次向出卖人支付价款,否则就不属于分期付款的买卖。分期付款买卖一般在买卖标的物价金较高、买受人一次性筹款支付有困难时适用。[2]

《民法典》第634条规定的适用范围,在原《合同法》时期曾有争议,最高人民法院在指导案例67号“汤某龙诉周某海股权转让纠纷案”[3]中指出:“依据上述法律和司法解释的规定,分期付款买卖的主要特征为:一是买受人向出卖人支付总价款分三次以上,出卖人交付标的物之后买受人分两次以上向出卖人支付价款;二是多发、常见在经营者和消费者之间,一般是买受人作为消费者为满足生活消费而发生的交易;三是出卖人向买受人授予了一定信用,而作为授信人的出卖人在价款回收上存在一定风险,为保障出卖人剩余价款的回收,出卖人在一定条件下可以行使解除合同的权利。”[4]针对该指导案例的说理,有以下几点需要明确:(1)《民法典》第634条作为合同编通则的特别规定的原因,在于其改变了同时履行的基本原则,令出卖人负担了更高的风险,因而允许其在对待给付的迟延或不履行的总额达1/5时,即可享有解除的权利。出卖人丧失对标的物的占有/所有之后,时间越长,对于出卖人来说,无法取得价金同时又丧失占有/所有的风险就越高。(2)以上分期付款交易属于出卖人赊销、提供信用的方式,在商事交易、消费品交易等各类交易中均可发生。

(二)分期付款出卖人避免风险的特别约定

分期付款买卖使买受人未支付全部价金即取得买卖标的物,出卖人未得到全部价金即需移转买卖标的物,出卖人存在不能取得全部价金的风险。因此,在分期付款买卖合同中,出卖人为规避风险往往会提出一些有利于自己的合同条款。一般来说,这也是合理的,是合同自愿

---

[1] 参见郝丽燕:《〈合同法〉第167条(分期付款买卖)评注》,载《法学家》2019年第5期。

[2] 参见黄薇主编:《中华人民共和国民法典合同编释义》,法律出版社2020年版,第415~416页;史尚宽:《债法各论》,中国政法大学出版社2000年版,第91页。

[3] 参见最高人民法院(2015)民申字第2532号民事裁定书。

[4] 蔡睿:《分期付款买卖中出卖人解除权的制度构造与立法反思——兼评最高人民法院67号指导案例》,载《法律科学(西北政法大学学报)》2019年第3期。

原则的体现。然而,分期付款的买受人往往是弱者,其利益容易受到损害。[1] 因此,法律为了防止出卖人提出的这些条款过于苛刻,应当作出一定的限制,以保证买卖当事人之间利益的平衡。出卖人在对分期付款买卖采取规避风险的各种措施中,最重要的就是解除合同或者请求支付全部价款的特别约定。为保证及时收取价款,出卖人可以在合同中提出这样的条款,即买受人不按期支付价金,出卖人有权请求买受人一并支付未到期的价金。这种条款可以称为期限利益丧失条款。由于分期付款买卖中的期限利益属于买受人,为防止因特别约定致使买受人一有迟延付款的行为即丧失期限利益的不公平现象,一些国家和地区的法律往往对因买受人迟延付款而丧失期限利益的特别约定加以限制,只有买受人不按期付款达到一定程度的违约时,出卖人才能请求其加速支付未到期价金。[2]

法律对出卖人请求支付全部价款的特别约定的上述限制,属于法律强制性规定。当事人在合同中不得限制、排除或者违反这些限制,否则便是无效的。《买卖合同解释》第 27 条第 2 款规定,分期付款买卖合同的约定违反《民法典》第 634 条第 1 款的规定,损害买受人利益,买受人主张该约定无效的,人民法院应予支持。

法律作出这样的规定,目的在于保护买受人的利益,如果当事人在合同中的约定对保护买受人的利益更加有利,则是不违反法律规定的。例如,当事人的特别约定是,出卖人只有在买受人连次未支付价款,并且未支付到期价款的金额达到全部价款的 1/5 时,才可以请求买受人支付到期以及未到期的全部价款或者解除合同,这样的约定就是有效的。[3] 除上述设立期限利益丧失的特别约定外,出卖人在分期付款买卖中还可以提出设立一些其他的特别约定,以规避其风险。这些特别约定属于合同的自愿范畴,各国法律对此一般少有限制。《民法典》第 634 条有关分期付款买卖合同解除的规定就是对通则有关规定的具体化。

(三)分期付款买卖合同的解除

值得一提的是,分期付款买卖合同同样适用于合同编通则中关于合意解除和解除权的一般规定。在解除的法律效果上,《民法典》第 566 条规定:合同解除后,尚未履行的,终止履行;已经履行的,根据履行情况和合同性质,当事人可以请求恢复原状或者采取其他补救措施,并有权请求赔偿损失。失于返还效果,“恢复原状”,依据比较法和民法原理,通常包括给付的返还和用益的交出。[4] 我国通说认为,虽然我国《民法典》第 566 条并未明确规定使用利益的返还,但通常认为该条规定的“恢复原状”包括返还财产所产生的利息和其他孳息。[5] 而反观《民法典》第 634 条第 2 款“出卖人解除合同的,可以向买受人请求支付该标的物的使用费”的规定,对它的解释是对于通则返还规则的确认,还是特别法规定,反而有了疑问,不如将其统一规定在合同编通则解除的法律效果中。

二、凭样品买卖合同

凭样品买卖合同,又称货样买卖,是指买卖双方根据货物样品而订立的由出卖人按照样品

---

〔1〕 参见孙新宽:《分期付款买卖合同解除权的立法目的与行使限制——从最高人民法院指导案例 67 号切入》,载《法学》2017 年第 4 期。

〔2〕 参见黄薇主编:《中华人民共和国民法典合同编释义》,法律出版社 2020 年版,第 417 页。

〔3〕 参见周江洪:《分期付款买卖合同的解除及其限制——“汤长龙诉周士海股权转让纠纷案”评释》,载《交大法学》2017 年第 4 期。

〔4〕 参见《德国民法典》第 346 条。

〔5〕 参见黄薇主编:《中华人民共和国民法典合同编释义》,法律出版社 2020 年版,第 417 页。

交付标的物的合同。凭样品买卖合同属于一种特殊的买卖合同，其特殊性主要表现在三个方面：一是合同标的物的质量、属性等是根据样品确定的，并且该样品应当是订立合同时存在的样品；二是当事人基于对样品的信赖而订约；三是交付的标的物以样品来衡量，即当事人在合同中明确规定以样品来确定标的物品质。需要特别说明的是，如果出卖人先向买受人提示样品，而后双方订立合同时未明确表明进行的是凭样品买卖合同，则双方不成立凭样品买卖合同。因此，按照商店中摆列商品购物不属于凭样品买卖。凭样品买卖的当事人应当封存样品，并可以对样品质量予以说明。出卖人交付的标的物应当与样品及其说明的质量相同。凭样品买卖的买受人不知道样品有隐蔽瑕疵的，即使交付的标的物与样品相同，出卖人交付的标的物的质量仍然应当符合同种物的通常标准（《民法典》第635条至第636条）。

三、试用买卖合同

试用买卖合同，也称试验买卖合同，是指出卖人和买受人约定，由买受人对标的物进行试用，并由买受人决定是否购买标的物的一种特殊的买卖合同。在试用买卖中，买卖当事人双方约定由买受人使用或者试验标的物，以买受人经过一段时间后认可标的物为合同生效条件。因此，标的物的试用期限是试用买卖合同中的重要条款，基于合同的自愿原则，合同当事人可以就标的物的试用期限进行约定。所以，《民法典》第637条规定试用买卖的当事人可以约定标的物的试用期限。如果当事人在试用买卖合同中对试用期限没有约定或者约定不明确，自然应当依据《民法典》第510条的规定，通过重新协商或者根据合同的条款、交易习惯来确定。也就是说，当事人双方可以协议补充；双方不能达成补充协议的，按照试用买卖合同中的有关条款进行确定；仍然无法确定的，按照交易习惯确定。如果此时还不能确定，则由出卖人来确定试用的期限，以避免试用期限一直处于不确定的状态。

《民法典》第637条的规定参考了《美国统一商法典》有关内容。《美国统一商法典》第2-326条第1款规定，除非另有协议，已交付的货物在符合合同的情况下亦可由买方退回卖方，此种交易在货物主要供使用时称为试用。[1] 试用买卖作为买卖的一种，除法律另有规定外，应当适用一般买卖的有关规定。

《民法典》第638条至第640条规定了试用买卖的承诺方式、使用费和风险负担的特别规定。试用买卖的买受人在试用期内可以购买标的物，也可以拒绝购买。试用期限届满，买受人对是否购买标的物未作表示的，视为购买。试用买卖的买受人在试用期内已经支付部分价款或者对标的物实施出卖、出租、设立担保物权等行为的，视为同意购买。试用买卖的当事人对标的物使用费没有约定或者约定不明确的，出卖人无权请求买受人支付。标的物在试用期内毁损、灭失的风险由出卖人承担。

四、所有权保留买卖合同

买卖合同的基本特征是双务性，即给付与对待给付同时履行。所有权保留买卖在经济上表现为，一方面，买受人虽然需要某物，但却无法凑齐价款，在通常情况下无法获得转让物所有权。这样买受人只能寻求其他方法，以便能够在未付清价款时使用该物。另一方面，出卖人需尽快地出卖货物并完成交付，以便腾空仓库，具有经济利益驱动。在这种情况下，所有权保留制度在广泛的范围内被世界各国采用。[2] 出卖人可以出卖货物，并在没有得到买卖价款时进

---

〔1〕 参见何波：《买卖合同质量异议期和试用买卖的认定及责任承担》，载《法律适用》2009年第3期。

〔2〕 参见高圣平、叶冬影：《论民法典上所有权保留买卖交易的担保功能》，载《法学评论》2023年第3期。

行交付。买受人可以无须支付买卖价款,订立买卖合同并接受货物。出卖人虽然交付货物并使买受人得以使用,但出卖人具有必要的担保,即买卖价款付清前,所有权不转移。通过这样的方式,简单的所有权保留得以实现对买卖双方的利益平衡。[1]

所有权保留买卖涉及《民法典》第595条(买卖合同)、第224条至第228条(交付及交付替代)和第158条(附条件的法律行为)。通过上述规则保留的所有权不具有对抗善意第三人的效力,出卖人可选择为其登记以取得对抗效力(第641条第2款)。因《民法典》第388条认可所有权保留买卖合同具有担保功能,可直接或类推适用担保物权的相关规定弥补相应的规范缺失。当买受人的行为符合《民法典》第642条第1款规定的情况时,出卖人可依据同条第2款行使取回权或参照适用担保物权的实现程序。《民法典》第643条规定了买受人的回赎权及其行使程序,以及在买受人不行使回赎权时出卖人的另行出卖权。在实践中,所有权保留常常与分期付款买卖(第634条)结合在一起。但是,分期付款买卖与所有权保留没有必然联系,双方可以约定分期付款而不保留所有权,也可以约定在一次性付清价款之前保留所有权。

从体系上看,所有权保留买卖的条文位于合同编,标的物的所有权保留之实现受制于动产物权变动的基本规则,这体现出一定的形式主义特征。然而,从《民法典》为被保留所有权之效果、出卖人的权利之实现等设置的规则观之,立法者更倾向从功能主义的角度规范所有权保留买卖。据此,被保留的所有权实为担保物权。出卖人若于交付后10日内办理所有权保留登记,则享有超级优先顺位,其他情况可参照适用《民法典》第414条第1款确定出卖人的权利顺位。买受人在条件成就前即已取得真正的所有权,条件成就后的所有权转移仅仅意味着出卖人的担保物权归于消灭。因此,买受人于条件成就之前即可有效地在标的物上设定权利负担;次买受人在买受人的正常经营活动中,可取得无出卖人权利负担的所有权。[2]

现代融资担保交易中,所有权保留是一种常见的非典型担保。《民法典》积极回应了非典型担保的制度需求。但是,《民法典》起草者在设计我国非典型担保制度时,仍部分地保留了形式主义担保观,建构了一个兼具形式和功能的混合体系。概括而言,非典型担保的功能化主要涉及公示顺位和实现方式等方面,体现为非典型担保与典型担保适用相同或相似的规则。非典型担保的混合体系有其优势,避免了《民法典》"与传统割裂的风险"。但,其也蕴含形式与功能的紧张关系,增加了法律适用的复杂性和不确定性。[3]

(一)所有权保留买卖合同的定义

1. 所有权保留买卖合同作为"其他具有担保功能的合同"

所有权保留买卖规定在《民法典》买卖合同项下,因此,所有权保留买卖不应脱离买卖的基本框架,双方应当订立买卖合同。合同的成立、生效与履行首先应遵循买卖合同的一般规则。出卖人保留的所有权具有担保功能。[4] 在《民法典》实施之前,各级人民法院在民事判决书中已普遍认可所有权保留买卖的担保功能。《民法典》第388条从功能主义角度将所有权保留买卖合同纳入担保合同的调整范围,《担保制度解释》亦适用于所有权保留买卖涉及担保功能的

---

[1] 参见[德]汉斯·普律廷:《德国动产物权法与所有权保留》,载《北航法律评论》2011年第1辑,法律出版社2011年版。

[2] 参见王立栋:《〈民法典〉第641条(所有权保留买卖)评注》,载《法学家》2021年第3期。

[3] 参见张静:《所有权保留实现路径的体系协调》,载《法学家》2023年第3期。

[4] 参见周江洪:《所有权保留买卖的体系性反思——担保构成、所有权构成及合同构成的纠葛与梳理》,载《社会科学辑刊》2022年第1期。

纠纷。[1] 因此,买卖双方的权利义务除可类推或直接适用担保物权的相关规定外,亦可适用《担保制度解释》。

2. 所有权保留买卖合同的主要内容

除买卖合同通常具备的一般内容(《民法典》第 596 条)外,所有权保留买卖合同尚需具备以下两项核心内容:第一,买受人支付价款的义务以及出卖人"交付标的物"并"转移标的物所有权的义务"(《民法典》第 598 条)立即产生;第二,所有权转移的物权效果被推迟至履行完毕支付价款或其他义务之时。分期付款的所有权保留买卖合同应包括付款的期限和次数。[2]

3. 所有权保留买卖的标的物

有争议的是,不动产能否作为所有权保留买卖的标的物。基于法律行为的不动产所有权转让以登记为生效要件(《民法典》第 209 条第 1 款),买卖双方虽可对买卖合同附生效条件,却不得在登记之外另行约定所有权变动的时间,否则将损及不动产登记簿的公信力。[3]

(二)所有权保留的种类

综观其他国家和地区对所有权保留的规定,根据标的物和债权范围的不同,所有权保留大致可以分为以下 4 种类型:

一是简单的所有权保留。双方当事人约定出卖人将标的物交付给买方,买方支付该特定标的物的价款之前,该标的物的所有权仍由出卖人保留。此时,出卖人保留所有权的客体仅限于买受人根据合同所占有的、特定化的标的物,所保障的债权亦以该特定物的价金为限。此为所有权保留最基本的样态。[4]

二是延长的所有权保留。买受人将标的物予以转售以赚取利润,或将标的物进行加工、混合、附合的情况下,出卖人为确实保证未获清偿的价金债权,将所有权保留的对象扩大到买方的转售所得或者添附物,此时出卖人所依凭的就是延长的所有权保留。

三是扩张的所有权保留。该种所有权保留保障的债权不以本合同产生的价金债权为限,而是扩张到出卖人或者其关联方,即出卖人或其关联方因其他合同或基于其他理由所享有的债权均由标的物的所有权进行担保。在所有这些债权清偿前,卖方保留对标的物或其转售所得、添附物的所有权。扩张的所有权保留比延长的所有权保留所担保的债权范围更宽。

四是混合型的所有权保留,即上述 3 种所有权保留混合所形成的一种更复杂的形态。

(三)所有权保留的成立与登记的效力

所有权保留特约为一项合意。合意之典型内容为:价金支付为所有权移转的停止条件。但需要指出的是:其一,价金支付并非总是表现为分期付款,一次性付款作为所有权保留的停止条件,亦无不可;其二,买卖双方约定其他事项作为停止条件,为其自治范围,法律无需禁止,故而《民法典》第 641 条还规定了"其他义务"之履行作为停止条件。[5]

我国《民法典》也明确了所有权保留中的登记对抗主义,即"出卖人对标的物保留的所有权,未经登记,不得对抗善意第三人"。主要立法理由在于:如果所有权保留制度中没有登记,

---

[1] 参见邹海林:《所有权保留的制度结构与解释》,载《法治研究》2022 年第 6 期。

[2] 参见纪海龙:《民法典所有权保留之担保权构成》,载《法学研究》2022 年第 6 期。

[3] 参见李永军:《所有权保留制度的比较法研究——我国立法、司法解释和学理上的所有权保留评述》,载《法学论坛》2013 年第 6 期。

[4] 参见王洪亮:《所有权保留制度定性与体系定位——以统一动产担保为背景》,载《法学杂志》2021 年第 4 期。

[5] 参见张静:《所有权保留实现路径的体系协调》,载《法学家》2023 年第 3 期。

缺少公示，既不利于保护出卖人的利益，也可能对第三人的利益构成侵害。只有建立了登记制度，才能强化对相关当事人的利益保护。[1]

(四)担保功能的所有权保留的实现方式

除《民法典》第642条至第643条外，最高人民法院还通过司法解释细化了所有权保留的实现方式。首应提及者，当属《担保制度解释》第64条。于实现层面，其将所有权保留进一步功能化。[2] 但是，2020年修正的最高人民法院《买卖合同解释》第26条承继了2012年《买卖合同解释》第36条，似未考虑到功能化问题，继续限制出卖人的取回权。此外，2013年通过、2020年修正的《破产法解释(二)》第34条至第38条就破产情形中的所有权保留作了细化规定，但其亦未回应功能化趋势，仅沿袭原有规定，且第2条第2项仍确认标的物并非买受人的破产财产。[3]

《民法典》第642条规定，当事人约定出卖人保留合同标的物的所有权，在标的物所有权转移前，买受人有下列情形之一，造成出卖人损害的，除当事人另有约定外，出卖人有权取回标的物：(1)未按照约定支付价款，经催告后在合理期限内仍未支付；(2)未按照约定完成特定条件；(3)将标的物出卖、出质或者作出其他不当处分。出卖人可以与买受人协商取回标的物；协商不成的，可以参照适用担保物权的实现程序。《买卖合同解释》第26条进一步规定，买受人已经支付标的物总价款的75%以上，出卖人主张取回标的物的，人民法院不予支持。在《民法典》第642条第1款第3项情形下，第三人依据《民法典》第311条的规定已经善意取得标的物所有权或者其他物权，出卖人主张取回标的物的，人民法院不予支持。

出卖人取回标的物的目的，不是要取消与买受人的合同关系，而是为了实现剩余的价金债权，这与取回权行使之后的诸多制度设计相契合，如买受人的回赎权以及标的物再次转卖后所得价款的处理。出卖人在合同运行中已收取的价款无须返还，标的物再次转卖后的所得价款还应先扣除原买受人未支付的价款及必要费用，仍有剩余的，才返还原买受人，不足部分还要由原买受人清偿。[4]

根据《民法典》第642条的规定，我国所有权保留中的取回权是法定的，即只要交易双方约定了所有权保留条款，即使没有明确约定出卖人享有取回权，只要双方没有明确约定排除取回权的适用，出卖人就可以享有取回权。[5] 取回权法定主要是为了平衡保护出卖人和买受人双方的权益：就出卖人一方而言，在所有权保留买卖中由于买受人占有、使用标的物，这就造成所有权人与标的物相分离，一旦买受人不依约支付价款或对标的物进行不当处分，都将危及出卖人的利益，因此，当买受人存在上述行为时，法律赋予出卖人取回权无疑是最好的手段；就买受人一方而言，取回权的行使关系到买受人的切身利益，由法律对该权利进行原则性规范可以防止买受人利益不当受损。从法律效果上看，取回权的行使并不导致买卖合同的解除，出卖人行使取回权是为了撤回先行给付以恢复同时履行的状态，并在一定条件下就标的物清偿价款债

[1] 参见章诗迪：《民法典视阈下所有权保留的体系重构》，载《华东政法大学学报》2022年第2期。

[2] 参见王立栋：《保留所有权出卖人取回权行使规则的冲突及其化解》，载《现代法学》2023年第3期。

[3] 参见张静：《所有权保留实现路径的体系协调》，载《法学家》2023年第3期。

[4] 参见关华鹏：《所有权保留出卖人取回权论——形式主义与功能主义担保观的统合》，载《中国政法大学学报》2023年第4期。

[5] 参见王睿：《所有权保留的法律定位与制度功能——以〈民法典〉第641条至643条为分析线索》，载《学术交流》2022年第8期。

权，即就物受偿。[1]

《民法典》第 642 条第 2 款规定了两种取回权的行使程序。一是约定的行使程序，即出卖人可以与买受人协商取回标的物，这属于私力救济的方式；二是法定的行使程序，即协商不成的，可以参照适用担保物权的实现程序。所谓“协商不成”包括两种情形：(1)双方就取回权的行使条件是否成就发生争执；(2)双方就是否同意取回标的物发生争执。买受人不配合出卖人的私力救济时，出卖人可以行使公力救济。[2]

《民法典》第 643 条有买受人回赎权、出卖人再出卖以及清算的相关规定：出卖人依据前条第 1 款的规定取回标的物后，买受人在双方约定或者出卖人指定的合理回赎期限内，消除出卖人取回标的物的事由的，可以请求回赎标的物。买受人在回赎期限内没有回赎标的物，出卖人可以以合理价格将标的物出卖给第三人，出卖所得价款扣除买受人未支付的价款以及必要费用后仍有剩余的，应当返还买受人；不足部分由买受人清偿。[3]

因出卖人行使取回权后原买卖合同并不解除，出卖人再次出卖实际上是“就物求偿”，再次出卖所得价款应扣除买受人未支付的价款以及必要费用，仍有剩余的，因出卖人在原买卖合同中的利益已经实现，故剩余的部分应当返还买受人。相反，再次出卖所得价款如果不足以覆盖买受人未支付的价款以及必要费用，此时因出卖人在原合同中的利益还未完全实现，出卖人还可以继续请求买受人清偿。

第四节　买卖合同规则对其他有偿合同的准用

《民法典》第 646 条规定，法律对其他有偿合同有规定的，依照其规定；没有规定的，参照适用买卖合同的有关规定。《买卖合同解释》第 32 条第 1 款规定，法律或者行政法规对债权转让、股权转让等权利转让合同有规定的，依照其规定；没有规定的，人民法院可以根据《民法典》第 467 条和第 646 条的规定，参照适用买卖合同的有关规定。关于公司股权、合伙企业份额转让和让与交易，在区分原则、权利变动上，是否准用买卖法和物权法的相关规定，尚有争议。[4]

2005 年《公司法》第 33 条试图区分两种公示形式的效力，其第 2 款、第 3 款规定：“记载于股东名册的股东，可以依股东名册主张行使股东权利。公司应当将股东的姓名或者名称及其出资额向公司登记机关登记；登记事项发生变更的，应当办理变更登记。未经登记或者变更登记的，不得对抗第三人。”该条将工商登记效力限于对抗效力，而非获取股东身份的必要前提(非生效要件的意思)，但是，所谓“不得对抗第三人”是一种什么情形和效力，并未明确。

最高人民法院于 2011 年 1 月 27 日颁布的《关于适用〈中华人民共和国公司法〉若干问题的规定(三)》(以下简称《公司法解释(三)》)第 28 条第 1 款试图对此予以进一步解释，它规

[1] 参见庄加园：《超越所有权保留的名实之争——选择性救济路径之证成》，载《法学研究》2023 年第 1 期。

[2] 参见最高人民法院民法典贯彻实施工作领导小组主编：《中华人民共和国民法典合同编理解与适用》(第 2 册)，人民法院出版社 2020 年版，第 1102～1104 页。

[3] 参见纪海龙：《所有权保留担保权构成下保留卖主的合同解除权》，载《政治与法律》2023 年第 4 期。

[4] 参见林斯韦：《股权转让准用买卖合同障碍研究——〈合同法〉的假设、解释与不完备性》，载《中国政法大学学报》2019 年第 5 期。

定："股权转让后尚未向公司登记机关办理变更登记，原股东将仍登记于其名下的股权转让、质押或者以其他方式处分，受让股东以其对于股权享有实际权利为由，请求认定处分股权行为无效的，人民法院可以参照物权法第一百零六条的规定处理。"

股权质押的善意取得情形有所不同，因为质押登记并不依赖第三人公司的行为。国家市场监督管理总局令第 34 号《股权出质登记办法》(2020 年修改)第 6 条规定："申请股权出质设立登记、变更登记和注销登记，应当由出质人和质权人共同提出。申请股权出质撤销登记，可以由出质人或者质权人单方提出。申请人应当对申请材料的真实性、质押合同的合法性有效性、出质股权权能的完整性承担法律责任。"第 7 条第 1 款规定："申请股权出质设立登记，应当提交下列材料：(一)申请人签字或者盖章的《股权出质设立登记申请书》；(二)记载有出质人姓名(名称)及其出资额的有限责任公司股东名册复印件或者出质人持有的股份公司股票复印件(均需加盖公司印章)；(三)质押合同；(四)出质人、质权人的主体资格证明或者自然人身份证明复印件(出质人、质权人属于自然人的由本人签名，属于法人的加盖法人印章，下同)；(五)国家市场监督管理总局要求提交的其他材料。"

关于公司股权转让合同，公司法理论与司法实践经历了 2005 年《公司法》、2011 年《公司法解释(三)》，2019 年《全国法院民商事审判工作会议纪要》第 8 条规定：当事人之间转让有限责任公司股权，受让人以其姓名或者名称已记载于股东名册为由主张其已经取得股权的，人民法院依法予以支持，但法律、行政法规规定应当办理批准手续生效的股权转让除外。未向公司登记机关办理股权变更登记的，不得对抗善意相对人。

在以往的审判实践中，部分人民法院对最高人民法院《关于适用〈中华人民共和国公司法〉若干问题的规定(四)》第 21 条规定的理解存在偏差，往往以保护其他股东的优先购买权为由认定股权转让合同无效。这是对于优先购买权性质和负担行为意义上的股权转让合同的关系的认识有偏差所致。准确理解该条规定，既要注意保护其他股东的优先购买权，也要注意保护股东以外的股权受让人的合法权益，正确认定有限责任公司的股东与股东以外的股权受让人订立的股权转让合同的效力。一方面，其他股东依法享有优先购买权，在其主张按照股权转让合同约定的同等条件购买股权的情况下，应当支持其诉讼请求，除非出现该司法解释第 21 条第 1 款规定的情形；另一方面，为保护股东以外的股权受让人的合法权益，股权转让合同如无其他影响合同效力的事由，应当认定有效。其他股东行使优先购买权的，虽然股东以外的股权受让人关于继续履行股权转让合同的请求不能得到支持，但不影响其依约请求转让股东承担相应的违约责任。

关于合伙份额转让合同，在"邢某荣与北京鼎典泰富投资管理有限公司、丁某国等合伙企业财产份额转让纠纷案"[1]中，法院指出，合伙协议就合伙企业财产份额转让的特别约定，不违反法律、行政法规的强制性规定，亦不违背公序良俗的，应认定其合法有效，合伙人应严格遵守该约定。合伙协议已经明确约定合伙人之间转让合伙财产份额需经全体合伙人一致同意的，在其他合伙人未同意合伙财产份额转让之前，当事人就合伙财产份额转让签订的转让协议成立但未生效。如其他合伙人明确不同意该合伙财产份额转让，则转让协议确定不生效，不能在当事人之间产生履行力。当事人请求履行转让协议的，人民法院不予支持。

---

〔1〕 参见《最高人民法院公报》2021 年第 5 期。

由此可见，在股权转让和合伙份额转让问题上，法院对于合同与优先购买权的关系问题、权利变动问题，尚未形成完全一致的观点，可以进一步讨论。

主要参考文献

韩世远：《合同法总论》（第 4 版），法律出版社 2018 年版；史尚宽：《债法各论》，中国政法大学出版社 2000 年版；[日]我妻荣：《债法各论》（中卷一），徐进、李又又译，中国法制出版社 2008 年版；周江洪：《典型合同原理》，法律出版社 2023 年版；朱庆育：《民法总论》，北京大学出版社 2013 年版。

第十二章 赠与合同

第一节 赠与合同概述

引导案例

1. 甲、乙系夫妻关系,甲在2016年3月至2019年2月,使用斗鱼公司运营的斗鱼直播平台观看直播,陆续用本人名下银行卡、支付宝、微信充值6个账号,充值金额单笔少则1元,多则20,000元。除大部分在丙的直播间打赏外,其还向平台的其他主播发送过虚拟礼物,充值金额总计为74万元,打赏给丙以70万个鱼翅所兑换的虚拟礼物。甲充值后,通过上述账号进入丙的直播间,观看直播并发送虚拟道具。具体方式为通过充值获得虚拟货币(鱼翅),在直播间点击虚拟道具(如火箭、飞机、喷泉等),即时发送给丙。

2. 甲通过其祖父乙的遗赠和祖母丙的赠与取得某房屋所有权,受遗赠、赠与取得房屋产权时4岁。后甲的父母离婚,甲由其母亲丁抚养。甲及其法定代理人丁向人民法院起诉,请求判令祖母丙腾空交还其赠与的房屋,并支付租金损失。

一、赠与合同的概念

赠与合同是赠与人将自己的财产无偿给予受赠人,受赠人表示接受赠与的合同。赠与自我国合同法开始,即规定为一类诺成,[1]根据《民法典》第657条的规定,需要受赠人表示接受,也即承诺。赠与合同只是产生赠与负担的债权合同,承认赠与他人之物的负担合同的效力,是符合现代社会的交往惯例的,但其后赠与人负有取得处分权的义务,[2]否则将承担违约责任。虽然赠与合同部分未规定损害赔偿问题,但应适用合同编通则有关违约损害赔偿的规定。结合赠与合同的无偿性的特点,且赠与合同适用过错责任原则,这一点与合同编的严格责任原则有很大不同,在受赠人已产生信赖期待的情况下,损害赔偿范围应限于信赖利益。[3]

赠与合同的标的必须是财产,内容是财产所有权的移转,如果是其他性质的标的物,则可能构成其他合同,如无偿提供劳务可能构成无偿委托合同,无偿借用是借用合同,无偿担保是保证合同等。

---

〔1〕 参见李永军:《"契约+非要式+任意撤销权":赠与的理论模式与规范分析》,载《中国法学》2018年第4期;李永军:《合同法》(第6版),中国人民大学出版社2021年版,第303~304页。

〔2〕 参见韩世远:《合同法学》(第2版),高等教育出版社2022年版,第385页。

〔3〕 参见崔建远:《合同法》(第4版),北京大学出版社2021年版,第478页;韩世远:《合同法学》(第2版),高等教育出版社2022年版,第388页。

二、赠与合同的特征

赠与合同是无偿合同、单务合同。单务合同是指仅由当事人一方负债务,另一方不负债务,或者另一方虽负有债务但无对价关系的合同。赠与合同仅由赠与人负有将自己的财产给予受赠人的义务,而受赠人并不负有义务。即使受赠人可能负有一定义务,只要当事人认为不具有对价意义,就是赠与,即无偿的、单务的合同,只不过可能是附条件、附义务赠与或合同联立。例如,"如果你考上大学,就赠与你一套书",这属于附生效条件的赠与。"我把这三亩地送给你,明年收成的20%归我",这属于附义务的赠与,有些外国立法例明确要求赠与人在赠与后才能要求受赠人履行作为负担的义务。[1] "我把这条项链卖给你,你仅需给我这条项链价值的50%金钱即可",这属于混合赠与,在半买半卖合同中,受赠人的义务构成部分对待给付义务,受赠人保有的价值应不低于其对待给付义务,否则应适用买卖合同中物的瑕疵担保责任规定。

赠与合同是诺成合同,当事人之间意思表示一致即能成立,不以标的物的交付为成立要件。赠与合同是无偿合同,仅由赠与人无偿将自己的财产给予受赠人,而受赠人取得赠与的财产无须向赠与人偿付相应的代价。

赠与合同是不要式合同,法律没有要求必须具备特定的形式,可以是口头的也可以是书面的。但书面或者公证有利于减轻受赠人请求赠与人履行义务时的举证责任,同时促使赠与人审慎考虑赠与行为。[2] 即便是书面形式,若只记载了标的物和受赠人的姓名,既没有显示赠与人也没有显示赠与的意思,也不是书面的赠与。只有受赠人受诺的意思表示或只是通过书面形式记载了有过赠与,也不是书面的赠与。为了与其他法律法规进行有效衔接,《民法典》第659条对于赠与合同的形式和程序要求作出了补充规定,主要是指房屋等不动产,船舶、航空器、机动车等动产,股权等权利需要办理登记等有关手续。

无民事行为能力人不能接受他人的赠与,同时不能向他人为赠与,由其法定代理人代理实施民事法律行为。限制民事行为能力人可以独立接受非附义务的赠与,可以为与其年龄、智力相适应的赠与。遗赠是无偿的单方法律行为,不需要征得受遗赠人同意,但根据《民法典》第1124条的规定,受遗赠人到期没有表示的,视为放弃,而赠与合同是双方法律行为,需要对方承诺接受,这是两者最大的不同。

第二节 赠与合同的效力

一、赠与合同的拘束力

(一)赠与合同的任意撤销权

赠与合同的任意撤销,是指赠与合同成立之后,赠与财产移转之前,赠与人可以根据自己的意思不再为赠与行为。由于是无偿行为,考虑到赠与人可能因一时情感因素而轻率为之,故

---

〔1〕 如《德国民法典》第525条第1款规定:"赠与附有负担者,赠与人如已为给付,得请求该负担之履行。"

〔2〕 参见[德]海因·克茨:《欧洲合同法》(上卷),周忠海等译,法律出版社2001年版,第81页。

在还未对受赠人状况产生影响时,允许赠与人撤销赠与,而不问赠与人撤销的主观理由。但《民法典》第 658 条第 2 款对赠与人任意撤销权作出了限制,对于经过公证的,具有公益、道德义务性质的赠与合同不得任意撤销,包括依法不得任意撤销的其他情形,如我国《慈善法》第 41 条第 1 款规定的情形。这里需要特别说明的是,《民法典》第 658 条第 2 款用来表述赠与财产可撤销的时间点是"权利转移"而不是"交付"。这是因为,"交付"仅是指实物的实际交付并归受赠人占有,赠与物的所有权并不一定随交付发生转移,即受赠人不一定享有对赠与物的处分权。而"权利转移"则是无论赠与物是否已实际交付,其所有权已移转于受赠人,即受赠人已享有对赠与物的处分权。两相比较,"权利转移"较之"交付"的涵盖性要宽,且更确切,因此条文中用"权利转移"表述。[1]

《民法典》第 658 条仅仅规定了赠与人具有任意撤销权。实际上,受赠人在作出接受承诺后,在承诺到达赠与人之前,按照《民法典》第 485 条的规定,受赠人有权撤回承诺,即在接受通知到达赠与人之后,赠与人进行权利移转之前,受赠人同样有权撤销。《民法典》第 685 条第 1 款应类推适用于受赠人,以防止双方权利失衡。受赠人可以在权利移转前任何时候拒绝接受,但对于经过公证的或者依法不得撤销的救灾、扶贫、助残等公益、道德义务性质的赠与合同,赠与人此时不享有任意撤销权,受赠人则按照合同编通则的规定,在其作出接受意思表示后,同样不享有任意撤销权。此处的撤销权与意思表示瑕疵中的撤销权法规目的不同,故除当事人另有约定外,不受《民法典》总则中除斥期间的限制。如果已经完成的履行是按量而论的一部分,则该部分将不可撤销;如果是按质而论的一部分,则需要根据该部分是否重要而决定。

根据《民法典》第 157 条的规定,合同被撤销后,有过错的一方需承担缔约过失责任,那么该规定如何与赠与人的任意撤销权进行有效衔接?出于"优待赠与人"的立法精神,赠与人因其无偿性享有任意撤销权,但受赠人不应该因其善意信赖而受有损失,故赠与人在其有过错时仍需承担缔约过失责任,这种双向的制度安排并不会使当事人受不必要的损失。[2]

(二)任意撤销赠与的限制

尽管原则上允许赠与人任意撤销赠与,但如果对任意性不加限制,则等同赠与合同无任何约束力,即对受赠人不公平。因此,对赠与的任意撤销应有适当限制,故《民法典》第 658 条第 2 款对赠与的任意撤销作了如下限制:

赠与合同订立后经公证证明的,赠与人不得任意撤销。当事人交由公证部门公证,表明其赠与意愿的表达已十分慎重,因此,经过公证证明的赠与合同,赠与人不得任意撤销。

具有公益、道德义务性质的赠与合同,无论当事人以何种形式订立,无论是否经过公证,也不问赠与的财产是否已转移其权利,赠与人均不得任意撤销。具有公益性质的赠与,主要是指为了救灾、扶贫、助残、助学等目的或为了资助公共设施建设、环境保护等公共事业所为的赠与。此类赠与的公益性和社会性,决定了赠与人不得任意撤销赠与,否则将与赠与的目的和宗旨相悖。履行道德义务的赠与,由于当事人之间有着道义上的因素,如果允许赠与人任意撤销,则与道义不符。因此,此类的赠与,赠与人也不得任意撤销。就此赠与情形,《德国民法典》第 534 条也作出了类似规定。

---

〔1〕 参见黄薇主编:《中华人民共和国民法典合同编释义》,法律出版社 2020 年版,第 439 页。

〔2〕 参见谢鸿飞、朱广新主编:《民法典评注:合同编 典型合同与准合同》(第 1 册),中国法制出版社 2020 年版,第 329 页。

依法不得任意撤销的其他情形。我国《慈善法》第 41 条第 1 款规定："捐赠人应当按照捐赠协议履行捐赠义务。捐赠人违反捐赠协议逾期未交付捐赠财产，有下列情形之一的，慈善组织或者其他接受捐赠的人可以要求交付；捐赠人拒不交付的，慈善组织和其他接受捐赠的人可以依法向人民法院申请支付令或者提起诉讼：(一)捐赠人通过广播、电视、报刊、互联网等媒体公开承诺捐赠的；(二)捐赠财产用于本法第三条第一项至第三项规定的慈善活动，并签订书面捐赠协议的。"[1] 该法第 3 条规定："本法所称慈善活动，是指自然人、法人和非法人组织以捐赠财产或者提供服务等方式，自愿开展的下列公益活动：(一)扶贫、济困；(二)扶老、救孤、恤病、助残、优抚；(三)救助自然灾害、事故灾难和公共卫生事件等突发事件造成的损害；(四)促进教育、科学、文化、卫生、体育等事业的发展；(五)防治污染和其他公害，保护和改善生态环境；(六)符合本法规定的其他公益活动。"从《慈善法》的规定可以看出，不得任意撤销的规定，有别于前两项特殊之处在于，只要是"捐赠人通过广播、电视、报刊、互联网等媒体公开承诺捐赠的"，即通过媒体公开承诺捐赠的，不得任意撤销。对于此种赠与，在《民法典》编纂过程中，通过立法表述形式的改变加以吸纳，即将《民法典》第 658 条第 2 款表述由原《合同法》第 186 条第 2 款"具有救灾、扶贫等社会公益、道德义务性质的赠与合同或者经过公证的赠与合同，不适用前款规定"修改为"经过公证的赠与合同或者依法不得撤销的具有救灾、扶贫、助残等公益、道德义务性质的赠与合同，不适用前款规定"，以包含目前以及将来立法发展的各种不同情况。[2]

二、赠与人的义务

赠与的标的物是特定物时，一般是指按照其现状赠送，即使其存在物质上的瑕疵或权利欠缺。有关赠与的履行，即物权行为部分，动产需要交付，不限于现实交付，观念交付也成立交付，包括简易交付、占有改定、指示交付。对于不动产，需要登记，根据《民法典》第 209 条的规定，我国采用不动产登记生效主义，因此即使已经转移占有但未完成登记，仍不会发生移转所有权的效力。已登记但没有完成交付的，应视为已经移转所有权，但赠与人债务履行不完全，因为完成不动产登记并给付是移转所有权的赠与合同的应有之义，符合普通人对于移转人的合理预期，故受赠人有权请求赠与人在完成登记后移转占有。

将赠与的财产按照赠与合同约定交付受赠人并转移其所有权，是赠与人的义务。赠与人不交付赠与财产是否构成违约行为，并承担违约责任，应当依照赠与合同的性质来区分。如果是任意撤销赠与，依据《民法典》第 658 条第 1 款"赠与人在赠与财产的权利转移之前可以撤销赠与"的规定，赠与人不交付赠与财产不构成违约，因为赠与人在转移赠与财产的权利之前可以撤销赠与。所以，对这类赠与合同，赠与人不给付赠与财产的，受赠人也不能请求赠与人给付赠与的财产，赠与人不承担违约责任。如果是法定不得撤销赠与，依据《民法典》第 658 条第 2 款"经过公证的赠与合同或者依法不得撤销的具有救灾、扶贫、助残等公益、道德义务性质的赠与合同，不适用前款规定"的规定，赠与人不交付赠与财产的，构成违约，如果受赠人要求这类赠与人交付赠与财产，赠与人就应当交付，否则应当依法承担违约责任。

《民法典》第 662 条第 2 款规定："赠与人故意不告知瑕疵或者保证无瑕疵，造成受赠人损

---

〔1〕 关于公益性赠与及《慈善法》等的讨论，参见罗昆：《"依法"不得撤销的公益性赠与之认定》，载《法律适用》2020 年第 15 期。

〔2〕 参见周江洪：《民法典合同编的制度变迁》，载《地方立法研究》2020 年第 5 期；黄薇主编：《中华人民共和国民法典合同编解读》（上册），中国法制出版社 2020 年版，第 673 页。

失的,应当承担赔偿责任。"赠与人故意不告知瑕疵或者保证无瑕疵时,应当承担加害给付的损害赔偿责任。如果受赠人明知标的物有瑕疵,应当类推适用《民法典》第 621 条第 3 款有关买卖合同的规定,排除赠与人的损害赔偿责任,使受赠人不受过多优待。

由于赠与合同为无偿合同,赠与是为了受赠人的利益而为的行为,所以赠与人对赠与财产的瑕疵担保责任与有偿合同有 3 点不同。(1)赠与的财产有瑕疵的,赠与人原则上不承担责任。这是因为在赠与合同中,受赠人是纯获利益的,赠与人与受赠人双方当事人之间不是双务合同的对待给付关系,因而赠与人对赠与财产的瑕疵,原则上不承担赠与财产物的瑕疵和权利瑕疵的担保责任。(2)在附义务的赠与中,赠与的财产如有瑕疵,赠与人需在受赠人所附义务的限度内承担与出卖人相同的责任。就一般的赠与而言,赠与人原则上不承担瑕疵担保责任,但对于附义务的赠与,受赠人虽受有利益,但又需履行约定的义务,如赠与的财产有瑕疵,必然导致受赠人所受利益有所减损,这便与赠与合同约定的权利与义务不相对应,使受赠人遭受损失。为保护受赠人的利益,并求公允,应由赠与人承担瑕疵担保责任。就履行义务的受赠人而言,有如买卖合同中买受人的地位,因此,赠与人应在受赠人所附义务的限度内,承担与买卖合同中的出卖人同一的瑕疵担保责任。(3)赠与人故意不告知瑕疵或者保证无瑕疵,并且造成受赠人损失的,应当承担损害赔偿责任。赠与人故意不告知赠与的财产有瑕疵的,既有主观上的恶意,也有违诚信原则。因赠与财产的瑕疵给受赠人造成其他财产损失或者人身伤害的,赠与人应负赔偿责任。赠与人故意不告知瑕疵,但没有给受赠人造成损失的,则不承担赔偿责任。赠与人保证赠与物无瑕疵,给受赠人造成损失的,也应承担赔偿责任。[1]

三、附义务的赠与

(一)附义务赠与的含义

附义务的赠与,是指受赠人接受赠与后负担一定义务的赠与。例如,某企业家向某大学捐款,要求所捐款项用于修建图书馆。附义务的赠与所附义务不得大于或者等于受赠人所获利益。该义务可以约定向赠与人履行,也可以约定向第三人或者不特定多数人履行。

受赠人所附的义务或者负担,虽为法律上的义务,但是又不是赠与财产的对价,不要求此种义务与赠与人赠与的财产具有价值上的对等性。通常而言,在实践中约定受赠人附义务包括以下几方面的情况:(1)要求受赠人达到一定的要求(如完成良好的学业)或者为一定行为(如对赠与人的赠与行为予以宣传或者表彰,如公告、建立纪念性标牌等);(2)要求受赠人不为一定的行为(如要求受赠人不将接受的赠与财产用于赠与目的以外的其他用途);(3)要求受赠人对赠与人给予某种帮助或者照顾;(4)要求受赠人对第三人予以某种帮助或者照顾。

(二)附义务赠与的特征

关于受赠人附义务的赠与合同的性质,有的学者主张为"单务无偿合同"。[2] 还有学者认为,即使受赠人附义务,赠与的性质也并不因此而变为有偿,也不是两个契约之联立,故关于有偿契约及其同时履行之抗辩等规定并不当然适用于受赠人附义务的赠与合同,[3]尽管如此,

---

〔1〕 参见黄薇主编:《中华人民共和国民法典合同编释义》,法律出版社 2020 年版,第 473 页;最高人民法院民法典贯彻实施工作领导小组主编:《中华人民共和国民法典合同编理解与适用》(第 2 册),人民法院出版社 2020 年版,第 1198 ~ 1199 页。

〔2〕 郭明瑞、王轶:《合同法新论·分则》,中国政法大学出版社 1997 年版,第 88 页。

〔3〕 参见欧阳经宇:《民法债编各论》,台北,汉林出版社 1978 年版,第 42 页。

法律一般仍会设定受赠人某些类似双务合同当事人的义务。[1]

(三)《民法典》关于附义务赠与的特别规定

1. 受赠人履行义务

我国《民法典》第661条规定:“赠与可以附义务。赠与附义务的,受赠人应当按照约定履行义务。”

2. 受赠人不履行约定义务的后果

我国《民法典》第663条规定,受赠人不履行赠与合同约定的义务的,赠与人可以撤销赠与。第665条规定,撤销权人撤销赠与的,可以向受赠人请求返还赠与的财产。

(四)受赠人在附义务赠与中的义务履行

一般而言,受赠人所附义务小于赠与财产的价值,受赠人应当依赠与合同履行所附义务。但是如果赠与不足以补偿受赠人履行的义务,受赠人仅在赠与财产之价值限度内有履行所附义务的责任。[2] 有些国家的民事法律还规定,“赠与物价值不足偿负担费用,而其不足额未经填补前,得拒绝负担之实行”(《瑞士债务法》第246条第3款)。

赠与人已经交付赠与财产,但是受赠人不履行所附义务的,在学说和国外立法例上有两种救济方式:(1)赠与人或者赠与人的继承人请求受赠人履行所附义务;(2)赠与人撤销赠与。我国《民法典》规定了第二种救济方式(《民法典》第663条第1款第3项)。

受赠人履行了所附义务,而赠与人不交付赠与财产,应当如何处理?对此我国《民法典》没有作出明确规定,笔者认为,可以按照以下规则办理:(1)受赠人得请求赠与人交付赠与财产;(2)赠与人拒绝交付赠与财产的,应当返还受赠人已为的履行给付,并赔偿损失。

(五)赠与人对附义务赠与的瑕疵担保责任

国外立法例和民法学说一般认为,附义务的赠与中对于赠与财产的权利瑕疵和物的瑕疵,赠与人于受赠人所附义务(负担)限度之内,负与出卖人相同的担保责任。[3] 我国《民法典》第662条第1款也同样规定:“……附义务的赠与,赠与的财产有瑕疵的,赠与人在附义务的限度内承担与出卖人相同的责任。”

即使是附义务的赠与,根据《民法典》第658条的规定,赠与人也享有任意撤销权。但在赠与已经履行后,无论是否附义务,赠与人都不能任意撤销。

第三节　赠与合同的终止

赠与合同虽然是单务无偿合同,但仍然遵从《民法典》合同编通则部分的规定,故双方可以

---

[1] 如《德国民法典》第527条(负担之不履行)第1款规定:“负担未履行者,赠与人符合就双务契约之解除权所定要件时,应以该赠与物用于履行负担者为限,始得依关于不当得利返还之规定,请求返还赠与物。”《日本民法》第553条(附负担赠与)则明确规定:“关于附负担赠与,除本节规定外,适用有关双务契约的规定。”

[2] 参见史尚宽:《债法各论》,中国政法大学出版社2000年版,第132页。

[3] 参见[日]我妻荣:《债法各论》(中卷一),徐进、李又又译,中国法制出版社2008年版,第16页;《日本民法典》第551条第2款。

协议解除,也可以行使单方法定解除权。[1] 即使是经过公证的或者依法不得撤销的具有救灾、扶贫、助残等公益、道德义务性质的赠与合同,当发生不可抗力、赠与人迟延履行主要债务经催告后在合理期间内仍未履行、当事人具有其他违约行为致使合同目的不能实现时,拥有法定解除权的一方也可以解除合同,旨在转化为损害赔偿金的赔付。[2] 在附义务的赠与中,赠与人完成给付后,受赠人迟延履行主要债务或者明确表示或者以自己的行为表明不履行主要债务的,赠与人可以根据《民法典》第663条第1款第3项的规定撤销合同,并根据《民法典》第157条请求受赠人在其义务价值范围内承担信赖利益损害赔偿责任。

赠与人的法定撤销,是指在具备法定事由时,如受赠人对赠与人有加害行为或者其他忘恩负义行为,赠与人或其继承人、法定代理人可以行使撤销权,依法撤销赠与合同。出于对社会伦理的考量以及法律对道德要求的贯彻,《民法典》第663条和第664条规定了法定撤销情形,以维护赠与人的利益。[3] 同时规定了该撤销权行使的除斥期间,赠与人应自知道或者应当知道撤销事由之日起一年内行使,赠与人的继承人或者法定代理人自知道或者应当知道撤销事由之日起6个月内行使。根据《民法典》第152条第2款的规定,该法定撤销权应受5年客观期间的限制。

当赠与人根据《民法典》第663条行使法定撤销权时,若财产还未移转所有权但移转了占有,则赠与人可以行使所有物返还请求权;若已经移转,则可以依不当得利的规定,请求返还赠与物。其本质上与合同解除相似,不同于因欺诈、胁迫、重大误解、显失公平而撤销的合同,此合同是符合有效构成要件的合同。[4]

当赠与人继续履行赠与义务会导致其生产经营、家庭生活困难时,其拥有穷困抗辩权,可以不再履行赠与义务。对于不得任意撤销的合同,赠与人仍然拥有穷困抗辩权。赠与人行使任意撤销权,可能会负担信赖利益损害赔偿(《民法典》第157条),但赠与人根据《民法典》第666条拒绝履行的,属于行使抗辩权的一种情形,并不会导致其承担信赖利益损害赔偿责任。赠与履行之拒绝需符合法定的条件:一是赠与合同已经成立,但赠与财产的权利尚未完全移转;二是赠与人的经济状况显著恶化;三是该恶化程度需达到"严重影响其生产经营或者家庭生活"的程度。与《民法典》第663条规定的法定撤销权不同,抗辩权的行使只是使赠与人不再履行赠与义务,并不会导致财产的返还,而法定撤销权的行使可以要求返还其已赠与的财产。我国的赠与履行之拒绝的抗辩权模式与《德国民法典》上的困窘赠与人请求权保护模式并不相同,根据《德国民法典》第528条和第529条的规定,赠与人不仅对尚未赠与的财产可以拒绝赠与,而且对已赠与的财产也可请求返还。[5]

关于《民法典》第666条规定的赠与履行拒绝之抗辩权究竟是一时之抗辩权还是永久之抗辩权,学界多有争议。从比较法的视野来看,以一时之抗辩权为通说。[6] 我国《民法典》规定

---

〔1〕 参见杜景林:《合同解除的体系建构》,载《法商研究》2020年第3期;崔建远:《债权:借鉴与发展》,中国人民大学出版社2012年版,第355~365页;刘凯湘:《民法典合同解除制度评析与完善建议》,载《清华法学》2020年第3期。

〔2〕 参见刘凯湘:《民法典合同解除制度评析与完善建议》,载《清华法学》2020年第3期。

〔3〕 参见李永军:《合同法》(第6版),中国人民大学出版社2021年版,第307页。

〔4〕 参见崔建远:《合同法》(第4版),北京大学出版社2021年版,第479页。

〔5〕 参见周江洪:《典型合同原理》,法律出版社2023年版,第122~123页。

〔6〕 参见韩世远:《合同法学》(第2版),高等教育出版社2022年版,第390页。

"可以不再履行赠与义务"，从文义解释看，将其解释为永久抗辩权更加合适。[1]

主要参考文献

崔建远：《合同法》（第4版），北京大学出版社2021年版；崔建远：《债权：借鉴与发展》，中国人民大学出版社2012年版；杜景林：《合同解除的体系建构》，载《法商研究》2020年第3期；郭明瑞、王轶：《合同法新论·分则》，中国政法大学出版社1997年版；韩世远：《合同法学》（第2版），高等教育出版社2022年版；黄薇主编：《中华人民共和国民法典合同编释义》，法律出版社2020年版；李永军：《"契约+非要式+任意撤销权"：赠与的理论模式与规范分析》，载《中国法学》2018年第4期；李永军：《合同法》（第6版），中国人民大学出版社2021年版；刘凯湘：《民法典合同解除制度评析与完善建议》，载《清华法学》2020年第3期；欧阳经宇：《民法债编各论》，台北，汉林出版社1988年版；史尚宽：《债法各论》，中国政法大学出版社2000年版；王利明：《合同法》（第2版上册），中国人民大学出版社2021年版；谢鸿飞、朱广新主编：《民法典评注：合同编　典型合同与准合同》（第1册），中国法制出版社2020年版；杨代雄主编：《袖珍民法典评注》，中国民主法制出版社2022年版；周江洪：《典型合同原理》，法律出版社2023年版；周江洪：《民法典合同编的制度变迁》，载《地方立法研究》2020年第5期；最高人民法院民法典贯彻实施工作领导小组主编：《中华人民共和国民法典合同编理解与适用》（第2册），人民法院出版社2020年版；［德］海因·克茨：《欧洲合同法》（上卷），周忠海等译，法律出版社2001年版；［日］我妻荣：《债法各论》（中卷一），徐进、李又又译，中国法制出版社2008年版。

[1] 参见谢鸿飞、朱广新主编：《民法典评注：合同编　典型合同与准合同》（第1册），中国法制出版社2020年版，第386页。

第十三章 借款合同

引导案例

甲向乙借款10万元,双方书面合同约定乙须在10月15日之前将本金全额汇入甲提供的银行账户,甲须于12月30日前还款。甲、乙均为具有完全民事行为能力的自然人。请问:

1. 若乙未按约定汇款,甲能否请求乙履行?
2. 若甲为某公司,乙为银行,前问如何作答?
3. 乙能否要求甲按照银行同期贷款利率支付利息?
4. 若乙在汇款时扣除了利息1万元,其能否请求甲偿还本金10万元?
5. 若甲、乙约定按照银行同期贷款利率计息,甲能否在11月30日还款?

第一节 借款合同概述

一、借款合同的概念

根据《民法典》第667条的定义性规定,“借款合同是借款人向贷款人借款,到期返还借款并支付利息的合同”。借款合同是典型的金钱之债,提供借款的一方为贷款人,届期须还本付息的一方为借款人。

尽管借款合同在本质上属于借贷合同,但却与传统的物之借贷有所区分。在学理上,物之借贷可进一步划分为使用借贷和消费借贷,借款合同与这两者均不相同:一方面,借款人仅须按照约定金额还本付息,而无须像使用借贷中的借用人(或租赁合同中的承租人)一样负担返还原物的义务;另一方面,贷款人并不一定要实际给付特定货币(例如,交付现钞),只要按照合同约定金额赋予借款人支配资金的权限(例如,授予信用额度)即可。鉴于此,也有学者将借款合同定性为“金钱消费借贷合同”。[1]

二、借款合同的性质

(一)有偿、双务合同

需要特别说明的是,对于借款合同有偿性与双务性的认定,须区别当事人是否对借款利息有所约定。

在有息借款合同中,贷款人有义务按约定向借款人提供借款,而借款人通常负有向贷款人

〔1〕 参见韩世远:《合同法学》(第2版),高等教育出版社2022年版,第396页。

支付利息的义务。这两项义务之间构成给付与对待给付关系，故有息借款合同属于双务合同。[1] 同时，借款人获得的对出借款项的支配与贷款人收取之利息互为对价，这也决定了有息借款合同的有偿性。就无息借款合同而言，尽管借款人仍负有到期偿还本金的合同义务，但此义务并非贷款人提供贷款义务的对待给付义务与对价。因此，无息借款合同属于无偿、单务合同。

（二）要式合同

借款合同原则上须采取书面形式订立，但是自然人之间的借款另有约定的除外（《民法典》第 668 条第 1 款）。由此可见，对于银行等金融机构作为贷款人与他人签订的金融借款合同，必须具备书面形式。这也与《商业银行法》对商业银行贷款合同所作书面要式强制保持一致。[2] 自然人之间的借款合同，虽然会因当事人之间的特别约定而排除书面要式，但在发生纠纷时出借人需对借款合同的存在负担证明责任。[3] 根据《民间借贷规定》第 2 条第 1 款的规定，“出借人向人民法院提起民间借贷诉讼时，应当提供借据、收据、欠条等债权凭证以及其他能够证明借贷法律关系存在的证据”。

此外需要明确的是，对于书面要式的借款合同，即便当事人未采书面形式订立，但只要借款人已接受贷款人提供的借款，则该合同的形式瑕疵就会因此得到补正，借款合同依然成立（《民法典》第 490 条第 2 款）。

（三）诺成合同

借款合同原则上为诺成合同（不要物合同），即不以实际向借款人发放借款作为合同成立的要件。易言之，通常只要当事人采取书面形式就借款事宜达成合意，借款合同即告成立，贷款人因此负有向借款人发放本金款项之义务。

但是，对于贷款人与借款人均为自然人的借款合同来说，实际发放借款构成合同成立的要件。《民法典》第 679 条明确规定：“自然人之间的借款合同，自贷款人提供借款时成立。”简言之，自然人之间的借款合同系实践合同（要物合同），其规范主要目的在于对自然人贷款人的特别保护，避免其因轻率缔约决定而负担提供借款之义务。[4] 这也决定了对于自然人之间的借贷，即便当事人已达成合意但后来因借款人拒绝提供借款而导致合同无法成立，也不会成立借款人的缔约过失责任，否则前述规范目的也将落空。[5]

在“贷款人提供借款”这一要件的判断上，《民间借贷规定》第 9 条结合不同的支付方式（现金、票据、转账等）进行了细化规定。例如，以银行转账、网上电子汇款等形式支付的，以资金到达借款人账户时作为合同成立的时点。

（四）继续之债

在借款合同中，贷款人须使借款人持续地获得对本金的支配。同样，借款人须支付的利息也随着借款时间而不断增加。从这一角度观察，借款合同属于继续性之关系。[6]

---

〔1〕 文献中不同的观点，参见刘勇：《〈民法典〉第 679 条（自然人借款合同的成立）评注》，载《法学家》2022 年第 4 期。

〔2〕 《商业银行法》第 37 条第 1 句规定：“商业银行贷款，应当与借款人订立书面合同。”

〔3〕 参见徐涤宇、张家勇主编：《〈中华人民共和国民法典〉评注》（精要版），中国人民大学出版社 2022 年版，第 730 页。

〔4〕 参见谢鸿飞、朱广新主编：《民法典评注：合同编　典型合同与准合同》（第 3 册），中国法制出版社 2020 年版，第 460 页。

〔5〕 参见杨代雄主编：《袖珍民法典评注》，中国民主法制出版社 2022 年版，第 634 页。

〔6〕 参见韩世远：《合同法学》（第 2 版），高等教育出版社 2022 年版，第 398 页。

尤其是对于未定还款期的借款合同来说,其作为继续之债的特征更明显,因为当事人双方给付的总量在合同成立时均不确定,且随着时间推移而持续增长。根据《民法典》第 675 条第 2 句第 2 分句的规定,未定还款期的借款合同的贷款人“可以催告借款人在合理期限内返还”。此处的“催告”在本质上系贷款人单方终止(Kündigung)不定期合同(《民法典》第 563 条第 2 款),在“合理期限”经过之后主要发生两项法效果:一是确定偿还本金及已发生利息的届期日;二是向将来终止借款合同。

第二节 借款合同的订立

一、借款合同订立概述

借款合同遵循合同订立的通常方式即通过要约与承诺订立。除借款人与贷款人就合同主要条款达成合意外,尚须注意特定借款合同的书面要式性以及提供借款的要物性。

根据《民法典》第 668 条第 2 款的规定,借款合同的内容一般包括借款种类、币种、用途、数额、利率、期限和还款方式等条款。其中,借款的数额即指本金的数额,为借款合同不可或缺之内容。如若借款合同中未就币种、利率、还款期等作明确约定,则先由当事人补充协议,并在无法达成补充协议时按照合同相关条款或交易习惯确定。若仍不能确定,则适用相关任意法规范,如《民法典》第 511 条、第 514 条。

二、对利息的特别规制

(一)借款利率的上限

在借款交易中,对借款利率进行管制,杜绝高利贷的发生,既关乎借款人的切身利益,也关乎金融秩序的稳定与安全。《民法典》第 680 条第 1 款规定:“禁止高利放贷,借款的利率不得违反国家有关规定。”我国目前对金融贷款和民间借贷的利率管制遵循不同路径。[1]

对于银行、信用社等金融机构提供的金融贷款,应当按照中国人民银行规定的贷款利率的上下限,确定其利率(《商业银行法》第 38 条)。但是,随着相关利率政策的变化,中国人民银行在 2004 年 10 月取消了对金融机构(城乡信用社除外)贷款利率的上限,又在 2013 年 7 月取消了金融机构贷款利率的下限。自 2019 年 8 月 20 日起,中国人民银行授权全国银行间同业拆借中心于每月发布一年期贷款市场报价利率(Loan Prime Rate,LPR),金融贷款的利率以此为基准。[2]

对于民间借贷,我国现行法对其利率上限作出了明确限制。根据《民间借贷规定》第 25 条的规定,民间借贷的利率不得超过合同成立时 LPR 的 4 倍。此规定同样属于强制性规定,如果民间借贷当事人约定的利率超过此限,超出的部分无效。此外,民间借贷的逾期利率也同样受到这一规制(《民间借贷规定》第 28 条)。

---

〔1〕 对这一现状的评述,参见刘勇:《〈民法典〉第 680 条评注(借款利息规制)》,载《法学家》2021 年第 1 期。不同观点,参见周江洪:《典型合同原理》,法律出版社 2023 年版,第 138 页。

〔2〕 参见刘勇:《〈民法典〉第 680 条评注(借款利息规制)》,载《法学家》2021 年第 1 期。

（二）禁止预扣利息

所谓预扣利息，是指贷款人在发放本金时预先扣除届期时得收取之利息的做法。民间借贷中所谓“砍头息”和金融借款合同中所谓“贴水贷款”的操作皆属其例。实践中也有不少贷款人变相地以收取手续费、服务费等名义进行利息的预扣。[1] 这一做法为我国现行法明令禁止。《民法典》第670条规定：“借款的利息不得预先在本金中扣除。利息预先在本金中扣除的，应当按照实际借款数额返还借款并计算利息。”在具体适用前述规定时有如下几点需要注意：

第一，现行法之所以禁止预扣利息，目的在于保护借款人，防止贷款人滥用优势地位，体现了民法的公平原则。同时，预扣利息的做法也与借款的交易特点不符。[2] 《民法典》第670条在规范性质上属于强制性规范，当事人排除其适用的约定无效。

第二，虽然预扣利息的约定无效，但整个借款合同并不会因此而无效。《民间借贷规定》第26条第2句明确指出：“预先在本金中扣除利息的，人民法院应当将实际出借的金额认定为本金。”这意味着，在借款人和贷款人之间成立以实际出借金额为本金并以原定利率计息的借款合同。如果借款人已按合同约定出借金额还款，那么借款人就其中超出其所应还本付息金额的部分得请求贷款人予以返还。

第三，如果贷款人和借款人就有无预扣利息的做法产生争议，须由借款人对这一事实的存在承担证明责任。根据《民间借贷规定》第26条第1句的规定，一般应以“借据、收据、欠条等债权凭证载明的借款金额”认定为本金。若借款人此时主张实际收到的款项已经扣除了利息，则应由其对此承担证明责任。[3]

（三）对复利约定的处理

所谓复利约定，是指将贷款周期性所生利息计入本金计算之后利息的做法。复利计息的做法有可能导致借款人的利息负担过重，因此也须受到法律的规制。目前，我国现行法在一定程度上认可复利约定：

根据《人民币利率管理规定》第20条、第21条的规定，对贷款期内不能按期支付的利息，金融机构“改按罚息利率计收复利”。《民间借贷规定》第27条第1款规定：“借贷双方对前期借款本息结算后将利息计入后期借款本金并重新出具债权凭证，如果前期利率没有超过合同成立时一年期贷款市场报价利率四倍，重新出具的债权凭证载明的金额可认定为后期借款本金。超过部分的利息，不应认定为后期借款本金。”进一步地，根据该条第2款的规定，如果采取了前述复利计算方式，“借款人在借款期间届满后应当支付的本息之和，超过以最初借款本金与以最初借款本金为基数、以合同成立时一年期贷款市场报价利率四倍计算的整个借款期间的利息之和的”，超出的部分无效。[4]

---

〔1〕 参见“山西梅园工贸集团有限公司、华融国际信托有限责任公司等金融借款合同纠纷案”，最高人民法院（2019）最高法民终1081号民事判决书；王利明主编：《中国民法典评注：合同编》（第2册），人民法院出版社2022年版，第238页。

〔2〕 参见周江洪：《典型合同原理》，法律出版社2023年版，第133页。

〔3〕 参见杨代雄主编：《袖珍民法典评注》，中国民主法制出版社2022年版，第633页。

〔4〕 有观点认为，这一规定也可类推适用于金融借贷。参见韩世远：《合同法学》（第2版），高等教育出版社2022年版，第401页。

第三节 借款合同的效力

一、借款合同的效力认定

借款合同本质为双方法律行为,自然应当遵循民事法律行为的一般生效要件,即当事人行为能力足具、意思表示真实、内容不违法悖俗(《民法典》第 143 条)。相反,若前述要件有所缺失,借款合同即存在效力瑕疵,此点无须赘言。此外,对于采格式合同方式订立的借款合同,还须受到格式条款订立控制(《民法典》第 496 条第 2 款)和内容控制(《民法典》第 497 条第 2、3 项)的特别检视。

对于民间借贷合同的效力,相关司法解释有较具体的规定。根据《民间借贷规定》第 13 条规定,有如下情形的民间借贷合同将被认定为无效:(1)套取金融机构贷款转贷的;(2)以向其他营利法人借贷、向本单位职工集资,或者以向公众非法吸收存款等方式取得的资金转贷的;(3)未依法取得放贷资格的出借人,以营利为目的向社会不特定对象提供借款的;(4)出借人事先知道或者应当知道借款人借款用于违法犯罪活动仍然提供借款的;(5)违反法律、行政法规强制性规定的;(6)违背公序良俗的。其中,前 4 项均为民间借贷合同无效的特别事由,而后两项则系合同无效的一般事由。在判断民间借贷合同是否因违反强行法规范而无效时,尤其要注意结合《民法典》第 153 条但书的目的保留条款,重点考察所违反强制性规定的规范目的。[1]

二、合同当事人的义务

(一)贷款人的义务

贷款人有义务按照合同约定本金向借款人提供借款,此属借款合同的应有之义,构成贷款人的主给付义务。当然,这一论断仅适用于诺成性的借款合同,即非自然人之间的借款合同。自然人之间的借款合同系实践合同,实际提供借款被法律规定为合同成立的要件(《民法典》第 679 条),而不再属于贷款人承担的合同义务。

贷款人履行提供借款义务的方式有多种,并不仅限于现金形式的给付,通过转账、信贷额度授予等方式,只要使借款人获得支配本金额度款项的权限即为已足。当然,如果当事人明确约定了贷款人提供本金的方式,贷款人自然应当且只能采取该方式提供借款。[2]

若贷款人未履行或未如约履行提供借款义务,则须承担违约责任。《民法典》第 671 条第 1 款明确规定:“贷款人未按照约定的日期、数额提供借款,造成借款人损失的,应当赔偿损失。”在计算借款人的损失时,亦应将借款人如获借款时可得之利益(所失利益)纳入考量,但应当受到可预见性规则的限制。[3]

“继续履行”系承担违约责任的方式之一(《民法典》第 577 条),而提供借款义务本质上属

---

〔1〕 参见周江洪:《典型合同原理》,法律出版社 2023 年版,第 135 页。

〔2〕 参见徐涤宇、张家勇主编:《〈中华人民共和国民法典〉评注》(精要版),中国人民大学出版社 2022 年版,第 732 页。

〔3〕 参见谢鸿飞、朱广新主编:《民法典评注:合同编 典型合同与准合同》(第 3 册),中国法制出版社 2020 年版,第 421 页。

于金钱债务，通常亦不存在给付不能的问题（《民法典》第579条）。照此逻辑，当贷款人未履行提供借款义务时，借款人应当能够请求其继续履行，即按照约定提供本金。但是，有学者结合借款的交易特点对提供借款义务的可实际履行性提出了质疑：借款合同系一种授信手段，体现了一定程度的人身性，即借款人须具备必要的信用、资力等。[1] 职是之故，应当限制借款人要求债务人实际履行的请求，以保障贷款人对授信风险的自我控制。[2]

除提供借款这一主给付义务外，贷款人还会负担诸如协助、保密等附随义务（《民法典》第509条第2款）。贷款人此种义务的内容以及强度如何，则须结合具体案情并遵循诚实信用原则予以确定。[3]

（二）借款人的义务

1. 偿还本金的义务

借款人“应当按照约定的期限返还借款”（《民法典》第675条第1句），即负有偿还本金的义务。此义务系借款人的主给付义务之一，但并非贷款人提供借款义务的对待给付义务。[4] 该义务的届期日（还款期）由当事人约定；在当事人未约定或约定不明且无法达成补充协议时，按照合同条款或交易习惯确定；仍不能确定的，贷款人可催告借款人于合理期限内还款，而借款人无须给对方准备时间可直接还款（《民法典》第675条第2句）。此外，对于借款债权上存在抵押权的情形，当抵押财产价值减少时，抵押人既不恢复抵押财产的价值，也不提供担保的，贷款人有权请求借款人提前清偿债务（《民法典》第408条）。

借款人逾期还款的，须支付约定或法定的逾期利息（《民法典》第676条）。此处的逾期利息系因偿还本金义务的迟延履行而生，本质属于金钱之债迟延履行引发的损害赔偿，故对有息或无息借款合同均统一适用。[5] 现行法对民间借贷约定逾期利息设有上限，即不超过合同成立时一年期贷款市场报价利率的四倍（《民间借贷规定》第28条第1款）。此外，在民间借贷的场合，如果当事人同时约定了逾期利率、违约金或其他费用，允许贷款人自由选择其所欲实现者；但是，按照贷款人所主张总金额折算后的利率，不得超过合同成立时一年期贷款市场报价利率的4倍（《民间借贷规定》第29条）。

2. 支付利息的义务

在有息借款的场合，借款人自然负有支付利息的义务。对支付利息的期限，首先按照合同约定、补充解释的次序予以确定。仍不能确定的，则适用相关任意法规范：借款期间不满一年的，借款人应在返还借款时一并支付利息；借款期间一年以上的，借款人应在每届满一年时支付该年利息，剩余期间不满一年的，则在返还借款时一并支付该期利息（《民法典》第674条）。

《民法典》第677条规定：“借款人提前返还借款的，除当事人另有约定外，应当按照实际借款的期间计算利息。”由此可见，借款合同的期限利益通常归属于借款人，贷款人须对存在另外约定负担证明责任。同时，根据《民法典》第671条第2款的规定，即便借款人未及时收取借款，其仍然应当按照约定的日期、数额支付利息。在对这一规定的理解上，有学者认为，其系双

---

[1] 参见谢鸿飞：《合同法学的新发展》，中国社会科学出版社2014年版，第576页；王利明主编：《中国民法典评注：合同编》（第2册），人民法院出版社2022年版，第773页。

[2] 参见张谷：《借款合同分析》，载《金融法苑》2005年第2期。

[3] Vgl. Dirk Looschelders, Schuldrecht Besonderer Teil, 16. Aufl. 2021, S. 157, Rn. 13.

[4] 参见韩世远：《合同法学》（第2版），高等教育出版社2022年版，第401页。

[5] 参见刘勇：《〈民法典〉第676条（逾期利息支付义务）评注》，载《清华法学》2023年第4期。

务合同风险负担一般规则在有息借款合同中的特别表达。[1] 但也有观点认为,按约收取借款系借款人所负担的不真正义务。[2]

3. 按约定用途使用借款

借款人有义务按照约定的用途使用借款。之所以令其负担此项义务,是因为借款用途是贷款人评估风险的重要指标,借款人是否按约定用途使用借款也直接关乎之后贷款人本息债权的实现。如果借款人违反此项义务,根据《民法典》第673条的规定,会引发如下法律后果:

第一,当尚未完全放款时(如本金分期给付),贷款人有权中止履行合同,即停止履行继续发放借款的义务。此权利本质系履行抗辩权。

第二,借款人的返还义务加速到期,贷款人得不受合同约定还款期的约束,立即请求其偿还本金并按照实际借款时间支付利息。[3]

第三,贷款人有权解除合同。结合《民法典》有关合同法定解除的一般规定,于此还要求借款人构成根本违约,具体须结合具体案情,重点考察借款人悖于约定用途使用借款导致借款风险的增加程度如何。[4] 鉴于借款合同作为持续性之债的特点,此处解除系贷款人单方终止借款合同,并且不影响贷款人向借款人请求损害赔偿。

主要参考文献

刘勇:《〈民法典〉第676条(逾期利息支付义务)评注》,载《清华法学》2023年第4期;刘勇:《〈民法典〉第679条(自然人借款合同的成立)评注》,载《法学家》2022年第4期;刘勇:《〈民法典〉第680条评注(借款利息规制)》,载《法学家》2021年第1期;张谷:《借款合同分析》,载《金融法苑》2005年第2期。

[1] 参见周江洪:《典型合同原理》,法律出版社2023年版,第142页。

[2] 参见韩世远:《合同法学》(第2版),高等教育出版社2022年版,第402页。

[3] 参见徐涤宇、张家勇主编:《〈中华人民共和国民法典〉评注》(精要版),中国人民大学出版社2022年版,第734页。

[4] 参见杨代雄主编:《袖珍民法典评注》,中国民主法制出版社2022年版,第635页。

第十四章　保证合同

引导案例

甲向乙借款100万元,按照同期银行贷款利率计息,自发放贷款一年后还本付息,双方签订了《借款合同书》。同时,甲须为其借款债权提供担保。请问:

1. 甲找到丙,让其提供担保。丙遂致电乙表示愿意提供连带责任保证,乙也表示同意。如甲届期未能按时还本付息,乙能否请求丙承担保证责任?

2. 若丙签好《担保函》向乙寄出,乙收到后未作回应。如甲届期未能按时还本付息,乙能否请求丙承担保证责任?

3. 乙丙签订了《连带责任保证合同书》,其中未就保证期间进行约定。假设还款期为当年10月15日,由于甲逾期未还,乙于次年9月1日才要求丙承担保证责任,法律状况如何?

4. 乙丙签订了《连带责任保证合同书》。甲逾期未还款,而甲对乙的80万元货款债权也已经届期。此时乙能否请求丙承担保证责任?

5. 乙丙签订了《连带责任保证合同书》。甲逾期未还款,丙向乙承担了保证责任。此时丙对甲主张何种权利?

第一节　保证合同概述

一、保证合同的概念及特征

(一)保证合同及相关法律关系

1. 保证合同的定义

《民法典》第681条予以定义性规定:"保证合同是为保障债权的实现,保证人和债权人约定,当债务人不履行到期债务或者发生当事人约定的情形时,保证人履行债务或者承担责任的合同。"就法律性质而言,保证是保证人与债权人之间的合同关系,并且属于有名合同,规定于《民法典》合同编第十三章中。[1] 从功能层面观察,保证是一种担保手段,属于典型的属人担保,保证人以其全部责任财产担保主债务的履行。同时,保证与第三人提供抵押、质押的情形

---

〔1〕 原《民法通则》及最高人民法院《关于贯彻执行〈中华人民共和国民法通则〉若干问题的意见(试行)》(2021年1月1日起停止适用)最早对保证这一担保方式进行了零星的规定,原《担保法》在其第二章对保证制度进行了详细的规定。在此基础上,《民法典》将保证合同作为一类典型合同规定于其合同编中。有关前后规则变化的详细梳理,参见周江洪:《典型合同原理》,法律出版社2023年版,第155页。

都属于第三人担保，在法律构造上有一定的相似性。因此，《民法典》有关保证合同的部分规则，如第701条、第702条等，可准用于第三人提供物上担保的情形(《担保制度解释》第20条)。

保证合同原则上属于无偿合同，但在当事人有特别约定(如债权人向保证人支付相应报酬或佣金)时，亦得为有偿合同。[1] 若对保证合同是否有偿存疑，应由保证人承担举证责任。

保证合同乃典型的单务合同，原则上仅保证人一方负担给付义务，债权人通常并无对待给付义务。[2] 尽管债权人也会负担某些合同上的义务(如披露和保护义务)，但因此类义务与保证人的担保义务并不构成给付与对待给付关系，故不会影响保证合同的单务性。当然和前述例外情形一样，若当事人特别约定保证人按所担保债权额的一定比例收取佣金，则此种保证合同属于双务合同。

保证合同系要式合同，须采书面形式订立，目的在于保护保证人，以免其轻率缔约。若第三人单方以书面形式向债权人作出保证，债权人接收且未提出异议，保证合同成立(《民法典》第685条第2款)。因此，严格来说，此处的书面要式强制仅针对保证人单方作出的保证表示(Bürgschaftserklärung)。[3]

保证合同是负担性诺成合同。一方面，通过保证合同仅产生保证人的给付义务，而不发生直接的权利变动，故保证合同在本质上是一种负担行为；[4] 另一方面，保证合同的成立仅需当事人达成合意而无须物之交付，因此保证合同系不要物合同。

2. 保证涉及的其他法律关系

虽然保证交易会涉及保证人、债权人和债务人三方主体，但只有保证人和债权人才是保证合同的当事人。此外，在保证的场合下还存在另外两种与保证合同密切相关但又有所区分的法律关系。

一种是债权人和债务人之间的主债关系，即因合同或其他法定事由产生的以特定给付为内容的债之关系，由此所生债权构成保证合同所担保的对象。作为一种担保手段，保证合同的功能在于敦促债务履行、确保债权实现。至于主债的发生原因具体为何，则在所不问。虽然在交易实践中所担保的多为合同之债，但当事人亦可为法定之债(例如，侵权损害赔偿之债)设定保证。[5]

另一种则是债务人和保证人之间的内部关系(Innenverhältnis)，虽然，多以委托合同形式出现，但是亦有可能存在保证人对债务人的无因管理。[6] 一方面，内部关系揭示了保证人为债权人提供担保的原因，如保证人系基于债务人的委托而向债权人提供保证；另一方面，内部关系又为保证人对债务人的追偿提供了法律依据，例如，委托人对受托人的必要费用偿还请

---

[1] 对于此种特殊合同的定性存在不同的学说争议，具体参见程啸：《保证合同研究》，法律出版社2006年版，第38页。
[2] 参见周江洪：《典型合同原理》，法律出版社2023年版，第143页。
[3] 参见王蒙：《论保证的书面形式》，载《清华法学》2021年第5期，第44页。
[4] 参见韩世远：《合同法学》(第2版)，高等教育出版社2022年版，第405页。
[5] 参见韩世远：《合同法学》(第2版)，高等教育出版社2022年版，第404页。
[6] 参见徐涤宇、张家勇主编：《〈中华人民共和国民法典〉评注》(精要版)，中国人民大学出版社2022年版，第741页。

求权。[1]

(二)保证债务的特点

如前所述,保证合同既是保证人与债权人独自订立的合同,又是保障主债权实现的担保手段。因此,由保证合同所生之保证债务既具有自身的独立性,又存在对主债关系的从属性,此外还呈现责任承担的补充性。[2] 这3个特点各有其内涵并通过不同规范彰显不同法效果,以下分述之。

1. 独立性

保证合同系由保证人和债权人订立而成,尽管其以担保主债权的实现为核心内容,但却是与主债相区别的独立的债之关系。保证债务的独立性主要体现在如下几个方面。

首先,保证债务的独立性体现在保证合同有着自己独立的订立方式、形式要件、生效要件等,无须也不必债务人的参与即可成立保证合同。其次,只要保证人或债权人本身存在意思表示瑕疵,即便所担保主合同的效力无瑕,保证合同的效力亦会受到影响。再次,尽管保证合同的目的是服务主债权的实现,但基于意思自治原则,在一定程度上允许保证人和债权人作不同于主合同的约定,例如,约定保证债务的届期日、对保证债务附条件或排除保证人援引对主债抗辩权的权利等。[3] 此外,银行或其他金融机构开具的独立保函本质上属于独立保证,一经开立便独立于基础合同项下法律关系,原则上不再受基础合同项下抗辩事由的影响。最后,对于保证债务单独计算自己的诉讼时效期间(《民法典》第694条)。

2. 从属性

保证合同服务于保障主债权实现这一目的,主债权构成保证合同所担保之标的。因此,保证债务对主债关系具有从属性,这也是债的担保的共性。职是之故,《民法典》第682条第1款第1句遂规定,"保证合同是主债权债务合同的从合同"。然而这一表述并不精确:一方面,保证所担保的并非只有合同之债,故而"主债权债务合同"的用语有失精确;另一方面,具有从属性的并非保证合同,毋宁是担保权。[4] 保证债务的从属性具体表现在如下几个方面。

第一,存续上的从属性,即保证债务的存续以主债务的存续为前提。具言之,如果主合同不成立,则并无需要担保的债权,保证债务自然也不存在。倘若主合同无效或被撤销,保证欠缺所担保的标的,保证债务自然也不发生。[5] 同理,如若主债务因清偿、抵销或免除等事由而消灭,保证债务亦一同消灭。

第二,范围上的从属性,即保证债务的具体样态(如金额、强度等)不得超出主债务本身的范围。这是与保证的担保功能相匹配的,并明确地体现在《担保制度解释》第3条中。据该条规定,即便保证合同约定的担保责任范围超出债务人应当承担的责任范围,保证人也仅在债务

---

〔1〕 从这两个角度出发,保证人与债务人之间的内部关系又被称为原因关系(Kausalverhältnis)或补偿关系(Deckungsverhältnis)。Vgl. Peter Bülow, Recht der Kreditsicherheiten, 9. Aufl. 2017, S. 288, Rn. 836; Staudinger/Stürner, BGB, 2020, § 765, Rn. 117.

〔2〕 有关保证合同、保证债务以及保证责任的概念辨析参见程啸:《保证合同研究》,法律出版社2006年版,第211页以下。

〔3〕 参见周江洪:《典型合同原理》,法律出版社2023年版,第159页。

〔4〕 参见李运杨:《担保合同的从属性抑或担保物权的从属性?——以区分原则为视角》,载王洪亮等主编:《中德私法研究:民法体系的融贯性》第19卷,北京大学出版社2020年版,第147~149页。

〔5〕 参见杨代雄主编:《袖珍民法典评注》,中国民主法制出版社2022年版,第644页段码1。

人应当承担的责任范围内承担责任。如果保证人对超出主债的部分承担了责任，其无从向债务人追偿，但可向债权人主张返还。

第三，移转上的从属性，即保证债权随同主债权的移转而移转。保证债权系主债权的从权利，故依《民法典》第547条第1款，债权人转让主债权时，受让人亦同时取得保证债权。需要注意的是，保证债权虽然附随移转，但同样存在保证人保护即债权让与通知的问题。根据《民法典》第696条的规定，若主债权转让而未通知保证人，该转让对保证人不生效力，这也与债权转让通知的一般规则（《民法典》第546条第1款）保持了法效果上的一致性。此外，如果保证合同中已经明确约定了禁止债权转让，除非经过保证人书面同意，否则保证人不再承担保证责任。由于债务人的变化将直接影响保证责任的产生及保证人追偿权的实现，当发生免责的债务承担（债务移转）时，如未经保证人书面同意，保证人不再承担保证责任（《民法典》第697条第1款）。与之相反，当发生并存的债务承担（债务加入）时，由于第三人加入债之关系并未加重保证人负担，保证人的责任不受影响（《民法典》第697条第2款）。

第四，抗辩上的从属性，即保证人有权主张债务人基于主债关系对债权人享有的抗辩权。若债务人对债权人享有抗辩权，意味着主债权请求权的可实现性受到阻碍。此项权利的产生虽然与保证合同无甚关联，但基于担保之目的，应当允许保证人加以援引。否则，将出现债务人有权拒绝履行主债务而保证人必须承担保证责任的结果。[1] 进一步而言，即便债务人放弃该抗辩权，保证人的前项权利亦不受影响（《民法典》第701条第2句）。

由以上分析可知，保证债务的从属性和独立性存在一定程度的紧张关系。尤其是在主合同无效的情形下，我国现行法规范更强调保证债务的从属性，仅在法规另有规定（构成独立保函的情形）时，才例外地认可保证之债的效力（《民法典》第682条第1款第2句但书）。若当事人约定保证合同的效力独立于主合同，或者约定保证人对主合同无效的法律后果提供担保，该约定无效（《担保制度解释》第2条第1款第1句）。这种置当事人意思自治于不顾的做法过于僵化，合理性存疑。

3. 补充性

保证的补充性，是指通常只有当债务人未履行主债务时，保证人才须履行其保证债务。这一特点同样源于保证的担保属性：只有当债权人未从债务人处获偿时，其才能够行使担保权（行使担保物权或主张保证债权）。[2] 由此可见，保证人并非连带债务人，保证债务具有备位的特征。

当然，不同类型的保证债务其补充性的强弱不同。其中，一般保证集中地体现了保证的补充性：一般保证的保证人享有先诉抗辩权，即在主债纠纷未经审判或者仲裁，并就债务人财产依法强制执行仍不能履行债务之前，一般保证的保证人有权拒绝向债权人承担保证责任（《民法典》第687条第2款）。

（三）与类似概念的界分

保证与抵押、质押等虽然均为担保手段，但区别较明显：保证系属人担保，以其保证人的一般责任财产担保债权实现，保证合同成立债权人即享有此项担保权；抵押和质押为物上担保，以担保人的特定动产或不动产担保债权实现，而且原则上需要进行登记或交付。

---

〔1〕 参见李运杨：《论担保从属性的类型及其突破》，载《山东大学学报（哲学社会科学版）》2022年第6期。

〔2〕 Vgl. Peter Bülow, Recht der Kreditsicherheiten, 9. Aufl. 2017, S. 25, Rn. 72.

就担保功能而言,保证(尤其是连带责任保证)还与债务加入(并存的债务承担)有一定程度的相似性,即担保债权实现的财产有所增加,扩张至保证人或债务加入人的一般责任财产。但二者法效果上的区别也不容忽视:保证债务具有补充性,而债务加入者与原债务人成为连带债务人。当第三人向债权人允诺其愿意履行债务或作出类似表示时,有必要进一步对其意思表示进行解释,以识别其究竟构成保证还是债务加入。对此《担保制度解释》第36条确立了"意思表示解释先行,存疑推定为保证"的思路:应当首先根据意思表示解释规则确定表意人究竟是提供担保还是共同承担债务之意思。此时,应当根据个案全部情事进行综合判断,其中值得考察的因素主要有第三人自身对债务履行具有的利益、第三人履行债务是否具有确定性等。[1] 如果通过前述途径仍无法得出确定结论,则应当推定为保证。这种推定显然是更有利于该第三人的,因为鉴于保证债务的补充性,保证人的责任通常轻于并存债务承担人的责任。

二、保证的不同类型

(一)一般保证和连带责任保证

根据保证人承担责任的不同,可以将保证分为一般保证和连带责任保证。在识别二者时,须首先检视当事人在保证合同中的约定:若合同约定债务人不能履行债务时,由保证人承担保证责任,则为一般保证(《民法典》第687条第1款)。反之,若合同中约定保证人和债务人对债务承担连带责任,例如,约定在债务人未履行债务时立即或无条件承担保证责任,则为连带责任保证(《民法典》第688条第1款)。如果当事人对保证方式没有约定或者约定不明确,则推定为一般保证(《民法典》第686条第2款)。显然,这一推定更有利于保证人。

就具体法效果而言,一般保证和连带责任保证的最大区别就在于,一般保证人享有先诉抗辩权。所谓先诉抗辩权,又称检索抗辩权,是指一般保证人以债权人尚未就债务人财产依法进行强制执行为由拒绝承担保证责任的权利(《民法典》第687条第2款)。其本质系一般保证人基于保证合同而享有的履行抗辩权,并且属于一时(延缓)的抗辩权,其正当性源自保证债务的补充性。[2] 相反,连带责任保证人不享有前述权利,当债务人不履行到期债务或者发生当事人约定的情形时,债权人可直接请求连带责任保证人承担保证责任。

在法定的例外情形下,一般保证人也不再享有先诉抗辩权,具体包括如下情形(《民法典》第687条第2款的但书):第一,债务人下落不明且无财产可供执行。第二,债务人破产已为人民法院受理。此时根据《企业破产法》第19条的规定,债权人已无法对债务人的财产申请强制执行,故不再允许一般保证人主张先诉抗辩权。但是,保证人此时可依《企业破产法》第51条第2款通过预先行使对债务人的追偿权来申报债权。第三,债权人有证据证明债务人的财产不足以履行全部债务或者丧失履行债务能力。第四,保证人书面表示放弃先诉抗辩权。

根据《担保制度解释》第26条,在一般保证的场合下,先诉抗辩权的存在会引发如下程序法上的效果:第一,若债权人未就主合同纠纷提起诉讼或者申请仲裁,仅单独起诉一般保证人,人民法院应当驳回起诉。第二,若债权人一并起诉债务人和保证人,人民法院可以受理,但是在作出判决时,除前述例外情形外,应当在判决书主文中明确,保证人仅对债务人财产依法强制执行后仍不能履行的部分承担保证责任。第三,若债权人未对债务人的财产申请保全,或者保全的债务人的财产足以清偿债务,人民法院不应准许债权人对保证人的财产保全申请。

---

[1] 参见夏昊晗:《债务加入与保证之识别——基于裁判分歧的分析和展开》,载《法学家》2019年第6期。
[2] 参见高圣平:《担保法论》,法律出版社2009年版,第154页。

（二）单独保证与数人保证

根据为同一债务提供保证的人数不同，可以将保证分为单独保证和数人保证。顾名思义，只有一人为债务提供之保证为单独保证，此系保证交易的通常形态。若同一债务有两个以上保证人（《民法典》第699条），无论他们是共同与债权人签订一则保证合同，还是分别与债权人签订数则保证合同，也无论其各自提供的是一般保证还是连带责任保证，数个保证人之间均成立共同保证（亦可称为数人保证）。在共同保证的场合下，存在两个方面的问题需要回答。

一是外部责任之承担，即债权人如何请求各保证人承担责任。根据《民法典》第699条的规定，如果根据合同约定能够确定各个保证人的保证份额，则其按照各自的份额承担保证责任。若没有约定保证份额，债权人可以请求任何一个保证人在其保证范围内承担保证责任。例如，如果甲、乙两人分别与债权人丙签订保证合同，双方未就彼此提供保证的份额作出约定，当所保证债务无法获偿时，丙可以向甲、乙中的任何一人主张清偿其保证范围内的全部债务（包括主债务及其利息、违约金等）。

二是内部责任之分担，即数个保证人之间能否以及如何追偿。《民法典》未就此问题进行正面回应，相关司法解释对此作出了规定。根据《担保制度解释》第13条的规定，若各保证人约定了相互追偿及分担的份额，承担了保证责任的保证人有权请求其他保证人按照约定分担份额。若各保证人约定承担连带共同保证，或者约定相互追偿但是未约定分担份额，各保证人按照比例分担向债务人不能追偿的部分。即便各个保证人未对相互追偿作出约定且未约定承担连带共同保证，但是只要其在同一份合同书上签字、盖章或者按指印，承担了责任的保证人都有权请求其他保证人按照比例分担向债务人不能追偿的部分。对于前述情形之外的其他情形，已经承担了责任的保证人无权再向其他保证人进行追偿。

（三）普通保证与最高额保证

保证人为特定的单一债权提供保证，构成普通保证。最高额保证系一种特殊形式的保证，系指保证人在某一最高额度内对一定期间连续发生的债权所提供的保证（《民法典》第690条第1款）。若进一步细化，最高额保证又可以分为最高额一般保证与最高额连带责任保证，但后者以当事人有特别约定为前提。

最高额保证中的最高额所涵盖的范围如何，首先应当根据当事人的约定来确定。若当事人对此未作约定，则其是指包括主债权及其利息、违约金、损害赔偿金、保管担保财产的费用、实现债权或者实现担保物权的费用等在内的全部债权（《担保制度解释》第15条第1款）。

在最高额保证的场合下，须确定保证人所担保的债权，此时应参照适用有关最高额抵押债权规定。因此，参照《民法典》第423条有关最高额抵押中债权确定的规则，如下情形将引发最高额保证担保债权的确定：第一，当事人约定的债权确定期间届满；第二，未约定债权确定期间或约定不明时，债权人或保证人自最高额保证合同成立之日起满2年后请求确定债权；第三，新的债权不可能发生；第四，债务人、保证人被宣告破产或者解散；[1]第五，法律规定债权确定的其他情形。

---

〔1〕 有观点认为，自然人保证人死亡或丧失行为能力时可参照此情形处理，同样发生债权确定的法效果。参见周江洪：《典型合同原理》，法律出版社2023年版，第167～168页。

三、保证合同的订立

(一)保证人资格

我国现行法对部分法人或非法人组织作为保证人的资格进行了限制,主要针对提供担保与这些主体自身目的相冲突的情形。具体来说包含如下情形。

第一,鉴于机关法人的行政职责及其财产源自国家财政的特点,此类主体不得作为保证人,但是经国务院批准为使用外国政府或者国际经济组织贷款进行转贷的机关法人除外(《民法典》第683条第1款)。[1] 禁止提供担保的机关法人作为保证人签订的保证合同无效(《担保制度解释》第5条)。

第二,以公益为目的的非营利法人、非法人组织(如非营利性学校、幼儿园、医疗机构、养老机构等)不得作为保证人(《民法典》第683条第2款),否则将不利于其事业开展及公益目的之实现。此类主体作为保证人签订的保证合同无效。相反,如果某一非营利法人或非法人组织并不是以公益为目的,则应当承认其作为保证人提供担保的资格。

第三,居民委员会、村民委员会具有基层群众性自治组织法人资格(《民法典》第101条第1款),但不属于机关法人。根据《担保制度解释》第5条第2款的规定,居民委员会、村民委员会提供担保的,担保合同原则上无效,但是依法代行村集体经济组织职能的村民委员会,依照村民委员会组织法规定的讨论决定程序对外提供担保的除外。

(二)合同内容

《民法典》第684条规定:“保证合同的内容一般包括被保证的主债权的种类、数额,债务人履行债务的期限,保证的方式、范围和期间等条款。”保证合同的内容除包括合同当事人(保证人和债权人)的信息外,还需要包括所担保主债权的信息以及典型的合同义务。但是,如果保证合同中没有明确约定保证的方式、保证的范围以及保证期间,可相应地适用有关任意性规范,例如,《民法典》第686条第2款、第691条第1句、第692条第2款等。

(三)形式要件

《民法典》第685条第1款规定:“保证合同可以是单独订立的书面合同,也可以是主债权债务合同中的保证条款。”一方面,从规则演进的角度纵向观察,原《担保法》第13条曾规定“应当以书面形式订立保证合同”,而《民法典》第685条采取的却是“可以”而非“应当”的表述。另一方面,对类似规定作横向比较,《民法典》在有关抵押合同(第400条第1款)、质押合同(第427条第1款)形式要件的规定中,都使用了“应当采用书面形式”的表述。由是观之,至少在文意层面,《民法典》并未对保证合同的书面要式性作出明确要求。[2] 尽管如此,在解释论上仍然应当坚持保证合同的书面要式性,理由如下所述。

从探求立法者真意的立场出发,全国人大常委会法工委民法室在其释义书中明确地将“保证合同”界定为书面要式合同。[3] 尽管此种文献性质的释义不能等同严格意义上的立法资料,但至少能在一定程度上推知,立法者对保证合同的书面要式性持肯定立场。

---

〔1〕 参见韩世远:《合同法学》(第2版),高等教育出版社2022年版,第406页;徐涤宇、张家勇主编:《〈中华人民共和国民法典〉评注》(精要版),中国人民大学出版社2022年版,第742页。

〔2〕 参见谢鸿飞、朱广新主编:《民法典评注:合同编　典型合同与准合同》(第2册),中国法制出版社2020年版,第38页。

〔3〕 参见黄薇主编:《中华人民共和国民法典合同编解读》(下册),中国法制出版社2020年版,第749页。

从形式强制规范的功能观察,保证合同书面要式能够实现保护保证人的规范目的。保证合同原则上仅保证人一方负担给付义务。尽管保证人承担责任后会代位取得债权,但债务人的破产风险仍由其承担。出于平衡负担和保护保证人之考量,立法上宜对保证合同作书面要式之要求。于此,书面要式发挥形式强制的警示功能,即在保证合同成立前向保证人明晰其责任范围,避免其因轻率仓促缔约而承受过重法律负担。〔1〕 具言之,在订立书面保证合同或以书面形式作出保证允诺之前,保证人不受其在前言行之约束,即拥有反悔的自由。保证合同单务无偿的典型特征,也为制定法为保证人一方提供优待提供了实质正当化理由。〔2〕

基于前述立场,对于《民法典》项下保证的书面形式及相关规定应作如下解读。

首先,《民法典》第 685 条第 1 款中"可以"的措辞并非指向保证合同是否应当采书面形式,而仅针对保证合同与主合同是否一体。当事人"可以"自由选择独立于主合同的保证合同或附从于主合同的保证条款,但均不得脱离书面形式。易言之,在保证人与债权人达成保证约定时,既可以由双方专门订立书面的保证合同,也可以由保证人在包含保证条款的书面主合同上签字盖章。由此可见,《民法典》第 685 条有关保证合同订立方式的规定系任意性规范,而对保证合同书面形式的要求仍属强制性规范。立法者系通过(狭义的)法律限制保证合同订立的形式自由,符合《民法典》第 135 条第 2 分句有关形式强制规范效力位阶的规定。如果保证合同不符合前述书面形式,则保证合同因形式瑕疵不成立。但是,若保证人主动或应债权人要求承担了保证责任,依《民法典》第 490 条第 2 款的规定,形式瑕疵会因保证人的履行行为而得到补正,保证合同成立。

其次,《民法典》685 条第 2 款规定:"第三人单方以书面形式向债权人作出保证,债权人接收且未提出异议的,保证合同成立。"在此特殊情形下,仅保证人单方作出的意思表示具备书面形式即可,这也足以实现保护保证人的规范目的。因此,从严格意义上来说,现行法对保证所作书面要式强制仅指向保证人一方作出的保证表示,而非整个保证合同。〔3〕 若保证合同或单方保证允诺不符合上述书面形式,则当事人之间不成立保证法律关系。但是,若保证人主动或应债权人要求承担了保证责任,则依据《民法典》第 490 条第 2 款的规定,保证合同的形式瑕疵会因保证人的履行行为而得到补正。

再次,书面保证合同必须同时满足内容具体确定和载有保证人签章两项要件。订立保证合同所要求的书面形式仅限于《民法典》第 469 条第 2 款规定的传统书面形式(如合同书、信件、电报等),而不包括该条第 3 款所言之拟制书面形式(如电子邮件等数据电文)。如前所述,对保证合同作书面形式强制的规范目的在于避免保证人轻率缔约。根据民法学说,此种警示功能只能由传统书面形式承载。反之,根据《民法典》第 469 条第 3 款,电子邮件、即时通信工具等数据电文被"视为书面形式",是以"能够有形地表现所载内容"和"可以随时调取查用"为前提的。〔4〕 由此可见,此种拟制书面形式只能发挥证据保全功能而无法起到警示作用,是故应被排除在保证合同适格书面形式之外。

---

〔1〕 参见朱庆育:《民法总论》(第 2 版),北京大学出版社 2016 年版,第 304 页。

〔2〕 参见高圣平:《保证合同重点疑点难点问题判解研究》,人民法院出版社 2005 年版,第 101 页。

〔3〕 参见谢鸿飞、朱广新主编:《民法典评注:合同编 典型合同与准合同》(第 2 册),中国法制出版社 2020 年版,第 39 页。

〔4〕 参见黄薇主编:《中华人民共和国民法典合同编解读》(上册),中国法制出版社 2020 年版,第 37 页。

最后，需要补充的是，为避免保证书面要式的警示保护功能落空，保证合同的预约、委托他人提供保证的合同、加重保证人责任的合同变更通常亦须具备书面形式。[1]

第二节　保证合同的效力

一、保证人的义务

根据《民法典》第 681 条的规定，当债务人不履行债务或发生当事人约定情形时，保证人有义务履行债务或承担责任，此即保证人在保证合同下的主给付义务。保证人此时清偿的乃是其自身负担的保证债务。易言之，保证人既不是债务人的履行辅助人，亦非《民法典》第 524 条第 1 款所涉“对履行该债务具有合法利益的”第三人。《合同编通则解释》第 30 条第 1 款第 1 项之规定有违保证债务本身的独立性，其合理性存疑。

保证人如欲清偿保证债务，须依债务本旨为给付，并且具有终局消灭保证债务的意思。保证人亦可通过清偿的替代形式消灭保证债务，最为常见的手段即为抵销：保证合同系保证人与债权人之间独立的合同关系，故保证人原则上可依据《民法典》第 568 条第 1 款，以债权人对自己所负届期债务与自己所负保证债务进行抵销。

根据《民法典》第 691 条的规定，保证债务的范围须视债权人和保证人的约定而定；当事人未就此达成约定时，保证债务涵盖主债权及其利息、违约金、损害赔偿金以及实现债权的费用。由此可见，主债权的内容将直接决定保证债务的范围。基于禁止他人处置的法理以及对保证人的必要保护，债权人和债务人未经保证人书面同意，协商变更主债权债务合同内容导致主债务加重的，保证人对加重部分不承担保证责任（《民法典》第 695 条第 1 款）。

二、保证人的权利

（一）保证人的抗辩权

保证既有担保手段对主债关系的从属性，又具有合同自身的独立性。面对债权人的履行请求，保证人亦有多重路径主张抗辩。在现行法框架下，保证人的抗辩权可以分为 3 类，以下分别介绍。

1. 保证合同本身的抗辩权

保证合同作为独立的合同关系，自身也能产生一系列可由保证人主张的抗辩权，例如，保证债务自身的时效抗辩权、一般保证人的先诉抗辩权（《民法典》第 687 条第 1 款）、保证人以同一债权上存在债务人提供担保物权为由的抗辩权（《民法典》第 392 条第 1 句第 2 分句）。

2. 援引主债务人的抗辩权

《民法典》第 701 条规定：“保证人可以主张债务人对债权人的抗辩。债务人放弃抗辩的，保证人仍有权向债权人主张抗辩。”该条系有关保证人援引主债务抗辩的规定，立足保证债务的从属性，旨在实现对保证人的保护，以免其承受超过债务人的法律负担。

上述条文所称“债务人对债权人的抗辩”应当限缩解释为权利阻止之抗辩，即债务人享有

[1] 参见王蒙：《论保证的书面形式》，载《清华法学》2021 年第 5 期。

的抗辩权,而不包括权利阻却与权利消灭的抗辩(如主合同无效、主债务已清偿等)。之所以作此解读,主要理由在于:第一,对于权利阻却与权利消灭的抗辩,法院应依职权主动适用。只有依实体法上抗辩权行使出现的权利阻止的抗辩,才需要债务人积极的主张。第二,该条第2句规定,“债务人放弃抗辩”不影响保证人主张该抗辩。于此隐含的前提是债务人能够放弃抗辩。然而,权利阻却与权利消灭的抗辩关乎实体权利存在与否,法律不允许当事人主动放弃。当事人所能放弃的只有实体法上的抗辩权,即权利阻却的抗辩。[1]

凡债务人基于主债关系对债权人享有的抗辩权,保证人原则上均可援引。保证人可以援引债务人的一时性抗辩权(亦称延缓抗辩权),以暂时地阻止债权人请求权的行使。其中,既包括债务人的一时性抗辩权(如同时履行抗辩权、不安抗辩权等),亦包括其享有的永久性抗辩权(如主债务的时效抗辩权)。[2]

3. 可抵销与可撤销抗辩权

《民法典》第702条规定:“债务人对债权人享有抵销权或者撤销权的,保证人可以在相应范围内拒绝承担保证责任。”该条规定涉及债务人对债权人享有抵销权或主债务人有权撤销主合同两种情形,在法效果上赋予保证人相应拒绝承担保证责任(履行保证债务)的权利。由于此种抗辩权的发生与债务人可主张抵销主债权或撤销主合同有关,故可将其简称为保证人的可抵销抗辩权(该条第1种情形)或可撤销抗辩权(第2种情形)。

《民法典》第702条赋予保证人的是实体法上的抗辩权且属于一时(延缓)的抗辩权。保证人一旦主张该条的抗辩权,就能够产生暂时阻止债权人履行请求权的可实现性,但无法产生永久排除债权人请求权的效力。需要补充说明的是,虽然保证人可通过主张可抵销或可撤销抗辩权拒绝承担保证责任,但此类抗辩权并非《民法典》第694条第1款所言“拒绝承担保证责任的权利”,不会产生阻碍保证债务诉讼时效期间计算的法效果。[3]

保证人的可抵销抗辩权以“债务人对债权人享有抵销权”为前提,对这一要件须从如下几个层面进行解读:

第一,此处仅要求债务人一方享有抵销权即可,无须债权人同时享有抵销权。易言之,于此仅考察债务人对债权人享有的债权能否作为抵销中的主动债权。

第二,无论债务人对债权人享有的是法定还是意定抵销权,保证人均可以此为由拒绝承担保证责任。只不过前者须满足法定抵销权的产生要件(《民法典》第568条);此时,债务人对债权人的债权为主动债权,除须与主债权种类、品质相同外,还应当满足已经届期、未附有抗辩权、无禁止抵销约定等要件。作为被动债权的主债权则须适于抵销。

第三,倘若债务人享有主动债权的金额低于主债权的金额,保证人仅可在前者金额内主张可抵销抗辩权,即《民法典》第702条所言“在相应范围内拒绝承担保证责任”。对于超出的金额部分,保证人并不享有抗辩权,其拒绝承担保证责任将构成迟延履行。

保证人的可撤销抗辩权则以“债务人对债权人享有撤销权”为前提。此处所言撤销权仅指

---

[1] 参见李运杨:《第三担保人的抗辩权体系》,载《政治与法律》2021年第8期。

[2] 参见王蒙:《〈民法典〉第701条(保证人抗辩援引规则)评注》,载《南京大学学报(哲学·人文科学·社会科学)》2022年第4期。

[3] 换言之,《民法典》第694条第1款所言“拒绝承担保证责任的权利”应当被限缩解释为一般保证人的先诉抗辩权。参见程啸:《论〈民法典〉第702条上的保证人抗辩权》,载《环球法律评论》2020年第6期。

债务人因重大误解、受欺诈或胁迫、显失公平等意思表示瑕疵而享有的撤销主合同的权利(《民法典》第147条至第151条)。《民法典》还规定了赠与人的撤销权,即赠与财产移转前的任意撤销权(《民法典》第658条第1款)和基于特别法定事由的撤销权(《民法典》第663条第1款)。这两者虽然也是作为债务人的赠与人享有的撤销权,但不属于该条适用的范围,保证人不可以此为据拒绝承担保证责任。

学界通说认为,债务人放弃对债权人的抵销权或主合同撤销权的,保证人即不再享有该条赋予的抗辩权,其核心理由在于:是否向债权人主张抵销、是否撤销主合同系债务人自身事务,当然应当遵循债务人的决定。[1]

(二)保证人对债务人的追偿

基于保证债务的补充性,保证人在承担责任后有权向债务人追偿。《民法典》第700条规定:"保证人承担保证责任后,除当事人另有约定外,有权在其承担保证责任的范围内向债务人追偿,享有债权人对债务人的权利,但是不得损害债权人的利益。"这一规定在规范构成上有如下特点:其一,明确了内部关系优先原则。保证人能否以及如何对债务人追偿,应以二者的内部关系为准。其二,确立了保证人清偿承受规则。在清偿保证债务之后,保证人将承受债权人对债务人的权利,主债权发生法定移转。其三,对追偿权的行使作出限制。根据该条但书规定,保证人行使追偿权不得损害债权人的利益。

1. 依内部关系进行追偿

按照不同发生原因,保证人和债务人的内部关系又可分为约定或法定两种类型:前者多表现为债务人与保证人之间订立的委托合同,后者通常是保证人对债务人事务的无因管理。无论是意定还是法定内部关系,都能够为保证人向债务人的追偿提供法律依据,因此内部关系又被称作补偿关系。

债务人委托保证人向债权人提供担保,系实践中最常见的情形。在委托合同的构造下,作为受托人的保证人对债务人享有必要费用偿还请求权,此项权利构成委托合同下保证人向债权人追偿的依据。保证人此时可请求债务人偿还的必要费用,除其为清偿保证债务向债权人作出的给付外,还包括在此过程而支出的其他费用,如通信费、手续费、诉讼费等。对于保证人支出费用是否必要的判断,并非采完全的客观标准。在具体个案中,只要保证人以理性视角、依所知情事认为必须有所支出,则即便该笔支出在客观上对债务人已非必要,亦不影响保证人主张必要费用偿还请求权。[2] 当然,当事人可以在委托合同中约定,保证人在承担责任后不向债务人追偿。由于保证人放弃追偿权,债务人因消极财产减少而获得持续财产增益,构成保证人对债权人的赠与。[3] 债务人须对保证人具有赠与的意思负证明责任。[4]

若债务人和保证人之间缺少委托或类似合同关系,则保证人提供担保虽系管理债务人的事务,但欠缺法律上的原因,二者的内部关系或将以无因管理的形式出现。具体而言,若提供担保符合债务人明示或可推知的意思,则在保证人和债务人之间成立适法无因管理。保证人

---

〔1〕 参见谢鸿飞、朱广新主编:《民法典评注:合同编 典型合同与准合同》(第2册),中国法制出版社2020年版,第131页;王利明主编:《中国民法典评注·合同编》(第2册),人民法院出版社2021年版,第989~990页;杨代雄主编:《袖珍民法典评注》,中国民主法制出版社2022年版,第674页段码6。

〔2〕 参见王蒙:《论保证人对债务人追偿的双重结构》,载《华东政法大学学报》2023年第1期。

〔3〕 参见程啸、高圣平、谢鸿飞:《最高人民法院新担保司法解释理解与适用》,法律出版社2021年版,第121页。

〔4〕 参见王利明主编:《中国民法典评注·合同编》(第2册),人民法院出版社2021年版,第961页。

在向债权人承担责任后，得以《民法典》第979条第1款第1分句为据向债务人主张必要费用偿还请求权。同时，根据《民法典》第981条、第982条的规定，作为管理人的保证人负有妥善管理义务和管理结束时的报告义务。保证人违反此等义务时，将对其必要费用偿还请求权的成立产生影响。

2. 主张法定移转的债权

保证人在承担责任后相应地“享有债权人对债务人的权利”，即主债权法定移转由保证人取得。循此逻辑，保证人能够径自以新债权人的身份向债务人主张权利，从而就其为清偿主债所为给付向债务人寻求救济。在我国现行法体系下，保证人主张法定取得的主债权具有减轻证明责任的优势：保证人此时仅就保证合同的有效存在以及保证责任的承担负证明责任，而无须证明其与债务人具体的内部关系及由此所生追偿权。倘若债务人以保证人不享有内部关系上的追偿权为由进行抗辩，则其须就内部关系的具体样态及否定追偿权的事由负证明责任。[1]

所移转债权的范围既包括保证人清偿的主债权额（如借款本金）及所生利息，亦包括保证人支付的违约金、损害赔偿等，但不包括保证人为清偿保证债务而支出的费用，因为此类费用不属于所清偿主债权之范畴。由此可见，保证人主张法定取得主债权的范围小于其依据内部关系向债务人追偿的范围。[2]

根据《民法典》第547条第1款的规定，债权人转让债权时，受让人亦取得该债权的从权利。这一规定原则上亦准用于债权法定移转的情形，即诸如担保物权等从权利随着债权一同发生法定移转。但我国学界存在广泛争议的是，保证人在承担保证责任后，能否取得第三人为主债权提供的担保物权。[3]《担保制度解释》采纳了“否定说”立场：根据该解释第13条第3款的规定，承担了担保责任的担保人无法向与之无意思联络的其他担保人进行追偿。同时，为避免某一担保人以先受让债权再向其他担保人主张的方式逃避责任，该解释第14条明确将此种行为拟制为“承担担保责任”。如此一来，该担保人能否向其他担保人追偿只能按照该解释第13条的规定处理。

3. 内部关系的优先效力

在多数情形下，当保证人向债权人承担责任后，其既可基于内部关系向债务人追偿，亦可向对方主张其清偿承受的主债权。当保证人同时享有上述两项请求权时，二者之间构成请求权（规范）竞合，保证人可自由决定行使其中一者或对两者合并主张，但其法效果重叠的部分仅得实现一次。[4] 这两种实现追偿效果的路径对多数问题的处理结果是一致的，但在个别问题的法律评价上也有可能出现分化，此时应当遵循内部关系优先原则。

第一，保证人主张取得主债权，以其在内部关系上对债务人享有追偿权为前提。在交易实践中，债务人与保证人会通过约定排除保证人的追偿权。例如，保证人系出于向债务人赠与之目的提供担保。

第二，若债务人和保证人通过内部关系对追偿期限、数额、方式等有所限制，亦将影响保证

---

〔1〕 参见王蒙：《论保证人对债务人追偿的双重结构》，载《华东政法大学学报》2023年第1期。

〔2〕 Vgl. BeckOGK/Madaus, 1.21.2021, BGB § 774 Rn. 58.

〔3〕 有关争议各方观点的呈现与评析，参见程啸、高圣平、谢鸿飞：《最高人民法院新担保司法解释理解与适用》，法律出版社2021年版，第84～87页。

〔4〕 Vgl. MüKoBGB/Habersack, 8. Aufl. 2020, BGB § 774 Rn. 18.

人行使法定取得主债权。例如,当事人约定保证人在承担责任一个月后方可向债务人追偿,那么在该期限届满前,即便主债权已届期且已经法定移转至保证人处,债务人亦可拒绝保证人行使主债权的请求。

第三,对于特定情形来说,保证人或只享有内部关系所生之追偿权。例如,当保证人非因过失不知主债务已获清偿而仍向债权人承担责任时,已经消灭的主债权自无法定移转之可能,保证人亦无从向债务人主张。但此时保证人仍享有必要费用偿还请求权,因为如前所述,善意的保证人此时有理由相信其为清偿主债所支出者仍为必要。

4. 不得损害债权人利益

作为一种担保手段,保证之目的即在于确保债务人力有不及时债权依然能够实现无虞。就当事人利益格局而言,债权人自保证人处获偿之后,不应当处于较债务人亲自清偿更不利的法律地位,否则保证的存在也将失去意义。《民法典》第 700 条但书的规定旨在确保债权人利益的优先实现,体现了对法定债权让与情形普遍适用的原则,即“权利让与不得有害于让与人”(*nemo subrogate contra se*)。[1] 若保证人通过主张法定取得之债权向债务人追偿,自应受到前述规则的限制。即便保证人以内部关系作为追偿基础,亦有适用前述规则之必要,否则保护债权人之规范目的将落空。

债权人利益优先原则主要在主债权经由保证责任之承担仅部分实现的情形中产生实益,例如,保证人仅担保部分主债权,抑或是保证人虽担保全部主债权但仅部分清偿。此时债权人可请求债务人继续清偿其剩余债权,保证人亦可向债务人追偿。若债务人无力清偿全部债务,剩余债权与追偿权之间即出现紧张关系。根据追偿权行使不得损害债权人利益原则,应当优先实现剩余债权。

三、保证期间与诉讼时效

时间因素对保证效力的影响主要体现在两个方面:一是保证期间。如果债权人在保证期间内未采取必要措施,则保证人无须再承担保证责任。二是保证债务的诉讼时效。保证人可以保证债务诉讼时效期间届满为由拒绝承担保证责任。由此可见,前述两种制度均能在某种程度上产生抗辩的法效果,那么其各自的规范目的与制度逻辑何在?二者存在哪些区别和联系?下文就此展开分析。

(一)保证期间

1. 保证期间的概念

根据《民法典》第 692 条第 1 款给出的定义,保证期间系确定保证人承担保证责任的期间。立法者之所以设立保证期间制度,意在保护保证人利益,同时敦促债权人及时行使权利。[2] 这种对保证人的特别保护,也是与保证合同单务无偿以及风险合同的特征相契合的。

因产生依据不同,保证期间又可划分为约定和法定保证期间:债权人和保证人可以约定保证人承担保证责任的期间,此即约定保证期间。若当事人对此没有约定或约定不明确,则适用法定保证期间,为主债务履行期限届满之日起 6 个月。当事人虽然约定了保证期间,但该期间早于主债务履行期限或者与主债务履行期限同时届满的,视为没有约定,适用法定保证期间(《民法典》第 692 条第 2 款)。如果保证合同约定保证人承担保证责任直至主债务本息还清时

---

〔1〕 Vgl. Soergel/Gröschler, BGB, 13. Aufl. 2015, § 774, Rn. 5.

〔2〕 参见黄薇主编:《中华人民共和国民法典合同编解读》(上册),中国法制出版社 2020 年版,第 763 页。

为止等类似内容,视为有关保证期间的约定不明,也同样适用前述法定保证期间(《担保制度解释》第32条)。此外,《担保制度解释》第30条还对最高额保证情形下保证期间的计算进行了特别规定。

保证期间与保证债务的履行期限不同:前者意在强调债权人须在保证期间内对债务人或保证人积极主张权利,而后者旨在确定债权人可请求保证人承担责任的时间点。保证期间也不同于保证债务的诉讼时效期间:第一,法律规范对债权人在这两个期间内行为的要求不同。第二,保证期间徒然经过,保证人无须承担保证责任,而罹于诉讼时效的保证债务使保证人享有抗辩权。第三,保证期间是一则不变期间,一经起算不发生中止、中断和延长,而诉讼时效期间会因特定事由的出现而发生中止、中断或被延长。此外,保证期间也与除斥期间有所区别:除斥期间系形成权的行使期间且通常由法律规定;而保证期间并非针对某一具体的形成权,其期间经过的效力毋宁指向整个保证债务。[1]

2. 保证期间的效力

保证期间制度的规范中心在于敦促债权人积极行使权利,即要求其于此期间内对债务人或保证人积极主张权利。对于债权人所为之必要行为,《民法典》第693条区别了不同的保证方式:在一般保证的场合下,债权人须在保证期间对债务人提起诉讼或者申请仲裁;在连带责任保证的情形下,债权人须在保证期间请求保证人承担保证责任。[2] 若保证期间届满而债权人未采取前述行为,保证人无须再承担保证责任,亦即保证债务消灭。这一事由构成保证人实体法上的抗辩,法院在审理保证合同纠纷案件时,应当将保证期间是否届满、债权人是否在保证期间内依法行使权利等事实作为案件基本事实予以查明(《担保制度解释》第34条)。

(二)保证债务的诉讼时效

保证合同具有独立性,由此所生保证债务亦单独计算诉讼时效期间。保证人须在这一诉讼时效期间届满前请求保证人承担保证责任(本质为保证债务之清偿),否则保证人能够主张保证债务的诉讼时效抗辩权,从而阻止债权人请求权的可实现性。诉讼时效期间自权利人知道或者应当知道权利受到损害以及义务人之日起计算(《民法典》第188条第2款第1句),《民法典》第694条区分不同的保证方式对前述一般规则进行了具体化。

无论是一般保证还是连带责任保证,保证债务诉讼时效期间的起算都以债权人在保证期间内主张权利为前提,即一般保证的债权人须在保证期间届满前对债务人提起诉讼或者申请仲裁,连带责任保证的债权人在保证期间届满前请求保证人承担保证责任。在此基础上,一般保证的诉讼时效期间从保证人拒绝承担保证责任的权利消灭之日起开始计算,连带责任保证的诉讼时效期间从债权人请求保证人承担保证责任之日起开始计算。之所以作此区分,是因为保证人有无先诉抗辩权会影响对债权人能否向保证人主张权利这一问题的判断,进而影响保证债务诉讼时效期间的起算。[3]

如果一般保证的债权人依据生效法律文书对债务人的财产依法申请强制执行,则应当按

---

〔1〕 参见徐涤宇、张家勇主编:《〈中华人民共和国民法典〉评注》(精要版),中国人民大学出版社2022年版,第749页。

〔2〕 有观点认为,在一般保证的场合,如果因存在《民法典》第687条第2款但书的事由而排除了保证人先诉抗辩权,则此时应当“类推连带责任保证期间的效力”,即要求债权人于保证期间内请求保证人承担责任。参见周江洪:《典型合同原理》,法律出版社2023年版,第172页。

〔3〕 参见徐涤宇、张家勇主编:《〈中华人民共和国民法典〉评注》(精要版),中国人民大学出版社2022年版,第752页。

照《担保制度解释》第 28 条第 1 款的特别规则确定保证债务的诉讼时效起算点：如果人民法院作出终结本次执行程序裁定，或者依照《民事诉讼法》第 268 条第 3 项、第 5 项作出终结执行裁定，自裁定送达债权人之日起开始计算保证债务的诉讼时效期间。人民法院自收到申请执行书之日起一年内未作出前述裁定的，自人民法院收到申请执行书满一年之日起开始计算，但是保证人有证据证明债务人仍有财产可供执行的除外。

此外，根据《担保制度解释》第 28 条第 2 款的规定，虽然一般保证的债权人在保证期间届满前对债务人提起诉讼或者申请仲裁，但如果存在《民法典》第 687 条第 2 款规定的排除保证人先诉抗辩权的情形，应当自债权人知道或者应当知道前述情形之日起开始计算保证债务的诉讼时效期间。当然，保证人须对前述情形的存在承担证明责任。

主要参考文献

曹明哲：《民法典保证人抗辩规则的再体系化》，载《东方法学》2023 年第 1 期；程啸：《论〈民法典〉第 702 条上的保证人抗辩权》，载《环球法律评论》2020 年第 6 期；高圣平：《论保证人追偿权的发生与行使——基于裁判分歧的展开和分析》，载《东方法学》2023 年第 1 期；李潇洋：《论保证人清偿后对主债权的承受》，载《东方法学》2023 年第 1 期；李运杨：《第三担保人的抗辩权体系》，载《政治与法律》2021 年第 8 期；李运杨：《论担保从属性的类型及其突破》，载《山东大学学报（哲学社会科学版）》2022 年第 6 期；王蒙：《〈民法典〉第 701 条（保证人抗辩援引规则）评注》，载《南京大学学报（哲学·人文科学·社会科学）》2022 年第 4 期；王蒙：《论保证人对债务人追偿的双重结构》，载《华东政法大学学报》2023 年第 1 期；夏昊晗：《债务加入与保证之识别——基于裁判分歧的分析和展开》，载《法学家》2019 年第 6 期。

第十五章 租 赁 合 同

引导案例

甲有A、B两套房屋,现决定出租给乙;两份租赁合同的租期均约定为30年,而对是否可以转租以及维修义务的承担则未作明确约定。之后查实,A房屋未取得建设工程规划许可证;B房屋虽然建设手续齐全,但在乙承租前已经被甲抵押给银行并办理了抵押登记。试问:

1. 双方约定的租赁期限之效力如何?

2. 乙使用B房屋3个月后,发现B房屋墙砖因年久失修脱落,遂要求甲进行维修。甲是否负有维修义务?

3. 银行行使抵押权导致承租房屋被拍卖。在租赁期限内,新的房屋所有权人即受让人是否有权要求乙搬离该房屋?

4. 乙是否可以未经甲同意对外转租B房屋?

5. 在租赁期限内,甲希望将房屋转让给与甲无任何亲属关系的自然人丙,同时抵押权人银行也表示同意。乙是否可以在同等条件下主张优先购买?

6. 租赁期限届满后,甲希望将房屋出租给其同事丁。乙是否可以在同等条件下主张优先承租?

7. 乙搬入B房屋几天后,第三人戊基于其与甲在先签署的房屋租赁合同,要求乙搬离B房屋。谁可以承租人身份享有使用该房屋的权利?

8. 乙承租A房屋数月后,发现房屋开发商因未取得建设工程规划许可证建设A房屋而受到了行政处罚,乙担心自己可能因此而受到影响。乙是否有权主张其与甲就A房屋订立的租赁合同无效?

第一节 租赁合同概述

一、租赁合同的定义与特征

根据我国《民法典》第703条的立法定义,租赁合同,是指出租人将租赁物交付承租人使用、收益,承租人支付租金,并于租赁关系终止时归还租赁物的合同。

租赁合同通常情况下具有以下特征。

首先,租赁合同是以让渡财产使用、收益之权益为内容的合同。在通常情况下,租赁合同涉及两方当事人:将租赁物租出的一方,即出租人;使用租赁物并支付租金的一方,即承租人。

两方当事人之间合同标的为财产使用、收益之权益,但并非租赁物之所有权,故承租人并不享有租赁物的处分权。把握这一特点具有以下重要意义:第一,便于区分租赁合同与买卖合同、赠与合同等。在买卖合同以及赠与合同中,当事人之间转移的标的乃标的物的所有权。第二,有助于厘清出租人的出租权之来源范围。租赁合同中并不要求出租人必须为租赁物的所有权人,而只需要其具有转让租赁物使用、收益权能的权利即可。例如,集体土地使用权人对外出租土地以及承租人向次承租人转租房屋等交易中,相关合同中的出租方均非租赁物的所有权人。

其次,租赁合同是双务合同、有偿合同。出租人让渡租赁物使用、收益之权能,对价为承租人支付的租金。这一特征可以将租赁合同与借用合同、借款合同以及赠与合同相区别。就借用合同与赠与合同而言,这两类合同是无偿的,借用人或者受赠人通常不需要付出对应的代价,这与租赁合同形成了明显区别。借款合同可以有偿,也可以无偿。并且在很多情况下,当事人只能在法定范围内对利息的计算标准(利率)进行约定,而不能放"高利贷"。不同的是,租金在通常情况下可以由当事人自由约定。可见,在对价的确定方面,借款合同与租赁合同存有区别。

再次,租赁合同的标的物应当是非消耗物。非消耗物是指能够多次使用而不改变其形态和基本价值的物品。一般而言,一次性使用的或者多次使用后很快就会被消耗的物品不是租赁合同的标的物,如粮食、燃料等。此等消耗物在使用后其价值会产生贬损,甚至物的本身也可能会消失,出租人无法要求承租人进行返还。因此,消耗物通常情况下不能作为租赁合同的标的物。

最后,租赁合同具有临时性、非永久性。租赁合同让渡的仅为租赁物使用、收益之权能,而非所有权,因此,承租人不可能对租赁物永久地进行使用。另外,租赁期限过长也不利于对出租人权利的保护。因此,我国《民法典》第 705 条规定,租赁期限最长不超过 20 年,如有超过则超过部分无效;当然,租赁期限届满,当事人可以续订租赁合同,但约定的租赁期限自续订之日起亦不得超过 20 年。

值得注意的是,根据租赁合同是否约定期限,租赁合同可以分为定期租赁以及不定期租赁。其中,定期租赁期限根据现行法律规定,不得超过 20 年;不定期租赁的租赁期限虽然不确定,合同当事人可以随时解除,但是也应当遵守最长期限不超过 20 年的规定。例如,在"北京峨嵋山太极胜境旅游开发有限公司与北京市平谷区南独乐河镇峨嵋山村民委员会合同纠纷案"[1]中,北京市高级人民法院认为,"案涉《合同书》第三条的约定实际是双方当事人在订立合同之时,通过签订保证续租合同的条款,意图规避《民法典》关于最长租赁期限为 20 年的规定,违反了法律、行政法规的强制性规定。故而,一、二审判决认定《合同书》中关于保证续租的合同条款应属无效,并无不当"。本章引导案例第 1 问中,租赁合同期限为 30 年,因此超过 20 年的租期约定应属无效。

二、租赁合同当事人的义务

(一)出租人的义务

出租人通过转移租赁物的使用、收益之权能,并以承租人支付的租金作为对价,因此,出租人应当履行以下四个方面的义务:第一,交付租赁物并在租赁期间保持租赁物符合约定用途的

---

〔1〕 参见北京市高级人民法院(2022)京民申 1906 号民事裁定书。

义务;第二,维修租赁物的义务;第三,租赁物的瑕疵担保义务;第四,租赁物的权利瑕疵担保义务。

就第一项义务,租赁合同虽然是诺成合同,不以租赁物的交付作为合同成立要件,但是,占有租赁物是承租人行使对租赁物的使用及收益权能的前提,故而,交付(移转占有)租赁物是出租人的主要义务。租赁物的交付方式包括现实交付、指示交付和简易交付等。出租人应当使交付的租赁物符合租赁合同约定的可使用、可收益的状态,同时租赁物应当在整个租赁期间保持这种状态。

就第二项义务,维修义务也称为修缮义务,是指租赁物毁损导致不符合约定的使用、收益的状态时,出租人负有予以修复的义务。根据我国《民法典》第713条的规定,除当事人另有约定外,出租人对租赁物有维修的义务。如果出租人未履行维修义务,承租人可以自行维修,维修费用由出租人负担。因维修租赁物影响承租人使用的,应当相应减少租金或者延长租期。然而出租人之维修义务也并非绝对的以及无限制的,其应当具备特定的条件。第一,出租人应当只对租赁物自身的瑕疵承担维修义务,若租赁物瑕疵的出现是承租人故意或者过失导致的,出租人不负维修义务。第二,租赁物的维修应当是必要的。承租人在"需要维修"时可以请求出租人在合理期限内维修,这意味着并非所有的瑕疵都是出租人维修义务的范围。该瑕疵需以达到了影响租赁物正常使用、发挥效用的程度为必要。第三,租赁物的瑕疵应当具有可维修性。如租赁物在事实上已经不能维修或者维修成本过大,则应当基于出租人关于物的瑕疵担保义务角度来保护承租人利益。在非因承租人的原因导致租赁物部分或者全部毁损灭失,不具有可维修性的情况下,承租人可以主张减少或者不付租金;因租赁物部分或者全部毁损灭失,致使合同目的不能实现的,承租人可以主张解除合同。针对出租人的维修义务,在"李某龙、成都香城资产管理有限公司房屋租赁合同纠纷案"[1]中,四川省成都市中级人民法院认为,"本案中,双方签订的《租赁合同》明确约定由香城公司负责房屋主体结构及设施设备大修,李某龙在取得租赁房屋同时即向香城公司反映案涉商铺存在的主要问题是屋顶下水管道爆管漏水和屋面漏水,而下水管道及屋面是楼上业主共用并且附着在建筑物上,故这些问题应属于房屋主体结构及设施设备问题,同时从双方陈述以及在案证据可知案涉商铺之所以出现需要维修情形也非承租人李某龙的过错所致,因此双方争议的案涉层商铺出现的屋顶下水管道爆管漏水和屋面漏水的维修义务承担主体应为出租人香城公司"。本章引导案例第2问中,甲作为出租方,在租赁合同就维修义务未进行约定的情况下,应当负有维修义务。

就第三项义务而言,出租人在租赁合同的交付以及履行过程中均存在对租赁物的瑕疵担保义务,即在交付时以及租赁期间内保证租赁物符合租赁合同约定用途的义务。我国《民法典》第708条明确规定:"出租人应当按照约定将租赁物交付承租人,并在租赁期限内保持租赁物符合约定的用途。"如果租赁物有使承租人不能正常使用、收益的瑕疵,出租人应承担违约责任。值得注意的是,就租赁物的瑕疵,如果存在《民法典》第731条规定的危及承租人的安全或者健康的情形,即使承租人订立合同时明知该租赁物质量不合格,承租人亦可随时解除合同。例如,在"冯某、游某翩房屋租赁合同纠纷案"[2]中,广东省广州市中级人民法院认为,"对于双方争议的租赁合同解除原因及责任归属问题。根据《民法典》第708条的规定,交付适租房屋

---

〔1〕 参见四川省成都市中级人民法院(2022)川01民终1687号民事判决书。

〔2〕 参见广东省广州市中级人民法院(2023)粤01民终14426号民事判决书。

为出租人冯某的主合同义务。鉴于承租人游某翩已在一审中提交了网络问诊情况、检测报告等证据，证明其租住的房间存在甲醛等有害气体超标情况，冯某对此虽不予认可，但并未举证推翻游某翩的上述证据，且亦在一审开庭时承认其曾在出租前半年添置过房内家具，并确认游某翩入住后曾向其反映过房内有刺鼻气味的情况，一审法院据此认定冯某未能交付符合使用条件的房屋构成违约，导致游某翩租赁涉案房间用于居住使用的目的无法实现，并据此判令冯某承担退还押金及游某翩已付两个月租金、支付问诊费和检测费等违约责任，论理清晰有据，处理结果亦无明显不当，本院予以维持”。

就第四项义务而言，出租人除保证租赁物本身无瑕疵外，还应当保证租赁物上不存在影响承租人使用、收益的权利负担。《民法典》第 723 条第 1 款规定：“因第三人主张权利，致使承租人不能对租赁物使用、收益的，承租人可以请求减少租金或者不支付租金。”例如，出租人不具有出租的权限或者租赁物因受到其他用益物权的限制等，均存在引发第三人就租赁物主张权利的情形。出租人就此应当负有权利瑕疵担保义务，违反该义务的，出租人应当承担违约责任。例如，在“郎某岩与杨某房屋租赁合同纠纷案”[1]中，北京市高级人民法院认为，“根据本案查明的事实，郎某岩与杨某签订的涉案《房屋租赁合同》约定，租赁期间郎某岩应保证该房屋处于正常的可使用和安全状态。如交付的房屋不符合合同约定，致使租赁目的不能实现，杨某有权解除合同。在案证据显示，杨某在居住期间，房屋所有权人马某晗上门驱逐，而郎某岩未能妥善解决，致使杨某无法依据涉案合同正常使用房屋，租赁合同目的无法实现，杨某有权解除合同”。

（二）承租人的义务

第一，承租人负有支付租金的义务。这是承租人的主给付义务。

就支付租金的义务而言，承租人应当按照租赁合同约定的期限按时足额支付租金。《民法典》第 722 条规定：“承租人无正当理由未支付或者迟延支付租金的，出租人可以请求承租人在合理期限内支付；承租人逾期不支付的，出租人可以解除合同。”另外，如果双方当事人对租赁期限没有约定或者约定不明，可以协议的方式进行补充，不能达成补充协议的，按照合同有关条款或者交易习惯确定。如果仍然不能确定，租赁期限不满一年的，应当在租赁期限届满时支付，租赁期限一年以上的，应当在每届满一年时支付，剩余期限不满一年的，应当在租赁期限届满时支付。

第二，承租人在租赁期间占有租赁物，由此也产生了妥善保管租赁物、按照约定合理使用租赁物的义务。基于承租人对租赁物不享有所有权，其使用以及收益的权利自然应受一定限制。譬如，未经出租人同意，承租人负有不得擅自转租租赁物的义务；在租赁期限到期后，承租人还负有返还租赁物的义务。

就妥善保管租赁物的义务而言，承租人作为租赁物的占有人，应当对租赁物进行妥善保管，如因未尽妥善保管义务造成租赁物毁损、灭失，应当承担损害赔偿责任。另外，《民法典》第 715 条规定：“承租人经出租人同意，可以对租赁物进行改善或者增设他物。承租人未经出租人同意，对租赁物进行改善或者增设他物的，出租人可以请求承租人恢复原状或者赔偿损失。”例如，在“张某 1 与张某 2 房屋租赁合同纠纷案”[2]中，北京市第三中级人民法院认为，“对于栗

---

〔1〕 参见北京市高级人民法院（2022）京民申 1394 号民事裁定书。

〔2〕 参见北京市第三中级人民法院（2023）京 03 民终 5261 号民事判决书。

子树、柿子树等赔偿的问题，在双方签订的《租赁合同》附件1中明确了附属设施及树的种类和数量，在诉讼中原审法院对现场勘验时，栗子树、柿子树等数量少于合同中确定的数量，对于减少的栗子树、柿子树，张某1应当承担赔偿责任，原审法院参考当地相应树木补偿标准，酌情确定损失树木的赔偿数额，并无不当”。

就按照约定合理使用租赁物义务而言，承租人应当根据约定方法或租赁物的性质使用租赁物。承租人未按照约定的方法或者未根据租赁物的性质使用租赁物，致使租赁物受到损失的，出租人可以解除合同并请求赔偿损失。承租人按照约定的方法或者根据租赁物的性质使用租赁物，致使租赁物受到损耗的，不承担赔偿责任。没有约定或者约定不明的，可以协议的方式进行补充，不能达成补充协议的，按照合同有关条款或者交易习惯确定。如果仍然不能确定，承租人应当根据租赁物的性质使用租赁物。例如，在“吴某仙、姚某彬租赁合同纠纷案”[1]中，山东省德州市中级人民法院认为，“吴某仙私自拆除所承租的厂房，系属未按约定使用租赁物，且擅自改变用途，吴某仙具有严重违约行为，存在过错，应依法对租赁物损坏赔偿损失”。

就不得擅自转租租赁物的义务而言，在未经出租人同意的情况下，承租人不享有对租赁物的转租权。承租人经出租人同意，可以将租赁物转租给第三人。承租人转租的，承租人与出租人之间的租赁合同继续有效；第三人造成租赁物损失的，承租人应当赔偿损失。承租人未经出租人同意转租的，出租人可以解除合同。承租人经出租人同意将租赁物转租给第三人，转租期限超过承租人剩余租赁期限的，超过部分的约定对出租人不具有法律约束力，但是出租人与承租人另有约定的除外。出租人知道或者应当知道承租人转租，但是在6个月内未提出异议的，视为出租人同意转租。例如，在“广州佳堡堡餐饮服务有限公司、李某年等房屋租赁合同纠纷案”[2]中，广东省广州市中级人民法院认为，“佳堡堡公司与上海树洞商务管理有限公司就案涉商铺签订《商铺租赁项目合作合同》，明确对佳堡堡公司的转租权作出限制。后佳堡堡公司与李某年签订案涉商铺《项目合作协议》，实际上是将案涉商铺转租给李某年使用，佳堡堡公司并未就其转租行为提供上海树洞商务管理有限公司同意转租或对该转租行为进行追认的证据，故佳堡堡公司的转租行为存在瑕疵”。本章引导案例第4问中，因租赁合同中并未约定乙可以对外转租租赁房屋，在未经出租人甲同意的情况下，乙不得对外转租租赁房屋。

在转租情况下，租赁合同的解除可能影响次承租人的利益，影响交易稳定并造成不公平的局面。故而，《民法典》第719条规定，承租人拖欠租金的，次承租人可以代承租人支付其欠付的租金和违约金，但是转租合同对出租人不具有法律约束力的除外。次承租人代为支付的租金和违约金，可以充抵次承租人应当向承租人支付的租金；超出其应付的租金数额的，可以向承租人追偿。

就返还租赁物的义务而言，租赁期限届满，承租人应当返还租赁物。返还的租赁物应当符合按照约定或者根据租赁物的性质使用后的状态。租赁期限届满，承租人继续使用租赁物，出租人没有提出异议的，原租赁合同继续有效，但是租赁期限为不定期。

三、租赁合同的特别规则

在租赁合同中，承租人享有使用、收益租赁物的权益，出租人则通常享有对租赁物进行处分的权利，而出租人的处分可能给承租人的权利造成影响，因此，为了平衡双方权利义务，使承

---

[1] 参见山东省德州市中级人民法院(2022)鲁14民终2252号民事判决书。

[2] 参见广东省广州市中级人民法院(2023)粤01民终8649号民事判决书。

租人能够更稳定地使用租赁物的同时尊重出租人处分租赁物的权利，我国《民法典》中对租赁合同设置了一些特殊制度，具体包括让与不破租赁、房屋承租人优先购买权、房屋承租人优先承租权。

(一)让与不破租赁

让与不破租赁，俗称“买卖不破租赁”，是指租赁物在承租人按照租赁合同占有期限内发生所有权变动的，不影响租赁合同的效力。

让与不破租赁规则是传统民法领域的重要制度之一。在租赁合同关系中，虽然承租人在通常情况下实际占有租赁物，但出租人对租赁物仍享有处分权，租赁物一旦发生所有权变动，将涉及第三人对租赁物享有权利的问题。此时，对于租赁物受让人的所有权以及承租人的租赁权如何进行平衡存在两种截然对立的法学传统：罗马法的“买卖破除租赁”传统和德国法的“让与不破租赁”传统。罗马法“买卖破除租赁”规则在18世纪不断被自然法学家质疑，《德国民法典》第一草案中采取“让与破除租赁”规则时引发了系列公共抗议事件，于是第二草案制定委员会迫于压力转而采用了“让与不破租赁”的规则，之后的大陆法系国家和地区大多沿袭这一规则。[1]

为确保租赁关系的稳定，我国也设置了让与不破租赁规则。我国《民法典》第725条明确规定：“租赁物在承租人按照租赁合同占有期限内发生所有权变动的，不影响租赁合同的效力。”该制度赋予了承租人对租赁物的租赁权与租赁物受让人的所有权进行对抗的效力，是“租赁权物权化”的一个重要体现。

让与不破租赁的适用范围是否应当包含动产在内，目前各国和地区的规定不尽相同。以德国为代表，其仅就不动产租赁规定了“让与不破租赁”规则，如《德国民法典》第566条第1款规定：“所出租的住房在交给承租人之后，被出租人让与给第三人的，取得人即代替出租人，加入到在出租人的所有权存续期间因使用租赁关系而发生的权利义务中。”

就让与不破租赁是否适用于动产，我国有学者认为，“让与不破租赁”规则的立法目的是实现对承租人居住房屋的保障，维护作为弱者的承租人之生存利益。动产租赁的标的物具有很强的可替代性，通过违约责任对承租人进行救济已经足以保护其利益，据此，对动产租赁的情形，因为其一般并不关系承租人生存利益的保护，所以无须通过“让与不破租赁”规则对承租人予以特别保护。此等学者进而主张，让与不破租赁的适用范围应当仅适用于租赁物为不动产的情形。[2] 前述学说不无道理，但我国《民法典》第725条的规定中并未区分让与不破租赁规则中的租赁物是否仅局限于不动产范围，从文义上解释，租赁物为动产的情形也应当适用该法律规则。同时，亦有学者认为，让与不破租赁的正当性基础在于保护承租人对租赁物享有的值得保护的在先使用利益，这不违反让与人和受让人在订立合同时的预期，有利于降低交易成本，避免对承租人救济不足以及损害承租人之相对人的信赖。[3] 据此，该规则既适用于不动产，也适用于动产。

然而，让与不破租赁也并非绝对，其存在一定的例外情形。

---

〔1〕 参见黄凤龙：《“买卖不破租赁”与承租人保护　以对〈合同法〉第229条的理解为中心》，载《中外法学》2013年第3期。

〔2〕 参见王利明：《论“买卖不破租赁”》，载《中州学刊》2013年第9期。

〔3〕 参见朱虎、张梓萱：《买卖不破租赁：价值的确立、贯彻与回调》，载《苏州大学学报(法学版)》2022年第3期。

第一,租赁物上存在在先抵押权的租赁合同。这种情形主要出现在出租人在出租租赁物之前已经在租赁物上设立了抵押权,而在租赁期间抵押权人行使抵押权导致租赁权与租赁物受让人的权利产生冲突的情况。此时,如果租赁物是不动产,则基于不动产抵押权的设立采登记要件主义,承租人在法律上可查知已经登记的抵押权,而不存在"善意"的可能性,因此,成立在后的租赁权不得对抗登记在先的不动产抵押权,"让与不破租赁"的原则在此时不得适用。对此,最高人民法院《关于审理城镇房屋租赁合同纠纷案件具体应用法律若干问题的解释》(2020 年修正,以下简称《城镇房屋租赁合同司法解释》)第 14 条第 1 项设有明确的规定。例如,在"李某万与兴业银行股份有限公司昆明分行、张某案外人执行异议之诉案"[1]中,最高人民法院认为,出租人将已设定抵押的房屋租赁给承租人,因抵押权设立在先,租赁权成立在后,如抵押权人实现抵押权导致租赁房屋的所有权发生变动,将不再适用原《合同法》第 229 条规定的"让与不破租赁"规则,房屋受让人有权不履行租赁合同,承租人应接受和承担因抵押权实现而使租赁权终止的风险,不得以租赁合同对抗抵押权人行使权利。同理,如果租赁物是动产,但在被抵押时已经办理登记,承租人亦不存在"善意"的可能性,成立在后的租赁权不得对抗登记在先的动产抵押权,"让与不破租赁"的规则在此不应当适用。但是,如果租赁物是动产,同时被抵押时并未办理登记,则应当分情况讨论。如果租赁物未交付承租人,则租赁权为一般债权,不能对抗在先的抵押权;如果租赁物已经交付承租人,则应当根据承租人是否为善意进一步判断其租赁权是否可以对抗在先的未经登记之抵押权。如其为恶意承租人,则不能对抗抵押权;反之,如承租人为善意,则可以对抗抵押权。本章引导案例第 3 问中,由于房屋抵押登记在前、出租在后,不应当适用"让与不破租赁"的规则,受让人有权要求乙搬离房屋。

第二,如当事人之间对租赁期间租赁物转让另有约定,应当尊重当事人的意思自治。例如,当事人之间约定如出租人转让租赁物所有权,租赁合同终止,则不应当适用"让与不破租赁"的规则。

第三,房屋在出租前已存在查封等权利限制措施。对于此种情况,根据《城镇房屋租赁合同司法解释》第 14 条第 2 项的规定,房屋在出租前已被人民法院依法查封的,不适用"让与不破租赁"规则。

在司法实践中,人民法院在执行程序中处置不动产时,尽管抵押登记在前、租赁在后,但基于各种考虑,在征得抵押权人同意的情况下,人民法院可能采用附租赁(又称"按现状")的方式拍卖或变卖抵押物,即在拍卖、变卖之前,并未"涤除"租赁关系,并且在拍卖(变卖)公告(或"须知")或相关笔录中明确告知竞买人该种处置方式的,即便受让人取得的该不动产系抵押登记在先、租赁在后,也可能出现貌似"让与不破租赁"的结果,但其原因并非基于"让与不破租赁"规则的适用,而是基于其他原因。这一点在实务中需特别注意。例如,在"张某英、富邦华一银行有限公司苏州分行等借款合同纠纷执行复议案"[2]中,最高人民法院认为,"拍卖财产可以保留租赁权,也可以涤除租赁权。是否涤除该权利取决于该权利对在先的担保物权或者其他优先受偿权的实现是否有影响,有影响的应当将其除去后进行拍卖。执行法院为实现案涉房地产变价价值的最大化,要求张某英在拍卖、变卖前迁出所租商铺并无不当,但张某英的租赁权并不同时而消灭。此外,承租人在承租房屋时应对房屋上是否具有抵押权等情形尽到

---

〔1〕 参见最高人民法院(2021)最高法民申 1453 号民事裁定书。

〔2〕 参见最高人民法院(2020)最高法执复 103 号执行裁定书。

注意义务,应当对可能产生的权利损害有所预见。如张某英认为,其租赁权遭受损害,可以向出租方主张权利,从而得到救济。故其请求不予迁出其租商铺于法无据”。

（二）房屋承租人的优先购买权

所谓房屋承租人优先购买权,是指当出租人将租赁房屋转让给第三人时,承租人依法享有的在同等条件下优先于第三人购买房屋的权利。房屋优先购买权起源于拜占庭时期罗马法关于租佃关系的规则,其精神被法国民法、德国民法继受并加以完善,逐渐为各国民法所普遍接受。

我国《民法典》第726条明确了承租人享有以同等条件优先购买出租人出卖的租赁房屋的权利。理解这一项依附租赁债权的优先购买权,需要注意以下几点:第一,出租人具有出卖租赁房屋的行为。具言之,出租人对租赁房屋采取的是出售等有偿转让的方式,而非赠与等无偿转让的方式;出租人出卖租赁房屋系在租赁期间进行;出卖租赁房屋的行为需现实发生,通常以签订房屋买卖合同为判断依据。第二,承租人需在同等条件下进行购买。同等条件的认定通常包括买卖价格、付款期限和方式等。承租人接受出租方与其他受让方达成的同等条件方可行使优先购买权。第三,优先购买权需在一定期限内行使。根据我国《民法典》第726条第2款的规定,出租人履行通知义务后,承租人在15日内未明确表示购买的,视为承租人放弃优先购买权。本章引导案例第5问中,乙作为承租人,在同等条件下,对其承租房屋享有优先购买权。

承租人的优先购买权也存在例外情况。《民法典》第726条第1款规定:“出租人出卖租赁房屋的,应当在出卖之前的合理期限内通知承租人,承租人享有以同等条件优先购买的权利;但是,房屋按份共有人行使优先购买权或者出租人将房屋出卖给近亲属的除外。”例如,在“赵某谷、严某庆执行异议之诉案”[1]中,最高人民法院认为,“优先购买权可以分为物权性质的优先购买权和债权性质的优先购买权两种。共有人的优先购买权是典型的物权性质的优先购买权,而房屋承租人的优先购买权则是典型的债权性质的优先购买权。正是因为房屋承租人享有的是债权性质的优先购买权,当房屋所有人与第三人签订房屋买卖合同、侵害其优先购买权时,其并不能主张该买卖合同无效,但可以主张相应的损害赔偿”。

如承租人的优先购买权受到侵害或妨害,应如何获得救济?我国《民法典》第728条规定:“出租人未通知承租人或者有其他妨害承租人行使优先购买权情形的,承租人可以请求出租人承担赔偿责任。但是,出租人与第三人订立的房屋买卖合同的效力不受影响。”

（三）房屋承租人的优先承租权

房屋承租人的优先承租权,是指租赁期限届满后,房屋承租人享有的以同等条件优先承租该房屋的权利。优先承租,实为房屋的“续租”,系我国《民法典》新增的规定,旨在维护现有租赁秩序稳定,避免增加当事人“搬迁”之苦累,符合节约社会资源之“绿色原则”。

承租人行使优先承租权需满足以下条件:第一,租赁期限已届满。第二,出租人存在继续出租的意愿。如出租人不愿意继续出租房屋,则承租人不得强制要求承租。第三,在具有其他意向承租方时,承租人仅可在同等条件下行使优先承租权。譬如,出租人意欲提高租金标准,第三人愿意承租,但原承租人不能接受时,则不成立优先承租权。

---

〔1〕 参见最高人民法院(2020)最高法执监183号执行裁定书。

如出租方违反规定，未以合理方式通知承租人，或者未给予承租人合理期限以决定是否继续承租，而径直与第三人签订租赁合同，则侵犯了承租人的优先承租权。关于侵犯承租人优先承租权的法律后果，现行法律中暂无明文规定。笔者倾向认为，可以参照适用与其近似的房屋优先购买权的相关规定，判令由出租方向承租人承担赔偿责任，但并不能由此否认出租方与第三人之间所订租赁合同的效力。例如，在“济南寰宇商业运营管理有限公司、青岛某某餐饮管理咨询企业有限公司房屋租赁合同纠纷案”〔1〕中，山东省济南市中级人民法院认为，“出租人侵害承租人优先承租权，应当赔偿因此给承租人造成的相应损失。遵循民事赔偿的损害填平原则，出租人应赔偿承租人因丧失优先承租权而产生的实际损失以及必要的、合理的可得利益损失。一般而言，具体赔偿范围包括：承租人因丧失继续承租房屋机会搬离原租赁房屋而支出的搬迁费、交通费、劳务费等；承租人因丧失优先承租权而承租同类房屋（地理位置、房屋性质、人流量等）因房屋市场价格上涨产生的租金差价损失；因丧失优先承租权，承租人另行选址、未能正常经营而产生的合理期间的停业损失。鉴于出租人在合理期间内收取的租金系基于其侵害承租人优先承租权取得，因此当上述合理期间的经营损失数额不易确定时，人民法院可参照出租人在合理期间内收取的第三人的租金数额予以酌定”。本章引导案例第 6 问中，乙作为承租人，在同等条件下，对其承租房屋享有优先承租权。

知识结构

租赁合同概述

基本定义：租赁合同，是指出租人将租赁物交付承租人使用、收益，承租人支付租金，并于租赁关系终止时归还租赁物的合同。

特征：（1）租赁合同是让渡财产使用、收益之权能的合同；（2）租赁合同是双务合同、有偿合同；（3）租赁合同的标的物应当是非消耗物；（4）租赁合同具有临时性、非永久性。

租赁合同当事人的义务：

（1）出租方义务：①交付租赁物并在租赁期间保持租赁物符合约定的用途的义务；②维修租赁物的义务；③租赁物的瑕疵担保义务；④租赁物的权利瑕疵担保义务。

（2）承租方义务：①支付租金的义务；②妥善保管租赁物的义务；③按照约定合理使用租赁物的义务；④不得擅自转租租赁物的义务；⑤返还租赁物的义务。

租赁合同相关的特别规则：

（1）让与不破租赁：①定义：租赁物在承租人按照租赁合同占有期限内发生所有权变动的，不影响租赁合同的效力；②适用范围：动产以及不动产；③让与不破租赁的例外：先抵押后租赁中的特殊情形；当事人另有约定；先查封后出租。

（2）房屋承租人的优先购买权：①定义：在房屋租赁关系中，承租人依法享有的当出租人将租赁房屋转让给第三人时，在同等条件下优先于第三人购买房屋的权利；②适用条件：出租人具有出卖租赁房屋的行为、承租人需在同等条件下进行购买、优先购买权需在一定期限内行使；③房屋优先购买权的例外：房屋按份共有人行使优先购买权、出租人将房屋出卖给近亲属；④侵害优先购买权的法律后果：出租人承担赔偿责任；不影响房屋买卖合同的效力。

（3）房屋承租人的优先承租权：①定义：租赁期限届满后，房屋承租人享有以同等条件优先承租房屋的权利；②行使条件：房屋租赁期限届满、出租人存在继续出租的意愿、同等条件；③侵害优先承租权的法律后果：出租人承担赔偿责任；不影响房屋租赁合同的效力。

〔1〕 参见山东省济南市中级人民法院(2022)鲁 01 民终 5278 号民事判决书。

第二节 租赁合同的效力

一、租赁合同的效力的发生与消灭

(一)租赁合同的效力的发生

租赁合同属于诺成合同,在当事人无特别约定的情况下,租赁合同自双方达成合意之日起成立并生效。

租赁合同不属于要式合同,双方当事人达成合意的方式可以是书面的,也可以是口头的。但是,租期在6个月以上的,租赁合同应当采取书面形式。我国《民法典》第707条规定:“租赁期限六个月以上的,应当采用书面形式。当事人未采用书面形式,无法确定租赁期限的,视为不定期租赁。”

为保障承租人的租赁权、防止一房数租的情形出现,我国《城市房地产管理法》第54条明确规定:“房屋租赁,出租人和承租人应当签订书面租赁合同,约定租赁期限、租赁用途、租赁价格、修缮责任等条款,以及双方的其他权利和义务,并向房产管理部门登记备案。”由此可见,房屋租赁合同的当事人负有备案的义务。但是,根据《民法典》第706条的规定,当事人未依照法律、行政法规规定办理租赁合同登记备案手续的,不影响合同的效力。

(二)租赁合同的效力的消灭

租赁合同效力的消灭,即租赁合同的终止。通常而言,终止的原因包括租赁期限届满和租赁合同解除。后者,既可以是当事人双方协商解除合同,也可以是发生法定或者约定的事由从而导致当事人解除合同。

《民法典》就租赁合同的解除设有具体规定。出租人有权解除租赁合同的情形具体包括:(1)承租人损害租赁物。《民法典》第711条规定,承租人未按照约定的方法或者未根据租赁物的性质使用租赁物,致使租赁物受到损失的,出租人可以解除合同并请求赔偿损失。(2)承租人擅自转租。《民法典》第716条第2款规定,承租人未经出租人同意转租的,出租人可以解除合同。(3)承租人未按约支付租金。《民法典》第722条规定,承租人无正当理由未支付或者迟延支付租金的,出租人可以请求承租人在合理期限内支付;承租人逾期不支付的,出租人可以解除合同。

承租人有权解除租赁合同具体包括如下情形。(1)租赁物无法使用。根据《民法典》第724条的规定,有下列情形之一,非因承租人原因致使租赁物无法使用的,承租人可以解除合同:第一,租赁物被司法机关或者行政机关依法查封、扣押;第二,租赁物权属有争议;第三,租赁物违法,即租赁物具有违反法律、行政法规关于使用条件的强制性规定情形。(2)租赁物毁损、灭失导致租赁合同目的不能实现。《民法典》第729条规定,因不可归责于承租人的事由,致使租赁物部分或者全部毁损、灭失的,承租人可以请求减少租金或者不支付租金;因租赁物部分或者全部毁损、灭失,致使不能实现合同目的的,承租人可以解除合同。(3)租赁物具有重大危险因素。《民法典》第731条规定,租赁物危及承租人的安全或者健康的,即使承租人订立合同时明知该租赁物质量不合格,承租人仍然可以随时解除合同。

此外,对于不定期租赁合同,出租人和承租人随时可以解除。《民法典》第730条规定,当事人对租赁期限没有约定或者约定不明确,依据《民法典》第510条的规定仍不能确定的,视为不定期租赁;当事人可以随时解除合同,但是应当在合理期限之前通知对方。

二、关于租赁合同效力的特殊情形

(一)一房数租

出租人有时会基于收取更多租金等目的,与多个承租人签署租赁合同。通常情况下,签署多份租赁合同并不会导致租赁合同无效,即每一份租赁合同都应被认定为有效,唯在后的承租人与出租人恶意串通损害在先承租人利益的情况应当例外。

然而,需要注意的是,如各个承租人均要求履行租赁合同,则各承租人之间的租赁合同效力的优先性会有不同。根据《城镇房屋租赁合同司法解释》第5条的规定,出租人就同一房屋订立数份租赁合同,在合同均有效的情况下,承租人均主张履行合同的,应当按照如下顺序确定履行合同的承租人:(1)已经合法占有租赁房屋的;(2)已经办理登记备案手续的;(3)合同成立在先的。不能取得租赁房屋的承租人,可以根据《民法典》的有关规定请求解除合同、赔偿损失。例如,在"李某、赵某花房屋租赁合同纠纷案"[1]中,云南省高级人民法院认为,因弘永公司与李某、赵某花签订的两份《租赁合同》均为真实、有效的合同,但是赵某花已实际占有、使用涉案的租赁物,赵某花与弘永公司签订的《租赁合同》优先于李某与弘永公司就同一标的物签订的《租赁合同》,因此李某与弘永公司签订的《租赁合同》事实上已不能履行。

本章引导案例第7问中,基于乙先行合法占有租赁房屋,其顺位优先于第三人戊成立在先的租赁合同。因此,乙要求履行租赁房屋的主张将获得法律的支持。

存在数份有效租赁合同的情况下,按照一定的顺位保护承租人的权利,主要是从可行性和合理性方面所作的考量。因此,与债权平等性的原理并不相悖。比如,任何承租人都有机会合法占有,因此,赋予合法占有人优先保护同样符合平等原则。

(二)违法转租

租赁合同法律关系中承租人如希望对外转租,则应当获得承租人的许可。如承租人未经出租人许可擅自转租,该租赁(转租)合同的效力如何?对此,法律界仍存在不同的观点,具体而言,包括"无效说""效力待定说""有效说"。"无效说"认为,承租人擅自转租,违反了与出租人之间的租赁合同,侵害了出租人的权利,并且不利于保护交易安全,因此应确认合同无效。但随着理论和实践的发展,擅自转租"无效说"已逐渐失去了支持者。[2] "效力待定说"认为,转租行为构成无权处分,根据原《合同法》第51条的规定,转租合同效力待定,转租合同将因出租人拒绝追认而无效。[3] "有效说"认为,根据区分原则,转租合同属于负担行为,自双方达成合意之时成立生效。[4]

我国《民法典》在第718条中规定出租人知道或者应当知道承租人转租,但是在6个月内未提出异议的,视为出租人同意转租。但是对于未经出租人同意的转租合同之效力问题,《民

---

[1] 参见云南省高级人民法院(2020)云民再49号民事判决书。

[2] 参见刘洋、王世洋:《擅自转租合同效力案件的审理思路》,载《人民司法》2018年第13期。

[3] 参见朱巍:《论房屋转租——以〈关于审理城镇房屋租赁合同纠纷案具体应用法律若干问题的解释〉为视角》,载《河北法学》2010年第5期。

[4] 参见王泽鉴:《民法学说与判例研究》(重排合订本),北京大学出版社2015年版,第978页。

法典》并未给出明确的答案。鉴于《民法典》并未规定无权处分的合同效力待定且倾向充分尊重意思自治，当没有导致合同无效的情形时合同应当认定为有效。基于此，目前法学理论与司法实践通说认为，无论承租人是否取得出租人同意，其对外签订的转租合同均不应因出租人未同意而成为转租合同的效力障碍。[1] 例如，在“张某丽、罗某谋房屋租赁合同纠纷案”中，四川省高级人民法院认为，“《最高人民法院关于审理城镇房屋租赁合同纠纷案件具体应用法律若干问题的解释》第十六条规定：‘出租人知道或者应当知道承租人转租，但在六个月内未提出异议，其以承租人未经同意为由请求解除合同或者认定转租合同无效的，人民法院不予支持’。其中的‘转租合同无效’应理解为，未经出租人同意的转租合同对出租人无约束力，不能对抗出租人，而不是转租合同绝对无效。因此，二审法院认定《房屋租赁转让合同》有效，并无不当”。

（三）违章建筑租赁合同的效力

租赁标的物本身的合法性问题也可能影响租赁合同的效力。譬如，租赁标的物为违章建筑的租赁合同就存在效力问题。违章建筑通常包括未取得建设工程规划许可证或者未按照建设工程规划许可证规定建设的房屋，以及未经批准或者未按照批准内容建设的临时建筑等。

对于违章建筑租赁合同的效力问题，《城镇房屋租赁合同司法解释》第 2 条、第 3 条规定，出租人就未取得建设工程规划许可证或者未按照建设工程规划许可证的规定建设的房屋以及未经批准或者未按照批准内容建设的临时建筑，与承租人订立的租赁合同无效。

然而，学术界就该问题存在一定争议。有学者认为，标的物的违法性不能等同以其为标的物的法律行为的违法性，因此，虽然违章建筑物具有违法性，但其租赁行为并不因此而具有违法性。[2] 亦有学者认为，《城镇房屋租赁合同司法解释》并不属于法律和行政法规，不能作为认定房屋租赁合同无效的依据，从而对该司法解释的合理性质疑。[3] 还有学者认为，公法管制指向违法建设行为，只要主管机关依法及时正当管制，就能消除违法建设行为的不良影响，没有必要径直认定以违法建筑为标的物的合同无效。而且，即便合同有效，也不影响公法管制的实施。当然，以违法建筑为标的物的合同的确违反效力性规定或公序良俗的，自当无效，但这是法律行为判断的一般准则，与标的物是否属于违法建筑无关。[4]

目前，司法实践中就标的物为未取得合法建设手续等违章建筑的租赁合同效力问题，主流观点仍然认为应当认定无效。[5] 例如，在“北京如和文化传媒有限公司与北京新华阳光管理咨询服务有限公司房屋租赁合同纠纷案”[6]中，北京市高级人民法院认为，“双方签订的《新华未来城〈房屋租赁合同〉》所涉租赁房屋，部分经规划审批许可建设，部分未取得建设工程规划许可证或未经主管部门批准建设，且违法建设与合法建设部分无法区分并占比较大，故该合同依法应认定无效”。在本章引导案例第 8 问中，如根据目前司法实践中的主流观点，则乙可以

---

〔1〕 参见最高人民法院民法典贯彻实施工作领导小组主编：《中华人民共和国民法典合同编理解与适用》（第 3 册），人民法院出版社 2020 年版，第 1506 页。

〔2〕 参见张英周：《违章建筑的物权效力——以违章建筑的物权效力对租赁合同影响为视角》，载《法律适用》2011 年第 2 期。

〔3〕 参见杨文杰：《违法建筑的城镇房屋租赁合同的效力》，载《社科纵横》2011 年第 9 期。

〔4〕 参见常鹏翱：《违法建筑的公法管制与私法因应》，载《法学评论》2020 年第 4 期。

〔5〕 参见最高人民法院民法典贯彻实施工作领导小组主编：《中华人民共和国民法典合同编理解与适用》（第 3 册），人民法院出版社 2020 年版，第 1590 页。

〔6〕 参见北京市高级人民法院（2022）京民申 5817 号民事裁定书。

主张租赁合同无效。

但从理论上看,该处的无效并非因违法或悖俗而确定无效。根据《城乡规划法》的规定,于土地上修建建筑物,不仅要取得土地使用权,还必须取得建设工程规划许可证。规划许可,其实就是法律意义上建筑物的“户口”。有了规划许可,就建筑物所订立的租赁合同才具有了确定的“标的”,才具备法律行为的成立要件。可以说,建设工程规划许可方面的瑕疵,将导致房屋租赁合同不成立,而我国法律对于合同不成立一贯是按照无效来处理的。故而,《城镇房屋租赁合同司法解释》第2条、第3条中的“无效”,实为按照无效处理之意。

基于此,前述司法解释同时规定,若在一审法庭辩论终结前取得建设工程规划许可证或者经主管部门批准建设,则租赁合同有效。换言之,此处的无效是可以补正的,而非确定无效的。

循此逻辑,最高人民法院《关于审理建设工程施工合同纠纷案件适用法律问题的解释(一)》第3条、《关于审理商品房买卖合同纠纷案件适用法律若干问题的解释》第2条的规定也就不难理解了。

知识结构

租赁合同的效力

租赁合同的成立、生效、备案与终止:租赁合同属于诺成合同,在当事人无约定的情况下,租赁合同自双方达成合意之日起成立并生效;租赁合同应当办理登记备案手续,但未办理登记备案手续不影响合同的效力;租赁合同的终止通常包括租赁期限届满和发生法定或者约定的事由从而导致当事人解除合同。

关于租赁合同效力的特殊情形:

(1)一房数租:在合同均有效的情况下,承租人均主张履行合同的,应当按照如下顺序确定履行合同的承租人:①已经合法占有租赁房屋的;②已经办理登记备案手续的;③合同成立在先的。不能取得租赁房屋的承租人,可以根据《民法典》的有关规定请求解除合同、赔偿损失。

(2)违法转租:“有效说”“无效说”“效力待定说”。司法实践中的观点认为,无论承租人是否取得出租人同意,其对外签订的转租合同均不应因出租人未同意而成为转租合同的效力障碍。

(3)违章建筑相关租赁合同的效力:“有效说”“无效说”。司法实践中就标的物为未取得合法建设手续等违章建筑的租赁合同效力问题,主流观点仍然认为无效。

主要参考文献

常鹏翱:《违法建筑的公法管制与私法因应》,载《法学评论》2020年第4期;翟云岭、郭佳玮:《论买卖不破租赁效果之债法路径构建》,载《河南财经政法大学学报》2022年第1期;黄凤龙:《“买卖不破租赁”与承租人保护　以对〈合同法〉第229条的理解为中心》,载《中外法学》2013年第3期;刘洋、王世洋:《擅自转租合同效力案件的审理思路》,载《人民司法》2018年第13期;聂圣、魏文基:《租赁合同的再法典化》,载《学术交流》2018年第5期;童航:《权力财产理论:概念、意义及应用——房屋租赁合同的本质解释路径》,载《河北法学》2021年第2期;王利明:《论“买卖不破租赁”》,载《中州学刊》2013年第9期;王泽鉴:《民法学说与判例研究》(重排合订本),北京大学出版社2015年版;杨文杰:《违法建筑的城镇房屋租赁合同的效力》,载《社科纵横》2011年第9期;张英周:《违章建筑的物权效力——以违章建筑的物权效力对租赁合同影响为视角》,载《法律适用》2011年第2期;朱虎、张梓萱:《买卖不破租赁:价值的确立、贯彻与回调》,载《苏州大学学报(法学版)》2022年第9期;朱巍:《论房屋转租——以〈关于审理城镇房屋租赁合同纠纷案具体应用法律若干问题的解释〉为视角》，载《河北法学》2010年第5期；最高人民法院民法典贯彻实施工作领导小组主编：《中华人民共和国民法典合同编理解与适用》（第3册），人民法院出版社2020年版。

第十六章　融资租赁合同

引导案例

承租人资金短缺但又因为生产经营需要，急需使用出卖人的一批机器设备，于是与出卖人以及具有融资租赁业务资质的出租人签署了融资租赁合同。试问：

1. 如承租人拒绝支付租金，出租人应当如何保护自身权利？

2. 如承租人还希望使用出卖人的某专利，是否也可通过融资租赁合同法律关系实现？

3. 如承租人只是希望融资，但其已经资不抵债，无法取得银行贷款，其是否可以虚构一批设备，通过售后回租的方式向出租人融资？签订的融资租赁合同效力应当如何认定？

4. 因产品质量缺陷，承租人向出卖人索赔。在诉讼过程中，出租人拒绝提供其掌握的买卖合同中关于产品信息的文件，导致承租人败诉，请问承租人是否可以主张出租人承担责任？

5. 如该批设备上表面显眼处明确标识了该设备的型号以及所有权人信息，承租人在租赁期间内谎称自己为所有权人，并在未经出租人同意的情况下向第三人以合理价款出售了该批设备并进行了交付，请问第三人是否可以取得该批设备的所有权？

6. 融资租赁合同中的租金收益率，是否可以由出租人与承租人自由约定？

第一节　融资租赁合同概述

一、融资租赁合同的含义与特征

融资租赁合同，是指出租人根据承租人对出卖人、租赁物的选择，向出卖人购买租赁物，提供给承租人使用，承租人支付租金的合同。融资租赁合同的内容一般包括租赁物的名称、数量、规格、技术性能、检验方法，租赁期限，租金构成及其支付期限和方式、币种，租赁期限届满租赁物的归属等条款。

融资租赁包含资金融通（融资）以及租赁（融物）两个方面的内容，最早源于第二次世界大战后的美国，由于当时美国工业产出过剩，为了更好地实现设备的销售，部分厂商开始为企业提供资金融通用于租赁的服务，即融资租赁服务。随后该模式逐渐在世界范围内流传。

融资租赁合同通常具有以下特点：首先，租赁物以及出卖人的选择是承租人决定的，出租人则应当根据承租人的选择向特定出卖人购买租赁物。这一特点是区分租赁合同和融资租赁合同的关键之一。在租赁合同中，出租人按自己意志取得租赁物所有权或者对外出租的权利后，再与愿意承租该租赁物的承租人缔约。而在融资租赁合同中，出租人需按照承租人的选择向特定对象支付价款取得租赁物的所有权后,直接将租赁物交由承租人使用。

其次,承租人享有租赁物的使用、收益之权能,出租人通常仅享有租赁物的所有权。在融资租赁合同中,出租人为了满足承租人对租赁物进行使用、收益的需求而对租赁物进行购买,但出租人自身并不使用租赁物。

最后,承租人须向出租人支付租金。出租人购买自己无须使用的租赁物并向承租人出租,其实质上是向承租人提供资金融通的服务。但是,出租人向承租人转移的是租赁物使用、收益的权利,因此该承租人支付的对价,习惯上仍然被称为租金,而非利息或者资金占用费用等。《民法典》第746条对承租人支付对价的定性亦然。

二、融资租赁合同当事人的义务

融资租赁合同通常包括三方主体,即出卖人、出租人以及承租人。出卖人与出租人之间构成买卖合同关系,其权利义务适用买卖合同相关的规定,在此不再赘述。在融资租赁法律关系中,更应当关注的是出租人与承租人之间的权利义务问题。

(一)出租人的义务

融资租赁法律关系中,出租人的义务主要包括:(1)购买租赁物的义务。出租人应当取得租赁物的所有权后根据合同约定向承租人进行出租。同时,对租赁物以及出卖人的选择,决定权通常在承租人。(2)协助索赔义务。出租人、出卖人、承租人可以约定,出卖人不履行买卖合同义务的,由承租人行使索赔的权利。承租人行使索赔权利的,出租人应当协助。(3)特殊的瑕疵担保义务。在融资租赁法律关系下,因租赁物和出卖人均由承租人选择,故而,在通常情况下,出租人不负有一般租赁合同中的瑕疵担保义务。但例外的是,在出租人怠于行使只能由其对出卖人行使的索赔权利而造成承租人损失的情况下,承租人亦有权请求出租人承担赔偿责任。(4)租赁期间,出租人应当保证承租人对租赁物的占有和使用权利。

(二)承租人的义务

融资租赁法律关系中,承租人的义务主要包括:(1)按照合同约定受领租赁物。承租人作为租赁物的使用人,租赁物以及出卖人均由其选择,因此在承租人享有对租赁物的使用、收益之权益的同时,承租人也负有按照合同约定接受租赁物的义务,否则将会侵犯并不希望使用但出资购买租赁物的出租人的信赖利益。(2)承租人应当按照合同约定,按期足额向出租人支付租金。支付租金是承租人在融资租赁法律关系中的主给付义务。在通常情况下,基于租赁物以及出卖人均由承租人自行选择,如租赁物存在瑕疵,承租人应向出卖人主张赔偿,但不影响承租人应履行支付租金的义务。例外的是,如承租人依赖出租人的技能确定租赁物或者出租人干预选择租赁物,承租人可以请求减免相应租金。出租人怠于行使只能由其对出卖人行使的索赔权利,造成承租人损失的情况下,承租人亦有权请求出租人承担赔偿责任。(3)妥善保管租赁物的义务。作为租赁物的使用人,融资租赁合同中的承租人同样负有妥善保管租赁物的义务。(4)返还租赁物的义务。租赁期限届满,承租人负有向出租人返还租赁物的义务,但是合同约定租赁期限届满租赁物归承租人所有的除外。

三、融资租赁合同中的解除权

基于融资租赁合同具有融资性、周期较长、交易结构复杂等特点,法律对融资租赁合同的解除设有更严苛的限制。

根据《民法典》第752条、第753条、第754条以及最高人民法院《关于审理融资租赁合同纠纷案件适用法律问题的解释》(2020 年修正)第 5 条、第 6 条等有关规定,出租人或者承租人可以解除融资租赁合同的情形主要包括以下几种。

第一,承租人经催告后在合理期限内仍不支付租金的,出租人可以请求支付全部租金,也可以解除合同,收回租赁物。在本章引导案例第 1 问中,如承租人拒绝支付租金,出租人可以对其进行催告,如果催告后合理期限内承租人仍未支付租金,出租人可以根据前述规定请求支付全部租金,也可以解除合同,收回租赁物。

第二,承租人未经出租人同意,将租赁物转让、抵押、质押、投资入股或者以其他方式处分的,出租人可以解除融资租赁合同。

第三,出租人与出卖人订立的买卖合同解除、被确认无效或者被撤销且未能重新订立买卖合同,出租人或者承租人可以解除合同。

第四,租赁物因不可归责于当事人的原因毁损、灭失且不能修复或者确定替代物,出租人或者承租人可以解除合同。

第五,因出卖人的原因致使融资租赁合同的目的不能实现,出租人或者承租人可以解除合同。

第六,因出租人的原因致使承租人无法占有、使用租赁物,承租人有权解除融资租赁合同。

针对不同的解除情形,融资租赁合同的解除将会产生不同的法律后果:(1)根据《民法典》第 755 条的规定,融资租赁合同因买卖合同解除、被确认无效或者被撤销而解除,出卖人、租赁物系由承租人选择的,出租人有权请求承租人赔偿相应损失;但是,因出租人原因致使买卖合同解除、被确认无效或者被撤销的除外。出租人的损失已经在买卖合同解除、被确认无效或者被撤销时获得赔偿的,承租人不再承担相应的赔偿责任。(2)根据《民法典》第 756 条的规定,融资租赁合同因租赁物交付承租人后意外毁损、灭失等不可归责于当事人的原因解除的,出租人可以请求承租人按照租赁物折旧情况给予补偿。(3)根据《民法典》第 758 条第 1 款的规定,当事人约定租赁期限届满租赁物归承租人所有,承租人已经支付大部分租金,但是无力支付剩余租金,出租人因此解除合同收回租赁物,收回的租赁物的价值超过承租人欠付的租金以及其他费用的,承租人可以请求相应返还。(4)根据最高人民法院《关于审理融资租赁合同纠纷案件适用法律问题的解释》(2020 年修正)第 11 条的规定,出租人依法请求解除融资租赁合同,同时请求收回租赁物并赔偿损失的,人民法院应予支持。损失赔偿范围为承租人全部未付租金及其他费用与收回租赁物价值的差额。合同约定租赁期间届满后租赁物归出租人所有的,损失赔偿范围还应包括融资租赁合同到期后租赁物的残值。

第二节 融资租赁合同的效力

一、融资租赁合同效力的发生与终止

融资租赁合同属于要式合同,当事人应当以书面形式订立融资租赁合同,而不能采取口头或者其他形式。根据《民法典》第 490 条以及第 491 条的规定,当事人采用合同书形式订立合同的,自当事人均签名、盖章或者按指印时合同成立。当事人采用信件、数据电文等形式订立

合同要求签订确认书的,签订确认书时合同成立。

已成立的融资租赁合同,自合同成立时生效。但是,如果法律、行政法规规定办理批准、登记等手续才生效的,自应依照其规定。

融资租赁合同中租赁物的所有权取得采取登记对抗主义。其原因在于融资租赁交易中,租赁物的所有权虽在形式上归属于出租人,但被工具化为仅具有担保功能的担保性所有权。[1] 根据《民法典》第745条的规定,出租人对租赁物享有的所有权,未经登记,不得对抗善意第三人。在通常情况下,融资租赁相关交易的登记是在动产融资统一登记公示系统进行的。经由登记,出租人的所有权与其他竞存权利之间的顺位得以确定,融资租赁登记公示制度可以有效冲抵善意取得制度给出租人带来的困难,减少融资租赁业务开展过程中的不确定性风险。[2]

在终止方面,融资租赁合同与租赁合同类似,通常在租赁期限届满时终止。此外,如存在《民法典》第751条、第752条、第753条以及最高人民法院《关于审理融资租赁合同纠纷案件适用法律问题的解释》(2020年修正)第5条、第6条等有关条文规定的情形,出租人或者承租人可以解除融资租赁合同。融资租赁合同因被解除而终止的法律效果根据解除的原因不同而有所区别,详见本章第一节关于融资租赁合同中合同解除权部分的内容。

融资租赁合同因期限届满而终止的,根据当事人对租赁物归属的约定情形不同,亦可能产生不同的处理结果。根据《民法典》第757条、第758条以及第759条的规定,当事人约定租赁期限届满租赁物归承租人所有,承租人已经支付大部分租金,但是无力支付剩余租金,出租人因此解除合同收回租赁物,收回的租赁物的价值超过承租人欠付的租金以及其他费用的,承租人可以请求相应返还。当事人约定租赁期限届满租赁物归出租人所有,因租赁物毁损、灭失或者附合、混合于他物致使承租人不能返还的,出租人有权请求承租人给予合理补偿。当事人约定租赁期限届满,承租人仅需向出租人支付象征性价款的,视为约定的租金义务履行完毕后租赁物的所有权归承租人。出租人与承租人对租赁物的归属没有约定或者约定不明确,可以协议补充;不能达成补充协议的,按照合同相关条款或者交易习惯确定;仍不能确定的,租赁物的所有权归出租人。

二、融资租赁合同效力的特殊情形

(一)特殊标的物融资租赁合同的效力

融资租赁合同中的租赁物通常为价值较高的设施设备,然而,随着经济社会的发展以及企业资金融通的需求增加,融资租赁合同的标的物出现了多种多样的形式。一些特殊标的物的融资租赁合同的效力问题,值得进一步的探讨。

(1)以不动产为标的物的融资租赁合同效力。有学者认为,交易成本的高低是商业主体在交易过程中的自行选择,其选择可能有多种原因,虽然不动产融资租赁较其他融资渠道成本较高,但其放款周期短、审核流程简洁,能够在资金匮乏的艰难时期及时获取周转资金,这远比节约些许资金成本更有价值,因此不动产可以作为融资租赁合同的标的物且不影响融资租赁合同的效力。[3] 也有学者认为,不动产因不存在通过融资租赁方式拉动房地产发展的必要性,

---

〔1〕 参见高圣平:《论机动车融资租赁交易的法律构造》,载《法律科学(西北政法大学学报)》2023年第4期。

〔2〕 参见梅夏英、王剑:《后〈民法典〉时代的融资租赁法律治理》,载《烟台大学学报(哲学社会科学版)》2021年第5期。

〔3〕 参见王剑:《融资租赁物范畴厘定及其规制进路的体系化重思》,载《交大法学》2021年第2期。

并且租赁成本太高,不宜作为融资租赁物。[1] 在司法实践中,则存在区分不动产性质从而认定是否构成融资租赁合同关系的观点。第一,对租赁物包括企业厂房、设备在内的融资租赁合同,因其符合融资、融物的特征,因此应当被认定为符合融资租赁合同的内涵和外延,可以认定其为融资租赁合同。例如,在"航天科工金融租赁有限公司与内蒙古通辽国家粮食储备库、通辽大华食品股份有限公司融资租赁合同纠纷案"[2]中,审理法院认为,案涉《融资租赁合同》中约定融资租赁物为通辽粮库自有的包括但不限于设备、厂房等各类固定资产。合同内容均系相关当事人真实意思的表示且不存在法定无效情形,合法有效。并且,审理法院引用原《合同法》第248条关于融资租赁合同的规定进行了判决,认可了双方之间构成融资租赁法律关系。

第二,对于以在建住宅商品房作为租赁物,以房地产开发商(建设单位)作为承租人、租赁公司作为出租人的融资租赁合同,人民法院倾向不认定其为融资租赁合同。因为在建工程的所有权尚未被出租人取得,不符合融资租赁合同的特征;房地产开发商作为承租人,也未实际使用租赁物,其主要是希望通过租赁物取得资金贷款。例如,在"长城国兴金融租赁有限公司与智安中国有限公司等融资租赁合同纠纷案"[3]中,审理法院认为,涉案《回租租赁合同》《回租买卖合同》项下约定的回租租赁物为在建工程,并且出租人未取得租赁物的合法所有权。因而,该案中《回租租赁合同》项下仅存在融资属性而不具备融物属性,不符合法律规定的融资租赁合同关系的基本特征,事实上是以融资租赁合同的形式掩盖借款合同的实际目的,从而应将合同的真实法律性质界定为借款合同。

第三,对以城市的市区道路、保障房等限制流通物作为租赁物的融资租赁合同,因限制流通物无法变价抵偿,不具有担保功能,故不适宜作为融资租赁物,从而该类合同不应当被认定为融资租赁合同。[4] 例如,在"湘潭盛弘实业有限公司、广州金控绿金投资有限公司等民间借贷纠纷案"[5]中,审理法院认为,涉案租赁物(城市公共道路)属于限制流通物,即使湘潭县国有资产监督管理办公室《关于国有资产划拨的批复》将涉案租赁物划拨给盛弘公司属实,金控公司或立根公司也无法取得涉案租赁物的所有权,更无法将涉案租赁物变价抵偿,因此,金控公司与盛弘公司之间不构成融资租赁合同关系,而构成民间借贷关系。

(2)以知识产权作为租赁物的融资租赁合同的效力。在实践中,存在部分以商标权、专利权等知识产权作为融资租赁合同标的物的情形。学界对知识产权是否能作为融资租赁合同的标的物存在一定争议。有观点认为,知识产权作为租赁物,实际上属于知识产权的担保或者许可使用,不应成立融资租赁关系。而对于此类合同的效力认定问题,该种观点认为,不应当简单认定合同无效,而应当根据合同性质认定合同的效力。[6] 也有观点认为,知识产权的融资租赁不同于知识产权质押或者许可使用,知识产权的质押或者许可使用在法律效果上与融资

[1] 参见钱晓晨:《关于〈中华人民共和国融资租赁法(草案)〉民事法律规范若干问题的评析》,载《法律适用》2006年第4期。

[2] 参见湖北省高级人民法院(2018)鄂民初88号民事判决书。

[3] 参见北京市第四中级人民法院(2021)京04民初263号民事判决书。

[4] 参见最高人民法院民法典贯彻实施工作领导小组主编:《中华人民共和国民法典合同编理解与适用》(第3册),人民法院出版社2020年版,第1625页。

[5] 参见广东省广州市中级人民法院(2022)粤01民终22352号民事判决书。

[6] 参见宋晓明、刘竹梅、原爽:《〈关于审理融资租赁合同纠纷案件适用法律问题的解释〉的理解与适用》,载《人民司法》2014年第7期。

租赁不同。另外，在通常情况下知识产权质押或者许可使用的参与主体为两方主体，而融资租赁的主体存在三方主体，融资租赁的法律关系更复杂，无法适用简单的知识产权许可合同来处理。知识产权作为融资租赁的标的物具有可行性。[1] 传统司法实践中主要支持前者的观点，认为知识产权不能作为融资租赁合同法律下的租赁物，应当按照实际构成的法律关系确定合同效力。[2] 但是，近年的政策导向和裁判观点存在转变的趋势。有学者认为，专利权、著作权、商标权等知识产权的使用权均可从权属中分离出来而由承租人使用，其作为融资租赁物应当具适格性，在审判实务中对知识产权作为融资租赁物应持肯定态度。[3] 此外，在"远东宏信（天津）融资租赁有限公司与大业创智互动传媒股份有限公司、大业传媒集团有限公司融资租赁合同纠纷案"[4]中，审理法院认为，从租赁物的性质来看，法律并未对融资租赁标的物的性质加以限定，亦无法律法规对著作权作为租赁物的适格性予以明确否定。该案《售后回租赁合同》以真实存在的电视栏目著作权作为租赁物，符合融资租赁"融资""融物"的双重特性，不违反法律、行政法规的强制性规定。因此，双方当事人之间系合法有效的融资租赁合同关系。在本章引导案例第2问中，如根据理论界与实务界最新的观点，知识产权权属登记的可撤性、价值认定的复杂性虽会给融资租赁带来一定的风险，但与其作为质权标的物的风险没有什么不同，是否以其为租赁标的物只是一个商业判断问题，而不是作为租赁物是否适格问题。因而，承租人可以通过融资租赁合同的形式取得专利权的使用权，专利权的转让自在专利行政部门登记之日起生效。

（二）以虚构租赁物订立的融资租赁合同的效力

租赁物的确定性是融资租赁合同成立的必备条件。但是，基于融资租赁合同具备"融资"以及"融物"的双重特征，随着社会的进步和发展，企业融资需求与日俱增，当事人可能为了逃脱金融监管而选择以虚构租赁物的形式进行融资，如某些不符合金融放贷资质的金融机构采取融资租赁名义进行金融放贷，或者以签订融资租赁合同的名义发放超过利率管制要求的贷款等。《民法典》施行后，根据《民法典》第737条的规定，当事人以虚构租赁物方式订立的融资租赁合同应认定为无效。一般认为，《民法典》第737条是《民法典》总则编中通谋虚假意思表示条款在融资租赁合同中的具体化。[5] 譬如，在"工银金融租赁有限公司、铜陵大江投资控股有限公司融资租赁合同纠纷案"[6]中，审理法院认为，融资租赁交易具有融资和融物的双重属性，缺一不可。如无实际租赁物或者租赁物所有权未从出卖人处转移至出租人，或者租赁物的价值明显偏低无法起到对租赁债权的担保，应认定该类融资租赁合同没有融物属性，仅有资金往来，系以融资租赁之名行其他法律关系之实。在本章引导案例第3问中，承租人虚构设备进行

[1] 参见谢黎伟：《知识产权融资租赁的现实困境与发展路径》，载《大连海事大学学报（社会科学版）》2022年第6期。

[2] 参见最高人民法院民法典贯彻实施工作领导小组主编：《中华人民共和国民法典合同编理解与适用》（第3册），人民法院出版社2020年版，第1626页。

[3] 参见刘贵祥：《当前民商事审判中几个方面的法律适用问题》，载王利明主编：《判解研究》2022年第2辑，人民法院出版社2023年版。

[4] 参见天津市滨海新区人民法院（2020）津0116民初27378号民事判决书（天津法院2021年度十大影响性案例之六）。

[5] 参见黄薇主编：《中华人民共和国民法典释义（中）：合同编》，法律出版社2020年版，第1377页。

[6] 参见最高人民法院（2018）最高法民再373号民事判决书。

融资租赁，实质为借贷法律关系的，该融资租赁合同无效，应当按照借贷法律关系进行认定。[1]

（三）未取得使用租赁物行政许可的融资租赁合同的效力

对于融资租赁合同法律关系中租赁物经营使用应取得而未取得行政许可是否影响合同效力的问题，《民法典》第 738 条作出了明确规定。依照法律、行政法规的规定，对于租赁物的经营使用应当取得行政许可的，出租人未取得行政许可不影响融资租赁合同的效力。从理论上观察，笔者倾向认为，租赁物经营使用的行政许可是对承租人是否合法经营使用租赁物的监管，而并非对该租赁物之上租赁行为的监管，因此，融资租赁合同的效力认定不宜与承租人是否取得使用租赁物的行政许可相关联。譬如，在"刘某与山西汽运集团侯马运业股份有限公司融资租赁合同纠纷案"[2]中，审理法院认为，融资租赁合同的出租人，是以融物的方式向承租人提供融资，租赁物的经营使用与其没有直接关系，法律、行政法规要求租赁物经营使用者取得行政许可的，只要承租人取得许可就可以达到监管目的，不应以出租人未取得许可为由认定融资租赁合同无效。同时，即便案涉的租赁合同具有一定的融资性质，也未违反国家禁止性规定，故再审申请人关于因被申请人不具有进行融资租赁的资质故案涉合同应为无效的主张，法院不予支持。

（四）售后回租型融资租赁合同的效力

售后回租，是指承租人为了实现融资的目的，将其自有物的所有权转让给出租人，再从出租人处租回该物使用，并按期向出租人支付租金的交易方式。售后回租的方式可以使承租人因购买标的物而付出的资金可以在较短时间内回款，同时出卖人与承租人为同一主体，体现出了与抵押借款相类似的特征，并没有产生普通意义上的"融物"效果，仅发挥承租人自有之物的"融资"效用。[3]

根据最高人民法院《关于审理融资租赁合同纠纷案件适用法律问题的解释》（2020 年修正）第 2 条的规定，承租人将其自有物出卖给出租人，再通过融资租赁合同将租赁物从出租人处租回的，人民法院不应仅以承租人和出卖人系同一人为由认定不构成融资租赁法律关系。全国人大常委会于 2019 年 12 月向社会公开的《民法典（草案）征求意见》中第 735 条第 2 款也曾规定，"承租人将其自有物出卖给出租人，再通过融资租赁合同将租赁物从出租人处租回的，承租人和出卖人系同一人不影响融资租赁合同的成立"。然而，现行《民法典》并未规定类似条款。在司法实践中，多数观点认为，认定售后回租合同的效力应当以构成融资租赁合同关系为前提。具体而言，应当综合标的物的性质、价值以及租金的构成、当事人之间的权利义务关系等因素，对于真实的售后回租交易依法可以认定为有效的融资租赁合同关系；但是，对于当事人假借融资租赁合同为名订立合同，以售后回租形式规避相关法律及政策的，则不应当认定为有效的融资租赁法律关系。例如，在"田某林、洛阳九创重型机械股份有限公司等债权转让合同纠纷案"[4]中，审理法院认为，就该案而言，从合同内容及履行情况看，符合售后回租交易模式下的融资租赁法律关系的基本特征。故二审判决依据案涉合同的内容、案涉租赁物的性质、

---

[1] 参见最高人民法院（2021）最高法民再 89 号民事判决书；安徽省合肥市中级人民法院（2019）皖 01 民初 2460 号民事判决书（该案为长三角金融审判典型案例之九）。

[2] 参见山西省高级人民法院（2020）晋民申 2814 号民事裁定书。

[3] 参见张家勇：《论融资租赁的担保交易化及其限度》，载《社会科学辑刊》2022 年第 2 期。

[4] 参见最高人民法院（2021）最高法民申 5023 号民事裁定书。

价值、租金的构成,确认双方之间为融资租赁法律关系,并无不当。田某林主张案涉法律关系名为融资租赁关系,实为民间借贷关系,不能成立。

第三节　融资租赁合同的特别规则

一、融资租赁合同中出租人瑕疵担保义务的免责规则

在普通的租赁合同中,出租人对租赁物负有物的瑕疵担保义务以及权利瑕疵担保义务。物的瑕疵担保义务,是指出租人应当在交付时以及租赁期间内保证租赁物符合租赁合同约定用途。权利瑕疵担保义务,是指出租人除保证租赁物本身无瑕疵外,还应当保证租赁物上不存在影响承租人正常对租赁物行使使用、收益之权益的负担。

然而,在融资租赁合同法律关系中,租赁物以及出卖人均由承租人选择,因此在通常情况下出租人不承担承租人自行选择的租赁物的瑕疵担保责任;同时,作为出租人的融资租赁公司,若要求其承担瑕疵担保义务,出租人势必会聘请第三方对租赁物进行调查,由此也必然会增加不必要的交易成本。因此,《民法典》第 747 条明确规定,租赁物不符合约定或者不符合使用目的的,出租人不承担责任。

值得注意的是,在出租人符合特定的条件时,出租人亦可能承担瑕疵担保责任。具体主要包括以下情形:第一,承租人依赖出租人的技能确定租赁物或者出租人干预选择租赁物的(《民法典》第 742 条和第 747 条)。第二,出租人明知租赁物有质量瑕疵而不告知承租人;承租人行使索赔权利时,未及时提供必要协助,致使承租人对出卖人行使索赔权利失败,或者出租人怠于行使只能由其对出卖人行使的索赔权利,造成承租人损失的(《民法典》第 743 条)。第三,出租人无正当理由收回租赁物;无正当理由妨碍、干扰承租人对租赁物的占有和使用;因出租人的原因致使第三人对租赁物主张权利;不当影响承租人对租赁物占有和使用的其他情形(《民法典》第 748 条)。第四,融资租赁合同中约定了出租人负有瑕疵担保义务的。在本章引导案例第 4 问中,帮助寻找并提供证据是出租人协助义务的一种典型情形,出租人未履行协助义务导致承租人诉讼败诉,承租人有权请求出租人承担相应的责任。

二、融资租赁合同与善意取得制度

在融资租赁合同中,出租人享有租赁物的所有权,承租人享有租赁物的使用、收益之权益。若承租人未经出租人同意将租赁物转让给第三人,是否可以适用善意取得制度?《民法典》第 745 条规定,出租人对租赁物享有的所有权,未经登记,不得对抗善意第三人。根据前述规定,融资租赁合同中出租人对租赁物的所有权仍然存在适用善意取得制度的情形。

《民法典》第 311 条规定:“无处分权人将不动产或者动产转让给受让人的,所有权人有权追回;除法律另有规定外,符合下列情形的,受让人取得该不动产或者动产的所有权:(一)受让人受让该不动产或者动产时是善意;(二)以合理的价格转让;(三)转让的不动产或者动产依照法律规定应当登记的已经登记,不需要登记的已经交付给受让人。受让人依据前款规定取得不动产或者动产的所有权的,原所有权人有权向无处分权人请求损害赔偿。当事人善意取得其他物权的,参照适用前两款规定。”

根据《民法典》的前述规定,融资租赁物善意取得应当具备3个条件,即受让人善意、以合理价格转让、不动产登记或者动产交付。但是,融资租赁物能否适用善意取得制度需根据租赁物的类型而具体判断:(1)对于不动产来说,基于登记要件主义,出租人须登记方可享有所有权,因此对应受让人不存在善意可能性。(2)对于机动车、船舶、航空器等特殊动产,应当区分是否进行了登记以及受让人是否履行了合理的审查注意义务来判断受让人是否善意。(3)对于普通动产来说,应当综合考量融资租赁合同是否在融资租赁交易登记查询系统进行登记;租赁物上出租人是否在租赁物显著部位、显著位置作出标识以及其他受让人是否知道或者应当知道交易标的物为租赁物的情形后进行判断。在本章引导案例第5问中,租赁物上明显位置标注了所有权人信息,受让人难谓善意,因此不能基于善意取得制度获取租赁物的所有权。譬如,在"中联重科股份有限公司渭南分公司、中联重科融资租赁(中国)有限公司金融借款合同纠纷案"[1]中,审理法院认为,该案诉争挖掘机在出质时,其显著位置并无任何权属标识,也未进行权属登记,质权人浦发银行西宁分行在接受质物时,依据三健公司对质押物挖掘机的占有,信任三健公司对质押物享有所有权而与其进行交易,并对三健公司所占有质押物的合格证等手续进行了相应的审查。在此基础上,三健公司还将质物交付给了浦发银行西宁分行。因此,即使三健公司对案涉质押物无处分权,浦发银行西宁分行也已构成善意取得,可以行使质押权。

三、融资租赁合同租金的设置规则

融资租赁具有典型的融资性质,关于租金的确定问题,我国《民法典》第746条规定:"融资租赁合同的租金,除当事人另有约定外,应当根据购买租赁物的大部分或者全部成本以及出租人的合理利润确定。"

然而,当事人是否可以自由约定租金?就这一问题,司法实践中存在一定争议。多数认为,租息、违约金及其他费用的上限不超过年利率24%。[2] 最高人民法院《民间借贷规定》(2020年修正)施行后,亦有法院按照根据一年期LPR的4倍确定租息上限。[3] 但是,也有法院认为,融资租赁合同法律关系并非民间借贷法律关系,不应当适用最高人民法院《民间借贷规定》中关于民间借贷的司法保护利率上限,而应当按照合同约定执行。[4] 在本章引导案例第6问中,关于租金收益率的约定属于当事人意思自治的范围,可以自行约定。当然,在实践中,如果约定租金收益率偏高,司法机关是否予以保护的确存在不同的裁判观点。譬如,有法院认为,合同约定的租金总额及其他费用的合计金额未超过融资租赁的司法保护上限,故认为不应调整合同约定的租金标准。[5] 与之不同的是,有法院考虑当事人已经按照年利率5.7%收取融资期间的租赁利息,再以租金总额为基数计算违约金即针对利息收取复利,标准过高,并且违约金与利息性质上均系违约责任的承担,故而对于利息应予以调整。[6]

四、关于出租人侵权责任的免除

所谓出租人侵权责任的免除,根据《民法典》第749条的规定,是指在融资租赁法律关系

---

〔1〕 参见最高人民法院(2016)最高法民申2276号民事裁定书。

〔2〕 参见最高人民法院民法典贯彻实施工作领导小组主编:《中华人民共和国民法典合同编理解与适用》(第3册),人民法院出版社2020年版,第1671页;最高人民法院(2019)最高法民终417号民事判决书。

〔3〕 参见上海市浦东新区人民法院(2020)沪0115民初63901号民事判决书。

〔4〕 参见上海金融法院(2021)沪74民终568号民事判决书。

〔5〕 参见广东省佛山市中级人民法院(2023)粤06民终2134号民事判决书。

〔6〕 参见北京金融法院(2021)京74民终689号民事判决书。

中，承租人占有租赁物期间因租赁物导致第三人损害的，出租人免除侵权损害赔偿责任的制度。设置该制度的原因在于租赁物是由承租人选择并使用的，对于出租人来说，租赁物主要体现的功能为担保功能，出租人并不对租赁物负有管控义务。在实践中，因出租人不占有租赁物，通常情况下出租人也不涉及基于租赁物向第三人承担责任的情形，这种侵权责任免除的适用主要存在于以下几种情形。

第一，机动车交通事故责任。《民法典》第1209条规定："因租赁、借用等情形机动车所有人、管理人与使用人不是同一人时，发生交通事故造成损害，属于该机动车一方责任的，由机动车使用人承担赔偿责任；机动车所有人、管理人对损害的发生有过错的，承担相应的赔偿责任。"在普通的租赁合同中，通常情况下出租人即机动车的所有人，其对损害发生的过错根据最高人民法院《关于审理道路交通事故损害赔偿案件适用法律若干问题的解释》(2020年修正，以下简称《道路交通事故损害赔偿解释》)第1条的规定确定，通常情形包括：(1)知道或者应当知道机动车存在缺陷且该缺陷是交通事故发生原因之一的；(2)知道或者应当知道驾驶人无驾驶资格或者未取得相应驾驶资格的；(3)知道或者应当知道驾驶人因饮酒、服用国家管制的精神药品或者麻醉药品，或者患有妨碍安全驾驶机动车的疾病等依法不能驾驶机动车的；(4)其他应当认定机动车所有人或者管理人有过错的。在前述情形下，普通租赁合同的出租人应当承担赔偿责任。然而，在融资租赁合同中，租赁物的选择为承租人决定，较难得出出租人存在过错的结论，因此，在承租人占有机动车的租赁期间，机动车造成第三人人身或者财产损害的，出租人不承担侵权赔偿责任。譬如，在"中国平安财产保险股份有限公司天津分公司与韩某军、天物昌威国际融资租赁股份有限公司保险人代位求偿权纠纷案"[1]中，审理法院认为，因天物昌威公司与韩某军系融资租赁合同关系，依照《民法典》第749条的规定，天物昌威公司作为案涉车辆的出租人，不承担责任。

第二，高度危险责任。《民法典》第1241条规定："遗失、抛弃高度危险物造成他人损害的，由所有人承担侵权责任。所有人将高度危险物交由他人管理的，由管理人承担侵权责任；所有人有过错的，与管理人承担连带责任。"融资租赁合同有别于普通租赁合同，在作为租赁物所有权人的出租人将高度危险物或者高度危险作业的设备出租给承租人后，根据融资租赁合同法律关系中出租人侵权责任免除的规则，其不再承担因租赁物导致第三人人身或者财产损害的侵权损害赔偿责任。

第三，建筑物和物件损害责任。《民法典》第1252条规定："建筑物、构筑物或者其他设施倒塌、塌陷造成他人损害的，由建设单位与施工单位承担连带责任，但是建设单位与施工单位能够证明不存在质量缺陷的除外。建设单位、施工单位赔偿后，有其他责任人的，有权向其他责任人追偿。因所有人、管理人、使用人或者第三人的原因，建筑物、构筑物或者其他设施倒塌、塌陷造成他人损害的，由所有人、管理人、使用人或者第三人承担侵权责任。"在普通租赁合同关系中，出租人作为租赁物所有人，仍有基于租赁物倒塌、塌陷造成他人损害从而承担侵权责任的可能性。然而，在融资租赁合同中，作为所有权人的出租人并不选择、占有以及使用租赁物，因此，其对租赁物造成第三人的人身损害或者财产损失不承担责任。譬如，在"吴某林、罗某洲、施某良等建筑物、构筑物倒塌损害责任纠纷案"[2]中，审理法院认为，施某良与汇银融

---

[1] 参见天津市东丽区人民法院(2021)津0110民初1333号民事判决书。

[2] 参见四川省简阳市人民法院(2020)川0180民初1854号民事判决书。

资公司之间因《融资租赁合同》形成融资租赁关系,根据原《合同法》第 246 条的规定,汇银融资公司不承担该案原告吴某林所受损害的赔偿责任。

主要参考文献

高圣平:《论机动车融资租赁交易的法律构造》,载《法律科学(西北政法大学学报)》2023 年第 4 期;梅夏英、王剑:《后〈民法典〉时代的融资租赁法律治理》,载《烟台大学学报(哲学社会科学版)》2021 年第 5 期;王剑:《融资租赁物范畴厘定及其规制进路的体系化重思》,载《交大法学》2021 年第 2 期;钱晓晨:《关于〈中华人民共和国融资租赁法(草案)〉民事法律规范若干问题的评析》,载《法律适用》2006 年第 4 期;宋晓明、刘竹梅、原爽:《〈关于审理融资租赁合同纠纷案件适用法律问题的解释〉的理解与适用》,载《人民司法》2014 年第 7 期;谢黎伟:《知识产权融资租赁的现实困境与发展路径》,载《大连海事大学学报(社会科学版)》2022 年第 6 期;张家勇:《论融资租赁的担保交易化及其限度》,载《社会科学辑刊》2022 年第 2 期;黄薇主编:《中华人民共和国民法典释义》,法律出版社 2020 年版;最高人民法院民法典贯彻实施工作领导小组主编:《中华人民共和国民法典合同编理解与适用》(三),人民法院出版社 2020 年版。

第十七章　保理合同

引导案例

甲银行、乙公司签订《保理业务合同》及《应收账款转让清单》，约定乙公司将其对丙公司的应收账款债权转让给甲，甲向乙发放保理融资款，若保理融资到期时甲未收到丙的应收账款，甲有权向乙追索。上述合同签订后，甲按约发放了保理融资款，双方通知了丙，并就所涉应收账款在中国人民银行征信中心系统办理了登记。融资到期后，甲未收到乙、丙的应付款项。同时，因乙的债权人丁申请强制执行，法院向丙发出协助执行通知书，冻结了乙对丙的应收账款。试问：

1. 甲可对乙主张何种权利？
2. 甲对丙可主张何种权利？
3. 就所涉应收账款，甲、丁谁优先？

第一节　保理合同概述

一、定义

（一）保理合同

《民法典》第761条规定："保理合同是应收账款债权人将现有的或者将有的应收账款转让给保理人，保理人提供资金融通、应收账款管理或者催收、应收账款债务人付款担保等服务的合同。"保理人只要提供四项服务之一，即构成保理合同。另外，依据《民法典》第762条之规定，[1]保理合同须采取书面形式。

（二）应收账款

关于应收账款之定义，《动产和权利担保统一登记办法》（中国人民银行令〔2021〕第7号）第3条规定："本办法所称应收账款是指应收账款债权人因提供一定的货物、服务或设施而获得的要求应收账款债务人付款的权利以及依法享有的其他付款请求权，包括现有的以及将有的金钱债权，但不包括因票据或其他有价证券而产生的付款请求权，以及法律、行政法规禁止转让的付款请求权。本办法所称的应收账款包括下列权利：（一）销售、出租产生的债权，包括

〔1〕《民法典》第762条规定："保理合同的内容一般包括业务类型、服务范围、服务期限、基础交易合同情况、应收账款信息、保理融资款或者服务报酬及其支付方式等条款。保理合同应当采用书面形式。"

销售货物,供应水、电、气、暖,知识产权的许可使用,出租动产或不动产等;(二)提供医疗、教育、旅游等服务或劳务产生的债权;(三)能源、交通运输、水利、环境保护、市政工程等基础设施和公用事业项目收益权;(四)提供贷款或其他信用活动产生的债权;(五)其他以合同为基础的具有金钱给付内容的债权。"

"应收账款"是会计学术语,在法律上表现为债权,主要是金钱债权。值得说明的是:第一,保理合同涉及的债权应限缩解释为因合同产生的债权,诸如销售货物、提供服务等,基于其他原因产生的债权不能成为保理合同的客体。第二,让与人一般是企业,不能是自然人。第三,保理人应当为经有关部门批准可开展保理业务的商业银行或商业保理公司。

二、类型

(一)有无追索权

依据保理人是否对让与人有追索权进行区分,保理合同可分为有追索权保理和无追索权保理。

1. 无追索权保理

《民法典》第767条规定:"当事人约定无追索权保理的,保理人应当向应收账款债务人主张应收账款债权,保理人取得超过保理融资款本息和相关费用的部分,无需向应收账款债权人返还。"一般认为,无追索权的保理合同属于债权买卖合同,[1]又称买断型保理。债权人或出让人仅就债权的真实性承担瑕疵担保责任,保理人承担债务人清偿不能的风险。

2. 有追索权保理

《民法典》第766条规定:"当事人约定有追索权保理的,保理人可以向应收账款债权人主张返还保理融资款本息或者回购应收账款债权,也可以向应收账款债务人主张应收账款债权。保理人向应收账款债务人主张应收账款债权,在扣除保理融资款本息和相关费用后有剩余的,剩余部分应当返还给应收账款债权人。"

就有追索权保理之理论构成,有间接给付、代位清偿、附保证责任的债权让与等学说。[2]我国多数说认为,若无明确约定保理主张权利的顺序,出于保护债权人的考虑,应将有追索权保理解释为让与担保。[3]也就是说,有追索权保理本质上是一种借款融资,保理人和债权人以应收账款作为保理融资款返还的担保。保理人提供的融资款是借款合同的本金,同时通过转让应收账款来担保保理人对应收账款债权人享有的返还借款本息的请求权。因此,有追索权的保理合同是借款合同结合了担保的合意,担保的合意是债权转让的原因。[4]

(二)明保理和暗保理

明保理又称"公开保理",是指应收账款债权人和保理人将应收账款转让的事实通知债务人的保理;相反,暗保理又称"隐蔽保理",是指应收账款转让时,应收账款债权人和保理人约定

---

[1] 参见李永军:《合同法》(第6版),中国人民大学出版社2021年版,第353~354页。

[2] 参见李宇:《保理合同立法论》,载《法学》2019年第12期;潘运华:《民法典中有追索权保理的教义学构造》,载《法商研究》2021年第5期。

[3] 参见何颖来:《〈民法典〉中有追索权保理的法律构造》,载《中州学刊》2020年第6期;朱晓喆、冯洁语:《保理合同中应收账款多重转让的优先顺序——以〈民法典〉第768条为中心》,载《法学评论》2022年第1期;李宇:《保理法的再体系化》,载《法学研究》2022年第6期。

[4] 参见朱晓喆、冯洁语:《保理合同中应收账款多重转让的优先顺序——以〈民法典〉第768条为中心》,载《法学评论》2022年第1期。

暂不将应收账款转让事实通知债务人的保理。

第二节　保理合同的效力

一、参照债权让与

保理合同以债权让与为核心，因此，就保理合同之效力，在尊重当事人意思的前提下，可参照前述第四章“债的移转”中有关债权让与的论述，这也是《民法典》第769条之意旨。此处仅探讨涉及保理合同特色的两部分内容：当事人虚构应收账款标的和变更基础交易合同。

二、效力

（一）虚构应收账款标的

在实践中，应收账款虚假是较突出的问题。对此，《民法典》第763条规定：“应收账款债权人与债务人虚构应收账款作为转让标的，与保理人订立保理合同的，应收账款债务人不得以应收账款不存在为由对抗保理人，但是保理人明知虚构的除外。”债权人和债务人虚构应收账款的，保理人仍有权请求债务人如同债权存在时履行债权，除非保理人明知虚构债权的。[1] 一般认为，该规定是通谋虚伪表示不得对抗善意第三人的效力体现。[2] 保理人既可以对债务人行使债权，也可以就该债权为进一步处分，诸如转让或质押。而且，后续的受让人不需要援引信赖保护即可取得权利，即使其为恶意也无妨。[3] 当然，若债权人和债务人同时构成欺诈，受让人可以依据恶意串通损害他人权利（《民法典》第154条），要求撤销让与合同或依法追究其侵权责任。

（二）变更或终止基础交易合同

《民法典》第765条规定：“应收账款债务人接到应收账款转让通知后，应收账款债权人与债务人无正当理由协商变更或者终止基础交易合同，对保理人产生不利影响的，对保理人不发生效力。”

为保护保理人之利益，应收账款债权人在让与后不得减损该债权之价值，违反该义务时，无论是让与通知前还是让与通知后，保理人均有权解除保理合同以及追究应收账款债权人的违约责任。

在通知债务人之前，应收账款债权人与债务人协商变更或者终止基础交易合同，即使对保理人产生不利影响，依然对保理人有效（参见上文）。此时，双方仍是基础合同的当事人，对其享有相应处分权。因此，《民法典》第765条的适用前提是，变更或终止基础交易合同发生在债务人接到让与通知后。[4]

---

〔1〕《担保制度解释》第61条第1款规定：“以现有的应收账款出质，应收账款债务人向质权人确认应收账款的真实性后，又以应收账款不存在或者已经消灭为由主张不承担责任的，人民法院不予支持。”依据该规定，债务人单方向债权人确认应收账款之存在，即证成应保护质权人之信赖。

〔2〕参见周江洪：《典型合同原理》，法律出版社2023年版，第314页。

〔3〕参见朱晓喆、刘剑锋：《虚假应收账款保理交易中保理人的信赖保护》，载《人民司法》2021年第4期。

〔4〕参见黄薇主编：《中华人民共和国民法典合同编释义》，法律出版社2020年版，第611页。

若让与人和债务人协商变更或终止基础交易合同无正当理由且对保理人造成不利影响，保理人可主张依据变更或终止之前的债权状况要求债务人履行债务。“不利影响”，是指让与人和债务人的行为使被让与之债权价值减损。对“无正当理由”进行反面解释，包括经保理人同意和该变动符合诚信原则且保理人并无合理利益反对的情形。〔1〕

主要参考文献

蔡睿：《保理合同中债权让与的公示对抗问题》，载《政治与法律》2021 年第 10 期；李宇：《保理法的再体系化》，载《法学研究》2022 年第 6 期；朱晓喆、冯洁语：《保理合同中应收账款多重转让的优先顺序——以〈民法典〉第 768 条为中心》，载《法学评论》2022 年第 1 期。

〔1〕 参见朱晶晶：《债权让与中基础合同变动的效力判定》，载《法学家》2023 年第 2 期。

第十八章　承 揽 合 同

引导案例

甲公司与乙公司订立合同，约定由乙公司为其装修办公楼。试问：

1. 若乙公司将大楼管线设备安装工程分包给丙。丙完成后，可否请求甲公司支付报酬？若管线安装存在瑕疵，甲公司可否要求乙公司或者丙修理？

2. 若完工后，甲公司发现因乙公司擅自减少工序导致墙面凹凸不平，可否拒付报酬？

3. 若甲公司验收合格后，迟迟未支付报酬，乙公司可否拒绝移交大楼？

4. 若大楼主体装修完成时，因地震而倒塌毁损，乙公司可否请求甲公司支付装修材料费用与报酬？

第一节　承揽合同概述

一、承揽合同的概念与特征

承揽合同是承揽人按照定作人的要求完成工作，交付工作成果，定作人支付报酬的合同。承揽包括加工、定作、修理、复制、测试、检验等工作（《民法典》第 770 条）。其中，完成并交付工作成果的一方当事人为承揽人，接受工作成果并支付报酬的一方当事人为定作人。货物或者旅客运送性质上也属于承揽合同，但是基于其特殊性，《民法典》将该类合同作为独立的典型合同并设置专门规定。

承揽合同为诺成合同、双务合同、不要式合同。此外，承揽合同主要具有以下两项法律特征。

第一，承揽合同为劳务合同且以形成工作成果为必要。承揽合同中，承揽人不仅需要提供一定的劳务，而且必须完成一定的工作，达到一定的工作成果，属于典型的结果之债。定作人订立承揽合同的主要目的是取得承揽人完成的该项工作成果。这是承揽合同与雇佣合同、委托合同等以提供劳务为客体的合同的主要区别，因为后两种合同并不强调工作成果的交付。[1]

---

〔1〕 承揽合同与委托合同、雇佣合同的差别还体现在，承揽关注结果，承揽人应当独立完成承揽工作；委托和雇佣合同关注劳务提供的过程，委托合同中受托人应当按照约定处理委托事务，接受委托人的指示，而雇佣合同中被雇佣人与雇主之间则存在更加明显的从属关系，雇主对被雇佣人具有一定的控制和支配属性。此种差异导致合同当事人在责任承担上亦存在显著差异：定作人原则上不对承揽人的行为负责（《民法典》第 1193 条），而雇佣人原则上需要对受雇人的行为负责（《民法典》第 1191 条），受托人处理委托事务因不可归责于自己的事由受到损失的，可以请求委托人赔偿损失（《民法典》第 930 条）。参见徐涤宇、张家勇主编：《〈中华人民共和国民法典〉评注》（精要版），中国人民大学出版社 2022 年版，第 820 页。

工作成果既可以是有形的，也可以是无形的。有形的工作成果如装修、加工、制造的物品等，无形的工作成果如进行宣传、评估、鉴定、设计、咨询等。但是，不作为不能成为承揽合同的标的。[1] 在工作成果以有体物呈现的情形中，承揽合同与定制类的买卖合同常常不易区分。通常认为，买卖合同注重的是物品的有偿给付，关注标的物的交付及其权利移转；承揽合同注重的则是一定工作的完成，属于劳务合同，工作物所有权的移转是其从属的义务。[2]

第二，承揽合同为有偿合同。承揽合同中，定作人的主给付义务是向承揽人支付报酬。因此，若当事人未约定报酬，应当推定为有偿承揽。承揽合同的报酬应当限定为金钱。若定作人以金钱以外的物或者劳务的提供作为报酬，则构成不同的混合合同；或者报酬虽然以金钱为内容，但是计算标准不以工作本身相关的投入为基础，而是以所完成的工作成果将来投入生产时产生的营业额或利润为基础，也属于混合合同。[3]

二、承揽合同的类型

承揽合同可分为一般承揽合同与特殊承揽合同。一般承揽合同即承揽人完成一定工作并交付工作成果，定作人支付报酬的合同。特殊承揽合同包括以下类型。

（一）次承揽合同

次承揽合同，又称再承揽，是指承揽人将其承揽工作的全部或者部分交由他人承揽订立的合同，典型情形如建设工程的承包人将部分工程转包给他人所形成的承揽关系。

次承揽合同与原承揽合同是两个独立的合同，故其中一个合同存在效力瑕疵，不影响另一个合同的效力。并且，基于合同的相对性原理，次承揽人与原定作人之间并不存在承揽关系。对于次承揽人完成的工作，适用《民法典》第 523 条关于涉他合同中由第三人履行债务的规定，仍应当由承揽人就次承揽人的履行向定作人负责。

（二）不规则承揽合同

不规则承揽合同，是指由定作人提供材料，承揽人以自己的材料代替定作人所提供材料而完成工作的承揽合同。不规则承揽与一般承揽的主要区别在于，不规则承揽的承揽人享有材料变更权。《民法典》未专门确认不规则承揽，并在第 775 条第 2 款中规定："承揽人不得擅自更换定作人提供的材料，不得更换不需要修理的零部件。"但是，该款规定仅表明我国民法以一般承揽为原则，不规则承揽仅在当事人有明确约定时才成立。[4]

（三）共同承揽合同

依据承揽人的人数，承揽可以分为单独承揽与共同承揽。当承揽人仅有一人时，所订立的为单独承揽合同；承揽人为两人及两人以上时，为共同承揽合同。依照《民法典》第 786 条的规定，除当事人另有约定外，共同承揽人对定作人承担连带责任。

---

〔1〕 参见郑玉波：《民法债编各论》（第 7 版）（下册），台北，三民书局 1981 年版，第 347 页。

〔2〕 参见黄茂荣：《债法各论》（第 1 册），中国政法大学出版社 2004 年版，第 273 页。

〔3〕 参见黄茂荣：《债法各论》（第 1 册），中国政法大学出版社 2004 年版，第 273 页。

〔4〕 参见崔建远：《承揽合同四论》，载《河南省政法管理干部学院学报》2010 年第 2 期。

第二节 承揽合同的效力

一、对承揽人的效力

(一)完成承揽工作的义务

《民法典》第 772 条第 1 款规定了承揽人亲自完成工作的义务,即除当事人另有约定以外,承揽人应当以自己的设备、技术和劳力,完成主要工作。要求承揽人亲自完成工作的原因是,承揽合同中,承揽人的设备、技术和劳力,是决定工作能力和工作成果质量的重要因素。[1] 定作人之所以选择订立承揽合同,而不是买卖合同来实现其经济目的,是基于对特定承揽人工作能力的信任。[2] 所谓"主要工作",是指对工作成果的质量具有决定性作用的部分,如果质量在工作成果中不起决定性作用,则主要工作是指数量,即大部分工作成果。[3]

同时,承揽合同关注结果,由第三人完成工作未必违反定作人的意思或损害其利益。因此,当事人可以特约排除承揽人亲自完成工作的义务,允许承揽人将主要工作交由第三人完成。此外,对于主要工作以外的辅助工作,除有相反约定外,承揽人可将其交由第三人完成,无须征得定作人的同意(《民法典》第 773 条)。辅助工作,是指主要工作以外的工作,通常对工作成果的整体质量影响不大,因而允许由第三人完成一般也不会损害定作人的利益,并有利于提高工作效率。无论是将主要工作还是辅助工作交由第三人完成,承揽人均须就该第三人完成的工作成果向定作人负责(《民法典》第 772 条第 2 款、第 773 条)。在本章引导案例第 1 问中,相对装修整个大楼,管线安装属于辅助工作。乙公司可以将其交给第三人丙完成,而无须经甲公司同意。但是,丙仅与乙公司订有次承揽合同,而与甲公司之间不存在法律关系,故不能向甲公司请求支付报酬。而乙公司须对丙完成的工作成果向甲公司负责,若丙安装的管线存在瑕疵,甲公司仅可以向乙公司主张债务不完全履行的违约责任,要求其进行修理。

承揽人违反亲自履行义务,未经定作人同意,将其承揽的主要工作交由第三人完成的,构成根本违约,定作人可以解除合同,并请求承揽人赔偿其损失(《民法典》第 772 条第 2 款)。

(二)按约定提供材料或者检验、保管定作人所提供材料的义务

承揽合同中,材料既可以约定由承揽人提供,也可以约定由定作人提供。无约定时,依据《民法典》第 510 条仍不能确定的,一般由承揽人提供,因为承揽人作为专业人士,理应避免未就材料提供进行约定的情况。[4]

合同约定由承揽人提供材料的,承揽人应当按照约定的时间、方式、质量、数量等选用材料,并接受定作人检验。提供材料是承揽合同当事人依照合同约定负担的从给付义务。

合同约定由定作人提供材料的,定作人应当依照约定的时间、方式、质量、数量等提供材

---

〔1〕 参见周江洪:《典型合同原理》,法律出版社 2023 年版,第 342 页。

〔2〕 参见张俊浩主编:《民法学原理》(修订 3 版下册),中国政法大学出版社 2000 年版,第 803 页。

〔3〕 参见王家福主编:《中国民法学 · 民法债权》,法律出版社 1991 年版,第 689 页。

〔4〕 参见黄薇主编:《中华人民共和国民法典合同编解读》(下册),中国法制出版社 2020 年版,第 940 页;谢鸿飞、朱广新主编:《民法典评注:合同编 典型合同与准合同》(第 3 册),中国法制出版社 2020 年版,第 21 页。

料。因定作人未依约提供材料,影响承揽工作进行的,承揽期限顺延。承揽人对定作人提供的材料负担以下义务:(1)及时检验义务,并在发现不符合约定时,及时通知定作人更换、补齐或者采取其他补救措施(《民法典》第775条第1款);(2)妥善保管的义务,因保管不善造成材料毁损、灭失的,承揽人应当承担赔偿责任(《民法典》第784条);(3)不得擅自更换材料的义务,也不得更换不需要修理的零部件(《民法典》第775条第2款)。

(三)接受定作人检验监督的义务

为确保承揽工作的质量,定作人享有监督检验的权利。接受必要的监督检验是承揽人负担的法定义务。因而,承揽人不能以当事人之间没有约定为由而拒绝履行,否则应当承担相应的违约责任。定作人的监督检验必须是必要的,并且不得妨碍承揽人的正常工作。监督检验是否必要,须依照当事人的约定以及承揽工作的性质具体确定。

(四)交付工作成果的义务

《民法典》第780条规定,承揽人完成工作的,应当向定作人交付工作成果,并提交必要的技术资料和有关质量证明。该条规定表明,承揽人的主给付义务不仅包括完成承揽工作,还包括工作成果的交付。

1. 工作成果交付的不同表现

承揽合同中的交付与买卖合同中的交付并不等同。[1] 一般而言,工作成果表现为有体物的,需要依照动产交付规则进行交付,具体交付方式可由当事人约定。工作成果表现为无体物的,如装修设计的完成、咨询意见的提供等,通常承揽工作完成即可,并不需要实体工作成果的交付。比较法上对承揽合同的界定有不同的立法例,如《德国民法典》第631条、《日本民法典》第632条等都未将“工作成果的交付”作为承揽的标的;也有如《意大利民法典》第1655条、《瑞士债务法》第363条等明确规定了工作成果的交付。我国《民法典》第770条延续原《合同法》第251条的规定,特别强调“交付工作成果”。学理解释上多认为,该规定旨在强调承揽合同的目的在于形成一定的工作成果,“无结果非报酬”,而不仅是完成工作。[2] 因此,当工作成果表现为无形时,“交付”具有拟制性,是指承揽人按照约定完成了工作,并使对方可以取得工作成果的利益,即可视为工作成果已经交付。[3]

2. 工作成果所有权的移转

工作成果为有体物的,还需要确定该工作成果所有权的归属以及是否需要移转。工作成果所有权的归属依当事人的约定确定。当事人未约定或者约定不明的,理论通说认为,须依材料由谁提供来确定工作物的归属。若主要材料由承揽人提供或者用自有资金购置,所完成工作物的所有权在交付前归属于承揽人,经交付才转移给定作人。[4] 若主要材料由定作人提供

---

[1] 参见唐波涛:《承揽合同的识别》,载《南大法学》2021年第4期。

[2] 参见韩世远:《合同法学》(第2版),高等教育出版社2022年版,第470页;周江洪:《典型合同原理》,法律出版社2023年版,第334页。

[3] 参见郑玉波:《民法债编各论》(第7版)(下册),台北,三民书局1981年版,第354~355页;邱聪智:《新订债法各论》(中),中国人民大学出版社2006年版,第42页。还有观点认为,工作成果并非是指具体的物,而是承揽工作完成时所体现的符合定作人要求的状态,因而,对于无形的工作成果,当承揽人向定作人提示工作已经完成,并且定作人对此没有异议时,即可视为工作成果已经完成并交付。参见谢鸿飞、朱广新主编:《民法典评注:合同编　典型合同与准合同》(第3册),中国法制出版社2020年版,第51页。

[4] 参见[日]我妻荣:《我妻荣民法讲义:债权各论》(中卷二),周江洪译,中国法制出版社2008年版,第86页。

或者用其提供的资金购置，则工作物完成时其所有权就归属于定作人。[1] 因而，在不规则承揽中，承揽人无须再负担移转其所有权的义务。

（五）瑕疵担保义务

《民法典》第781条规定："承揽人交付的工作成果不符合质量要求的，定作人可以合理选择请求承揽人承担修理、重作、减少报酬、赔偿损失等违约责任。"该条规定是《民法典》第582条关于瑕疵履行的违约责任规定在承揽合同领域的具体化。与《民法典》第582条的规定相一致，该条也在原《合同法》第262条基础上增加规定了对补正救济措施的"合理选择"要求，即定作人对救济措施的选择应当"合理"，不得违反诚实信用原则。例如，修理能够让工作成果符合质量要求的，原则上应当优先适用，给予承揽人补救的机会；反之，如果定作物的瑕疵并不重要或修补费用过高，则承揽人可以拒绝修补。[2] 若因工作物瑕疵导致定作人订立承揽合同的目的难以实现，定作人有权解除合同。

（六）保管义务

承揽人应当妥善保管定作人提供的材料以及完成的工作成果，因保管不善造成毁损、灭失的，应当承担赔偿责任（《民法典》第784条）。承揽人的保管义务是其基于承揽合同负担的义务，不构成无偿保管，因此应承担与有偿保管相同的妥善保管义务，以"善良管理人"的行为标准妥善保管。[3]

（七）通知义务与保密义务

承揽合同中，承揽人对承揽工作领域更加熟悉，当定作人提供的材料不合格，或者提供的图纸或技术要求不合理时，承揽人负有警示通知义务。对于定作人提供的材料，经检验发现不符合约定的，应当及时通知定作人更换、补齐或者采取其他补救措施（《民法典》第775条第1款）。对于定作人提供的图纸或者技术要求，承揽人发现不合理的，应当及时通知定作人（《民法典》第776条）。

承揽人还负有保密义务。承揽人应当按照定作人的要求保守秘密，未经定作人许可，不得留存复制品或者技术资料（《民法典》第785条）。

二、对定作人的效力

（一）报酬支付义务

承揽合同中，定作人的主给付义务是按照约定向承揽人支付报酬。

1. 报酬的数额与支付期限

定作人应当按照约定的数额支付报酬。对报酬的数额没有约定或者约定不明确，依据《民法典》第510条、第511条的规定予以确定。

关于报酬支付的期限，当事人有约定的，依照其约定；没有约定或者约定不明确的，依据《民法典》第510条的规定仍不能确定的，定作人应当在承揽人交付工作成果时支付；工作成果

---

[1] 也有观点认为，无论材料由谁提供，工作物的所有权都归属于定作人，而无须交付。因为承揽合同的本旨系承揽人为定作人完成一定的工作，定作人订立承揽合同的目的就在于直接取得工作物的所有权，只有解释为定作人原始取得工作物的所有权，才符合承揽合同当事人的意思。参见邱聪智：《新订债法各论》（中），中国人民大学出版社2006年版，第43页；刘春堂：《民法债编各论》（中），台北，三民书局2008年版，第37～38页。

[2] 参见宁红丽：《论承揽人瑕疵责任的形式及其顺位》，载《法商研究》2013年第6期。

[3] 参见徐涤宇、张家勇主编：《〈中华人民共和国民法典〉评注》（精要版），中国人民大学出版社2022年版，第830页。

部分交付的，定作人应当相应支付（《民法典》第782条）。无须交付工作成果的，承揽工作的完成即视为工作成果的交付，定作人应当支付报酬。对此，学说称为报酬后付主义。[1] 在本章引导案例第2问中，甲乙未约定报酬支付时间，依照《民法典》第782条，承揽人有先为给付之义务。乙公司的给付存在瑕疵时，甲公司在其未为修理而进行完全给付之前，可以行使先履行抗辩权拒绝支付报酬。[2]

2. 定作人不支付报酬时承揽人的救济权利

定作人未向承揽人支付报酬或者材料费等价款的，除应当承担违约责任之外，《民法典》第783条还规定了承揽人的两项救济权利：留置权与留置抗辩权。

当定作人未向承揽人支付报酬或者材料费等价款时，承揽人对完成的工作成果享有留置权。该权利为担保物权。承揽人行使留置权应当满足以下要件：(1)定作人未向承揽人支付报酬或者材料费等价款。(2)工作成果须为动产。不动产上不能成立留置权。(3)工作成果在交付前非属承揽人所有。承揽人留置权的对象只能是工作成果，而不能是定作人提供的原材料。并且，该工作成果在交付前就属于定作人或者第三人所有，而不能属于承揽人所有，因为所有权人无法留置自己的动产。(4)承揽合同中无排除承揽人留置权的约定。

若存在工作成果为不动产，或者在交付前就由承揽人原始取得等情形，承揽人无法行使留置权，但仍然享有留置抗辩权。留置抗辩权，是指承揽人在定作人支付报酬或者价款前有拒绝交付工作成果的权利。该权利是同时履行抗辩权在承揽合同中的表现。留置抗辩权的成立要件包括：(1)定作人未向承揽人支付报酬或者材料费等价款。(2)拒绝交付的对象为承揽人完成的工作成果。留置的工作成果归第三人所有的，承揽人依旧有权拒绝交付。(3)承揽合同无排除承揽人留置抗辩权的约定。关于本章引导案例第3问，乙公司可以就装修好的办公楼行使留置抗辩权，在甲公司支付报酬前拒绝移交该楼。

（二）协助义务

承揽工作需要定作人协助的，定作人负有协助义务。定作人的协助义务是其依据诚实信用原则应当承担的附随义务，属于法定义务。协助义务的内容依据承揽工作的内容、交易习惯或者诚实信用原则具体确定。例如，合同约定由定作人提供材料或者图纸的，定作人应当及时提供；或者承揽工作是在定作人的场所开展的，定作人应当提供适于承揽人工作的场所。

定作人不履行协助义务，致使承揽工作不能完成的，承揽人可以催告定作人在合理期限内履行义务，并可以顺延履行期限。定作人经催告后在宽限期内仍不履行协助义务的，承揽人可以解除合同（《民法典》第778条）。

（三）定作人的变更权

承揽合同履行完毕前，定作人可以根据自己的需要，随时变更对承揽合同的要求。因为承揽工作是依定作人的需求量身打造的，当承揽人的需求发生变化时，亦应当允许其变更合同要求，以充分实现定作人订立承揽合同的目的，避免徒然的支出与社会资源的浪费。[3] 但是，定作人中途变更承揽工作的要求，造成承揽人损失的，应当赔偿损失（《民法典》第777条）。

---

[1] 参见崔建远：《合同法》（第4版），北京大学出版社2021年版，第378页。

[2] 参见宁红丽：《论承揽人瑕疵责任的形式及其顺位》，载《法商研究》2013年第6期。

[3] 参见黄薇主编：《中华人民共和国民法典合同编解读》（下册），中国法制出版社2020年版，第955页。

(四)定作人的任意解除权

《民法典》第787条规定:“定作人在承揽人完成工作前可以随时解除合同,造成承揽人损失的,应当赔偿损失。”该条规定赋予定作人任意解除权与前述变更权的原因相同。

法律通过附着任意解除权的损害赔偿责任,而不是直接强制当事人履行约定给付的方式,迂回实现当事人通过合同履行本来预期能够取得的利益。[1] 学理上一般认为,定作人赔偿损失的范围应当包括承揽人的可得利益。[2] 因而,也有学者将伴随任意解除权产生的损害赔偿请求权称为“披着损害外衣的报酬请求权”。[3]

(五)受领工作成果的义务

对于承揽人交付的工作成果,定作人负有及时受领的义务。定作人履行受领义务以承揽人依据合同约定进行给付为前提。若承揽人交付的工作成果不符合约定,定作人有权拒绝受领。

承揽人交付的工作成果是否符合合同约定,需验收后确定。验收产生的相关法律后果,如报酬支付义务到期、风险移转以及相关期间的起算等,均基于法律规定发生,但验收本身包含了定作人对承揽工作的认可评价,仍属于表示行为,宜解释为准法律行为。[4] 验收义务属于不真正义务,定作人怠于验收的,视为成果符合约定。关于工作成果的检验期限以及承揽人的异议期限,准用买卖合同的相关规定。

三、承揽合同中的风险负担

承揽合同中的风险负担主要涉及承揽工作在定作人受领或者完成前,因不可归责于双方当事人的事由毁损、灭失时,承揽人有无重新或者继续完成工作的义务,能否请求定作人就已经进行的工作支付报酬。与其他合同一样,承揽合同中的风险负担涉及给付风险与对价风险的负担。《民法典》并未就风险负担设立一般规则,也未对承揽合同中的风险负担作特别规定,学理上对此多有争议。

(一)给付的风险负担

给付的风险负担,是指在定作人受领前,工作成果由于不可归责于双方当事人的事由毁损、灭失,承揽人是否有重新给付的义务。关于工作成果的给付风险负担,可以参照适用买卖合同的规定,即以交付作为风险转移的时点,当事人另有约定的除外。具体而言,交付前,工作成果因不可归责于当事人的事由而毁损或灭失的,给付风险由承揽人承担,承揽人负有重做义务;交付后,工作成果毁损、灭失的,给付风险由定作人承担,承揽人无须重新或者继续完成工作。[5] 参照买卖合同中风险负担规则的原理,以对标的物事实上的管领为标准划分风险负担。因而,承揽合同中的“交付”仅须定作人事实层面上受领了工作成果,而无须以验收合格为要件。对于无须交付移转占有的工作成果,如对道路进行维修,于定作人“先行使用却未办理

---

〔1〕 参见黄茂荣:《债法各论》(第1册),中国政法大学出版社2004年版,第193页。

〔2〕 参见李永军:《合同法》(第6版),中国人民大学出版社2021年版,第361页。

〔3〕 参见宁红丽:《〈民法典〉中定作人任意解除权的适用要件与法律效果》,载《浙江工商大学学报》2020年第6期;刘洋:《协力义务违反的类型谱系与效果构造——基于承揽合同的教义学展开》,载《环球法律评论》2023年第1期。

〔4〕 参见黄喆:《〈合同法〉第261条(工作成果的交付与验收)评注》,载《法学家》2020年第2期。

〔5〕 参见韩世远:《合同法学》(第2版),高等教育出版社2022年版,第483页。也有学说主张,交付前,工作成果因不可归责于当事人的事由毁损、灭失的,如果符合情势变更原则的适用要件,则承揽人可以请求增加报酬或者解除合同。参见周江洪:《典型合同原理》,法律出版社2023年版,第360页。

验收”情形,应以定作人先行使用(对工作物具有事实上的管领)时作为风险负担移转时点。[1]

(二)对价的风险负担

基于工作物是承揽人在材料上加入其劳动创造的结果这一事实,比较法上通常将工作物区分为材料与承揽人的劳动两部分,也即工作物的对价包含了材料的费用与对承揽人劳动的报酬两个部分。[2] 尽管《民法典》没有明确承揽合同中对价的风险负担规则,但依照比较法上的通例,以及我国学理通说观点,应对两部分工作物的对价分别采用不同的风险负担规则。[3]

1. 材料的风险负担

对于材料的风险负担,学说观点多认为,应当遵循民法上标的物毁损、灭失风险负担的一般规则,采取所有人主义,由材料的所有人负担物之风险,当事人另有约定的除外。[4] 材料由定作人提供的,由定作人负担材料毁损、灭失的风险;材料由承揽人提供的,由承揽人负担材料毁损、灭失的风险。

2. 报酬的风险负担

关于报酬的风险负担,学说理论一般认为,应当参照适用买卖合同中价金的风险负担规则,即实行交付主义,以交付作为风险转移的时点,当事人另有约定的除外。[5] 交付之前,工作成果因不可归责于当事人的事由而毁损或灭失的,报酬风险由承揽人承担,承揽人应当在毁损范围内相应减少或者无权请求报酬;交付之后,报酬风险由定作人承担,定作人继续负担报酬支付的义务。若定作人迟延受领,则报酬风险自迟延时起由定作人承担。因工作成果不符合合同约定,定作人拒绝受领的,报酬风险由承揽人负担。如在本章引导案例第4问中,办公大楼在交付前倒塌毁损,装修材料由承揽人乙公司提供,装修材料毁损灭失的风险由乙公司承担;报酬风险在工作物交付前由承揽人承担。因此,乙公司不能向甲请求支付装修材料费用与报酬。

主要参考文献

崔建远:《承揽合同四论》,载《河南省政法管理干部学院学报》2010年第2期;黄立:《承揽合同之工作物受领问题——以中国台湾地区为视角》,载《北京航空航天大学学报(社会科学版)》2018年第3期;黄喆:《〈合同法〉第261条(工作成果的交付与验收)评注》,载《法学家》2020年第2期;刘洋:《协力义务违反的类型谱系与效果构造——基于承揽合同的教义学展开》,载《环球法律评论》2023年第1期;宁红丽:《〈民法典〉中定作人任意解除权的适用要件与法律效果》,载《浙江工商大学学报》2020年第6期;宁红丽:《论承揽人瑕疵责任的形式及其顺位》,载《法商研究》2013年第6期;唐波涛:《承揽合同的识别》,载《南大法学》2021年第4期。

---

[1] 参见黄立:《承揽合同之工作物受领问题——以中国台湾地区为视角》,载《北京航空航天大学学报(社会科学版)》2018年第3期。

[2] 参见易军:《债法各论》,北京大学出版社2009年版,第147页。

[3] 参见易军:《债法各论》,北京大学出版社2009年版,第149页。

[4] 参见王利明:《合同法分则》,北京大学出版社2023年版,第395页;崔建远:《合同法》(第4版),北京大学出版社2021年版,第379~380页;易军:《债法各论》,北京大学出版社2009年版,第149页。也有不同的观点认为,应当根据对标的物的实际控制来确定材料风险的承担,因而即使原材料由定作人提供,按照交付转移风险的一般规则,也应当由承揽人负担风险。参见李永军:《合同法》(第6版),中国人民大学出版社2021年版,第361页。

[5] 参见韩世远:《合同法学》(第2版),高等教育出版社2022年版,第483页;徐涤宇主编:《合同法学》(第3版),高等教育出版社2020年版,第340页;周江洪:《典型合同原理》,法律出版社2023年版,第361页。

第十九章　保 管 合 同

引导案例

王某与李某是关系很好的邻居。王某需出差1个月，便将其宠物狗寄养在李某家，由李某照看。王某留下了7天的狗粮。李某每天遛狗2次。一天，李某因单位紧急任务出差2天。李某暂时将狗寄养在张某家。张某遛狗回家时遭遇狂风，大风吹来的物品砸到了狗，导致狗死亡。请问：

1. 王某与李某形成何种合同关系？
2. 王某是否需要为李某的照看支付报酬？
3. 李某购买了狗粮，李某可否请求王某支付购买费用？
4. 李某在看管期间，有权利遛狗吗？
5. 未经王某同意，张某有权利照看狗吗？
6. 王某可否请求李某、张某赔偿？

第一节　保管合同概述

保管合同由来已久，古罗马的《十二表法》第八表“私犯”第19条即有规定。[1] 当时的保管合同一般为无偿合同，寄托人不必支付保管费。若有偿保管，须附加另一项合同，即通过要式口约对报酬进行单独允诺。保管合同关系结束后，保管人负担返还保管物义务。若保管人未能返还，寄托人可以通过保管诉讼（*actio depositi*）主张返还责任。返还责任一开始为私犯责任，后来发展成为一种合同责任。[2] 如今，保管成为一类有名合同，被广泛地规定在各国民法典里。我国《民法典》在第三编“合同”之第二分编“典型合同”项下第二十一章规定了“保管合同”。

一、保管合同的成立

（一）保管物范围界定

《民法典》第888条第1款规定，保管合同是保管人保管寄存人交付的保管物，并返还该物

〔1〕《十二表法》第八表“私犯”第19条规定，受寄人不忠实的，处以加倍于寄托物的罚金。本文引用的《十二表法》为周枬先生所译，作为附录二收录在先生所著的《罗马法原论》（下册）。参见周枬：《罗马法原论》（下册），商务印书馆2017年版，第1030页。

〔2〕参见［德］马克斯·卡泽尔、［德］罗尔夫·克努特尔：《罗马私法》，田士永译，法律出版社2018年版，第416页。

的合同。从该规定看,《民法典》并未限定保管对象为动产,可以将“保管物”解释为“动产与不动产”。同时,《民法典》也未将保管物限定于寄存人所有物,只要满足寄存人交付的物即可以设立保管。由此,保管人也可以保管寄存人交付的第三人之物。但是,若交付之物为盗赃物,情况会较复杂。一般而言,寄存人交付盗赃物时,保管人知道或者应当知道保管物为盗赃物而仍为保管,违反公序良俗原则,保管合同无效;反之,则有效。〔1〕

(二)保管合同的成立

根据《民法典》第890条的规定,保管合同一般情况下为要物合同,除非当事人有特别约定。作为要物合同,保管合同成立需具备两个要件。第一,保管合意。寄存人具有交付保管的意思,保管人具有接受保管的意思。《民法典》并未规定合意形式,明示形式与默示形式皆可。若通过默示之行为推定形成合意,容易与要物行为之交付重叠,此时只能通过法律直接规定或交易习惯才能认可为保管。第二,交付寄存物。寄存人需交付寄存物于保管人,保管人实际占有保管物时,保管合同方能成立。一般认为,保管下的交付为现实交付和简易交付,不包括占有改定。除非寄存人明确表示可由第三人代为保管,否则指示交付也不发生保管效力。〔2〕此处的交付,并非变动物权的交付,只是转移占有的交付。

但需注意,保管合同作为要物合同有两个例外。第一,诺成合同例外。《民法典》第890条通过但书规定,当事人可以约定保管合同为诺成合同。可见,当事人可以通过明确的约定改变保管合同的要物合同性质。第二,法定例外。《民法典》第888条第2款规定,寄存人到保管人处从事购物、就餐、住宿等活动,将物品存放在指定场所的,视为保管。这是法律对当事人行为的推定,不以是否真正购物、就餐或者住宿等为条件。如果当事人另有并非保管的约定或者交易习惯,则不能发生保管效果,按照约定或者交易习惯进行定性。

(三)保管合同的对价

《民法典》第889条规定,是否收取保管费由保管合同约定。若明确约定收取或不收取,按照约定履行。若对是否收取保管费没有约定或者约定不明确,根据《民法典》第510条规定,由双方达成补充协议,若无法达成补充协定且根据其他条款或者交易习惯也无法确定,则认定为无偿保管。

二、保管合同的分类

根据保管意思是否来自当事人的约定,可分为意定保管和法定保管。意定保管为当事人明确约定的保管,法定保管则为法律规定“视为”的保管。按照保管是否需要支付报酬,可分为无偿保管和有偿保管。无偿保管不必支付报酬,有偿保管则需要支付报酬。另外,《民法典》还规定了贵重物品保管、消费保管和混藏保管。

《民法典》第898条规定了贵重物品保管。贵重物品包括货币、有价证券或者其他贵重物品。对此类物品,寄存人负有声明义务。一般物品保管,寄存人不负担声明义务。除此以外,贵重物品保管与一般保管无异。

《民法典》第901条规定,保管人保管货币的,可以返还相同种类、数量的货币;保管其他可替代物的,可以按照约定返还相同种类、品质、数量的物品。据此规定,届时保管人无须返还原

〔1〕 参见宁红丽:《论我国保管合同制度的法律适用》,载《暨南学报(哲学社会科学版)》2008年第6期。

〔2〕 参见周江洪:《典型合同原理》,法律出版社2023年版,第463页。

保管物(货币或其他物品),仅需返还相同种类、数量的货币或相同种类、品质、数量的物品。至于保管人是否具有对保管物的所有权,该条未进行规定。根据返还后果判断,《民法典》第901条并未禁止转移所有权的保管,也未明确该保管须为转移所有权的保管,因而既允许消费保管存在,也对混藏保管持开放态度。[1]

消费保管源于罗马法上的消费借贷,以转移所有权于相对人而产生的一种债。[2] 对于未特别规定消费保管的国家,消费保管准用消费借贷规定。[3] 消费保管与一般保管不同之处在于:其一,一般保管只转移占有,消费保管则转移所有权;其二,一般保管请求返还原物,消费保管则请求返还同种类物。在我国,一旦发生消费保管纠纷,直接适用《民法典》第901条。

混藏保管,是指保管人将数个寄存人同种、同质的替代物混合保管,对特定寄存人无须返还其寄存的原物而返还混合物中同数量之物的保管类型。[4] 该类保管与消费保管一样,保管人无须返还原物,仅需返还同种、同质和同数量的替代物即可。其与消费保管的区别是,混藏保管下保管人并未取得保管物所有权,不能使用、收益和处分保管物。

第二节 保管合同的效力

一、寄存人的义务

(一)告知义务

根据《民法典》第893条和第898条的规定,寄存人负有两项告知义务。

第一,保管物瑕疵或者特殊性质告知义务。保管合同中的保管人与仓储合同中的保管人不同,后者对入库仓储物有验收义务,前者没有。没有验收义务的保管人,在未被寄存人告知保管物瑕疵或者特殊性质下,推定对保管物瑕疵或者特殊性质不知情,不对因保管物瑕疵或特殊性质引发的损失负责。若因保管物瑕疵或者特殊性质导致保管人损失,则寄存人需要承担损害赔偿责任。如果寄存人告知保管物瑕疵或者特殊性质而保管人仍然予以保管,保管人有义务采取妥当措施保管。若仍给保管物带来损失,则保管人有义务予以赔偿。即使寄存人未告知,保管人保管过程中知道或者应当知道保管物有瑕疵或者特殊性质的,保管人有义务及时采取适当补救措施以避免保管人损失的发生或扩大。若未能及时采取适当措施,保管人无权就发生或者扩大的损失请求寄存人赔偿。但是,《民法典》第893条并未规定寄存人虽未告知但有证据证明保管人知道或者应当知道情形下保管物本身损失的承担问题。按照诚信原则,寄存人未告知但保管人知情下,保管人应当采取适当补救措施防止保管物损失的发生或者扩大。若违反此诚信义务,保管人应当赔偿由此产生的损失。当然,保管人也有权请求寄存人支

---

〔1〕 有学者针对原《合同法》第378条的规定(该条与《民法典》第901条规定一致)指出,该条并未规定保管人有权使用货币,应当适用一般保管下保管人无权使用货币的规定,因而根据体系适用,保管人在此亦无货币使用权。所以,该学者不赞同此条规定了消费保管。参见万建华:《〈中华人民共和国合同法〉第378条之理解与完善——兼论我国货币保管合同的民商分立》,载《法商研究》2010年第2期。

〔2〕 参见《学说汇纂:请求返还之诉》(第12卷),翟远见译,中国政法大学出版社2012年版,第3~5、23页。

〔3〕 《日本民法典》即有此规定。参见周江洪:《典型合同原理》,法律出版社2023年版,第465页。

〔4〕 参见史尚宽:《债法各论》,中国政法大学出版社2000年版,第536页。

付增加的费用。

第二,贵重物品告知义务。《民法典》第898条规定,寄存人寄存贵重物品时,有义务告知保管人保管物为贵重物品,否则视为对一般物品的保管,在该物品毁损、灭失后,保管人可以按照一般物品予以赔偿。该义务为不真正义务,寄存人违反时不产生保管人请求权,仅由寄存人遭受该不利益。

(二)保管费支付义务

《民法典》第889条规定,有偿保管下,寄存人有义务按照约定向保管人支付保管费。保管费为有偿保管合同的对价,是保管人进行保管服务应获得的报酬。如果保管合同约定了支付期限,则按照约定期限予以支付。若未约定期限或者对期限约定不明,也无法依据《民法典》第510条的规定予以确定时,则应当在领取保管物的同时支付。如果寄存人不履行支付义务,保管人可以根据《民法典》第903条规定,留置保管物以担保保管费的支付。

(三)必要费用支付义务

《民法典》第903条规定,寄存人有义务支付保管费之外的其他费用。该其他费用被称为必要费用。必要费用常见于无偿保管中,是保管服务所衍生出来的费用,如保管宠物狗期间购买狗粮等。该费用来自保管人附随义务的履行,一般基于诚信而非来自约定,可以按照无因管理之必要费用予以主张。当然,当事人双方也可以在保管合同(有偿或无偿)中明确约定必要费用的给付,此时保管人可以按照约定请求寄存人支付必要费用。[1] 有偿保管中,需要区分保管费与必要费用。如果明确约定了保管费与必要费用,按照约定处理。如果只约定了保管费,在产生了必要费用情形下,需要考虑保管费本身是否包含必要费用。若不能证明保管费包含必要费用,则寄存人需要在保管费之外支付必要费用。必要费用未获支付,保管人对保管物享有留置权。

二、保管人的义务

(一)保管凭证出具义务

《民法典》第891条规定,寄存人向保管人交付保管物的,保管人应当出具保管凭证,以证明寄存人交付了保管物。可见,保管凭证具有证明作用,能直接推定保管物已经交付。既然为推定,则保管人可以通过证明事实上未交付而推翻推定的交付事实。若事实上交付保管物但未获凭证,寄存人有义务提供证据予以证明,否则承担举证不力后果。保管人提供凭证的义务,本质上应为附随义务,不属于给付义务。保管凭证提供与保管费支付不构成先后履行关系,寄存人不得以未出具保管凭证为由行使先履行抗辩权,拒绝支付保管费。当然,如果形成了不出具保管凭证的交易习惯,则保管人不负有出具保管凭证义务。

(二)妥善保管义务

《民法典》第892条规定,保管人有妥善保管保管物的义务。"妥善保管"具有3层含义。第一,除非特别声明,保管物为一般物。如果需要对有瑕疵、有特别性质或贵重保管物进行保管,寄存人需要予以声明,否则按照一般物品保管。第二,按照约定的保管场所或方法保管。除非遭遇不可抗力等紧急情况或为维护寄存人利益,保管人应当严守契约,不得单方面变更保

[1] 关于有偿保管中可以通过约定产生保管费之外的必要费用问题,参见黄薇主编:《中华人民共和国民法典合同编解读》(下册),中国法制出版社2020年版,第1273页。

管场所或者方法。第三，若无约定或者约定不明，在依据《民法典》第510条确定前或者仍不能确定而需要保管的，由于法律并无有关“妥善保管”的具体规定，此时只能按照理性人的标准，根据诚信原则对保管的“妥善性”予以认定。如保管宠物狗合同仅抽象约定妥善保管，并未涉及具体的遛狗行为或购买狗粮行为等，但根据诚信原则，妥善保管应至少包含这两项。

若保管期内保管人保管不善造成保管物毁损、灭失，保管人应承担赔偿责任。有偿保管合同按照一般合同的违约责任予以归责，适用严格责任。无偿保管合同之违约责任为过错责任，并且为过错推定责任。虽然寄存人可以按照一般的违约责任请求保管人承担赔偿责任，但无偿保管人可以通过证明自己无故意或重大过失，而主张不构成违约责任。

（三）亲自保管义务

根据合同相对性，保管合同仅约束寄存人与保管人，保管人应当亲自保管，不得转交第三人。转交第三人保管的，被称为转保管。

转保管分为合法转保管和违法转保管。合法转保管既可以基于约定发生，也可以基于法定发生。《民法典》第894条第1款规定了约定转保管，即寄存人与保管人在保管合同中约定可以由第三人履行保管义务的，第三人可以按照该约定保管。当然，该约定也可以通过寄存人事后追认的方式进行。《民法典》第892条第2款规定，在紧急情况或者为维护寄存人利益下，保管人可以单方面改变保管场所或方法。在实践中，有些改变需要转保管才能完成。此时的转保管构成法定转保管。违法转保管，是指保管人无约定或法定依据进行的转保管。

合法转保管下，第三人占有保管物具有合法依据，保管人不构成违约，寄存人不能以此享有解除权。此时，可以类推适用《民法典》第923条的规定，按照转委托处理。寄存人与保管人之间仍然成立保管合同关系，但保管人不负担亲自保管义务，只对选任或指示转保管人承担责任。寄存人与转保管人间成立转保管关系，转保管人负担保管义务。若转保管人保管不善导致保管物毁损、灭失，转保管人需要为此承担赔偿责任。除非有证据证明保管人有选任或者指示上的过错，否则保管人不对此承担责任。

违法转保管下，保管人因未履行保管义务违反保管合同约定，寄存人可以根据《民法典》第563条享有解除权。若第三人保管不善导致保管物毁损、灭失，保管人须为此承担违约责任，第三人则在其存在过失时须承担侵权责任。

（四）使用禁止义务

《民法典》第895条规定了保管人的使用禁止义务。该规定仅适用于一般保管，不适用于消费保管。保管人不得使用或者许可第三人使用保管物，是保管合同区别于如借用、租赁等合同的关键。当然，如果当事人约定可以使用，保管人可以按照约定使用或者许可第三人使用。实务中需要区分“使用”与保管附随义务的履行。如保管宠物狗期间的遛狗行为，不能视为这里的“使用”，实为履行保管义务而来的附随行为。

（五）返还义务

1.返还主体

保管物返还的义务主体为保管人，《民法典》第896条第1款和第900条有明确规定。合法转保管下，返还义务人为转保管人，保管人并无返还义务。违反转保管下，若合同尚未解除，保管人为返还义务人；若合同已经解除，保管人与违法保管人皆具有返还义务。

保管物返还的权利主体一般为寄存人。但根据《民法典》第896条规定，若第三人对保管物主张权利且对保管物采取保全或者执行措施导致保管人无法返还给寄存人时，保管人应当及时通知寄存人。即使寄存人指令保管人不得交付寄存物于第三人，保管人也不受寄存人意思约束，根据生效法律文书履行对第三人的返还义务。一旦履行给第三人，视为履行了对寄存人的返还义务。

2. 返还条件

保管合同有效下，保管人在保管期限届满或者寄存人提前领取保管物时，有义务返还保管物于寄存人。《民法典》第 899 条规定，保管合同约定的保管期限不约束寄存人，仅约束保管人。对保管人来说，在约定保管期限下，除非有特别事由，否则不得请求寄存人提前领取保管物。如果对保管期限没有约定或者约定不明确，《民法典》第 899 条第 2 款规定，保管人可以随时请求寄存人领取保管物。该规定并不表明不需要经过《民法典》第 510 条的确定。从体系解释角度，若能通过补充协定、其他条款或者交易习惯明确期限，则按照期限约束保管人。只有最终无法确定时，保管人才可以随时请求寄存人领取保管物。但对寄存人来说，无论是否有保管期限约定，寄存人可以随时领取保管物。换言之，寄存人有权提前领取保管物，保管人不得以不符合期限约定为由拒绝。如果保管合同无效或者因解除、撤销而无效，则按照合同无效规定予以返还。

3. 返还范围

消费保管下，保管人返还相同种类、数量的货币，或者按照约定返还相同种类、品质、数量的物品。一般保管下，保管人应当将原物及其孳息归还寄存人。若因保管人保管不善毁损、灭失保管物，保管人承担损害赔偿责任。若因第三人原因毁损、灭失保管物，保管人有义务返还其获得的赔偿金或保险金等，不足部分由保管人赔偿。

主要参考文献

黄薇主编：《中华人民共和国民法典合同编解读》（下册），中国法制出版社 2020 年版；宁红丽：《论我国保管合同制度的法律适用》，载《暨南学报（哲学社会科学版）》2008 年第 6 期；万建华：《〈中华人民共和国合同法〉第 378 条之理解与完善——兼论我国货币保管合同的民商分立》，载《法商研究》2010 年第 2 期；谢鸿飞、朱广新主编：《民法典评注：合同编　典型合同与准合同》（第 4 册），中国法制出版社 2020 年版；周江洪：《典型合同原理》，法律出版社 2023 年版。

第二十章　委托合同

引导案例

甲将其一辆旧自行车委托朋友乙代为出售，未约定报酬。试问：

1. 若乙因要事缠身，遂私自转托朋友丙代为出售自行车，亦未约定报酬。某日丙骑车外出，忘记上锁导致该车被盗。甲得知后，能否要求乙、丙承担损害赔偿责任？

2. 若乙因该车刹车失灵，维修支出50元，之后将该车以500元价格出售。乙可否要求甲偿还50元修理费？若甲不偿还，乙可否拒绝将卖得的500元价款交给甲？

3. 若乙以自己的名义将自行车卖给丙，丙拿到车后骑行摔伤，发现刹车失灵，遂去找乙，乙称其是代甲出售，丙能否要求甲乙承担连带损害赔偿责任？

第一节　委托合同概述

一、委托合同的概念

委托合同，又称委任合同，是委托人和受托人约定，由受托人处理委托人事务的合同（《民法典》第919条）。其中，委托他人为自己处理事务的人为委托人，接受委托的一方为受托人。

委托人可以委托处理的“事务”，是指适合作为债之客体，能够产生民事权利义务的任何事项，既可以是法律行为，如买卖、租赁房屋或者设立抵押权等；也可以是事实行为，如打扫卫生，手术治疗等。但是，违法行为（如贩卖、运输毒品等）、法律规定或者依其性质不得由他人处理的事务（如办理结婚登记、立遗嘱等），以及不作为（如竞业禁止、不得泄露商业秘密等）不能成为委托合同的标的。

委托人可以特别委托受托人处理一项或者数项事务，也可以概括委托受托人处理一切事务（《民法典》第920条）。因而，对事务处理的委托既可以是特别委托，如委托某律师代办处理遗产事宜；也可以是概括委托，如委托某会计师事务所处理营业上的一切事务。对于委托人利益影响重大的事项，必须经由特别委托授权。对于概括委托情形，受托人非经特别授权，无权处理此类事项，否则构成无权代理。[1]

二、委托合同的特征

（一）委托合同属于服务合同

受托人处理他人事务，必须以提供劳务为手段，因而委托合同属于服务合同的范畴。委托

---

〔1〕参见崔建远：《合同法》（第4版），北京大学出版社2021年版，第448页。

合同以“处理事务”为标的。相对其他类型的服务合同，如承揽、运输、雇佣等合同，委托合同的标的具有相当的开放性和包容性，为处理事务类的服务合同的一般类型。[1] 因此，在没有法律特别规定或者当事人约定时，其他服务合同可以参照适用关于委托合同的规定。

（二）委托合同建立在当事人信赖基础上

委托合同具有高度的属人性，建立在强烈的个人信赖关系上。[2] 委托人选任受托人处理其事务，是基于对受托人本身或其事务处理能力的信赖；受托人愿意接受委托，也是基于对委托人的信任。委托合同关系的维持始终以当事人之间的信赖为基础，这在委托合同的许多制度，如受托人亲自处理委托事务的义务（《民法典》第923条），委托合同中双方当事人的任意解除权（《民法典》第933条）等规范中都有鲜明体现。

（三）委托合同是诺成、不要式合同

双方当事人意思表示一致，委托合同即告成立，无须以物之实际交付或者采用特定的合同形式为要件，因而，委托合同为诺成合同、不要式合同。

（四）委托合同可以是有偿或者无偿合同

罗马法时代的委托合同以无偿为原则，“无偿性是委托实质所具有的特征”。[3] 因而，自罗马法以来的大陆法系国家民法大多将委托合同定性为无偿合同，而以有偿合同为例外。与此不同，我国《民法典》则规定委托合同既可以是有偿合同，也可以是无偿合同。《民法典》第928条第1款规定：“受托人完成委托事务的，委托人应当按照约定向其支付报酬。”因而，委托合同究竟为有偿合同还是无偿合同，先取决于当事人的约定。若当事人约定了报酬，则该合同为双务有偿合同。若当事人未约定报酬，一般为无偿的委托合同，但是根据习惯或者委托事务的性质应当给予报酬的，如受托人以该类事务处理为职业（委托律师提供法律服务，或者委托会计师提供财务相关服务等），则委托人应当向受托人支付报酬。[4]

第二节　委托合同的效力

一、受托人的义务

（一）事务处理义务

1. 遵照委托人指示处理委托事务

受托人系为委托人处理事务，其后果无论利弊都由委托人承受，因而当委托人就委托事务有指示时，受托人应当依其指示处理。即使受托人认为该指示有违委托人利益，也应遵从该指示。[5] 需要变更委托人指示的，应当经委托人同意。除非因情况紧急难以和委托人取得联系，

---

[1] 参见崔建远：《合同法》（第4版），北京大学出版社2021年版，第446页。

[2] 参见易军：《债法各论》，北京大学出版社2009年版，第195页。

[3] ［意］彼得罗·彭梵得：《罗马法教科书》，黄风译，中国政法大学出版社1992年版，第382页。

[4] 参见黄立主编：《民法债编各论》（下），中国政法大学出版社2003年版，第523页。

[5] 若指示与受托人的专业知识相关，如涉及律师、医生等的专业领域，受托人应当有义务告知或者提示委托人。参见黄立主编：《民法债编各论》（下），中国政法大学出版社2003年版，第512页。

受托人应当妥善处理委托事务，但是事后应当将该情况及时报告委托人（《民法典》第 922 条）。

2. 亲自处理委托事务

（1）亲自处理义务

委托合同建立在当事人的信任基础上。委托人基于对受托人的品格、能力和经验等的信赖，选择将其事务交给受托人处理，受托人因此负有亲自处理委托事务的义务，未经委托人同意不得将委托事务交由第三人处理。

受托人使用履行辅助人处理事务，仍属于受托人亲自处理的范畴。[1] 履行辅助人是辅助受托人处理委托事务的人，其须依受托人指示行为，对所处理事务无独立裁量空间。履行辅助人与转委托的第三人的区别主要在于，后者能够独立负责执行事务，自主决定执行事务的必要措施。[2]

（2）转委托

若受托人委托第三人代为处理全部或者部分委托事务，则构成转委托。经委托人同意，或者紧急情况下为维护委托人的利益需要，受托人可以转委托。若未经同意亦非紧急情况，受托人不能转委托，否则构成亲自履行义务的违反，应当承担违约责任。[3]

转委托情形存在两个委托合同关系，即委托人与受托人之间的委托合同，以及受托人与第三人（次受托人）之间的委托合同。依据合同的相对性，委托人与次受托人之间并无直接的合同关系。《民法典》第 923 条规定，“转委托经同意或者追认的，委托人可以就委托事务直接指示转委托的第三人”。该条规定赋予了委托人对次受托人法定的指示权，主要是避免委托人须先向受托人作出指示，再经由受托人转达给次受托人之烦琐。[4] 委托人就委托事务的履行，以及不履行的损害赔偿责任是否对次受托人享有直接的请求权，《民法典》对此未予规定。基于原委托合同与转委托合同的独立性，委托人对次受托人并不享有直接的请求权。但是，为求委托人利益的周延，学理上亦有观点主张委托人对受托人享有直接请求权。[5]

转委托是否经委托人同意或追认，不影响转委托合同的效力，但会影响委托人的利益实现，因而不同情形下受托人对委托人承担的责任不同。转委托经委托人同意或追认的，受托人处理委托事项的义务通过转委托第三人的方式履行，受托人仅就第三人的选任及其对第三人的指示承担过错责任。转委托未经委托人同意或追认的，受托人应当对转委托的第三人的行为承担责任。除在紧急情况下为维护委托人利益外，受托人违反委托人的意思使用第三人代为处理委托事务，系非依债之本旨进行给付，须就第三人的行为承担债务不履行的责任。此种责任属于受托人的代负责任，为无过失责任，无论受托人有无过错，只要第三人应当对其行为所致损害负责，受托人就须负同一责任。[6] 故对于本章引导案例第 1 问，丙因重大过失导致甲的车丢失，乙应当对甲的损害负损害赔偿责任，因其转委托未经甲同意，须就丙的行为向甲承

---

〔1〕 参见史尚宽：《债法各论》，中国政法大学出版社 2000 年版，第 396 页。

〔2〕 参见黄立主编：《民法债编各论》（下），中国政法大学出版社 2003 年版，第 515 页。

〔3〕 参见周江洪：《典型合同原理》，法律出版社 2023 年版，第 504 页。

〔4〕 当然，若受托人经同意以委托人的名义转委托第三人，则委托人与第三人之间成立委托合同，依据合同对第三人享有指示权，无须通过适用《民法典》第 923 条的规定取得该权利。

〔5〕 参见史尚宽：《债法各论》，中国政法大学出版社 2000 年版，第 394 页；邱聪智：《新订债法各论》（中），中国人民大学出版社 2006 年版，第 165 页。

〔6〕 参见黄茂荣：《债法各论》（第 1 册），中国政法大学出版社 2004 年版，第 183 页。

担无过错责任。

（二）报告义务

受托人应当将处理委托事务的情况报告给委托人，以便于委托人了解并参与委托事务的开展。《民法典》第 924 条规定："受托人应当按照委托人的要求，报告委托事务的处理情况。委托合同终止时，受托人应当报告委托事务的结果。"依据该条规定，受托人的报告义务有两种：一种是委托合同存续期间，受托人应当报告委托事务的处理情况；另一种是委托合同终止时，受托人应当报告委托事务的结果。

（三）移交财产的义务

《民法典》第 927 条规定："受托人处理委托事务取得的财产，应当转交给委托人。"受托人是为委托人利益处理事务，因而处理该事务所取得的利益应当归属于委托人。委托人处理事务取得的利益可表现为两种形态：一种是物，如金钱、物品及孳息等；另一种是财产权利，如合同债权等。对于金钱、物品及孳息等标的物，受托人应当交付给委托人。对于财产权利，受托人应当将该权利转移给委托人。但是，若受托人同时被授予代理权，并以委托人的名义与第三人为法律行为，则由委托人直接取得该权利，无须另有权利转移行为。

（四）损害赔偿义务

受托人在事务处理过程中，因过错造成委托人损失的，应当承担损害赔偿义务。对于无偿的委托合同，受托人仅就故意或者重大过失给委托人造成的损失负赔偿责任（《民法典》第 929 条第 1 款）。在本章引导案例第 1 问中，丙未经允许，擅自骑甲的自行车外出，并且忘记上锁导致该车被盗，存在重大过失，构成转委托合同中的义务违反，应当向乙承担损害赔偿责任，甲亦可基于所有权遭受侵害，向乙主张侵权损害赔偿请求权。

《民法典》第 929 条第 2 款规定："受托人超越权限造成委托人损失的，应当赔偿损失。"依据该款规定，受托人越权情形，无论其是否具有过错，均须承担损害赔偿责任，也即受托人超越权限就构成了委托合同上的合同义务违反，应当承担无过错的违约责任。即使委托人事后追认，亦不影响其依委托合同请求损害赔偿。

二、委托人的义务

（一）费用支付义务

受托人系为委托人利益处理事务，不应因此遭受利益或者不利益，当然也不应当承担处理委托事务所需的费用。因此，无论委托合同是否有偿，委托人都负有支付处理委托事务费用的义务。

《民法典》第 921 条规定："委托人应当预付处理委托事务的费用。受托人为处理委托事务垫付的必要费用，委托人应当偿还该费用并支付利息。"依照该条规定，除当事人另有约定外，受托人负有费用预付义务，应当在受托人处理委托事务前预先支付费用。若委托人拒绝预付费用，受托人可以拒绝处理事务而不构成履行迟延，无须承担违约责任，并可以解除合同。[1]对于受托人可否诉请委托人预付费用，理论上一般持否定立场，认为委托人拒绝预付费用，受托人可以拒绝处理事务或者解除合同，并且受托人为委托人利益处理事务，依据"无利益即无

---

〔1〕 参见崔建远：《合同法》（第 4 版），北京大学出版社 2021 年版，第 456 页；周江洪：《典型合同原理》，法律出版社 2023 年版，第 495 页。

诉权”法理，受托人不能诉请委托人预付费用。[1]

受托人并无垫付费用义务，但是若其为处理委托事务垫付了必要费用，委托人应当偿还该费用并支付利息。“必要费用”，是指受托人为处理委托事务必须支付的费用。必要的判断标准，可以依据费用的相关性、合理性和适当性等标准综合判断，即垫付费用与事务处理具有直接的关联性，是通常情形处理事务所不可或缺的费用，并与委托事务的性质、受托人的身份职业等相适应。[2] 在本章引导案例第2问中，乙为维修自行车刹车所支出费用显属必要费用，因而乙可向甲请求偿还其垫付的50元维修费用。但是，该委托合同为无偿合同，甲偿还乙垫付费用的义务与乙向甲移交财产的义务并不构成对待给付义务。因此，若甲拒绝偿还维修费用，乙不能行使同时履行抗辩权，拒绝移交出售自行车所得的500元价款。

（二）有偿委托情形的报酬支付义务

对于有偿的委托合同，当受托人完成委托事务后，委托人应当按照约定向其支付报酬。有偿的委托合同中，委托人的主给付义务为报酬给付义务，与受托人的事务处理义务构成对待给付关系。受托人完成委托事务的，即有权请求委托人支付报酬。委托人不能以未取得特定工作成果为由拒不支付报酬，如委托人不能因败诉而拒绝支付律师报酬。因为委托合同中，受托人的主给付义务是处理事务，并不需要交付特定的工作成果。如果合同中约定支付报酬以处理事务并取得特定工作成果为条件，则该合同应属承揽合同。[3]

因不可归责于受托人的事由，委托合同解除或者委托事务不能完成的，委托人应当向受托人支付相应的报酬，当事人另有约定的除外（《民法典》第928条第2款）。不可归责于受托人的事由包括因委托人的原因，如委托人死亡，或者委托人行使任意解除权解除合同等，以及其他非可归责于受托人的事由，如因不可抗力、意外事件或者第三人原因等导致。委托事务因不可归责于受托人的事由而未完成，受托人此前仍提供了劳务，委托人应当就该部分劳务支付相应报酬。“相应的报酬”实质上即比例报酬，依照委托事务完成部分的比例以及重要性程度等因素酌定。[4]

《民法典》第928条第2款仅规定了因不可归责于受托人的事由致委托事务未完成的，委托人应当向受托人支付相应的报酬。该条规定未明确若委托事务未完成可归责于受托人，委托人是否应当支付报酬。学理上，一般认为应当采“肯定说”。因为在委托事务未完成的情形下，受托人仍然提供了劳务，应当获得比例报酬。若委托事务未完成可归责于受托人，并造成委托人损失的，委托人可以请求赔偿损失（《民法典》第929条）。两者并行不悖，委托人的损害赔偿请求权并不排除其支付相应报酬的义务。

（三）损害赔偿义务

委托人的损害赔偿义务包括如下两点。

---

[1] 参见谢鸿飞、朱广新主编：《民法典评注：合同编　典型合同与准合同》（第4册），中国法制出版社2020年版，第221页。

[2] 参见谢鸿飞、朱广新主编：《民法典评注：合同编　典型合同与准合同》（第4册），中国法制出版社2020年版，第221页。

[3] 参见邱聪智：《新订债法各论》（中），中国人民大学出版社2006年版，第181页；谢鸿飞、朱广新主编：《民法典评注：合同编　典型合同与准合同》（第4册），中国法制出版社2020年版，第245页。

[4] 参见谢鸿飞、朱广新主编：《民法典评注：合同编　典型合同与准合同》（第4册），中国法制出版社2020年版，第247页。

1. 对受托人因不可归责于自己的事由所受损失的赔偿义务

《民法典》第930条规定:“受托人处理委托事务时,因不可归责于自己的事由受到损失的,可以向委托人请求赔偿损失。”委托人对受托人的损害赔偿义务并非违约责任,也不以委托人有过错为要件。委托人承担损害赔偿义务的原因主要是基于利益风险一致原则,即委托人从受托人处理事务的结果受益,理应承担处理委托事务中的风险损失。[1] 而受托人系为委托人利益处理事务,不应当因事务处理增加其经济负担,因而受托人是以委托人的费用处理事务,该费用甚至包括受托人因不可归责于自身事由而遭受的损失。[2]

2. 对因重复委托致受托人损失的赔偿义务

《民法典》第931条规定:“委托人经受托人同意,可以在受托人之外委托第三人处理委托事务。因此造成受托人损失的,受托人可以向委托人请求赔偿损失。”

第三节 委托合同与间接代理

委托合同不同于委托代理。虽然代理权的授予常常基于委托合同发生,但是两者彼此独立。当事人订立委托合同,并不当然授予代理权,如仅委托实习生整理库存而不对外开展业务。即使委托人订立委托合同并同时进行了授权,两者也分别涉及不同法律关系。委托合同调整的是委托人与受托人之间的内部法律关系,代理权授予则涉及本人与代理行为相对人的外部法律关系。

受托人在处理委托事务过程中,可能与第三人从事交易。若受托人以委托人的名义与第三人订立合同,则其行为构成直接代理,适用《民法典》总则编第七章关于“代理”的规定。若受托人以自己名义与第三人订立合同,则不发生代理的归属效果。后一种情形虽然通常被称为间接代理,但其并非真正的代理制度,即《民法典》总则编规定的代理制度仅是指直接代理。所谓“间接代理”,是指受托人以自己的名义与第三人订立合同,该合同的法律效果依合同的相对性原理归属于受托人,再依受托人与委托人之间的内部关系移转于委托人。[3]

对于受托人以自己的名义与第三人订立合同的情形,《民法典》第925条、第926条区分第三人订立合同时是否知道受托人与委托人的代理关系,分别规定了其法律效果。受托人以自己的名义,在委托人授权范围内与第三人订立合同,第三人知道受托人与委托人之间的代理关系的,该合同直接约束委托人和第三人;有确切证据证明该合同只约束受托人和第三人的除外(《民法典》第925条)。该种代理仍然属于直接代理的范畴。[4]

受托人以自己名义与第三人订立合同,第三人不知道受托人与委托人之间代理关系的情

---

〔1〕 参见王利明:《合同法》(第2版)(下册),中国人民大学出版社2021年版,第359页。

〔2〕 参见周江洪:《民法典中介合同的变革与理解——以委托合同与中介合同的参照适用关系为切入点》,载《比较法研究》2021年第2期。

〔3〕 参见王泽鉴:《民法总则》,北京大学出版社2009年版,第454页。

〔4〕 参见胡东海:《〈合同法〉第402条(隐名代理)评注》,载《法学家》2019年第6期。也有学者认为,《民法典》第925条规定的代理制度内容严重异化,其既不属于大陆法系的直接代理,也不符合英美法系的隐名代理。参见方新军:《民法典编纂视野下合同法第402条、第403条的存废》,载《法学研究》2019年第1期。

形，属于间接代理，故不发生直接代理的效果归属效力，也不能类推适用《民法典》第171条、第172条关于无权代理和表见代理的规定。[1] 受托人以自己名义与第三人订立合同，将自己置于合同当事人的地位，理应承受该合同项下的权利义务。但是，若受托人与第三人之间的合同未履行，真正利益受损的是委托人与第三人。委托人与第三人又不存在法律关系，而仅能由受托人向委托人或者第三人主张违约责任，这就导致利益主体与请求权主体的分离。因而，为周延对委托人与第三人利益的保护，《民法典》第926条也规定了委托人的介入权与第三人的选择权。

1. 委托人的介入权

间接代理中，受托人因第三人的原因对委托人不履行义务，受托人应当向委托人披露第三人，委托人因此可以行使受托人对第三人的权利，即委托人的介入权，系形成权。

委托人介入权的行使要件包括：(1)受托人因第三人的原因对委托人不履行合同义务；(2)受托人向委托人披露第三人；(3)第三人与受托人订立合同时，不存在如果知道该委托人就不会订立合同的情形。[2]

委托人行使介入权，从而行使受托人对第三人的权利的，第三人可以向委托人主张其对受托人的抗辩。

2. 第三人的选择权

第三人的选择权，是指受托人因委托人的原因对第三人不履行义务，受托人应当向第三人披露委托人，第三人因此可以选择受托人或者委托人作为相对人主张其权利。

第三人选择权的行使要件包括：(1)受托人因委托人的原因对第三人不履行合同义务；(2)受托人向第三人披露委托人。

第三人的选择权亦为形成权。第三人一旦行使了选择权，则不得变更选定的相对人。故在本章引导案例第3问中，丙不能要求甲、乙承担连带损害赔偿责任，而仅能选择甲或者乙主张违约责任。丙一旦选定甲或者乙，选择权就消灭，无权变更相对人。

第三人选定委托人作为其相对人的，委托人可以向第三人主张其对受托人的抗辩以及受托人对第三人的抗辩。

第四节 委托合同的终止

一、当事人任意解除

(一)任意解除权

《民法典》第933条规定，委托人或者受托人可以随时解除委托合同。因为委托合同以当

---

[1] 参见王轶：《中国民法典释评：合同编·典型合同》(下册)，中国人民大学出版社2020年版，第432页。

[2] 参见胡东海：《〈民法典〉第926条(间接代理)评注》，载《苏州大学学报(法学版)》2021年第2期。

事人的信赖为基础，若该信赖基础丧失，则没有必要强行继续维系委托关系。[1] 因而，委托合同双方当事人都享有任意解除权。因解除合同造成对方损失的，除不可归责于该当事人的事由外，应当赔偿对方的损失。

(二) 损害赔偿

1. 损害赔偿请求权的成立要件

因行使任意解除权所生损害赔偿请求权的成立要件包括如下三点。

(1) 当事人一方行使任意解除权解除委托合同。当事人行使任意解除权，自通知到达对方当事人时生效。(2) 对方当事人因合同解除遭受损失。损失系因合同解除所致，限于财产损失，包括因处理事务所支出的费用（所受损失），以及本可期待获得的报酬或收益（所失利益）等。(3) 非不可归责于行使解除权一方当事人的事由。委托合同当事人享有任意解除权，即使对方因合同解除遭受损失，只要行使解除权的一方对合同解除没有过错，合同解除无论是因对方当事人（如受托人怠于履行义务）还是第三人或者其他客观原因（如因客观情况变化导致委托事务已经实现或者注定无法实现），解除权人都无须赔偿对方当事人的损失。

2. 损害赔偿的范围

因行使任意解除权所生损害的赔偿，因委托之有偿与无偿而不同。在无偿委托中，解除方赔偿对方因解除时间不当所遭受的直接损失。所谓"解除时间不当"，是指如果不于此时解除合同，相对方就不会遭受该损失。[2] 例如，受托律师于开庭前解除委托合同，导致委托人因无人代理而增加败诉风险，或者临时寻找替代人选而增加费用。所谓"直接损失"，在受托人解除合同时，委托人的损失主要表现为因合理信赖委托合同得以持续履行而受到的信赖利益损失，包括缔约费用、为准备履行而支出的费用以及准备受领而支出的费用等。在委托人解除合同时，受托人的直接损失主要表现为前期投入的损失。

在有偿委托情形中，损害赔偿是对履行利益的赔偿。受托人解除合同时，应当赔偿合同履行后委托人能够获得的利益。委托人解除合同时，受托人的履行利益是约定的报酬，只是需要扣除因给付义务未履行部分而节省的费用。也有学者从风险负担的角度解释，认为委托人行使任意解除权，可归入因可归责于债权人事由的履行不能，受托人依风险负担规则请求将来报酬并作相应扣减。[3]

(三) 预先抛弃任意解除权的约定

当事人可否以特约预先抛弃任意解除权？学理上对此存有不同观点。"肯定说"认为，基于私法自治原则，当事人可以特约抛弃任意解除权；同时认为，在特殊情形下，即使存在特约，也应当允许当事人仍然行使任意解除权而解除合同。[4] 是否具有特殊事由，应当就维持委托关系对于一方当事人是否不可期待，以及对另一方当事人的影响进行考量，但不以达到情势变

---

[1] 也有学说观点主张，应当限缩委托合同任意解除权的适用范围，参见崔建远、龙俊：《委托合同的任意解除权及其限制——"上海盘起诉盘起工业案"判决的评释》，载《法学研究》2008 年第 6 期；武腾：《委托合同任意解除与违约责任》，载《现代法学》2020 年第 2 期。

[2] 参见黄立主编：《民法债编各论》（下），中国政法大学出版社 2003 年版，第 526 页。

[3] 参见周江洪：《委托合同任意解除的损害赔偿》，载《法学研究》2017 年第 3 期。

[4] 参见黄立主编：《民法债编各论》（下），中国政法大学出版社 2003 年版，第 527 页；郑玉波：《民法债编各论》（第 7 版）（下册），台北，三民书局 1981 年版，第 450 页。

更必要。[1] 例如,受托人生病后行动不便,或者委托人对受托人存在重大不当行为等。“否定说”则认为,任意解除权涉及当事人信赖的维护,勉强缺乏信赖的当事人维持委托关系十分困难,故抛弃任意解除权的特约无效,即当事人即使预先约定抛弃任意解除权,嗣后仍可任意解除委托合同。[2] 还有观点认为,应当依委托合同为有偿或者无偿合同而区别对待。[3] 笔者赞同“肯定说”,主要理由是基于意思自治原则,当事人可以通过抛弃任意解除权之特约,以强化委托合同的约束力,仅在发生重大事由的例外情形下,当事人仍可解除合同。

二、法定事由的发生

委托合同建立在当事人之间的信赖基础上,当任何一方当事人死亡、终止或者受托人丧失行为能力时,该信赖关系就不复存在,委托合同终止。依据《民法典》第934条的规定,委托合同终止的法定事由包括委托人死亡、终止或者受托人死亡、丧失民事行为能力、终止。当上述事由发生时,委托合同当然终止。

该规定并非强制性规定,若当事人另有约定或者根据委托事务的性质不宜终止,委托合同并不因前述事由的发生而终止。例如,委托人委托受托人代为收取其房屋3年的租金,以该租金冲抵对受托人的欠款,只要3年租金尚未收取完毕,在此期间内即使委托人死亡,该委托关系依其性质并不终止。

此外,委托人死亡或者被宣告破产、解散,致使委托合同终止将损害委托人利益的,在委托人的继承人、遗产管理人或者清算人承受委托事务之前,受托人应当继续处理委托事务。受托人死亡、丧失民事行为能力或者被宣告破产、解散,致使委托合同终止的,受托人的继承人、遗产管理人、法定代理人或者清算人应当及时通知委托人。因委托合同终止将损害委托人利益的,在委托人作出善后处理之前,受托人的继承人、遗产管理人、法定代理人或者清算人应当采取必要措施。

主要参考文献

崔建远、龙俊:《委托合同的任意解除权及其限制——“上海盘起诉盘起工业案”判决的评释》,载《法学研究》2008年第6期;方新军:《民法典编纂视野下合同法第402条、第403条的存废》,载《法学研究》2019年第1期;胡东海:《〈合同法〉第402条(隐名代理)评注》,载《法学家》2019年第6期;胡东海:《〈民法典〉第926条(间接代理)评注》,载《苏州大学学报(法学版)》2021年第2期;武腾:《委托合同任意解除与违约责任》,载《现代法学》2020年第2期;周江洪:《民法典中介合同的变革与理解——以委托合同与中介合同的参照适用关系为切入点》,载《比较法研究》2021年第2期;周江洪:《委托合同任意解除的损害赔偿》,载《法学研究》2017年第3期。

---

[1] 参见黄立主编:《民法债编各论》(下),中国政法大学出版社2003年版,第527页。

[2] 参见邱聪智:《新订债法各论》(中),中国人民大学出版社2006年版,第181页;林诚二:《民法债编各论》(中册),中国人民大学出版社2007年版,第186页。

[3] 参见崔建远、龙俊:《委托合同的任意解除权及其限制——“上海盘起诉盘起工业案”判决的评释》,载《法学研究》2008年第6期。

第二十一章　行 纪 合 同

引导案例

甲得知乙欲将其收藏的一幅市价10万元的名画出售,遂委托专门从事艺术品交易的丙画廊,以画廊的名义按照市价代为购买,并约定酬金1万元。试问:

1. 若丙画廊买入名画后,丁看中该画,明知丙是为甲购买,仍以15万元买入。甲可否请求丁返还该画?

2. 若丙画廊买入名画后付款前破产,之后乙了解到甲是幕后买家,能否请求甲支付价款?

3. 若丙画廊以12万元价格买入名画,甲可否主张由丙画廊自行负担多支出的2万元?

4. 若丙画廊以8万元价格买入名画,节省的2万元价款归属于谁?

5. 若甲取得名画后,因经济紧张又委托丙画廊将该画卖出,丙画廊未替甲寻找买家,而是依据原价自行买入,该买卖合同是否有效?

第一节　行纪合同概述

一、行纪合同的概念

行纪合同,是指一方根据他人的委托,以自己的名义为委托人从事贸易活动,并收取报酬的合同。其中,接受他人委托,以自己的名义为他人从事贸易活动的,为行纪人;委托他人代为从事贸易活动,并支付报酬的,为委托人。

行纪是具有浓厚商事色彩的合同类型,其被作为有名合同规定,是"民商合一"立法体例的重要体现。在实践中,行纪在艺术品、古董等交易以及证券交易等领域应用广泛。

二、行纪合同的特征

(一)行纪合同主体的限定性

行纪合同的委托人可以是任意类型的民事主体,但是行纪人只能是经批准经营行纪业务的法人、自然人或者非法人组织。换言之,行纪与旅游业者、仓储业者等一样,均为独立营业人,必须以营业方式进行。[1] 如以私人身份为之,则仅能适用关于委托合同的规定。[2]

(二)行纪人以自己的名义为委托人从事贸易活动

行纪合同与行纪人和第三人之间的交易合同为两个独立合同。行纪合同是委托合同的一

---

〔1〕 参见林诚二:《民法债编各论》(中册),中国人民大学出版社2007年版,第224~225页。

〔2〕 参见邱聪智:《新订债法各论》(中),中国人民大学出版社2006年版,第242页。

种子类型，委托人并未基于该合同赋予行纪人代理权。[1] 行纪人以自己名义与第三人进行交易，享有合同权利并承担合同义务，其后果间接转归委托人。

行纪情形通常会涉及 3 种法律关系：一是委托人与行纪人之间的行纪合同；二是行纪人以行纪合同为基础与第三人实施的法律行为；三是行纪人向委托人移转通过其行为所获结果的行为，即执行行为。[2] 在这一交易架构中，行纪人在内部关系（与委托人关系）中是为委托人处理事务的受托人；在外部关系（与第三人关系）中则以自己名义与第三人缔结合同。委托人与第三人之间不存在任何法律关系。委托人并非该交易合同当事人，第三人对委托人不享有合同权利。行纪人以自己名义进行交易，亦无披露委托人的义务，因而交易相对人无权请求行纪人披露委托人信息。行纪人亦不得任意告知交易相对人委托人为何人，否则，致委托人损害的，应当承担违约损害赔偿责任。[3]

在本章引导案例第 1 问中，丙画廊基于与乙的买卖合同受让取得该幅名画的所有权。丁虽然明知丙画廊是为甲购入该画，但是，由于丙画廊取得了该画的所有权，并且尚未将其转移给甲，故丙画廊出售名画的行为为有权处分。丁的恶意并不影响其与丙画廊之间买卖合同的效力。丁基于该买卖合同受让名画，取得该画的所有权。甲无权请求丁返还名画，但可以向丙画廊主张不履行行纪合同义务的违约责任。

（三）行纪人为委托人的利益从事贸易活动

行纪人虽然是以自己名义为法律行为，但是为他人利益从事贸易活动。行纪人通过其营业行为所产生的经济上的损益，最终都由委托人承受与负担。因而，行纪人在与第三人交易时，应当为委托人的利益考虑，并将其结果转归委托人。

（四）行纪合同的标的是行纪人为委托人为一定的法律行为

委托人与行纪人订立行纪合同的目的是，行纪人为委托人从事贸易活动，与第三人为买卖、租赁、保险、信托、证券、期货等交易。因而，行纪合同是以行纪人为委托人实施一定的法律行为为标的的。行纪人依照行纪合同的约定，与第三人订立的买卖等合同，独立于其与委托人之间订立的行纪合同。行纪合同是否存在效力瑕疵，发生不成立、无效或者被撤销等情形，对行纪人与第三人之间订立的买卖等合同的效力不发生影响。

（五）行纪合同是双务、有偿、诺成、不要式合同

行纪合同的双方当事人之间存在对待给付义务，行纪人负有为委托人从事贸易活动的义务，而委托人负有支付报酬的义务，因而行纪合同为双务有偿合同。行纪合同中未明确约定报酬的，不影响合同的有效成立。若当事人约定了无偿，则不适用行纪合同的规则，但可能成立无偿的委托合同。当委托人与行纪人意思表示一致，行纪合同即成立，无须标的物的实际交付或者具备特别的形式，故为诺成、不要式合同。

---

〔1〕 参见方新军：《货运代理转委托行为的类型区分及法律效力》，载《法学研究》2015 年第 1 期。

〔2〕 参见韩世远：《合同法学》（第 2 版），高等教育出版社 2022 年版，第 574 ~ 575 页。

〔3〕 参见邱聪智：《新订债法各论》（中），中国人民大学出版社 2006 年版，第 244 页。

第二节 行纪合同的效力

一、行纪人的义务与介入权

行纪合同为委托合同的特殊类型,因而有《民法典》第960条之规定:“本章没有规定的,参照适用委托合同的有关规定。”故行纪人的义务除适用行纪合同章的专门规定外,亦可参照适用关于委托合同中受托人义务的规定。依据法律规范适用的不同,行纪人的义务可以划分为两大类。

(一)一般义务

依据《民法典》委托合同部分的规定,行纪人作为受托人,对委托人负有如下义务:(1)遵照委托人指示并亲自处理委托事务的义务(《民法典》第922条、第923条);(2)报告义务(《民法典》第924条);(3)善良管理人的注意义务(《民法典》第929条);(4)利益交付义务(《民法典》第927条)。

(二)特别义务

1. 直接履行义务

在行纪的内部关系(行纪人与委托人之间的行纪合同关系)与外部关系(行纪人与第三人之间的交易合同关系)中,行纪人均作为合同当事人对相对人承担合同履行义务,即行纪人的直接履行义务。即使债务不履行是由委托人或者第三人原因导致的,依照合同的相对性原则,行纪人作为合同当事人仍须承担违约责任。若行纪人因委托人原因对第三人不履行义务,或者因第三人原因对委托人不履行义务,都不存在委托人的介入权或者第三人的选择权。这也是行纪合同区别于间接代理的关键。在行纪合同中,委托人委托行纪人处理特定事务,通常基于对行纪人作为职业性商事主体的信任,行纪人因其长期的商业实践经验能够灵活处理委托事务,委托人无须对事务如何完成的过程给予特别关注。[1] 若允许委托人或者第三人随意介入其他法律关系,突破合同相对性,则行纪制度的效率性和公平性就会受到影响。[2]

行纪人的直接履行义务包括两个方面。

(1)行纪人对交易相对人的直接履行义务

行纪人为委托人以自己的名义与第三人交易,行纪人是该交易合同的当事人,对该合同直接享有权利、承担义务(《民法典》第958条第1款)。在本章引导案例第2问中,乙仅与行纪人丙存在买卖合同,与甲之间不存在法律关系,故不能直接向甲主张支付价款。此点与间接代理中第三人享有选择权不同。[3]

---

〔1〕 参见周江洪:《典型合同原理》,法律出版社2023年版,第570页。

〔2〕 参见谢鸿飞、朱广新主编:《民法典评注:合同编 典型合同与准合同》(第4册),中国法制出版社2020年版,第389页。

〔3〕 也有学者主张,基于行纪合同与买卖合同在经济上存在实质联系,行纪人与第三人所为行为之利益,最终归属于委托人,当行纪人破产时,应当给予委托人特别保护,使其对委托物享有取回权或优先于行纪人的普通债权人的权利。参见其木提:《论行纪合同委托人的取回权》,载《环球法律评论》2005年第1期。

（2）行纪人对委托人的直接履行义务

《民法典》第958条第2款规定："第三人不履行义务致使委托人受到损害的，行纪人应当承担赔偿责任，但是行纪人与委托人另有约定的除外。"依据该款规定，若行纪人因第三人原因对委托人不履行义务，委托人并无介入权，而须由行纪人依行纪合同履行义务或者承担违约责任。除另有约定外，无论交易相对人是否履行其合同义务，行纪人都对委托人负有履行义务，否则须承担赔偿责任，这使行纪人对委托人实质上负担了类似担保的责任。[1]

2. 以自己的费用处理委托事务的义务

行纪合同中，处理委托事务所支出的费用以由行纪人负担为原则（《民法典》第952条）。这是我国法上行纪合同与委托合同的一个重要区别。行纪活动具有营业性，因行纪事务所产生的费用属于营业成本，并且支出高额费用也是处理事务过程中的营业风险，故除当事人另有约定外，行纪费用原则上由行纪人负担。

3. 妥善保管义务

行纪人对其占有的委托物，负有妥善保管的法定义务。委托物既包括委托人交付给行纪人的物（卖出行纪），也包括行纪人为委托人买入的物（买入行纪）；[2]不仅包括一般的有体物，也包括委托人交付行纪人保管的金钱以及权利凭证。[3]

关于行纪人保管义务的注意义务标准，在学理上一般认为，行纪人为专门从事行纪业务的营业性主体，并且向委托人收取报酬，因而就委托物的保管负有较高的注意义务，依照有偿保管合同中保管人的注意义务标准，须负有善良管理人的注意义务。[4] 这意味着行纪人应当选择对委托人最有利的条件，采取最有利于委托物的保管措施。行纪人未尽到妥善保管义务造成委托人损失的，应当承担相应的违约责任。

若委托物非因行纪人保管不善，而是因不可归责于当事人的事由发生毁损灭失，则涉及风险负担的确定。依物的所有权人负担风险规则，委托物毁损灭失的风险由所有权人承担。具体而言，在卖出行纪的情形中，委托物归委托人所有，由委托人负担委托物毁损、灭失的风险；在买入行纪的情形中，行纪人受让委托物后，在转移交付给委托人之前，该委托物归行纪人所有，因而，由行纪人负担委托物毁损、灭失的风险。由于行纪人对委托物的毁损、灭失不存在过错，未违反妥善保管义务，因而，对委托人也不承担损害赔偿责任。关于对价的风险，行纪人因不可归责于自身的原因导致委托事务不能完成，仍可依《民法典》第959条规定请求对已经履行的部分支付相应的报酬。

4. 合理处分委托物的义务

委托物交付给行纪人时有瑕疵或者容易腐烂、变质的，经委托人同意，行纪人可以处分该

---

[1] 参见邱聪智：《新订债法各论》（中），中国人民大学出版社2006年版，第250页。

[2] 参见徐涤宇、张家勇主编：《〈中华人民共和国民法典〉评注》（精要版），中国人民大学出版社2022年版，第979页。

[3] 参见王利明：《合同法》（第2版）（下册），中国人民大学出版社2021年版，第411页。

[4] 参见谢鸿飞、朱广新主编：《民法典评注：合同编　典型合同与准合同》（第4册），中国法制出版社2020年版，第365页；徐涤宇、张家勇主编：《〈中华人民共和国民法典〉评注》（精要版），中国人民大学出版社2022年版，第979页。也有相反观点认为，保管合同以外的典型合同中的保管义务，原则上应首先适用该典型合同相关规则。基于行纪人的妥善保管义务是服务于行纪事务处理的目的，其从属于事务处理义务，将其作为委托事务处理中的过错，适用《民法典》第929条的规定，应当更符合参照适用的法理。参见周江洪：《典型合同原理》，法律出版社2023年版，第573页。

物；不能与委托人及时取得联系的，行纪人可以合理处分。处分既包括法律上的处分，如出卖、出租等，也包括事实上的处分。该处分义务的成立要件包括：(1)处分的委托物为委托出卖或者买入的物。在买入行纪中，行纪人本应当将委托买入的物及时交付给委托人，但是当委托物有瑕疵或者容易腐烂、变质的情形时，为维护委托人的利益，行纪人也负有合理处分委托物的义务。(2)委托物交付给行纪人时有瑕疵或者容易腐烂、变质。委托物的瑕疵在交付时已经存在，否则在交付后才产生，受托人如有过错须承担违约责任，而不适用合理处分委托物义务的规定。(3)须为保护委托人的利益。因而，行纪人对委托物的处分措施应当合理，依据委托物的实际情况确定处分方式或者价格等，以尽量减少委托人的损失。

行纪人违反合理处分委托物的义务的，应当承担违约责任，并赔偿委托人的损失。

5. 价格遵守义务

在行纪合同中，委托人与行纪人通常会就委托物的交易约定价格。行纪人应当为委托人利益进行交易，负有遵照委托人的指示，依照约定价格或者在约定的价格区间内进行交易。但是，行纪人在实际从事贸易活动的过程中，也可能需要依据市场行情等具体情况，调整交易价格。

(1)行纪人以不利于委托人的价格买卖委托物的，应当经委托人同意

《民法典》第955条第1款规定："行纪人低于委托人指定的价格卖出或者高于委托人指定的价格买入的，应当经委托人同意；未经委托人同意，行纪人补偿其差额的，该买卖对委托人发生效力。"该款规定了行纪人未遵守委托人指示，以不利于委托人的价格订立买卖合同，即低价卖出或者高价买入委托物的，须经委托人同意，否则负有补足差额的义务。故在本章引导案例第3问中，丙画廊须补足差额，自行承担高于甲所指定价格的2万元价款。需注意的是，无论行纪人是否取得委托人同意，或者是否补足差价，其与交易相对人之间所订立买卖合同的效力不受影响。并且，行纪人负担了差额的，只是发生排除委托人否认权的效果，使"该买卖对委托人发生效力"，即委托人应当依行纪合同约定受领该买卖的结果，但是，并不因此免除行纪人违反价格遵守义务而可能产生的责任。[1] 若行纪人未经同意违反委托人指示价格进行交易，导致委托人遭受损失，应当对委托人承担违约责任，赔偿其损失。

(2)行纪人以有利于委托人的价格买卖委托物的，由此增加的利益归属于委托人

《民法典》第955条第2款规定："行纪人高于委托人指定的价格卖出或者低于委托人指定的价格买入的，可以按照约定增加报酬；没有约定或者约定不明确，依据本法第五百一十条的规定仍不能确定的，该利益属于委托人。"依照该款规定，行纪人高价卖出或者低价买入委托物的，对于增加的利益应当依照当事人的约定确定。没有约定或者约定不明且不能依相关规定进行解释确定的，鉴于行纪人是为委托人的利益进行交易，自应将所获利益归属于委托人。在此种情形，若当事人约定有报酬增加条款的，行纪人可以依照约定请求增加报酬。在本章引导案例第4问中，低于委托人甲指定价格而节省的2万元应当归属于甲。

(3)若委托人对交易价格有特别指示，行纪人应当遵守该指示，不得违背该指示卖出或者买入(《民法典》第955条第3款)

委托人就价格指示可能有特别的考虑，例如，为占领市场或者为快速回收成本而降价促

---

[1] 参见周江洪：《典型合同原理》，法律出版社2023年版，第575页。

销,行纪人不得违背该价格指示。行纪人违反价格指示从事的行纪活动对委托人不生效力。由此给委托人造成损失的,行纪人应当承担相应的违约责任。

（三）行纪人的介入权

《民法典》第956条第1款规定:“行纪人卖出或者买入具有市场定价的商品,除委托人有相反的意思表示外,行纪人自己可以作为买受人或者出卖人。”该款确立了行纪人的介入权,即在委托人没有相反意思表示的情形下,行纪人可以自己作为出卖人或者买受人缔结该交易,因而也被称为自约权。行纪人行使介入权外观上与自己代理相似,但本质不同。当行纪人行使介入权时,就不再是以行纪人身份,而是作为买卖合同的一方当事人,与委托人之间订立买卖合同,因而不产生利益冲突。[1] 而且,允许行纪人介入,有利于减少交易环节,降低交易成本,并无损于委托人的利益。

介入权的成立需具备下列要件:(1)委托物须属于具有市场定价的商品。有市场定价的商品因为有市价可循而价格明确,可以避免行纪人损害委托人利益,防止不公平交易的发生。[2] “市场定价”是根据市场行情形成的,能够为一般市场参与者所知晓的价格,并非个别交易的成交价格。[3] (2)委托人未作出反对行纪人介入的意思表示。行纪人反对的意思表示可以是在合同订立时明确约定,也可以是在合同订立后作出的单方意思表示。

该款规定的介入权行使的情形,限于行纪人受托从事缔结买卖合同的情形。买卖以外的交易行为,如租赁、运输等,可以类推适用。[4] 介入权为形成权,因而,当行纪人行使介入权,其与委托人之间的买卖合同就成立,无须委托人的承诺。[5] 在此种情形下,当事人之间的行纪合同并未消灭。因而,行纪人仍可依据行纪合同约定,请求委托人支付报酬(《民法典》第956条第2款)。在本章引导案例第5问中,该名画存在市场定价,并且甲并未反对丙画廊行使介入权,故丙画廊可以自己作为买受人与甲订立买卖合同,该合同为有效。并且,丙画廊仍可请求甲依照约定支付报酬。

二、委托人的义务

（一）报酬支付义务

行纪合同为有偿合同,向行纪人支付报酬是委托人的主给付义务。报酬的数额依照当事人的约定确定,无约定则适用《民法典》第510条、第511条的规定确定。行纪人完成或者部分完成委托事务的,委托人应当向其支付相应的报酬(《民法典》第959条),即行纪人享有比例报酬请求权。具体而言,行纪人依照委托人的指示履行了全部合同义务的,委托人应当支付全部报酬;行纪人完成部分委托事务的,委托人应当依照完成事务的比例支付相应的报酬。

委托人违反报酬支付义务的,应当承担违约责任。委托人逾期不向行纪人支付报酬时,除当事人另有约定外,行纪人有权留置委托物(《民法典》第959条)。行纪人行使留置权需具备以下要件:(1)须行纪人已合法占有委托物;(2)须委托人没有正当理由逾期支付报酬;(3)须行纪合同未约定行纪人不得留置。

---

〔1〕 参见史尚宽:《债法各论》,中国政法大学出版社2000年版,第505页。

〔2〕 参见史尚宽:《债法各论》,中国政法大学出版社2000年版,第505页。

〔3〕 参见徐涤宇、张家勇主编:《〈中华人民共和国民法典〉评注》(精要版),中国人民大学出版社2022年版,第983页。

〔4〕 参见邱聪智:《新订债法各论》(中),中国人民大学出版社2006年版,第263页。

〔5〕 参见史尚宽:《债法各论》,中国政法大学出版社2000年版,第508页。

（二）及时受领义务

在买入行纪的情形，委托人应当及时受领买入的委托物。委托人的受领义务属于不真正义务。受领义务成立的前提是，行纪人买入的委托物符合约定。否则，委托人有权拒绝受领。委托人应当在合同约定的履行期限内受领委托物。未约定履行期限的，依据《民法典》第510条、第511条的规定确定。

经行纪人催告，委托人无正当理由拒绝受领的，行纪人依法可以提存委托物，从而使行纪合同关系消灭。买入行纪中，行纪人提存权的行使要件包括：（1）委托人未及时受领委托物；（2）委托人经行纪人催告后，在合理期限内仍不受领；（3）委托人拒绝受领欠缺正当理由。

（三）特定情形的取回或处分义务

在卖出行纪中，委托物不能卖出或者委托人撤回出卖，委托人应当及时取回或者处分委托物。"不能卖出"，是指在约定的卖出期限或者在合理期间内，委托物未被成功出卖的情形。委托人怠于取回或处分委托物的，行纪人有义务继续妥善保管委托物（《民法典》第953条），并就额外产生的费用，请求委托人予以赔偿。[1]

经行纪人催告，委托人不取回或者不处分该物的，行纪人依法可以提存委托物。卖出行纪中，行纪人提存权的行使要件包括：（1）须委托物不能卖出或者委托人撤回出卖；（2）须委托人经行纪人催告后仍不取回或不处分委托物。

主要参考文献

方新军：《货运代理转委托行为的类型区分及法律效力》，载《法学研究》2015年第1期；其木提：《论行纪合同委托人的取回权》，载《环球法学评论》2005年第1期；谢鸿飞，朱广新主编：《民法典评注：合同编　典型合同与准合同》（第4册），中国法制出版社2020年版；徐涤宇、张家勇主编：《〈中华人民共和国民法典〉评注》（精要版），中国人民大学出版社2022年版；周江洪：《典型合同原理》，法律出版社2023年版。

〔1〕　参见徐涤宇、张家勇主编：《〈中华人民共和国民法典〉评注》（精要版），中国人民大学出版社2022年版，第985页。

第二十二章 中介合同

引导案例

1. 甲欲售房，与乙缔结房产交易中介合同。乙只在门店展示了甲的售房信息，但未将该信息放在乙的官网页面。

问：甲能否要求乙将自己的售房信息放在官网页面？如果乙拒不将甲的售房信息挂在其官网页面，甲能否要求乙赔偿损失？

2. 甲委托乙为购房提供信息，又委托丙为购房媒介。乙为甲找到了丁，又由丙积极周旋，最终甲、丁订立了购房合同。

问：乙能否要求甲支付报酬？丙能否要求甲支付报酬？

3. 甲委托乙提供购房中介服务，又委托丙提供购房中介服务。乙为甲找到了丁，同时，甲又从丙处获知丁的售房意愿和条件。最终，在丙的积极斡旋下，甲和丁之间签订了购房合同。

问：乙能否要求甲支付报酬？

第一节 中介合同概述

中介合同（又称居间合同），是指一方为他人报告缔约机会或提供订立合同的媒介服务，他人给予报酬的合同。其中，提供报告或媒介服务的一方当事人称为中介人（居间人），接受服务且有义务为此支付报酬的一方为委托人（《民法典》第 961 条）。

根据中介人提供的服务内容，可将中介合同分为报告中介（居间）合同和媒介中介（居间）合同。在报告中介中，中介人只向委托人报告缔约机会，不提供额外的服务。报告缔约机会必须让委托人有可能进入具体的交易磋商，概括指明交易机会不属于报告缔约机会，如向委托人开列数百人的潜在交易对象名单。此外，如果在报告中介人介绍之前，委托人已经知晓相关缔约机会，则报告缔约机会在客观上不能。在媒介中介中，中介人不仅报告缔约机会，还会在他人之间斡旋，积极促成缔约。委托人此前知晓相关缔约机会，不构成媒介中介不能。

与以劳务为标的的其他合同（如承揽合同、委托合同）相比，中介合同有其独特性。主要体现为，中介合同是单务合同，仅委托人负有（支付报酬的）义务，中介人并无（提供服务的）义务。委托人向中介人支付报酬的义务是以中介人的活动指向的合同缔结成功为发生条件的。

与委托合同相比，中介人不仅没有积极提供报告或媒介服务的义务，也通常不会被授予代理权。委托合同中受托人的报酬请求权不以处理事务产生结果为前提（手段债务），而中介合同中中介人的报酬请求权以主合同成立为发生前提。委托合同中处理事务的费用由委托人负担,并且委托人有先付费用的义务(《民法典》第 921 条),而中介合同中提供服务的费用通常由中介人负担(《民法典》第 963 条第 2 款、第 964 条)。《民法典》合同编规定的委托合同可以是有偿或无偿的,而中介合同是有偿的。在报酬支付义务方面,有偿委托合同的委托人应向受托人支付报酬;而媒介中介中,在有疑义时,委托人和主合同的相对人应平均承担支付报酬的义务(《民法典》第 963 条第 1 款第 3 句)。

第二节 中介合同的内容

一、中介人的义务

尽管中介人获取报酬的前提是报告缔约机会或提供媒介服务,最终促成合同的有效缔结,但是中介人并不负有报告缔约机会或从事媒介活动的义务。因此,委托人并无要求中介人实际履行的请求权和因不履行而生的损害赔偿请求权。正因如此,在本章引导案例 1 中,甲既不可要求乙将其出售信息挂在网页上,也不可要求乙为损害赔偿。

尽管中介人不负有为中介活动的义务,但一旦中介人开始从事中介活动,就应基于诚信原则的要求,对委托人负有忠实义务。《民法典》第 962 条对中介人的如实报告义务作了特别规定。

(一)如实报告义务

若中介人要提供信息,就应如实报告(《民法典》第 962 条第 1 款)。报告的信息范围应与订立主合同有关,如相对人的资信状况、标的物的客观情况等。就履行报告义务的要求看,只需要中介人就所知的情况如实报告给委托人,中介人无须积极调查。如果中介人在报告中隐瞒了真实信息或者故意提供虚假信息,给委托人造成损失时,应当承担损害赔偿责任(《民法典》第 962 条第 2 款)。不仅如此,中介人还会因此丧失报酬请求权(《民法典》第 962 条第 2 款)。

在实践中,有扩张解释中介人报告义务内容的现象,尤其是在专业机构的中介中,往往会因其专业知识、信息优势,以及委托人的合理信赖,而对其课以对主合同相对人的实质审查义务。[1]

虽然《民法典》在中介合同部分仅规定了中介人故意时,承担损害赔偿责任,并因此丧失报酬请求权,但不宜作反面解释,认为中介人在有过失时,就不必承担民事责任。因为中介人从事的是有偿行为,未见有予以责任减轻的正当理由。至于中介人一般不负有积极调查义务,不构成反对中介人就过失负责的理由。因为中介人负有何种义务,和中介人因何种事由为义务违反负责是两个不同的问题。只要承认中介人有如实报告义务,则在义务违反后的归责事由确定上应采一般标准,中介人至少应对过失负责。比如,房产中介人甲获知作为买方的相对人乙资信较差,在告知委托人丙时,因疏忽将资信较好的丁与乙的资料弄混,告知丙相对人资信良好。履约时,乙无法及时支付购房款,则丙可因此对甲主张损害赔偿责任,并不予支付报酬。

---

〔1〕 参见谢鸿飞、朱广新主编:《民法典评注:合同编 典型合同与准合同》(第 4 册),中国法制出版社 2020 年版,第 415 ~ 416 页。

(二)保密义务

中介人不应泄露因缔结主合同而知悉的委托人的商业秘密。为了便于中介人斡旋,以促进合同的订立,委托人可能向中介人披露一些商业秘密。基于诚信要求,中介人有义务保守委托人的商业秘密;未经委托人同意,不得透露给任何人。若中介人违反这一义务且有可归责性,则应对委托人负损害赔偿责任。

(三)中立义务

在媒介中介中,中介人同时为委托人和相对人利益从事中介活动时(双重中介),应秉持中立立场。因为中介人不仅是为委托人一方利益从事斡旋活动,而且在有疑义时,有权从委托人和主合同的相对人双方取得等额的报酬,从利益和义务相一致的观点看,中介人应当兼顾主合同双方当事人的利益,秉持中立的立场。

二、委托人的义务

(一)支付报酬的义务

委托人的主给付义务是向中介人支付报酬。除有效的中介合同外,该报酬请求权的发生尚需满足两项条件:一个是委托人和他人订立合同(主合同成立);另一个是主合同成立与中介人活动之间有因果关系。

1. 事实构成

(1)委托人与他人订立合同(主合同成立)

主合同成立有两项要求:一是委托人与他人订立的合同类型应与中介人报告或意在撮合的一致(同一性要求);二是缔约之他方需为中介人介绍。二者缺一,皆不属于中介人报告或媒介的主合同成立。前者如中介人媒介的是租赁合同,结果签订的是买卖合同;后者如中介人介绍的是乙作为租赁合同之他方,结果委托人和丙签订了租赁合同。

主合同未成立、被撤销或无效(以下统称终局无效)时,报酬请求权是否发生(或嗣后消灭),存在争议。一种观点认为,只要主合同终局无效,中介人就无报酬请求权。[1] 另一种观点认为,只有在主合同终局无效与中介人有关联时,中介人才无报酬请求权,其他情形中中介人仍有报酬请求权。[2] 笔者认为,应根据合同解释确定中介人报酬请求权发生的条件,如若是专业的中介人(如营业的房产中介人),宜认为其获取报酬的条件更苛刻。因为专业中介人更有了解主合同相对人的可能,也更愿意承担因主合同相对人事由致主合同终局无效的不利后果。例如,即便是主合同相对人因委托欺诈致合同被撤销,中介人就合同终局无效没有可归责性,也应认为其报酬请求权不发生。

主合同附停止条件,在条件成就前,中介人的报酬请求权不发生。但中介合同以附停止条件的主合同成立为缔约成功的,中介人的报酬请求权成立。

主合同被解除时,报酬请求权是否消灭,存在争议。一种观点认为,中介人报酬请求权消灭;[3] 另一种观点认为,中介人报酬请求权不受影响。[4] 笔者认为,应区分情况对待,若解除

---

〔1〕 参见黄薇主编:《中华人民共和国民法典合同编释义》,法律出版社 2020 年版,第 483 页。

〔2〕 参见周江洪:《典型合同原理》,法律出版社 2023 年版,第 600 ~ 601 页。

〔3〕 参见林诚二:《民法债编各论》(中册),中国人民大学出版社 2007 年版,第 219 页。

〔4〕 参见谢鸿飞、朱广新主编:《民法典评注:合同编　典型合同与准合同》(第 4 册),中国法制出版社 2020 年版,第 429 页;黄立主编:《民法债编各论》(下),中国政法大学出版社 2003 年版,第 568 页。

事由在缔约时即存在,并且与中介人报告的信息或媒介活动有关联,则中介人报酬请求权消灭;反之,若解除事由是在履约过程中出现的,则中介人的报酬请求权不受影响。

(2)主合同成立与中介人活动之间有因果关系

中介人的报告或媒介活动是促成主合同成立的原因,但不需要是唯一原因。如在本章引导案例2中,乙的报告行为和丙的媒介行为都是甲、丁缔结主合同的原因之一,所以乙和丙对甲都有报酬请求权。

通常而言,只要委托人从中介人处获悉交易信息,而此后委托人与他人缔结了对应的合同,就应根据生活经验法则,推定中介活动与主合同成立之间有因果关系,以减轻中介人对因果关系的证明难度。

在实践中,会出现"跳单"现象,即委托人虽然利用了中介人报告的交易机会或媒介服务,但为了不向中介人支付报酬,私下与中介指明的相对人缔结合同。就此,《民法典》第965条特别释明,若委托人利用中介人提供的交易机会或媒介服务,绕开中介人直接订立合同,仍应当向中介人支付报酬。但是,若该信息是由多位中介人提供的,则委托人有权选择其中之一为媒介,并只向实际媒介人支付报酬。因此,在本章引导案例3中,乙不可要求甲支付报酬。

2. 报酬支付的主体与额度

委托人应当按照中介合同确定的金额向中介人支付报酬。如果没有就中介人的报酬为具体约定或者约定内容不明确,难以依据合同相关条款或者交易习惯确定,则应按照中介人提供的劳务合理确定(《民法典》第963条第1款)。

因中介人的媒介服务而促成合同成立的,由主合同的当事人平均负担中介人的报酬(《民法典》第963条第1款)。其主要理由是中介人促成合同对主合同当事人双方皆有利,享受利益的双方应均承担缔约的成本,即支付给中介人的报酬。

相反,在报告中介中,委托人是唯一的支付报酬义务人。

(二)依约在中介不成时支付必要费用的义务

中介的费用通常包含在中介的报酬中,即便中介失败,中介人支出的费用也应计入其从事中介活动的成本,由自己承担。但是,如果中介合同明确约定必要费用的承担者为委托人,则应遵循当事人的安排,由委托人承担必要费用(《民法典》第964条)。[1]

第三节 中介合同的终止

中介成功后(事务处理完毕),中介合同因目的实现会终止。

委托人和中介人可以在缔约时约定中介合同的终止(解除)条件,在终止(解除)条件成就时,中介合同终止。

委托人和中介人也可以嗣后合意终止中介合同。

中介合同还可以单方任意终止。由于中介合同涉及委托人的事务处理、委托人与中介人

[1] 参见周江洪:《典型合同原理》,法律出版社2023年版,第603页。

之间的信赖关系，其利益结构和委托合同类似，所以可类推适用委托合同的相关规定，此亦被《民法典》第966条肯认。具体到中介合同的单方终止，可类推适用《民法典》第933条，允许委托人任意终止（撤回）中介合同，亦可允许中介人任意终止中介合同。与委托合同不同的是，中介人并无义务为中介活动，所以不可类推适用《民法典》第933条关于解除时间不当的责任，让中介人承担解除（终止）时间不当引起的损害赔偿责任。

主要参考文献

韩世远：《合同法学》（第2版），高等教育出版社2022年版；其木提：《居间报酬请求权的法理依据》，载《法学》2018年第7期；其木提：《论“跳单”之认定标准——最高人民法院指导案例1号评释》，载《交大法学》2016年第4期；史尚宽：《债法各论》，中国政法大学出版社2000年版；税兵：《居间合同中的双边道德风险——以“跳单”现象为例》，载《法学》2011年第11期；汤文平：《从“跳单”违约到居间报酬——“指导案例1号”评释》，载《法学家》2012年第6期；汤文平：《多人居间行为共同原因性研究——从“指导案例1号”切入》，载《政治与法律》2012年第12期；谢鸿飞、朱广新主编：《民法典评注：合同编　典型合同与准合同》（第4册），中国法制出版社2020年版；周江洪：《典型合同原理》，法律出版社2023年版。

第二十三章　合 伙 合 同

引导案例

甲、乙、丙签订合同，约定各出资150万元，共同竞拍某片荒山的承包经营权以及后续建设农业生态基地，各按照25%的比例分配利润和分担损失，委托甲具体执行事务。甲竞拍取得该片荒山30年的承包经营权，并相继种植果树、花卉。试问：

1. 该合同性质为何？
2. 若乙已履行出资义务，甲、丙未履行出资义务，在甲请求丙出资时，丙能否以甲尚未出资而拒绝履行出资义务？
3. 合伙财产包括哪些？归谁所有？
4. 若甲欲以荒山的经营权设立抵押以获得融资，由谁作出决定？
5. 甲能否就执行事务而主张报酬？
6. 乙、丙可以行使哪些权利以防范甲在执行事务中损害共同的权益？
7. 甲执行事务所产生的债务，由谁承担？
8. 若乙欲退出3人共同经营的事务，何时可以主张终止合同？若丙死亡，是否会导致合同当然终止？
9. 合同终止后，如何分配财产？

第一节　合伙合同概述

一、合伙合同的立法历程及调整对象

《民法典》第967条规定："合伙合同是两个以上合伙人为了共同的事业目的，订立的共享利益、共担风险的协议。"相较原《合同法》，《民法典》以12个条文新增规定了"合伙合同"这一类典型合同。

（一）合同型合伙与组织型合伙二元区分立法模式的形成

作为合作方式的合伙历史悠久，《汉穆拉比法典》即已有关于合伙的规定，在我国古代典籍中也不难找到合伙的印迹。合伙最早起源于共同继承关系：同一被继承人的几个继承人在取得遗产后，为了获得更大的利益，不将各自所得的遗产分开使用而集中经营，形成合伙关系。

合伙形式一经创立,便经久不衰,并得到了充分发展,其衍化形式逐渐增多。[1] 基于合伙,民事主体既可能成立具有非法人组织独立主体资格的合伙企业,也可能仅形成单纯的合同关系,因此,需要立法合理配置规范,调整形式多元的合伙关系。我国1986年制定的原《民法通则》从民事主体的角度,在第二章"公民(自然人)"中以第五节专节规定了自然人之间的"个人合伙",在第三章"法人"第四节"联营"中以第52条规定了企业之间或者企业、事业单位之间的合伙型联营。1997年制定的《合伙企业法》,对合伙企业作出了专门规定。《合伙企业法》的调整对象是以合伙协议为基础依照法律规定办理登记的具有主体资格的合伙企业,民事主体之间仅基于合伙协议而未新设主体所形成的合伙关系则不属于其调整范畴。2017年制定原《民法总则》时,删除了原《民法通则》关于"个人合伙"和"联营"的规定。这主要是考虑作为商事主体的合伙企业由《合伙企业法》进行调整,而未成立合伙企业的合伙关系可以由《民法典》合同编进行规定。[2] 在实践中,民事主体之间签订合伙合同而未设立合伙企业的合伙关系大量存在,需要法律加以规范。因此,《民法典》合同编增设专章规定合伙合同。"合伙有二意义,其一谓合伙契约,其他谓因合伙契约而成立之团体。"[3] 在《民法典》框架下,我国确立了合同型合伙与组织型合伙二元区分的立法模式。

(二)《民法典》"合伙合同"部分与《合伙企业法》调整对象的区别

《民法典》"合伙合同"部分以未形成组织的合伙合同为调整对象;《合伙企业法》以组织型合伙即合伙企业为调整对象。[4] 两者主要的区别有:第一,《民法典》"合伙合同"部分作为典型合同规则,调整的是合伙人之间的合同关系;《合伙企业法》作为组织法,调整的是合伙企业这一主体的设立、运行、终止等关系。第二,在合伙合同关系中,合伙人未新设主体,合伙人的出资、因合伙事务依法取得的收益和其他财产,属于所有合伙人共有;在合伙企业中,合伙人新设具有独立主体资格的合伙企业,合伙人的出资、以合伙企业名义取得的收益和依法取得的其他财产,属于合伙企业的财产。第三,在合伙合同关系中,合伙人未新设主体,合伙人无法以合伙组织的名义从事民事活动,执行事务合伙人是以代理全体合伙人的形式与第三人发生法律关系,行为的法律后果也由所有合伙人直接承担,由此产生的债务是由所有合伙人直接负担;在合伙企业中,合伙人新设具有独立主体资格的合伙企业,合伙企业以自己的名义从事民事活动,执行事务合伙人系对外代表合伙企业执行合伙事务,相应行为的法律后果也由合伙企业承担,由此所产生的债务是合伙企业的债务,应先由合伙企业以其全部财产清偿,在合伙企业的财产无法清偿全部债务时,才由普通合伙人作为投资人以个人财产对合伙企业的债务承担无限责任。另外,在学理及比较法上,常区分民事合伙与商事合伙。所谓民事合伙,是指以非营利为目的设立的且不具有较强组织性的民事合同关系;所谓商事合伙,是指以营利为目的而设立的,具有一定组织性和持续性的主体。[5] 在我国立法体例下,这种以营利与否为标准所作的区分,与法律适用并无直接关联性。这是因为,在实践中,商事合伙既可能以合伙企业的形式出现,也可能以合伙合同的形式出现。例如,甲公司享有某一矿山的采矿经营权,乙公司与甲

---

[1] 参见王家福主编:《中国民法学·民法债权》,法律出版社1991年版,第833页。
[2] 参见黄薇主编:《中华人民共和国民法典释义(中):合同编》,法律出版社2020年版,第1748～1749页。
[3] 史尚宽:《债法各论》,中国政法大学出版社2000年版,第683页。
[4] 参见朱虎:《〈民法典〉合伙合同规范的体系基点》,载《法学》2020年第8期。
[5] 参见江平、龙卫球:《合伙的多种形式和合伙立法》,载《中国法学》1996年第3期。

公司签订合伙合同,约定乙公司投资1亿元与甲公司合作开采矿山,按照各50%的比例分配利润和分担亏损。甲、乙公司即以合伙合同的形式进行商事合伙。在我国立法体例下,需要区分合同型合伙与组织型合伙而决定适用的法律规范。

需要补充说明的是,在当前的立法体例下,《民法典》关于合伙合同的一般规则应当可以作为调整合伙合同关系的一般法适用,不仅适用于合同型合伙,也可以补充调整组织型合伙中合伙人之间基于合伙合同所产生的权利义务关系。具体而言:当合伙人仅以合同形式合伙时,例如,甲、乙二人签订合伙合同,约定各出资50%购买某一商铺用于出租收益,双方按各50%的比例分配利润和分担亏损,因当事人之间仅存在合伙合同关系,仅可能适用《民法典》关于合伙合同的规定。针对合伙企业,应当优先适用《合伙企业法》的规定,但就合伙人内部之间围绕合伙合同之合同关系所产生的纠纷,在《合伙企业法》没有规定或规定不明时,则可以适用《民法典》关于合伙合同的一般规定。例如,甲、乙二人签订合伙合同,约定以设立合伙企业的方式共同经营丙养殖场。丙养殖场对外是以组织体的形式、以其独立的主体身份缔结法律关系,故就外部法律关系应当适用《合伙企业法》的规定;针对甲、乙二人有关出资、利润分配、责任承担等内部法律关系,按照特别法优先于普通法的原理,也应当优先适用《合伙企业法》的规定,但是甲、乙二人之间形成法律关系的基础是合伙合同,故针对甲、乙二人围绕合伙合同所产生的纠纷,在《合伙企业法》没有规定或规定不明时,则可以补充适用《民法典》关于合伙合同的一般规定。

二、合伙合同的定义及构成要件

从比较法来看,合伙合同也是一类重要的典型合同,《德国民法典》《日本民法典》《荷兰民法典》《奥地利普通民法典》《西班牙民法典》《瑞士债务法》等大陆法系国家立法都对合伙合同作出了规定。这些立法对合伙合同的定义不尽相同。例如,《德国民法典》第705条规定,“因合伙合同,合伙人为达成共同目的,相互间负有依合同所定的方法,即如约定出资的义务”;《日本民法典》第667条第1款规定,“合伙合同,因各方当事人约定出资经营共同事业而发生效力”;《瑞士债务法》第530条第1款规定,“合伙,为两人或两人以上,互约出资,以经营共同事业的合同关系”。根据前述规则,合伙合同的核心构成要件是“共同目的”和“共同出资”。《西班牙民法典》第1665条规定,“合伙为二人或者数人同意将其金钱、财务或者劳务共集一处,而以分配其经营所得利益为目的”;第1666条第1款规定,“合伙合同应有合法的标的,并为当事人的共同利益而订立”。相较前述几个国家的立法,《西班牙民法典》对合伙合同的定义增加了共享利益的要件。

我国原《民法通则》第30条规定:“个人合伙是指两个以上公民按照协议,各自提供资金、实物、技术等,合伙经营、共同劳动。”该定义将“共同出资”“共同经营”作为认定个人合伙关系的核心要件。最高人民法院《关于贯彻执行〈中华人民共和国民法通则〉若干问题的意见(试行)》(已失效,以下简称《民通意见》)第46条规定:“公民按照协议提供资金或者实物,并约定参与合伙盈余分配,但不参与合伙经营、劳动的,或者提供技术性劳务而不提供资金、实物,但约定参与盈余分配的,视为合伙人。”相较原《民法通则》第30条,该条不再将共同经营作为认定个人合伙关系的核心要件,而是替代规定为“共享收益”之要件。《民法典》第967条规定,“合伙合同是两个以上合伙人为了共同的事业目的,订立的共享利益、共担风险的协议”。相较前述原《民法通则》和《民通意见》对认定个人合伙的规定,《民法典》对合伙合同的界定不再强调“共同出资”,而是以“共同目的”“共享利益、共担风险”作为认定合伙合同关系的核心要件。

根据《民法典》第 967 条对“合伙合同”的定义,认定构成合伙合同的构成要件包括以下三点。

第一,有两个以上合伙人。合伙人的数量要求为两个以上,只有一个民事主体无法成立合伙合同关系。当因合伙人死亡等使合伙人数量减少到一个时,合伙合同终止。《民法典》未对合伙人的资格作出限制。首先,从主体类型角度而言,应当认为自然人、法人与非法人组织均可以作为合伙合同的合伙人,并且合伙既可以发生在自然人之间、法人之间、非法人组织之间,也可以发生在不同类型主体之间。《合伙企业法》第 3 条规定,“国有独资公司、国有企业、上市公司以及公益性的事业单位、社会团体不得成为普通合伙人”。《民法典》则未作类似限制。这是因为合伙合同仅是一种合同关系,没有理由限制前述主体对外签订合伙合同。基于民事领域遵循法无禁止则自由的原理,应当认定所有自然人、法人、非法人组织均可以签订合伙合同。其次,从行为能力的角度而言,《民法典》“合伙合同”部分对合伙人的行为能力未作特别要求,应当适用《民法典》总则编关于行为能力以及法律行为的规定,认定限制民事行为能力人、无民事行为能力人签订的合伙合同的效力。《合伙企业法》第 14 条第 1 项规定,设立普通合伙企业,合伙人为自然人的,应当具有完全民事行为能力。《民法典》“合伙合同”部分未作类似限制。并且,《民法典》第 977 条规定:“合伙人死亡、丧失民事行为能力或者终止的,合伙合同终止;但是,合伙合同另有约定或者根据合伙事务的性质不宜终止的除外。”根据该条规定,在合同另有约定的情形下,合伙人丧失民事行为能力,并不导致合伙合同的终止。因此,应当认定作为典型合同的合伙合同的主体,相较其他类型的典型合同,并无特别要求。若是无民事行为能力人签订合伙合同,依据《民法典》第 144 条的规定,应认定合同无效。若是限制民事行为能力人签订合伙合同,依据《民法典》第 145 条认定合同效力,[1] 即考虑合伙合同所约定的从事共同事业的情况、合伙人责任风险、合伙期限等,具体判断签订该合同是否与限制行为能力人年龄、智力状况相适应。例如,两名高中生约定暑期共同前往报社订购 100 份报纸进行零售,各按 50% 的比例分担成本和分享收益,应属有效。当限制行为能力人签订与其年龄、智力状况不相适应的合伙合同时,就法定代理人对限制民事行为能力人订立的合伙合同的同意或者追认,由于合伙人依据合伙合同需要共担风险、承担连带责任,后果要严重于《民法典》第 35 条第 1 款规定的“处分被监护人的财产”,基于最有利于被监护人的原则,应认为法定代理人不能进行有效的同意或追认。[2]

第二,约定共同的事业目的。合伙人之间的合作旨在实现共同的事业目的,共同的事业目的既是合伙成立的前提,也是合伙维系的纽带,因此,合伙合同要求合伙人约定“共同的事业目的”。关于共同的事业目的,有的国家的立法规定必须是以营利事业为目的,而有的国家的立法对合伙的事业目的则无限制。从我国《民法典》第 967 条以“共同的事业目的”替代原《民法通则》和《民通意见》规定的“共同出资”要件可见,我国立法对于合伙目的的规定更开放,不限定以营利为目的。因此,只要合同约定了共同的事业目的,种类如何,在所不问。只要不违背公序良俗,共同目的可以是营利的,也可以是非营利的;可以是持续的,也可以是临时的;可以是单一的,也可以是复数的。尤其伴随现代社会生活的日益丰富多彩,民事主体之间已不局限

---

〔1〕 参见周江洪:《合伙合同的四个维度》,载《财经法学》2022 年第 6 期。

〔2〕 参见王轶:《中国民法典释评:合同编 · 典型合同》(下册),中国人民大学出版社 2020 年版,第 596 页。

于为经济利益而合伙，如为了共同的艺术追求可能合伙组建艺术沙龙，为了结伴锻炼身体可能组建体育俱乐部等，合伙的共同事业目的不限于营利事业。

第三，约定共享利益且共担风险。认定构成合伙合同的要件还包括合同约定所有合伙人共享利益且共担风险。从原《民法通则》和《民通意见》到《民法典》规定的变迁可见，"共同经营"并非认定构成合伙合同的要件，全体合伙人可以委托一个或者数个合伙人执行合伙事务，合伙人并不必然参与共同经营，但是合伙人必须共享利益且共担风险。就共享利益而言，其排斥独享利益，要求合同不可约定由一个合伙人或部分合伙人享受利益而其他合伙人不享受利益。当然，该利益不限于经济利益，取决于共同事业目的所产生的具体利益类型。同理，就共担风险而言，其排斥独担风险，要求合同不可约定仅由一个合伙人或部分合伙人承担风险而其他合伙人不承担风险，必须要求所有合伙人共同分担经营共同事业所产生的经济亏损、赔偿责任等风险。若合同不满足这一要件，则不构成合伙合同。在实践中，有的合同名称为"合伙合同"，但合同条款约定仅由部分合同当事人享受利益或由部分合同当事人承担损失。对此，要么将其认定为其他类型的典型合同，要么将其仍然认定为合伙合同，但认定关于利益分享及风险分担之约定无效。例如，甲房地产公司竞拍取得一块国有建设用地的使用权，与乙公司签订《合伙合同》。该合同约定，甲公司与乙公司合伙开发甲公司所持有的建设用地，甲公司以建设用地使用权出资、乙公司以1亿元现金出资并转入甲公司名下，乙公司3年后连同本金分享1.6亿元的收益。该合同的约定不符合合伙合同关于"共享利益、共担风险"之要求，其约定乙公司不分担风险，不考虑盈亏而固定享受收益，名为合伙、实为借贷，属于借款合同。

三、合伙合同的特征

在《民法典》合同编规定的19类典型合同中，合伙合同具有鲜明的特性，存在不同于其他典型合同的特征。

第一，合伙合同属于共同行为。关于合伙合同的性质，"双务合同说"最初占据压倒性优势，后来又出现"共同行为说"。[1]"双务合同说"认为，合伙人均应依合同负出资义务，此等义务互为对价，故属于双务合同。[2]"共同行为说"则认为，合伙合同不具有两造的交易性或者对价交换的特点，而是为了共同的目的而统合给付，属于意思表示方向相同的共同行为。[3]笔者认为，"共同行为说"更可取。因为各合伙人是基于追求共同的事业目的而订立合伙合同的，所以不同于买卖合同、租赁合同等双务合同，各合伙人的权利义务并不具有对价交换的特征，而是同向平行。在买卖合同中，当事人之间旨在实现交换目的而形成利益对立关系，一方当事人意在以尽可能低的价格买进标的物，而另一方当事人意在以尽可能高的价格卖出标的物，双方的给付义务具有相互交换性；与之不同，在合伙合同中，合伙人之间形成的是旨在协力合作实现共同的事业目的的合作关系而非对立关系，尽管合伙人根据合伙合同也可能负担给付义务，但并非互负交换性给付义务，而是互负共同促进义务，共同促进共同事业目的的实现。讨论合伙合同的性质旨在指引规则的适用，明确合伙合同属于共同行为有利于厘清规则的

---

〔1〕 参见[日]我妻荣：《我妻荣民法讲义：债权各论》（中卷二），周江洪译，中国法制出版社2008年版，第225～226页。

〔2〕 参见林诚二：《民法债编各论》（下册），中国人民大学出版社2007年版，第6页；邱聪智：《新订债法各论》（下），中国人民大学出版社2006年版，第14页。

〔3〕 参见王利明：《论合伙协议与合伙组织体的相互关系》，载《当代法学》2013年第4期；李永军：《民事合伙的组织性质疑——兼评〈民法总则〉及〈民法典各分编（草案）〉相关规定》，载《法商研究》2019年第2期；谢鸿飞、朱广新主编：《民法典评注：合同编　典型合同与准合同》（第4册），中国法制出版社2020年版，第462页。

适用：

首先，与基于合同通常仅形成债权债务关系的其他合同不同，合伙合同存在制度外溢与规则的体系性解释适用问题。基于实现共同的事业目的、持续性合伙关系，合伙人之间不仅存在债权债务关系，而且存在对合伙财产的共有关系；基于某一或部分合伙人执行合伙事务，会涉及代理关系及多数人之债关系。因此，针对合伙合同，会涉及合同编、物权编、代理等多重规则的体系性解释适用问题。

其次，合同编通则仅能有限地适用于合伙合同。《民法典》合同编通则的规定多是以买卖等双务合同为原型而构建的，而作为共同行为的合伙合同有别于买卖等双务合同，故并不能完全适用合同编通则的规定。其中，对于合伙合同的订立，应当适用合同编通则关于要约、承诺等合同订立的一般规则；对于合伙合同效力的认定，也应当适用合同编通则关于合同效力认定以及总则编关于法律行为效力认定的一般规则；对于合伙合同内容的变更，即合伙人在签订合伙合同后意欲变更合同内容的，也应当适用合同编通则关于合同变更的规定，应当经全体合伙人协商一致。但是，如后详述，合同编通则中以当事人交换给付为基础设立的规则，典型如双务合同的履行抗辩权，则不能适用于作为共同行为的合伙合同。在比较法上，诸如《日本民法典》第667条之2明确规定，第533条关于同时履行抗辩权的规定及第536条关于风险负担的规定，不适用合伙合同；合伙人不得以其他合伙人不履行合伙合同义务为由，解除合伙合同。

第二，合伙合同涉及内外部双重关系。源于合同的相对性，基于合同通常仅在合同当事人之间产生债权债务关系，合同当事人不会与外部第三人产生权利义务关系。在合伙合同中，因为合伙人签订合同旨在实现共同的事业目的，而非进行相互间的对价交换，所以合伙人在签订合同后会为了实现共同的事业目的而对外从事民事活动。与此同时，在单纯合伙合同关系下，合伙人不新设具有独立主体资格的合伙企业，不可能以“合伙”的名义对外从事民事活动，只能由合伙人以代理方式以全体合伙人的名义对外从事民事活动，从而基于执行合伙事务而在全体合伙人与第三人之间形成权利义务关系。因此，不同于买卖等典型合同，针对合伙合同，既需要调整合伙人之间的内部法律关系，也需要调整合伙人与第三人的外部法律关系。《民法典》“合伙合同”部分既规范有关出资、合伙财产归属、利润分配与亏损分担、合同终止、剩余财产分配等合伙人之间的内部法律关系，也规范合伙事务执行、合伙债务的承担等合伙人与第三人之间的外部法律关系。

第二节　合伙合同的效力

在《民法典》“合伙合同”部分，围绕合伙人的出资义务、合伙财产的归属及处分、合伙事务的决定和执行、利润分配和亏损分担、合伙债务的承担、合同的终止及财产分配，对合伙合同权利义务关系作出了具体规定。

一、合伙人的出资义务

合伙人的出资，是合伙人实现共同事业目的的基础，尤其是在合伙合同约定营利性目的的情形中。按照合同的约定履行出资义务，也是合伙人共享利益的前提。《民法典》第968条规定:“合伙人应当按照约定的出资方式、数额和缴付期限,履行出资义务。”

关于出资方式、数额和缴付期限,《民法典》未作出限制性规定,应当解释为尊重当事人的意思自治。合伙人按照合伙合同的约定履行出资义务即可,在合伙合同未作约定或约定不明确时,可以适用《民法典》第510条、第511条的规定补充漏洞。其中,就出资方式,不同于《公司法》对股东出资方式设定了限制,在合伙合同中,只要约定出资的标的物合法,包括以劳务出资,均无不可。这是因为:第一,从利益分析的角度而言,出资方式可能在内部影响各合伙人的利益,可能对外影响债权人的利益。在合伙人内部,只要合伙合同有效、系合伙人真实意思表示之合意,无论如何约定出资方式,均系合伙人自由选择的结果,不存在损害合伙人利益之情形。对外部债权人来说,在公司法人的情形下,因股东对公司的债务仅以其出资额为限承担有限责任,股东的出资方式会影响公司债权人的实现,如若允许股东以劳务估价出资,未来公司债权人将无法变卖该公司资产用于清偿债务。与之不同,如后详述,在合伙合同中,合伙债务由合伙人直接承担且各合伙人承担连带责任,各合伙人并不限于以出资承担责任,所以合伙人的出资方式并不影响债权人的利益实现。第二,《合伙企业法》第16条第1款规定:“合伙人可以用货币、实物、知识产权、土地使用权或者其他财产权利出资,也可以用劳务出资。”合伙企业基于合伙人之间的合伙合同而成立,在合伙人基于合伙合同选择以成立组织体的形式合伙时,出资不受限制,那么在合伙人选择仅以纯粹合同关系合伙、由合伙人直接对外承担责任时,出资更不应受限制。另外,在实践中,拥有资金的一方当事人选择以现金等财产出资、拥有技术或管理经验的一方当事人选择以劳务等方式出资的情形大量存在。因此,针对《民法典》第968条,应解释为立法对合伙人出资方式并无限制,尊重当事人意思自治。

关于合伙人出资义务的履行,有待解释的是合伙人能否以其他合伙人未履行出资义务为由,适用《民法典》第525条、第526条、第527条关于同时履行抗辩权、先履行抗辩权、不安抗辩权的规定(以下统称双务合同履行抗辩权),从而拒绝履行出资义务。理论界主要有两种观点:一是“完全否定说”,认为双务合同履行抗辩权规则不能适用于合伙合同,当合伙人被请求履行合同约定的出资义务时,其不能以其他合伙人尚未履行出资义务主张行使双务合同履行抗辩权。理由是,双务合同履行抗辩权规则是基于双务合同的特征而设计的,其以合同当事人对价性地进行交换对待给付为前提,旨在确保对待给付的公平实现,而合伙合同不具备这样的前提。在合伙合同中,某一合伙人履行出资义务不是为了换取另一方的对待给付,也不是为了使另一方履行出资义务,而是为了共同的目的,从事共同的合伙活动。[1] 二是“限制肯定说”,认为不能一概地允许合伙人行使双务合同履行抗辩权,应区分请求权人、两人合伙与三人以上合伙、是否已有合伙人出资而作区别认定。

首先,区分请求权人而予以认定,当受托执行合伙事务的合伙人请求其他合伙人履行出资义务时,因其是代理全体合伙人的利益而非以个人名义请求合伙人履行出资义务,即使其个人未履行出资义务,其他合伙人也不得以其未出资为由而拒绝出资。其次,在非执行合伙事务的

---

〔1〕 参见王利明:《论民法典对合伙协议与合伙组织体的规范》,载《甘肃社会科学》2019年第3期;李永军:《民事合伙的组织性质疑——兼评〈民法总则〉及〈民法典各分编(草案)〉相关规定》,载《法商研究》2019年第2期;谢鸿飞、朱广新主编:《民法典评注:合同编 典型合同与准合同》(第4册),中国法制出版社2020年版,第480~481页;最高人民法院民法典贯彻实施工作领导小组主编:《中华人民共和国民法典合同编理解与适用》(第4册),人民法院出版社2020年版,第2737页。

合伙人请求其他合伙人履行出资义务时,区分合伙人的人数及是否已有合伙人出资而予以认定。当合伙人为两人时,如甲、乙签订合伙合同,甲未出资而请求乙履行出资义务,此类合伙合同具有类似双务合同交换性的特征,一方合伙人参加合伙是基于对其他合伙人均会为实现合伙的共同目的而给予相同付出的期待,该合伙人的出资与其他合伙人的出资具有关联性,因此,乙可以行使双务合同履行抗辩权。当合伙人为3人以上时,若请求出资的合伙人自身未履行出资义务,被请求出资的合伙人可以行使双务合同履行抗辩权,若请求出资的合伙人自身已履行出资义务,被请求出资的合伙人不得以其他合伙人未履行出资义务而行使双务合同履行抗辩权。例如,甲、乙、丙3人签订合伙合同,若无合伙人履行出资义务,任何一人请求其他合伙人履行出资义务,其他合伙人均有权行使双务合同履行抗辩权;若甲已出资,乙和丙尚未出资,当乙请求丙履行出资义务时,丙有权对乙行使双务合同履行抗辩权,但当甲请求乙、丙履行出资义务时,乙、丙不得主张行使双务合同履行抗辩权。[1] 此外,也有观点认为,在合伙人人数较少并且没有对外从事经营活动的情形下,其他合伙人享有抗辩权,在其他情形下针对出资义务则不得行使抗辩权。[2] 在编纂《民法典》的过程中,合同编草案的一审稿、二审稿曾草拟规定"合伙人不履行出资义务的,其他合伙人不能因此拒绝出资"。针对前述草案,部分学者提出反对意见,认为"合伙是建立在相互信任的基础上的,有人不履行出资义务时,从信任关系来讲应该给其他合伙人抗辩权,建议本款规定其他合伙人有权拒绝出资"。考虑这一问题争议较大,《民法典》最终删除了前述草案条文。[3]

笔者认为,合伙合同属于共同行为,合伙人不能行使双务合同履行抗辩权。第一,从构成要件的角度而言,在行使双务合同履行抗辩权时,不仅要求当事人互负债务,而且要求债务之间构成对价关系,即一方履行给付义务是另一方履行给付义务的对价。例如,在买卖合同中,买方支付价款是为了获得卖方交付标的物并转移标的物所有权。与之不同,在合伙合同中,合伙人的确均负担出资义务,但是并非站在相对立的角度进行等价交换,而是为了共同的事业目的进行统合给付,合伙人的出资义务与其他合伙人的出资义务并不构成对价给付关系,并不具有对价交换性。某一合伙人履行出资义务,并非换取其他合伙人出资的对价,而是其按照出资比例分享利益的对价。在合伙人未按照约定履行出资义务时,其他合伙人有权拒绝向其分配利润,但是其他合伙人无权拒绝履行自己本该履行的出资义务。

第二,从目的解释的角度而言,合伙人为了共同的事业目的订立合同,合伙人履行出资义务是为了形成合伙财产、从事合伙活动,如果在一方不履行出资义务时,其他合伙人可行使双务合同履行抗辩权,拒绝履行自己的出资义务,将难以形成合伙财产,合伙事业、合伙目的将难以实现。此外,"完全否定说"与"限制肯定说"貌似存在巨大分歧,但在实践中取决于法院适用双务合同履行抗辩权规则时所采用的判决思路,可能并无实质差异。两种学说都认为,在已履行出资义务的合伙人请求某一合伙人履行出资义务时,该合伙人不得以其他合伙人未履行出资义务而拒绝履行义务;区别在于,在未履行出资义务的合伙人请求其他合伙人履行出资义

---

〔1〕 参见林诚二:《民法债编各论》(下册),中国人民大学出版社2007年版,第6页;邱聪智:《新订债法各论》(下),中国人民大学出版社2006年版,第20~21页;王轶:《中国民法典释评:合同编·典型合同》(下册),中国人民大学出版社2020年版,第601~603页;朱虎:《〈民法典〉合伙合同规范的体系基点》,载《法学》2020年第8期。

〔2〕 参见张其鉴:《股东出资义务的请求权主体研究——兼评〈民法典〉合伙合同、利他合同条款》,载《法商研究》2022年第1期。

〔3〕 参见《民法典立法背景与观点全集》编写组编:《民法典立法背景与观点全集》,法律出版社2020年版,第374页。

务时,后者可否行使双务合同履行抗辩权。对此,以二人合伙为例,假设甲、乙签订合伙合同,约定在某日之前履行出资义务,但二人均未按时出资,之后甲诉至法院请求判决乙履行出资义务。即使如"限制肯定说"认可乙可行使同时履行抗辩权,还面临法院如何裁判的问题:若法院认为乙享有同时履行抗辩权从而简单地判决驳回甲的诉讼请求,那么甲、乙可能都唯恐在自己先履行出资义务的情形下陷入对方不能履行的风险之中,均不先履行出资义务,由此将导致该合伙合同陷入甲、乙彼此主张同时履行抗辩权的"死循环"之中。针对适用同时履行抗辩权规则,法院还可能采用的判决思路是判决合同当事人同时履行合同义务,即在出资期限均已届满的情形下判决甲、乙同时履行出资义务,也只有这样才能真正地解决纠纷。因此,若针对适用同时履行抗辩权规则采用判决合同当事人同时履行合同义务的裁判思路,那么"完全否定说"与"限制肯定说"在实际适用中并无实质差异。

二、合伙财产

(一)合伙财产的构成

关于合伙财产的构成,《民法典》修改了原《民法通则》的规定。原《民法通则》第 32 条规定:"合伙人投入的财产,由合伙人统一管理和使用。合伙经营积累的财产,归合伙人共有。"该规定区分合伙人出资财产和合伙经营积累的财产,将后者明确规定为归合伙人共有,而对前者仅规定为由合伙人统一管理和使用。与之不同,《民法典》第 969 条第 1 款规定:"合伙人的出资、因合伙事务依法取得的收益和其他财产,属于合伙财产。"根据该规定,不再区分合伙人出资财产和合伙经营积累的财产,包括合伙人出资以及在合伙合同存续期间因执行合伙事务取得的一切财产,均属于合伙财产。

(二)合伙财产的归属

关于合伙财产的归属,因为在合伙合同中,不存在新设的独立主体,所以只可能归全体合伙人共有。有待进一步明确的是,合伙人对合伙财产共有的性质。在理论上,存在两种可能:一是共同共有。共同共有具有共有人基于共同关系所形成的共有;根据《民法典》第 301 条的规定,处分共有物应当经全体共同共有人同意;根据《民法典》第 303 条的规定,共同共有人仅在共有的基础丧失或者有重大理由需要分割时,才可以请求分割共有财产等特征。与之对应,在合伙合同中,合伙人基于追求共同事业目的的共同关系而共有合伙财产;《民法典》第 969 条第 2 款规定,"合伙合同终止前,合伙人不得请求分割合伙财产";《民法典》第 970 条第 1 款规定,"合伙人就合伙事务作出决定的,除合伙合同另有约定外,应当经全体合伙人一致同意"。基于合伙人对合伙财产的共有在前述方面与共同共有相契合,多数学者认为,合伙人对合伙财产的共有为共同共有。[1] 二是按份共有。根据《民法典》第 298 条的定义,按份共有是按份共有人对共有的不动产或者动产按照其份额享有所有权;根据《民法典》第 299 条的定义,共同共有是共同共有人对共有的不动产或者动产共同享有所有权。因此,按份共有人对共有物享有份额,并且根据《民法典》第 305 条的规定可以转让其享有的共有份额,而共同共有人在分割共

---

[1] 参见朱虎:《〈民法典〉合伙合同规范的体系基点》,载《法学》2020 年第 8 期;王轶:《中国民法典释评:合同编·典型合同》(下册),中国人民大学出版社 2020 年版,第 611 页;谢鸿飞、朱广新主编:《民法典评注:合同编 典型合同与准合同》(第 4 册),中国法制出版社 2020 年版,第 487~490 页;黄薇主编:《中华人民共和国民法典释义(中):合同编》,法律出版社 2020 年版,第 1755 页;最高人民法院民法典贯彻实施工作领导小组主编:《中华人民共和国民法典合同编理解与适用》(第 4 册),人民法院出版社 2020 年版,第 2760 页。

有物之前不享有份额,也就不存在转让份额之可能。与之对应,《民法典》第974条规定:“除合伙合同另有约定外,合伙人向合伙人以外的人转让其全部或者部分财产份额的,须经其他合伙人一致同意。”根据该规定,合伙人可以处分合伙财产份额。若认为合伙人对合伙财产的共有属于共同共有,难以解释合伙人有权处分合伙财产份额之规定,所以该共有属于按份共有。有学者认为,按份共有和共同共有的本质区别在于共有人对共有物所有权的享有是否划分份额,即是否通过份额的划分而使其相互之间在利益上确定清晰的界限。共同共有最根本的特征在于共有人在财产利益上“不分彼此”。至于共有人对共有物的管理方式或者管理权限、共有人是否可以随时请求分割共有财产以终止共有关系等,均为两种共有类型的一般或者通常的区别而非本质区别。尽管基于合伙关系的特点,合伙人共有的合伙财产具有强烈的整体性,依法不适用一般的按份共有的许多规则,但就其本质而言仍应属按份共有。[1]

笔者认为,合伙财产归全体合伙人共同共有。从合伙人基于追求共同事业目的之共同关系而共有合伙财产、合伙人在合伙合同终止前不得请求分割合伙财产、全体合伙人一致同意决定合伙事务的规定来看,合伙人对合伙财产共有的性质属于共同共有,唯一需要解释的是,在认定合伙人共同共有合伙财产的情形下,单个合伙人何以有权“转让其全部或者部分财产份额”。认定合伙财产共有的性质属于共同共有,与《民法典》第974条的规定并不矛盾。理由是,该条虽然使用了转让“财产份额”的表述,但实质上并非规定共有财产之物权份额的转让,而是规定合伙人地位的转让。该“财产份额”,并非按份共有的份额,而是合伙份额。举例而言,甲、乙二人签订合伙合同,约定各按50%的比例出资购买某一商铺用于出租收益,对应各按50%的比例分配利润和分担亏损。基于履行该合伙合同,包括履行出资义务以及嗣后经营合伙事务,甲、乙二人不仅会共同取得商铺的所有权,而且可能基于将该商铺出租给承租人而取得租金债权,也可能基于该商铺产生物业费债务乃至因给第三人造成损害而产生损害赔偿债务。《民法典》第974条规定的合伙人“转让其全部或者部分财产份额”,是指合伙人概括转让合伙份额,而非转让对商铺的共有份额。假设甲向丙转让全部的50%份额,那么甲就退出合伙合同关系,丙成为新的合伙合同当事人即新的合伙人,系原合伙人的退伙与新合伙人的入伙;假设甲向丙转让25%份额,那么丙加入合伙合同关系。该转让合伙份额,实质是合同主体的“人之变动”,是合伙人的变更,而非对财产所有权的物权处分。转让合伙份额与转让按份共有物的共有份额存在显著差异:在前述示例中,无论甲向丙转让全部或部分合伙份额,丙均取得合伙合同项下合伙人的资格,既取得合伙合同项下包括物权、债权等在内的集合财产份额,也需要承担合伙合同项下的债务,并且享有共同决定合伙事务的权利;另设,甲、乙二人按照各50%的份额共有一商铺,甲向丙转让该商铺50%的共有份额,丙购买及取得的仅是该商铺的50%共有份额,并不会取得在此之前已经产生的对承租人的租金债权,也不会承担在此之前基于商铺所产生的债务。因此,《民法典》第974条实际规定的是合伙人概括转让合伙份额,即合伙人的变更,而非规定按份共有份额的转让,并不影响对合伙财产共有性质的判断。根据《民法典》的规定,合伙财产属于全体合伙人共同共有。

(三)合伙财产的保全

此处所述的“保全”,并非指“合同保全”“诉讼保全”中具有特定含义的保全,仅依据字面

---

〔1〕 参见尹田:《物权法》(第2版),北京大学出版社2017年版,第315~316页;戴孟勇:《论共同共有的类型及其纯化》,载王洪亮等主编:《中德私法研究:共同共有》第14卷,北京大学出版社2016年版。

含义,是指基于合伙财产由全体合伙人共同共有,系维系共同事业目的之基础,故为了保全合伙财产的整体性以实现共同事业目的所作的制度设计。

1. 分割合伙财产之禁止

《民法典》第 969 条第 2 款规定:“合伙合同终止前,合伙人不得请求分割合伙财产。”合伙财产是维系共同事业目的之基础,要实现合伙合同约定的共同事业目的,不可或缺地需要禁止单个合伙人分割合伙财产。因此,在合伙合同终止前,合伙人不得请求分割合伙财产。

2. 合伙份额转让之限制

《民法典》第 974 条规定:“除合伙合同另有约定外,合伙人向合伙人以外的人转让其全部或者部分财产份额的,须经其他合伙人一致同意。”为了保全合伙财产,合伙人无权处分单个的或全部的合伙财产,仅能概括转让其在合伙合同中的合伙份额。因为合伙人系转让合伙份额,并非转让合伙财产共有份额,所以该条关于合伙人转让合伙份额要件的规定,完全不同于《民法典》物权编关于共有人转让按份共有份额的规定。《民法典》第 305 条规定:“按份共有人可以转让其享有的共有的不动产或者动产份额。其他共有人在同等条件下享有优先购买的权利。”根据该条规定,按份共有人无须经其他共有人同意即享有处分共有份额的权利,只是其他共有人在同等条件下享有优先购买权。与之不同,在某一合伙人向合伙人以外的人转让合伙份额时,本质是合伙主体的变更,无论转让全部还是部分合伙份额,都会产生新的合伙人入伙的效果。合伙合同作为旨在实现共同事业目的的共同行为,建立在合伙人彼此信任的基础之上。在合伙人向合伙人以外的人转让合伙份额时,会破坏合伙人的信任。合伙人在内部转让合伙份额,并不会破坏此前已经建立的信任,并且如后详述,合伙事务由全体合伙人一致同意作出决定、非采“多数决”的决策方式,为此,只要未增加新的合伙人,无论原合伙人的份额如何发生变化,均不会导致合伙事务决定权的变化,不影响合伙事务的决策。因此,合伙人向合伙人以外的人转让其全部或者部分财产份额的,必须经其他合伙人一致同意;合伙人内部转让合伙份额,则不受限制。此外,合伙合同的本质是合同,尊重当事人的意思自治是合同法的基本原则。因此,《民法典》第 974 条允许合伙人在合伙合同中提前作出灵活的约定,例如,约定合伙人可以自由地对外转让合伙份额,也可以约定在合伙人内部转让份额的条件。

在合伙合同未作特别约定的情形下,若合伙人未经其他合伙人一致同意向合伙人以外的人转让合伙份额,该转让行为效力如何?根据合同相对性原理,宜采“相对无效说”,即该转让合同在合伙人与受让人之间有效,但因未经其他合伙人一致同意,对其他合伙人不发生效力,不会导致合伙合同主体的变更,随之也不能对抗因基于执行合伙事务而对外交易的第三人。换言之,在外部,仍然只能由合伙人行使合伙合同项下的权利、承担合伙合同项下的义务,但是在合伙人与受让人内部之间可以由受让人终局享有权利、承担义务。例如,在合伙合同终止清算后,仍然只能由合伙人行使剩余财产分配请求权,但是受让人可以依据转让合同向合伙人主张分配所得的剩余财产归其所有。

3. 合伙人的债权人行使代位权之限制

《民法典》第 535 条第 1 款规定:“因债务人怠于行使其债权或者与该债权有关的从权利,影响债权人的到期债权实现的,债权人可以向人民法院请求以自己的名义代位行使债务人对相对人的权利,但是该权利专属于债务人自身的除外。”合伙合同的性质是合同,某一合伙人基于合伙合同对其他合伙人享有合伙合同之债权,在某一合伙人怠于行使合伙合同项下的权利并影响其个人的债权人到期债权实现时,该合伙人的债权人能否依据《民法典》第 535 条行使代位权？例如，根据《民法典》第976条的规定，合伙人可以随时解除不定期合伙合同，那么，在某一合伙人无力清偿其个人债务且除基于合伙合同享有的财产权利之外别无其他财产时，债权人能否代位行使解除权以及剩余财产分配请求权，从而以该合伙人可以分得的财产清偿其债权？对此，《民法典》第975条规定："合伙人的债权人不得代位行使合伙人依照本章规定和合伙合同享有的权利，但是合伙人享有的利益分配请求权除外。"该条作此限制性规定的理由是：合伙合同旨在实现共同事业目的，建立在合伙人之间相互信任的基础之上，因此，合伙人基于合同所享有的权利具有强烈的人身属性。如《民法典》第535条第1款但书规则规定，债权人不得代位行使债务人具有人身专属性的权利，因合伙人在合伙合同项下的权利具有专属性，不得与合伙人主体地位相分离，所以立法限制合伙人的债权人不得代位行使合伙人依据合伙合同享有的权利。相反，倘若允许合伙人的债权人代位行使合伙人的权利，会产生使外部第三人介入合伙合同关系之结果，破坏合伙人之间的信任，影响合伙合同约定的共同事业目的之实现。唯有利益分配请求权不具有人身专属性，已成立独立的财产权，仅以给付财产为目的，允许第三人行使该请求权并不会妨碍合伙人经营共同事业。所以，允许合伙人的债权人在满足《民法典》第535条规定的条件下代位行使合伙人享有的利益分配请求权。

三、合伙事务

合伙人签订合伙合同旨在经营共同的事业，为此，合伙合同面临合伙事务的决定与执行问题。

（一）合伙事务的决定

在比较法上，关于合伙事务的决定方式存在不同的立法体例。一是以一致决为原则，以多数决为例外。例如，《德国民法典》第709条规定："（1）合伙事务由全体合伙人共同执行，每项事务应当经全体合伙人同意。（2）根据合伙合同应按表决权之多数决定的，在有疑义时，多数之计算应按照合伙人的人数计算。"按照该条规定，只要在合伙合同未作约定的情形下，应当经全体合伙人一致同意决定合伙事务。二是以多数决为原则，以一致决为例外。例如，《日本民法典》第670条第1款规定，"合伙业务，由合伙人过半数决定，各合伙人执行"；该条第4款规定，"虽有前款规定，对于合伙业务，不妨碍根据全体合伙人的同意作出决定，或者由全体合伙人执行"。按照该条规定，合伙人就合伙事务作出决定的，经合伙人过半数同意即可，但不妨碍全体合伙人一致同意作出决定。

《民法典》第970条第1款规定："合伙人就合伙事务作出决定的，除合伙合同另有约定外，应当经全体合伙人一致同意。"根据该规定，我国就合伙事务的决定采一致决规则，以经全体合伙人一致同意为原则。这是考虑合伙事务关系到全体合伙人的利益，尤其是有关合伙财产的处分、重大经营决策等事项严重影响每一合伙人的利益，所以必须经全体合伙人一致同意，不能适用少数服从多数的多数决原则；此外，如前所述，合伙人对合伙财产的共有为共同共有，参照共同共有的处分规则，亦宜采一致决规则。当然，不同合伙事务对合伙人利益影响的大小不同，强制地规定合伙人对于所有合伙事务采用一致决规则也会影响合伙事务的决策效率，尤其是在合伙人人数众多时，为此，基于意思自治原则，合伙合同可以灵活地作出约定。例如，合伙合同可以约定对于改变合伙的经营范围、处分合伙财产等重要事项，由全体合伙人一致同意作出决定；对于日常一般事项，经过半数或2/3以上合伙人同意即可作出决定。

(二)合伙事务的执行

1. 执行合伙事务的方法

《民法典》第970条规定了3种合伙事务执行方法：共同执行、委托执行与单独执行。

第一，共同执行。合伙人基于合伙合同并未新设具有独立主体资格的组织，不可能由执行机关执行合伙事务，只可能由合伙人执行合伙事务。基于签订合伙合同，合伙人彼此信任，不仅应当共同出资，而且应当共同经营和管理合伙事务，从而实现共同的事业目的。执行合伙事务，既是合伙人的权利，也是合伙人的义务。因此，《民法典》第970条第2款规定，合伙事务由全体合伙人共同执行。

第二，委托执行。不同合伙人的专长不同，僵化地由全体合伙人共同执行合伙事务可能并不符合效率的要求，因此，全体合伙人可以决定委托由部分合伙人执行合伙事务。《民法典》第970条第2款规定，"合伙事务由全体合伙人共同执行。按照合伙合同的约定或者全体合伙人的决定，可以委托一个或者数个合伙人执行合伙事务"。例如，甲、乙、丙3人签订合伙合同，约定共同出资经营一家奶茶店，考虑甲此前有管理奶茶店的丰富经验，即可能委托由甲执行合伙事务。在按照合伙合同的约定或全体合伙人的决定委托一个或数个合伙人执行合伙事务后，受托的合伙人不仅取得管理内部事务的权利，而且取得代理全体合伙人对外从事民事活动的代理权限；与之对应，其他合伙人不再执行合伙事务。就委托执行，全体合伙人通过合伙合同的约定或共同的决定，可以将全部合伙事务的执行权委托给一个或者数个合伙人，也可以仅将部分合伙事务的执行权委托给一个或者数个合伙人，受委托的合伙人仅能在受托的权限范围内执行合伙事务。受委托的合伙人执行合伙事务，攸关合伙事业的盈亏成败、关乎所有合伙人的利益，其有可能违反忠实义务、勤勉义务从而损害全体合伙人的利益。因此，在委托执行时，其他合伙人虽在委托事项范围内不再享有合伙事务的执行权，但是享有监督受托人执行合伙事务的监督权，有权监督执行情况。常见的监督事项包括：一是监督事务，非执行合伙事务的合伙人，可以随时查询执行事务合伙人代理全体合伙人对外签订合同的内容，请求执行事务合伙人报告合伙事务的进展情况等；二是检查财产，非执行合伙事务的合伙人，可以随时检查合伙财产的状况，如盘点存货、清查资产负债情况等；三是检查账簿，非执行合伙事务的合伙人，可以随时查阅账簿，如核查进货或销售记录、各种凭证、会计账簿等。[1]

第三，单独执行。根据合伙合同的约定或全体合伙人的一致同意，可以由合伙人分别执行合伙事务。《民法典》第970条第3款规定："合伙人分别执行合伙事务的，执行事务合伙人可以对其他合伙人执行的事务提出异议；提出异议后，其他合伙人应当暂停该项事务的执行。"例如，甲、乙、丙3人签订合伙合同，约定投资经营一家奶茶店，3人均参与经营管理。那么，对于通常的事务，如日常向顾客销售奶茶，因其关系轻微、次数频繁，效率至关重要，具有执行合伙事务权限的任何一人均可单独执行。但是，执行事务合伙人有可能执行事务不当而损害全体合伙人的利益，甚至故意违反忠实义务、勤勉义务而损害其他合伙人的利益，为此，执行事务合伙人相互之间均享有异议权，可以对其他合伙人执行的事务提出异议，在提出异议后，其他合伙人应当暂停该项事务的执行。

---

[1] 参见邱聪智：《新订债法各论》(下)，中国人民大学出版社2006年版，第57～58页。

2. 执行合伙事务的报酬

《民法典》第971条规定:“合伙人不得因执行合伙事务而请求支付报酬,但是合伙合同另有约定的除外。”根据该条规定,在合伙合同没有作出特别约定时,合伙人不得因执行合伙事务而请求支付报酬。这是因为,执行合伙事务是维系和实现合伙合同约定的共同事业目的之基础,如前所述,执行合伙事务既是合伙人的权利,也是合伙人的义务;并且,合伙财产归全体合伙人共同共有,合伙人共享收益,合伙人执行合伙事务实质是为自己的利益而执行事务。尊重当事人的意思自治是合同法的基本原则,合伙合同可以约定向执行事务合伙人支付报酬。例如,在合伙人人数众多但将合伙事务委托给其中一个或数个合伙人执行时,执行合伙事务需要付出大量的时间、精力,还可能需要一定的专业技能,如果不向执行事务的合伙人支付报酬,难言公平,也可能影响其执行合伙事务的积极性和效率,当事人在合伙合同中即可能约定向该少数执行事务的合伙人支付报酬。

四、利润分配和亏损分担

“共享利益、共担风险”是认定当事人之间的合同构成合伙合同的要件之一,所以,由全体合伙人共同分配利润和分担亏损。合伙合同的利润分配,是指将基于合伙合同生产经营获得的收入在扣除成本后所得的利润,在合伙人之间进行分配。合伙合同的亏损分担,是指在基于合伙合同经营过程中发生的在一定时期内各种收入减去各项费用后出现亏损时,将亏损在合伙人之间进行分担。[1] 合伙合同的利润分配和亏损分担,仅是合伙人内部之间的法律关系,并不影响合伙人对外的责任承担。根据《民法典》第972条的规定,按照如下标准分配利润和分担亏损:首先,按照合伙合同的约定办理。合同法的首要原则是尊重当事人的意思自治,在合伙合同明确约定了利润分配和亏损分担的标准时,应当按照约定办理。其次,在合伙合同没有约定或者约定不明确的情形下,由合伙人协商决定。再次,若合伙人协商不成,由合伙人按照实缴出资比例分配、分担。最后,依据前述标准均无法确定出资比例的,由合伙人平均分配利润、平均分担亏损。

《民法典》第972条明确规定了合伙合同利润分配和亏损分担的标准,但仍有待明确如下问题:第一,分配利润和分担亏损的时间。在合伙合同明确作出约定的情形下,如约定每一年度或每一季度核算分配利润和分担亏损,则依据合同的约定办理;在合伙合同没有约定或者约定不明确的情形下,参照前述《民法典》第970条关于合伙人就合伙事务作出决定之规定,应当经全体合伙人一致同意确定分配利润和分担亏损的时间。第二,按照《民法典》第972条的规定,若合伙合同没有约定或者约定不明确且合伙人协商不成,由合伙人按照实缴出资比例分配利润、分担亏损。在合伙合同未约定出资金额、出资比例的情形下,适用该规定并无疑问。在合伙合同约定了出资金额、出资比例的情形下,若合伙人未按照约定履行出资义务,按照其实缴的出资比例分配利润,也并无疑问,但是按照其实缴出资比例分担亏损,反而会令违约未出资的合伙人承担了较少比例的亏损,似会出现对守约者不利、使违约者获利的不公平问题。[2] 对此,因未按照约定履行出资义务的合伙人已构成违约,其他按约履行了出资义务的合伙人可以依据合伙合同向其主张违约责任,而因其未按约实缴出资行为所造成的损失就包括由此导致其他合伙人承担更高比例亏损所造成的损失。所以,可以通过违约责任解决这一问题,按照

[1] 参见黄薇主编:《中华人民共和国民法典释义(中):合同编》,法律出版社2020年版,第1762页。

[2] 参见杨代雄主编:《袖珍民法典评注》,中国民主法制出版社2022年版,第824页。

合伙人实缴的出资比例分担损失也并无不公。[1]

五、合伙债务的承担

在比较法上,就合伙债务的承担存在两种立法模式。一是并存连带责任模式,即债权人可以就合伙财产或合伙人个人单独所有的财产请求连带清偿,无顺序之分。二是补充连带责任模式,即债权人必须先请求以合伙财产清偿债务,在合伙财产不足以清偿债务时,才有权请求合伙人以其个人单独所有的财产承担连带清偿责任。[2]

在我国,针对合伙企业,因合伙企业具有独立的主体资格,所以其在经营过程中对外所负债务的债务人是合伙企业本身;与此同时,合伙财产为合伙企业所有,与合伙人个人财产的区分较清晰。因此,《合伙企业法》第38条规定:"合伙企业对其债务,应先以其全部财产进行清偿。"只是,在公司法人中,公司的股东仅以其出资额为限对公司的债务承担有限责任;在作为非法人组织的合伙企业中,普通合伙人非以其出资额为限对合伙企业的债务承担有限责任,而是要以其全部财产对合伙企业的债务承担无限责任,同时普通合伙人之间承担连带责任,故普通合伙人对合伙企业不能清偿的债务承担无限连带责任。因此,《合伙企业法》第39条规定,"合伙企业不能清偿到期债务的,合伙人承担无限连带责任"。综合《合伙企业法》第38条、第39条的规定,针对合伙企业,因合伙企业具有独立主体资格,所以合伙人对合伙企业的债务承担补充的无限连带责任,先由合伙企业以其全部财产清偿债务,仅在合伙企业不能清偿时才由合伙人承担无限连带责任,倘若合伙企业的债权人不先请求以合伙企业的财产清偿债务而直接请求以合伙人的个人财产清偿债务,合伙人有权提出抗辩。与合伙企业不同,在合伙合同关系中,并不存在新设的主体,基于执行合伙事务对外所负债务的债务人自然就是全体合伙人,并且基于合伙财产归全体合伙人共同共有,全体合伙人对外应当承担连带责任,而非按份责任。因此,《民法典》第973条规定,"合伙人对合伙债务承担连带责任",即合伙人并非承担补充连带责任,也非承担并存连带责任,而是由全体合伙人直接承担连带责任。

关于合伙人对合伙债务承担连带责任,具体可以适用《民法典》合同编通则关于连带债务的规定。其中,在合伙人内部,《民法典》第973条重申了连带债务规则,规定"清偿合伙债务超过自己应当承担份额的合伙人,有权向其他合伙人追偿"。关于各合伙人应当承担的份额,应当根据前述《民法典》第972条规定的合伙的利润分配和亏损分担规则予以确定。

六、合伙合同的终止

(一)合伙合同的终止事由

1. 合伙期限届满及不定期合伙合同的任意解除

倘若合伙合同约定了存续期限,那么合伙期限届满,合伙合同终止。合伙期限届满,构成合伙合同的终止事由。但是,合伙期限届满后,合伙人有可能继续执行合伙事务,其他合伙人也可能未提出异议,此时基于意思表示的解释,可以认定合伙人达成继续履行合伙合同的合意。《民法典》第976条第2款规定:"合伙期限届满,合伙人继续执行合伙事务,其他合伙人没有提出异议的,原合伙合同继续有效,但是合伙期限为不定期。"

不定期合伙合同源于两种情形:一是《民法典》第976条第1款所规定的,合伙人对合伙期

---

[1] 参见王轶:《中国民法典释评:合同编·典型合同》(下册),中国人民大学出版社2020年版,第628~629页;周江洪:《典型合同原理》,法律出版社2023年版,第629页。

[2] 参见林诚二:《民法债编各论》(下册),中国人民大学出版社2007年版,第34~35页。

限没有约定或者约定不明确,并且根据《民法典》合同编通则第 510 条关于合同漏洞补充规则仍然不能确定合伙期限的,视为不定期合伙;二是前述《民法典》第 976 条第 2 款所规定的合伙期限届满后持续的合伙。针对不定期合伙,《民法典》第 976 条第 3 款规定,"合伙人可以随时解除不定期合伙合同,但是应当在合理期限之前通知其他合伙人",即合伙人均享有任意解除权。该款规定与《合伙企业法》的规定不同。《合伙企业法》第 46 条规定:"合伙协议未约定合伙期限的,合伙人在不给合伙企业事务执行造成不利影响的情况下,可以退伙,但应当提前三十日通知其他合伙人。"两者规定的不同在于,合伙企业是独立的民事主体,单个合伙人的意思不能代替合伙企业的意志,即使单个合伙人欲退出合伙,其在不给合伙企业事务执行造成不利影响的情况下退伙即可,并不导致合伙企业的终止;合伙合同是合同关系,针对持续性不定期合同,应当允许合伙人行使任意解除权解除合伙合同,如果其他合伙人仍有意继续原合伙事业,可以重新订立新的合伙合同而继续合伙。

2. 合伙人死亡、丧失民事行为能力或者终止

《民法典》第 977 条规定:"合伙人死亡、丧失民事行为能力或者终止的,合伙合同终止;但是,合伙合同另有约定或者根据合伙事务的性质不宜终止的除外。"在合伙企业中,因为合伙企业是独立的主体,与其成员是分离的,所以《合伙企业法》第 48 条规定,合伙人的死亡或终止仅构成退伙事由,并不会导致合伙企业的终止,合伙人丧失民事行为能力仅在无法转为有限合伙人的情形下才构成退伙事由。在合伙合同关系中,合伙人的死亡或者终止,将会导致作为合同一方的主体消灭,并且合伙合同建立在合伙人信任的基础之上,也并不能由合伙人的继承人或继受非自然人合伙人权利义务的主体当然地继受合伙人地位,所以导致合伙合同的终止;另如前所述,根据《民法典》第 970 条第 1 款的规定,除合伙合同另有约定外,应当经全体合伙人一致同意就合伙事务作出决定,而合伙人丧失民事行为能力,将导致合伙事务无法继续展开,所以也构成合伙合同的终止事由。但是,在合伙合同另有约定或者根据合伙事务的性质不宜终止的情形中,合伙人死亡、丧失民事行为能力或者终止的,并不导致合伙合同的终止。就"根据合伙事务的性质不宜终止"的情形,例如,某项合伙事务正在进行,如因合伙人死亡就立即终止合伙合同将严重影响全体合伙人的利益,或者合伙事务为公益性事务,终止合伙合同将影响公共利益。

3. 其他终止事由

除《民法典》"合伙合同"部分所规定的终止事由外,合伙合同能否适用合同编通则关于合同终止事由的规定?对此,应当结合合伙合同作为共同行为的特殊性加以具体分析。第一,《民法典》第 557 条规定的"债务已经履行"的终止事由,可以适用于合伙合同。合伙合同是合伙人为了共同的事业目的而订立的协议,合伙目的实现可以构成合伙合同的终止事由。第二,关于基于合同解除而终止合同权利义务关系,意定解除规则可以适用于合伙合同,法定解除权规则并不当然可以适用于合伙合同。《民法典》第 562 条规定:"当事人协商一致,可以解除合同。当事人可以约定一方解除合同的事由。解除合同的事由发生时,解除权人可以解除合同。"在合伙合同中,若合伙人一致同意作出终止合伙合同的决定,该一致决定构成终止事由;若合伙合同提前约定了合同终止事由,在该事由出现时,合伙人有权主张合伙合同终止。就《民法典》第 563 条所规定的法定解除事由,当因不可抗力或合伙人的违约行为导致合伙合同约定的合伙目的无法实现时,由于合伙目的已经无法实现,也应当赋予合伙人解除合伙合同的权利。但是,合伙人不得仅以其他合伙人经催告后仍不履行合伙合同主要债务为理

由,解除合伙合同。这是因为,在仅部分合伙人不履行合伙合同债务且不影响合伙目的实现时,参照退伙、除名规则处理更合适,不应赋予当事人解除整个合伙合同的权利。例如,假设甲、乙、丙3人签订合伙合同,甲、乙均按约履行了出资义务,丙经甲、乙催告后仍不履行出资义务,甲、乙可以参照《合伙企业法》第49条"除名规则"作出解除与丙合伙关系的决定,并不影响甲、乙之间继续履行合伙合同;假设甲、乙二人签订合伙合同,甲按约履行了出资义务,乙经甲催告后仍不履行出资义务,因为乙的违约行为导致合伙目的不能实现,则应当允许甲解除合伙合同。

(二)合伙合同终止的法律后果

合伙合同是合伙人为实现共同事业目的而实施的共同行为,不仅在合伙人内部形成权利义务关系,而且会基于对外从事民事活动而在合伙人与第三人之间形成权利义务关系。因此,合伙合同的终止应是面向将来发生效力,并不发生溯及力,不影响合伙人在合同终止之前对外所实施行为的效力。合伙人在清偿全部合伙债务后,按照前文所述的损益分配规则将剩余财产在合伙人之间进行分配。对此,《民法典》第978条规定:"合伙合同终止后,合伙财产在支付因终止而产生的费用以及清偿合伙债务后有剩余的,依据本法第九百七十二条的规定进行分配。"关于清算的执行,可以参照《合伙企业法》第87条关于清理合伙财产、处理与清算有关未了结事务、清理债权及债务等的规定。需要说明的是,在合伙企业中,因合伙财产与合伙人个人财产的区分相对清晰且合伙人承担补充的无限连带责任,须先以合伙企业的财产清偿债务,仅在合伙企业的财产不足以清偿时,才由合伙人承担连带清偿责任,所以,合伙企业解散时必须进行清算,在清偿全部债务后才能在合伙人之间分配剩余财产。与之不同,在合伙合同中,合伙财产属于合伙人共有且合伙人对债权人直接承担连带责任。因此,若合伙人未先行清算清偿合伙债务即分配了合伙财产,该分配仍然有效,其并不影响债权人请求全体合伙人承担责任,也不影响合伙人按照《民法典》第972条的规定在内部终局分担未清偿的债务。

知识结构

- 合伙合同
  - 概念界定：两个以上合伙人为了共同事业目的，订立的共享利益、共担风险的协议
  - 构成要件：①有两个以上合伙人；②约定共同事业目的；③约定共享利益且共担风险
  - 合同特征：①属于共同行为；②涉及内外部双重关系
  - 出资义务
    - 合伙人应当按照约定的出资方式、数额和缴付期限，履行出资义务
    - 合伙人不得以其他合伙人未履行出资义务为由而行使双务合同履行抗辩权规则
  - ↓ 合伙财产
    - 构成：合伙人的出资+因合伙事务依法取得的收益和其他财产
    - 归属：全体合伙人共同共有
    - 保全：①分割合伙财产之禁止：合伙合同终止前，不得分割合伙财产
      ②合伙份额转让之限制：除另有约定，对外转让份额，须经其他合伙人一致同意
      ③债权人行使代位权之限制：合伙人的债权人仅能代位行使利益分配请求权
  - ↓ 合伙事务
    - 决定：除合伙合同另有约定外，应当经全体合伙人一致同意
    - 执行：①执行方法
      - 共同执行
      - 委托执行：其他合伙人不再享有执行权，但享有监督权
      - 单独执行：合伙人相互具有异议权
    - ②报酬问题：除另有约定，合伙人不得因执行合伙事务而请求支付报酬
  - ↓ 合伙债务：归属于合伙人，全体合伙人对合伙债务承担连带责任
  - 盈亏分担：按约定 → 补充协商 → 按实缴出资比例 → 平均
  - ↓ 合同终止
    - 终止事由：合伙期限届满；不定期合伙合同的任意解除；合伙人死亡、丧失民事行为能力或者终止，另有约定或根据合伙事务性质不宜终止的除外；合同目的不能实现
    - 法律后果：支付因终止而产生的费用以及清偿合伙债务后，在合伙人之间分配剩余财产

主要参考文献

李永军:《民事合伙的组织性质疑——兼评〈民法总则〉及〈民法典各分编(草案)〉相关规定》,载《法商研究》2019 年第 2 期;林诚二:《民法债编各论》(下册),中国人民大学出版社 2007 年版;邱聪智:《新订债法各论》(下),中国人民大学出版社 2006 年版;史尚宽:《债法各论》,中国政法大学出版社 2000 年版;唐勇:《〈民法典〉第 967 条(合伙合同的定义)评注》,载《法学家》2023 年第 2 期;王利明:《论民法典对合伙协议与合伙组织体的规范》,载《甘肃社会科学》2019 年第 3 期;周江洪:《合伙合同的四个维度》,载《财经法学》2022 年第 6 期;朱虎:《〈民法典〉合伙合同规范的体系基点》,载《法学》2020 年第 8 期。

第三编

法定之债（一）准合同

第二十四章　准合同的起源与历史发展

第一节　准合同的制度史

尽管我国《民法典》(合同编的第三分编)规定了"准合同",但是,《民法典》之前我国的学理和立法却一直不使用这一概念。此外,法国在2016年的债法改革中,废除这一概念的呼声也非常强烈,尽管最终没有完全废除,但这一概念却被弱化了。[1] 如果仔细看我国《民法典》合同编第三分编规定的"准合同"的基本内容,将其与合同联系起来确实有些困难——一个与合意或者意思表示完全无关的债的发生原因,为什么规定在合同编？难道也适用合同规则？因此,关于这一概念及其内涵外延有下列问题需要认真考察:(1)"准合同"的设计目的及内容是什么？其与合同真的有关系吗？历史法学派在英国的代表人物梅因就曾经批评英国的许多学者不懂得"准契约"的概念而将其解释为契约。按照梅因的观点,"准契约"完全不是契约,"准"字放在罗马法的一个名词之前,含有这样一个意思,用它作为标志的概念与其原来的概念之间,在比较上有一种强有力的表面类比或者相似。实质上,相反地,它否定了在它们之间存在同一性的观念,但是,它指出它们之间有充分的相似之处。[2] 那么,准契约与契约的相似之处是什么？是否就是当事人的意思？(2)"准合同"的外延难道就是指不当得利与无因管理吗？此外,还有没有其他内容？(3)不当得利在自罗马法至《德国民法典》的历史长河中,究竟是作为债的发生原因存在还是作为救济手段存在？它是如何表现出来的？(4)如何从体系上解释我国《民法典》第985条对不当得利的定义？如果按照该条规定的"得利人没有法律根据取得不当利益"为不当得利,所有的返还请求权可以归属于不当得利。例如,《民法典》物权编的第235条规定的所有物的返还请求权、抵押权或者质权标的物的返还请求权等统统可以纳入不当得利。如此一来,民法典这种体系化的救济体系将荡然无存。(5)2016年的《法国民法典》第1303-3条为什么要区分非债清偿和不当得利？《德国民法典》和学理为什么要区分"给付型不当得利"与"非给付型不当得利"？其区分与民法体系有什么关联？我国《民法典》第157条规定的"合同无效或者被撤销后的返还"如何定性？(6)不当得利之救济与其他救济措施之间的关系是什么？在我国民法典中是否可以解释出来如同《法国民法典》第1303-3条那样的排斥关系？以上问题关系对于我国民法典体系之理解,并且在我国的实务与理论上鲜有提及,故有探讨之必要。

一、"准合同"的起源与发展概述

只有认真严肃地考察"准合同"的历史和源头,才能够搞清楚其概念的内涵和外延。从罗

---

〔1〕 参见李世刚:《法国新债法——债之渊源(准合同)》,人民日报出版社2017年版,第60~65页。

〔2〕 参见[英]梅因:《古代法》,沈景一译,商务印书馆1959年版,第193~194页。

马法的源头看,“准合同”一开始并不包括不当得利。对此,意大利法学家彼得罗指出,当罗马人说债产生于准契约时,它们指的正是无因管理。[1] 我国有学者通过考证罗马法文献后指出,就古代罗马法而论,直到罗马法的古典时期,罗马法学家仍然未明确处理不当得利的问题,例如,著名的法学家盖尤斯在其《法学阶梯》中就未明确阐释与处理不当得利的法律问题。而且法学家盖尤斯在运用“结构与关系”处理罗马私法材料时,就其债法所论而言,主要涉及的是契约与侵权,而不当得利没有作为债的发生原因之一与契约以及侵权作为同等的私法范畴存在并作相应的编排与处理。[2] 罗马法上“债要么源于契约要么源于私犯”的这一观念对于后世大陆法系各国的债法影响很大,以至于缔约作为债的渊源长期被忽略。无因管理之所以被承认,应该说得益于其与契约的相似性。无因管理起源于委托——未受委托而为他人管理事务的行为。因此,无因管理与委托往往“出现在一起”。从罗马法债法的发展史可以看出委托与无因管理的关系。德国学者指出,委托在历史上可以追溯到为他人利益而从事工作的诸多道德义务,这些义务是罗马社会加于个人的。与此相应,基于委托而负担的义务是以“信义”(fides)为基础的,而且传统上认为不能通过合同约定以有偿为条件。人们坚持认为,无偿接受帮助是委托的特征。[3] 无因管理的名称包含各种各样的处理(他人)事务,在前古典法和古典法中包括了非基于特别法律关系——尤其是委托和监护(tutela),而实施的所有事务处理。无因管理是由[诉讼代理人(cognitor)或者代理人(procurator)]诉讼代理发展而来的。它包括:(1)由法律规定或者长官指定的保佐人(curator)与其被保佐人的关系;(2)代理人与本人的关系。代理人是一种财产管理人,正如罗马富人通常认为的那样,并且,在古代常常是自己的释放自由人,而这些释放自由人最初被认为是直接处于庇主权力之下的。随着时间推移,这种依附性松弛了,代理人也取得了人身独立,这样在他与本人之间就能够存在可以相互起诉的请求权了。由于代理人仍然是[通过命令(*iubere*)]由单方指定的,人们最初就将这种关系归入无因管理了,后来才将以合同指定代理人归入了委托。而自共和晚期起才有的独立代理人,则享有较高的社会地位,他们自始就被认为是受托人。委托的内容根据协议确定,它可以包括个人全部财产事务(概括委托),也可以对它进行限制解释而使其只涉及当前事务,所以也可以存在特别委托。同时,代理人为实施个别事务而设定[所谓个别代理人(proc, unius rei)],尤其是为了进行诉讼(所谓“诉讼代理人”)。代理人的无因管理之诉(actio negotiorum gestorum)渐进限制在(未受委托)自愿为他人服务。自共和早期起,纯粹由于助人为乐而为他人服务者越来越多的情形被认为是对他人的无因管理,而这种现象背后则是罗马社会制度中强大的道德义务。管理人的义务,与委托所产生的义务一样,是以信义为基础的。优士丁尼依照更古老的范本将无因管理解释为准合同,对于保佐人和表见监护人(protutor)等情形,他则使它们从无因管理中独立出来。[4]

无因管理与委托合同的这种天然的历史渊源和逻辑结构,对于后世影响很大。像《德国民法典》这样抛弃“准合同”概念的模式,也是按照罗马人的传统思维和逻辑,将无因管理规定在

〔1〕 参见[意]彼得罗·彭梵得:《罗马法教科书》,黄风译,中国政法大学出版社 1992 年版,第 396 页。

〔2〕 参见苏彦新:《论格劳秀斯的不当得利学说与规则》,载《比较法研究》2016 年第 6 期。

〔3〕 参见[德]马克斯·卡泽尔、[德]罗尔夫·克努特尔:《罗马私法》,田士永译,法律出版社 2018 年版,第 488 页。

〔4〕 参见[德]马克斯·卡泽尔、[德]罗尔夫·克努特尔:《罗马私法》,田士永译,法律出版社 2018 年版,第 493 ~ 494 页。

委托合同之后。[1]

在罗马法上，在主人或者被经管人不知情的情况下，经管他人事务，在专业术语中被称为“无因管理”。这种事实的“债因”或者客观关系同委托很相似。当罗马人说“债产生于准契约”时，他们指的正是无因管理，因为它完全缺乏契约协议。[2] 因此，可以说，真正的准契约实际上指的就是无因管理。可以说，从罗马法直到《德国民法典》的这一历史的长河中，“准契约”一直不包括“不当得利”，不当得利实际上一直以另外一种方式存在——以“诉”的方式而非以“债的发生原因”的方式存在。当代德国著名的罗马法与比较法教授莱因哈德·齐默曼（Reinhard Zimmermann）指出，“在盖尤斯其所谓的 Res cottidianae 另一著作中，我们找到了一种答案：它没有在契约与侵权的清晰有序的总区分中出现，而是包括在各种其他的债当中，他把不当得利置于一种第三类的债”。总体而言，早期罗马法的发展是通过诉讼方式与方法实现的，也就是说，在罗马法中，诉讼与权利的特殊关系特别表现在程序性权利与实体性权利的相互对应上——罗马法中的每一种权利或法律关系都有自己相应的诉讼形式作为保护措施和救济手段，甚至，人们经常以是否存在相应的诉权来判断是否配备了特定的权利。因此，罗马法并没有近代私法体系中的债法体系对不当得利的这般构造。[3]

至于不当得利，尽管我国《民法典》与 2016 年后的《法国民法典》将其植入“准合同”，但与无因管理比较起来，就显得不那么“正宗”。按照罗马法，建立在不正当的原因或者法律关系基础上的财产增加叫作不当得利。这种情况一般因为取得的近原因偶然同一个在法律上不存在或者无效的远原因相结合而发生。在这种情况下，虽然对物权或者债权的取得得到承认，但是，人们允许受害者为从另一方获得对财产增加部分的返还而提起诉讼。[4] 但是，罗马法上并不存在独立的作为债的发生原因的不当得利，仅仅存在一些与现代的不当得利制度功能相似的制度，其中，最为人们所熟悉的就是请求返还之诉和转化物之诉。《学说汇纂》第 12 卷汇集了成为后世不当得利制度基础的几种重要的请求返还之诉类型。在该卷第 6 章“非债清偿的请求返还之诉”（condictio indebiti）中，优士丁尼的立法者们还收录了关于禁止不当得利的彭波尼乌斯（Pomponius）原则：任何人不得损害他人而得利。而该原则一般被后世视为不当得利制度的基础。[5] 至于转化物之诉，从罗马法创设的初衷来看，与不当得利并没有直接的联系。在罗马法上，转化物之诉与特有产之诉（actio de peculio）、奉令之诉（actio quod iussu）、船主之诉（actio ecercitoria）和经管人之诉（actio institoria）并列，都属于裁判官创造的“附加之诉”（actiones adjecticiae qualitatis）。一般认为，这类诉的产生是为了弥补罗马法上不承认直接代理的不足。[6] 罗马市民法中并不存在代理的观念。究其原因，首先，按照古代罗马市民法，为法律行为须由当事人亲自履行特定方式，否则其行为无效。其次，按照古罗马法的主体制度，奴隶和家属因民事活动所得的利益直接归于家主和家长，也不存在承认代理的必要。随着罗马共和国后期经济的繁荣，家属和奴隶独立从事经济活动的必要性日渐显现，而代理制度的不被

---

〔1〕 参见《德国民法典》第三编第八章第 12 节（第 662 条至第 676 条）为委托合同的规定，而第 13 节（第 677 条至第 687 条）为无因管理的规定。

〔2〕 参见［意］彼得罗·彭梵得：《罗马法教科书》，黄风译，中国政法大学出版社 1992 年版，第 396 页。

〔3〕 参见苏彦新：《论格劳秀斯的不当得利学说与规则》，载《比较法研究》2016 年第 6 期。

〔4〕 参见［意］彼得罗·彭梵得：《罗马法教科书》，黄风译，中国政法大学出版社 1992 年版，第 398 页。

〔5〕 参见傅广宇：《转化物之诉与不当得利——罗马法渊源及其变迁》，载《清华法学》2015 年第 1 期。

〔6〕 参见傅广宇：《转化物之诉与不当得利——罗马法渊源及其变迁》，载《清华法学》2015 年第 1 期。

承认阻碍了这一发展趋势。按照罗马市民法,奴隶和家子缔结的契约并不能使主人直接承担义务。这与代理制度中代理行为的法律效果直接归属于被代理人判然有别。在这种情形下,很少有人愿意同奴隶与家子缔结契约。因此,对于奴隶与家子等他权人缔结的契约,裁判官开始设立一些直接针对其主人的救济手段,转化物之诉即其中之一。这些诉之所以被后世统称为“附加之诉”,只是在它们所负的自然债务之外,又创设了主人或家父的附加义务。尽管转化物之诉讼创设的最初动机与不当得利没有直接关系,甚至对于转化物之诉的法律性质,后世法学家也没有达成共识。然而,无论怎样理解转化物之诉的本质,从法律效果来看,第三人向其缔约相对人的主人或家父所主张的权利内容,与返还不当得利其实没有多大区别。从制度源起来看,转化物之诉固然是为了弥补罗马法上不承认代理的不足,但诚如英国学者巴里·尼古拉斯(Barry Nicholas)所言,“附加之诉”中起基本作用的观念不是代理,而是根据受益分担风险:主人取得来自其奴隶活动的收益,并且应当因此而承担责任。转化物之诉与不当得利之间内在的关联性由此显现。其实,一些罗马法学者对“actio de in rem verso”这一术语的翻译,也在某种程度上揭示了转化物之诉与不当得利发生联系的可能。[1]

二、准合同在不同国家的发展

《法国民法典》比较忠实地继承了罗马法,1804 年的《法国民法典》并没有规定不当得利作为债的发生原因。在“准契约”中,仅仅规定了无因管理和非债清偿(见诸 1804 年《法国民法典》第 1371 条至第 1381 条),直到 2016 年债法改革后,《法国民法典》才把不当得利明确作为债的发生原因之一(见现行《法国民法典》第 1301 条至第 1303 条)。但是,法国的学理和判例却确认了不当得利的一般规则。真正从法理上明确承认法国法中的不当得利规则是法国 19 世纪后期的著名法学家、斯特拉斯堡大学教授阿尔贝(Aubry)和劳(Ran)。受到德国法学家、海德堡大学卡尔·萨拉蒙·扎哈里埃(Karl Salamon Zachariae)的影响,他在 1871 年的《法国民法教程》中,明确将一般的不当得利之诉从无因管理之诉中分离出来。1892 年,法国最高法院在“Boudier 案”中,不再通过扩大无因管理的适用范围来救济不当得利之受损人,而是借用罗马法中的转化物之诉的概念,在衡平的基础上创设了一般的不当得利(enrichissement sans cause)规则,赋予原告一般的不当得利返还诉权(action de in rem verso,与罗马法中的转化物之诉用语相同,但此处之含义要远宽于罗马法中只适用于针对父亲或主人的转化物之诉,属于一般意义上的不当得利之诉)。将不当得利作为与无因管理并列的独立诉权,亦将其作为民法典明文规定之外的独立诉权。从此,无因管理有了其严格的适用范围,“Boudier 案”的判决亦成为法国私法史中关于不当得利制度的里程碑。该案原告布迪耶(Boudier)向某土地承租人出售肥料,但该承租人在将肥料施于其承租之土地后,因为承租人不能履行土地租赁合同之义务,土地所有人终止了土地租赁合同,土地被归还给土地所有人。承租人以向土地所有人交付收获的谷物的方式部分清偿了债务,因该承租人未支付肥料款且已无支付能力,原告遂以“一般的不当得利返还诉权”起诉土地所有人,要求其支付承租人未支付的肥料款。被告以《法国民法典》第 1165 条规定的合同相对性规则为依据提出,其与原告之间并无合同关系,因此不同意原告的诉讼请求。法院认为,被告的土地因原告的肥料而得到改良,被告得利,故原告有直接针对被告的诉权,准许了原告的诉讼请求。法院判决认为,被告之所以应当承担责任,不是

[1] 参见傅广宇:《转化物之诉与不当得利——罗马法渊源及其变迁》,载《清华法学》2015 年第 1 期。

因为土地承租人与原告之间的合同,而是因为土地所有人从肥料的使用中得利。[1]

根据学者的考察,对"准合同"的理解,在《法国民法典》制定前期本有两派观点。一派以波蒂埃(Pothier)为代表,认为"准合同"是一种类似合同,无因管理类似准委托合同,非债清偿类似准借贷合同。另一派观点以彭波尼乌斯为代表,认为所谓"准合同"实质是一种利益不当变动的恢复机制,其基础为"任何人不得在没有权利的情况下损害他人而使自己获利"的原则。[2] 因奉行意思主义,1804年《法国民法典》仅采纳了波蒂埃的理论,其第1371条对"准合同"的界定与不正当利益返还的理念毫无瓜葛。于是,相关债务源于"类似合同"的界定掩盖了其类型的共性(乃是对利益不当变动的恢复机制)。[3] 因此,法国主流学者就认为,准契约可以被定义为一项行为人自愿实施的合法事实行为,基于该事实行为对于行为人或者第三人产生债之关系。该法律思想表明了准契约与契约存在相似性:一方面,准契约与契约相同,行为人的意志(volonté)均扮演重要角色;另一方面,由于准契约并非建立在双方当事人合意(accord)的基础之上,从而又区别于契约。此外,笔者认为,准契约的核心要素在于其使他人受有一定之利益:该特征充分体现在非债清偿行为(le paiement de l' indu)之中。此外,对他人事务管理(la gestion d' affaire)制度(无因管理)的分析通常也在准契约的框架中进行。由此可见,《法国民法典》所规定的准契约有两种:非债清偿与事务管理。[4]

时至今日,这两派观点仍存在冲突。有观点认为,《法国民法典》应当抛开假象直奔主题,放弃"准合同"概念,设立独立的单元规范不当利益变动的恢复机制。《泰雷债法草案》就根据这一观念,设计了所谓的"其他债之渊源"单元以替代"准合同"概念,其第一章名为"从他人处获得不应得之利益"以规范"非债清偿"(第一节)与"不当得利"(第二节),第二章名为"无因管理"。另有观点认为,"类似合同"这种界定仍具有重要的现实意义。尤其今天单纯的自由主义或国家干预经济均有所后退,越来越多的债务虽然来源于法律或者判例,但其制度与合同之债更接近。最终,修订后的《法国民法典》虽没有放弃"准合同"的概念但有了较大的突破:首先,相关单元实际上仅规范了准合同的3种类型(无因管理、非债清偿和不当得利),却以"其他债之渊源"作为单元的标题;其次,虽也使用了"准合同"的表述,但特别突出了其对利益不当变动的恢复功能,从而缩小此概念的适用范围、弱化其地位。无论是否支持使用这一传统概念,法国各方对其积极的社会功能整体持肯定意见。其功能在社会学领域有重要影响。例如,在社会连带主义学派代表人物之一的布尔茹瓦(Leon Bourgeois)看来,"准合同"的概念比"合同"的概念更能建立和解释社会联系。他指出,"准合同"就是那些因某种必要性而彼此间建立起联系但先前又无法商讨协议条件的当事人"对过去进行追认的合同"。他将有关"社会连带"(solidarite)的理论建立在这个概念之上,认为个体之间的关联不仅是以纯粹的合意为基础,一个有机整体其内部也存在强烈的相互依赖性,而整体本身也依靠于内部彼此间的互通。债务以及社会联系,既可以来自合意,也可以源于利益的交换或变动。[5]

英国法上也存在准合同(quasi-contract)制度,关于这一点并不奇怪,因为,历史上英国也受

---

[1] 参见刘言浩:《法国不当得利法的历史与变革》,载《东方法学》2011年第4期。

[2] 参见李世刚:《法国新债法准合同规范研究》,载《比较法研究》2016年第6期。

[3] 参见李世刚:《法国新债法准合同规范研究》,载《比较法研究》2016年第6期。

[4] Jean Carbonnier, *Droit civil, volume 2: Les biens Les obligations*, Presses univerisitaires de France, Paris, 1955, p. 2419.

[5] 参见李世刚:《法国新债法准合同规范研究》,载《比较法研究》2016年第6期。

到罗马法的深刻影响,甚至英国有属地“法学阶梯”。但英国法上的准合同之内容与大陆法系不同,主要是指不当得利。有学者考察认为,在大陆法系,就调整“不当得利”问题的法域是从“法律事实”出发,称为不当得利法。在英国法中,类似大陆法系的不当得利制度主要源于准合同,因此以纠正不当得利为目的的法在英国法早期被称为准合同法。[1] 英国的准合同在名称上仿佛重现了罗马法上的准契约。但是,两者在概念范畴和法律效果上都有明显的差异。英国法中的准合同,又称“法律上默示的合同”(implied-in-law contract)、“推定合同”(constructive contract),顾名思义,所谓“准合同”并不是双方合意所产生的真正的合同,它实际上是一种救济方式,即给予原告一个要求被告返还不法所得的诉权,而这种诉权的基础就是通过法律拟制推定存在一个默示合同。[2] 1999 年,斯坦因大法官(Lord Steyn)在“Banque Financiere de la Cite v. Pare 案”的判决词中写道:“不当得利是债法中仅次于合同与侵权以外的第三种独立的债的渊源。”这一论断标志英国法已经构建起以不当得利为原则的统一独立的返还请求权制度,取代了近代英国法中的准合同制度。究其原因,最主要是从根本上说,返还诉讼的基础不在于虚构的合同,而在于返还责任——独立于合同与侵权的债的形式。从此,在英国法中曾经扮演了非常重要角色的作为重要诉因之一的准合同制度淡出了历史舞台。随着返还请求权由单纯的救济方式发展为独立的请求权基础,普通法的债法体系随之也发生了结构性的变更,债法构建于三大基本原则之上,即“有效承诺而生之期望应予实现”、“不法侵害应予赔偿”和“不当得利应予返还”。这三大基本原则分别由合同法、侵权行为法和返还法加以贯彻与体现。换言之,英美债法体系已由合同法、侵权法“双雄争霸”的传统格局发展为合同法、侵权法和返还法“三分天下”的崭新局面。[3]

真正将不当得利作为请求权基础的,要归功于以萨维尼为代表的潘德克顿学派,并在《德国民法典》中确立下来。《德国民法典》完全抛弃了“准合同”的概念,按照自身法典的结构逻辑,将无因管理与不当得利单独规定,同合同与侵权一样,作为债的独立的发生渊源。[4] 萨维尼在《当代罗马法体系》第五卷中提炼出的不当得利一般事实构成,对 19 世纪中后期的德国民法学影响很大,并因此影响了《德国民法典》有关规定的构造。今天德国民法教义学上关于不当得利的一些争论,也可以归结为对萨维尼理论的不同理解。[5] 罗马法虽然没有关于不当得利的一般理论,也没有将不当得利作为债的发生原因,但是,罗马法上已经有比较成熟的“原因理论”与实践。萨维尼的不当得利体系构建正是以此为基础发展起来的。他将罗马法上的各种请求返还之诉置于同一标题下处理——“基于原因的返还”。萨维尼把给付(*dare*)看作各种请求返还之诉的基础,而给付就是某人的财产基于自由的意志而成为他人的财产。这种自由的意志可以是因为错误而形成的。萨维尼还强调,给付最常见的情况固然是所有权的转移,但并不限于此,如债权也可通过让与而移转。所以给付并不总是涉及所有权,而是涉及一般的财产权利。因此,萨维尼实际上已经提出了各种请求返还之诉产生的两点共同要件:一是财产的移转;二是没有法律上的原因,即法律目的未实现。萨维尼的不当得利思想与其提出的“物权

---

[1] 参见洪学军:《不当得利制度研究:一种系统的结构、功能理路》,中国检察出版社 2004 年版,第 27 页。

[2] 参见廖艳嫔:《英国准合同制度的演变之路——英美法系返还法的滥觞》,载《比较法研究》2014 年第 5 期。

[3] 参见廖艳嫔:《英国准合同制度的演变之路——英美法系返还法的滥觞》,载《比较法研究》2014 年第 5 期。

[4] 参见《德国民法典》第八章。

[5] 参见傅广宇:《萨维尼的不当得利理论及其渊源与影响》,载王洪亮等主编:《中德私法研究》第 8 卷,北京大学出版社 2012 年版。

行为抽象性”紧密联系在一起，正是对抽象原则的承认，使给付不当得利请求权成为必要。按照德恩伯格的名言，不当得利是为了治疗抽象原则自创之伤。德恩伯格这句话的广为流传，更多的是靠它表述的形象生动，而不在于内容的独创。萨维尼在《当代罗马法体系》中早已强调过请求返还之诉和物权行为抽象原则之间的内在联系。[1] 萨维尼提出了关于不当得利的一般构成理论之后，得到了大多数学者的认可，“不当得利”一词自从萨维尼开始才成为通用的法律术语。萨维尼不当得利理论更实质性的影响在于，在体系化过程中，它凸显了两条重要的法律原则，即法益保护和私法自治，奠定了不当得利体系化的基调。一方面，物权行为抽象原则的贯彻，使请求返还之诉取得了替代所有权之诉的功能，萨维尼也因此第一次表达了“权利继续作用”（Rechtsfortwirkung）的思想。所有权虽然因物权行为而移转，但失利人的权利在不当得利法中仍然可以继续发生作用。另一方面，萨维尼将目的设定作为基于给付的请求返还之诉的重要因素，目的欠缺即意味着财产转移无法律原因。《德国民法典》无疑是采用了萨维尼的不当得利理论，甚至学者之间关于“区分说”与“统一说”的争论，也都源于对萨维尼理论的不同解读。[2] 从现行《德国民法典》来看，已经完全没有了“准合同”的概念，2016 年《法国民法典》中的无因管理被《德国民法典》规定在了“委托合同”之后（第 677 条至第 687 条，第 662 条至第 676 条是关于委托合同的规定）；2016 年《法国民法典》中的“非债清偿”和“不当得利”被《德国民法典》纳入了“不当得利”中（第 812 条至第 822 条）。前者被德国学理和判例称为“因给付发生的不当得利”，后者被称为“非因给付发生的不当得利”。

如果说，在其他国家或者地区有“准合同”的历史和渊源，在我国却没有任何关于“准合同”的法制史或者完整的理论，甚至在很多民法教科书或者债法的著作或者教科书中，都未提及这一概念，而是直接使用无因管理和不当得利的概念。因此，可以说，我们关于这一问题的做法大致是德国法模式。因此，我们对于“准合同”这一概念是陌生的。只是因为编纂民法典的过程中，由于体系的需要——我国《民法典》没有“债法编”，也就没有债法总则，合同与侵权各自独立成编。这样一来，不当得利与无因管理就没有了“立身之地”，放在什么地方合适？于是，我们就把“准合同”这一概念从历史陈迹中“招”了回来，放在了合同编。但无论从哪个方面看，准合同与合同都没有任何关系——不能适用合同法的任何规则。

而且，更重要的是，从《法国民法典》于 2016 年的修改来看，法国法是有意淡化“准合同”的概念，甚至有人反对再继续适用这一概念。而我国《民法典》却反其道而行之，在《民法典》中使用了这一概念。这也反映出我国《民法典》在体系化方面存在的问题。没有债法总则，或者说，不把“债的关系”作为合同、侵权、不当得利、无因管理等的上位概念而独立成编来与物权编相对，给《民法典》带来体系破坏和无奈。

---

〔1〕 参见傅广宇：《萨维尼的不当得利理论及其渊源与影响》，载王洪亮等主编：《中德私法研究》第 8 卷，北京大学出版社 2012 年版。

〔2〕 参见傅广宇：《萨维尼的不当得利理论及其渊源与影响》，载王洪亮等主编：《中德私法研究》第 8 卷，北京大学出版社 2012 年版。

第二节 准合同的内容

由于《德国民法典》没有适用“准合同”的概念,实际上是有意放弃这一概念。我国《民法典》之前的学理,一贯采德国民法之做法——没有准合同的概念。但我国《民法典》明确适用了“准合同”这一概念,而且从《民法典》第三编——合同编之第三分编(准合同)的内容看,包括不当得利与无因管理。但这种区分并非放之四海而皆准的划分方式,《法国民法典》以及受到《法国民法典》影响的《意大利民法典》《新荷兰民法典》就不是如此。

如果抛开“准合同”的这种形式概念,仅仅从其所涵盖的内容上看,各国民法理论和立法也有较大差异——其差异就在于如何界定“不当得利”这一概念上。以法国民法理论和学理为代表的一种模式为“准合同 = 无因管理 + 非债清偿 + 不当得利(狭义)”,采取这种模式的还有《意大利民法典》《荷兰民法典》。以德国民法理论和《德国民法典》为代表的模式为“无因管理 + 不当得利(广义)”,而将非债清偿作为不当得利的一种特殊类型。瑞士债务法实质上是采取了《德国民法典》的模式:将非债清偿作为不当得利(广义)的一种,只不过在其法典的第 63 条明确规定了“非债清偿”,而《德国民法典》第 812 条、第 814 条虽然涵盖了非债清偿,但没有明确列出来。

那么,接下来的问题是:(1)不当得利是否应当包括非债清偿?法国法为什么要采取“二元区分”?(2)“准合同”名下的这些种类共同特点(公因式)是什么?

2016 年修改后的《法国民法典》第 1301 条至第 1302 - 5 条、第 1302 条至第 1302 - 3 条、第 1303 条至第 1303 - 4 条分别规定了无因管理、非债清偿和不当得利,坚持非债清偿与不当得利的二元区分,其理由是什么?笔者认为有两个方面的理由。

第一个理由:制度构建的需要。因为在法国民法理论上,非债清偿与无因管理在制度构建的层面上,即在构成要件方面是完全不同的。

在法国法上,所谓的非债清偿,是指清偿了本不应给付的东西。就其所引起的法律效果看,从清偿人的相对人(受领人)的角度看,也被称为“非债返还”。从返还基础来看,清偿是本不应该给付的、是没有原因的,也被翻译成“不当清偿”或者“不当支付”。[1] 法国判例和法学研究的长期积累表明:非债清偿与不当得利(狭义)相比,限于当事人本不应当向他人支付(没有法律或契约上的义务)却直接对其支付并使他人获利的情况,获利者得利的不正当性、得利与受损之间的因果关系均非常清楚;在效果上,返还的客体即当事人已经支付的内容。而不当得利(狭义)则是涵盖除非债清偿以外的其他一方受损他方获益的情况;在构成要件上,得利的不正当性得具体从两个层面进行判断:一是要核查得利没有原因,二是适用“辅助性原则”;在效果上,返还受制于双重限制规则。法国新债法坚持“非债清偿”与“(狭义)不当得利”二元区分主义。[2] 这里所谓的“辅助性原则”,是指《法国民法典》第 1303 - 3 条所规定的原则:如果受损人享有另外一项诉权,或者该诉权遇到时效等法律上的障碍,不得以不当得利为基础请求

〔1〕 参见李世刚:《法国新债法——债之渊源(准合同)》,人民日报出版社 2017 年版,第 83 页。
〔2〕 参见李世刚:《法国新债法——债之渊源(准合同)》,人民日报出版社 2017 年版,第 65 页。

救济。也就是说，只有在没有其他诉权救济的情况下，才能适用不当得利请求权。而非债清偿，则没有这种限制。

另外的制度区分是：主观过错对于请求权的影响，尤其是与另外一项制度——赠与的关系问题。按照《法国民法典》第1302条的规定，清偿应以债务存在为前提，当然这种债务也包括自然债务。如果没有这种原因，受领者受领了清偿，就应予以返还。“非债清偿”应当就是指这种没有“原因”前提的清偿，受领者应予以返还。按照法国民法的传统理论，非债清偿分为“绝对非债清偿”和“相对非债清偿”。前者是指清偿之“非债”或曰“无因”（债务不存在）是客观的、绝对的，清偿人没有债务，受领人也没有债权（绝对非债清偿）。后者是指的确存在债的关系，但或者受领人不是债权人（不完全相对非债清偿），或者清偿人不是债务人（完全相对非债清偿）。类型化的主要意义体现在清偿者的错误认识是否为非债清偿返还的构成要件。[1]

对于绝对非债清偿，法国判例与学界长期关注如下问题：除当事人之间没有债务关系存在的客观要件外，是否还应要求清偿人的给付系出于错误认识？诚然，如果不是基于错误认识，谁会平白无故地向他人为给付？但是考虑到证明责任，问题就有所变化了。在很长一段时间以内，法国法院曾要求清偿人证明其清偿系出于错误认识。这种判断主要是依据常理、基于当时的社会状况进行的如下推论：不存在债务仍然进行清偿，无非两种情况，一是“明知”本不存在债务关系而仍然进行清偿，最合理和常见的解释是清偿人具有赠与之意图，在这种情况下，“明知”排除适用非债清偿。二是“不知道”清偿是没有原因的，对清偿发生了“错误”的认识，清偿人应当可以请求返还。当时法院认为，第一种情况，即基于赠与而故意进行非债清偿，属于社会常态，应推定为默认状态，因此，清偿人需要提供证据证明第二种情况方可主张非债清偿返还。简言之，清偿人既然主张返还，应当证明自己是因为错误认识才做了错事。但是，法国法院这种传统的做法受到了来自现实的挑战。首先，如何去证明这种主观错误认识确是一件难事。试想一下，企业向一个职工支付了本不应该支付的劳动报酬；银行支付了本不该支付的利息、社保基金支付了本不该支付的社保金，该如何证明主观过错？其次，随着社会的发展，前述第二种情况似乎反转成了“常态”。在法国，授权商家直接从预留银行账户直接划账完成费用支付或货款支付的现象，已经非常普遍。同时，金融机构以及社会保险机构等每天处理大量的支付工作。此外，面临还贷期限、维系信用度等压力，往往促使人们仓促地进行支付。因此，社会中出现了大量的争讼案件。而第一种情况中，基于赠与而支付他人的现象则成为“非常态”。不仅如此，上述二者择其一的做法也不周全。那种推定明知债务不存在仍然进行清偿系出于赠与目的的做法，是不现实的。例如，明知不存在债务的情况下仍然进行支付，很可能并“不具有赠与的意图”，也许仅仅是一种缓兵之计，其目的可能是，在信息处理部门长期罢工的情况下，为了避免雇员正常待遇受到波及。又如，还有一种可能，支付者主观上对于债务是否存在并不确定，但仍坚持进行支付，目的在于避免诉讼或信用度降低。面对上述传统的做法和新的挑战，法国法院曾一度左右摇摆过，各庭意见也不一致。但是，1993年法国最高法院客庭联席会议就一起涉及绝对非债清偿的案件，确立了一致的裁判方向：支付人不需要提供证据证明其清偿是否因错误认识。因此，错误认识不再是绝对非债清偿的构成要件。换言之，“只要明显的没有任何迹象能解释支付的原因”，单凭“清偿没有法律原因”这一事实就可以推定支

---

〔1〕　参见李世刚：《法国新债法——债之渊源（准合同）》，人民日报出版社2017年版，第83页。

付人发生了错误的认识,他不需要对此进行证明。这种做法不仅免去证明主观状态的麻烦,而且符合利益平衡与公平的理念,因为债务不存在意味着接收人是在毫无任何债权的情况下得到了一笔财富,不值得给予其法律政策上的倾斜。[1] 2016 年修改后的《法国民法典》第 1302-2 条体现了这一规则。但是,认识错误虽然不是构成要件,但是可能影响返还的范围(《法国民法典》第 1302-3 条第 2 款)。

在并不完全相对的非债清偿中,认识错误并不是构成要件,但是影响返还范围的因素。然而,在完全相对的非债清偿中,即清偿人并不是债务人却错误地清偿了他人的债务的情形,则要求主观上的积极要件——清偿人的错误认识。

第二个理由:传统的因素。其实,在法国早期的理论和立法中,"准合同"仅仅包括无因管理和非债清偿,不当得利并不包括在其中。1804 年的《法国民法典》就体现了这种观点——第 1371 条至第 1381 条仅规定了无因管理与非债清偿,没有规定不当得利。不当得利是法国最高法院于 1892 年 6 月通过判例并借助罗马法上的"转用物诉权"将其归入准合同之中的。[2]

也许在这里,我们可以看出法国学理区分不当得利与非债清偿的意义,或者《德国民法典》上不当得利的类型区分及其意义。我们可以借用一个例子:假如 A 与 B 签订一个合同,A 根据该合同向 B 进行了履行。现在合同因为法定原因无效了,那么,A、B 之间的关系按照《法国民法典》如何解决?显然,按照《法国民法典》第 1302 条的规定,A 的清偿属于"非债清偿",而非不当得利。因为(1)债权债务关系清晰;(2)当事人关系明确,谁是债权人,谁是债务人很清楚,而且合同无效后,A 的履行就失去了基础(原因),B 的受益是无原因的。因此,应当返还。这里要注意的是:适用非债清偿与不当得利在法国法上的区别——按照 2016 年修改后的《法国民法典》,如果原告享有其他诉权,则排斥不当得利的适用。而在法国,因为不承认负担行为与处分行为的区分,因此,当合同无效的时候,所有权就没有有效转移,仍然属于原告。在这种情况下,原告既然可以享有所有权返还的诉权,因此,不能适用不当得利。但是,应该可以适用非债清偿。因为《法国民法典》并没有规定非债清偿受到其他诉权的限制。可以说,非债清偿是因直接给付发生的请求权,而不当得利可以是非因给付发生的请求权。

如果如上文所述,法国法上的这种分类,与我国民法理论和民法典、与《德国民法典》及学理几乎就有异曲同工之妙了。德国学理及民法典虽然采取广义的不当得利,即把法国法上的非债清偿包括进不当得利,但德国学理却将不当得利分为"因给付产生的不当得利"和"非因给付发生的不当得利"。[3]《德国民法典》第 812 条也将不当得利分为因他人给付或者其他原因使他人损失而自己获益的两种类型。我国《民法典》第 985 条没有作出这样的区分,而是直接用这样的表述:"得利人没有法律根据取得不当利益的,受损失的人可以请求得利人返还取得的利益"。那么,什么叫作"没有法律根据"?是否能够将其统一起来?其实,这正是《德国民法典》一直在争议的问题——是否可以用统一的不当得利事实构成涵盖所有类型的案例,或者对其区别对待是必要的还是适当的?[4] 从现在来看,《德国民法典》和学理并没有采取"统一"的做法,而是采取"区分"的做法——因给付与非因给付发生的不当得利;而《法国民法典》是用

[1] 参见李世刚:《法国新债法——债之渊源(准合同)》,人民日报出版社 2017 年版,第 88~89 页。

[2] 参见李世刚:《法国新债法——债之渊源(准合同)》,人民日报出版社 2017 年版,第 59 页。

[3] 参见[德]迪特尔·梅迪库斯:《德国债法分论》,杜景林、卢谌译,法律出版社 2007 年版,第 522~525 页。

[4] 参见[德]迪特尔·梅迪库斯:《德国债法分论》,杜景林、卢谌译,法律出版社 2007 年版,第 520 页。

非债清偿与不当得利来解决——也是区分的。我国《民法典》的这种做法在具体实际案件中又将如何识别？

将不当得利区分为给付型与非给付型不当得利对于制度构建意义重大。例如，上面提到的《法国民法典》中的非债清偿与不当得利的区分；《德国民法典》在给付型不当得利中，要讨论给付的目的（原因问题）、给付型不当得利请求权的排除问题等。但在非给付型不当得利中，主要包括侵害型不当得利和其他特殊性不当得利，基本不考虑给付的目的或者请求权排除问题。因此，我国《民法典》中关于不当得利如何界定，远远没有完成。

主要参考文献

傅广宇：《萨维尼的不当得利理论及其渊源与影响》，载王洪亮等主编：《中德私法研究》第8卷，北京大学出版社2012年版；李世刚：《法国新债法准合同规范研究》，载《比较法研究》2016年第6期；[德]迪特尔·梅迪库斯：《德国债法分论》，杜景林、卢谌译，法律出版社2007年版；[德]马克斯·卡泽尔、[德]罗尔夫·克努特尔：《罗马私法》，田士永译，法律出版社2018年版；[意]彼得罗·彭梵得：《罗马法教科书》，黄风译，中国政法大学出版社1992年版；[英]梅因：《古代法》，沈景一译，商务印书馆1959年版。

第二十五章　无因管理之债

引导案例

1. 甲、乙双方签订了一个买卖合同，为保证乙方的付款，甲要求乙提供担保。乙经过与丙协商，丙愿意用自己所有的房屋为乙提供抵押，并向登记机关登记。在甲、乙双方的合同履行过程中，因为乙不能按照合同约定履行付款义务，甲欲行使对丙之房屋的抵押权。丙为了阻止自己的房屋被拍卖，替乙向甲履行了债务。那么，丙替代乙履行债务的行为是否属于无因管理？

2. 甲在草原上看到一头走失的黄牛，见四处无人就以据为己有为目的将该牛牵到自己家中并饲养。该牛的主人乙一直在寻找该牛。之后在甲家中发现了该牛。为保全甲的声誉，乙称是自己让甲代为饲养。那么，甲、乙之间成立委托合同关系还是无因管理关系？

第一节　无因管理概述

一、无因管理之债的概念和性质

（一）无因管理的概念

因为无因管理有不同种类，而每一种的差别也很大，因此只能用一个更抽象但外延更宽的视角对其下一个定义：没有法定或者约定的义务，或没有法定或者约定的权限，有意管理他人事务。不符合这一概念的，便不是无因管理。因无因管理在当事人之间产生的权利义务关系，被称为无因管理之债。

我国《民法典》第979条规定的无因管理的概念，实际上是无因管理中最典型的一种，但没有概括全部无因管理，第980条规定的情形，在传统民法理论上，也属于无因管理的一种。

无因管理制度起源于罗马法，但在罗马法中，无因管理被视为准契约。《法国民法典》沿袭罗马法的做法，仍将无因管理作为准契约形式加以规定（见《法国民法典》第三卷第四编第一章第1371条至第1372条）。《德国民法典》舍弃了罗马法的体系，而将无因管理作为独立的制度加以规定。但在编排体例上，却将无因管理放在委托之后，视为未受委托而管理事务（参见《德国民法典》第二编第七章第十一节）。《日本民法典》将无因管理与契约、不当得利、侵权行为并列为债的发生原因（见《日本民法典》第三编第三章）。

我国《民法典》总则编（第118条）将无因管理作为债的发生原因加以规定，并以“准合同”的称谓在合同编的最后作了规定。

（二）无因管理的性质

关于无因管理的性质，通说认为，无因管理属于事实行为而非法律行为。法律行为以意思表示为基本特征，行为人须以发生一定民事法律后果为目的。而无因管理并不以意思表示为要件，也不要求管理人以设立某种民事法律关系为目的而进行管理。但是，管理人必须有“替他人管理事务的意思”，这里所说的“意思”当然不是法律行为中“意思表示”中的“意思”——其是指管理人有意识地为他人管理事务。

管理人为他人管理事务的意思也无须表示出来，无论管理人有无发生民事法律后果的目的，只要有此类管理行为的事实，就可以产生无因管理之债的后果。

无因管理既然是一种事实行为，就不要求管理人须有民事行为能力。故民法关于行为能力的规定，于无因管理不适用。但是，因无因管理具有为避免他人利益受损失的特征，因此管理人应具有认识能力。也就是说，管理人至少是限制行为能力人，无行为能力人不得主张成立无因管理。但发生了“管理的事实”，可以主张成立不当得利或者侵权行为。

二、无因管理的分类

（一）真正无因管理与不真正无因管理

真正无因管理与不真正无因管理主要是以对事务的管理是否符合自罗马法以来就要求具备的两个基本要件，即“客观要件（是否为他人事务）+主观要件（是否有为他人事务管理的意思）”。对此，意大利学者指出：在古典法中，直接诉讼与反诉讼均要求具备客观要件（管理他人事务）和主观要件（经管人的意图）。如果经管人不具备管理他人事务的意图，而是怀着为自己获益的意图实施活动。那么，由于其同无因管理没有关系或者由于其怀有不诚实的意图，其行为不产生“无因管理之诉”。〔1〕

凡是符合上述两个要件的，即在客观上管理的是他人的事务，而主观上有为他人管理事务的意图的，就是真正无因管理；反之，违反其中一个要件，或者客观上管理的不是他人的事务，或者虽然在客观上是他人事务但在主观上却没有为他人管理意图的，为不真正无因管理，日本称这种行为为“准无因管理”。〔2〕

《德国民法典》第687条规定了两种不真正无因管理类型：（1）误信管理。管理人错误地把他人的事务当作自己的事务进行管理。这种管理因缺乏无因管理成立所需要的主观要件而不成立无因管理，但可能成立不当得利或者侵权行为。（2）不法管理。明知是他人的事务，却为了自己的利益而为自己进行管理。这种管理因缺乏主观要件，也不成立无因管理。但如何对待后果，各国立法和理论有不同看法。除这两种外，学者还认为有第三种，即幻想管理，管理人误将自己的事务作为他人的事务进行管理。因缺乏客观要件，故这种管理也不成立无因管理。〔3〕

（二）适法（正当）的无因管理与不适法（非正当）的无因管理

适法的无因管理与不适法的无因管理是对真正无因管理的再分类。这种分类主要依据3

---

〔1〕参见［意］彼得罗·彭梵得：《罗马法教科书》，黄风译，中国政法大学出版社1992年版，第325页；［德］迪特尔·梅迪库斯：《德国债法分论》，杜景林、卢谌译，法律出版社2007年版，第503～510页。

〔2〕参见［日］我妻荣：《我妻荣民法讲义Ⅴ：债权各论》（下卷一），冷罗生、陶芸、江涛译，中国法制出版社2008年版，第35页。

〔3〕参见林诚二：《民法债编总论》，中国人民大学出版社2003年版，第121页。

个标准:客观标准;管理人的主观意思(主观标准);管理事务是否利于本人并符合本人(被管理人)的意思(明知或者可推知),或者虽然违反但有法定事由(如公共利益等)。

为什么在正当的无因管理中加入了一个要件"管理事务是否利于本人并符合本人(被管理人)的意思(明知或者可推知)"?因为,毕竟无因管理是未受委托而"管闲事",如果他人没有委托管理人,而管理人主动去为他人做事,正常情况下不仅后果有利于该他人,而且该他人也愿意别人替他这样做。例如,A的房子准备被拆,下雨时B花钱为A修缮。这不仅与A的意思相反,而且对其不利。如果是这样的无因管理,实在不应该鼓励,更不是法律设计这种制度的初衷。因此,加上这一要件就是通常的无因管理,其实也是立法所设计的无因管理的初衷。

我国《民法典》第979条第1款实际上规定的就是这种适法(正当)的无因管理:"管理人没有法定的或者约定的义务,为避免他人利益受损失而管理他人事务的,可以请求受益人偿还因管理事务而支出的必要费用;管理人因管理事务受到损失的,可以请求受益人给予适当补偿。"《德国民法典》第677条规定的也是这种类型的无因管理。

第二节 真正的无因管理的特征与构成要件

一、真正的无因管理的特征

1. 无因管理是债发生的法定原因。无论是根据我国学理,还是《民法典》的规定,无因管理都补充了债发生的法定原因,即只要具备了无因管理成立要件,就在管理人与本人之间产生债权债务关系。至于产生什么样的债权债务关系,会因为不同类型的无因管理而有不同。

2. 无因管理实际上应该属于"管闲事"的行为,管理人既没有法定或者约定的义务,也没有权限去管理他人事务。因此,其成立要件就必须严格而且法定。

3. 无因管理是介于委托合同与侵权行为之间的一种独立的债的类型。罗马法早就发现,在合同与侵权之间有一个"中间地带":它没有合同的约定,也就是管理人并没有接受委托也没有被授权,因此,它不是合同更不是代理;因为管理人主观上不具备侵害的过错,因此,无因管理也不构成侵权,而是一种独立的债的类型。我们今天对无因管理地位的认识也是如此。

二、真正的无因管理的构成要件

有德国学者指出,对于无因管理最主要的分类系将其区分为真正的无因管理(参见《德国民法典》第677条至第686条)和不真正的无因管理(参见《德国民法典》第687条)。而这两者的共同点在于:(1)管理人实施了管理事务的行为;(2)所管理的事务是他人的事务,换言之,所管理的事务是被管理人(所谓本人)的事务;(3)管理人既没有通过委托合同也没有通过其他方式被赋予管理事务的权利。[1] 以此为基础,下文分析真正的无因管理的构成要件。

(一)客观要件

1. 必须管理的是他人的事务

这是成立无因管理的第一个本质性要件,如果不是他人的事务,而是自己的事务根本就不

---

〔1〕 Vgl. Manfred Wandt, Geseztliche Schuldverhältnisse, 9. Aufl. 2019, S. 14.

成立无因管理。“幻想管理”之所以不是真正的无因管理,原因就在于此。

那么,如何判定是他人的事务还是自己的事务?德国学者将其分为“客观标准”与“主观标准”。[1]

所谓客观标准,是指有些事务从本身就可以看出是属于他人的事务,例如,替他人修缮房屋、照看小孩、照顾老人等。这些事务从管理事务的对象就可以分辨出是属于他人的事务。

所谓主观标准,是指有些事务本身属于“中性事务”,事务从性质上不当然与特定人相联系而直观地能够判断出究竟是属于他人还是属于管理人。这时候要判定该事务究竟属于管理人自身还是属于他人,就要从管理人的各种行为或者可以识别的意思来判定。例如,购买无记名球赛门票,究竟为自己还是为他人,就不能马上判断出来。

对于如何识别这种中性事务中管理人的意思,学者有不同看法。有学者指出,中性事务在实务上是纯粹的举证问题。乃是因为主观上存在为他人管理的意思,但仍需以客观的方法证明。若能证明系他人事务,仍然成立无因管理。[2] 如果管理人不能证明系他人事务,则不成立无因管理。

2. 必须有对事务的管理行为

(1)事务的概念

有德国学者认为,此处所谓的“管理事务”应与“委托”中的一样,要予以宽泛理解,亦即管理事务包括每一种行为,无论是不是法律行为。即使是短暂的行为,如转动方向盘,也可以是管理事务。[3]

有日本学者也指出,使无因管理得以成立的事务是指生活中所必需的一切工作,它不问是法律行为还是事实行为,不问是连续性行为还是一时性行为,也不问是精神性行为还是财产性行为,更不问是高科技行为还是机械性行为,是保存行为还是处分行为。[4] 例如,为了修理邻居家漏水的房屋,与第三人签订承揽合同,或者签订雇佣合同等,此为法律行为、连续性行为;也可以自己直接动手修缮,这便是非法律行为。

但是,有学者指出,下列行为不能包括在“事务”中:①单纯的不作为;②违法行为;③违反公序良俗的行为。[5] 此种观点值得赞同。

(2)对本人的身份发生误解不影响无因管理的成立

按照《德国民法典》第686条的规定,对于本人的身份发生误解并不重要,真正的本人因事务的管理享有权利并承担义务,而不是被误解的人承担后果。例如,如果某人相信,着火的房屋是其朋友的,并意欲为朋友救火。但其朋友已经把房屋出卖给他人。这不妨碍其与现在的房屋所有权人之间成立无因管理。[6] 有日本学者也持相同观点。[7] 笔者同意这一观点:只要

---

〔1〕 参见[德]迪特尔·梅迪库斯:《德国债法分论》,杜景林、卢谌译,法律出版社2007年版,第503页。

〔2〕 参见林诚二:《民法债编总论》,中国人民大学出版社2003年版,第111页。

〔3〕 参见[德]迪特尔·梅迪库斯:《德国债法分论》,杜景林、卢谌译,法律出版社2007年版,第503页。

〔4〕 参见[日]我妻荣:《我妻荣民法讲义Ⅴ:债权各论》(下卷一),冷罗生、陶芸、江涛译,中国法制出版社2008年版,第10页。

〔5〕 参见林诚二:《民法债编总论》,中国人民大学出版社2003年版,第111页。

〔6〕 参见[德]迪特尔·梅迪库斯:《德国债法分论》,杜景林、卢谌译,法律出版社2007年版,第504页。

〔7〕 参见[日]我妻荣:《我妻荣民法讲义Ⅴ:债权各论》(下卷一),冷罗生、陶芸、江涛译,中国法制出版社2008年版,第12页。

管理的是他人事务并为他人之利益计算,该他人就与管理人成立无因管理。对象的误解,仅仅是债务人发生变化。

(二)主观要件——管理人必须有为他人管理事务的意思

在这里需要强调的是:管理人知道是别人的事务,而且在主观上也当成别人的事务来管理。但要注意如下两点。

1. 这里的"为他人管理事务的意思"不是指法律行为中的"效果意思",因为无因管理并不是法律行为,该"意思"也显然不能适用《民法典》总则编中关于"意思表示"的规则,例如,意思表示的生效、发出、到达、撤回、无效或者可撤销、行为能力等,都不能在无因管理中适用。

2. 该管理的意思不一定表达出来,但必须能够证明它的存在,否则,就不能成立无因管理。因为有可能管理人把他人的事务误认为或者故意当成自己的事务而进行管理。例如,看到别人家的宠物"狸猫"便抱回家以据为己有为目的而饲养。所以,即使是他人之物,也不能当然地认为就有为他人管理的意思。在"中性事务"上就更需要证明管理人为他人管理的意思。

(三)没有法定或者约定的义务

依据我国《民法典》第979条的规定,管理人没有法定的或者约定的义务而替他人管理事务的行为,才能构成无因管理。否则,不能构成无因管理。

在本章引导案例1中,丙替乙偿还债务的行为不应当属于无因管理。因为:(1)丙有利益关系,按照我国《民法典》第524条之规定,丙属于"有合法利益的第三人",其有权限向债权人代为履行。因此,不构成无因管理,即丙的替代履行是有"法律根据"的。(2)我国《民法典》第524条第2款对于合法利益第三人代为履行后的法律后果直接予以规定——债权人接受第三人履行后,其对债务人的债权转让给第三人。这其实就在实际上排除了无因管理的适用。

三、真正的无因管理的社会价值

(一)真正的无因管理的价值

在市域社会中,个人的事务应由自己处理,他人不得干涉,这是法律的基本原则。违反此原则而任意干预他人的事务,通常构成侵权行为。但是,人类社会的共同生活要求人们危难相助,见义勇为,在他人利益或社会利益受到损害时,应挺身而出。这种行为已被传统道德所赞许。故在某些情况下,有容许干预他人事务的必要。就如有日本学者所言,就个人本位的立场来看,每个人的事务,应该是每个人依据自己的兴趣、性格来独自处理,不应该受到他人的干涉。没有法定权限,也没有法定义务的人管理了他人事务,就应该成立侵权行为。但若从社会共同生活的理念来考察,生活在社会中的人,也应当尊重和提倡相互提携、相互扶助的社会理念。因此,如果行为人实施为他人利益管理事务的行为,就没有必要视之为非法行为,应当给予鼓励。[1] 民法上无因管理制度的基本任务,就在于平衡、规范上述两种相互冲突而又有其存在之合理性的利益。换言之,即创设一定的限制条件,恰当规范当事人间的权利义务关系。这就是这一制度的价值所在。

为此,无因管理制度就必须规范下列问题:(1)具备了什么要件才构成无因管理?(2)管理人应该在管理中尽到什么义务?如何管理?(3)被管理人对管理人应负担什么义务?支付报

---

[1] 参见[日]我妻荣:《我妻荣民法讲义Ⅴ:债权各论》(下卷一),冷罗生、陶芸、江涛译,中国法制出版社2008年版,第16页。

酬还是费用？(4)不构成无因管理的后果是什么？

(二)无因管理能否被其他制度所替代

1. 不当得利制度能否替代无因管理

实事求是地说,无因管理制度并非放之四海而皆准的制度,英美法系国家就没有这一制度。因为它确实与侵权不好区分。因此,英美法系国家就只有不当得利制度而没有无因管理制度。

两者是否可以相互替代？笔者认为,因以下区别两者应该不具有可替代性:(1)制度理念不同。无因管理是基于社会共同体相互帮助的思想,而不当得利纯粹是“交易思想”——一方因为帮助另一方失去了多少,另一方就应该从得到的里面返还给一方。(2)从制度后果看,无因管理确实能够使被管理人得到“更多”实惠——因为不支付对价,而是仅仅支付管理人因此支出的实际费用,其确实能够实现制度目的。而不当得利就不能实现这种价值。

总之,笔者认为,在我们国家应该承认这一制度,这样将更具有促进和谐社会的意义。

2. 能否通过规定强制性公法义务来替代无因管理

能否通过规定强制性公法义务来替代无因管理,也即能否通过法律强制性规定“每个人见到他人有危难需要帮助就有帮助的义务”这种方式来替代无因管理？

这种方式至少在私法上是不可取的,因为:(1)没有效率。这种公法上的义务往往不能起到鼓励人们行为的效果,例如,法律规定“人人有保护环境的义务”“人人有作证的义务”等,但实际效果如何？私法上的手段——无因管理制度,有鼓励措施,并且给予人们帮助与不帮助的自由选择,其实更能够鼓励人们进行这种行为。(2)如果采取强制规定,可能就会使效果适得其反,假如人们预测到某个地方经常发生危险,那干脆就不到这个地方去。如果真的有人在这里发生了危险,就不会有人经过施救。(3)无因管理涉及方方面面,如果都规定为强制义务,就会较大程度地限制人们的自由。

因此,无因管理制度在现代民法上的价值是不好替代的,至少没有找出更好的替代方法。

四、适法的无因管理的构成要件

(一)适法的无因管理的含义

前文已经说过,无因管理可以分为真正的无因管理与不真正的无因管理,真正的无因管理中又可以分为适法的无因管理与不适法的无因管理。真正的无因管理具有 3 个要件即可以成立,但适法的无因管理还要具备第四个要件:不违背被管理人的真实意思并有利于被管理人。不具备这一要件的真正的无因管理就是不适法的无因管理。

我国《民法典》第 979 条第 1 款规定的就是这种适法的真正的无因管理。

(二)构成要件

适法的无因管理必须具备 4 个要件,即主观要件、客观要件、没有法定或者约定的义务与权限、不违背被管理人的真实意思并有利于被管理人。由于前文已经对前 3 个要件进行了详细的分析说明,以下重点来分析第四个要件。

1. 第四个要件的例外

《德国民法典》第 679 条对于第四个要件有一个例外规定——本人(被管理人)的某项义务的履行关乎公共利益的,如不管理事务就不能适时地履行该项义务或者本人的法定扶养义务,则不考虑本人的与事务管理相抵触的意思。其实,我国《民法典》第 979 条第 2 款也持有该观点——如果本人的意思违背公序良俗的时候例外。但从法解释的视角看,我国法可以作更广泛的解释。

救助自杀的人属于我国《民法典》第979条第2款规定的情形而成立无因管理吗?在德国对该问题争议很大。有学者认为,自杀违背社会的善良风俗,即使自杀的人可以辨析的意思是自杀,但因其违背社会的善良风俗而无效,故应认为符合其利益,适用无因管理的规定。但也有人认为,自杀并不违法,也不违背社会的善良风俗或者社会公共利益。[1] 笔者认为,应构成无因管理,这确实涉及"被管理人的真实意思违反善良风俗"。

2. 如果管理行为符合被管理人的真实意思却不利于被管理人,是否成立适法无因管理

尽管管理事务的行为符合被管理人的意思(无论是明知的还是可以推知的),结果却对被管理人不利,这时候成立真正的无因管理当然没有问题,但是否成立适法的无因管理?也就是说,符合被管理人的意思占主导地位还是结果有利于被管理人更重要?或者必须同时具备?

对此,有"单要素说"与"双要素说"。笔者倾向"双要素说",即管理行为不仅要符合被管理人的真实意思,还要有利于被管理人,否则不符合无因管理制度的宗旨。

3. 不符合被管理人的真实意思,但结果对被管理人有利,是否成立适法无因管理

如果能够确定管理人的管理违反被管理人的真实意思,肯定不能成立适法的无因管理,只能成立真正的无因管理,但是后果如何?依据我国《民法典》第980条的规定,管理人管理事务不属于第979条规定的情形,但是受益人享有管理利益的,受益人应当在其获得的利益范围内向管理人承担第979条第1款规定的责任。也就是说,尽管不成立适法的无因管理,但被管理人实际上得到利益的,应该在受益的范围内返还不当得利。如果造成损失,管理人当然要承担侵权赔偿责任。

第三节 无因管理的法律后果

一、适法的无因管理的后果

(一)阻却违法

阻却违法行为,主要是指阻却这种管理行为构成侵权行为。日本学者指出,无因管理即使给他人造成了损害,也被视为没有违法的行为。虽然民法对此没有明文规定,但是,从保护他人利益的目的和社会共同生活中相互扶助的理念来看,民法肯定无因管理,并赋予了它作为债权发生的原因之一的法律地位。基于此,民法的立法意图非常明显,即排除无因管理的违法性。即使成立无因管理,由于管理方法给他人造成损失时,管理人也必须承担责任,这并非管理行为招致了违法行为,而是视为管理人不履行债务所致。[2]

上述观点值得赞同,主要是鼓励更多的人互帮互助,如果动辄获咎,就不会有人愿意冒着巨大的风险去帮助他人。当然,这不仅仅是适法的无因管理具备的效力,也是真正的无因管理

---

〔1〕 参见[德]迪特尔·梅迪库斯:《德国债法分论》,杜景林、卢谌译,法律出版社2007年版,第508页。

〔2〕 参见[日]我妻荣:《我妻荣民法讲义Ⅴ:债权各论》(下卷一),冷罗生、陶芸、江涛译,中国法制出版社2008年版,第25页。

应具有的效力——阻却违法性。

(二)费用偿还请求权

《民法典》第979条第1款规定,“管理人没有法定的或者约定的义务,为避免他人利益受损失而管理他人事务的,可以请求受益人偿还因管理事务而支出的必要费用”。

但必须注意的是,管理人没有权利请求报酬。因为无因管理的利益关系与委托有所不同,未受委托的管理人并没有与本人订立支付报酬的合同。[1] 日本学者也指出,民法对此不予承认。但是,对于拾得遗失物并交还给主人的人、打捞漂流物或者沉没物并交还主人的人、海难救助人等这一类特殊的无因管理人,特别法承认其拥有报酬请求权。如果对于一般的无因管理人承认其报酬请求权,会带来不利的制度后果。[2] 如果承认管理人的报酬请求权,确实就与其制度宗旨相违背了。

(三)损害补偿请求权

依据我国《民法典》第979条之规定,管理人没有法定的或者约定的义务,为避免他人利益受损失而管理他人事务,并且符合受益人真实意思的,除可以请求受益人偿还因管理事务而支出的必要费用外,管理人因管理事务受到损失的,还可以请求受益人给予适当补偿。

这里应该认真地反思我国民事立法中的“适当补偿”这种用语:究竟是什么意思?“适当补偿”指代“不多不少”吗?还是指“多少根据情况给一点儿”?如果是前者,就是正确的;如果是后者就不是一种法律专业术语,是应该放弃的。尤其是在这种权利、义务的规定上,不能如此不准确。

(四)债务负担转移

如果管理人因管理事务而负担债务,被管理人应该有偿付的义务。但是,我国《民法典》对于债务承担有自己特定的规则,应该依照《民法典》关于债务承担的规则处理。

以上这些债务的清偿,应在被管理人所受利益范围内。否则,就可以断定“不利于被管理人”。

(五)被管理人追认后的效果

依据《民法典》第984条的规定,管理人管理事务经受益人事后追认的,从管理事务开始时起,适用委托合同的有关规定,但是管理人另有意思表示的除外。当然,无因管理本来就是未受委托的事务管理行为,如果被管理人追认,自然视同委托合同的规则来确定本人与管理人之间的关系,即变成了委托人与受托人之间的合同权利义务关系。

二、不适法的无因管理的结果

不适法的无因管理,是指违反本人的明示或可推知的意思而又无客观适法事由(参见我国《民法典》第979条第2款)的无因管理。它除具备“阻却违法性”外,其他效力与适法的无因管理不同。

1. 不当得利的返还。本人必须依不当得利向管理人返还因管理人管理事务所取得的一切。而本人之所以负担返还义务,是因为本人根本不负担任何费用,也不能获得任意利益。当

---

[1] 参见[德]迪特尔·梅迪库斯:《德国债法分论》,杜景林、卢谌译,法律出版社2007年版,第511页。

[2] 参见[日]我妻荣:《我妻荣民法讲义Ⅴ:债权各论》(下卷一),冷罗生、陶芸、江涛译,中国法制出版2008年版,第25页。

然,如果他没有因管理人管理事务的行为获得任何利益,也就没有任何返还义务。[1]

2. 管理如果给被管理人造成损失,应该负担债务不履行的赔偿责任,由于不适法的无因管理具有阻却违法的效力,这里不成立侵权责任。

3. 由阻却违法向违法的转换。由于成立了真正的无因管理后,具有阻却违法的效力,管理事务的行为不成立侵权行为。但是,如果成立真正的无因管理后,又具有了侵害他人的故意,自从该故意产生后,当然也就成立了侵权行为。

4. 本人追认的后果。耐人寻味的是,我国《民法典》在第984条(“无因管理”一章的最后一个条文)规定了本人的追认。那么被管理人对于适法的无因管理的追认与不适法的无因管理的追认是否一个后果?

当然,由于适法的无因管理仅仅是“差一个委托合同”,故被管理人的追认,自然就是弥补了这个委托合同,从而成立委托关系。

但不适法的无因管理差的是“符合被管理人的意思或者利于他”以及委托合同。那么,被管理人对于这种不适法的管理行为的追认是弥补前一个缺陷,还是前后两个缺陷?笔者认为,如果被管理人没有明确地表示追认什么,只能认为,其追认弥补的是两个要素,也适用委托合同关系。但是,被管理人明确追认意思内容的除外,例如,管理人管理事务的行为符合被管理人的意思,但却不利于被管理人。被管理人追认时,明确表示认可这种不利,那么只能是不适法的无因管理因追认转化成了适法的无因管理,但仍然不是委托合同关系。

具体到本章引导案例2,笔者认为,由于乙的追认并没有明确追认的具体部分,只能认为成立委托合同关系,从而适用我国《民法典》第984条之规定。

三、真正的无因管理的法律效力

除上述效力外,真正的无因管理还具备下列效力。

(一)以有利于本人的方法进行管理

这是我国《民法典》第981条规定的效力——管理人管理他人事务,应当采取有利于受益人的方法。这是管理人的主要义务。管理人应依本人明示或可推知的意思,以有利于本人的方法为事务的管理。

(二)通知义务

管理人开始管理事务时,在可能的情况下,应通知本人。如果本人已知管理开始的事实,则不必为通知。如果管理人不知本人是谁,或虽知道谁为本人但其地址或下落不明而无法通知,则免除通知义务。如果管理的事务不属于紧急情况,管理人在发出通知后应中止管理行为,听候本人的指示(《民法典》第982条)。

但是,依据我国《民法典》第981条的规定,中断管理对受益人不利的,无正当理由不得中断。

管理人因过错而违反上述义务时,应承担相应的民事责任。

(三)计算义务

管理人的计算义务包括3项内容。首先,管理人应将管理事务进行的状况报告本人。其次,管理事务应按照最符合被管理人利益的方式为之。最后,管理人应将因管理事务所得的利

---

[1] 参见[德]迪特尔·梅迪库斯:《德国民法总论》,杜景林、卢谌译,法律出版社2007年版,第510页。

益交付本人(《民法典》第983条)。

(四)管理人的责任

管理人在管理事务中,因采取措施不当而给本人造成损害的,是否应负责任?各国立法对此规定并不一致。《瑞士债务法》第420条规定:"无因管理人就各种过失均应负责。"《德国民法典》第680条规定:"以免除本人的急迫危险为目的而为事务的管理者,管理人仅在有故意或重大过失时,始负责任。"《法国民法典》第1374条作了类似规定。笔者认为,后一种制度较合理。例如,为救落水之人而将其衣服损坏或擦伤其皮肤时,救治人不应负赔偿责任,因为情况紧急,难顾周全,对管理人的注意程度应予降低,否则,不利于鼓励人们为无因管理行为。管理人在管理事务过程中,应尽善良管理人的注意。管理人违反此注意而给本人造成损害的,应负赔偿责任。

管理人在管理事务过程中,因故意或重大过失而侵害本人的人身或财产权利时,是否构成侵权行为?对此一问题,学说上有两种截然不同的观点:一种观点认为,无因管理本身具有阻却违法的效果,为合法行为,故不构成侵权行为,否则,则不成立无因管理;另一种观点认为,无因管理成立后,在管理过程中,因过错而不法侵害了本人的权利时,仍然可成立侵权行为。笔者赞同后一种观点。

(五)管理人的权利

管理人有必要费用的偿还请求权、负债偿还请求权、损害补偿请求权。前面已经详细论述了,在此不再赘述。

四、不真正的无因管理(准无因管理)

不真正的无因管理,是指对他人的事务并非为他人的利益而为的管理或者把自己的事务当成他人事务进行管理。前者包括误信管理与不法管理。对误信管理,不成立无因管理,但可能成立不当得利或者侵权行为。对不法管理,应有构成侵害他人权益之侵权行为,如行为人受有利益的,即构成不当得利。此外,被害人依侵权行为或不当得利请求的范围,可能无法及于行为人所获得的全部利益,此际,应使受害人准用适法无因管理规定,请求行为人返还不法管理所生利益。后者为幻想管理,不成立无因管理,不生无因管理的效果。

主要参考文献

李永军:《论我国〈民法典〉中无因管理的规范空间》,载《中国法学》2020年第6期;林诚二:《民法债编总论——体系化解说》,中国人民大学出版社2003年版;[德]迪特尔·梅迪库斯:《德国债法分论》,杜景林、卢谌译,法律出版社2007年版;[日]我妻荣:《我妻荣民法讲义Ⅴ:债法各论》(下卷一),冷罗生、陶芸、江涛译,中国法制出版社2008年版。

第二十六章　不当得利之债

引导案例

1. 甲和乙订立买卖A物的合同。甲交付A物后,发现对A物的属性有重大误解,乃向乙索回A物,可否?

2. 甲为求娶乙,给乙彩礼若干。之后甲乙未缔结婚约,甲要求乙返还彩礼,可否?

3. 甲在不知情的情况下抚养其妻乙和第三人丙所生之子丁,甲能否要求丁返还抚养费?

4. 甲外出旅游,乙擅自潜入其别墅,居住一周后,恢复如初并留下感谢信后离去。甲能否要求乙返还得利?

5. 甲擅自将乙寄存的B物出售给不知情的丙,乙能否要求甲返还取得之价金?

第一节　不当得利概述

不当得利是法定的债之发生原因之一,是指没有法律上原因而取得利益者应负返还义务。《民法典》第122条就此规定为:因他人没有法律根据,取得不当利益,受损失的人有权请求其返还不当利益。不当得利制度可追溯到罗马法中的返还之诉(condictio)制度,尤其是当中的非债清偿返还(condictio indebiti),对近现代法律影响巨大。[1] 依据发生不当得利的法律事实不同,可将不当得利区分为给付型不当得利和非给付型不当得利两大类。

不当得利制度的主要目的是为给付目的不能实现者提供救济,或矫正与应然归属不符的财货变动,以去除不当增益的方式恢复应有财产秩序。

《民法典》将不当得利作为准合同之一种,规定于合同编第三分编第二十九章,共设有4个条文。其中,第985条涉及不当得利的事实构成、法律后果和给付型不当得利3种权利阻却抗辩。第986条规定了善意得利人得利丧失抗辩(权利消灭抗辩)。第987条是对恶意得利人返还义务范围的规定。第988条规定了第三人负有返还义务的例外情形。

扩展讨论　不当得利的请求权基础

就不当得利的请求权基础为何,存在争论。主要涉及《民法典》第122条、第985条和第

[1] 就返还之诉(condictio)的具体样态,参见[德]马克斯·卡泽尔、[德]罗尔夫·克努特尔:《罗马私法》,田士永译,法律出版社2018年版,第515~517页。

157条的规范定位。

《民法典》第122条的前身为原《民法通则》第92条。[1] 在《民法典》颁行前，该条是不当得利的请求权基础，在《民法典》颁行后，其规范定位存疑。因为《民法典》在合同编第三分编"准合同"对不当得利又作了专章规定，其中第985条对不当得利请求权的积极要件和（给付型不当得利的）消极要件作了完备规定，并且积极要件规范的文义与《民法典》第122条基本相同。对此主要存在两种解读：一种认为第122条仍旧是不当得利的一般请求权基础，第985条并非独立的请求权基础，只是给付型不当得利的抗辩规范；[2] 另一种认为第122条、第985条同时构成不当得利的请求权基础。[3] 笔者认为，第985条构成不当得利的请求权基础，而第122条仅是不当得利的说明性法条，不构成独立的请求权基础。主要理由有三：一是没有必要规定内容相同的两个请求权基础，在存在两个可能作为请求权基础的规范中，应以要件规定更完善的作为请求权基础。二是为了避免非请求权基础的规范成为赘余，并考虑第122条所处的"民事权利"一章下大多为说明性法条，不妨将第122条解释为关于不当得利的说明性法条。三是我国《民法典》编排的独特性更倾向将第122条视作说明性法条。由于我国《民法典》总则编体现出以民事权利列举为中心的"活页式"特点，[4] 相关权利的条文更多的是起到目录作用，而非对具体的事实构成和法律效果作出规定，也不宜作为请求权基础。

此外，在终局无效（包括不成立、不生效、被撤销、无效）的合同中，就返还已经履行部分的请求权基础，有两种不同见解：一种认为《民法典》第157条构成独立且排他的请求权基础；[5] 另一种认为《民法典》第122条、第985条仍是此处的请求权基础，第157条仅为指示参引规范。[6] 笔者认为，第二种观点更妥当，因为是否采取物权行为无因性立场，以及若采物权行为无因性立场，究竟是债权行为终局无效，还是物权行为终局无效，对返还请求权的性质界定都会产生影响，第157条本身无法确定返还请求权在具体案件中的属性，仍需指示参照《民法典》第235条或第985条，方能明晰。

第二节　不当得利的事实构成

仅从《民法典》第122条及第985条的文义看，可将其事实构成析分为一方取得不当利益（一方得利）、没有法律根据、没有法律根据和不当得利之间有因果关系。[7] 经此分析，似乎存

---

〔1〕 内容为："没有合法根据，取得不当利益，造成他人损失的，应当将取得的不当利益返还受损失的人。"

〔2〕 参见王洪亮：《〈民法典〉中得利返还请求权基础的体系与适用》，载《法学家》2021年第3期。

〔3〕 参见吴香香：《请求权基础：方法、体系与实例》，北京大学出版社2021年版，第309页。

〔4〕 参见朱庆育：《第三种体例：从〈民法通则〉到〈民法典〉总则编》，载《法制与社会发展》2020年第4期。

〔5〕 参见陈自强：《民法典不当得利返还责任体系之展开》，载《法学研究》2021年第4期；叶名怡：《〈民法典〉第157条（法律行为无效之法律后果）评注》，载《法学家》2022年第1期。

〔6〕 参见陈甦主编：《民法总则评注》（下册），法律出版社2017年版，第1106页。该书认为，《民法典》第157条已为给付之返还，既可能是不当得利，也可能是物权请求权。参见滕佳一：《合同无效时返还规则的适用》，载《法学家》2020年第6期。

〔7〕 也有将要件统一解读为民事主体一方取得利益、民事主体他方受到损失、一方取得利益与他方受到损失之间有因果关系、没有法律根据。参见黄薇主编：《中华人民共和国民法典总则编释义》，法律出版社2020年版，第319页。

在统一的事实构成,可用于判断所有不当得利的成立问题,但是,就不当得利的事实构成能否作统一理解,学说上存在不同见解。大致分为“统一说”和“非统一说”(“区分说”)。“统一说”认为,存在不当得利的一般事实构成,[1]罗马法以降的各种返还之诉只是这一一般事实构成的不同表现样态。“非统一说”认为,应按类型分别确定不当得利的事实构成。[2] 无论是从法史发展看还是从制度功能看,给付型不当得利和其他类型的不当得利之间存在一定差异,例如,给付型不当得利在法史上出现的时间最早,其主要功能是返还欠缺法律原因的给付,通常是对给付人的“错误”的救济,旨在维护给付人在给付行为上的自治;侵害型不当得利定型时间较晚,主要功能是矫正因专属性权益被侵害而产生的违背权益归属的状态,旨在维系权利的终局利益归属。由此导致在事实构成上难以寻得普适于所有不当得利类型的公因式(或必须借助仍需填充的“无法律上原因”这一模糊的概念),各种不当得利类型只是在法律效果上共享部分规则,如返还初始客体范围、原状返还不能的后果、得利丧失抗辩等规则。

给付型不当得利的事实构成为:一方得利、因给付、无法律上原因(给付目的落空或被法秩序否定)。[3] 非给付不当得利并非单独的类型,仅仅是对给付型不当得利之外其他类型不当得利的统称。[4] 其事实构成的一般结构为:一方得利、因(给付之外的)其他方式(借他方之代价)、无法律上原因。其中,又以“因(给付之外的)其他方式”的样态不同,分为侵害型不当得利、费用型不当得利、求偿型不当得利、单纯去除型不当得利,其对应的“方式”样态分别是:债权人专属权益被侵害、债权人自愿的费用支出行为、第三人对债权人的给付行为和非人力的其他原因。

由于各不当得利类型在事实构成上不尽相同,即便要件名称同一,含义也不一致。[5] 因此,接下来将区分不当得利的类型,分别阐明其要件。

一、给付型不当得利

给付型不当得利请求权要发生,需满足积极要件充分(权利发生条件充分)和消极要件全无(权利阻却抗辩不存在)两项条件。积极要件包括一方获利、因给付和无法律上原因(给付目的落空或被法律否定)。《民法典》第985条后段列举了消极要件,即为履行道德义务为给付、债务到期前为清偿和明知无债务而为给付。只要出现上述消极要件之一,则给付型不当得利请求权不成立。

---

〔1〕 参见[德]格哈特·瓦格纳:《20世纪不当得利法理论的发展与不当得利法领域的法律文献》,马丁译,载王洪亮等主编:《中德私法研究》第8卷,北京大学出版社2012年版。

〔2〕 参见傅广宇:《“中国民法典”与不当得利:回顾与前瞻》,载《华东政法大学学报》2019年第1期。对不当得利事实构成的“统一说”“非统一说”的认识,从两者兼及,实以类型化为重(参见史尚宽:《债法总论》,中国政法大学出版社2000年版,第76~83页)发展到了当下以“非统一说”为主流[参见王泽鉴:《不当得利》(第2版重排版),北京大学出版社2023年版,第45~48页;刘昭辰:《不当得利》(修订2版),台北,五南图书出版股份有限公司2018年版,第16~22页;李宇:《民法总则要义》,法律出版社2017年版,第382~387页;谢鸿飞、朱广新主编:《民法典评注:合同编 典型合同与准合同》(第4册),中国法制出版社2020年版,第625~626页;李永军:《“准合同”概念之外延考——对我国〈民法典〉第985条的理论与实证分析》,载《政治与法律》2022年第5期]。

〔3〕 参见王泽鉴:《不当得利》(第2版重排版),北京大学出版社2023年版,第66页。

〔4〕 这一分类成形于冯·克默雷尔(von Caemmerer),并为后续学说采用。参见[德]恩斯特·冯·克默雷尔:《不当得利法的基本问题》,唐勇译,载王洪亮等主编:《中德私法研究》第8卷,北京大学出版社2012年版;王泽鉴:《不当得利》(第2版重排版),北京大学出版社2023年版,第55页。

〔5〕 最为典型的是对“无法律上根据(原因)”因类型有不同解释。参见史尚宽:《债法总论》,中国政法大学出版社2000年版,第77~83页。

（一）一方得利

所有类型的不当得利都要求一方当事人有得利。得利可体现为一方积极财产的增加或消极财产的减少。积极财产的增加的典型情况有获得权利（所有权、债权等）、占有、受保护的法律地位、使用利益、劳务、抽象债务承认等。消极财产的减少有债务的消灭。[1] 所获利益以初始所获的具体客体为判断标准，不以得利人抽象的财产总额为标准。

（二）因给付

给付，是指有目的地增益他人的行为。[2] 关于给付的性质，学说上有争论，主要分为"事实清偿效果说"和"法律行为说"两大方向，后者又可分为"契约说""限制的契约说""确定给予目的之单方行为说"等数种观点。[3] 笔者认为，应当以"确定给予目的之单方行为说"为是。因为唯有该说，既能反映给付行为乃给予人实现自治之工具的实质，又能妥当地解决实践中的疑难问题，如在多人关系中确定返还债务人。[4]

"确定给予目的之单方行为说"认为清偿（给付）包含两个部分：一部分为给予人的单方目的确定意思表示（目的确定行为）；另一部分为客观给予行为本身（增益行为）。首先，需由单方目的确定意思表示将给予行为与给予人欲实现的目的关联起来（如为清偿某项债务）。在确定了目的之后，才能进一步确定客观给予行为是否能够达到其目的（如能否消灭该项债务，当然还要取决于给予行为是否满足债务内容的要求）。原则上，只有满足单方目的确定意思表示无瑕疵和给予行为符合目的要求（如债务内容）这两项要求，方能实现给予人的目的。反之，如果仅有外观上符合目的要求的给予行为，而单方目的确定意思表示因瑕疵而终局无效，则该给付行为的目的无法实现。例如，债务人为无行为能力人，其依约向债权人提供劳务，即便提供的劳务符合债务内容要求，该劳务债务依旧没有消灭。

在清偿概念中出现的单方目的确定意思表示在确定给付型不当得利中也会发挥作用，其主要作用有两个：一个是确定不当得利的类型；另一个是判断事实构成"无法律上原因"是否成立。

扩展讨论　"非给付不当得利辅助原则"

学理中，一般认为就同一返还客体，若同时成立给付型不当得利和非给付不当得利，应以给付型不当得利规则处理返还，而不能以非给付不当得利规则处理，此所谓给付型不当得利优先原则（或非给付不当得利补充/辅助原则）。[5] 但是，该规则对解决相关问题意义不大，主要理由是：首先，在双人关系中，给付型不当得利和非给付不当得利呈全异关系，[6] 不可能发生竞合；其次，在多人关系中，要么不存在竞合关系，[7] 要么需依据具体案件中各制度的价值判

[1] 参见王泽鉴：《不当得利》（第2版重排版），北京大学出版社2023年版，第67页。

[2] 参见王泽鉴：《不当得利》（第2版重排版），北京大学出版社2023年版，第70页。

[3] 关于诸见解的内容和评价，参见赵文杰：《给付概念和不当得利返还》，载《政治与法律》2012年第6期。

[4] 关于这一问题的系统讨论，参见王泽鉴：《不当得利》（第2版重排版），北京大学出版社2023年版，第276～317页。

[5] 参见王泽鉴：《不当得利》（第2版重排版），北京大学出版社2023年版，第272页。

[6] 就同一得利客体，得利人不可能从同一人处既是依给付获得的，又是依给付之外的方式获得的。

[7] 如在"小牛案"（一窃贼将偷来的小牛卖给了不知情的肉联厂，肉联厂将其加工成肉制品）中，购买失窃的小牛并将其加工的得利人实际上是依据加工获得利益，而非通过窃贼为履行买卖合同的给付行为获得。

断作出判定，无法单纯依这一规则获得适切的解答。[1] 该规则的意义主要是提示不要不当扩张不当得利的债务人范围，存在给付关系时，原则上应在给付关系的当事人间进行返还，避免重蹈转化物之诉的覆辙。

依据给付关系确定给付型不当得利的当事人的主要理由被概括为如下3点。[2]

1. 返还义务人可保有对相对方的抗辩（或每个债权行为当事人，应保有对债权行为相对人所拥有的抗辩利益）。

2. 基础关系中的当事人（返还义务人）不得援用与第三人之间的事由对抗返还权利人。

3. 返还权利人仅承担（基础关系中）当事人的破产风险，而不承担第三人的破产风险。

值得注意的是，对给付目的（原因）的理解应脱离作为广义之债的基础合同关系，而以狭义之债的清偿为准。因为给付本身包含了给付人承担受领人破产风险的决定，应由其承受相关后果，方符合意思自治、后果自负的原则。这也是给付原因"客观说"和"主观说"的分歧所在，尤其在债权让与案件中，会产生不同的结果。[3] 因此，应改变上述主流观点将原因认定为基础（债之）关系，而以给付内含的目的视为原因。

（三）给付目的落空或被否定（无法律上原因）

在给付型不当得利中，对"法律上原因"有两种解读：一种观点认为是基础关系（如合同）；另一种观点认为是给付目的。[4] 笔者认为，应以后者为是。[5] "无法律上原因"应解释为"给付目的落空"或"给付目的为法律否定"。典型的给付目的有清偿目的（清偿因）、取得目的（取得因）、赠与目的（赠与因）。清偿目的是消灭债务，取得目的是取得对方的（未成为给付义务标的的）对待给付，赠与目的是实施没有回报的慷慨行为（主要体现在现物赠与）。

给付目的落空有多种表现样态，以典型的清偿目的为例，包括给付目的自始无法实现（通称为自始欠缺原因的不当得利返还/非债清偿后的不当得利返还，condictio indebiti）、给付目的嗣后无法实现（通称为给付原因嗣后消灭的不当得利返还，condictio ob causam finitam）、给付目的不被承认（通称为不法原因给付的不当得利返还，condictio ob turpem vel iniustam causam）。涉及取得目的是给付目的不达（通称为给付目的不达后的不当得利返还，condictio

---

〔1〕 如在"装修案"（经建设商介绍，与房主无合同关系的一电器供货商将设备发送到房主委托的建设商施工的工地，建设商稍后将该批设备附合入房屋）中，之所以认为电器供货商无法向房主要求不当得利返还，主要是考虑假如房主是从建设商处依据给付行为（无权处分行为）首先获得该设备的所有权，尔后附合至房屋中，其结果是房主可依据善意取得而获得设备的所有权，而善意取得的目的就是让物权取得人不受原权利人的追索。为了避免评价矛盾，仍应认为房主依据建设商的给付行为获取的利益无须返还给失去标的物权利的供货商。此处是价值判断的结果，而非所谓给付型不当得利优先规则的简单适用。

〔2〕 该观点最早由卡纳里斯（Canaris）提出（Canaris, Der Bereicherungsausgleich im Dreipersonenverhältnis, FS Larenz, 1973, S. 799ff., 802ff），之后为学者引介而成为通行学说。参见王泽鉴：《不当得利》（第2版重排版），北京大学出版社2023年版，第81～83页；刘昭辰：《不当得利》（修订2版），台北，五南图书出版股份有限公司2018年版，第13～14页。

〔3〕 参见赵文杰：《给付不当得利返还之客观原因说批判——以德国的理论与实践为借鉴》，载陈小君主编：《私法研究》第18卷，法律出版社2015年版。

〔4〕 参见赵文杰：《给付不当得利返还之客观原因说批判——以德国的理论与实践为借鉴》，载陈小君主编：《私法研究》第18卷，法律出版社2015年版。

〔5〕 具体理由和论证，参见赵文杰：《给付不当得利返还之客观原因说批判——以德国的理论与实践为借鉴》，载陈小君主编：《私法研究》第18卷，法律出版社2015年版。

ob rem)。上述类型受历史影响颇深,[1]仅从文义和逻辑上看未必是全异关系,[2]在法律适用上仅具说明价值,其区分对法适用影响甚微。

如在本章引导案例1中,甲因重大误解撤销买卖合同,则甲在给付A物时的给付目的就嗣后无法实现,甲有权根据《民法典》第985条要求乙返还A物所有权和占有。又如,在本章引导案例2中,甲给予乙彩礼的目的是和乙缔结婚约,若甲、乙确定无法缔结婚约,则甲的给付的目的不达,甲有权根据《民法典》第985条要求乙返还彩礼。

(四)不存在权利阻却抗辩

1. 为履行道德义务为给付

根据《民法典》第985条第1项,为履行道德义务而为给付者不得要求不当得利返还。本权利阻却抗辩的主要理由是"调和法律和道德的关系,使法律规定符合一般道德观念",[3]即法律应尊重道德和礼俗,使道德和礼俗的实现不致因肯认不当得利返还请求权而受影响。其主要适用情形是:没有法律上义务而单纯有道德礼俗上义务者,误以为自己有法律义务而为给付,如侄子误以为对无亲生子女的伯父有法律上的赡养义务而为给付,嗣后不得要求返还。因为,如果给付人明知自己无法律上的义务而为给付,即便该给付符合道德礼俗的要求,该不当得利请求权业已因给付人明知无债务为给付而不成立。

如果不知情的父亲抚养了非亲生的子女,嗣后可向该子女要求不当得利的返还,因为其并不负有养育非亲生子女的道德义务和法律义务(如本章引导案例3)。

2. 债务到期前为清偿

设置此项的理由是:期前清偿,债务并非不存在,债权人受领给付,不能谓无法律上的原因,并且债务因清偿而消灭,债权人亦无得利可言;为避免发生疑义,特规定此项。[4] 实际上,若债权人获得期前清偿,则提前享有了给付标的的使用利益,不能称为毫无得利。因此,其正当化理由因债务人是否意识到提前清偿而有别:在债务人有意识提前清偿时,可视为自动抛弃期限利益;在债务人因错误(无意识)提前清偿时,出于避免返还后又给付的考量,法律直接作的便宜决断。后者的正当性显然更弱。

3. 明知无债务而为给付

根据《民法典》第985条第3项的规定,明知无债务而为清偿者不得要求不当得利返还。明知无债务而为给付之所以会阻却不当得利返还请求权成立,其理由主要是禁止反言,[5]排除自相矛盾的后果。因此,首先,要求债务人清偿时明知自己无法律上义务,因重大过失而不知不能和明知等同。其次,明知自己无债务,而在给付时有保留者,仍可要求返还。譬如,为避免强制执行或遭受其他不利,不得已为给付,则嗣后仍可要求返还。[6]

---

[1] 给付型不当得利的各种样态均可溯源至罗马法中的各种返还之诉,其简要情况,参见[德]马克斯·卡泽尔、[德]罗尔夫·克努特尔:《罗马私法》,田士永译,法律出版社2018年版,第515~517页。

[2] 例如,单从文义上看,给付目的不达型不当得利的外延应很宽广,可包括清偿目的自始无法实现和嗣后无法实现两种情况。但在当代语境下,此处的目的限定于取得目的,而不包括清偿目的。因此,在理解各种类型时,不能仅凭翻译而来的中文语义,尚需结合历史和语境来理解其内涵外延。

[3] 黄薇主编:《中华人民共和国民法典合同编释义》,法律出版社2020年版,第1054页。

[4] 参见黄薇主编:《中华人民共和国民法典合同编释义》,法律出版社2020年版,第1055页。本部分解释基本照录了王泽鉴书中的观点。参见王泽鉴:《不当得利》(第2版),北京大学出版社2015年版,第111页。

[5] 参见黄薇主编:《中华人民共和国民法典合同编释义》,法律出版社2020年版,第1055页。

[6] 参见王泽鉴:《不当得利》(第2版重排版),北京大学出版社2023年版,第155页。

二、侵害型不当得利

所谓侵害型不当得利，源自德文“Eingriffskondiktion”。就其正当化理由，有“违法性说”[1]和“权益归属说”两种。[2] 当前通说是“权益归属说”，其意义是只要专属于他人的权益遭受侵害，则因此受利益者需返还所得的利益。此处并不以获利者实施了加害行为，或加害行为不法为必要。

侵害型不当得利的事实构成为：一方得利、因他人（专属）权益被侵害（借他人之代价）、无法律上原因。

（一）一方得利

侵害型不当得利中的一方得利的意义和给付型不当得利中的相同，可参考前文所述，此处不赘。

（二）因他人（专属）权益被侵害（借他人之代价）

因他人（专属）权益被侵害（借他人之代价）是侵害型不当得利的关键要件。犹如给付概念是确定给付型不当得利请求权成立与否和当事人（主要是返还债务人）的关键，因他人（专属）权益被侵害（借他人之代价）决定了侵害型不当得利请求权是否成立以及相关的当事人（主要是返还债权人）。

具有排他支配性的权利具有权益归属的功能，相关权利人独享对标的的利益。未经权利人同意利用标的者，构成对专属权益的侵害。具有利益归属功能的典型权利有所有权、用益物权（如建设用地使用权）、人格权（姓名权、肖像权、隐私权等）、债权（体现在受取给付的排他利益）。未必具有利益归属功能的权利有营业权等。

（三）无法律上原因

犹如一般侵权中确定违法性主要是考察是否存在排除违法性事由，在侵害型不当得利中，在满足他人（专属）权益被侵害（借他人之代价）要件后，应推定该获利“无法律上原因”，除非得利人能通过证明其获利有正当理由来推翻。因此，侵害型不当得利的“无法律上原因”主要是考察得利人是否具备保有得利的根据。

足以正当化保有利用他人专属权益所获的理由有两类：一类是权利人的嗣后同意；另一类是具有确认保有利益之内容的法律规定。

如果权利人自始就同意他人利用其财物，则不构成对权益的侵害。唯有初始未得到权利人同意利用其财物的情况，才可能构成侵害。利用人可借权利人的嗣后同意终局保有所获利益，得利有法律上原因。

所谓“具有确认保有利益之内容的法律规定”，是指该规定不仅确定了相关权利归属，也为权利人能够保有其取得的利益提供根据。典型的情况有《民法典》第 311 条，该条不仅确认善意取得人获得物权，还肯认其保有该利益而无须返还给原权利人，因为该规定的目的是维护交易安全，防止善意取得人再受原权利人追索。与之相反，《民法典》第 322 条第 1 句虽然规定了添附后物的所有权归属规则，但是并没有认为取得单独所有权者能当然保有添附物的所有利

---

〔1〕 所谓“违法性说”，主要是指侵害型不当得利是对返还义务人不法行为的矫正，内容为剥夺其所得。但该说难以解释两种情况：一是行为合法，仍需返还得利，如攻击性紧急避险人对被牺牲者需承担补偿责任；二是行为不法，未必须返还得利，如侵夺无本权占有人对物之占有者，无须将取得的使用利益归还给无本权的占有人。

〔2〕 参见王泽鉴：《不当得利》（第 2 版重排版），北京大学出版社 2023 年版，第 185～186 页。

益。该条第2句明确规定了因添附丧失所有权者对取得添附物之所有权人有补偿请求权，该请求权的性质实为不当得利返还请求权。

（四）“他人受损失”并非要件

既有的学说〔1〕和不少裁判〔2〕认为“他人受损失”是不当得利请求权的一项事实构成。实际上，从非自愿蒙受不利才属于损失的角度看，在给付型不当得利中，并不存在给付人的损失；而“因给付”和“给付目的落空或不被肯认”足以同“一方获利”一道充实不当得利的积极事实构成，无须将“他人受损失”作为要件。

侵害型不当得利请求权的成立也不以他人受损失为必要。例如，未经所有权人同意使用所有权人闲置的房屋，即便该使用未给所有权人带来任何损失，使用人的不当得利返还义务仍然成立（如本章引导案例4）。

三、费用型不当得利

费用型不当得利，是指返还债权人非以给付方式，自愿使用自己的财物或付出劳力，没有法律上原因增益他人，因此受益者应返还所获利益的一种不当得利类型。其事实构成为：一方非因追求给付目的而自愿使用自己的财物或付出劳力、他方获得利益、一方使用自己财物或付出劳力和他方获益之间有因果关系、他方获益无法律上原因。

费用型不当得利有两种典型的情况：一种是返还债权人误将他人事务当作自己事务，投入财物劳力，增益他人（所谓误信管理）。比如，牧羊人甲误将混入其羊群中的乙的羊当成自己的羊，而为饲养，甲可向乙要求乙返还因此节约的饲养费。另一种是返还债权人误将自己的财物当作他人之财物，用于增益他人。比如，丙误将送到工地给自己的材料当作丁订购的材料，而用于维修，丙可以要求丁返还因此节约的材料费。

由于费用型不当得利是基于返还债权人的自愿行为发生，此处的“无法律上原因”应解释为返还债权人（对事务归属或财物归属）的认识错误（动机错误）。

四、求偿型不当得利

求偿型不当得利是指一方为他方清偿（对第三人的）债务，使后者债务消灭，后者需向替其清偿债务者返还因此所获的利益。其事实构成为：一方清偿了他方对第三人债务、无法律上原因（一方没有为他方偿债的义务）。比如，甲欠乙货款10万元，丙为甲归还，并且乙接受。若认为此时甲的债务因此消灭，而丙又不负有为甲偿还债务的义务，则可认为丙对甲有要求返还债务消灭的利益。

亦有质疑求偿型不当得利是否存在的观点。因为，如果债务人的债务消灭需征得其同意，则即便第三人为其偿债，债权人也接受，在债务人反对时，仍不发生债务人债务消灭的结果，所以债务人不会因第三人的“偿债”行为获得债务消灭的利益。反之，如果第三人替债务人清偿符合债务人的意思，则在债权人接受时，第三人是依无因管理的费用偿还请求权要求债务人返

〔1〕 典型者如王泽鉴：《不当得利》（增订版），北京大学出版社2009年版，第116页；郑玉波：《民法债编总论》（修订2版），陈荣隆修订，中国政法大学出版社2004年版，第89～90页；史尚宽：《债法总论》，中国政法大学出版社2000年版，第74页。有学者主张不当得利的损失（损害）不能同损害赔偿中的损害作同一理解，参见王泽鉴：《不当得利类型论与不当得利法的发展——建构一个可操作的规范模式（下）》，载《甘肃政法学院学报》2015年第6期；但具体当作何解并未言明。

〔2〕 参见最高人民法院（2021）最高法民再249号民事判决书；最高人民法院（2021）最高法民申6391号民事裁定书。

还处理事务支出的必要费用(《民法典》第 979 条第 1 款前半句)。

五、单纯去除型不当得利

单纯去除型不当得利,是指非因人的行为引起的和权益归属关系不符的利益状态。其事实构成可析分为另一方得利、借债权人代价直接得利、无法律上原因。典型例子是因山洪导致上游土地被冲至下游,与下游土地合为一块,上游土地的权利人对下游土地的权利人有不当得利返还请求权。

第三节　不当得利的法律后果

一、返还的客体及返还请求权的形态

本节指称的法律后果为"返还不当利益"。此处的"利益"首先是指得利人的原初所获。若原物产生孳息,返还客体亦包含孳息。[1] 只有在原初所获嗣后原状返还不能或依其性质无法原状返还时,返还客体方可转化为原初所获之外的利益样态,如代偿(物)、金钱价值。

原初所获,是指不当得利债务人最初获得的客体,如物的所有权、占有、劳务、债务的消灭等。客体不以有财产上价值为限,例如,友人书信的所有权并无财产价值,仍可作为返还客体。

如果因原初所获客体的性质或物理上的嗣后消灭致无法原状返还,则返还客体首先转换为原初所获客体的代偿,如保险金(请求权)或损害赔偿金(请求权)。如果既无法原状返还,也没有相应代偿,则返还请求权的形态转为价值偿还。价值偿还数额的基准一般认为是原得利客体的客观价值。[2] 另有观点认为,应根据返还请求权发生事由是否影响对价约定做区分:若影响对价约定效力,应按照客观价值计算;若不影响对价约定效力,应按约定的价值计算。[3]

就价值计算的时点,有不同见解。第一种观点认为,应以不当得利原返还请求权发生时为准;[4]第二种观点认为,应以价值偿还请求权发生时(原状返还不能或依性质本无法返还时)为准;[5]第三种观点认为,应以事实审结束时为准。[6] 第一种观点的主要理由是不当得利返还请求权意在去除得利人的所获,而得利人的所获在不当得利请求权发生时即已确定,价值偿还只是原状返还嗣后不能或依性质自始无法原状返还时的替代救济,应以原初所获时计算所获的价值。至于其后发生价值波动,不应影响返还范围。第二种观点的主要理由是价值偿

---

〔1〕《民通意见》(2021 年 1 月 1 日起停止适用)第 131 条第 1 句规定:"返还的不当利益,应当包括原物和原物所生的孳息。"

〔2〕参见王泽鉴:《不当得利》(第 2 版重排版),北京大学出版社 2023 年版,第 328 页。

〔3〕参见赵文杰:《论不当得利与法定解除中的价值偿还　以〈合同法〉第 58 条和第 97 条后段为中心》,载《中外法学》2015 年第 5 期。

〔4〕Vgl. Palandt (2020) /Sprau, § 818 Rn. 20.

〔5〕参见孙森焱:《民法债编总论》(上册),法律出版社 2006 年版,第 152 页;王泽鉴:《不当得利》(第 2 版重排版),北京大学出版社 2023 年版,第 331 页;刘昭辰:《不当得利》(修订 2 版),台北,五南图书出版股份有限公司 2018 年版,第 177 页。

〔6〕参见黄立:《民法债编总论》,中国政法大学出版社 2002 年版,第 223 页。

还时返还的客体为价值，其在返还义务人中的价值在该请求权产生时方确定，范围包括从原状返还请求权成立至价值偿还请求权发生时的增值。第三种观点的主要理由是不当得利旨在去除得利人的一切不当得利，并且应以返还义务人的整体财产为断，事实审结束时是计算得利范围的最后可能时点，应以此时作为判断价值偿还义务范围的准据点。目前，第二种观点是德国〔1〕的通说，可资考察。

在此基础上，有见解进一步认为应注意两类情形：一是在目的性给付（datio ob rem）时，并非以初始所获时为计算时点，而是以确定目的无法实现时为计算时点，因为此时方确定发生不当得利返还请求权。〔2〕二是在得利人为恶意时，应以言词辩论结束时为计算价值的基准点；得利人为善意且自愿返还时，应以返还时为计算价值的基准点。〔3〕笔者以为第一种情形本为通说涵括，无须特别强调；而第二种情形实际上将价值返还初始额与最终返还范围两个问题混为一谈，得利人的善意与否不应影响价值折算的基准，而只会在最终得利返还范围认定上发生影响。

二、得利丧失抗辩及其限制

《民法典》第 986 条明确规定了善意得利人（不知且不应知得利没有法律原因者）只需承担现状返还义务，对已经不存在的利益无须承担返还义务（主要指价值偿还义务）。该规则与《德国民法典》第 818 条第 3 款〔4〕类似。其主要理由是不应让善意受领人的财产状态因不当得利而受不利影响。〔5〕

在双务合同中，一般认为得利人不能仅因不知且不应知得利没有法律原因（主要是指对返还发生原因不知）而可当然适用得利丧失抗辩，因为双务合同中的得利人应对其自主无瑕疵的财产上决定负责。〔6〕唯有在该财产上决定本身受到返还原因影响而存在瑕疵时，得利人方可援用得利丧失抗辩。影响得利人财产上决定的典型原因是得利人的行为能力欠缺。由于无法理智地判断法律行为的意义和相关处置行为的后果，在善意的不完全行为能力人作出财产处置，致得利客体无补偿灭失时，其不负价值偿还义务。受恶意欺诈、被不法胁迫、因重大误解致合同最终被撤销，善意得利人能否主张得利丧失抗辩，不可一概而论。以受恶意欺诈为例，若欺诈的事实影响受欺诈人后续的财产处置（如出卖人明知汽车操作系统有严重问题而不告知，恰因该问题致车全毁），则受欺诈的得利人可主张得利丧失抗辩。反之，若欺诈的事实未影响受欺诈人的后续财产处置（如出卖人虚构了汽车的行驶里程，但纯因受欺诈人自己操作不当致车全毁），则受欺诈的得利人不得主张得利丧失抗辩，仍需偿还该车的价值。

在错误汇款案型中，就得利返还请求权的具体范围及其是否具有优先于其他一般债权优先受偿的效力存有争议。一种观点认为，善意得利人仍需返还原初所获且该返还请求权为一

---

〔1〕 Vgl. Reuter/Martinek, Ungerechtfertigte Bereicherung 2. Teilband, Mohr Siebeck, 2016, S. 329 (Reuter).

〔2〕 参见刘昭辰：《不当得利》（修订 2 版），台北，五南图书出版股份有限公司 2018 年版，第 177 页。

〔3〕 参见刘昭辰：《不当得利》（修订 2 版），台北，五南图书出版股份有限公司 2018 年版，第 178 页。

〔4〕 其规定为“在受领人不再受益的范围内，其返还或偿还价值的义务被排除”。结合该条第 4 款的规定，本款规定只针对善意得利人。

〔5〕 参见黄薇主编：《中华人民共和国民法典合同编释义》，法律出版社 2020 年版，第 1056 页。

〔6〕 关于得利丧失抗辩在双务合同返还中的限制适用，学说上经历了从“差额说”到“对待给付返还说”和“财产上决定说”并立的解释路径变化，此处采“财产上决定说”为最合理的解释路径。具体学说演化和评析，参见赵文杰：《论不当得利与法定解除中的价值偿还 以〈合同法〉第 58 条和第 97 条后段为中心》，载《中外法学》2015 年第 5 期。

般债权，对其他债权不具有优先受偿性。[1] 另一种观点认为，善意得利人仍可主张得利不存在之抗辩，其返还范围限于中间最低余额且在返还义务人破产时（无论得利人为善意或恶意），返还请求权于中间最低余额范围内优先于一般债权受偿。[2] 笔者认为应以后说为是。

扩展讨论 获利能否要求返还

就得利人利用取得的标的另有所得（获利/利润）时，该获利是否需要返还，存在不同见解。一种观点认为，利益在无法原状返还时，偿还的应为客观价额，不包括超过该客观价额的获利。[3] 其主要理由有3类：一是认为，不当得利本身不是衡平制度，就超过客观价额的获利的归属无法作出决定，相关问题应由不法无因管理等其他制度解决。[4] 二是认为不当得利可以回应获利归属的问题，即超过客观价额的获利往往是基于得利人的个人能力、特质或辛劳付出，应归属于得利人，得利人需返还的仅为一般标的物的使用利益。[5] 三是认为获利返还不属于不当得利返还的根源是其与“权益归属说”这一主流正当化理由不符。[6]

另有观点认为，获利亦可通过不当得利要求返还。其中有一种观点认为，至少恶意得利人应在扣除必要费用后返还全部利润。主要理由有保障矫正正义的实现、应与利用自己的财物获取利益区分对待、比较法上有若干经验支持（典型者为无权处分）。[7] 另一种观点认为，在无权处分案件类型中，作为法律实现权属清晰化目标的工具，将针对标的物的小概率获利增加机会权属明确分配给权利人，减少为争夺该机会产生的租值消散。[8] 笔者认为，应以第一种观点为是。除上述理由外，对无权处分案型补充理由如下：得利人因对原权利人有效的无权处分直接获得的利益并非获取的利润（如通过买卖获得的价金），而是债务（如出卖人向买受人移转标的物所有权和占有义务）的消灭，而利润是基于基础的负担行为（如买卖）获得的，与无权处分并无直接的因果关系。该债务的消灭无法原状返还，只能折算为客观价值。如该标的物为种类物，则其价值表现为在市场上取得该类标的物需花费的金钱（市场价格），其数额和无权处分人所为转售所得数额并不一定等同。因此，在本章引导案例5中，乙不能要求甲返还自丙处获得的价金，只能要求其返还物的客观价值。

此外，就获利返还有特别规定者，从其规定，如《民法典》第1182条、《著作权法》第54条、《专利法》第71条。上述条文构成获利返还的请求权基础。

---

〔1〕 参见司伟：《案外人将其所有的款项误划至被执行人账户后被法院冻结扣划的，案外人请求排除强制执行的，应否支持》，载最高人民法院民事审判第一庭编：《民事审判指导与参考》总第75辑，人民法院出版社2018年版，第243页。

〔2〕 参见黄赤橙：《错误汇款返还请求权优先地位研究》，载《法学家》2021年第4期；其木提：《委托银行付款之三角关系不当得利——以错误汇款为研究对象》，载《法学》2014年第11期。

〔3〕 参见王泽鉴：《不当得利》（第2版重排版），北京大学出版社2023年版，第334页；刘昭辰：《不当得利》（修订2版），台北，五南图书出版股份有限公司2018年版，第168页；缪宇：《获利返还论——以〈侵权责任法〉第20条为中心》，载《法商研究》2017年第4期。

〔4〕 参见王泽鉴：《不当得利》（第2版重排版），北京大学出版社2023年版，第334～335页。

〔5〕 参见刘昭辰：《不当得利》（修订2版），台北，五南图书出版股份有限公司2018年版，第167～168页。

〔6〕 参见缪宇：《获利返还论——以〈债权责任法〉第20条为中心》，载《法商研究》2017年第4期。

〔7〕 参见叶名怡：《不当得利法的希尔伯特问题》，载《中外法学》2022年第4期。

〔8〕 参见刘凯湘、薛启明：《财产规则、责任规则与不当得利规则——侵权法与不当得利法在无权处分案件中的效率性比较》，载《浙江社会科学》2012年第8期。

第四节　不当得利的证明责任分配

一般认为，主张权利的原告应就请求权成立要件负证明责任，被告就权利阻却、消灭或阻止抗辩事由负证明责任。根据不同类型，分述如下。

一、给付型不当得利

在给付型不当得利中，主张返还的原告需就被告获利、因给付获利两项权利发生要件承担证明责任。有争议的是无法律上原因（给付目的落空或目的被否）的证明责任分配。一种观点认为，应分配给主张返还的原告。[1] 另一种观点认为，应由被告承担自己受领给付有法律上原因的证明责任，其主要理由是“无法律上根据（原因）”是一种消极事实，应由主张相反事实的一方（被告）承担得利“有法律根据”的证明责任。[2] 还有一种观点认为，应分情况对待，即应区分法律原因大致清晰和法律原因完全不清两种，前者应由原告承担“无法律上原因”的证明责任，后者应由被告承担证明责任。[3] 笔者认为，第一种学说可资赞同。根据证明责任的规范分配学说，“没有法律上根据（原因）”属于权利发生要件之一，应由主张权利者承担客观证明责任。支持由被告承担客观证明责任者主要依凭“没有法律上根据（原因）”乃消极事实的说服力不足。因为，首先，主张积极事实者负举证责任，而主张消极事实者不负举证责任不足以作为出发点。[4] 其次，“没有法律上根据（原因）”作为消极事实，仍能间接证明，如主张权利者可证明自己的给付系追求一定目的且该目的落空；证明相对方提出的以其他原因受领给付不成立等。只是主张权利者不必穷尽一切相对人可能得利的原因，而仅需就根据事实情况可能的得利原因（包括被告提出的得利原因）做反证。[5] 当然，在肯认“没有法律上根据（原因）”的客观证明责任由主张权利的原告承担的同时，应该承认部分案件中被告有真实陈述义务。[6] 如果被告违反该程序上的真实陈述义务，会促进裁判者形成对原告有利的心证。该义务是否存在取决于原告证明的强度和对被告真实陈述的可期待性。[7] 此外，原告仍是证明责任的承担者，当原告仅能证明被告所述得利原因属真伪不明的程度，仍需承担败诉后果，除非能够让裁判者形成该原因不存在的确信。[8]

---

〔1〕 参见张心怡、王文军、陈蔚如：《不当得利“没有合法根据”要件的证明责任分配》，载《政治与法律》2011 年第 6 期；阚道祥：《“规范说”视角下一般条款的证明责任分配——以我国不当得利诉讼为例》，载《烟台大学学报（哲学社会科学版）》2020 年第 3 期；袁琳：《不当得利“没有法律根据”要件的证明》，载《国家检察官学院学报》2020 年第 3 期。采此见解的裁判如广西壮族自治区高级人民法院（2018）桂民申 101 号民事裁定书。

〔2〕 参见《〈中华人民共和国民法总则〉条文理解与适用》（下册），人民法院出版社 2017 年版，第 829～830 页。采此见解的裁判如最高人民法院（2017）最高法民申 1431 号民事裁定书。

〔3〕 Vgl. Halfmeier, Festschrift für E. Schmidt, 2005, S. 119. Zitiert nach Baumgärtel/Baack, Handbuch der Beweislast, Bd. 3, 4. Aufl., 2019, § 812 Rn. 30.

〔4〕 参见姜世明：《新民事证据法论》，厦门大学出版社 2017 年版，第 224 页。

〔5〕 Vgl. Baumgärtel/Baack, Handbuch der Beweislast, Bd. 3, 4. Aufl., 2019, § 812 Rn. 18ff.

〔6〕 参见王泽鉴：《不当得利》（第 2 版重排版），北京大学出版社 2023 年版，第 106～107 页。

〔7〕 Vgl. Baumgärtel/Baack, Handbuch der Beweislast, Bd. 3, 4. Aufl., 2019, § 812 Rn. 22.

〔8〕 参见姜世明：《新民事证据法论》，厦门大学出版社 2017 年版，第 225 页。

与之相对,应由否定原告权利主张的被告就权利阻却抗辩事由承担证明责任,如明知无债务而给付、为履行道德上义务而给付等。

二、非给付不当得利

在侵害型不当得利中,应由主张返还的原告对另一方得利、因专属权益被侵害承担证明责任。由于专属权益被侵害可推定他方得利没有法律上原因,所以原告无须就此承担证明责任,而是由相对方就得利有法律上原因承担证明责任。

在费用型不当得利中,应由主张返还的原告就另一方得利、自己自愿作出财产性牺牲以及发生动机错误(无法律上原因)承担证明责任。

在求偿型不当得利中,应由主张返还的原告就自己为他方清偿了对第三人的债务、自己无义务为他方清偿承担证明责任。

在单纯去除型不当得利中,应由主张返还的原告就另一方得利、被告借原告代价直接得利、无法律上原因承担证明责任。

主要参考文献

陈自强:《不当得利法体系之再构成——围绕〈民法典〉展开》,载《北方法学》2020年第5期;陈自强:《民法典不当得利返还责任体系之展开》,载《法学研究》2021年第4期;傅广宇:《“中国民法典”与不当得利:回顾与前瞻》,载《华东政法大学学报》2019年第1期;黄赤橙:《错误汇款返还请求权优先地位研究》,载《法学家》2021年第4期;黄赤橙:《得利丧失抗辩研究——以〈民法典〉第986条为中心》,载《华东政法大学学报》2022年第6期;李永军:《“准合同”概念之外延考——对我国〈民法典〉第985条的理论与实证分析》,载《政治与法律》2022年第5期;刘凯湘、薛启明:《财产规则、责任规则与不当得利规则——侵权法与不当得利法在无权处分案件中的效率性比较》,载《浙江社会科学》2012年第8期;刘昭辰:《不当得利》(修订2版),台北,五南图书出版股份有限公司2018年版;王洪亮:《〈民法典〉中得利返还请求权基础的体系与适用》,载《法学家》2021年第3期;王泽鉴:《不当得利》(第2版重排版),北京大学出版社2023年版;谢鸿飞、朱广新主编:《民法典评注:合同编 典型合同与准合同》(第4册),中国法制出版社2020年版;叶名怡:《不当得利法的希尔伯特问题》,载《中外法学》2022年第4期;赵文杰:《给付不当得利返还之客观原因说批判——以德国的理论与实践为借鉴》,载陈小君主编:《私法研究》第18卷,法律出版社2015年版;赵文杰:《给付概念和不当得利返还》,载《政治与法律》2012年第6期;赵文杰:《论不当得利与法定解除中的价值偿还 以〈合同法〉第58条和第97条后段为中心》,载《中外法学》2015年第5期。

第四编

法定之债（二）侵权行为之债

第二十七章　侵权责任法的一般原理

第一节　债的概念与特征

引导案例

1. 甲故意隐瞒已婚且生子事实，通过婚恋网与乙建立联系，恋爱并同居。对此，乙以自己"贞操权"受到侵害，向甲提出精神损害赔偿，是否会得到法院支持？

2. 甲到乙超市购买丙生产的山楂片一袋，因山楂片中有山楂核，导致甲槽牙崩裂。对此，甲应向乙主张违约责任还是侵权责任？

3. 甲公司因欠乙公司巨额借款而被诉至法院，而丙证券公司在收到法院保全通知书和民事裁定书后，即将甲公司的证券分散转移至全国各地，致使乙部分借款无法清偿，对此，乙公司是否有权对丙证券公司提起侵权之诉？

4. 甲盗窃乙的手机一部，乙是否有权向甲主张损害赔偿责任？

一、侵权责任法的概念

侵权责任法，是指调整因侵害民事权益产生的民事关系的法律规范的总称，也称"侵权行为法"或"侵权法"。我国《民法典》以"侵权责任编"表达对"侵权责任"概念的认可。目前，我国理论界普遍接受"侵权责任法"称谓，而以往如同域外法那样称"侵权行为法"。改"侵权行为法"为"侵权责任法"的主要理由包括：承担侵权责任的人不一定为行为人，如监护人责任、雇主责任等，此时采用"侵权行为法"并不准确；侵权行为原本的含义为"不法行为"，而现代侵权法中有大量合法行为致人损害而需承担侵权责任的情形，如高度危险责任等；对于损害赔偿责任之外的侵权责任承担类型，如停止侵害、排除妨碍、消除危险以及消除影响、恢复名誉、赔礼道歉等，传统侵权行为之债无法包括；侵权责任法主要规范侵权责任的成立与承担，重在责任，而非行为。[1] 因此，使用侵权责任法的称呼，更加名副其实。[2] 当然，损害赔偿之外的侵权责任，虽也可称"侵权责任"，但在责任构成、责任抗辩及救济方式等方面与损害赔偿有明显区别，其救济更应适用物权编或人格权编的相关保护规定。

在域外，大陆法系国家将侵权责任规定于债法中，属于法定之债中的侵权行为之债，就法

---

〔1〕 从我国《民法典》侵权责任编的结构上看，除第一章"一般规定"和第二章"损害赔偿"外，其他各章都以"责任"为核心概念，即便是第一章"一般规定"的内容也都是围绕"责任"展开的，所谓"责任归属""责任构成""责任抗辩"，因而称"责任法"更合适。

〔2〕 参见王利明：《侵权责任法研究》（第2版）（上卷），中国人民大学出版社2018年版，第76～78页。

律规范而言,在理论上称"侵权行为法"。英美法系中,侵权法是与合同法、财产法并列存在的私法部门,以判例为主要表现形式,在概念上也称"侵权行为法"。

侵权责任法本身有狭义和广义之分。狭义的侵权责任法,也指形式意义上的侵权责任法,仅指民法典中的侵权责任编或有关侵权责任基本规范的规定,或者单独以"侵权责任法"为名的单行法律。前者如我国《民法典》第七编的规范,后者如我国 2009 年通过的原《侵权责任法》。广义的侵权责任法,是指所有规范侵权责任的法律规范的总称。除《民法典》的侵权责任编外,还包括其他各编中涉及侵权责任构成以及侵权责任后果、侵权责任的抗辩事由等内容,如我国《民法典》总则编民事责任章以及人格权编中的相关条款等。广义的侵权责任法也包括《民法典》之外的相关法律,如《产品质量法》《道路交通安全法》《航空法》《环境保护法》《医师法》等法律规范中涉及侵权责任构成、抗辩、损害赔偿标准等内容的规范。此外,根据全国人民代表大会对最高人民法院和最高人民检察院的授权,相关司法解释也属于广义上的侵权责任法。

二、侵权行为的概念

(一)侵权行为的语源

"侵权行为"是一个外来词,在语源上为拉丁文的 *delictum*,被译作中文"侵权行为"一词的英语 tort、德语 Unerlaubte Handlung、法语"délict",其直接含义并非为"侵害权利的行为",而是包含有过错的"未被允许的行为"或"不法行为"。无论是英美法国家还是大陆法国家,其侵权行为都与罗马法有密切的传承关系。基于公法和私法的划分,罗马法将对他人利益的不利行为区分为公犯和私犯。当"犯"针对的是国家利益时,就是公犯;针对的是个人利益时,就是私犯。公犯、私犯形成的过程,也是侵权行为法与刑法相分离的过程,其结果最终形成侵权行为和犯罪行为两种违法行为的分野。当然,罗马法中的侵权行为除私犯外,还有"准私犯",指没有列入私犯的违法行为。在盖尤斯和优士丁尼一世的《法学纲要》中,记载了 4 种准私犯,包括承审员的渎职行为,倒泼和投掷的责任,堆置或悬挂物体的责任,船东、旅馆业主和马厩商的责任。但后世罗马法的著作也有列入家属或奴隶或牲畜致他人损害的情形。〔1〕从中可以看出,罗马法中的"准私犯"在现代无疑被视为典型的侵权行为,但罗马法将他们与私犯区别,而与准契约对应。

在我国,"侵权行为"一词"最早于清末编定《大清民律》草案时才开始使用"。〔2〕国民党政府时期的民法规定了"侵权行为",但因其文义未能全面涵盖所指称内容,该表达方式被学者或者进行扩张解释,或者进行重新解释。史尚宽先生就已经特别指出,这不过是用其中主要部分来概括全部而已;〔3〕梅仲协先生在谈到侵权行为的意义时认为:民法〔4〕第 184 条至第 189 条各条文中,均明定"权利"二字,一若侵权行为之客体,必须为权利之受侵害,而权利受侵害时,不问财产权抑或人格权,一体得为损害赔偿之请求权也者,衡诸法理,似属不当。他以为各条内"之权利"3 字,应予删去,而第五章之标题"侵权行为"一语,亦宜改为"侵害行为",这样才

---

〔1〕 参见周枏:《罗马法原论》(下册),商务印书馆 1994 年版,第 803 ~ 810 页。

〔2〕 陈涛、高在敏:《中国古代侵权行为法例论要》,载《法学研究》1995 年第 2 期。

〔3〕 参见史尚宽:《债法总论》,中国政法大学出版社 2000 年版,第 105 页。

〔4〕 是指中华民国民法。——引者注

不违背立法之本旨。[1] 王泽鉴先生也认为:“民法”改称为“侵权行为”,系着眼于权益的保护。[2]

我国原《民法通则》使用“侵权的民事责任”一词,通常应解释为:侵害权利的行为所导致的民事责任。在理论界更是普遍接受使用“侵权行为”来表述对绝对权及其他合法利益实施的非法侵害行为。但从2009年的原《侵权责任法》开始,到2020年《民法典》颁布,从法律规定的具体内容以及侵权责任类型的广泛性考虑,我国无论是在立法上还是在理论界普遍接受由“侵权责任”代替“侵权行为”概念。

(二)侵权行为与违约行为

违约行为,是指合同当事人不履行合同义务或者履行合同义务不符合约定时应承担相应民事法律后果的行为。在实际生活中,因一方违约行为可能会导致另一方的人身或财产损害,进而产生违约与侵权的竞合,对此,我国《民法典》第186条规定:“因当事人一方的违约行为,损害对方人身权益、财产权益的,受损害方有权选择请求其承担违约责任或者侵权责任。”本节引导案例2中,因乙提供的商品不符合质量标准要求,如果没有造成甲牙齿的损害,甲仅能对乙提出承担违约责任请求,并可根据《食品安全法》或《消费者权益保护法》的相关规定主张相应的惩罚性赔偿。而该案实际情况是造成了甲的人身损害,对此,甲当然有权主张使乙承担违约责任,但也有权主张乙承担侵权责任。考虑《民法典》第584条对违约责任损害赔偿的限制,该案受害人主张对方承担侵权责任更有利。因违约行为与侵权行为所产生的法律效果都是针对特定人的请求权,大陆法系国家均将二者作为债的发生原因。尽管有时侵权行为与违约行为也会产生竞合,但侵权行为与违约行为存在明显的区别,表现在如下三方面。

1. 产生的基础不同。违约行为须以当事人之间事先存在特定的合同关系为前提,解决纠纷适用合同法规则;侵权行为的当事人之间事先并无特定的关系,因侵权行为产生的民事关系由侵权法规制。

2. 违反义务的性质不同。违约行为侵害的是债权,是对人权,当事人违反了作为的义务(应为而不为);侵权行为侵害的是物权、人身权或知识产权等绝对权,是对世权,违反的主要是不作为的义务(不干涉义务)。

3. 责任性质和特点不同。违约责任允许当事人约定,侵权责任则被法律禁止约定;违约责任的范围事先可预见,侵权责任的范围是视侵权结果而定的;合同债务可以抵销,侵权之债不得抵销;合同中通常可以设置免责条款,以事先免除违约责任,但侵权责任法律禁止事先免除。

(三)侵权行为与无因管理

无因管理,是指没有法定或约定的义务而有意管理他人事务的行为。[3] 因无因管理所产生的债被称为法定之债。无因管理也被称为准合同,这在《意大利民法典》和《法国民法典》中都有明确规定。这种做法与英国不同,依英国普通法观点“并不存在正式的被称为‘无因管理’的法律机制”。因此,即便为他人利益而“提供了服务、劳务或金钱”,也不对“其所拯救的财产或受益的财产产生任何留置权,也不单独产生偿还所付费用的义务”。[4]

---

〔1〕 参见梅仲协:《民法要义》,中国政法大学出版社1998年版,第185~186页。

〔2〕 参见王泽鉴:《侵权行为法:基本理论　一般侵权行为》(第1册),中国政法大学出版社2001年版,第59页。

〔3〕 参见李永军:《论我国民法典中无因管理的规范空间》,载《中国法学》2020年第6期。

〔4〕 [德]克雷斯蒂安·冯·巴尔:《欧洲比较侵权行为法》(下册),张新宝译,法律出版社2001年版,第626页。

无因管理是介于合同与侵权行为之间的法律制度，没有法定或约定的义务管理他人事物往往会与侵权行为相混淆。但是，作为不同的债的发生原因，法律对二者的要求毕竟不同，其区别主要包括以下几点。

1. 性质不同。侵权行为系非法侵害行为，是被法律所否定的行为；而无因管理则是为他人管理事务的行为，客观上要求为他人管理事务，属于做“好人好事”，该行为阻却违法。

2. 构成要件不同。侵权行为以行为人主观过错为一般构成要素，强调行为人为自己利益考虑实施侵害行为；而无因管理则要求客观上管理他人事务，主观上也须有为他人利益、按照他人意愿管理事务，即要有为他人谋利益的主观意图。

3. 法律后果不同。侵权行为的法律后果是使侵权人承担损害赔偿责任；而无因管理的后果则仅产生必要管理费用的返还效力，没有必要费用支出，则不存在债的关系，本人也无须承担其他非财产责任。即便是不适法的无因管理，也仅是管理行为与本人意思不符而已，也能阻却违法性，所以其效力与侵权行为也不相同。

（四）侵权行为与不当得利

不当得利，是指没有合法根据使他人受损失而自己获得的利益。不当得利实际上是以行为后果上是否存在财产利益为判断标准的。所以，不当得利的形成原因是多样的，侵权行为是针对受害人权益的侵害，行为人可能因此获得财产利益，也可能并未获得财产利益。在前述情况下，自然可能产生不当得利，发生侵权行为与不当得利之竞合情形。

但毕竟不当得利与侵权行为是两种不同的制度，在实践和理论上应做适当的区分。二者的主要区别表现在如下 3 点。

1. 形成原因不同。侵权行为系基于非法侵害行为而成立的；而不当得利的形成原因复杂，因不当给付、法律规定、事件、侵权行为、无因管理等均可形成不当得利。

2. 构成要件不同。侵权行为以行为人过错、损害事实、行为违法和因果关系为要件，并不问行为人是否获得利益；而不当得利则无论行为人主观上是否有过错、行为是否达到违法程度等，如果行为人未因此获利，则不能构成不当得利。

3. 法律后果不同。不当得利的后果为不当得利的返还，以取消受益人的不当得利；而侵权行为的法律后果是行为人承担以损害赔偿为核心的法律责任，即以补偿受害人的损害为目的。

三、侵权责任法的地位

在不同历史时期，侵权法在私法体系中的地位并非相同。大陆法系国家中，有关侵权法的地位问题是法典化后的话题，传统的侵权法继受罗马法债的概念和体系，一直以来，侵权行为与不当得利、无因管理和合同一并作为债的发生原因而被列为债法的组成部分，其理由是此四者在形式上产生相同的法律效果，即一方当事人可以向另一方当事人请求为特定的行为，此种特定人之间可以请求为特定行为的法律关系，就是债的关系。这种做法长期以来被认为是当然的，此观念与英美法国家将侵权法作为与财产法、合同法相并列的独立法律部门不同。

（一）侵权法在罗马法中的地位

《优士丁尼法典》虽以法典命名，却不是现代法典意义，而是诸法合一的综合性法律。虽无严格的法律概念，而只是对具体事务的处理方法，但其中的侵权法律内容却是丰富的，《十二表法》共 110 条，其中仅第 8 表“私犯”就有 29 条，可以说早期的罗马法是非常重视侵权法的。实际上，在罗马法中，自对“私犯”实施“罚金”处罚后，侵权行为即作为债的组成部分了。[1] 而且，其将债分为契约之债和基于不法行为之债的做法，对后世产生了重大影响。

（二）《法国民法典》中的侵权法

1804年的《法国民法典》是近代欧洲法典化运动的第一个成果。其侵权法的地位和结构模式具有独创性。法典以《法学阶梯》为基础，采取的是三编制。侵权法位于第三编的第四章“非因合意发生的债”中的第二节“侵权行为与准侵权行为”，与第一节“准契约”并列。就此而言，法国法中的侵权行为法属于债法的组成部分，但在结构上并非与契约并列，而是与无因管理和不当得利这些准契约并列。从条文上看，有关侵权法的条文（第1382条至第1386条）只有5条，占债法数的0.42%，而有关契约的条文有1011条，占债法数的85%。[2] 据此，可以说1804年的《法国民法典》对侵权法并没有给予足够重视。正因可供裁判适用的侵权法规范短缺，实际上法国的侵权法更多依靠司法实践的创造。

（三）《德国民法典》中的侵权法

1900年1月1日实施的《德国民法典》采取《学说汇纂》即潘得克顿模式，以高度抽象化概念将各种规定制度化，债法制度独立成编，在法律效果上都产生一方得请求另一方为特定行为的考虑，将侵权行为作为债的发生原因而与合同、不当得利、无因管理并列。其五编制中，第二编为债的关系法，其中，第七章“各种债的关系”中以“侵权行为”作为第二十五节，并与具体合同、无因管理和不当得利等并列。理论上侵权行为与无因管理、不当得利共同组成法定之债。从条文数上看共31条，约占债法（共613条）的5%，[3] 就此而言，德国侵权法地位比法国侵权法有所增强。但基于对法官的警惕，德国侵权法采取的是封闭式规范。为解决实际问题，德国司法实践中通过与基本法的结合，在创设民事权利的同时，也发展了其侵权法。[4]

（四）英美法中的侵权法

英美法没有继受罗马法债的概念，侵权法也不属于债法的组成部分。其独立的侵权行为法模式是历史形成的。英国侵权法起源于12世纪的令状（writ）。令状是由国王发出的一种诉讼形式，只有符合令状形式，权利才能得到救济。因令状的具体性，一个救济需要一个令状，导致最终形成的侵权类型都是具体的，而没有抽象的侵权行为。“法院依特定的令状，经由诉讼而创造某种得为主张的救济。”[5] 19世纪中期，令状制度被废除，使侵权法独立发展。在英美法中，侵权行为法是一个独立的法律部门，与合同法和财产法共同组成其私法体系，其中并无可以普遍适用的一般条款，只有数百年司法实践发展出来的数目庞大的具体侵权行为类型。

（五）我国侵权法的地位

我国古代因诸法合一，侵权法从责任角度规定于法律体系的各方面。中华民国时期，《中华民国民法》承续《德国民法典》，其侵权法隶属于债法。新中国成立后，相当长一段时期缺乏民事方面的基本法律规范，直到1986年原《民法通则》颁布。原《民法通则》具有中国特色，在“民事权利”章的“债权”一节中，虽然其第84条对债定义为“按照合同的约定或者法律的规

---

〔1〕 参见[意]朱塞佩·格罗索：《罗马法史》，黄风译，中国政法大学出版社1994年版，第31页。

〔2〕 参见麻昌华：《侵权行为法地位研究》，中国政法大学出版社2004年版，第100~104页。

〔3〕 参见麻昌华：《侵权行为法地位研究》，中国政法大学出版社2004年版，第113页。

〔4〕 最典型的是其对一般人格权和营业权的创设。

〔5〕 王泽鉴：《侵权行为法：基本理论　一般侵权行为》（第1册），中国政法大学出版社2001年版，第50页。

定，在当事人之间产生的特定的权利和义务关系”，但后面并无侵权法内容，法定之债中除两个有关不当得利（第92条）和无因管理（第93条）的条文外，都是有关合同的规范。侵权法的内容规定在第六章“民事责任”中，从条文数看涉及侵权责任的有20条。上述情况说明，原《民法通则》对侵权法是重视的，同时显现相对独立的侵权法端倪。

在《民法典》制定过程中，对于侵权法的地位理论上争议很多，主张侵权责任法独立成编的观点逐渐为多数人所接受。从第四次民法典起草期间，2002年12月第九届全国人大常委会审议的《民法（草案）》中，侵权责任法为独立一编，到2009年《侵权责任法》的单独出台，以及2020年《民法典》中侵权责任的独立成编，说明在侵权责任法的地位问题上，我国立法机关采纳了理论界多数人的意见，并与传统大陆法国家有所不同。当然在形式上的独立成编，并不意味着在法律体系上其独立于债法。我国《民法典》第118条第2款规定：“债权是因合同、侵权行为、无因管理、不当得利以及法律的其他规定，权利人请求特定义务人为或者不为一定行为的权利。”说明侵权行为体系上属于债法的基本观点并未改变，而第468条更规定：非因合同产生的债权债务关系，适用有关该债权债务关系的法律规定；没有规定的，适用本编通则的有关规定，但是根据其性质不能适用的除外。该规定进一步说明，我国《民法典》合同编的通则分编起到债法总则的作用，侵权责任编中未规定的，直接适用合同编通则分编的规定。因此，我国的侵权责任法仅是形式上的独立。

四、侵权责任法的客体范围

（一）侵权责任法客体概述

侵权责任法的客体，是指何种权利或利益受到侵害后适用侵权责任法救济，也即侵权行为涵摄的范围。基于法律的分工以及法律救济本身的局限性，并非所有的民事权益受到侵害都由侵权责任法救济，即并非侵害行为皆可构成侵权行为，都由当事人承担侵权责任。对侵权责任法客体范围的限制，各国做法并不相同。

《德国民法典》第823条规定：“故意或有过失地不法侵害他人的生命、身体、健康、自由、所有权或其他权利的人，负有向该他人赔偿因此而发生的损害的义务。违反以保护他人为目的的法律的人，负有同样的义务。”该规定明确列举了受法律保护的法益范围，但显然该客体范围是非常有限的，在实践中这种规定模式未得到维护，也未达到良好的法律安全的目的。例如，借助《德国民法典》第826条规定，将有意识的违约总是视为以违反善良风俗的方式侵害他人的侵权行为，这样，针对债权就一般可以提供侵权法上的救济，但是，此时已不需要故意的要件，而且扩张了违反善良风俗的要件。为了对纯经济损失提供救济，德国法还扩大了违约责任的范围（缔约过失、积极侵害债权、合同附保护第三人效力等）。为了适应“保护他人为目的的法律”，保护广义上的财产，德国法发明了“社会交往安全保障义务”，并承认了一个特殊的权利——“企业营业权”。所以，可以认为，《德国民法典》中的相关规定过于狭窄，导致法院向不特定的一般条款“逃逸”，使僵硬的立法条文转而引起相异于其本来所追求的目标。[1]

而法国法则走向另一极端，《法国民法典》第1832条对侵权法的客体范围基本未进行限制，即所谓“任何人为使他人受损害时，因自己的过失而致行为发生之人对该他人负赔偿责任”。其概括性规定不能为法庭提供可资裁判的充分论证基础。所以，法国的侵权法在司法实

---

〔1〕 参见［奥］海尔穆特·库奇奥：《损害赔偿法的重新构建：欧洲经验与欧洲趋势》，朱岩译，载《法学家》2009年第3期。

践的要求下，更像判例法。

在我国，对侵权法的客体的明确规定始于原《侵权责任法》，其第 2 条除在第 1 款明确规定“侵害民事权益，应当依照本法承担侵权责任”外，还于第 2 款采用外延未封闭的方式列举了“本法所称的民事权益”，包括生命权、健康权、姓名权、名誉权、荣誉权、肖像权、隐私权、婚姻自主权、监护权、所有权、用益物权、担保物权、著作权、专利权、商标专用权、发现权、股权、继承权等人身、财产权益。该列举模式原是因为第 1 款太过笼统，不利于适用。但显然具体权利类型是不可能穷尽的，而且，该列举中也存在严重问题，比如，没有列举“身体权”，显然不是疏忽，而是认为有“健康权”即足以解决身体权保护。又如，“婚姻自主权”和“监护权”是否为一项独立的民事权利争议很大。此外，该列举模式更有逻辑混乱等问题。《民法典》对侵权责任范围的规定体现在两处，一是第 120 条规定的“民事权益受到侵害的，被侵权人有权请求侵权人承担侵权责任”；二是第 1164 条概括规定的“本编调整因侵害民事权益产生的民事关系”。显然采取了不同于原《侵权责任法》的做法。“民事权益”范围广泛，既有权利，也包括利益，而仅就民事权利而言，类型多样，有自然权利和实证权利、绝对权和相对权、财产权和人身权等分类；并非所有的民事权利都由侵权责任法救济，民事权益也并非受到同等程度的救济，这种观点是没有争议的。具体哪些权益应该由侵权责任法救济，救济的程度如何不同等问题必须明确，这就使对侵权责任法的客体范围的讨论成为必要。从侵权行为的基本含义角度分析，侵权行为的客体应包括以下几项。

（二）侵权责任法客体范围

1. 绝对权利

从文义解释角度分析，侵权行为应是指侵害权利的行为，所以，民事权利是侵权责任法的当然客体，但是，这里侵害的“权利”并非权利的全部。传统理论认为，民事权利以效力范围不同分为绝对权和相对权，绝对权指权利的效力范围及于权利人之外所有人的权利。任何人都有注意避免侵害他人权利的义务，对该义务的违反即构成对权利的侵害。所以，物权、人身权、知识产权等都属于侵权法的客体；而相对权的效力范围仅及于特定的人，其义务主体具有特定性。义务主体之外的人通常并不知悉权利的存在，也就不能要求其注意避免侵害。例如，最典型的相对权是债权，其义务主体只能是债务人本人，该义务违反通常适用违约责任规制，属于合同法范围，所以，债权通常并非侵权责任法的客体。《德国民法典》第 823 条第 1 款列举的权利皆为绝对权，其对“或者其他权利”的解释上也是指绝对权。我国原《侵权责任法》第 2 条列举的各种权利也都为绝对权，《民法典》虽未采取明确列举方式确定其客体范围，但从解释上其客体为物权、人身权、知识产权等绝对权也是共识。

当然，必须明确的是，并非任何情况下对绝对权的侵害都须经由侵权责任法救济。合法的民事权利其自身即具有自我保护功能，如所有权，其本身具有占有、使用、收益、处分以及排除他人干涉的权能，当这些权能或某一项权能受到侵害时，其本身的救济功能首先发挥作用，如本节引导案例 4 中，甲盗窃乙的手机，是对乙的手机所有权的侵害，对此首先应考虑的保护手段是乙对手机占有的恢复，而不是侵权责任法中的损害赔偿。根据《民法典》第 235 条的规定，乙“可以请求返还原物”。当然，如果甲将手机转让或毁损，依靠所有权自身的保护功能无法实现时，则必须通过侵权责任法中的损害赔偿方式救济。因此，该案如果被盗手机仍在甲处，乙应依据《民法典》第 235 条通过物权保护方式恢复对手机的所有状态，而如果无法返还原物，才能寻求侵权责任法的救济方式,要求甲赔偿损失。

2. 受法律保护的利益

因权利类型化的局限性所决定,法律不可能将所有的利益均以权利形式列举规定。侵权法所要保护的利益除法律规定的绝对权利外,还包括没有上升为权利而应当受到法律保护的某种利益,如被我国学者将德语中的“Rechtsgut”翻译为“法益”的利益。所谓“法益”应是指“权利之外的受法律保护的利益”,“法益”是相对权利而言的概念。在德国法中,生命、身体、健康和自由是权利之外应受德国侵权法保护的利益。《日本民法典》第710条在列举规定与主体人格有密切联系的利益时,也没有使用“某某权”,该条规定:“无论侵害他人的身体、自由或者名誉的场合,还是侵害他人的财产权,依照前条负损害赔偿之责者,对于财产以外的损害也要予以赔偿。”第711条也只是规定侵害他人“生命”者要承担责任,而没有称为“生命权”。所以,侵权行为不仅包括侵害“所有权或者其他权利”,也包括侵害受法律保护的利益。

当然,现代社会人格权概念逐渐盛行,很多国家将重要的人格利益上升为权利,如隐私权、名誉权等,德国还通过其基本法的适用创设了“一般人格权”。在我国《民法典》中有关人格权的规定是相对丰富的,除第110条将主要的人格利益明列为权利外,在第109条也明确规定“自然人的人身自由、人格尊严受法律保护”。当然,对于未权利化的利益,仍需要根据现实人们的一般观念来决定是否属于侵权法所涵摄的范围,只有能够纳入《民法典》第109条范围的利益,才能得到法律的保护和救济,否则,就会使侵权行为法变成一个巨大无比的“箩筐”。例如,四川省某市陶某萍在一起交通事故中嘴唇裂伤。经交管部门认定,肇事司机吴某负全部责任。陶某萍认为自己因嘴唇裂伤而无法感受丈夫的亲吻;也无法满足女儿向自己“索吻”。于是向法院提出除身体权、健康权、财产权外,自己的“亲吻权”也受到了侵害,请求法院一并判决吴某赔偿损失。[1] 又如,北京某地的史某与哥哥多年无来往,父亲去世时,哥哥自己处理了后事,并在火化后,未保留骨灰。若干年后,史某得知情况,非常难过并气愤,以自己对父亲的“悼念权”受到侵害为由将哥哥诉至法院,要求其讲清楚父亲死亡的情况,并检讨自己的不妥之处,以及赔偿精神损失若干。日常生活中因骨灰盒丢失而引起的纠纷中,也常见原告认为保管人侵害了其“悼念权”,并据此提出精神损害赔偿请求的案件。[2] “亲吻”“悼念”不是法律权利中的内容,是否为侵权法要保护的利益,应由法官视情况根据社会一般观念决定,并非当然保护。否则,就有可能出现“吃饭权”“穿鞋权”“走路权”等权利泛滥情形。对本节引导案例1,可以认为,虽然我国立法并未规定“贞操权”,但“性的自我决定权”是被实践承认的,而且《民法典》第1010条明确规定“禁止性骚扰”,因此,某甲在有配偶的情况下,采取欺骗手段,使不知情的乙与其恋爱同居,严重侵害了乙的人格尊严,其行为比“性骚扰”更严重。可以被解释为侵害了《民法典》第109条规定的乙的一般人格权,并支持其精神损害赔偿请求。

目前,我国立法上规定或司法上承认的受法律保护的利益主要有:占有、个人信息、声音利益、死者人格利益、商业秘密等。此外,在司法实践中,对受法律保护的利益,可以由法官根据案件具体情况,考虑对利益的独立性、合法性、私益性和可救济性的认定。[3] 对所谓“纯经济

---

[1] “陶某萍诉吴某道路交通事故人身损害赔偿纠纷案”,四川省广汉市人民法院(2001)广汉民初字第832号民事判决书。

[2] 参见郭志霞:《祭奠母亲发现独缺自己 妹妹为争悼念权告哥哥》,载《北京娱乐信报》2003年11月18日。

[3] 参见程啸:《侵权责任法》(第3版),法律出版社2021年版,第149~150页。

利益损失”的保护主要是因果关系判断问题，如果认定损失与行为人的行为之间具有因果关系，就应支持受害人的请求。比如因律师的疏忽使代书遗嘱无效，遗嘱继承人无法依遗嘱获得遗产，即属于因过失致他人财产损害，而应承担损害赔偿责任。[1]

3. 特定情况下的债权

债权是否可为侵权责任法客体是一个有争论的问题。依据传统民法理论，债权为存在于特定当事人之间的权利，属于相对权，在权利保护上也具有相对性。当事人以外的人通常不具有侵害债权的能力。侵权行为与违约行为的区分，使侵权行为所涵摄的范围被限定在绝对权领域，而对于以合同权利为核心的属于相对权的债权的侵害，则坚守债的相对性规则，债权人只能请求特定的债务人承担债务，即债只对债务人有拘束力，排斥第三人对债的责任。因此，各国在立法上对第三人侵害债权的行为并不视为侵权行为。但在现代社会，基于任何权利都具有不可侵犯的特性，以及在哲学上从个人本位向社会本位的转变，在法律观念上，义务的负担不仅出于义务人意思，法律的任务也不仅在于保护个人权利。在具体法律制度上，债权的相对性无非说明债务人负有保证债权实现的积极义务，而并不能推导出其他人可以对债权实施侵害，就不可侵犯性而言，绝对权与相对权并无区别。反映在司法实践中，英美法通过国家干预合同关系的确立，改变了债权不能成为侵权行为客体的观念。大陆法国家则是通过对法律规定的扩张解释，在司法实践中确立了第三人侵害债权制度。[2]

我国对债权的不可侵犯性研究并不深入，立法上也未在一般意义上承认债权可为侵权法客体。当事人一方因第三人的原因造成违约的，应当向对方承担违约责任。但我国立法上也并未限制债权作为侵权法客体，《民法典》第 186 条有违约责任与侵权责任竞合的规定。此外，在司法实践中常有对债权侵害承担侵权责任的判例。[3]

第三人侵害债权，是指债的关系以外的人故意或与债务人恶意串通实施的旨在侵害债权人债权，并造成债权人损害的行为。债权系债权人与债务人间的相对性权利，不易为外部获知，故债权不应与绝对权受同等程度之法律保护。但是债权并非被完全排除在侵权法的保护范围之外，如明知他人存在或有可能存在的债权，而恶意加以侵害的，侵权法应予保护，即在第三人明知他人债权存在的情况下，对其造成的债权人损害承担侵权责任的合理性也是对违反注意义务的责任承担。如前所述，物权、人身权和知识产权都属于绝对权，是对世权，任何人都具有不得侵害的义务，而一旦未尽该义务，即构成侵权。债权作为相对权，通常只有与之有权利义务关系的人才知悉其存在，自然也只有该他人负有义务。但是，此效力仅是对债的内部效

---

[1] 参见“王某富诉三信律师所财产损害赔偿纠纷案”，载《最高人民法院公报》2005 年第 10 期。

[2] 事实上，对传统民法从权利的效力所及范围的角度将权利二分为绝对权与相对权的做法，并非不被质疑。史尚宽认为，两者并不能概括一切权利，如撤销权两者都不属；物权在限制物权场合，具有相对权的色彩；亲属权有认为是绝对权，有认为兼具两者，如夫妻关系；债权通说认为是相对权，但在雇佣契约场合，若第三者使债务人负同样之债务，或在交付特定物时被第三者毁灭，构成给付不能，应当构成侵权行为，所以债权也有绝对权的效力。参见史尚宽：《民法总论》，台北，正大书局 1980 年版，第 16 ~ 17 页。在法国、德国、日本，物权和债权的截然区分被很多学者质疑与批判。在司法实践中，法国利用民法典规定的概括性将第三人侵害债权的行为直接作为《法国民法典》第 1382 条的规范内容；而在德国和瑞士因原本民法典并不以权利为侵权行为要件，所以，对侵害债权的行为就适用侵权行为中的“违反法律保护规定或以违背善良风俗”类型解决。英美法承认债权可为侵权行为客体也经历了较长过程，在多个案例的判决影响下，英美法确立了在第三人引诱或故意情况下对债权的侵害可构成侵权行为的规则。

[3] 参见“上海普鑫投资管理咨询有限公司诉中银国际证券有限责任公司财产损害赔偿纠纷案”，载《最高人民法院公报》2014 年第 10 期。

力的表述,债权的存在并非必然排除第三人的知悉。在理论上,知悉债权存在的人,都具有避免侵害的义务,当债的关系之外的人为自己的目的,恶意阻止债权实现时当然也构成对他人利益的侵害,自然也属于义务违反,对债权人的损害也应有法律予以救济。囿于违约责任需有合同基础的限制,对第三人侵害债权的规制列入侵权行为范畴是顺理成章的。在本节引导案例3中,丙证券公司的行为为典型积极侵害债权行为,对乙公司实现对甲公司的债权造成的困难,丙证券公司应承担相应的责任,如果因此导致乙公司对甲公司的债权不能实现,则应该由丙证券公司承担侵权赔偿责任。

在司法实践中,认定第三人侵害债权成立侵权责任,需具备下列条件:(1)被侵害的债权合法有效;(2)行为人明知该债权存在;(3)行为人实施了侵害债权的行为;(4)侵害行为造成了债权损害的后果。

当然,毕竟债权与物权或人格权在客观上的表现不同,法律在保护的规则上也有区别,所以侵权行为人仅在例外情况下须赔偿债权人所受损失。其理由在于:债权不具有典型的社会公示性,行为人无从得知债权的存在,若动辄要求其承担债权人的损失,将使其责任范围漫无边际,不利于保护民众的行动自由。

五、侵权责任法的功能

(一)侵权责任法功能概述

侵权责任法的功能是侵权责任法的社会目标,在不同时期,法律制度的功能并非一成不变。“侵权行为法的机能在其历史发展中迭经变迁,如赎罪、惩罚、威吓、教育、填补损害及预防损害等,因时而变、因国而不同,反映着当时社会经济状态和伦理道德观念。”[1]关于侵权责任法的功能,我国理论界有不同观点,有“单一功能说”、“双重功能说”以及“多重功能说”。

“单一功能说”认为,我国侵权责任法的基本功能是“填补损害”,预防功能实质上是损害赔偿影响下的反射功能,为损害赔偿的“副产品”,而惩罚性不属于私法的功能,惩罚性赔偿是侵权责任法的例外规则。[2] “双重功能说”认为,侵权责任法的功能一般有两方面:填补损害(补偿)和预防损害(遏制)。在非财产损害的金钱赔偿中,侵权行为法还有对被害人抚慰的功能。[3] “多重功能说”中有“三功能说”和“四功能说”观点,“三功能说”认为,侵权责任法的功能包括惩罚、遏制和预防、补偿;[4]“四功能说”则认为,侵权责任法的功能包括补偿被侵权人一方的损失、预防损害、教育与惩戒、分担损失与平衡社会利益。[5] 要正确认识侵权责任法的功能,必须明确以下几方面的问题:一是法律规范与道德、宗教等其他社会规范的功能不同;二是刑法、行政法等公法的社会功能与作为私法的民法的社会功能不同;三是任何法律规范的功能不仅有局限性,也在变化之中。

根据我国《民法典》侵权责任编相关条文的规定,多数学者认为,我国侵权责任法具有多重功能,典型的功能包括补偿功能、预防功能、惩罚功能。

---

[1] 王泽鉴:《侵权行为法:基本理论 一般侵权行为》(第1册),中国政法大学出版社2001年版,第7页。

[2] 参见尹志强:《侵权行为法的社会功能》,载《政法论坛》2007年第5期。

[3] 参见王泽鉴:《侵权行为法:基本理论 一般侵权行为》(第1册),中国政法大学出版社2001年版,第7~10页;王卫国:《过错责任原则:第三次勃兴》,中国法制出版社2000年版,第233页。

[4] 参见江平主编:《民法学》,中国政法大学出版社2000年版,第741页。

[5] 参见张新宝:《侵权责任法》(第2版),中国人民大学出版社2010年版,第8~9页。

（二）补偿功能

补偿功能，是指因侵权行为造成的损害，通过侵权责任人承担的损害赔偿责任填补，使其恢复到权益被侵害之前的状态。损害赔偿遵循“损害多少赔偿多少”原则，除一般侵权行为适用外，环境污染、生态破坏责任中专有的“生态环境修复责任”本质上也是补偿功能的体现。

补偿功能是侵权责任法的基本功能。因为，损害赔偿基本上不审酌加害人的动机、目的等。归责原则的直接目的在于确定责任人，一旦责任人确定，其赔偿数额原则上不因加害人故意或过失的轻重而有所不同。侵权责任法的基本目的并非惩罚加害人，而在于使被害人的损害能获得实质、完整、迅速的填补，侵权救济也是以恢复被侵害的权利或利益到如同没有被侵害时的状态为目标的。现代侵权法上，过错责任的客观化、举证责任的倒置、无过失责任等制度的建立及损害赔偿数额的合理化，乃至责任保险和社会保障制度的扩张等，无一不是基于充分填补受害人损害而设立的规则。

（三）预防功能

预防功能，是指通过侵权责任的规定，引导人们实施正确的行为，遏制各种侵权行为的发生，通过剥夺侵权行为人的非法利益，甚至对其进行惩罚性赔偿而实现有效阻吓侵权行为目标。法律规范具有行为模式的作用，教导人们依法律规范确定的方式进行活动，不得在规范外进行活动，在此意义上，任何法律规范都有预防功能。预防损害的发生当然是立法的最高境界，但有些社会危险则存在于社会必须的活动中，在各类高度危险作业中，事故损害事实防不胜防。侵权责任法无法制定专门的预防规则实现其预防功能，在一般侵权行为中，其预防功能是通过过错归责和损害赔偿制度来实现的。在特殊侵权行为领域，则是通过损害赔偿，提高保险费用等制度促使行为人主动做好预防损害发生措施，进而实现预防功能的。就侵权法而论，因其基本目的是使当事人所受损害得到赔偿，通过使侵权人承担损害赔偿责任，甚至在特别的领域承担惩罚性赔偿责任的规定来遏制不法的或反社会的行为，这实际上说明“遏制”（预防）是通过损害赔偿功能实现的。

（四）惩罚功能

在民法中，惩罚功能主要体现在立法对惩罚性赔偿的规定中，我国《民法典》除第 179 条第 2 款有指引性规定外，对惩罚性赔偿在第 1185 条、第 1207 条、第 1232 条均有具体规定。在相关的单行法中，适用惩罚性赔偿的规范也很多，如《消费者权益保护法》《食品安全法》《商标法》《专利法》《著作权法》等。但作为一项具体制度，在现代社会中，“惩罚”当事人，即便在公法中也仅是法律的低级目标，而不是其最终目的。在私法领域，从惩罚性赔偿制度产生的原则来看，这一机制本身其实是作为实现一项法律制度的某种特定社会效果的手段而存在的。

在损害赔偿法中，“惩罚”，是指对超过实际损失部分进行的赔偿，是独立于补偿性赔偿而额外支付的赔偿金，它不以受害人所遭受的损失为限，甚至有时根本不考虑受害人所受损失的大小，只要加害人的行为达到法律上可指责的程度，就可以处以惩罚性赔偿。

在域外，惩罚性赔偿主要在美国法中采用，为美国所固有。美国学者一般认为惩罚性赔偿具有补偿、惩罚和遏制等多重功能。由此可知，美国侵权法中的惩罚性赔偿金中包含两部分：一部分是对受害人实际损失部分的补偿金额；另一部分是超过实际损失的部分金额。以实际判例的情况理解，后一部分才是惩罚性赔偿金，只不过法庭在判决时是一并给予的。

近年来，惩罚性赔偿突破法系的束缚，对大陆法国家产生了一定的影响，在适用范围上，也突破了侵权法的约束,被应用于契约法、反垄断法、环境法等法律部门。从历史上看,英美法中的惩罚性赔偿最初的主要功能是惩罚被告,并对原告进行补偿。

我国很多学者认为,惩罚仍是现代侵权法的功能之一。但在对此功能进行论述时,基本是从古代或近代法中展开的,而对现代侵权法中是否还具有惩罚功能大都未从正面论述。从以"惩罚性赔偿"为名称出现的论文中看,作者对侵权法具有惩罚功能大多持肯定观点。[1] 近年来,已有学者对惩罚功能持否定意见。[2]

对侵权法的惩罚功能要从两个角度分析。一是从侵权法功能的演进历史看,它经历了一个从人身责任到财产责任,从惩罚占主要地位到次要地位并最终从侵权法中消失的过程。二是从现实角度,惩罚性赔偿与民法的平等原则冲突,赔偿权利人获得超出自己损失的赔偿的合理性并不充分,即便适用也不宜规定在民事普通法中,不妨以单行法方式对特定领域的侵权行为规定惩罚性赔偿,如《消费者权益保护法》和《产品质量法》等。对于私法领域规定的惩罚性赔偿制度,不宜理解为立法的功能,而应理解为遏制侵权行为的一种手段。

第二节 侵权责任的归责原则

引导案例

1. 甲为成年人,经过乙经营的高尔夫球场,发现有散落的高尔夫球,即利用球场围墙的一处漏洞,进入球场,在捡球过程中,滑入球场人工湖溺水而亡。乙是否需对甲之死亡承担赔偿责任?

2. 作为一名医生的甲,在乘坐电梯时,遇到抽烟的乙,随即提醒其在电梯内不能抽烟,而且抽烟有害健康。乙认为甲多管闲事,二人为此发生争吵,出电梯后不久,乙心脏病发作死亡。对此,甲是否应分担部分损失?

3. 甲与乙、丙为同事,乙、丙得知甲家里种有梨树,随即相约去甲家打梨。3 人中,丙负责打梨,甲、乙负责捡。打够数量后,3 人在梨树下聊天时,乙被树上掉落的一颗梨砸伤眼睛。对此,应该由谁承担责任?

一、归责原则概述

侵权责任法系民事权益救济法,其核心在于归责制度,归责制度以及责任构成制度的功能均在于对行为人承担侵权责任的限制,也就是说,并非"有损害就有救济"。自罗马法以来,对日常生活中发生的损害素有"所有权人自吞其果"(casus sentit dominus)原则,其基本思想是反

---

〔1〕 参见王利明:《美国惩罚性赔偿制度研究》,载张新宝主编:《侵权法评论》总第 2 辑,人民法院出版社 2003 年版;朱凯:《侵权行为法上的惩罚性赔偿》,载王利明主编:《民法典 · 侵权责任法研究》,人民法院出版社 2003 年版;王雪琴:《惩罚性赔偿制度研究》,载梁慧星主编:《民商法论丛》第 20 卷,金桥文化出版(香港)有限公司 2001 年版;王立峰:《论惩罚性损害赔偿》,载梁慧星主编:《民商法论丛》第 15 卷,法律出版社 2000 年版。

〔2〕 参见程啸:《侵权责任法》(第 3 版),法律出版社 2021 年版,第 40 页;周友军:《侵权法学》,中国人民大学出版社 2011 年版,第 8 ~ 9 页;尹志强:《我国民事法律中是否需要导入惩罚性赔偿制度》,载《法学杂志》2006 年第 3 期。

对由法律来阻碍偶然事件的发生，并反对由法律补偿由命运所造成的不平等。[1] 在经济学视野下，基于对成本的考虑，让损失停留在原处，或者说，法益所有者的损害自负才是原则。霍尔姆斯（Holmes）说："良好的政策应该让损失停留于其所发生之处，除非有特别干预的理由。"[2] 这里的"特别干预理由"即侵权法中的归责原则或归责标准。从这个意义上说，受害人承担责任才是原则，而立法和法学研究中浓墨重彩的归责原则讨论，本质上是对例外情形下由受害人之外的人承担责任时的归责问题的研究。当然，无论何种情形，也无论谁是损害的制造者，损害均视作受害人的命运，并由其承受损害后果的规则显然是不公平的。只是法律要确立由他人担责的规则，就需面对在何种条件下应当由他人承担责任的诘问，同时法律需解释将损失归责于他人的理由和标准是什么？这就是"归责"，在理论上被称为归责原则。归责原则是大陆法系国家侵权法中的重要问题，理论界对此有深入研究；而英美法系国家对"归责原则"概念本身通常并不热衷，英国学者甚至认为，根本不存在所谓具有广泛适用性的归责原则。在我国，有关侵权责任的归责原则问题，自原《民法通则》《侵权责任法》到《民法典》在立法上并无本质变化，但理论上对归责原则的争论很多。

（一）归责原则的含义

归责是"将所遭受的损害转嫁给他人的法律理由的总称"。[3] 我国台湾地区的邱聪智教授认为，归责意义的核心是：在法律规范原理上，使遭受损害之权益，与促使损害发生之原因者结合，将损害因而转嫁由原因者承担之法律价值判断因素。[4] 说明归责是行为人因其行为或其管理的物致他人损害的事实发生后，使其承担侵权责任的依据，也就是确定责任归属所依据的标准。归责是一个复杂的责任判断过程，其含义与侵权责任不同。侵权责任指行为人侵害他人权益而依法应承担的法律后果，该法律后果在大陆法系国家被称为损害赔偿之债，属于法定之债。侵权责任是归责的结果。而作为一项制度，归责只是为侵权责任是否成立寻求依据，并不以责任的成立为最终目的。由于侵权责任涉及行为人的行为自由，其与受害人权利或利益具有密切联系，所以，归责原则的确立对侵权法的社会功能影响巨大，立法对归责标准的选择是行为自由与受害人利益保护平衡的结果。

归责原则，是指归究侵权责任的根本标准。归责原则在损害赔偿理论上具有重要意义，"它所要解决的是侵权责任的伦理和正义性基础问题"。[5] 虽然归责原则以"原则"来表达，但侵权法中的归责原则与民法的基本原则不同，现代侵权法并不认为，归责原则如同民法基本原则那样是贯彻于整个侵权行为法之中，并对各个具体规范起着统率作用的根本性规则，而仅以为它是确定行为人的侵权民事责任的根据和标准，有时也视之以侵权责任类型，所谓"过错责任""无过错责任"，甚至包括"公平责任"。当然，侵权法中的归责原则受民法基本原则的精神

---

[1] 参见［德］马克西米利安·福克斯：《侵权行为法》，齐晓琨译，法律出版社 2006 年版，第 2 页。

[2] O. W. Holmes, Jr. , *Lecture II. -The Criminal Law*, The Common Law, Little Brown and Company, 1948, p. 50.

[3] ［德］埃尔温·多伊奇、［德］汉斯－于尔根·阿伦斯：《德国侵权法——侵权行为、损害赔偿及痛苦抚慰金》（第 5 版），叶名怡、温大军译，中国人民大学出版社 2016 年版，第 3 页。

[4] 参见邱聪智：《庞德民事归责理论之评介——以法理学与民法学接合之观点为中心》，载《台大法学论丛》第 11 卷第 2 期。

[5] 张新宝：《侵权责任法》（第 4 版），中国人民大学出版社 2016 年版，第 13 页。

指导,二者是特殊与一般的关系。[1]

(二)归责原则的体系

由于侵权行为的类型不同及不同时期社会观念的差异,确定行为人承担侵权责任的标准也有所区别。英美法系国家从侵权责任类型角度确立其归责原则体现,一般认为包括故意侵权责任、过失侵权责任和严格侵权责任(strict liability);而在大陆法系国家,传统侵权法的归责原则仍以过错责任原则为主,在现代侵权法中,各国都已由单一归责原则向多元归责原则发展。世界各国都承认过错归责原则,绝大多数国家也承认无过错责任,只不过在名称上有不同称谓,德国法称为危险责任(Gefahrdungshaftung)。此外,有国家也承认公平责任或衡平责任。

理论上有主观归责和客观归责区分:当行为与行为后果可归咎于行为人个人时,构成主观归责,表现为故意或可指责的过失时的情形,这对精神损害的可归责性有重大意义;当一个事件或后果与人的行为仅有一般性联系时,即客观归责,表现为过失的客观化、危险责任(无过失责任)。无论是主观归责还是客观归责,可归责性原则上是针对人的行为而言的,所以其不是针对财产的减少、保险抵偿等,只有那些受人的意志支配的行为引发的损害,才能被移转至该他人。

在上述理念指导下,理论上有关侵权的归责原则主要形成以下 3 种观点。

1. 一元制归责原则。认为侵权责任的归属应坚持以过错为标准,否认在过错责任之外还有其他归责原则存在,主张通过扩大过错责任的适用范围来适应侵权法领域出现的新问题。英国的侵权法学家温菲尔德主张,违反合理人的注意义务并造成损害是确定各种责任包括严格责任的基础,从而塑造一元归责体系即过失责任体系。

王卫国教授认为,为发挥民事责任的教育和预防作用,将行为的道德评价与法律评价密切结合,应当以单一的过错归责原则构建我国侵权法归责原则体系。苏联的民法学者也大都主张单一的过错责任原则。[2] 程啸教授则从归责原则的基本含义角度出发,认为侵权法上的归责原则实际上只有过错责任原则。至于过错推定责任、无过错责任以及公平责任都不属于归责原则;至于危险、公平、控制力等仅应视为与过错一样的归责事由。[3]

2. 二元制归责原则。认为侵权责任应以过错责任和无过错责任或危险责任为原则,并认为对一般侵权行为应适用过错责任原则,在法律有规定时对特殊侵权行为适用无过错责任原则。德国的拉伦茨教授、我国的张新宝教授、米健教授持此观点。[4]

3. 三元制归责原则。这一体系产生较晚,观点也不统一,我国学者中主张三元制归责的学者主要有:王泽鉴教授的过失责任、危险责任(无过失责任)及衡平责任,孔祥俊的过错责任原则、无过错责任原则和公平责任原则,以及杨立新教授的过错责任原则、过错推定责任原则和

---

〔1〕 这里需指出的是,在近代民法中过失责任是与所有权绝对、契约自由并列的三大基本理念(原则),现在也有学者认为过失责任属于民法的基本原则,参见李永军:《民法总论》,法律出版社 2006 年版,第 45 ~ 102 页。

〔2〕 参见王卫国:《过错责任原则:第三次勃兴》,中国法制出版社 2000 年版。

〔3〕 参见程啸:《侵权责任法》(第 3 版),法律出版社 2021 年版,第 111 页。

〔4〕 参见米健:《再论现代侵权行为法的归责原则——兼答张佩霖先生》,载《政法论坛》1991 年第 2 期;张新宝:《侵权责任法》(第 4 版),中国人民大学出版社 2016 年版,第 14 页。

无过错责任原则。[1]

此外,王利明教授认为归责原则应是多元的,由过错责任原则、过错推定原则、无过错责任和公平原则组成。过错责任原则适用于一般侵权行为,过错推定和无过错适用于特殊侵权行为,公平责任原则弥补过错责任原则的不足,而绝对无过错责任为例外适用。[2]

相关争议近年渐弱,但多数学者认为,我国侵权法的归责原则包括过错责任原则、无过错责任原则和公平责任原则,这与1986年原《民法通则》、2009年原《侵权责任法》和2020年《民法典》中除对过错责任和无过错责任进行规定外,一直有独立的公平责任规定有关。[3]

有学者认为,就逻辑体系而言,以过错为标准将归责原则分为过错责任和无过错责任,此二元制是完整的、周延的,在过错责任和无过错责任之外,不存在其他侵权责任类型。以"公平"这一任何法律规范应有之精神作为侵权责任的具体归责标准自然是牵强的,公平应以民法基本原则方式发挥其作用,而不宜理解为责任归属的标准,并进行一般规定。对此笔者认为:(1)过错责任与无过错责任并非同一逻辑层面对归责原则的划分,过错责任的基本内容是有过错有责任,无过错即无责任,具有典型的主观归责性,责任归属具有伦理评价意义,偏向对行为自由的保护;而无过错责任采取的是无论行为人过错标准,而是从危险控制理论和利益风险并行理论出发,在例外的情况下使行为人承担责任。行为人可能有过错,也可能没有过错,法律对行为本身未作伦理评价,无过错责任偏重对受害人利益的救济。因此,不能认为过错责任与无过错责任是归责原则的逻辑统一。(2)推定过错的本旨仍以行为人有过错为主要要素,推定只是认定过错的程序不同而已,并不能成为影响归责性质的因素,过错推定责任也不能与过错责任"平起平坐",其性质上仍属于过错责任。因此,过错推定责任并非独立的归责原则。(3)绝对无过错责任涉及的是侵害行为未造成实际损害,而仅为对权益行使的妨碍等情形,在传统债法体系下,"停止侵害、排除妨碍、消除危险"不属于债的类型,其救济源自权利自身救济功能的发挥,有学者认为是绝对请求权的内容。这类责任的适用不需要举证行为人有过错,行为人也不能通过举证自己没有过错而免除责任。理论上对其是否属于侵权法内容是有争议的,我国《民法典》虽然于第1167条对此有规定,但考虑第236条有关物权的保护和第995条有关人格权的保护规定,第1167条有关所谓绝对无过错责任的规定是否适当是有疑问的。

就归责原则体系而言,过错责任的核心地位是无疑的,在法律无特别规定情形下,具有普遍适用性;而所谓过错推定责任,因仍贯彻有过错有责任,无过错无责任的基本原理,其特殊性仅仅体现在法律对过错举证责任负担安排上的差异,性质上仍然是过错责任。而无过错责任则适用于特别领域,在《民法典》或其他特别法有明确规定情形下才能适用。在我国,除《民法典》侵权责任编的第四章、第五章、第七章、第八章、第九章外,如《产品质量法》《环境保护法》等特别法相关条款是主要适用领域。至于公平责任,应该认为是在例外的情况下,从公平原则角度对个别案件进行的调整,性质上属于损害赔偿制度,而非归责原则体系内容。我国《民法典》第1186条对公平责任的规定系侵权责任编第二章"损害赔偿"中的内容,此与规定过错责

---

[1] 参见王泽鉴:《侵权行为法:基本理论　一般侵权行为》(第1册),中国政法大学出版社2007年版,第12~19页;孔祥俊:《论侵权行为的归责原则》,载《中国法学》1992年第5期;杨立新:《侵权责任法》(第2版),法律出版社2012年版,第65页。

[2] 参见王利明:《侵权责任法研究》(上卷),中国人民大学出版社2018年版,第228页以下。

[3] 参见原《民法通则》第132条,原《侵权责任法》第24条,《民法典》第1186条。

任和无过错责任的第 1165 条、第 1166 条所处侵权责任编第一章“一般规定”中的用意显然不同。

二、过错责任原则

(一)过错责任原则的概念

过错责任,是指因故意或过失不法侵害他人权益时,应就所生损害负赔偿责任。过错责任也称“过失责任”,虽称“过失”但其实包括“故意”在内,所谓“举轻以明重”。过错责任原则,是指行为人仅对自己有过错的行为承担侵权责任,不对他人的行为造成的损害承担侵权责任,不对自己没有过错的行为造成的损害承担侵权责任的原则。[1] 过错责任原则在性质上属于主观归责原则,行为人有过错,是指行为人的瑕疵行为具有可责难性,即过错是不法行为人对其行为造成他人损害的一种心理状态,包括故意和过失。以行为人有过错作为承担民事责任依据的规则称为过错责任原则,其是侵权责任法中最重要的归责原则。19 世纪以来,行为人承担民事责任,仅以有过错者为限,此被认为是民法上的真理。过错责任(过失责任)是与所有权绝对、契约自由并列的近代民法的三大原则之一。契约自由原则与过错责任原则从积极和消极两方面维护人们的活动自由,在保障个人自由方面异曲同工。世界各国一般将过错作为一般侵权行为的归责标准。大陆法系国家中如 1804 年的《法国民法典》(第 1382 条)、1900 年的《德国民法典》(第 823 条)、1886 年的《日本民法典》(第 709 条)都明确规定了过错责任;英美法国家则由法官通过判例创设过错责任(fault liability);我国《民法典》第 1165 条第 1 款规定,行为人因过错侵害他人民事权益造成损害的,应当承担侵权责任,说明我国承认过错责任原则。在此原则模式下,行为人纵然侵害他人民事权益,如其并无过错,在法律上也不负赔偿责任。

过错责任是在法律没有特别规定时适用的一种归责标准,所以对基于过错而侵害他人权益并承担责任的行为被称为“一般侵权行为”。对一般侵权行为,法律为什么要采取过错责任主义?从侵权法的发展历史上看,过错责任是在人类摒弃了“结果责任”的基础上形成的,是人类文明进步的标志,是意思自治原则贯彻的结果。王泽鉴教授认为,侵权行为法采过失责任主义的主要理由是:(1)道德观念,即个人就自己过失行为所肇致的损害,应负赔偿责任,乃正义的要求;反之,若行为非出于过失,行为人已尽注意之能事时,在道德上无可非难,应不负侵权责任。(2)社会价值,任何法律必须调和“个人自由”与“社会安全”两个基本价值。过失责任被认为最能达成此项任务,因为个人若已尽其注意,即得免负侵权责任,则自由不受束缚,聪明才智可得发挥。人人尽其注意,一般损害亦可避免,社会安全亦足维护。(3)人的尊严,过失责任肯定人的自由,承认个人选择、区别是非的能力。个人基于其自由意思决定,从事某种行为造成损害,因其具有过失,法律予以制裁,使负赔偿责任,充分表现对个人尊严的尊重。[2]

(二)过错责任原则的内容

过错责任原则的基本含义,一方面,是法律将不法行为造成的损害后果归咎于有过错的行为人,使其承担相应的赔偿责任,即“有过错,有责任”;另一方面,则是如果对他人权益的损害没有过错,就不需要承担损害赔偿责任,即“无过错,即无责任”。

“过错”是法律上对民事主体应当被谴责的一种心理状态,因此,“有过错,有责任”具有很

---

〔1〕 参见张新宝:《中华人民共和国民法典侵权责任编理解与适用》,中国法制出版社 2020 年版,第 10 页。

〔2〕 参见王泽鉴:《侵权行为法:基本理论 一般侵权行为》(第 1 册),中国政法大学出版社 2001 年版,第 13 ~ 14 页。

强的伦理价值，是对有过错的行为人主观状态的否定，也是意思自治原则在侵权法中的反映，同时是对民事主体个人的尊重，即所谓的“自己选择，自己责任”，如果自己“选择”错误，那就要遵守“有过错，有责任”规则。对“有过错，有责任”的准确理解，还应包括：谁有过错，谁担责任，反对株连，即所谓“自己责任”；有多大过错承担多大的责任，反对惩罚性赔偿，即所谓“相应的责任”。〔1〕

所谓“无过错，即无责任”，即如果行为人对损害后果主观上没有过错，则不能将损害的后果归咎于该行为人。虽然过错责任有两方面含义，但在不同历史时期，其适用的侧重点可能有所不同，正如王卫国教授在分析过错责任的发展历史时所说：“资本主义商品生产的社会性，是通过竞争的压力，通过各种偏离的相互抵消来维系的，这就要求法律承认致人损害在一定范围内的合理性和可容性，因此，至少在资本主义发展时期，过错责任原则的精神不是‘有过错，有责任’，而是‘无过错，即无责任’。”〔2〕现代侵权法理论认为，即便是在过失责任条件下，并非行为人在积极行为过程中所实施的一切不谨慎（有过失）行为都要承担责任，也就是说，即便是这种不谨慎的行为造成了受害人的损害，受害人也不一定获得救济。除非行为人在行为时对受害人承担某种法律上的注意义务，否则，行为人无须对受害人承担损害赔偿责任。

（三）过错责任原则的功能

过错责任原则的规范功能有积极、消极两方面，其积极方面的作用在于：对于过错，也就是故意和过失，行为人始终要负责；其消极方面的意义在于：行为人仅需要对于过错而非对已有的不利后果或违法性承担责任。〔3〕因此，过错责任要求以过错作为确定责任归属的标准，过错也是侵权责任构成的最终要件。正如德国法学家耶林所言：“使人负损害赔偿的，不是因为有损害，而是因为有过失，其道理就如同化学上之原则，使蜡烛燃烧的，不是光，而是氧，一般的浅显明白。”〔4〕

过错责任的社会功能体现在以下几方面。

1. 确定侵权责任的承担者。过错责任原则首先摒弃了家族责任、株连等落后制度，表现为一种个人责任，即所谓自己责任，其基本功能在于将侵权责任归属于有过错的主体本人。在侵权行为造成损害结果时，谁有过错，谁就承担赔偿责任，对损害的发生没有过错的人就没有承担责任的义务，这符合民法的正义观念。

2. 确定人们的行为标准。作为一种主观责任，过错责任原则具有引导人们进行正常行为的作用。因过错行为造成他人损害将承担相应的民事责任，使该原则具有某种警示作用。人们在进行某一行为时，必须考虑行为的危险性，通过提高注意程度来避免过错行为可能导致的责任。

3. 鼓励创新，促进经济发展。过错责任强调和尊重个人意志和行为自由，只要在法律规定范围进行的活动，主观上没有过错，就不必为自己的行为后果承担责任。“无过错，即无责任”的观念在客观上保护了自由竞争，保护了人们的创造精神，客观上促进了经济发展。

---

〔1〕 我国《民法典》第1185条、第1207条和第1232条规定有惩罚性赔偿，但应该认为其属于为特殊目的在民法中所作的例外规定，该惩罚性赔偿内容应该于相关的知识产权法、产品质量法和环境保护法中规定更合适。

〔2〕 王卫国：《过错责任原则：第三次勃兴》，中国法制出版社2000年版，第225页。

〔3〕 参见[德]埃尔温·多伊奇、[德]汉斯－于尔根·阿伦斯：《德国侵权法——侵权行为、损害赔偿及痛苦抚慰金》（第5版），叶名怡、温大军译，中国人民大学出版社2016年版，第4～5页。

〔4〕 王泽鉴：《民法学说与判例研究》（第2册），中国政法大学出版社1998年版，第144～145页。

(四)过错责任原则的适用

作为最基本的归责原则,过错责任原则适用于一般侵权行为,根据《民法典》第1165条第1款的规定,行为人因过错侵害他人民事权益造成损害的,应当承担侵权责任。此与该条第2款规定的过错推定责任以及第1166条规定的无过错责任的适用需要"依照法律规定"显然不同,对过错责任,凡法律未作出特别规定的侵害行为应都适用。当然,对有些特殊情形,尽管适用过错责任,但立法上仍然给予具体规定,如《民法典》第1194条至第1197条有关网络侵权责任、第1198条有关安全保障义务违反时的侵权责任,以及第1200条有关学校或其他教育机构承担的侵权责任等。以往我国司法实践中存在以结果判断责任的情形,正确理解过错责任的适用情形对司法实践意义重大。在本节引导案例1中,甲擅自进入高尔夫球场偷捡高尔夫球的行为是违法的,也是有重大过失的,对其不慎溺水身亡的后果,高尔夫球场的经营人乙并无过错,相关规定要求对高尔夫球场设置围栏的目的是防止高尔夫球越过球场伤及路人,围栏的漏洞与甲的死亡也没有因果关系。因此,乙无须对甲的死亡承担赔偿责任。

过错责任原则的适用,在程序上遵循谁主张谁举证的原则,即通常由受害人对行为人的过错举证,而行为人无须证明自己没有过错。

(五)过错责任的未来

1. 过错责任会"第三次勃兴"吗

王卫国教授在其《过错责任原则:第三次勃兴》一书中认为,由于罗马经济和文化的发展,古典文明时期过错责任原则出现了"第一次勃兴";由于近代资本主义的发展,促进了近代的文明,罗马法又一次复兴,过错责任原则出现了"第二次勃兴";而由于改革开放,中国能将人类的文明成果与中华民族的优秀文化密切结合,未来中国将出现第三次文明高峰,过错责任原则也将随之出现"第三次勃兴"。[1] 在法国也有学者认为,过错侵权责任在现代社会会"勃兴",但其所谓勃兴是指过错责任不仅在传统民法领域得以适用,而且会在新的领域加以适用。并认为"过错责任的衰败是相对的"。

过错责任原则在罗马法中的确立,是针对古代法中野蛮、粗陋的结果责任原则而言的,过错责任原则的适用当然是社会进步的体现;而其"第二次勃兴"则是罗马法复兴的结果,其内容已有所变化,即更重视的不是"有过错,有责任"而是"无过错,即无责任",由家族责任转而强调个人责任。随着人类文明的发展,科学技术的高速发展,人类面临的风险更多的是人类自己选择的结果,人类命运共同体带来的是社会连带主义观念的盛行,无过错责任原则适用范围逐渐扩大,在"高度危险作业"等领域,责任的承担并不注重行为人的主观状态,法律所关注的是受害人能否获得救济。更何况,随着责任保险以及社会保障制度的发展,过错责任原则受到了前所未有的冲击。在现代社会,侵权法虽不会消失,但其最重要的归责原则——过错责任原则恐难再次"勃兴"。

2. 过错责任会消失吗

过错责任是近代以来侵权责任法的基本责任。现代社会过错责任有客观化的发展趋势,此外,由于无过失责任和责任保险适用范围的不断扩大,以及社会保障制度的发展,有人认为过错责任将逐渐退出侵权法,认为过错责任的衰落是因为危险责任理论的影响和个人责任的

---

[1] 参见王卫国:《过错责任原则:第三次勃兴》,中国法制出版社2000年版,第121~128页。

衰落。责任保险制度实际是以危险的共同分担制度来取代个人责任的一种制度，危险共同分担制度使建立在个人责任基础上的过错责任地位日渐下降。也有人认为，在损害赔偿法制的发展上，各归责原则的发展有先后，所以提出“从过失责任到危险责任（无过失责任）”的观点。

无过错责任是针对过错责任的不足而产生的，但并不是要排除过错责任的适用。过错责任作为一般侵权责任的归责原则，不同于仅适用特殊侵权行为的无过错责任。从社会功能角度看，即便是在适用无过错责任时，过错责任所具有的一定程度的预防作用仍然存在。在有责任保险时，即便有利用保险分散损害的情形，为防止道德危险并正确分散损害到其应归属者，保险人在对受害人理赔后，原则上不但对故意或重大过失的加害人有代位求偿权，而且对有轻过失者可以根据出险情形提高保险费用。也就是说，过错责任所具有的一定意义上的预防功能不会因无过错责任而完全丧失。无视无过错责任的保险机能，突出其不以过失为要件，将之与过错责任对比后，即笼统认为过失责任已为或应为无过错责任主义所取代，是仅见其要件形式，而未见其制度之演变实质的看法。事实上，无过错责任（危险责任）适用范围的扩大，并未使各国法律改变过错责任在侵权责任法中的首要地位。

（六）过错推定责任

1. 过错推定责任的概念

推定，是根据已知的事实，对未知的事实所进行的推断和确定。在侵权责任法中主要是对因果关系的推定和对过错的推定。过错推定，是指若受害人能证明其所受的损害是由行为人所致，而行为人不能证明自己没有过错，法律上即推定行为人有过错并应负赔偿责任。

既为“推定”，则此推定的事实应具有表见性、权宜性、假设性。表见性说明其与真正之事实未必相符；权宜性说明其具有暂时性，与终局之认定未必相符；假设性说明倘如不实则推定的事实随之更改。因此，推定的事实可以通过反证被推翻。而根据我国《民事诉讼法》第67条第1款的规定，在通常情况下，民事诉讼适用“谁主张谁举证”规则。在侵权诉讼中，受害人负担对包括行为人有过错的侵权责任成立的所有要素的举证责任，而过错推定责任则系在法律有特别规定的情况下，推定加害人有过错，受害人无须对行为人的过错进行举证。加害人欲免除责任，则须对自己无过错负担举证义务，否则，即认定其有过错。过错推定责任的重要特征是在程序上通过举证责任倒置的方式实现举证分配的公平合理价值。

过错推定理论和立法的出现，是为因工业事故而遭受损害的受害人实施救济的一种制度，是为解决当事人在诉讼中公平地位而采取的举证责任分配制度，对处于相对弱势地位的受害人有减轻其举证责任之功能。在某种程度上，过错推定责任修正了过错责任。

我国有学者认为，过错推定系侵权责任法的归责原则之一；[1]还有人认为，过错推定仅仅是一种证据规则，属于程序性规则。[2] 从过错推定责任的制度构造看，过错推定是过错责任原则的一种特殊适用形式。它仍然以行为人有过错为承担责任的基础，是在确认行为人对造成的损害有过错时才适用的一种归责方式，其与通常所言过错责任原则并无本质区别，过错推定并不能成为与过错归责原则相并列的独立归责原则，其特殊性仅在于受害人不必举证证明加害人有过错，也不是如同无过错责任原则那样不考虑加害人是否有过错，而是在能够推定其有过错时使其承担责任；过错推定即“推定过错”，一旦行为人能够举证证明其没有过错，就不

〔1〕参见王利明：《侵权行为法归责原则研究》（修订2版），中国政法大学出版社2004年版，第60页。

〔2〕参见张民安：《过错侵权责任制度研究》，中国政法大学出版社2002年版，第7页。

得使其承担责任,即过错推定制度允许行为人举证抗辩。由此可知,过错推定制度完全符合"有过错,有责任;无过错,即无责任"的过错责任原则基本要求。

过错推定责任在域外法中是普遍存在的。在大陆法系国家,民法典中基本都有有关过错推定的规定。在英美法系国家,其过失侵权行为的认定归责中有"事实本身证明"或"让事实说话"(the thing speaks for itself)原则。顾名思义,这是一个注重事实本身的原则,与大陆法系国家的过错推定一样,该原则是为解决原告举证困难而设计的,其内容与过错推定相当。根据该规则,在某些情况下,在原告仅仅提供间接证据证明被告过失的情形下,便推断被告对原告承担损害赔偿责任,把原告有关过错的举证责任转移到被告。因此,若非被告之过失,原告的伤害不会产生,以及被告对于伤害原告的状况和工具有控制权的情况,法官可以指示陪审团只要原告没有加工过失,则陪审团可以推断被告有过失并使其承担责任。"事实自证"适用的前提是:(1)该事件是在没有过失的情况下通常不会发生的一种事件;(2)其他可能的原因,包括原告与第三人的行为,已被证据充分排除;(3)事件所表明的过失是处在被告对原告所负义务的范围之内。[1]

我国《民法典》第1165条第2款对过错推定责任进行了规定,从该规定的内容和位置看,过错推定责任是作为过错责任原则的特殊类型存在的。

同时,不能将过错推定理解为只是属于程序性规则,举证责任由加害人承担,从而免除受害人举证责任的规则是实体法在特别情形下基于对受害人的特别保护设立的规则。在诉讼过程中,当事人是根据《民法典》的规定而承担举证责任的,即在私法上,举证责任倒置旨在于某些特殊领域给被告以加强的责任,通过被告证明其没有过错的抗辩事由,增加被告免责的困难。实际上,过错推定责任是实体法中的一种责任形式。

2. 过错推定责任的适用范围

过错推定规则是在法律有特别规定情况下适用的规则。《民法典》第1165条第2款规定:"依照法律规定推定行为人有过错,其不能证明自己没有过错的,应当承担侵权责任。"从我国法律的具体规定看,以往过错推定的适用范围较窄,在原《民法通则》中只有第126条有关建筑物或其他设施以及建筑物上的搁置物、悬挂物发生倒塌、脱落、坠落造成他人损害时才适用。原《侵权责任法》显然扩大了过错推定的适用范围,其第38条、第58条、第81条、第85条、第88条、第90条、第91条均为适用过错推定的规定。而《民法典》基本继承了原《侵权责任法》的做法,除第1199条、第1222条和第1248条外,对侵权责任编第十章"建筑物和物件损害责任"整章内容进一步明确规定适用过错推定责任。值得注意的是,针对第1222条规定的"推定医疗机构有过错",有学者认为,该条推定属于"不允许被告以相反的证据予以推翻的推定",[2]笔者认为,该条所列3种情形均属于违法性问题,而我国主流观点是区分违法性与过错的,在确定医疗机构系违法的情况下,对于其过错认定,仅能为推定,由医疗机构举证自己在违反法律法规的情况下,仍然是无过错的。在医疗领域,基于医疗行为本身的探索性特点,违反现有诊疗规范,但不属于过错的情形是可能发生的。因此,不允许"反证"的观点不符合"推定"的基本原理,也与事实不符。在本节引导案例3中,乙的伤害系由坠落的梨砸伤的,如果不能确定伤人的梨子是因为丙之前的打击行为所致,根据《民法典》第1257条规定的"林木的所

---

〔1〕 参见李俊主编:《美国产品责任法案例选评》,对外经济贸易大学出版社2007年版,第45页。

〔2〕 梁慧星:《论〈侵权责任法〉中的医疗损害责任》,载《法商研究》2010年第6期。

有人或者管理人不能证明自己没有过错的,应当承担侵权责任”,即应当由甲承担侵权责任,但甲如果能证明自己没有过错,则其无须对乙的损害承担责任。该案中,甲出于善意带乙、丙打梨,其过程中没有任何过失,所以该案中乙的损害只能由乙自己承受。当然,如果有人提出甲应当提醒乙、丙在梨树底下聊天有一定风险,那也需审视以往是否有过此等事件,以及对甲要求是否过于严格。

过错推定责任的适用不仅限于《民法典》的相关规定,也体现在特别法中,例如,我国《个人信息保护法》第 69 条即规定了过错推定责任。

三、无过错责任原则

(一)无过错责任原则概述

无过错责任原则,是指依照法律规定,无论行为人有无过错,对其行为造成的损害都应承担赔偿责任的归责原则。对无过错责任,原《民法通则》第 106 条第 3 款规定,没有过错,但法律规定应当承担民事责任的,应当承担民事责任。但该规定以“没有过错”来表述无过错责任,是对无过错责任的误读。无过错责任本质上是减轻受害人的举证负担而在特定领域适用的归责制度。“无过错”并非指加害人真的没有过错,实际上其可能无过错,也可能有过错,但过错要素在归责问题上不重要,所以,无过错责任是“不论过错责任”。原《侵权责任法》第 7 条将上述规定修改为“不论行为人有无过错”是“拨乱反正”,《民法典》第 1166 条沿用了这种做法。无过错责任也称“不问过失责任”“客观责任”,也有人称为“结果责任”;就以企业风险为责任根据而言,又有人称为“风险责任”;就以特定危险的实现为归责理由而言,德国人称为“危险责任”。相较而言,称“危险责任”更能体现该归责原则的本质,即因从事危险活动,给他人带来巨大风险,因而使其承担责任。而“无过错责任”本质上是与过错无关的意思,但该表达容易使人误以为是因为“无过错”所以使其承担责任一样,未能反映该归责制度的本质。

无过错责任原则是随着社会化大生产的迅速发展,尤其是大型危险性工业活动的发展而产生的。在自由资本主义时期,工业企业大规模兴建,危险活动越来越多,造成的损害也越来越严重。此外,由于工业技术的不断发展,在造成的损害面前,事故的制造者会以种种理由证明自己的清白,而受害人要证明生产者或经营者主观上有过错则极其困难。面对大量的、无辜人的损害,传统侵权法中的过错责任原则无能为力。因此,无过错责任是为弥补过错责任的不足而设立的制度,其基本思想在于对不幸损害的合理分配,该制度本身不具有法律责任的本来含义(制裁和教育),而只具有“恢复权利的性质”,其基本功能在于转移、分散危险造成的损失。现代社会中“分配正义”,不仅是指公平的利益分配制度,也包括公平的损失分配制度。因此,以危险责任为核心的无过错责任“是法律对工业社会所致危险的一种反映”。它涉及一种针对控制和利用特定危险领域而增加的社会责任。另外,无过错责任原则也具有程序法上的意义:一是减轻受害人的负担,受害人无须对加害人的过错进行举证;二是简化了诉讼程序,法院不必对加害人的过错问题进行审理。

(二)无过错责任的归责理由

无过错责任的基本思想不在于对反社会性行为进行制裁,适用无过错责任的领域,如产品制造、销售、民用核设施的运行、高压电流的输出等是现代社会必要的经济活动,均为法律允许从事的活动。如前所述,无过错责任的基本思想在于“不幸损害”的合理分配,使无过错者承担赔偿责任的理由主要是:(1)他们是这些危险源的制造者,在某种程度上,也只有他们能够防止或控制这些危险；(2)获利者担责，此为公平正义的要求；(3)制造危险的人(企业)具有通过商品的价格机能及保险制度分散负担的能力。[1] 另外，通常各国多对无过错责任有最高限额赔偿规定。

无过错责任并非仅指侵权人真的没有过错的情况，其涵盖面更加广泛。在适用无过错责任的领域里，对侵权人主观状态的认定呈现一定程度的模糊性，即法律在对特定领域内侵权责任的认定标准上采取了更加严格的态度。从立法的思维方式来看，无过错责任在这一点上与严格责任以及危险责任是基本相同的。也就是说，无过错责任并非“没有过错”而承担责任，而是不以过错为承担责任的要件，它最大限度地容纳了行为人有过错的情况，当然也包括了无过错的情况。它的本意绝非排除过错责任，而是包括了受害人难以证明的行为人的过错和行为人基于其生产的危险并受益的事实所应承担的责任。无过错责任不是对过错的放纵，而是对过错最大限度的制裁。

(三)无过错责任的适用范围

在无过错责任的适用上，《民法典》明确以“法律规定”为限。其理由是：此种责任与过错责任不同，在通常情况下，“无过错，即无责任”，只有在例外情况下，在有充分理由的情况下，才可以不考虑行为人的过错，在无法律规定的情况下，使没有过错的人承担损害后果是不公平的。

具体而言，在我国《民法典》中，除第1166条一般规定外，在第1188条、第1191条、第1192条，以及侵权责任编的第四章、第五章、第七章、第八章和第九章的规定均为无过错责任的适用领域。此外，无过错责任的适用多以特别法或单行法予以规定，如《道路交通安全法》《产品质量法》《环境保护法》等。

我国学者对无过错责任与过错责任的地位一直有不同意见：有的意见认为，应坚持以过错责任为主，无过错责任为补充的原则；有的意见认为，两种归责原则都是侵权法的重要归责原则；还有的意见认为，从侵权法的发展趋势看，无过错责任原则将取代过错责任原则的主导地位。笔者认为，在现代社会，人类从事的危险活动已非特殊情况，无过错责任也绝非仅处补充地位；过错责任是侵权责任的基本形态，如果将来无过错责任占据主导地位，侵权法可能会被社会保障法所代替。因此，在可以预计的未来，过错责任作为侵权责任的基本责任形态的地位不会改变，无过错责任原则的适用范围会逐渐扩大，但不会全面替代过错责任原则。

需要注意的是，《民法典》第1167条规定：“侵权行为危及他人人身、财产安全的，被侵权人有权请求侵权人承担停止侵害、排除妨碍、消除危险等侵权行为。”该条适用显然不要求侵权人有过错，但其与第1166条规定的无过错责任并不相同。其适用不需要“法律规定”限制；在构成上针对的是预防损害发生或防止损害扩大而采取措施，所以不要求造成损害事实。有人认为，该条是“绝对无过错责任”。首先，不存在绝对无过错概念，如果认可绝对无过错责任，就需界定相对无过错责任，使制度之间的关系更加混乱。其次，该条的存在是我国《民法典》存在“大侵权责任”概念的结果，在物权编和人格权编分别规定物权的保护和人格权的保护的同时，本无须在侵权责任编中对损害赔偿之外的侵权行为进行规定，上述情形直接依据《民法典》第235条、第236条以及第995条规定即可，其本属于基于权利自身的权能而产生的救济力量，请

---

[1] 参见王泽鉴：《侵权行为法：基本理论　一般侵权行为》(第1册)，中国政法大学出版社2001年版，第16页。

求权基础无须于侵权责任法中寻求。但一方面，除物权、人格权外尚有其他绝对权，典型者如知识产权，对其预防性保护需要进行规定；另一方面，在《民法典》第179条规定的民事责任方式中除“停止侵害、排除妨碍、消除危险”外还有其他非损害赔偿的责任类型，如“恢复名誉”“赔礼道歉”等也需有适用基础。其适用虽无须过错要件，但笔者认为，其不属于第1166条规定的无过错责任类型，第1167条也不能理解为第1166条中的“法律规定”。

四、公平责任

（一）公平责任的概念

公平责任，是指在受害人和行为人对造成损害均无过错的情况下，由裁判机关根据公平观念，在考虑当事人财产状况以及其他情况的基础上，使行为人对受害人的损失予以适当分担的责任，也称衡平责任。公平责任是公平原则在侵权法上的具体体现。我国《民法典》第1186条规定：“受害人和行为人对损害的发生都没有过错的，依照法律的规定由双方分担损失。”

一般认为，行为人造成他人损害后，因无过错而不能适用过错责任归责，又因没有法律特别规定而不能适用无过错责任归责，但使受害人独自承担损害后果也不公平时，由法官根据公平责任，运用自由裁量的权利予以救济。就此而言，公平责任并非可普遍适用的归责类型，而是一种例外规则。

（二）公平责任的属性

对公平责任的属性，即其是否为独立的归责原则，理论上有不同的观点，而这种争议，在原《民法通则》施行时就已存在，原《侵权责任法》生效后有关公平责任认识的分歧未见消散。有学者认为，公平责任为独立归责原则，[1]而否定公平责任为归责原则的学者人数较多。[2]对责任性质的不同理解并非仅为理论层面的争议，性质不同关乎公平责任在实务中适用范围的大小，主张公平责任为独立之归责原则者，则根据“法律原则”的功能，其效力可贯彻侵权法始终，即应具有普遍适用性；而如果否定公平责任为归责原则，认为其只是一种例外性规则，或仅仅是一种“法律基于公平的考虑在加害人与受害人之间强制进行的损失分担”，[3]自然就不具有普遍适用性。从我国《民法典》对公平责任制度的规定看，公平责任不属于与过错责任、无过错责任相同性质的规范，其属于“损害赔偿”制度内容，是在例外的情况下为公平考虑而适用的一种损失分担措施。

就体系而言，我国对公平责任的规定，在《民法典》中是三层次规范：第一层级是在总则编中确立的公平原则，只是由于公平原则通常并不具备裁判规范的应有要素，[4]在具体案件中，也因受到“不得向一般条款逃避”原则的约束，所以通常不能被单独作为裁判依据；第二层级是在侵权责任编的一般规定中确立公平责任一般条款；第三层级是在具体规范中分别规定各种公平责任类型。第二层级规定的公平责任在司法实践中虽不能单独适用，但可与其他条款结合适用，而第三层级的公平责任仅能在所限定的类型中适用。《民法典》第1186条属于第二层

〔1〕参见王利明：《侵权责任法研究》（上卷），中国人民大学出版社2018年版，第274～278页；徐爱国：《重新解释侵权行为法的公平责任原则》，载《政治与法律》2003年第6期。

〔2〕参见张新宝：《侵权责任法》（第2版），中国人民大学出版社2010年版，第24页；郭明瑞：《关于公平责任的性质及适用》，载《甘肃社会科学》2012年第5期；程啸：《侵权责任法》（第3版），法律出版社2021年版，第136页；梁慧星：《中国侵权责任法解说》，载《北方法学》2011年第1期。

〔3〕程啸：《侵权责任法》（第3版），法律出版社2021年版，第136页。

〔4〕参见李永军主编：《中国民法学：总则》（第1卷），中国民主法制出版社2022年版，第54页。

级的公平责任规范，第 182 条第 2 款以及第 1190 条则属于第三层级的公平责任规范。

（三）公平责任原则的适用范围

1. 在域外，公平责任最初产生于关于未成年人和精神病人的赔偿案件。对此类人造成他人损害时，古代有些法律要求行为人本人承担责任，之后随着过错责任原则的确立，因未成年人等不具备意思能力，不能被确定为有过错，对其造成的损害不承担责任。为此法律常常陷入完全免责和完全赔偿的两种极端之中，这两种做法显然都有缺陷，因此产生了公平责任。

各国和地区对公平责任原则的适用范围并不一致，但有一点是共同的，即其适用范围都比较局限。在《德国民法典》的规定中，所谓衡平责任仅规定于监护人依法不承担责任时被监护人分担责任的情形或在非因过错致自己丧失知觉或不能自由决定意思的精神错乱的状态下致他人损害情形的赔偿。[1] 在其他欧洲国家中也未将其作为一般性规范，基本集中在被监护人致人损害的责任中。如《瑞士债务法》第 54 条[2]，1942 年的《意大利民法典》第 2047 条[3]等。但正如王泽鉴教授所说："衡平责任"，一方面为坚守过失责任原则，另一方面为保护被害人而设的妥协性规定，乃由雇佣人过失责任过渡到无过失责任的产物。[4]

2. 在域内，在公平责任的适用范围上，《民法典》第 1186 条系由原《侵权责任法》第 24 条修改而来，修改的原因是"实践中，该规定因裁判标准不明导致适用范围过宽，社会效果不是很好。为进一步明确该规则的适用范围，统一裁判尺度，《民法典》草案将《侵权责任法》规定中的'根据实际情况'修改为'依照法律的规定'"。[5] 所以，应当明确：公平责任是为弥补过错责任的遗漏而存在的，是解决人们之间具体纠纷的工具，过于宽泛的适用范围，冲击法律体系，也使人们无所适从；作为一项裁判规则，其目的是要明辨是非，维护社会整体利益，而不是为了个案的"息事宁人"。原《侵权责任法》第 24 条的被滥用，源自自身规定的缺陷，作为一个完全条款，该条仅以"受害人和行为人对损害的发生都没有过错"为条件，未见其他限制性规定，加上有人将其理解为"归责原则"，法院多将公平责任理解为可供法官自由裁量的、具有普遍适用性的规则。司法实践中，各地法院普遍存在直接根据原《侵权责任法》第 24 条裁判案件的实例，例如，因参加体育活动而导致的人身伤害案件（"孙某梅与赵某树健康权纠纷案"），[6] 因提供劳务而发生的人身伤害案[7]，因车辆自燃而发生的财产损失案[8]。又如，被人们热议的河南省郑州市"电梯劝烟猝死案"，一审法院即适用了原《侵权责任法》第 24 条判决劝烟者杨某分担损失。[9] 而根据《民法典》第 1186 条的规定，这类案件显然都不属于公平责任调整的范围。在本节引导案例 2 中，甲的劝解行为符合法律规定和基本伦理要求，乙的死亡完全是自身疾病导致的，与甲的劝解行为没有因果关系，这种情况应该适用《民法典》第 1165 条第 1 款的规定，

---

〔1〕 参见《德国民法典》第 829 条。

〔2〕 该条第 1 款规定："法院可以依公平原则判决无民事行为能力人承担部分或者全部因其造成的损害赔偿责任。"

〔3〕 该条第 2 款规定："负有监护义务之人不能赔偿损害的情况下，法官得根据双方当事人的经济条件判定致害人给予公平的赔偿。"

〔4〕 参见王泽鉴：《侵权行为法：基本理论 一般侵权行为》（第 1 册），中国政法大学出版社 2001 年版，第 21 页。

〔5〕 参见全国人大法律委员会（已变更）向第十三届全国人大常委会第五次会议所作的《关于〈民法典各分编（草案）〉的说明》。

〔6〕 参见黑龙江省高级人民法院（2015）黑高民申二字第 505 号民事裁定书。

〔7〕 参见北京市第一中级人民法院（2016）京 01 民终 4953 号民事判决书。

〔8〕 参见新疆维吾尔自治区乌鲁木齐市中级人民法院（2013）乌中民一终字第 709 号民事判决书。

〔9〕 参见河南省郑州市金水区人民法院（2017）豫 0105 民初 14525 号民事判决书。

而不适用第1186条，自然也无须分担乙之损失。

《民法典》第1186条的适用需要明确具体规定中哪些条文属于第1186条规定的“法律的规定”，对此，理论界观点并不统一。有学者认为，原《侵权责任法》第31条、第32条、第33条、第87条（对应《民法典》的条文是第182条、第1188条、第1190条和第1254条）符合，并指出体育比赛中的伤害如果不能认定组织者有过错，应该认定当事人双方属于均无过错，适用公平责任而分担损失的情形。[1] 也有学者认为，公平责任包括原《侵权责任法》的下列情形：（1）第23条（对应《民法典》第183条）规定的见义勇为情形下的受益人对被侵权人的补偿；（2）第31条（对应《民法典》第182条）规定的自然原因引起的紧急避险对受害人的补偿；（3）第33条（对应《民法典》第1190条）规定的暂时丧失意识的人对他人的补偿；（4）第87条（对应《民法典》第1254条）规定的高空抛物致人损害时的补偿。[2] 上述规定确实都采用了“适当补偿”的手段来分担受害人的损失，但考虑相关条文要么可适用过错推定责任或无过错责任，要么可以适用无因管理等，这种情况下并无公平责任适用的余地。

笔者认为，上述所列条文中除《民法典》第1190条规定的完全行为能力人非因自己过错导致暂时丧失意识时对造成的他人损害补偿和第182条第2款规定的有关由自然原因引起的情况下的紧急避险，不属于采取措施不当、超过必要限度造成不应有的损害时的情形，“适当补偿”外，其他情形并不适用公平责任。

当然，在这里必须说明的是：第一，因为“依照法律的规定”的限制，面对实际生活中出现的某些没有法律规定的特别案例，其实原本可以发挥《民法典》第6条公平原则的作用解决纠纷的，但因为“依照法律的规定”的限制，可能阻碍了其适用。如郑州市中级人民法院官网发布的发生在河北省阳原县的因搭乘拉棺材的拖拉机引发的生命权侵权案件，[3] 即属于需通过公平原则协调当事人之间关系的特殊案件。第二，对“分担损失”而言，原《民法通则》第132条使用的是“分担民事责任”，之所以被修改为“分担损失”，有关学理解释认为主要基于两方面考虑：从理论层面看，无过错即无责任是承担侵权责任的基本原则，既然双方当事人对损害的发生都没有过错，那么行为人就不应承担责任，而只能是分担损失。从实践层面看，让无过错的人承担责任，他们比较难以接受。[4] “分担损失”作为公平责任的核心内容，对其性质的判断仍是侵权责任，“分担损失”既然是“分担”，就不是由行为人对受害人损失的全面赔偿，也不是不予赔偿；分担损失，不是在行为人和受害人之间平均分配损害后果。具体数额根据“实际情况”而定，除行为的手段、损失大小、影响程度外，无论是域外法还是域内法，双方当事人的经济状况是要考虑的最重要的“实际情况”；此外，“分担损失”一旦确定，也当然具有强制执行力。

---

[1] 参见郭明瑞：《关于公平责任的性质及适用》，载《甘肃社会科学》2012年第5期。

[2] 参见程啸：《侵权责任法》，法律出版社2011年版，第152页。

[3] 郑州高新区法院、董正平：《棺材里躲雨惹祸责任在谁？》，载郑州市中级人民法院官网2007年5月9日，http://zzfy.hncourt.gov.cn/public/detail.php?id=7696。

[4] 参见王胜明主编：《中华人民共和国侵权责任法解读》，中国法制出版社2010年版，第106页。

第三节 过错责任的构成要件

引导案例

1. 甲在马路上施工，不慎挖断乙电力公司电缆线，并因此致丙公司停工一日。为维修电缆，乙支出修理费5万元，丙公司停工损失10万元。上述费用及损失是否应该由甲承担？

2. 富豪甲的妻子与理发店的美发师乙有染，为此，甲投资在该理发店隔壁开了一家美发店，并以极低价格经营。数月后，乙所在的理发店关门。甲随即也关闭了自己投资的美发店。甲的行为违法吗？

3. 甲驾车载乙赶往一个约定地点，路上因甲高速驾驶，并选择了一条常人不走的近路，因此，提前半小时到达目的地。而其停车地的一棵大树恰此时倒塌，砸坏车辆且伤及乙。如果按约定时间到达，就不会发生乙受伤事故。甲的行为与乙的损害之间是否有因果关系？如果因为甲将车辆停靠在人行横道，致使乙不得不徒步行走在机动车道，结果被正常行驶的丙的车辆撞伤。对此，甲是否应该承担赔偿责任？

一、侵权责任构成概述

（一）域外法上的侵权责任构成要件

侵权责任的构成要件，是指作为承担侵权责任的各种必要条件。某一行为只有具备了法律规定的要件时，才可能使行为人承担相应的侵权责任，构成要件有多项时，责任的成立必须全部要件具备，缺少任何一项要件，将不被认为构成侵权行为并进而承担侵权责任。传统民法中称“侵权行为构成要件”，而我国《民法典》称侵权责任，所以本书采“侵权责任构成要件”称谓。由于适用归责原则的不同，过错责任与无过错责任在侵权责任的构成要件上是有明显差异的，过错在过错责任中的地位举足轻重，而在无过错责任中，过错这一条件至少在责任成立方面无足轻重。在过错责任中虽然存在违法性与过错关系的争议，但如果行为不具有违法性，通常也很难认定行为人有过错，所以，实际上违法性是过错责任不可或缺的要件；而在适用无过错责任的范围内，很多领域虽然行为违法性问题也会在司法实践中受到重视，但在责任构成中并非必备要件。[1] 无过错责任必备的构成要件仅有损害事实和因果关系。因此，本部分仅分析过错责任的构成要件。

对于过错责任构成要件，在理论界有不同观点。英美法系国家关于一般侵权行为的构成要件包括：被告对原告负有注意义务；被告所为有悖于该义务；被告的所为因果性地影响了原告；作为以上3种情形的结果，使原告遭受了损害。在大陆法系国家，法国法采取过错吸收违法性观点，侵权责任的构成要件为：损害、过错及因果关系“三要件”。这种观点来自罗马法。在罗马法中，由于没有一般过错概念，也就不存在违法性与过错的区别问题。而到法国法制定

〔1〕 参见最高人民法院《关于审理环境侵权责任纠纷案件适用法律若干问题的解释》（法释〔2020〕17号，已失效）第1条第2款规定：“侵权人以排污符合国家或者地方污染排放标准为由主张不承担责任的，人民法院不予支持。”

时,经过中世纪基督教神学“罪过”观念和西方理性主义中意思自由理论的熏陶和洗礼,过错的理论已经相对成熟,虽然只是强调行为人主观上的可责难性,但在法律表现上则继承了罗马法“善良家父”的行为标准,使法国侵权法的过错理论具有浓厚的客观归责倾向。这种客观化倾向阻碍了违法性要件这一客观标准从过错中分离成独立的要件的进程。从立法上看,《法国民法典》第1382条采取了概括性的一般条款方式,宣示了过错责任原则,而没有给违法性留下独立的地位。据此,过错被认为是法律对行为人行为的否定性评价,而人的行为是在主观意志的指导下进行的,过错无非是行为人主观意志支配下的行为过错。考察人的主观意志时,必须借助外部的参照才能实现;另外,仅有主观的过错想法,不通过外部行为表现出来,就不能产生损害后果,也就谈不上侵权法的过错问题。

《德国民法典》对侵权行为的规范采取了一般概括和个别列举的方式,其一般概括条款第823条第1项规定:“因故意或过失,不法侵害他人之生命、身体、健康、所有权或其他权利者,对所生之损害应负赔偿责任。”对此,一般认为,德国法将行为人主观上的故意和过失作为法律上可责难的态度,而对其行为从外部违反法律规范和无法定事由方面进行否定评价,即在责任构成要件上,区分了主观上的过错和客观行为上的违法性,过错责任构成要件包括:损害、过错、违法性和因果关系“四要件”。其与法国法的不同在于违法性要件的独立性。

(二)我国侵权责任法中的构成要件

在我国,从立法上看,原《民法通则》及相关司法解释,以及原《侵权责任法》的规定说明我国接受了“四要件说”。原《侵权责任法》第6条第1款规定:“行为人因过错侵害他人民事权益,应当承担侵权责任。”其本身无法直接得出我国采“四要件说”,但是,其中的“侵害民事权益”即对违法性的“征引”,结合不承担责任和减轻责任的规定看,违法性要件是责任构成的当然因素。如“因正当防卫造成损害的,不承担责任”。其本质理由不是因为防卫人无过错,而是因为正当防卫阻却了行为的违法性。《民法典》制定过程中,对于原《侵权责任法》第6条的修改,主要是对造成损害的明确,但并未改变其中对“四要件说”的确认。第1165条第1款规定:“行为人因过错侵害他人民事权益造成损害的,应当承担侵权责任。”司法实践中,法院更对“四要件”采肯定观点,如在安徽省高级人民法院的裁定书中表示:“根据民法原理,侵权损害赔偿的构成要件包括违法行为、过错、损害事实以及过错与损害事实之间的因果关系。”〔1〕

我国理论上对侵权责任构成要件基本上因对法国法和德国法理解的不同而形成“三要件”〔2〕和“四要件”〔3〕阵营。考虑我国立法现实,以及理论上对德国法观念的接受,尤其在逻辑上,过错显然属于主观因素,而侵害行为固然是在过错心理驱使下所为,但毕竟人的心理内容与最终反映于外部表现行为是不同概念。违法性要解决的是是否有受法律保护的利益被侵害的问题,从客观上看某一行为是否违反了法律的强制性规定,或者违背公序良俗。而过错要解决的是对造成他人损害后果的行为人主观心理状态问题。认为过错吸收违法性的观点系将主观心理状态与客观行为合并考察,但不能因为过错认定标准的客观化,而否认过错与行

〔1〕 安徽省高级人民法院(2019)皖民申3200号民事裁定书。

〔2〕 参见王利明:《侵权行为法研究》(上卷),中国人民大学出版社2004年版,第348页。程啸教授认为,一般侵权行为的构成要件可以分为两类:其一,客观要件,即行为、因果关系;其二,主观要件,即行为人有过错。参见程啸:《侵权责任法》(第3版),法律出版社2021年版,第215页。

〔3〕 参见张新宝:《侵权责任法》(第2版),中国人民大学出版社2010年版,第29页。

为违法性之间的区别。如果承认过错属于心理因素，就应接受“四要件说”。当然，对侵权责任的构成要件不能机械地理解为4个不相干的独立要件，在一个具体侵权责任中，各构成要件彼此联系、互相影响，对责任构成发挥不同作用。比如，加害行为是故意而为之，通常对其中的违法性和因果关系的认定就不会太过严格，所谓对故意从事侵权行为所造成的后果，永远不会被认为在法律上过于遥远；损害后果非常严重时，也会影响对过错和违法性的判断；对他人法律明确规定的权利的侵害与对法律未明确规定的利益的侵害，在对过失的认定上也应有所不同。

二、损害事实

(一)损害的概念

损害，是指受害人因他人的加害行为或物件的内在危险的实现而遭受的人身、精神或财产方面的不利后果。[1] 作为侵权责任的构成因素，损害包括财产损失，也包括人身损害和精神损害。如财产的减少、利益的丧失、名誉的毁损、精神上的痛苦、生命的丧失、身体健康自由的损害等。传统侵权法原理认为侵权责任的成立须以损害事实的存在为必要，[2]“无损害，即无责任”是自罗马法以来被人们普遍接受的格言。

损害是侵权法的基本概念，不同国家对损害的界定是有差异的。大陆法系代表的德国、法国的民法典中都未对损害进行定义。美国区分损害与伤害。损害，是指对他人受法律保护的利益的侵害；“伤害”，是指致人实际受到的损失或不利的存在事实。《奥地利普通民法典》第1293条规定：损害，是指对财产、权利以及人格所施加的不利益。因事物的通常过程也能期待产生的利益之丧失，也属于损害。显然，在奥地利法律看来，一方面，损害既包括实际损失，也包括通过估计评定的损失；另一方面，损害既包括财产损害，也包括非财产损害。

关于损害，我国原《侵权责任法》第6条并未明确“损害”概念，导致人们在理解我国侵权责任的构成时，对是否需要损害事实要件产生怀疑。为此，《民法典》第1165条和第1166条作出修改，明确承担侵权责任须侵害他人民事权益“造成损害”。不仅如此，在侵权责任编的第二章专门规定“损害赔偿”，以此体现损害事实在侵权责任构成中的要件地位和在侵权责任法中的重要地位。

(二)损害的特征

1. 损害须是客观和确定的

使他人承担赔偿责任的损害一定是已发生的，而非可能发生的，也非主观认为要发生的。对有发生损害危险的行为，当事人当然有要求消除危险的权利，对妨碍权利行使的行为，权利人自然也有排除妨碍请求权，但这些不属于侵权法中的损害，不产生损害赔偿责任。权利人可根据《民法典》第236条保护自己的权利。另外，对损害的认定要客观分析，对某些利益而言，可以以社会一般观念认定损害是否存在，如对名誉权的损害的判断不能让受害人举证社会评价降低的程度。

---

〔1〕 参见张新宝：《侵权责任法》(第2版)，中国人民大学出版社2010年版，第30页。

〔2〕 在英国法上，某些侵权行为的成立，不必证明具体损害，也得诉请赔偿。典型的是“trespass”类型的侵权行为，如非法入侵他人土地(trespass to land)。对于此种情况，法院会通过少量赔偿的判决，宣告原告的权利，并警告他人不得侵犯。

2. 损害是可能和有必要救济的

"任何人身或财产上的不利益，只有在法律上被认为具有补救可能性和必要性时，才产生民事责任。"[1]如对财物的毁损，可以有价值尺度衡量，对人身损害可根据法定标准认定。损害须具有法律相关性，否则虽为利益，但法律上难以认定，如因侵权行为导致嘴部损伤，受害人可以主张身体权、健康权受到了损害，但如果主张"亲吻权"利益受到损害，要求救济就难获支持。

3. 损害的确定具有法定性

损害的类型和范围，以法律规定为准。受害人主张法律没有规定的损害类型，以及法律规定之外的利益损失，通常不能纳入损害赔偿范围。例如，在我国，乞丐因为身体受到伤害无法乞讨而主张误工费就难获支持。我国《民法典》侵权责任编第二章对损害赔偿的范围、标准等都有明确规定。

(三)损害的类型

根据不同标准，损害的类型也多种多样。依据不同的划分标准，损害类型在理论上主要包括以下几种。

1. 财产损害和非财产损害

这是以侵害的客体不同对损害的分类，其中，非财产损害又分为人身损害和精神损害。这种分类在我国《民法典》中主要体现在：第 1179 条至第 1182 条有关人身损害、第 1184 条至第 1185 条包括知识产权受到侵害的财产损害和第 1183 条规定的精神损害。

财产损害，是指因侵权使受害人在经济上所产生的不利益。这既包括因财产的直接毁损造成的财产的不当减少和应增加而未增加，也包括人身权或人格权受到侵害时，造成受害人财产的损害，如医疗费的支出、误工费的减少等。

非财产损害，是指因侵权行为而造成他人的人身损害和精神损害。人身损害，是指侵权行为造成的人格利益和身份利益的损害，不仅包括生命的丧失，身体的完整性损害和身体各器官功能的丧失或降低等物质性人格利益的损害，以及社会评价的降低，隐私被披露，姓名、肖像被不当使用等精神性人格利益的损害，还包括亲权的丧失、配偶权、亲属权的被损害等身份权利的损害。

精神损害，是指自然人生理或心理上所遭受的痛苦(pain and suffering)。对精神损害，各国称谓有所不同。如德国称"非财产上之损害"、瑞士民法称"抚慰金"、日本则以"财产以外的损害"表达等。有学者认为，"精神损害是指对民事主体精神活动的损害，精神损害的最终表现形式为：精神痛苦和精神利益的丧失或减损，进而认为精神痛苦主要指公民因人格权受到侵害而遭受的生理、心理的痛苦……精神利益的丧失或减损，是指公民、法人维护其人格利益、身份利益的活动受到破坏，因而导致其人格利益、身份利益造成损害"。[2] 其结论是"精神利益"与"精神痛苦"是两个概念，进而认为法人虽无精神痛苦，但有精神利益，即也有精神损害。事实上，精神损害是精神利益遭受侵害的后果，二者是密切联系的。精神损害也不可能包含精神痛苦和精神利益两部分，否则，对自然人来说，仅精神损害就有两个损害赔偿请求权了。法人的人格利益，如名誉、荣誉、名称当然受法律保护，只是不能采用精神损害赔偿形式救济。法人不

---

[1] 王利明：《侵权责任法研究》(上卷)，中国政法大学出版社 2018 年版，第 354 页。
[2] 杨立新：《人身权法论》，中国检察出版社 1996 年版，第 252～253 页。

会产生精神痛苦,也就不会有精神损害。法人不具有精神损害赔偿请求权的观点已被我国司法实践所接受。[1]《民法典》第1183条也仅规定了自然人的精神损害赔偿,没有涉及法人等组织体的精神损害赔偿问题。

从理论上讲,精神损害是独立于财产和人身之外的一种损害,精神损害是因侵权行为导致的损害,该损害或因人身损害而形成,或因财产损害而形成,甚至可能会因其他人的利益或公共利益受到损害而形成。所以,严格而言,精神损害与人身损害联系紧密,但并非同类,因财产损失也可带来精神损害。只是因为忌惮精神损害赔偿的泛滥,《民法典》第1183条第2款将其仅限于"具有人身意义的特定物"。

2. 直接损害和间接损害

这是以损害的发生是否有其他因素介入而对损害进行的分类。

因侵害行为的直接作用所造成的损害为直接损害,如财物的毁损、身体的伤害等,因身体伤害而导致的财产支出也属于直接损害。由于其他因素的介入而发生的损害为间接损害,如孳息的丧失、工资收入的丧失等。间接损害在受到侵害时尚不存在,但没有侵害,该权益必然能够获得的损害,属于可得利益损害。直接损害自然为侵权责任构成要件,而间接损害则应视具体情况而定,一般需要与因果关系要件结合判断。

有人认为,直接损害和间接损害是对财产损害的分类,其实,直接与间接的划分并非以客体利益为标准,而是侵权行为与损害之间的距离标准,因此间接损害在非财产领域同样存在。

直接损害和间接损害的分类价值更多体现于理论上,在实践中,此种分类的意义是针对间接损害的,而间接损害是否得以赔偿与因果关系要素密切联系。

3. 直接受害人的损害和第三人的损害

这是以受害人为侵权行为的直接作用人还是第三人为标准划分。侵权行为对直接受害人之外的人所造成的损害为第三人的损害,也称"反射性损害"。对直接受害人的损害相对简单,而对于第三人的损害则需要斟酌,否则将加重行为人的责任。一般认为,只有与直接受害人有"密切人身关系"的人才能作为受害人。我国原《民法通则》第119条和最高人民法院的相关司法解释中均规定了"死者生前扶养的人必要的生活费等费用"。而在原《侵权责任法》和《民法典》中则未见对此的明确规定,而在《民法典》通过后,最高人民法院《关于审理人身损害赔偿案件适用法律若干问题的解释》(2020年修正)第16条明确规定,被扶养人生活费计入残疾赔偿金或者死亡赔偿金。最高审判机关的这种坚持说明,作为第三人的损害,是可以作为侵权责任法中的损害予以赔偿的。只不过对"被扶养人的生活费"的赔偿涉及其与"死亡赔偿金""残疾赔偿金"的重复关系问题。

4. "纯粹经济损失"

"纯粹经济损失",是指因侵权后果的发生,导致受害人人身或有形财产之外的经济利益上的损害,也称"纯财产损失"。如因交通事故导致交通中断,使他人延误飞机、迟延交货等所造成的损害。本节引导案例1中丙公司因电缆被挖断导致停工造成的10万元损失即属于纯经济利益损失。该"损失"是否为侵权法上的损害,是否由加害人承担等被学者称为侵权法上最困

---

〔1〕 最高人民法院《关于确定民事侵权精神损害赔偿责任若干问题的解释》(法释〔2020〕17号,以下简称《精神损害赔偿解释》)第4条规定:"法人或者非法人组织以名誉权、荣誉权、名称权遭受侵害为由,向人民法院起诉请求精神损害赔偿的,人民法院不予支持。"

难的课题。域外立法上,《瑞典侵权责任法》第 2:4 条规定:“本法的纯粹经济损失应被理解为不与任何人身体伤害或者财产损害相联系而产生的经济损失。”

“纯粹经济损失”涉及三方面问题:(1)在利益上该损失不能与人身利益或所有权等量对待;(2)损失范围不确定,与间接损害有交叉;(3)该损失与契约法上的关系如何处理。[1] 目前,各国做法不一致,但有一点是不争的:如果系故意侵害,则应确定为侵权法上的损害并予以赔偿,因为此时行为人是明知而为,责任范围也易确定。而过失则比较复杂,应视具体案情予以确定。笔者认为纯经济损失的赔偿问题本质上是因果关系问题,如果能确定该损失与侵权行为之间具有相当因果关系,即应当作为法律上的损害,并应由侵权责任人承担赔偿责任。

三、过错

(一)过错概述

过错,是指行为人在实施侵权行为时的某种在法律上应受否定性评价或非难的心理状态。侵权行为是被法律否定的行为,否定的理由不仅因其造成他人权益损害,更因其主观心理状态的应受非难性。

过错在侵权责任法中的地位重要,过错不仅是归责的核心要素,也是侵权责任的核心构成要件;过错在无过错责任中对责任承担也有重要作用;对于受害人的过错也会因过失而减轻或免除行为人的责任。过错是侵权责任法的核心概念,但对其理解一直存有争议,因为过错标准认定的客观化趋势,甚至有人提出了“过错的死亡”的观点。[2]

对过错性质的认识有两种基本观点:主观过错和客观过错。“主观过错说”以《德国民法典》为代表,认为过错是人的主观上的故意或过失的心理状态。认定过错的标准也应通过判断行为人主观状态确定。日本也坚持此观点。“客观过错说”认为,过错与不法是不可分离的,过错是客观的,它主要不是加害人的主观心理状态,而是加害人的行为的违法性质。“客观过错说”认为,应将违法性与过错结合,以过错吸收违法并作为一个责任要件。客观过错在立法上以《法国民法典》为代表。“客观过错说”实际上是以行为人注意义务的违反为标准来确定是否有过错的,而注意义务的违反是以一个抽象的人应有的注意程度为标准的。该说源于罗马法上的“善良家父”之注意义务。社会一般人在遇到同样的情况时所应当具有的注意义务是判断当事人是否有过错的标准。客观过错标准是法律上的标准,而对具体当事人则并不考虑其差异。如对天生就爱动手动脚的人所造成的他人的损害,不能因其天性而否定其具有过错;对刚取得驾驶执照的人,也不能以其缺乏经验而减轻对他人造成损害的责任。英美法系国家以“合理人”(reasonable man)作为判断模式,也属于客观过错标准。

笔者认为,主观过错和客观过错各有优点和不足,从逻辑角度分析,在理论研究中应采取“主观过错说”。因为,在本质上,过错为行为人的心理状态,这显然属于主观因素;采取客观过错在实践上较易造成认定标准的混乱,将千差万别的具体案件当事人的过错简单地归为几类的做法,是否科学是值得怀疑的。以客观行为来说明行为人的主观心理状态,无法判断故意和过失。难以反映行为人主观心态及行为的可责难性。尽管一般情况下区分故意和过失对责任承担影响不大,但毕竟在非财产责任方式中是有意义的,在精神损害责任以及惩罚性赔偿规则的适用上也应有所区别。我国理论上多数人持“主观过错说”,在责任构成要件上也区分过错

---

〔1〕 参见王泽鉴:《侵权行为法:基本理论 一般侵权行为》(第 1 册),中国政法大学出版社 2001 年版,第 98 页。
〔2〕 参见胡雪梅:《“过错”的死亡——中英侵权法宏观比较研究及思考》,中国政法大学出版社 2004 年版。

与违法性。

（二）过错的类型

过错，自罗马法以来就分为故意和过失两种基本类型。

故意，是指明知自己的行为会造成他人权益损害的结果并希望或放任该结果发生的心理状态。在刑法中，故意包括直接故意和间接故意。而在民法中并没有作类似的区分，但也认可对损害结果的放任态度属于故意。此与《欧洲示范民法典草案》观点一致，该“草案”第6卷第3：101条对故意造成的损害规定为：意在造成此种损害；或者明知此种损害或同类损害将会或者几乎必然会发生而仍为一定行为。[1]

过失，是指行为人对自己的行为后果应当预见，因疏忽而未预见或虽已预见但轻信能够避免，从而使损害结果发生的心理状态。刑法中，过失包括疏忽大意的过失和过于自信的过失。上述《欧洲示范民法典草案》第6卷第3：102条对过失造成的损害表述为：该行为未达到旨在保护受害人免遭该损害的制定法条文所规定的特定注意标准；或者在其他情形中，该行为未尽到在个案情形下对具有合理谨慎之人可以期待的注意。我国有学者将过失的要素总结为“认识要素”和“意愿要素”，即过失包括“可预见”“可避免”两个要素。[2]

侵权责任法的理论上以过失的严重程度对过失有“重大过失”“一般过失”“轻微过失”等分类。认为行为人没有尽到起码的注意义务，使损害发生的，即为有重大过失；一般过失是指未尽一般人在通常情况下所应尽注意义务；轻微过失是指尽了善良管理人的注意义务，仍不能避免损害发生的情况。在侵权责任法上，通常具有一般过失即符合侵权责任中过错要件的要求，而重大过失的后果常常与故意等同。[3] 其实仔细分析可知，因为“一般人”“善良管理人”等本身的模糊性，这种分类在实践中具有很大的随意性。

在我国相关的法律规定中，除故意和过失以及重大过失概念外，也常见有“知道”“应当知道”“明知”等概念。比如，《民法典》第1197条规定：“网络服务提供者知道或者应当知道网络用户利用其网络服务侵害他人民事权益，未采取必要措施的，与该网络用户承担连带责任。”又如，第1207条对产品责任中适用惩罚性赔偿的要求是“明知”产品存在缺陷仍然生产、销售。在《电子商务法》第38条中也规定了“知道”“应当知道”的概念。

通常对“明知”和“知道”的解释为故意，而对于“应当知道”的含义理论上争议较大。有的观点认为，“应知”是“推定知道”，是对主观过错的法律推定；[4] 有的学者认为，“应知”是认识到侵权行为实际存在之后故意视而不见，鼓励或放任侵权损害后果的继续。[5] 这两种认识并未将“应知”对应于过失。在对原《侵权责任法》第36条第3款解释时，立法机关认为，采用“知道”要件的考虑之一是要求网络服务提供者不仅在故意的情形下承担侵权责任，显然是将“应

[1] 参见欧洲民法典研究组、欧盟现行私法研究组编著，[德]克里斯蒂安·冯·巴尔、[英]埃里克·克里夫主编：《欧洲私法的原则、定义与示范规则：欧洲示范民法典草案》（全译本）（第5～7卷），王文胜等译，法律出版社2014年版，第435页。

[2] 参见程啸：《侵权责任法》（第3版），法律出版社2021年版，第295页。

[3] 参见我国《民法典》第1176条、第1191条、第1244条等。

[4] 参见最高人民法院侵权责任法研究小组编著：《〈中华人民共和国侵权责任法〉条文理解与适用》，人民法院出版社2010年版，第265页。

[5] 参见梅夏英、朱开鑫：《网络服务提供者“应知规则”的再厘定及适用探讨》，载《烟台大学学报（哲学社会科学版）》2019年第3期。

知”理解为过失这种过错形态。[1] 就司法而言,最高人民法院在有关司法解释中对如何认定网络服务提供者构成“应知”作了具体规定。[2] 从这些规定中可以发现,司法解释中的“应知”内涵丰富,既有依据特定事实推定之意(如服务的性质、作品的类型和知名度、侵权信息的明显程度等),又有对网络服务提供者履行相应注意义务的要求(如采取预防侵权的措施、对侵权通知作出合理反应等),其对是否构成“应知”的认定标准较宽泛。[3] 笔者认为“应知”或“应当知道”对应“明知”或“知道”的概念,应解释为“应当知道”但因疏忽过失而不知道之意,属于与“明知”(故意)对应的过失范畴。

(三)过失的判断标准

现代侵权法以补偿和预防为基本功能,故意的重要性越来越弱,过失而非故意是现代侵权法的主轴。[4] 如前所述,过失性质上属于主观因素,但也正因如此,对过失的认定就变得非常困难。过失是行为人对损害后果的发生的应当预见、可能预见而由于可责难的心理状态导致没有预见的情形。在具体案件中,这种预见能力因行为人的年龄、阅历、健康状况等主观因素而表现不同,也会受到案件发生时的客观因素的影响。行为人的主观状态到底是什么情形,自然应该具体问题具体分析,但如果每个案件必须结合该具体行为人的情况判断其主观过失,将会导致标准混乱,也会使受害人面对行为人时不知所措。现代社会人与人的关系密切,判断过失的标准不能因人而异。[5] 因此,虽然过失本身为主观因素,但其判断标准必须是客观化的,不能因人而异。但如何确定客观标准并非易事。德国民法从罗马法中的“善良家父”理论得到启发,以“怠于善良家父的注意,就属于过失”作为标准,并由此形成其第276条:“未尽社会交往上的必要注意,即为过失。”英美法对过失标准的探索最终通过“理性人”判断标准,达到了与德国相同的效果,过失的有无以一个正常人在处于类似的情形下应该有的注意义务为标准,符合该标准即无过失,否则即有过失。此外,也针对特定情形,确立了不同的判断标准,如对船舶相撞情形的过失判断采用了“汉德公式”方式等。

我国立法上并无过失的一般判断标准规范,理论上倾向“客观过失说”。在具体判断标准上,如果法律有明确规定,即以该规定判断行为人的过失,如《民法典》第1221条规定,医务人员在诊疗活动中未尽到与当时的医疗水平相应的诊疗义务,造成患者损害的,医疗机构应当承担赔偿责任。因为医疗损害适用过失责任,所以该条“未尽到与当时医疗水平相应的诊疗义务”,就应该认定医务人员有过失。对新闻报道、舆论监督人侵害当事人名誉权的认定中,《民

---

[1] 参见王胜明主编:《中华人民共和国侵权责任法释义》,法律出版社2010年版,第195页。

[2] 参见《最高人民法院关于审理侵害信息网络传播权民事纠纷案件适用法律若干问题的规定》第9条至第12条。

[3] 在“苹果公司与李某鹏侵害作品信息网络传播权纠纷案”中,法院认为应当“根据侵权的具体事实是否明显,综合考虑网络服务提供者提供服务应当具备的管理信息的能力、网络服务提供者是否主动对作品进行了选择、编辑、推荐等各种因素,综合认定网络服务提供者是否构成应知”。参见最高人民法院(2015)民申字第1295号民事裁定书。

[4] 参见曾世雄:《损害赔偿法原理》,中国政法大学出版社2001年版,第80页。

[5] 霍尔姆斯法官说,法律的标准是一般适用标准。构成某项特定行为内在性质的情绪、智力、教育等情况,层出不穷,因人而异,法律实在难以顾及。个人生活在社会单证,必须从事一定标准的行为,在某种程度上牺牲自己的特性。对于公共利益来说,是非常必要的。某个人天生急躁、毛手毛脚,经常制造意外而伤害邻居,在这种情况下,特性的欠缺在天堂的审判中固然可以被宽宥,但是此种过失的行为对于邻居来说,确实造成了困扰,他的邻居就有权要求这个人以一定的标准来从事行为,由社会大众所设立的法院应当拒绝考虑加害人的个体差异。See Oliver W. Holmes, *The Common Law*, 1881, p. 107 – 110. 转引自程啸:《侵权责任法》(第3版),法律出版社2021年版,第300页。

法典》第1026条对“合理核实”义务的认定也采取了客观上可以判断的因素。如信息来源、是否进行了必要调查、内容的时限性、核实能力和成本等。这里的违法推定过失，不以《民法典》规定为限，其他法律对特定行为人有具体注意义务要求的，违反该注意义务也应推定该行为人有过失。如《律师法》对律师的注意义务、《注册会计师法》对会计特别注意义务的规定等。在没有法律的明确规定的情况下，应该综合案件情况由法官基于正常情况下对社会一般人的期待来判断。此外，基于过失与违法性的紧密关系，对过失的认定也可以通过举证责任倒置的方式。最典型的是对违法性认定后，即推定行为人有过失，而由行为人负担举证自己虽然违法，但主观上并无过失的责任。例如，《民法典》第1222条对医疗机构过失的推定。

四、违法性

（一）违法性概述

违法性，是指行为人对他人权益的侵害不被法律允许的特性。违法侵害他人民事权益，则应当承担侵权责任。如前所述，违法性是侵权行为的原有含义，在此意义上，作为侵权责任构成要件的违法性包含：形式上“非法”、实质上“侵害他人权利或利益”、结果上“应承担侵权责任”3项要素。在没有特殊的违法阻却理由时，对他人权利或法益的侵害本身即具有违法性。

（二）结果违法和行为违法

如前所述，在侵权法理论上对违法性的认识有结果违法与行为违法之争。

“结果违法说”认为，凡致他人权利和利益损害的行为即违法行为。依此观点，加害行为之所以受法律非难而具有违法性，是因为其“行为”招致了法律所保护的权利或利益损害的“结果”发生。只在例外的情况下，因有违法阻却事由而使其侵害行为始不具有违法性。例如，因正当防卫而致人损害的情形等。

“行为违法说”则认为，应以社会一般注意义务违反作为确定违法性的标准。注意义务违反是违法性的特征，即如行为人已尽必要注意，纵然其侵害了他人权益，也不具有违法性。“行为违法说”认为：不能仅从行为招致的结果来判断是否违法，而应从行为本身来探讨行为有无违反社会一般注意义务；故意侵害他人权益自然构成违法，在过失情况下，则应以行为人未尽避免他人权益受损注意义务为必要，而不应只以结果作为判断标准。

结果违法与行为违法在德国争论激烈，其经常引用的案例为：甲制造产品流入市场，乙购买并使用而造成自己或他人损害，如何认定甲之行为的违法性？如果甲的产品不具有缺陷，无论怎样都不应该认定甲的行为具有违法性。“结果违法说”在理由说明上确实存在困难，而“行为违法说”就很简单，甲的行为之所以不具有违法性，是因为其并未违反社会生活中防范危险的注意义务，而如果其产品有缺陷，则其违反了注意义务，行为具有违法性。所以，在理论上行为违法更具说服力，但在实务上，究竟是侵害行为不具有违法性，还是因无过失而不成立侵权行为，其结果并无不同。德国学者多主张“行为违法说”，但德国联邦法院仍采“结果违法说”。对没有造成损害后果的不法行为是否具有说明意义，值得讨论。在奥地利，“行为违法说”是支配性理论，不法性取决于对行为禁止，也即注意义务的违反。因此，不法性的判定总是与人的行为本身相关，并建立在缺乏注意的基础之上。[1]

违法性问题本质上应是指行为的违法，而非结果的违法，即违法针对的是行为。但是，在

---

〔1〕 参见［奥］H. 考茨欧主编：《侵权法的统一——违法性》，张家勇译，法律出版社2009年版，第13页。

具体认定“违法性”时，日本的我妻荣教授的观点值得借鉴，针对《日本民法典》第709条仅规定“权利侵害”而未规定“违法性”的解释，我妻荣教授认为必须从“权利侵害”这一固定观念，向“违法的行为”这样的流动性观念转变，对违法性的判断，一方面要避免概念僵化，另一方面要避免泛滥。其标准须自受害利益种类，以及侵害行为之样态二者的关系予以考察。若被侵害之利益系物权等支配性财产权，或人格权等人格利益，或债权等，纵使加害行为之违法性甚低，仍应认为加害行为具有违法性；反之，若其他类型利益受到侵害，若非违法性重大，则应认为不具有违法性。违法性是否重大，应综合侵害行为样态，从违法性（刑法、禁止性规定、公序良俗或权利滥用等）方面予以具体判断。〔1〕

在具体案件中，违法性与行为人主观过错经常是互相影响和印证的，“过错责任总是以违法行为为前提”。〔2〕对过错与违法关系，下列问题值得探讨：第一，过错责任是建立在对行为人心理状态谴责的基础上的，而行为结果无从判断是否应当谴责；第二，结果不法导致行为人即便尽了最大努力，也要承担责任；第三，包括生命、健康利益在内，并非任何侵害行为都要承担责任。当然，采“行为违法说”，就需考虑违法性与过错的区别，而考虑各国对未成年人及精神病人责任的责任归属规定，区分过错与行为的违法性是必要的。

（三）违法性的类型

基于不同标准对违法可以有不同的分类，如积极加害行为与消极不作为的加害行为，其区分的意义在于违反义务性质不同。前者是违反不作为义务而承担的责任，后者系违反法律规定的作为义务导致的责任。但对违法性的讨论，最重要的是对侵权责任的甄别，因为，违法是指违反法律，但作为侵权责任构成要件，违法性中的法应该是广义上的法。《德国民法典》通过第823条和第826条规定了三种违法行为，不同的违法性对责任构成的影响是有所不同的。这种模式值得借鉴。

1. 违反法定义务，即侵害他人绝对权的行为。因绝对权的公开性和绝对性，任何人均具有防止侵害的法定义务，对此义务违反即构成违法。

2. 违反以保护他人为目的的法律。法律直接规定对某种权利或利益的保护，违反此规定的行为也当然具有违法性。如《消费者权益保护法》第18条第1款规定，经营者应当保证其提供的商品或服务符合保障人身、财产安全的要求。由此，经营者对消费者的人身、财产有安全保障义务，如疏于保护即构成违法。

3. 故意以违背善良风俗方式致人损害。风俗习惯本不属于法律，因此，通常行为不合习惯不为违法，但是基于法律本身的局限性以及法律与道德的关联性，故意违反善良风俗方式侵害他人权益也是违反法律基本精神和原则的，具有违法性。比如，一般情况下某一行为影响他人债权的实现，不构成违法性，对造成的损害也无须承担侵权责任，但是如果明知对方有债权，而故意地积极阻止他人债权实现，即应认定该行为具有违法性，对他人债权的损失承担侵权责任。在本节引导案例2中，甲如果是基于公平竞争的方式导致乙的理发店破产关门，则甲的行为不具有违法性，如通过提高服务质量，或者在成本范围内的降价竞争经营等，可仅仅因此而不构成侵权责任，对乙的损害无赔偿责任。但从该案给出的案情看，甲的经营显然不是为了营

---

〔1〕 参见于敏：《日本侵权行为法》，法律出版社1998年版，第143～145页。

〔2〕 ［德］埃尔温·多伊奇、［德］汉斯－于尔根·阿伦斯：《德国侵权法——侵权行为、损害赔偿及痛苦抚慰金》（第5版），叶名怡、温大军译，中国人民大学出版社2016年版，第5页。

业竞争,而是为了报复,其行为违背公序良俗,进而被认为具有违法性。在实际生活中,某人的行为即便造成他人损害,如果不能证明其行为违法,也不能构成侵权责任。由此说明,违法性不是一个依附过错要件中的不重要要件,而是侵权责任的一个独立的要件。比如,一个从事金融业务的人,被人披露过去曾经因金融诈骗被判刑的事实,导致该当事人被辞退的后果,在不构成对隐私的侵害情况下,即便披露人为恶意,也难以使其承担侵权责任,原因在于该披露行为并不违法。

五、因果关系

(一)因果关系概述

侵权法中的因果关系,是指行为人的行为与受害人的损害后果之间存在的引起与被引起的关系。作为侵权责任的构成要件,因果关系是所有侵权责任成立的基础,也是判断责任大小的重要标准。正确认定因果关系的重要性不言而喻。但是,基于事物之间的普遍联系性,因果关系无论在哲学上,还是在法学上都是非常复杂并一直困扰人们的问题。理论上,关于侵权责任的构成要件虽有很多争论,但对因果关系系侵权责任的构成要件则是不争的,而且无论是刑法领域还是民法领域,对因果关系都有深入的研究,只是始终没有形成被广泛认可的理论,正如美国学者普洛塞(Prosser)所说(关于因果关系)值得说的已说过多次,而不值得说的更说得不少,但因果关系始终还是个问题。王泽鉴先生在其《侵权行为法:基本理论　一般侵权行为》中也自嘲关于因果关系部分的论述多在重复他人已说过的见解,并说了许多不值得说的话。[1] 困扰人们的原因是因果关系本身是客观现象,但对其判断又是主观认识的一个过程,加上事物的普遍联系性因素,就会出现见仁见智的分歧,因果关系作为侵权行为的必要构成要件,理论上和实践中存在争论就在所难免。

在法律上有意义的因果关系被限定在两个比较近的现象之间。在理论上包括:加害行为与损害结果之间的因果关系和加害行为与损害赔偿范围之间的因果关系,即所谓"责任成立的因果关系"与"责任范围的因果关系"。后者当然以前者为基础,只是因为损害赔偿皆以有损害为前提,在实务中,二者具有统一性。

法律上的因果关系实际上更重要的是一种政策考量,其宗旨是:任何人都不应当理所当然地对其行为所造成的所有后果承担责任(此与过错责任的宗旨相同),特别是对某些不可预见的情况下发生的损害。因果关系规则实质上是向有限责任发展的规则。因果关系不仅是对侵权责任成立的限制,也是确定责任范围的主要依据。在事实上符合了因果关系的条件,在法律上也不一定成立因果关系。

(二)因果关系的理论学说

有关因果关系的理论有多种学说。

1. 英美法上因果关系

英美法上因果关系的判断被分为事实因果关系和法律因果关系两个阶段。事实因果关系,是指被告的行为与原告的损害之间是否存在事实上的引起与被引起的关联性;法律上的因果关系,是指基于法律政策考量而认定的被告的行为与原告的损害之间恰当的关联性。[2] 对

---

〔1〕 参见王泽鉴:《侵权行为法:基本理论　一般侵权行为》(第1册),中国政法大学出版社2001年版,第212页。

〔2〕 参见胡雪梅:《英国侵权法》,中国政法大学出版社2008年版,第134页。

事实因果关系的判断采取“若无则不”的检验方法,如果没有被告的行为,损害仍会发生,则二者之间不存在事实上的因果关系,也就没有必要再考虑法律上的因果关系问题;如果没有被告的行为,就不会发生原告的损害,就认定被告的行为与原告的损害之间有事实上的因果关系。在构成事实上因果关系的基础上,通过可预见性规则,确定是否构成法律上的因果关系,如果一个合理人无法预见行为的损害后果,则不认为二者之间具有法律上的因果关系,如果一个合理人能够预见到损害后果的发生,则认为被告的行为与原告的行为之间具有法律上的因果关系,对造成的损害应当承担赔偿责任。

2.“条件说”

“条件说”认为,凡是引起损害结果发生起重要作用的条件,都是该损害后果法律上的原因。[1] 所谓“没有前者,即没有后者”。“条件说”是大陆法国家中最古老的因果关系学说。其规则简单,适用方便。但其缺陷也是明显的:扩大了原因范围,导致责任分担问题上的不公平。目前多数国家不再采用“条件说”理论。

3.“原因说”

“原因说”由德国学者宾丁·库雷尔教授所创,主张区别原因和条件,仅认为原因与结果之间有因果关系。原因是对结果发生有重要贡献的条件,其他条件只有背景作用,不具有使结果发生的原因力。该说是针对“条件说”而提出的,主张将行为与结果之间的因果关系定型化,以限定追究行为责任的范围。

4.“疫学因果关系说”

针对公害引起的损害案件,日本学者提出了用医学上流行病学的原理来认定因果关系,也有人称之为“盖然因果关系说”。依该学说,在判定公害案件中,某种因素与某种疾病的因果关系,须证明:在该因素导致该疾病发生与生物学上的说明不矛盾的情况下,该因素在发病前发生作用;该因素作用提高(数量增多、浓度加大等),患病者增多或病情加重,反之,则减少或减轻,则说明该因素为损害的原因。“疫学因果关系说”对处理公害案件有重要的意义,但其实其并非典型的因果关系学说,而是因果关系的一种证明方式。[2]

5.“相当因果关系说”

“相当因果关系说”始于1886年,创始人是德国弗莱堡大学的生理学家冯·克里斯(Von Kries)教授,他在法律上应用数学的可能性理论与社会学的统计分析方法,认为客观上,事件发生的可能性可作为说明因果关系的一项因素。某项事件与损害之间具有相当因果关系,必须符合两项要件:(1)该事件为损害发生之不可欠缺的条件;(2)该事件实质上增加了损害发生的客观可能性。“相当因果关系”理论最先是德国为限制刑法上加重结果犯罪的构成要件而创设的理论,之后被民法所用,并被瑞士、荷兰、日本所采用。

该说以“条件关系”和“相当性”两要素构成。依王泽鉴教授所言,条件关系的认定采取“若无,则不”的方式,所谓“无此行为,必不生此种损害”,所以,它是一种反证规则,旨在认定“若A不存在,B仍会发生,则A非B的条件”。[3]

认定条件后,并不能认定有因果关系,还需以“相当性”来合理限制侵权责任的范围。“相

---

〔1〕 参见张新宝:《侵权责任法》(第2版),中国人民大学出版社2010年版,第33页。
〔2〕 参见张新宝:《侵权责任法》(第2版),中国人民大学出版社2010年版,第34页。
〔3〕 参见王泽鉴:《侵权行为法:基本理论　一般侵权行为》(第1册),中国政法大学出版社2001年版,第193页。

当性”是以通常足以产生此种损害为判断标准的，认定的公式为“无此行为，虽不必生此损害，有此行为，通常即足生此种损害者，是为有因果关系。无此行为，必不生此种损害，有此行为通常亦不生此种损害者，即无因果关系”。[1] 在具体案件的认定上，“相当因果关系说”注重行为人之不法行为介入社会之既存状态，并对现存之危险程度有所增加或改变。也就是说，如果行为人的行为使受害人的危险增加或使其处于另一种危险状态时，行为人的行为即构成损害结果发生之相当性原因。例如，本节引导案例3中提到的，甲将汽车停靠在人行横道，致使乙不得不绕道至非常危险的机动车道，对造成的乙的伤害应认定有因果关系。而对于该案例前部分，涉及甲的提前到达本身通常并不会导致受害危险增加，所以，甲的高速行驶及近路前行不是倒塌树木引起损害的原因；当然，如果因高速行驶导致交通事故发生，或者抄近路导致路况复杂发生交通事故，甲的行为与乙的损害之间是有因果关系的。这涉及“因果关系中断问题”，即在行为人行为与损害结果之间，有独立原因介入引起损害结果发生，行为人之行为即不为原因。但此独立原因判断有很大灵活性，如甲致乙轻微伤害和致乙重伤，在医疗过失介入上性质不同。可是，判断何种程度为轻，何者为重有时并非易事。审判实践对相当因果关系的使用“相当弹性化”。

被很多国家和学者接受的相当因果关系，与英美法中的法律上的因果关系判断一样，实际上具有很大的随意性，它是依社会一般人的智识和经验判断，通常具有发生损害可能时，即认为有因果关系的情况。在具体案件中，很可能存在判断结果与事实不符的问题，“相当因果关系说”以科学上的可能性观念为基础推论因果关系的有无，把法律问题看作科学上的概率问题，而概率的基数并不明确。其以超过通常概率的50%为认定因果关系的标准，在实践上较易造成绝对化；其“全有或全无”原则也不合理，依据“相当因果关系说”，一旦认定有因果关系，行为人即承担全部责任，而一旦不能认定相当因果关系，则可不承担任何责任，而在遇到51%和49%两种可能性时，其不公平性就暴露无遗。

（三）因果关系类型中的多因一果

因果关系的类型以原因和结果的数量不同可以分成一因一果、一因多果、多因一果和多因多果等几种。前两种并不具有特殊性，依一般因果关系认定即可，在多因多果的情况下，问题的难点是判断哪种结果是由何种原因引起的，而此时特殊的情况也在于多因一果的判断上。所以，在因果关系类型问题上，最重要的是多因一果情形的判断。

一个损害结果是由多个原因造成的情形被称为多因一果现象。包括以下具体情况。

1. 聚合因果关系

损害结果是由多个原因造成的，而且，每一单个原因都足以导致该损害结果发生的情形被称为聚合因果关系。如甲、乙分别对丙下毒，每个人所下分量都足以致丙死亡。此时，虽然每一单独条件均非结果发生不可缺少的条件，但若甲、乙均以此为因果关系抗辩，其结果将使丙的损害无人承担责任，这种情况不符合基本的公平正义，对于丙的死亡，甲和乙的行为都为原因，而不能适用“若无，则不”判断标准。我国《民法典》第1171条规定，二人以上分别实施侵权行为造成同一损害，每个人的侵权行为都足以造成全部损害的，行为人承担连带责任。

---

[1] 王泽鉴：《侵权行为法：基本理论 一般侵权行为》（第1册），中国政法大学出版社2001年版，第204页。

2. 共同因果关系

造成损害发生的多个原因中,每一单个的原因都不足以造成损害发生,但多个原因的结合即足以导致损害发生的情形被称为共同因果关系。如甲、乙对丙下毒,虽然每个人所下分量都不足致丙死亡,但其共同作用导致丙中毒死亡。此时,甲和乙都不得以若不是对方的加量就不会导致受害人死亡而为责任抗辩。甲和乙的行为都为丙死亡的原因,否则丙的死亡将无人承担责任,有违公平。此种情况适用《民法典》第1172条规定的无意思联络的多数人侵权规则,能够确定责任大小的,各自承担相应的责任;难以确定责任大小的,平均承担责任。

3. 择一的因果关系

择一的因果关系,是指数个可能的损害发生原因都足以单独造成损害后果,而且其中一个或部分原因实际导致了损害的方式,但无法确定具体导致损害发生的原因。比如,在共同危险行为中,虽只一人或部分人造成他人损害,但每一人的行为都可能造成损害,在无法确定究竟谁人致损时,视所有行为人的行为为损害的原因,即采用推定方式选择一种因果关系适用。择一的因果关系也称"替代因果关系"。择一的因果关系,也有减轻受害人举证责任的功效。

4. 假设的因果关系

假设的因果关系,是指加害人的行为导致了损害的发生,但事实上假设没有该加害行为,该损害也会发生的情形。如将喝了超量剧毒农药已经抽搐倒在马路上的人撞死;将他人的房屋捣毁,而随后当地发生强烈地震,所有房屋均倒塌等。此时,对地震与房屋倒塌或喝农药与当事人死亡之间被认为是假设因果关系,而对行为是否认为有因果关系,是否一概都由行为人承担责任是侵权法要解决的问题。

以往,对假设因果关系的存在,不影响行为人的赔偿责任,即不考虑所谓假设原因。后期认为,假设因果关系并非因果关系问题,而系损害估算问题。事实上,从一般的公平角度分析,在假设的因果关系中,对于赔偿的问题,并不能以单一标准确定,而应具体问题具体考察。如甲将已患绝症、医生证明将不久于人世的乙撞死。有关丧葬费的请求可以得到支持,而有关近亲属精神损害以及依靠死者抚养的人的损失则不一定,此与捣毁他人房屋情形不同,毁损房屋的行为已经结束,侵权行为的构成以及侵权责任负担都不受其后地震的发生影响。

5. 因果关系中断

因果关系中断,是指在因果关系进行过程中,因第三人的行为、受害人的行为或其他外在原因的介入导致因果关系链条中断的情形。中断的后果包括原行为人与介入的因素构成多因一果情形、介入因素独立构成侵权责任的原因。

因受害人的原因导致的因果关系中断,不适用过失相抵,而是直接认定行为人的侵权责任不成立。实践中有受害人特殊体质导致损害后果严重的案件,我国最高人民法院以第24号指导案例形式否定了受害人骨质疏松对损害参与度的影响,认为一定年龄的人的骨质疏松是正常情形,不能因此减轻侵权人的赔偿责任。当然在骨质疏松以外的其他情形下,适当考虑受害人特殊体质从而减轻行为人的责任是合理的。

因第三人行为的介入是否导致因果关系中断,尤其是是否原行为人即可免除责任问题,应该综合整个案件的具体情况判断。第三人的介入行为如果已使原行为对损害的发生微不足道时,自然构成因果关系中断;第三人的介入如果是故意的,通常应该认定因果关系中断;第三人的行为是合法的,自然不能认定因果关系中断,而如果是违法的,则应认定因果关系中断。

因其他原因导致的因果关系中断,应该视其他原因的严重程度和可预见性而有所不同,如果其他原因构成不可抗力，自然应免除行为人的责任；如果其他原因仅为一般社会风险，则不能认定因果关系中断。

第四节 多数人侵权责任

引导案例

甲、乙相约在马路上飙车，在竞相追逐途中甲驾车将在路上正常行驶的丙撞伤。问：

1. 乙是否需对丙的损害承担赔偿责任？

2. 甲、乙的行为是否属于共同危险行为？

3. 假如甲、乙互不相识，在分别驾驶时发生交通事故，将乙车上的乘车人丙致残，交警部门出具该事故责任认定书，甲、乙为同等责任，对此，甲、乙对丙的损害是否属于共同侵权？

一、多数人侵权责任概述

多数人侵权责任，是指二人以上实施侵权行为时，对造成的损害依法承担侵权责任的制度。多数人侵权涉及损害与各侵权人行为之间的因果关系问题，并进而涉及各自承担责任多少问题，与单独侵权相比无论是在制度设计还是在司法实践中都更加复杂。从客观表现上看，多数人侵权不仅是多个人对他人的殴打伤害，更普遍和复杂的是在互联网侵权责任、产品责任、医疗侵害责任、环境污染、生态破坏等情形下的多数人侵权情形。

对多数人侵权，《法国民法典》并未专门规定，《德国民法典》则在第830条规定了“共同行为”和“参加行为”，而在第840条规定了多数人侵权的连带债务责任。我国《民法典》对多数人侵权责任非常重视，用5个条文（第1168条至第1172条）对多数人侵权责任的类型、构成要件及法律效果进行了具体规定。在类型上，规定了狭义的共同侵权，教唆、帮助他人实施的侵权行为、共同危险行为、无意思联络的数人侵权。理论上，将狭义的共同侵权行为与教唆、帮助他人实施的侵权行为合称共同侵权行为，共同危险行为也称“准共同侵权行为”；而无意思联络的数人侵权因法律后果不同而分别称“承担连带责任的无意思联络数人侵权”和“承担按份责任的无意思联络的数人侵权”。在构成要件上，针对不同的类型分别规定了不同的要件；在法律效果上，根据不同情况分别规定了多数人侵权责任的连带责任和按份责任。

二、共同侵权

（一）共同侵权的概念

共同侵权，是指两个或两个以上的行为人基于共同过错造成他人损害，并应承担连带责任的多数人侵权。我国原《民法通则》《侵权责任法》以及《民法典》对共同侵权都有明确规定，《民法典》第1168条规定：“二人以上共同实施侵权行为，造成他人损害的，应当承担连带责任。”显然该规定并非共同侵权行为的定义。考虑司法实践中对共同侵权认识上的差异，最高人民法院曾于《关于审理人身损害赔偿案件适用法律若干问题的解释》（法释〔2003〕20号，以下简称《人身损害赔偿解释》）第3条第1款从构成角度将共同侵权规定为：“二人以上共同故意或者共同过失致人损害，或者虽无共同故意、共同过失，但其侵害行为直接结合发生同一损害后果的，构成共同侵权，应当依照民法通则第一百三十条承担连带责任。”不过，理论上对其中的“直接结合”的理解存在很大争议，目前该规定也因为法释〔2020〕17号修正而失去效力。

因共同侵权本身的复杂性和立法的抽象性，关于共同侵权的认识理论和实践中有不同观点。

1.“共同故意说”

“共同故意说”认为，共同侵权中的共同实施指“共谋”，即共同故意。[1] 根据该观点，构成共同侵权要求各行为人之间需有意思联络，否则，背离“自己责任”，不适当扩大连带责任范围。

2.“共同过错说”

“共同过错说”认为，共同侵权中各行为人之间的意思联络不以共同故意为限，还包括共同过失。基本观点认为“共同实施”在主观上既包括共同故意，也包括共同过失。[2] 数个行为人对其行为或结果具有共同的认识或对某种结果的发生应该共同尽到合理的注意而没有注意，都属于共同侵权。

3.“共同行为说”

“共同行为说”认为，共同侵权中的共同实施是指各行为人在客观上有共同侵权行为，即复数行为在客观上存在关联，从而构成损害的共同原因。[3] “共同行为说”是针对“意思联络说”无法包括共同过失的观点提出来的，认为共同侵权的构成不以意思联络为必备要件。

4.“折中说”

“折中说”认为，在共同侵权的构成要件上既要考虑各行为人的主观方面，也要考虑其行为之间的客观联系。按照这种观点，共同侵权在主观方面各加害人均有过错，过错的内容应当相同或相似，但不要求共同故意或有意思联络；在客观方面，各加害行为应当具有关联性，构成一个统一的不可分割的整体，且都是损害发生的不可或缺的共同原因。[4]

就上述各种观点的主要内容可以看出，对共同侵权的认识都是对立法中“共同实施”的不同解释。比较而言，对照我国《民法典》规定，对共同侵权的认识“共同过错说”更具有说服力。“共同故意说”将共同侵权限定在“同谋”，即有共同意思联络范围内，过度限制了共同侵权规则的适用。比如，对于几个拆迁工人将一根房梁扔下街道，而疏忽了对他人造成伤亡事故的情形，按照“共同故意说”将难以认定为共同侵权，这将阻碍共同侵权规则适用，对受害人利益保护明显不利。从我国《民法典》第1168条规定看，虽然其属于一般规定地位，但人们在讨论共同侵权构成时基本都着眼过错责任，而过错责任本身既包括故意，也包括过失。前面提到扔房梁案件是否可以依据《民法典》第1171条或第1172条予以解决？显然几个人共同往下扔房梁的行为不符合第1171条或第1172条所要求的“分别实施侵权行为”的要求。德国理论界在解释共同侵权时，认为《德国民法典》第830条有关共同侵权的规定“吸收了当时刑法的表述方

---

〔1〕 参见程啸：《侵权责任法》（第3版），法律出版社2021年版，第384页；周友军：《我国共同侵权制度的再探讨》，载《社会科学》2010年第1期。

〔2〕 参见王利明：《侵权行为法归责原则研究》，中国政法大学出版社2003年版，第297页；张新宝：《中华人民共和国民法典侵权责任编理解与适用》，中国法制出版社2020年版，第27页。

〔3〕 参见王泽鉴：《侵权行为》（第3版），北京大学出版社2016年版，第427页。

〔4〕 参见张新宝、李玲：《共同侵权的法理探讨》，载《人民法院报》2001年11月9日，第3版。

式”，通说和审判实践也追随刑法理论，共同侵权仅在故意时才构成。[1] 常引用《刑法》第25条第2款，以及第26条、第27条的意义来理解民法上教唆、帮助类共同侵权。而参照刑法规定的情况，共同行为的必要条件，是存在对行为的共同作用的意识和愿望。[2] 但不乏有认为共同过失也可以构成共同侵权者。[3] 其实，基于刑法中对于故意和过失严格区分而民法上基本不区分故意和过失这一巨大差别，侵权责任法中是否需完全借鉴刑法有关共同犯罪的观点是有疑问的。

至于“共同行为说”或“折中说”，因为我国《民法典》对共同侵权的要求仅有“共同实施”，并无“造成他人同一损害”要求，而未如2003年最高人民法院《人身损害赔偿解释》第3条第1款对共同侵权行为的构成规定“虽无共同故意、共同过失，但其侵害行为直接结合发生同一损害后果”的条件。因此，虽然实践中共同侵权造成的损害都会被认定为需要赔偿的损害，但就解释论而言，实际上无论是否造成“同一损害”，只要构成共同侵权，各侵权人都需承担连带责任。

（二）共同侵权的特征

与单独侵权行为比较，共同侵权具有更复杂性，其特征主要包括以下5种。

1. 主体多人

主体多人是共同侵权最明显的特征之一，共同侵权属于多数人侵权的主要类型，如果是单个人的侵害行为，自不必适用共同侵权责任规范。需要注意的是，法人或非法人组织工作人员因执行工作任务而致人损害的，不属于多数人侵权，更不是共同侵权。被监护人致人损害而由监护人承担责任的情形，也不属于共同侵权。

2. 主观过错的共同性

共同侵权的行为人在主观上须均有致人损害的故意或过失。传统共同侵权仅认为，共同侵权需行为人之间有共同的意思联络或者至少有共同的故意，随着对受害人利益保护的加强，共同过失也被认定为共同侵权进而承担连带责任，典型的如专家责任、缺陷建筑物中设计者与施工人的责任等。

3. 客观行为的共同性

在共同侵权下，数个行为相互联系构成一个统一的致人损害的原因，即相关行为都构成损害发生原因，与损害后果之间有因果关系。需要注意的是，在具体案件中，其中一个侵权行为人，不能因为自己在共同侵害行为中发挥作用小而对被侵权人的请求进行抗辩。一方面，共同侵权法律后果为连带责任，某具体行为人在共同侵权中的责任大小是连带责任内部关系问题；另一方面，共同侵权为共同故意或共同过失，其共同参与行为的意图消除了其与其他参与者之间的差异。另外，数个关联行为通常是同时实施的，如果在时间上是分别实施的，即便是造成同一损害，也不是共同侵权，而是适用《民法典》第1171条的无意思联络的数人侵权。但在个别案件中，如果实施行为之前有意思联络，并开始了共同行为，只不过具体造成损害是其中一

---

〔1〕 参见[德]埃尔温·多伊奇、[德]汉斯－于尔根·阿伦斯：《德国侵权法》，叶名怡、温大军译，中国人民大学出版社2016年版，第73页

〔2〕 参见[德]马克西米利安·福克斯：《侵权行为法》，齐晓琨译，法律出版社2006年版，第233页。

〔3〕 参见[德]埃尔温·多伊奇、[德]汉斯－于尔根·阿伦斯：《德国侵权法》，叶名怡、温大军译，中国人民大学出版社2016年版，第73页。

个时,也不妨碍共同侵权的成立。比如,本节引导案例中的第一个问题,因为甲、乙二人经过协商后共同开始飙车,虽然最后客观上只是甲将丙撞伤,但因为甲、乙二人的行为构成共同侵权。因此,乙需对丙的伤害与甲承担连带责任。

4. 损害结果统一性

共同侵权行为针对的侵害对象是同一的,造成的后果皆与共同侵权行为有因果关系。

5. 法律责任的连带性

共同侵权的法律后果是各侵权人承担连带责任。在连带责任情形中,受害人有权请求各侵权人承担全部的赔偿责任,以保证其受到侵害的权益能够足额获得赔偿,但不能使受害人因此而获得比受到损害之前更多的利益。这就需按照连带债务人追偿权规则处理。因连带责任人内部是按照原因力分别承担责任的,原因力不明时按照相同比例分担受害人损失,承担赔偿数额多于自己应承担份额部分,有权向其他连带责任人追偿。

司法实务问题

虽然《民法典》第1168条规定,二人以上共同实施侵权行为,造成他人损害的,应当承担连带责任。而且第178条第1款明确规定:“二人以上依法承担连带责任的,权利人有权请求部分或者全部连带责任人承担责任。”但在司法实践中,如何理解权利人“有权请求部分或者全部连带责任人承担责任”是有很大争议的,尤其是针对权利人对部分连带责任人放弃债权时。为此,2022年最高人民法院《人身损害赔偿解释》第2条规定:“赔偿权利人起诉部分共同侵权人的,人民法院应当追加其他共同侵权人作为共同被告。赔偿权利人在诉讼中放弃对部分共同侵权人的诉讼请求的,其他共同侵权人对被放弃诉讼请求的被告应当承担的赔偿份额不承担连带责任。责任范围难以确定的,推定各共同侵权人承担同等责任。人民法院应当将放弃诉讼请求的法律后果告知赔偿权利人,并将放弃诉讼请求的情况在法律文书中叙明。”该解释表明,在最高人民法院看来,共同侵权人提起的损害赔偿诉讼的性质是必要共同诉讼,而必要共同诉讼具有不可分性,所以,如果被侵权人仅起诉部分侵权人,人民法院则应当追加其他共同侵权人作为共同被告。对此,有学者质疑:第一,不能把共同侵权连带责任之诉解释为固有的必要共同诉讼。一方面,必须追加连带责任人全部参加诉讼违反实体法规则要求;另一方面,必要共同诉讼要求共同被告人必须同时被起诉,同时到庭,确定当事人之间的权利义务争议,但侵权连带责任诉讼不具有固有的必要共同诉讼的这一特点。第二,司法解释的内在逻辑推论是被侵权人起诉谁,就判决谁仅对其应承担的最终责任份额承担责任,没有被起诉或者追加的共同侵权人就视为被侵权人“放弃”对其的请求权,这样的推论有悖于《民法典》第178条和第518条的规定。第三,不追加即视为放弃请求权能够平衡共同侵权人之间的利益关系的说法是不正确的。[1]

侵权连带责任诉讼的性质类似必要共同诉讼。理由在于:第一,共同侵权连带责任诉讼的标的是共同的;第二,共同诉讼人一方不必全体一致参加诉讼;第三,被侵权人一旦选择部分连带责任人参加共同诉讼,该案的判决对所有共同侵权人发生效力。

---

〔1〕 参见杨立新:《被侵权人对侵权连带责任人的选择权》,载《当代法学》2022年第1期。

笔者认为，连带责任的法律效果是“权利人有权请求部分或者全部连带责任人承担责任”，在部分行为人不具有清偿能力时即可凸显其对受害人权益保障方面的作用，有观点认为，该效果对行为人要求严格、责任较之按份责任更重。其实就侵权人与被侵权人两方比较而言，并没有加重任何一方的责任，也没有使被侵权人获得了不当利益。当然，因为最终的责任是侵权行为人内部划分，因此，连带责任的附带后果可能会造成部分侵权行为人无法从其他连带责任人处获得相应的赔偿，但这里的“无法获得赔偿”不是因为被侵权人的放弃，而是因为该债务人无力赔偿或其他客观原因（如无法找到该债务人）。就此而言，在诉讼中，法院不得因“赔偿权利人”仅对部分“赔偿义务人”起诉即认为其放弃该部分利益，起诉部分责任人是其法律规定的权利，其他“赔偿义务人”承担责任超过自己应负担的部分也同样有权向其他连带责任人追偿。

三、教唆、帮助他人侵权行为

（一）教唆、帮助他人侵权行为概述

教唆、帮助他人侵权行为，是指教唆或帮助他人实施侵权行为的情形。虽然直接实施侵权者仅为被教唆者、帮助者，但被教唆、帮助情况下的侵权，被认为是教唆、帮助者与被教唆、帮助者共同行为造成的他人损害，属于多数人侵权的一种特殊类型，并被“视为”共同侵权行为。域外法中，多将教唆、帮助他人实施侵权行为的人视为“共同加害人”或“共同行为人”。如《德国民法典》第830条第2款规定，“教唆人与帮助人视为共同加害人”；《日本民法典》第719条第2款也规定，“教唆或帮助侵权行为的人视为共同行为人，适用前项规定”（共同侵权承担连带责任）。《韩国民法典》第760条也有类似规定。[1]

教唆、帮助行为包括：以口头或书面形式或其他形式教导或策划他人实施侵权行为或为他人侵权行为创造条件，提供便利等；“教唆”是以积极主动的作为方式，使他人产生侵权决意的行为，无教唆，他人就无侵权意图，具体形式包括语言教唆，也包括对侵权行为给予奖励等诱导和鼓励等行为。最高人民法院《关于审理侵害信息网络传播权民事纠纷案件适用法律若干问题的规定》第7条第2款规定：“网络服务提供者以言语、推介技术支持、奖励积分等方式诱导、鼓励网络用户实施侵害信息网络传播权行为的，人民法院应当认定其构成教唆侵权行为。”当然，行为人具体实施的行为与教唆的行为不同时，不构成教唆他人侵权。“帮助”是为行为人的侵权行为提供援助，为具体侵权行为的实施创造必要条件的行为。帮助行为可以在实施侵权行为之前，也可以在实施侵权行为过程中。日常生活中，为行为人提供精神支持是否为教唆、帮助行为，是否承担共同侵权责任是值得思考的问题，如为围攻警察的人呐喊、叫好，使围攻者更加猖狂，或者为看热闹而在他人侵权时“起哄”等。考虑“教唆人”应指犯意的决定者或侵权

---

〔1〕我国立法中，原《民法通则》规定了共同侵权，但未对教唆、帮助他人侵权进行规定，而在最高人民法院《民通意见》第148条分3款详细规定了教唆、帮助他人侵权行为，针对被教唆、帮助人的不同情形而确定是否为共同侵权，对完全民事行为能力人的教唆、帮助，直接认定“教唆、帮助他人实施侵权行为的人，为共同侵权人”；而对无民事行为能力人的教唆、帮助，则确定教唆人、帮助人为侵权人；对限制民事行为能力人的教唆、帮助，虽然确定构成“共同侵权人”，但同时明确在内部责任划分时，教唆人、帮助人承担主要责任。原《侵权责任法》第9条对上述规定进行了修改，不再区分被教唆、帮助人是无民事行为能力人还是限制民事行为能力人。具体分2款对教唆、帮助侵权行为进行了规定。“教唆、帮助他人实施侵权行为的，应当与行为人承担连带责任。”“教唆、帮助无民事行为能力人、限制民事行为能力人实施侵权行为的，应当承担侵权责任；该无民事行为能力人、限制民事行为能力人的监护人未尽到监护职责的，应当承担相应的责任。”《民法典》第1169条承续了原《侵权责任法》的规定。

行为的唆使者；而“帮助人”是指为侵权行为提供必要条件的人。在主观上应以“有意思联络”对教唆、帮助他人侵权的认定进行限制，因此，如果仅在侵权现场“叫好”“起哄”不应视为共同侵权行为，不宜认定为教唆、帮助他人实施侵权行为。

（二）教唆、帮助他人侵权行为的类型

根据《民法典》第1169条的规定，以被教唆人的行为能力为标准，教唆、帮助他人侵权包括两类。

1. 教唆、帮助完全民事行为能力人侵权

《民法典》第1169条第1款规定，教唆、帮助他人实施侵权行为的，应当与行为人承担连带责任。考虑该条第2款为专门针对无民事行为能力人、限制民事行为能力人的规定，从体系解释角度分析，第1款规定的“他人”应是完全民事行为能力人。行为人的行为与教唆、帮助人的行为在性质上是否属于共同侵权问题，原《侵权责任法》和《民法典》均回避了这个问题，仅规定承担连带责任。而《民通意见》第148条第1款明确规定，“教唆、帮助他人实施侵权行为的人，为共同侵权人”。如前所叙，域外对教唆、帮助他人侵权均“视为共同行为人”，而非直接认定为“共同侵权人”，虽然在法律效果上皆为连带责任，在性质上认定为“共同侵权人”还是视为“共同行为人”意义重大，但考虑共同侵权不仅要求意思联络，通常也需“共同实施”侵权行为，而在教唆、帮助侵权情形下，教唆、帮助人并未直接实施侵权行为，也就不宜直接认定其为共同侵权行为人。当然，如果教唆人、帮助人不仅教唆、帮助，也具体实施了侵权行为，则构成《民法典》第1168条规定的共同侵权。共同侵权与教唆、帮助情形下的侵权在构成要件上有所不同，但其构成要件相似，立法目的相同，可以被视为共同侵权，适用共同侵权制度的法律效果。因此，“视为共同行为人”比直接认定为“共同侵权人”更准确。

既然教唆、帮助完全民事行为能力人实施侵权行为被视为共同侵权，其法律效果自然为承担连带责任。

2. 教唆、帮助不完全民事行为能力人侵权

根据《民法典》第1169条第2款的规定，对教唆不完全民事行为能力人实施侵权行为的效果规定了两种情况：一是教唆、帮助人承担侵权责任；二是如果监护人没有尽到监护职责，应当对该损害结果承担相应的责任。对此，可以从两个方面来理解：首先，教唆不完全民事行为能力人实施侵权行为者为侵权行为人，原则上侵权责任应单独归属于教唆、帮助人。这主要是因为不完全民事行为能力人在对侵害行为的识别、对自己行为的控制能力方面欠缺；此外，也可以认为此时的不完全行为能力人实质上不过是教唆人、帮助人的侵权工具而已，使教唆、帮助者承担全部侵权责任是合理的。其次，不完全民事行为能力人是被监护人，监护人对其有监护职责，如果被监护人实施侵权行为，与监护人未尽监护职责有关；或者说，如果监护人尽到监护职责，教唆、帮助侵权行为就不会发生，此时，让监护人承担相应的责任也是合理的。

值得注意的是，监护人需要承担责任的前提条件是“监护人未尽到监护责任”，也就是监护人存在主观过错，如果不满足该前提条件，即监护人已尽到监护责任，则不需要对损害结果承担责任。此时，监护人责任建立在其主观有过错的基础上，是一种过错责任。而这与《民法典》第1188条规定存在冲突。因为主流观点认为监护人责任系无过错责任。

就此而言，仅从监护人责任视角看，原则规定在于《民法典》第1188条确立的无过错责任，即如果尽到监护职责，其效果仅为“可以减轻其侵权责任”。依该思路，对监护人来说，最核心

的考虑因素始终应当是其是否诚实地履行了监护职责，并不因为有教唆人或帮助人的存在，监护人所需要履行的监护责任就轻、只需要承担过错责任；反之，监护人的监护责任就更重、需要承担更严格的无过错责任。法律对监护人所要求的监护职责没有改变，监护人需要承担的监护责任也应当始终如一。《民法典》第 1169 条与第 1188 条对监护人所需承担责任进行区别对待的理由尚需解释。一个可以考虑的理由是，在一般情况下，监护人尽到监护职责，对造成的损害仍需承担减轻的责任，本身就是一个无奈的做法，是在无法让加害人承担责任，社会保障体系又欠完善的情况下，使受害人独自承受损害后果不公平的情况下采取的无奈之举。如果有其他责任人加入，尤其是该责任人系诱导行为人起犯意、助推其实施侵权行为的情形下，可以视教唆、帮助行为阻断了监护人承担无过错责任的原因。从而使教唆人、帮助人承担侵权责任，而监护人免除责任。如若不然，就只能在理论上将第 1169 条确立的过错责任规则视为第 1188 条规则的例外。

当然，在满足前述监护人承担责任的前提条件的情况下，监护人所承担的也只是“相应的责任”，表明立法者并不希望使监护人承担过重的责任。因此，《民法典》第 1169 条第 2 款除明确限制监护人承担责任的前提条件外，还对监护人承担责任的大小进行了限制，即监护人只承担与自己过错大小相应的责任。如果再联系第 1188 条第 2 款的规定，立法上对在教唆、帮助他人侵权责任中，对减轻监护人的责任的努力已经表明了态度。

对于被教唆、帮助人是否应区别无民事行为能力和限制民事行为能力问题，《民法典》第 1169 条并未区分，一体认定为教唆、帮助人独立承担责任。实质上，这种一体认定的做法并不合理。限制民事行为能力人已经有了一定的认识能力，对有些法律行为都可以独立实施，在对当事人对事物认识能力要求较低的侵权行为方面反而不承担责任，该规则难言合理。当然，这一问题源自我国立法没有对责任能力的规定。而根据最高人民法院《民通意见》第 148 条的规定，教唆、帮助限制行为能力人实施侵权行为的人，为共同侵权人，教唆人或帮助人应承担主要的民事责任；教唆、帮助无民事行为能力人实施侵权行为的，教唆、帮助人为侵权人，应当承担民事责任，被教唆、帮助的无民事行为能力人不是共同侵权人。对照被教唆、帮助人为完全民事行为能力人的，立法上视为共同侵权行为，对造成的损害承担连带责任，其理由应该是侵权行为的实施者具有责任能力，应该对自己的行为负责。无民事行为能力人对自己行为缺乏判断能力，无法认识自己行为的性质，不能对其进行过错认定，其对他人的侵害行为完全是教唆、帮助人行为的结果。此时使教唆人承担全部责任是正当的。但限制民事行为能力人应该认定其对侵害行为具有一定的识别能力，其实施的侵权行为不能认为与其自己存在的可责难的心理状态无关，对造成的损害应认定为系教唆人、帮助人与实施侵害行为的限制民事行为能力人合力所致，对受害人来说承担连带责任，而内部由教唆人、帮助人承担主要责任是合理的。

四、共同危险行为

（一）共同危险行为概述

共同危险行为，是指二人以上共同实施加害他人的行为，但因对造成的损害不能确定具体加害人，而令全体行为人承担连带赔偿责任的情形。在共同危险行为中，虽然每个人皆实施了侵害行为，且每个人的行为都可能导致相关损害后果，但损害并非全体行为所致，所以，不能认为该情形为共同侵权行为，也不能因具体加害人不明而让受害人承受该损害；共同危险行为的后果准用共同侵权行为的后果，所以其也被称“准共同侵权行为”。

理论界有学者认为,现代共同危险行为起源于罗马法中“倒泼和投掷责任之诉”,但实际上除“加害人不明”外,二者有很大差异。共同危险行为的行为人皆实施了危险行为,而“倒泼和投掷责任之诉”的基本特征是数人中只某一人或某部分人实施了加害行为;对共同危险行为多采取过错推定责任,而罗马法对“倒泼和投掷责任之诉”采取的是无过错责任;前者由共同危险行为人承担连带责任,而后者实质上是由房屋的所有人、用益权人和承租人承担的替代责任。虽不能断言罗马法中未出现共同危险行为,但以“倒泼和投掷责任之诉”为其存在根据还需要进一步证明。在立法上,《法国民法典》中并未明确共同危险行为,法国民法初期的学说对共同危险行为采取否定的态度,理由主要有两点:其一,认定被告承担民事责任必须以有直接因果关系作为必要条件,而应由原告负证明责任;其二,如果要令与损害之间并没有因果关系的人承担共同责任,违反公平。[1] 而晚期的学说则一致采取肯定的见解并认为,共同危险行为是团体行为,行为人之行为表现出“结合不可分之行为”。共同危险行为最早在《德国民法典》中规定,其第830条第1款规定:“二人以上共同实施的侵权行为引起损害的,每一个人就损害负责任。不能查明两个以上参与人中孰以其行为引起损害的,亦同。”其中第2句被认为系共同危险行为的规定。[2] 《日本民法典》将共同危险行为与共同侵权行为规定在一个条文中,且比较简洁,其第719条第1款规定:数人因共同侵权给他人造成损害时,各自对损害的赔偿负连带责任。在不能知晓共同行为人中由何人加害时,亦同。英美法因采用广义的共同侵权理论,其将共同危险行为归入共同侵权中。通过个案依靠法官的自由裁量予以认定共同危险行为。在数人实施了共同危险行为但加害人不明的时候,认定存在一个所谓不确定的因果关系,又称“择一的因果关系”,即被告的损害是由两个或两个以上有过失的被告中某一位的行为而造成的,但是又无法查明究竟是由哪一个被告的行为所造成的。正如苏格兰特雷纳大法官(Lord Trayner)所说:“我不知道你们中究竟是谁犯了我所抱怨的错误,但是我至少知道作出这个行为的不是你就是他。”[3]

我国法律在较长一段时期只规定了共同侵权行为,而无共同危险行为的法律规范。我国最早的共同危险行为源于清朝法制改革。《大清民律草案》第950条规定:“数人因共同侵权行

---

[1] 参见李木贵等:《共同危险行为之研究——以要件论为中心——民法研究会第十二次研讨会纪录》,载《法学丛刊》第44卷第1期。

[2] 《德国民法典》第830条在整体上是关于“共同行为人和参与人”侵权责任的规定。其第1款第1句是关于狭义共同侵权行为责任的规定;第2款是关于教唆人、帮助人被视为“共同行为人”的规定;而第1款第2句是针对“在多人参与的损害行为中,经常无法查明是其中的哪一个人造成了损害,使受害人的请求权无法实现案件”的条文,其目的是使受害人得到救济,其功能是免除了受害人对责任成立的因果关系举证责任。从德国法院针对的具体案件和具体判决理由看,该条款第2句的适用范围比共同危险行为要广得多。比如,它适用于这样的案件:“被告马术协会和另外一家马术协会,为一次广告活动,连同马车和车夫一起出租马匹。马车停在路边时,在周围玩耍的儿童惊吓了拉车的马。驾乘人员无法将车立刻停下来,其中一辆马车撞坏了原告的汽车。但无法确定是被告的马车还是另外那家马术协会的马车造成了汽车的损害。”同时,在德国该条款也适用于这样的案件——“在多人参与的一场群殴当中,众人一起打某一个人,其中一人的打击导致受害人的死亡,但却无法查明这致命的一击是出自何人”。参见[德]马克西米利安·福克斯:《侵权行为法》,齐晓琨译,法律出版社2006年版,第234~238页。对此,前一个案件中,应当认为是我们理解的共同危险行为,而后一个案件却是我们熟悉的共同侵害行为,是狭义的共同侵权行为,而非共同危险行为,即在理解德国法规定时,不能仅视该条款为共同危险行为。

[3] See Tony Weir, *International Encyclopedia of Comparative Law*, Vol. 4, Torts, Chapter 12, Complex Liabilities, J. C. B. MOHR (Paul Siebeck, Tuebingen), 1975, p. 46. 转引自王利明、公丕祥主编:《人身损害赔偿司法解释若干问题释评》,人民法院出版社2005年版,第137页。

为加害于他人者,共负赔偿之义务。其不能知孰加害者,亦同。”到民国时期,《民国民律草案》第248条规定:“数人共同不法侵害他人之权利者,连带负损害赔偿责任。其不能确知孰为加害人者,亦同。”[1]这两个条文实际上并没有实施。共同危险行为制度在我国的真正确立,是民国时期国民政府所制定的民法,即《中华民国民法》。该法沿袭《民国民律草案》的体例,于第185条规定:“数人共同不法侵害他人之权利者,连带负损害赔偿责任。不能知其中孰为加害人者,亦同。”

新中国成立后,长期没有对共同危险行为进行理论上的研究,更无法律规定。2001年12月,最高人民法院《关于民事诉讼证据的若干规定》从举证责任角度第一次使用了“共同危险行为”一词。2003年12月,《人身损害赔偿解释》中出现了共同危险行为一词,该解释的第4条规定:“二人以上共同实施危及他人人身安全的行为并造成损害后果,不能确定实际侵害行为人的,应当依照民法通则第一百三十条规定承担连带责任。共同危险行为人能够证明损害后果不是由其行为造成的,不承担赔偿责任。”但是,该司法解释并未对共同危险行为进行明确的阐释,而且将共同危险行为限定于“人身安全”,使制度价值大大降低。

原《侵权责任法》第10条较完整地规定了共同危险行为,《民法典》第1170条继承了该规定。理论上,对共同危险行为人承担责任的解释是从平衡“无辜的受害人”与“无辜的行为人”利益角度所采用的制度。就后果而言,显然立法倾向对“无辜的受害人”的救济。共同危险行为在多数人侵权行为制度中的地位,因其在行为构成上有显著的不同于共同侵权的特点,只是适用共同侵权行为的法律后果等相关规则。因此,称其为“准共同侵权行为”是妥当的。

(二)共同危险行为的归责理由

在域外,德国、日本对共同危险行为都规定准用共同侵权行为规则而使各行为人承担连带赔偿责任,然而连带责任是一种加重责任,在共同危险行为中,实际致害人仅是其中一人或是其中的一部分人,其他危险行为人没有实际致害行为却仍然要承担连带民事责任,其归责基础何在?对此,理论上主要有以下几种学说:

1.“参与部分不明说”。[2] 该说认为,共同危险行为事实上由全体共同行为人所加害,但不能确知各自所参与的部分的情形。

2.“共同过失说”。该说认为,共同危险行为的责任基础是危险行为人的共同过失,共同危险行为人负连带责任的根据在于他们具有主观上的共同过失,行为人所实施的行为具有共同的危险,而且这种危险的指向是相同的,如果没有危险的存在就不可能发生实际的损害。[3] 所以,对于危险行为的存在来说,行为人都具有共同的过失。行为人之间的共同过失,使其各自的危险行为构成一个整体而应该对损害结果负责。

3.“利益取舍与行为关联说”。[4] 该说认为,共同危险行为的归责基础不仅在于危险行为的客观关联性,还在于法律对“无辜的受害人”与“无辜的被告人”利益之间的取舍,根据危险行为的客观关联性,法律更应该保护无辜的受害人,从而要求全体危险行为人承担赔偿责任。

---

〔1〕 杨立新点校/主编:《大清民律草案:民国民律草案》,吉林人民出版社2002年版,第234页。

〔2〕 参见金勇军:《评马敏诉刘伟等共同参与行为损害赔偿纠纷案》,载梁慧星主编:《民商法论丛》第8卷,法律出版社1998年版。

〔3〕 参见王利明主编:《民法·侵权行为法》,中国人民大学出版社1993年版,第362页。

〔4〕 参见高留志:《共同危险行为若干问题之我见》,载《信阳师范学院学报(哲学社会科学版)》2000年第2期。

4."惹起人(实际致害人)不明说"。该说认为,实际致害由一人或部分人所为,因不知孰为实际致害人,而由法律推定全体危险行为人承担连带责任。[1]

上述各种观点都有其合理之处,也都存在不足:

"参与部分不明说"认为,共同危险行为事实上由全体共同行为人所实施,只是各危险行为人在造成危险的后果所参与的部分不明。实际上,承认这种学说的本身就认为共同危险行为的具体加害人已经确定。因此,从构成要件的意义上说,也就混淆了共同危险行为与狭义共同侵权行为的界限。

"共同过失说"注意到了共同危险行为人实施危险行为时主观上存在疏于注意义务的过失,但将共同危险行为人都具有的过失归于同一,同样会造成共同危险行为与狭义共同侵权行为的界限模糊。共同危险行为人承担连带责任的基础在于,法律对全体共同危险行为人都具有引起危险的过失的推定。此种过失是相对损害结果而言的,而"共同过失"则是相对危险的形成而言的,两者性质不同。因此,在构成要件上有意义的应该只是实际致害人的过失,而不是此说所认为的全体危险行为人的"共同过失"。

"利益取舍与行为关联说"指出了共同危险行为的归责基础在于法律对"无辜的受害人"与"无辜的被告人"之间的利益取舍,体现了法律的价值判断和衡平作用。但是该说以危险行为的关联性解释连带责任的基础,在现实生活中会缩小共同危险行为的范围,不利于对受害人的保护。

相较之下,"惹起人(实际致害人)不明说"比较客观地反映了共同危险行为制度的本质。当然"惹起人(实际致害人)不明说"是法律对这个问题的无奈推定。

实际造成损害的人被称为"惹起人"。由于受时间、空间以及其他条件的限制,在司法实践中可能会出现不能确认谁是实际致害人的情形,为了保护受害人的合法权益,增加无辜的受害人受偿的可能性,同时考虑全体加害人的违反注意义务的过失,法律便将全部共同危险行为人的行为视为一个整体,不要求受害人对实际致害人进行判别,法院也不主动确认谁是实际致害人,而是判决所有共同危险行为人对损害后果承担连带责任。

在共同危险行为中,由于实际致害人无法查明,如果要求受害人举证证明谁是致害人,受害人将会面临因为无法证明而得不到赔偿的风险,这对无辜的受害人来说显然是不公平的。但是,由于共同危险行为人中只有一人或部分人造成了损害后果,要求非实际致害人举证证明谁是真正致害人,对他们来说,也会面临风险,这对于非实际致害人来说也是不公平的。这样就产生了无辜的受害人和无辜的被告之间的利益冲突,法律必须在二者之间进行价值判断,并作出取舍。在"及时填补受害人损失"这一功能的影响下,各国(地区)都规定了"保护受害人"的做法,以侧重保护无辜受害人的利益。诚如王泽鉴先生所言,对实际上未为加害而未能为证明之人,难免过苛,但若不为赔偿,对被害人,则绝对不利,权衡轻重,法律仍不能不令数人负连带侵权责任。[2]

(三)共同危险行为的构成要件

理论界对共同危险行为构成要件有不同的理解,从我国法律规定看,共同危险行为作为

---

[1] 参见温汶科:《共同侵权行为之研讨》,载郑玉波主编:《民法债编论文选辑》(中册),台北,五南图书出版股份有限公司1984年版。

[2] 参见王泽鉴:《民法学说与判例研究》(第1册),中国政法大学出版社1998年版,第60页。

"准共同侵权行为",不同于一般的侵权行为,其构成要件有自己的特殊性。

1. 共同危险行为的主体要件——共同危险行为人

在一般侵权行为理论中,侵权主体并不独立构成一个要件,"二人以上"也不是共同危险行为独有的特征。然而,共同危险行为的特殊性在于,其主体的特点与共同危险行为的认定和责任的承担密切相关。

(1)共同危险行为人为二人以上且范围确定

共同危险行为属于多数人侵权行为,其主体必须为二人以上,而且,实施共同危险行为的行为人应当是确定的,否则便无法确定责任的最终承担者及其份额。但是,这不是说造成最终结果的行为人也是确定的,否则将会混淆共同危险行为与无意思联络数人侵权的区别。

(2)共同危险行为人的行为具有"共同性"

这是共同危险行为人与共同加害人之间的区别之一。[1] 共同危险行为人作为一个整体,不可分割。而这种不可分割性则产生于共同危险行为人的共同过失;申言之,就是共同疏于对他人权利保护的注意义务。这种过失是存在于每一个共同危险行为人的主观观念中的,成为造成损害的主观因素。这种共同过失将整个共同危险行为人的行为连接成为一个不可分割的整体。这种整体性的另外一个表现为:一般情况而言,共同危险行为人之间一般具有身份或者其他某种程度上的关联,正是因为这种关联,才有其实施共同危险行为的可能。尽管该数人之间没有意思联络,而且这种关联性也不是必需的。

2. 共同危险行为的主观方面

在共同危险行为中,行为人虽然都具有主观上的过失,有时甚至具有相同过失,但因行为人主观上并无意思联络,他们之间的过失并未"联系"在一起,不能称为"共同过失",至多可以称为"过失相同"。共同危险行为的"共同",不是指行为人过失的共同,而应解释为行为人之间造成这种损害的可能性的共同,也就是危险的共同。"共同行为"应理解为:行为人实施了相同的危险行为,这些危险行为可以在某一场合或某一时间段内同时或先后实施。

3. 共同危险行为的客观方面要件

(1)行为在客观上具有危险性

共同危险行为人中每个人的危险行为都有可能造成损害结果。对于这种致害可能性的分析,可以从危险行为本身、客观环境以及行为人对致害可能性的控制条件上加以判断。例如,数人在道路上投球,其中一人投球伤到行人;或多人"狩猎"中,几个人几乎同时开枪,其中一枪射伤追逐野兽的人等。这里的"投球"和"射击"行为本身都具有危险性。与此相反,数人实施的行为没有致人损害的可能性的行为就不是危险行为。"二人同住一室,其中一人因为失火酿成火灾,虽不能证明其中谁是失火行为人,然而不能视同共同危险行为人,因为不能仅仅以同住一室,而认定该居住行为与危险行为相关。"

(2)具体致害人不明

共同危险行为只能证明每一个人都实施了侵权行为,但具体是谁的行为导致损害则无法判断,如果具体致害人确定,自无共同危险行为适用必要,直接由确定的致害人承担责任即可。比如本节开始提供的引导案例中,甲、乙协商在马路上飙车,自然属于从事共同危险行为,但因

---

〔1〕 在共同加害行为中,行为之间可以有不同分工,如实行人、教唆人、帮助人等。

为具体造成损害的人明确，当然就不存在共同危险行为制度适用的空间，只能在甲单独侵权还是甲、乙共同侵权中选择适用。

(3)共同危险行为具有相同性

共同危险行为人在相同的时间、空间实施了相同的危险行为，数人行为应具有一定的时间和空间上的关联性，以致这些行为被整体地加以看待。共同危险行为归责的理由只是数人的行为均有危险，都有造成损害的可能，当实际致害人不能确定时，此共同危险行为就成立，就可以推定为行为人均负有责任。可见，共同危险行为重在强调存在时间的共同性和致害概率的共同性。对于“共同行为”解释过宽，将会导致那些与损害结果的发生没有关联性的他人被强加上举证责任，在其不能负举证责任时，即对受害者承担赔偿；反之，如果将“共同行为”解释过窄，则会导致无辜的受害者得不到赔偿。

4. 危险行为与损害后果之间具有因果关系

共同危险行为适用于不能确定具体侵权人的情形，对于因果关系来说，自然是因果关系不明，但共同危险行为制度的目的在于对受害人尽救济之能事，其基本措施就是消除因果关系不明给受害人造成的证明责任上的困难。共同危险行为中的因果关系，与一般侵权行为中因果关系扮演的角色并无不同。只是因为其本身所特有的属性，在因果关系的认定和处理方式上具有特定性。共同危险行为适用择一因果关系，即“被起诉的参与人有可能造成损失，不是他，就是其他人，即因果关系的二者择一”。

在共同危险行为中，并非每个人的行为都与实际损害结果有因果关系，而只是实际致害人的行为与损害结果有因果关系，只不过不能判明而已。受害人无须举证证明谁是实际致害人，仅需要证明数人的行为都具有危险性即可。由于受时间、空间和其他条件的限制，法院往往难以确认谁是真正加害人，为维持公平起见，将举证责任倒置，由共同危险行为人负担举证责任，如果其不能举证，法律就推定不能举证的危险行为人为“惹起人”而应承担连带责任。在此意义上，共同危险行为的因果关系是推定的因果关系。

(四)共同危险行为的责任承担

根据《民法典》第1170条的规定，在不能确定具体侵权人时，各行为人承担连带责任，此为共同危险行为责任的外部效力。在共同危险行为人之间则属于按份责任。对受害人为全部清偿的危险行为人，可以向其他危险行为人就多负担部分追偿。

关于共同危险行为致人损害责任的免责条件，理论上有两种观点。一种观点认为，某一共同危险行为人欲主张免除自己的责任，不仅要证明自己的行为与损害无因果关系，还须证明是哪个危险行为人的行为造成了损害，目的是防止出现受害人无法救济的情况；另一种观点认为，某一行为人只要证明自己的行为与受害人的损害没有因果关系即可免责。最高人民法院《人身损害赔偿解释》第4条规定，“共同危险行为人能够证明损害后果不是由其行为造成的，不承担赔偿责任”。但根据法释〔2020〕17号修正，该条规定被删除了。其实因共同危险行为中，加害人具有不确定性，责任具有推定性，因此，就应当允许行为人提出证据证明自己不是侵权人，进而免责。但是，原《侵权责任法》第10条仅规定，“能够确定具体侵权人的，由侵权人承担责任；不能确定具体侵权人的，行为人承担连带责任”。从文义解释看，共同危险行为人只有在能确定具体侵权人时，才能免除自己的责任。《民法典》第1170条继承了原《侵权责任法》的规定，也应理解认可其对原司法解释修改的精神。

五、无意思联络的数人侵权行为

(一)无意思联络的数人侵权概述

无意思联络的数人侵权,是指非基于共同过错的数人分别实施侵权行为,造成他人同一损害,而依法承担侵权责任的情形。我国《民法典》继承了原《侵权责任法》对无意思联络的数人侵权明文规定的做法,于第1171条和第1172条中分别规定了承担连带责任和按份责任两种无意思联络的数人侵权行为。域外法在多数人侵权中,对共同侵权行为、共同危险行为,甚至教唆、帮助他人侵权都有规定,但少有规定无意思联络的数人侵权者。考虑到无意思联络的数人侵权与共同侵权行为、共同危险行为不同,以及我国《民法典》侵权责任编的独立模式,为司法实践适用法律便宜见,立法明确规定无意思联络的数人侵权行为是有益的。

(二)无意思联络的数人侵权的特征

1. 数人之间无意思联络

之所以称无意思联络的数人侵权,即是因各侵权人之间无共同过错,他们的过错是各自的,而非共同的,此区别于共同侵权行为。

2. 造成同一损害

同一损害是无意思联络的数人侵权之所以有联系的客观因素,如果各行为人分别实施侵害行为,造成了不同的损害,则无论是责任构成还是责任承担都应分别判断。当然,这里的"同一损害",不能仅理解为一个损害,也不能以损害是否可分来判断。对同一损害,应当从各个侵权人的行为与受害人权益被侵害之间的责任成立因果关系的角度出发加以理解。[1]

3. 行为的分别实施

无意思联络的数人侵权行为是由各侵权人分别实施的,如果是共同实施,可构成共同侵权行为,也可能构成共同危险行为。

4. 法律后果特别

根据《民法典》第1171条的规定,如果每个人的侵权行为都足以造成全部损害的,各侵权人承担连带责任,而根据第1172条的规定,能够确定责任大小的,各侵权人承担按份责任。此与共同侵权行为、共同危险行为承担连带责任有所区别。

(三)无意思联络的数人侵权类型

我国《民法典》承续原《侵权责任法》的经验规定了两种无意思联络的数人侵权行为:承担连带责任的无意思联络的数人侵权和承担按份责任的无意思联络的数人侵权。

1. 承担连带责任的无意思联络的数人侵权

根据《民法典》第1171条的规定,二人以上分别实施侵权行为造成同一损害,每个人的侵权行为都足以造成全部损害的,行为人承担连带责任。承担连带责任的前提是"每个人的侵权行为都足以造成全部损害",这里的"足以"并非指每个侵权行为都实际造成了全部损害,而是指即便没有其他侵权行为的共同作用,单个的侵权行为也可能造成全部的损害。[2] 在实践中,在机动车交通事故责任中,被害人前后被通过的几辆车碾压死亡的情形,即可以适用承担连带责任的无意思联络的数人侵权规则。当然,在各侵权人内部责任中可以考虑适当减轻后

---

〔1〕 参见程啸:《侵权责任法》(第3版),法律出版社2021年版,第420页。

〔2〕 参见黄薇主编:《中华人民共和国民法典侵权责任编解读》,中国法制出版社2020年版,第31页。

车驾驶人的责任。

2. 承担按份责任的无意思联络的数人侵权

根据《民法典》第1172条的规定，二人以上分别实施侵权行为造成同一损害，能够确定责任大小的，各自承担相应的责任；难以确定责任大小的，平均承担责任。说明在无意思联络的数人侵权中，不仅存在连带责任，也存在按份责任情形。其适用于二人以上分别实施侵权行为造成同一损害，而且每个人的行为都不足以导致损害的全部，而数人行为的结合造成了该损害的情形。这样的理解是基于与第1171条联系而得出的。该条规定情形，理论上也被称为"非充分条件之数人分别侵权"，这是因为每个人的行为于损害后果而言都是不充分的，立法在此并非如一般侵权责任那样要求受害人举证损害与某一具体侵权行为之间的因果关系，而是将加害份额的证明责任附加到侵权人处，能确定自己责任大小的，承担自己应承担的部分，难以确定的，法律推定各侵权人对损害的原因力相同，从而"平均承担"。在本节开始的引导案例中，如果甲、乙实现并无意思联络，造成的交通事故损害，即属于无意思联络的数人侵权，对丙的伤害，应该按照事故责任大小，各自承担赔偿责任。既然交通事故责任为同等责任，通常各自应承担的赔偿责任也按照各50%承担。

六、团伙侵权行为

（一）团伙侵权概述

团伙侵权行为，是指3个以上行为人组成稳定并以连续实施非法活动为目的的团伙，所有团伙成员对按照团伙意志实施的侵权行为导致的损害，承担连带责任的侵权行为。就此而言，团伙侵权行为具有以下特征：

1. 主体3人以上。组成团伙的人员在3人或3人以上。如果只有2人，则应按照共同加害行为、共同危险行为、教唆帮助行为或无意思联络的数人侵权的要件，确定其侵权责任类型和责任负担。

2. 团伙的非法性。多人组成团伙，目的在于通过团伙实施杀人、强奸、故意伤害、绑架、抢劫、盗窃、抢夺、敲诈勒索等行为侵犯他人人身、财产权利的行为。目的不合法说明团伙的反社会性，这种反社会性的团伙不能通过登记程序而为法律所认可。即使暂时获得登记，也会因目的指引下的行为违法而被否定人格。[1]

3. 团伙成员具有稳定性。团伙成员加入团伙并不是为某一次具体的侵权行为，而是意图长期通过团伙集合多人持续实施侵权行为，因此，团伙成员具有对团伙的依赖性，是团伙稳定的组成元素。

4. 团伙成员主观上具有总体性、概括性的侵权故意。团伙成员组成、加入团伙时，其主观上具有总体性、概括性的侵权故意，具有与其他成员相互利用，共同实施侵权行为的目的性。每个团伙成员概括的、总体的故意聚合形成团伙总体、概括的侵权故意。每个成员的意志此时也聚合为团伙统一的意志并通过团伙协议、章程或团伙惯常行为体现。团伙统一的意志成为支配团伙成员实施侵权行为的直接因素。

5. 侵权行为具有整体性。团伙成员按照团伙意志实施侵权行为时，可能只是部分成员参

---

〔1〕 如果某个法人组织在成立时（登记时）是合法的，但在登记后，其实施的行为都是违法的。如果其实施的行为致他人损害，该法人的人格依法被否认，其成员应对该行为造成的损害负连带责任。参见王利明：《侵权行为法研究》（上册），中国人民大学出版社2004年版，第717页。

加，也可能是进行分工协作，但由于是基于团伙意志实施的行为，该行为已经变为团伙的行为，也就是全体团伙成员的行为。从总体来看，每个团伙成员都是具体侵权行为统一的实施者和完成者。

在域外，《荷兰民法典》对团伙侵权行为进行了规定，其第6:166条规定："一伙人的成员之一不法造成损害的，若造成此等损害之危险有可能阻却这些人实施共同加害之举，且该共同加害之举可归责于他们，则承担共同责任。他们必须以均等的份额对损害承担共同的救济责任，但衡平原则对分担份额另有要求者除外。"[1]荷兰议会公报的解释是，该条规定的目的就是建立这样的因果关系，即损害只与团伙行为有因果关系，与个人没有因果关系，团伙被当作一个整体。因此，如果对此等团伙成员之一提出赔偿请求，其不得以没有实施加害行为或者声称即使没有他参与，损害也会发生为理由免于责任。在团伙活动具有明显危险的情形下，如示威者试图使用暴力之情形，加入一个"团伙"如加入一示威活动，则产生责任。[2]

《欧洲民法典（草案）》第26条第2款也规定了团伙成员的侵权责任："组织中的任何一个成员故意对他人造成具有法律相关性的损害，如果造成这类损害的危险是可预见的并且该组织的成员应该拒绝参加该组织，则其他成员对损害也承担责任。"[3]虽然只是草案，但其中有关团伙侵权的规定表明了团伙侵权责任发展的方向。

除上述立法外，一些国家在司法实践之中也出现了让参与团伙活动的团伙成员对其没有实施的侵权行为承担连带责任的判决。西班牙最高法院在1994年作出这样一份判决：一名埃塔（ETA）恐怖组织成员制造爆炸事件造成他人损害，但是警方未能抓获肇事者。受害人或其家属无法对加害人提起民事诉讼。但是原告对并未参与这次爆炸行为的埃塔恐怖组织另一个成员（一个律师）提出赔偿诉讼，法院判决原告胜诉。[4]

在《民法典》制定过程中，我国学者已注意到这一问题，并在《民法典》专家建议稿中设计了有关团伙侵权行为的条款。如中国社会科学院法学研究所主持的《中国民法典·侵权行为编草案建议稿》第12条规定："部分团伙成员实施加害行为造成他人损害的，由全体团伙成员承担连带责任；但其他团伙成员能证明该加害行为与团伙活动无关的，则其他团伙成员不承担责任。"[5]中国人民大学民商事法律科学研究中心主持的《〈中国民法典侵权行为法编〉草案建议稿》第17条也有同样的规定。尽管最终我国《民法典》未对团伙侵权进行单独规定，但在司法实践中，如果在刑法上已被认定为团伙犯罪，在民法上对受害人的损害就应由该团伙的所有成员承担连带赔偿责任，而无论其是否具体参与侵权。

（二）团伙侵权行为与相近侵权类型的区别

1. 团伙侵权与法人侵权

团伙侵权与法人侵权的共同点在于，具体实施侵权行为者所实施的侵权行为并不是个人行为，而是体现法人或团伙的团体意志的法人行为或团伙行为。另外，二者都具有一定的组织

---

〔1〕《荷兰侵权法》，张新宝译，载张新宝主编：《侵权法评论》2004年第1辑，人民法院出版社2004年版。

〔2〕参见[德]克雷斯蒂安·冯·巴尔：《欧洲比较侵权行为法》（第1册），张新宝译，法律出版社2001年版，第81、86页。

〔3〕《欧洲侵权行为法草案》，刘生亮译，谬英校，载张新宝主编：《侵权法评论》2003年第1辑，人民法院出版社2003年版。

〔4〕参见张新宝、李玲：《共同侵权的法理探讨》，载《人民法院报》2001年11月9日，第3版。

〔5〕中国民法典立法研究课题组：《中国民法典·侵权行为编草案建议稿》，载《法学研究》2002年第2期。

性和持久性。

二者的区别主要体现于以下几点：

第一，主体成立目的不同。成立法人的目的在于进行合法的生产经营活动，依法成立，具有必要的财产。[1] 而团伙成立的目的在于进行非法活动，其组成并不为法律所认可，组成团伙并不要求具有必要的财产。

第二，团体意志的形成和执行主体不同。法人具有自己独立的意志，法人独立的意志是通过法人机关来形成和实现的，基于法人独立意志的行为是法人自身的行为。团伙并不是独立的民事主体，只是多个具有侵权恶意的单个民事主体为进行侵权活动而通过意思联络形成的组织体，团伙意志是所有团伙成员意志的综合，通过团伙的章程、协议或惯常行为来体现，基于团伙意志的行为是所有团伙成员的行为。

第三，责任承担不同。法人对于其法定代表人和其他工作人员，以法人名义从事的经营活动，给他人造成经济损失的，承担单独有限责任。而团伙成员按照团伙意志进行侵权行为所产生的责任由所有团伙成员承担连带责任。

2. 团伙侵权行为与合伙致人损害的区别

合伙是合伙人以合伙契约建立一种追求共同目的的共同法律关系，其核心内容是就合伙出资和经营财产产生共同共有关系。[2]

二者的区别主要有：

第一，目的性质不同。合伙是数个民事主体为了某项合法的事业而组织在一起，其目的具有合法性。而团伙的目的则具有非法性。

第二，承担连带责任的基础不同。合伙的核心内容是就合伙出资和经营财产产生共同共有关系。基于共同共有关系，合伙人对合伙致人损害承担连带赔偿责任。而团伙侵权行为导致的损害，所有团伙成员承担连带责任的基础在于侵权主观故意通过意思联络形成团伙意志。

第三，责任承担不同。虽然合伙人和团伙成员都承担连带清偿责任，但是二者在具体承担责任时却有区别。团伙侵权行为中，在受害人要求其中任何一个或部分团伙成员承担部分或全部责任时，团伙成员就要承担清偿责任，不得以自己没有参与为由对抗受害人，受害人不必去要求团伙承担责任。在合伙致人损害中，全体合伙人承担连带责任，应当先从合伙共有财产中支付，合伙共同财产支付不能的，才由各合伙人连带承担。[3]

3. 团伙侵权行为与共同加害行为的区别

团伙侵权行为和共同加害行为的区别主要体现在以下几方面：

第一，从主体角度分析。团伙侵权和共同加害行为的行为人人数均为多人。共同加害行为人数为两人或两人以上均可；团伙侵权行为团伙成员应在3人或3人以上。在主体的组织程度上，共同加害行为的主体一般组织程度较弱，多为暂时纠集在一起，较松散，人员组合不固定；而团伙侵权行为的主体，在统一目标的指引下，通过章程、帮规等建立严密的组织系统，人

---

〔1〕 如果法人成立目的不合法，即使获得登记注册，也将被否定法人资格。最高人民法院《关于审理单位犯罪案件具体应用法律有关问题的解释》第2条规定："个人为进行违法犯罪活动而设立的公司、企业、事业单位实施犯罪的，或者公司、企业、事业单位设立后，以实施犯罪为主要活动的，不以单位犯罪论处。"

〔2〕 参见龙卫球：《民法总论》（第2版），中国法制出版社2002年版，第415页。

〔3〕 参见杨立新：《侵权法论》（第2版），人民法院出版社2004年版，第552页。

员组成相对固定。

第二,从主观角度分析。共同加害行为的行为主体主观上都具有共同的故意或者过失,共同的故意或者过失通过意思联络使行为人的行为结合为不可分割的统一体。团伙侵权行为的行为主体主观上具有共同的故意,其加入团伙并欲实施非法行为的故意,通过参与制订、认可、执行团伙的章程、协议、帮规或参与惯常行为,形成一个综合的团伙意志并支配团伙成员的侵权行为。

第三,从客观行为角度分析。共同加害行为的主体实施加害行为只是偶尔、暂时的,一般加害行为结束后,行为共同体即告结束;而团伙侵权行为的主体实施侵权行为,在统一长期目标指引下,具有长期性、重复性。共同加害行为的数个行为人都要加入侵权行为中,数个行为人可能事先具有明确的分工,也可能事先并没有分工,数个行为人的行为在客观上也可以因分工而各不相同,但数个行为人的行为都是统一的、不可分割的致人损害的行为,每个行为人都确知其行为的指向——都指向受害人;[1]而团伙侵权行为并不要求所有团伙成员都要参加具体的侵权行为,有些成员甚至对具体侵权行为不知情,所有团伙成员通过团伙意志结成行为统一体。

(三)团伙侵权行为的责任

团伙侵权行为的责任为自己责任。从表象上来看,使未参加某一侵害行为的团伙成员承担责任是“代人受过”,但事实上,从主体角度来看,团伙成员按照团伙的意图实施的行为不是个人行为,而是团伙的行为,应由团伙来承担全部责任。团伙成员是团伙责任的实际承担者。每一团伙成员的侵害意志是团伙意志形成不可或缺的部分,虽不直接体现在侵害行为上,却通过团伙意志得以体现。从这个层面上来讲,以团伙形式实施的侵权行为,所有团伙成员都为侵权行为人,团伙成员承担侵权责任是“自作自受”,并非“代人受过”。

团伙侵权责任是连带责任。团伙成员行为的牵连性决定了团伙侵权行为连带责任的属性。每个成员行为相互间高度牵连,按照团伙的计划或者团伙惯常行为所实施的侵权行为,是团伙意志和其他团伙成员意志的体现,其行为后果所有团伙成员都要承担责任。

团伙侵权行为因其各方面的牵连关系的存在,使其对侵权后果应当承担连带责任,至于在实施具体侵权行为时,有些参与,有些不参与,参与者中也有具体分工和所起作用大小的不同。参加与否、分工为何、作用大小在确定团伙侵权连带责任时都不是需要考虑的因素,决定责任的是侵权行为是团伙意志的体现这一实质性因素。在这一问题上学者已经有比较精辟的阐述,“如果可以确定这种共同的意愿,则共同行为人应当对所有损害后果承担责任。至于他是否亲手(共同)造成了某个具体的损害,以及他对损害起了多少作用并不重要。关键是,他参与造成损害的行为时,意图将其当作自己的行为与他人来共同完成。相对其他参与人而言,某人即使较少地亲手完成了直接损害的行为,但共同参与行为的意图消除了他与其他参与人的差异”。[2]

---

[1] 参见方益权:《共同加害行为与共同危险行为之区分》,载《华东政法学院学报》2006年第2期。

[2] [德]马克西米利安·福克斯:《侵权行为法》,齐晓琨译,法律出版社2006年版,第233~234页。

第五节　侵权责任的抗辩事由

引导案例

1. 甲参加学校组织的篮球比赛，其间，为防止对方球员乙的上篮，用身体阻挡乙，导致乙摔倒，造成骨折。后比赛进行过程中，有教师家属丙横穿篮球场，被甲传出的篮球砸倒受伤。对乙和丙的伤害，甲是否需要承担赔偿责任？

2. 甲依法饲养一犬，一天甲疏于看护，该犬溜出家门，路遇乙，乙见狗可爱，遂上前抚摩，结果被咬。对乙之伤害，甲得为何种抗辩？

3. 甲在打羽毛球过程中发现邻场地有人突然倒地，于是上前按照之前学习的急救知识，为乙进行胸部按压心肺复苏救治。后乙被赶来的救护车送医治疗。乙出院后，认为甲在对自己进行胸部按压时，用力过猛，导致多根肋骨骨折，对该损害要求甲赔偿。对乙的肋骨骨折伤害，甲是否有赔偿责任？

一、抗辩事由概述

抗辩事由，是指行为人提出的对抗受害人使其承担侵权责任的事实。因其本质上是要免除或部分免除侵权责任而提出的抗辩，所以也称“免责事由”。[1] 也有学者从违法性要件考虑，称为“违法阻却事由”。[2] 如前所述，民事责任由损害事实、行为违法、因果关系和主观过错四要件构成，任何一个要件的缺乏，都将导致责任的不成立，可以成为行为人承担民事责任的抗辩事由。违法阻却、过错的缺失、因果关系的否定、损害的不存在对侵权责任的抗辩都是有意义的。只不过，过错作为主观因素，其认定标准常与违法性结合，而对损害的抗辩基本以因果关系限制，对于过错和损害则是从侵权责任成立角度规定的，如我国《民法典》第1165条第1款规定：“行为人因过错侵害他人民事权益造成损害的，应当承担侵权责任。”立法上关于责任的抗辩仅对违法阻却和因果关系有专门规定。

因此，理论上抗辩事由可以分为正当理由和外来原因。正当理由，即因侵害行为本身具有合法性，而免除责任的理由，属于违法阻却的抗辩。外来原因则是对侵害行为与损害后果之间不具有因果关系而进行的抗辩。

我国《民法典》对抗辩事由进行了分隔规定。在总则编分别规定：不可抗力（第180条）、正当防卫（第181条）、紧急避险（第182条）和紧急救助行为（第184条）。在侵权责任编“一般规定”中分别规定：与有过失（第1173条）、受害人故意（第1174条）、第三人行为（第1175条）、自

[1] 笔者认为，“免责事由”概念容易使人联系到刑事法律中的“免以刑事处罚”，并进而被理解为责任成立，因其他原因而免以使其承担侵权责任。实际上，有些抗辩事由是针对责任成立的抗辩，因而，使用“抗辩事由”更适当。赫尔穆特·考茨欧（Helmut Koziol）教授领导的“欧洲侵权法小组”拟定的《欧洲侵权法原则》第四编即采用了“抗辩”的表述。参见欧洲侵权法小组编著：《欧洲侵权法原则：文本与评注》，于敏、谢鸿飞译，法律出版社2009年版，第172页。

[2] 王泽鉴：《侵权行为法：基本理论　一般侵权行为》（第1册），中国政法大学出版社2001年版，第232页。

甘冒险行为(第1176条)和自助行为(第1177条)。针对某些侵害行为也规定了特别抗辩事由,如受害人同意(第1219条)。而在人格权编中,基于公共利益或当事人同意而形成的权利行使也属于责任抗辩的事由(第1025条、第1036条等)。“权利行使”在实际生活中,还包括父母基于对未成年子女的教育权利(第1068条),在一定范围内的惩戒也无须承担侵权责任。

上述规定中,属于违法阻却的事由主要包括:依法行使权利、自力救济(正当防卫、紧急避险、自助行为)、紧急救助、自甘冒险、受害人同意;属于因果关系抗辩的事由包括不可抗力、受害人过错、第三人过错。

需要说明的是,我国《民法典》在总则编专章规定“民事责任”,并且基于总则编的立法技术价值和对“不可抗力”广泛适用性的认识,将其置于总则编尚可理解,但对“正当防卫”“紧急避险”“自愿实施紧急救助行为”几乎仅在侵权责任中适用的抗辩事由,规定于总则编的合理性值得商榷。

二、因果关系抗辩事由

(一)不可抗力

就文义解释而言,不可抗力应是指人力所不能抗拒的力量。我国立法中有对不可抗力定义的传统。自原《民法通则》第153条将不可抗力定义为:不能预见、不能避免并不能克服的客观情况后,其他立法均以此为标准,《民法典》第180条除明确不可抗力为责任抗辩事由外,也延续了以往立法对不可抗力的定义内容。仅将原《民法通则》中的“并”改为“且”。在法律地位上,原《民法通则》第153条属于“附则”,对不可抗力的规定仅为概念解释。而《民法典》第180条则属于法典正文规范,系以责任抗辩事由的组成部分“身份”出现的。立法对不可抗力的含义界定从表面上看仅考虑了“客观情况”,在实践中,“不能避免”确系客观因素,但“不能预见”和“不能克服”的认定可能会涉及:本可以预见,因疏忽大意而未能预见,或因“克服”成本过高而未去克服等情形。而且,可预见但不可避免的情况也是存在的,所以,不可抗力本质上应为“不能避免”性。

损害如系不可抗力所致,就排除了行为人的主观过错,也阻断了行为人的行为与损害后果之间的因果联系,使其成为责任抗辩的事由之一。不可抗力是减轻或免除责任的普遍理由,在合同法中是对违约责任的抗辩,在侵权法中是对侵权责任的抗辩。在《民法典》中,将不可抗力规定于总则编,是对其适用的普遍性证明。

对不可抗力的理解需要注意的是:“不能预见”是以社会一般人的预见能力为判断标准的,对具有特殊专业知识和特定职责的人,应适用更高要求。同时,随着科技的不断进步,人们对自然灾害的预见能力已大大提高,但“不能避免”和“不能克服”是指损害发生的必然性,即便行为人尽了最大努力,也不能使损害免于发生。某些自然灾害虽然意想不到,但如果行为得当本可避免损害的,如果因行为不当导致损害发生,不能认定为不可抗力。比如,按照规定建筑物应以抗八级地震标准设计建造,但设计者或施工人未按照标准设计施工,导致建筑物在七级地震中倒塌造成的损害,设计者、施工人不能以不可抗力抗辩责任承担。有些自然现象可能“预见”到了,但人们对其造成的损害无能为力,如对地震引发的海啸等。“预见”与“避免、克服”并不总是同步的。鉴于此,在实际生活中认定某一现象是否为不可抗力,并非绝对要求“三不”同时具备,认定的重点应是损害结果的不能避免性和不能克服性。

关于不可抗力的类型,法律没有统一规定,一般可以分为自然原因和社会原因两类。达到一定强度的自然现象如地震、台风、海啸等为不可抗力。社会原因的不可抗力范围没有统一观点，一般如战争、罢工等。

关于意外事件是否为侵权责任抗辩事由，有不同的观点。意外事件，是指非因当事人的原因而偶然发生的事故。在立法上，《法国民法典》第1148条规定，如债务人系由于不可抗力或事变而不履行其给付或作为的债务，或违反约定从事禁止的行为时，不发生损害赔偿责任。该规定被认为是承认意外事件为责任抗辩事由的代表。意外事件作为责任抗辩的事由，通常理由是该事件非当事人的故意或过失所导致，是外在于当事人意志和行为的事件。但是，我国法律并未承认，实践中其适用缺乏依据；意外事件与不可抗力没有明显的界限，如果意外达到不可抗力程度，应适用不可抗力规则，否则，不能作为抗辩事由。

值得注意的是，虽然在一般意义上，不可抗力是侵权责任的抗辩事由，但在某些特殊领域，立法基于某种活动的高度危险性，规定并非所有的不可抗力都可以作为抗辩事由，如《民法典》第1237条对民用核设施发生核事故造成他人损害的，仅规定了“战争、武装冲突、暴乱”类型的不可抗力可以作为“不承担责任”的抗辩事由，没有规定“地震、海啸”等自然灾害类不可抗力。据此，如果核泄漏事故系因为地震造成，则核设施的运营单位不能依此不可抗力为由抗辩责任承担。

（二）受害人过错

作为责任抗辩事由，受害人过错，是指损害全部或部分系因受害人的过错造成的情形。包括受害人故意和受害人与有过失两种情形。

1. 受害人故意

受害人故意，是指受害人明知行为会给自己造成损害而希望或放任该损害发生的心理状态。因受害人自己的故意造成损害，不应由他人承担责任，而应由受害人“自作自受”。在受害人故意情形中，虽然存在行为人的行为，但该行为与损害后果之间因为“受害人的故意”介入而构成因果关系中断。我国《民法典》第1174条将受害人故意作为一般抗辩事由规定：“损害是因受害人故意造成的，行为人不承担责任。”而在具体侵权类型中也多有特别明示，如第1245条有关饲养动物致人损害责任，第1237条民用核设施事故责任，以及第1238条民用航空器损害责任等。

认定受害人故意，需要注意以下几点：第一，受害人具有判断和识别自己行为性质的能力。对于无民事行为能力人来说，通常不认为其有过错能力，不能适用受害人故意抗辩事由，对限制民事行为能力人是否具有过错能力，应个案认定。第二，受害人故意与重大过失要严格区分。受害人故意是受害人希望并追求损害后果，或者放任损害后果的发生。实际生活中最典型的是自杀、自残情形，以及置自己生命、身体于不顾的情形，前者如受害人欲通过“卧轨”方式自杀，后者如在道路交通事故中的“碰瓷”等。如果受害人对损害后果并无“追求”或“放任”的心理状态，就不能适用受害人故意抗辩。就此而言，受害人盗窃电能，盗窃、破坏电力设施或者因其他犯罪行为而引起的触电事故，以及受害人在电力设施保护区从事法律、行政法规禁止的行为等，电力设施产权人不承担责任的理由并非正确，因为此时，不能认为受害人追求生命丧失结果，也不能认定其对生命丧失后果放任。其行为应该被认定为重大过失。第三，适用受害人故意免责时，损害须完全为受害人故意所致，如果行为人的行为也系损害的部分原因，就不能适用免责抗辩。如帮助他人自杀等。

从法律效果看,在通常情况下受害人故意为免除行为人责任的抗辩事由,但在某些特定情形中,考虑各种因素的平衡,受害人故意的效果仅为“减轻责任”,如《民法典》第 1246 条对违反管理规定饲养动物致人损害的情形,即便能够证明损害系受害人故意造成的,也不能免除饲养人或管理人的责任,而是“可以减轻责任”。

2. 受害人与有过失

与有过失,是指被侵权人对同一损害的发生或扩大具有过错。作为责任抗辩事由,与有过失是侵权人对损害承担全部责任的抗辩,其效果是“减轻责任”。与有过失,也称“比较过失”“共同过失”“混合过错”,在损害赔偿法中也称“过失相抵”。我国《民法典》将其置于侵权责任编的“一般规定”章,并与受害人故意等责任抗辩事由同位规定,而未将其置于第二章“损害赔偿”中。因此,以抗辩事由而非损害赔偿视角分析与有过失符合立法精神。

作为责任抗辩事由,与有过失,不是侵权人对被侵权人过失的抗辩,而是对自己行为与损害之间不具有或不完全具有因果关系的抗辩,即被侵权人违反对自己利益照顾的不真正义务的过失行为作为原因之一,促使损害的发生或者扩大从而使侵权人所为之行为与损害之间无因果关系或者仅有部分因果关系,从行为人角度来讲是对其责任构成中因果关系的一种抗辩事由。德国学者将此称为“被害人共同参与损害的发生或扩大”,〔1〕也说明了其本质上属于因果关系抗辩的问题。欧洲侵权法学者在比较研究不同体系的侵权法规定和理论成果后得出如下结论:“因果关系是证立共同过失的条件之一,因而,为减轻侵权人的损害赔偿金额,必须证明原告的过失是促成损害发生的原因之一。”〔2〕日本的森岛昭夫也主张,对于因受害人过失而减免赔偿额的问题,应当从因果关系的角度进行理解:“即使在发生的损害可以看作与加害人的行为处于相当因果关系的范围内的场合,对于该结果的发生,受害人也给予了原因力时,在该程度上缩小加害人的行为应该负担的本来的责任范围,因此,赔偿额被缩减。”〔3〕

我国立法上,对与有过失的规定有些不同,在原《民法通则》第 131 条中规定了“受害人对于损害的发生也有过错的”,而最高人民法院在《人身损害赔偿解释》第 2 条不仅将“故意”与“过失”同时规定,而且区分不同情况规定适用不同规则。原《侵权责任法》第 26 条又恢复原《民法通则》规定的表述模式。《民法典》第 1173 条对此有 3 处修改:一是删除了“也”字,目的是要将其适用范围扩大至无过错责任领域;二是对“损害”增加了“同一”限制;三是将“扩大”的损害纳入本制度范围。

与有过失的认定对行为人责任承担有巨大影响,法律上对其构成要件也有具体要求,一般构成与有过失需要符合下列要件要求。

(1)受害人存在过错

受害人过错是受害人对自己的民事权益未采取合理保护措施,以致遭受损害或使损害结果扩大的一种心理状态。与侵权人的“固有意义上的过错”对应,被侵权人对自己的利益负有不真正义务,其和与有过失被称为“非固有意义上的过错”或“对自己的过错”。违反对自己的

〔1〕[德]迪特尔·梅迪库斯:《德国债法总论》,杜景林、卢谌译,法律出版社 2004 年版,第 513 页。

〔2〕[西]M. 马丁 - 卡萨尔斯、[德]U. 马格努斯主编:《侵权法的统一——共同过失》,叶名怡、陈鑫译,法律出版社 2009 年版,第 371 页。

〔3〕[日]森岛昭夫:《侵权行为法讲义》,有斐阁 1987 年版,第 389 页。转引自于敏:《日本侵权行为法》(第 2 版),法律出版社 2006 年版,第 417 ~ 418 页。

不真正义务的后果是使自己权利损失,但不会产生法律上的赔偿义务。在范围上,与有过失当然包括"过失",但是否包括故意则有不同理解。在我国,从体系解释上看,因为《民法典》第1174条专门规定了"受害人故意"的情形,而且其法律效果是"行为人不承担责任"。因此,第1173条规定的被侵权人"有过错"应仅指与"故意对应的"狭义的"过失"。立法上使用"过错"可能是因为在例外的情况下,受害人故意并不适用第1174条的"不承担责任",而是"减轻责任",例如,第1246条对违反管理规定饲养动物致人损害的情形,法律规定,"能够证明损害是因被侵权人故意造成的,可以减轻责任"。因此,在第1173条中使用"过错"比"过失"更灵活,当然,在一般情况下,应该将这里的过错解释为"过失"。

(2)受害人过错行为系损害的原因

受害人实施的过错行为与其所受到的损害存在部分因果关系,即损害的发生或者扩大部分与受害人的过错有关。损害是侵权人与受害人共同作用的结果。在本节引导案例2中,受害人乙主动去抚摩一只并不熟悉的狗,是导致狗向其发起进攻的主要原因,对由此造成的损害,狗的饲养人甲自可以乙有过错而为侵权责任范围的抗辩。

(3)受害人有损害

这里损害本身并无特别之处,但在与有过失适用范围,作为责任范围的抗辩,受害人之损害须系侵权行为人所致。如果损害纯粹系受害人自己导致,自不发生侵权法上的损害赔偿,也不会涉及他人的责任抗辩问题。

3. 与有过失的适用范围

对与有过失的适用范围,有两方面问题:一是是否适用于侵权责任法之外的问题;二是在侵权责任法中是否适用于无过错责任领域。

基于意思自治原则,任何人对因自己的行为导致自己损害都无权要求他人承担责任,在与有过失情形下,无论是侵权责任法领域还是在契约法中,受害人对因自己的行为造成的损害或扩大的损害都只能自己承受。《德国民法典》规定与有过失的条文是第254条,属于债法总则内容。根据《尧尔尼希民法典评注》对该条的评注:"本条的适用范围极为广泛:适用于一切损害赔偿请求权,无论是民法典之内或民法典之外,既包括过错责任——侵权、契约与先契约请求权(如缔约过失责任),亦包括危险责任以及信赖责任。同时,该条还适用于需要衡量双方过错的其他情形,如契约解除、代理权滥用、物权请求权中的妨害除去请求权等。"[1]由此,受害人与有过失的范围具有广泛的适用性,不仅在侵权法中适用,也在因契约而发生的损害赔偿责任中适用。我国《民法典》第591条第1款也规定:"当事人一方违约后,对方应当采取适当措施防止损失的扩大;没有采取适当措施致使损失扩大的,不得就扩大的损失请求赔偿。"

在侵权责任法中,除过错责任外,与有过失是否也可以适用于无过错责任领域。理论上有争议,争议来自原《侵权责任法》有关"被侵权人对损害的发生也有过错的"之表述中的"也"。有人认为,该"也"字说明侵权人有过错并仅适用于过错责任领域。《民法典》制定过程中删除"也"字的意见得到立法机关认可。其实,无论是在原《民法通则》还是在原《侵权责任法》中与有过失的适用范围都没有被限定在过错责任领域。在高度危险责任以及饲养动物致人损害领域都有与有过失适用的明文规定。问题可能出在两方面:一是对无过错责任的理解,其实,无

---

〔1〕[德]阿恩特·泰希曼(Arndt Teichmann):《尧尔尼希民法典评注》第254条,边码1-10(作者系美因茨大学教授、科布伦茨上诉法院法官。本内容系托朱庆育教授查询并翻译)。

过错责任不考虑行为人有无过错,并不是行为人真的无过错,其可能有,也可能无。因此,仅从“被侵权人对损害的发生也有过错”的表述即认定其适用范围被限定在过错责任是不正确的。二是对“也”字的理解上。“也”字系多义字,如“我好,你也好”,此处“也”是“同样”的意思,而在“我会唱歌,也会跳舞”中,被“也”字连接的内容就并不要求相同,而可理解为“同时”之义。就此而言,原《民法通则》《侵权责任法》中使用“也有过错”并无大碍,如同1980年原《婚姻法》对子女姓氏规则修改一样,有“也”字并不意味着男女不平等,删除“也”字的效果也没有想象得那么大。

总之,与有过失的适用范围是广泛的,在合同法中适用,在侵权责任法中的过错责任和无过错责任中均可适用。

(三)第三人行为

在侵权责任法中,第三人行为,是指因加害人与受害人之外的人之行为造成的损害情形。该损害责任应由该第三人承担,也称“第三人过错”。是否需要专门规定“第三人侵权行为”其实是个问题,因为如果在行为人之外存在一个“第三人行为”,而该第三人行为是损害的原因,那该第三人其实就是“侵权行为人”,而不是所谓的“第三人”。在域外,《德国民法典》并没有所谓“第三人行为”的抗辩事由。法国的司法实践中将合同法中因第三人原因导致的债务不履行可以作为外来原因而抗辩债务履行的规则扩展至侵权法领域。我国《民法典》第1175条规定:“损害是因第三人造成的,第三人应当承担侵权责任。”实际上是要对某些因第三人行为的介入导致直接致人损害的人的行为与损害之间因果关系链条中断。在此情况下,为给被侵权人提供完善的救济途径,立法多采取不真正连带责任模式,使被侵权人可向行为人,也可以向第三人请求赔偿,行为人承担责任后可以向第三人追偿。因此,规定第三行为制度是有一定价值的。我国对存在第三人行为时,行为人得为责任抗辩的情形,虽规定于一般侵权行为责任中,但更具体体现于特殊侵权责任中,如我国《民法典》第1204条对因仓储者、运输者过错责任的规定;第1233条专门规定了因第三人的过错污染环境、破坏生态的,第三人承担责任的情形;第1250条规定,因第三人的过错致使动物造成他人损害的,被侵权人可以向动物饲养人或者管理人请求赔偿,也可以向第三人请求赔偿。动物饲养人或者管理人赔偿后,有权向第三人追偿。第1253条中的“其他责任人”也属于“第三人”。

值得注意的是,《民法典》第1175条规定中,对第三人行为的抗辩效果是免除责任还是减轻责任并未明确。此时应该结合具体案件情况判断,如果第三人的行为是损害的唯一原因,抗辩的效果应该是免除行为人的责任,如果第三人行为仅为损害的部分原因,则行为人的抗辩效果就是部分免除或减轻责任的抗辩。部分免除的情形表现在《民法典》第1198条第2款、第1201条等。

三、违法阻却事由

(一)依法执行职务的行为

依法执行职务的行为,是指依照法律规定或授权,在履行法定职责的必要时损害他人人身或财产的行为。如公安人员击毙逃犯;为防止禽流感蔓延,防疫执法人员将一定范围内的鸡、鸭做掩埋处理等。因依法执行职务的行为具有维护公共利益的价值,在必要范围内造成公民个人的损害,因行为具有合法性而不承担责任。《民法典》第1020条在规定肖像权限制时强调:为依法履行职责,国家机关在必要范围内制作、使用、公开肖像权人的肖像行为,可以不经肖像权人同意。此时，如肖像权人主张侵权时，相关国家机关可以依法以执行职务抗辩。

作为侵权责任的免除事由的执行职务行为必须具备以下条件。

1. 须有合法授权

作为违法阻却的基本内容，执行职务行为必须具有合法性，此合法性表现或为法律规定，或经权力部门授予。合法性不仅是指“有权”，还包括程序合法。在实际生活中，受害人有权要求执行职务行为的人就其合法授权举证。

2. 须在法律规定或授权范围内实施行为

公权力的实施都是有限度的，禁止以公共利益为名，超范围损害公民个人利益，否则，应否定其行为的合法性，对造成的损害应当承担赔偿责任。

3. 执行职务造成他人损害的行为须为必要

公民个人利益与公共利益在总体上具有一致性，因而以公共利益保护为目的的职务行为固然利益受损的个人应当忍受，但此绝不是无限制的，从职务行为角度看，其造成他人损害应为必要。前述《民法典》第1020条即有“合理实施”限制。过度执法造成他人损害，即为职权滥用，就不具备合法性。

（二）正当地行使私权

与执行职务行为相对应，私权行使，虽可能造成他人一定损害，但在法律允许范围内也可以成为责任抗辩事由。如亲权行使行为、地上权人使用他人土地的行为、所有权人毁损自己的财产等。典型者还包括对拥有某人肖像使用权的肖像商业使用，肖像权本人主张侵权时，使用人可以权利行使而为抗辩。须注意的是，私权行使应具有正当性，除有法律依据、符合公序良俗外，私权行使不得超过必要的限制，否则，构成权利滥用而不得主张对他人损害的免责。如对犯错误子女惩罚致残等。

（三）正当防卫

1. 正当防卫的概念

正当防卫，是指对于现实的不法侵害加以反击，以保护自己或他人权益的行为。正当防卫属于自力救济范畴，其适用须以不能或不便请求公力救济为前提。正当防卫作为侵权抗辩的正当理由，被各国所接受。我国自原《民法通则》到《民法典》对正当防卫的规定基本保持一致。《民法典》第181条用两款分别规定了两种情形：“因正当防卫造成损害的，不承担民事责任。正当防卫超过必要的限度，造成不应有的损害的，正当防卫人应当承担适当的民事责任。”

正当防卫是为保护合法利益而对非法行为人实施的“侵害”，其基本思想是“合法不让非法”，“正当”体现于“合法”之中，所以，正当防卫阻却了行为的违法性，是典型的责任抗辩事由。

正当防卫不仅是民法概念，在刑法中，正当防卫是排除社会危害性的事由，是典型的犯罪的抗辩事由。基于法律的统一性，刑法与民法中的正当防卫含义相同，只是《民法典》中对“正当防卫”概念并无规定，而我国《刑法》第20条第1、2款规定：“为了使国家、公共利益、本人或者他人的人身、财产和其他权利免受正在进行的不法侵害，而采取的制止不法侵害的行为，对不法侵害人造成损害的，属于正当防卫，不负刑事责任。正当防卫明显超过必要限度造成重大损害的，应当负刑事责任，但是应当减轻或者免除处罚。”

2. 正当防卫的构成要件

正当防卫属于私力救济范畴，防卫行为毕竟会对他人造成损害，所以法律对其构成有必要

限制,这些限制即正当防卫的构成要件,主要包括:

(1)对象条件,正当防卫须针对不法侵害行为,而且一般是针对不法侵害行为的实施者。对合法行为不得实施所谓的防卫,实施防卫行为也必须针对侵权行为人本人,而不得对其他人(如其亲属)实施。在实施正当防卫时造成侵权人之外的人的损害,通常不能被认为系正当防卫,对造成的损害应当承担侵权责任,除非其行为能够被认定为紧急避险。对单纯的动物的侵害实施防卫的行为属于防御型紧急避险,但对因他人唆使的动物侵害实施的防卫究竟属于正当防卫还是属于紧急避险有不同观点,笔者倾向认定为正当防卫,因为此时的侵害并非动物致人损害,而属于他人的侵害,动物不过是他人侵害行为的工具而已。

(2)目的条件,正当防卫必须是为保护自己或他人的合法利益免遭非法侵害,否则就不具有正当性。如互殴行为、侵权引诱,或以防卫为借口而实施的报复行为等。此时,行为人的目的为侵害他人,自然也无从体现其正当性。

(3)时间条件,即防卫行为须针对正在进行的不法侵害行为。事先或事后"防卫"都不具有正当性。

(4)限度条件,防卫的方式与强度要适当,不得超过必要限度。如何认定超过必要限度,需综合具体案件的情况认定。防卫行为造成的损害结果当然属于重要方面,但不能仅以结果严重来认定防卫过当。可以借鉴我国《刑法》第 20 条第 2 款的规定:防卫行为只有明显超过必要限度造成重大损害的,才属于防卫过当。而且"对正在进行行凶、杀人、抢劫、强奸、绑架以及其他严重危及人身安全的暴力犯罪,采取防卫行为,造成不法侵害人伤亡的,不属于防卫过当,不负刑事责任"。正当防卫的限度理论上以足以有效制止侵害行为为标准,但在实际生活中,防卫行为往往都是在危急情况下实施的,所以,并不要求防卫行为与侵权行为绝对相当,以一般人在当时情况下的该有的反应判断防卫适当即可。

因正当防卫造成侵权人损害的,防卫人不承担法律责任,而如果防卫过当造成不应有的损害的,本质上属于侵权行为,应当承担适当的民事责任。

另需要注意的是,在实际生活中,并非所有的民事权利受到侵害时都可以或者都能够进行正当防卫。如配偶之间存在的贞操义务请求权、探望权等,以侮辱方式对于名誉权的侵害多数情况下也不具备适用正当防卫的条件。

(四)紧急避险

1. 紧急避险的概念

紧急避险,是指为了避免自己或他人的人身或财产上的急迫危险,不得已而实施的加害他人的行为。因紧急避险造成的损害,由引起险情的人承担责任,避险人一般不承担侵权责任,除非避险人也是引起险情的人。紧急避险作为侵权责任的抗辩事由也被各国法律所确认,其法理基础,通说认为系行为的合法性质。但与正当防卫不同,紧急避险并非以"合法不让非法"为基础,而是"两害相权取其轻"思想的体现。所以从古代哲学开始就一直存在有关为自己利益而损害他人利益的正义性讨论。紧急避险制度是利益平衡的结果,属于"牺牲补偿"问题,依该制度,为保护较大利益,才得以牺牲较小的利益,但是,"较小的利益"也是他人的合法利益,本也为受法律保护而不得侵害的。在一些特别的案例中,行为人以牺牲他人之同等价值的法益为代价,把自己或其亲友从某种生命危险、人身危险或失去人身自由的危险中拯救出来,此种行为应当是不被法律所允许的。因此,在有些国家并非所有的紧急避险都为合法行为,而是视其为一种可以宽宥的“放任行为”。[1]

紧急避险可分为防御型避险和攻击型避险。防御型避险，是指对直接产生危险的物或特定情况下的人所实施的防御行为，此种避险行为的合法性较易为人们所接受；攻击型避险则是为消除某种危险，而侵害与此危险产生无关的利益。比如，为避免火灾蔓延而毁损与火灾邻近的房屋的避险行为，这种侵害涉及的是与造成危险的物无关的财物。对此避险行为性质认定应更加严格，对他人财产的损害也应赔偿。

2. 紧急避险的构成要件

（1）须有急迫危险，即避险行为须针对于避险人或他人合法利益有紧急危险的情形，包括行为和事件。对合法利益侵害的急迫性是紧急避险正当性的基础之一。

（2）须是正在发生的危险，尚未发生的，或已经消除的危险不得实施所谓的“避险”行为。

（3）须避险行为属于必要，即避险须是在不得已的情况下进行的。“必要”说明避险是在无法选择其他救济手段时采取的措施。如本可以通过逃跑的方式避免损害发生的，使用侵害他人利益的“避险”手段就是不必要的；本可以通过公力救济的，使用“避险”方式就是不必要的。

（4）避险行为不能超过必要的限度。我国《民法典》规定了两种情形：一是采取的措施不当造成的损失；二是超过必要限度。限度的标准是避险行为所要造成的损害必须小于要保护的利益。从利益类型上看，生命利益最高，身体、自由次之，财产利益更次之。因此，不能为财产利益而损害他人生命或身体利益，任何人不能以牺牲其他人的生命为代价来保护另一部分人的生命财产或其他利益。

3. 对因紧急避险造成的损害赔偿

在一般情况下，因紧急避险属于合法行为，所以，对造成的损害不应承担责任，但引起险情的原因具有复杂性，避险人并非绝对得为抗辩。我国《民法典》第 182 条分 3 款对不同情况下的避险后果作了规定。（1）因紧急避险造成损害的，由引起险情发生的人承担民事责任；（2）危险由自然原因引起的，紧急避险人不承担民事责任，可以给予适当的补偿；（3）紧急避险采取措施不当或者超过必要的限度，造成不应有的损害的，紧急避险人应当承担适当的民事责任。从中可以看出，如果认定属于避险行为，对造成的损害，避险人不承担民事责任，即便是因自然原因引起的危险，避险人给予的补偿也不属于“民事责任”，给予的“适当补偿”属于道义上的。这改变了原《民法通则》第 129 条认定为“民事责任”的做法。而对于采取措施不当或超过必要限度，造成不应有的损害的，本质上为侵权行为，自应承担适当的责任。这也表明了以紧急避险作为承担民事责任抗辩事由的有限性。

（五）自助行为

1. 自助行为概述

自助行为，是指在无法及时请求公力救济的情况下，为保护自己的权益，对他人的自由加以拘束，或对其财产施以扣押或毁损的行为。在一定限度内的自助行为是法律所容许的权利保全措施，对此行为造成的损害无须承担民事责任。所以，自助行为是侵权责任的抗辩事由之一。在域外，《德国民法典》第 229 条、第 230 条规定了自助行为的适用条件和限制。我国在《民法典》实施之前，立法上对自助行为一直讳莫如深，导致在实际生活中人们对是否可以以及

---

[1] 在涉及生命利益时，各国做法并不相同。如对被恐怖分子劫持的飞机，在美国是允许使用武器将其在空中摧毁的。但在德国同样的行为将被认定违反联邦宪法，其理由是飞机上的乘客生命利益同样应当受到保护。

如何实施自助行为犹豫不定,司法实务中的不同观点更使该问题成为众矢之的。[1] 为此,《民法典》制定过程中,虽有不同观点,[2]但最终立法机关采纳了明确规定自助行为的观点,于第1177条分两款规定:“合法权益受到侵害,情况紧迫且不能及时获得国家机关保护,不立即采取措施将使其合法权益受到难以弥补的损害的,受害人可以在保护自己合法权益的必要范围内采取扣留侵权人的财物等合理措施;但是,应当立即请求有关国家机关处理。受害人采取的措施不当造成他人损害的,应当承担侵权责任。”

自助行为属于自力救济范畴,也是在不能或无法及时请求公力救济时才可以采取的措施。适当的自助行为造成的损害,行为人无须承担侵权责任。另一角度视之,对自助行为导致的损害,自助行为人得为责任抗辩。

有必要说明的是,自助行为与正当防卫虽均为自力救济,但其构成要件、适用范围等是不同的。在保护权益范围上,自助行为仅为保护自己的利益而实施,而正当防卫除为自己利益外,还包括他人利益,甚至国家利益、社会公共利益受到侵害时的防卫;法律对自助行为的要求要比正当防卫更加严格。

2. 自助行为的构成要件

(1)须有合法权益受到侵害

只有当合法权益受到侵害时,才有自助行为实施的可能。我国《民法典》第1177条明确规定了“合法权益受到侵害”,非法利益或者没有受到侵害的情况下,不具备自助行为适用空间。当然,并非所有权益均可适用自助行为。不宜强制执行的权益就不能适用自助行为。

(2)情况紧迫

自助的适用须为情况紧迫不能请求公力救济,或要通过公力救济,其救济会非常困难时,自助行为始为合法。比如,“吃霸王餐”的人或者在超市盗窃财物被发现后企图逃跑等情形。在财物丢失寻找无果一段时间后,突然发现时,也允许权利人实施自力救济,扣留该财物。而有些权利基于其自身的特点,即便是损害正在发生或持续,也不得适用自助行为。如房屋租赁合同到期后,承租人拒不移交房屋情形下,出租人不得实施自助行为,因为情况没有达到“紧迫”程度,此时,出租人应选择公力救济。

“情况紧迫”的另一方面是如果不立即采取自助行为,受害人的合法权益会受到“难以弥补的损害”。

(3)不得超过必要的限度

自助行为以维护自己合法权益为根本,如果其自助措施足以保护自己的合法权益,就不能过度实施。其判断标准是看自助行为人的措施是否适当。根据《民法典》第1177条第1款的规定,“受害人可以在保护自己合法权益的必要范围内采取扣留侵权人的财物等合理措施”。这里的“必要范围”“合理措施”都是对自助行为程度的限制。超过必要限度,采取措施不当造成他人的损害,“应当承担侵权责任”。例如,通过扣留手表即足以抵充自己的财产损失时,就

---

〔1〕 如2020年7月7日“云南长安网”发布昆明市盘龙区人民检察院的通报,针对超市员工对在超市偷盗商品的人,超市员工有1个小时的滞留和殴打行为,虽然超市员工与该“小偷”达成赔偿6.6万元赔偿协议,但仍被以非法拘禁罪刑事拘留。据调查,超市员工在扣留“小偷”后,要求其按照被偷物品价格转账700多元,没有选择报警,员工称系为给“小偷”留一条生路。

〔2〕《民法典》立法过程中,有不同的学者建议稿,其中,梁慧星教授主持的社科院法学所的建议稿中,明确规定了自助行为,而王利明教授主持的中国人民大学建议稿中则没有规定。

不能再扣留其汽车或其他财产，更不能拘束人身。

不得超过必要限度，还包括在采取适当措施后，“应当立即请求有关国家机关处理”。自力救济是在无法获得公力救济的前提下采取的救济措施，一旦“紧迫”情况消失，“自助行为”的合理性就不再存在，就应“立即”请求公力救济。

实施自助行为当然会造成当事人权益损害，在一定条件下，就该损害提出的赔偿责任，自助人得以其行为合法予以抗辩。

需要特别指出的是，我国立法上虽然确认了自助行为，但从相关条文的具体内容看，对该制度的具体实施持非常谨慎的态度。比如，对于“拘束侵权人的人身自由”是否为“合理措施”，立法过程中有反复，最终从条文中删除，取而代之的是一个“等”，虽然解释上可以适用对人身的拘束，但考虑到实际生活中，对人身的拘束极可能与非法拘禁界限不明，删除该部分内容表现出立法的谨慎。〔1〕此外，就该条用语而言，显然与其他条文有很大不同。该条不仅使用了“情况紧迫”和“不能及时”，还用大量如“立即”“难以弥补”“必要范围”“合理措施”等形容词来描述适用限制。在理解法律规定和适用自助行为时都需特别注意。

另外，根据《民法典》第 1177 条第 2 款的规定，受害人采取的措施不当造成他人损害的，应当承担侵权责任。该规定显然与同为自力救济的正当防卫超过必要限度以及紧急避险措施不当或超过必要限度造成他人损害的后果是不同的。这种不同反映了立法对自助行为制度的谨慎。

（六）自甘冒险

1. 自甘冒险概述

自甘冒险，是指明知有危险存在，而甘愿冒险实施的行为。基于意思自治和诚实信用理念，在自甘冒险的情况下因他人所为行为造成的损害，应由冒险人本人承担，因而，自甘冒险是他人承担侵权责任的抗辩事由。

就立法而言，域外法中，明确在立法中规定自甘冒险的不多，《埃塞俄比亚民法典》第 2068 条规定：“在进行体育活动的过程中，对参加同一活动的人或在场观众造成伤害的人，如果不存在任何欺骗行为或者对运动规则的重大违反，不承担任何责任。”这是在民法典中明确规定体育运动伤害免责事由的典范。在实务中，尤其针对体育比赛中的伤害多认可属于可抗辩责任的事由。在我国，无论是原《民法通则》还是原《侵权责任法》都未规定自甘冒险制度。在原《侵权责任法》立法的过程中曾有学者建议增加自甘冒险这一免责事由，〔2〕但最终未被立法机关接受。根据全国人民代表大会常务委员会法制工作委员会的解释，不规定自甘冒险的理由是：“‘自甘风险’作为抗辩事由规定的成文法不多，只有《葡萄牙民法典》有规定，《欧洲民法典》和《欧洲侵权法基本原则》目前还都是草案，美国侵权法重述也属于示范法……留待在司法实践中发现问题后再予以考虑。”〔3〕而王利明教授认为原《侵权责任法》没有规定自甘冒险的

---

〔1〕　在原《侵权责任法》的草案中曾明确自助行为内容是对财物的扣留和对人身自由的拘束，只不过对人身自由的适用限制为“立即”请求国家机关处理，而对财物则没有规定“立即”。比如，对“吃霸王餐”者当时扣留其财物，其可以承诺过后来回赎，其间无须报警，这种区分是有道理的。

〔2〕　参见梁慧星主编：《中国民法典草案建议稿附理由：侵权行为编》，法律出版社 2013 年版，第 46 页；杨立新主编：《中华人民共和国侵权责任法草案建议稿及说明》，法律出版社 2007 年版，第 89 页以下。

〔3〕　王胜明主编：《中华人民共和国侵权责任法释义》，法律出版社 2013 年版，第 145 页。其实，《葡萄牙民法典》第 340 条的规定更应属于受害人同意。

原因是："自甘冒险本身比较复杂，不仅理论上争议较大，而且司法实践也不成熟……留待以后司法解释再作进一步的规定。"〔1〕《民法典》编纂过程中，是否将自甘冒险规定为独立的免责事由以及如何对条文进行表述也有不同的意见。有学者赞同将自甘冒险规定为独立的免责事由；〔2〕也有学者不赞成，有的则建议将自甘冒险纳入比较过失制度。〔3〕《民法典》侵权责任编（草案）二审稿首次将自甘冒险规定为法定的免责事由，并最终成为立法承认的独立的责任抗辩事由。

就内容而言，我国《民法典》第1176条一方面将自甘冒险限定于"文体活动"，另一方面分两款分别规定了其他参加者责任情形和活动组织者的责任。

有学者认为，自甘冒险能够成为责任抗辩事由的基础，在于文体活动中行为人注意标准的降低，而非参加者参加的自愿即得出免除对方责任的意思。〔4〕而在笔者看来，自甘冒险制度的基础在于意思自治和诚实信用原则。文体活动，尤其是具有身体对抗性的体育运动项目，都具有危险性，每个参与者对危险都有充分的认识，是危险的制造者，也都应是危险的潜在承担者，出现正当危险是被允许的，正当危险的制造者，不应为此付出代价，对于受害人来说，自愿参加有风险的活动，风险实现后又让他人承担责任不符合意思自治原则，也与诚信原则相悖。

2. 自甘冒险的构成要件

根据《民法典》第1176条的规定，构成责任抗辩事由的自甘冒险须具备下列条件。

（1）受害人自愿参加具有一定危险性的文体活动

在适用范围方面，我国《民法典》限定于"文体活动"，即文化、娱乐以及体育活动。但实际生活中危险活动范围广泛，如"驴友"活动；再如，"大胃王"比赛活动，搭乘他人车辆行为等。是否将这些活动一并纳入自甘冒险制度在立法上是有争议的，在我国《民法典》制定过程中，曾于《民法典》侵权责任编（草案）二审稿第954条之一规定："自愿参加具有危险性的活动受到损害的，受害人不得请求他人承担侵权责任，但是他人对损害的发生有故意或者重大过失的除外。"但其后多数人认为该范围太广，三审稿后，即以"文体"活动限制。该过程说明法律在此的谨慎，实践中不能界定为"文体"活动的，就不能适用该条规定而为抗辩。当然，如果将自甘冒险的范围适当扩展至"文体"及"类似文体"活动就更合理了。其次，文体活动需有一定的危险性，有些棋类体育活动或歌唱比赛等，即便在比赛中因为激动、紧张导致心脏病发作产生的损害，也不能依据自甘冒险划定责任。值得注意的是，观看比赛是否属于自愿参加具有一定危险性的文体活动？在通常情况下，观看比赛本身没有危险性，但这并非绝对，在场地边上观看篮球比赛被撞伤，观看棒球比赛被击向观众席的棒球砸伤，近距离观看越野车赛被撞伤等情形时有发生，笔者认为，就现有资料看《民法典》第1176条中的"其他参加者"应仅限于具体参与活动的人员，而不包括观众。更不包括偶然闯入比赛场地的其他人，所以本节提示案例中的教师家属丙所受到的损害，不属于自甘冒险，但因为甲对丙的损害没有过错，也无法根据《民法典》

〔1〕王利明主编：《中华人民共和国侵权责任法释义》，中国法制出版社2010年版，第138页。

〔2〕参见杨立新：《民法典侵权责任编草案二审稿的立法进展与完善》，载《上海政法学院学报（法治论丛）》2019第2期。

〔3〕参见周友军：《我国民法典侵权责任编的编纂研究》，载《政治与法律》2018年第5期；李昊：《对民法典侵权责任编的审视与建言》，载《法治研究》2018年第5期。

〔4〕参见申海恩：《文体活动自甘冒险的风险分配与范围划定》，载《法学研究》2023年第4期。

第 1165 条使甲承担赔偿责任。此外,需要受害人自愿参加。受害人自愿参加是自甘冒险制度适用的前提。这里的自愿自然要求受害人为具有相应民事行为能力的人,对活动本身的危险性有充分了解。在实践中,组织者或场地经营者有危险告知义务,而对于经常参加特定项目的人来说,其对活动的危险性是明知的,此时,其参加行为本身即可认定为自愿。所以,"自愿"可以明示,也可以默示。

(2)受害人所受损害与其他参加者的行为有因果关系

这里的损害特指因参加有一定风险性的活动而被其他参加人在活动过程中造成的损害。如篮球比赛中因防守致对方摔伤,拳击比赛中因受到对手的重击而死亡等。如果还没有开始比赛,热身活动时自己不慎摔伤,或者在比赛过程中自己腿部拉伤或跟腱断裂等,此时的伤害与其他参加者无关,受伤者无从请求其他人承担侵权责任,自也无适用自甘冒险规则的余地。也就是说,受害人受伤害的危险须来自其他参加者,如果是因为体育设施缺陷则应适用《民法典》第 1198 条规定,如果来自自然界,比如,在冲浪或帆船比赛中,非因他人碰撞导致意外,则只能适用受害人同意规则。

(3)其他参加者无故意或重大过失

根据《民法典》第 1176 条第 1 款规定,自甘冒险作为责任抗辩事由须以"其他参加者对损害的发生有故意或者重大过失的除外"。这就意味着,受害人的损害如果被认定为由其他参加者的故意或重大过失造成的,不属于"自甘冒险",对该损害其他参加者需承担侵权责任。

只是在很多体育活动中,伤害不仅是不可避免的,而且是"故意"造成的,如拳击、摔跤、跆拳道等,近些年风靡全球被誉为搏击运动"十项全能"的综合格斗(MMA)更是以比赛惨烈、刺激著称。对此如何认定"故意或重大过失"是一个复杂的问题。在一般情况下,抗辩事由的成立,以行为人遵守竞赛规则为前提,他人承受风险的范围也应限定在竞赛规则允许的范围内,超出该范围难以用违法阻却抗辩。但体育运动本身并没有这么简单,因为有些比赛如正式的篮球比赛中,运动员违反运动规则的情形十分常见,"违规"行为是运动项目本身可以容忍的。所以行为人违反活动规则的行为是否仍然属于文体活动的固有风险,是一个值得深入研究的问题。美国"在这方面,大多数法院认为,其他参加者典型的违规行为所导致的损害不会导致责任",因为规则的违反是固有的而且是可以预见的。[1] 对于违规行为来说,邱聪智教授的观点殊值赞同,即除非违规情节重大,显然置他人人身安全于不顾,行为人有故意或者重大过失时,才能要求行为人承担责任。[2]

笔者认为,《民法典》第 1176 条规定的"故意或者重大过失"属于法律意义上的过错,它与体育比赛中的犯规不冲突,但认定标准和后果是不同的。在体育比赛中的违规系根据项目本身的规则为判断标准的,其后果是对比赛胜负上的影响,比如,篮球比赛中对对方上篮的防守犯规,后果通常是被判罚对方罚篮,而不是让犯规者承担法律责任。本节提示案例中,甲的阻挡犯规行为,属于篮球比赛中最普遍的犯规动作,其目的是阻止对方上篮,而不是伤害对方身体,对此造成的乙的损害,不应使甲承担赔偿责任。当然超出正常比赛范围的犯规动作,属于运动本身不能容忍的犯规,如拳击比赛时用牙咬对手,足球比赛时在无球情况下用头顶撞对方

---

〔1〕 See Davis Timothy, *Avila v. Citrus Community College District: Shaping the Contours of Immunity and Primary Assumption of the Risk*, 17 M ARQ . S PORTS L. R EV. 259,274(2006).

〔2〕 参见陈聪富:《侵权行为法原理》(第 2 版),台北,元照出版有限公司 2018 年版,第 320 页。

等，就构成法律上的过错，当事人就不能以自甘冒险主张抗辩。是否为比赛本身可以容忍的犯规，必要时可以征求专业裁判的意见。

3. 法律效果

根据《民法典》第1176条的规定，构成自甘冒险时，受害人不得请求其他参加者承担侵权责任。这里需要特别注意的是，一旦构成自甘冒险，其他参加者不承担任何侵权责任，是完全免除责任的，不能理解为部分免除，即不能认为受害人可以请求其他参加者承担部分责任。此外，该条第2款，针对活动组织者的责任，通过引致技术规定适用本法第1198条至第1201条的规定。实际上，组织者、场地的经营者、管理者承担的责任是安全保障义务违反责任。但于自甘冒险情形下，安全保障义务责任是否需要深入研究，单纯的场地有瑕疵，组织管理有漏洞自可以完全按照相关安全保障义务责任处理，但在组织者责任与受害人或其他参加者的责任交织在一起时，情况会更复杂，简单地引致到相关条款并不妥当。

（七）自愿紧急救助行为

自愿紧急救助，是指没有法定或约定救助义务的人，对他人实施的救助行为。我国《民法典》第184条规定，因自愿实施紧急救助行为造成受助人损害的，救助人不承担民事责任。其立法目的在于树立助人为乐的良好社会风气。在立法过程中对是否需要规定救助人如有故意或重大过失时承担责任问题是有争议的，考虑立法目的在于鼓励互助行为，不能让"英雄流血又流泪"，最后将承担责任内容删除。

自愿实施救助行为造成的损害不承担责任，首先是因为救助人并无法定或约定上的救助义务，其救助完全是基于"好人做好事"，此与对公民负有一般救助义务的警察等不同，也与医生对病人的救助不同。无救助义务的人可能因缺乏救助知识和能力，救助行为可能导致被救助者损害，此时免除救助者的侵权责任不仅是从鼓励助人为乐的良好风气角度考虑。在责任构成上，其实也有较充分的理由，因为该救助行为是合法的，就责任抗辩而言属于违法阻却。如发生在辽宁省"康平县药店老板紧急救助购药老人案"中，被救助人齐某起诉药店老板要求赔偿救助时压断12根肋骨损害，一审、二审法院即根据该条驳回被救助人诉讼请求。[1] 本节引导案例3也具有类似案情，甲系出于对乙的生命权保护，才实施的胸部按压救助，该救助行为是合法的，对乙造成的肋骨损害，紧急救助人不承担责任。

当然，该条的适用并非无限制，"紧急救助"要求被救助者处于危急情形，不救助很可能会出现严重后果。如果情况并非危急，则不能适用本规则。

自愿实施救助行为的后果是造成损害的救助人不承担民事责任，从另一角度看，如果被救助者请求赔偿，救助者可以此抗辩，抗辩的本质是救助行为的合法性。

（八）受害人同意

1. 受害人同意概述

受害人同意，是指受害人自愿承担某种对其权益损害后果的明确意思表示，也称"受害人允诺"。对允诺范围内的损害，行为人不承担责任。将受害人允诺或同意作为免责事由是对个人意志的尊重，每个人都有自由处分其身体或财产的权利，包括自行处分，也包括同意或允诺他人处分。受害人同意阻却了行为的违法性，所谓"同意不生违法"（volenti non fit injuria）对经

---

〔1〕 参见辽宁省沈阳市中级人民法院（2020）辽01民终4405号民事判决书。

受害人同意造成的损害无须承担侵权责任的基础是缺乏违法性要件。

在域外,有些国家明确规定受害人同意制度,如《葡萄牙民法典》第 340 条、《匈牙利民法典》第 342 条等,也有将受害人同意与自甘冒险同条规定的做法,如《欧洲示范民法典草案》第 6 卷第 5:101 条规定,受害人对具有法律相关性的损害表示了有效同意并且认识到或者可以合理地被期待认识到该同意后果的,加害人得以之作为抗辩。

对受害人同意,我国《民法典》并未在一般意义上规定,其理由在于因受害人同意而免于承担责任的情形复杂,不宜为一般性规范,比如,受害人同意虽非杀人者免责的事由,但患者同意对其实施的一个成功概率不高的手术失败,则可以成为医生或医院免除责任的正当理由。所以《民法典》仅在相关条文中贯彻了受害人同意利益,并在法律后果的解释上作为责任抗辩事由。例如,第 1219 条规定的患者或者其近亲属对特定医疗行为的"知情同意",第 1008 条对新药、新设备、新方法做临床试验时,受试者或其监护人的同意,第 1035 条对个人信息处理时的当事人同意等。

2. 受害人同意的构成要件

(1)受害人须有明确的意思表示

受害人同意往往涉及对受害人基本权利的处分。因此,作为责任抗辩事由,受害人同意的前提是其有相应的意思能力,能够充分认识到行为的性质、可能的风险,以及法律后果。涉及专业知识时,行为人负有充分告知、说明义务。《民法典》第 1219 条中规定的知情同意,即明确规定医务人员应当及时向患者具体说明医疗风险、替代医疗方案等情况,并取得其明确同意。在"知情"的基础上,同意也必须是明确的、具体的。不符合"明确同意"的,就不符合抗辩责任的要件。

(2)受害人同意符合法律、不违背公序良俗

侵权法不仅是保护私权利的武器,同时也具有维护公共秩序的作用,免责承诺如果违反法律,或违反善良风俗,则根据《民法典》第 8 条以及关于法律行为效力的相关规定,该意思表示无效。在实践中,以故意侵权免责的条款是典型的悖俗行为,是无效的。如以身体伤害为打赌标的等;在双方地位相差悬殊,尤其涉及一方基本生存的行为中,受害人的同意涉嫌违反劳动法的强制性规定而无效,最典型的是在雇佣合同中签订"工伤概不负责"类条款。所以,在以受害人允诺进行抗辩时,必须严格把握。

3. 受害人同意与自甘冒险

对受害人同意与自甘冒险,域外法律态度并不统一。在德国司法实践中,联邦最高普通法院不赞同将体育活动中受到的伤害视为受害人同意的观点,而是将在遵守竞赛规则情况下造成伤害的免责问题交由诚实信用原则解决。禁止当事人作出相互矛盾的意思表示的行为。[1]而在美国侵权法重述中,受害人同意与自甘冒险分别置于第一编和第二编,分别隶属于故意侵权和过失侵权。在我国,对二者关系的讨论尚欠深入,立法上将自甘冒险限定于"文体活动",对受害人同意也仅在具体条文中规定,但二者的界限并不清晰。

受害人同意与自甘冒险在客观上有某些相似之处,且后果相同,但毕竟为两种制度,二者差异主要表现在以下几方面:(1)在受害人同意中,受害人系明知他人的行为对自己将造成伤

---

〔1〕 参见[德]马克西米利安·福克斯:《侵权行为法》,齐晓琨译,法律出版社 2006 年版,第 86 页。

害，在某种意义上是其“故意招致某种危险”，如对癌症治疗中的放、化疗行为等，也正因如此，美国法中将其归入故意侵权类型；而在自甘冒险行为中，虽然知道有风险，并表示自愿承受该风险带来的损害，但其并不真的同意加害人对他的侵害。也就是说，自甘冒险中的损害仅为可能发生，而受害人允诺的情况都是对一定会造成的损害承诺。当然，采用“受害人同意”表述其实与法律规定的精神不相符合，因为没有人真正“同意”遭到侵害。

(2)在适用范围上，我国《民法典》将自甘冒险仅限定于“文体活动”，而受害人同意虽无一般性规定，但其范围并无限制。

(3)基于本身特点，受害人同意针对的是其他人的故意侵害，而在自甘冒险中，则主要是过失情形。

主要参考文献

陈聪富：《因果关系与损害赔偿》，北京大学出版社 2006 年版；程啸：《侵权责任法》(第 3 版)，法律出版社 2021 年版；葛云松：《〈侵权责任法〉保护的民事权益》，载《中国法学》2010 年第 3 期；李超：《侵权责任中的受害人同意研究》，中国政法大学出版社 2017 年版；李昊：《对民法典侵权责任编的审视与建言》，载《法治研究》2018 年第 5 期；李永军：《论我国民法典中无因管理的规范空间》，载《中国法学》2020 年第 6 期；麻昌华：《侵权行为法地位研究》，中国政法大学出版社 2004 年版；申海恩：《文体活动自甘冒险的风险分配与范围划定》，载《法学研究》2023 年第 4 期；王利明：《美国惩罚性赔偿制度研究》，载《比较法研究》2003 年第 5 期；王利明：《侵权行为法归责原则研究》(修订版)，中国政法大学出版社 2004 年版；王利明：《我国〈侵权责任法〉采纳了违法性要件吗？》，载《中外法学》2012 年第 1 期；王卫国：《过错责任原则：第三次勃兴》，中国法制出版社 2000 年版；叶金强：《论侵权法的基本定位》，载《现代法学》2015 年第 5 期；尹志强：《侵权行为概念分析》，载《比较法研究》2005 年第 4 期；张新宝：《民法分则侵权责任编立法研究》，载《中国法学》2017 年第 3 期；张新宝：《侵权责任构成要件研究》，法律出版社 2007 年版；周友军：《我国共同侵权制度的再探讨》，载《社会科学》2010 年第 1 期；[奥]H. 考茨欧主编：《侵权法的统一——违法性》，张家勇译，法律出版社 2009 年版；[荷]J. 施皮尔主编：《侵权法的统一——因果关系》，易继明等译，法律出版社 2009 年版；[德]U. 马格努斯主编：《侵权法的统一——损害与损害赔偿》，谢鸿飞译，法律出版社 2009 年版。

第二十八章 损 害 赔 偿

第一节 损害赔偿的一般原理

引导案例

1. 甲有书桌一张，市价4000元，因乙的过失而被损坏。试回答如下问题：

(1) 为防止书桌进一步的损坏，甲修理书桌花费了合理费用1000元，修理完毕后书桌价值3000元，此时甲受有何种损害？损害金额为多少？

(2) 该书桌伴甲多年，甲对之颇具感情，损坏之前曾有人出价5000元，遭甲拒绝，现如今该书桌损坏后市价仅为2000元。此时就该财产损害，金额应为多少？

2. 甲有出租车一辆，遭乙过失损坏，无法营业。

(1) 甲待业在家，车辆维修期间颗粒无收，该部分营业收入是否为其遭受之损害？乙是否应当赔偿？

(2) 甲找他人另租车辆，车辆维修期间营业照常，乙能否主张该部分营业收入应当扣减而无须赔偿？车辆维修期间，甲于空闲时间找一商店兼职数日，乙能否主张其间兼职收入应当扣减而无须赔偿？

一、损害的概念与分类

(一) 损害的概念

《民法典》第1179条至第1187条规定了侵权损害赔偿的类型与计算方式，但对于“何为损害”这一首要问题却未作规定。比较法上也鲜有法典致力定义一个统一的损害概念。《奥地利普通民法典》第1293条对此有过尝试，将损害视作“受害人在财产、权利或人身上所遭受的不利益(jeder Nachtheil)”，类似表述可称为最原初的自然损害概念(natürlicher Schadensbegriff)。该界定只是勾勒出一个模糊的轮廓，难以有效作用于法律实践。

1855年，德国学者莫姆森(Friedrich Mommsen)提出了“利益说”，也称差额假设(Differenzhypothese)。[1] 依此说，损害是受害人当前的财产总额与假设没有发生损害事件时的财产总额之间的差值。由此，损害将是一个总体的算术比较，而不再允许突出独立的损害项

---

[1] Friedrich Mommsen, Zur Lehre von dem Interesse, 1855, S. 3. 须予说明的是，学界多将“Differenzhypothese”译作“差额说”，这是不够准确的，“差额说”与差额假设应予区别。“差额说”主要适用于违约损害赔偿以及双务合同的返还清算关系中。

目。[1] 这在假设因果关系、使用利益损失、损益相抵等情形中适用差额假设会导致明显不合理的结果。[2] 其后以诺伊勒(Neuner)为代表提出的客观损害概念以及再之后的规范损害概念(normativen Schadensbegriff)对差额假设进行了不断补充。按照规范损害理论,除总体的财产计算以外,还必须从规范的保护目的出发来考虑是将某些损害项目排除于假设之外,抑或纳入假设之中,这种纯粹的评价性问题交由“规范损害”这一包罗万象的概念来进行描述。[3] 这须与具体案例相结合来进行论证,例如,家庭主妇在丧失劳动能力甚至死亡情况下的损害认定;雇员丧失劳动力期间继续获得雇主提供的报酬时的损害认定等。[4]

与损害不同的是费用(Aufwendungen),学说通常以损失(Einbuße)是否自愿来区分二者,费用是自愿的财产牺牲。需要注意的是,如果受害人是为了预防即将到来的损害或是补救已经发生的损害,由此产生的合理支出亦为损害(Schaden),应予赔偿。因为这些花费是以损害(即将)发生为基础的,难谓当事人自愿。[5] 实际上,这本就是差额假设的应有之义——财产比较并非简单地停留在某一固定的时点,而是必须将损害事件之进一步发展纳入计算范围之内。重要的是动态的“应有状态”而非静态的“原有状态”。[6] 在引导案例1中,甲之书桌受损作为单个的损害项目是为物之损害,其花费的1000元修理费在合理范围内亦属损害范畴。故而根据差额假设,此时甲可请求的损害赔偿额应为2000元。

(二)损害的分类

想要整合出一个切实可行的、统一的损害概念实属困难,更可靠的做法是结合个案就不同的损害类型进行具体分析。根据不同的标准,对损害可以作出如下分类。

1.财产上损害与非财产上损害

财产上损害(Vermögensshaden)与非财产上损害(Nichtvermögensshaden)也被称为物质损害(materieller Schaden)与非物质损害(immaterieller Schaden),此区分对于整个损害赔偿法来说至关重要。为贯彻完全赔偿原则,这两种损害无疑都应得到填补,但就损害赔偿的方式而言,二者则有所不同。对于财产上损害来说,赔偿权利人始终可以要求金钱赔偿,而对于非财产上损害,则需要在法律明文规定的例外情况下才能主张金钱赔偿。[7] 换言之,对非物质利益的损害赔偿需要加以限制。该分类的区分实益即在于此。

这两种损害的内涵并非十分确切,大体可分为两类表述。有侧重损害之不同表现形式者,认为财产上损害是指一切财产上之不利变动,具体而言是一种物质的、有形的损害,如因物之毁损、身体受损而支出的治疗费用;非财产上损害则是权利人财产之外所受的无形的、精神的损害,如人格权受侵害之精神损害。[8] 亦有侧重能否通过金钱加以计算者,认为财产上损害

---

[1] Honsell/ Harrer, Schaden und Schadensberechnung, JuS 1991, S. 442.

[2] 参见曾世雄:《损害赔偿法原理》,中国政法大学出版社2001年版,第120~123页;王泽鉴:《损害赔偿》,北京大学出版社2017年版,第64~70页。

[3] Oliver Brand, Schadensersatzrecht, 3. Aufl., 2021, § 2 Rn. 10.

[4] 参见[德]迪特尔·梅迪库斯:《规范的损害》,徐建刚译,载《私法研究》2017年第1期。

[5] Dirk Looschelders, Schuldrecht Allgemeiner Teil, 19 Aufl., 2021, § 44 Rn. 1.

[6] Honsell/ Harrer, Schaden und Schadensberechnung, JuS 1991, S. 442.

[7] 参见曾世雄:《损害赔偿法原理》,中国政法大学出版社2001年版,第132页;Oliver Brand, Schadensersatzrecht, 3. Aufl., 2021, § 2 Rn. 14; Lange/ Schiemann, Schadensersatz, 3. Aufl., Tübingen 2003, § 2 Ⅰ 1, S. 51.

[8] 参见曾世雄:《损害赔偿法原理》,中国政法大学出版社2001年版,第132页;韩世远:《合同法总论》(第4版),法律出版社2018年版,第779页;孙森焱:《民法债编总论》(上册),作者自版2018年版,第429页。

是指具有财产价值,得以金钱计算的损害,反之则为非财产上损害。[1]

学者间界定这两种损害的表述虽略有差异,但具体内涵实则相仿。因为财产上之不利变动通常都能以金钱客观衡量,但是部分可由金钱衡量的损害却并不当然是财产上之不利变动,典型者为独立的人身损害。例如,甲被乙殴伤却强忍伤痛,并未采取任何治疗措施,因此并未支出任何费用或减少任何收入,此时甲是否受有损害?又受有何种类型损害?对此,人身损害之独立性早已在对"利益说"的批评中被揭示,但应将其在概念上归为何种损害类型则模糊不清。若按照第一种观点,其自然是非财产上损害,若要请求单独赔偿则需要法律的例外规定,这与民法体系不符;若按照第二种观点,因为人身损害得通过金钱客观计算治疗费用,故而可直接将其归为财产上损害,赔偿权利人亦得始终可以要求金钱赔偿。第二种观点更合理。此外,财产上损害所谓"客观计算",是指损失得依市价确定,而非依据权利人主观情感确定,这也是人身损害直接区别于精神损害之处。在引导案例 1 中,虽然该书桌在甲心中的价值远远超过市场价值,但在计算损害时仍须以客观市场价值进行计算,也即若没有发生损害的 4000 元及损坏后的 2000 元,损害为 2000 元。当然,如果甲能证明本来有人愿意花费 5000 元购买该书桌,且该交易最终大概率能够达成,那么根据差额假设"动态"的要求,此时的损害应为 3000 元。[2] 而如果甲原本就已经拒绝了 5000 元购买书桌之要约,那么其就不能以该价格进行差额计算,此时的损害仍为 2000 元。

此外,特别需要提醒的是,切不能将"财产损害、人身损害、精神损害"与"财产上损害、非财产上损害"混为一谈,此为两组基于不同区分标准产生的分类(见图 28－1)。事实上,无论是财产受到损害还是人身受到损害,都有可能产生"财产上损害"(《民法典》第 1179 条、第 1182 条、第 1184 条)与"非财产上损害"(《民法典》第 1183 条第 1 款、第 2 款)。

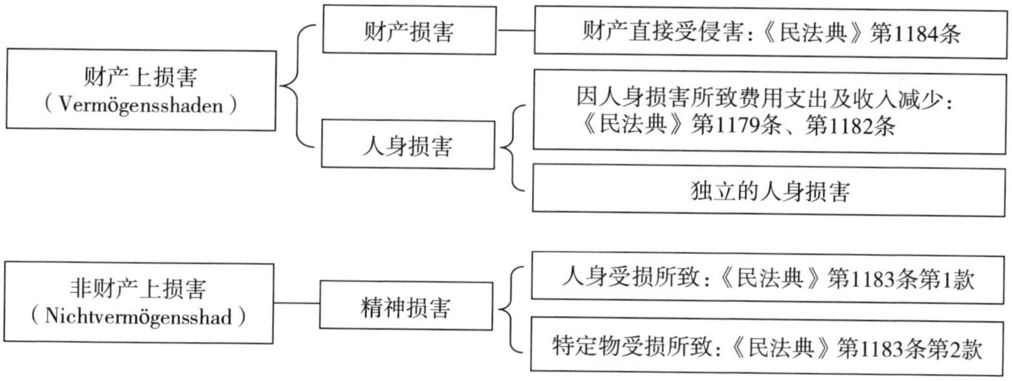

图 28－1　损害类型图

2. 直接损害与间接损害

直接损害(unmittelbarer Schaden)与间接损害(mittelbarer Schaden)为损害分类体系中最含混的一对范畴。对二者的区分标准主要存在以下两种观点:[3]

---

〔1〕 参见程啸:《侵权责任法》(第 3 版),法律出版社 2021 年版,第 239 页;王泽鉴:《损害赔偿》,北京大学出版社 2017 年版,第 75 页;黄立:《民法债编总论》(修正 3 版),台北,元照出版有限公司 2006 年版,第 381 页。

〔2〕 参见王泽鉴:《损害赔偿》,北京大学出版社 2017 年版,第 79 页。

〔3〕 参见曾世雄:《损害赔偿法原理》,中国政法大学出版社 2001 年版,第 137 页。

一是以损害和侵害行为之间的因果关系为区分标准,直接损害是指侵害行为所直接引起的损害,若损害并非因侵害行为直接引起而是介入其他因素造成的,则属间接损害。

二是以损害之标的作为区分标准,损害事件所直接损及之标的所受的损害为直接损害,其他损害则为间接损害。而此处其他损害如何界定,又有疑问。有学说认为,其他损害或由直接损害所导致,又可称结果损害;[1]亦有学说以时间要素为标准,认为损害立即存在者为直接损害,损害嗣后形成者为间接损害。[2] 但此所谓时间差异如何界定似不免带有任意性色彩,颇值疑问。[3]

直接损害与间接损害的区分实益在于:第一,只有在间接损害的情况下须考虑假设因果关系,而在直接损害中则无须考虑;第二,在侵权责任成立要件中,行为人的过失是就直接损害加以认定,间接损害能否预见则无关紧要。[4]

试举一例说明:甲之商铺被乙过失损坏以致无法经营,其中商铺受损为直接损害,营业利润丧失为间接损害。判断侵权责任成立与否,过失认定仅及于前者,而乙是否认识所侵害者为商铺而将导致营业利润丧失则在所不问,直接损害与间接损害皆应赔偿。此外,若没有乙之损坏,3 日后该商铺亦将因泥石流突发而毁损,那么对于商铺本身所受之损害,乙仍应赔偿,但是就营业利润这一间接损害,乙则无须赔偿。

3. 所受损害与所失利益

所受损害(demunm emergens, positiver Schaden)与所失利益(lucrum cessans, entgangener Gewinn),又称积极损失与消极损失,是在财产损害下的一种分类。所谓所受损害,是指因损害事故的发生而造成的受害人现有财产的减少。而所谓所失利益,则是指因损害事故的发生而造成受害人财产应增加而未增加。在《民法典》第 1179 条规定的人身损害赔偿中,医疗费、护理费、交通费等为治疗和康复支出的合理费用即此处所受损害;因误工减少的收入即为所失利益。二者无疑都应获得赔偿,此乃对完全赔偿原则之贯彻。

所受损害与所失利益的区分实益有二:

其一,对二者的证明责任有别,此亦是区分二者的最大实益所在。[5] 德国及我国台湾地区对所失利益皆有规定,如我国台湾地区"民法"第 216 条第 2 款规定:"依通常情形,或依已定之计划、设备或其他特别情事,可得预期之利益,视为所失利益。"此处"视为"应理解为"推定",此旨在通过举证责任倒置的模式减轻被害人关于所失利益的举证难度。[6] 例如,甲被乙殴伤住院,久卧病床,可推定其将丧失通常可得之薪资收入,但乙亦可提出反证推翻之。我国《民法典》未有类似规定。

其二,对二者的损害赔偿的计算标准不同。所受损害的计算通常按照客观市价确定(《民法典》第 1184 条),而所失利益的计算则通常采取抽象的、统一的标准来计算(《人身损害赔偿解释》(2022 修正)第 7 条)。[7] 被害人亦要就个案情形具体计算其所失利益,但须对具体情事

---

〔1〕 参见黄立:《民法债编总论》(修正 3 版),台北,元照出版有限公司 2006 年版,第 380 页。

〔2〕 参见[德]迪特尔·梅迪库斯:《直接与间接损害》,徐建刚译,载《财经法学》2017 年第 3 期。

〔3〕 Staudinger/ Höpfner (2021) Vorbemerkung zu § § 249 ff, Rn. 43.

〔4〕 参见王泽鉴:《损害赔偿》,北京大学出版社 2017 年版,第 76 ~ 77 页。

〔5〕 Staudinger/ Höpfner (2021) Vorbemerkung zu § § 249 ff, Rn. 45.

〔6〕 参见王泽鉴:《损害赔偿》,北京大学出版社 2017 年版,第 74 ~ 75 页。

〔7〕 参见程啸:《侵权责任法》(第 3 版),法律出版社 2021 年版,第 231 页。

负证明责任。[1]

《合同编通则解释》第 60 条、第 61 条规定了违约损害赔偿中可得利益损失的计算方式。可得利益损失是一种消极损失,是指合同履行后债权人所能获得的纯利润,典型者为生产利润损失、经营利润损失和转售利润损失。在计算可得利益损失时,除传统的利润计算方法外,该解释还规定了替代交易法和市场价格法的一般规则,前者为原则,后者为补充。

4. 履行利益与信赖利益

履行利益(Erfüllungsinteresse)和信赖利益(Vertrauensinteresse),又被称为积极利益(positives Interesse)和消极利益(negatives Interesse),该分类在合同领域中尤具意义。在合同与准合同之债的损害赔偿中必须考虑,应当将损害填补至合同得到适当履行的地位(履行利益),抑或合同从未订立时的地位(信赖利益)。[2] 《德国民法典》限制对信赖利益的赔偿不得超过履行利益(第 122 条第 1 款),我国《民法典》尚无此限制。

《民法典》第 577 条所规定的继续履行等违约责任,目的就是补救债权人所遭受的履行利益损失,《民法典》第 584 条中所谓"合同履行后可以获得的利益"亦直接说明了这一点。[3] 而就信赖利益而言,我国民事立法上主要涉及两种:一为《民法典》第 500 条之缔约过失责任;二为《民法典》第 584 条中"违约所造成的损失"去除履行利益的部分。[4] 此外,亦有学者指出,在违约损害赔偿中,债权人得选择主张以信赖利益赔偿替代履行损害赔偿。[5]

二、损害赔偿法的原则

损害赔偿法的目的在于损害填补(Ausgleich)、损害预防(Prävention),以及在特别情形下对此施以惩罚(Strafe)。[6] 尤其填补功能被认为是损害赔偿法之核心所在。基于此,损害赔偿法发展出完全赔偿(Totalreparation)和得利禁止(Bereicherungsverbot)两大原则。

(一)完全赔偿原则

完全赔偿原则即所谓"要么全赔,要么不赔"(Alles oder nichts)的原则,其是指在损害赔偿中,无论损害之类型、加害人之过错程度如何,赔偿义务人都应当使受害人恢复到假设损害事件未发生时的利益状态。这是以受害人为规范对象的制度设计,将损害从权利人领域移转到加害人领域,既不该多,也不能少。[7] 在财产损害中,这是差额假设的任务,而在非财产损害中,亦强调损害赔偿必须达到全部精神抚慰的目的。[8] 《德国民法典》第 249 条第 1 款体现了完全赔偿原则、《奥地利普通民法典》第 1323 条第 1 句。我国《民法典》虽无条文明确规定,但

---

〔1〕 参见王泽鉴:《损害赔偿》,北京大学出版社 2017 年版,第 75 页。

〔2〕 Oliver Brand, Schadensersatzrecht, 3. Aufl., 2021, § 2 Rn. 15.

〔3〕 参见最高人民法院民法典贯彻实施工作领导小组主编:《中华人民共和国民法典合同编理解与适用》(第 2 册),人民法院出版社 2020 年版,第 768 页。

〔4〕 参见最高人民法院民法典贯彻实施工作领导小组主编:《中华人民共和国民法典合同编理解与适用》(第 2 册),人民法院出版社 2020 年版,第 765 页。

〔5〕 参见韩世远:《合同法总论》(第 4 版),法律出版社 2018 年版,第 784 页。

〔6〕 Vgl. Oliver Brand, Schadensersatzrecht, 3. Aufl., 2021, § 2 Ⅳ.

〔7〕 参见曾世雄:《损害赔偿法原理》,中国政法大学出版社 2001 年版,第 19 页

〔8〕 参见[德]埃尔温·多伊奇、[德]汉斯-于尔根·阿伦斯:《德国侵权法:侵权行为、损害赔偿及痛苦抚慰金》(第 6 版),叶名怡、温大军译,中国人民大学出版社 2022 年版,第 241 页。

该原则在国内亦得到广泛的承认。[1]

但是,完全赔偿原则也面临着各方面的挑战。有观点认为,若完全贯彻该原则,加害人将对无法预见的损害也应当承担责任,这会导致哪怕是轻微的疏忽都可能引发巨大的风险,这种风险甚至可能远超一般人的正常收入水平。[2] 故此,对完全赔偿原则加以合理的限制实有必要,实际上,限额赔偿的理念也始终伴随完全赔偿原则的发展。例如,《奥地利普通民法典》在规定完全赔偿原则的同时,紧接着便在第1324条针对该原则作出了限制,根据加害人的过错程度区别损害赔偿的范围,加害人只有在重大过错的情况下才负担完全赔偿义务,在轻微过失下仅负担积极损害赔偿义务。此外,生计酌减规则以及公平酌减规则在我国亦有相当范围的讨论。[3]

须特别注意的是,有学者提出对完全赔偿原则的理解不能拘泥于"完全"二字的字面理解,不能认为限额赔偿规则是对完全赔偿原则的否定,毋宁说其是构成完全赔偿原则下确定可赔偿损害(ersatzfähiger Schaden)的依据。因此,无论是加害人"轻微过失导致巨额损失"的情形,抑或受害人"与有过失"的情形,实际上都是在损害归责期间的判断,指向的恰恰是完全赔偿原则之内涵。[4] 该观点不无道理,唯以归责之过程填充原则之内容,其中界限及合理性仍有待思考。

(二)得利禁止原则

得利禁止原则同样源自损害赔偿法的填补功能,是指受害人不能通过赔偿而获得比假设未发生损害事件时更好的利益状态。具体情形主要是"以新换旧"以及"损益相抵"情形。"以新换旧"是指在物的损害赔偿中,旧物遭受毁损,加害人以新物赔偿。此时受害人可能从新物之中获得利益,尤其是使用收益之延长。例如,甲之陈旧书桌被乙毁损,乙购置新桌予以赔偿,甲之损害在被填补的同时亦获得利益,亦即其因乙之赔偿而得推迟几年再替换书桌。此时新旧相抵(Abzug neu für alt),溢出部分受害人应当予以扣除。

与损益相抵不同的是,新旧相抵中的利益是在赔偿义务人恢复原状的过程中才产生,而损益相抵中的利益则是由损害事件直接产生,[5]此后文再述。

三、损害赔偿法的规则

损害赔偿法规则众多,在完全赔偿原则及得利禁止原则的前提下,需要通过各项限制规则来确定最终的赔偿范围。这些规则有的可直接见诸《民法典》,例如,第584条规定的"可预见性规则"、第591条规定的"减损规则"以及第592条第2款规定的"与有过错规则"等;有的则有待于判例与学说的进一步发展,如"生计酌减规则""损益相抵规则"等。其中,尤其需要注意的是过错相抵与损益相抵。

---

〔1〕 参见王利明:《侵权责任法研究·上卷》(第2版),中国人民大学出版社2017年版,第622~624页;张新宝:《侵权责任法》(第4版),中国人民大学出版社2016年版,第89页。

〔2〕 参见徐银波:《论侵权损害完全赔偿原则之缓和》,载《法商研究》2013年第3期。

〔3〕 参见徐银波:《论侵权损害完全赔偿原则之缓和》,载《法商研究》2013年第3期;邓辉:《论我国生计酌减制度的构建》,载《福建江夏学院学报》2015年第4期;王磊:《民法典视野下生计酌减规范的必要性证成》,载《北方法学》2020年第1期。

〔4〕 参见徐建刚:《论损害赔偿中完全赔偿原则的实质及其必要性》,载《华东政法大学学报》2019年第4期。

〔5〕 Oliver Brand, Schadensersatzrecht, 3. Aufl., 2021, § 8 Rn. 10.

（一）过错相抵

过错相抵（Mitverschulden）亦称与有过错，“相抵”为形容之语，而非真正将过错抵消，[1]其实际解决的是损害赔偿法上受害人共同责任（Mitverantwortlichkeit des Geschädigten）的损害分配问题。如果受害人因自身之过错共同导致了损害的发生或扩大，则应考虑减轻或免除加害人之赔偿责任。这是平等原则（《民法典》第4条）的要求，加害人既然原则上只在有过错的情况下承担损害赔偿责任，那么受害人之责任亦应与之相对应。

过错相抵亦多被称作过失相抵或与有过失。我国《民法典》第592条第2款、第1173条分别规定了违约与侵权损害赔偿中的过错相抵，此外还须注意《民法典》第591条守约方的减损义务以及第1174条之受害人故意等各相关条文与过错相抵的适用关系。现就其解释与适用问题择要说明如下：

第一，《民法典》第1173条所称“过错”既包括故意，也包括过失，且法律效果仅能减轻责任而不能免除责任。即使在受害人故意的情形下，如果存在加害人的故意或重大过失，亦仅能减轻而不能免除其赔偿责任。但如果损害的发生完全是由受害人故意造成的，而不存在致害方过错，则应适用《民法典》第1174条，完全免除行为人的责任。这一点在违约损害赔偿中同样如此。

第二，对于减损规则与过错相抵规则之间的关系，我国学界有不同的学说观点。有一种观点认为，如果从狭义上认为过错相抵仅包括双方对损害发生具有过错，而不包括一方或双方对损害的扩大具有过错，那么减损规则就与过错相抵不同。[2] 就此问题，《民法典》在违约和侵权领域似乎体现出了差异。在侵权领域，第1173条明确指出包括“损害的扩大”，故减损规则包含在过错相抵规则之内。而在违约损害赔偿领域，《民法典》既已选择分别立法，自然应当承认二者存在区别。第591条指向损害的扩大，是发生于违约方违约行为之后；第592条第2款则指向损害的发生，是合同当事人的违约行为同时发生，或即使存在先后顺序，但此间并不存在逻辑上的联系。[3]

第三，赔偿人主张过错相抵并非行使请求权，而是行使一种抗辩（Einwendung），至于其是否负有证明责任，观点不一。日本在司法实践中认为，加害人无须举证，法官即可根据事实和材料依职权认定过错相抵与否。[4] 但也有观点认为，基于意思自治的原则，过错相抵之适用仍应当以加害人主张并举证证明为前提。[5]

1. 适用条件

第一，受害人实施了与有过错的行为。过错行为虽无须违法，但至少要是一种不正当的行为，正当防卫、紧急避险、见义勇为以及自助行为等阻却违法之行为被排除在外。[6]《民法典》

---

〔1〕 参见史尚宽：《债法总论》，中国政法大学出版社2000年版，第303页。

〔2〕 参见朱卫国：《过失相抵论》，载梁慧星主编：《民商法论丛》第4卷，法律出版社1996年版，第420页。

〔3〕 参见最高人民法院民法典贯彻实施工作领导小组主编：《中华人民共和国民法典合同编理解与适用》（第2册），人民法院出版社2020年版，第833页。

〔4〕 参见史尚宽：《债法总论》，中国政法大学出版社2000年版，第308页；于敏：《日本侵权行为法》（第3版），法律出版社2015年版，第613页。

〔5〕 参见曾世雄：《损害赔偿法原理》，中国政法大学出版社2001年版，第269页；王利明：《侵权责任法研究·上卷》（第2版），中国人民大学出版社2016年版，第486页。

〔6〕 参见史尚宽：《债法总论》，中国政法大学出版社2000年版，第305页。

所规定的与有过错行为主要包括"怠于避免损害发生"以及"怠于避免损害扩大",《德国民法典》还规定了对重大之损害原因未为警告。例如,受害人在接受医生治疗时未告知其特异体质或特殊病史而导致药物治疗损害,其对损害之发生亦负一定责任。警告内容应尽可能具体,使债务人能因此采取必要的防范措施。[1]

过错行为既可以是积极的作为,也可以是消极的不作为,也可同时并存。例如,闯红灯遭车祸受伤且未及时治疗。[2]

第二,受害人须具有过错,过错包括故意以及过失。学说上,作为侵权责任成立要件的加害人过错,被称为固有意义的过错,以违反对他人之法律义务为前提。而就受害人与有过错而言,其所违反的并非对他人之注意义务,而是疏于对自己利益的保护,是所谓非固有意义的过错,又称为对自己的过错(Verschulden gegen sich selbst)。须注意的是,就"对自己的过错"而言,法律实际上并未加诸被害人有不得损害自己权益之义务,故如有违反并非使对方发生损害赔偿请求权,而是"基于诚信与公平原则,被害人不得将此疏失之结果,转嫁于加害人,因而应依其原因力之强弱,减免加害人之赔偿责任"。此类义务即所谓不真正义务(Obliegenheit)。但有学者指出,被害人之与有过错,实际上既包含了非固有意义上的过错,同时也包含了固有意义上的过错。后者例如,受害人违反《道路交通安全法》而共同导致了自己损害的发生,该法规具有避免侵害他人权益之目的。

另一点值得讨论的是受害人的过错能力问题。[3] 在德国法上,与有过错以有过错能力为前提,对未成年人注意程度的判断依其年龄就个案加以认定。[4] 其理由在于,把加害人的责任风险全部或部分地转嫁于因缺乏认知而无法保护自己免受危险的受害者身上,与保护未成年人的立法目的背道而驰。[5] 在日本法上,日本最高法院则认为,未成年人只要具备事理辨识能力,即可适用损益相抵规则。我国民法并不承认独立的过错能力,法院在审理无民事行为能力人受害的过错相抵时,也并非从受害人自身出发,而主要是从监护人是否尽到监护职责的角度来确定能否过错相抵。如果监护人未尽到监护职责,就应当减轻加害人的赔偿责任。[6]

第三,过错行为与损害的发生及扩大之间具有因果关系。基于平等对待原则,与有过错行为与损害间因果关系的判断应当和加害人责任成立因果关系的判断标准相同,采相当性标准。[7] 此外需要注意的是,过错相抵要求受害人过错引发之损害,与加害人过错造成之损害系同一损害,且该两个过错共同导致了损害的发生或扩大。如果两个损害不具有统一性,则可能属于因果关系中断的情形。例如,保管人拒不交付保管物所生者或为迟延损害,而寄存人一怒之下将保管物烧毁所生之损害为物的毁损灭失,此时不构成过错相抵。[8]

---

〔1〕 参见王泽鉴:《损害赔偿》,北京大学出版社 2017 年版,第 304 页。

〔2〕 参见王泽鉴:《损害赔偿》,北京大学出版社 2017 年版,第 317 页。

〔3〕 参见程啸:《侵权责任法》(第 3 版),法律出版社 2021 年版,第 801 页以下;王利明:《侵权责任法研究 · 上卷》(第 2 版),中国人民大学出版社 2016 年版,第 508 页以下。

〔4〕 参见王泽鉴:《损害赔偿》,北京大学出版社 2017 年版,第 310 页;[德]迪尔克 · 罗歇尔德斯:《德国债法总论》,沈小军校,中国人民大学出版社 2014 年版,第 367 页。

〔5〕 Brox/ Walker, Allgemeines Schuldrecht, 46. Aufl. 2022, Rn. 38.

〔6〕 参见程啸:《侵权责任法》(第 3 版),法律出版社 2021 年版,第 801 页;最高人民法院民法典贯彻实施工作领导小组主编:《中华人民共和国民法典侵权责任编理解与适用》,人民法院出版社 2020 年版,第 95 页。

〔7〕 参见陈聪富:《侵权行为法原理》(修订 2 版),台北,元照出版有限公司 2018 年版,第 509 页。

〔8〕 参见史尚宽:《债法总论》,中国政法大学出版社 2000 年版,第 306 ~ 307 页。

2. 具体情形

过错相抵打破了“全有或全无”的赔偿原则而作为完全赔偿原则之例外，其允许在加害人和受害人之间分配损害赔偿。故而，在实践中，对该规则的解释与适用往往是诉讼两造争论的焦点。[1] 以下就部分情形作简要介绍。

(1)法律直接规定的过错相抵

过错相抵规则不仅适用于过错责任，在无过错责任中亦有适用空间。对于部分无过错责任来说，法律直接规定了受害人过错得成为责任减轻或免除之事由，但必须注意其中限制。例如，《民法典》第 1245 条规定的饲养动物致害，仅在被侵权人具有故意与重大过失时得免除或减轻责任。类似规定还有《民法典》第 1239 条规定的占有或使用高度危险物致害、第 1240 条规定的高度危险活动致害，以及《水污染防治法》第 96 条第 3 款等。这些特别规定应当优先于过错相抵一般规则适用。

(2)第三人与有过错

受害人是否需要就第三人的与有过错承担责任，极具争议，我国《民法典》及相关司法解释对该问题并无规定。从原则上来说，过失相抵本就以“自己责任”的思想为制度基础，受害人自然不必承担他人过错所造成之后果，即使该他人与受害人之间存在一定的联结关系。但是，当二者关系之紧密程度达到可以作为处于利益同一侧的共同体时，第三人过错相抵就有适用的可能，而这需要经验的判断。颇具争议的情形是法定代理人与受雇人的情形。

就法定代理人(《民法典》第 23 条)而言，反对观点认为，在监护人亦存在过错的情况下，“监护人与加害人之间实际上属于共同侵权行为人，他们应当承担连带赔偿责任”，[2] 不得适用过错相抵；另有支持观点认为，“法定代理人与被害人间利害共同，如不许过失相抵则其不公平较诸准许过失相抵时为甚，且准许过失相抵更有促使法定代理人尽监督义务之功能焉”。[3] 在德国民法上，该问题由于涉及法条规定之准用问题(《德国民法典》第 254 条第 2 款第 2 句、第 278 条)，有“法律要件准用说”与“法律效果准用说”之争。[4] 学说上多采“法律要件准用说”，认为在当事人之间不存在债之关系时，便没有法定代理人过错相抵规则的适用。[5] 另需指出的是，未成年人不应对其法定代理人的过失负责是一种趋势。[6]

就雇佣人与受雇人而言，主流观点认为雇佣人应当承担受雇人之与有过错，但以财产损害中与有过错为限。[7]

(3)挑衅行为、互殴行为

加害行为因受害人挑衅而惹起，是否得适用过错相抵以减轻加害人之赔偿责任，我国司法实践中存在不同的观点。一种观点认为，挑衅行为与加害行为之间并不具备发生上的因果关系，不得适用过错相抵；另一种观点则认为挑衅行为本就是受害人对损害发生之过错，自然应

---

[1] Oliver Brand, Schadensersatzrecht, 3. Aufl., 2021, § 9 Rn. 3.

[2] 程啸：《侵权责任法》(第 3 版)，法律出版社 2021 年版，第 807 页。

[3] 曾世雄：《损害赔偿法原理》，中国政法大学出版社 2001 年版，第 268 页。

[4] 参见王泽鉴：《损害赔偿》，北京大学出版社 2017 年版，第 321 页以下；[德]迪尔克·罗歇尔德斯：《德国债法总论》，沈小军校，中国人民大学出版社 2014 年版，第 369 页。

[5] 参见王泽鉴：《损害赔偿》，北京大学出版社 2017 年版，第 326 页。

[6] 参见[德]克雷斯蒂安·冯·巴尔：《欧洲比较侵权行为法》(上)，张新宝译，法律出版社 2004 年版，第 411 页。

[7] 参见程啸：《侵权责任法》(第 3 版)，法律出版社 2021 年版，第 807 页。

当减轻加害人赔偿责任,但减轻比例应当加以控制。[1]

互殴行为同样存在争议。“否定说”认为,互殴本质上是互为侵权行为,“损害结果既非同一,也不存在原因力的竞合关系,故不应适用过失相抵”。“肯定说”则认为,此种情况应当认可过错相抵规则的适用。原因在于“此项损害系因被害人参与互殴而引起,其情形同于挑衅行为,具有因果关系而为共同原因,应依原因力的强弱、故意的程度,分配其应承担的责任”。[2]

(4)机动车、摩托车行驶中未使用安全带或佩戴头盔

《道路交通安全法》第 51 条强制要求驾驶人、乘坐人员应当规范使用安全带、佩戴头盔,若对该规定的违反可以认定为与损害的发生或扩大具有因果关系,则有过错相抵之适用。此外,与有过错的过错认定与交通事故中责任的划分并不相同,乘客对交通事故发生无责任并不意味着其对自身的损害无过错。[3]

(二)损益相抵

正如前文所说不应拘泥于完全赔偿中“完全”二字的字面理解,同样不能仅从字面上去理解得利禁止,必须承认损害事件的发生同样可能给受害人带来利益。此时需要考虑的是这些利益是否具有减少损害的作用,是否都应作为差额假设中的积极项目予以计算。这需要通过利益权衡进行价值判断,而损益相抵规则即试图搭建一个合理的判断框架。

损益相抵(Vorteilsausgleichung),亦有称为损益同销者,[4]其适用在罗马法上便有之,但并非根据一般规定而是就个案类型加以讨论。[5] 现行德国民法则未作明文规定而有意留待判例学说予以确认。[6] 我国立法亦未对该规则加以明确,但在早期的司法实践中,最高人民法院即通过“赵某与尹某惠人身损害赔偿案”的复函(1991 民他字第 1 号)对损益相抵的适用问题做出了相关回复。而最高人民法院《关于当前形势下审理民商事合同纠纷案件若干问题的指导意见》第 10 条第 1 句、最高人民法院《买卖合同解释》(2020 年修正)第 23 条则是对违约损害赔偿中的损益相抵规则予以了确认。毋庸置疑的是,损益相抵规则应当作为共通性规则适用于所有的损害赔偿责任。

1. 适用条件

在个案中,如何判断所获利益是否具有减少损害的作用,是有争议的,这有赖判例与学说的发展。适用损益相抵规则,应当满足以下 3 个条件:

第一,受害人获得了财产利益。损益相抵中存在“益”自不必多言,此处强调的是,该利益只能是财产利益而不包括精神利益。财产利益既可以是“财产的增加”即增加的金钱利益,也可以是“损失的避免”即减少的支出或免于承担的成本。[7] 精神利益往往难以客观确定和计算,妄自加入差额假设不符合损害赔偿法对精神损害赔偿一贯谨慎的态度。

第二,所获利益与损害事件之间必须具有相当因果关系。德国法对可扣减利益的判断标

---

〔1〕 参见程啸:《侵权责任法》(第 3 版),法律出版社 2021 年版,第 804 页。

〔2〕 王泽鉴:《损害赔偿》,北京大学出版社 2017 年版,第 316 页。

〔3〕 参见程啸:《侵权责任法》(第 3 版),法律出版社 2021 年版,第 804 页。

〔4〕 参见史尚宽:《债法总论》,中国政法大学出版社 2000 年版,第 310 页。

〔5〕 参见[意]桑德罗·斯奇巴尼选编:《契约之债与准契约之债》,丁玫译,中国政法大学出版社 1998 年版,第 105 ~ 106 页。

〔6〕 参见曾世雄:《损害赔偿法原理》,中国政法大学出版社 2001 年版,第 237 页注 1。

〔7〕 参见程啸:《侵权责任法》(第 3 版),法律出版社 2021 年版,第 781 页。

准曾采“损益同源说”，即以二者是由同一事故而发生为必要，其后改采“相当因果关系说”。但容易被忽略的是，“若无—则不”的条件判断亦是相当因果关系之一部分，也即所获利益与损害事件仍须基于同一原因事实，而非纯粹规范评价。例如，甲驾车撞伤乙、丙兄弟二人，乙受重伤，丙死亡，乙得继承丙之全部财产并非此处可扣减之利益，因为乙的受益与损害并非来自同一根源，不具有因果关系。条件关系之后是相当性的判断，也即判断侵害事件的发生根据社会一般评价是否通常都会导致所获利益的发生，以此排除偶然发生的利益。

第三，利益扣减必须符合该损害赔偿请求权的保护目的。有观点认为，相当性只是判断损害归责的标准，对利益归属的判断则不起作用，关键之处应在于所获利益必须与损害赔偿所要求的保护目的相一致。[1] 例如，第三人自愿对受害人有所赠与以示慰问，所获利益与损害事件之间是否具有相当性存有争议，但因为第三人赠与之目的在于向被害人施惠，而非加利于被害人，此时不宜认为有损益相抵之适用。在德国法上，联邦法院在判例中确认了这一点。[2] 另外，还需要满足的条件是，利益的扣减不得不公平地使加害人减轻责任。

综上所述，在判断利益的可扣减性时，应以相当因果关系为基础，以法律评价为补充，因果关系认定与保护目的探究无疑都应得以贯彻。

2. 具体情形

损益相抵规则的适用难以通过一般性规则一劳永逸，而需要根据不同的情形进行类型分析。以下仅对几种常见的类型进行简单阐述。

(1)保险给付

因第三人给付而获利益的情形涉及保险给付，是损益相抵在实践中最常见的情形。而保险又有社会保险及商业保险、人身保险与财产保险之分，其功能有别，对损益相抵之适用亦可能存在差异。就此问题，共通之判断标准有二，以下分别阐释：

首先应当判断的是，所涉保险类型是否存在保险人之代位权。保险人之代位权以《保险法》第60条第1款为典型：“因第三者对保险标的的损害而造成保险事故的，保险人自向被保险人赔偿保险金之日起，在赔偿金额范围内代位行使被保险人对第三者请求赔偿的权利。”而该条第2款则被认为是立法对保险给付中损益相抵规则的确立：[3]“前款规定的保险事故发生后，被保险人已经从第三者取得损害赔偿的，保险人赔偿保险金时，可以相应扣减被保险人从第三者已取得的赔偿金额。”由此，有观点认为，在保险人有代位权时，即有损益相抵的适用，此种见解不无疑问。实际上，在有代位权的情形，恰恰没有损益相抵适用的空间。第一，多数观点认为，保险代位权的本质是一种法定债权让与，“在保险人赔付保险金后，被保险人对第三人的损害赔偿请求权于保险金额范围内全部或部分地移转至保险人处，且该项权利变动为法律所强制，无须保险人和被保险人之间形成合意”。[4] 此时，加害人虽仅于保险给付范围外继续负赔偿责任，但原因不在于损益相抵，而是在保险给付范围内受害人因为法定债权移转已没有债权。如认为能损益相抵，无疑是让所让与之债权形同空壳，毫无意义。第二，保险代位权

〔1〕 Oliver Brand, Schadensersatzrecht, 3. Aufl., 2021, § 8 Rn. 11.

〔2〕 BGHZ 8, 325(329).

〔3〕 参见程啸：《侵权责任法》(第3版)，法律出版社2021年版，第786页；王利明：《侵权责任法研究·上卷》(第2版)，中国人民大学出版社2017年版，第476页。

〔4〕 温世扬主编：《保险法》(第3版)，法律出版社2016年版，第81页。

的法律关系构造可以通过不真正连带之债进行解读,[1]故而对于《保险法》第60条第2款所规定的受害人已先从加害人处取得了损害赔偿的情形,保险金的扣减实际上是因为损害赔偿之债已被部分清偿了,而并非损益相抵的结果。由此,在保险人存在代位权的时候,不发生损益相抵的问题。

其次应当判断的是,损益相抵的适用是否符合保护目的。在保险人不存在代位权的情形下,损益相抵适用与否并无当然之规则,从而必须对一般适用条件进行检视,尤其是要考虑保护目的以及加害人是否被不公平地减轻了责任。如果利益扣减符合保护目的,那么可以适用损益相抵,反之则不能。例如,受害人投保人身保险,其目的是给自身或遗属提供经济保障,而非减轻加害人之责任,不能损益相抵,对此《保险法》第46条有明文规定。再如,如果加害人出资为受害人提供乘客事故险,其类似责任险,就是为了在发生事故时减轻加害人对其乘客的责任,那么就应当适用损益相抵。

在实务中,颇为常见的有人身损害赔偿中的工伤保险给付以及基本医疗保险给付两种情形。根据《社会保险法》第2条之规定,社会保险之首要目的在于增进赔偿权利人的福利,而非分散赔偿义务人的责任,故社会保险给付原则上不得适用损益相抵,但有填补损害功能的社会保险存有例外。[2] 首先就工伤保险而言,须区分赔偿义务人是用人单位还是用人单位以外的第三人,因为工伤保险不仅是为受害人提供基本的生存保障,亦旨在分散用人单位的工伤风险。[3] 如果用人单位是赔偿义务人,此时并无保险之代位权,且扣减工伤保险给付与损害赔偿之保护目的并不冲突,那么受害人因工伤保险已获赔付的部分,用人单位无须再重复赔偿;工伤保险未能覆盖的部分,用人单位则仍应赔偿。[4] 如果用人单位以外的第三人是赔偿义务人,此时若认为存在保险人之代位权,那么该部分自然不得主张损益相抵。但如果认为《社会保险法》第42条并非代位构造,那么就应比较工伤保险赔偿项目与侵权赔偿项目的性质以及填补的是否为同一损害。填补同一损害,亦即功能与性质相同的,赔偿义务人得主张损益相抵,如医疗费、住院伙食补助费、生活护理费、交通食宿费、残疾器具辅助费、伤残补助金、丧葬补助金以及一次性工亡补助金等。伤病期间照旧获得的工资福利亦可主张。性质功能不同的项目则不得主张损益相抵,如工伤保险待遇中的伤残津贴、供养亲属抚恤金。此外,二者独有的项目不存在重复赔偿问题,亦无损益相抵的适用。[5] 基本医疗保险的判断亦大致如此。

我国立法在保险给付中对类似代位权的规定主要有:基本医疗保险基金先行给付后对第三人的追偿(《社会保险法》第30条第2款)、工伤保险基金先行给付后对第三人追偿(《社会保险法》第42条)、用人单位未依法缴纳工伤保险费的情况下,工伤保险基金先行给付后对用人单位追偿(《社会保险法》第41条)、财产保险中保险人对第三人的追偿(《保险法》第60条)。但必须注意的是,社会保险下的追偿多是"先行支付"后的追偿,并非标准的保险法之代位关系。例如,"应当由第三人负担的"医疗费用并不在基本医疗保险范围之内(《社会保险法》

---

〔1〕 参见温世扬主编:《保险法》(第3版),法律出版社2016年版,第81页。
〔2〕 参见程啸:《侵权责任法》(第3版),法律出版社2021年版,第783页以下。
〔3〕 参见程啸:《侵权责任法》(第3版),法律出版社2021年版,第472页。
〔4〕 参见程啸:《侵权责任法》(第3版),法律出版社2021年版,第474页。
〔5〕 参见程啸:《侵权责任法》(第3版),法律出版社2021年版,第478~479页。

第30条第1款第2项),基本医疗保险基金只是在“第三人不支付或者无法确定第三人”的情况下先行垫付。此时三方利益状态如何,值得研究。

(2)受害人因自己行为而获利

受害人履行减损义务所获得的利益是否应当扣减,存有争议。有观点认为,所获利益属于其减损义务范围内的,应予扣减;若超出减损义务范围,应归其终局取得,不得扣减。[1] 反对观点认为,即使是在减损义务范围内所获得的利益亦不得扣减,否则,一方面不利于鼓励受害人及时采取合理措施减轻损害,另一方面不当减轻了加害人之赔偿责任。[2] 这两点反对理由并不成立,因为受害人若不履行减损义务必将自受不利,其仍会积极防止损失的扩大,且加害人须负担受害人因防止损失扩大而支出的合理费用,并不会不当减轻加害人之赔偿责任。

就此问题存在观点差异,疑难之处或许在于对“减损义务范围”的界定。如车辆受损,该车司机租他车营业以弥补汽车修复期间的营业损失,其中自行租车是否减损义务之要求,未履行便要自行承担营业损失之不利,不无疑问。在引导案例2中,主流学说认为,在汽车修复期间,租用他车营业的收入或是在他处服劳务所取得的利益,都属于减少损害义务的范围,应予扣除。[3] 倘若司机赋闲在家,没有采取适当措施及时弥补营业损失,那么对于营业损失扩大的部分,司机不得请求赔偿。

(3)费用节省

如果受害人节省了与损害事件有内在联系的费用,则需要通过损益相抵的方式加以扣减。例如,房屋买卖中买受人因出卖人违约而无法正常取得房屋之所有权,在替代履行的损害赔偿中违约方或可节省一笔登记费用和转让税款;再如,受害人之汽车被他人毁损,租用替代汽车的同时亦可节省自己汽车在修理期间内可能发生的损耗费用。这一点在《合同编通则解释》第60条第1款有明确体现,在计算违约损害赔偿的可得利益损失时,必须扣除非违约方为订立、履行合同支出的费用等合理成本,以防止发生重复赔偿。

---

〔1〕 参见王泽鉴:《损害赔偿》,北京大学出版社2017年版,第298页。

〔2〕 参见王利明:《违约责任论》(修订版),中国政法大学出版社2003年版,第558页;韩世远:《违约损害赔偿研究》,法律出版社1999年版,第399页。

〔3〕 参见王泽鉴:《损害赔偿》,北京大学出版社2017年版,第298页;陈聪富:《侵权行为法原理》(修订2版),台北,元照出版有限公司2018年版,第539页。

知识结构

- 损害赔偿的一般原理
  - 损害的概念
    - 自然损害概念→差额假设：应有状态—现有状态
    - 规范损害概念：个案判断
  - 损害的分类
    - 财产上损害与非财产上损害：后者只有在法律明文规定的情况下才能主张金钱赔偿
    - 直接损害与间接损害：①假设因果关系；②过失的认定
    - 所受损害与所失利益：①举证责任；②计算标准
    - 履行利益与信赖利益：在合同领域区分尤具意义
  - 损害赔偿法的原则
    - 完全赔偿原则
    - 得利禁止原则
  - 损害赔偿法的规则
    - 过错相抵
      - 适用条件：①过错行为；②过错；③因果关系
      - 具体适用：①法律直接规定；②第三人与有过错；③挑衅互殴；④机动车行驶
    - 损益相抵
      - 适用条件：①获得利益；②因果关系；③保护目的
      - 具体适用：①保险给付；②自己行为；③费用节省

第二节　物的损害赔偿

引导案例

某日，无机动车驾驶资格的乙故意驾驶机动车向正常行驶的甲车撞去，致使甲车受损。而依据《机动车交通事故责任强制保险条例》第22条的规定，因驾驶人未取得驾驶资格，发生道路交通事故造成受害人的财产损失，保险公司不承担赔偿责任。试问，此时乙需就甲的下列哪些财产损失进行赔偿？

(1)若甲车轮胎因此受损，则就此项财产损失甲得请求乙以哪几种方式进行赔偿？

(2)若乙采取为甲车更换新轮胎之赔偿方式，致使甲车使用年限增加，乙得否请求扣除相应增值？

(3)若甲车漆面因此事故受损，但因技术限制经过重新喷漆后仍无法还原本色，甲此时就漆面是否仍受有损失？乙是否需予赔偿？

(4)若甲车因此次事故之原因，尽管其系刚购买1个月之新车，但在市场上仍被认为系“事故车”，从而价格有所降低，则就此价值贬损乙是否需予赔偿？

(5)若甲车的维修时间为1个月，甲在此1个月期间选择租赁另一辆同类等值汽车用于上下班，就此支出的租赁费用乙是否需予赔偿？

一、财产损害赔偿的含义

《民法典》侵权责任编“财产损失”一语可见诸第1182条与第1184条。前者语境下的“财产损失”系指向侵害他人人身权益所造成的财产损失，后者语境下的“财产损失”则指向侵害他人财产所造成的财产损失。由此可见，我国侵权法立法上所谓“财产损失”实则应等同学理上的“财产上损害”(Vermögensschaden)这一概念。相应地，财产损害赔偿，即为加害人于侵害他人权益造成财产损失时，就此财产损失所应承担的损害赔偿责任，不仅包括就侵害他人财产所造成之财产损失所应承担的损害赔偿责任，还包括就侵害他人人身权益所造成之财产损失所应承担的损害赔偿责任。故而于概念上需特别注意，财产损害赔偿不等同侵害财产所生之损害赔偿责任，其尚包括人身损害赔偿。后者典型如受害人因身体受损所支出之医疗费用，此亦涉及财产损害赔偿。[1]

本节主要讨论加害人因侵害他人财产造成财产损失时所应承担的损害赔偿责任，不包含人身损害赔偿责任，盖因人身损害赔偿存在诸多特有问题，故而本书选择于财产损害赔偿外将其单列一节以便说明。

二、物之损害赔偿

(一)概念

财产损害赔偿中之财产权益，包括财产权利与财产利益，前者如《民法典》总则编“民事权利”一章所列举的物权、债权、知识产权中的财产权、继承权、股权和其他投资性权利等，后者则涉及纯粹经济损失、商业秘密、占有等。[2] 其中，部分财产权益如知识产权中的财产权、股权等有其独特之侵权形式及损害赔偿承担与计算方式，而债权、纯粹经济损失等财产权益的赔偿在我国法下又为重大疑难问题，故而本节限定以物之损害赔偿为主要说明对象，展开相关问题之探讨。

物之损害赔偿，系指加害人因侵害他人之物造成财产损失时所应承担的损害赔偿责任。而就损害赔偿方法而言，其可分为恢复原状与金钱赔偿二者。[3] 物之损害赔偿亦主要体现为恢复原状与金钱赔偿两种赔偿方式，故而下文主要对物之损害赔偿中恢复原状、金钱赔偿的具体情形加以说明，并就以新换旧、技术性贬值与商业性贬值、物的使用可能性丧失等特殊问题展开具体介绍。此外，需要说明的是，这些特殊问题并非独立于恢复原状、金钱赔偿两种损害赔偿承担方式，如以新换旧系发生于恢复原状场合，技术性贬值与商业性贬值属于金钱赔偿的特殊情形，物的使用可能性丧失这一损害则既可采用金钱赔偿，亦可采用恢复原状之方式予以填补(见图28-2)。

---

[1] 参见欧洲侵权法小组编著：《欧洲侵权法原则：文本与评注》，于敏、谢鸿飞译，法律出版社2009年版，第222页。

[2] 参见程啸：《侵权责任法》(第3版)，法律出版社2021年版，第844~845页。

[3] 参见史尚宽：《债法总论》，中国政法大学出版社2000年版，第295页。

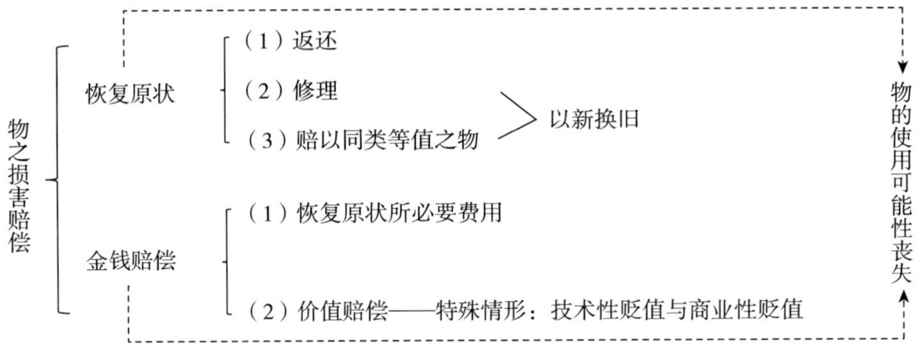

图 28－2　物之损害赔偿的基本结构

(二)物之损害的恢复原状

恢复原状,系指恢复受害人之固有利益于如同损害没有发生时应有之状态。[1] 在物之损害赔偿场合,恢复原状具体可体现为:(1)返还;(2)修复;(3)赔以同类等值之物。

1. 返还

在不法侵占他人之物而构成侵权行为时,受害人得请求返还物之占有,以恢复原状。[2] 物归属于所有权人,剥夺物之占有即为对物之损害,因为其剥夺了物之占有人得享有之利益,而通过返还占有这一恢复原状方式则得以将利益状况恢复如初。[3] 此处之侵占系指侵权人仍完好无损地占有被侵害物之情形,若该物已毁灭或被无权处分而为第三人所善意取得,则此时物之占有已无从返还。[4] 此外,需注意的是,此处所谓"返还"与《民法典》第 235 条、第 462 条所谓"返还"不可等同,后二者系属物上请求权之效果,而此处所谓"返还"则为恢复原状之具体表现形式。

2. 修复

于物受损时,受害人得请求修复其物,以恢复原状。物之受损可通过减损物之使用性能与物之价值造成。[5]

3. 赔以同类等值之物

于物灭失时,若该物系属可替代物,则受害人得请求赔以同类等值之物,以恢复原状,若该物系属不可替代物,则仅得以金钱赔偿之方式填补损害。[6] 可替代物之情形如甲出于过失致使乙之手表灭失时,乙得请求甲赔以同类型之二手手表。不可替代物之情形则如甲故意杀害乙所饲养之小狗,乙此时仅得请求甲进行金钱赔偿。

---

〔1〕 参见朱岩:《什么是恢复原状?——兼评中国大陆侵权责任承担方式》,载《月旦民商法杂志》2009 年第 26 期。

〔2〕 参见王泽鉴:《损害赔偿》,北京大学出版社 2017 年版,第 174 页;陈聪富:《侵权行为法原理》(修订 2 版),台北,元照出版有限公司 2018 年版,第 426 页。

〔3〕 参见[德]埃尔温·多伊奇、[德]汉斯－于尔根·阿伦斯:《德国侵权法:侵权行为、损害赔偿及痛苦抚慰金》(第 6 版),叶名怡、温大军译,中国人民大学出版社 2022 年版,第 229 页。

〔4〕 参见徐银波:《侵权损害赔偿论》,中国法制出版社 2014 年版,第 136 页。

〔5〕 参见[德]埃尔温·多伊奇、[德]汉斯－于尔根·阿伦斯:《德国侵权法:侵权行为、损害赔偿及痛苦抚慰金》(第 6 版),叶名怡、温大军译,中国人民大学出版社 2022 年版,第 228 页。

〔6〕 参见王泽鉴:《损害赔偿》,北京大学出版社 2017 年版,第 174～175 页;陈聪富:《侵权行为法原理》(修订 2 版),台北,元照出版有限公司 2018 年版,第 426 页。

(三)物之损害的金钱赔偿

金钱赔偿,系指以给付金钱之方式填补受害人所受之财产损失,在财产损害赔偿场合包括请求赔偿恢复原状所必要费用及价值赔偿两种情形。[1] 前者旨在维护受害人之完整利益,通过使受害人得请求恢复原状所必要费用以代替恢复原状,其适用于物之受损场合,而不适用于物之灭失场合。[2] 故而就该实现目的而言,赔偿恢复原状所必要费用虽形式上表现为金钱之支付,但究其实质,其仍应为恢复原状之表现形式。[3] 价值赔偿之适用场合则主要包括当事人约定或法律特别规定采取金钱赔偿之场合,以及恢复原状不能与恢复原状虽非不能但修理费用不合理地高于价值减损之情形,此种修理费用过大之损害亦被称为经济性全部损害(wirtschaftlicher Totalschaden)。[4]

所谓恢复原状不能,具体包括法律不能及事实不能、自始不能及嗣后不能。例如,机动车已被烧毁殆尽,此时只得采取金钱赔偿之方式以填补损害。至于经济性全部损害场合究竟何谓修理费用不合理地高于价值减损,则难以作简单回答,比较法上在车辆损毁情形系以30%作为指导基准,但也仅为一个大致的比例。[5]

在前述引导案例第1问中,就甲车轮胎受损这一财产损失,甲既可请求乙采取恢复原状的方式,亦可请求采取金钱赔偿的方式进行赔偿。若甲请求以恢复原状的方式进行赔偿,则其主要体现为修复或替换新的轮胎;若甲请求以金钱赔偿的方式进行赔偿,则其主要体现为赔偿恢复原状的必要费用或予以价值赔偿。

(四)以新换旧

在"以新换旧"(Alt für neu)情形下,受害人可能因加害人之恢复原状反而受有额外利益,基于禁止得利原则,此新增之利益应予扣除。[6] 例如,甲不慎烧毁乙之旧书,赔以新书,由于乙所受损害仅为旧书之价值而已,故而其获得新书受有额外利益,基于禁止得利原则,此时乙需返还相应差额。

1. 以新换旧与损益相抵

以新换旧与损益相抵均系基于禁止得利原则,但对二者间之关系学者存在不同认识。有观点认为,以新换旧系属损益相抵之具体适用情形。[7] 相反观点则认为,以新换旧与损益相抵乃属不同之问题,盖因以新换旧场合所新增之利益系因损害赔偿方法(恢复原状)所致,与损害行为无直接之因果关系。[8] 笔者赞同后者,因自损益相抵之"同源说"出发,所扣除之利益若非因侵权行为所生之利益,则不可相抵,亦即损益相抵的适用需受害人系基于与受损害之同

---

[1] 参见李承亮:《恢复原状费用赔偿的性质》,载《武汉大学学报(哲学社会科学版)》2019年第4期。

[2] 参见王泽鉴:《损害赔偿》,北京大学出版社2017年版,第175页。

[3] 参见徐银波:《侵权损害赔偿论》,中国法制出版社2014年版,第131页。

[4] 参见程啸:《侵权责任法》(第3版),法律出版社2021年版,第848页。

[5] 参见欧洲民法典研究组、欧盟现行私法研究组编著,[德]克里斯蒂安·冯·巴尔、[英]埃里克·克里夫主编:《欧洲私法的原则、定义与示范规则:欧洲示范民法典草案》(全译本)(第5~7卷),王文胜等译,法律出版社2014年版,第714页。

[6] 参见王泽鉴:《损害赔偿》,北京大学出版社2017年版,第178页;陈聪富:《侵权行为法原理》(修订2版),台北,元照出版有限公司2018年版,第435页。

[7] 参见程啸:《侵权责任法》(第3版),法律出版社2021年版,第791页。

[8] 参见康雷闪:《侵权损害赔偿中"以新换旧"问题研究——从"能否扣减"之争论到"有否获利"之考量》,载《湖北警官学院学报》2013年第3期;王泽鉴:《损害赔偿》,北京大学出版社2017年版,第179页。

一赔偿原因而受有利益。[1] 当然，上述争论可能仅具理论意义，因只要得肯定以新换旧场合新增之利益应予扣除，则其是否属于损益相抵之适用对象于结果而言并无区别。

2. 所受利益之扣除

于以新换旧场合，得扣除之利益系物因以新换旧而增加之利益，若未因此而增加物之整体价值，则不生利益扣除之问题。[2] 例如，甲将乙车送去修理，虽替换了新的零件，但乙车并未因此而增加使用年限或市场价值，则此时乙并未因以新换旧而受有利益。而在前述引导案例第2问中，甲车由于更换新轮胎而导致使用年限增加，机动车之整体价值因此增加，基于禁止得利原则乙得请求扣除相应新增利益。

于具体个案中，受害人是否因以新换旧而受有新增利益需由法院综合各种因素裁量决定，如在“姜某芳、刘某国与徐某福、陈某财产损害赔偿纠纷案”中，法院即认为：“空调、防盗门损失费，根据鉴定意见，购新费用为6864.49元，鉴于火灾前属旧物，故本院考虑以新换旧的溢出利益归原告所有的前提下，酌情按6864.49元的70%折价赔偿，确定空调外机、防盗门损失费为4805.14元。”[3] 此外，受害人是否受有利益亦需斟酌受害人个人情事而定，如甲撞坏乙之围墙，甲予以修建，但乙原有拆除围墙不再使用之计划时，应肯定乙此时为受有应予扣除之新增利益。[4]

（五）技术性贬值与商业性贬值

技术性贬值（technische Mindwert），系指因现有技术之限制，加害人即使已将被毁损之物加以修理仍无法完全恢复原状，客观上仍留有可得认定之瑕疵，致使物之价值与被毁损之前仍存有差别，亦即此时仍存在价值贬损。[5] 例如，甲出于过失将咖啡泼洒于乙之风衣上，经过干洗后仍无法完全消除污渍，致使该风衣价值贬损。在技术性贬值情况下，由于修复难以完全恢复原状，受害人仍受有损害，加害人自应就未恢复之价值贬损加以赔偿，故而其可赔偿性无论在学理上抑或司法实践中均予以肯定。[6] 因此，引导案例第3问中在甲车漆面因技术限制经过重新喷漆后仍无法还原本色的情况下，甲此时仍受有技术性贬值损失，得请求乙就此损失予以金钱赔偿。

商业性贬值（merkantile Minderwert），亦称交易性贬值，系指被毁损之物虽然在性能上或技术状态上完全修复，但在价值评估时，仍较事故发生前的情形有所减低。[7] 交易性贬值的发生是因为交易相对人对毁损之物常顾虑其后会出现与损害事故相关联的瑕疵，导致影响其物

---

〔1〕 参见史尚宽：《债法总论》，中国政法大学出版社2000年版，第310页；徐银波：《侵权损害赔偿论》，中国法制出版社2014年版，第229页。

〔2〕 参见王泽鉴：《损害赔偿》，北京大学出版社2017年版，第179页。

〔3〕 上海市浦东新区人民法院（2016）沪0115民初23825号民事判决书。

〔4〕 参见王泽鉴：《损害赔偿》，北京大学出版社2017年版，第179页。

〔5〕 参见徐银波：《侵权损害赔偿论》，中国法制出版社2014年版，第147页；王泽鉴：《损害赔偿》，北京大学出版社2017年版，第180页；陈聪富：《侵权行为法原理》（修订2版），台北，元照出版有限公司2018年版，第434页；程啸：《侵权责任法》（第3版），法律出版社2021年版，第846页。

〔6〕 参见徐银波：《侵权损害赔偿论》，中国法制出版社2014年版，第147页；王泽鉴：《损害赔偿》，北京大学出版社2017年版，第180页；程啸：《侵权责任法》（第3版），法律出版社2021年版，第846页；徐建刚：《论汽车贬值损失的损害赔偿》，载《清华法学》2017年第4期。

〔7〕 参见徐建刚：《论汽车贬值损失的损害赔偿》，载《清华法学》2017年第4期。

在市场上的价值。[1] 此种商业性贬值最常出现于机动车交通事故纠纷，亦为我国司法实践中涉及机动车交通事故案件时争议最大的赔偿项目，故而下文即以机动车为例说明商业性贬值的相关问题。

1. 商业性贬值的可赔偿性问题

最高人民法院《道路交通事故损害赔偿解释》第12条以列举之方式规定了数项道路交通事故场合之财产损失，但机动车之商业性贬值损失却付之阙如。最高人民法院于2016年《关于"关于交通事故车辆贬值损失赔偿问题的建议"的答复》（以下简称《交通事故车辆贬值赔偿答复》）中指出缘由：(1)可赔偿性存在争议，如以旧换新等场合将导致损益相抵的问题；(2)赔偿不利于社会经济发展；(3)鉴定市场不规范，贬值损失难以确定；(4)不予规定利于减少纠纷，仅在少数特殊、极端情形下可予以赔偿，原则上不予支持。

《交通事故车辆贬值赔偿答复》的上述观点显然不能成立，盖因后3项理由纯粹系出于政策考量，不具说服力，而第一项理由又将以新换旧与商业性贬值两个相互独立的问题混为一谈，显不足采，故而学者多对最高人民法院的此种立场加以批评。[2] 此外，何谓"少数特殊、极端情形"，《交通事故车辆贬值赔偿答复》中亦未予以指明。当前司法实践中常见的此种"特殊情形"主要为受侵害机动车为新车之场合，此新车包括已售出之新车，[3] 也包括待交易之新车。[4]

综上，笔者不赞同最高人民法院于《交通事故车辆贬值赔偿答复》中所持之立场，并认为商业性贬值应作为一项独立的损害予以赔偿，理由如下：

第一，商业性贬值之赔偿不以法律明文规定为前提。在实践中，在机动车交通事故案件中秉持上述《交通事故车辆贬值赔偿答复》之精神，以非属"特殊情形"并且法律未明文规定为由否定商业性贬值赔偿之判决不在少数。[5] 但商业性贬值系在被毁损之物完全修复后仍存在之价值贬损，故而其非属精神损害，自无须以法律特别规定为前提方得赔偿。[6] 因此，以法律未明文规定为由否定其可赔偿性，正当性值得商榷。

第二，商业性贬值属于可赔偿之损害类型。商业性贬值虽因心理性因素而发生，但是并非纯粹主观性的心理评价，而系具有客观的财产属性，构成受害人的客观财产损害。[7] 并且，在以差额状态为基础的统一损害概念下，商业性贬值借助此统一的状态差额概念亦可解释为可赔偿的损害类型。[8]

综上，我国法下商业性贬值之可赔偿性在解释论上应予以肯定，且此亦为比较法上之通

---

[1] 参见王泽鉴：《损害赔偿》，北京大学出版社2017年版，第182页。

[2] 参见徐建刚：《论汽车贬值损失的损害赔偿》，载《清华法学》2017年第4期；刘经靖：《车辆贬值损失之损害赔偿》，载《当代法学》2019年第6期。

[3] 参见陕西省延安市中级人民法院(2023)陕06民终128号民事判决书；湖北省荆门市中级人民法院(2023)鄂08民终458号民事判决书；湖南省岳阳市中级人民法院(2023)湘06民终1997号民事判决书。

[4] 参见湖南省郴州市中级人民法院(2022)湘10民终3052号民事判决书；江苏省无锡市中级人民法院(2023)苏02民终2696号民事判决书；江苏省泰州市中级人民法院(2023)苏12民终1238号民事判决书。

[5] 参见青海省高级人民法院(2022)青民申674号民事裁定书；山东省日照市中级人民法院(2023)鲁11民终966号民事判决书；陕西省咸阳市中级人民法院(2023)陕04民终1310号民事判决书。

[6] 参见徐建刚：《论汽车贬值损失的损害赔偿》，载《清华法学》2017年第4期。

[7] 参见徐建刚：《论汽车贬值损失的损害赔偿》，载《清华法学》2017年第4期。

[8] 有关以状态差额为基础之统一损害概念，参见李昊：《损害概念的变迁及类型建构——以民法典侵权责任编的编纂为视角》，载《法学》2019年第2期。

例。[1] 因此,前述引导案例第4问中,甲车因事故之原因在市场上被认为系"事故车",价格因此有所降低,甲得请求乙就此"商业性贬值损失"予以金钱赔偿,且由于甲车为刚购买1个月之新车,故而其赔偿在我国司法实践中亦可得到承认。此外,虽可在解释论上对商业性贬值之可赔偿性加以证成,但更好的方案应是将商业性贬值损失之可赔偿性予以成文化,以更好地保护受害人之利益。

2. 商业性贬值的赔偿考量因素

在应然层面上,肯定商业性贬值损失之可赔偿性后,尚有几项在具体个案中可能影响商业性贬值损失赔偿之考量因素需予说明,包括:第一,是否需以出售其物为赔偿前提?第二,是否需以存在相关交易市场为赔偿前提?第三,事故大小、购买年限及行驶里程等因素对商业性贬值之赔偿有何影响?

(1)不以出售其物为赔偿前提。因若要求受害人需出售其物方得请求赔偿商业性贬值损失,则无异于强迫受害人在出售其物并得主张商业性贬值损失赔偿与保有其物但不得主张商业性贬值损失赔偿间加以选择,就受害人之保护而言如此做法有失周全。[2] 更合适的做法应为尊重受害人之意愿,由其自主决定是否出售其物。[3] 因此,商业性贬值损失之赔偿无须以出售其物为前提。此外,在实际出售场合,若价格偏低,无过失之受害人仍可求偿,以填补损害;若价格偏高且非基于受害人之特别议价能力所致,则加害人得请求受害人返还多得之价款,以免其受有不当得利。[4]

(2)需以存在相关交易市场为赔偿前提。对此,学界有观点指出:"贬值损失的发生,源于交易市场对事故车市场价值的消极评价,因此须以存在相关交易市场为前提。有轨电车、消防车、救护车等特种车辆发生损毁情形时,由于通常不存在相关二手车交易市场,即难以认定存在贬值损失。"[5]但亦有相反观点主张,由于无论是否存在相关交易市场,商业性贬值都是客观存在的,故而在不存在相关交易市场的情况下仍应予以赔偿。[6] 笔者赞同前者,因商业性贬值系由市场上交易相关人之消极心理评价所致,在不存在相关市场的情况下,亦难谓交易相关人之存在,更遑论其消极心理评价之存在,从而此时商业性贬值实际上无从产生。

(3)在事故轻微、购买年限较久、行驶里程较高时可否定商业性贬值损失之存在。首先,在事故轻微时,体现为可以完全修复受损机动车且不会带来任何潜在后果之情况下,可以认为此时不存在商业性贬值损失。[7] 换言之,仅当事故给机动车带来严重损害时,方可认为存在商业性贬值损失。[8] 如机动车发生剐蹭,致使汽车漆面受损,此时重新喷漆即可,不会因此产生商业性贬值损失。至于何谓"轻微事故",则有赖个案中依交易观念加以判断。对此,有学者主张可借鉴比较法上之经验,在受损零件易替换、修理费不超过汽车重置价格10%的情况下,可

[1] 参见[德]U. 马格努斯主编:《侵权法的统一——损害与损害赔偿》,谢鸿飞译,法律出版社2009年版,第313页。
[2] 参见王泽鉴:《损害赔偿》,北京大学出版社2017年版,第183页。
[3] 参见陈聪富:《侵权行为法原理》(修订2版),台北,元照出版有限公司2018年版,第435页。
[4] 参见张红:《交易性贬值损失之赔偿》,载《中国法学》2021年第1期。
[5] 徐建刚:《论汽车贬值损失的损害赔偿》,载《清华法学》2017年第4期。
[6] 参见张红:《交易性贬值损失之赔偿》,载《中国法学》2021年第1期。
[7] 参见徐建刚:《论汽车贬值损失的损害赔偿》,载《清华法学》2017年第4期。
[8] 参见王林清、杨心忠:《交通事故责任纠纷裁判精要与适用规则》,北京大学出版社2016年版,第110页。

认为系轻微事故。[1] 此项见解可资参考。其次,在机动车购买年限较久、行驶里程较高的情况下,对于汽车本身损耗之考虑可能超出对事故所致瑕疵风险之考量,故而于斯情形下得否定商业性贬值损失之存在,如德国司法实践中即以购买年限超过 5 年或行驶里程超过 10 万公里为据否定商业性贬值损失之存在。[2] 在我国法下亦有观点主张宜参考《企业所得税法实施条例》第 60 条第 4 项,将支持商业性贬值损失之年限定为 4 年。[3] 唯需注意,上述数字或比例绝非确定商业性贬值损失实际存在与否之决定性标准,仅可作为参考依据适用,商业性贬值损失存在与否仍有赖个案中综合各项因素加以判断。[4]

3. 商业性贬值的计算

在受害人将受损机动车实际出售的场合,可依据实际出售价格与事故发生前机动车之市场价格间之差额确定商业性贬值损失,此为具体计算之结果。[5] 而在未实际出售受损机动车之场合,亦即需进行抽象计算时,比较法上多于实践中形成了计算公式并借此确定损失赔偿数额,如德国的 Ruhkopf/Sahm 算法、美国的 17(C)公式等,但相关算法实则在其本土亦饱受批评,至今未有一项得统一适用的算法出现。[6] 我国当前则尚未出现一项固定的计算方法,法院多系参考多项因素后对贬值损失加以确定。如在实践中有判决指出,商业性贬值损失之确定需"综合考量案涉车辆的实际受损情况、维修情况、购买时间、行驶里程等因素"。[7] 亦有法院在"综合考虑车辆的购买时间、评估机构的评估结果、实际修理情况等多重因素"后,采纳了评估机构所确定的贬值损失数额,其评估结果为"经过对二手车市场调查,高档事故车的贬值率一般为该车现值(不含购置税等)的 10% ~15%,根据谨慎原则和估价经验,本次估价时贬值率(10% ~15%)确定为 15%"。[8]

(六)物的使用可能性丧失

所谓物的使用可能性丧失,是指物因遭受破坏而无法使用,物的使用人既未支出租用替代物的费用,亦未丧失预期营业利润,而仅仅丧失了在修理或重置期间对物进行使用的可能性。此外,亦有论者区分物之抽象使用利益丧失与物之具体使用利益丧失,前者相当于本书所谓物的使用可能性丧失,后者则涵盖前者以外的其他情形。[9]

1. 物的使用可能性丧失之可赔偿性

物之使用可能性丧失为财产损害与非财产损害区分之边缘问题,其定性问题争议极大。盖因在物的使用可能性丧失的情形下,如果仅根据"差额假说"进行计算,则只有对物的本体进行修复的修理费构成差额计算上的损失,使用利益的丧失因不存在差额不构成损害。而若将

---

〔1〕 参见徐建刚:《论汽车贬值损失的损害赔偿》,载《清华法学》2017 年第 4 期。

〔2〕 参见徐建刚:《论汽车贬值损失的损害赔偿》,载《清华法学》2017 年第 4 期。

〔3〕 参见刘经靖:《车辆贬值损失之损害赔偿》,载《当代法学》2019 年第 6 期。

〔4〕 参见徐建刚:《论汽车贬值损失的损害赔偿》,载《清华法学》2017 年第 4 期;刘经靖:《车辆贬值损失之损害赔偿》,载《当代法学》2019 年第 6 期;张红:《交易性贬值损失之赔偿》,载《中国法学》2021 年第 1 期。

〔5〕 参见徐建刚:《论汽车贬值损失的损害赔偿》,载《清华法学》2017 年第 4 期。

〔6〕 相关计算公式的介绍,参见张平华:《车辆贬值损失赔偿的法律基础》,载《法学论坛》2019 年第 5 期。

〔7〕 北京市第二中级人民法院(2023)京 02 民终 7046 号民事判决书。

〔8〕 湖南省岳阳市中级人民法院(2023)湘 06 民终 1997 号民事判决书。

〔9〕 参见林志强:《论物之使用利益丧失的侵权损害赔偿》,载《南大法学》2023 年第 5 期。

其定性为非财产损害，则在非财产损害赔偿限定主义之下，其显然难获得赔偿。[1] 我国当前司法实践采取否定使用可能性丧失得请求赔偿之立场即与上述“差额假说”之判断存在关联。[2] 如《道路交通事故损害赔偿解释》第12条第3项与第4项即规定，下列财产损失可以得到赔偿：“（三）依法从事货物运输、旅客运输等经营性活动的车辆，因无法从事相应经营活动所产生的合理停运损失；（四）非经营性车辆因无法继续使用，所产生的通常替代性交通工具的合理费用。”但其中未见物之使用可能性丧失之规定，且依据《道路交通事故损害赔偿解释》第12条第4项规定，只有实际支出替代费用场合才可以得到赔偿，亦即此时其实际上系将支出之替代费用理解为一项财产损失，而非物之使用可能性丧失本身。因此，在司法实践中多有法院仅在受害人证明实际存在替代费用时，方对其赔偿请求予以支持。[3] 然而，以受害人未实际支出替代费用为由否定损害之存在，可能会导致荒谬之结果，亦即受害人可能出于资金考虑而不愿实际支出替代费用，最终导致丧失损害赔偿请求权，而加害人或保险人亦无动力实际恢复原状，反而愿意坐视修理期间之经过以逃避责任。[4]

就比较法之见解而言，德国法上产生了两种理论以规避上述因定性为非财产损害所造成之赔偿困境，包括费用目的落空理论与商业化理论，后者又与客观损害之概念有关。其中，费用目的落空理论由于存在使用可能性赔偿被过度夸大之风险以及混淆了“费用”与“损害”两个概念等问题，故而在德国也并未得到强有力的支持。[5] 我国学者主要支持的亦为商业化理论，[6] 故而下文主要对后者具体加以介绍。

商业化理论之功能主要在于将特定损失解释为具有财产性质，即“只要一件普通物品在流通中以某种方式被商品化了，也就是说能用相应的财产投入换取，那么对这件物品的损害就体现为有形损害”。[7] 通过商业化理论，并基于客观损害之思想，即可将物的使用可能性丧失定性为财产损害，理由在于使用可能性本身具有独立之财产价值，如租赁即为市场上获取物之使用的典型，具备“商业化”之可能。[8] 由此，使用可能性即可作为一项财产损害获得赔偿，但也因此可能导致赔偿范围过宽，从而需对其有所限定。[9] 具体而言，德国裁判实务中提出了如下4项限制要素：（1）物本身受到损害；（2）标的物为重要生活物品；（3）受害人对标的物有使用意愿及使用可能；（4）存在相关交易市场。[10] 但是，此4项限制要素也并非无可非议，如第（2）项限制要素即殊值怀疑，何以受害人的“非重要生活物品”即不值得保护？况且，何为“重

---

〔1〕 将物之使用可能性丧失定性为非财产损害的观点，参见王泽鉴：《损害赔偿》，北京大学出版社2017年版，第185页。

〔2〕 参见徐建刚：《〈民法典〉背景下损害概念渊流论》，载《财经法学》2021年第2期。

〔3〕 以未证明实际支出替代费用为由不予支持赔偿请求的判决，参见甘肃省甘南藏族自治州中级人民法院（2021）甘30民终289号民事判决书；辽宁省盘锦市中级人民法院（2023）辽11民终227号民事判决书。

〔4〕 参见林志强：《论物之使用利益丧失的侵权损害赔偿》，载《南大法学》2023年第5期。

〔5〕 参见徐建刚：《论使用可能性丧失的损害赔偿》，载《法商研究》2018年第2期。

〔6〕 参见曾世雄：《损害赔偿法原理》，中国政法大学出版社2001年版，第144～145页；徐建刚：《论使用可能性丧失的损害赔偿》，载《法商研究》2018年第2期。

〔7〕 ［德］格哈德·瓦格纳：《损害赔偿法的未来——商业化、惩罚性赔偿、集体性损害》，王程芳译，中国法制出版社2012年版，第35页。

〔8〕 参见徐建刚：《论使用可能性丧失的损害赔偿》，载《法商研究》2018年第2期。

〔9〕 参见徐建刚：《论使用可能性丧失的损害赔偿》，载《法商研究》2018年第2期。

〔10〕 参见徐建刚：《论使用可能性丧失的损害赔偿》，载《法商研究》2018年第2期。

要生活物品”之判断标准实则亦不明确。[1]

与上述观点相对，我国尚有观点认为，由于商业化理论将对现有体系造成剧烈冲击，故而该理论实不足采，并进而主张在以“差额假设”确定的“状态差”损害概念下物的使用可能性丧失实属非财产损害，且由于我国法下非财产损害之金钱赔偿并未明文采取限定主义，加之其认为在解释上亦不宜采限定主义，从而物的使用可能性丧失作为非财产损害亦得适用金钱赔偿予以填补。[2] 此项论证路径可资参考。其最终处理结果与法国法相类似，因法国法上之损害赔偿所欲填补之损害系指一切之损害，故而物之使用可能性丧失作为非财产损害在法国法下获得赔偿系属常见且少有争论。[3] 对此，笔者认为，非财产损害仍宜以法律明文规定作为赔偿前提，因此相较而言商业化理论应更值赞同。此外，一如商业性贬值，物的使用可能性丧失虽得解释为可赔偿的损害类型，但更好的方案亦是将其成文化。如《欧洲侵权法原则》第10:203条第2款即规定：“物的使用价值丧失包括交易损失等间接损失，也可请求损害赔偿金。”[4]

2. 物的使用可能性丧失之赔偿

（1）恢复原状

在物的使用可能性丧失场合亦存在适用恢复原状之空间，受害人于损害发生时得请求加害人提供同类等值之替代物或恢复原状费用，确保在维修期间得对替代物加以使用，但若受侵害之标的物为不可替代物或者维修期间经过，则此时构成恢复原状不能，只得请求金钱赔偿。[5] 而若受害人系在维修期间请求恢复原状，则此时构成部分恢复原状不能，在主张时点前的物之使用利益丧失由于期间已然经过，故而构成恢复原状不能，主张时点后的物之使用利益丧失则尚得恢复原状。[6]

（2）金钱赔偿

在实际产生替代费用场合，受害人得依《道路交通事故损害赔偿解释》第12条第4项之规定请求赔偿此实际支出费用。因此，在引导案例第5问中，甲于实际支出替代费用的情况下，得依据《道路交通事故损害赔偿解释》第12条第4项之规定请求乙赔偿因事故所产生的通常替代性交通工具的合理费用。但是，由于《道路交通事故损害赔偿解释》第12条第4项所规定的系“合理费用”，故而此时实际支出费用之赔偿尚需受到合理性之限制。如在“王某1、罗某1等机动车交通事故责任纠纷案”中，法院即综合考虑了机动车受损后的必要交通费实际发生的事实，根据实际情况将16,000元的实际租车费用酌减至4000元方加以支持。[7]

在未实际产生替代费用场合，较通行的做法则为参考市场上同类物的租赁价格以确定赔偿数额，并由法院在此基础上自由裁量。[8] 此外，若受害人对受侵害之物具有经营目的，则此

---

〔1〕 相关批评参见刘乃贵：《使用损失的界定及其侵权损害赔偿》，载《法学》2019年第4期；吕小乐：《物之使用可能性损害赔偿研究》，载《研究生法学》2020年第1期。

〔2〕 参见林志强：《论物之使用利益丧失的侵权损害赔偿》，载《南大法学》2023年第5期。

〔3〕 参见曾世雄：《损害赔偿法原理》，中国政法大学出版社2001年版，第300页。

〔4〕 欧洲侵权法小组：《欧洲侵权法原则：文本与评注》，于敏、谢鸿飞译，法律出版社2009年版，第229～230页。

〔5〕 参见林志强：《论物之使用利益丧失的侵权损害赔偿》，载《南大法学》2023年第5期。

〔6〕 参见林志强：《论物之使用利益丧失的侵权损害赔偿》，载《南大法学》2023年第5期。

〔7〕 参见西藏自治区林芝市中级人民法院（2022）藏04民终107号民事判决书。

〔8〕 参见徐建刚：《论使用可能性丧失的损害赔偿》，载《法商研究》2018年第2期；刘乃贵：《使用损失的界定及其侵权损害赔偿》，载《法学》2019年第4期；吕小乐：《物之使用可能性损害赔偿研究》，载《研究生法学》2020年第1期。

时其营业利益的减损,作为所失利益亦可获得赔偿,其范围首先以受害人实际所受利润损失(具体计算)确定,若难以证明,则参照同行业平均利润(抽象计算)确定。[1]

三、财产损害赔偿之计算方法

(一)概述

就侵害他人财产所造成之财产损失,《民法典》于第 1184 条明确规定其一般计算方式,“侵害他人财产的,财产损失按照损失发生时的市场价格或者其他合理方式计算”。其规范目的在于统一财产损失之计算标准。[2] 但若有特别法对侵害财产之财产损失计算方式设有特别规定,则应适用该特别规定。典型为侵害他人知识产权之情形,其财产损失应依据《著作权法》第 54 条、《专利法》第 71 条、《商标法》第 63 条等确定。

(二)计算方法一:损失发生时的市场价格

1. 时间标准

财产损失之计算标准,存在侵权行为发生时、侵权结果发生时以及侵权结果确定时之争论,原《侵权责任法》明确规定以损失发生时为时间计算标准,实际上即确定采用了侵权结果发生时作为计算之准据时点,《民法典》对此亦未予改动。[3] 但就其内涵而言,亦仍有观点认为损失发生时通常即为侵权行为成立时。[4] 然而,损失发生时与侵权行为成立时在时间上可能并不一致。[5] 且自《民法典》第 1184 条所处之体系位置来看,其既定位于“损害赔偿”一章,则所谓“损失发生时”即应依其文义进行理解,并不应理解为侵权行为发生时。[6]

如前所述,《民法典》第 1184 条之规范目的在于统一财产损失之计算标准。此种做法固然有助于司法裁判之统一,但是否能够达致合理之损失确定结果,进而对受害人之利益予以充分保护,则殊值怀疑。盖因侵权损害赔偿系旨在恢复受害人如同侵权行为未发生之应有状态,而以“损失发生时”作为计算时点则仅系恢复至损害发生前之状态,亦即原有状态,此后之市场价格波动将被弃之不顾。[7] 质言之,若被侵害之财产的价值于损失发生后持续上涨,则仅以损失发生时作为计算标准,受害人之损失便无法被全部填补;而若被侵害之财产的价值于损失发生后持续下跌,则仅以损失发生时作为计算标准又有使受害人额外得利之嫌。[8]

持续性侵权的财产损失发生时点如何确定,《民法典》第 1184 条未予明确,在实践中法院认为:“一般应以被侵权人知道或应该知道损失发生时的市场价格或其他方式确定,但持续性侵权期间根据平均市场价格或其他方式计算的侵权人所获收益高于上述一般情形的除外。”[9] 此项见解可资参考。

---

〔1〕 参见徐建刚:《论使用可能性丧失的损害赔偿》,载《法商研究》2018 年第 2 期。
〔2〕 参见黄薇主编:《中华人民共和国民法典侵权责任编释义》,法律出版社 2020 年版。
〔3〕 参见李承亮:《〈民法典〉第 1184 条(侵害财产造成财产损失的计算)评注》,载《法学家》2021 年第 6 期。
〔4〕 参见全国人大常委会法制工作委员会民法室编:《〈中华人民共和国侵权责任法〉条文说明、立法理由及相关规定》,北京大学出版社 2010 年版,第 71 页。
〔5〕 参见程啸:《侵权责任法》(第 3 版),法律出版社 2021 年版,第 849 页;徐涤宇、张家勇主编:《〈中华人民共和国民法典〉评注》(精要版),中国人民大学出版社 2022 年版,第 1241 页。
〔6〕 参见杨代雄主编:《袖珍民法典评注》,中国民主法制出版社 2022 年版,第 1035 页。
〔7〕 参见徐银波:《论计算财产损失的基准时间——对〈侵权责任法〉第 19 条的反思》,载《北方法学》2015 年第 1 期。
〔8〕 参见杨代雄主编:《袖珍民法典评注》,中国民主法制出版社 2022 年版,第 1036 页。
〔9〕 最高人民法院(2017)最高法民终 80 号民事判决书。

2. 价值标准

市场价格，系指被侵害之物于市场上之同类物的通常交易价格。学理上损害计算方法通常可分为具体计算与抽象计算两种，前者系以受害人所受之实际损失为依据计算损害范围，后者则系以一般人之处境为依据计算损害范围。[1] 依据市场价格计算损害范围，并未考虑到受害人之特殊情事，故其属于抽象计算。确定损失发生时之市场价格需综合考量多种因素，包括折旧程度、价格波动、类似财产的市场价格等。[2]

此外，《民法典》第 1184 条虽仅明确规定了时间标准与价值标准，并未明确地域标准，但自“损失发生时”这一时间标准中可推知损失之地域标准应确定为损失发生地。[3]

(三)计算方法二:其他合理方式

规定“其他合理方式”之作用在于，一概按照“损失发生时的市场价格”计算损失可能对当事人无法充分救济，故而此时需由法院以其他合理方式确定损失。[4] 其适用场合典型体现为不存在相关交易市场之情况，此时显然无法以市场价格作为计算标准，故而只能采取其他合理方式计算损害。至于何谓其他合理方式，从司法实践来看，则包括但不限于对无市场价格的财产加以鉴定、由有关部门进行损失统计(如公安消防部门制定的火灾直接损失等统计表)、由法院综合既往损益情况及各项因素裁量损失范围等方法，[5] 此外，亦有法院在市场价格无法确定的情况下，以损失发生后的转让价格为据计算损害。[6] 总而言之，何谓其他合理计算方式，需由法院在个案中加以说明并适用。

而就“损失发生时的市场价格”与“其他合理方式”间之适用关系问题，则存在争议。有观点认为，由于《民法典》第 1184 条未明文规定二者间之原则与例外关系，故而法官得自由选择适用何种计算方式。[7] 亦有观点认为，其他合理方式只有在依“损失发生时的市场价格”显失公平或者失灵时方得适用，盖因若允许受害人任意确定计算方法，则立法者欲统一损失计算方法之规范目的即会落空。[8] 基于对立法目的之尊重，本书从后者。

---

[1] 参见曾世雄:《损害赔偿法原理》,中国政法大学出版社 2001 年版,第 158 ~ 159 页。

[2] 参见李承亮:《〈民法典〉第 1184 条(侵害财产造成财产损失的计算)评注》,载《法学家》2021 年第 6 期。

[3] 参见李承亮:《〈民法典〉第 1184 条(侵害财产造成财产损失的计算)评注》,载《法学家》2021 年第 6 期。

[4] 参见黄薇主编:《中华人民共和国民法典侵权责任编释义》,法律出版社 2020 年版,第 63 页。

[5] 参见徐涤宇、张家勇主编:《〈中华人民共和国民法典〉评注》(精要版),中国人民大学出版社 2022 年版,第 1241 页。

[6] 参见最高人民法院(2018)最高法民申 2592 号民事裁定书。

[7] 参见程啸:《侵权责任法》(第 3 版),法律出版社 2021 年版,第 851 页。

[8] 参见李承亮:《〈民法典〉第 1184 条(侵害财产造成财产损失的计算)评注》,载《法学家》2021 年第 6 期。

知识结构

- 财产损害赔偿
  - 基本含义：加害人于侵害他人权益造成财产损失时，就此财产损失所应承担的损害赔偿责任。需注意，侵害他人人身权益亦可造成财产损失，从而引发财产损害赔偿
  - 物之损害赔偿
    - ①含义：加害人因侵害他人之物造成财产损失时所应承担的损害赔偿责任
    - ②表现形式
      - 恢复原状
        - 返还
        - 修理
        - 赔以同类等值之物
      - 金钱赔偿
        - 恢复原状所必要费用
        - 价值赔偿
    - ③特殊情形
      - 以新换旧→基于禁止得利原则，扣除新增之利益
      - 技术性贬值→修复难以完全恢复原状，加害人应就未恢复之价值贬损加以赔偿
      - 商业性贬值
        - 可赔偿性：解释论上应予肯定
        - 赔偿考量因素
          - A.无须出售其物
          - B.需存在相关交易市场
          - C.在事故轻微、购买年限较久、行驶里程较高时可否定其存在
      - 物的使用可能性丧失
        - 可赔偿性：解释论上应予肯定
        - 赔偿方式
          - 恢复原状
          - 金钱赔偿
  - 计算方式
    - 计算方式一：损失发生时的市场价格
    - 计算方式二：其他合理方式

第三节　人身损害赔偿

引导案例

甲为某知名人士，某食品企业乙未经甲同意，将甲之肖像印于自己产品的包装之上。综合甲的影响力以及乙自身的大量宣传资金投入，该商品销量连续霸榜数日。甲知晓后向乙索赔并扬言让其赔得倾家荡产，乙欲报复甲，遂尾随甲出行，以随身所携利刃刺向甲。试回答如下问题：

(1)若甲腹部被刺伤，其经纪人误以为内脏被刺伤，为确保甲能存活而将其径直送往某花费较高的私立医院进行治疗，但实际上并未刺中任何器官，甲得否要求全部医疗费的赔偿？

(2)若甲为单独出行，路人丙见此情形将甲送至医院，并根据医院之要求垫付了医疗费，问丙得否径直向乙主张医疗费的赔偿？

(3)若甲虽为知名人士，但常年未工作，事发前的3年间均在家主司家务，并无任何收入来源，问乙是否须赔偿甲误工费？

(4)在上个问题的同样情形下，甲因伤致残，是否应当赔偿其残疾赔偿金？

(5)若甲本依靠其容貌担任模特以赚取收入，虽乙仅刺伤其脸而未致其他伤害，但甲再无任何工作机会，问乙是否需要向甲赔偿残疾赔偿金？

(6)若甲被直接刺死，甲尚有一子丁未成年，问乙死亡赔偿金如何计算，被扶养人生活费与死亡赔偿金的关系如何？

(7)对乙因未经许可使用甲之肖像所获利益，如何处置？

一、人身伤亡的财产损害赔偿

(一)概念

人身损害赔偿属于财产上损害赔偿的一种，具体是指受害人的生命权、健康权和身体权遭受他人不法侵害时，受害人、依法由受害人承担扶养义务的被扶养人以及死亡受害人的近亲属就由此遭受的财产上的不利益，依法要求赔偿义务人承担的金钱赔偿责任(见图28－3)。

- 人身伤亡的损害赔偿
  - 积极损失
    - 为治疗和康复支出的费用
    - 因增加生活上需要支出的必要费用
    - 其他费用支出
  - 消极损失
    - 误工费
    - 残疾赔偿金
    - 死亡赔偿金
    - （残疾赔偿金、死亡赔偿金）被扶养人生活费（“计入”）

图28－3　人身损害赔偿的基本结构

对人身损害赔偿范围的规定始见于原《民法通则》，并于后续颁布的诸如《消费者权益保护法》(1993 年)、《产品质量法》(2000 年)等法律中得以进一步扩张其赔偿范围。2003 年最高人民法院公布的《人身损害赔偿解释》中对人身损害赔偿的范围、计算方法进行了补充和细化规定。2009 年颁布的原《侵权责任法》吸收前述立法经验对人身损害赔偿范围作了进一步的界定调整，[1]《民法典》第 1179 条即是在此条基础上形成。在人身损害赔偿范围上，各国的可赔偿项目相差不大，[2]但在具体的计算以及损害赔偿金的支付方式上处理迥异。[3] 相较而言，我国所规定的人身损害赔偿范围具有如下特点：(1)赔偿项目上同时包括死亡赔偿金与被扶养人生活费；[4](2)在计算标准上，我国采取的是客观抽象的计算方式，但在个别赔偿项目的计算上有所调整；[5](3)在损害赔偿金的支付方式上，我国采取的是协商优先，以一次性支付为原则。

(二)人身伤亡的财产损害赔偿的项目

根据《民法典》第 1179 条的规定，侵害他人造成人身损害的，应当赔偿医疗费、护理费、交通费、营养费、住院伙食补助费等为治疗和康复支出的合理费用，以及因误工减少的收入。造成残疾的，还应当赔偿辅助器具费和残疾赔偿金；造成死亡的，还应当赔偿丧葬费和死亡赔偿金。《人身损害赔偿解释》(2022 年修正)在此基础上还规定了残疾辅助器具费(第 13 条)，被扶养人生活费(第 17 条)。

1. 积极损失

(1)为治疗和康复支出的费用

①医疗费

根据《人身损害赔偿解释》(2022 年修正)第 6 条的规定，医疗费赔偿以实际发生的为限，损害赔偿之诉确定的医疗费赔偿数额仅限于一审法庭辩论终结前实际发生的数额，未实际发生的医疗费有待实际发生后另行起诉，但对于根据医疗证明或鉴定意见确定必然发生的费用可与已发生的医疗费一并予以赔偿。对该医疗费“合理费用”的确定，比较法上有不要求受伤害者将治疗费用限制在最低水平的做法，只要在当时情况下的花费是必要且合理的，则所有的合理支出均可得到赔偿。[6] 换言之，医疗费的赔偿数额向上兼容，即使最低标准的治疗方案能完全治愈被侵权人，但被侵权人仍可以选择采取较高标准的治疗方案，由此产生的额外费用亦纳入医疗费的赔偿范围内。根据我国《人身损害赔偿解释》(2022 年修正)第 6 条第 1 款的规定，我国医疗费赔偿的数额仅限于合理且必要的治疗费用，对于超过必要限度的治疗方案产生的费用不予赔偿，此合理性与必要性的判断应根据治疗当时的情景确定。故对引导案例中

---

[1] 如取消了被扶养人生活费这一赔偿项目。

[2] 参见[奥]伯恩哈德·A. 科赫、[奥]赫尔穆特·考茨欧主编：《比较法视野下的人身损害赔偿》，陈永强、徐同远等译，中国法制出版社 2012 年版，第 469～482 页。

[3] 参见[奥]伯恩哈德·A. 科赫、[奥]赫尔穆特·考茨欧主编：《比较法视野下的人身损害赔偿》，陈永强、徐同远等译，中国法制出版社 2012 年版，第 483～484 页。

[4] 虽然《民法典》并未在法条上列出被扶养人生活费的赔偿项目，但《人身损害赔偿解释》将其单独列为一项，其第 16 条规定被扶养人生活费“计入”残疾赔偿金和死亡赔偿金，该“计入”既可理解为单独计算后再算入死亡赔偿金和残疾赔偿金，也可理解为不再重复计算。

[5] 《人身损害赔偿解释》(2022 年修正)第 12 条、第 15 条、第 17 条。

[6] 参见[奥]伯恩哈德·A. 科赫、[奥]赫尔穆特·考茨欧主编：《比较法视野下的人身损害赔偿》，陈永强、徐同远等译，中国法制出版社 2012 年版，第 469～471 页。

的问题(1),纵使从实际受伤程度上看,采取的治疗措施超过了必要的限度,但从受伤当事人的情景而言,其经纪人所采取的措施应是属于合理且必要的措施之列,故对私立医院之花销,甲不得以其为不合理为由拒绝承担赔偿责任。

被侵权人可作为医疗费的赔偿权利人自无异议,其死亡时已经成立的医疗费赔偿请求权可由继承人继承。但在该医疗费已由第三人支付时稍显复杂,此时应秉持之原则为:其一加害人不能因他人支出医疗费而免责,但亦不负对受害人和费用支出者的双重赔偿责任;其二被害人不能获得双重赔偿。[1] 在被侵权人死亡的情形下,尚可区分即时死亡与因伤致死,后者存在支出医疗费的可能。于后者情形,若第三人作为医疗费支出者,其虽可根据不当得利或无因管理的规定请求被害人之继承人或遗产管理人偿还,但最终应由加害人承担责任,故"为免除辗转求偿之烦琐"应当承认费用支出者可径直向加害人请求损害赔偿。[2] 对此,我国《民法典》第1181条第2款予以肯定,其将作为费用支出者的第三人作为直接的请求权人。[3] 若扶养义务人作为医疗费支出者,此时可根据第1181条第1款的规定,请求行为人予以赔偿。[4] 在被侵权人未死亡的情形下,若医疗费是由第三人或扶养义务人支出的,虽然第1181条仅针对被侵权人死亡的情形,但此时与被侵权人因伤死亡的情形实无差异,故亦应当肯定扶养义务人和第三人得直接向行为人主张损害赔偿,[5] 可类推第1181条的规定肯定其得直接作为请求权人。对引导案例中的问题(2),虽丙并非受侵害人,其本仅得根据无因管理之规定请求甲向其支付费用,但根据第1181条第2款的规定,其亦得直接请求乙赔偿自己垫付的医疗费,此时甲自然不得再请求乙赔偿医疗费。

②住院伙食补助费、住宿费、营养费

住院伙食补助费、住宿费根据《人身损害赔偿解释》(2022年修正)第10条的规定予以确定,前者有固定参照标准,后者以实际发生的合理费用为限,是否合理应依费用支出时的情形予以确定。

营养费根据《人身损害赔偿解释》(2022年修正)第11条规定的医疗机构的意见确定,营养期一般以鉴定机构出具的鉴定意见载明的营养期为依据。

(2)因增加生活上需要支出的必要费用。

①护理费

护理费根据护理人员的收入状况和护理人数、护理期限确定。根据《人身损害赔偿解释》(2022年修正)第8条的规定,护理人员有收入的参照误工费计算;没有收入的或雇佣护工的,参照当地护工从事同等级别护理的劳务报酬标准计算。护理期限计算至受害人恢复生活自理能力时止,一般根据鉴定机构出具的鉴定意见上载明的护理期限确定,因残不能恢复生活自理能力的最长不能超过20年。对超过确定的护理期限,赔偿权利人仍需继续护理的,可经起诉请求继续支付护理费[《人身损害赔偿解释》(2022年修正)第19条]。

---

〔1〕 参见王泽鉴:《民法学说与判例研究》(第4册),北京大学出版社2009年版,第138页。

〔2〕 参见王泽鉴:《损害赔偿》,北京大学出版社2017年版,第135页。

〔3〕 参见邹海林、朱广新主编:《民法典评注·侵权责任编》(第1册),中国法制出版社2020年版,第190~192页;王胜明主编:《中华人民共和国侵权责任法解读》,中国法制出版社2010年版,第83页。

〔4〕 参见王胜明主编:《中华人民共和国侵权责任法解读》,中国法制出版社2010年版,第83页。

〔5〕 参见孙森焱:《民法债编总论》(上册),自版发行2018年版,第336页。

②残疾辅助器具费

根据《人身损害赔偿解释》(2022 年修正)第 13 条的规定,残疾辅助器具费按照普通适用器具的合理费用标准计算。伤情有特殊需要的,可以参照辅助器具配制机构的意见确定相应的合理费用标准。辅助器具的更换周期和赔偿期限参照配制机构的意见确定。超过确定的辅助器具费给付年限,赔偿权利人确需配置辅助器具的,可经起诉请求继续给付辅助器具费[《人身损害赔偿解释》(2022 年修正)第 19 条]。

(3)其他费用支出

①交通费

根据《人身损害赔偿解释》(2022 年修正)第 9 条的规定,交通费的赔偿范围仅限于受害人及必要陪护人员在就医和转院治疗过程中发生的交通费用,其余的交通费如近亲属探视的交通费支出均不予赔偿。

②丧葬费

根据《人身损害赔偿解释》(2022 年修正)第 14 条的规定,丧葬费按照受诉法院所在地上一年度职工平均工资标准,以 6 个月总额计算。根据《民法典》第 1181 条的规定,该丧葬费的请求权人为支出费用者,其均得直接向行为人主张赔偿。

2. 消极损失

(1)误工费

根据《人身损害赔偿解释》(2022 年修正)第 7 条的规定,误工费属于非因伤致残或死亡情形下受害人因接受治疗而丧失本应获得的利益的赔偿。误工时间根据受害人接受治疗起到康复所需时间确定,对因伤致残而持续误工的,此时的误工费实际已经被残疾赔偿金所吸收,根据该解释第 7 条与第 12 条的衔接关系,定残之日前的按误工费计算,定残之日后的按残疾赔偿金计算。在司法实践中,考虑在医疗机构结束治疗并不等同继续工作,误工时间一般以鉴定机构出具的鉴定意见上载明误工期为准。

误工费的计算标准首先根据受害人的收入状况确定,按照其实际减少的收入计算,对虽受伤但未减少的收入不予赔偿;[1]无固定收入者按最近 3 年平均收入计算,不能举证证明最近 3 年平均收入状况的,可以参照受诉法院所在地相同或相近行业上一年度职工的平均工资计算。同时,需要注意的是,无固定收入并不等同无收入人员,对有劳动能力但无收入者如家庭主妇,基于其承担的家务对家庭生活维持的重要性,更兼死亡赔偿金和残疾赔偿金亦不考虑其实际无收入而均予以赔偿,故家庭主妇虽无收入但亦应赔偿误工费,其赔偿标准可参照雇佣家政服务人员所支出的平均工资计算。[2] 故对引导案例的问题(3),虽甲并无任何收入,但其亦应参照雇佣家政服务人员所指出的平均工资向乙主张误工费。

---

〔1〕 参见最高人民法院民事审判第一庭编著:《最高人民法院人身损害赔偿司法解释理解与适用》,人民法院出版社 2022 年版,第 121 页。

〔2〕 参见最高人民法院民事审判第一庭编著:《最高人民法院人身损害赔偿司法解释理解与适用》,人民法院出版社 2022 年版,第 123 页;于敏:《日本侵权行为法》(第 3 版),法律出版社 2015 年版,第 557 页;[日]田山辉明:《日本侵权行为法》,顾祝轩、丁相顺译,北京大学出版社 2011 年版,第 108 页。

(2)残疾赔偿金

该赔偿项目之首要问题即抽象劳动能力的减少或丧失本身是否应作为损害予以赔偿?对此,学说上存在不同观点:①"所得丧失说",又称"收入丧失说"。该学说根据受害人遭受伤害前后的收入差额作为损害额,其认为损害赔偿制度系在赔偿损失,若虽丧失或减少劳动能力但无损害,自然不能请求损害赔偿。[1] 该学说为德国所采,依据《德国民法典》第842条之规定,其所赔偿者系受害人从业能力(Erwerbsfähigkeit)的减少或丧失,抽象劳动能力本身并不予以赔偿。[2] 但作为例外,承担家务的配偶一方受伤的,可以请求赔偿雇佣家政服务人员的费用,无论实际上是否雇佣。[3] ②"劳动能力丧失说"。该学说认为,劳动能力丧失本身就是一种损害,残疾赔偿金是对该劳动能力丧失本身的赔偿,该赔偿并不局限于现实收入的损失,后者只是对劳动能力损害程度评价的一种因素。[4] 该说为日本所采,日本虽无立法上对劳动能力减少或丧失赔偿的规定,但在判例上逐渐接受将劳动能力的丧失视为一种损害。[5]

"所得丧失说"以"差额假设"作为损害的计算标准,据此,凡致残前无收入者均难谓有损害可言,无业者等无具体收入损失的人均无法请求损害赔偿。[6] 此种做法可能忽视受伤者将来获得职业的机会,导致不公正结果的产生。[7] 从《人身损害赔偿解释》(2022年修正)来看,我国实际上采取的是"劳动能力丧失说",属于对逸失利益的定型化赔偿。[8] 故对引导案例的问题(4),纵使甲并无收入,但基于我国实采"劳动能力丧失说",故应赔偿甲残疾赔偿金。

根据《人身损害赔偿解释》(2022年修正)第12条的规定,残疾赔偿金以受诉法院所在地上一年度城镇居民人均可支配收入标准为计算依据,结合丧失劳动能力程度或伤残等级计算。后者通常以鉴定机构出具的鉴定意见上载明的伤残等级为准。在具体的数额计算上,根据该解释第12条第2款的规定,在计算上还应考虑被侵权人特别因素,在客观计算方式的基础上结合考虑被侵权人特定因素的主观计算方式得出最终的赔偿数额。[9] 故虽甲并未丧失任何劳动能力,但亦不应因此不予赔偿,须结合甲之工作性质对甲进行适当的赔偿。

残疾赔偿金的计算期限按照该条第1款的规定予以确定,自定残之日起按20年计算,但60周岁以上的,年龄每增加1岁减少1年,75周岁以上的,按5年计算。此外,根据该解释第19条的规定,若超过确定的给付年限后,被侵权人确无劳动能力和其他生活来源的,人民法院可经请求判令赔偿义务人继续给付相关费用5~10年。从该条目的来看,该给付不以一次为限,在符合该条规定情况下可再次请求。

---

[1] 参见[德]埃尔温·多伊奇、[德]汉斯-于尔根·阿伦斯:《德国侵权法:侵权行为、损害赔偿及痛苦抚慰金》(第6版),叶名怡、温大军译,中国人民大学出版社2022年版,第226页。

[2] 参见[奥]伯恩哈德·A.科赫、[奥]赫尔穆特·考茨欧主编:《比较法视野下的人身损害赔偿》,陈永强、徐同远等译,中国法制出版社2012年版,第213页。

[3] 参见[德]U.马格努斯主编:《侵权法的统一——损害与损害赔偿》,谢鸿飞译,法律出版社2009年版,第144页。

[4] 参见程啸:《侵权责任法》(第3版),法律出版社2021年版,第827页。

[5] 参见于敏:《日本侵权行为法》(第3版),法律出版社2015年版,第558页。

[6] 参见[奥]伯恩哈德·A.科赫、[奥]赫尔穆特·考茨欧主编:《比较法视野下的人身损害赔偿》,陈永强、徐同远等译,中国法制出版社2012年版,第213页。

[7] 参见程啸:《侵权责任法》(第3版),法律出版社2021年版,第828页。

[8] 参见最高人民法院民事审判第一庭编著:《最高人民法院人身损害赔偿司法解释理解与适用》,人民法院出版社2022年版,第161页。

[9] 参见最高人民法院民事审判第一庭编著:《最高人民法院人身损害赔偿司法解释理解与适用》,人民法院出版社2022年版,第172~173页。

(3)死亡赔偿金

死亡赔偿金，系指受害人因生命权被侵害(致死亡)而产生的财产损失的赔偿。虽存在反对观点，[1]但死亡本身并不产生损害赔偿的问题。[2] 被侵权人因侵权行为而死亡，其权利能力因死亡而消灭，自然不可能再作为权利人而请求赔偿。此时，其近亲属作为间接被害人因受害人的死亡而遭受的财产损失得以向行为人主张损害赔偿。

将死亡赔偿金明文规定之做法在立法例上实属罕见，如德国仅规定了被扶养人生活费而无死亡赔偿金一说。死亡赔偿金的性质有"扶养丧失说"与"继承丧失说"之争。[3] 两说本质上是互斥的，系依照后说的计算规则得出的赔偿数额包含了被扶养人生活费，而该被扶养人生活费正是采前说下的赔偿数额，这一冲突至今仍然存在(详后)。"继承丧失说"主张，若受害人未受侵害，其将来所得收入本可作为受害人财产为其法定继承人继承，但因侵权行为致该继承已无可能，赔偿义务人所赔偿的是"因受害人死亡而丧失的未来可得利益"(日本法上称"继承期待侵害说")；"扶养丧失说"主张，因侵权行为导致被扶养人丧失其本可接受的、来自受害人的扶养费给付，赔偿义务人所赔偿的正是可获得的扶养费的损失。显而易见，两学说的赔偿权利人范围自不相同。需要注意的是，前两说需要与日本法上的"继承说"与"继承否定说"("固有权利说")相区分。日本法上就受害人死亡情形下受害人的近亲属作为赔偿权利人的理论构成上存在两种不同的观点，前者主张近亲属的赔偿请求权是在受害人死亡时(理论上的一瞬间)从后者继承而来("继承肯定说")；后者主张近亲属是就自身因受害人死亡所遭受的财产损害而主张损害赔偿("固有权利说")。[4] 从这个层面上来看，"扶养丧失说"与"继承丧失说"都是在"继承否定说"("固有权利说")的基础上关乎间接受害人损害内容的争议。

从《人身损害赔偿解释》(2022 年修正)的规定来看，死亡赔偿金是以"人均可支配收入"作为计算依据，同时在该解释第 17 条单独规定了被扶养人生活费，并以"人均消费支出"为计算依据。故从解释上来看，我国就死亡赔偿金实采"继承丧失说"。[5] 但是，同时规定两者必然导致理论上的冲突：既然以人均可支配收入作为计算标准，自然和该解释第 17 条所规定的被扶养人生活费发生部分重叠，该被扶养人生活费的支出源自可支配收入从逻辑上来看并无异议。如此便产生一个疑问：并列规定残疾赔偿金与被扶养人生活费是否会导致重复赔偿的问题，至少从赔偿数额的计算逻辑上来看，答案是肯定的。就此，该解释第 16 条规定"被扶养人生活费计入残疾赔偿金或者死亡赔偿金"，对该"计入"存在两种解释：①被扶养人生活费被包含在死亡赔偿金与残疾赔偿金中不再另行计算；②被扶养人生活费另行计算后再总和计入死

---

〔1〕 该反对意见及反驳，参见[奥]格哈德·瓦格纳：《损害赔偿法的未来——商业化、惩罚性赔偿、集体性赔偿》，王程芳译，中国法制出版社 2012 年版，第 100～102 页。

〔2〕 参见程啸：《侵权责任法》(第 3 版)，法律出版社 2021 年版，第 829 页；[德]克里斯蒂安·冯·巴尔：《欧洲比较侵权行为法》(下)，张新宝译，法律出版社 2001 年版，第 71 页；[德]埃尔温·多伊奇、[德]汉斯－于尔根·阿伦斯：《德国侵权法：侵权行为、损害赔偿及痛苦抚慰金》(第 6 版)，叶名怡、温大军译，中国人民大学出版社 2022 年版，第 224 页。

〔3〕 死亡赔偿金的性质在发展过程中存在一个转变的过程，参见最高人民法院民事审判第一庭编著：《最高人民法院人身损害赔偿司法解释理解与适用》，人民法院出版社 2022 年版，第 200～210 页；程啸：《侵权责任法》(第 3 版)，法律出版社 2021 年版，第 829～830 页。

〔4〕 参见于敏：《日本侵权行为法》(第 3 版)，法律出版社 2015 年版，第 580～588 页；[日]吉村良一：《日本侵权行为法》(第 4 版)，张挺译，中国人民大学出版社 2013 年版，第 94～101 页。

〔5〕 参见最高人民法院民事审判第一庭编著：《最高人民法院人身损害赔偿司法解释理解与适用》，人民法院出版社 2022 年版，第 209 页。

亡赔偿金与残疾赔偿金之中。[1] 从体系解释上来说,《人身损害赔偿解释》(2022 年修正)单列残疾赔偿金(第 12 条)、死亡赔偿金(第 15 条)、被扶养人生活费(第 17 条),并分别规定了相应的计算标准,故该"计入"应当采取后种理解,即被扶养人生活费根据其计算标准另行计算后再总和计入死亡赔偿金与残疾赔偿金当中。[2] 但前述重复赔偿问题并未因第 16 条所采取的技术性手段而被解决。

但若脱离逻辑上的推论,实际上似乎也不见得会发生重复赔偿。死亡赔偿金在"继承丧失说"下虽旨在赔偿间接受害人因直接受害人的未来收入丧失而遭受的损失,但其赔偿标准仅采"人均可支配收入",该客观化的赔偿标准显然难以实现对收入丧失的完全赔偿。虽然《民法典》未单列被扶养人生活费的赔偿项目,但《产品质量法》(2018 年修正)等法律中仍有此类单列被扶养人生活费的规定,故基于规范效力位阶以及尽可能实现完全赔偿原则的考虑,通过技术性处理将"继承丧失说"下应赔偿的"收入损失"分解为依照"人均可支配收入"计算的死亡赔偿金与依照"人均消费支出"计算的被扶养人生活费。[3] 但如此处理仍不能实现体系上的圆满,系死亡赔偿金与被扶养人生活费的赔偿权利人范围并不等同。根据《人身损害赔偿解释》(2022 年修正)第 1 条的规定,死亡赔偿金的权利主体系死者近亲属,而根据该解释第 17 条第 2 款的规定,主张被扶养人生活费的权利主体为受害人依法应当承担扶养义务的未成年人或丧失劳动能力又无其他生活来源的成年近亲属,后者范围小于前者。若将依照"人均消费支出"计算的被扶养人生活费作为"继承丧失说"下广义的死亡赔偿金的构成部分,会导致本仅属于被扶养人生活费部分的金额被非属被扶养人范围的近亲属分享。对该问题,若坚持前述分解是作为技术性处理的初衷,为了避免被扶养人陷入其应得部分无法满足的境地,在广义的死亡赔偿金的后续分割上,仍应单独区分狭义的死亡赔偿金和被扶养人生活费并进行相应的分配。故对引导案例的问题(6),须单独计算死亡赔偿金与被扶养人生活费后,将被扶养人生活费计入死亡赔偿金进行赔偿。

根据《人身损害赔偿解释》(2022 年修正)第 15 条,死亡赔偿金按照受诉法院所在地上一年度城镇居民人均可支配收入标准,按 20 年计算。但 60 周岁以上的,年龄每增加 1 岁减少 1 年;75 周岁以上的,按 5 年计算。

此外,根据《民法典》第 1180 条的规定,因同一侵权行为致多人死亡的,可以以相同数额确定死亡赔偿金。但应注意的是,该相同数额仅指性质上属于财产损害赔偿的死亡赔偿金,不包括精神损害赔偿等。

(4)被扶养人生活费

如上所述,立法例上通常仅规定了被扶养人生活费而未规定死亡赔偿金。在我国并列规定的情况下,被扶养人生活费可视为"继承丧失说"下的广义死亡赔偿金的构成部分。根据《人

---

[1] 参见最高人民法院民事审判第一庭编著:《最高人民法院人身损害赔偿司法解释理解与适用》,人民法院出版社 2022 年版,第 219 ~ 221 页。

[2] 最高人民法院的释义书即采此观点,参见最高人民法院民事审判第一庭编著:《最高人民法院人身损害赔偿司法解释理解与适用》,人民法院出版社 2022 年版,第 220 ~ 221 页。

[3] 参见最高人民法院民事审判第一庭编著:《最高人民法院人身损害赔偿司法解释理解与适用》,人民法院出版社 2022 年版,第 209 ~ 210、232 ~ 233 页。

身损害赔偿解释》(2022 年修正)第 17 条第 2 款的规定,[1] 被扶养人生活费的赔偿权利人仅以未成年人和丧失劳动能力又无其他生活来源的成年近亲属为限。[2] 仅规定被扶养人生活费的做法通常肯定该赔偿权利人包括受害人死亡时既已承担扶养义务的人以及将要承担扶养义务的人。[3] 但最高人民法院基于前述将死亡赔偿金与被扶养人生活费纳入广义的死亡赔偿金的技术性处理,仅肯定受害人在遭受人身损害之时已经负担扶养义务的人方为赔偿权利人,将来的扶养权利人不在此限。[4] 从《人身损害赔偿解释》(2022 年修正)第 17 条第 2 款的文义上来看,似乎也能得出相同结果。其实质理由或许是因为死亡赔偿金的存在,将来赔偿权利人的利益可以通过死亡赔偿金来获得赔偿,故此时限缩被扶养人生活费赔偿权利人的范围,但该做法实质上忽略了扶养权利人与继承人在范围上的差异。

(三)损害赔偿的支付方式

损害赔偿的支付有一次性支付与分期支付两种方式,后者因考虑通货膨胀等因素而更利于贯彻完全赔偿原则。根据《民法典》第 1187 条的规定,损害赔偿的支付方式由当事人协商优先,协商不成以一次性支付为原则,分期支付的则可根据权利人的请求要求赔偿义务人提供相应的担保。

在一次性支付的情形中,应当扣除中间利息,即现在一次性支付之金额日后陆续可再生利息,故应当以日后应支付之金额为标准扣减中间利息后得出现在应支付之数额。扣减方法包括霍夫曼式计算法与赖负津兹计算法。[5] 前者不计算复利,后者计算复利。前者公式为 X(现应付数额) = A(计算出之损害赔偿金额) ÷ [1 + n(第几年) × i(年利率)];[6] 后者公式为 $X = A \div (1 + i)^n$。[7] 但在我国并无类似规定,仅有最高利率限额的规定,故并不排除适用后者扣减中间利息。

二、获利剥夺

(一)概念与制度意旨

根据《民法典》第 1182 条第 1 分句之规定,侵害他人人身权益造成财产损失的,按照被侵权人因此受到的损失或者侵权人因此获得的利益赔偿,本句的后半句即为获利剥夺的规定。在具体适用范围上,自体系解释而言,《民法典》第 1179 条至第 1181 条规定的是侵害物质性人格权造成财产损害的赔偿问题;第 1183 条是侵害物质性人格权、精神性人格权所应承担精神

---

[1] 该款第 1 句规定:"被扶养人是指受害人依法应当承担扶养义务的未成年人或者丧失劳动能力又无其他生活来源的成年近亲属。"

[2] 根据该款的规定,非属于近亲属但为被侵权人所扶养的人并不能作为被扶养人生活费请求权的权利主体。虽然《人身损害赔偿解释》第 17 条第 2 款第 1 句未如后半句的成年人一般将"未成年人"的范围限于近亲属,但其规定的"依法应当承担扶养义务"实际上亦是对未成年人范围的限制,因此非属近亲属的由被侵权人实际扶养的人并不能依照被扶养人生活费的规定向侵权人主张权利。

[3] 参见[德]马克西米利安·福克斯:《侵权行为法》,齐晓琨译,法律出版社 2006 年版,第 198 页;陈聪富:《侵权行为法原理》(修订 2 版),台北,元照出版有限公司 2018 年版,第 462 ~ 464 页。

[4] 参见最高人民法院民事审判第一庭编著:《最高人民法院人身损害赔偿司法解释理解与适用》,人民法院出版社 2022 年版,第 231 页。

[5] 王泽鉴:《损害赔偿》,北京大学出版社 2017 年版,第 150 页;孙森焱:《民法债编总论》(上册),自版发行 2018 年版,第 342 ~ 343 页。

[6] 如根据相应的赔偿金计算规则计算出每年应支付 6000 元,则第 2 年应支付之数额为 $X = 6000 \div (1 + 2 \cdot i)$。

[7] 如在第 2 年,$A = [X \cdot (1 + i)] \cdot (1 + i)$,即 $A = X \cdot (1 + i)^2$。

损害赔偿的规定；而第1182条即为针对精神性人格权益受侵害造成财产损失的损害赔偿。[1] 侵权行为人因侵权行为所获得的利益可分为与权利人所受损失具有相关性的所得利益和超过该部分的额外得利两部分。[2] 获利剥夺实际上是针对超过规范所得部分的额外获利，被侵权人可要求侵权人赔偿该部分难以满足相关性的额外利益，而前者实际可以通过不当得利制度予以解决。[3]

从制度沿革来看，大陆法系的获利剥夺规则起始于知识产权领域，典型案例即1875年发生在德国的“阿里斯通案”，人格权领域的获利剥夺规则经由1994年“卡洛琳案”才得以引入。[4] 在我国，该制度也是经由知识产权领域延伸到人格权侵权领域。[5] 获利剥夺制度更多着重侵权法的预防功能，权利人获得侵权人以其侵权行为所得的额外利益的正当性只能得到较弱程度的证明。[6] 从法经济学的角度来看，在权利人所受损失后还有额外的利益产生，因侵权行为反创造了社会总剩余，此时似乎满足卡尔多－希克斯效率。[7] 但若允许将侵权获利产生的权利人预防强迫交易的成本投入等隐性成本纳入考虑，即使侵权人有效率地利用了被侵害权益，亦不符合卡尔多－希克斯效率。[8] 由此，获利剥夺制度旨在贯彻单极化的预防功能，对权利人所受损失的补偿大可通过不当得利或侵权损害赔偿制度予以解决。[9] 该功能贯彻下的获利剥夺要求达到令行为人从事侵权行为所付出的成本大于其所能获得的利益的目标。[10]

(二)获利剥夺的制度体系定位

获利剥夺的理论关键在于超出规范所得的额外部分利益归属于权利人的正当性问题，而该问题也是获利剥夺与其他制度兼容的难点所在。

1. 获利剥夺与无因管理

无因管理路径试图通过不法管理准用无因管理规定的方式，将管理人管理他人所获的全部利益归属于本人。但无因管理旨在鼓励互助而有阻却违法性之功能，获利剥夺却是为贯彻

---

〔1〕 参见陈现杰：《〈民法典〉第1182条(侵害他人人身权益造成财产损失的赔偿)评注》，载《中国应用法学》2023年第3期。

〔2〕 参见张家勇：《基于得利的侵权损害赔偿之规范再造》，载《法学》2019年第2期。

〔3〕 参见张家勇：《基于得利的侵权损害赔偿之规范再造》，载《法学》2019年第2期。

〔4〕 参见肖朦恺：《侵权获利赔偿责任研究》，吉林大学2023年博士学位论文，第16～20页。

〔5〕 参见肖朦恺：《侵权获利赔偿责任研究》，吉林大学2023年博士学位论文，第22～28页。

〔6〕 从矫正正义相关性的正当结构角度而言，超过权利人规范所失的规范所得与权利人的规范所失并无相关性可言，故虽能证立剥夺行为人额外获利的正当性，但很难直接从矫正正义的层面证立权利人能得到该部分利益的正当性，只能证立将获利归属于权利人较原《民法通则》时期的收缴具有的相对正当性。该额外获利与权利人规范所失的相关性论证也是通过不当得利来剥夺获利的难点所在。

〔7〕 该规则是指若一项政策虽然对部分人有利而对部分人不利，但若社会上的整体境况因此比之前好，则可以认为这项政策是有利的，不利者的损失则可以通过补偿进行填补。该规则是着眼社会整体收益的视角所进行的判断。

〔8〕 参见洪国盛：《论权益侵害与获利交出》，载《环球法律评论》2022年第2期。

〔9〕 在将侵权人的全部获利分为规范所得和额外获利两部分观察的视角下，获利部分可通过贯彻单极化预防功能的获利剥夺制度进行规制；而对与权利人所受损失具有相关性的侵权人所得利益，由于该部分所受损失与所得利益的相关性并无疑义，自可通过不当得利制度或侵权损害赔偿制度对权利人进行填补。

〔10〕 从权益保护角度来说，若允许行为人的行为成本等同其所获得的利益，则行为人再无动机额外征求权利人之同意。

单极化的预防功能而旨在制裁违法,两者在制度目的上就存在冲突。[1] 同时,若适用不法管理亦要求有"管理自己事务"的主观状态,而从侵害他人意图中拟制出该主观状态实非易事。

2. 获利剥夺与不当得利

不当得利通说采"权益归属理论"作为其理论基础,其只关注保有利益的正当性而不关注权益取得过程。为证立规范所得外的额外利益归属于权利人的正当性,不当得利路径试图通过"权益归属理论"将额外利益纳入权利人的权益范围内。此种路径主张利用权利的交易获利机会亦包含在应归属于权利人的利益中,不当得利法所保护的正是这种获利机会,而加害人的侵权行为侵害了这种获利可能。[2] 但"权益归属理论"本身具有的局限性决定了其与获利剥夺的难兼容性。一方面,"权益归属理论"对本身无法带来收益的权利保护(如隐私权)难有适用空间;[3] 另一方面,依据"权益归属理论",只要得利人之所得基于初始赋权内容或性质归属于权利人即可,并不考虑行为人的主观状态,而获利剥夺通常认为仅限于故意侵权。[4] 再者,不当得利制度本身乃结果视角,仅着眼结果上财产不当归属的矫正,并不具有制裁性,但获利剥夺关注行为评价,是为完全剥夺权益侵害所得收益,以单极化的预防功能为其目标。[5]

3. 获利剥夺与侵权损害赔偿

损害赔偿中的"完全赔偿原则"不仅要求以受害人为中心而对其损失进行完全的填补,亦不允许受害人因此获得额外利益,其赔偿范围仅限于受害人的规范所失,若将获利纳入损害赔偿的范围内,则"有逾越损害填补思想、逃离损害赔偿法领域之嫌,成为完全赔偿原则的例外"。[6] 此外,损害赔偿也无法证立侵权行为人所得额外利益与受害人规范所失间的关联性,[7] 两者所采取的视角也有所区别。[8]

获利剥夺与现有不同制度都存在一定的不兼容性,但相较而言将其作为特殊的损害赔偿而视为补偿性侵权赔偿之例外的做法更妥当,[9] 且为贯彻预防功能所欲实现的威慑,避免对行为人的行为自由造成冲击,获利剥夺应仅限于故意的情形。[10]

---

[1] 参见肖朦恺:《侵权获利赔偿责任研究》,吉林大学 2023 年博士学位论文,第 42 页;张家勇:《基于得利的侵权损害赔偿之规范再造》,载《法学》2019 年第 2 期。

[2] 参见刘凯湘、薛启明:《财产规则、责任规则与不当得利规则——侵权法与不当得利法在无权处分案件中的效率性比较》,载《浙江社会科学》2012 年第 8 期;[德]海尔姆特·库齐奥:《侵权责任法的基本问题——德语国家的视角》(第 1 卷),朱岩译,北京大学出版社 2017 年版,第 43 页。

[3] 参见肖朦恺:《侵权获利赔偿责任研究》,吉林大学 2023 年博士学位论文,第 45 ~ 46 页;朱岩:《"利润剥夺"的请求权基础——兼评〈中华人民共和国侵权责任法〉第 20 条》,载《法商研究》2011 年第 3 期。

[4] 参见洪国盛:《论权益侵害与获利交出》,载《环球法律评论》2022 年第 2 期。

[5] 参见缪宇:《获利返还论——以〈侵权责任法〉第 20 条为中心》,载《法商研究》2017 年第 4 期。

[6] 缪宇:《获利返还论——以〈侵权责任法〉第 20 条为中心》,载《法商研究》2017 年第 4 期。

[7] 参见肖朦恺:《侵权获利赔偿责任研究》,吉林大学 2023 年博士学位论文,第 46 页;缪宇:《获利返还论——以〈侵权责任法〉第 20 条为中心》,载《法商研究》2017 年第 4 期。

[8] 参见[奥]海尔姆特·库齐奥:《侵权责任法的基本问题——德语国家的视角》(第 1 卷),朱岩译,北京大学出版社 2017 年版,第 39 页。

[9] 参见张家勇:《基于得利的侵权损害赔偿之规范再造》,载《法学》2019 年第 2 期。

[10] 参见张家勇:《基于得利的侵权损害赔偿之规范再造》,载《法学》2019 年第 2 期;[德]格哈德·瓦格纳:《损害赔偿法的未来》,王程芳译,中国法制出版社 2012 年版,第 139 页;洪国盛:《论权益侵害与获利交出》,载《环球法律评论》2022 年第 2 期。

(三)获利剥夺的范围认定及清偿顺位

我国《民法典》第1182条规定的获利剥夺是对广义获利的剥夺,其包含了与权利人所受损失具有相关性的所得利益以及超越该部分的额外利益,而真正意义上的获利剥夺仅旨在对额外利益的剥夺。对前者的赔偿实际是对被侵害权利的经济价值的赔偿,该数额本身应考虑权利人议价能力、市场规则等影响。[1] 对后者的赔偿则需区分情况做不同处理:(1)对被侵害权益可单独产生利益的情形,允许扣除一定比例的间接费用(如交易成本)后估算产品利润,然后再减去生产侵权产品的机会成本;(2)若被侵害权益须与其他生产要素结合才能产生利益,则允许在第一种方案的基础上再扣除使用替代品可获得的利益;(3)若侵害权益所获利益体现为成本节约的情形,则允许扣除侵权行为人选择最佳替代方案支出的费用。[2] 故对引导案例的问题(7),其属于前述情形(2),仅被侵害的权益与其他生产要素结合后才能产生利益,故在获利剥夺的范围认定上应当允许扣除乙取得同等知名度的其他知名人士所应支出的许可费,且亦应考虑扣减乙自身投入的产品宣发费用。

在获利剥夺的清偿顺位上,获利剥夺本难证立权利人取得超过其规范所失的额外利益的正当性,且实质意义上的获利剥夺仅指向额外利益的赔偿问题,权利人的规范所失可经由前述价值赔偿获得充分的救济,故获利剥夺不应当然取得与普通债权的同等顺位。从利益范围上来看,额外利益可能存在其他债权人的贡献,该部分债权人的利益不应被忽视,再有前述获利剥夺归属于权利人本身正当性的疑问,若再使获利剥夺的救济与其他债权处于同一顺位,则可能产生牺牲其他债权人的利益以满足本就缺乏充足正当性的额外利益归属。[3]

---

〔1〕 尤其是被侵害权利并无可资参照的以往进行交易或许可的价格,参见洪国盛:《论权益侵害与获利交出》,载《环球法律评论》2022年第2期。

〔2〕 第一种情形如出卖他人之物;第二种情形如使用他人知识产权;第三种情形如未经许可通行他人道路。参见洪国盛:《论权益侵害与获利交出》,载《环球法律评论》2022年第2期。

〔3〕 参见洪国盛:《论权益侵害与获利交出》,载《环球法律评论》2022年第2期。

知识结构

- 人身损害赔偿
  - 人身伤亡的损害赔偿
    - 积极损失
      - 为治疗和康复支出的费用
        - 医疗费
        - 住院伙食补助费、住宿费、营养费
      - 增加生活上需要支出的必要费用
        - 护理费
        - 残疾辅助器具费
      - 其他费用支出
        - 交通费
        - 丧葬费
    - 消极损失
      - 误工费
      - 残疾赔偿金
      - 死亡赔偿金
      - 残疾赔偿金、死亡赔偿金 → 被扶养人生活费（“计入”）→ 另行计算再总和
      - ↓ 重复计算的缓解：技术性手段处理，广义的死亡赔偿金=狭义的死亡赔偿金 + 被扶养人生活费
      - → 忽视权利人范围的差异
  - 侵害其他人身权益的财产损害赔偿
    - → 获利剥夺
      - 基本含义：对超出与规范所失相关的规范所得部分的额外利益的剥夺，并将之归属于权利人
      - 制度意旨：贯彻单极化的预防目标
      - 体系定位
        - 无因管理——通过不法管理路径
        - 不当得利——难解决相关性问题侵权损害赔偿
      - 范围认定
        - 被侵害权益可单独产生利益
        - 被侵害权益须与其他生产要素结合才能产生利益
        - 被侵害权益所获利益体现为成本的节约
      - 清偿顺位：原则上劣后于一般债权

第四节　精神损害赔偿

引导案例

甲、乙向来不睦，甲自视甚高，极为重视自己的名誉；乙父母早逝，其父仅遗留下生前从不离手的一串手钏。乙大肆宣扬甲学历造假，品行不端；为报复乙，甲某日从乙家中偷出该手钏，次日当着甲的面将其砸碎。试回答如下问题：

(1)若手钏虽为乙父所留，但乙与其父母关系长期不和，该手钏被乙随意放置在窗台，一度丢失，问乙得否请求精神损害赔偿？

(2)若乙常拿出该手钏摩挲、回忆，时而号啕大哭，试问乙对甲毁坏该手钏，是否得请求精

神损害赔偿?

(3)若乙常拿出该手钏摩挲、回忆,时而号啕大哭,而甲并未毁坏该手钏,但径直将其丢入粪池,问乙得否请求精神损害赔偿?

一、概念及其功能

精神损害赔偿,是指侵权人侵害他人民事权益造成他人严重精神损害时,侵权人应当依法向被侵权人支付精神损害抚慰金的民事责任。[1] 大陆法系传统理论将损害后果区分为财产损害和非财产损害,针对自然人的“非财产损害”表现为积极意义上的精神痛苦和肉体痛苦,以及消极意义上的知觉丧失和心神丧失,对前两者不能恢复原状的,在有法律明确规定的情况下始得请求精神损害赔偿。[2] 一方面,精神痛苦涉及被害人主观情感,其痛苦程度如何等均难以认定;另一方面,不同于贯彻完全赔偿原则的财产损害赔偿,精神损害赔偿具有衡平功能,[3]轻微的精神损害亦可通过非财产的恢复方式(如消除影响、赔礼道歉等)进行救济,并不一定完全诉诸金钱赔偿,[4]故精神损害赔偿在立法上的设计具有限定主义的特征。[5]

从历史沿革上来看,我国精神损害赔偿理论一度受到苏联民法理论的影响,精神损害赔偿因作为对人的“物化”而被否定,在随后的“去苏联化”过程中其正当性才逐渐得到承认。[6] 在精神损害赔偿的内容上,由于“扶养丧失说”立场下的死亡赔偿金与被扶养人生活费间的重复赔偿问题难以顺畅解释,2001 年的最高人民法院《精神损害赔偿解释》[7]曾一度将死亡赔偿金作为精神损害赔偿来对待。[8] 但 2003 年的《人身损害赔偿解释》[9]明确了死亡赔偿金系采“继承丧失说”,并在此基础上明确了其为财产损害赔偿,自此死亡赔偿金不再被视为一种精神损

---

[1] 参见程啸:《侵权责任法》(第 3 版),法律出版社 2021 年版,第 854 页。

[2] 参见王泽鉴:《损害赔偿》,北京大学出版社 2017 年版,第 240 页;邹海林、朱广新主编:《民法典评注 · 侵权责任编》(第 1 册),中国法制出版社 2020 年版,第 207 ~ 208 页。

[3] 参见王泽鉴:《损害赔偿》,北京大学出版社 2017 年版,第 251 页。

[4] 参见张新宝主编:《精神损害赔偿制度研究》,法律出版社 2012 年版,第 377 页。

[5] 参见王泽鉴:《损害赔偿》,北京大学出版社 2017 年版,第 249 页;邹海林、朱广新主编:《民法典评注 · 侵权责任编》(第 1 册),中国法制出版社 2020 年版,第 208 页;张新宝主编:《精神损害赔偿制度研究》,法律出版社 2012 年版,第 57 页。

[6] 对历史沿革的考察,参见石冠彬:《民法典精神损害赔偿制度的规范构造与价值定位》,载《学术月刊》2022 年第 4 期。

[7] 参见《精神损害赔偿解释》(2001 年)第 9 条,该条规定:“精神损害抚慰金包括以下方式……(二)致人死亡的,为死亡赔偿金……”

[8] 参见邹海林、朱广新主编:《民法典评注 · 侵权责任编》(第 1 册),中国法制出版社 2020 年版,第 208 ~ 209 页;最高人民法院民事审判第一庭编著:《最高人民法院人身损害赔偿司法解释理解与适用》,人民法院出版社 2022 年版,第 200 ~ 205 页。

[9] 《人身损害赔偿解释》(2003 年)第 29 条规定:“死亡赔偿金按照受诉法院所在地上一年度城镇居民人均可支配收入或者农村居民人均纯收入标准,按二十年计算。但六十周岁以上的,年龄每增加一岁减少一年;七十五周岁以上的,按五年计算。”从死亡赔偿金的计算方式可以很明显地看出其被作为财产损害/物质损害加以赔偿,详见本章第 3 节。

害赔偿。[1] 类似地,残疾赔偿金在性质上也经历了从精神损害赔偿到财产损害赔偿的转变。[2]

就精神损害赔偿的功能而言,其通常被认为具有补偿功能以及抚慰功能。[3] 即使主张有惩罚功能的学者亦认为,惩罚功能并非精神损害赔偿的基本功能。[4] 补偿功能与抚慰功能虽似有重叠但各有侧重,补偿功能所侧重的是给予痛苦者以金钱赔偿,使其可以通过金钱的购买力获得替代性欢愉,是为"替代填补";而抚慰功能则为彰显侵权人表达歉意之态度,并借此使被侵权人获得心理满足。[5] 但同样需注意的是,其虽有补偿功能,但并不同于财产损害赔偿的损失一概予以填补,仅在"损害"达到一定程度之后方予以精神损害赔偿。[6] 此外,并不能从"补偿"中得出精神损害赔偿是否要考虑被侵权人的感受痛苦能力的结论。换言之,被侵权人是否能感受痛苦并不影响精神损害的赔偿。[7] 日本法上有单独承认精神损害赔偿惩罚功能的倾向,[8]但日本法上的精神损害赔偿制度已经成为用以调整财产性赔偿不足的工具,其主张"制裁性精神损害赔偿论"的理由更多是通过精神损害赔偿金来实现对侵权获利人的获利剥夺或是对财产损害起到兜底性作用,[9]有学者称为"补充性功能"或"调整性功能"。[10] 相较而言,我国并未对精神损害赔偿的客体保护范围采概括主义立场,且我国亦有侵害人身权益时的获利剥夺的规定,前述"补充性功能"或"调整性功能"之发挥实为有限,故难将其作为承认精神损害赔偿独立惩罚功能之基础。

二、精神损害赔偿的范围

(一)精神损害赔偿的主体范围

1. 精神损害赔偿的主体仅限于自然人

依据《民法典》第 1183 条之规定,精神损害赔偿之主体仅限于自然人,故法人或非法人组

---

〔1〕 参见最高人民法院民事审判第一庭编著:《最高人民法院人身损害赔偿司法解释理解与适用》,人民法院出版社 2022 年版,第 208 页。

〔2〕 将其作为精神损害赔偿的,《精神损害赔偿解释》(2001 年)第 9 条规定:"精神损害抚慰金包括以下方式:(一)致人残疾的,为残疾赔偿金……"后续司法解释明确残疾赔偿金并非精神损害赔偿的,《人身损害赔偿解释》(2003 年)第 25 条规定:"残疾赔偿金根据受害人丧失劳动能力程度或者伤残等级,按照受诉法院所在地上一年度城镇居民人均可支配收入或者农村居民人均纯收入标准,自定残之日起按二十年计算。但六十周岁以上的,年龄每增加一岁减少一年;七十五周岁以上的,按五年计算。受害人因伤致残但实际收入没有减少,或者伤残等级较轻但造成职业妨害严重影响其劳动就业的,可以对残疾赔偿金作相应调整。"

〔3〕 参见程啸:《侵权责任法》(第 3 版),法律出版社 2021 年版,第 856 ~ 857 页;石冠彬:《民法典精神损害赔偿制度的规范构造与价值定位》,载《学术月刊》2022 年第 4 期;[德]U. 马格努斯主编:《侵权法的统一——损害与损害赔偿》,法律出版社 2009 年版,第 132 页。

〔4〕 参见杨立新:《侵权责任法》(第 4 版),法律出版社 2021 年版,第 242 页。

〔5〕 参见曾世雄:《损害赔偿法原理》,中国政法大学出版社 2001 年版,第 310 ~ 311 页;张新宝主编:《精神损害赔偿制度研究》,法律出版社 2012 年版,第 43 ~ 44 页;程啸:《侵权责任法》(第 3 版),法律出版社 2021 年版,第 856 页;王泽鉴:《损害赔偿》,北京大学出版社 2017 年版,第 254 ~ 258 页。

〔6〕 参见张新宝主编:《精神损害赔偿制度研究》,法律出版社 2012 年版,第 61 页。

〔7〕 参见[德]埃尔温·多伊奇、[德]汉斯-于尔根·阿伦斯:《德国侵权法:侵权行为、损害赔偿及痛苦抚慰金》(第 6 版),叶名怡、温大军译,中国人民大学出版社 2022 年版,第 246 页;张新宝主编:《精神损害赔偿制度研究》,法律出版社 2012 年版,第 64 ~ 66 页。

〔8〕 参见[日]吉村良一:《日本侵权行为法》(第 4 版),张挺译,文元春校,中国人民大学出版社 2013 年版,第 115 ~ 116 页;于敏:《日本侵权行为法》(第 3 版),法律出版社 2015 年版,第 558 ~ 559 页。

〔9〕 参见[日]吉村良一:《日本侵权行为法》(第 4 版),张挺译,文元春校,中国人民大学出版社 2013 年版,第 116 页。

〔10〕 参见于敏:《日本侵权行为法》(第 3 版),法律出版社 2015 年版,第 591 页。

织并非精神损害赔偿的主体。此时自然人作为直接受害人自然可以请求侵权行为人赔偿由此导致的精神痛苦。至于自然人在遭受侵权时尚存活,但在侵权行为人赔偿精神损害前死亡的,则属于精神损害赔偿请求权的可继承问题,对该问题本节于第五部分进行讨论。

2. 近亲属作为精神损害赔偿的主体

德国法上曾认为,死者近亲属的精神损害赔偿请求权源自被侵权人,被侵权人从受伤到死亡期间遭受的精神痛苦所产生的精神损害赔偿请求权可以自动归入遗产继承。〔1〕但德国判例肯定了近亲属于被侵权人死亡时"惊吓损害"的精神损害赔偿,该赔偿请求权为其固有之权利。〔2〕对"惊吓损害"的精神损害赔偿在某种程度上可以作为对近亲属"丧亲之痛"的纯粹精神损害予以救济的替代制度,但效果不尽如人意。〔3〕实际上,该"惊吓损害"的精神损害赔偿要求达到病理上的健康损害的程度,与对近亲属的"丧亲之痛"的精神损害赔偿并不相同,后者属于"纯粹精神损害",并不为德国旧法所承认。〔4〕但德国2017年7月17日颁布了《遗属慰抚金请求权引入法》(Gesetz zur Einführung eines Anspruchs auf Hinterbliebenengeld),在《德国民法典》第844条新增第3款,承认了与死者有特殊密切关系者对"丧亲之痛"的慰抚金请求权(Hinterbliebenengeld)。〔5〕

而我国多数学者认为,在被侵权人死亡的情形下,其近亲属所享有的精神损害赔偿请求权乃其固有之权利,是对其自身因被侵权人之死亡("丧亲之痛")而受到的精神痛苦的赔偿。〔6〕此时,对该精神痛苦的精神损害赔偿并不要求达到德国法上"惊吓损害"赔偿所要求的病理性程度。至于其请求权基础为何?值得讨论。

对此,有观点认为是《民法典》第1181条第1款第1句,〔7〕亦有观点认为是第1183条第1款。〔8〕立法者在该问题上曾一度认为近亲属固有的精神损害赔偿请求权的请求权基础为《民法典》第1181条第1款第1句,〔9〕现今则转认为《民法典》第1183条第1款〔10〕方为其请求权基础。〔11〕但两者在解释上都有一定的模糊性。从体系位置上看,第1181条位于第1180条人身损害赔偿规范之后,更适合解释为被侵权人死亡时的财产损害赔偿请求权主体的确定规范,第1181条第1款第1句中的近亲属主张的权利并非其固有的权利,而是对死者权利的继承。

〔1〕参见[德]埃尔温·多伊奇、[德]汉斯-于尔根·阿伦斯:《德国侵权法:侵权行为、损害赔偿及痛苦抚慰金》(第6版),叶名怡、温大军译,中国人民大学出版社2022年版,第248页。

〔2〕参见[德]埃尔温·多伊奇、[德]汉斯-于尔根·阿伦斯:《德国侵权法:侵权行为、损害赔偿及痛苦抚慰金》(第6版),叶名怡、温大军译,中国人民大学出版社2022年版,第245、248、251页。

〔3〕参见朱晓喆:《第三人惊吓损害的法教义学分析——基于德国民法理论与实务的比较法考察》,载《华东政法大学学报》2012年第3期。

〔4〕参见朱晓喆:《第三人惊吓损害的法教义学分析——基于德国民法理论与实务的比较法考察》,载《华东政法大学学报》2012年第3期。

〔5〕参见李昊:《危险责任的动态体系论》,北京大学出版社2020年版,第70页。

〔6〕参见张新宝主编:《精神损害赔偿制度研究》,法律出版社2012年版,第74页;程啸:《侵权责任法》(第3版),法律出版社2021年版,第863页。

〔7〕参见邹海林、朱广新主编:《民法典评注·侵权责任编》(第1册),中国法制出版社2020年版,第186页。

〔8〕参见程啸:《侵权责任法》(第3版),法律出版社2021年版,第865~866页;石冠彬:《民法典精神损害赔偿制度的规范构造与价值定位》,载《学术月刊》2022年第4期。

〔9〕参见全国人大常委会法制工作委员会民法室编著:《中华人民共和国侵权责任法解读》,中国法制出版社2010年版,第99~100页。

〔10〕该条规定:"侵害自然人人身权益造成严重精神损害的,被侵权人有权请求精神损害赔偿。"

〔11〕参见黄薇主编:《中华人民共和国民法典侵权责任编解读》,中国法制出版社2020年版,第79~80页。

而第1183条第1款规定的是侵害"自然人""人身权益","被侵权人"有权请求精神损害赔偿,未区分自然人死亡时存在的双重受害人。若将自然人理解为死者,则其作为被侵权人因为权利能力消灭无法主张精神损害赔偿;若将自然人理解为死者近亲属,[1]作为被侵权人的死者近亲属享有固有的精神损害赔偿请求权在解释上要面临其何种人身权益受侵害的问题,[2]而且构成里也没有体现出和直接受害人死亡的关联,需要做出进一步补充解释。《精神损害赔偿解释》(2020年修正)第1条和《人身损害赔偿解释》(2022年修正)第1条也存在同样的问题。《精神损害赔偿解释》(2020年修正)第1条规定的是,因人身权益受到侵害,"自然人或者其近亲属"可以向人民法院提起精神损害赔偿,在死亡情形下,这里的人身权益可以解释为死者的人身权益(生命权),此时,死者近亲属可以主张对固有精神损害的赔偿,但也可以解释为死者近亲属的人身权益,此时存在的问题同于《民法典》第1183条第1款;而《人身损害赔偿解释》(2022年修正)第1条第1款规定,因生命、身体、健康遭受侵害,赔偿权利人可以起诉请求赔偿义务人赔偿精神损害,第2款则规定赔偿权利人"指因侵权行为或者其他致害原因直接遭受人身损害的受害人以及死亡受害人的近亲属",结合两款规定,这里的死亡受害人的近亲属主张的精神损害赔偿是源自对死者生命、身体、健康权的侵害还是源自对自己相关民事权益的侵害亦属不明,若作后一解释,更倾向是对死者近亲属遭受的惊吓损害的规范基础。通过比较上述规定,可以很明显地看出,在被侵权人死亡的情形下,在受侵害的民事权益的主体上是否明确区分作为直接受害人的被侵权人与作为间接受害人的近亲属,会影响相关规范能否作为近亲属固有的精神损害赔偿请求权的请求权基础。在这点上,《精神损害赔偿解释》(2001年)第7条的规定显然更合理。[3]

在自然人死亡后的人格利益保护上,由于死者并非权利主体,其亦不可能感受到精神痛苦,故行为人侵害死者的人格利益直接侵害的是其近亲属的精神利益,其近亲属可根据《民法典》第994条与《精神损害赔偿解释》(2020年修正)第3条的规定向行为人主张精神损害赔偿。[4]

(二)精神损害赔偿的客体范围

从比较法例上看,各国在精神损害赔偿的客体范围有限定主义立法与非限定主义立法两种立法模式,后者不对精神损害赔偿范围作限定性规定,一般的财产损害亦可能导致精神损害赔偿。[5] 从我国《民法典》第1183条来看,我国采取的是限定主义立法模式,但值得注意的是该条第2款将"具有人身意义的特定物"纳入了精神损害赔偿的客体范围内。从第1183条的历史沿革上看,原《民法通则》中并没有明确规定精神损害赔偿,反倒是2001年《精神损害赔偿

---

〔1〕参见最高人民法院贯彻民法典实施工作领导小组主编:《中华人民共和国民法典侵权责任编理解与适用》,人民法院出版社2020年版,第180页;黄薇主编:《中华人民共和国民法典侵权责任编解读》,中国法制出版社2020年版,第79~80页。

〔2〕有学者试图通过"一般人格权"进行解释,参见程啸:《侵权责任法》(第3版),法律出版社2021年版,第865~866页。

〔3〕《精神损害赔偿解释》(2001年)第7条明确规定,自然人死亡时,近亲属可直接作为原告提起诉讼。该条内容为:"自然人因侵权行为致死,或者自然人死亡后其人格或者遗体遭受侵害,死者的配偶、父母和子女向人民法院起诉请求赔偿精神损害的,列其配偶、父母和子女为原告;没有配偶、父母和子女的,可以由其他近亲属提起诉讼,列其他近亲属为原告。"但后续的立法与司法解释的相关条文均未沿袭该规范的表述。

〔4〕参见张新宝主编:《精神损害赔偿制度研究》,法律出版社2012年版,第68~69页。

〔5〕参见邹海林、朱广新主编:《民法典评注·侵权责任编》(第1册),中国法制出版社2020年版,第212~213页。

解释》明确规定了精神损害赔偿的各类情形，并明确规定了侵害“具有人格象征意义的特定纪念物品”情形下的精神损害赔偿。但2009年原《侵权责任法》第22条中仅规定了“人身权益”受侵害情形下的精神损害赔偿而未吸收司法解释的规定，此时对《精神损害赔偿解释》（2001年）所规定的“具有人格象征意义的特定纪念物品”这一客体，解释上则只能将其纳入原《侵权责任法》所规定的“人身利益”中。[1] 为弥补原《侵权责任法》规定的不足，《民法典》在其基础上直接吸收司法解释的规定，于第1183条第2款中规定了侵害“具有人身意义的特定物”情形下的精神损害赔偿。尽管有学者主张，该条第2款规定的“具有人身意义的特定物”包含在了第1款规定的“人身权益”之中，[2]但很显然从第2款较之第1款更严苛的精神损害赔偿适用要件上来看，此处的“具有人身意义的特定物”虽然亦旨在保护该特定物上的人格利益，但其是对第1款保护范围的扩张，故并不能将其纳入第1款所规定的“人身权益”之中。《民法典》此举突破了大陆法系的传统，将财产权益受侵害发生的具有间接损害性质的精神损害纳入精神损害赔偿保护的客体范围内，从而导致保护客体范围的扩张。[3] 为平衡此种扩张可能导致的实践中过度泛化风险，[4]一方面要求对该“具有人身意义的特定物”严格认定，另一方面《民法典》本身即在原有司法解释规定的基础上额外增加了对侵权行为人主观要件的要求（故意或重大过失）。

1. 人身权益

“人身权益”包括人格权益和身份权益。（1）人格权益。根据《民法典》第990条的规定，自然人的人格权益包括物质性人格权（生命权、身体权、健康权）、精神性人格权（姓名权、肖像权、名誉权等）以及一般人格权（第990条第2款）。值得讨论的是，个人信息权益被侵害得否主张精神损害赔偿？首先，从《民法典》第1183条的文义来看，其所规定的是“人身权益”，故并未排除虽非权利但亦为法律所承认的个人信息权益。其次，从时代背景来看，承认数字社会下侵害个人信息权益的精神损害赔偿是对具有人格属性的个人信息权益进行保护的必然结论。[5] 信息时代中的个人信息组合成主体的“数字人格”，侵害个人信息权益是对个人信息主体精神利益的直接侵害，故可主张精神损害赔偿。[6] 但在具体适用上，则应当淡化“严重精神损害”的程度要件，同时结合《民法典》第998条的规定予以综合考虑。[7] 也有其他观点主张区分两种情形而分别适用不同的规则，对同时侵害与姓名权等人格权存在重叠的个人信息权益的侵权行为适用《民法典》第1183条的规定，对单纯侵害个人信息权益造成精神损害的适用《个人信息保护法》第69条的规定。[8] 但该观点并未说明，为何对侵害个人信息权益同时会侵害其他具体人格权的侵权行为不能适用《个人信息保护法》第69条的规定，而后者并未规定

[1] 参见张新宝主编：《精神损害赔偿制度研究》，法律出版社2012年版，第68～69页。

[2] 参见石冠彬：《民法典精神损害赔偿制度的规范构造与价值定位》，载《学术月刊》2022年第4期。

[3] 参见邹海林、朱广新主编：《民法典评注·侵权责任编》（第1册），中国法制出版社2020年版，第217页；最高人民法院民事审判第一庭编著：《最高人民法院〈关于确定民事侵权精神损害赔偿责任若干问题的解释〉的理解与适用》，人民法院出版社2001年版，第46～47页。

[4] 参见薛军：《〈民法典〉对精神损害赔偿制度的发展》，载《厦门大学学报（哲学社会科学版）》2021年第3期。

[5] 参见彭诚信、许素敏：《侵害个人信息权益精神损害赔偿的制度建构》，载《南京社会科学》2022年第3期。

[6] 参见李东宇：《论侵害个人信息权益的精神损害赔偿》，载《财经法学》2023年第4期。

[7] 参见彭诚信、许素敏：《个人信息权益侵权损害赔偿应然范围探讨：基于数字社会的场景》，载《社会科学》2023年第7期。

[8] 参见程啸、曾俊刚：《个人信息侵权的损害赔偿责任》，载《云南社会科学》2023年第2期。

“严重性”的要件。(2)身份权益。虽然《民法典》将身份利益纳入精神损害赔偿责任的保护范围内,但对身份法益的保障范围不宜过宽,受侵害时能请求精神损害赔偿者仍应以法律规定为限。[1] 根据《精神损害赔偿解释》(2020 年修正)第 2 条的规定,在侵害监护权的情形中,非法使被监护人脱离监护,导致亲子关系或者其他近亲属关系受到严重损害的,应当认定为《民法典》第 1183 条第 1 款规定的“严重精神损害”,监护人可以主张精神损害赔偿。有疑问者提出,《民法典》第 1091 条规定是否为侵害配偶权情形下的精神损害赔偿的规定。根据最高人民法院《关于适用〈中华人民共和国民法典〉婚姻家庭编的解释(一)》第 86 条的规定,《民法典》第 1091 条规定的“损害赔偿”包括了精神损害赔偿,而第 1091 条规定的具体情形中又包含了重婚、与他人同居的情形,该条似乎可以作为配偶权侵权下的精神损害赔偿的请求权基础。有观点认为,此处所规定的就是侵害配偶权的精神损害赔偿,[2] 但更多观点认为该条并非侵权责任的规定,而是一种特别责任。[3] 从解释上来说,该条所规范的是因离婚而发生的损害赔偿问题,而非导致离婚的原因所直接引起的损害赔偿问题,[4] 且第 1091 条所列举的“实施家庭暴力”与“虐待、遗弃”难谓对配偶权的侵害,故该条并非侵害配偶权的侵权责任规定。

2. 具有人身意义的特定物

具有人身意义的特定物,是指已经与自然人的人身利益(人格利益或身份利益)紧密结合的特定物。[5] 该“具有人身意义的特定物”最早在 2001 年《精神损害赔偿解释》第 4 条中予以规定了,其所规定者为“具有人格象征意义的特定纪念物品”,为免该条扩张精神损害赔偿的保护范围导致的诉权滥用,该条所规定的“具有人格象征意义”的物原则上仅限于“与特定人格的才能、品行、形象、风貌乃至精神魅力有关的”“纪念物品”。[6]

从条文变迁上来看,《民法典》第 1183 条在保护客体范围上,一方面取消了“纪念物品”的限定,另一方面则将保护客体范围从“具有人格特征”的特定物扩张到了“具有人身意义”的特定物。立法者的观点认为,对“具有人身意义的特定物”的范围仍要严格限定,主要包括“与近亲属死者相关的特定纪念物品”“与结婚礼仪相关的特定纪念物品”“与家族祖先相关的特定纪念物品”几种情形。[7] 但从立法变迁来看,既然《民法典》第 1183 条的规定为了缓解司法解释限定的严苛,放弃了“人格象征”和“纪念物品”的要求,故在解释上亦应当有所松动,不应再坚持“纪念物”这一认定标准,以维持《民法典》目前表述的开放性。[8] 但该规定是传统理论中精神损害赔偿保护客体范围的扩张,故虽然放弃“纪念物”的认定标准,仍要对其认定要件从严

---

〔1〕 参见王利明:《侵权责任法研究》(上卷)(第二版),中国人民大学出版社 2016 年版,第 722 页;曾世雄:《损害赔偿法原理》,中国政法大学出版社 2001 年版,第 358 页。

〔2〕 参见石冠彬:《民法典精神损害赔偿制度的规范构造与价值定位》,载《学术月刊》2022 年第 4 期;张新宝主编:《精神损害赔偿制度研究》,法律出版社 2012 年版,第 348 页。

〔3〕 参见田韶华:《民法典离婚损害赔偿制度法律适用的疑难问题》,载《河北法学》2021 年第 1 期;李永军:《论〈民法典〉婚姻家庭编中损害赔偿的请求权基础》,载《法学家》2022 年第 6 期。

〔4〕 参见田韶华:《民法典离婚损害赔偿制度法律适用的疑难问题》,载《河北法学》2021 年第 1 期;李永军:《论〈民法典〉婚姻家庭编中损害赔偿的请求权基础》,载《法学家》2022 年第 6 期。

〔5〕 参见程啸:《侵权责任法》(第 3 版),法律出版社 2021 年版,第 861 页。

〔6〕 参见最高人民法院民事审判第一庭编著:《最高人民法院〈关于确定民事侵权精神损害赔偿责任若干问题的解释〉的理解与适用》,人民法院出版社 2001 年版,第 49 页。

〔7〕 参见黄薇主编:《中华人民共和国民法典侵权责任编解读》,中国法制出版社 2020 年版,第 80 页。

〔8〕 参见薛军:《〈民法典〉对精神损害赔偿制度的发展》,载《厦门大学学报(哲学社会科学版)》2021 年第 3 期。

把握:(1)该被侵害客体是特定物,且要求具有唯一性、不可替代性;[1](2)该特定物以精神利益为内容,具有重大感情价值或特定纪念意义;(3)该特定物与特定人格的特定人格要素、特定身份等具有专属性的内在联系。[2] 在引导案例中,乙父所遗留手钏为其唯一的遗物,且乙父对该手钏生不离手,一直贴身携带,可以认定为该物与乙父产生了特定的情感联系,故应当属于第1183条第2款所规定"具有人身意义的特定物"。

三、精神损害赔偿责任的适用要件

(一)侵害人身权益的情形

侵害人身权益情形的精神损害赔偿的主要适用要件是造成严重的精神损害。因为精神痛苦本具有高度主观性,被侵权人的痛苦程度难以客观认定,故各国在立法上均对精神损害赔偿的适用予以限制。根据《民法典》第1183条的规定,在两种情形下,精神损害赔偿责任都要求造成"严重的精神损害",该"严重性"要件即是为防止精神损害赔偿的滥用,[3]其是作为精神损害赔偿责任请求权成立的特殊限制要件存在的。[4] "严重"作为具有价值开放性的不确定法律概念为裁判者预留了充分的自由裁量空间,但仍要求裁判者要先作出前提性论证后再结合第1183条的规定适用该要件。[5] 有观点认为,应区分物质性人格权和非物质性人格权且采取不同的判断标准,前者受侵害只要造成死亡或残疾结果的即满足严重性要求,后者则要综合多种因素。[6] 亦有观点主张,要从"社会一般人"的承受标准和对被侵权人实际正常生活造成的负面影响两个角度综合判断,[7]更有学者从《民法典》对人格权益的区分保护立场出发,结合物质性人格权保护的优先性,主张在物质性人格权受侵害适用"严重"要件时不再考虑被侵害的程度,而是将不同程度的侵害作为确定精神损害赔偿数额的依据;而在精神性人格权受侵害的情形下,基于精神损害难证明性的特点,结合损害填补原则和行为自由保护的调和,主张仅"存在医学上可被证明的精神症状"时方予精神损害赔偿。[8] 但该观点对精神性人格权受侵害情形下的"严重精神损害"存在过度限缩的嫌疑,对受害人来说过于严苛。从体系解释来看,《民法典》第998条区分出精神性人格权而规定了认定承担侵权责任的综合考量因素,故在对该条规定的"严重性"要件进行认定时亦应当基于物质性人格权和精神性人格权的差异作不同考虑,基于权益保护的不同价值位阶,前者的"严重性"认定程度较之后者应从宽把握。

(二)侵害具有人身意义的特定物的情形

1.故意或重大过失

为免客体范围扩张导致精神损害赔偿的肆意,《民法典》第1183条第2款在2001年《精神损害赔偿解释》(2020年修正)第4条的基础上增加了对主观要件的要求。该要件实际上亦是前述对受害人的权益保护与行为人的行为自由两种价值权衡的结果,盖法律不能一般性地期

---

[1] 参见石冠彬:《民法典精神损害赔偿制度的规范构造与价值定位》,载《学术月刊》2022年第4期。
[2] 参见邹海林、朱广新主编:《民法典评注 · 侵权责任编》(第1册),中国法制出版社2020年版,第217~218页。
[3] 参见黄薇主编:《中华人民共和国民法典侵权责任编解读》,中国法制出版社2020年版,第79页。
[4] 参见朱震:《论侵害人格权精神损害赔偿中的"严重"》,载《法制与社会发展》2022年第2期。
[5] 参见朱震:《论侵害人格权精神损害赔偿中的"严重"》,载《法制与社会发展》2022年第2期。
[6] 参见程啸:《侵权责任法》(第3版),法律出版社2021年版,第862页。
[7] 参见石冠彬:《民法典精神损害赔偿制度的规范构造与价值定位》,载《学术月刊》2022年第4期。
[8] 参见朱震:《论侵害人格权精神损害赔偿中的"严重"》,载《法制与社会发展》2022年第2期。

待侵权人知晓其所侵害之物具有人身意义,[1]而该立场在扩张精神损害赔偿保护范围的情形下尤为重要。

2. 造成严重精神损害

在此需要讨论的是,侵害“具有特定人身意义的特定物”的情形是否要求造成该物永久性灭失或毁损。《精神损害赔偿解释》(2001 年)第 4 条即要求该特定物因侵权行为而永久性灭失或损毁,《民法典》第 1183 条第 2 款并未再作此要求。旧司法解释的规定太过刚性,虽未达到“永久性”灭失或损毁的程度,被侵权人亦完全可能遭受严重的精神痛苦,[2]而且第 1183 条第 2 款新增了对主观要件的要求以限制此种情形下的精神损害赔偿,故不宜坚持永久性灭失或损毁这一程度要求,但可将其作为判断“严重性”的重要考量因素。故对引导案例的问题(1),首先应当区分的是对可以适用精神损害赔偿的客体的认定以及对精神损害“严重性”的认定,其理由在于即使侵害了“具有人身意义的特定物”也并不当然会造成“严重”的精神损害,若不满足严重性要求,即不符合精神损害赔偿的要件。故在该案中,应当先认定该“手钏”是否属于精神损害赔偿的客体,再认定乙是否受有精神损害以及所受精神损害是否具有“严重性”。在本题中,前文已经认定该手钏属于“具有人身意义的特定物”,但乙与其父母的关系长期不和,且从该手钏放置的随意性来看,难谓对乙造成了严重的精神损害,故乙不得请求精神损害赔偿。但对问题(2)来说,应当肯定乙可以请求精神损害赔偿。而对问题(3),虽然甲并未致该物永久性毁损、灭失,但从乙对该遗物的重视程度来看,亦应当肯定甲之行为对乙造成了严重的精神损害,乙得请求精神损害赔偿。

四、精神损害赔偿责任的赔偿数额

基于精神损害的个体差异性以及不确定性,精神损害难以通过量化的方式直接呈现,故作为财产赔偿原则的完全赔偿原则并不能适用于精神损害赔偿的计算。[3] 精神损害难以客观量定,且个案情形复杂,被侵权人各异,故具体的赔偿数额只能由法官根据具体的案情个案认定。但若对司法裁量权不予以限制又可能发生法官根据自己的喜好对裁量因素肆意摘选、裁剪,故修订前后的《精神损害赔偿解释》均明确规定了确定精神损害赔偿数额的具体考量因素。根据《精神损害赔偿解释》(2020 年修正)第 5 条的规定,精神损害赔偿的数额可以根据以下因素确定:(1)侵权人的过错程度,但法律另有规定的除外;(2)侵权行为的目的、方式、场合等具体情节;(3)侵权行为所造成的后果;(4)侵权人的获利情况;(5)侵权人承担责任的经济能力;(6)受诉法院所在地的平均生活水平。从前述规定来看,前 3 项亦可作为是否构成适用精神损害赔偿的“严重性”要件的判断标准。[4] 后 3 项中,第 4 项与《民法典》第 1182 条中规定的获利剥夺相同,故在解释上亦可进行参照,但需注意精神损害赔偿的特殊性;最后两项实际上与精神损害赔偿金所具有的抚慰功能相关联,系精神损害赔偿抚慰功能的实现有赖受害人对金钱之态度,[5]故在确定赔偿数额时亦应当进行考虑。

在实践中,各地方法院在确定侵害精神损害赔偿的范围上亦积极进行了量化规定,可资

---

〔1〕 参见黄薇主编:《中华人民共和国民法典侵权责任编解读》,中国法制出版社 2020 年版,第 80 页。

〔2〕 参见石冠彬:《民法典精神损害赔偿制度的规范构造与价值定位》,载《学术月刊》2022 年第 4 期。

〔3〕 参见张新宝主编:《精神损害赔偿制度研究》,法律出版社 2012 年版,第 98 ~ 99 页。

〔4〕 参见邹海林、朱广新主编:《民法典评注 · 侵权责任编》(第 1 册),中国法制出版社 2020 年版,第 219 ~ 220 页。

〔5〕 参见张新宝主编:《精神损害赔偿制度研究》,法律出版社 2012 年版,第 113 页。

参照。如重庆市高级人民法院《关于审理精神损害赔偿案件若干问题的意见(试行)》(2000年1月13日通过)中即区分物质性人格权和精神性人格权且分别规定了不同的标准,并规定了精神损害赔偿金额的最高限额。《四川省高级人民法院贯彻执行最高人民法院〈关于确定民事侵权精神损害赔偿责任若干问题的解释〉的意见》(2002年5月23日通过)中也有类似规定。

五、精神损害赔偿请求权的可继承性

或有疑问的是,被侵权人从受伤至死亡期间发生的精神损害赔偿请求权能否继承?〔1〕在《德国民法典》废除有关精神损害赔偿请求权高度专属性的规定之前(《德国民法典》第847条),该请求权只有在已经"依契约承诺"或"处于诉讼系属状态"时才可以转让和继承(原第847条第1款第2句)。〔2〕但1990年之后,德国法上,为了缓解专属性导致的被侵权人重伤救治与近亲属采取措施以确保能继承前述请求权间的时间冲突,放弃了精神损害赔偿请求权高度人身性的限制性规定。〔3〕而在日本法上,理论学说接续被侵权人死亡时财产损害赔偿的"继承说"与"继承否定说"的争论(该部分在本书"人身损害赔偿"一节已有说明),对精神损害赔偿请求权得否继承仍有争议,"反对说"更从精神损害赔偿请求权的"一身专属性"角度否定继承的可能。〔4〕对该问题,《人身损害赔偿解释》(2003年)第18条第2款曾采纳了类似《德国民法典》第847条第1款的规定,但在2020年年底的修正中,该条被删去。但从精神损害赔偿的现实功能上看,其并非单纯的对精神痛苦的补偿,还担任在财产损害计算困难时对财产损害赔偿数额进行调整的角色。〔5〕从这个角度来看,仅承认限定条件下方可继承精神损害赔偿请求权的结论仍需讨论,若仅承认精神损害赔偿在特定情形下方可继承,则前述现实功能可能落空。

---

〔1〕受侵权人立即死亡的,并不会产生精神损害赔偿请求权。参见于敏:《日本侵权行为法》(第3版),法律出版社2015年版,第597页。

〔2〕参见[德]埃尔温·多伊奇、[德]汉斯-于尔根·阿伦斯:《德国侵权法:侵权行为、损害赔偿及痛苦抚慰金》(第6版),叶名怡、温大军译,中国人民大学出版社2022年版,第247页;王泽鉴:《损害赔偿》,北京大学出版社2017年版,第252页。

〔3〕参见[德]埃尔温·多伊奇、[德]汉斯-于尔根·阿伦斯:《德国侵权法:侵权行为、损害赔偿及痛苦抚慰金》(第6版),叶名怡、温大军译,中国人民大学出版社2022年版,第248页。

〔4〕学说争议,参见于敏:《日本侵权行为法》(第3版),法律出版社2015年版,第588~598页。

〔5〕参见于敏:《日本侵权行为法》(第3版),法律出版社2015年版,第597~598页。

知识结构

- 精神损害赔偿
  - 基本含义：侵权人侵害他人民事权益造成他人严重精神损害时，侵权人应当依法向被侵权人支付精神损害抚慰金的民事责任
  - 基本功能：（1）补偿功能；（2）抚慰功能；（3）惩罚功能（非独立性功能）
  - 制度意旨：给予痛苦者以金钱赔偿使被侵权人可通过金钱的购买力获得替代性欢愉，并借此表达歉意
  - 范围
    - 主体范围
      - （1）自然人
      - （2）近亲属［从被侵权人处继承得来（《精神损害赔偿解释》（2020年）第1条）］
    - 客体范围
      - （1）人身权益
        - ①人格权益
        - ②身份权益（监护权、个人信息权益等）
      - （2）具有人身意义的特定物（唯一性，不可替代性，以精神利益为内容，与特定人格利益、身份利益具有内在联系）
  - ↓ 适用要件
    - （1）侵害人身权益的情形：区分物质性人格权与精神性人格权，前者“严重性”程度从宽把握，后者结合《民法典》第998条综合考虑
    - （2）侵害具有人身意义的特定物
      - ①故意或重大过失
      - ②造成严重精神损害（将永久性损毁或灭失作为“严重性”的重要考量因素，而非作为要件）
  - ↓ 赔偿数额
    - （1）侵权人的过错程度，但法律另有规定的除外；
    - （2）侵权行为的目的、方式、场合等具体情节；
    - （3）侵权行为所造成的后果；
    - （4）侵权人的获利情况；
    - （5）侵权人承担责任的经济能力；
    - （6）受诉法院所在地的平均生活水平
  - ↓ 精神损害赔偿请求权的可继承性

第五节　惩罚性赔偿

一、惩罚性赔偿的概念

惩罚性损害赔偿（punitive damages）是相对补偿性损害赔偿（compensatory damages）而言的，其基本含义是除损害填补外，在加害人出于恶意、轻率不顾他人权益时，法院为惩罚和遏制

其不法行为而作出的超出实际损害数额的赔偿。[1] 惩罚性赔偿始于英国普通法,在美国法上亦大放异彩。而对于德国、法国或日本等大陆法系国家,均未建立惩罚性赔偿制度。早在19世纪,德国人就认为《德国民法典》中的损害赔偿法不应该具有惩罚功能。直到今天其判例和学说仍严格遵守着这一原则——但这是就财产上的损害而言的。[2] 言下之意是,在精神损害赔偿上,填补与惩罚之间的界限并非如此明确。事实上,大陆法系国家及地区也出现了接受惩罚性赔偿制度的立法例。例如,我国对消费者保护方面较早地规定了惩罚性赔偿。我国《民法典》第179条第2款亦规定:"法律规定惩罚性赔偿的,依照其规定。"这无疑表明我国接受了惩罚性赔偿制度。

与之相关的术语及其翻译存在多种表述,如惩罚性赔偿(punitive damages)、示范性赔偿(exemplary damages)以及报复性赔偿(vindictive damages),一般认为三者系同义词,只是各有侧重,在实践上可以互通。与这些术语不同的是加重赔偿(aggravated damages)的概念,其大体上相当于大陆法系民法中对非财产上损害(Nichtvermögensshaden)的赔偿,其目的在于补偿当事人受伤害的情感,本质上仍属于填补性赔偿。[3]

二、惩罚性赔偿的功能

对于惩罚性赔偿的功能,各学者说法不一,但几乎都承认惩罚、补偿、吓阻这三大基本功能,以下作简要阐述。

(一)惩罚功能

正如其名,没有人会质疑惩罚性赔偿具有基本的惩罚功能。其所侧重者并非在于原告所受实际损害,而是在于对加害人不法行为的惩戒,这种惩戒通常体现为财产制裁。

惩罚性赔偿备受怀疑的地方在于,惩罚、报复应当是刑法的任务,民法只要纠正不当的利益变动,将其恢复至没有致害事件发生的状态即可。刑民分立,各司其职。这种质疑并不有力,"纵使刑法对于不法行为加以规范,但因刑事政策考量,或因公权力资源不丰,执行刑事责任不足,导致刑事处罚未符报复惩罚之目的,均使民事责任有借用惩罚性赔偿金予以报复处罚之必要"。[4] 也即,刑法对于部分加害他人的不法行为难以规制,惩罚性赔偿的引入并不会导致刑民之间界限模糊,反而可以补充刑法所不能及之处。另外,惩罚性赔偿的惩罚功能可以通过私人诉讼的方式加以实现,而刑罚则必须诉诸公共执法。

(二)补偿功能

英美法上对补偿功能存在不同的理解。少数观点将惩罚性赔偿的补偿功能理解为一种精神损害赔偿或其他难以计算损害时的赔偿制度[5]。我国学者亦存在类似见解,[6]认为"惩罚性赔偿有用于补偿被害人不能证明或难以证明的损害(尤其是精神痛苦),或补充被害人提起

---

[1] 参见王泽鉴:《损害赔偿》,北京大学出版社2017年版,第356页;金福海:《惩罚性赔偿制度研究》,法律出版社2008年版,第37~41页;王利明:《惩罚性赔偿研究》,载《中国社会科学》2000年第4期。

[2] Oliver Brand, Schadensersatzrecht, 3. Aufl., 2021, § 2 Rn. 25.

[3] 参见金福海:《惩罚性赔偿制度研究》,法律出版社2008年版,第37页。

[4] 陈聪富:《侵权行为法原理》(修订2版),台北,元照出版有限公司2018年版,第475页。

[5] 参见金福海:《惩罚性赔偿制度研究》,法律出版社2008年版,第39页。

[6] 参见王利明:《惩罚性赔偿研究》,载《中国社会科学》2000年第4期;陈聪富:《侵权行为法原理》(修订2版),台北,元照出版有限公司2018年版,第472~473页。

诉讼主张权利所支出的律师费、诉讼费用”。[1] 该观点的基本思想在于“使原告受到的全部损失得到完全的赔偿”，[2]这仍是大陆法系国家损害赔偿制度损害填补功能的体现。但必须指出的是，这种观点并非现代英美法理论和实践主流的观点，更多反映的是英美法早期司法实践的观点。[3] 这种观点容易使人产生误解，即误将精神损害赔偿视作一种惩罚性赔偿，这是不正确的。精神损害赔偿无论是在现代英美法还是大陆法中，在性质上通常都属于补偿性损害赔偿而非惩罚性赔偿。

英美法上的主流观点认为，补偿功能是惩罚性赔偿的残余（residual）或次要（secondary）功能，[4]其主要是针对补偿性赔偿无法涵盖的部分，单纯为了惩罚或遏制加害人而判给受害人一笔赔偿金。客观而言，惩罚性赔偿责任确有对受害人的补偿作用，但这仅仅是惩罚性赔偿责任的附属功能，其本身并非为补偿受害人所受损害而设，而是为了惩罚遏制行为人的不法行为而设。

（三）吓阻功能

如同刑法的一般预防（对社会潜在犯罪的震慑）与特别预防（对犯罪人的改善）作用，惩罚性赔偿亦具有一般吓阻和特别吓阻功能。就前者而言，因此又有将惩罚性赔偿称作示范性赔偿者。这种示范性是从社会控制的角度出发，而非局限于实际的损害范围。也就是说，惩罚性赔偿的吓阻目的就在于要设立“典范”而对将来的潜在事故产生预防效力，故而在确定赔偿金额时，无须考虑加害人行为在道德上的可归责程度以及财产多寡，而只需考虑受害人的实际受损与加害人逃脱责任的可能性。即使中间存在“执法落差”（enforcement gap），只要得以吓阻被告从事不法行为，即可达成目的，施以惩罚。

三、惩罚性赔偿在英美法上的适用

在英国现代普通法中，惩罚性赔偿仅适用于侵权案件，不适用于违反合同的诉讼，[5]且适用范围有很大的限制。在1964年英国上议院处理的“Rookes v. Barnard案”中确立了3种适用类型：一是政府官员的压迫的、恣意的以及违宪的行为；二是被告预计能够通过加害他人而获利的行为；三是法律的明文规定。[6] 自此以后，英国法院基本局限该3种类型适用惩罚性赔偿。除此项限制外，还存在所谓诉因标准（Cause of Action Test），要求原告所请求的损害赔偿金必须是1964年“Rookes v. Barnard案”之前便由法院承认的，如恶意起诉、错误拘禁、攻击和殴打、诽谤、侵入他人土地或货物、污染环境以及侵权性干扰他人商业活动等。[7] 只有同时满足这两个标准，才可能适用惩罚性赔偿。由此可见，惩罚性赔偿在现行英国法上的适用范围受到极大限制，这种限制是否合理有待思考。

美国法上的惩罚性赔偿制度比英国法更复杂和发达，其既可以适用于侵权案件，亦可能适用于合同案件之中。在侵权领域，其适用范围也不局限于上述所称3种类型，而是广泛适用于各类侵权行为中。无论是财产侵害还是人身侵害，都属于惩罚性赔偿金适用范围。而在合同

---

[1] 王泽鉴：《损害赔偿》，北京大学出版社2017年版，第364页。
[2] 金福海：《惩罚性赔偿制度研究》，法律出版社2008年版，第73页。
[3] 参见金福海：《惩罚性赔偿制度研究》，法律出版社2008年版，第40页以下。
[4] 参见金福海：《惩罚性赔偿制度研究》，法律出版社2008年版，第74页。
[5] 参见金福海：《惩罚性赔偿制度研究》，法律出版社2008年版，第107页。
[6] 参见王泽鉴：《损害赔偿》，北京大学出版社2017年版，第362页。
[7] 参见金福海：《惩罚性赔偿制度研究》，法律出版社2008年版，第108页。

领域,原则上不得适用惩罚性赔偿,但是在一些例外情形仍有适用,例如,存在欺诈或其他滥用行为、当事人之间存在特殊信任关系等情形。[1]

惩罚性赔偿的适用毫无疑问要以填补性损害赔偿的存在为前提,前者附属后者,其本身不可以单独存在。[2] 而除一般的责任成立要件外,惩罚性赔偿的适用还需要满足其他特别要件,例如,上述所说的类型化条件、诉因条件、加害人主观上存在可非难性的加重事由等。这些限制条件的产生有赖英美法上判例的发展,无法为我国民法直接适用,但其中所体现的利益考量得为我国立法所研究。

四、惩罚性赔偿在我国的适用

英美法上的惩罚性赔偿制度是法官造法和国家立法相结合的产物,而我国的惩罚性赔偿制度的创设和完善则更多诉诸立法机关的成文立法。我国对惩罚性赔偿的立法呈现分散立法的特点,即不对惩罚性赔偿制度作统一的规定,而是由各个单行法对是否适用以及如何适用惩罚性赔偿分别作出规定,[3]《民法典》第179条第2款的引致性条款也体现了这一点。分散式的立法无疑使惩罚性赔偿的适用更具有针对性及可操作性,其实际效果与英美法通过判例来确定具体规则的方式十分相似,但其带来的问题也很明显,即对于惩罚性赔偿的适用范围、适用条件等重要规则难以实现统一,同时还可能引起大量请求权竞合的情形,造成规范的重复与冲突。故而,在现有分散立法的基础上,总结并整合出我国法上惩罚性赔偿适用的一般条件亦有其实际意义。

总体而言,我国主流观点认为,惩罚性赔偿主要应适用于侵权领域,在合同领域中亦应当有限制地加以适用。[4] 而对于两个不同的适用领域,有观点进一步认为,我国惩罚性赔偿责任法律体系已然形成了违约惩罚性赔偿和侵权惩罚性赔偿的二元体系,二者在请求权基础、保护目的、适用条件、法律后果等方面都存在较大区别。[5] 如适用条件上,“欺诈行为”的认定与违约惩罚性赔偿密不可分,但与侵权惩罚性赔偿关系不大;损害后果则与违约惩罚性赔偿并不相关,但与侵权惩罚性赔偿紧密相连。[6] 再落至细微处,学界的讨论则又聚焦对具体条文的解释,如在消费者权益保护中对法条所称“欺诈行为”概念的解释。[7] 这种最终回归于解释论的适用模式明显体现出我国法与英美法的不同,对于惩罚性赔偿的构成要件仍应落脚于对具体法律规范的解释。以下仅对惩罚性赔偿常见的适用领域作简单介绍。

(一)消费者权益保护

1993年《消费者权益保护法》第49条规定的“加倍赔偿”一般被认为是我国最早的惩罚性赔偿民事立法,其后的惩罚性赔偿规定无不受到它的影响。2013年全国人大常委会对该法进

---

[1] 参见金福海:《惩罚性赔偿制度研究》,法律出版社2008年版,第107页以下。

[2] 参见王泽鉴:《损害赔偿》,北京大学出版社2017年版,第359页。

[3] 参见金福海:《惩罚性赔偿制度研究》,法律出版社2008年版,第179~180页。

[4] 参见王利明:《惩罚性赔偿研究》,载《中国社会科学》2000年第4期;王立峰:《论惩罚性赔偿》,载梁慧星主编:《民商法论丛》第15卷,法律出版社2000年版,第100~103页;王雪琴:《惩罚性赔偿制度研究》,载梁慧星主编:《民商法论丛》第20卷,金桥文化出版(香港)有限公司2001年版,第138页以下。

[5] 参见高志宏:《惩罚性赔偿责任的二元体系与规范再造》,载《比较法研究》2020年第6期。

[6] 参见高志宏:《惩罚性赔偿责任的二元体系与规范再造》,载《比较法研究》2020年第6期。

[7] 参见王卫国:《中国消费者保护法上的欺诈行为与惩罚性赔偿》,载《法学》1998年第3期;谢晓尧:《欺诈:一种竞争法的理论诠释——兼论〈消费者权益保护法〉第49条的适用与完善》,载《现代法学》2003年第2期;洪国盛:《论消费者保护法上的履行欺诈》,载《南大法学》2020年第3期。

行了大规模修订,旧法第 49 条修改为新法第 55 条,条文内容也变为两款。新法第 55 条第 1 款基本承袭了旧法第 49 条之框架,并在惩罚力度、最低限额、引致规定等方面进行了完善。尤其是对引致规定的补充,有学者认为,这是“预示了进一步变革惩罚性赔偿的可能性”。[1] 新法第 55 条第 2 款规定:“经营者明知商品或者服务存在缺陷,仍然向消费者提供,造成消费者或者其他受害人死亡或者健康严重损害的,受害人有权要求经营者依照本法第四十九条、第五十一条等法律规定赔偿损失,并有权要求所受损失二倍以下的惩罚性赔偿。”这一款对惩罚性赔偿的加害人重大主观过错、损害的严重后果、赔偿的计算方式都有所规定,相当典型,表明“我国惩罚性赔偿制度终于脱胎换骨,趋于规范化”。[2]

我国《食品安全法》和《民法典》侵权责任编较之最早的旧法也有很大进步。《食品安全法》第 148 条第 2 款规定:“生产不符合食品安全标准的食品或者经营明知是不符合食品安全标准的食品,消费者除要求赔偿损失外,还可以向生产者或者经营者要求支付价款十倍或者损失三倍的赔偿金;增加赔偿的金额不足一千元的,为一千元。但是,食品的标签、说明书存在不影响食品安全且不会对消费者造成误导的瑕疵的除外。”还有《民法典》第 1207 条对产品责任的规定:“明知产品存在缺陷仍然生产、销售,或者没有依据前条规定采取有效补救措施,造成他人死亡或者健康严重损害的,被侵权人有权请求相应的惩罚性赔偿。”

(二)侵害知识产权

《商标法》第 63 条第 1 款规定了行为人恶意侵害商标权且情节严重情形下的惩罚性赔偿。在知识产权侵权的情形下,惩罚性赔偿的适用具有比其他领域更充分的理由。[3] 首先,知识产权具有无体性,且具有较高的易受侵害性,在计算损害时尤为困难,权利人亦通常难以对侵害加以证明。[4] 其次,知识产权一旦遭到侵害,将难以恢复原状,有必要通过惩罚性赔偿救济受害人,并惩罚行为人。例如,商标承载一定商誉,即使通过损害赔偿的方式弥补了受害人之利润,对于商标价值的降低却难以恢复。最后,惩罚性赔偿具有对将来潜在事故发生的吓阻作用,这对知识产权保护尤为重要。此亦可以激励当事人通过许可使用的方式行使知识产权,鼓励创新。

我国《民法典》第 1185 条对侵害知识产权的惩罚性赔偿作了一般规定:“故意侵害他人知识产权,情节严重的,被侵权人有权请求相应的惩罚性赔偿。”该条明确了知识产权领域的惩罚性赔偿限制于故意侵权,且须情节严重,但是对于赔偿金额的计算没有明确规定。对此,我国 2021 年通过了最高人民法院《关于审理侵害知识产权民事案件适用惩罚性赔偿的解释》(以下简称《知识产权惩罚性赔偿司法解释》),对上述要件作出了进一步明晰,规定了 5 种故意类型(《知识产权惩罚性赔偿司法解释》第 3 条),[5],其主要的考量因素在于被侵害知识产权客体

---

[1] 朱广新:《惩罚性赔偿制度的演进与适用》,载《中国社会科学》2014 年第 3 期。

[2] 朱广新:《惩罚性赔偿制度的演进与适用》,载《中国社会科学》2014 年第 3 期。

[3] 参见王利明:《论我国民法典中侵害知识产权惩罚性赔偿的规则》,载《政治与法律》2019 年第 8 期。

[4] 参见[奥]海尔姆特·库齐奥:《侵权责任法的基本问题:德语国家的视角》(第 1 卷),朱岩译,北京大学出版社 2017 年版,第 51 页。

[5] (1)被告经原告或者利害关系人通知、警告后,仍继续实施侵权行为的;(2)被告或其法定代表人、管理人是原告或者利害关系人的法定代表人、管理人、实际控制人的;(3)被告与原告或者利害关系人之间存在劳动、劳务、合作、许可、经销、代理、代表等关系,且接触过被侵害的知识产权的;(4)被告与原告或者利害关系人之间有业务往来或者为达成合同等进行过磋商,且接触过被侵害的知识产权的;(5)被告实施盗版、假冒注册商标行为的。

类型、权利状态和相关产品知名度、被告与原告或者利害关系人之间的关系等。在认定其他故意情形时，应当符合以上考量因素。此外，该解释还规定了6种情节严重类型（《知识产权惩罚性赔偿司法解释》第4条），[1]其主要的考虑因素则在于侵权手段、次数，侵权行为的持续时间、地域范围、规模、后果，侵权人在诉讼中的行为等。对于赔偿金额的认定则以原告实际损失数额、被告违法所得数额或者因侵权所获得的利益作为计算基数，均难以计算的，由法院参照该权利许可使用费的倍数合理确定。

（三）环境侵权

环境侵权行为包含两部分：环境污染以及生态破坏，前者主要是人类向环境中的排放行为所致，后者则是人类从环境中攫取而导致的，其间存在部分重叠的关系。《民法典》第1232条规定："侵权人违反法律规定故意污染环境、破坏生态造成严重后果的，被侵权人有权请求相应的惩罚性赔偿。"该条规定与侵害知识产权惩罚性赔偿基本一致，较笼统，具体规定则交由司法解释补充，最高人民法院《关于审理生态环境侵权纠纷案件适用惩罚性赔偿的解释》第7条、第8条、第9条分别对故意、严重后果、金额计算进行了规定。

环境侵权所侵害之客体具有特殊性，其具有强烈的公益属性。故而对于环境侵权的惩罚性赔偿的适用范围而言，有学者认为，仅得适用于环境公益侵权诉讼，而不包括环境侵权私益诉讼。[2]另有学者指出二者都应该包含在内，并且只要符合惩罚性赔偿的构成要件，这两类诉讼可以同时提起。[3]最高人民法院《关于审理生态环境侵权纠纷案件适用惩罚性赔偿的解释》第2条规定了自然人、法人或者非法人组织都可以对惩罚性赔偿提起诉讼，并在第12条规定了国家规定的机关或者法律规定的组织作为被侵权人代表的可以对此参照适用，这表明了惩罚性赔偿适用于所有环境侵权诉讼。

---

[1]　(1)因侵权被行政处罚或者法院裁判承担责任后，再次实施相同或者类似侵权行为；(2)以侵害知识产权为业；(3)伪造、毁坏或者隐匿侵权证据；(4)拒不履行保全裁定；(5)侵权获利或者权利人受损巨大；(6)侵权行为可能危害国家安全、公共利益或者人身健康。

[2]　参见王树义、刘琳：《论惩罚性赔偿及其在环境侵权案件中的适用》，载《学习与实践》2017年第8期。

[3]　参见申进忠：《惩罚性赔偿在我国环境侵权中的适用》，载《天津法学》2020年第3期。

知识结构

- 惩罚性赔偿
  - 惩罚性赔偿的概念：除损害填补外，在加害人出于恶意、轻率不顾他人权益时，法院为惩罚和遏制其不法行为而作出的超出实际损害数额的赔偿
  - 惩罚性赔偿的功能
    - 惩罚功能：与刑罚之界限
    - 补偿功能：次要功能——主要是针对补偿性赔偿无法涵盖的部分
    - 吓阻功能：设立“典范”而对将来的潜在事故产生预防效力
  - 惩罚性赔偿的适用
    - 英国：侵权案件——①类型化限制；②诉因限制
    - 美国：侵权案件与合同案件，较宽泛但仍受限制
  - 我国的惩罚性赔偿
    - 消费者权益保护：《消费者权益保护法》第55条、《食品安全法》第148条
    - 环境污染和生态破坏责任：《民法典》第1232条
    - 知识产权侵权：《民法典》第1185条、《商标法》第63条第1款第2句、《专利法》第71条第1款第2句、《著作权法》第54条第1款第2句

主要参考文献

陈现杰：《〈民法典〉第1182条（侵害他人人身权益造成财产损失的赔偿）评注》，载《中国应用法学》2023年第3期；程啸：《侵权责任法》（第3版），法律出版社2021年版；高志宏：《惩罚性赔偿责任的二元体系与规范再造》，载《比较法研究》2020年第6期；洪国盛：《论权益侵害与获利交出》，载《环球法律评论》2022年第2期；金福海：《惩罚性赔偿制度研究》，法律出版社2008年版；李承亮：《〈民法典〉第1184条（侵害财产造成财产损失的计算）评注》，载《法学家》2021年第6期；李昊：《损害概念的变迁及类型建构——以民法典侵权责任编的编纂为视角》，载《法学》2019年第2期；林志强：《论物之使用利益丧失的侵权损害赔偿》，载《南大法学》2023年第5期；王泽鉴：《损害赔偿》，北京大学出版社2017年版；肖朦恺：《侵权获利赔偿责任研究》，吉林大学2023年博士学位论文；徐建刚：《〈民法典〉背景下损害概念渊流论》，载《财经法学》2021年第2期；徐建刚：《论汽车贬值损失的损害赔偿》，载《清华法学》2017年第4期；徐建刚：《论使用可能性丧失的损害赔偿》，载《法商研究》2018年第2期；徐建刚：《论损害赔偿中完全赔偿原则的实质及其必要性》，载《华东政法大学学报》2019年第4期；徐银波：《侵权损害赔偿论》，中国法制出版社2014年版；曾世雄：《损害赔偿法原理》，中国政法大学出版社2001年版；张红：《交易性贬值损失之赔偿》，载《中国法学》2021年第1期；张家勇：《基于得利的侵权损害赔偿之规范再造》，载《法学》2019年第2期；张新宝主编：《精神损害赔偿制度研究》，法律出版社2012年版；朱广新：《惩罚性赔偿制度的演进与适用》，载《中国社会科学》2014年第3期；朱晓喆：《第三人惊吓损害的法教义学分析——基于德国民法理论与实务的比较法考察》，载《华东政法大学学报》2012年第3期；朱震：《论侵害人格权精神损害赔偿中的“严重”》，载《法制与社会发展》2022年第2期；［奥］伯恩哈德·A.科赫、［奥］赫尔穆特·考茨欧主编：《比较法视野下的人身损害赔偿》，陈永

强、徐同远等译,中国法制出版社 2012 年版;[奥]海尔姆特·库齐奥:《侵权责任法的基本问题:德语国家的视角》(第 1 卷),朱岩译,北京大学出版社 2017 年版;[德]U. 马格努斯主编:《侵权法的统一——损害与损害赔偿》,法律出版社 2009 年版;[德]埃尔温·多伊奇、[德]汉斯-于尔根·阿伦斯:《德国侵权法:侵权行为、损害赔偿及痛苦抚慰金》(第 6 版),叶名怡、温大军译,中国人民大学出版社 2022 年版;[德]迪特尔·梅迪库斯:《规范的损害》,徐建刚译,载《私法研究》2017 年第 1 期;[德]格哈德·瓦格纳:《损害赔偿法的未来》,王程芳译,中国法制出版社 2012 年版。

第二十九章　侵权责任的类型

第一节　利用网络侵权责任

引导案例

甲与乙为前工作同事，双方在工作中曾产生过矛盾。出于怨恨心理，乙在丙公司运营的网站发表了一篇帖子。该网帖含有极具侮辱性的文字，并含有3张甲的生活照。1周内，该网帖的阅读量达到10余万次，位居网站周排行第一。试问：

1. 乙是否构成侵权？

2. 在哪些情形下，甲可以要求丙公司承担侵权责任？

3. 如何判断丙公司是否知道或者应当知道乙利用其网络服务侵害甲的权益？

4. 若甲欲通知丙公司删除该网帖，通知应当包括哪些内容？

5. 若甲按照法律要求的内容向丙公司发出了要求删除该网帖的通知，丙公司在接到通知后应当履行哪些义务？若未履行义务，应当承担什么责任？

6. 针对甲通知丙公司删除该网帖，若乙认为甲的主张不能成立、自己并不构成侵权，其可如何主张权利？

一、利用网络侵权的概念、特征及分类

在信息化时代，互联网技术的发展在方便了民众生产生活的同时，也带来了不法行为人利用网络侵害他人合法权益的问题。我国原《侵权责任法》第36条首次在民事法律中专项规定了利用网络实施侵权行为的责任规则，为有效解决利用网络侵权问题提供了基本的制度规范。但伴随互联网技术日新月异的发展，网络侵权行为越发复杂，为了更好地保护权利人的合法权益，同时平衡权利人与网络用户、网络服务提供者之间的利益，避免不合理地限制网络用户的自由以及给网络服务提供者施加过重的负担，《民法典》侵权责任编进一步完善原《侵权责任法》第36条的规定，以第1194条至第1197条共4个条文规定了利用网络侵权责任。除《民法典》侵权责任编的规定之外，最高人民法院《关于审理利用信息网络侵害人身权益民事纠纷案件适用法律若干问题的规定》（法释〔2014〕11号，法释〔2020〕17号修正）、最高人民法院《关于审理侵害信息网络传播权民事纠纷案件适用法律若干问题的规定》（法释〔2012〕20号，法释〔2020〕19号修正）等司法解释对民法典规则的适用作出了进一步解释。

（一）利用网络侵权的概念

利用网络侵权，是指网络用户、网络服务提供者利用网络实施的侵害他人民事权益的行

为。该类型侵权行为并非在侵权责任构成要件方面具有独特性,而是在发生空间方面具有特殊性,有别于传统在线下实体空间发生的侵权行为,其发生于互联网空间。利用网络侵权具有如下特征:

1. 侵权行为发生于互联网空间。利用网络侵权的核心特征是发生在网络空间。由于互联网的开放性、全球性,以及伴随信息技术的普及使绝大多数人都可以非常便捷地使用网络,导致利用网络侵权的行为日常多见且形式多样。利用网络侵权,可能侵害他人的人格权益,如在网络上发布侮辱、诽谤他人的文章,在网络上公开他人私密性的信息、照片、视频,通过"人肉搜索"侵害他人隐私;也可能侵害他人所有权等财产权益,如通过黑客侵入电脑、获取数据从而盗取他人账户存款或虚拟财产;还可能侵害他人知识产权,如未经授权在网络上上传侵害他人知识产权的作品。

2. 侵权人为网络用户和网络服务提供者。网络用户,是指利用互联网获取和交流信息的个人或组织,既包括使用互联网进行信息浏览、社会交往、娱乐学习等活动的用户,也包括利用电商平台等网络服务从事经营活动的用户。网络服务提供者,是指为网络用户获取和交流信息提供支持的服务提供者。根据提供服务的不同,网络服务提供者具体包括网络信息基础设施及网络接入服务提供者、网络平台服务提供者、网络空间和网络链接服务提供者、网络内容服务提供者、网络产品服务提供者等。除网络信息基础设施及网络接入服务提供者仅为用户连接互联网提供基础服务,通常不可能承担利用网络侵权责任外,其他网络服务提供者均可能承担利用网络侵权责任。

3. 侵权行为造成的损害后果具有易扩散性等特征。由于网络的开放性和全球性,网络传播没有时间和空间的限制,所以利用网络侵权造成的损害后果具有易扩散性等特征,造成的损害后果往往比较严重。以侵害隐私权为例,倘若侵权人将侵害他人隐私权的私密照片上传至网络空间,因网络可以实现全球的即时通信,会导致所有网络用户都可以浏览该照片,损害后果会迅速蔓延;与此同时,因照片可以被下载、保存,即便侵权人从上传的网络平台中删除了照片,仍然难以彻底消除影响和停止损害。基于网络传播性的特点,侵权人利用网络侵权行为可能较之在线下实施侵权行为造成更严重的损害。

(二)利用网络侵权责任的分类

《民法典》主要从两个方面规定了网络用户、网络服务提供者利用网络侵权的责任:

1. 直接侵权责任

直接侵权责任,是指网络用户、网络服务提供者对自己利用网络实施侵权行为所承担的责任。当网络用户、网络服务提供者实施了侵害他人民事权益的行为时,按照自己责任的一般原理,应当对自己实施的行为承担侵权责任。《民法典》第 1194 条即规定了网络用户、网络服务提供者的直接侵权责任。

2. 间接侵权责任

间接侵权责任,是指网络服务提供者对网络用户利用其提供的服务实施侵权行为所承担的责任。当网络用户利用网络服务提供者提供的网络服务实施侵权行为时,网络服务提供者虽未直接实施加害行为,但在满足一定条件下也应当承担侵权责任。理由是:第一,当网络服务提供者知道或应当知道网络用户利用其提供的网络服务实施侵权行为时,仍然为侵权人提供服务，构成帮助他人实施侵权行为。[1] 第二，基于风险控制理论，当网络用户利用网络服务提供者提供的网络服务实施侵权行为时，作为提供技术、平台等服务的网络服务提供者也有相应能力控制风险、预防和制止侵权行为的发生，若未履行相应义务，应当承担侵权责任。第三，基于报偿理论，网络服务提供者可能因提供服务而获益，也应当承担相应的注意义务，预防侵权行为的发生，若未履行相应义务，应当承担侵权责任。因此，《民法典》第 1195 条至第 1197 条设置了网络服务提供者对网络用户利用其网络服务实施侵权行为的责任承担规则，明确了网络服务提供者承担责任的要件及与网络用户的责任分担方式。

二、网络用户及网络服务提供者的直接侵权责任

我国《民法典》第 1194 条规定，“网络用户、网络服务提供者利用网络侵害他人民事权益的，应当承担侵权责任。法律另有规定的，依照其规定”。对于网络用户、网络服务提供者的直接侵权责任，应作如下解释：

虽然《民法典》第 1194 条在表述上未提到“过错”，也未提到“造成损害”，但是不能将其解释为立法针对网络用户、网络服务提供者利用网络侵权设立了特殊的无过错责任。倘若作此解释，也就意味着对于普通网络用户实施的侵权行为都采取无过错责任，这显然不符合基本的法律逻辑以及立法政策。[2] 该条属于不完全条款，其仅明确了网络用户、网络服务提供者应当对自己利用网络实施的侵权行为承担责任，至于如何判断其实施的行为是否构成侵权行为，需要适用《民法典》侵权责任编第一章关于侵权责任构成要件及免责事由的一般规定。具体而言：当权利人请求网络用户、网络服务提供者承担停止侵害等侵权责任时，需要满足《民法典》第 1167 条关于“侵权行为危及他人人身、财产安全”之规定，即仅要求网络用户、网络服务提供者的行为构成侵害权利人的民事权益；当权利人请求网络用户、网络服务提供者承担赔偿损失、赔礼道歉等侵权责任时，需要满足《民法典》第 1165 条关于“行为人因过错侵害他人民事权益造成损害”之规定，即不仅要求网络用户、网络服务提供者的行为构成侵害权利人的民事权益，而且要求权利人受到了损害，网络用户、网络服务提供者存在过错，网络用户、网络服务提供者的过错行为与权利人的损害之间存在因果关系。

《民法典》第 1194 条是关于网络用户、网络服务提供者直接侵权责任的一般规定，针对具体领域发生的侵权行为，在相关法律另有规定时，依照其规定。例如，在电子商务领域，《电子商务法》对电子商务经营者、电子商务平台经营者的侵权责任作出了具体规定，在发生纠纷时，根据“特别法优先于一般法”的原理，应当适用其规定。再如，针对利用网络侵害他人著作权问题，《信息网络传播权保护条例》作出了有针对性的规定，在该行政法规不违反作为上位法的《民法典》关于利用网络侵权责任一般规定的前提下，可以适用其具体规定。

三、网络服务提供者的间接侵权责任

海量的网络用户可能利用网络服务不间断地上传海量的信息，网络服务提供者通常必须借助于技术手段才能加以监控，而技术手段本身有局限性。因此，立法不能任由网络服务提供者对网络用户利用其服务实施侵权行为而放任不管，但也不能不切实际地要求网络服务提供者逐条甄别信息的合法性，防范任何侵权行为的发生。此外，要求网络服务提供者审查并制止所有利用网络服务实施的侵权行为，会极大地增加网络服务者的经营成本，也会由此增加网络

[1] 参见吴汉东：《侵权责任法视野下的网络侵权责任解析》，载《法商研究》2010 年第 6 期。

[2] 参见薛军：《民法典网络侵权条款研究：以法解释论框架的重构为中心》，载《比较法研究》2020 年第 4 期。

用户获取网络服务的费用,并妨碍信息的交流,最终损害网络信息科技和数字经济产业的发展。[1] 针对网络服务提供者的间接侵权责任,需要立法合理地规定网络服务提供者在何种情形下应当对网络用户利用其网络服务实施的侵权行为承担侵权责任。《民法典》延续了原《侵权责任法》的总体框架,规定网络服务提供者在两类情形下承担侵权责任。

(一)知道规则

《民法典》第1197条规定,“网络服务提供者知道或者应当知道网络用户利用其网络服务侵害他人民事权益,未采取必要措施的,与该网络用户承担连带责任”。较之原《侵权责任法》第36条第3款,《民法典》将“知道”修改为“知道或者应当知道”。根据该规定,在网络服务提供者知道或者应当知道网络用户利用其网络服务实施侵权行为,未采取删除、屏蔽、断开链接等必要措施的,应当与网络用户承担连带责任。这是因为,虽然立法不可要求网络服务提供者筛查每一条网络信息、负担一般性的审查义务,但是在网络服务提供者明知网络用户实施侵权行为,以及网络用户实施的侵权行为是如此明显以至于作为通常的网络服务提供者不可能不知道的情形,网络服务提供者若不采取删除、屏蔽、断开链接等必要措施,仍然为网络用户提供服务,则构成了帮助实施侵权行为,自当与网络用户承担连带责任。

就如何判断网络服务提供者是否“知道或者应当知道”网络用户利用其网络服务侵害他人民事权益,可以参考最高人民法院《关于审理利用信息网络侵害人身权益民事纠纷案件适用法律若干问题的规定》《关于审理侵害信息网络传播权民事纠纷案件适用法律若干问题的规定》等司法解释规定的考量因素,作出认定。例如,最高人民法院《关于审理利用信息网络侵害人身权益民事纠纷案件适用法律若干问题的规定》第6条规定,“人民法院依据民法典第一千一百九十七条认定网络服务提供者是否‘知道或者应当知道’,应当综合考虑下列因素:(一)网络服务提供者是否以人工或者自动方式对侵权网络信息以推荐、排名、选择、编辑、整理、修改等方式作出处理;(二)网络服务提供者应当具备的管理信息的能力,以及所提供服务的性质、方式及其引发侵权的可能性大小;(三)该网络信息侵害人身权益的类型及明显程度;(四)该网络信息的社会影响程度或者一定时间内的浏览量;(五)网络服务提供者采取预防侵权措施的技术可能性及其是否采取了相应的合理措施;(六)网络服务提供者是否针对同一网络用户的重复侵权行为或者同一侵权信息采取了相应的合理措施;(七)与本案相关的其他因素”。参考前述考量因素,假设“百度”等网络信息搜索服务提供者并非消极地按照网络用户的选择传输或接收信息,而是实行竞价排名,将出价更高的网络用户的经营信息排在搜索结果靠前的位置,若通过竞价而排名靠前的网络用户的信息不真实,网络用户利用不真实信息欺诈消费者而损害消费者利益的,则应当认为网络信息搜索服务提供者对侵权网络信息以推荐、排名等方式作出处理,知道或者应当知道网络用户利用其网络服务侵害他人民事权益。

(二)通知规则

通知规则,也称“通知—移除”规则或“通知—取下”规则,是指当网络用户利用网络服务提供者的网络服务实施侵权行为时,权利人有权通知网络服务提供者采取必要的措施防止损害后果的进一步扩大,网络服务提供者在接到通知后未及时采取必要措施的,则应当对损害的扩大部分与该网络用户承担连带责任。这是因为,即使网络服务提供者不知道且不应当知道

---

[1] 参见王利明:《论网络侵权中的通知规则》,载《北方法学》2014年第2期。

网络用户利用其提供的网络服务实施侵权行为，但是在接到权利人通知后就知道侵权行为的事实，应当采取删除、屏蔽、断开链接等必要措施制止网络用户继续侵权，若不采取必要措施而仍然为网络用户提供服务，不仅可以认定其存在过错，而且其对网络用户此后实施的侵权行为亦构成帮助实施侵权行为，应当对此后损害的扩大部分与网络用户承担连带责任。

通知规则源自美国1998年制定的《数字千年版权法案》中确定的“避风港”规则，但在我国立法上经历了发展变化，具有独特的功能与意义。此前，原《侵权责任法》第36条第2款规定，“网络用户利用网络服务实施侵权行为的，被侵权人有权通知网络服务提供者采取删除、屏蔽、断开链接等必要措施。网络服务提供者接到通知后未及时采取必要措施的，对损害的扩大部分与该网络用户承担连带责任”。这一规则过于抽象，面临未明确权利人发出通知的要求、行为人滥用通知规则损害网络用户的合法权益等问题。例如，在某电子商务平台举办购物节前夕，具有竞争关系的甲商户可能恶意地向电子商务平台经营者发出通知，告知竞争对手乙商户销售的商品侵害其商标权，要求电子商务平台经营者断开乙商户的链接，电子商务平台经营者在难以判断乙商户是否构成侵权以及避免承担责任的情形下断开了乙商户的链接，由此导致乙商户错过了促销活动，遭受了严重损失。因此，《民法典》第1195条、第1196条进一步完善了原《侵权责任法》的通知规则：第一，明确了合格通知的要件；第二，规定了转通知义务；第三，明确设置了反通知规则；第四，增设规定了错误通知的侵权责任。

1. 权利人发出合格通知的要求

《民法典》第1195条第1款规定，“网络用户利用网络服务实施侵权行为的，权利人有权通知网络服务提供者采取删除、屏蔽、断开链接等必要措施。通知应当包括构成侵权的初步证据及权利人的真实身份信息”。较之原《侵权责任法》，《民法典》第1195条第1款增加规定了合格通知需满足的要求：(1)提供构成侵权的初步证据。设定这一要求的理由是，如果权利人不提供构成侵权的初步证据，则无法支持其关于网络用户利用网络服务实施侵权行为的主张，网络服务提供者也无法判断权利人的通知究竟是正当的还是恶意的通知，从而无法采取相应的必要措施。[1] 构成侵权的初步证据包括，要求采取必要措施的网络地址或者足以准确定位侵权内容的相关信息和通知人要求删除相关信息的理由。为了更好地保护民事权益，不应过分要求构成侵权的初步证据的证明力，并不要求其足以证明侵权事实的存在。(2)提供权利人的真实身份信息。设定这一要求的理由是，倘若权利人不提供真实的身份信息，网络服务提供者无从判断通知的真实性，在网络用户提交不构成侵权行为的声明后也无法转送给该权利人，在该权利人恶意通知时也无法向其追究责任。权利人的真实身份信息主要指权利人的姓名、名称和联系方式。

2. 网络服务提供者的转通知以及采取必要措施的义务

《民法典》第1195条第2款规定，“网络服务提供者接到通知后，应当及时将该通知转送相关网络用户，并根据构成侵权的初步证据和服务类型采取必要措施；未及时采取必要措施的，对损害的扩大部分与该网络用户承担连带责任”。根据该条款规定：(1)网络服务提供者负担转通知义务。较之原《侵权责任法》，该条款明确规定了转通知义务。设置该义务的理由是：一方面有助于保护权利人，权利人可以通过网络服务提供者的转通知而向网络用户主张权利，发

---

〔1〕 参见程啸：《论我国〈民法典〉网络侵权责任中的通知规则》，载《武汉大学学报（哲学社会科学版）》2020年第6期。

挥警示及主张权利的作用,督促后者主动停止实施侵权行为,避免损害后果的进一步扩大;另一方面也保护网络用户的合法权益,便于其了解权利人发出的通知内容,及时向网络服务提供者发出反通知,避免受到错误通知的影响。(2)网络服务提供者负担采取必要措施的义务。第一,网络服务提供者并非当然地必须采取措施,而是应当考量权利人通知的内容等因素而采取必要措施。因为权利人的主张并不一定能够成立,且可能存在恶意通知等情形,不能认为网络服务提供者接到权利人发出的通知后未采取措施的,就当然构成侵权。否则,将使权利人的通知行为,变为一种变相的、不需要任何审查即可发挥作用的禁令。〔1〕第二,必要措施包括但不限于删除、屏蔽、断开链接。《民法典》第1195条第1款使用了"采取删除、屏蔽、断开链接等必要措施"之表述,并非完全列举,不能将必要措施局限理解为中止服务类措施。例如,在电子商务平台举办促销活动期间,针对权利人并未提供强有力证据证明网络用户构成侵权而发出的通知,电子商务平台经营者可以采取冻结网络用户账户或者要求其提供保证金等措施,而非删除、屏蔽、断开链接。第三,网络服务提供者应当根据构成侵权的初步证据和服务类型采取必要措施。较之原《侵权责任法》,该条款规定了网络服务提供者采取必要措施的考量因素。在认定网络服务提供者是否采取了删除、屏蔽、断开链接等相应的必要措施时,应当根据网络服务的性质、有效通知的形式和准确程度,网络信息侵害权益的类型和程度等因素综合判断。在实践中,网络服务提供者提供的网络服务类型不同,权利人提供的构成侵权的初步证据的证明力不同,网络服务提供者应当对应地采取必要措施。〔2〕例如,就权利人提供的构成侵权的初步证据之考量因素,当权利人提供了法院裁判文书或行政机关的决定书作为初步证据时,其证明力较高,网络服务提供者应当及时采取删除、屏蔽、断开链接之措施;当权利人提供的单方侵权声明也可能满足初步证据的要求时,其证明力相对更低,网络服务提供者则可能采取删除链接以外的相对缓和的措施。就服务类型之考量因素,例如,电子商务平台经营者、微博等社交网络平台经营者,可以直接对涉及侵权的数据、链接等采取删除、屏蔽、断开链接等措施,而云服务提供商负有保障用户数据安全、商业秘密和隐私的义务,除非关停服务器或强行删除服务器内全部数据,否则无法对涉嫌侵权的数据采取删除等措施,则可以采取与其技术管理能力相适应的必要措施。第四,网络服务提供者在根据权利人提供的构成侵权的初步证据和服务类型应当采取必要措施时,若未及时采取必要措施的,应当对损害的扩大部分与网络用户承担连带责任。

3. 网络用户的反通知

在接到权利人的通知后,网络服务提供者应当根据权利人提供的构成侵权的初步证据和服务类型采取必要措施,但是也不能完全听信权利人的"一面之词",也应当赋予网络用户为自己"辩护"即提交不存在侵权行为的声明的权利。网络用户认为其没有侵犯他人合法权益,则可以进行反通知,要求网络服务提供者取消删除、屏蔽、断开链接等措施。针对权利人的通知,需要对应赋予网络用户反通知的权利,由此才能实现对权利人与网络用户利益的平衡保护。针对原《侵权责任法》第36条,学界即解释为其当然包含了网络用户享有向网络服务提供者发

〔1〕参见薛军:《民法典网络侵权条款研究:以法解释论框架的重构为中心》,载《比较法研究》2020年第4期。

〔2〕参见黄薇主编:《中华人民共和国民法典释义:人格权编·婚姻家庭编·侵权责任编·附则》(下),法律出版社2020年版,第2315页。

出反通知的权利。[1] 较之原《侵权责任法》,《民法典》第 1196 条明确规定了反通知规则。(1)反通知的要求。《民法典》第 1196 条第 1 款规定,"网络用户接到转送的通知后,可以向网络服务提供者提交不存在侵权行为的声明。声明应当包括不存在侵权行为的初步证据及网络用户的真实身份信息"。设置这两项要求的理由是:一方面,仅网络用户提交了不存在侵权行为的初步证据时,反通知才具有对抗权利人通知之可能性;另一方面,在权利人提供了构成侵权的初步证据、网络用户提交了不存在侵权行为的初步证据时,需要通过诉讼等方式解决纠纷,而部分网络用户对外使用昵称,为确定诉讼对象和管辖法院,涉嫌侵权的网络用户也有义务表明其真实身份。(2)反通知的效果。《民法典》第 1196 条第 2 款规定,"网络服务提供者接到声明后,应当将该声明转送发出通知的权利人,并告知其可以向有关部门投诉或者向人民法院提起诉讼。网络服务提供者在转送声明到达权利人后的合理期限内,未收到权利人已经投诉或者提起诉讼通知的,应当及时终止所采取的措施"。网络用户发出反通知,不能直接发生"反通知—恢复"的效力,并不能使网络服务提供者立即终止措施,而是发生"等待期"的效果,即权利人必须在"等待期"内向有关部门投诉或者向人民法院提起诉讼并通知网络服务提供者,否则网络服务提供者应当终止所采取的措施。第一,在接到网络用户提交的不存在侵权行为的声明后,网络服务提供者无须居于裁判者的位置而对比审查权利人与网络用户提交的证据,进而作出是否终止所采取措施的判断,仅需要将网络用户的声明转送给权利人并告知其可以向有关部门投诉或者向人民法院提起诉讼。第二,权利人应当在收到转送声明后的合理期限内及时向有关部门投诉或者向人民法院提起诉讼,并向网络服务提供者提供相应的证明,如法院的立案通知书或者有关机关的受理证明等。倘若在合理期限内收到权利人已投诉或起诉的通知,网络服务提供者应当继续维持所采取的必要措施;倘若在合理的期限内未收到权利人已投诉或起诉的通知,网络服务提供者应当及时终止所采取的措施。对于"合理的期限",《民法典》(侵权责任编)的草案在一审稿至三审稿中都曾明确为"十五日",此后鉴于统一规定"十五日"期限可能难以满足个案的具体需求,从而采用了当前灵活的规定。在实践中,应充分考虑合理期限规则的规范目的,权衡比较期限长短对权利人和网络用户利益的影响,确定合理期限。例如,若终止措施对权利人利益影响较大,合理期限应从宽,以减少对权利人可能造成的潜在损害;反之,若采取措施对网络用户利益影响较大,合理期限应从严,避免可能错误的通知给网络用户造成严重损害。[2] 当然,法律有具体规定的,应当依据其规定。一是《电子商务法》第 43 条第 2 款明确规定期限为"十五日";二是《信息网络传播权保护条例》第 17 条规定,网络服务提供者接到服务对象的书面说明后,应当立即恢复被删除的作品、表演、录音录像制品,或者可以恢复与被断开的作品、表演、录音录像制品的链接。

4. 错误通知的责任

在适用通知规则的过程中,并没有法院对权利人的通知是否成立作出终局判断,错误通知在所难免。原《侵权责任法》颁布之后的实践表明,错误通知问题逐渐成为通知规则在适用中不可忽视的方面。为了给因错误通知而遭受损害的网络用户及网络服务提供者提供救济,也为了预防行为人滥用通知规则损害网络用户及网络服务提供者的合法权益,《民法典》第 1195 条第 3 款增设了错误通知的责任规则。该款规定,"权利人因错误通知造成网络用户或者网络

---

〔1〕 参见杨立新、李佳伦:《论网络侵权责任中的反通知及效果》,载《法律科学(西北政法大学学报)》2012 年第 2 期。

〔2〕 参见徐伟:《〈民法典〉中网络侵权制度的新发展》,载《法治研究》2020 年第 4 期。

服务提供者损害的,应当承担侵权责任。法律另有规定的,依照其规定”。根据该规定:(1)赔偿权利人包括网络用户、网络服务提供者。行为人发出错误通知,可能会给网络用户造成损害,例如,电子商务经营者在因错误通知而被删除、屏蔽、断开链接期间,会减少商品销量,遭受损失。在《民法典》实施之前,《电子商务法》和《信息网络传播权保护条例》都规定了错误通知者的责任,但规定的赔偿权利人仅限于网络用户。但是,行为人发出错误通知,也可能给网络服务提供者造成损害,不仅可能耗费网络服务提供者大量的人力物力用于核查行为人的通知、采取删除内容或链接等措施以及履行转通知等义务,增加网络服务提供者的运营成本,而且可能破坏网络服务提供者为网络用户提供的运营环境,造成广告收入损失或者流量损失等损害。因此,只要权利人因错误通知给网络用户或者网络服务提供者造成损害的,就应当承担侵权责任。(2)在法律另有规定时,依照其规定。例如,《电子商务法》第42条第3款规定,“因通知错误造成平台内经营者损害的,依法承担民事责任。恶意发出错误通知,造成平台内经营者损失的,加倍承担赔偿责任”。不同于《民法典》的一般规定,该规则区分一般的错误通知与恶意发出错误通知,行为人恶意发出错误通知给电子商务平台内经营者造成损失的,应当承担惩罚性赔偿责任。

总结而言,在网络用户利用网络服务实施侵权行为时,倘若被侵权人有证据证明网络服务提供者知道或者应当知道网络用户利用其网络服务实施侵权行为而没有采取必要措施的,可以直接依据《民法典》第1197条要求网络服务提供者与网络用户承担连带责任;即使网络服务提供者不知道且不应当知道网络用户利用其网络服务实施侵权行为,被侵权人也有权依据《民法典》第1195条向网络服务提供者发出通知,网络服务提供者应当及时将该通知转送给网络用户,并根据被侵权人提交的初步证据及其服务类型而采取必要措施,若未及时采取必要措施,则对损害的扩大部分与网络用户承担连带责任。

知识结构

- 利用网络侵权责任
  - 网络侵权行为：网络用户、网络服务提供者利用网络实施的侵权行为
    ↓
  - 直接侵权责任：网络用户、网络服务提供者对自己实施的侵权行为，应当承担责任
    ↓
  - 网络服务提供者的间接侵权责任
    - 基本含义：对网络用户利用其网络服务实施侵权行为承担的侵权责任
    - 知道规则：①要件：知道或者应当知道网络用户利用其网络服务侵害他人民事权益+未采取必要措施
      ②责任：与网络用户承担连带责任
    - 通知规则
      - 权利人发出合格通知：构成侵权的初步证据；权利人的真实身份信息
        ↓
      - 网络服务提供者的义务与责任：
        ①转通知：将通知转送给网络用户
        ②采取必要措施：考量构成侵权的初步证据和服务类型等因素
        ③未及时采取必要措施，对损害的扩大部分与网络用户承担连带责任
        ↓
      - 网络用户的反通知：
        ①内容：不存在侵权行为的初步证据；网络用户真实身份信息
        ②后果：权利人需在“等待期”内向有关部门投诉或向法院提起诉讼，并向网络服务提供者提供相应证明，否则，网络服务提供者终止措施

第二节　安全保障义务违反的责任

引导案例

某日，甲在乙洗浴中心的游泳池内游玩时，右足掌部被不明物体划伤，为此支出医药费若干；与此同时，其在更换泳衣后置放个人物品的储物柜也被他人撬开，手机等物品被盗走。甲要求乙洗浴中心的经营者赔偿损失。乙洗浴中心的经营者认为，就甲被划伤之损害，自己在游泳池旁等可能出现安全事故处均设立了“禁止触碰，小心划伤”的警示标牌，已尽到合理的安全

保障义务,不应当承担赔偿责任;就甲被盗的损害,甲应当要求盗窃者承担赔偿责任。又某日,甲来到不设门票的某国家AAA级旅游景区游玩,见河道旁杨梅树上杨梅已成熟,遂攀爬上树采摘杨梅,不慎从树上跌落受伤,因此支出医药费若干。经查,丙村民委员会系景区内河道旁杨梅树的所有人,未向村民或游客提供免费采摘杨梅的活动。甲要求丙村民委员会赔偿医药费、误工费等损失。试问:

1. 就甲被划伤之损害,乙洗浴中心的经营者是否尽到了安全保障义务?是否应当承担赔偿责任?

2. 就手机等财物被盗之损害,甲可以向谁主张权利?

3. 丙村民委员会是否负担安全保障义务?

4. 丙村民委员会是否应当承担赔偿责任?

一、安全保障义务的概念、性质及正当性基础

(一)安全保障义务的概念及性质

安全保障义务,是指宾馆、商场、银行、车站、机场、体育场馆、娱乐场所等经营场所、公共场所的经营者、管理者或者群众性活动的组织者,对于进入其经营、管理的场所或者参与其组织活动的主体,负担的保障人身安全、财产安全的义务。

一般认为,安全保障义务理论起源于德国法上的社会交往安全义务理论。社会交往安全义务并非源自《德国民法典》的成文法规定,而是在《德国民法典》颁布后通过1902年"枯树案"、1903年"撒盐案"等一系列判例而形成的。在"枯树案"中,原告起诉被告(国库)要求赔偿损失的原因是,生长在属于被告的一条公共道路边的一棵树枯死而折断,砸伤原告。在"撒盐案"中,原告起诉被告(某区政府)要求赔偿损失的原因是,由于被告没有对积雪的路面喷洒除雪剂和进行清扫,使原告在用于公共交通的石阶上跌倒。针对前述两个案件,德国最高法院认为,"如果某人的物品可能造成他人损害,而该人应该对他人的利益尽到合理的注意以防止这种损害的发生时,那么他就要为这种损害的发生承担责任"。[1] 在我国,由于违反安全保障义务所引发的侵权纠纷日益增加,尤其是典型案例的发生,促使了司法及立法相继确立了安全保障义务。例如,在"银河宾馆案"中,针对住客在宾馆客房内被第三人杀害的纠纷,法院认为,宾馆的经营者疏于注意,致其监控、保安等用于履行安全保障义务的设置形同虚设,使住客处于极不安全的境地,未能履行对住客的安全保障义务,应当承担一定的赔偿责任。[2] 2003年发布的最高人民法院《人身损害赔偿解释》(法释〔2003〕20号,法释〔2022〕14号修正),首次确立了安全保障义务。该司法解释第6条规定,"从事住宿、餐饮、娱乐等经营活动或者其他社会活动的自然人、法人、其他组织,未尽合理限度范围内的安全保障义务致使他人遭受人身损害,赔偿权利人请求其承担相应赔偿责任的,人民法院应予支持。因第三人侵权导致损害结果发生的,由实施侵权行为的第三人承担赔偿责任。安全保障义务人有过错的,应当在其能够防止或者制止损害的范围内承担相应的补充赔偿责任。安全保障义务人承担责任后,可以向第三人追偿。赔偿权利人起诉安全保障义务人的,应当将第三人作为共同被告,但第三人不能确定的除外。"此后,原《侵权责任法》第37条、《民法典》第1198条相继吸收并进一步完善了前述

---

〔1〕 [德]马克西米利安·福克斯:《侵权行为法》(第5版),齐晓琨译,法律出版社2006年版,第100~101页。

〔2〕 参见《最高人民法院公报》2001年第2期。

规定。

1. 安全保障义务是作为义务。虽然宾馆、车站等经营场所、公共场所的经营者、管理者或者群众性活动的组织者也有可能因为作为行为而侵害他人权益,如宾馆的物件坠落致人损害、工作人员实施加害行为,但此类行为属于一般积极加害于他人的侵权行为,适用物件损害责任、用人单位替代责任以及《民法典》第 1165 条第 1 款之过错责任一般规则,并不属于违反安全保障义务之责任规则的调整对象。安全保障义务是作为义务。侵权责任法通常保护的是绝对权,而绝对权的义务人负担的是不得妨碍权利人行使权利的不作为义务,因而一般情形下仅违反不作为义务的积极加害于他人的作为行为才构成侵权行为,单纯的不作为不构成侵权行为。而随着社会发展,社会分工的复杂化、交往密度和风险源的激增,侵权责任法将法定义务扩充到作为义务,要求开创或持续某一危险源的行为人承担作为义务,以满足社会交往当事人对自身安全的规范期待和合理信赖。[1] 宾馆、商场、银行、车站、机场、体育场馆、娱乐场所等经营场所、公共场所的经营者、管理者或者群众性活动的组织者,不仅不能主动加害他人,而且负担采取必要且具期待可能性的防范措施保障进入其场所或活动范围内的他人的人身、财产安全之作为义务。

2. 安全保障义务是法定义务。广义的负担保障他人人身、财产安全的安全保障义务,既可能源于法律的明文规定,也可能源于合同的约定,还可能源于合同的附随义务。例如,在住宿、餐饮、娱乐等经营场所,经营者与进入该经营场所的主体存在合同关系或存在订立合同的可能性,按照合同法理论,经营者对于进入其经营场所的消费者负担保护其人身、财产权益不受侵害的附随义务。《民法典》第 1198 条所规定的安全保障义务,属于法定义务。该条设置的安全保障义务可能与当事人约定的安全保障义务、作为合同附随义务的安全保障义务相竞合,于此情形下,受害人有权按照请求权竞合规则选择适用法律。但在实践中,还存在当事人未约定安全保障义务,亦无法认定行为人负担保障相对人安全之合同附随义务的情形,例如,某政府机关与进入其办公场所的民众之间不存在合同关系,也不可能认定该政府机关负担合同附随义务。对此,只要符合《民法典》第 1198 条规定的应当负担安全保障义务之情形,当事人即负担法定的安全保障义务,若未尽到安全保障义务,即应当按照《民法典》第 1198 条的规定承担侵权责任。

(二)安全保障义务的正当性基础

法律原则上仅禁止行为人加害于他人,何以在例外情形时要求行为人积极保护他人?立法设定安全保障义务的正当性基础在于:

1. 开启危险者应当控制风险。当某项社会交往会给他人带来造成损害的潜在危险时,开启、维持或主导该社会交往之人即应当积极采取适当的措施控制风险,尽可能地降低损害发生的可能性。因宾馆、车站等经营场所、公共场所允许不特定第三人进入,进入该场所者即可能面临因地面湿滑而跌倒以及因众人均可进入而面临遭受他人侵害等风险,经营场所、公共场所的经营者或者管理者开启了危险源,就应当采取适当措施控制风险,保障进入其场所的不特定第三人的人身、财产安全,避免损害的发生。例如,私人花园道路属于他人未经允许不得进入的场所,如何设计道路任凭业主的个人喜好,即使陡峭亦无不可,第三人未经允许而潜入花园

---

[1] 参见谢鸿飞:《违反安保义务侵权补充责任的理论冲突与立法选择》,载《法学》2019 年第 2 期。

行走时跌倒,无权要求业主承担责任;与之不同,因商场允许不特定第三人进入,经营者不能仅凭喜好决定商场内道路的设计,其必须履行安全保障义务,保障道路的设计和管理符合一定标准,避免给进入商场者带来跌倒的风险。行为人组织演唱会、体育赛事等群众性活动,将众多人聚集在一起,带来了相互之间发生冲突、因拥挤而发生踩踏等风险,其作为组织者即应当针对可能发生损害的风险相应地履行安全保障义务,保障参与活动者的人身、财产安全。并且,从控制风险能力的角度而言,相较不特定的第三人,经营场所、公共场所的经营者、管理者或者群众性活动的组织者,更加了解其经营、管理场所的实际情况或者组织活动所面临的潜在风险,更能预见可能发生的损害,更有可能采取必要的措施控制风险,防止损害的发生。

2. 收益与风险相一致的原理。经营者、组织者有可能从事的是营利性活动,能够从中获得收益,尽管有的消费者、参加者并不一定接受服务支付费用,只是参观甚至路过,但是作为整体的消费者群无疑会对经营者支付费用而使其获利。对于从事非营利性活动的管理者、组织者,其活动也许无法获得即期有形的经济利益,但其管理和组织行为可能是服务于长远的经济利益或者整体的社会利益的。根据收益与风险相一致的原则,从危险源中获取利益者也应当负担控制危险的义务。因此,经营场所、公共场所的经营者、管理者或者群众性活动的组织者应当承担安全保障义务。〔1〕

3. 基于经济效益的考量。从经济分析的角度而言,由经营者、管理者或者群众性活动的组织者负担安全保障义务,更具有经济合理性。从整个社会的总成本来看,由经营场所、公共场所的经营者、管理者或者群众性活动的组织者承担安全保障义务的成本耗费最低。以住客入住宾馆为例,若将防范可能被第三人盗窃、伤害等风险的义务分配给住客,那么每一位住客在入住宾馆时都需要自行配备安保人员,将使所有的住客都需要支出安保成本,并且由于住客无法决定宾馆的经营规模、营业时间等直接影响侵权行为发生可能性的因素,也难以有效控制风险,这显然有违效益价值之要求。相反,由宾馆的经营者负担安全保障义务,由其统一安装监控等安保设备、配备专门的保安人员,更加经济合理。此外,虽然宾馆的经营者也会通过价格机制将其支出的安保成本转移到住客的住宿费用之中,但是考虑规模化的安保人员配置或购买商业保险的成本均低于分散化配置,由经营者、管理者或组织者承担相应的费用后基于价格机制分摊给消费者、参加者,也更经济。〔2〕

二、安全保障义务人对自己过失行为的责任

安全保障义务人对自己过失行为的责任,是指在没有第三人介入的情形下,因安全保障义务人自己未尽到安全保障义务而造成他人损害时,应当承担的侵权责任。《民法典》第 1198 条第 1 款规定,“宾馆、商场、银行、车站、机场、体育场馆、娱乐场所等经营场所、公共场所的经营者、管理者或者群众性活动的组织者,未尽到安全保障义务,造成他人损害的,应当承担侵权责任”。这就是规定安全保障义务人对自己过失行为的责任。根据其规定,责任构成要件包括以下四方面。

(一)行为人负担安全保障义务

行为人承担违反安全保障义务之侵权责任的前提是,负担安全保障义务。从我国立法历程来看,此前法律和司法解释对于负担安全保障义务的主体范围的规定,略有差异。《人身损

〔1〕 参见张新宝、唐青林:《经营者对服务场所的安全保障义务》,载《法学研究》2003 年第 3 期。

〔2〕 参见洪国盛:《论第三人行为与违反安全保障义务的责任承担》,载《法学》2020 年第 9 期。

害赔偿解释》(法释〔2003〕20号)第6条第1款表述为“从事住宿、餐饮、娱乐等经营活动或者其他社会活动的自然人、法人、其他组织”,原《侵权责任法》第37条第1款规定为“宾馆、商场、银行、车站、娱乐场所等公共场所的管理人或者群众性活动的组织者”;《民法典》第1198条第1款进一步修改为“宾馆、商场、银行、车站、机场、体育场馆、娱乐场所等经营场所、公共场所的经营者、管理者或者群众性活动的组织者”。《民法典》以空间和活动两种标准,将负担安全保障义务的主体界定为两类:第一,宾馆、商场、银行、车站、机场、体育场馆、娱乐场所等经营场所、公共场所的经营者、管理者。经营场所与公共场所的共性在于面向社会公众开放,所以这些场所的经营者或者管理者对进入其经营或管理的场所的主体负担安全保障义务。该款系不完全列举条款,只要满足向公众开放的特征,如地下停车场的经营者、图书馆等公共场所的管理者,即应当负担安全保障义务。第二,群众性活动的组织者。群众性活动,是指由组织者组织的由非家庭成员的人数较多的人参加的活动。常见的群众性活动包括:(1)为社会公众举办或向不特定社会公众开放的文化活动、经济活动和其他社会活动,如体育比赛活动,演唱会、音乐会等文艺演出活动,展览、展销等活动,游园、灯会、庙会、花会、焰火晚会等活动,人才招聘会、现场开奖的彩票销售等活动。这类活动的组织者,往往是法人或者非法人组织。(2)面向特定或者不特定对象举行的小型社会活动,如各类协会组织的集体活动、学校组织学生进行郊游活动、民众为婚丧嫁娶而组织的活动等。虽然这一类活动的组织者可能是自然人,但无论是法人、非法人组织还是自然人,只要其组织的活动开启了危险源,就应当保护参加者的人身、财产安全,负担控制风险与防范损害发生的安全保障义务。

(二)行为人未尽到安全保障义务

安全保障义务人承担过错责任,仅在未尽到安全保障义务时,才承担侵权责任。安全保障义务是一种合理的注意义务,并非无限的安全担保义务,非在结果上保证进入经营场所、公共场所或参加群众性活动的人员的人身、财产安全。至于如何认定行为人是否履行了安全保障义务,可以参考如下因素:第一,在法律有明确规定时,应当依据法律的规定,判断安全保障义务人是否履行了法律、法规、规章等规范所要求履行的义务。例如,《娱乐场所管理条例》《大型群众性活动安全管理条例》对经营娱乐场所、组织大型群众性活动时应履行的安全保障义务作出了具体规定,娱乐场所的经营者、大型群众性活动的组织者即应当履行前述规范所规定的义务。以组织大型群众性活动为例,《大型群众性活动安全管理条例》第7条规定,“承办者具体负责下列安全事项:(一)落实大型群众性活动安全工作方案和安全责任制度,明确安全措施、安全工作人员岗位职责,开展大型群众性活动安全宣传教育;(二)保障临时搭建的设施、建筑物的安全,消除安全隐患;(三)按照负责许可的公安机关的要求,配备必要的安全检查设备,对参加大型群众性活动的人员进行安全检查,对拒不接受安全检查的,承办者有权拒绝其进入;(四)按照核准的活动场所容纳人员数量、划定的区域发放或者出售门票;(五)落实医疗救护、灭火、应急疏散等应急救援措施并组织演练;(六)对妨碍大型群众性活动安全的行为及时予以制止,发现违法犯罪行为及时向公安机关报告;(七)配备与大型群众性活动安全工作需要相适应的专业保安人员以及其他安全工作人员;(八)为大型群众性活动的安全工作提供必要的保障”。诸如演唱会等大型群众性活动的承办者,若未履行前述义务,即未尽到安全保障义务。第二,在法律未作出明确规定时,应当依据客观理性人标准,判断安全保障义务人是否尽到了同类主体通常所应当履行的义务,需要在个案中依据损害的可预见性和回避的可能性、社会期待安全的可能性、控制风险的成本与收益等因素具体作出认定。例如,举行公益性展览的博物馆与举办演唱会的组织者都负担安全保障义务,但相较而言,向观众出售门票的营利性组织者应当比举办免费展览的组织者承担更高的安全保障义务。再如,相较经营场所的经营者更有专业的知识和能力防止损害的发生,举办婚丧嫁娶活动的自然人的风险控制能力相对较弱,应当以组织同类活动的自然人应当达到的注意义务标准要求其履行安全保障义务,而不能以专业经营者的标准要求其履行安全保障义务。从具体内容来看,可以从硬件、软件、环境等方面,判断安全保障义务人提供的硬件设施、安保人员、管理流程、活动环境等是否满足保障进入场所者或活动参加者的安全以及是否及时实施救助行为等,判断其是否尽到安全保障义务。

(三)受害人受到损害

受害人受到的损害包括人身损害和财产损害。在安全保障义务规则下,人身损害主要是指权利人的生命权、身体权、健康权等物质性人格权受到损害,如住客在宾馆跌倒摔伤。安全保障义务人未尽到安全保障义务,通常不会导致权利人的名誉权等精神性人格权益受到损害。财产损害主要表现为直接的财产损失,即权利人的财产被毁损、灭失。

(四)行为人未尽到安全保障义务与受害人的损害之间存在因果关系

仅当行为人未尽到安全保障义务与受害人的损害之间存在因果关系时,行为人才应当对受害人承担侵权损害赔偿责任。如果行为人履行了安全保障义务,就可以避免或减轻损害的发生,则应当认定行为人未尽到安全保障义务与受害人的损害之间存在因果关系;反之,则应当认定不存在因果关系。例如,针对顾客在宾馆跌倒摔伤这一损害,如果顾客跌倒是由于地面有水迹未清扫所致,那么宾馆的经营者未履行安全保障义务与顾客的损害之间存在因果关系。与之不同,假设宾馆的经营者及时清扫了地面、保持地面整洁干净,并不存在妨碍顾客正常行走、导致顾客可能跌倒的危险,顾客因边看手机边走路而不慎跌倒,但经查明,经营者系在消防验收不合格的情形下将宾馆投入经营活动。在这一情形下,虽然经营者未尽到保障消防安全的安全保障义务,但是该行为与受害人跌倒的损害之间不存在因果关系,不能据此要求经营者对顾客跌倒的损害承担赔偿责任。针对经营者在消防验收不合格时将宾馆投入经营活动之情形,倘若因宾馆失火而导致经营者被烧伤、财产被烧毁损,则应当认定经营者未尽到安全保障义务与受害人的损害之间存在因果关系。

三、安全保障义务人对第三人致害的责任

安全保障义务人对第三人致害的责任,是指在因第三人的直接侵权行为给受害人造成损害时,由第三人承担侵权责任,安全保障义务人未尽到安全保障义务的,应当承担补充责任。在实践中,相关情形包括,损害可能是由第三人造成的,如小偷潜入宾馆盗窃财物、伤害住客等。《民法典》第 1198 条第 2 款规定:“因第三人的行为造成他人损害的,由第三人承担侵权责任;经营者、管理者或者组织者未尽到安全保障义务的,承担相应的补充责任。经营者、管理者或者组织者承担补充责任后,可以向第三人追偿。”该条款即是规定安全保障义务人对第三人致害的责任。

(一)责任构成要件

1. 受害人的损害是由于第三人的侵权行为造成的

受害人的损害虽然发生在安全保障义务人负担安全保障义务的场所内,但是由于第三人的侵权行为所造成的。第一,第三人的行为满足侵权责任的构成要件,构成侵权行为。倘若第三人的行为不构成侵权行为，如基于正当防卫而造成伤害，那么安全保障义务人也不必对第三人造成的损害承担责任。第二，“第三人”是指安全保障义务人内部人员以外的完全独立的第三人，不包括安全保障义务人的工作人员。若是工作人员实施加害行为，应当由安全保障义务人依据《民法典》第 1191 条、第 1192 条承担用人者责任，或者基于其疏于对工作人员的管理未尽安全保障义务而依据前述《民法典》第 1198 条第 1 款承担侵权责任。第三，第三人的侵权行为是受害人损害发生的直接原因。换言之，无论是否存在安全保障义务人未尽到安全保障义务的行为，第三人的侵权行为都足以导致全部损害的发生。

2. 安全保障义务人存在过失

安全保障义务人并非在结果上保证权利人不受任何伤害，其承担过错责任，仅在未尽到安全保障义务时，才应当对第三人造成的损害承担责任。在第三人实施侵权行为造成损害的情形下，安全保障义务人的过失在于，其有义务防止或制止损害的发生，却未防止或制止损害的发生。如果安全保障义务人能够证明自己已尽到安全保障义务，并无过失，则无须承担侵权责任。例如，甲、乙二人结伴入住某宾馆，后二人在房间内产生争执进而发生打斗，甲给乙造成严重损害，若宾馆工作人员按照流程核对甲、乙二人的身份办理入住手续，并在听到异响后立即赶至房间劝阻，也及时报警、及时救助乙，那么宾馆的经营者已尽到安全保障义务，乙只能请求甲承担侵权责任，不能要求宾馆的经营者承担侵权责任。又如，甲男生携带已醉酒不醒的乙女生入住宾馆，宾馆的工作人员未按照流程核对甲、乙二人的身份即办理了入住手续，后甲在房间内强奸了乙，那么宾馆的经营者未尽到安全保障义务，乙不仅可以请求甲承担侵权责任，也可以要求宾馆的经营者承担侵权责任。

3. 安全保障义务人的过失与受害人的损害之间存在因果关系

在安全保障义务人对自己过失行为的责任中，安全保障义务人的过失与受害人的损害之间存在直接的因果关系，如宾馆的经营者未及时清扫地面水迹导致住客摔倒。而在安全保障义务人对第三人致害的责任中，第三人的行为是导致损害发生的直接原因，安全保障义务人的过失在其中仅起到未切断该因果关系链条的作用，仅是损害发生的间接原因。对安全保障义务人未尽到安全保障义务与损害后果之间的因果关系，不应当从“是否加害行为导致了损害的发生”这一事实上的因果关系层面加以理解，而应当从“如果安全保障义务人达到了应有的注意程度、实施了其应当实施的作为行为，是否可以避免或者减轻损害后果”的角度来理解。[1]如果安全保障义务人履行了安全保障义务，即能够防范损害的发生或减轻损害的后果，那么其未尽到安全保障义务的过失行为即与受害人的损害之间存在因果关系；反之，则不存在因果关系。

（二）责任分担方式

第一，安全保障义务人承担第二顺位的补充责任。在第三人的侵权行为造成受害人损害时，能够确定侵权人的，由侵权人或其他负有责任的人（如用人单位、监护人）承担侵权责任；仅在无法确定侵权人或者侵权人没有赔偿能力时，才由有过失的安全保障义务人承担第二顺位的赔偿责任。

第二，安全保障义务人承担相应的补充责任。关于补充责任，立法有可能要求补充责任人

---

〔1〕 参见冯珏：《安全保障义务与不作为侵权》，载《法学研究》2009 年第 4 期。

承担全部的补充责任，即只要是直接侵权人未能实际赔偿的部分，补充责任人均应承担赔偿责任；也可能要求补充责任人承担部分的补充责任，即仅要求补充责任人对直接侵权人未实际赔偿的损害，承担部分的赔偿责任。《民法典》第1198条第2款规定，经营者、管理者或者组织者未尽到安全保障义务的，承担相应的补充责任。对此，不能将“相应的补充责任”等同“部分的补充责任”，“相应的”补充责任既有可能是“全部的”补充责任，也有可能是“部分的”补充责任。在个案中，应当根据安全保障义务人的过失程度以及过失行为与损害之间的原因力大小而具体确定。如果安全保障义务人完全未履行安全保障义务即存在严重过失，并且倘若其履行了安全保障义务即能够防止全部损害的发生，那么其应当承担全部的补充责任；如果安全保障人过失程度较轻，并且即使其履行了安全保障义务也仅能部分避免损害的发生，那么其应当在能够防止和制止损害发生的范围内承担部分的补充赔偿责任。

第三，安全保障义务人承担补充责任后，可以向第三人追偿。关于承担了补充责任的安全保障义务人是否享有对第三人的追偿权问题，理论与实务存在较大的争议。《人身损害赔偿解释》（法释〔2003〕20号）第6条曾明确规定，“安全保障义务人承担责任后，可以向第三人追偿”。但是，原《侵权责任法》删除了前述赋予安全保障义务人对第三人追偿权的规定。在理论上，亦观点不一。有学者认为，应当赋予安全保障义务人追偿权，理由是：第三人的加害行为是导致损害发生的直接原因，安全保障义务人的过失行为仅是损害发生的消极条件，第三人应当对其造成的损害承担责任，不能因为经营者承担了补充责任而免除其责任。并且，安全保障义务人原本就只是承担补充责任，即若能确定直接责任人且其有赔偿能力，则即使安全保障义务人存在过失，亦无须承担责任。那么，在查明直接责任人或直接责任人恢复赔偿能力时，安全保障义务人行使追偿权，不过是恢复到了补充责任规则的本初状态。因此，只要认可补充责任，赋予补充责任人追偿权就是逻辑上的自然延伸。[1] 有学者认为，安全保障义务人虽然承担的是补充责任，但并非承担无过错责任，系承担过错责任，且是承担与其过错和原因力相当的“相应的”补充责任，本质上是一种自负责任，故在承担责任后不能再向第三人追偿。[2] 还有学者认为，应当区分第三人的主观状态，仅当第三人故意侵权时，才应当赋予安全保障义务人追偿权。[3] 面对理论争议，《民法典》第1198条第2款规定，“经营者、管理者或者组织者承担补充责任后，可以向第三人追偿”，即肯定安全保障义务人在承担补充责任后，有权向第三人追偿。

---

〔1〕 参见参见张新宝、唐青林：《经营者对服务场所的安全保障义务》，载《法学研究》2003年第3期；全国人大常委会法制工作委员会民法室编：《侵权责任法立法背景与观点全集》，法律出版社2010年版，第229、634页；黄薇主编：《中华人民共和国民法典释义：人格权编·婚姻家庭编·继承编·侵权责任编·附则》（下），法律出版社2020年版，第2326页。

〔2〕 参见郭明瑞：《补充责任、相应的补充责任与责任人的追偿权》，载《烟台大学学报（哲学社会科学版）》2011年第1期。

〔3〕 参见谢鸿飞：《违反安保义务侵权补充责任的理论冲突与立法选择》，载《法学》2019年第2期。

知识结构

- 安全保障义务违反的责任
  - 安全保障义务：经营场所、公共场所的经营者、管理者或者群众性活动的组织者，对于进入其场所或者参与其组织活动的人，负担的保障人身安全、财产安全的义务
  - ↓ 安全保障义务人的自己责任
    - 基本含义：安全保障义务人在自己未尽到安全保障义务而造成他人损害时，应当承担的侵权责任
    - 构成要件
      - 行为人负担安全保障义务
      - 行为人未尽到安全保障义务
      - 受害人受到损害
      - 行为人过失行为与受害人的损害之间存在因果关系
  - 安全保障义务人对第三人致害的责任
    - 基本含义：在因第三人的直接侵权行为造成损害时，未尽到安全保障义务的安全保障义务人应当承担责任
    - 构成要件
      - 损害是由第三人的侵权行为造成的
      - 安全保障义务人存在过失
      - 安全保障义务人的过失与受害人的损害之间存在因果关系：未能避免或制止损害的发生
    - 责任分担：安全保障义务人承担相应的补充责任
      - ①第二顺位：在无法确定直接侵权人或其无赔偿能力时承担责任
      - ②相应责任：承担与过错、原因力相当的补充责任
      - ③追偿权：承担补充责任后，可以向直接侵权人追偿

第三节　医疗损害责任

引导案例

甲在乙医院接受右肺上叶切除手术前一日，乙医院为甲右上肢置导管一套。次日，乙医院为甲实施了手术。一周后，甲办理出院手续，但导管无法拔除。乙医院多次尝试拔除未果，遂联系导管销售商丙公司的技术员丁为甲拔除导管。在丁拔除过程中导管发生断裂，导管残端遗留在甲右上肢静脉中。前述导管至今仍残留在甲体内。试问：

1. 医疗损害责任适用何种归责原则？
2. 在哪些情形下，可以认定医疗机构存在过错？
3. 甲能否请求乙医院承担赔偿责任？
4. 甲能否请求丙公司承担赔偿责任？
5. 乙医院与丙公司之间如何分担责任？

一、医疗损害责任的概念及立法历程

(一)医疗损害责任的概念

医疗损害责任有狭义与广义之分。狭义的医疗损害责任,仅是指当医疗机构或者其医务人员因诊疗行为给患者造成损害时,医疗机构应当承担的侵权责任。其包括医疗机构或者其医务人员过错诊疗行为造成损害的责任,以及使用有缺陷的药品、消毒产品、医疗器械或者输入不合格的血液造成损害的责任。广义的医疗损害责任,泛指医疗机构在给患者造成损害时应当承担的侵权责任。其还包括《民法典》第1226条规定的,医疗机构或其医务人员因泄露患者的隐私和个人信息所承担的侵权责任。医疗损害责任规则旨在解决医疗机构或其医务人员因提供专业性医疗服务造成损害的特殊性问题,而医疗机构或其医务人员侵害患者的隐私权或者个人信息并不具有特殊性,适用《民法典》侵权责任编及人格权编的一般规则即可。因此,本节侧重讨论狭义的医疗损害责任。

(二)医疗损害责任法律适用的统一

在原《侵权责任法》实施以前,法院裁判医疗损害责任纠纷存在法律适用和鉴定的“二元化”问题。原《民法通则》对医疗损害责任未作专门规定,因此,在2002年《医疗事故处理条例》颁布之前,法院统一适用原《民法通则》第106条第2款关于过错侵权责任的一般规定,裁判医疗损害责任纠纷。在《医疗事故处理条例》颁布后,2003年发布的最高人民法院《关于参照〈医疗事故处理条例〉审理医疗纠纷民事案件的通知》(法〔2003〕20号,法释〔2013〕7号将其废止)规定:“条例施行后发生的医疗事故引起的医疗赔偿纠纷,诉到法院的,参照条例的规定办理;因医疗事故以外的原因引起的其他医疗赔偿纠纷,适用民法通则的规定。”根据该规定,医疗机构或其医务人员在医疗活动中,违反医疗卫生管理法律、法规、规章和诊疗护理规范,过失造成患者人身损害的事故属医疗事故,适用《医疗事故处理条例》的规定;不构成医疗事故的其他医疗损害责任纠纷,则适用原《民法通则》第106条第2款关于过错责任的一般规定以及《人身损害赔偿解释》(法释〔2003〕20号)关于人身损害赔偿数额计算标准的规定。根据《医疗事故处理条例》的规定,医疗事故由医学会组织鉴定,并且其规定的赔偿金计算标准明显低于《人身损害赔偿解释》(法释〔2003〕20号)规定的计算标准。由此导致,医疗事故由医学会组织鉴定,且受害人在医疗机构或其医务人员存在更严重过失的医疗事故中获得的赔偿金额更低;不构成医疗事故的医疗损害责任纠纷由司法鉴定机构进行鉴定,且受害人获得的赔偿金额反而更高。针对医疗损害责任,采用“医疗事故责任”与“医疗过错责任”的二元化处理模式,有损法律的统一性,影响司法公正,也加剧了医患矛盾。〔1〕

为了妥善处理医疗损害责任纠纷,既充分保护患者的合法权益,也切实保护医疗机构及医务人员的合法权益、维护医疗秩序,推动构建和谐的医患关系,促进卫生健康事业发展,自原《侵权责任法》开始,专章规定“医疗损害责任”,调整范围涵盖前述的医疗事故纠纷和非医疗事故纠纷,患者在诊疗活动中受到损害的,都统一适用“医疗损害责任”一章的各项规定,从而消除“二元化”现象。在原《侵权责任法》生效后,2013年最高人民法院《关于废止1997年7月1日至2011年12月31日期间发布的部分司法解释和司法解释性质文件(第十批)的决定》(法

---

〔1〕 参见全国人大常委会法制工作委员会民法室编:《侵权责任法立法背景与观点全集》,法律出版社2010年版,第762~764页。

释〔2013〕7 号），废止了前述最高人民法院《关于参照〈医疗事故处理条例〉审理医疗纠纷民事案件的通知》，结束了“医疗事故责任”与“医疗过错责任”的二元化问题。患者因医疗机构或者其医务人员的过错而在诊疗活动中受到损害的，不再区分是否构成医疗事故，统一适用原《侵权责任法》关于“医疗损害责任”的规定。《民法典》侵权责任编沿袭了原《侵权责任法》的立法模式，以第六章专章规定了医疗损害责任。除《民法典》侵权责任编的规定之外，最高人民法院《关于审理医疗损害责任纠纷案件适用法律若干问题的解释》（法释〔2017〕20 号，法释〔2020〕17 号修正，以下简称《医疗损害责任解释》）对民法典规则的适用作出了进一步解释，也是法院裁判医疗损害责任纠纷常适用的规范。

二、医疗损害责任的构成要件

《民法典》第 1218 条规定，“患者在诊疗活动中受到损害，医疗机构或者其医务人员有过错的，由医疗机构承担赔偿责任”。根据该规则，医疗损害责任的构成要件包括以下三个。

（一）患者在诊疗活动中受到损害

在医疗损害责任纠纷中，只有在发生实际损害后果时，才需要考虑是否要由医疗机构承担侵权赔偿责任。因为医疗损害责任规则调整对象的特殊性，所以要求受害人是患者，并且要求患者是在诊疗活动中受到损害。患者受到的损害可能是人身损害、财产损害，也可能是精神损害。关于诊疗活动，《医疗机构管理条例实施细则》第 88 条规定，“是指通过各种检查，使用药物、器械及手术等方法，对疾病作出判断和消除疾病、缓解病情、减轻痛苦、改善功能、延长生命、帮助患者恢复健康的活动”。因此，诊疗活动，既包括使用药物、器械及手术进行的治疗活动，也包括对患者的检查、诊断、护理、康复、安宁疗护等诊疗活动。[1] 就美容活动而言，应当区分医疗美容与非医疗美容而认定其是否属于诊疗活动。《医疗机构管理条例实施细则》第 4 条规定，“美容服务机构开展医疗美容业务的，必须依据条例及本细则，申请设置相应类别的医疗机构”；第 88 条规定，“医疗美容：是指使用药物以及手术、物理和其他损伤性或者侵入性手段进行的美容”。根据前述规定，使用“损伤性”或者“侵入性”手段进行的美容属于医疗美容，属于应当由医疗机构实施的诊疗活动；没有使用“损伤性”或者“侵入性”手段进行的美容，如进行面部护理、一般的保健按摩等，不属于诊疗活动。最高人民法院《医疗损害责任解释》第 1 条第 2 款规定，“患者以在美容医疗机构或者开设医疗美容科室的医疗机构实施的医疗美容活动中受到人身或者财产损害为由提起的侵权纠纷案件，适用本解释”。该条款亦明确，医疗美容属于诊疗活动，患者因医疗美容活动受到损害而产生的侵权责任纠纷，适用医疗损害责任规则。

（二）医疗机构或者其医务人员存在过错

根据《民法典》第 1218 条的规定，医疗损害责任适用过错责任原则，仅在医疗机构或者其医务人员存在过错时，医疗机构才承担赔偿责任。关于医疗损害责任的归责原则，我国立法经历了从过错推定责任到过错责任的转变。在立法没有设立关于医疗损害责任的特别规则之前，医疗损害责任纠纷适用原《民法通则》第 106 条第 2 款关于过错责任的一般规定。但是，在医疗损害责任纠纷中，多数的病历资料由医疗机构保管，并且诊疗活动具有非常强的技术性和专业性，患者举证困难，可能难以举证证明医疗机构或其医务人员存在过错。考虑到这一原

---

〔1〕 参见杨立新：《医疗损害责任构成要件的具体判断》，载《法律适用》2012 年第 4 期。

因,2001 年发布的最高人民法院《关于民事诉讼证据的若干规定》(法释〔2001〕33 号,法释〔2019〕19 号修正)第 4 条第 1 款第 8 项规定:“因医疗行为引起的侵权诉讼,由医疗机构就医疗行为与损害结果之间不存在因果关系及不存在医疗过错承担举证责任。”该规则明确将医疗过错的举证责任分配给医疗机构,实质上采用了过错推定责任原则。这一做法促进了对患者权益的保护,但诊疗活动不同于一般的行为,其本身往往具有侵害性,在治疗疾病的同时亦会给患者造成一定的损害后果,令医疗机构承担过错推定责任会给医疗机构带来过重的负担,在适用中也产生了负面后果。具体表现为:一是医疗机构及其医务人员可能为了证明自己无过错、避免承担责任而实施过度诊疗,即为患者做事无巨细的检查,以证明自己不存在过错,由此加重了患者的负担;二是医学是一门探索性、经验性的学科,简单地采用过错推定责任,加重医疗机构的责任,导致医疗机构可能为了避免承担责任而墨守成规地进行保守诊疗,阻碍医学的发展,最终也对患者不利。[1] 因此,原《侵权责任法》第 54 条规定:“患者在诊疗活动中受到损害,医疗机构及其医务人员有过错的,由医疗机构承担赔偿责任。”即明确采用过错责任原则。此后,2019 年修正的最高人民法院《关于民事诉讼证据的若干规定》(法释〔2019〕19 号),亦删除了前述第 4 条第 1 款第 8 项之规定。《民法典》第 1218 条沿袭了原《侵权责任法》第 54 条之规定,就医疗损害责任采用过错责任原则。

由医疗机构证明自己不存在过错会产生负面效果,但是在医疗损害责任纠纷中,鉴于诊疗活动的高度专业性和患者举证能力的局限性,由患者一方证明医疗机构或者其医务人员存在过错,也会面临举证难题。《民法典》及原《侵权责任法》规定医疗损害责任适用过错责任,并非回到了原《民法通则》的起点,而是在采用过错责任原则的同时设计配套规则解决患者一方的举证难题。第一,过错认定的客观化。过错属于主观状态,需要通过外部行为加以认定。《民法典》在总结法院裁判经验的基础上,以第 1219 条、第 1221 条、第 1222 条明确规定了判断医疗机构或者其医务人员是否存在过错的客观标准。只要患者一方证明了医疗机构或者其医务人员存在前述条文规定的情形,即认定医疗机构或者其医务人员存在过错。[2] 第二,考虑患者在收集证据方面处于劣势地位,《民法典》第 1225 条规定,“医疗机构及其医务人员应当按照规定填写并妥善保管住院志、医嘱单、检验报告、手术及麻醉记录、病理资料、护理记录等病历资料。患者要求查阅、复制前款规定的病历资料的,医疗机构应当及时提供”。该条规定为患者收集证据,提供了规则支持。第三,鉴于诊疗活动的高度专业性,一般难以通过普通的生活经验知识去判断医疗机构或者其医务人员是否存在过错,需要借助专业的医疗损害鉴定来解决。《医疗损害责任解释》(法释〔2020〕17 号)第 4 条第 1 款、第 2 款规定,“患者依据民法典第一千二百一十八条规定主张医疗机构承担赔偿责任的,应当提交到该医疗机构就诊、受到损害的证据。患者无法提交医疗机构或者其医务人员有过错、诊疗行为与损害之间具有因果关系的证据,依法提出医疗损害鉴定申请的,人民法院应予准许”。该条第 2 款规定了缓和患者一方举证证明责任的方法,允许患者在欠缺有关医疗过错的证据时,向法院申请医疗损害鉴定。[3]

---

〔1〕 参见王胜明主编:《〈中华人民共和国侵权责任法〉条文解释与立法背景》,人民法院出版社 2010 年版,第 213 页。

〔2〕 参见梁慧星:《论〈侵权责任法〉中的医疗损害责任》,载《法商研究》2010 年第 6 期。

〔3〕 参见吴兆祥:《诊疗损害责任纠纷举证证明责任研究——对〈最高人民法院关于审理医疗损害责任纠纷案件适用法律若干问题的解释〉第 4 条的解读》,载《法律适用》2018 年第 3 期。

（三）医疗机构或者其医务人员的过错行为与患者的损害之间存在因果关系

构成医疗损害责任，还要求医疗机构或者其医务人员的过错行为与患者的损害后果之间具有因果关系。2001年发布的最高人民法院《关于民事诉讼证据的若干规定》（法释〔2001〕33号）第4条第1款第8项曾规定："因医疗行为引起的侵权诉讼，由医疗机构就医疗行为与损害结果之间不存在因果关系及不存在医疗过错承担举证责任。"按照该条规定，由医疗机构举证证明其诊疗行为与损害结果之间不存在因果关系。2019年修正的最高人民法院《关于民事诉讼证据的若干规定》（法释〔2019〕19号）删除了前述规定。按照"谁主张、谁举证"的一般原理，根据《民法典》第1218条的规定，患者一方应当证明医疗机构或者其医务人员的过错行为与损害之间存在因果关系。如前所述，基于医学的专业性，一般难以通过普通的生活经验知识去判断诊疗过失行为与患者的损害之间是否具有因果关系，需要借助专业的医疗损害鉴定来解决。因此，按照前述《医疗损害责任解释》（法释〔2020〕17号）第4条的规定，患者一方在提交到医疗机构就诊、受到损害的证据的前提下，无法提交医疗机构或者其医务人员的诊疗行为与损害之间具有因果关系的证据时，可以依法提出医疗损害鉴定申请，鉴定诊疗行为与损害后果之间是否存在因果关系以及原因力大小。

在满足前述构成要件的情形下，因为医务人员实施诊疗行为属于执行工作任务，所以无论是医疗机构还是其医务人员过错诊疗行为导致患者受到损害的，都由医疗机构承担赔偿责任。

三、医疗损害责任的过错认定客观化

如前所述，《民法典》在规定医疗损害责任适用过错责任原则的同时，为解决患者一方举证困难，以第1219条、第1221条、第1222条明确规定了判断医疗机构或者其医务人员是否存在过错的外在客观化认定标准。

（一）违反说明同意义务

《民法典》第1219条第1款规定："医务人员在诊疗活动中应当向患者说明病情和医疗措施。需要实施手术、特殊检查、特殊治疗的，医务人员应当及时向患者具体说明医疗风险、替代医疗方案等情况，并取得其明确同意；不能或者不宜向患者说明的，应当向患者的近亲属说明，并取得其明确同意。"因为诊疗行为事关患者的生命、身体、健康等重大人格利益，应当充分尊重患者的自主决定权。患者自主决定权，是指有决定能力的患者在被告知有关自己病情、治疗的足够信息的前提下，有权自己决定是否接受治疗、选择治疗方案、拒绝治疗等。[1] 患者自主决定权的行使，依赖于医务人员履行说明义务。所以，《民法典》第1219条第1款同时明确规定了医务人员的"说明义务"和患者的"同意权"。第一，说明义务：在任何诊疗活动中，医务人员都应当向患者说明病情和医疗措施。第二，患者同意权：需要实施手术、特殊检查、特殊治疗的，医务人员应当及时向患者具体说明医疗风险、替代医疗方案等情况，并取得其明确同意；不能或者不宜向患者说明的，应当向患者的近亲属说明，并取得其明确同意。关于特殊检查、特殊治疗，《医疗机构管理条例实施细则》第88条规定，"特殊检查、特殊治疗：是指具有下列情形之一的诊断、治疗活动：（一）有一定危险性，可能产生不良后果的检查和治疗；（二）由于患者体质特殊或者病情危笃，可能对患者产生不良后果和危险的检查和治疗；（三）临床试验性检查

〔1〕 参见李燕：《未经同意的治疗：知情同意权的相对性——兼评〈侵权责任法〉第56条》，载《法学论坛》2011年第5期。

和治疗；（四）收费可能对患者造成较大经济负担的检查和治疗。”较之原《侵权责任法》第 55 条第 1 款的表述，《民法典》第 1219 条第 1 款增加“具体”二字，要求医务人员应当及时向患者具体说明医疗风险、替代医疗方案等情况，避免医务人员进行格式化、形式化的告知，旨在保障患者或其近亲属在充分了解信息的情形下作出自主决定；同时增加了“明确”二字，要求医务人员取得患者或其近亲属的明确同意，旨在尊重患者一方的意志，保障其充分行使同意权。《民法典》第 1219 条第 2 款规定：“医务人员未尽到前款义务，造成患者损害的，医疗机构应当承担赔偿责任。”即只要医务人员违反了《民法典》第 1219 条第 1 款关于说明同意义务之规定，即认定医务人员存在过错，医疗机构应当承担赔偿责任。

在实践中，在紧急情况下，医务人员可能无法取得患者或其近亲属的同意。例如，在发生地震、泥石流等意外灾害时，抢救出来的受灾群众可能处于昏迷状态，无法取得其本人的明确同意，同时可能一时难以确定其身份、联系到其近亲属，也无法取得其近亲属明确同意。“一刀切”的、僵化的同意规则，可能延误对患者的救治，反而损害患者的权益。例如，在曾经引起热议的“李某云案”中，孕妇李某云因突发紧急情况被送至北京市某医院，经检查发现患有严重的肺炎及急性呼吸衰竭急需实施剖宫产手术，其配偶拒绝在医院的剖宫产手术单上签字，该医院经请示原北京市卫生局得到未经签字不得手术的答复，未做剖宫产手术，后胎死腹中（已足月临产），李某云不治身亡。因此，《民法典》第 1220 条规定：“因抢救生命垂危的患者等紧急情况，不能取得患者或者其近亲属意见的，经医疗机构负责人或者授权的负责人批准，可以立即实施相应的医疗措施。”即在满足该条规定要件的情形下，经医疗机构负责人或者授权的负责人批准，可以立即实施相应的医疗措施，患者一方不能仅以未经其同意为由而主张医疗机构存在过错，要求医疗机构承担赔偿责任；相反，在此情形下，医疗机构及其医务人员怠于实施相应医疗措施造成损害的，属于未尽应尽的诊疗义务，存在过错，患者有权请求医疗机构承担赔偿责任。《医疗损害责任解释》（法释〔2020〕17 号）第 18 条第 1 款进一步作出解释：“因抢救生命垂危的患者等紧急情况且不能取得患者意见时，下列情形可以认定为民法典第一千二百二十条规定的不能取得患者近亲属意见：（一）近亲属不明的；（二）不能及时联系到近亲属的；（三）近亲属拒绝发表意见的；（四）近亲属达不成一致意见的；（五）法律、法规规定的其他情形。”

（二）未尽到与当时的医疗水平相应的诊疗义务

《民法典》第 1221 条规定：“医务人员在诊疗活动中未尽到与当时的医疗水平相应的诊疗义务，造成患者损害的，医疗机构应当承担赔偿责任。”根据该条规定，医务人员在诊疗活动中未尽到与当时的医疗水平相应的诊疗义务，即存在过错，应当承担赔偿责任。因为医疗机构提供的是专业性服务，所以医疗机构承担的是专家责任，医务人员应当尽到实施诊疗行为同一时期具有一般医疗专业水平的医务人员在同一情况下应尽到的诊疗义务。

我国当前对医疗机构实行分级管理，分为三级，每级再划分为甲、乙、丙三等，其中三级医院增设特等，共分为三级十等；对于医务人员也是从医士到主任医师按级别进行管理。此外，我国幅员辽阔，不同地方相同等级医院的软硬件设施的配备情况不尽相同、医疗水平可能存在差别。那么，在认定医务人员是否尽到与当时的医疗水平相应的诊疗义务时，是否考虑医疗机构资质、医务人员资质以及地区等因素？从理论上而言，应是否定的。第一，从历史解释的角度来看，《民法典》第 1221 条继受于原《侵权责任法》第 57 条，在此前原《侵权责任法》的立法过程中,《侵权责任法(草案)》第二、第三次审议稿的第57条曾以第2款规定“判断医务人员注意义务时,应当适当考虑地区、医疗机构资质、医务人员资质等因素”,但因与第1款有冲突而最终被删除,立法选择以“与当时的医疗水平相应的诊疗义务”作为判断医务人员是否存在过错的统一标准。[1] 其可能考虑的因素是,以地区、医疗机构资质、医务人员资质等因素来决定医务人员的注意义务,有差别对待个体的生命健康权的嫌疑,且从实践来看,也无法具体衡量。另外,在实践中,医务人员所遵从的诊疗规范是一致的,并没有地区差别,医务人员的注意义务也不应有区别。[2] 在《民法典》侵权责任编编纂过程中,也有人建议将“当时的医疗水平”修改为“当时、当地、不同资质的医疗水平”,但是未被采纳。其理由是:诚然,我国幅员辽阔,各地区之间的医疗资源分布不平均,各地区之间的医疗水平存在差异,但医务人员的诊疗行为有行政法规、规章和医疗行业的操作规程,这些应当普遍遵守,诊疗行为是否有过错,不因医疗机构处在何地、医疗机构资质如何而不同。[3] 因此,从《民法典》第1221条的由来可见,在认定医务人员是否尽到与当时的医疗水平相应的诊疗义务时,并不考虑地区、医疗机构资质、医务人员资质等因素。第二,当然在实践中,医疗机构及医务人员存在资质差异、存在地区差异,如果医务人员认为以医疗机构的设备配置、自己的资质,达不到实施诉争诊疗活动的医疗水平,就不应当继续实施诊疗行为,而应当建议患者转院治疗。倘若医务人员明知自己针对患者问诊事项达不到当时的医疗水平,仍然选择继续实施诊疗活动,那么其就应当履行与当时的医疗水平相应的诊疗义务;相反,倘若考虑地区、医疗机构资质、医务人员资质等因素而降低医务人员履行诊疗义务的标准,是降低对该患者生命健康权的保护,对患者不公平。

(三)依法推定医疗机构有过错

《民法典》第1222条规定:“患者在诊疗活动中受到损害,有下列情形之一的,推定医疗机构有过错:(一)违反法律、行政法规、规章以及其他有关诊疗规范的规定;(二)隐匿或者拒绝提供与纠纷有关的病历资料;(三)遗失、伪造、篡改或者违法销毁病历资料。”当存在前述行为时,即可以推定医疗机构存在过错。第一,不能将该条错误理解为,规定医疗损害责任适用过错推定责任原则的特别规则。《民法典》第1218条明确规定医疗损害责任适用过错责任原则,该条仅是规定了可以基于医疗机构的外在客观行为而推定其主观存在过错之情形。医疗机构违反有关诊疗规范,隐匿或者拒绝提供与纠纷有关的病历资料,甚至遗失、伪造、篡改或者违法销毁,本身就是过错行为,因此,《民法典》第1218条规定应当直接根据存在这3类行为的事实而认定医疗机构有过错。第二,多数观点认为,该条所规定的“推定医疗机构有过错”与通常所述的“过错推定”不同,是不可反证的,不允许医疗机构以相反的证据予以推翻。其实际上是立法者预先作出的“直接认定”,只是因为过错是一种主观状态,通过外在客观行为只能推定出行为人主观存在过错,故而使用了“推定”之表述。法院一经审理查明案件存在前述法定情形之

---

[1] 参见梁慧星:《论〈侵权责任法〉中的医疗损害责任》,载《法商研究》2010年第6期。

[2] 参见全国人大常委会法制工作委员会民法室编:《侵权责任法立法背景与观点全集》,法律出版社2010年版,第118、234页。

[3] 参见黄薇主编:《中华人民共和国民法典释义:人格权编·婚姻家庭编·继承编·侵权责任编·附则》(下),法律出版社2020年版,第2367页。

一的，即应认定医疗机构有过错。[1]

四、医疗损害责任的免责事由

关于医疗损害责任的免责事由，既适用《民法典》总则编“民事责任”一章以及侵权责任编“一般规定”一章关于免责事由的一般规定，也适用侵权责任编“医疗损害责任”一章的特别规定。针对一般性免责事由，例如，损害是患者故意造成的、在医务人员实施手术过程中突发地震导致患者受到损害等，医疗机构均可以免责。此外，《民法典》第1224条还规定：“患者在诊疗活动中受到损害，有下列情形之一的，医疗机构不承担赔偿责任：（一）患者或者其近亲属不配合医疗机构进行符合诊疗规范的诊疗；（二）医务人员在抢救生命垂危的患者等紧急情况下已经尽到合理诊疗义务；（三）限于当时的医疗水平难以诊疗。前款第一项情形中，医疗机构及其医务人员也有过错的，应当承担相应的赔偿责任。”

根据《民法典》第1224条的规定，医疗机构特别的免责事由主要包括两类：一类是患者或者其近亲属不配合医疗机构进行符合诊疗规范的诊疗，这既包括患者或者其近亲属故意不配合进行符合诊疗规范的诊疗，也包括患者或者其近亲属过失不配合进行符合诊疗规范的诊疗。例如，患者不遵医嘱错误用药、错误饮食乃至饮酒等，或者近亲属在患者自身不能自主服药的情形下错误喂药等，导致患者病症加重或出现并发症。在损害完全是由于患者或其近亲属不配合医疗机构进行符合诊疗规范的诊疗所导致的情形，医疗机构不承担赔偿责任；但是，若医疗机构或者其医务人员也有过错的，损害与医疗机构或者其医务人员的过错行为也存在因果关系的，则医疗机构应当根据过错及原因力承担相应的赔偿责任。另一类是医务人员已经尽到合理的诊疗义务。医疗活动具有未知性、特异性的特征，有许多疾病的发生原因尚不可知、有许多疾病至今尚无法治愈，并且每个人的基因不同、体质不同、所处环境不同，也可能影响治疗的效果。医疗机构以及医务人员履行的是“行为义务”，而非“结果义务”，其应当尽到合理的诊疗义务，但不可能保证治愈每一名患者。因此，当医务人员在抢救生命垂危的患者等紧急情况下已经尽到合理诊疗义务、限于当时的医疗水平难以诊疗时，医疗机构不承担赔偿责任。

五、医疗产品责任

医疗机构在诊疗活动中，既有可能因为医务人员的过错诊疗行为给患者造成损害，也有可能因为使用存在缺陷的药品、医疗器材或输入不合格的血液而给患者造成损害。后一种情形，不属于《民法典》第1218条所规定的过错诊疗行为造成损害的责任，而属于《民法典》第1223条所规定的医疗产品责任。《民法典》第1223条规定：“因药品、消毒产品、医疗器械的缺陷，或者输入不合格的血液造成患者损害的，患者可以向药品上市许可持有人、生产者、血液提供机构请求赔偿，也可以向医疗机构请求赔偿。患者向医疗机构请求赔偿的，医疗机构赔偿后，有权向负有责任的药品上市许可持有人、生产者、血液提供机构追偿。”

根据《民法典》第1223条的规定，医疗机构与药品上市许可持有人、生产者、血液提供机构承担不真正连带责任。第一，对于受害人，医疗机构类似产品责任中的销售者，其在提供专业的诊疗服务的同时，也是药品、医疗器材、辅助材料的销售者，并且销售药品、医疗器材、辅助材料的收入可能远高于其提供诊疗服务的收入。因此，与对诊疗行为造成的损害承担过错责任

---

[1] 参见梁慧星：《论〈侵权责任法〉中的医疗损害责任》，载《法商研究》2010年第6期；张新宝：《中国民法典释评·侵权责任编》，中国人民大学出版社2020年版，第196页；最高人民法院民法典贯彻实施工作领导小组主编：《中华人民共和国民法典侵权责任编理解与适用》，人民法院出版社2020年版，第459页。

不同，在因药品、消毒产品、医疗器械的缺陷或者输入不合格的血液造成患者损害时，医疗机构承担无过错责任。无论医疗机构是否存在过错，受害人既可以请求药品上市许可持有人、生产者、血液提供机构承担赔偿责任，也可以请求医疗机构承担赔偿责任。另外，相较原《侵权责任法》第59条，《民法典》第1223条对于缺陷药品致人损害的责任主体增加规定了药品上市许可持有人。我国在2015年开始试点药品上市许可持有人制度。药品上市许可持有人可以自行生产药品，也可以委托药品生产企业生产。《药品管理法》第144条第1款规定："药品上市许可持有人、药品生产企业、药品经营企业或者医疗机构违反本法规定，给用药者造成损害的，依法承担赔偿责任。"因此，《民法典》第1223条增加规定了"药品上市许可持有人"这一类责任主体。第二，对于终局责任的承担，因患者的损害是由药品、消毒产品、医疗器械的缺陷或者血液不合格所造成的，医疗机构承担赔偿责任后，有权向负有责任的药品上市许可持有人、生产者、血液提供机构追偿。

知识结构

- 医疗损害责任
  - 基本含义：医疗机构或者其医务人员因诊疗行为给患者造成损害时，医疗机构承担的侵权责任
  - 构成要件
    - 患者在诊疗活动中受到损害
    - 医疗机构或者其医务人员存在过错
      - 违反说明同意义务，紧急情况除外
      - 未尽到与当时的医疗水平相应的诊疗义务
      - "推定"过错：①违反诊疗规范；②隐匿或拒绝提供病历资料；③遗失、伪造、篡改或者违法销毁病历资料
  - 医疗机构或者其医务人员的过错行为与患者的损害之间存在因果关系

- 免责事由
  - 一般免责事由
  - 特别免责事由
    - 患者或其近亲属不配合医疗机构进行符合诊疗规范的诊疗
    - 医务人员在抢救患者等紧急情况下已尽到合理诊疗义务
    - 限于当时的医疗水平难以诊疗

医疗产品责任：适用真正连带责任
①患者可以向药品上市许可持有人、生产者、血液提供机构请求赔偿，也可以向医疗机构请求赔偿；
②医疗机构赔偿后，有权向负有责任的药品上市许可持有人、生产者、血液提供机构追偿。

第四节　机动车交通事故责任

引导案例

甲严重超速驾驶机动车，撞上了闯红灯的行人乙，导致乙骨折。交警部门出具道路交通事故认定书，认定甲、乙对机动车交通事故的发生负同等责任。试问：

1. 就乙遭受的损害，如何分担责任？
2. 若甲驾驶的是从丙公司处租赁的机动车，对于属于机动车一方的责任，由谁承担？
3. 若甲驾驶的是从丁公司处购买的机动车，尚未办理所有权移转登记，对于属于机动车一方的责任，由谁承担？
4. 若甲系将自己的机动车挂靠在戊公司名下从事道路运输经营活动，对于属于机动车一方的责任，由谁承担？
5. 若甲是汽车修理厂的工作人员，驾驶的是己送到修理厂维修的机动车且未经己同意，对于属于机动车一方的责任，由谁承担？
6. 若甲驾驶的是从庚处盗窃的车辆，对于属于机动车一方的责任，由谁承担？

一、机动车交通事故责任的概念及其一般规则

在实践中，机动车交通事故责任纠纷是常见的一类侵权纠纷，原《侵权责任法》第六章专章规定了机动车交通事故责任，《民法典》继受这一立法模式，于侵权责任编第五章专章规定了机动车交通事故责任。除《民法典》的规定外，《道路交通事故损害赔偿解释》（法释〔2012〕19号，法释〔2020〕17号修正）也是法院裁判机动车交通事故责任纠纷常适用的规范。

（一）机动车交通事故责任的概念

顾名思义，机动车交通事故责任，是指机动车所有人、使用人等在发生机动车交通事故时应当承担的责任。界定机动车交通事故责任，关键在于界定何为机动车交通事故。例如，甲同学在校园内驾驶电动自行车与乙同学发生碰撞，是否属于机动车交通事故？对该行为的不同定性，会导致规则适用的不同。若其属于机动车交通事故，则适用《民法典》侵权责任编第五章关于机动车交通事故责任的规定；若其不属于机动车交通事故，则属于一般侵权行为，适用《民法典》第1165条第1款关于过错责任的一般规定。适用不同规则，责任后果不同。

在《道路交通安全法》已对机动车交通事故作出界定的情形下，《民法典》未再作重复规定。机动车交通事故由“机动车”和“交通事故”构成。关于机动车及其与非机动车的区别，《道路交通安全法》第119条规定，机动车，是指以动力装置驱动或者牵引，上道路行驶的供人员乘用或者用于运送物品以及进行工程专项作业的轮式车辆；非机动车，是指以人力或者畜力驱动，上道路行驶的交通工具，以及虽有动力装置驱动但设计最高时速、空车质量、外形尺寸符合有关国家标准的残疾人机动轮椅车、电动自行车等交通工具。《道路交通安全法》第119条规定，交通事故是指车辆在道路上因过错或者意外造成的人身伤亡或者财产损失的事件；道

路，是指公路、城市道路和虽在单位管辖范围但允许社会机动车通行的地方，包括广场、公共停车场等用于公众通行的场所。综合前述规定，机动车交通事故责任是指，当机动车在道路上因过错或者意外造成人身伤亡或者财产损失时，机动车所有人、使用人等应当承担的侵权责任。就前述同学在校园内驾驶电动自行车与他人发生碰撞之案件，校园道路属于允许社会机动车通行的地方，属于交通事故中的“道路”，若甲同学驾驶的电动自行车设计的最高时速、空车质量、外形尺寸符合非机动车的标准，则该事故不属于机动车交通事故，但若甲同学驾驶的电动自行车设计的最高时速、空车质量、外形尺寸已经超出非机动车的标准，则该事故属于机动车交通事故。

（二）机动车交通事故责任的一般规则

《民法典》第 1208 条规定：“机动车发生交通事故造成损害的，依照道路交通安全法律和本法的有关规定承担赔偿责任。”该条延续了原《侵权责任法》第 48 条的立法模式，采用引致性规范模式。在编纂《民法典》过程中，有学者提出民法典系基本民事规范，延续引致性规范模式，有损法典的权威，也偏离了编纂民法典预设的整合立法的目标，建议直接明确机动车交通事故责任的一般规则。但是，考虑法典具有稳定性的特征，而伴随社会不断发展，立法机关可能会修改《道路交通安全法》，若《民法典》吸收《道路交通安全法》关于机动车交通事故责任的规定，将来与修改后的《道路交通安全法》如何协调存在一定难度。因此，《民法典》延续了原《侵权责任法》第 48 条的规定。[1] 当前，《道路交通安全法》第 76 条是调整机动车交通事故责任的一般规则。该条规定：“机动车发生交通事故造成人身伤亡、财产损失的，由保险公司在机动车第三者责任强制保险责任限额范围内予以赔偿；不足的部分，按照下列规定承担赔偿责任：（一）机动车之间发生交通事故的，由有过错的一方承担赔偿责任；双方都有过错的，按照各自过错的比例分担责任。（二）机动车与非机动车驾驶人、行人之间发生交通事故，非机动车驾驶人、行人没有过错的，由机动车一方承担赔偿责任；有证据证明非机动车驾驶人、行人有过错的，根据过错程度适当减轻机动车一方的赔偿责任；机动车一方没有过错的，承担不超过百分之十的赔偿责任。交通事故的损失是由非机动车驾驶人、行人故意碰撞机动车造成的，机动车一方不承担赔偿责任。”

1. 由保险公司在机动车第三者责任强制保险责任限额范围内先行赔偿

机动车交通事故责任强制保险（以下简称交强险），是指由保险公司对被保险机动车发生道路交通事故造成本车人员、被保险人以外的受害人的人身伤亡、财产损失，在责任限额内予以赔偿的强制性责任保险。机动车具有一定危险性，纵然驾驶人谨慎驾驶，亦难以杜绝交通事故的发生，并且一旦发生交通事故，即可能导致人员伤亡等严重伤害，因此，为了保障机动车道路交通事故的受害人能够得到赔偿，《道路交通安全法》第 17 条规定实行机动车第三者责任强制保险制度。《机动车交通事故责任强制保险条例》第 2 条规定，在我国境内道路上行驶的机动车的所有人或者管理人，应当依照《道路交通安全法的规定》投保交强险。

根据《道路交通安全法》第 76 条第 1 款的规定，在发生机动车交通事故时，先由保险公司在交强险责任限额范围内予以赔偿，然后再考虑在行为人之间如何分配责任。交强险合同属于法定的利他合同，虽然保险合同是由机动车所有人等投保人与保险公司签订的，受害人并非

---

〔1〕 参见张新宝：《中国民法典释评 · 侵权责任编》，法律出版社 2020 年版，第 152 页。

合同的主体,但是在发生机动车交通事故时,受害人依法有权请求保险公司直接向自己给付保险金。《道路交通事故损害赔偿解释》(法释〔2020〕17号)第22条第1款规定:"人民法院审理道路交通事故损害赔偿案件,应当将承保交强险的保险公司列为共同被告。但该保险公司已经在交强险责任限额范围内予以赔偿且当事人无异议的除外。"因为投保交强险是机动车所有人或管理人的法定义务,所以即使机动车所有人或管理人没有投保交强险,也应当按照前述规定在交强险责任限额范围内先行赔偿。《道路交通事故损害赔偿解释》(法释〔2020〕17号)第16条规定:"未依法投保交强险的机动车发生交通事故造成损害,当事人请求投保义务人在交强险责任限额范围内予以赔偿的,人民法院应予支持。投保义务人和侵权人不是同一人,当事人请求投保义务人和侵权人在交强险责任限额范围内承担相应责任的,人民法院应予支持。"

2020年,中国银行保险监督管理委员会发布了《关于调整交强险责任限额和费率浮动系数的公告》。该公告规定,"被保险人在使用被保险机动车过程中发生交通事故,致使受害人遭受人身伤亡或者财产损失,依法应当由被保险人承担的损害赔偿责任,每次事故责任限额为:死亡伤残赔偿限额18万元,医疗费用赔偿限额1.8万元,财产损失赔偿限额0.2万元。被保险人无责任时,死亡伤残赔偿限额1.8万元,医疗费用赔偿限额1800元,财产损失赔偿限额100元。"在机动车发生交通事故造成人身伤亡、财产损失时,前述限额可能不足以赔偿受害人遭受的损失,不足部分则需要在行为人之间分配责任。

2. 机动车之间的交通事故适用过错责任

根据《道路交通安全法》第76条第1款第1项的规定,就交强险不足以赔偿的损失,若是机动车之间发生交通事故的,由有过错的一方承担赔偿责任;双方都有过错的,按照各自过错的比例分担责任。这是因为,在机动车之间发生交通事故时,行为人驾驶机动车给彼此带来同等的风险,无须给予一方特别保护,应当适用过错责任原则。

3. 机动车与非机动车驾驶人、行人之间的交通事故适用特殊的无过错责任

关于机动车与非机动车驾驶人、行人之间交通事故适用的归责原则,理论观点不一。有学者认为立法系采过错推定责任,[1]有学者则认为立法采无过错责任。[2]笔者认为,其适用的是无过错责任。第一,过错推定责任是推定行为人有过错,其不能证明自己没有过错的,应当承担侵权责任,重心在于由行为人自证不存在过错。例如,《民法典》第1253条规定,"建筑物、构筑物或者其他设施及其搁置物、悬挂物发生脱落、坠落造成他人损害,所有人、管理人或者使用人不能证明自己没有过错的,应当承担侵权责任",即采用过错推定责任。从条文表述来看,《道路交通安全法》第76条第1款第2项显然并非采用此种规定模式。并且,在建筑物和物件脱落、坠落致人损害时,基于建筑物和物件的脱落、坠落行为本身就可以推定所有人等未尽到管理职责,即推定其存在过错,从而规定适用过错推定责任;而就机动车与非机动车驾驶人、行人之间发生交通事故,并非不能基于发生事故本身就推定机动车一方存在过错。第二,过错推定责任的本质是过错责任,如果行为人能够证明自己没有过错,则不构成侵权,不承担责任。按照《道路交通安全法》第76条第1款第2项的规定,机动车一方没有过错的,仍然需要承担

---

〔1〕 参见杨立新:《我国道路交通事故责任归责原则研究》,载《法学》2008年第10期;刘家安:《机动车交通事故责任的归责原则及责任归属》,载《政治与法律》2010年第5期。

〔2〕 参见张新宝:《中国民法典释评·侵权责任编》,法律出版社2020年版,第152页;最高人民法院民法典贯彻实施工作领导小组主编:《中华人民共和国民法典侵权责任编理解与适用》,人民法院出版社2020年版,第360~361页。

不超过10%的赔偿责任。第三,不同于在机动车之间发生交通事故时具有风险互换性的特征,在机动车与非机动车驾驶人、行人之间发生交通事故时,不具有风险互换性的特征,仅机动车一方给非机动车一方带来了机动车快速度运行可能引发损害的风险,根据前文关于无过错责任正当性的介绍,带来风险源者应当承担无过错责任。机动车的所有人、驾驶人在享受机动车带来的方便快捷的同时,也应当承担因机动车运行所带来的风险。因此,机动车一方承担无过错责任。但是,伴随社会发展,机动车已成为民众普遍使用的通行工具,其虽具有一定的风险性,但该风险程度显然低于高度危险责任中高速轨道运输工具、民用航空器带来的高风险。所以,机动车一方没有过错的,仅需承担不超过10%的赔偿责任。

《道路交通安全法》第76条第2款规定,交通事故的损失是由非机动车驾驶人、行人故意碰撞机动车造成的,机动车一方不承担赔偿责任。这是因为,在非机动车驾驶人、行人故意碰撞机动车,如行人"碰瓷"机动车时,损害完全是受害人故意造成的,其不能因为自己追求的损害反而获得救济。所以,此情形下非机动车驾驶人、行人不能主张获得救济:第一,不同于《道路交通安全法》第76条第1款规定,发生交通事故时由保险公司在交强险限额内先行赔偿,根据《机动车交通事故责任强制保险条例》第21条第2款的规定,道路交通事故的损失是由受害人故意造成的,保险公司不予赔偿。第二,不同于《道路交通安全法》第76条规定无过错的机动车一方承担不超过10%的赔偿责任,在非机动车驾驶人、行人故意碰撞机动车造成损害时,机动车一方不承担任何赔偿责任。

二、机动车一方责任主体的具体规定

在根据前述《道路交通安全法》第76条的规定认定责任后,若认定由机动车一方承担全部或部分责任,当机动车的所有人与使用人一致时,自当由所有人承担赔偿责任,但是当所有人与使用人不一致以及存在其他特殊情形时,有待明确机动车一方的责任主体。总体而言,在确定责任主体时,主要考虑3项因素:一是运行控制,即实际控制机动车者最能控制危险,最能有效防止或者减少损害的发生,故对机动车的运行支配应是确定责任主体的考量因素之一;二是运行利益,即享受利益者应当承担风险,故对机动车的运行享有收益也是确定责任主体的考量因素之一;[1]三是行为的违法性,即仅令违法者承担责任才能预防违法行为、损害的发生,故行为的违法性也是确定责任主体的考量因素之一。

(一)租赁、借用等情形下的责任主体

《民法典》第1209条规定:"因租赁、借用等情形机动车所有人、管理人与使用人不是同一人时,发生交通事故造成损害,属于该机动车一方责任的,由机动车使用人承担赔偿责任;机动车所有人、管理人对损害的发生有过错的,承担相应的赔偿责任。"因为在租赁、借用等情形下,承租人、借用人实际占有、使用车辆,实际控制风险,且损害也是由其造成的,所以由机动车使用人承担赔偿责任。所有人、管理人虽非机动车的实际运行控制人,但在基于其意思表示移转机动车的占有、使用场合时,所有人、管理人作为机动车的监管人应当预见到机动车由他人驾

---

〔1〕参见张新宝、解娜娜:《"机动车一方":道路交通事故赔偿义务人解析》,载《法学家》2008年第6期;杜万华、贺小荣、李明义、姜强:《〈关于审理道路交通事故损害赔偿案件适用法律若干问题的解释〉的理解与适用》,载《法律适用》2013年第3期;曹险峰、张龙:《〈侵权责任法〉第49条的解释论研读——主体分离下的道路交通事故侵权责任论纲》,载《法律科学(西北政法大学学报)》2017年第1期。

驶可能产生危险,应当尽到必要的审查义务。[1] 在机动车所有人、管理人对损害的发生有过错时,应当承担相应的赔偿责任。

就如何认定机动车所有人、管理人对于损害的发生是否存在过错,《道路交通事故损害赔偿解释》(法释〔2020〕17号)第1条规定:"机动车发生交通事故造成损害,机动车所有人或者管理人有下列情形之一,人民法院应当认定其对损害的发生有过错,并适用民法典第一千二百零九条的规定确定其相应的赔偿责任:(一)知道或者应当知道机动车存在缺陷,且该缺陷是交通事故发生原因之一的;(二)知道或者应当知道驾驶人无驾驶资格或者未取得相应驾驶资格的;(三)知道或者应当知道驾驶人因饮酒、服用国家管制的精神药品或者麻醉药品,或者患有妨碍安全驾驶机动车的疾病等依法不能驾驶机动车的;(四)其他应当认定机动车所有人或者管理人有过错的。"就"相应的"赔偿责任,应根据机动车所有人、管理人存在过错的具体情形而具体作出认定,不能将其解释为按份责任。例如,就前述司法解释列举的第一种情形中,机动车所有人、管理人知道或者应当知道机动车存在缺陷仍将其出租或出借给他人使用,开启了危险源,且该行为是造成损害的原因之一,在外部应当与使用人对受害人承担连带责任,在内部应当根据造成损害的原因而分配责任,若事故完全是由于机动车缺陷造成的,使用人有权向所有人、管理人追偿,若使用人也存在过错,则应当与所有人、管理人按照过错、原因力分担终局责任;就前述司法解释列举的第二、第三种情形中,使用人自己明知不能驾驶机动车仍然故意实施违法行为,所有人、管理人明知使用人不能驾驶机动车仍然为其提供机动车,应当参照共同侵权行为规则,承担连带责任。

(二)未经允许驾驶他人机动车情形下的责任主体

未经允许驾驶他人机动车包括两种情形:一是使用人非以取得所有权为目的,未经所有权人允许而他主占有地使用他人机动车,如机动车所有人的亲戚朋友、车辆维修厂的工人未经允许而驾驶车辆。根据《民法典》第1212条的规定,未经允许驾驶他人机动车,发生交通事故造成损害,属于该机动车一方责任的,由机动车使用人承担赔偿责任;机动车所有人、管理人对损害的发生有过错的,承担相应的赔偿责任。例如,甲忘记关车门并将钥匙遗留在车上,在其家中玩耍的未成年的侄儿乙擅自驾驶车辆引发交通事故。对此,乙的监护人应当承担责任,甲存在过错,也应当承担相应的赔偿责任。二是使用人以取得所有权为目的,盗窃、抢劫或者抢夺机动车后而使用他人机动车。根据《民法典》第1215条的规定,盗窃、抢劫或者抢夺的机动车发生交通事故造成损害的,由盗窃人、抢劫人或者抢夺人承担赔偿责任。此外,在实践中,盗窃人、抢劫人或者抢夺人与机动车使用人可能并非同一人,当盗窃人、抢劫人或者抢夺人与机动车使用人不是同一人,发生交通事故造成损害,属于该机动车一方责任的,由盗窃人、抢劫人或者抢夺人与机动车使用人承担连带责任。在此种情形下,机动车所有人、管理人本身就是受害人,没有可归责性,不承担责任。

(三)转让机动车但未过户情形下的责任主体

《民法典》第1210条规定:"当事人之间已经以买卖或者其他方式转让并交付机动车但是未办理登记,发生交通事故造成损害,属于该机动车一方责任的,由受让人承担赔偿责任。"因为受领交付的受让人已经取得车辆的所有权,享受运行利益并实际控制运行风险,也是由于其

---

〔1〕 参见张龙:《主体分离型道路交通事故中机动车所有人、管理人过错的认定——以对〈民法典〉第1209条、第1212条的研读为中心》,载《当代法学》2021年第1期。

行为造成损害,所以应由受让人承担赔偿责任。虽然《民法典》第225条规定,机动车的物权转让,“未经登记,不得对抗善意第三人”,但是其规定的是不得对抗交易关系中的善意第三人,并非据此可以认定受害人有权要求未办理移转登记的原所有权人承担赔偿责任。针对《民法典》第1210条的规定,《道路交通事故损害赔偿解释》(法释〔2020〕17号)第2条进一步明确:“被多次转让但是未办理登记的机动车发生交通事故造成损害,属于该机动车一方责任,当事人请求由最后一次转让并交付的受让人承担赔偿责任的,人民法院应予支持。”

(四)转让拼装或者已达报废标准机动车情形下的责任主体

《道路交通安全法》第14条规定,国家实行机动车强制报废制度,达到报废标准的机动车不得上道路行驶;第16条规定,任何单位或者个人不得拼装机动车。转让人和受让人明知不得转让拼装或者已经达到报废标准的机动车,仍然故意实施违法行为,对于由此造成的损害,应当承担连带责任。因此,《民法典》第1214条规定:“以买卖或者其他方式转让拼装或者已经达到报废标准的机动车,发生交通事故造成损害的,由转让人和受让人承担连带责任。”

(五)挂靠、套牌情形下的责任主体

《民法典》第1211条规定:“以挂靠形式从事道路运输经营活动的机动车,发生交通事故造成损害,属于该机动车一方责任的,由挂靠人和被挂靠人承担连带责任。”挂靠人的行为造成损害,其自当承担责任。之所以规定被挂靠人承担连带责任,缘于被挂靠人既然选择接受车辆挂靠,应当控制挂靠在其名下的机动车运行风险,并且被挂靠人往往收取相应的挂靠费用,也应当在享受利益的同时承担由此所面临的风险。

《道路交通事故损害赔偿解释》(法释〔2020〕17号)第3条规定:“套牌机动车发生交通事故造成损害,属于该机动车一方责任,当事人请求由套牌机动车的所有人或者管理人承担赔偿责任的,人民法院应予支持;被套牌机动车所有人或者管理人同意套牌的,应当与套牌机动车的所有人或者管理人承担连带责任。”规定同意被套牌的机动车所有人或者管理人承担连带责任的理由,与同意挂靠情形相似。在无套牌时,套牌机动车可能无法上路行驶,或者套牌机动车的所有人、管理人不愿意使用自己的号牌上路行驶,而被套牌机动车所有人或者管理人同意套牌,使套牌机动车得以上路行驶,增加了机动车的运行风险,增加了损害发生的可能性,应当承担连带责任。此外,这一规定也具有指引作用,指引机动车所有人不得同意他人套牌。

除《民法典》规定的具体情形外,《道路交通事故损害赔偿解释》(法释〔2020〕17号)还规定了接受机动车驾驶培训、试乘等情形下的责任承担规则。该解释第5条规定:“接受机动车驾驶培训的人员,在培训活动中驾驶机动车发生交通事故造成损害,属于该机动车一方责任,当事人请求驾驶培训单位承担赔偿责任的,人民法院应予支持。”因为驾驶培训单位享受机动车运行利益并作为专业机构应控制机动车运行风险,所以接受机动车驾驶培训的人员在培训活动中驾驶机动车发生交通事故造成损害的,应由驾驶培训单位承担赔偿责任。该解释第6条规定:“机动车试乘过程中发生交通事故造成试乘人损害,当事人请求提供试乘服务者承担赔偿责任的,人民法院应予支持。试乘人有过错的,应当减轻提供试乘服务者的赔偿责任。”不同于下文所述的无偿搭载行为,提供试乘服务者享受着试乘可能带来的经营利益,且控制着机动车运行风险,应当承担赔偿责任。试乘人有过错的,根据机动车交通事故责任的一般规则,即应当减轻提供试乘服务者的赔偿责任。

三、无偿搭乘情形的特别规则

较之原《侵权责任法》,《民法典》增设了对无偿搭乘致人损害责任的规定。在《民法典》颁布之前,因缺乏统一规定,就无偿搭乘引发的损害赔偿问题,司法裁判不一。虽然多数判决都肯定在无偿搭乘情形下应当减轻被搭乘人的责任,但是对于如何减轻被搭乘人责任则观点不一。就减轻责任的方式来看,有可能以提高归责标准的方式减轻被搭乘人的责任,即被搭乘人仅在故意或存在重大过失时承担赔偿责任,也有可能在归责方面不给予被搭乘人特别保护,而是减轻其赔偿责任。[1] 对此,《民法典》第 1217 条规定:“非营运机动车发生交通事故造成无偿搭乘人损害,属于该机动车一方责任的,应当减轻其赔偿责任,但是机动车使用人有故意或者重大过失的除外。”

《民法典》第 1217 条适用于非营运机动车发生交通事故造成无偿搭乘人损害之情形。这是因为,被搭乘人好意施惠、乐于助人,若按照一般机动车交通事故责任规则,只要属于机动车一方的责任,就要求被搭乘人承担全部赔偿责任,尤其是在被搭乘人无过错或仅存在轻微过失、一般过失时,不仅对被搭乘人过于严苛,而且不利于鼓励助人为乐。在比较法上,针对无偿搭乘致人损害之情形,有的立法设置了特别规定。例如,我国澳门特别行政区民法第 497 条规定:“一、由车辆造成之损害而产生之责任,其受益人包括第三人及被运送之人。二、如运送系基于合同而作出,有关责任之范围仅涉及对被运送之人本人及对其所携带之物所造成之损害。三、如属无偿之运送,有关责任之范围仅涉及对被运送之人造成之人身损害。四、排除或限制运送人对损及被运送人之事故所负责任之条款,均属无效。”根据该条规定,被搭乘人仅需对无偿搭乘人的人身损害承担赔偿责任,无须对后者的财产损害承担赔偿责任。《荷兰民法典》第 6:109 条第 1 款规定:“根据责任的性质、当事人之间的法律关系和他们的经济能力,判令全部赔偿会导致显然不可接受的结果的,法官可以减少法定的损害赔偿义务。”无偿搭乘即可纳入“当事人之间的法律关系”之考虑因素中,从而减轻被搭乘人责任。就如何适当减轻被搭乘人的责任,《民法典》第 1217 条选择了区分被搭乘人的主观状态而作特别规定,即在机动车使用人非故意实施加害行为,也不存在重大过失时,应当减轻其赔偿责任。

---

〔1〕 参见张家勇:《因情谊给付所致损害的赔偿责任》,载《东方法学》2013 年第 1 期。

知识结构

- 机动车交通事故责任
  - 基本含义：当机动车在道路上因过错或者意外造成人身伤亡或者财产损失时，机动车所有人、使用人等应当承担的侵权责任
  - 一般规则
    - 非故意碰撞
      - 由保险公司在交强险责任限额范围内先行赔偿
      - ↓
      - 不足部分，在当事人之间分担：
        ①机动车之间的交通事故适用过错责任；
        ②机动车与非机动车驾驶人、行人之间发生交通事故：
        非机动车一方无过错，由机动车一方承担赔偿责任；
        非机动车一方有过错，适当减轻机动车一方的赔偿责任；
        机动车一方没有过错的，承担不超过10%的赔偿责任
    - 非机动车驾驶人、行人故意碰撞机动车造成损害的，机动车一方不承担赔偿责任
  - 机动车一方责任主体的确定
    - 租赁、借用机动车：使用人承担责任；所有人、管理人有过错，承担相应责任
    - 未经允许驾驶他人机动车：使用人承担责任；所有人、管理人有过错，承担相应责任
    - 驾驶盗窃、抢劫或者抢夺的机动车：盗窃人、抢劫人或者抢夺人承担责任；盗窃人、抢劫人或者抢夺人与使用人不是同一人时，承担连带责任
    - 驾驶已交付但未过户的机动车：受让人承担责任
    - 驾驶拼装或者已达报废标准机动车：转让人和受让人承担连带责任
    - 挂靠运营：挂靠人和被挂靠人承担连带责任
  - 无偿搭乘特别规则
    - 非营运机动车发生交通事故造成无偿搭乘人损害，属于该机动车一方责任的，应当减轻其赔偿责任，但是机动车使用人有故意或者重大过失的除外

第五节 建筑物和物件损害责任

引导案例

甲、乙、丙、丁4人相约前往市中心某餐厅聚会。甲散步前往,在经过一栋写字楼时,写字楼突然发生局部塌陷,导致甲摔倒手臂骨折。乙骑共享单车前往,在经过一栋居民楼时,被从天而降的一个烟灰缸砸中头部,当场头骨破裂。丙开车前往,在经过胜利路时,被第三人戊堆放在路中间的木材阻挡,刹车不及导致汽车熄火撞向旁边路障。丁跑步前往,在路过光明路的时候,掉入戊公司维修施工挖掘的2米深的土坑里,导致腿部摔断。请问:

(1)甲受到损害,应当向谁主张赔偿?适用什么归责原则?

(2)乙该如何维护自己的权益?能否要求整栋楼的居民共同承担责任?

(3)丙能否请求第三人戊承担赔偿责任?适用什么归责原则?是否还存在其他的责任主体?

(4)丁可以请求戊公司承担赔偿责任吗?戊公司如何才能免责?

一、建筑物和物件损害责任的概念、类型与归责体系

(一)概念

建筑物和物件损害责任属于狭义的物的损害责任,主要是指建筑物、构筑物以及物件引起的损害责任。广义的物的损害责任,是指人类管理、控制下的任何物造成他人损害时的侵权责任,除狭义的物的损害责任外,尚包括产品责任、机动车交通事故责任、高度危险物责任、环境污染责任、饲养动物损害责任等。[1]

对于物的损害责任,早在罗马法中就有相应的法律规范。例如,乌尔比安《论告示》第23卷就有记载:若某人在公众惯常用于通行或者逗留之地的上方向下泼洒或抛掷某物,可以针对该住户提起诉讼,要求其对所造成的损害进行双倍赔偿。[2] 现代社会,城市已经变成钢筋水泥的集合地,建筑物、构筑物等物件的危险性越来越高发,对人民群众的生命、财产安全产生较大危害。因此,很多国家和地区都对建筑物和物件损害责任作了规定。

(二)类型

《民法典》侵权责任编第十章总体上延续了原《侵权责任法》第十一章的规定,用7个条文(第1252条至第1258条)系统规定了建筑物和物件损害责任,具体包括:建筑物、构筑物或者其他设施倒塌、塌陷造成他人损害的责任(第1252条);建筑物、构筑物或者其他设施及其搁置物、悬挂物脱落、坠落造成他人损害的责任(第1253条);从建筑物中抛掷物品或者从建筑物上坠落的物品造成他人损害的责任(第1254条);堆放物造成他人损害的责任(第1255条);在公

〔1〕 参见程啸:《侵权责任法》(第3版),法律出版社2021年版,第718页。

〔2〕 参见李钧:《古罗马侵权法律制度与现代沿革》,中国政法大学出版社2015年版,第155页。

共道路上堆放、倾倒、遗撒妨碍通行的物品造成他人损害的责任(第1256条);林木造成他人损害责任(第1257条);在公共场所或者道路上挖掘、修缮安装地下设施等造成他人损害的责任(第1258条)。

根据不同标准,建筑物和物件损害责任可以进行不同划分:

1. 依据致害客体的性质,可以划分为不动产损害责任和动产损害责任。前者包括建筑物、构筑物或者其他设施倒塌、塌陷损害责任,建筑物、构筑物或者其他设施脱落、坠落损害责任,林木折断等损害责任,地面施工损害责任以及地下设施损害责任。后者包括妨碍通行的物品损害责任,搁置物、悬挂物等脱落、坠落损害责任,堆放物倒塌等损害责任,抛掷物或者坠落物损害责任。[1]

2. 依据责任来源的时间维度和空间维度,可以分为9类不动产与物件损害责任。所谓的责任来源的时间维度,包括施工危险责任、设置危险责任和维护瑕疵3类;所谓的责任来源的空间维度,包括了地上设施、道路和地下设施3类不动产设施致害责任。按照这一分类,不动产与物件损害责任包括地下设施的施工危险、设置缺陷以及维护瑕疵责任;道路的施工危险、设置缺陷以及维护瑕疵责任;地上设施的施工危险、设置缺陷以及维护瑕疵责任。[2]

(三)归责体系

虽然建筑物和物件侵权属于特殊侵权行为的范畴,但《民法典》对此采取了非常多元的归责原则。

1. 无过错责任。对于危险程度特别高、损害后果特别严重的建筑物和物件损害责任,《民法典》采取了无过错责任归责,具体包括两种情形:第一种是《民法典》第1252条规定的建设单位和施工单位对建筑物、构筑物或者其他设施倒塌、塌陷损害所承担的责任;第二种是《民法典》第1256条规定的在公共道路上堆放、倾倒、遗撒妨碍通行物品损害责任中行为人的侵权责任。[3] 需要注意的是,对于第二种情形,也有学者认为是一般过错责任。[4]

2. 过错推定责任。《民法典》对大部分建筑物和物件损害责任都确立了过错推定原则,具体包括:《民法典》第1253条规定的建筑物、构筑物或者其他设施及其搁置物、悬挂物等脱落、坠落损害责任;《民法典》第1254条第1款中高空坠落物损害中具体侵权人的侵权责任;[5]《民法典》第1255条规定的堆放物倒塌等损害责任;《民法典》第1256条规定的妨碍通行的物品造成他人损害时公共道路管理人的侵权责任;《民法典》第1257条规定的林木折断等损害责任;《民法典》第1258条规定的地面施工造成他人损害时施工人的侵权责任以及窨井等地下设施造成他人损害时管理人的侵权责任。

3. 过错责任。除法律明确规定为无过错责任和过错推定责任的情形外,其他建筑物和物件损害责任应当适用过错责任原则,具体包括:《民法典》第1252条第2款规定的建筑物、构筑物或者其他设施倒塌、塌陷损害中所有人、管理人、使用人或者第三人的侵权责任;[6]《民法

[1] 参见程啸:《侵权责任法》(第3版),法律出版社2021年版,第720页。
[2] 参见王竹主编:《〈民法典·侵权责任编〉编纂建议稿:附立法理由书》,清华大学出版社2019年版,第320页。
[3] 参见《民法学》编写组:《民法学》(第2版)(下册),高等教育出版社2022年版,第405页。
[4] 参见张新宝:《中国民法典释评·侵权责任编》,中国人民大学出版社2020年版,第300页。
[5] 参见王竹:《〈民法典〉高空抛物坠物责任新增规则评述》,载《厦门大学学报(哲学社会科学版)》2021年第3期。
[6] 参见张新宝:《中国民法典释评·侵权责任编》,中国人民大学出版社2020年版,第288页。

典》第1254条第1款中高空抛坠物损害中具体侵权人的侵权责任,[1]该条第2款规定的高空抛掷物、坠落物损害中物业服务企业未尽到安全保障义务的侵权责任。[2]

4. 公平责任。鉴于高空抛坠物损害中可能存在具体侵权人不明的情形,《民法典》第1254条第1款规定由可能加害的建筑物使用人承担补偿责任,这是一种基于公平原则为受害人分担损失的公平责任。

二、地上建筑物和物件损害责任

(一)建筑物、构筑物或者其他设施倒塌、塌陷损害责任

《民法典》第1252条规定了建筑物、构筑物以及其他设施倒塌、塌陷造成他人损害的责任。对此,需要注意如下事项。

1. 建筑物、构筑物以及其他设施

建筑物,主要是指房屋,是指任何在土地上建造的直接供人们居住生活、从事生产活动或者进行其他活动的场所。构筑物,是指以人力方式在地面上建造的具有特定用途,但不能直接供人们居住生活、从事生产活动或者进行其他活动的场所,如桥梁、码头、堤坝、沟渠等场所。至于该构筑物是附着土地的永久性设施还是临时性设施,在所不问。[3] 其他设施,是指建筑物、构筑物的附属设施,如电梯、配电房、消防设备间等。

2. 因质量缺陷导致倒塌、塌陷

倒塌,是指建筑物、构筑物或者其他设施的部分或者全部倾倒、崩塌,如整栋大楼、烟囱倒塌。塌陷,是指地面突然坍塌陷落,致使行人或者机动车陷入其中。[4] 需要注意的是,第1252条从"建筑物、构筑物或者其他设施倒塌、塌陷造成他人损害"案型中,用"但书"规定将"不存在质量缺陷"的案型予以排除,于是该条适用范围被限定于"建筑物、构筑物或者其他设施"因"质量缺陷"致"倒塌、塌陷造成他人损害"案型,既区别于建筑物管理瑕疵损害案型,也区别于无质量缺陷的建筑物倒塌、塌陷造成他人损害的案型。[5]

3. 建设单位和施工单位的无过错连带责任

对于建筑物、构筑物或者其他设施倒塌、塌陷造成他人损害的责任,第1252条明确规定的是无过错责任。背后原因在于,建筑物质量缺陷具有极为严重的社会危害性,立法者用最严格责任,对违反安全标准、粗制滥造、偷工减料、使用不合格建筑材料、违背技术规程等造成建筑物质量缺陷的行为予以惩戒,尽量减少具有质量缺陷建筑物、构筑物(俗称"豆腐渣工程")之发生。[6] 在责任主体方面,该条明确规定由建设单位和施工单位承担连带责任,除非能够证明不存在质量缺陷。从这个角度来看,施工单位和建设单位承担的责任类似生产者、销售者承担的产品责任。建设单位、施工单位赔偿后,有其他责任人的,有权向其追偿。例如,勘察单位、设计单位、监理单位等主体对于建筑物、构筑物或者其他设施的倒塌、塌陷有责任的,建设单位、施工单位可以向其追偿。基于此,在引导案例第(1)问中,甲可以请求写字楼的建设单位、施工单位承担连带责任,适用无过错责任原则。

---

[1] 参见王竹:《〈民法典〉高空抛物坠物责任新增规则评述》,载《厦门大学学报(哲学社会科学版)》2021年第3期。
[2] 参见姚辉、金骑锋:《民法典高空抛物致人损害责任的解释论展开》,载《法律适用》2021年第7期。
[3] 参见《民法学》编写组:《民法学》(第2版)(下册),高等教育出版社2022年版,第406页。
[4] 参见程啸:《侵权责任法》(第3版),法律出版社2021年版,第724页。
[5] 参见梁慧星:《建筑物和物件损害责任的理解与适用》,载《法治研究》2023年第1期。
[6] 参见梁慧星:《建筑物和物件损害责任的理解与适用》,载《法治研究》2023年第1期。

4. 所有人、管理人、使用人或者第三人的过错责任

如果建筑物、构筑物或者其他设施本身不存在质量缺陷，其倒塌、塌陷是由于所有人、管理人、使用人或者第三人的原因导致的，那么所有人、使用人或者第三人应当承担侵权责任。例如，房屋的所有人在装修房屋时用挖掘机将承重墙拆除，导致整栋建筑物倒塌。再如，道路上超重行驶的卡车失控撞向路边的商铺，导致整栋建筑物倒塌。这里的所有人、管理人、使用人或者第三人承担的是过错责任。

（二）建筑物、构筑物或者其他设施脱落、坠落损害责任

《民法典》第1253条就建筑物等物件脱落、坠落造成他人损害的情形作了专门规定，可以分为两类：一是建筑物、构筑物或者其他设施自身的组成部分发生"脱落、坠落"，如外墙皮、窗户因老化等原因与建筑主体相分离掉落下来；二是建筑物、构筑物或者其他设施的搁置物、悬挂物发生脱落、坠落，如花盆从阳台上坠落。

该条规定的责任主体是建筑物、构筑物或者其他设施的所有人、管理人或者使用人。其中，所有人是指建筑物、构筑物或者其他设施的所有权人。我国实行不动产登记制度，通过查询不动产登记簿可以确定建筑物、构筑物或者其他设施的所有人。管理人是指虽然并非建筑物、构筑物或者其他设施的所有人，但依照法律规定或者合同约定负有管理职责的民事主体。例如，市政管理部门对于城市公路、桥梁等依法享有管理职责，物业服务企业对于小区建筑物共有部分负有管理职责。使用人是指基于债权关系或者物权关系对建筑物、构筑物或者其他设施享有使用权的民事主体，即所有人之外的有权占有并使用建筑物、构筑物或者其他设施的人，如房屋的承租人、居住权人、借用人等。[1] 在现实生活中，建筑物、构筑物或者其他设施发生脱落、坠落多是因为使用人、管理人没有尽到日常的维修、管理等方面的注意义务，因此建筑物、构筑物或者其他设施有使用人或管理人的，应由使用人、管理人承担侵权责任，没有使用人或者管理人的，由所有人承担侵权责任。使用人、管理人和所有人之间不存在连带责任，最多只能对受害人承担不真正连带责任或者相应的补充责任。[2]

根据《民法典》第1253条的规定，所有人、管理人或者使用人不能证明自己没有过错的，应当承担侵权责任，即适用过错推定责任原则。在实践中，所有人、管理人或者使用人证明自己没有过错主要包括如下3种情形：一是不可抗力，如外墙因为地震原因掉落砸伤行人；二是受害人自身的过错，如行人在操控无人机的过程中，不小心将楼顶的广告牌的部分击落砸中自己；三是第三人的原因，如第三人违规装修房屋导致邻居家的空调外挂机松动掉落砸中行人。对此，《民法典》第1253条规定了所有人、管理人或者使用人的追偿权，明确在其承担赔偿责任后，有权向有责任的第三人追偿。

（三）高空抛掷物、坠落物损害责任

高空抛坠物致人损害的问题由来已久，如"重庆烟灰缸案""山东切菜板案""深圳玻璃案"等，引发了社会各界的广泛关注。原《侵权责任法》第87条针对高空抛坠物损害责任作了规定，虽然统一了司法裁判，但也引起了诸多争议。在此背景下，《民法典》第1254条对于高空抛掷物、坠落物损害责任作了诸多改进。

---

〔1〕 参见王利明主编：《中国民法典评注：侵权责任编》，人民法院出版社2021年版，第406～407页。

〔2〕 参见韩强：《物件保有人责任研究：以〈侵权责任法〉第85条为解释对象》，载《中外法学》2013年第2期。

1. 明确禁止从建筑物中抛掷物品

《民法典》第 1254 条第 1 款第一句规定,“禁止从建筑物中抛掷物品”,以清晰明确的态度告诫大家严禁高空抛掷物品,从源头上预防高空抛坠物事故的发生,守护人们头顶上的安全。从更广阔的视野看,该条的立法精神体现从源头上保护公众安全,回应社会现实需求,是贯彻《民法典》第 1 条规定的“弘扬社会主义核心价值观”、建立“诚信、友善”的人际关系尤其是邻里关系所要求的。同时,该条规定也针对我国国民素质参差不齐,公共安全意识、法律意识相对薄弱的现状设立了行为底线和规范。[1]

2. 具体侵权人的责任

与原《侵权责任法》第 87 条直接规定建筑物使用人的责任不同,《民法典》第 1254 条第 1 款首先强调追究具体侵权人的责任,明确“从建筑物中抛掷物品或者从建筑物上坠落的物品造成他人损害的,由侵权人依法承担侵权责任”,这有助于贯彻自己责任原则。对于具体侵权人的责任,需要区分抛掷物品与坠落物品两种侵权行为。对于抛掷物品的侵权行为,如从房屋中抛掷烟灰缸、苹果等物件砸伤行人,应当适用《民法典》第 1165 条第 1 款关于过错责任一般条款的规定。对于坠落物品的侵权行为,如阳台花盆或者鞋子坠落砸伤行人,应当适用《民法典》第 1253 条关于坠落物损害过错推定责任的规定。[2]

3. 建筑物使用人的责任

对于无法查明具体侵权人的情形,《民法典》第 1254 条第 1 款延续了原《侵权责任法》第 87 条的做法,由可能加害的建筑物使用人承担责任。对此,需要注意如下几点:一是证明责任。对于无法查明具体侵权人的情形,可能加害的建筑物使用人需要负担证明责任,来证明自己不是侵权人,否则就需要承担责任。在实践中,建筑物使用人可以通过调取监控视频、寻找证人等方式来证明自己不是侵权人。二是补偿责任。建筑物使用人承担的是补偿责任,而非赔偿责任,是一种基于损失分担的公平责任。三是中间责任。建筑物使用人承担的是一种中间责任,并非最终责任。如果事后查明具体侵权人的,建筑物使用人可以向具体侵权人追偿。

4. 建筑物管理人的责任

相较原《侵权责任法》第 87 条,《民法典》第 1254 条最大的变化是将建筑物管理人纳入责任主体,明确其负有安全保障义务。所谓的建筑物管理人,是指对建筑物负有维护管理职责的民事主体,最典型的是物业服务企业。建筑物管理人负担的安全保障义务包括避免自己直接侵害他人的义务和预防或者制止他人实施侵害的义务,如保护义务、警示义务、防护义务等。[3] 安全保障义务的来源既可以是当事人的约定,如物业服务合同,也可以是法律规定,如《民法典》合同编第二十四章“物业服务合同”有关物业服务企业的职责。如果建筑物管理人未尽到安全保障义务的,需要参照《民法典》第 1198 条第 2 款的规定,就损害承担相应的补充

---

〔1〕 参见张新宝、张馨天:《从〈侵权责任法〉第 87 条到〈民法典〉第 1254 条:“高空抛(坠)物”致人损害责任规则的进步》,载《比较法研究》2020 年第 6 期。

〔2〕 参见王竹:《〈民法典〉高空抛物坠物责任新增规则评述》,载《厦门大学学报(哲学社会科学版)》2021 年第 3 期。

〔3〕 参见王利明主编:《中国民法典评注:侵权责任编》,人民法院出版社 2021 年版,第 417 页。

责任。[1] 需要明确的是，作为补充责任人，建筑物管理人既要对经调查难以确定具体侵权人的情形承担补充责任，也要对能够确定具体侵权人，但具体侵权人逃逸或者无法完全承担赔偿责任的情形承担补充责任。

5. 公安等机关的查明职责

《民法典》第1254条第3款并非一个具有裁判功能的民法条款，而是一个提示性条款，主要目的是提示公安等机关应当依法及时开展调查，查明高空抛坠物的具体侵权人，以便让具体侵权人承担赔偿责任，避免牵连无辜的建筑物使用人。从实践来看，从建筑物中抛掷或坠落物品致人损害时，受到重力加速度的影响，一般来说都会造成至少轻伤的损害，甚至失去生命或丧失劳动能力等，对受害人自身及其家庭都是严重打击。这样的案件，或者是治安案件或者是刑事案件，都属于公安机关主管调查（侦查）的案件。通过《民法典》规定的形式督促公安机关积极履行职责、及时立案侦查、合理运用侦查技术和手段，有利于相关案件的审理，保护被侵权人的合法权益，减少乃至避免"可能加害的建筑物使用人补偿"的适用，也为前述追偿权的行使提供必要的前提条件。[2] 基于此，在引导案例第（2）问中，乙可以首先请求公安等机关查明真相，找到具体侵权人承担赔偿责任。如果具体侵权人无法查明，乙可以请求可能加害的建筑物使用人分担损失。此外，乙还可以请求未尽到安全保障义务的物业服务企业承担责任。

三、地面物件损害责任

（一）堆放物损害责任

《民法典》第1255条是关于堆放物倒塌、滚落或者滑落造成他人损害责任的规定。相较原《侵权责任法》第88条，该条增加了"滚落或者滑落"的情形。

首先，堆放物是人们人为堆积的物，主要目的是临时或者长时间存放物资。堆放物属于动产，不仅包括各种堆放在土地上的物品，如砖头、粮食、建筑材料、原木矿石等，还包括堆放在其他物品上的物，如堆放在汽车上的家具、衣服等物件。需要注意的是，堆放在公共道路上的物不是该条规定的堆放物，其致害行为需要适用《民法典》第1256条的规定。[3] 与此同时，人工建造的建筑物、构筑物或者其他设施等不是堆放物，不能按照该条处理，需要适用《民法典》第1252条和第1253条的规定。其次，堆放物的致害方式包括倒塌、滚落或者滑落。所谓倒塌是指堆放物部分或者全部坍塌或者崩溃，滚落是指堆放物从堆放的高处滚动下落至低处，而滑落

〔1〕 关于物业服务企业等建筑物管理人的责任承担，最高人民法院《关于适用〈中华人民共和国民法典〉侵权责任编的解释（一）（征求意见稿）》第20条规定："物业服务企业等建筑物管理人未采取必要的安全保障措施防止行为人从建筑物中抛掷物品、坠落物品造成他人损害，具体侵权人能够确定且与物业服务企业等建筑物管理人作为共同被告的，人民法院应当依照民法典第一千一百九十八条第二款、第一千二百五十四条的规定，认定未采取必要安全保障措施的物业服务企业等建筑物管理人在人民法院对具体侵权人的财产依法强制执行后仍不能履行的部分，承担与其过错相应的补充责任。"第21条规定："物业服务企业等建筑物管理人未采取必要的安全保障措施防止行为人从建筑物中抛掷物品、坠落物品造成他人损害，经公安等机关调查，民事案件一审法庭辩论终结前仍无法确定具体侵权人的，未采取必要安全保障措施的物业服务企业等建筑物管理人承担与其过错相应的责任。被侵权人其余部分的损害，由可能加害的建筑物使用人给予适当补偿。具体侵权人确定后，承担责任的物业服务企业等建筑物管理人、可能加害的建筑物使用人向具体侵权人追偿的，人民法院应予支持。"

〔2〕 参见张新宝、张馨天：《从〈侵权责任法〉第87条到〈民法典〉第1254条："高空抛（坠）物"致人损害责任规则的进步》，载《比较法研究》2020年第6期。

〔3〕 参见《民法学》编写组：《民法学》（第2版）（下册），高等教育出版社2022年版，第416页。

则是指堆放物自身平移从高处下落到低处。[1] 最后,堆放人需要就损害承担过错推定责任,除非能够证明自己没有过错,否则需要承担侵权责任。

（二）妨碍通行物损害责任

《民法典》第1256条是关于在公共道路上堆放、倾倒、遗撒妨碍通行物造成他人损害责任的规定。公共道路是用于机动车、非机动车等通行的空间,与公共安全关系密切。《公路法》第46条规定:“任何单位和个人不得在公路上及公路用地范围内摆摊设点、堆放物品、倾倒垃圾、设置障碍、挖沟引水、利用公路边沟排放污物或者进行其他损坏、污染公路和影响公路畅通的活动。”

对于妨碍通行物损害责任,该条规定了两类责任主体:一是行为人的责任。对于在公共道路上堆放、倾倒、遗撒妨碍通行的物品造成他人损害的,行为人需要承担无过错责任。主要原因在于公共道路是供公众通行之用,法律明确禁止在公共道路上堆放、倾倒、遗撒妨碍通行的物品,故行为人只要实施了该行为,造成他人损害,就需要承担责任。[2] 二是公共道路管理人的责任。《公路法》第35条规定:“公路管理机构应当按照国务院交通主管部门规定的技术规范和操作规程对公路进行养护,保证公路经常处于良好的技术状态。”公共道路管理人承担的是过错推定责任,如果其未尽到及时清理、维护、警示等职责的,需要就损害承担责任。基于此,在引导案例第(3)问中,丙可以请求第三人戊承担赔偿责任,适用的是无过错责任。与此同时,如果公共道路管理人未及时清理妨碍通行的物品存在过错的,也需要承担赔偿责任。

（三）林木损害责任

《民法典》第1257条是关于林木折断、倾倒或者果实坠落造成他人损害的责任规定。林木损害责任为过错推定责任,当发生林木致害事件时,法律推定林木的所有人、管理人没有尽到应有的管理、修剪和养护的义务,除非其能够证明自己没有过错,否则应当承担侵权责任。

对于“林木”的理解,从条文所用动词“折断、倾倒”可知,立法者的本义是指(单棵的)“树木”,而非众多树木(树林)。故条文“林木”,应当理解为“树木”。并且,因折断、倾倒或者果实坠落造成他人损害的“树木”,并非人迹罕至的原始森林、未开放供人游览的森林公园或者农户所有的经济林和果园中的树木;其折断、倾倒或者果实坠落有造成他人人身损害危险性的“树木”,只能是公共道路、公共场所、公园(包括开放供人游览的湿地公园、森林公园)的“树木”。因此,该条的适用范围限于公共道路行道树、公共场所的树木、公园内的树木因折断、倾倒或者果实坠落造成人身损害的案型。[3]

四、地下物件损害责任

（一）地下设施施工损害责任

《民法典》第1258条第1款是关于在公共场所或者道路上挖掘、修缮安装地下设施造成他人损害的责任的规定,即地下设施施工损害责任。首先,行为人在“公共场所或者道路”上进行地下设施的施工活动,范围不包括私人场所或者私人所有的房屋。所谓的施工活动包括挖掘、修缮安装地下设施的行为,挖掘一般是手段,修缮安装是目的。至于地下设施,指地面以下的设施,如地下电缆、网络线路、供水管道、排污管道、地铁站口、人防工程等。因其种类甚多,难

---

〔1〕 参见张新宝:《中国民法典释评·侵权责任编》,中国人民大学出版社2020年版,第299页。

〔2〕 参见《民法学》编写组:《民法学》(第2版)(下册),高等教育出版社2022年版,第417页。

〔3〕 参见梁慧星:《建筑物和物件损害责任的理解与适用》,载《法治研究》2023年第1期。

于全部列举,故用一个"等"字涵括。[1] 其次,受害人造成损害,包括人身损害、精神损害和财产损害,前者如行人不小心掉入挖掘的坑内摔成重伤甚至死亡,或者引发严重的精神损害,后者如施工行为造成附近居民的水管破裂等。最后,责任主体为施工人,主要是指进行"挖掘、修缮安装地下设施等"活动的民事主体,承担的是过错推定责任。施工人如果不能举证证明自己已经设置明显标志和采取安全措施的,应当承担赔偿责任。基于此,在引导案例第(4)问中,丁可以请求戊公司承担赔偿责任,适用的是过错推定责任。对此,戊公司可以通过举证证明自己没有过错来免除责任。

(二)地下设施损害责任

《民法典》第1258条第2款是关于窨井等地下设施损害责任的规定。所谓的地下设施,是指在地面以下以人力方式修建的窨井、水井、下水道、地下坑道等设施。而窨井,是指上下水道或者其他地下管线工程中用于检查后疏通而建造的井状构造物。[2] 对于窨井等地下设施损害的情形,管理人需要承担过错推定责任,即不能证明尽到管理职责的,应当承担侵权责任。

第六节 产品责任

引导案例

甲受邀前往乙家中做客。甲在去的路上,从丙的店里购买了一台游戏机和一本《唐诗三百首》,准备带给乙的小孩丁。随后,乙发现《唐诗三百首》里面有多处错误,认为存在缺陷。与此同时,丁在玩游戏机的时候发生爆炸。试问:

(1)游戏机和书籍《唐诗三百首》是否属于产品?

(2)丁可以请求哪些主体承担赔偿责任?他们承担的是什么责任?

(3)丁该如何证明游戏机存在产品缺陷?

一、产品责任的概念与归责原则

(一)产品的界定

1. 产品的概念

要了解产品责任首先需要知晓什么是产品,产品的概念与范围是适用产品责任的起点。对此,《产品质量法》第2条第2款对产品的概念作了概括性规定:"本法所称产品是指经过加工、制作,用于销售的产品。"根据该定义可知,产品具有以下特征:

第一,产品责任中的产品限于动产,不包括不动产。首先,产品不包括服务,仅限于有体物。其次,有体物中的动产才属于产品,不动产被排除在外。[3] 对此,《产品质量法》第2条第3款规定:"建设工程不适用本法规定;但是,建设工程使用的建筑材料、建筑构配件和设备,属

---

[1] 参见梁慧星:《建筑物和物件损害责任的理解与适用》,载《法治研究》2023年第1期。
[2] 参见程啸:《侵权责任法》(第3版),法律出版社2021年版,第733页。
[3] 参见程啸:《侵权责任法》(第3版),法律出版社2021年版,第554页。

于前款规定的产品范围的,适用本法规定。”据此,建筑物等不动产不属于产品的范畴,但不动产建造过程中使用的动产材料或者部件属于产品。对于建筑物等不动产因为质量缺陷造成损害的情形,应当适用《民法典》侵权责任编第十章的相关规定。

第二,经过加工、制作。产品是经过人类加工、制作的人工制造物品,对于何为加工、制作的判断就至关重要。有观点认为,“加工”即不改变物的基本形态而提升原物的价值的生产活动,“制作”即彻底改变物的基本形态、从无到有地创造出新的价值的生产活动,两者涵盖了生产者通过劳动创造价值的两种基本行为。[1] 由于产品需要加工、制作,故初级农产品不属于产品。初级农产品,是指种植业、畜牧业、渔业产品,不包括经过加工的这类产品。在很多国家,初级农产品在原则上并非产品,除非其经过了初步加工。[2]

第三,用于销售,即将产品投入流通。在现实生活中,产品被投放市场进入消费领域的方式很多,不仅局限于销售,还包括租赁、有奖促销、首次使用的无偿赠送或让消费者试用等方式。[3] 因此,在现今法律框架下,应通过解释论将赠送、试用买卖、租赁等生产者为实现经济利益而从事的商业活动视为销售行为。[4]

2. 产品的范围

关于产品的范围,以下几种物品是否属于产品,值得探讨:

(1)食品。食品当然属于产品,食品存在缺陷致人损害,生产者、销售者也需要承担产品责任。但是,由于食品直接入口,与老百姓的人身健康息息相关。因此,我国特别颁布了《食品安全法》,用来规范食品安全。基于此,对于食品致人损害的情形,首先需要适用《食品安全法》的规定,没有规定才适用《民法典》《产品质量法》。

(2)电力。关于电力是否属于产品,学界历来存在争议。有观点认为,电力不属于产品,如果因供电设备出现故障导致电压不稳给用户造成损害,用户可直接通过供用电合同要求供电企业承担违约责任或要求电力公司承担高度危险责任,无须适用产品责任。[5] 笔者认为,对于导线输送的电能应当适用产品责任。一方面,从比较法视角考察,《欧共体产品责任指令》第2条已明确将电力作为产品包含其中。美国的司法实践也认为,制造商已经放弃控制和投放市场的电力,如通过仪表输送给用户的电构成产品。[6] 另一方面,从构成要件来看,电能显然符合经过加工、制作并用于销售的构成要件。[7] 此外,与电力属性相同的利用管道输送的油品、燃气、热能、水等也均应被列入产品范围。

(3)信息产品。所谓信息产品,主要是指书籍、地图、软件程序、数据等。当信息产品中的信息出现错误并给他人造成损害时,是否可以认定该信息产品存在缺陷并适用产品责任,在比较法上存在很大争议。笔者认为,信息产品原则上不适用产品责任。例如,就书刊中的资讯和

---

〔1〕 参见温世扬、吴昊:《论产品责任中的“产品”》,载《法学论坛》2018年第3期。
〔2〕 参见周友军:《民法典编纂中产品责任制度的完善》,载《法学评论》2018年第2期。
〔3〕 参见孙宏涛:《产品责任立法中的产品概念分析》,载《海南大学学报(人文社会科学版)》2012年第4期。
〔4〕 参见最高人民法院民法典贯彻实施工作领导小组主编:《中华人民共和国民法典侵权责任编理解与适用》,人民法院出版社2020年版,第312页。
〔5〕 参见程啸:《侵权责任法》(第3版),法律出版社2021年版,第559页。
〔6〕 参见刘静:《产品责任论》,中国政法大学出版社2000年版,第114页。
〔7〕 参见温世扬、吴昊:《论产品责任中的“产品”》,载《法学论坛》2018年第3期。

见解,其是否正确,不属于产品的内容,也不适用产品责任,如此也有助于实现言论自由的保护。[1] 基于此,在引导案例第(1)问中,游戏机属于产品,而《唐诗三百首》原则上不属于产品。

(4)血液。在美国法上,人类血液被明确排除在"产品"范围之外,绝大多数州选择将供应血液作为一种服务而适用过失责任。[2] 从我国法来看,早在起草原《侵权责任法》时,多数学者就认为,为合理保护患者权益,减少医患纠纷,体现法律的公平正义,应当将血液作为产品适用无过错责任。[3] 基于此,原《侵权责任法》第 59 条将血液作为特殊产品,明确输入不合格血液造成损害时,血液提供机构与医疗机构需要承担不真正连带责任。随后,《民法典》第 1223 条延续了这一立场。

(5)武器装备。武器装备也称军工产品,是指实施和保障军事行动的武器、武器系统和军事技术器材。对于武器装备存在缺陷造成损害的,不适用产品责任。对此,《产品质量法》第 73 条第 1 款作了规定。

(6)核设施、核材料。对于核设施、核材料造成损害的,《民法典》通过高度危险责任已经作了专门的规制,故不再适用产品责任。对此,《产品质量法》第 73 条第 2 款作了规定。

(二)产品责任的概念

产品责任,是指产品生产者、销售者因产品具有缺陷致使他人遭受人身伤害、财产损失而应承担的侵权责任。产品责任有别于产品质量责任,后者是指生产者、销售者因违反了国家有关法律法规、质量标准以及合同规定的对产品适用、安全和其他特性的要求,给用户造成损失应承担的民事责任、行政责任和刑事责任。[4] 因此,二者在责任性质、判定责任的法律依据以及责任形式上均有所差异,在外延上,产品质量责任大于产品责任,不可将二者混同。

产品责任具有以下特征:第一,产品责任发生在产品流通领域。产品进入流通流域的标志,是产品经过交易、转让等合同行为,由生产者之手转入消费者之手,中间可经过批发、销售、仓储、运输等若干流通环节。[5] 第二,产品责任致害的原因是产品存在缺陷。产品责任调整的是因产品存在缺陷造成损害的责任问题,因此,认定产品责任存在与否,首先要认定是否存在产品缺陷;反之,如果损害不是因为产品缺陷引起的,而是由于受害人对产品的不当使用所造成的,则通常不适用产品责任。[6] 第三,产品责任是物件致人损害的特殊侵权责任,即产品致人损害时,由与该致害产品有关联的生产者、销售者等主体对所造成的损害承担责任,是一种特殊侵权责任。[7]

(三)产品责任的归责原则

《民法典》第 1202 条规定:"因产品存在缺陷造成他人损害的,生产者应当承担侵权责任。"紧接着,该法第 1203 条第 1 款规定:"因产品存在缺陷造成他人损害的,被侵权人可以向产品的生产者请求赔偿,也可以向产品的销售者请求赔偿。"由此可见,无论是缺陷产品的生产者还是销售者,对外向受害人承担责任均不以其主观上存在过错为前提,适用的是无过错责任原

---

[1] 参见周友军:《民法典编纂中产品责任制度的完善》,载《法学评论》2018 年第 2 期。
[2] 参见美国法律研究院:《侵权法重述第三版:产品责任》,肖永平等译,法律出版社 2006 年版,第 382 页。
[3] 参见程啸:《侵权责任法》(第 3 版),法律出版社 2021 年版,第 557 页。
[4] 参见刘静:《产品责任论》,中国政法大学出版社 2000 年版,第 5 页。
[5] 参见杨立新:《侵权责任法》(第 4 版),法律出版社 2021 年版,第 351 页。
[6] 参见王利明:《侵权责任法》(第 2 版),中国人民大学出版社 2021 年版,第 227 页。
[7] 参见杨立新:《侵权责任法》(第 4 版),法律出版社 2021 年版,第 352 页。

则。然而,在对内层面,销售者承担赔偿责任后,在向生产者追偿时,生产者依然承担无过错责任,但销售者适用过错责任原则。[1] 对此,《民法典》第 1203 条第 2 款规定:“产品缺陷由生产者造成的,销售者赔偿后,有权向生产者追偿。因销售者的过错使产品存在缺陷的,生产者赔偿后,有权向销售者追偿。”此外,《产品质量法》第 42 条第 1 款也明确规定:“由于销售者的过错使产品存在缺陷,造成人身、他人财产损害的,销售者应当承担赔偿责任。”

之所以让生产者、销售者对外承担无过错责任,主要是出于如下考量:一方面,生产者在产品的生产过程中一直处于主动、积极的地位,对产品的缺陷具有可以预见的、控制的能力。对产品责任适用无过错责任,能构建一个有效的威慑机制,为生产者提供制造安全产品的驱动力,激励生产者从产品生产、设计等环节严格控制产品质量,促进其对产品安全的投入,防止不必要的风险出现,切实保障消费者的安全。[2] 另一方面,要求销售者承担无过错责任更利于对受害人权益的保护。在多数情况下受害人很难找到生产者,尤其是在全球化时代,产品的跨境交易普遍,生产者与消费者之间距离遥远,消费者很难直接向其主张权利。甚至在某些情况下,当产品造成受害人损害时,生产者已经破产或无力赔偿。此时,如果仅对销售者适用过错责任,不利于受害人求偿。此外,生产者、销售者相较个人消费者,通常更有能力分散风险,同时两者通过出售产品获利,基于收益与风险相一致原则,也应当承担缺陷产品造成他人损害的风险。[3]

有观点认为,严格产品责任的产生并非深思熟虑的结果,是各国应对灾难性产品致害事件的权宜之计。虽然受害人的利益与生产者的行为自由一直处于潜在的和现实的紧张状态,但二者在法价值上具有同等重要性。以保护消费者为出发点的严格产品责任若一味地向消费者利益的保护过度倾斜,只会导致生产者利益与消费者利益的失衡,导致鼓励生产者研发新产品与规范缺陷产品之间的失衡,且会不恰当地限制生产者的行为自由使其丧失研发新产品的动力。这不但让消费者失去了享受新产品的机会,也不能实现使产品具有最高安全性的目标。[4]

二、产品责任的构成要件

(一)产品缺陷

1. 产品缺陷的概念

产品缺陷是产品责任的核心。对此,《民法典》没有作出具体的规定,但《产品质量法》第 46 条对缺陷作了界定,即“本法所称缺陷,是指产品存在危及人身、他人财产安全的不合理的危险;产品有保障人体健康和人身、财产安全的国家标准、行业标准的,是指不符合该标准”。产品缺陷不同于产品瑕疵,后者也称物的瑕疵或质量瑕疵,属于合同法上的概念,意味着买卖目的物本身存在物质性的缺陷,原则上造成产品在贸易中的价值低落。而产品缺陷则意味着物质存在危险,产品缺乏通常所应具备的安全性,可能直接对使用者或消费者的人身权或财产权造成主动性的侵害。由此可见,瑕疵的概念大于缺陷,缺陷只是瑕疵的一部分。[5]

---

〔1〕 参见钱玉文:《论我国产品责任归责原则的完善——以〈产品质量法〉第 41、42 条为分析对象》,载《中国政法大学学报》2017 年第 2 期。

〔2〕 参见美国法律研究院:《侵权法重述第三版:产品责任》,肖永平等译,法律出版社 2006 年版,第 48 页。

〔3〕 参见程啸:《侵权责任法》(第 3 版),法律出版社 2021 年版,第 550 页。

〔4〕 参见董春华:《对严格产品责任正当性的质疑与反思》,载《法学》2014 年第 12 期。

〔5〕 参见杨立新:《侵权责任法》(第 4 版),法律出版社 2021 年版,第 356 页。

2. 产品缺陷的类型

美国法上将产品缺陷分为制造缺陷、设计缺陷、警示缺陷3种类型。[1] 我国法上没有对缺陷的类型进行明确规定,但理论界与实务界都普遍认可缺陷的三分法。在此基础上,《民法典》第1206条接受了新的理论观点,还规定了"跟踪观察缺陷"。

第一,制造缺陷,是指因产品原材料或配件存在缺陷或者在装配成最终产品的过程中出现某种错误,而导致产品具有不合理危险。制造缺陷通常可以根据偏离预期设计这一外部标准来衡量。由于该认定涉及专业性知识,故在我国司法实践中,法院往往要求有资质的鉴定部门进行鉴定后才加以确认。[2]

第二,设计缺陷,是指产品因设计方面的原因使产品在结构、配方等方面存在不合理的危险。设计缺陷与制造缺陷的区别在于:设计缺陷主要是指设计方案的问题,如对产品结构、配方等问题缺乏科学合理的考虑。而制造缺陷只是没有按照良好的设计方案进行制造。因为制造缺陷而导致产品具有不合理的危险,通常仅有部分产品具有缺陷。[3] 而如果产品存在设计缺陷,通常是一个批次或者类型的产品都有问题。判断标准为现有技术或"业内技术发展水平",即产品的设计是否反映了业内已经采用的最安全、最先进的技术,或者现有的技术发展,不可能提出更高的设计标准或要求。[4] 当然,同时还需考虑生产者的生产效益,因为生产者需要在成本与安全之间保持平衡。

第三,警示缺陷,也称指示缺陷、说明缺陷或告知缺陷等,是指因产品提供者未对产品的危险性和正确使用作出必要的说明与警告所造成的不合理危险。从我国相关法律法规的规定来看,产品的生产者、销售者负有以下警示义务:(1)对于产品的性能、结构及安装、适用、维护方法应当予以充分的警示。(2)如果产品的安装、使用或维护不当,可能会发生危及人身、财产的危险时,应当予以充分的警示。《产品质量法》第27条第1款第5项规定:"使用不当,容易造成产品本身损坏或者可能危及人身、财产安全的产品,应当有警示标志或者中文警示说明。"(3)如果产品属于危险物品或在储存、运输、保管中有特殊要求的,应当予以充分的警示和说明。《产品质量法》第28条规定:"易碎、易燃、易爆、有毒、有腐蚀性、有放射性等危险物品以及储运中不能倒置和其他有特殊要求的产品,其包装质量必须符合相应要求,依照国家有关规定作出警示标志或者中文警示说明,标明储运注意事项。"[5]警示、说明是否充分的标准,应当根据产品的具体情况进行确定。一般而言应具备:正确说明产品存在的危险,以及正确使用该产品、避免发生产品存在的危险,达到使用的合理安全。[6]

第四,跟踪观察缺陷,是指产品因为投放市场以后未被及时跟踪观察而产生的不合理危险。《民法典》第1206条规定:"产品投入流通后发现存在缺陷的,生产者、销售者应当及时采取停止销售、警示、召回等补救措施;未及时采取补救措施或者补救措施不力造成损害扩大的,对扩大的损害也应当承担侵权责任。依据前款规定采取召回措施的,生产者、销售者应当负担

〔1〕 参见美国法律研究院:《侵权法重述第三版:产品责任》,肖永平等译,法律出版社2006年版,第15~16页。
〔2〕 参见程啸:《侵权责任法》(第3版),法律出版社2021年版,第566页。
〔3〕 参见王利明:《侵权责任法》(第2版),中国人民大学出版社2021年版,第230~231页。
〔4〕 参见美国法律研究院:《侵权法重述第三版:产品责任》,肖永平等译,法律出版社2006年版,第22~23页。
〔5〕 程啸:《侵权责任法》(第3版),法律出版社2021年版,第567~568页。
〔6〕 参见最高人民法院民法典贯彻实施工作领导小组主编:《中华人民共和国民法典侵权责任编理解与适用》,人民法院出版社2020年版,第318页。

被侵权人因此支出的必要费用。”据此，生产者和销售者在新产品投入市场后，必须履行跟踪观察义务，对售出产品进行跟踪观察、记录，如果发现存在致人损害的危险，应当以合理方式发出警示，必要时需采取召回措施以避免损害。如果生产者和销售者应当发现而没有发现新产品存在缺陷，或者已经发现而没有采取合理措施，造成他人损害，应承担跟踪观察缺陷的侵权责任。[1]

3. 产品缺陷的判断标准

根据《产品质量法》第46条的规定，产品缺陷的判断标准包括一般标准和法定标准。

第一，一般标准，即“不合理危险”标准，是指如果产品存在危及人身、他人财产安全的不合理危险，就构成缺陷产品。之所以将缺陷产品所存在的危险限于“不合理危险”，是因为在实际生活中，每一件被投入某种使用的产品，都以一定方式、在一定程度上具有危险性。但若要彻底消除产品的危险性，可能会破坏产品的实用性或者导致产品的价格极为昂贵而失去一般效用。通过“不合理的危险”这一缺陷判断标准，有助于实现消除危险与维持产品的实用性、满足使用者需要性的平衡。[2]

对于“不合理危险”的判断，比较法上主要有两种方式：一是“消费者合理期待”模式，即以一个理性消费者在正常情况下对产品所应具备的安全性的期待为判断标准。[3] 欧盟国家都采这一模式。例如，依据《法国民法典》第1386－1条第1款的规定，产品“不能提供人们可以合理期待之安全时”，就认定为存在缺陷。《德国产品责任法》第3条也有类似规定。[4] 二是“风险效用”模式。例如，美国《第三次侵权法重述：产品责任》第2节(b)款就采用了“风险效用”标准。所谓“风险效用”标准，是通过对产品有用性与危险性的比较来判定产品是否存在缺陷，关键在于生产更安全的产品耗费的成本是大于还是小于产品保持其现有状态存在的危险或风险。如果修改的成本大于现有的风险，那么保持原样的效益大于风险，产品不存在缺陷，反之存在缺陷。[5]

第二，法定标准，是指当某一产品类型存在保障人体健康和人身、财产安全的国家标准、行业标准时，若该产品不符合上述标准，即为有缺陷。依照此种方法，受害人可以直接通过证明产品不符合法定标准来确定产品缺陷；法官也可以借助产品标准判断产品缺陷，为其审判提供客观清楚的依据，增加其可操作性。[6] 但是，即便产品符合法定标准，也不意味着绝对不存在缺陷，还应当进一步考察其是否存在危及人身、财产安全的不合理危险。换言之，法定标准是一种辅助性标准，是判定产品是否存在缺陷的初步的、最低的标准，产品符合法定标准不得成为生产者或销售者免除责任的抗辩事由，还需要经过不合理危险标准的测试。背后原因在于，国家标准、行业标准往往具有滞后性，无法跟上技术发展的脚步，故不能作为判断产品缺陷的终极标准。基于此，在引导案例第(3)问中，丁可以通过举证证明该游戏机不符合国家标准、行

---

〔1〕 参见最高人民法院民法典贯彻实施工作领导小组主编：《中华人民共和国民法典侵权责任编理解与适用》，人民法院出版社2020年版，第318页。

〔2〕 参见程啸：《侵权责任法》(第3版)，法律出版社2021年版，第557页。

〔3〕 参见张新宝：《侵权责任法》(第5版)，中国人民大学出版社2020年版，第207页。

〔4〕 参见周友军：《民法典编纂中产品责任制度的完善》，载《法学评论》2018年第2期。

〔5〕 参见冉克平：《论产品设计缺陷及其判定》，载《东方法学》2016年第2期。

〔6〕 参见最高人民法院民法典贯彻实施工作领导小组主编：《中华人民共和国民法典侵权责任编理解与适用》，人民法院出版社2020年版，第315页。

业标准,具有产品缺陷。如果没有国家标准、行业标准,则需要适用不合理危险标准。

(二)损害

产品责任中的损害事实包括人身损害、财产损害。其中,人身损害包括致人死亡和致人伤残。对于产品责任是否应当包括精神损害,立法未有明文规定。但根据《产品质量法》第44条第2款后半段的规定:"受害人因此遭受其他重大损失的,侵害人应当赔偿损失。"此处的"其他重大损失"可以解释为除生命、健康方面损害以及财产损失外的严重精神损害,更有利于实现对受害人权益的全面保护。[1]

对于财产损害是否包括缺陷产品本身的损失,学界存在争议。有学者认为财产损失不包括购买缺陷产品所付价金的损失,原因在于,缺陷产品本身的价金损害,属于合同责任方面的问题。被侵权人可以依据买卖合同的品质担保等获得救济,避免混淆违约责任与侵权责任。[2] 有学者则认为,我国《民法典》第1202条、第1203条规定的损害没有明确限定为缺陷产品以外的其他损害。因此,无论何种损害(包括缺陷产品本身的损害),受害人都可以请求赔偿。如此规定有利于减少司法实践中请求权竞合的情况,便利救济、减少诉讼成本,充分保护受害人的利益。[3] 笔者认为,将缺陷产品本身的损害纳入"财产损害"一并救济更具合理性,可以更好地保护受害人。[4]

(三)因果关系

产品责任中的因果关系,是指产品缺陷与受害人损害事实之间存在引起与被引起的关系。原则上,应当由受害人对其所受损害与产品缺陷之间存在因果关系进行证明。然而,很多情况下要确切证明二者间存在因果关系并非易事。侵权人与生产者、销售者之间存在信息上的不对称,尤其在证明高科技产品致害原因时较困难。与此同时,某些缺陷与损害之间的关系较复杂,损害与产品缺陷之间的因果关系并非简单的一因一果;或者为现有科学技术水平所无法证明,此时只能认为产品缺陷与损害之间可能存在因果关系或某种联系。[5]

鉴于此,产品责任因果关系的确定往往利用因果关系推定来实现,受害人无须确切地证明损害就是缺陷产品所致,只要证明该损害与缺陷产品存在一定的关联性即可。换言之,受害人只要证明使用或消费某产品后即发生某种损害,且该缺陷产品通常可能造成此种损害,可以推定因果关系成立,转由侵害人举证证明因果关系不成立。[6] 例如,最高人民法院《关于审理食品药品纠纷案件适用法律若干问题的规定》第5条第2款规定:"消费者举证证明因食用食品或者使用药品受到损害,初步证明损害与食用食品或者使用药品存在因果关系,并请求食品、药品的生产者、销售者承担侵权责任的,人民法院应予支持,但食品、药品的生产者、销售者能证明损害不是因产品不符合质量标准造成的除外。"初步证据应采用盖然性学说,只要受害人能够提供其购买不安全食品、药品的初步证据,如食用过的奶罐、药品的包装盒、购物小票以及

---

〔1〕 参见张新宝:《侵权责任法》(第5版),中国人民大学出版社2020年版,第211页。

〔2〕 参见张新宝:《侵权责任法》(第5版),中国人民大学出版社2020年版,第210~211页;杨立新:《侵权责任法》(第4版),法律出版社2021年版,第367页。

〔3〕 参见王利明:《侵权责任法》(第2版),中国人民大学出版社2021年版,第233页。

〔4〕 参见黄薇主编:《中华人民共和国民法典侵权责任编解读》,中国法制出版社2020年版,第158页。

〔5〕 参见程啸:《侵权责任法》(第3版),法律出版社2021年版,第573~574页。

〔6〕 参见杨立新:《侵权责任法》(第4版),法律出版社2021年版,第368页。

发票等证据,即可证明二者之间存在因果关系。[1]

三、产品责任的承担

(一)责任主体

1. 生产者

生产者,是指生产产品的民事主体,包括产品的设计者、制造者、生产商及任何将自己置于生产者地位的人。《民法典》第1202条、第1203条对生产者的责任主体地位作了原则性规定,但未明确生产者的范围。通常认为,生产者包括:(1)成品生产者,为产品责任的主要承担者。(2)零部件、原材料生产者。当产品缺陷仅发生在组成该产品的多个部件中的一个,而该部件乃他人所生产时,受害人既可以要求整个产品的生产者承担责任,也可以要求存在缺陷的特定部件的生产者承担责任。[2] (3)准生产者,即"将自己置于生产者地位的人",是指虽未从事生产活动,但在产品上标明自己的姓名、商号,或在产品上使用自己的商标或其他显著标志而证明自己是该产品的生产者的主体。各国立法均视其为生产者而令其承担产品责任,我国司法实践也对此作了确认。[3] (4)为出售、出租、转让等营业目的的进口商。将该类主体视为生产者,主要是为了避免受害人因管辖权障碍无法对外国产品生产者起诉而蒙受损失。[4]

2. 销售者

销售者,是指任何以经营为目的,通过出售、出租、融资租赁等方式经营产品的民事主体,包括批发商、零售商、出租人等。《民法典》第1203条对销售者的责任主体地位作了规定。销售者应当具有以下特征:(1)以经营该产品为业的人,如私车转让人不是销售者;(2)此种经营具有长期性;(3)不要求该缺陷产品为其主营业或唯一营业,如影院出售爆米花。[5]

根据我国法律,在消费者因缺陷产品遭受损害时,以下3类并非实际销售者的民事主体视为销售者,其有义务先行向消费者赔偿,然后对销售者进行追偿:

(1)允许他人使用自己营业执照的销售者。《消费者权益保护法》第42条规定:"使用他人营业执照的违法经营者提供商品或者服务,损害消费者合法权益的,消费者可以向其要求赔偿,也可以向营业执照的持有人要求赔偿。"

(2)展销会的举办者、柜台的出租者。《消费者权益保护法》第43条规定:"消费者在展销会、租赁柜台购买商品或者接受服务,其合法权益受到损害的,可以向销售者或者服务者要求赔偿。展销会结束或者柜台租赁期满后,也可以向展销会的举办者、柜台的出租者要求赔偿。展销会的举办者、柜台的出租者赔偿后,有权向销售者或服务者追偿。"

(3)网络交易平台提供者。《消费者权益保护法》第44条规定:"消费者通过网络交易平台购买商品或者接受服务,其合法权益受到损害的,可以向销售者或者服务者要求赔偿。网络交易平台提供者不能提供销售者或者服务者的真实名称、地址和有效联系方式的,消费者也可以向网络交易平台提供者要求赔偿……"《食品安全法》第131条第2款、《食品药品纠纷规定》第

---

〔1〕 参见最高人民法院民事审判第一庭编著:《最高人民法院关于食品药品纠纷司法解释理解与适用》,人民法院出版社2014年版,第85页。

〔2〕 参见程啸:《侵权责任法》(第3版),法律出版社2021年版,第576~577页。

〔3〕 参见高圣平:《论产品责任的责任主体及归责事由——以〈侵权责任法〉"产品责任"章的解释论为视角》,载《政治与法律》2010年第5期。

〔4〕 参见杨立新:《侵权责任法》(第4版),法律出版社2021年版,第382页。

〔5〕 参见美国法律研究院:《侵权法重述第三版:产品责任》,肖永平等译,法律出版社2006年版,第5页。

9 条也有类似规定。

3. 生产者与销售者之间的关系:不真正连带责任

根据《民法典》第 1203 条以及《产品质量法》第 41 条至第 43 条的规定,生产者与销售者承担的是不真正连带责任。其中,生产者作为产品的制造方,理当对产品缺陷致人损害承担赔偿责任。而法律之所以将销售者纳入不真正连带责任的范畴,主要是为了便利受害人救济。在实践中,受害人往往是和销售者打交道,甚至都不知道生产者是何人、居于何处,让销售者和生产者承担不真正连带责任有利于受害人及时获得救济。[1]

所谓的不真正连带责任,是指数个责任人基于不同的原因而依法对同一受害人承担全部的赔偿责任,某一责任人在承担责任后,有权向终局责任人要求全部追偿。具体来说,对外层面,无论受害人是向缺陷产品的生产者还是销售者请求承担赔偿责任,只要产品责任成立,被请求的生产者或销售者都应承担全部责任,不得推诿。对内层面,出于公平考虑,生产者承担无过错责任,销售者承担过错责任。[2] 如果产品缺陷是由于销售者的过错行为导致的,那么由销售者承担赔偿责任,生产者在承担赔偿责任后有权向销售者追偿。反之,如果销售者对缺陷的产生没有过错,那么应由生产者承担无过错责任,销售者承担赔偿责任后有权对生产者进行追偿。基于此,在引导案例第(2)问中,丁可以请求游戏机的生产者、销售者承担不真正连带责任。

4. 产品的运输者、仓储者等第三人

在实践中,产品缺陷的产生有可能是生产者造成的,也有可能是销售者造成的,还有可能是产品的运输者、仓储者等第三人的原因。例如,运输者在运输电视机的过程中没有采取防雨措施,导致电器泡水引发缺陷。对此,《民法典》第 1204 条规定:“因运输者、仓储者等第三人的过错使产品存在缺陷,造成他人损害的,产品的生产者、销售者赔偿后,有权向第三人追偿。”据此,运输者、仓储者等第三人也需要承担相应的赔偿责任。但需要注意的是,受害人通常不能直接向运输者、仓储者等第三人直接主张赔偿责任,而是首先向生产者、销售者寻求救济。生产者、销售者承担产品责任后,再向运输者、仓储者等第三人追偿。之所以如此规定,主要是考虑债的相对性,运输者、仓储者等第三人通常与生产者、销售者存在合同关系,与受害人之间并不直接联系。[3] 当然,如果生产者、销售者没有支付能力,那么受害人可以直接向运输者、仓储者等第三人主张赔偿。

(二)责任方式

1. 侵权赔偿责任

因产品存在的缺陷造成他人损害的,生产者、销售者应当承担赔偿责任。赔偿责任是对受害人进行救济的最有效的方法,也是产品责任的最主要形式。如果缺陷产品造成他人人身损害时,那么侵权人应当赔偿医疗费、护理费、交通费、营养费、住院伙食补助费等为治疗和康复支出的合理费用,以及因误工减少的收入。造成残疾的,还应当赔偿辅助器具费和残疾赔偿金;造成死亡的,还应当赔偿丧葬费和死亡赔偿金。如果缺陷产品造成了他人财产损失,那么侵权人应当恢复原状或者折价赔偿。此外,如果受害人因产品缺陷遭受其他重大损失,如因产

---

〔1〕 参见王成:《侵权责任法》(第 4 版),北京大学出版社 2022 年版,第 265 页。

〔2〕 参见谭启平主编:《中国民法学》(第 5 版),法律出版社 2021 年版,第 854 页。

〔3〕 参见张新宝:《中国民法典释评·侵权责任编》,中国人民大学出版社 2020 年版,第 144 页。

品缺陷造成生命权、健康权的侵害从而引发受害人严重精神损害时，受害人也有权要求赔偿。

2. 停止侵害、排除妨碍、消除危险

《民法典》第1205条规定："因产品缺陷危及他人人身、财产安全的，被侵权人有权请求生产者、销售者承担停止侵害、排除妨碍、消除危险等侵权责任。"这类预防型责任的承担需要满足产品缺陷危及他人人身、财产安全。所谓"危及"并不要求实际造成损害，只要存在造成他人人身、财产损害的危险，就满足了法律规定的条件。《民法典》之所以规定停止侵害、排除妨碍、消除危险等侵权责任，充分体现了侵权法的预防功能，也有利于对受害人提供全面保护。因为在很多情况下，产品缺陷可能并没有造成实际损害，但只要造成了妨碍、危险，就应当允许受害人提出请求。此外，这类预防型责任常常与生产者、销售者的跟踪观察义务联系在一起。如果生产者对于缺陷产品已经履行了警示、召回义务，通常就无须再承担停止侵害、排除妨碍、消除危险等责任。[1]

3. 惩罚性赔偿

惩罚性赔偿集惩罚与补偿于一身，具有惩罚和威慑不法行为人、抚慰受害人并促进受害人提起诉讼、弥补国家机关执法能力之不足的功能。[2] 为了维护人民群众的人身、财产安全，《民法典》特别针对产品责任规定了惩罚性赔偿，第1207条规定："明知产品存在缺陷仍然生产、销售，或者没有依据前条规定采取有效补救措施，造成他人死亡或者健康严重损害的，被侵权人有权请求相应的惩罚性赔偿。"

对于惩罚性赔偿的适用，需要满足严格条件：第一，明知产品存在缺陷。在客观上，该产品确实存在缺陷，具有造成他人生命健康损害的危险；在主观上，生产者或销售者已经明确知道该产品存在缺陷。明知，即主观过错中的"故意"，明知危险而继续行为，属于放任的间接故意。[3] 第二，仍然生产、销售或没有依法采取有效的补救措施。仍然继续生产、销售，是指生产者或销售者继续将缺陷产品投入流通。没有采取有效的补救措施，是指生产者、销售者没有按照法律规定采取停止销售、警示、召回等补救措施，或者采取的补救措施不力。第三，该缺陷产品造成受害人死亡或健康严重损害。此处的"健康严重损害"，是指残疾、完全丧失或者大部分丧失劳动能力以及永久病痛等情况。

针对惩罚性赔偿的倍数或其他计算标准，《消费者权益保护法》第55条第2款进一步规定："经营者明知商品或者服务存在缺陷，仍然向消费者提供，造成消费者或者其他受害人死亡或者健康严重损害的，受害人有权要求经营者依照本法第四十九条、第五十一条等法律规定赔偿损失，并有权要求所受损失二倍以下的惩罚性赔偿。"与此同时，《食品安全法》第148条第2款针对食品领域的惩罚性赔偿也作了具体规定："生产不符合食品安全标准的食品或者经营明知是不符合食品安全标准的食品，消费者除要求赔偿损失外，还可以向生产者或者经营者要求支付价款十倍或者损失三倍的赔偿金；增加赔偿的金额不足一千元的，为一千元。但是，食品的标签、说明书存在不影响食品安全且不会对消费者造成误导的瑕疵的除外。"需要注意的是，该款规定的惩罚性赔偿不以消费者遭受实际损害（包括人身损害）为前提，即只要食品不符合

---

〔1〕 参见王利明：《侵权责任法》（第2版），中国人民大学出版社2021年版，第241页。

〔2〕 参见最高人民法院民法典贯彻实施工作领导小组主编：《中华人民共和国民法典侵权责任编理解与适用》，人民法院出版社2020年版，第346～347页。

〔3〕 参见杨立新：《侵权责任法》（第4版），法律出版社2021年版，第394页。

食品安全标准,消费者就有权主张生产者或者销售者按照该款规定承担惩罚性赔偿责任。[1]

(三)免责事由

产品责任可以适用一般侵权责任的免责事由。与此同时,《产品质量法》第41条第2款还规定了3项特殊的免责事由:

第一,未将产品投入流通。"投入流通",是指产品以任何形式出售、出租、租赁、租卖以及抵押、质押、典当。如果产品仍处于生产阶段或生产完毕后的仓储阶段,则不认为已投入流通。[2] 产品责任属于危险责任,只有在产品的生产者基于自由意志将产品投入流通时,才开启了一种危险状态,生产者负有保证产品不具有危及他人人身、财产安全的不合理危险的义务。[3] 如果生产者生产了某种产品后尚未将其投入流通,或者并非基于生产者的意愿投入流通领域的,如产品在生产完毕后仓储阶段被偷盗后进入市场,那么即使该产品存在缺陷并致人损害,生产者也不因此承担产品责任。

第二,产品投入流通时,引起损害的缺陷尚不存在,即引起损害的产品缺陷是在产品流通过程中,由于销售者、运输者、仓储者或者使用者等主体的过错造成的。需注意的是,根据《民法典》第1204条的规定,如果产品的缺陷是由运输者、仓储者或销售者的过错所致,那么此时也仅仅是免除生产者的最终责任而非直接责任。具言之,受害人依然有权请求产品生产者承担赔偿责任,生产者赔偿后再向有过错的运输者、仓储者等第三人或者销售者进行追偿。[4]

第三,将产品投入流通时的科学技术水平尚不能发现缺陷的存在。这一免责事由又被称为"开发风险抗辩"或"现有技术水平抗辩"。该免责事由主要是为了权衡保护消费者利益与维护生产者的合理自由、促进科技生产力的发展之间的关系。一方面,在时间点上,是以"产品投入流通时"为判断标准,而非案件审理时的标准,因为从产品投入流通到案件审理可能经过了一段时间,这一时间段的科学技术水平已经有所发展。[5] 另一方面,在判断产品缺陷是否能为投入流通时的科技水平所发现,是依据当时整个社会所具有的科学技术水平来认定,而非生产者自身所掌握的科学技术。[6] 这种"科学技术水平"的判断,应当采取当前人们所能掌握并加以利用的所涉产品的最先进的科学技术知识水平。[7] 当然,该免责事由并不免除生产者的跟踪观察义务,若生产者在产品投入流通后发现存在缺陷,仍应及时采取有效的补救措施,否则应对扩大的损害承担侵权责任。

---

[1] 参见程啸:《侵权责任法》(第3版),法律出版社2021年版,第587页。

[2] 参见张新宝:《侵权责任法》(第5版),中国人民大学出版社2020年版,第212页。

[3] 参见程啸:《侵权责任法》(第3版),法律出版社2021年版,第583页。

[4] 参见张新宝:《侵权责任法》(第5版),中国人民大学出版社2020年版,第212页。

[5] 参见程啸:《侵权责任法》(第3版),法律出版社2021年版,第584页。

[6] 参见贺琛:《我国产品责任法中发展风险抗辩制度的反思与重构》,载《法律科学(西北政法大学学报)》2016年第3期。

[7] 参见程啸:《侵权责任法》(第3版),法律出版社2021年版,第584页。

第七节　替代责任

引导案例

甲与乙为夫妻,两人育有一个8岁的儿子丙。某天下午,丙在院子里面踢球,不小心将邻居丁家的汽车车灯砸坏。皮球滚到正在骑自行车送快递的戊前面,戊为了赶进度将皮球一脚踢开,结果皮球反弹砸中了丙,导致丙手臂骨折。事后查明,戊是戊公司的工作人员。试问:

(1)丁该起诉甲和乙,还是起诉丙来主张赔偿责任?

(2)如果丙自己有财产,甲、乙是否还需要承担赔偿责任?

(3)丙该起诉戊还是戊公司?戊的行为是否需要戊公司来承担?

一、替代责任的概念与类型

(一)替代责任的概念

替代责任,是指责任人为他人实施的侵权行为承担的侵权责任。替代责任与自己责任是一对相对概念,后者是指责任人对自己实施的侵权行为承担的责任,两者的根本区别在于侵权行为人与侵权责任人是否为同一人。侵权法强调责任自负原则,自己责任是一般规则,替代责任属于例外,需要法律的明确规定。而法律之所以规定替代责任,通常是因为责任人与行为人之间存在某种特殊的关系,如监护关系、雇佣关系等。如果责任人与行为人之间不存在这种特殊关系,那么责任人就没有为行为人承担责任的基础。[1]

我国侵权法上的替代责任,主要是指完全替代责任。具言之,我国民法上侵权替代责任,存在两种规范模式:一种是完全替代模式,即自原《民法通则》第121条到原《侵权责任法》第34条、第35条再到《民法典》第1191条、第1192条的规范模式,工作人员执行职务时造成第三人损害的侵权责任,完全由用人单位承担。采取完全替代模式的还有《资产评估法》第50条、《律师法》第54条、《公证法》第43条以及对原《民法通则》第12条进行解释的《人身损害赔偿解释》第8条。另一种是有限替代模式。例如,《人身损害赔偿解释》第9条规定,雇员在雇佣活动中对第三人的侵权责任原则上由雇主承担,但在雇员故意或者重大过失的场合,雇员与雇主承担连带责任。此外,采用有限替代模式的还有《人身损害赔偿解释》第13条。[2] 从《民法典》第1191条、第1192条的相关规定来看,我国采取的是完全替代模式,即用人者对被使用人造成的损害承担赔偿责任,被使用人不需要与用人者共同承担责任。

(二)替代责任的类型

对于我国侵权法上的替代责任类型,有观点指出,原《民法通则》主要规定了两种形式的替代责任:一是原《民法通则》第121条规定的国家就其国家机关、机关工作人员实施的侵权行为

[1] 参见张民安:《侵权法上的替代责任》,北京大学出版社2010年版,第17页。

[2] 参见王成:《我国民法上侵权替代责任的反思与重构》,载《清华法学》2023年第5期。

承担的替代责任；二是原《民法通则》第133条规定的监护人就被监护人实施的侵权行为承担的替代责任。与此同时，最高人民法院的司法解释也规定了几种形式的替代责任，诸如法人或者其他组织就其法定代表人或者其他工作人员实施的侵权行为承担的替代责任、雇主就其雇员实施的侵权行为承担的替代责任。随后，原《侵权责任法》规定了几种替代责任类型：一是原《侵权责任法》第32条规定的监护人就被监护人实施的侵权行为承担的替代责任；二是原《侵权责任法》第34条规定的用人单位就其工作人员实施的侵权行为对受害人承担的替代责任；三是原《侵权责任法》第40条规定的幼儿园、学校就第三人实施的侵权行为对其幼儿或者学生承担的替代责任。[1]

笔者认为，从我国《民法典》的规定来看，替代责任主要包括两类：第一类是监护人责任。对此，《民法典》第1188条规定的是通常的监护人责任，第1189条规定的是委托监护时的监护人责任。第二类是用人者责任。对此，《民法典》第1191条规定的是用人单位责任，第1192条规定的是个人劳务责任。至于幼儿园、学校或者其他教育机构就第三人实施的侵权行为承担的侵权责任并非替代责任，而是一种自己责任。对此，《民法典》第1201条规定："无民事行为能力人或者限制民事行为能力人在幼儿园、学校或者其他教育机构学习、生活期间，受到幼儿园、学校或者其他教育机构以外的第三人人身损害的，由第三人承担侵权责任；幼儿园、学校或者其他教育机构未尽到管理职责的，承担相应的补充责任。幼儿园、学校或者其他教育机构承担补充责任后，可以向第三人追偿。"据此，幼儿园、学校或者其他教育机构承担责任的基础在于未尽到管理职责，而非某种特定的关系。

二、监护人责任

(一)监护人责任的概念

所谓的监护人责任，是指无民事行为能力人或者限制民事行为能力人侵害他人民事权益造成损害，监护人依法应当承担的侵权责任。[2] 对于监护人责任，可以从如下方面进行理解：第一，监护人责任的基础是监护关系。监护人与被监护人之间的监护关系，是确定监护人责任的前提。所谓监护，是指监护人基于法律规定或者合同约定对于被监护人负担监护职责，以保护被监护人人身、财产以及其他合法权益的制度。正是因为监护人对于被监护人负担监护职责，故需要承担监护人责任。第二，监护人责任是一种替代责任。监护人承担责任并非因为自己的行为直接造成受害人损害，而是因为被监护人实施了致害行为。[3] 如果监护人自己的行为造成了损害，那么不属于监护人责任的范畴，应当适用一般的过错责任原则。第三，监护人责任受过错的影响。虽然我国对于监护人责任的归责原则存在不同看法，但《民法典》第1188条明确规定，"监护人尽到监护职责的，可以减轻其侵权责任"。这意味着监护人的责任范围与其是否有过错存在直接关联，若能够证明尽到监护职责，可以减少赔偿数额。第四，监护人责任的承担受被监护人财产状况的影响。监护人责任主要是一种财产赔偿责任，受无民事行为能力人或者限制民事行为能力人有无财产的影响。被监护人自己有财产的，应当先从他自己

---

[1] 参见张民安：《侵权法上的替代责任》，北京大学出版社2010年版，序第7～8页。

[2] 参见《民法学》编写组：《民法学》(第2版)(下册)，高等教育出版社2022年版，第336页。

[3] 有学者认为，监护人责任是一种特殊的自己责任。监护人责任的主要基础应理解为法定监护义务之违反，因而监护人责任的理论根基应当重回自己责任。参见张靖晗：《〈民法典〉监护人责任的性质再论与规范统合》，载《河南财经政法大学学报》2023年第5期。

的财产中支付赔偿金,不足部分由其监护人承担;被监护人没有财产的,由其监护人承担赔偿责任。

(二)监护人责任的归责原则

《民法典》第1188条第1款规定:"无民事行为能力人、限制民事行为能力人造成他人损害的,由监护人承担侵权责任。监护人尽到监护职责的,可以减轻其侵权责任。"对此,有学者认为,监护人责任是一种过错推定责任,并以公平分担损害责任作为补充。如果监护人能够证明尽到监护职责的,本应免除赔偿责任,但为了平衡当事人之间的利益关系,按照法律的规定,适用公平分担损失责任进行调整,合理确定赔偿责任归属。[1] 有学者则认为,监护人责任是一种无过错责任,侵权法要求监护人为被监护人致人损害的行为承担责任,并不是因为监护人有过错,而是因为监护人与被监护人之间存在监护关系。即使监护人尽到监护职责,其也应当承担责任。[2] 笔者认为,从《民法典》第1188条第1款文义解释来看,监护人责任理当属于无过错责任,无论监护人是否有过错,都需要承担侵权责任。但是,监护人承担的无过错责任确实有其特殊性,即如果监护人尽到监护职责,可以减轻其侵权责任。这意味着监护人是否有过错虽然不影响责任承担,但确实会影响责任范围。这与通常的无过错责任是不同的。

法律之所以缓和监护人无过错责任的严格性,主要是为了鼓励监护人履行监护职责,更好地保护被监护人的权益。一方面,被监护人心智不成熟,好奇、冒险是其天性,对于世界的探索和认知活动,难免会引发损害,这是人类成长通常会经历的阶段。如果监护人责任过于严格,会间接促使监护人加大对被监护人的管束力度,进而导致被监护人行为自由受到束缚,畏手畏脚不利于人格成长发育。另一方面,监护人除是基于血缘关系的近亲属外,还有可能是其他个人或者单位。对于后者而言,监护更多的是一种职责或者负担,从鼓励他们履行监护职责的角度,也应当设置减轻责任的规则。否则,很多个人或者单位不愿意担任监护人。当然,监护人责任合理科学的配置,离不开各方利益的平衡,包括受害人、被监护人以及监护人,这其中既涉及受害人救济之外部需要,又不能忽视被监护人利益的保护。[3] 这种减轻了的监护人责任,实际上是由被侵权人承担了,对于受害人救济并不有利。[4]

(三)监护人责任的构成要件

作为最典型的替代责任之一,监护人承担民事责任的构成要件有以下3个。

1. 被监护人实施了侵权行为

一方面,实施侵权行为的主体必须是被监护人,包括无民事行为能力人或者限制民事行为能力人;另一方面,被监护人实施了侵权行为,这种侵权行为必须是被监护人自己实施的,而不是他人利用被监护人实施的侵权行为。至于帮助、教唆被监护人实施侵权行为的,《民法典》第1169条第2款有专门规定。

2. 受害人受到损害

就损害结果而言,被监护人所造成的受害人的损害与一般侵权损害别无二致,既可能是人

---

〔1〕 参见杨立新:《侵权责任法》(第4版),法律出版社2021年版,第170页。

〔2〕 参见王利明:《侵权责任法》(第2版),中国人民大学出版社2021年版,第156页。

〔3〕 参见张力、郑志峰:《功能论视角下我国监护人责任的反思与重解》,载《西南政法大学学报》2014年第2期。

〔4〕 参见王竹:《论〈民法典·侵权责任编〉的监护人责任设计——以"体系位移效应说"为切入点》,载《四川大学学报(哲学社会科学版)》2018年第5期。

身损害、精神损害,也有可能是财产损失。同时,被监护人的行为虽未对他人的人身、财产造成侵害,但对他人行使权利造成妨碍的,该妨碍状态也构成侵权。[1] 例如,未成年儿童在车库撒图钉,纵然因车主及时刹车未造成车辆受损,也有权利要求儿童的监护人清除图钉、排除安全隐患、解除妨害状态。此外,需要明确一点,此处的受害人必须是监护人、被监护人以外的第三人。

3. 侵权行为与损害之间存在因果关系

有观点认为,监护人责任构成中的因果关系具有双重性:一是侵权行为与损害之间须有因果关系,即损害事实是因为被监护人的行为所引起的,两者之间有引起和被引起的客观联系。二是监护人的疏于监护责任与损害事实之间也应有因果关系,这种因果关系在因果关系链上相距较远,不是直接的因果关系。[2] 笔者认为,监护人责任的因果关系只需要被监护人的侵权行为与损害之间存在因果关系即可,至于监护人是否尽到监护职责并非责任成立的要件,仅仅是减轻责任的要件。

(四)监护人责任的承担

《民法典》第1188条第1款规定:"无民事行为能力人、限制民事行为能力人造成他人损害的,由监护人承担侵权责任。监护人尽到监护职责的,可以减轻其侵权责任。"紧接着,该条第2款规定,"有财产的无民事行为能力人、限制民事行为能力人造成他人损害的,从本人财产中支付赔偿费用;不足部分,由监护人赔偿"。对于两款的关系,学界存在不同认识:

第一,"一般与例外关系说"。该说认为,第1款为一般适用条款,第2款为例外情形下适用的条款,除有例外情形外,一般应适用第1款规定,要求监护人承担赔偿责任。而例外情形有两种:一是监护人承担责任不足,没有赔偿能力,被监护人拥有大量财产;二是监护人承担责任过量,即监护人有赔偿能力,但独自赔偿将导致监护人生活陷入极大的窘迫,被监护人拥有大量财产,为平衡监护人与被监护人利益关系,特设置第2款。[3]

第二,"一般与补充关系说"。该说认为,第2款规定是为济第1款规定后半句"监护人责任减轻事由"之穷,目的也在于全面救济被害人。按照第1款规定,如果监护人尽到监护职责,需要减轻赔偿责任,此时被害人可能存在救济漏洞,就需要动用被监护人财产来进行救济,即"当监护人以尽到监护责任请求减轻责任时,受害人权益很可能得到周全保护。正是为了弥补此种救济漏洞,才设置了第2款规定"。[4]

第三,"外部与内部关系说"。该说认为,第2款规定为纯粹的内部条款,仅调整监护人与被监护人之间因财产支付产生的纠纷。"这种裁判功能常常是隐而不显的,只有在被监护人有财产而监护人用被监护人的财产来支付赔偿费用,又产生了争议的情况下才出现。"受害人只能依据第1款要求监护人承担侵权责任,而不能依据第2款径直要求有财产的被监护人支付赔偿费用。第2款规定的适用,仅仅是用来解决监护人与被监护人内部的因财产支付产生的

---

[1] 参见程啸:《侵权责任法教程》(第4版),中国人民大学出版社2020年版,第173页。

[2] 参见杨立新:《侵权责任法》(第4版),法律出版社2021年版,第171~172页。

[3] 参见薛军:《走出监护人"补充责任"的误区——论〈侵权责任法〉第32条第2款的理解与适用》,载《华东政法大学学报》2010年第3期。

[4] 参见朱广新:《被监护人致人损害的侵权责任配置——〈侵权责任法〉第32条的体系解释》,载《苏州大学学报(哲学社会科学版)》2011年第6期。

纠纷。[1]

笔者认为,“外部与内部关系说”相对更具合理性。从第2款规定来看,有财产的被监护人造成他人损害的,“从本人财产中支付赔偿费用”,而不是承担赔偿责任,这与监护人承担的侵权责任是不同的,将其理解为内部关于赔偿费用的具体支付的条款更加合理。根据这一观点,对于监护人责任的承担,可以按照如下规则进行:第一,监护人承担责任。被监护人造成他人损害的,由监护人承担侵权责任。这里实行的是无过错责任,只要被监护人的侵权责任成立,就应当由监护人承担赔偿责任。第二,减轻责任的情形。监护人尽到监护责任的,可以减轻其侵权责任。第三,赔偿费用的具体支付。在被监护人没有财产时,由监护人具体支付赔偿费用。在被监护人有财产时,由监护人自己决定是否动用被监护人的财产去具体支付赔偿费用。对此,最高人民法院《关于适用〈中华人民共和国民法典〉侵权责任编的解释(一)(征求意见稿)》第3条也采取了这一立场,第1款规定:“有财产的无民事行为能力人、限制行为能力人造成他人损害,被侵权人请求侵权行为人的监护人承担侵权责任的,人民法院应予支持。被侵权人依据民法典第一千一百八十八条第二款的规定,请求有财产的无民事行为能力人、限制行为能力人承担赔偿责任的,或者监护人抗辩主张其承担补充赔偿责任的,人民法院不予支持。”紧接着,第2款规定:“清偿债务时,承担赔偿责任的监护人主张先从被监护人财产中支付赔偿费用的,人民法院应予支持。”基于此,在引导案例第2问中,丙即使有财产,甲、乙仍然对受害人承担侵权责任,但甲、乙可以选择使用丙的财产先行支付赔偿费用。

此外,从诉讼法角度来看,监护人责任的诉讼当事人需要明晰。如果是被监护人自己受到损害,那么被监护人为原告,监护人可以作为法定代理人参与诉讼。如果是被监护人造成他人损害,那么受害人应该起诉被监护人,还是起诉被监护人的监护人,抑或是一并起诉?对此,理论界存在“单独被告说”“法定代理人附加无独立请求权第三人之双重身份说”“共同被告说”“依财产区分说”等不同的主张和做法。[2] 为了避免混乱,《民事诉讼法解释》对此作了明确说明,第67条规定:“无民事行为能力人、限制民事行为能力人造成他人损害的,无民事行为能力人、限制民事行为能力人和其监护人为共同被告。”基于此,在引导案例第(1)问中,丁应该起诉甲、乙、丙3人。

(五)监护人责任的特殊形态

1. 帮助、教唆未成年人

《民法典》第1169条第1款规定:“教唆、帮助他人实施侵权行为的,应当与行为人承担连带责任。”紧接着,该条第2款规定:“教唆、帮助无民事行为能力人、限制民事行为能力人实施侵权行为的,应当承担侵权责任;该无民事行为能力人、限制民事行为能力人的监护人未尽到监护职责的,应当承担相应的责任。”对于相应的责任该如何理解,有观点认为,如果监护人履行好监护职责,仅有教唆、帮助行为不会导致损害的发生,故适用按份责任。[3] 有学者则提出了“单向连带责任说”,认为教唆人、帮助人承担的是连带责任,未尽到监护职责的监护人承担的是按份责任,被侵权人只能向承担连带责任的教唆人、帮助人主张承担全部赔偿责任,而不能向承担按份责任的监护人主张承担全部赔偿责任。如果教唆人、帮助人承担了全部责任,则

[1] 参见陈帮锋:《论监护人责任:〈侵权责任法〉第32条的破解》,载《中外法学》2011年第1期。
[2] 参见刘保玉:《监护人责任若干争议问题探讨》,载《法学论坛》2012年第3期。
[3] 参见王利明主编:《中国民法典评注:侵权责任编》,人民法院出版社2021年版,第54页。

其可向未尽到监护职责的监护人就其应承担的责任份额部分主张追偿。[1] 笔者认为,相较按份责任,单向连带责任更具合理性,可以更好地制裁教唆人、帮助人,也有利于受害人救济。对此,最高人民法院《关于适用〈中华人民共和国民法典〉侵权责任编的解释(一)(征求意见稿)》也采取了这一立场,第10条规定:"教唆、帮助无民事行为能力人、限制民事行为能力人实施侵权行为,被侵权人可以请求教唆人、帮助人承担侵权人的全部侵权责任,也可以请求未尽到管理、教育等监护职责的监护人在其能够防止或者制止损害的范围内承担与其过错相应的责任。教唆人、帮助人和监护人为共同被告的,未尽到管理、教育等监护职责的监护人在其过错范围内与教唆人、帮助人共同承担责任,但被侵权人获得的赔偿不应超出损害范围;教唆人、帮助人主张其与有过错的监护人承担按份责任的,人民法院不予支持。教唆人、帮助人或者监护人承担责任后,相互之间进行追偿的,人民法院不予支持。"

2. 委托监护

委托监护,是指在监护关系存续期间,监护人因特殊事由难以履行监护职责时,为了避免被监护人缺乏照管,最大限度维护其合法权益,监护人将监护职责委托给第三人,由第三人替代或辅助监护人照料、教育或保护被监护人。[2] 《民法典》第1189条规定:"无民事行为能力人、限制民事行为能力人造成他人损害,监护人将监护职责委托给他人的,监护人应当承担侵权责任;受托人有过错的,承担相应的责任。"与此同时,最高人民法院《关于适用〈中华人民共和国民法典〉总则编若干问题的解释》第13条规定:"监护人因患病、外出务工等原因在一定期限内不能完全履行监护职责,将全部或者部分监护职责委托给他人,当事人主张受托人因此成为监护人的,人民法院不予支持。"据此,在委托监护情形下,被监护人造成他人损害的,仍应由监护人承担侵权责任,监护人与受托人之间的约定只能作为双方责任划分的依据,不能对抗受害人。[3]

当然,如果受托人对于损害的发生也有过错的,需要承担相应的责任。这里的过错主要指委托人是否尽到监护职责,若没有尽到监护职责,则存在过错,需要与监护人共同承担责任。对此,最高人民法院《关于适用〈中华人民共和国民法典〉侵权责任编的解释(一)(征求意见稿)》进一步明确了责任的具体形态,第8条规定:"无民事行为能力人、限制民事行为能力人造成他人损害,被侵权人可以请求监护人承担侵权人的全部责任,也可以请求代为履行监护职责的受托人在其未尽到管理、教育等监护职责的过错范围内承担相应的责任。监护人和代为履行监护职责的受托人为共同被告的,代为履行监护职责的受托人在其过错范围内与监护人共同承担责任,但被侵权人获得的赔偿不应超出损害范围;监护人主张其与有过错的代为履行监护职责的受托人承担按份责任的,人民法院不予支持。监护人承担责任后向代为履行监护职责的受托人追偿的,人民法院应当依照民法典第九百二十九条的规定处理。无民事行为能力人、限制民事行为能力人受人教唆、帮助实施侵权行为的,依照本解释第十条的规定认定监护

[1] 参见杨立新:《教唆人、帮助人责任与监护人责任》,载《法学论坛》2012年第3期。

[2] 参见朱广新:《论监护委托下被监护人致人损害的责任承担》,载《法律适用》2023年第6期。

[3] 对于监护人、受托人的诉讼主体问题,最高人民法院《关于适用〈中华人民共和国民法典〉侵权责任编的解释(一)(征求意见稿)》第7条规定:"无民事行为能力人、限制民事行为能力人造成他人损害,被侵权人请求监护人承担侵权责任的,或者合并请求监护人和代为履行监护职责的受托人承担责任的,人民法院应当依照《最高人民法院关于适用〈中华人民共和国民事诉讼法〉的解释》第六十七条的规定,将无民事行为能力人、限制民事行为能力人列为共同被告。"

人的民事责任。”

三、用人者责任

（一）用人者责任的概念

用人者责任，也被称为“使用人责任”或“雇佣人”责任，是指用人者对于被使用人在从事职务活动或者提供劳务时对他人造成的损害承担的侵权责任。这也是狭义上的用人者责任。而广义的用人者责任，除包括狭义的用人者责任外，还包括被使用人因为执行职务或者提供劳务自身受到损害时用人者应当承担的责任。[1] 用人者责任与监护人责任均是责任主体为其他行为主体代为承担的侵权责任，但区别于监护人责任中被监护人是无民事行为能力人或者限制民事行为能力人，而用人者责任中的被使用人往往具备完全民事行为能力。

与监护人责任的理论基础相异，用人者责任中使用人承担替代责任的理论基础在于：其一，控制力理论。用人者之所以就被使用人的行为对他人承担侵权责任，是因为用人者选任了被使用人去完成其委托的工作任务。对此，用人者应当对被使用人的行为加以控制和监督，防止被使用人损害他人行为的发生。如果用人者没有控制和监督好被使用人的行为，那么就应当承担赔偿责任。[2] 被使用人在完成工作任务或者提供劳务的过程中，往往会对外体现强烈的“从属性”，即需要受到用人者的控制。从理性主义的角度分析，用人者应对执行自己意志的行为负责，故需要对执行自己意志的被使用人的侵权行为承担赔偿责任。其二，报偿理论。用人者使用他人为自己服务，得以拓展活动空间、拓展业务领域，增加获利机会，享受了社会分工带来的好处。然而，风险与收益相伴而生。既然用人者通过使用他人享有了利益，自然也应承担由此带来的风险，这就是报偿理论。[3] 其三，“深口袋”理论。在社会一般人看来，无论是单位用工还是个人劳务的情形，相较被使用人，用人者都具备较强的赔偿能力和风险分散能力。这就是通常所说的“深口袋”理论，让有钱的人承担责任，从而更好地保护受害人的利益。[4]

（二）用人者责任的类型

对于用人者责任的具体类型，有学者认为，《民法典》中的用人者责任主要包括两种：一是用人单位责任，即用人单位对于其工作人员因为执行工作任务造成他人损害所承担的侵权责任。二是接受劳务一方的责任，即个人之间形成劳务关系的，接受劳务一方对提供劳务一方因为劳务给他人造成损害或者自身遭受的损害承担的侵权责任。[5] 有观点则认为，《民法典》将用人者责任规定为 4 种类型，包括用人单位责任、劳务派遣责任、个人劳务责任和定作人指示过失责任。[6]

笔者认为，用人者责任主要包括两种类型：第一，用人单位责任。《民法典》第 1191 条规定的是用人单位责任，具体包括两种情形：一是通常的用人单位责任。对此，《民法典》第 1191 条第 1 款规定：“用人单位的工作人员因执行工作任务造成他人损害的，由用人单位承担侵权责任。用人单位承担侵权责任后，可以向有故意或者重大过失的工作人员追偿。”二是劳务派遣

---

〔1〕 参见《民法学》编写组：《民法学》（第 2 版）（下册），高等教育出版社 2022 年版，第 338 页。
〔2〕 参见张民安：《侵权法上的替代责任》，北京大学出版社 2010 年版，第 188 页。
〔3〕 参见程啸：《侵权责任法》（第 3 版），法律出版社 2021 年版，第 445 页。
〔4〕 参见张新宝：《侵权责任法》（第 5 版），中国人民大学出版社 2020 年版，第 144 页。
〔5〕 参见程啸：《侵权责任法》（第 3 版），法律出版社 2021 年版，第 444 页。
〔6〕 参见杨立新：《侵权责任法》（第 4 版），法律出版社 2020 年版，第 177 页。

侵权责任。对此,《民法典》第1191条第2款规定:“劳务派遣期间,被派遣的工作人员因执行工作任务造成他人损害的,由接受劳务派遣的用工单位承担侵权责任;劳务派遣单位有过错的,承担相应的责任。”第二,个人劳务责任。《民法典》第1192条规定的是个人劳务责任,具体包括两种情形:一是提供劳务一方造成他人损害的责任。对此,《民法典》第1192条第1款前两句规定:“个人之间形成劳务关系,提供劳务一方因劳务造成他人损害的,由接受劳务一方承担侵权责任。接受劳务一方承担侵权责任后,可以向有故意或者重大过失的提供劳务一方追偿。”二是提供劳务一方自身遭受损害的责任。对此,《民法典》第1192条第1款最后一句规定:“提供劳务一方因劳务受到损害的,根据双方各自的过错承担相应的责任。”与此同时,第1192条第2款规定:“提供劳务期间,因第三人的行为造成提供劳务一方损害的,提供劳务一方有权请求第三人承担侵权责任,也有权请求接受劳务一方给予补偿。接受劳务一方补偿后,可以向第三人追偿。”

至于定作人责任,其性质上不属于用人者责任。定作人责任的基础是承揽关系,而用人者责任的基础是劳动关系或者劳务关系,即用工关系。承揽关系与劳务关系存在一定的相似性,但两者承担责任的基础是有区别的。劳务合同的目的是提供劳务,其关键在于接受劳务一方需要得到提供劳务一方的协助,前者对后者存在一种支配性的人身关系,具体工作的承担都要求其逐一确定,需要接受其指挥,在实务中所聘用的“小工”所完成的劳务也往往包含不同的内容在内;而承揽关系的目的是交付特定的成果,承揽人即“拿多少钱办多少事”的被用工者,其凭借完成工作任务来获取相应的报酬,虽然相应的工作任务也由用工者所指定,但是具体的完成是由承揽人所独立进行的,至于相应设备是否由承揽人自己提供、承揽人是否需要有相应技术可能并非绝对的区分因素。[1] 然而,考虑定作人责任与用人者责任有一定的相似性,本书将其放在用人者责任的部分一并阐明。

(三)用人单位责任

《民法典》第1191条规定的是用人单位责任,具体包括两种用人单位责任类型。

1. 通常的用人单位责任

《民法典》第1191条第1款规定的是通常的用人单位责任。根据该款规定可知,用人单位责任是一种无过错责任,无论用人单位对于其工作人员的指示、选任是否有过错,都需要就工作人员的侵权行为承担责任。通常的用人单位责任的构成条件包括:第一,工作人员执行工作任务。需要注意的是,工作单位与工作人员之间的关系不限于劳动关系。对此,最高人民法院《关于适用〈中华人民共和国民法典〉侵权责任编的解释(一)(征求意见稿)》第12条规定:“与用人单位形成劳动关系的员工、执行用人单位工作任务的其他人员,因执行工作任务造成他人损害,被侵权人依照民法典第一千一百九十一条第一款规定,请求用人单位承担侵权责任的,人民法院应予支持。个体工商户的员工因执行工作任务造成他人损害,适用民法典第一千一百九十一条第一款规定确定民事责任。”第二,工作人员执行工作任务时实施了侵权行为。第三,造成了他人损害。第四,损害与侵权行为之间存在因果关系。其中,最关键的是,如何判断工作人员的侵权行为是在执行工作任务时发生的。对此,司法实践中采取的是所谓的“客观说”,具体可以分两个层次:首先,要看该活动是否为用人单位所授权或者指示的活动。如果造

---

[1] 参见石冠彬:《民法典用工责任规范的实践困境及破解之道》,载《江海学刊》2020年第6期。

成他人损害的行为就是在用人单位的授权或者指示范围内的活动,由此造成的损害当然属于因为执行工作任务造成的损害,用人单位需要承担用人者责任。其次,如果工作人员造成他人损害的行为并非用人单位授权或者指示的活动,此时并不必然排除用人单位的用人者责任,还需要考察该活动的表现行为是否为履行职务或者与履行职务有内在联系。[1] 例如,某影楼的工作人员擅自使用客户的照片进行宣传,虽然该行为未得到用人单位的授权或者指示,但该行为是为了影楼的宣传,理当认定为属于执行工作任务的行为。基于此,在引导案例第(3)问中,戌公司需要为工作人员戊的行为承担替代责任,因为戊的侵权行为正是为了执行工作任务而实施的行为。

对于工作人员实施侵权行为造成的损害,由用人单位承担侵权责任。第一,责任主体为用人单位,受害人只能向用人单位主张侵权责任,不能直接要求工作人员承担侵权责任,或者要求工作人员与用人单位共同承担侵权责任。因为工作人员是在执行工作任务,其行为的后果应当由用人单位承担,工作人员应当得到豁免。基于此,在引导案例第(3)问中,丙应当起诉戌公司,而不是戊。第二,用人单位承担的是全部赔偿责任,即需要赔偿受害人的全部损失,赔偿范围不会因为用人单位没有过错而有所减少。第三,对于工作人员存在故意或者重大过失的情形,用人单位在向受害人承担赔偿责任后,有权向工作人员进行追偿。承认用人单位的追偿权有助于落实责任自负原则,激励工作人员预防侵权行为的发生,平衡用人单位与工作人员的利益。[2]

2. 劳务派遣侵权责任

劳务派遣,是由派遣机构与派遣员工签订合同,然后向用工单位派出该员工,使其在用工单位的工作场所内劳动,接受用工单位的指挥、监督,以完成劳动力与生产资料相结合的一种特殊用工方式。[3] 作为一种非典型的用工方式,劳务派遣实现了劳动者雇用与使用的分离,用人单位(派遣机构)负责劳动者的选任,用工单位(派人机构)负责劳动者的使用。这种复杂的三角结构关系,使劳务派遣区别于通常的劳动关系,也致使劳务派遣中雇主替代责任的认定显得异常困难。[4] 对此,《民法典》第1191条第2款作了规定。

对于劳务派遣侵权责任,需要注意如下规则:第一,用工单位承担无过错责任。对于被派遣的工作人员因为执行工作任务造成损害的,首先由用工单位承担责任。这种责任是一种替代责任,适用无过错责任原则,无须用工单位存在过错。背后的原因在于用工单位直接使用了被派遣的工作人员,理当对其行为承担后果。第二,用人单位承担过错责任。由于工作人员被用人单位派遣出去,用人单位无法直接指示工作人员,故仅承担过错责任。至于具体是什么责任形态,有学者认为,用人单位承担的是相应的补充责任,即首先由用工单位承担责任,如果用工单位承担了全部的责任,用人单位无须承担责任。如果用工单位不能承担责任,那么由用人单位在过错范围内承担相应的补充责任。[5] 有学者进一步指出,用人单位承担的补充责任是一种不真正补充责任,与典型的补充责任不同,如果用工单位承担了全部的直接责任,或者承

---

[1] 参见程啸:《侵权责任法》(第3版),法律出版社2021年版,第467页。

[2] 参见王利明:《侵权责任法》(第2版),中国人民大学出版社2021年版,第169~170页。

[3] 参见董保华:《论劳务派遣立法中的思维定势》,载《苏州大学学报(哲学社会科学版)》2013年第3期。

[4] 参见郑志峰:《劳务派遣中雇主替代责任之检讨——兼评"不真正补充责任"》,载《法学》2015年第9期。

[5] 参见王利明:《侵权责任法》(第2版),中国人民大学出版社2021年版,第173页。

担的直接责任超过了其责任份额，可以向作为补充责任人的用人单位要求分摊。[1]

笔者认为，从立法变迁角度来看，原《侵权责任法》第34条第2款规定用人单位承担“相应的补充责任”，随后《民法典》改为“相应的责任”，这说明用人单位承担的不是补充责任，而是一种新的责任形态。对此，最高人民法院《关于适用〈中华人民共和国民法典〉侵权责任编的解释(一)(征求意见稿)》第13条规定：“劳务派遣期间，被派遣的工作人员因执行工作任务造成他人损害，被侵权人可以请求接受劳务派遣的用工单位承担侵权人的全部责任，也可以请求劳务派遣单位对不当选派工作人员等过错承担相应的责任。接受劳务派遣的用工单位和劳务派遣单位为共同被告的，劳务派遣单位在其过错范围内与接受劳务派遣的用工单位共同承担责任，但被侵权人获得的赔偿不应超出损害范围；接受劳务派遣的用工单位主张其与劳务派遣单位承担按份责任的，人民法院不予支持。接受劳务派遣的用工单位或者劳务派遣单位承担侵权责任后，相互之间进行追偿的，人民法院不予支持，但接受劳务派遣的用工单位与劳务派遣单位另有约定的除外。”

(四)个人劳务责任

《民法典》第1192条规定了个人劳务责任，具体包括两种情形。

1. 提供劳务一方造成他人损害的责任

根据《民法典》第1192条第1款的规定，个人之间形成劳务关系，提供劳务一方因为劳务造成他人损害的，接受劳务一方承担侵权责任。首先，接受劳务一方承担的是无过错责任，只要提供劳务一方因为劳务造成他人损害，接受劳务一方无论是否有过错，都需要承担侵权责任。其次，提供劳务一方的侵权行为属于劳务行为。《民法典》没有就如何判断劳务行为设定标准，通常采用用人单位的工作人员执行工作任务的判断标准，即不仅提供劳务一方按照接受劳务一方的授权或者指示所从事的劳务活动属于此处的“劳务”，而且即使提供劳务一方的行为已经超出授权范围，但只要其表现形式与从事劳务之间存在内在联系的，也应当认定为属于“劳务”，其所造成的损害即属于此处的“因劳务造成他人损害”。[2] 最后，接受劳务一方承担侵权责任后，可以向有故意或者重大过失的提供劳务一方追偿。

2. 提供劳务一方自身遭受损害的责任

提供劳务一方在从事劳务行为的过程中有时会受到损害，可能是来自劳务活动本身的危险性或者是接受劳务一方的原因，也可能是第三人的原因。对此，《民法典》第1192条作了明确规定。首先，对于提供劳务一方因为劳务受到损害的，接受劳务一方承担的是过错责任。一方面，接受劳务一方承担的是侵权责任，与用人单位就工作人员遭受损害承担的工伤保险责任是不同的；另一方面，接受劳务一方适用的是过错责任原则，而不是无过错责任原则，与工作人员、提供劳务一方造成他人损害时用人单位、接受劳务一方承担的侵权责任是不同的。之所以如此规定，背后原因在于个人之间的劳务关系的损害，跟雇主情形下损害不一样，个人之间的劳务，提供劳动一方具有较大的自主权，不像雇主对雇员的控制力那么强。造成损害的，接受劳务一方承担无过错责任太重。所以提供劳务一方因为劳务受到损害的，不宜采取无过错责

---

[1] 参见王竹、张恒：《劳务派遣工作人员的侵权责任——兼论“不真正补充责任”的确立与扩展适用》，载《法学》2013年第2期。

[2] 参见石冠彬：《民法典用工责任规范的实践困境及破解之道》，载《江海学刊》2020年第6期。

任的原则,要求接受劳务一方无条件地承担赔偿责任。[1] 其次,如果提供劳务一方存在过错的,可以减轻接受劳务一方的赔偿责任。例如,张三请李四当司机,李四实际上没有驾照,张三对此也心存侥幸没有过问,结果李四开车过程中发生事故造成自己受伤。对此,张三和李四双方都有过错,应当按照各自的过错来分担损失。最后,对于提供劳务一方因为第三人的原因造成损害的情形,原则上应当由第三人承担赔偿责任,但为了更好地保护提供劳务一方,法律赋予提供劳务一方选择权,可以请求第三人承担侵权责任,也可以请求接受劳务一方给予补偿。需要注意的是,接受劳务一方并非承担赔偿责任,而是承担一种补偿责任,且在承担补偿责任后有权向第三人追偿。

(五)定作人责任

定作人责任,也称承揽人责任,是一种与用人者责任并列的责任类型。用人者责任是用人者对于被使用人承担的替代责任,而定作人责任是一种自己责任。通常认为,区分用人者责任与定作人责任的标准在于控制力标准,即用人者对于被使用人具有控制关系,而定作人与承揽人之间不存在这种控制关系。对于控制关系的认定,我国司法实践已经总结出一套相对成熟的综合性认定方法:其一,当事人之间是否存在控制、支配和从属关系;其二,是否由一方指定工作场所、提供劳动工具或设备,限定工作时间;其三,是定期给付劳动报酬还是一次性结算劳动报酬;其四,是继续性劳动,还是一次性提供工作成果;其五,当事人一方所提供的劳动是其独立的业务或者经营活动,还是构成合同相对方的业务或者经营活动的组成部分。此种动态性、综合性认定方法,应予继续坚持。[2]

根据《民法典》第1193条的规定,承揽人在完成工作过程中造成第三人损害或者自己损害的,定作人原则上不承担侵权责任,即由承揽人承担侵权责任或者自负损失,除非定作人存在过错,具体包括如下3种情形:一是定作过错,指定作人要求承揽人完成的事项属于违法事项,如定作人要求承揽人制作假币,或者提供的施工图纸是侵犯他人知识产权的图纸。二是指示过错,定作人在承揽人完成工作过程中发出了错误的指示,如定作人明知是承重墙仍然指示承揽人拆除等。三是选任过错,定作人在选任承揽人时存在过错,如选任了没有资质或者安全能力的承揽人施工等。[3]

第八节 高度危险责任

引导案例

甲、乙、丙3人相约前往丁家中做客。甲从外地乘坐飞机前往,结果飞机在半空中发生故障,紧急降落中导致甲头部受到重伤。乙从外地乘坐高铁前往,但途中因为地震,该高铁脱轨发生事故,导致乙受到轻伤。丙乘坐公交车前往,为了给大家制造惊喜,携带自制的威力很大

[1] 参见黄薇主编:《中华人民共和国民法典侵权责任编解读》,中国法制出版社2020年版,第115~116页。
[2] 参见曹险峰:《〈民法典〉中用人者责任与承揽人责任之二元模式论》,载《法学家》2023年第1期。
[3] 参见程啸:《侵权责任法》(第3版),法律出版社2021年版,第487~488页。

的“土炸药烟花”前往，结果途中不小心点燃发生爆炸，导致公交车内多名乘客昏迷。试问：

(1)甲可以向谁主张赔偿责任？适用什么归责原则？是否有赔偿限额？

(2)乙可以向谁主张赔偿责任？适用什么归责原则？是否可以免责？

(3)丙自制的“土炸药烟花”是否属于高度危险物？如何赔偿乘客的损失？

一、高度危险责任的概念、类型与归责体系

(一)概念

高度危险责任，也称为“高度危险作业责任”，是指因从事高度危险作业而造成他人损害的，应当承担的侵权责任。对此，《民法典》第1236条规定：“从事高度危险作业造成他人损害的，应当承担侵权责任。”该条作为高度危险责任的一般条款，其设立是侵权责任法的重要创新，是立法者面对现代风险社会可能出现的各种新的、不可预测同时会造成极大损害的风险而采取的重要举措。在比较法上，尚无危险责任一般条款法定化的先例可循。[1]

对于《民法典》所规定的“高度危险作业”应作广泛理解，涵盖高度危险物品和高度危险活动两类情形：高度危险物品包括民用核设施，民用航空器，易燃、易爆、剧毒、高放射性、强腐蚀性、高致病性等高度危险物；高度危险活动包括高空、高压、地下挖掘活动，或者使用高速轨道运输工具的作业活动。与此同时，高度危险责任的核心概念是高度危险，主要是指不同寻常的风险。这种高度危险是超出社会生活中一般危险的程度，对于人们的人身、财产安全具有极大的危险属性，具有危险现实化的“高度可能性”、损害结果上的“高度可怕性”以及损害发生的“高度不确定性”。[2] 由于科学技术的迅速发展及现实生活的纷繁复杂，“高度危险”一直处于发展变化之中，很难对其进行具体、详细的列举，因此，立法上只能以开放式的规定作出灵活应对。对于司法实践来说，需要根据法律的目的及具体情况做出判断。[3] 基于此，在引导案例第(3)问中，丙自制的“土炸药烟花”，考虑到其威力大、不稳定的特性，应当认定为高度危险物。

(二)类型

《民法典》侵权责任编第八章一共用9个条文对高度危险责任的一般规定和几种典型的高度危险责任作了规定，具体类型包括：一是民用核设施损害责任(第1237条)；二是民用航空器损害责任(第1238条)；三是高度危险物损害责任(第1239条、第1241条、第1242条)；四是高度危险活动损害责任(第1240条)；五是高度危险区域损害责任(第1243条)。

(三)归责体系

对于高度危险责任，《民法典》根据责任主体和侵权行为的具体情形规定了不同的归责原则：

第一，无过错责任。高度危险责任是典型的无过错责任，《民法典》第1236条作为高度危险责任的一般条款，对此作了明确规定，即行为人从事高度危险作业造成他人损害，承担侵权责任不以其具有过错为要件。与此同时，《民法典》第1237条规定了民用核设施损害的无过错责任，第1238条规定了民用航空器损害的无过错责任，第1239条规定了高度危险物损害的无过错责任，第1240条规定了高度危险活动损害的无过错责任，第1243条规定了高度危险区域

[1] 参见王利明：《论高度危险责任一般条款的适用》，载《中国法学》2010年第6期。

[2] 参见程啸：《侵权责任法》(第3版)，法律出版社2021年版，第673页。

[3] 参见窦海阳：《〈侵权责任法〉中“高度危险”的判断》，载《法学家》2015年第2期。

损害的无过错责任。

第二,过错推定责任。《民法典》第 1242 条规定:"非法占有高度危险物造成他人损害的,由非法占有人承担侵权责任。所有人、管理人不能证明对防止非法占有尽到高度注意义务的,与非法占有人承担连带责任。"据此,所有人、管理人对于高度危险物被非法占有人占有造成的损害承担的是过错推定责任。

第三,过错责任。《民法典》第 1241 条规定:"遗失、抛弃高度危险物造成他人损害的,由所有人承担侵权责任。所有人将高度危险物交由他人管理的,由管理人承担侵权责任;所有人有过错的,与管理人承担连带责任。"据此,所有人对于将高度危险物交由他人管理造成的损害承担过错责任。

二、民用核设施损害责任

(一)概念

民用核设施损害责任,是指民用核设施或者运入运出核设施的核材料发生核事故造成他人损害的,民用核设施的营运单位应当承担的侵权责任。《民法典》第 1237 条规定了民用核设施损害责任,适用对象限定于非军工、非军事的核设施。根据《民用核设施安全监督管理条例》第 2 条的规定,民用核设施主要包括:(1)核动力厂(核电厂、核热电厂、核供汽供热厂等);(2)核动力厂以外的其他反应堆(研究堆、实验堆、临界装置等);(3)核燃料生产、加工、贮存及后处理设施;(4)放射性废物的处理和处置设施;(5)其他需要严格监督管理的核设施。与此同时,根据《核安全法》第 2 条的规定,核设施主要包括:(1)核电厂、核热电厂、核供汽供热厂等核动力厂及装置;(2)核动力厂以外的研究堆、实验堆、临界装置等其他反应堆;(3)核燃料生产、加工、贮存和后处理设施等核燃料循环设施;(4)放射性废物的处理、贮存、处置设施。而核材料,则是指:(1)铀 -235 材料及其制品;(2)铀 -233 材料及其制品;(3)钚 -239 材料及其制品;(4)法律、行政法规规定的其他需要管制的核材料。

(二)构成要件

依照《民法典》第 1237 条的规定,民用核设施损害责任适用无过错责任原则,其构成要件包括:第一,侵权行为,即民用核设施发生核事故,或者运入运出核设施的核材料发生核事故;第二,损害,核事故造成他人损害,既包括人身损害、精神损害,也包括财产损失;第三,核事故与损害之间存在因果关系。

(三)责任承担

1. 责任主体

民用核设施损害责任的责任主体是民用核设施的营运单位。根据《核安全法》第 93 条第 3 款的规定,核设施营运单位是指在中华人民共和国境内,申请或持有核设施安全许可证,可以经营和运行核设施的单位,直接负责所营运的核设施的安全。

2. 免责事由

根据《民法典》第 1237 条的规定,民用核设施损害责任的免责事由主要有两类:一是战争、武装冲突、暴乱等情形。对此,有学者认为,法律并没有一般性规定不可抗力作为民用核设施损害责任的免责事由,而是将不承担责任的事由限定在特定的几种情形。这意味着一般的自然原因的不可抗力,如洪水、台风、地震、海啸导致的核事故,并不能免除民用核设施营运单位的责任。[1] 二是受害人故意，即受害人直接或者间接故意引发核事故。

3. 赔偿限额

大多数核损害赔偿立法都规定了有限责任和赔偿限额。在核损害赔偿领域，国际条约和国内法一般都规定核营运者承担有限责任进行有限额的赔偿，目的是消除核营运者承担无限责任的忧虑，促进核能和平利用事业的健康发展。但仍有少数国家采用了无限责任制，如德国、日本、俄罗斯、瑞士、保加利亚、匈牙利和波兰等。[2] 我国采取限额赔偿模式，国务院《关于核事故损害赔偿责任问题的批复》第 7 条第 1 款规定："核电站的营运者和乏燃料贮存、运输、后处理的营运者，对一次核事故所造成的核事故损害的最高赔偿额为 3 亿元人民币；其他营运者对一次核事故所造成的核事故损害的最高赔偿额为 1 亿元人民币。"需要注意的是，依照《民法典》第 1244 条的规定，如果营运单位对损害的发生具有故意或重大过失，则不适用法律的赔偿限额规定，而需要适用完全赔偿原则。

三、民用航空器损害责任

（一）概念

民用航空器损害责任，是指因为民用航空器造成他人损害，该民用航空器的经营者承担的侵权责任。根据《民用航空法》第 5 条的规定，民用航空器，是指除用于执行军事、海关、警察飞行任务外的航空器。作为高速运输工具的一种，民用航空器损害责任曾被解释为原《民法通则》第 123 条所规定的使用高速运输工具致害责任的类型之一，随后被原《侵权责任法》作为独立的一种高度危险责任类型，主要是考虑民用航空器致害的概率虽然低，但后果非常严重，故单独规制更加合适。[3] 对此，《民法典》第 1238 条延续了原《侵权责任法》的做法。

（二）构成要件

根据《民法典》第 1238 条的规定，民用航空器损害责任是无过错责任，其构成要件包括：第一，经营者经营的民用航空器发生了事故；第二，事故造成他人受到了损害，该损害既包括民用航空器对其所载运的乘客、货物造成的损害，也包括民用航空器对地面第三人的人身、财产造成的损害；第三，事故与损害之间存在因果关系。

（三）责任承担

1. 责任主体

依据《民法典》第 1238 条的规定，民用航空器损害责任的责任主体是民用航空器的经营者，一般是公共航空运输的承运人。关于经营者的认定，需要结合具体损害具体分析。当民用航空器造成旅客或者运输的货物损害时，经营者就是公共航空运输的承运人，包括缔约承运人和实际承运人（《民用航空法》第 138 条）。当民用航空器对地面第三人造成损害时，经营者就是损害发生时使用民用航空器的人（《民用航空法》第 158 条第 2 款）。[4]

2. 免责事由

《民法典》第 1238 条对民用航空器损害责任仅规定了受害人故意这一种免责事由。与此同时，《民用航空法》规定了更宽泛的免责事由。例如，如果损害是因旅客本人的健康状况所致

---

〔1〕 参见张新宝：《中国民法典释评·侵权责任编》，中国人民大学出版社 2020 年版，第 244 页。
〔2〕 参见尹生：《日本福岛核事故损害赔偿责任：中国的应对与启示》，载《法学评论》2013 年第 2 期。
〔3〕 参见张新宝：《中国民法典释评·侵权责任编》，中国人民大学出版社 2020 年版，第 245 页。
〔4〕 参见程啸：《侵权责任法》（第 3 版），法律出版社 2021 年版，第 687 页。

(《民用航空法》第 124 条)或者行李、货物自身原因所致(《民用航空法》第 125 条),经营者不承担责任;如果是战争或武装冲突导致的损害,经营者也可以免责(《民用航空法》第 125 条和第 160 条);如果经营者被有关国家机关剥夺民用航空器的经营权的,不承担责任(《民用航空法》第 160 条第 2 款)。

3. 赔偿限额

民用航空器损害责任实行责任限额制度是国际上的通行做法。根据《国内航空运输承运人赔偿责任限额规定》第 3 条的规定,对每名旅客的赔偿责任限额为人民币 40 万元;对每名旅客随身携带物品的赔偿责任限额为人民币 3000 元;对旅客托运的行李和对运输的货物的赔偿责任限额为每公斤人民币 100 元。与此同时,对于民用航空器造成地面第三人损害的情形,经营者的赔偿责任是否有最高限额并没有明确规定。基于此,在引导案例第(1)问中,甲可以请求航空公司承担赔偿责任,适用无过错责任原则,同时航空公司的赔偿责任存在限额。

四、高度危险物损害责任

(一)概念

高度危险物损害责任,是指占有或使用高度危险物造成他人损害时,占有人或者使用人应当承担的侵权责任。对于高度危险物的范围,《民法典》第 1239 条进行了不完全列举,在原《侵权责任法》第 72 条列举的易燃、易爆、剧毒、放射性等高度危险物的基础上,作了进一步的拓展和完善:一是将放射性改为高放射性;二是增加了强腐蚀性、高致病性两种高度危险物类型。需要说明的是,核材料在性质上也属于高度危险物,但由于核材料具有极度危险性,《民法典》第 1237 条作了专门规定,故不受《民法典》第 1239 条规范。[1]

除占有人、使用人的责任外,《民法典》第 1241 条和第 1242 条还规定了遗失、抛弃高度危险物损害责任和非法占有高度危险物损害责任。这是因为高度危险物的管理处置通常受到相应单行法的严格限制,占有人、使用人或者所有人、管理人依法负有对高度危险物妥善保管和安全管控的高度注意义务,必须严格按照相关法律法规管理高度危险物,故对遗失、抛弃或者被非法占有的高度危险物的损害后果当然承担侵权责任。

(二)构成要件

根据《民法典》第 1239 条的规定,高度危险物损害责任属于无过错责任,其构成要件包括:第一,占有、使用高度危险物,其中"占有、使用"的情形既包括储存、保管的消极行为,也包括生产、装卸、运输的积极行为;第二,造成了他人损害,包括人身损害、精神损害以及财产损害;第三,损害是由高度危险物导致的,即存在因果关系。

(三)责任承担

1. 责任主体

从《民法典》第 1239 条规定来看,高度危险物损害责任的责任主体为占有人、使用人,并未使用"所有人"的概念,原因在于唯有实际控制高度危险物的人,才能控制和规避危险的发生,才需要承担侵权责任。[2] 需要注意的是,此处的占有人,是指使用人之外的合法占有人,非法占有人的责任另有规定。而使用人,则是指基于租赁、借用等以使用为目的的合同债权而占有

---

〔1〕 参见张新宝:《侵权责任法》(第 5 版),中国人民大学出版社 2020 年版,第 267 页。

〔2〕 参见梁慧星:《侵权责任法讲义》,法律出版社 2023 年版,第 290 页。

高度危险物的人。在实践中,高度危险物的所有人可能同时是占有人和使用人。基于此,在引导案例第(3)问中,丙作为"土炸药烟花"的所有人,同时也是占有人,理应承担赔偿责任。

与此同时,根据《民法典》第1241条规定,遗失、抛弃高度危险物造成他人损害的,由所有人承担侵权责任。背后的原因在于,所有人对于高度危险物负有妥善管理的义务,遗失行为并不会导致所有人丧失所有权。如果有人拾得遗失的高度危险物,那么拾得人成为高度危险物的实际管领人。在其采取了合理的处置措施的情况下,如果有关的物仍然导致他人损害的发生,拾得人不承担责任。如果拾得人拾得之后,非法据为己有,那么其就成为非法占有人。[1] 至于抛弃高度危险物的情形,严格而言,承担责任的主体应当是原所有人。[2] 在这种情况下,原所有权人承担责任的基础是其不负责任地放弃对危险物的管领的危险行为。如果有关的物被他人先占取得,他人基于先占成为新的所有人。[3] 如果所有人将高度危险物交由他人管理的,由管理人承担侵权责任;所有人有过错的,与管理人承担连带责任。

此外,根据《民法典》第1242条的规定,非法占有高度危险物造成他人损害的,由非法占有人承担侵权责任。所谓非法占有,是指违背所有人、管理人的意志,通过盗窃、抢劫、争夺等方法取得对高度危险物的占有。在实际生活中,非法占有人之所以能占有高度危险物品,往往是所有人、管理人疏忽大意所致,故该条进一步规定,所有人、管理人不能证明对防止非法占有尽到高度注意义务的,与非法占有人承担连带责任。此时,所有人、管理人承担的是过错推定责任。

2. 免责事由

依照《民法典》第1239条的规定,高度危险物损害责任的免责事由包括不可抗力和受害人故意。如果被侵权人对损害的发生有重大过失的,可以减轻占有人或者使用人的责任,如此分配责任才更加公平。

五、高度危险活动损害责任

(一)概念

高度危险活动损害责任,是指从事高空、高压、地下挖掘活动或者使用高速运输轨道工具造成他人损害的,高度危险活动的经营者所应当承担的侵权责任。对于高度危险活动的范围,《民法典》第1240条作了详细列举,主要包括4种:一是高空作业。根据我国有关高处作业标准的规定,是指距坠落高度基准面2米及以上,在有可能坠落的高处进行的作业。但也有学者指出,高空作业危险性的判断应从他人人身、财产受损的可能性出发,而不是仅仅依据行业标准。[4] 二是高压作业,主要包括高压制造、储存、运送电力、液体、煤气、蒸汽等。生活中最常见多发的高压作业致人损害责任是高压电流致人损害责任。[5] 三是地下挖掘活动,是指在地表下面向下一定深度进行挖掘的行为,主要是地下采矿、地下施工等。四是高速轨道运输工具,是指沿固定轨道高速行驶的车辆,如普通列车、动车、地铁、高铁、磁悬浮列车等。

(二)构成要件

根据《民法典》第1240条的规定,高度危险活动损害责任适用无过错责任原则,其构成要

[1] 参见薛军:《"高度危险责任"的法律适用探析》,载《政治与法律》2010年第5期。

[2] 参见张玉东:《高度危险责任若干条款的解释适用》,载《烟台大学学报(哲学社会科学版)》2012年第4期。

[3] 参见薛军:《"高度危险责任"的法律适用探析》,载《政治与法律》2010年第5期。

[4] 参见王利明主编:《中国民法典评注:侵权责任编》,人民法院出版社2021年版,第366页。

[5] 参见张新宝:《中国民法典释评·侵权责任编》,中国人民大学出版社2020年版,第254页。

件包括：第一，经营者从事了高空、高压、地下挖掘活动或者使用了高速轨道运输工具；第二，他人受到损害，包括人身损害、精神损害和财产损失；第三，高度危险活动与他人损害之间存在因果关系。

（三）责任承担

1. 责任主体

高度危险活动损害责任的责任主体是经营者。所谓的经营者，与《民法典》第1236条中的“作业人”含义是相同的，均是指从事高度危险作业的法人、非法人组织或者自然人。[1] 对于不同的高度危险活动，其具体的经营者也有所区别。比如，从事高空作业的作业人、高压电致害的电力设施的产权人、铁路运输企业等都有可能成为高度危险活动损害责任的责任主体。

2. 免责事由

依照《民法典》第1240条的规定，其免责事由也仅限于受害人故意和不可抗力，由经营者一方承担举证责任。与此同时，《民法典》第1240条规定，当被侵权人对损害的发生具有重大过失的，可以减轻经营者的侵权责任。这与高度危险物损害责任的免责事由是一致的。基于此，在引导案例第(2)问中，乙可以向高铁公司的经营者请求赔偿，适用无过错责任。但由于事故是地震引起的，故经营者可以通过举证来免责。

六、高度危险区域损害责任

（一）概念

《民法典》第1243条规定了高度危险区域损害责任，是指受害人未经许可进入高度危险活动区域或者高度危险物存放区域受到损害，管理人承担的侵权责任。学界对于高度危险区域损害责任的定位存在不同认识：第一种观点认为，高度危险区域损害责任是一种独立的责任类型，不同于高度危险活动损害责任和高度危险物损害责任；第二种观点认为，所谓高度危险区域损害责任，本质上是高度危险责任的减轻责任的事由，具体为自甘风险规则。[2] 从适用上看，高度危险活动或者高度危险物未必有高度危险区域，高度危险区域损害责任的构成要件、免责事由也不同于高度危险活动损害责任和高度危险物损害责任的构成要件、免责事由，故单独对高度危险区域损害责任进行探讨具有合理性。

（二）构成要件

依照《民法典》第1243条的规定，高度危险区域损害责任属于无过错责任，其构成要件包括：第一，受害人未经许可进入高度危险活动区域或者高度危险物存放区域，如航空机场的跑道、正在营运的铁路、存放剧毒化学药品的仓库等；第二，管理人没有采取足够安全措施并尽到充分警示义务。所谓足够安全措施，是指管理人所采取的措施不仅要包括避免他人未经许可而进入该高度危险区域，还要包括避免他人未经许可进入该高度危险区域时对该他人产生损害。所谓的充分警示义务，是指管理人负有在高度危险区域设置充分的、醒目的警示标志义务，起到明显地警示他人进入该高度危险区域的作用。[3] 第三，高度危险区域的危险导致他人损害，即存在损害和因果关系。

---

〔1〕 参见梁慧星：《侵权责任法讲义》，法律出版社2023年版，第292页。

〔2〕 参见曹险峰：《独立责任类型抑或减责事由——〈中华人民共和国侵权责任法〉第76条的定位》，载《法商研究》2018年第1期。

〔3〕 参见王利明主编：《中国民法典评注：侵权责任编》，人民法院出版社2021年版，第376页。

（三）责任承担

1. 责任主体

高度危险区域损害责任的责任主体为管理人，是指对高度危险区域负有管理职责的民事主体，包括高度危险活动区域或者高度危险物存放区域的管理人。

2. 免责事由

根据《民法典》第1243条的规定，高度危险区域损害责任的免责事由具有特殊性：一是受害人是未经许可而进入高度危险区域的；二是管理人能够证明自己已经采取足够的安全措施并尽到充分警示义务。在同时符合上述要件的情况下，法院得判决减轻管理人的责任或者判决管理人不承担责任，也可以判决管理人不减轻责任，该条规定“可以”二字表明法官对此享有一定的裁量权。[1]

第九节　饲养动物损害责任

引导案例

甲携带一条宠物狗逛街，宠物狗突然发狂咬住乙的大腿，乙大声呼叫引发路人围观。恰好行人丙携带的藏獒路过，不顾主人丙的拉扯加入战局，一口咬死甲的宠物狗，同时又咬伤乙的手臂。丙试图帮助乙，但却遭到一条流浪狗的攻击，导致自己摔倒手臂骨折。据悉，丁经常投喂该流浪狗。试问：

（1）乙被宠物狗咬伤，请问该向谁主张赔偿责任？适用什么归责原则？

（2）对于藏獒的致害行为，丙该承担什么责任？有何免责事由？

（3）对于流浪狗咬伤丙的情形，该如何寻求救济？能否请求丁承担赔偿责任？

一、饲养动物损害责任的概念与归责体系

（一）概念

饲养动物损害责任，是指饲养的动物造成他人损害时，饲养人或者管理人依法应当承担的侵权责任。近年来，随着社会生活水平的提升，人们饲养动物的情况越发普遍，饲养动物伤人事件也随之高发，有必要对饲养动物的行为和责任承担进行规范。基于此，《民法典》第1245条至第1251条对于饲养动物损害责任作了全面的规定。

对于饲养动物损害责任，我们可以从如下方面进行理解：第一，必须是饲养的动物。动物有饲养的动物，也有野生的动物，只有饲养的动物造成的损害才能适用《民法典》关于饲养动物损害责任的规定。野生的动物通常不存在饲养人或者管理人，处于未受控制的自然状态，与饲养动物的控制状态是完全不同的。第二，饲养动物损害责任本质上是对物的替代责任，是饲养

[1] 参见张新宝：《中国民法典释评 · 侵权责任编》，中国人民大学出版社2020年版，第262页。

人或者管理人对于管领之下的动物造成的损害承担替代赔偿责任。[1]

（二）归责体系

1. 无过错责任。根据《民法典》第 1245 条的规定，饲养的动物造成他人损害的，动物饲养人或者管理人应当承担侵权责任，即适用无过错责任原则，无须证明饲养人或者管理人是否存在过错。当然，能够证明损害是因被侵权人故意或者重大过失造成的，可以不承担或者减轻责任。

需要注意的是，在坚持无过错责任这一原则的前提下，《民法典》还规定了两类更加严格的无过错责任情形，严格限制了免责事由：一是根据《民法典》第 1246 条规定，对于违反管理规定，未对动物采取安全措施造成他人损害的情形，动物饲养人或者管理人应当承担侵权责任。这种无过错责任相较《民法典》第 1245 条规定的无过错责任更加严格，即使饲养人或者管理人能够证明损害是因被侵权人故意造成的，仅仅是减轻责任，而不能完全免责。二是根据《民法典》第 1247 条的规定，对于禁止饲养的烈性犬等危险动物造成他人损害的情形，动物饲养人或者管理人应当承担侵权责任。这种无过错责任最为严格，没有规定任何免责事由。

2. 过错推定责任。《民法典》第 1248 条规定："动物园的动物造成他人损害的，动物园应当承担侵权责任；但是，能够证明尽到管理职责的，不承担侵权责任。"据此，对于动物园饲养的动物与一般饲养动物的损害责任作了区分，前者仅需要适用过错推定责任。之所以优待动物园，一方面是考虑到动物园动物的特殊性，有些是野生保护动物；另一方面也是考虑动物园的社会服务、动物保护和科学研究的特殊功能。[2] 但有学者认为，动物园饲养的动物类型众多，有些动物的危险性非常高，同时动物园对外一般是有偿开放，吸引的游客众多，动物园理应负担更高的注意义务，对于饲养的动物造成的损害理应适用无过错责任原则，而非承担更宽松的过错推定责任。[3]

二、饲养动物损害责任的构成要件

（一）通常的无过错责任

对于通常的饲养动物损害责任，饲养人或者管理人承担的是无过错责任原则，其构成要件包括：第一，饲养动物实施加害行为。一般认为，动物不是人，即使其加害于人，也不是行为，而是事件。但是，饲养动物加害与其他物件加害一样，都是人的行为，只不过饲养动物加害行为是人对于其管领的动物管束不妥而致人损害的间接行为。[4] 对于饲养动物的加害行为，应当具有一定的独立性，即并非受到人的主观意志的驱使或者支配。在此，需要区分饲养动物造成他人损害与以饲养动物作为侵权工具的情形。虽然饲养动物与野生动物不同，受到人类的照看、管束，但饲养动物本身仍然存在自主性，能够独立于人类的意志实施某些动作，如快速奔跑、疯狂撕咬、大声吼叫等。如果饲养动物的行为是受到行为人意志的驱使或者支配，如有人故意利用宠物狗去攻击他人，此时饲养动物只是行为人实施侵权行为的工具，那么这类加害行为不应再按照饲养动物损害责任处理，而应当按照行为人的过错责任处理。[5] 第二，造成他

---

〔1〕 参见杨立新：《侵权责任法》（第 4 版），法律出版社 2020 年版，第 305 页。
〔2〕 参见张新宝：《侵权责任法》（第 5 版），中国人民大学出版社 2020 年版，第 282 页。
〔3〕 参见程啸：《侵权责任法》（第 3 版），法律出版社 2021 年版，第 709 页。
〔4〕 参见杨立新：《侵权责任法》（第 4 版），法律出版社 2021 年版，第 306 页。
〔5〕 参见张新宝：《中国民法典释评 · 侵权责任编》，中国人民大学出版社 2020 年版，第 269 页。

人损害。这里的损害既可以是纯粹的财产损失,如马匹践踏稻田,把成熟的稻子全部糟蹋了;也可以是人身损害和精神损害,如宠物狗撕咬行人大腿,导致出血、骨折等问题。第三,因果关系。饲养动物的加害行为与损害之间存在因果关系,损害正是因为饲养动物的加害行为引起的,中间没有介入中断事由。基于此,在引导案例第(1)问中,乙可以向宠物狗的饲养人甲主张赔偿责任,适用无过错责任原则。

(二)两类更严格的无过错责任

除通常的无过错责任外,《民法典》还规定了两类更加严格的无过错责任,其构成要件有一些特殊。

第一类是违反管理规定的饲养动物损害责任。根据《民法典》第1246条的规定,这类无过错责任的构成要件除满足一般的无过错责任构成要件外,还需要符合如下两个要件:一是违反管理规定。所谓的管理规定包括法律、法规、规章和相关规范性文件确定的对饲养动物的管理规定,如《北京市养犬管理规定》《重庆市养犬管理条例》等。二是未采取安全措施。管理规定对于饲养动物有许多明确的要求,饲养人或者管理人需要按照要求采取措施进行管束。例如,《重庆市养犬管理条例》第26条规定,养犬人和管理人不得放任、驱使犬只恐吓、攻击他人或者损毁他人财物,不得将一般管理区饲养的烈性犬、攻击性犬带入重点管理区,不得携烈性犬、攻击性犬、大型犬出户未采取装入犬笼或者加戴嘴套的防护措施等。如果不存在相关管理规定,或者管理规定没有对安全措施作出要求,或者采取了管理规定要求的安全措施,则不能适用《民法典》第1246条。[1]

第二类是禁止饲养的烈性犬等危险动物损害责任。根据《民法典》第1247条规定,这类无过错责任的构成要件需要饲养动物属于"禁止饲养的烈性犬等危险动物"。烈性犬等危险动物具有极大的危险属性,严重威胁人们的人身财产安全,一般是禁止饲养的。所谓的烈性犬,并非动物学上的概念,其具体范围如何,并无法律和法规的统一规定,一般是由各地的公安、农业部门加以确定,范围存在一些差别。[2] 基于此,在引导案例第(2)问中,由于藏獒属于禁止饲养的烈性犬范围,故丙需要承担严格的无过错责任。

(三)过错推定责任

根据《民法典》第1248条的规定,动物园饲养的动物适用过错推定责任,首先推定动物园未尽到管理职责,存在过错。在发生事故后,认定动物园是否尽到管理职责时,可以参考如下因素:动物园是否尽到了法律、法规和规章规定的义务,如提醒义务、警示义务;动物园是否建立了巡查制度,管理人员是否履行了该义务,尽到了对游客擅自翻越、穿越栏杆靠近动物等危险行为的劝阻义务;动物本身的危险程度;相应的设施、设备有无安全问题等。[3]

三、饲养动物损害责任的承担

(一)责任主体

饲养动物损害责任的责任主体主要包括如下类型:

1. 动物饲养人或者管理人。饲养人或者管理人对于饲养动物具有支配和控制的能力,同时对于饲养动物享有一定的利益,理当负担管理职责。这背后的理论依据是危险控制理论和

---

〔1〕 参见张新宝:《侵权责任法》(第5版),中国人民大学出版社2020年版,第278页。

〔2〕 参见程啸:《侵权责任法》(第3版),法律出版社2021年版,第712页。

〔3〕 参见《民法学》编写组:《民法学》(第2版)(下册),高等教育出版社2022年版,第403页。

损益自担理论。[1] 所谓的动物饲养人，通常是动物的所有权人，可以是单独的一个人，也可以是多个共有人，可以是自然人，也可以是法人或者非法人组织。动物管理人，是指对于饲养动物负有管理职责的人，与饲养人可以是同一个人，也可以是独立于饲养人的民事主体。例如，饲养人将饲养的动物委托给管理人看管，此时饲养人与管理人属于不同的主体。对此，考虑饲养人非为实际控制义务人的情形下，其对饲养动物无直接控制力，此时不应令其承担无过错责任，而应由管理人承担责任。[2]

需要注意的是，在共有场合，所有权与实际管理控制的关系处理应类推适用单独所有场合的一般规则，在二者未分离时原则上应由共有人对动物所生之损害对外承担连带责任；分离时，则共有人仅在存在过错时承担责任。[3] 此外，对于遗弃、逃逸的动物在遗弃、逃逸期间造成他人损害的，其责任主体是原饲养人或者管理人。需要思考的是，对于流浪狗、流浪猫的投喂者，能否作为动物饲养人或者管理人。有观点认为，流浪动物不属于饲养动物，投喂者也无法对流浪动物的生存空间、生存方式取得决定性的支配力，故不构成动物饲养人或者管理人。[4] 基于此，在引导案例第(3)问中，丁的投喂行为并不能使其成为动物饲养人或者管理人，丙无法向丁主张赔偿责任。

2. 动物园。动物园对于饲养的动物造成的损害需要承担过错推定责任。所谓的动物园，是指在人工饲养条件下，异地保护野生动物，供观赏、普及科学知识、进行科学研究和动物繁育的公共场所，具有公益性、开放性以及实质性的特征。[5]

3. 第三人。根据《民法典》第1250条的规定，如果饲养动物的加害行为是因为第三人的过错导致的，如第三人挑逗宠物狗导致咬伤行人，此时第三人需要与动物饲养人或者管理人共同作为责任主体承担不真正连带责任。

(二)免责事由

饲养动物损害责任的免责事由包括受害人的过错、第三人的过错。

1. 受害人的过错

《民法典》第1245条规定："饲养的动物造成他人损害的，动物饲养人或者管理人应当承担侵权责任；但是，能够证明损害是因被侵权人故意或者重大过失造成的，可以不承担或者减轻责任。"据此，受害人的过错可以作为饲养动物损害责任的免责事由。如果受害人是故意，如故意将手伸到宠物狗嘴里，那么动物饲养人或者管理人可以完全免责；如果受害人由重大过失，如将拴绳解开导致宠物狗咬伤自己，那么动物饲养人或者管理人可以部分免责。需要注意的是，这里的过失仅限于重大过失，不包括一般过失。与此同时，对于违反管理规定的饲养动物损害责任，如果受害人是故意的，仅仅是可以减轻动物饲养人或者管理人的责任，并非完全免除。而如果是禁止饲养的烈性犬等危险动物造成他人损害的，动物饲养人或者管理人承担的是绝对责任，没有任何免责事由。对此，最高人民法院《关于适用〈中华人民共和国民法典〉侵

---

[1] 参见朱晓峰：《动物侵权责任主体概念论》，载《法学评论》2018年第5期。

[2] 参见张玉东：《论饲养动物损害责任主体的适用规则——以〈侵权责任法〉第78条为中心》，载《烟台大学学报(哲学社会科学版)》2018年第6期。

[3] 参见朱晓峰：《比较法上动物侵权责任主体的界定标准及启示》，载《比较法研究》2018年第3期。

[4] 参见韩强：《流浪动物损害责任的个案解析》，载《法商研究》2013年第4期。

[5] 参见王竹：《动物园饲养动物损害责任的类型化与规则设计——以违反防止进入高度危险区域义务侵权责任为视角》，载《求是学刊》2017年第6期。

权责任编的解释(一)(征求意见稿)》第18条明确规定:“禁止饲养的烈性犬等危险动物造成他人损害,动物饲养人或者管理人主张不承担责任或者减轻责任的,人民法院不予支持。”基于此,在引导案例第(2)问中,由于藏獒属于烈性犬,丙无法免责。

2. 第三人的过错

《民法典》第1250条规定,对于第三人的过错致使动物造成他人损害的,第三人与动物饲养人或者管理人需要承担不真正连带责任。动物饲养人或者管理人赔偿后,有权向第三人追偿。从这个角度来看,第三人的过错可以作为动物饲养人或者管理人免除内部终局责任的事由,但不能免除外部对于受害人的赔偿责任。

主要参考文献

曹险峰:《〈民法典〉中用人者责任与承揽人责任之二元模式论》,载《法学家》2023年第1期;窦海阳:《〈侵权责任法〉中“高度危险”的判断》,载《法学家》2015年第2期;高圣平:《论产品责任的责任主体及归责事由——以〈侵权责任法〉“产品责任”章的解释论为视角》,载《政治与法律》2010年第5期;韩强:《物件保有人责任研究:以〈侵权责任法〉第85条为解释对象》,载《中外法学》2013年第2期;梁慧星:《建筑物和物件损害责任的理解与适用》,载《法治研究》2023年第1期;王成:《我国民法上侵权替代责任的反思与重构》,载《清华法学》2023年第5期;王利明:《论高度危险责任一般条款的适用》,载《中国法学》2010年第6期;温世扬、吴昊:《论产品责任中的“产品”》,载《法学论坛》2018年第3期;薛军:《“高度危险责任”的法律适用探析》,载《政治与法律》2010年第5期;薛军:《走出监护人“补充责任”的误区——论〈侵权责任法〉第32条第2款的理解与适用》,载《华东政法大学学报》2010年第3期;张新宝、张馨天:《从〈侵权责任法〉第87条到〈民法典〉第1254条:“高空抛(坠)物”致人损害责任规则的进步》,载《比较法研究》2020年第6期;张玉东:《论饲养动物损害责任主体的适用规则——以〈侵权责任法〉第78条为中心》,载《烟台大学学报(哲学社会科学版)》2018年第6期;周友军:《民法典编纂中产品责任制度的完善》,载《法学评论》2018年第2期;朱晓峰:《比较法上动物侵权责任主体的界定标准及启示》,载《比较法研究》2018年第3期。